上海城市品牌发展近代史料辑录

上海服务

1

上海图书馆 ——— 编

上海科学技术文献出版社
Shanghai Scientific and Technological Literature Press

图书在版编目（CIP）数据

上海服务 / 上海图书馆编 . —上海：上海科学技术文献出版社，2022
（上海城市品牌发展近代史料辑录）
ISBN 978-7-5439-8661-9

Ⅰ . ①上… Ⅱ . ①上… Ⅲ . ①服务业—史料—上海—近代 Ⅳ . ① F719

中国版本图书馆 CIP 数据核字 (2022) 第 166718 号

选题策划：张 树
责任编辑：苏密娅 张雪儿
封面设计：留白文化

上 海 服 务
SHANGHAI FUWU
上海图书馆 编
出版发行：上海科学技术文献出版社
地 址：上海市长乐路 746 号
邮政编码：200040
经 销：全国新华书店
印 刷：上海世纪嘉晋数字信息技术有限公司
开 本：720mm×1000mm 1/16
印 张：95.75
字 数：1 500 000
版 次：2022 年 10 月第 1 版 2022 年 10 月第 1 次印刷
书 号：ISBN 978-7-5439-8661-9
定 价：1800.00 元（共三册）
http://www.sstlp.com

《上海城市品牌发展近代史料辑录》
丛书编委会

《上海城市品牌发展近代史料辑录》
丛书工作委员会

追寻与超越

——对于《上海城市品牌发展近代史料辑录》的思考

陈　超

"上海服务""上海制造""上海购物""上海文化"，这"四大品牌"是二〇一八年上海对城市品牌建设做出的最新战略选择。"四大品牌"战略的构建，充分体现了决策者对上海——这座中国最大经济中心城市——当下所处的局势有着高屋建瓴的理解和把握，以及对这座城市的未来有着高瞻远瞩的预见和规划。如果把目光回溯到近代上海，我们还会发现，"四大品牌"的背后，更有对历史的尊重和传承。我的同事们从上海图书馆近代历史文献馆藏中挖掘了一批与这四大领域密切相关的史料，希望有助于今天上海城市品牌建设的谋划与实践。

历史地看，城市品牌早已有之，不过一般都是自然形成的，主要依赖自然资源或区位优势、历史文化特色或者特色产业优势等，是在城市发展的历史进程中慢慢形成的。伴随着现代意义上的市场营销学的快速发展，品牌作为市场营销学的一个重要概念，被广泛应用于其他领域，品牌的主体不仅仅是企业的产品和服务，还可以包括国家、城市、个人、文化活动等等。于是，城市品牌塑造已经成为城市管理中一项重要、自觉、主动的内容。虽然没有严格规范的定义，城市品牌一般是指城市建设者分析、提炼、整合所属城市的独特的气质禀赋、历史文化沉淀、产业优势等差异化品牌要素后，希望传递给人们的城市形象特征，不仅可以口碑相传，印在人们的脑海中，还可以用口号、符号或标志图案等，进行可视化的呈现。

打造城市品牌一定离不开城市发展的历史与基础，城市品牌是城市历史的积淀与延续。回眸近代史，"上海服务""上海制造""上海购物""上海文化"就是上海这座城市最有实力与特色的四大领域，在这些领域，当年就曾经拥有大量享誉全国乃至世界的产品和服务品牌，这些品牌的背后有一大批企业和机构，还有一大批企业家、经营者、文化人、艺术家，更有说不完的创业、创新、创意故事。我们尝试通过当年的文献资料来展示这四大领域的发展历史，也许可以为今天的实践提供一份自信。

打造城市品牌一定离不开城市发展定位与愿景，城市品牌是城市定位的实现与提升。回眸近代史，这四大领域的发展与发达是和上海开埠后逐渐成为经济中心、航运中心、商业中心和文化中心互为因果的。面向未来的上海的战略定位不仅被战略愿景牵引，还蕴含着历史的基因。今天上海正在努力建设的“五大中心”需要这四大品牌领域来承载。我们追寻上海近代历史，也许可以为今天的实践提供一份启示。

打造城市品牌一定离不开城市发展战略与路径，城市品牌是城市特色的彰显与张扬。回眸近代史，我们清晰地看到，这四大领域彰显了上海城市的特色。历史的车轮已经驶入二十一世纪的新纪元，我们必须赋予上海城市特色更丰富内涵，上海不仅要在这四大领域创造更多更新的产品和服务品牌，还要打造能够促进这四大领域发展的良好环境。因此我们希冀在“故纸堆”里的追寻能够帮助我们摆脱“路径依赖”，走出一条上海城市品牌塑造的时代新路。

历经七十多年发展，海纳百川、追求卓越、开明睿智、大气谦和成为上海的城市精神，开放、创新、包容成为上海这座城市的最鲜明品格，打造具有国际标识度的上海品牌新高地已经成为上海的战略选择。上海的城市精神、城市品格和城市品牌将在迈向卓越的全球城市历史进程中进一步得到彰显。打响优质高端的“上海服务”品牌，打响享誉全球的“上海制造”品牌，打响时尚繁荣的“上海购物”品牌，打响独具魅力的“上海文化”品牌，这是上海站在新的历史起点上，全面提升城市能级和核心竞争力的必由之路。

归根结底，追寻历史的足迹是为了今天的奋斗和明天的超越。希望上海图书馆人也能为上海城市品牌建设贡献一份微薄之力。

2020 年 11 月

目 录

服务功能

三　贸　易

服务产业

服务环境

概　述

“上海服务”“上海制造”“上海购物”“上海文化”，是为上海“四大品牌”。“四大品牌”各有侧重，又有机统一：“上海服务”重在提升城市核心功能和辐射带动能力，“上海制造”重在强化创新驱动和扩大高端产品技术供给，“上海购物”重在满足和引领消费升级需求，“上海文化”重在提升城市文化软实力和影响力。在四者中，“上海服务”是内涵更为丰富、范围更为宽广的一个，它和其余三个品牌互相联系、互有交叉，起着统摄和托载的作用，在“四大品牌”战略里有不可撼动的重要地位。

“上海服务”品牌建设的具体内容，概括言之，有服务功能、服务经济、服务民生和服务环境等四个方面。服务功能是指，着力提升上海作为国际经济、金融、贸易、航运、科技创新中心的核心功能，体现集聚辐射带动能力，更好地服务长三角一体化、长江经济带发展和“一带一路”建设，全面提高上海的全球资源配置能力和服务国家战略能力。服务经济是指，上海要实现高质量发展，重视现代服务业的发展，推动生产性服务业向专业化和高端化拓展，加快培育服务经济新动能，形成一批具有国际影响力的服务业品牌企业和特色集聚区，全面提升服务经济能级。服务民生是指，上海要创造高品质生活，推动生活性服务业向精细化和高品质提升，全面提升城市精细化管理服务水平，不断满足人民群众多样化、个性化、高品位的服务需求。服务环境是指，上海要对标国际一流，深化服务领域改革，扩大服务业开放，加强服务型政府建设，加快营造法治化、国际化、便利化的营商环境，为打响“上海服务”品牌提供优质高效的政府服务。

“上海服务”有着丰富的内涵，既有强调服务输出的方面，即增强经济中心城市服务功能、提高服务国家战略能力，也有提升服务经济能级、建设服务型政府这样的“内功”修炼。不过，“上海服务”的重点仍然是更好地落实和服务国家战略，全面提升国际经济、金融、贸易、航运、科技创新“五个中心”服务功能，着力增强上海服务长三角、服务长江流域、服务全国、服务“一带一路”和服务全球的能力，而这也是“四大品牌”的整体战略目标。

“四大品牌”战略的构建，充分体现了决策者对上海——这座中国最大经济中心城市——当下所处的局势有着高屋建瓴的理解和把握，以及对这座城市的未来有着高瞻远瞩的预见和规划。如果把目光回溯到过去，回到近代上海，我们还会发现，“四大品牌”的背后，更有对历史的尊重和传承。

上海的经济中心城市的地位，早在20世纪二三十年代就已经获得。上海之成为经济中心，并非一蹴而就，而是有其本身的发展过程和历史逻辑。上海地处长江入海口，既具有长江航运的便利，也拥有富饶的长江流域作为腹地。上海濒临连接太平洋的东海，处于沿海航线的中点，兼具沿海与远洋航运的天然优势。故而自1843年开埠后，上海航运业即迅速发展，在19世纪末，上海已经是全国最大的航运中心。航运的发展，带动了贸易的增长。上海的国际贸易量和埠际贸易量长期居全国之首，在1894至1906年间直接对外贸易额甚至持续占全国对外贸易总额的半数以上。[1]到了1931年，上海的对外贸易总量已经增加到11亿海关两[2]之巨，成为名副其实的全国最大的贸易中心。贸易商业的发展，为上海积累和汇聚了巨量的国内外资本，这些资本从商业领域逐渐流向工业领域，为上海带来了先进的资本主义生产资料和生产方式，它们同上海广阔的消费市场、由国内外引进的成熟的管理技术人才、充足而廉价的原材料和劳动力等多种有利条件，共同构筑了上海工业迅速前进的快车道。至20世纪初，上海已经是全国工业中心。工商业的发达，是伴随着对相应程度的金融业发展的强烈需求，并且工商业本身在客观上也促使了上海金融业的勃兴。在辛亥革命爆发之前，上海形成了由传统的金融机构钱庄、票号，外资银行，华资银行，以及保险公司和证券交易所组成的金融行业格局。华资银行和

[1] 见罗志如：《统计表中之上海》，南京：国立中央研究院社会科学研究所，1932年，第90页。

[2] 具体数字是1，111，044，038（关平两），见上海市地方协会：《上海市统计·商业》，上海：上海市地方协会，1933年，第1页。

华资金融业的兴起，使得上海金融业迈开现代化步伐。上海的金融机构数量在全国居首位，金融行业已经有了初步的聚集，金融的辐射功能也有所体现，上海金融中心的地位由此奠定基础。1912年以后，上海金融业进入快速发展时期，曾一度与北京同为中国的两个金融中心。国民政府上台后，政治中心的南移，中央银行的成立以及以中国银行为代表的华资银行的南迁，现代金融管理法规的相继出台，以及相关金融政策的实施等一系列影响金融格局的变化，都使得上海完全确立了金融中心的地位。航运、贸易、工业、金融中心地位的相继确立，意味着上海一步步走向并最终成为全国最大多元化经济中心城市。

彼时的上海，航运路线四通八达，既是进口的门户，也是通向内地的起点；彼时的上海，贸易繁荣，无论国际进出口还是埠际转口贸易，均视申城为枢纽；彼时的上海，工业产品行销全国，甚至出口国际，争衡于全球市场；彼时的上海，集聚国际国内资本，金融业的风云变幻对全国经济有举足轻重的影响……凡此种种，皆足以说明，20世纪二三十年代，作为经济中心的上海，在全国已经奠定核心地位，对长三角地区、长江流域乃至全国也已具备十分的辐射带动能力。鉴往而知今，对近代上海作为经济中心的地位与作用的正确认识和客观评价，正是“上海服务”品牌服务功能战略构想的重要历史基础。

“上海服务”品牌的服务经济、服务民生与服务环境等战略的设计，同样基于尊重历史、实事求是的前提。

服务经济和服务民生分别着眼于服务业的两端：生产性服务业和生活性服务业。近代上海在成为经济中心的同时，因为种种历史原因，与经济发展相适应的服务业空前发达繁荣。当时上海的服务业已经在经济结构中起到了主导作用，如有学者估算，在1936年上海地区生产总值中，第三产业比重可占73%以上。[1]服务业门类齐全，涵盖多个领域，形成较为完整的产业体系，且有一定现代特征的行业占相当比重。此外，服务业与工商贸易等行业相辅相成，服务业的发展促进了其余行业的进步。服务业还支撑了就业，是当时上海市民就业的主要领域。可以说，近代上海的服务业成就了上海城市功能的多元化，放大了各项功能的影响力，最终成就了上海“多功能经济中心”的地位。时移世

[1] 李敦瑞，朱华：《抗战前夕上海GDP及结构探析——以1936年为例》，《史林》2011年第3期。

易，当下的“上海服务”战略不是并且也不可能是对近代上海服务业的简单复刻，但两者间的历史脉络的客观存在，却也是不可否认的，后者对于前者仍具有相当的参考意义。

自晚清至民国，近代上海的政治舞台上，清廷、革命党、军阀、国民政府等不同政治力量先后粉墨登场，而另一边则是帝国主义控制下存续百年的“国中之国”——租界。尽管不同的政治势力代表不同的阶级，有着不同的政治主张，面对历史的洪流或顺或逆，起了不同的作用，但应该看到，在城市的建设管理方面，他们或多或少有所举措，其中有相当部分维护、促进了近代上海的经济发展。政府在城市经济建设中扮演何种角色、发挥何种作用，对这部分历史经验的借鉴参考，反映的是“上海服务”品牌服务环境战略的历史关照，是战略的重要组成部分。

本书的文献编选即是按照上述思路进行。文献原拟分为四部分，分别归入服务功能、服务经济、服务民生和服务环境，兹考虑到服务经济和服务民生两者性质的相近，且在文献数量上的不平衡，故将服务经济与服务民生归并一处，名曰服务产业。如此则最终分作三部分，即服务功能、服务产业和服务环境。服务功能部分的文献以近代上海的经济、金融、贸易、航运为主题，重在从宏观上揭示近代上海经济中心、金融中心、贸易中心、航运中心等地位的形成，以及对长三角地区、长江流域以及全国、全球的服务功能的实现。服务产业部分的文献力图呈现近代上海服务业，包括生产性服务业和生活性服务业的发展概貌，重点关注展会、医疗、体育、教育等领域。服务环境部分选编了一些近代上海出现过的章程、规则、条例，以见当时政府的部分执政思路和行政措施，庶可资今人镜鉴。文献取材以近代期刊为主，酌情选录近代出版书籍内的章节内容。编者水平有限，错漏难免，敬祈读者方家指正。

服务功能

“四大品牌”以“上海服务”为重点，“上海服务”则以服务功能为侧重。本部分编选文献计 160 余篇，以揭示近代上海的服务功能为旨归，分别聚焦近代上海的经济、金融、贸易、航运等方面，以时间为序，纵向展现近代上海经济中心、金融中心、贸易中心、航运中心等地位的形成与核心城市的辐射带动作用。

服务产业

上海要实现经济高质量发展，保证人民高品质生活，不能不重视服务产业。本部分文献即以反映近代上海生产性服务业和生活性服务业发展概况为主题。收录文献370余篇，内容以展会、医疗、体育、教育等领域为重点，涵盖交通、运输、仓储、邮政、金融、地产、殡葬、文化、公用事业等多个服务领域。

服务环境

要打响“上海服务”品牌，优质高效的政府服务必不可少。本部分选编文献100余篇，内容以近代上海管理机构颁布的各种规则、条例、章程等为主。虽然篇幅相对较少，但当时政权在建设管理上海时有着怎样的服务思路和服务举措，已可从中窥见一斑，其中仍然有不少宝贵的经验教训是值得今人吸取借鉴的。

服务功能

一 经济

上海经济事情

杨志洵

金融

西二月之末，外国银行存银九百余万两，利息甚低。入三月，忽减少三百万两，最少至于五百七十八万两至六百四五十万两上下。至于四月二十日左右无甚变动。四月下旬以后渐有增加，现存有七百五十六万两。墨西哥银圆情形则反是。自三月一日前后，由六百四五十万弗渐次增加。至三月末，在九百万弗以上。四月之末，达一千二百万弗。尔来接续维持，迄无减少。而外国银行对于中国银行之贷款，自三月初始渐增高。三月末，为数逾一千万两。至四月中，未有增减。五月尚存有一千百万两内外。其利息每千两一日得一钱四五分。与前此比较，亦可谓低廉者矣。试举三月以降正货存额、贷款及利息之变动如左表：

月　日	外国银行正货存额		贷款（千两）	利息日计（千两钱分）
	银两（千两）	墨圆（千弗）		
三月一日	九一五〇	六四三〇	四八四〇	〇八
三月八日	六二五〇	七〇七〇	七〇二〇	一〇
三月十五日	六四〇〇	八二二〇	八九七〇	一〇
二月二十日	五七〇〇	八九九〇	一〇四〇〇	一六
三月二十八	六一七〇	九七二〇	一一二一〇	一四

（续表）

月　日	外国银行正货存额		贷款（千两）	利息日计（千两钱分）
	银两（千两）	墨圆（千弗）		
四月五日	六六一〇	九三七〇	一一六一〇	一一
四月十二日	六七五〇	一〇三五〇	九七七〇	一八
四月十九日	六八八〇	一〇八八〇	八九三〇	一二
四月二十六日	七五六〇	一二二九〇	九三九〇	一二
五月三日	七五二〇	一二四二〇	一〇七三〇	一二

银两之存数，三月以来减少者，缘输出于印度及伦敦之故，比去年此时遂少二百万两。墨圆达千二百万弗至巨额，此去年此时增五百万弗。五月底六月初收茧之时，墨圆存项必且大为减少。现在商情不振，所需资本甚微，故正货之供给绰有余裕。货款虽有千二百万弗，然利息甚微，千两每日不过一钱。又贷款增加为此前所罕见，其原因在江北水灾、收买蚕类之故。

兑换市价　三月四月中伦敦日本间电汇之市价				
	三月		四月	
	最高	最低	最高	最低
汇伦敦	三仙〇片五/八	二仙〇片一/二	二仙二片	二仙九片七/八
汇日本	七一两	六六两一/四	七二两一/四	六九两七/八

生银市价，至三月渐落，四月四日最低至三十片，现渐有复旧之观，四月末三十片半，故兑换之率亦为所牵动。五月仍然。惟耶稣复活日节期以前，伦敦利息腾涨，银行乃滞于卖出。节期以后，卖出渐多。然生银市价颇为无定，又届每月底中国付赔款之时，兑换亦往往为之摇动。

一切商况

当地商况尚不能免于衰疲。输入货中如棉织物一项最为大宗，然其来自英国者，皆旧来之货，新入口者绝鲜，商人受累实多。近汉口地方商困渐苏，对于上海之需要必益增加，不难豫料。然商务尚未见殷繁者，以各处货物停积尚多、长江一带米价腾贵之故。故在端午节后迄于农作收获之前，总不能望其不困厄也。幸目前当地存款充足，利息亦微，故商人易于通融而有持守积货之忍耐力，不然恐不免于败露矣。

商务官报 1907（17）

去年上海经济情形

杨志洵

一，金融

去年上海之外国银行，常存宝银九百万两以上、洋银七八百万圆以上，利息每千两日息二分以上，资金之需要本甚和缓。惟自前年冬季以来，银价跌落，市况衰沉，达于其极。去年五六月以来，内外商家失耗歇业者相继而起，经济界遂生近年未有之惨状。其最著者莫若瑞记分店长因失耗自尽，八月中禅臣洋行分店长又因耗自行沉没，九月中复有棉商吴氏之破绽，其影响及于南北市之中国银号，银号倒闭者相继而起。于是自九月至十月之间，外国银行收回银七百万两，利息乃腾：十月初旬银千两，每日利息三钱八分。而中国银号之利息尤重，每千两至七钱。一时商号交易全然杜绝。十月初八以后，赖关道及商会派人奔走斡旋，借进汇丰二百三十万两、苏州藩库七十万两，合计三百万两，以供南北两市，金融乃渐归于平稳。然外国银行因此戒备，至于年终，未尝稍懈，仍逐渐收回贷款。至十月底贷出之债票仅二百四十四万两，十二月底剩十万两矣。

一，银块市价及汇兑市价

前年伦敦银块市价，由三十二辨十六分之七跌至二十四辨十六分之一，世界已为之一震。乃至去年更跌至二十二辨。日本之电汇每百圆由七十八两八分之五升至九十三两八分之一。此种跌落实五年（前曾降至二十一辨）以来所未见。试揭近十年银块之市价如左：

年份	最贵	最贱
光绪二十五年	二八七/八辨	二六五/八辨
二十六年	三〇三/一六	二七
二十七年	二九九/一六	二四一五/一六
二十八年	二六一/四	二一二/一六
二十九年	二八一/二	二一二/一六
三十年	二八九/一六	二四七/一六
三十一年	三〇五/一六	二五七/一六
三十二年	三三一/八	二九
三十三年	三二七/一六	二四一/一六
三十四年正月	二七	二五一/八
二月	二六五/八	二五三/八
三月	二五一三/一六	二五一/二
四月	二五九/一六	二四九/一六
五月	二四一三/一六	二四
六月	二五三/八	二四一/四
七月	二四七/八	二四一/八
八月	二四三/八	二三五/八
九月	二四三/一六	二三九/一六
十月	二四	二三一/一六
十一月	二三五/一六	二三一二/一六
十二月	二三一/八	二二

由此以观，去年一年之中，银块市价最贵时二十七辨，最贱时二十二辨；每经一月，必较其前月尤为下落。其所以跌落者，实因于印度及中国两处需银之度减于从前故也。向来印度需平均每月十五万磅内外，然去年十月间银之屯积而滞消者乃达二百万磅。又就上海而观，外国银行之宝银向来常存有一千万两以下，自去年年初渐见增加，迄六月底乃有一千五百九十一万两，十月末乃有一千九百十万，比于三年以前之十月所加，实几于五倍，为近年所罕有。

银块市价既大落，而汇兑市价亦大动摇。凡电汇往横滨者，每百圆由七十八两八分之一升至九十三两八分之一。电汇往伦敦者，每两由二仙二辨升至二仙二辨八分。若以正月之价与十二月之价相较，电汇横滨者每百圆相差十五两，电汇伦敦者每一两相差四辨八分。

盖去年一年之中，中等商店破产者多，即大公司亦往往缩少资本、节减经费。日本商店或房租无着，转辗逃亡。故内外交易并形衰退。据海关报告，去年自正月至九月九个月间，收入七百十四万八千百零一两，比于大前年少二百四十六万七千八百六十七两，比前年减少百十三万三千三百五十九两。是少于前年者一成、少于大前年者二成五分也。按关税所以减少者，原于外国货输入税减少之故。此九月间所收入比前年减九十二万二千七百七十七两，是二成也。而其减少之货以织物为大宗。盖自光绪三十二年以来，三年之中输入太多，前年之末，存积无数，故去年难复进口也。

一，经济界之前途

然则经济界之前途如何乎？今者欧美经济界已归平稳，日本经济界亦复于日俄战前之旧观。银块市价跌落之大势，已渐有恢复之象。去年世界农作，收获甚丰。新年以来，货物起运，日以繁盛。凡皆今年之佳兆也。但中国财政困急，天津、汉口金融并窘，加以上海去年受害过甚，一时难于恢复。市场存货比前年底虽称较少，然以供给此后数月尚有余裕。以此推之，则上年者殆犹在沉睡之时期耶？

商务官报 1909（6）

上海经济事情

——译日本《通商汇纂》

杨志洵

一，银块市价

去年银块市价以正月为最高，值至二十七辨。尔后逐次跌落，迄于年底。中国各银行大收银块。西十二月间，银之屯积于孟买者价值七十五万磅，伦敦市上现银稍少。西正月初旬，乃比前月腾起一辨，升降于二十三辨十六分之三至十六分之三之间。后因中国向印度收银，乃复腾贵一辨。要之伦敦之银块市价全视印度及中国之银根而定。本年之初，因中国银行停收银块，价乃复跌至二十三辨。

一，金块及鹰洋市价

去年金块市价最高至四百二十六两二分之一，最低至四百零五两。西十二月间，最高四百四十四两，最低四百二十一两。虽已跌下二十两之谱，然比于去年正月市价最高三百九十两、最低三百六十九两，相差尚多矣。

去年鹰洋市价最高七十四两一五，最低七十二两八六二。盖昨年西十二月最高七十四两七三五，最低七十四两零七五，比于西正月最高七十四两九八五、最低七十三两四二五者，则其和缓之度，平均已至一两内外焉。

一，银行现银

上海银行本年西正月初存银一千五百九十四万两，月底存银一千四百八十九万两。以正月底之存额比于前月底之存额，减少四十七万两。又鹰洋西十二月底现存七百十八万圆，西正月底八百六十七万圆，是加多百四十九万圆也。试比较已往三年则如左：

	银两存额（千两）	鹰洋存额（千圆）
千九零六年底西正月底	七二六〇	六四六〇
千九零七年底西正月底	九三八〇	四三五二
千九零八年底西正月底	九〇九〇	三五八〇
千九零九年底西正月底	一四八九〇	八六七〇

然则存额以本年为最多矣。且非第银行然也，即本国人所设各银行及钱庄，其存额亦颇可观。故西正月中利息底落，贷款利子每月六厘耳。

一，上海南北市钱业景况

近数年来商况衰沉，钱业大损。而损失以昨年为最甚。昨年之初，南市有钱庄三十七家，今仅存十六家；北市本有钱庄七十八家，今仅存五十余家耳。昨年中是等各庄所蒙损失合计实达二三百万两。其当九十两月之间而未豫先戒备者，所损则更甚。至昨年中各庄所得之实益则如左表：

南市			
安康	二万二千两	通泰	三千两
立余	五千两	顺元	一千两
聚生	一万五千两	元大	九千五百两
元益	一千六百两	慎和	一万两
安裕	三千两	鸿余	一万二千两
德大	一万二千两	和丰	四千两
鼎昌	九千五百两	五丰	四千两
嘉惠	六千两	晋昌	二千两
元春	九千两	正泰	九千五百两
干元	一万五千两	义昌	一千六百两
厚泰	三千两		

北市			
福康	三万五千两	宝大	七千五百两
升大	一万二千两	寿昌	六千两
崇裕	五千五百两	存德	一万五千两
元祥	二千两	汇康	九千两
晋和	八千五百两	永丰	二万两
衍大	八千两	承裕	三万两
恒德	五千两	赓格	二万八千两
谦余	四千两	源裕	三千两
元牲	六千两	泰崇	一千五百两
永康	九千两	钧康	九千两
宏大	二千两	永余	三千两
宝和	一万五千两	志大	三千两

（续表）

北市			
瑞大	一千两	会余	一万三千五百两
裕源长	三千两	瑞丰	四千两
怡大	一万两	信大	六千两
兆丰	五千两	协丰	五千两
恒益	三钱两	义善源	六万两
森源	八千两	久丰	一万两
同余	三千两	元茂	一万两
敦和	六千两	洽余	一万一千两
顺康	二万两	恒兴	六千两
衍庆	五千两	晋大	二千两
宝顺	一万两	会大	二千两
寿康	一万一千两	豫源	一万两
寿丰	一万五千两	正大	一万一千两
和康	二万两	慎余	一万两
元吉	一万两	镇昌	一万四千两
源利	一万五千两	和丰	五千两
瑞昌	一万两	敦裕	五千两

一，上海银行钞票情形

在上海之外国银行十余家，其发行鹰洋钞票及银票者，现只八家其发行之额及准备金之额未尝表示公众，难得其详。然推而测之，则大概如左：

中国通商银行	一八〇〇〇〇〇（圆）	一〇〇〇〇〇（两）
汇丰银行	一三〇〇〇〇〇	一五〇〇〇〇
横滨正金银行	一〇五四〇〇〇	——

（续表）

渣打银行	六〇〇〇〇〇	五〇、〇〇〇
德华银行	四〇〇〇〇〇	——
华俄道胜银行	三〇〇〇〇〇	——
华比银行	三〇〇〇〇〇	——
花旗银行	二〇〇〇〇〇	——
合计	五九五四〇〇〇	三〇〇〇〇〇

此外，纯然中国人经营之银行，其发行钞票者为数不多，计惟裕宁（南京）、裕苏（苏州）、信成（上海）、信义（镇江）、兴业（上海）数家而已，而以裕宁、裕苏二银行为最得信用，但不能通用于外人之手。盖此各银行者，其准备金之虚实如何，靡得而知，即本国人民亦莫究其底蕴，所以一时难得外人之信用也。昨春以来，上海商会屡次要求当业之人将其内情宣言于众，乃知其梗概如左：

裕宁银行：系江宁官办。所发行之钞票可以完纳一切税课。银行对于发行之额，常存现银以为十分之准备。且百圆以下之钞票，无论持至何处分行，概系一见付款。其上海之分行，实受上海道之监督。

裕苏银行：苏省官办。自前年夏季发行钞票中国银圆钞票四十九万六千圆、鹰银钞票四十万四千圆，合计九十万圆。分由上海分行发行者二十六万圆。据昨年西六月调查，上海分行所已发行者二十三万圆，银行尚存三万圆；而准备兑换之现银，在上海分行有鹰洋十一万圆、中国洋一万圆。合计上海及内地各分行所已发行之总数，连中国洋、鹰洋七十六万三千六百圆。其准备兑换之现银，与发行之钞票相应，常有增减。所有钞票亦可以完纳一切税课。

信成及商业银行：并经商部允许开办。信成自昨年正月底始发行钞票，其额四万圆。其准备金照发行额之十分之八。若完纳税课，须照市价收受。

信义银行：全系私设，与官绝无关系。资本金百五十万两。近时始与四明银行皆发行银圆及银两之钞票。

商务官报 1909（12）

上海物价表

财政部驻沪调查货价处报告

本表如欠正确处，请各界函知白克路侯在里七四五号，本处当即更正。

货名	单位	九月份（两钱分厘）	趸售时价	
			十月第一周（九月二十九至十月五日）（两钱分厘）	十月第二周（六日至十二日）（两钱分厘）
粮食类				
高常河下白元	担	五三〇〇	五一〇六	五一一三
汉口小麦	担	二五〇五	——	——
大麦	□磅	一九〇六	一九九八	二〇〇〇
机制丝兵船面粉	包	一七三九	一七五〇	——
燕湖莞豆	担	二〇三〇	三一〇〇	三一〇〇
火车河南黄豆	担	二八五七	二九一〇	二八八五
湖南蚕豆	担	二四〇〇	二三〇〇	二二〇〇
亳州一等芝麻	担	七六五〇	六九〇〇	六八五〇
牛庄豆油	篓	二五四七	二七一〇	——
华丰麸皮	小包	一七七五	一七八五	一八一二
其他食物类				
牛肉	磅	〇一二三	〇一二五	〇一二六
羊肉	磅	〇一三一	〇一三三	〇一三三
猪肉	磅	〇二〇一	〇二〇三	〇二〇四
青花鱼	磅	〇二三六	——	〇二五九
鸭	只	〇三四七	〇三六九	〇三七〇
鸡蛋	打	〇一三七	〇一四〇	〇一四一
香蕉	磅	〇〇四〇	〇〇四〇	〇〇四一

（续表）

货名	单位	九月份（两钱分厘）	趸售时价	
			十月第一周（九月二十九至十月五日）（两钱分厘）	十月第二周（六日至十二日）（两钱分厘）
橘	打	〇四七一	〇八一四	〇七〇四
梨子	磅	〇〇四四	〇〇八一	〇〇八一
萝卜	捆	〇一八三	〇一八五	〇一八五
马铃薯	担	一八四六	一八五〇	一八五二
牛奶（外国乳棚）	瓶	〇一四六	〇一四八	〇一四八
萨门咸鱼	担	四九五〇	五四〇〇	五四〇〇
十号荷兰赤糖	担	八三三三	七八〇〇	八五〇〇
二十五号荷兰细砂白糖	担	九七八七	九四〇〇	一〇〇〇
三温牛太古白糖	担	九五一二	九二〇〇	九三〇〇
八号车白糖	担	九〇八四	八八五〇	九五〇〇
海带（根茎）	担	二六〇〇	——	二九二五
飞鹰牌炼乳	箱	九八〇一	九九九二	一〇一五八
出办龟赤参	担	三六二五〇	三五〇〇〇	三三〇〇〇
十号十番有刺黑海参	担	一四三〇〇〇	一四〇〇〇〇	一三〇〇〇〇
黑胡椒（黑大）	担	一二二五〇	一九〇〇〇	一九〇〇〇
绿茶（珍眉）	担	五三〇四四	四六〇〇〇	五三四二九
绿茶（元朱）	担	三四三〇〇	——	——
红茶（祁门）	担	三六九一五	二三五二〇	——
红茶（宁州）	担	二三五〇〇	——	——
匹头及其原料类				
十四磅喂马原粗布	匹	七一六八	七二五〇	七二五〇
十四磅人塔原粗布	匹	七三一七	七二五〇	七三五〇
十三磅九龙原粗布	匹	六六五〇	六七〇〇	六八五〇

（续表）

货名	单位	九月份（两钱分厘）	趸售时价	
			十月第一周（九月二十九至十月五日）（两钱分厘）	十月第二周（六日至十二日）（两钱分厘）
十三磅龙〇原粗布	匹	六五六七	六六五〇	六八〇〇
八磅四鸡心原布	匹	五三四五	——	——
八磅四蓝七字原布	匹	五八五〇	——	——
八磅四东方朔原布	匹	五六五〇	五四五〇	五四五〇
八磅四牛童原布	匹	五六〇〇	五六〇〇	五五五〇
四十码双松鼠原细斜	匹	九〇四三	九二〇〇	九二〇〇
四十码电车原细斜	匹	九二五七	九五六〇	九五六〇
四十码刘军原细斜	匹	八九五七	九二一〇	九二一〇
四十码人面原细斜	匹	七三三三	七八五〇	八一〇〇
四十码双童原细斜	匹	七二六七	七七五〇	七九五〇
四十码竹虎原细斜	匹	七三〇〇	七八〇〇	八一〇〇
四十码老人枪白布	匹	一〇二二〇	——	——
四十二空城计白布	匹	一〇一三〇	——	——
四十码郭子仪白布	匹	九五〇〇	一〇〇〇〇	一〇〇〇〇
四十码弓美人白布	匹	九四〇〇	九八〇〇	九八〇〇
四十码蓝象原粗斜	匹	九三八三	六五五〇	六七〇〇
四十码凤凰原粗斜	匹	六三五〇	六五〇〇	六六五〇
四十码飞鱼原粗斜	匹	六四二五	——	——
四十四码猪牌漂标	匹	三八〇〇	三七〇〇	三八〇〇
二十四码菊花原标	匹	三四〇〇	三四五〇	三五〇〇
十二支红大班棉纱	包	一六七六五〇	一七三五〇〇	一七四九二〇
十六支福岛棉纱	包	二〇三三七五	二一二五〇〇	二一六〇〇〇

（续表）

货名	单位	九月份（两钱分厘）	趸售时价	
			十月第一周（九月二十九至十月五日）（两钱分厘）	十月第二周（六日至十二日）（两钱分厘）
十六支宝鼎棉纱	包	二〇七三二七	二一一三五〇	二一七七〇〇
平松 A23 绒线	磅	二五六七	二五七五	二六二五
芝川 P.A.113 绒线	磅	二二一九	——	二二七五
四二支启明三光元色双股线	大包	四二五〇〇〇	四三六〇〇〇	四五〇〇〇〇
六十支启明三光元色双股线	大包	五九六〇〇〇	六〇六五〇〇	六一六〇〇〇
通州棉花	包	三一七〇六	三三〇〇〇	——
上等白厂经	担	一〇二一〇四一	一〇二〇〇〇〇	一〇二一二五〇
中等白厂经	担	九二〇〇〇〇	一〇〇〇〇〇	九九九三三三
下等白厂经	担	九一五〇〇〇	九七〇〇〇〇	一〇〇〇〇〇〇
九江苎麻	担	一四五〇〇	一五〇〇〇	一五二〇〇
三十码启明双童提花锦缎	匹	一六二〇〇	一六二〇〇	一六八〇〇
五金类				
日立紫铜锭	担	二七〇〇〇	二七〇〇〇	二七二五〇
粗细黄铜条	担	二九一二五	二九〇〇〇	二九〇〇〇
径二分至一英寸竹节钢条	担	六八七五	五四〇〇	五二〇〇
长一英寸至六英寸花旗钉	桶	六三七五	六二〇〇	六三〇〇
B.H.P 澳洲青铅条	担	七五〇〇	七五〇〇	七五五〇
九十磅马口铁片	担	九一一二	九二〇〇	九〇〇〇
九号及十号白铅皮	担	一五八一二	一六〇〇〇	一六〇〇〇
径四分至一英寸二分孟林元钢	担	五一八〇	五〇〇〇	五二五〇

（续表）

货名	单位	九月份（两钱分厘）	趸售时价	
			十月第一周（九月二十九至十月五日）（两钱分厘）	十月第二周（六日至十二日）（两钱分厘）
湖南纯锑	吨	一〇七二五〇	一〇五〇〇〇	一〇四〇〇〇
汉冶平生铁块	吨	六一七五〇	六〇〇〇〇	五八〇〇〇
燃料类				
头号杵岛块煤	吨	一五二一九	一五四五〇	一五四五〇
头号金田统煤	吨	九三〇〇	九二〇〇	九二〇〇
头号红屑	吨	一一二七五	一〇六二五	一〇四五〇
头号开平火车块煤	吨	一三〇六二	一三〇〇〇	一二七五〇
二号井阱统煤	吨	一〇三四四	一〇二五〇	一〇二五〇
头号开平屑	吨	七五〇〇	七五〇〇	七六〇〇
头号梅溪和炭	担	〇七三三	〇七四三	〇八一五
柴	五十捆	〇七三三	〇七四〇	〇七四一
船牌洋烛（十二两）	箱	三五六五	三五五二	三六一六
鱼牌火油	箱	三九九八	四〇三四	四〇三八
老牌火油	箱	三九九八	四〇三四	四〇三八
渔樵牌火油	箱	二九〇〇〇	二九七五〇	二九二五〇
蟠龙牌火油	箱	一二〇五八	一一八七五	一一七五〇
建筑材料类				
长三六英寸宽二四尺美国玻璃片	箱	一三八三三	一三三七五	一三一二五
长三六英寸宽二四尺日本玻璃片	箱	一二九〇六	一二八七五	一二八七五
八英寸至十五尺方料花旗松	千方尺	五一〇〇〇	五一〇〇〇	五一〇〇〇
东洋白松	千方尺	三一五〇〇	三一五〇〇	三一五〇〇
方料暹罗柚木	千方尺	一二六〇〇〇	一二六〇〇〇	一二六〇〇〇

（续表）

货名	单位	九月份（两钱分厘）	趸售时价	
			十月第一周（九月二十九至十月五日）（两钱分厘）	十月第二周（六日至十二日）（两钱分厘）
长一六尺以内新加坡硬白板	千方尺	三九六〇〇	三九六〇〇	三九六〇〇
岛牌漆油	桶	五八一二	五七五〇	六〇〇〇
A 字漆油	桶	一〇二三三	一〇〇〇〇	一〇〇〇〇
海风水门汀	桶	三五〇〇	三五〇〇	三五〇〇
湖北水门汀	桶	三八五〇	三八五〇	三八五〇
东洋宝砖	千块	八七九九六	八八八二四	八八八二四
天津空心砖	千块	三七五〇〇	三七五〇〇	三七五〇〇
天津红瓦	万张	五七〇〇〇	五七〇〇〇	五七〇〇〇
头号老式中国瓦	万张	三一二六五	三二五六八	三二五六八
工业用品类				
硫酸	箱	五三一八	五三六五	五三七五
阿摩尼亚	吨	一八九二四一	一八七七〇〇	二〇〇九四六
淡轻四绿	箱	一六八七〇	一六五六〇	一六六八三
漂白粉	箱	四三〇〇	四三〇〇	四三〇〇
盐硝	百磅	一八三三九	一八五〇〇	一八五三七
烧碱	担	五二五〇	四五〇〇	四二五〇
泡花碱	筒	五一四三〇	五一八一四	五一九〇五
鋏铁衰奶	箱	七五七二三	七七七〇〇	七七八五七
硼酸粉	筒	八二〇〇〇	八一五〇〇	八一五〇〇
硫磺	筒	一六一三九	一六二八〇	一六三一三
双鸭直接朱红	斤	二三五〇	二三五〇	二一〇〇
和合牌直接痰黄	斤	六〇〇〇	六〇〇〇	五八〇〇
白水滩牌直接靛蓝	斤	三五〇〇	三五〇〇	三五〇〇

（续表）

货名	单位	九月份（两钱分厘）	趸售时价	
			十月第一周（九月二十九至十月五日）（两钱分厘）	十月第二周（六日至十二日）（两钱分厘）
福寿牌硫化元色	担	四三五〇〇	四三五〇〇	四二〇〇〇
福寿牌硫化潮蓝	担	四〇〇〇〇〇	四〇〇〇〇〇	三七五〇〇〇
福寿牌硫化军衣黄	担	四五〇〇〇	四五〇〇〇	四八〇〇〇
飞马牌盐基或酸性洋绿	磅	七〇〇〇	七〇〇〇	四四〇〇〇
和合牌盐基或酸性朱红	磅	一九〇〇	一九〇〇	一八〇〇
得利牌盐基或酸性米黄	磅	五〇〇〇	五〇〇〇	四九〇〇
其他物品类				
25×47 17 磅美国有光纸	令	一八五〇	一八七五	一八七五
25×47 17 磅日本有光纸	令	一六一二	一六〇〇	一六〇〇
31×43 37 磅美国报纸	令	二八二五	二九〇〇	二八五〇
31×43 37 磅日本报纸	令	二五五〇	二六〇〇	二六五〇
文成本连史	件	一〇〇七五	一〇一〇〇	一〇一〇〇
柏半太	件	六五八五	六六〇〇	六六〇〇
美大仁毛边	件	八四八七	八五〇〇	八五〇〇
美孚红车油	40 介伦	三二七五〇	三二〇〇〇	三三〇〇〇
亚细亚气发油	桶	三五〇〇	三〇〇〇	三二〇〇
一至六号双人牌洋针	万枝	七〇七五	七四〇〇	七一五〇

（续表）

货名	单位	九月份（两钱分厘）	趸售时价	
			十月第一周（九月二十九至十月五日）（两钱分厘）	十月第二周（六日至十二日）（两钱分厘）
一至六号手枪牌洋针	万枝	五一六六	五一二五	四二五〇
120 块祥茂肥皂	箱	五〇三六	五〇一二	五〇一二
120 块固本肥皂	箱	四五九七	四四三九	四四一二
径 30 生的蝙蝠牌叠头细花洋磁盆	打	二九四三	二九五〇	三〇七五
大瓶三星斧头牌白兰地酒	箱	一八五二五	一八五〇五	一八五三七
好时火酒	箱	八一〇〇	八〇〇〇	八〇〇〇
50 支三炮台香烟（普通）	千支	七一一六	七一七九	七〇四四
50 支前门牌香烟	千支	五六五九	五六二五	五七八三
500 支大英牌香烟（普通）	千支	三二八七	三三〇〇	三三二〇
十支老车牌香烟（普通）	千支	一九一〇	一九四〇	一九二七
淡克浦四登烟丝	磅	一六五六	一六五三	一六五三
50 支大喜牌香烟（普通）	千支	七八七八	七九三四	八〇四〇
50 支长城牌香烟（普通）	千支	五五八一	五六二五	五六三五
500 支双喜牌香烟（普通）	千支	二七八〇	二八一二	二七五八
500 支大吉牌香烟（普通）	千支	二二四六	二三六八	二四〇二
洪江桐油	桶	九五六二	九八〇〇	九七五〇

银行周报 1919，3（40）

上海物价表

财政部驻沪调查货价处报告

本表如欠正确处，请各界函知白克路侯在里七四五号，本处当即更正。

货名	单位	趸售时价	
		九月第四周（十三日至十九日止）（两钱分厘）	九月第三周（二十日至二十六日止）（两钱分厘）
粮食类			
高常河下白米	担	一〇八一七	一〇五二七
高常河下白元	担	九一二八	八七一二
汉口小麦	担	三二二〇	三〇八〇
机制丝兵船面粉	包	二一六〇	二二〇〇
燕湖莞豆	担	二四八〇	二八四〇
火车河南黄豆	担	三〇一五	二九七〇
汉口蚕豆	担	二〇二〇	一九二八
亳州一等芝麻	担	六四〇〇	六二五〇
牛庄豆油	篓	一〇五〇〇	九五九〇
华丰麸皮	小包	一六〇〇	一六五〇
其他食物类			
牛肉	磅	〇一二三	〇一二三
羊肉	磅	〇二三〇	〇二三〇
猪肉	磅	〇一九九	〇一九九
青花鱼	磅	〇一九九	〇一九九
鸭	只	〇四〇〇	〇三九九
鸡蛋	打	〇一六〇	〇一六〇
香蕉	磅	〇〇四〇	〇〇三九

（续表）

货名	单位	趸售时价	
		九月第四周（十三日至十九日止）（两钱分厘）	九月第三周（二十日至二十六日止）（两钱分厘）
橘	打	〇八〇〇	〇七九九
梨子	磅	——	——
萝卜	十捆	〇一八一	〇一八一
马铃薯	担	一二三三	〇二三三
牛奶（外国乳棚）	瓶	〇一四五	〇一四五
萨门咸鱼	担	五〇〇〇	——
十号荷兰赤糖	担	一一一〇〇	一二〇〇〇
二十五号荷兰细砂白糖	担	——	一四五〇〇
三温牛太古白糖	担	一三八〇〇	一三八〇〇
八号车白糖	担	一三八〇〇	一三八〇〇
海带（根茎）	担	三六〇〇	——
老牌飞鹰牌炼乳	箱	一一五〇〇	一一五〇〇
出办龟赤参	担	——	——
中号十番有刺黑海参	担	——	——
黑胡椒（黑大）	担	——	——
绿茶（珍眉）	担	三九七四九	五五二九五
绿茶（元朱）	担	四六九二六	四五五二八
红茶（祁门）	担	——	——
红茶（宁州）	担	——	——
匹头及其原料类			
十四磅喂马原粗布	匹	——	——
十四磅人塔原粗斜	匹	七三五〇	七三五〇
十三磅九龙原粗布	匹	六五〇〇	六五五〇
十三磅龙〇原粗布	匹	六五〇〇	六五五〇

（续表）

货名	单位	趸售时价	
		九月第四周（十三日至十九日止）（两钱分厘）	九月第三周（二十日至二十六日止）（两钱分厘）
八磅四鸡心原布	匹	——	——
八磅四蓝七字原布	匹	——	——
八磅四东方朔原布	匹	五〇五〇	五〇五〇
八磅四牛童原布	匹	五〇〇〇	五〇〇〇
四十码双松鼠原细斜	匹	——	七七五〇
四十码电车原细斜	匹	——	——
四十码刘军原细斜	匹	——	七五九〇
四十码人面原细斜	匹	七二〇〇	七三〇〇
四十码双童原细斜	匹	六九五〇	七〇〇〇
四十码竹虎原细斜	匹	七一五〇	七二五〇
四十码老人枪白布	匹	——	九五二〇
四十二空城计白布	匹	——	九三一〇
四十码郭子仪白布	匹	九七〇〇	九八〇〇
四十码弓美人白布	匹	九六〇〇	九七〇〇
四十码凤凰原粗斜	匹	六三〇〇	六四〇〇
四十码蓝象原粗斜	匹	六三〇〇	六四〇〇
四十码飞鱼原粗斜	匹	——	——
四十四码猪牌漂标	匹	三三五〇	三四〇〇
二十四码菊花原标	匹	三一五〇	三二〇〇
十二支红大班棉纱	包	一五八〇〇〇	一六〇〇〇〇
十六支水月棉纱	包	一四九〇〇〇	一六〇五〇〇
十六支宝鼎棉纱	包	一五九〇〇〇	一六四〇〇〇
平松 A23 绒线	磅	二八五〇	二八五〇
芝川 P.A.113 绒线	磅	二一五〇	二一五〇

（续表）

货名	单位	趸售时价	
		九月第四周（十三日至十九日止）（两钱分厘）	九月第三周（二十日至二十六日止）（两钱分厘）
通州棉花	包	二七五〇〇	二七二五〇
上等白厂经	担	一一二〇〇〇〇	一一四〇〇〇〇
中等白厂经	担	九五〇〇〇〇	九六〇〇〇〇
下等白厂经	担	八六〇〇〇〇	八五〇〇〇〇
九江苎麻	担	二三五〇〇	二三〇〇〇
五金类			
日立紫铜锭	担	二四五〇〇	二四五〇〇
6/10 号粗细黄铜条	担	三一五〇〇	三一五〇〇
径二分至一英寸竹节钢条	担	八五〇〇	八五〇〇
长一英寸至六英寸花旗钉	桶	一〇〇〇〇	一〇〇〇〇
B.H.P 澳洲青铅条	担	一〇三〇〇	一〇四〇〇
九十磅马口铁片	担	九一〇〇	八九五〇
九号及十号白铅皮	担	一六五〇〇	一六七五〇
径四分至一英寸二分孟林元钢	担	六一五〇	六二〇〇
湖南纯锑	吨	一二〇〇〇〇	一一八〇〇〇
汉冶平生铁块	吨	五三五〇〇	五二〇〇〇
燃料类			
头号杵岛块煤	吨	一五二五〇	一五五〇〇
头号金田统煤	吨	一〇七五〇	一〇五〇〇
头号红屑	吨	一〇五〇〇	一〇四〇〇
头号开平火车块煤	吨	一二〇〇〇	一二〇〇〇
二号井阱统煤	吨	一一二五〇	一一〇〇〇
头号开平屑	吨	八五〇〇	八五〇〇
头号梅溪和炭	担	〇五〇八	〇五〇八

（续表）

货名	单位	趸售时价	
		九月第四周（十三日至十九日止）（两钱分厘）	九月第三周（二十日至二十六日止）（两钱分厘）
柴	五十捆	〇七二六	〇七二六
船牌洋烛（十二两）	箱	三四四八	三四四八
鱼牌火油	箱	三九五六	三九五六
老牌火油	箱	三九五六	三九五六
渔樵牌火油	箱	二五五〇〇	二五五〇〇
蟠龙牌火油	箱	一〇七五〇	一〇七五〇
建筑材料类			
36×24 美国玻璃片	箱	九二五〇	九二五〇
36×24 日本玻璃片	箱	八七五〇	八七五〇
8 至 15 尺方料花旗松	千方尺	五五〇〇〇	五五〇〇〇
东洋白松	千方尺	四〇〇〇〇	四二〇〇〇
方料暹罗柚木	千方尺	一七〇〇〇〇	一七〇〇〇〇
长十六尺以内新加坡硬白板	千方尺	六五〇〇〇	六五〇〇〇
岛牌漆油	桶	五〇〇〇	五〇〇〇
A 字漆油	桶	九五〇〇	九五〇〇
海风水门汀	桶	五五〇〇〇	——
启新水门汀	桶	六二〇〇	六三五〇
开平火砖	千块	八二〇〇〇	八一〇〇〇
天津空心砖	千块	五八〇〇〇	五八〇〇〇
天津红瓦	万张	六三〇〇〇	六三〇〇〇
头号老式中国瓦	万张	三三六七〇	三三六七〇
工业用品类			
硫酸（四十度）	箱	七六二三	七六二三
阿摩尼亚（中等）	吨	二〇一四六五	二〇一四六五

（续表）

货名	单位	趸售时价	
		九月第四周（十三日至十九日止）（两钱分厘）	九月第三周（二十日至二十六日止）（两钱分厘）
淡轻四绿（中等）	箱	二五四一〇	二五四一〇
太阳牌漂白粉（中等）	箱	六六〇〇	六六〇〇
盐硝	百磅	三一九四四	三一九四四
烧碱（中等）	担	七〇〇〇	七〇〇〇
泡花碱（净）	筒	三一〇〇〇	三一〇〇〇
鋏铁衰奶	箱	八〇〇〇〇	八〇〇〇〇
硼酸粉	筒	六二〇〇〇	六二〇〇〇
硫磺（棒状）	筒	一四六〇〇	一四六〇〇
双鸭直接朱红	斤	二〇〇〇	二〇〇〇
和合牌直接痰黄	斤	六二〇〇	六二〇〇
白水滩牌直接靛蓝	斤	三二〇〇	三二〇〇
福寿牌硫化元色	担	三六〇〇	三七〇〇
福寿牌硫化潮蓝	担	一九〇〇〇〇	一八五〇〇〇
福寿牌硫化军衣黄	担	四八〇〇〇	四八〇〇〇
飞马牌盐基或酸性洋绿	磅	四二〇〇	四二〇〇
和合牌盐基或酸性朱红	磅	一二〇〇	一三〇〇
得利牌盐基或酸性米黄	磅	四〇〇〇	四〇〇〇
其他物品类			
25×47 17磅美国有光纸	令	二〇五〇	二〇五〇
25×47 17磅日本有光纸	令	一八七五	一九五〇
31×43 37磅美国报纸	令	四四〇〇	四四二五
31×43 37磅日本报纸	令	四一五〇	四一〇〇
文成本连史	件	一一〇〇〇	一一〇〇〇

（续表）

货名	单位	趸售时价	
		九月第四周（十三日至十九日止）（两钱分厘）	九月第三周（二十日至二十六日止）（两钱分厘）
柏半太	件	七二〇〇	七二〇〇
美大仁毛边	件	八八五〇	八八五〇
美孚红车油	40 加伦	二六〇〇〇	二五〇〇〇
亚细亚气发油（五加仑）	桶	四〇〇〇	四〇〇〇
一至六号双人牌洋针	万枝	——	——
一至六号手枪牌洋针	万枝	二五七五	二五七五
120 块祥茂肥皂	箱	五〇〇五	五〇〇五
120 块固本肥皂	箱	四一七四	四一七四
径 30 生的蝙蝠牌叠头细花洋磁盆	打	三三二五	三三二五
大瓶三星斧头牌白兰地酒	箱	一八三六一	一八八七六
好时火酒	箱	六八五〇	六八五〇
50 支三炮台香烟（普通）	千支	六六七九	六六七九
50 支前门牌香烟（普通）	千支	五四〇八	五三三六
500 支大英牌香烟（普通）	千支	三一三六	三二〇九
十支老车牌香烟（普通）	千支	——	——
淡克浦四登烟丝	磅	一六六九	一六三三
50 支大喜牌香烟（普通）	千支	八〇五八	五一五四
50 支长城牌香烟（普通）	千支	五一四〇	五一五四
500 支双喜牌香烟（普通）	千支	二八六〇	二八七五
500 支大吉牌香烟（普通）	千支	二〇七八	二〇七六
洪江桐油	桶	一一二〇〇	一一二〇〇

银行周报 1920，4(38)

上海物价表

财政部驻沪调查货价处报告

本表如欠正确处，请各界函知白克路侯在里七四五号，本处当即更正。

货名	单位	趸售时价	
		九月第四周（两钱分厘）	九月第三周（两钱分厘）
粮食类			
高常河下白米	担	九二八〇	八八三四
苏同河下白米	担	八三三七	七四五八
高常河下白元	担	九三五二	八二六八
汉口小麦	担	三七〇〇	九二六八
机制丝兵船面粉	包	二一八三	二二三〇
燕湖莞豆	担	三四〇〇	三六〇〇
火车河南黄豆	担	三四〇〇	三五〇〇
汉口蚕豆	担	二八〇〇	二七〇〇
亳州一等芝麻	担	七三〇〇	七五〇〇
牛庄豆油	篓	九一〇〇	九五〇〇
华丰麸皮	小包	二一五〇	二二二〇
上海本厂豆饼	张	一二七〇	一四七五
其他食物类			
牛肉	磅	〇一三四	〇一三四
羊肉	磅	〇一四一	〇一四一
猪肉	磅	〇一九九	〇一九九
江北乡肉	担	一九九七五	一九五五一
北洋咸带	担	九一〇二	九〇五一

（续表）

货名	单位	趸售时价	
		九月第四周 （两钱分厘）	九月第三周 （两钱分厘）
萨门鱼	担	五〇〇〇	五〇〇〇
鸡蛋	打	〇一五二	〇一三七
鸭蛋黄	担	一五二五〇	一五〇〇〇
牛乳（外国乳棚）	瓶	〇一四五	〇一四五
老牌飞鹰牌炼乳	箱	一五五〇〇	一五五〇〇
食盐	担	二四六五	二四六二
十号荷兰赤糖	担	七〇〇〇	七二〇〇
二十五号荷兰细砂白糖	担	九〇〇〇	八八〇〇
三温牛太古白糖	担	九六〇〇	九六〇〇
八号车白糖	担	八八〇〇	九六〇〇
根室海带	担	四二〇〇	四二〇〇
出办龟赤参	担	三七〇〇〇	三七〇〇〇
瓜哇咖啡	担	二〇〇〇〇	二〇〇〇〇
双套酱油	担	三七八三	四七七九
绍酒（双加重）	坛	三四八〇	三一一四
三星斧头牌白兰地酒	箱	二一七二三	二一七二三
珍眉绿茶	担	四四〇〇〇	五八八〇〇
元朱绿茶	担	——	——
祁门红茶	担	二六〇〇〇	——
宁州红茶	担	——	——
匹头及其原料类			
十四磅喂马原粗布	匹	六八〇〇	六八五〇
十三磅九龙原粗布	匹	六二五〇	——
十四磅人塔原粗布	匹	七四五〇	七五〇〇

（续表）

货名	单位	趸售时价	
		九月第四周（两钱分厘）	九月第三周（两钱分厘）
四十码凤凰原粗斜	匹	五四〇〇	五四五〇
八四鸡心原布	匹	五一七〇	五三三〇
八四东方朔原布	匹	五六〇〇	五七〇〇
四十码老人枪白布	匹	一〇三〇〇	一〇二〇〇
四十码郭子仪白布	匹	一〇五五〇	一〇二〇〇
四十码双松鼠原细斜	匹	七四九〇	七四〇〇
四十码竹虎原细斜	匹	七四〇〇	七四〇〇
二十四码菊花原标	匹	三四〇〇	三四五〇
德记五十四英寸至五十六英寸夹呢	码	二七二五	二七〇〇
荣泰五十四英寸双面驼绒	码	二九〇〇	二八五〇
和丰五十六英寸至五十八英寸直贡贡呢	码	六七五〇	六八〇〇
六九白湖绉（燥）	码	一〇五八	一〇五七
铁机杭缎（元青）	尺	一三七〇	一三五〇
头号山东府绸	匹	九一〇〇	九一〇〇
十二支红大班棉纱	包	一三九〇〇〇	一四二〇〇〇
十六支水月棉纱	包	一六六五〇〇	一七〇五〇〇
十六支宝鼎棉纱	包	一六六〇〇〇	一七〇五〇〇
通州棉花	担	三六〇〇〇	三七〇〇〇
上海棉花	担	三二八〇〇	三三〇〇〇
上等白厂经	担	一二四〇〇〇〇	一二六〇〇〇〇
森茂头号沔阳黄丝	担	五四五〇〇〇	五四五〇〇〇
平松 A23 绒丝	磅	二七七三	二八七三
湖北白苎麻	担	二三〇〇〇	二四〇〇〇

（续表）

货名	单位	趸售时价	
		九月第四周（两钱分厘）	九月第三周（两钱分厘）
嘉湖净棉羊毛	担	一二五〇〇	一三五〇〇
五金类			
日立紫铜锭	担	三二五〇〇	三三五〇〇
粗细黄铜条	担	三二五〇〇	三二五〇〇
径二分至一英寸竹节钢条	担	八〇〇〇	八〇〇〇
径一英寸至六英寸法西钉	桶	五一五〇	五一五〇
B.H.P 澳洲青铅条	担	一〇二五〇	一〇五〇〇
九十磅马口铁片	担	九二五〇	九二〇〇
九号及十号白铅皮	担	一八五〇〇	一八五〇〇
径四分至一英寸二分孟林元钢	担	四七五〇	四八〇〇
荷兰点铜	担	六五五〇〇	六五〇〇〇
湖南纯锑	吨	一三五五〇〇	一三一〇〇〇
汉冶平生铁块	吨	四六〇〇〇	四六〇〇〇
燃料类			
山西白煤	吨	一二〇〇〇	一二一五〇
头号杵岛块煤	吨	一四〇〇〇	一四〇〇〇
头号开平火车块煤	吨	一〇七五〇	一〇七五〇
头号金田统煤	吨	九二五〇	九二五〇
二号井阱统煤	吨	一〇五〇〇	一〇五〇〇
头号红屑	吨	一〇〇〇〇	一〇〇〇〇
头号开平屑	吨	七二五〇	七五〇〇
头号梅溪和炭	担	〇六五二	〇六三四
柴	五十捆	〇七二三	〇七二四
船牌洋烛（十二两）	箱	二九三〇	二六七三

（续表）

货名	单位	趸售时价	
		九月第四周（两钱分厘）	九月第三周（两钱分厘）
鱼牌火油	箱	四六〇四	四五六二
渔樵牌火油	箱	二九七四〇	二八七五〇
建筑材料类			
8至15尺方料花旗松	千方尺	六〇〇〇〇	六〇〇〇〇
东洋白松	千方尺	四〇〇〇〇	四四〇〇〇
方料暹罗柚木	千方尺	一九〇〇〇〇	二〇〇〇〇〇
长16尺以内新加坡硬白板	千方尺	四六〇〇〇	三〇〇〇〇
36×24美国玻璃片	箱	一四六二五	一二六二五
岛牌漆油	桶	四九〇〇	五〇〇〇
柏油	40加仑	一二五〇〇	一二五〇〇
海风水门汀	桶	五二五〇	五二五〇
启新水门汀	桶	五二〇〇	五一五〇
开平火砖	千块	八三〇〇〇	八二〇〇〇
天津空心砖	千块	四六〇〇〇	四八〇〇〇
天津红瓦	千块	四四〇〇〇	四四〇〇〇
头号老式中国瓦	万张	四〇六〇〇	四九八二四
无锡石灰	担	一八八五	一九一〇
工业用品类			
太阳牌漂白粉	百磅	七五〇〇	七八〇〇
66度硫酸	二百磅	七六〇〇	七五〇〇
月牌烧碱	担	九八〇〇	九八〇〇
硼酸粉	箱	五〇〇〇〇	五〇〇〇〇
硫黄（块）	担	七二五〇	七二四一
松香	担	六〇〇〇	六〇〇〇

（续表）

货名	单位	趸售时价	
		九月第四周（两钱分厘）	九月第三周（两钱分厘）
纯碱	担	三二五〇	四二五〇
盐酸钾	会	一八〇〇〇	一八〇〇〇
124度巴拉非尼	担	一五〇〇〇	一二〇〇〇
20度盐酸	箱	六五二五	六五一七
四马直接元色	斤	一八〇〇	一七〇〇
福寿硫化元色	担	三八〇〇〇	三五〇〇〇
白水滩牌直接靛蓝	斤	一八〇〇	一八〇〇
飞马盐基洋绿	磅	四二〇〇	四〇〇〇
福寿牌硫化军衣黄	担	五六〇〇〇	五六〇〇〇
牛牌酸性品蓝	斤	一〇五〇〇	一〇五〇〇
弓箭牌盐基品红	磅	三六〇〇	三六〇〇
开刀盐基玫瑰	斤	二三〇〇	二一〇〇
瑞士汽车巴靛油	担	七六〇〇〇	七八〇〇〇
本国潮州靛油	担	一〇〇〇〇	一〇〇〇〇
其他物品类			
25×47 17磅美有光纸	令	一五五〇	一五五〇
31×43 37磅美报纸	令	三三〇〇	三三〇〇
文成本连史	件	一二〇〇〇	一二〇〇〇
美大仁毛边	件	九五〇〇	九二〇〇
美孚红车油	40加伦	三一〇〇〇	三一〇〇〇
亚细亚气发油	桶	四〇〇〇	四〇〇〇
1至6号手枪牌洋针	万枝	二七二五	二七二五
20块祥茂肥皂	箱	四八五五	四八五五
30生的蝙蝠牌叠头细花洋磁盆	打	四二五〇	三二五〇

（续表）

货名	单位	趸售时价	
		九月第四周（两钱分厘）	九月第三周（两钱分厘）
好时火酒	箱	八四五〇	九七五〇
50 支大英香烟	千支	四二七七	四五四五
500 支双喜牌香烟	千支	二九〇〇	二八九六
洪江桐油	桶	一四〇〇〇	一四八〇〇
黄闽烟惊	担	二六〇〇〇	一九〇〇〇
汉克浦斯等烟丝	磅	——	二三五三
徽州生漆	担	一三七〇〇〇	一四六〇〇〇
平砠莉油	担	一三二〇〇	一三二〇〇
汉口生牛皮	担	三八〇〇〇	三九〇〇〇
新加坡正一号红牛皮	担	三五五〇〇	三四五〇〇
17 号猪鬃	担	九六〇〇〇	九八〇〇〇
兴济白边	担	一七〇〇〇〇	一七五〇〇〇
牛庄籽油	担	八九〇〇	八七〇〇

银行周报 1921，5（38）

上海物价表

财政部驻沪调查货价处报告

本表如欠正确处，请各界函知白克路侯在里七四五号，本处当即更正。

货名	单位	趸售时价			
		九月第一周（两钱分厘）	九月第二周（两钱分厘）	九月第三周（两钱分厘）	九月第四周（两钱分厘）
粮食类					
高常河下白米	担	九〇三二	九三八二	九一〇六	九二四一

（续表）

货名	单位	趸售时价			
		九月第一周（两钱分厘）	九月第二周（两钱分厘）	九月第三周（两钱分厘）	九月第四周（两钱分厘）
苏同河下白米	担	八四五四	八六六〇	八三一一	八九四六
高常河下白元	担	八三一〇	八二二四	八〇二二	八二三〇
汉口小麦	担	三五七〇	三五七〇	三六二〇	三六七〇
机制丝兵船面粉	包	一九〇〇	一九〇〇	一八七五	一九二五
燕湖莞豆	担	二五六〇	二五二〇	二五二〇	三二〇〇
火车河南黄豆	担	三五八〇	三八〇〇	三七四〇	三七六〇
汉口蚕豆	担	二一八〇	二二一〇	二二八〇	二二〇〇
亳州一等芝麻	担	八〇〇〇	七八〇〇	七六〇〇	六九〇〇
牛庄豆油	篓	一〇六〇〇	一〇六五〇	一〇五〇〇	一〇四五〇
山东花生仁	担	六七〇〇	六五〇〇	七二〇〇	六七〇〇
夹舱生油	担	一〇六〇〇	一〇五〇〇	一〇五〇〇	一〇三〇〇
华丰麸皮	小包	二六〇〇	二六〇〇	二七〇〇	二六〇〇
上海本厂豆饼	张	一四二〇	一三八〇	一四〇〇	一三八〇
其他食物类					
牛肉	磅	〇一三四	〇一三三	〇一三三	〇一三三
羊肉	磅	〇一四一	〇一四一	〇一四一	〇一四一
猪肉	磅	〇一九九	〇一九八	〇一九八	〇一九六
江北乡肉	担	——	——	九〇〇〇	九〇〇〇
北洋咸带鱼	担	八四〇〇	七〇〇〇	七〇〇〇	六九〇〇
萨门鱼	担	四九一四	四七六三	五〇〇〇	五二〇〇
鸡蛋	打	〇一六三	〇一九八	〇一九八	〇一九六
鸭蛋黄	担	一六〇〇〇	一六〇〇〇	一五五〇〇	一六二五〇
鸭蛋白	担	九五〇〇〇	九五〇〇〇	九二二五〇	九〇〇〇〇
牛乳(外国乳棚)	瓶	〇一六六	〇一六六	〇一六六	〇一六六

（续表）

货名	单位	趸售时价			
		九月第一周（两钱分厘）	九月第二周（两钱分厘）	九月第三周（两钱分厘）	九月第四周（两钱分厘）
老牌飞鹰牌炼乳	箱	一三五〇〇	一三五〇〇	一三五〇〇	一三五〇〇
食盐	担	二六七四	二六七〇	二六七四	二六七〇
十号荷兰赤糖	担	六八〇〇	六八〇〇	六六〇〇	六七〇〇
二五号荷兰细砂白糖	担	七八〇〇	七八〇〇	七八〇〇	七七〇〇
三温牛太古白糖	担	七五〇〇	七五〇〇	七二〇〇	七二〇〇
八号车白糖	担	七五〇〇	七五〇〇	七二〇〇	七二〇〇
根室海带	担	六〇〇〇	六〇〇〇	五五〇〇	五一〇〇
出办龟赤参	担	三四〇〇〇	三四〇〇〇	三四〇〇〇	三四〇〇〇
瓜哇咖啡	担	二四七五〇	二四七五〇	二五〇〇〇	二四七五〇
双套酱油	担	四□六九	四七六三	四七七〇	四七七一
绍酒（双加重）	坛	三□□三	三六〇九	三六一三	三六八一
三星斧头牌白兰地酒	箱	二三八四六	二三八一六	二四五七二	二三一〇〇
珍眉绿茶	担	五六八五七	六二六五四	六一七〇四	五四〇〇〇
元朱绿茶	担	——	二〇八七五	二一〇〇〇	——
祁门红茶	担	——	——	——	——
宁州红茶	担	——	——	——	——
匹头及其原料类					
十四磅喂马原粗布	匹	五八二五	五七五〇	五七五〇	五七〇〇
十三磅九龙原粗布	匹	五二五〇	五二五〇	五二五〇	五二五〇
十四磅人塔原粗布	匹	六〇〇〇	五九五〇	五九五〇	五九五〇
四十码凤凰原粗斜	匹	五二五〇	五三〇〇	——	五三〇〇

（续表）

货名	单位	趸售时价			
		九月第一周（两钱分厘）	九月第二周（两钱分厘）	九月第三周（两钱分厘）	九月第四周（两钱分厘）
八四鸡心原布	匹	四九九〇	四九六〇	四九七〇	——
八四东方朔原布	匹	五二五〇	五二五〇	五二五〇	五二五〇
四十码老人枪白布	匹	八六一〇	八八一〇	八九〇〇	——
四十码郭子仪白布	匹	九〇〇〇	八九五〇	八九五〇	八九〇〇
四十码双松鼠原细斜	匹	七一九〇	七一三〇	七一六〇	——
四十码竹虎原细斜	匹	六六〇〇	六五〇〇	六四五〇	六四〇〇
二十四码菊花原标	匹	三一〇〇	三一〇〇	三一〇〇	三一〇〇
德记五十四英寸至五十六英寸夹呢	码	一六七五	一六〇〇	一六〇〇	一五五〇
荣泰五十四英寸双面驼绒	码	二三〇〇	二三〇〇	二三〇〇	二三〇〇
和丰五十六英寸至五十八英寸直贡呢	码	四八〇〇	四七〇〇	四七五〇	四七〇〇
六九白湖绉（燥）	码	〇九九〇	〇九八九	〇九七六	〇九七四
铁机杭缎（元青）	尺	一三一〇	一三〇〇	一二八〇	一二八〇
头号山东府绸	匹	一三二〇〇	一三三〇〇	一三三〇〇	一三三〇〇
十二支红大班棉纱	包	一二八〇〇〇	一二八〇〇〇	一二六〇〇〇	一二二〇〇〇
十六支水月棉纱	包	一三七〇〇〇	一四〇〇〇〇	一三七〇〇〇	一二九〇〇〇
十六支宝鼎棉纱	包	一三九〇〇〇	一三八〇〇〇	一三六五〇〇	一三二〇〇〇
通州棉花	担	二八五〇〇	三二〇〇〇	三〇二五〇	二八二五〇

（续表）

货名	单位	趸售时价			
		九月第一周（两钱分厘）	九月第二周（两钱分厘）	九月第三周（两钱分厘）	九月第四周（两钱分厘）
上海棉花	担	二七五〇〇	二九七五〇	二八〇〇〇	二六五〇〇
上等白厂经	担	一三八〇〇〇〇	一四〇〇〇〇〇	一四二〇〇〇〇	一四四〇〇〇〇
森茂头号沔阳黄丝	担	五六〇〇〇〇	五六〇〇〇〇	五六〇〇〇〇	五六〇〇〇〇
老鸭牌绒丝	磅	二〇五〇	二〇五〇	二〇五〇	二〇五〇
湖北白苎麻	担	二八〇〇〇	二八五〇〇	二八〇〇〇	二七〇〇〇
嘉湖净棉羊毛	担	一八五〇〇	二二〇〇〇	二三〇〇〇	二二〇〇〇
五金类					
日立紫铜锭	担	二七〇〇〇	二七〇〇〇	二七〇〇〇	二七〇〇〇
粗细黄铜条	担	三〇〇〇〇	三〇〇〇〇	三〇〇〇〇	二九七五〇
径二分至一英寸竹节钢条	担	五七五〇	五七五〇	五七五〇	五七五〇
径一英寸至六英寸法西钉	桶	五〇〇〇	五〇〇〇	五〇〇〇	五〇〇〇
B.H.P 澳洲青铅条	担	一〇〇〇〇	一〇〇〇〇	九七五〇	九七五〇
九十磅马口铁片	担	七〇〇〇	七〇〇〇	七〇〇〇	七〇〇〇
九号及十号白铅皮	担	一六〇〇〇	一六〇〇〇	一六〇〇〇	一五七五〇
径四分至一英寸二分孟林元钢	担	三七五〇	三七五〇	三八〇〇	三八〇〇
荷兰点铜	担	五七五〇〇	五七二五〇	五七二五〇	五七二五〇
湖南纯锑	吨	二〇〇〇〇	二〇〇〇〇	二〇〇〇〇	二二〇〇〇
汉冶平生铁块	吨	四六五〇〇	四六〇〇〇	四五〇〇〇	四五〇〇〇
燃料类					
山西白煤	吨	一五〇〇〇	一四二五〇	一三七五〇	一三七五〇

（续表）

货名	单位	趸售时价			
		九月第一周（两钱分厘）	九月第二周（两钱分厘）	九月第三周（两钱分厘）	九月第四周（两钱分厘）
头号杵岛块煤	吨	一二九〇〇	一三〇〇〇	一三〇〇〇	一三五〇〇
头号开平火车块煤	吨	一二五〇〇	一一五〇〇	一一五〇〇	一一五〇〇
头号金田统煤	吨	九〇〇〇	九〇〇〇	九〇〇〇	九二五〇
二号井阱统煤	吨	九二五〇	九二五〇	九五〇〇	九五〇〇
头号红屑	吨	九二五〇	九二五〇	九五〇〇	九七五〇
头号开平屑	吨	八〇〇〇	八〇〇〇	八〇〇〇	八〇〇〇
头号梅溪和炭	担	〇五六〇	〇五五九	〇五九六	〇六一四
柴	五十捆	〇九〇三	〇九〇二	〇九〇二	〇九〇二
船牌洋烛（十二两）	箱	三〇五〇	三八五〇	三八五〇	二八五〇
鱼牌火油	箱	三六一三	三六〇八	三六一三	三六一三
渔樵牌火油	箱	二六一五八	二五九八一	二六〇一一	二五六二七
建筑材料类					
八至十五尺方料花旗松	千方尺	四五〇〇〇	四五〇〇〇	四五〇〇〇	四五〇〇〇
东洋白松	千方尺	四二〇〇〇	四二〇〇〇	四〇〇〇〇	四〇〇〇〇
方料暹罗柚木	千方尺	一八五〇〇〇	一八五〇〇〇	一八五〇〇〇	一八五〇〇〇
长十六尺以内新加坡硬白板	千方尺	五二〇〇〇	五〇〇〇〇	五〇〇〇〇	五二〇〇〇
三十六至二十四英尺比国玻璃片	箱	六〇〇〇	六〇〇〇	六一〇〇	六二〇〇
岛牌漆油	桶	四七五〇	四七五〇	四七五〇	四七五〇
柏油	40 加仑	一一〇〇〇	一一〇〇〇	一一〇〇〇	一一〇〇〇
海风水门汀	桶	五五五〇	五五五〇	五五五〇	五五五〇

（续表）

货名	单位	趸售时价			
		九月第一周（两钱分厘）	九月第二周（两钱分厘）	九月第三周（两钱分厘）	九月第四周（两钱分厘）
启新水门汀	桶	五五五〇	五五五〇	五五五〇	五五五〇
开平火砖	千块	八四〇〇〇	八六〇〇〇	八四〇〇〇	八四〇〇〇
天津空心砖	千块	四三〇〇〇	四三〇〇〇	四三〇〇〇	四三〇〇〇
天津红瓦	千块	五九〇〇〇	六〇〇〇〇	五九〇〇〇	五四〇〇〇
头号老式中国瓦	万张	三六一三〇	三七五五二八	三六一三五	三七五七五
无锡石灰	担	一一五六	一一九一	〇八六七	一一九一
工业用品类					
太阳牌漂白粉	百磅	六〇〇〇	六〇〇〇	六〇〇〇	六〇〇〇
六十六度硫酸	二百磅	七五〇〇	七五〇〇	七五〇〇	七五〇〇
月牌烧碱	担	九〇〇〇	九〇〇〇	九〇〇〇	九〇〇〇
硼酸粉	箱	一八〇〇〇	三八〇〇〇	三八〇〇〇	三八〇〇〇
硫黄（块）	担	七二二六	七二一七	七二二七	七二一九
松香	担	五〇〇〇	五〇〇〇	五〇〇〇	五〇〇〇
纯碱	担	三二〇〇	三二〇〇	三二〇〇	三二〇〇
盐酸钾	会	一五〇〇〇	一五〇〇〇	一五〇〇〇	一五〇〇〇
百廿四度巴拉非尼	担	一〇〇〇〇	九五〇〇	九五〇〇	九五〇〇
二十度盐酸	箱	五七八一	五七七四	五七八三	五七七五
四马直接元色	斤	一四〇〇	一四〇〇	一五〇〇	一四〇〇
福寿硫化元色	担	二七〇〇〇	二七五〇〇	二九五〇〇	二六五〇〇
双鸭酸性朱红	担	〇六二〇	〇六一〇	〇六五〇	〇六九〇
白水滩牌直接靛蓝	斤	一四〇〇	一三五〇	一五〇〇	一四〇〇
飞马盐基洋绿	磅	二七〇〇	二六〇〇	二八〇〇	二七〇〇
福寿牌硫化军衣黄	担	五五〇〇〇	五三〇〇〇	六〇〇〇〇	五四〇〇〇

（续表）

货名	单位	趸售时价			
		九月第一周（两钱分厘）	九月第二周（两钱分厘）	九月第三周（两钱分厘）	九月第四周（两钱分厘）
牛牌酸性品蓝	斤	四二〇〇	四二〇〇	四三〇〇	四二〇〇
弓箭牌盐基品红	磅	二七〇〇	二六〇〇	二八〇〇	二七〇〇
开刀盐基玫瑰	斤	一四〇〇	一四〇〇	一五〇〇	一三五〇
瑞士汽车巴靛油	担	五五〇〇〇	五五〇〇〇	五六〇〇〇	五三〇〇〇
本国潮州靛油	担	九〇〇〇	九〇〇〇	九〇〇〇	八五〇〇
其他物品类					
25×47 17 磅美有光纸	令	一二四〇	一二五〇	一二四〇	一二五〇
31×43 37 磅美报纸	令	二五〇〇	二五〇〇	二五七五	二五〇〇
文成本连史	件	一〇〇〇〇	一〇〇〇〇	一〇二五〇	一〇〇〇〇
美大仁毛边	件	八七〇〇	八七〇〇	八八五〇	八九〇〇
美孚红车油	40 加伦	二六〇〇〇	二五〇〇〇	二〇〇〇	二五〇〇〇
亚细亚气发油	桶	四〇〇〇	四〇〇〇	四〇〇〇	四〇〇〇
一至六号手枪牌洋针	万枝	二八五〇	二八五〇	二八五〇	二八五〇
一百廿块祥茂肥皂	箱	四五〇五	四五〇五	四五〇五	四五〇五
三十生的蝙蝠牌叠头细花洋磁盆	打	二七〇〇	三七〇〇	三七〇〇	三七〇〇
好时火酒	箱	六〇〇〇	六〇〇〇	六〇〇〇	六〇〇〇
50 支大英香烟	千支	三三三四	三三三〇	三三三四	三一七六
500 支双喜牌香烟	千支	二六七四	二六八五	二六八八	二六六一
洪江桐油	桶	一五四〇〇	一四八〇〇	一五四〇〇	一五〇〇〇

（续表）

货名	单位	趸售时价			
		九月第一周（两钱分厘）	九月第二周（两钱分厘）	九月第三周（两钱分厘）	九月第四周（两钱分厘）
黄闽烟惊	担	二二〇〇〇	二二〇〇〇	二二〇〇〇	二一五〇〇
汉克浦斯等烟丝	磅	二二七六	二二七三	二〇三〇	二二七四
徽州生漆	担	一一四〇〇〇	一四三〇〇〇	一四四〇〇〇	一四二〇〇〇
平硵莉油	担	一二〇〇〇	一二〇〇〇	一二二〇〇	一二二〇〇
汉口生牛皮	担	三五〇〇〇	三五〇〇〇	三六〇〇〇	三六〇〇〇
新加坡正一号红牛皮	担	五一五〇〇	五三〇〇〇	五四〇〇〇	五五〇〇〇
十七号猪鬃	担	九八〇〇〇	一〇〇〇〇〇	九八〇〇〇	九七〇〇〇
兴济白边	担	一四八〇〇〇	一四六〇〇〇	一四八〇〇〇	一五〇〇〇〇
牛庄籽油	担	九三五〇	九五〇〇	九四〇〇	九四〇〇

钱业月报 1922，2（9）

上海物价表

财政部驻沪调查货价处报告

本表如有欠正确处，请各界函至爱多亚路五十号五层楼，本处当即照更。

货名	单位	趸售时价			
		十二年七月份第一周（两钱分厘）	七月份第二周（两钱分厘）	七月份第三周（两钱分厘）	七月份第四周（两钱分厘）
粮食类					
高常河下白米	担	八九二〇	九三七三	九三〇四	九二九三
苏同河下白米	担	七九八五	八五一八	八四三二	八三五七
高常河下白元	担	九〇六四	九一六四	九〇八七	九〇七七

（续表）

货名	单位	趸售时价			
		十二年七月份第一周（两钱分厘）	七月份第二周（两钱分厘）	七月份第三周（两钱分厘）	七月份第四周（两钱分厘）
汉口小麦	担	三七二〇	三七二〇	三七五〇	三七五〇
机制绿兵船面粉	袋	二一二五	二一二五	二一五〇	二一五〇
芜湖莞豆	担	四三〇〇	四三〇〇	四一〇〇	四一〇〇
火车河南黄豆	担	三八二〇	三八〇〇	三八二〇	三八〇〇
汉口蚕豆	担	三五二〇	二五六〇	二六〇〇	二六三〇
亳州一等芝麻	担	七一五〇	七六八〇	七七〇〇	七七〇〇
牛庄豆油	担	一一五〇〇	一一五〇〇	一一四五〇	一一三〇〇
山东花生油	担	七七八〇	七八五〇	八〇〇〇	八〇〇〇
夹舱生油	担	一二六〇〇	一二七〇〇	一三〇〇〇	一三〇〇〇
华丰麸皮	小包	二六五〇	二七〇〇	二六〇〇	二七〇〇
上海本厂豆饼	张	一四三七	一四六〇	一四六〇	一三六〇
其他食物类					
牛肉	磅	〇一六五	〇一六六	〇一六六	〇一六六
羊肉	担	〇一七三	〇一七三	〇一七三	〇一七三
猪肉	担	〇二五二	〇二五二	〇二五二	〇二五二
江北乡肉	担	——	——	——	——
北洋咸带鱼	担	——	——	——	——
萨门鱼	担	五八五〇	五五〇〇	五五〇〇	五二〇〇
圭蛋	打	〇一六二	〇一六二	〇一六二	〇一六二
鸭蛋黄	担	一六八〇〇	一六〇〇〇	一六〇〇〇	一六〇〇〇
鸭蛋白	担	八九〇〇〇	八七〇〇〇	八七〇〇〇	八六五〇〇
牛乳（外国乳棚）	瓶	〇一八〇	〇一八〇	〇一八〇	〇一八〇

（续表）

货名	单位	趸售时价			
		十二年七月份第一周（两钱分厘）	七月份第二周（两钱分厘）	七月份第三周（两钱分厘）	七月份第四周（两钱分厘）
飞鹰老牌炼乳	箱	一三五〇〇	一三五〇〇	一三五〇〇	一三五〇〇
食盐	担	二七三四	二六八八	二六七七	二七七三
拾号荷兰赤糖	担	八七五〇	八七〇〇	八五〇〇	八五〇〇
廿五号荷兰细砂白糖	担	一〇三〇〇	一〇三〇〇	一〇四〇〇	一〇三〇〇
三温半太古白糖	担	一〇四〇〇	一〇三五〇	一〇三〇〇	一〇三〇〇
八号车白糖	担	一〇一〇〇	一〇〇五〇	九九五〇	九八〇〇
粮室海带	担	五五〇〇	五五〇〇	五八〇〇	五五〇〇
出办龟赤参	担	五〇〇〇〇	五〇〇〇〇	五〇〇〇〇	五〇〇〇〇
瓜哇咖啡	担	四一五〇〇	四一五〇〇	四一五〇〇	四一五〇〇
双套酱油	担	五〇三六	五〇四七	五〇四五	五〇四三
绍酒（双加重）	罐	三八八四	四一八二	四四六八	四一七八
三星斧头白兰地	箱	一六一八六	一六二二二	一六九五五	一六二〇九
珍眉绿茶	担	四八七八一	五六五〇〇	五〇〇〇〇	四七七五〇
元珠绿茶	担	——	——	——	——
祁门红茶	担	五八六六六	四八八〇〇	四〇〇〇〇	四一〇〇〇
宁州红茶	担	二六二五〇	——	三九二五〇	三九五〇〇
匹头及其原料					
十四磅喂马原粗布	匹	六〇五〇	六〇五〇	六〇〇〇	六〇〇〇
十三磅九龙原粗布	匹	——	——	——	——
十四磅人塔原粗斜	匹	六三〇〇	六二五〇	六二七五	六三〇〇

（续表）

货名	单位	趸售时价			
		十二年七月份第一周（两钱分厘）	七月份第二周（两钱分厘）	七月份第三周（两钱分厘）	七月份第四周（两钱分厘）
四十码凤凰原粗斜	匹	——	——	——	——
八磅四鸡心原布	匹	五六五〇	五七〇〇	——	五五七〇
八磅四东方朔原布	匹	——	——	——	——
四十码老人枪白布	匹	九九二〇	九九三〇	九七六〇	九六〇〇
四十码郭子仪白布	匹	一〇三〇〇	一〇二〇〇	一〇二五〇	一〇三〇〇
四十码雨松鼠原细斜	匹	——	——	——	——
四十码竹虎原细斜	匹	七〇〇〇	七一〇〇	七〇五〇	七一〇〇
廿四码菊花原标	匹	三三〇〇	三三五〇	三三〇〇	三三〇〇
德记五十四至五十六英寸夹呢	码	二五七五	二六〇〇	二五七五	二四五〇
荣泰五十四英寸双面驼绒	码	二九〇〇	二八五〇	二八五〇	二七〇〇
和丰五十六至五十八英寸直贡呢	码	五三五〇	五三五〇	五三〇〇	五一〇〇
六九白湖绉（燥）	两	〇九三五	〇九三七	〇九三七	一〇〇九
铁机杭缎	尺	一三六〇	一三七〇	一三七〇	一三五〇
头号山东府绸	匹	一三六〇〇	一四〇〇	一三四〇〇	一三五〇〇

（续表）

货名	单位	趸售时价			
		十二年七月份第一周（两钱分厘）	七月份第二周（两钱分厘）	七月份第三周（两钱分厘）	七月份第四周（两钱分厘）
十二支红大班棉纱	包	一三三〇〇〇	一三三〇〇〇	一三一五〇〇	一三四〇〇〇
十六支水月棉纱	包	一五三二五〇	一五二七五〇	一五二五〇〇	一五四〇〇〇
十六支宝鼎棉纱	包	一五三五〇〇	一五四〇〇〇	一五三〇〇〇	一五五〇〇〇
通州棉花	担	四一〇〇〇	四一〇〇〇	四一〇〇〇	四一〇〇〇
上海棉花	担	三七〇〇〇	三七〇〇〇	三七五〇〇	三七〇〇〇
上等白厂经	担	一七七〇〇〇〇	一七五〇〇〇〇	一七五〇〇〇〇	三七〇〇〇
森茂头号沔阳黄丝	担	六四〇〇〇〇	六三〇〇〇〇	七二〇〇〇〇	七二〇〇〇〇
老鸭鸭绒线	磅	二一〇〇	二一〇〇	二一五〇	二一五〇
潮北白苎蔴	担	二五〇〇〇	二三四〇〇	二四〇〇〇	二四〇〇〇
嘉湖净绵羊毛	担	二三〇〇〇	二三〇〇〇	二三〇〇〇	二三〇〇〇
五金类					
日立紫铜锭	担	一三三〇〇〇	三三五〇〇	三四〇〇〇	三四〇〇〇
粗细黄铜条	担	三四五〇〇	三四〇〇〇	三三五〇〇	三三〇〇〇
径二分至一英寸竹节铜条	担	五七五〇	五七五〇	五七五〇	五七五〇
径一英寸至六英寸法西钉	桶	六二〇〇	六二四〇	六二五〇	六二五〇
B.H.P. 澳洲青铅条	担	一一〇〇〇	一一〇〇〇	一一〇〇〇	一一〇〇〇
九十磅马口铁片	箱	九二五〇	九二五〇	九四〇〇	九二五〇
九号及十号白铅皮	担	二三〇〇〇	二三〇〇〇	二三〇〇〇	二二五〇〇

（续表）

货名	单位	趸售时价			
		十二年七月份第一周（两钱分厘）	七月份第二周（两钱分厘）	七月份第三周（两钱分厘）	七月份第四周（两钱分厘）
径四英分至英寸二孟林元钢	担	四五〇〇	四五一〇	四三〇〇	四七〇〇
荷兰点铜	担	八六〇〇〇	八六〇〇〇	八六〇〇〇	八六〇〇〇
湖南纯锑	吨	一四五〇〇〇	一四〇〇〇〇	一四〇〇〇〇	一四〇〇〇〇
汉冶萍生铁块	吨	四四〇〇〇	四三〇〇〇	四二五〇〇	四二五〇〇
燃料类					
山西白煤	吨	一二二五〇	一二二五〇	一三二五〇	一三二五〇
头号杵岛块煤	吨	一三五〇〇	一三四〇〇	一三四〇〇	一三二五〇
头号开平火车块煤	吨	一一〇〇〇	一一〇〇〇	一二〇〇〇	一一〇〇〇
头号金田统煤	吨	九七五〇	九七五〇	九七五〇	九七五〇
二号井陉统煤	吨	一〇七五〇	一〇七五〇	一〇七五〇	一〇七五〇
头号红屑	吨	一〇五〇〇	一〇五〇〇	一〇五〇〇	一〇五〇〇
头号开平屑	吨	八七五〇	八七五〇	八七五〇	八七五〇
头号梅溪和炭	吨	〇六二九	〇六一三	〇六一二	〇六一二
柴	五十捆	〇八九九	〇九〇一	〇九〇一	〇九〇一
船牌洋烛（十二两）	箱	二九五〇	二九五〇	二九五〇	二九五〇
鱼牌火油	箱	三〇五七	三〇六四	三〇六二	三〇六二
鱼樵牌火柴	箱	二二〇〇〇	二二〇〇〇	二二〇〇〇	二二〇〇〇
建筑材料类					
八至十五尺方料花旗松	千方尺	六七五〇〇	六七五〇〇	六七五〇〇	六七五〇〇
东洋白松	千方尺	四二〇〇〇	四二〇〇〇	四〇〇〇〇	四二〇〇〇
方料暹罗柚木	千方尺	二一〇〇〇〇	二一〇〇〇〇	二一五〇〇〇	二一五〇〇〇

（续表）

货名	单位	趸售时价			
		十二年七月份第一周（两钱分厘）	七月份第二周（两钱分厘）	七月份第三周（两钱分厘）	七月份第四周（两钱分厘）
长十六英尺以内新加坡梗白板	千方尺	五五〇〇〇	五四〇〇〇	五四〇〇〇	五四〇〇〇
卅六至廿四尺比国玻璃片	箱	六五〇〇	六五〇〇	六七五〇	六七五〇
鸟牌漆油	桶	四一五〇	四〇〇〇	四〇〇〇	四〇〇〇
柏油	四十加伦	一一五〇〇	一一五〇〇	一一五〇〇	一一五〇〇
海风水门汀	桶	三七〇〇	三七〇〇	三七〇〇	三七〇〇
启新水门汀	桶	三九〇〇	三九〇〇	三九〇〇	三九〇〇
门平火砖	千块	八五〇〇〇	八五〇〇〇	八六〇〇〇	八六〇〇〇
天津空心砖	千块	三〇〇〇〇	三〇〇〇〇	三〇〇〇〇	二九〇〇〇
天津红瓦	千块	五三〇〇〇	五三〇〇〇	五三〇〇〇	五七〇〇〇
头号老式中国瓦	万张	四二四四五	四二五三九	四三二四二	四三九四四
无锡石灰	担	一一五一	一一九四	一二二五	一二二五
工业用品类					
太阳牌漂白粉	百磅	五八〇〇	五八〇〇	五八〇〇	五八〇〇
66 度硫酸	二百磅	七八〇〇	七八〇〇	七八〇〇	七八〇〇
月牌烧碱	担	八〇〇〇	八〇〇〇	八〇〇〇	八〇〇〇
硼酸粉	箱	三四〇〇〇	三四〇〇〇	三四〇〇〇	三四〇〇〇
硫磺（块）	担	七一九四	七二一〇	七二〇七	七二〇四
松香	担	四六〇〇	四六〇〇	四六〇〇	四六〇〇
纯碱	担	四二五〇	四二五〇	四二五〇	四二五〇
盐硫钾	会	九〇〇〇	九〇〇〇	九〇〇〇	一〇〇〇〇

（续表）

货名	单位	趸售时价			
		十二年七月份第一周（两钱分厘）	七月份第二周（两钱分厘）	七月份第三周（两钱分厘）	七月份第四周（两钱分厘）
124度巴拉非尼	担	八二〇〇	八二〇〇	七八〇〇	七八〇〇
20度盐酸	箱	五三九五	五六二四	五七六六	五七六三
四马直接元色	斤	一二五〇	一二五〇	一二〇〇	一二〇〇
福寿硫化元色	担	二五五〇〇	二五五〇〇	二六〇〇〇	二九五〇〇
双鸭酸性朱红	磅	〇八〇〇	〇七五〇	〇七五〇	〇七五〇
白水滩直接靛蓝	尺	一一〇〇	一一〇〇	一一〇〇	一一〇〇
飞马盐基洋绿	磅	二八〇〇	二七五〇	二六〇〇	二二〇〇
福寿硫化军衣黄	担	……	……	……	……
牛牌酸性品蓝	斤	四五五〇	四五〇〇	四五〇〇	四五〇〇
弓箭牌盐基品红	磅	二六五〇	二六五〇	二六五〇	四七五〇
关刀盐基玖瑰	斤	〇九七五	〇九五〇	〇九〇〇	〇八〇〇
瑞士汽巴靛油	担	五八五〇〇	五八五〇〇	六〇〇〇〇	六〇〇〇〇
本国潮州靛油	担	八五〇〇	八五〇〇	八六〇〇	八五〇〇
其他物品类					
25×47 17磅美有光纸	令	一四六〇	一四六〇	一五〇〇	一五〇〇
31×43 37磅美报纸	令	二六〇〇	二五五〇	二六五〇	二六七〇
文成本连史	件	一二五〇〇	一二〇〇〇	一二三〇〇	一一〇〇〇
美大仁毛边	件	一〇四〇〇	九五〇〇	一〇五〇〇	一〇三〇〇
美孚红车袖	四十加伦	二二〇〇〇	二二〇〇〇	二二〇〇〇	二二〇〇〇

（续表）

货名	单位	趸售时价			
		十二年七月份第一周（两钱分厘）	七月份第二周（两钱分厘）	七月份第三周（两钱分厘）	七月份第四周（两钱分厘）
亚细亚气发油	桶	四〇〇〇	四〇〇〇	四〇〇〇	四〇〇〇
1至6号手鎗洋针	万枝	三四〇〇	三四〇〇	三二五〇	三二〇〇
120块祥茂肥皂	箱	四五二五	四五二五	四五二五	四五二五
30生的蝙蝠牌花洋磁盆	打	三一五〇	三一五〇	三二〇〇	三二〇〇
好时火酒	箱	五九〇〇	五八〇〇	五八〇〇	五七五〇
50支大英香烟	千枝	三〇九三	三一〇〇	三一三二	三〇六二
500支双喜香烟	千枝	二二六六	二二三五	二二四四	二二三三
洪江桐油（副）	桶	一六七〇〇	一七七〇〇	一七五〇〇	一七五〇〇
黄冈烟叶	担	二六〇〇〇	二六〇〇〇	二六〇〇〇	二六〇〇〇
淡克浦斯登烟丝	磅	二二〇二	二三〇七	二三四二	二三〇五
徽州生漆	担	一六四〇〇〇	一六四〇〇〇	一六四〇〇〇	一六四〇〇〇
平砠荆油	担	一三四〇〇	一三四〇〇	一三四〇〇	一三四〇〇
汉口生牛皮	担	三八〇〇〇	三七五〇〇	三七五〇〇	三七五〇〇
新加坡正一号红牛皮	担	四七〇〇〇	四五〇〇〇	四五〇〇〇	四五〇〇〇
十七号猪鬃	担	九七五〇〇	九八〇〇〇	九八〇〇〇	九七〇〇〇
兴济白边	担	一六七〇〇〇	一六四〇〇〇	一六四〇〇〇	一六四〇〇〇
牛庄籽油	担	一三九〇〇	一三七五〇	一三七五〇	一三七五〇

钱业月报 1923，3（7）

上海物价表

财政部驻沪调查货价处报告

本表如有欠正确处，请各界函至爱多亚路五十号五层楼，本处当即更正。

货名	单位	趸售时价			
		十二年九月第一周（两钱分厘）	九月第二周（两钱分厘）	九月第三周（两钱分厘）	九月第四周（两钱分厘）
粮食类					
高常河下白米	担	九三六八	九三六八	九六一五	九三九九
苏同河下白米	担	八二八七	八五九九	八三一三	八二四二
高常河下白元	担	九六五六	九七五五	九七五九	九五四四
汉口小麦	担	三五〇〇	三六五〇	三六五〇	三六二〇
机制丝兵船面粉	包	二一〇〇	二一四〇	二二七五	二二五〇
燕湖莞豆	担	二七〇〇	二七五〇	二七五〇	二七八〇
火车河南黄豆	担	三八〇〇	三八五〇	三八五〇	三八〇〇
汉口蚕豆	担	二四〇〇	二四五〇	二四五〇	二五〇〇
亳州一等芝麻	担	八二〇〇	八〇五〇	八一〇〇	八四〇〇
牛庄豆油	篓	一二五〇〇	一二五〇〇	一三〇〇〇	一三六五〇
山东花生仁	担	七八五〇	七八〇〇	七八〇〇	九二〇〇
夹舱生油	担	一四四〇〇	一五三五〇	一六〇〇〇	一六〇〇〇
华丰麸皮	小包	二六三〇	二七〇〇	二五〇〇	二六〇〇
上海本厂豆饼	张	一三四〇	一三三〇	一三二〇	一三三〇
其他食物类					
牛肉	磅	〇一六六	〇一六六	〇一六六	〇一六六
羊肉	磅	〇一七三	〇一七三	〇一七三	〇一七四

（续表）

货名	单位	趸售时价			
		十二年九月第一周（两钱分厘）	九月第二周（两钱分厘）	九月第三周（两钱分厘）	九月第四周（两钱分厘）
猪肉	磅	〇二五二	〇二五二	〇二五三	〇二五三
江北乡肉	担	二〇三〇〇	二〇三〇〇	二〇三〇〇	二〇三〇〇
北洋咸带鱼	担	九八〇〇	九九〇〇	九九〇〇	九九〇〇
萨门鱼	担	五〇〇〇	五五〇〇	六九〇〇	七〇〇〇
鸡蛋	打	〇一六二	〇一六二	〇一六二	〇一九九
鸭蛋黄	担	一六七五〇	一七〇〇〇	一七〇〇〇	一六七五〇
鸭蛋白	担	八九〇〇〇	八九五〇〇	八九五〇〇	八九〇〇〇
牛乳（外国乳棚）	瓶	〇一八〇	〇一八〇	〇一八〇	〇一八〇
飞鹰老牌炼乳	箱	一三〇〇〇	一三五〇〇	一三五〇〇	一三五〇〇
食盐	担	二七八九	二七八二	二七九八	二七一一
十号荷兰赤糖	担	八一〇〇	八二〇〇	八五〇〇	八八〇〇
廿五号荷兰细砂白糖	担	一〇〇〇〇	一〇四〇〇	一〇五〇〇	一〇七〇〇
三温牛太古白糖	担	九八〇〇	一〇三〇〇	一〇二〇〇	一〇二〇〇
八号车白糖	担	九八五〇	一〇三五〇	一〇三〇〇	一〇一五〇
根室海带	担	四六〇〇	五〇〇〇	五四〇〇	五三〇〇
出办龟赤参	担	五〇〇〇〇	五〇〇〇〇	五〇〇〇〇	五〇〇〇〇
瓜哇咖啡	担	三五〇〇〇	三五〇〇〇	三五〇〇〇	三五〇〇〇
双套酱油	担	五〇四四	五〇五八	五〇六〇	五〇六一
绍酒（双加重）	坛	四一七九	四一九一	四一九三	四一九三
三星斧头牌白兰地酒	箱	一五四九三	一五五三六	一五六〇〇	一五九〇六
珍眉绿茶	担	四六二五〇	四八七五〇	四五五〇〇	四九四四四
元朱绿茶	担	三〇〇〇〇	三二五〇〇	二六〇〇〇	三三〇〇〇

（续表）

货名	单位	趸售时价			
		十二年九月第一周（两钱分厘）	九月第二周（两钱分厘）	九月第三周（两钱分厘）	九月第四周（两钱分厘）
祁门红茶	担	四一五〇〇	三九二五〇	五五〇〇〇	三〇二五〇
宁州红茶	担	三三〇〇〇	三六〇〇〇	四一五〇〇	三三五〇〇
匹头及其原料类					
十四磅喂马原粗布	匹	六〇五〇	六〇五〇	六〇五〇	六〇五〇
十三磅九龙原粗布	匹	——	——	——	——
十四磅人塔原粗布	匹	六三二五	六三二五	六三五〇	六三五〇
四十码凤凰原粗斜	匹	——	——	——	——
八四鸡心原布	匹	五五二〇	五五二〇	五四九〇	……
八四东方朔原布	匹	——	——	——	——
四十码老人枪白布	匹	九八八〇	九九八〇	一〇一〇〇	
四十码郭子仪白布	匹	一〇三〇〇	一〇三〇〇	一〇三〇〇	一〇三〇〇
四十码两松鼠原细斜	匹	——	——	——	——
四十码竹虎原细斜	匹	七〇〇〇	七〇〇〇	七〇〇〇	七〇〇〇
廿十四码菊花原标	匹	三三〇〇	三三〇〇	三三五〇	三三五〇
德记五十四英寸至五十六英寸夹呢	码	一九五〇	二〇〇〇	二〇二八	二〇五〇
荣泰五十四英寸双面驼绒	码	二六五〇	二七〇〇	二六五〇	三六〇〇

（续表）

货名	单位	趸售时价			
		十二年九月第一周（两钱分厘）	九月第二周（两钱分厘）	九月第三周（两钱分厘）	九月第四周（两钱分厘）
和丰五十六英寸至五十八英寸直贡呢	码	四九〇〇	四九五〇	四九七〇	四九七五
六九白湖绉（燥）	码	〇九九五	〇九九七	一〇一二	一〇一二
铁机杭缎	尺	一三五〇	一三六〇	一三七〇	一三七〇
头号山东府绸	匹	一三八〇〇	一三七〇〇	一三七〇〇	一三七〇〇
十二支红大班棉纱	包	一三〇〇〇〇	一二九〇〇〇	一三一〇〇〇	一三〇〇〇〇
十六支水月棉纱	包	一四九〇〇〇	一四八〇〇〇	一五〇五〇〇	一五一五〇〇
十六支宝鼎棉纱	包	一五二五〇〇	一五三〇〇〇	一五七〇〇〇	一五六〇〇〇
通州棉花	担	四〇〇〇〇	三八〇〇〇	三九〇〇〇	三九〇〇〇
上海棉花	担	三六〇〇〇	三六〇〇〇	三五七五〇	三六〇〇〇
上等白厂经	担	一六四〇〇〇〇	一八〇〇〇〇〇	一九二〇〇〇〇	一九五〇〇〇〇
森茂头号沔阳黄丝	担	七一五〇〇〇	七六〇〇〇〇	七七〇〇〇〇	七八〇〇〇〇
老鸭牌绒丝	磅	二一〇〇	二一〇〇	二一〇〇	二一〇〇
湖北白苎麻	担	二六八〇〇	二七二〇〇	二六〇〇〇	二六八〇〇
嘉湖净棉羊毛	担	二一五〇〇	二一〇〇〇	二三〇〇〇	二二五〇〇
五金类					
日立紫铜锭	担	三三〇〇〇	三三五〇〇	三四〇〇〇	三四〇〇〇
粗细黄铜条	担	三一〇〇〇	三一二五〇	三一五〇〇	三一五〇〇
径二分至一英寸竹节钢条	担	六三〇〇	六五〇〇	六五〇〇	六五〇〇
径一英寸至六英寸法西钉	桶	六二五〇	七〇〇〇	六八〇〇	六七〇〇

（续表）

货名	单位	趸售时价			
		十二年九月第一周（两钱分厘）	九月第二周（两钱分厘）	九月第三周（两钱分厘）	九月第四周（两钱分厘）
B.H.P 澳洲青铅条	担	一一五〇〇	一二五〇〇	一二〇〇〇	一二〇〇〇
九十磅马口铁片	担	九五〇〇	一〇〇〇〇	九七五〇	九五〇〇
九号及十号白铅皮	担	二二〇〇〇	二二五〇〇	三二五〇〇	三二五〇〇
径四分至一英寸二分孟林元钢	担	五〇〇〇	五〇〇〇	五一〇〇	五一〇〇
荷兰点铜	担	八五〇〇〇	八六〇〇〇	八六〇〇〇	八六〇〇〇
湖南纯锑	吨	一四五〇〇〇	一四五〇〇〇	一四五〇〇〇	一五〇〇〇〇
汉冶平生铁块	吨	四〇五〇〇	四〇〇〇〇	三九〇〇〇	三九〇〇〇
燃料类					
山西白煤	吨	一二〇〇〇	一二〇〇〇	一二二五〇	一二二五〇
头号杵岛块煤	吨	一三〇〇〇	一三〇〇〇	一三〇〇〇	一三〇〇〇
头号开平火车块煤	吨	一〇〇〇〇	一〇五〇〇	一〇五〇〇	一〇五〇〇
头号金田统煤	吨	九六〇〇	九六〇〇	九五〇〇	九二五〇
二号井阱统煤	吨	一〇七〇〇	一〇七五〇	一〇五〇〇	一〇五〇〇
头号红屑	吨	一〇二五〇	一〇〇〇〇	一〇〇〇〇	一〇〇〇〇
头号开平屑	吨	八七五〇	八七五〇	八七五〇	八七五〇
头号梅溪和炭	担	〇五六二	〇六一四	〇六三三	〇六三三
柴	五十捆	〇九〇一	〇九〇一	〇九〇四	〇九〇四
船牌洋烛（十二两）	箱	二九五〇	二九五〇	二九五〇	二九三五
鱼牌火油	箱	三〇六三	三〇七一	三〇七一	三〇七一
渔樵牌火油	箱	二一七五〇	二一七五〇	二一七五〇	二一七五〇

（续表）

货名	单位	趸售时价			
		十二年九月第一周（两钱分厘）	九月第二周（两钱分厘）	九月第三周（两钱分厘）	九月第四周（两钱分厘）
建筑材料类					
八至十五尺方料花旗松	千方尺	六七五〇〇	六七五〇〇	七〇〇〇〇	七〇〇〇〇
东洋白松	千方尺	四八〇〇〇	四八〇〇〇	四八〇〇〇	四五〇〇〇
方料暹罗柚木	千方尺	二一〇〇〇〇	二一〇〇〇〇	二一〇〇〇〇	二一〇〇〇
长十六尺以内新加坡硬白板	千方尺	五六〇〇〇	五六〇〇〇	五六〇〇〇	五六〇〇〇
三十六至二十四英尺比国玻璃片	箱	七二〇〇	七〇〇〇	七二〇〇	七二〇〇
岛牌漆油	桶	四〇〇〇	三八〇〇	三八〇〇	三八〇〇
柏油	40 加仑	一一〇〇〇	一一〇〇〇	一一〇〇〇	一一〇〇〇
海风水门汀	桶	三六〇〇	三六五〇	三九〇〇	四一〇〇
启新水门汀	桶	三九〇〇	三九〇〇	四〇〇〇	四二〇〇
开平火砖	千块	八七〇〇〇	八七〇〇〇	八七〇〇〇	八七〇〇〇
天津空心砖	千块	二九五〇〇	二九五〇〇	二九五〇〇	三〇〇〇〇
天津红瓦	千块	五三〇〇〇	五三〇〇〇	五六〇〇〇	五三〇〇〇
头号老式中国瓦	万张	四五三九八	四六二四七	四六二六六	四六二七二
无锡石灰	担	一二九七	一三七三	一四一〇	一四四六
工业用品类					
太阳牌漂白粉	百磅	六〇〇〇	六〇〇〇	六二〇〇	六二〇〇
66 度硫酸	二百磅	八〇〇〇	八五〇〇	八五〇〇	八五〇〇
月牌烧碱	担	八〇〇〇	八〇〇〇	八〇〇〇	八〇〇〇
硼酸粉	箱	三四〇〇〇	三四〇〇〇	三四〇〇〇	三四〇〇〇
硫黄（块）	担	七二〇六	七二二六	七二二九	七二三〇

（续表）

货名	单位	趸售时价			
		十二年九月第一周（两钱分厘）	九月第二周（两钱分厘）	九月第三周（两钱分厘）	九月第四周（两钱分厘）
松香	担	四六〇〇	四六〇〇	四六〇〇	四六〇〇
纯碱	担	四二五〇	四二五〇	四二五〇	四二五〇
盐酸钾	会	一〇〇〇〇	一〇〇〇〇	一〇〇〇〇	一〇〇〇〇
124 度巴拉非尼	担	七八〇〇	七八〇〇	八〇〇〇	八〇〇〇
20 度盐酸	箱	五七六五	六一四二	六一四五	六一四五
四马直接元色	斤	一一〇〇	一一二五	一二五〇	一二八〇
福寿硫化元色	担	二八〇〇〇	二八二五〇	二九五〇〇	二九六〇〇
双鸭酸性朱红	担	〇七五〇	〇七五〇	〇八〇〇	〇八二五
白水滩牌直接靛蓝	斤	〇九五〇	〇九七五	一一三五	一一四五
飞马盐基洋绿	磅	二二五〇	二二五〇	二三五〇	二四〇〇
福寿牌硫化军衣黄	担				
牛牌酸性品蓝	斤	四二五〇	四二五〇	四三〇〇	四三五〇
弓箭牌盐基品红	磅	二五〇〇	二五〇〇	二六五〇	二七〇〇
开刀盐基玫瑰	斤	〇八〇〇	〇八〇〇	〇九〇〇	〇九五〇
瑞士汽车巴靛油	担	六三〇〇〇	六三〇〇〇	六四〇〇〇	六五〇〇〇
本国潮州靛油	担	八六〇〇	八五五〇	八六五〇	八七〇〇
其他物品类					
25×47 17 磅美有光纸	令	一四八〇	一四九〇	一五〇〇	一五五〇
31×43 37 磅美报纸	令	二六〇〇	二六〇〇	二六〇〇	二六〇〇
文成本连史	件	一一七〇〇	一一八〇〇	一一八〇〇	一一五〇〇
美大仁毛边	件	一〇二〇〇	一一五〇〇	一〇三〇〇	一〇四〇〇

（续表）

货名	单位	趸售时价			
		十二年九月第一周（两钱分厘）	九月第二周（两钱分厘）	九月第三周（两钱分厘）	九月第四周（两钱分厘）
美孚红车油	40 加伦	二一五〇〇	二一〇〇〇	二一〇〇〇	二〇五〇〇
亚细亚气发油	桶	四〇〇〇	三六〇〇	三二〇〇	三二〇〇
1 至 6 号手枪牌洋针	万枝	三〇二五	三〇二五	三〇二五	三二〇〇
120 块祥茂肥皂	箱	四五二五	四五二五	四五二〇	四五二五
30 生的蝙蝠牌叠头细花洋磁盆	打	三二五〇	三三五〇	三三五〇	三三五〇〇
好时火酒	箱	五七五〇	五七五〇	五七五〇	五七五〇
50 支大英香烟	千支	三一七一	三〇七一	三〇八七	三一〇九
500 支双喜牌香烟	千支	二二七〇	二二四〇	二二〇五	二二七七
洪江桐油（副）	桶	一六四〇〇	一六一〇〇	一六〇〇〇	一六一〇〇
黄闽烟悰	担	二四〇〇〇	二三五〇〇	二四五〇〇	二四〇〇〇
淡克浦斯等烟丝	磅	二三〇六	二三一二	二三一三	二三一四
徽州生漆	担	一六六〇〇〇	一六八〇〇〇	一六七〇〇〇	一六八〇〇〇
平砠莉油	担	一五〇〇〇	一四八〇〇	一五〇〇〇	一五〇〇〇
汉口生牛皮	担	三九〇〇〇	三九五〇〇	三九〇〇〇	三九五〇〇
新加坡正一号红牛皮	担	四六〇〇〇	四七〇〇〇	四四〇〇〇	四六〇〇〇
十七号猪鬃	担	九八〇〇〇	九八五〇〇	九八五〇〇	九五〇〇〇
兴济白边	担	一六五〇〇〇	一六五〇〇〇	一六五〇〇〇	一六四〇〇〇
牛庄籽油	担	一三一五〇	一三二〇〇	一三二〇〇	一三四〇〇

钱业月报 1923，3（9）

上海物价表

财政部驻沪调查货价处报告

本表如欠正确处，请各界函至爱多亚路五十号五层楼，本处当即更正。

货名	单位	趸售时价			
		十三年九月第一周（两钱分厘）	九月第二周（两钱分厘）	九月第三周（两钱分厘）	九月第四周（两钱分厘）
粮食类					
高常河下白米	担	一一〇五〇	一〇九五五	一〇九二九	一〇六一一
苏同河下白米	担	九四二八	一〇三七〇	九九八一	九三五七
高常河下白元	担	一〇三一八	九一二九	九五四〇	九七五〇
汉口小麦	担	三二八〇	三四〇〇	三一〇〇	三三五〇
机制丝兵船面粉	袋	一八七五	一八八〇	一八二五	一八七五
燕湖莞豆	担	——	——	——	——
火车河南黄豆	担	三九〇〇	三九〇〇	三八〇〇	三八〇〇
汉口蚕豆	担	——	二五〇〇	——	——
亳州一等芝麻	担	九六〇〇	九七〇〇	九三五〇	八七五〇
牛庄豆油	篓	一二六〇〇	一二六〇〇	一二七五〇	一二七五〇
山东花生仁	担	七四〇〇	八〇二〇	八〇〇〇	七六五〇
夹舱生油	担	一二七〇〇	一二五〇〇	一二二〇〇	一二二五〇
华丰麸皮	小包	一九二五	二一〇〇	一八五〇	一九〇〇
上海本厂豆饼	张	一三五〇	一三五〇	一三五〇	一三四〇

（续表）

货名	单位	趸售时价			
		十三年九月第一周（两钱分厘）	九月第二周（两钱分厘）	九月第三周（两钱分厘）	九月第四周（两钱分厘）
其他食物类					
牛肉	磅	〇一六九	〇一六八	〇一六八	〇一九七
羊肉	磅	〇一七七	〇一七五	〇一七五	〇一九七
猪肉	磅	〇二五七	〇二五六	〇二五五	〇二五一
江北乡肉	担	一六二一四	一六七九七	一六七五七	一五七七四
北洋咸带鱼	担	七三七〇	七三〇三	七二八六	八九六二
萨门鱼	担	——	七二〇〇	七〇〇〇	七〇〇〇
鸡蛋	打	〇一六六	〇一六四	〇一六四	〇九七〇
鸭蛋黄	担	二三〇〇〇	二二〇〇〇	二一五〇〇	一六〇〇〇
鸭蛋白	担	一〇七〇〇〇	一〇六五〇〇	一〇五〇〇〇	——
牛乳（外国乳棚）	瓶	〇一八四	〇一八三	〇一八二	〇一七九
飞鹰老牌炼乳	箱	一三五〇〇	一三五〇〇	一三五〇〇	一三五〇〇
食盐	担	三〇〇〇	二九九〇	二九六五	二九一一
十号荷兰赤糖	担	八四〇〇	八四〇〇	八四〇〇	八二〇〇
廿五号荷兰细砂白糖	担	九四〇〇	九四〇〇	九四〇〇	九四〇〇
三温牛太古白糖	担	九三一〇	九三〇〇	九三〇〇	九四〇〇
八号车白糖	担	九〇五〇	九一〇〇	九一〇〇	九二〇〇
根室海带	担	五七〇〇	五七〇〇	五六〇〇	五六〇〇
出办龟赤参	担	五二〇〇〇	五二〇〇〇	五三〇〇〇	五三〇〇〇
瓜哇咖啡	担	三七五〇〇	三七〇〇〇	四〇〇〇〇	四〇〇〇〇
双套酱油	担	五一五九	五一一二	五一〇〇	五〇一九

（续表）

货名	单位	趸售时价			
		十三年九月第一周（两钱分厘）	九月第二周（两钱分厘）	九月第三周（两钱分厘）	九月第四周（两钱分厘）
绍酒（双加重）	坛	四二七五	四三八二	四二二六	四一五九
三星斧头牌白兰地酒	箱	一四一三五	一七五二七	一六七五八	一六四九一
珍眉绿茶	担	五七九六九	五四〇〇〇	四四二〇〇	五七五〇〇
元朱绿茶	担	——	——	——	三〇五〇〇
祁门红茶	担	三三〇〇〇	四〇〇〇〇	三八六〇〇	四五〇〇〇
宁州红茶	担	三五〇〇〇	三七八〇〇	……	三四〇〇〇
匹头及其原料类					
十四磅喂马原粗布	匹	六四五〇	六四五〇	六四五〇	六四〇〇
十三磅水月原粗布	匹	——	——	——	五七〇〇
十四磅人塔原粗布	匹	六五五〇	六六五〇	六五〇〇	六五〇〇
四十码凤凰原粗斜	匹	——	——	——	——
八四鸡心原布	匹	——	——	——	——
八四东方朔原布	匹	——	——	——	——
四十码老人枪白布	匹	——	——	——	——
四十码郭子仪白布	匹	——	——	——	——
四十码好华三鹿头原细斜	匹	——	——	——	——
四十码竹虎原细斜	匹	七七五〇	七七五〇	七六〇〇	七六〇〇

（续表）

货名	单位	趸售时价			
		十三年九月第一周（两钱分厘）	九月第二周（两钱分厘）	九月第三周（两钱分厘）	九月第四周（两钱分厘）
二十四码菊花原标	匹	三二五〇	三二五〇	三二〇〇	三二〇〇〇
德记五十四英寸至五十六英寸夹呢	码	一五五〇	一五五〇	一六〇〇	一六〇〇
荣泰五十四英寸双面驼绒	码	二一〇〇	二一二五	二五〇〇	二五〇〇
和丰五十六英寸至五十八英寸直贡呢	码	三九〇〇	三八〇〇	三八〇〇	三八二五
店尖白湖绉	码	一〇三二	一〇二二	〇九七六	〇九七五
铁机杭缎	尺	一三〇〇	一三〇〇	一三〇〇	一二八〇
头号山东府绸	匹	一三五〇〇	一三五〇〇	一三六〇〇	一三六〇〇
十二支文明棉纱	包	一六七〇〇〇	一六五〇〇〇	一六二〇〇〇	一六二五〇〇
十六支水月棉纱	包	一七三五〇〇	一七二五〇〇	一六九〇〇〇	一七〇〇〇〇
十六支宝鼎棉纱	包	一七二〇〇〇	一七一〇〇〇	一六六〇〇〇	一六八五〇〇
通州棉花	担	四六五〇〇	四五〇〇〇	四二〇〇〇	三七五〇〇
上海棉花	担	四二五〇〇	四一七五〇	三九〇〇〇	三五五〇〇
上等白厂经	担	一二〇〇〇〇〇	一一九〇〇〇〇	一一〇〇〇〇〇	一一〇〇〇〇〇
森茂头号沔阳黄丝	担	五五〇〇〇〇	五五〇〇〇〇	五三二〇〇〇	五二〇〇〇〇
老鸭牌绒丝	磅	二二〇〇	二一五〇	二二〇〇	二二〇〇
湖北白苎麻	担	二四六〇〇	二三五〇〇	二二〇〇〇	二二〇〇〇
开平火砖	千块	七六〇〇〇	七六〇〇〇	七七〇〇〇	七七〇〇〇

（续表）

货名	单位	趸售时价			
		十三年九月第一周（两钱分厘）	九月第二周（两钱分厘）	九月第三周（两钱分厘）	九月第四周（两钱分厘）
天津空心砖	千块	二五〇〇〇	二五〇〇〇	二五〇〇〇	二五〇〇〇
天津红瓦	千块	五四〇〇〇	五五〇〇〇	五五〇〇〇	五五〇〇〇
头号老式中国瓦	万张	三九七九八	四〇一六七	四一五三〇	五五二〇九
无锡石灰	担	一一七九	一二五二	一三一一	一三六二
工业用品类					
太阳牌漂白粉	百磅	七〇〇〇	七〇〇〇	七〇〇〇	七〇〇〇
66 度硫酸	二百磅	七八〇〇	七八〇〇	七六〇〇	七六〇〇
月牌烧碱	担	七〇〇〇	七〇〇〇	七〇〇〇	七〇〇〇
硼酸粉	箱	三四〇〇〇	三四〇〇〇	三四〇〇〇	三四〇〇〇
硫黄（块）	担	七三七〇	七三〇三	七二八六	七一〇一
松香	担	六〇〇〇	六〇〇〇	六〇〇〇	六〇〇〇
纯碱	担	三四〇〇	三四〇〇	三四〇〇	三四〇〇
盐酸钾	会	九八〇〇	九八〇〇	九八〇〇	九八〇〇
124 度巴拉非尼	担	一三〇〇〇	一三〇〇〇	一三〇〇〇	一三〇〇〇
20 度盐酸	箱	五一五九	五一一二	五一〇〇	五〇一九
四马直接元色	斤	一〇〇〇	一〇〇〇	一〇〇〇	一〇〇〇
福寿硫化元色	担	三九〇〇〇	三九〇〇〇	三九〇〇〇	三九〇〇〇
双鸭酸性朱红	担	〇七〇〇	〇七〇〇	〇七〇〇	〇七〇〇
白水滩牌直接靛蓝	斤	一四〇〇	一三五〇	一四〇〇	一三七〇
飞马盐基洋绿	磅	二四〇〇	二三四〇	二三四〇	二三五〇

（续表）

货名	单位	趸售时价			
		十三年九月第一周（两钱分厘）	九月第二周（两钱分厘）	九月第三周（两钱分厘）	九月第四周（两钱分厘）
福寿牌硫化军衣黄	担	——	——	——	——
牛牌酸性品蓝	斤	三七〇〇	三七〇〇	三七〇〇	三七〇〇
弓箭牌盐基品红	磅	二八〇〇	二八〇〇	二八〇〇	二八〇〇
开刀盐基玫瑰	斤	一〇〇〇	〇九五〇	〇九五〇	〇九五〇
瑞士汽车巴靛油	担	五二〇〇〇	五一〇〇〇	五二〇〇〇	五二〇〇〇
本国潮州靛油	担	七八五〇	七五〇〇	七五〇〇	七五〇〇
其他物品类					
25×47 17 磅美有光纸	令	一二二〇	一二一〇	一二一〇	一二二〇
31×43 37 磅美报纸	令	二二三〇	二三〇〇	二三〇〇	二三〇〇
文成本连史	件	一一五〇〇	一一五〇〇	一一六〇〇	一一五〇〇
美大仁毛边	件	一〇二〇〇	一〇二〇〇	一〇四〇〇	一〇五〇〇
美孚红车油	40 加伦	一八〇〇〇	一八〇〇〇	一八〇〇〇	一八〇〇〇
亚细亚气发油	桶	三二〇〇	三二〇〇	三二〇〇	三二五〇
1 至 6 号手枪牌洋针	万枝	三九五〇	四〇〇〇	四〇〇〇	三九五〇
120 块祥茂肥皂	箱	四七五〇	四七五〇	四七五〇	四七〇〇

（续表）

货名	单位	趸售时价			
		十三年九月第一周（两钱分厘）	九月第二周（两钱分厘）	九月第三周（两钱分厘）	九月第四周（两钱分厘）
30 生的蝙蝠牌叠头细花洋磁盆	打	一八五〇	一八〇〇	一七七五	一七五〇
好时火酒	箱	五二〇〇	五二〇〇	五二〇〇	五二〇〇
50 支大英香烟	千支	三一三二	三〇九六	三〇八九	三〇四五
500 支双喜牌香烟	千支	二二一一	二二六四	二一八六	二二二三
洪江桐油（副）	桶	一九八〇〇	一九六〇〇	一九六〇〇	一九四〇〇
黄闽烟惊	担	三二〇〇〇〇	三一〇〇〇	三一五〇〇	三二〇〇〇
淡克浦斯等烟丝	磅	二三五八	二三三七〇〇	二三三一	二二九四
徽州生漆	担	一七三五〇〇	一七四〇〇〇	一七五〇〇〇	一七四〇〇〇
平砠莉油	担	一三二〇〇	一三四〇〇	一三二〇〇	一三四〇〇
汉口生牛皮	担	四二五〇〇	四一五〇〇	四一〇〇〇	四一五〇〇
新加坡正一号红牛皮	担	——	——	——	四五〇〇〇
十七号猪鬃	担	一一九五〇〇	一一九五〇〇	一一五〇〇〇	——
兴济白边	担	一六〇〇〇〇	一六〇〇〇〇	——	——
牛庄籽油	担	一三六〇〇	一三八〇〇	——	一三六〇〇

钱业月报 1924，4（9）

上海物价表

财政部驻沪调查货价处编

本表如欠正确处，请各界函至爱多亚路五十号五层楼，本处当即更正。

货名		单位	趸售市价（上海规元）	
			十四年九月一日	十四年十月一日
粮食类				
米	高常河下白米	石	九三二六	九一七一
	苏同河下白米	石	八六七四	八二二九
	高常河下白元	石	八五九一	八七七三
小麦	汉口小麦	担	四〇〇〇	四〇〇〇
面粉	绿兵船面粉	包	二一五〇	二〇八〇
	老车牌面粉	包	二一五〇	二〇八〇
黄豆	大连黄豆	担	四八五〇	四八〇〇
	火车河南黄豆	担	四六八〇	四八〇〇
豌豆	浦口白豌豆	担	三三〇〇	三二五〇
蚕豆	汉口蚕豆	担	三〇〇〇	二六〇〇
菉豆	南京菜菉豆	担	五三〇〇	四八〇〇
白豆	美国白豆	百磅	一三〇〇〇	一三〇〇〇
高粱	大连红粮	担	三〇一〇	二九〇〇
芝麻	亳州白芝麻	担	八五〇〇	八二〇〇
花生	徐州花生	担	五〇〇〇	五二〇〇
	山东生仁	担	七七〇〇	九一〇〇
其他食物类				
猪肉		担	二一七五〇	二一〇二五
牛肉		百磅	一三六六五	一三〇五〇

（续表）

货名		单位	趸售市价（上海规元）	
			十四年九月一日	十四年十月一日
羊肉		百磅	一五九五〇	一五九五〇
火腿	金华味兰腿	担	四四九五〇	四四九五〇
鱼	北洋咸带鱼	担	六八八八	六一六三
	萨门鱼（高货）	担	六八〇〇	七五〇〇
蛋	大号鲜鸡蛋	千个	一三七七五	一三九二〇
	鸡蛋白	担	一五〇〇〇〇	一五〇〇〇〇
菜蔬	四川榨菜	担	一五五〇〇	一五〇〇〇
糖	黄冈青糖	担	四六〇〇	一八〇〇
	十号荷兰赤糖	担	一〇八〇〇	一〇〇〇〇
	上冰白糖	担	一〇八〇〇	一〇〇〇〇
	二十五号细砂荷白	担	七一〇〇	六八〇〇
	八号车白	担	六五五〇	六三二五
	三温半太古白糖	担	六五〇〇	六七〇〇
	太古冰糖	担	一一二〇〇	一〇四〇〇
茶	珍眉绿茶	担	八一〇〇〇	八一〇〇〇
	祁门红茶	担	六五〇〇〇	五七〇〇〇
	锡兰茶	打	一一六〇〇	一一六〇〇
咖啡	二号爪哇咖啡	担	四五〇〇〇	四五〇〇〇
牛奶	飞鹰老牌炼乳	箱	一三五〇〇	一三五〇〇
油	牛庄豆油	担	一三七五〇	一三七五〇
	木厂生油	担	一八三〇〇	一六八〇〇
乳油	白塔油	箱	五三〇〇〇	五三〇〇〇
通心粉	正号龙口粉	担	一八五〇〇	一八五〇〇
	英国通心粉	箱	三七〇〇	三七〇〇
盐	食盐	担	三一六八	三一六八

（续表）

货名		单位	趸售市价（上海规元）	
			十四年九月一日	十四年十月一日
酱油	双套酱油	担	五八〇〇	五八〇〇
海带	根室海带	担	五八五〇	五八〇〇
海参	日本大号十番参	担	一八〇〇〇〇	一八五〇〇〇
燕窝	龙牙白燕	斤	二五〇〇〇	二五〇〇〇
香菌	天华香菌	担	一九〇〇〇〇	一六五〇〇〇
荔枝	金山荔枝干	担	二六五〇〇	二七〇〇〇
桂圆	桂圆肉	担	二六〇〇〇	三六〇〇〇
葡萄	葡萄干	箱	七二五〇	七二五〇
柠檬	柠檬（一百五十只）	箱	六八八八	六五二五
瓜子	大连瓜子	担	一一〇〇〇	一一二〇〇
杏仁		五十磅	二五〇〇〇	二五〇〇〇
胡椒	黑胡椒	担	三〇〇〇〇	三一五〇〇
酒	双加重绍酒	担	九一三五	九一三五
	三星斧头牌白兰地	打	一五〇四四	一四八六三
	太阳啤酒	箱	九七八八	九七八八
	戳尔皮葡萄酒	打		
匹头及其原料类				
棉花	通州花衣	担	三八五〇〇	三九六〇〇
	上海火机花衣	担	三六五〇〇	三八〇〇〇
	美国花衣	担	四七七五〇	四五八五〇
	废花	担	三二〇〇〇	三三五〇〇
棉纱	十六支人钟棉纱	大包	一六九五〇〇	一七〇五〇〇
	十六支宝鼎棉纱	小包	一七一〇〇〇	一七〇〇〇〇
	十六支水月棉纱	大包	一七三〇〇〇	一七二〇〇〇

（续表）

货名		单位	趸售市价（上海规元）	
			十四年九月一日	十四年十月一日
棉纱	八十支紫凤凰二股丝光纱	大包	五二五〇〇〇	五四〇〇〇〇
	30/50 六股 200 码白木纱	罗	一一六〇〇	一一六〇〇
本色布	重 84 镑长 40 码宽 36 英寸英国原布	匹	五九〇〇	六一五〇
	重 84 镑长 38 码宽 38 英寸日本原布	匹	四六五〇	四六〇〇
	重 18 镑长 40 码宽 36 英寸日本原粗布	匹	六三五〇	六二七八
	重 14 镑长 40 码宽 36 英寸本厂原粗布	匹	七三〇〇	六九二五
	重 12 镑长 40 码宽 30 英寸本厂原粗布	匹	六〇〇〇	六五〇〇
	重 14 镑长 40 码宽 29 英寸本厂原粗斜	匹	七一七五	七一五〇
	长 40 码宽 32 英寸日本细斜	匹	六八〇〇	六八五〇
	长 40 码宽 32 英寸英国细斜	匹	九二五〇	九〇〇〇
	长 24 码宽 32 英寸日本原标	匹	三八五〇	三八五〇
漂白布	长 40 码宽 36 英寸英国漂白布	匹	一一三〇〇	一一五五〇
	长 40 尺宽 36 英寸本漂白布	匹	九四五〇	九四〇〇
	长 30 码宽 28 英寸英国色丁绸	码	〇二九五	〇二九〇

（续表）

货名		单位	趸售市价（上海规元）	
			十四年九月一日	十四年十月一日
染色布	长 27 码宽 11 英寸 三二毛宝土布	匹	一八四〇〇〇	一九四〇〇〇
	重 4 磅长 28 码宽 30 英寸英国红洋标	匹	五七〇〇	五八〇〇
	长 48 码宽 28 英寸 日本红棉绒	码	〇一八五	〇一八八
	长 38 码宽 26 英寸 英国元色细布	匹	八一〇〇	八一五〇
	长 30 码宽 29 英寸 英国元羽绸	匹	四二五〇	一四二五〇
	长 32 码宽 31 英寸 英国元素羽棱	匹	二七七五〇	二七七五〇
	长 30 码宽 29 英寸 英国泰西缎	码	〇六九〇	〇六七五
	长 35—37 码宽 22 英寸 英国尺六绒	码	〇七〇〇	〇七〇〇
花布	长 30 码宽 28 英寸 什色花标	码	〇二三五	〇二二〇
	长 30 码宽 29 英寸 英国什色花罗缎	码	〇五六〇	〇五〇〇
手帕	18 英寸白夹边巾	打	一一二五	一一〇〇
	28 英寸印花丝巾	打	一二〇〇〇	一二五〇〇
花边	19 格牡丹花边	码	〇一三八	一三八〇〇
帆布	帆布（二号）	码	〇六八〇	〇六五〇
白丝	头号白丝	担	五八〇〇〇〇	五九〇〇〇〇
	头二号白经丝	担	七七七五〇〇	七八〇〇〇〇
	上等白厂经	担	一二二五〇〇〇	一二三〇〇〇〇

（续表）

货名		单位	趸售市价（上海规元）	
			十四年九月一日	十四年十月一日
黄丝	头号黄丝	担	四五〇〇〇〇	六九五〇〇〇
	头二号黄经丝	担	一〇五〇〇〇〇	一一五〇〇〇〇
	头二号黄厂经	担	一一〇〇〇〇〇	一〇七〇〇〇〇
野蚕丝	头号柞蚕丝	担	一九〇〇〇	二〇〇〇〇〇
	野蚕经丝	担	四八七五〇〇	四九〇〇〇〇
绸缎	元青织机杭缎	尺	一二一〇	一一五〇
	头号山东府绸	匹	一三四〇〇	一三二〇〇
	六九白湖绸长30码宽卅二英寸	两	〇九四三	〇八七〇
	杂色东绸	码	〇五二〇	〇五二〇
	48-50英寸元色大海虎绒	码	四一〇〇	四一〇〇
羊毛	山东绵羊毛	担	三六〇〇〇	三六〇〇〇
毛绒绵	蜜蜂四股毛绒线	磅	二一〇〇	二一〇〇
呢	56"—58"直贡呢	码	三八五〇	三八〇〇
	56"—58"元藏素哔叽	码	二七七五	二八〇〇
	54"—56"双面夹呢	码	一六〇〇	一六二五
	普通雨衣布	码	二四五〇	二四五〇
绒	54"双面驼绒	码	二二〇〇	二二五〇
麻	沅江标号火麻	担	二二五〇〇	二三五〇〇
	湖北头号白宁麻	担	二三八〇〇	二四二〇〇
夏布	浏阳夏布	六十匹	五五〇〇〇	五四〇〇〇
金属类				
钢铁	径二分至一寸二孟林圆钢	担	三二五〇	三二五〇

（续表）

货名		单位	趸售市价（上海规元）	
			十四年九月一日	十四年十月一日
钢铁	径二分至一英寸竹节钢	担	五二〇〇	五一〇〇
	半分船钢板	担	五一〇〇	四八〇〇
	黄钢丝	担	三二五〇	三二五〇
	头号汉冶萍生铁块	吨	三五〇〇〇	三五〇〇〇
	旧生铁	吨	二二〇〇〇	二一五〇〇
	长块剪口铁	担	三三〇〇	三三五〇
	48×30 英白铁	担	一一〇〇〇	一〇八五〇
	二英寸黑铁管	尺	〇二〇〇	〇二〇〇
马口铁	英国九十磅马口铁	箱	七六〇〇	七四〇〇
钉	一英寸至六英寸法西钉	桶	三九〇〇	三九〇〇
铜	CT 紫铜绽	担	二六五〇〇	二七〇〇〇
	粗细黄铜条	担	二六五〇〇	二六五〇〇
	粗细紫铜条	担	三五五〇〇	三六〇〇〇
锌	九及十号白铅皮	担	一九〇〇〇	一八五〇〇
铅	B 字大条铅	担	一四六〇〇	一五〇〇〇
锡	云南小䃴锡	担	九四〇〇〇	九四五〇〇
	荷兰点铜	担	一〇五〇〇〇	一〇四〇〇〇
锑	湖南纯锑	吨	四三七〇〇〇	四三五〇〇〇
燃料类				
煤	山西白煤	吨	二三〇〇〇	二四〇〇〇
	头号开平火车块煤	吨	一〇二五〇	一〇五〇〇
	头号杵岛块煤	吨	一一七五〇	一二〇〇〇
	头号金田统煤	吨	九〇〇〇	八七五〇
	二号井陉统煤	吨	一〇五〇〇	九九〇〇
	头号红屑	吨	〇二五〇	八七五〇
	头号开平屑	吨	七五〇〇	七四〇〇

（续表）

货名		单位	趸售市价（上海规元）	
			十四年九月一日	十四年十月一日
焦煤	中兴焦煤	吨	二五〇〇〇	二五七五〇
柴	泗安大反白柴	五十捆	一三四二	一三四一
炭	温州青炭	担	一二六九	一二六九
油	老牌火油	箱	三四〇八	三四四四
	柴油	吨	二九三〇〇	二六四〇〇
洋烛	十二两洋烛	箱	三〇四五	三〇四五
火柴	荧昌安全火柴	箱	一九四〇〇	一九五〇〇
	日本安全火柴	箱	二二五〇〇	二二五〇〇
建筑材料类				
木材	一钱至一钱五分码双连杉木	根	二五二〇	二五二〇
	八至十五尺花旗松	千尺	四四〇〇〇	四四〇〇〇
	东洋白松	千尺	三五〇〇〇	三五〇〇〇
	方料先进柚木	千尺	二〇〇〇〇〇	二〇〇〇〇〇
	8×6 枕木	千尺	二二五〇〇〇〇	二二五〇〇〇〇
	建松板	千尺	三二〇〇〇	三四〇〇〇
	长十六尺以内新加坡硬白板	千尺	六五〇〇〇	六六〇〇〇
砖	天津空心砖	千块	二四〇〇〇	二四〇〇〇
瓦	天津红瓦	千片	五八〇〇〇	五八〇〇〇
	头号老式瓦	万片	三九八七五	三九一五〇
石灰	无锡石灰	担	一一二四	一一六〇
水泥	启新水泥	桶	三四〇〇	三五〇〇
	日本水泥	桶	三六〇〇	三六〇〇
玻璃	比国四号原片（三七搭）	箱	四五〇〇	四五〇〇
生漆	徽州生漆	担	一一五九〇〇	一一六一〇〇

（续表）

货名		单位	趸售市价（上海规元）	
			十四年九月一日	十四年十月一日
漆油	鸟牌漆油	桶	三二五〇	三二五〇
柏油		四十加仑	八〇〇〇	八〇〇〇
工业用品类				
靛油	潮州靛油	担	一二〇〇〇	九五〇〇
靛油	爱礼司靛油	担	三八〇〇〇	三六〇〇〇
染料	硫化元	担	三五〇〇〇	三五〇〇〇
	直接元色	斤	一二〇〇	一一〇〇
	直接靛蓝	斤	〇八五〇	〇八五〇
	盐基洋绿	斤	三〇〇〇	三一〇〇
	酸性品蓝	斤	三五〇〇	三五〇〇
	汽巴淡黄	听	一二五〇	一二五〇
	酸性朱红	听	〇三八〇	〇三八〇
	盐基品红	听	一七五〇	一七五〇
	盐基玫瑰	听	〇三五〇	〇三五〇
五棓子	川棓子	担	二一六〇〇	二一六〇〇
漂白粉	太阳牌漂白粉	百磅	六三〇〇	六三〇〇
碱	纯碱	担	四六〇〇	四五〇〇
	烧碱	担	六八〇〇	六〇〇〇
硫酸	六十六度硫酸	二百磅	一一六〇〇	一〇六七五
盐酸	二十度盐酸	箱	四七一三	四七一三
硼酸	硼酸粉	箱	三四〇〇〇	三四〇〇〇
盐酸钾		会	一一五〇〇	一一五〇〇
尼拉非尼	一百二十四度巴拉菲尼	箱	一二三〇〇	一二〇〇〇
硫磺	硫磺块	担	七九七五	七九七五

（续表）

货名		单位	趸售市价（上海规元）	
			十四年九月一日	十四年十月一日
硝	智利硝	担	八三三八	八三三八
松香	本国松香	担	六八〇〇	六八〇〇
油墨	新闻黑墨	磅	〇一四一	〇一四一
樟脑	江西脑	担	九〇〇〇〇	九〇〇〇〇
其他物品类				
纸	毛边纸	件	一〇二〇〇	一〇四〇〇
	25×44 17 磅有光纸	会	一四二〇	一四〇〇
	31×43 37 磅报纸	会	三一〇〇	三〇〇〇
	黄火柴纸	会	二八〇〇	二八〇〇
	32 米突卷烟纸	盘	一二〇〇	一二五〇
	锡纸	磅	〇二〇〇	〇二一五
生皮	汉口生牛皮	担	三七五〇〇	四〇五〇〇
熟皮	生档红牛皮	担	四五〇〇〇	四〇〇〇〇
	英国一寸皮带	尺	〇〇九〇	〇〇九〇
植物油	平砠荆油	担	一八二〇〇	一八〇〇〇
	白桐油	担	一八八〇〇	一八二〇〇
	洪江桐油（副）	桶	二二八〇〇	二一六〇〇
	牛庄籽油	担	一四〇〇〇	一四〇〇〇
	椰子油	担	二〇五〇〇	二〇五〇〇
矿物油	美孚红车油	四十加仑	一八八〇〇	一八八〇〇
	亚细亚汽发油	桶	四〇〇〇	四〇〇〇
饼	余记厂豆饼	张	一六二〇	一六〇〇
	浙绍光菜饼	千捆	二七〇〇〇〇	二七六〇〇〇
	生和隆花生饼	担	三三三五	三三三五
	棉子饼粉	担	二四〇〇	二七五〇

（续表）

货名		单位	趸售市价（上海规元）	
			十四年九月一日	十四年十月一日
麸皮	华丰小包麸皮	担	二二〇〇	二三五〇
菜子	芜湖菜子	担	五四〇〇	五三五〇
棉子	通州棉子	担	一八四九	一九二一
麻子	胡麻子	担	九〇〇〇	九〇〇〇
磁器	白胎青花人物申三号菜碗	打	二二〇〇	二一五〇
	七英寸东洋蓝边磁盆	打	一〇五〇	一〇五〇
搪磁器	三十生的鸭牌洋磁盆	箱（十打）	一八〇〇〇	一八〇〇〇
肥皂	一百二十块祥茂肥皂	箱（十打）	四七八五	四四二三
香水	檀香水	打	四七五〇	四八五〇
针	1/9 老礼和洋针	万枚	一五七五〇	一五五〇〇
	1/12 礼和绣花针	万枚	一六五〇〇	一六二五〇
裹衣	卫生衣	打	一六五〇〇	一六五〇〇
袜	香港白线袜	打	三二〇〇	三二〇〇
发网	10 扣 28 扣单元发网	罗	一五二三	一四五〇
布伞	28 英寸日本真桃丝布伞	打	九〇〇〇	七二五〇
麻线	三四五股印度麻线	千磅	二三五〇〇〇	二三五〇〇〇
麻袋	二磅七五新斜纹袋	千只	四二五〇〇〇	四三〇〇〇〇
钟	八英寸鱼尾挂钟	打	三七二五〇	三七五〇〇
灯	200 伏脱 16/50 电灯泡	百只	二三九二五	二三九二五
	老美孚灯	打	二一〇〇	二一〇〇
猪肠	一路猪肠	百副	二六二〇〇	三五一〇〇
头发	十号头发	担	一三〇〇〇〇	一三〇〇〇〇
猪鬃	十七号黑猪鬃	担	一三〇〇〇〇	一三五〇〇〇
马鬃	十五号白马鬃	担	二三〇〇〇〇	二三〇〇〇〇

（续表）

货名		单位	趸售市价（上海规元）	
			十四年九月一日	十四年十月一日
火酒	顺发火酒	箱	六〇〇〇	六〇〇〇
檀香	西水敢支檀香	担	一九四〇〇	二〇二〇〇
药材	地字三十支别直参	斤	六二〇〇〇	六二〇〇〇
	统木香	担	三八五〇〇〇	三八五〇〇〇
	甘草	担	四一〇〇〇	四〇〇〇〇
	川刁芎	担	一六四〇〇	一八〇〇〇
天平	丙种物理天平	具	六九六〇	六九六〇
钢丝钳	五寸钢丝钳	打	二二〇〇	二二〇〇
铅笔	鸡牌铅笔	罗	二一三九	二一三九
干片	六寸干片	打	一二六九	一二六九
皮球	日本三号白皮球	打	〇二七五	〇二八〇
烟叶	头号黄冈烟叶	担	二七〇〇〇	二七五〇〇
	美国头等烟叶	百磅	四三三一二	四五二五〇
烟丝	淡克浦斯登烟丝	磅	二三二〇	二三二〇
纸烟	五百支双喜牌香烟	千枝	二一七五	一四五〇
	五百支大英牌香烟	千枝	二七一九	一三四一

钱业月报 1925，5(9)

上海经济状况的一斑

邵　伸

东三省官银号驻沪分号执事人刘陟堂先生，顷由上海归来。日前造访，谈及上海一般的经济情况，陟堂先生驻沪有日，经验宏富，所谈各点于吾奉经济界颇有关系。兹将所谈各节较为重要者用特揭出，以供商工界诸君子之借镜云尔。

上海的一般经济界其营业种类以行分之，虽微小者亦必有行。兹将其行之较大且与国外贸易有关系者纾之于后。

（一）银行

分洋商银行及华商银行两种，各行均有公会，分述如下。

甲、洋商银行

公会之会员共二十余家，其中较大较著者为汇丰、花旗、麦加利、美丰、正金、朝鲜等，专作存款放款及国外汇兑压汇等业务。存放款、国外汇兑与一般同。惟压汇一项似有特殊之处，系商店或工厂一种之贴单或提货单抵压于银行，即可随时支取零用款项，其额数随两造临时规定之。考洋商银行资本雄厚，信用昭著，因之寻常之小交往及琐屑冗杂业务每不欲作。

乙、中华商银行

会员二十余家，其中较大者为中南、金城、大陆盐业、中国、交通、浙江兴业、四明、东莱（独资）浙江地方实业、全功、懋业、上海储蓄东方商业等十余家，资本较厚，信用较著，专作存放款、压款、国内汇兑及普通银行业务。此外如中南、中国、交通、东方商业等数家，尚营国外汇兑，内中浙江兴业、四明、东莱等三家，开业最早，一般信仰较深。又，中南、金城、大陆、盐业四家，组织四行公库，专司四行发行之纸币。准备基金甚充足，其发行、收回，及与纸币有关之事项，均由该四行公库主持之。

纸币：上海纸币均以现大洋为本位。币面有一元、五元、十元三种。全市所发行者在一万万元以上，中国占十分之五，交通十分之三，中南十分之一，其他十分之一，均为无限兑现。

附记一：自此次动乱以来，上海金融界变化较巨。较着之银行，多取审重态度：不欲存款；即早日存款，亦催存主速取——盖以每日之差息（日息）无定，恐为之累。其信用较差之小银行乘机想活动，而一般对之又不信仰，故有钱者存款无处，无钱者借款无着。银行方面则有信用者业务冷静，无信用者又难活动。统之上海金融目下呈一种呆滞状况，饥饱不匀。又兑现以洋厘之涨高，纸币暗损颇巨，如战前后洋厘之差，每万元在三千两之谱。

附记二：金城、懋业、花旗三家，在东省（哈尔滨）均设分行，现在专作普通汇兑，其他一般银行业务不甚注意，特为吸收东省之金融，作将来发展之基础。用心深远，同胞不可不注意。且以上三家半为美人所办，谓之为抵抗日人之金融，亦无不可。

附记三：上海之金融情形略如上述。国外汇兑半赖西洋之银行，国内汇兑则华商银行自办。故日本金融界除自营其对日交易外，则几无事事矣。

（二）钱庄

上海开发垂八十年，此种钱庄即与上海以俱来，来源甚远，信用亦著，股份无限，责任亦无限。全上海南北市不下百余家，资本自五万两至二十万两不等，直可操纵全市面之金融。其营业范围，除普通存放款外，尚有一种所谓汇划者，盖与营口银炉之拨兑相等。其各种业务大致如左。

甲、存款

分活期与定期二种。活期存款按日计算，以每日差息累计之，作为存款利息。定期存款利率在三厘至一分不等。

乙、放款

亦分活期、定期二种。活期放款亦按每日差息计算，视放户字号之硬软，分别差息之多寡，每日差息加数，自二五两至七两不等。定期放款利息自十两〇五厘起码。

丙、汇划

各钱庄均营汇划，即拨兑是也。每日拨兑各行之来往，以充兑行码（如营口炉银）。在北市者七十余家，在南市者二十余家，外有小同行十五六家。分为四大帮，即宁波、绍兴、镇口、山帮（洞庭山）是也。

丁、庄票

各钱庄尚发一种庄票，其性质颇似红飞子（手形）。额数无限，各行交易均通用之。此外尚有划条拨条与银行同。

附记一：上海融之银行金行情，除洋商银行外，概以钱庄差息为标准。存差最低者二两，欠差最低者四五两。另外视交际字号之软硬，再行加差。

附记二：上海钱庄放款，平均最小者一百万，最大者三百万。除自有基本金外，拉来存款，再为放出，以取中利。

注意：东帮（东三省）欠款每年只少在三百万上下，营帮（营口）欠款在四百万以上，计共七百万。即以最小加差计之，每年可三十五万，即上海钱庄每年可赚得东省三十五万两也。而东帮向无团体，亦无会馆，独打自创，甚少互动之精神。幸信用为各帮冠，否则势难角逐于沪上矣。且东帮在上海，历史亦最早，然至今日仍不外坐庄批货而已，从未获有尺寸地盘，且亦无一石一木之产业，是吾东省之弱点也，望有心人急起图之。

（三）金业交易所

该交易所专讲生金行情，以申标金为标准（成色□）。不能收现，收现按色升计，是盖防止外人之操纵也。其底盘初以日本金票折合，金票四百八十元合生金十两；近以日本金票涨落不定，现拟改以美金作底盘。

（四）丝行

丝行组织有丝绸交易所。丝分为白丝、灰丝及人造丝三种。

甲、白丝

为江南之家茧丝。自无锡、常州及其他江浙各处收集之，上海有纩丝厂二三十家。多用新机新法。每年出丝除本国自用外，输出外国者年可值二千万两以上。又制成绸缎，尚多销于法国。

乙、灰丝

即关东之山茧丝。当地纩成运往上海。专销美国，法国次之，每年约数百万。

丙、人造丝

为由美国输入者。价较国丝为廉，专织花边绦带及其他妇女装饰品等，我国丝绸受影响颇巨。

附记一：此外印度、日本亦有丝，角逐于沪上。色固美矣，而质甚劣。

附记二：目下舶来之毛织品，反较丝绸为盛。自英美日本来者均甚伙。是亦吾国丝绸界一大障碍。

注意：外人收买吾国之丝，研究吾国人之需要心理，织成绸缎，花文美丽，转销吾国，亦取其中厚利。吾同胞不可不注意也。

（五）棉纱

棉纱行亦自组交易所。棉花之收集于国内者，在南则有南通及江浙各处，在北则河南、陕西均盛产棉花。又有自国外输入者，即美国棉与印度棉花是也。近来以棉花涨落不定，故棉纱情况颇不振。

纱厂最大者有永安、纬通，有南通之大生等等。日本在上海之纱厂尚有七八家。

注意：棉花为中国所产，棉纱为中国所制，而其行情反不能自主：棉花则须视美国为转移，棉纱须视日本为定评，中国纯居被动地位。是亦历史上之推移积重难返故也，望国人速起谋之。

（六）茶业

为我国输出货之大宗。多产自福建、浙江、安徽、湖南等处。采取后至各处有加料者、加花者、炮制者，最后集于上海，以备出口，全操于华人之手。惟现因制法不良，销场日促。又，红茶、茶砖专输北蒙及俄国，近来亦形减售。

（七）面粉

上海制粉厂不下十余家，小麦多取自河南、山东及江苏之徐州。近年国产不敷，美国麦输入者甚多。此种销售多在国内，对外贸易上较少。而中国北部东三省且多日本面粉之输入。

统视以上各节，于上海之经济的状况亦可略知一斑。惟以情形复杂，又非专门之考据，故实际之调查殊非易易。兹再将因时局关系而起之变化，据个人之所知者供诸阅者。

A. 金融滞涩：因此次时局动乱，上海金融业受打击颇不鲜。有实力者存一种观望心，不能积极发展。反是则偏于贪婪冒险，不能脚踏实在。故上海之金融情形，一时颇难收拾。

B. 货物积压：货物之销售，原与需要者为正比例。因时局之关系，自不免陷于供过于求之地步，即经济学所谓恐慌之现象也。目下上海即呈此象：货物积压太多，又加以流行品之推波逐浪，即时局平静，亦将受厌故喜新之累。今年以来（十三年度）据经验者之调查，长江一带各种货物减销三千万两，北五省减销四千万两，东三省减销二千万两，两广云贵减销五千万两，统计全国较前减销一万四千万两，试问此种货物之迟滞，经济界所受之影响，顾不大哉，因之上海方面之行栈、工厂、银行、钱庄等，亦均变连带关系，而不能周转，即洋商方面亦然。

C. 总之上海目下的情形，纯取一种自卫策。然自卫一时则可，若长此以往是否有退无进？如时局平定，人心稳静，买卖两方，均不裹足，或来春后稍可收拾正未可知。

虽然据上海之经济要人最富经验者所谈中，由庚子以来元气渐疏，而继以辛亥革命、民国成立，又加以频年之内争，前、去两年，无大出入视稍有望，而然受此次之打击，恐原状之恢复至少须三四十年也。何则中国漏卮，连年莫杜，即有余力，尚须延喘，况每年出入尚有悬殊，即使每年有赢余四五十万，为数不少矣，而此次之损失，只上海方面尚不下二千万，试问是否须四十年工夫，最末尚有望于关东同胞者——东帮帮客在沪上者，不下百数十家，营帮数略同，均自立自创，而不能互相助援，以若大之帮头，而无具体的团结，对外似觉赧颜，对内亦时感不便，经验久者固无说，而欲新发展者，则问津无路，窥墙莫由，是即吾东三省在上海不得地盘之大原因也，论销货则东帮颇不少，论势力则差人远甚，望东三省同胞急起图之。

奉天省城总商会月刊 1925（5）

上海物价表

财政部驻沪调查货价处编

本表如欠正确处，请各界函至爱多亚路五十号五层楼，本处当即更正。

货名		单位	趸售市价（上海规元）	
			十五年九月一日	十五年九月十五日
粮食类				
米	高常河下白米	石	一三五四八	一三六六六
	苏同河下白米	石	一二七五五	一三〇九〇
	高常河下白元	石	一三三三二	一三三七八
小麦	汉口小麦	担	四一〇〇	四三二〇

（续表）

货名		单位	趸售市价（上海规元）	
			十五年九月一日	十五年九月十五日
面粉	绿兵船面粉	包	二一五五	二二〇〇
	老车牌面粉	包	二一五五	二二〇〇
黄豆	大连黄豆	担	四四〇〇	四五五〇
	火车河南黄豆	担	四 〇〇〇	四三二〇
豌豆	浦口白豌豆	担	三七〇〇	三九〇〇
蚕豆	汉口蚕豆	担	二九〇〇	三 〇〇〇
菉豆	南京菜菉豆	担	五六〇〇	五五〇〇
白豆	美国白豆	百磅	一二五〇〇	一二五〇〇
高粱	大连红粮	担	二七八〇	二八〇〇
芝麻	亳州白芝麻	担	八六五〇	八七五〇
花生	徐州花生	担	五六〇〇	六四五〇
	山东生仁	担	七一〇〇	七七〇〇
其他食物类				
猪肉		担	二三七八一	二三七三五
牛肉		百磅	一一八一八	一一七九六
羊肉		百磅	一六五七四	一六五四三
火腿	金华味兰腿	担	四三二三八	四三一五五
鱼	北洋咸带鱼	担	七九二七	七五五二
	萨门鱼（高货）	担	八八〇〇	八三〇〇
蛋	大号鲜鸡蛋	千个	一六九三五	一五六八〇
	鸡蛋白		一二八〇〇〇	——
菜蔬	四川榨菜	担	一八五〇〇	二〇〇〇〇
糖	黄冈青糖	担	五〇〇〇	五三〇〇
	十号荷兰赤糖	担	六六〇〇	六五〇〇
	上冰白糖	担	一〇一〇〇	一〇一〇〇

（续表）

货名		单位	趸售市价（上海规元）	
			十五年九月一日	十五年九月十五日
糖	二十五号细砂荷白	担	七一〇〇	七六〇〇
	八号车白	担	七五五〇	七八五〇
	三温半太古白糖	担	七八〇〇	七八〇〇
	太古冰糖	担	一〇八〇〇	一一一〇〇
茶	珍眉绿茶	担	八七〇〇〇	七七〇〇〇
	祁门红茶	担	七二〇〇〇	七〇〇〇〇
	锡兰茶	打	一二九七一	一二九四七
咖啡	二号爪哇咖啡	担	四二〇〇〇	四五〇〇〇
牛奶	飞鹰老牌炼乳	箱	一三五〇〇	一三五〇〇
油	牛庄豆油	担	一二七五〇	一二九五〇
	木厂生油	担	一五八五〇	一六三五〇
乳油	白塔油	箱	五八五〇〇	五八五〇〇
通心粉	正号龙口粉	担	一八五〇〇	一九三〇〇
	英国通心粉	箱	三六〇〇	三六〇〇
盐	食盐	担	三一七一	三二三七
酱油	双套酱油	担	四一〇八	五四六六
海带	根室海带	担	四八〇〇	四八〇〇
海参	日本大号十番参	担	一七〇〇〇〇	一七〇〇〇〇
燕窝	龙牙白燕	斤	二七〇〇〇	二七〇〇〇
香菌	天华香菌	担	一七〇〇〇〇	一六五〇〇〇
荔枝	金山荔枝干	担	六四〇〇〇	六四〇〇〇
桂圆	桂圆肉	担	四〇〇〇〇	六〇〇〇〇
葡萄	葡萄干	箱	七三五〇	七三三六
柠檬	柠檬（一百五十只）	箱	六四八六	五三九四
瓜子	大连瓜子	担	一一〇〇〇	一一〇〇〇

（续表）

货名		单位	趸售市价（上海规元）	
			十五年九月一日	十五年九月十五日
杏仁		五十磅	二五〇〇〇	二五〇〇〇
胡椒	黑胡椒	担	三六〇〇〇	三九〇〇〇
酒	双加重绍酒	担	七二〇六	六九四四
	三星斧头牌白兰地	打	一八五五六	一八七〇一
	太阳啤酒	箱	九七二八	九七一〇
	戤尔皮葡萄酒	打	一〇〇〇〇	一〇〇〇〇
匹头及其原料类				
棉花	通州花衣	担	三三〇〇〇	三一八〇〇
	上海火机花衣	担	三二〇〇〇	三二〇〇〇
	美国花衣	担	四二八〇〇	四一七五〇
	废花	担	二六〇〇〇	二六〇〇〇
棉纱	十六支人钟棉纱	大包	一三九五〇〇	一三八二五〇
	十六支宝鼎棉纱	小包	一四〇〇〇〇	一四〇〇〇〇
	十六支水月棉纱	大包	一四一〇〇〇	一四三〇〇〇
	八十支紫凤凰二股丝光纱	大包	五八〇〇〇〇	五七〇〇〇〇
	30/50 六股 200 码白木纱	罗	一〇四五〇	一〇四五〇
本色布	重 84 镑长 40 码宽 36 英寸英国原布	匹	四四五〇	——
	重 84 镑长 38 码宽 38 英寸日本原布	匹	四七〇〇	四七三五
	重 18 镑长 40 码宽 36 英寸日本原粗布	匹	五一二五	五〇七五
	重 14 镑长 40 码宽 36 英寸本厂原粗布	匹	五八〇〇	五七二五
	重 12 镑长 40 码宽 30 英寸本厂原粗斜	匹	四九五〇	四九〇〇

（续表）

货名		单位	趸售市价（上海规元）	
			十五年九月一日	十五年九月十五日
本色布	重 14 镑长 40 码宽 29 英寸本厂原粗斜	匹	五七五〇	五七二五
	长 40 码宽 32 英寸日本细斜	匹	六三〇〇	六二七五
	长 40 码宽 28 英寸英国细斜	匹	九一〇〇	九一五〇
	长 24 码宽 32 英寸日本原标	匹	——	——
漂白布	长 40 码宽 30 英寸英国漂白布	匹	九 〇五〇	八九八〇
	长 40 尺宽 36 英寸本漂白布	匹	八六七五	八六五〇
	长 30 码宽 28 英寸英国色丁绸	码	〇二六五	〇二六五
染色布	长 27 码宽 11 英寸三二毛宝土布	匹	一七二〇〇〇	一七六〇〇〇
	重 4 磅长 28 码宽 30 英寸英国红洋标	匹	三八七五	三八七五
	长 48 码宽 28 英寸日本红棉绒	码	〇一六五	〇一六五
	长 38 码宽 26 英寸英国元色细布	匹	七四〇〇	七四〇〇
	长 30 码宽 29 英寸英国元羽绸	匹	一二三二五	一二〇五〇
	长 32 码宽 31 英寸英国元素羽棱	匹	二一五〇〇	二一五〇〇
	长 30 码宽 29 英寸英国泰西缎	码	〇七一〇	——
	长 35—37 码宽 22 英寸英国尺六绒	码	〇六四三	〇六三〇

（续表）

货名		单位	趸售市价（上海规元）	
			十五年九月一日	十五年九月十五日
花布	长30码宽28英寸什色花标	码	○一九八	○一九○
	长30码宽29英寸英国什色花罗缎	码	○五四○	○五四○
手帕	18英寸白夹边巾	打	一一二五○	一一二五○
	28英寸印花丝巾	打	一六五○○	一六七五○
花边	19格牡丹花边	码	○一一五	○一二二
帆布	帆布（二号）	码	○七○○	○七○○
白丝	头号白丝	担	五八○○○○	六○○○○○
	头二号白经丝	担	七四七五○○	七六○○○○
	上等白厂经	担	一二○○○○○	一二四○○○○
黄丝	头号黄丝	担	五二五○○○	四八○○○○
	头二号黄经丝	担	七二○○○○	八一二五○○
	头二号黄厂经	担	一○二二○○○	一○五三○○○
野蚕丝	头号柞蚕丝	担	二五○○○○	二一○○○○
	野蚕经丝	担	五四五○○○	五五二○○○
绸缎	元青织机杭缎	尺	一一九○	一一八○
	头号山东府绸	匹	一三五○○	一三六○○
	六九白湖绸 长30码宽卅二英寸	两	○八二九	○八二○
	杂色东绸	码	○五二五	○五二○
	48–50英寸元色大海虎绒	码	四六○○	四六二五
羊毛	山东绵羊毛	担	四一三○○	三八○○○
毛绒绵	蜜蜂四股毛绒线	磅	一九二五	一九五○

（续表）

货名		单位	趸售市价（上海规元）	
			十五年九月一日	十五年九月十五日
呢	56＂—58＂直贡呢	码	三九二五	三九五〇
	56＂—58＂元藏素哔叽	码	二六五〇	二六二五
	54＂—56＂双面夹呢	码	一五〇〇	一五〇〇
	普通雨衣布	码	二五〇〇	二五〇〇
绒	54＂双面驼绒	码	二三七五	二三七五
麻	沅江标号火麻	担	二一五〇〇	二四〇〇〇
	湖北头号白宁麻	担	二五〇〇〇	二四五〇〇
夏布	浏阳夏布	六十匹	四七〇〇〇	五八〇〇〇
金属类				
钢铁	径二分至一英寸二孟林圆钢	担	三四〇〇	三四〇〇
	径二分至一英寸竹节钢	担	三七〇〇	三六〇〇
	半分船钢板	担	四〇〇〇	四〇〇〇
	黄钢丝	担	四〇〇〇	四〇〇〇
	头号汉冶萍生铁块	吨	三五〇〇〇	三四〇〇〇
	旧生铁	吨	二二〇〇〇	二二〇〇〇
	长块剪口铁	担	三〇〇〇	三〇〇〇
	48×30英白铁	担	一一〇〇〇	一一〇〇〇
	二英寸黑铁管	尺	〇一八〇	〇一八〇
马口铁	英国九十磅马口铁	箱	八三〇〇	八〇〇〇
钉	一英寸至六英寸法西钉	桶	四二五〇	四一〇〇
铜	CT紫铜绽	担	三〇五〇〇	三〇五〇〇
	粗细黄铜条	担	三〇五〇〇	三〇五〇〇
	粗细紫铜条	担	三九〇〇〇	三九〇〇〇
锌	九及十号白铅皮	担	一九七五〇	一九五〇〇
铅	B字大条铅	担	一四二〇〇	一三九〇〇

（续表）

货名		单位	趸售市价（上海规元）	
			十五年九月一日	十五年九月十五日
锡	云南小磺锡	担	一二一五〇〇	一二三五〇〇
	荷兰点铜	担	一三一五〇〇	一三四〇〇〇
锑	湖南纯锑	吨	四二〇〇〇〇	四七〇〇〇〇
燃料类				
煤	山西白煤	吨	一七七五〇	二〇〇〇〇
	头号开平火车块煤	吨	一一五〇〇	一一〇〇〇
	头号杵岛块煤	吨	一一七五〇	一一八〇〇
	头号金田统煤	吨	九〇〇〇	九〇〇〇
	二号井陉统煤	吨	一一五〇〇	一一二五〇
	头号红屑	吨	八五〇〇	八四〇〇
	头号开平屑	吨	七〇〇〇	六七五〇
焦煤	中兴焦煤	吨	二九〇〇〇	二九五〇〇
柴	泗安大反白柴	五十捆	一三三八	一二八五
炭	温州青炭	担	一五一三	一五一〇
油	老牌火油	箱	三六〇三	三五九六
	柴油	吨	三〇四二八	三〇四二四
洋烛	十二两洋烛	箱	二九九一	二九八五
火柴	荧昌安全火柴	箱	一八五〇〇	二〇二五〇
	日本安全火柴	箱	二〇二五〇	二〇二五〇
建筑材料类				
木材	一钱至一钱五分码双连杉木	根	二八二〇	二九二〇
	八至十五尺花旗松	千尺	五〇〇〇〇	五〇〇〇〇
	东洋白松	千尺	三八〇〇〇	四〇〇〇〇
	方料先进柚木	千尺	一九五〇〇〇	二〇〇〇〇〇
	8×6 枕木	千尺	二二六〇〇〇〇	二二七〇〇〇〇

（续表）

货名		单位	趸售市价（上海规元）	
			十五年九月一日	十五年九月十五日
木材	建松板	千尺	四〇〇〇〇	四〇〇〇〇
	长十六尺以内新加坡硬白板	千尺	一〇〇〇〇〇	一〇〇〇〇〇
砖	天津空心砖	千块	二一八〇〇	二一六〇〇
瓦	天津红瓦	千片	六〇〇〇〇	六〇〇〇〇
	头号老式瓦	万片	三九六三四	三九五五九
石灰	无锡石灰	担	一四〇五	一二五九
水泥	启新水泥	桶	三三〇〇	三三〇〇
	日本水泥	桶	二九〇〇	二九〇〇
玻璃	比国四号原片（三七搭）	箱	四〇〇〇	四〇〇〇
生漆	徽州生漆	担	一〇八〇〇〇	一一〇八八〇
漆油	鸟牌漆油	桶	三二〇〇	三二〇〇
柏油		四十加仑	七〇〇〇	八〇〇〇
工业用品类				
靛油	潮州靛油	担	——	——
	爱礼司靛油	担	三三〇〇〇	三二〇〇〇
染料	硫化元	担	三二〇〇〇	三二〇〇〇
	直接元色	斤	一二〇〇	一二〇〇
	直接靛蓝	斤	〇七八〇	〇七八〇
	盐基洋绿	斤	三〇〇〇	三一〇〇
	酸性品蓝	斤	三五〇〇	三五〇〇
	汽巴淡黄	听	〇九五〇	〇九〇〇
	酸性朱红	听	〇三九〇	〇三八〇
	盐基品红	听	一四五〇	一五〇〇
	盐基玫瑰	听	〇三五〇	〇三四〇
五棓子	川棓子	担	一九〇〇〇	二二〇〇〇

（续表）

货名		单位	趸售市价（上海规元）	
			十五年九月一日	十五年九月十五日
漂白粉	太阳牌漂白粉	百磅	五四〇〇	五四五〇
碱	纯碱	担	四二五〇	四二五〇
	烧碱	担	六六五〇	六七〇〇
硫酸	六十六度硫酸	二百磅	一〇四四九	一〇〇七〇
盐酸	二十度盐酸	箱	四六八四	四六七五
硼酸	硼酸粉	箱	三四〇〇〇	三四〇〇〇
盐酸钾		会	一一五〇〇	一一五〇〇
尼拉非尼	一百二十四度巴拉菲尼	箱	一二〇〇〇	一二〇〇〇
硫磺	硫磺块	担	八二一五	八一九九
硝	智利硝	担	八二八七	八二七一
松香	本国松香	担	九五〇〇	九三〇〇
油墨	新闻黑墨	磅	〇一四四	〇一五八
樟脑	江西脑	担	九六〇〇〇	一〇三〇〇〇
其他物品类				
纸	毛边纸	件	一〇三〇〇	一〇三〇〇
	25×44 17 磅有光纸	会	一四五〇	一四二〇
	31×43 37 磅报纸	会	二四五〇	二四五〇
	黄火柴纸	会	二七五〇	二七五〇
	32 米突卷烟纸	盘	二一〇〇	二一〇〇
	锡纸	磅	〇一九五	〇一九五
生皮	汉口生牛皮	担	三二〇〇〇	三二五〇〇
熟皮	生档红牛皮	担	四六五〇〇	四七〇〇〇
	英国一寸皮带	尺	〇一〇〇	〇一〇〇
植物油	平砠荆油	担	一九四〇〇	一九四〇〇
	白桐油	担	二九〇〇〇	二五七〇〇
	洪江桐油（副）	桶	二〇二〇〇	二〇一〇〇

（续表）

货名		单位	趸售市价（上海规元）	
			十五年九月一日	十五年九月十五日
植物油	牛庄籽油	担	一一七〇〇	一一八〇〇
	椰子油	担	一九三〇〇	一九五〇〇
矿物油	美孚红车油	四十加仑	一五二〇〇	一四二〇〇
	亚细亚汽发油	桶	二八八三	二八七七
饼	余记厂豆饼	张	一三七〇	一四二〇
	浙绍光菜饼	千捆	二五六六七六	二五六〇五三
	生和隆花生饼	担	三五五〇	三七〇〇
	棉子饼粉	担	二七二〇	二八〇〇
麸皮	华丰小包麸皮	担	二五〇〇	二五〇〇
菜子	芜湖菜子	担	五三五〇	五三七〇
棉子	通州棉子	担	一六五七	一五四六
麻子	胡麻子	担	二〇〇〇〇	二〇〇〇〇
磁器	白胎青花人物申三号菜碗	打	二一六〇	一九五〇
	七英寸东洋蓝边磁盆	打	一一五〇	一一五〇
搪磁器	三十生的鸭牌洋磁盆	箱（十打）	一七五〇〇	一七五〇〇
肥皂	一百二十块祥茂肥皂	箱（十打）	四六一二	四六〇三
香水	檀香水	打	六七七五	六七七五
针	1/9 老礼和洋针	万枚	一三〇〇〇	一三〇〇〇
	1/12 礼和绣花针	万枚	一四〇〇〇	一四〇〇〇
裹衣	卫生衣	打	一七二五〇	一七五〇〇
袜	香港白线袜	打	三三五〇	三三五〇
发网	10 扣 28 扣单元发网	罗	一四四一	一二九五
布伞	28 寸日本真桃丝布伞	打	八〇〇〇	八〇〇〇
麻线	三四五股印度麻线	千磅	二一〇〇〇〇	二〇五〇〇〇
麻袋	二磅七五新斜纹袋	千只	三五五〇〇〇	三六〇〇〇〇

（续表）

货名		单位	趸售市价（上海规元）	
			十五年九月一日	十五年九月十五日
钟	八寸鱼尾挂钟	打	三八五〇〇	三八七五〇
灯	200 伏脱 16/50 电灯泡	百只	二一六一八	二一五七八
	老美孚灯	打	二二五〇	二二五〇
猪肠	一路猪肠	百副	三六五〇〇	三六五〇〇
头发	十号头发	担	一二〇〇〇〇	一二〇〇〇〇
猪鬃	十七号黑猪鬃	担	一一〇〇〇〇	一一〇〇〇〇
马鬃	十五号白马鬃	担	二三〇〇〇〇	二三〇〇〇〇
火酒	顺发火酒	箱	六四〇〇	六四五〇
檀香	西水敢支檀香	担	二〇二〇〇	二〇〇〇〇
药材	地字三十支别直参	斤	八〇〇〇〇	八〇〇〇〇
	统木香	担	三一〇〇〇〇	三〇〇〇〇〇
	甘草	担	九五〇〇〇	一〇〇〇〇〇
	川刀芎	担	一七五〇〇	一八八〇〇
天平	丙种物理天平	具	六七四五	六七三二
钢丝钳	五寸钢丝钳	打	二二〇〇	二二〇〇
铅笔	鸡牌铅笔	罗	二三三五	二三三〇
干片	六寸干片	打	一六三九	一四〇三
皮球	日本三号白皮球	打	〇三〇〇	〇三〇〇
烟叶	头号黄冈烟叶	担	二五〇〇〇	二五五〇〇
	美国头等烟叶	百磅	五三一三七	五四二七五
烟丝	淡克浦斯登烟丝	磅	二五二二	二四四五
纸烟	五百支双喜牌香烟	千枝	二一九八	二一五八
	五百支大英牌香烟	千枝	二六五二	二六六一

钱业月报 1926，6(9)

时局严重中之上海经济的地位

子　明

上海在黄浦之滨，大江之阴，对内地则河港四通八达，对外则巨轮往还无阻，实为世界极良之商港。前清乾隆二十年，英国之东印度公司代理人比谷曾建议取上海，未果。道光十一年，该公司又遣凌德塞至上海，要求通商，亦未就绪。道光二十二年南京条约成，我国迫于城下之盟，上海乃开港。开港之初，租界东至黄浦江，南至洋泾浜，西到泥城桥，北至李家场（即今之北京路一带）。其后美法继至。道光二十八年，许美国虹口一带为租界。翌年又许法国以洋泾浜与城河浜间之一带为租界。但在当时租界仅为外人住居经商之区域。自太平军之乱，上海岌岌可危。咸丰三年始拒绝中国军队入租界。次年英法美三租界共组工部局，公同处理三界内事务，订有洋泾浜北道租界新章，以为准则；并以中国官吏之以此乱事而自弃海关也，由三国共同派员经理之。布置粗备，界内安谧，各方之避难者云集。租界之繁盛遂非昔比，界内不准华人住居之制限亦为事实所打破。迨同治元年，法人退出公共之工部局，法租界遂独成一区。此上海开港之沿革大略也。上海自开港以来，迄今已八十有三年。此八十三年中，上海租界之商业情形日趋进展，经济地位日臻重要；外人在租界之势力，遂亦愈趋于扩大。近年以来，吾国民气磅礴，鉴于主权之旁落，遂有收回租界之主张。且革命军规复淞沪，收回上海租界之声浪，甚嚣尘上。然外人处此，尚无交还之决心，且纷纷出兵上海，将永远据为己有。夫从国际待遇上言，设置租界原为不平等条约之一，故收回上海租界，外人自无反对之余地。更就经济关系以言之，则吾国果欲发展贸易者，其于上海断不能任其久假不归也。爰就经济上上海之地位及外人在上海所估之势力，略述其大概。

上海贸易进展之趋势

吾国对外贸易以上海为中心。上海贸易之消长实全国贸易盛衰系之。自民国以还，上海贸易累年增进。民国元年，上海贸易输出入合计额共为关平银四亿九千一百四十八万两。至十三年，其输出入合计额达十一亿八千三百五十四万余两，较诸民元，几增二倍。其中欧战期间，以世界贸易衰微，所增不多。欧战终后，增加甚猛。十四年份以国内俶扰，兼以抵货运动，上海贸易略见逊色，然犹达十一亿八千一百余万两。去年上海贸易数额尚未发表。据总税务司去年关税收入报告，去年全国海关税收共约关平银七千八百一十万两，较前年约增收八百二十三万两；其中江海关税收共约三千二百七十万六千两，较十四年份增六百六十八万二千两。观上海税收所增之巨，则去年贸易额之增加，可以想见。以频年国内之不宁、战事之影响，加以工潮迭起，生计艰难，购买力减少，而上海贸易犹能按年增进，是可见上海对外贸易地位之重要，洵为吾国之唯一市场，并为远东之巨大商埠。其前途之进展。诚不可限量也。附表如左，以资参照（单位关平银一两）。

上海进出口贸易货价表

年别	进口	出口	进出共计
元年	四〇九七六八七四九	八一七一六七三八	四九一四八四四八七
二年	四四九五六八四二五	八三九六四五五	五三三五三四八七八
三年	四一三九三一二一四	八四七八三九三三	四九八六九八一四七
四年	四四五四〇四一五五	一〇三九七五六一〇	五四九三七九七六五
五年	四四九三八八八五六	一二一八五六八一六	五七一一四五六七二
六年	四四〇一一三一〇四	一四〇一一九七三四	五八〇二三三八三八
七年	四五二〇〇四九〇七	一七五〇八九四七五	六二七〇九四三八二
八年	五五〇二八四四三六	二三七七二一七一九	七六八〇〇六一五五
九年	六〇八二〇五二三七	二三二六六四二〇一	八四〇九六九四三八
十年	六五一五二三一七八	二七九五四四八二	九二七四七七六六〇
十一年	六八三二九二四一一	三〇六四二三〇七九	九八九七一五四九〇
十二年	七四一七六一一〇一	三六三三五六一四五	一一〇五一一七二四六
十三年	七九九一〇〇一五八	三八四四四四二〇一	一一八三五四三三五九
十四年	七九八四五九一〇〇	三八二六一八五四七	一一八一〇七七六四七

各国对沪贸易之势力

沪埠贸易，为呼埠冠。各国对沪贸易之状况，即可知其对华贸易之趋势。上海贸易之国别观察，可就税收与船舶进出以观之。最近三年之沪关税收，英国在十二、十三两年份均在一千万两以上,。十四年为六百九十九万两；美国纳税，十二年份为一百七十六万两，前年则增为三百零二万两；日本更由六百余万两增至八百十万两。税收之情形如是。至各国船舶进出之吨数，近三年来，英船大致在一千万吨左右，日船由七百五十余万吨增至八百余万吨，美船约三百余万吨，其他各国如法、德、荷约在七八十万吨之间，俄、意则在一二十万之谱也。附表如左，以资参照（单位：关平银一两）。

国别	十二年	十三年	十四年
英	一〇〇六二五七〇	一〇七〇九一四八	六九九八八九四
日	六六七九四七七	七七五九三一六	八一〇一五八四
美	一七六五六四三	二四七五八六六	三〇二八四四九
华	二八九六一五五	二七九四五二五	三一〇〇二八九
法	四九三二八五	五八二一六〇	七五九八四七
德	八一一二〇四	一四四三一七九	一四二二六一一
荷	四四六七一四	六七五一六六	一三八三四五一
俄	一四八八六	三一三一三	四四八二一
意	一七八五五二	三〇一二四六	三七三一八四
其他	五五五六〇九	七七五四九八	八六九三九三
共计	二三九〇四〇九五	二七五四七四一九	二六二八二五二三

旗号	十二年		十三年		十四年	
	只数	吨数	只数	吨数	只数	吨数
英	五四二四	一〇七〇四二〇二	五八四四	一一一七四九三〇八	四六一六	九三〇一九三一
日	三五四〇	七六〇七七一四	三五二九	七五九七四八四	三八九〇	八〇六六六一二

（续表）

旗号	十二年		十三年		十四年	
	只数	吨数	只数	吨数	只数	吨数
美	一一〇五	三一九一二〇二	一一七四	三四〇一四九六	一〇七四	三一六〇〇二二
华	一一九八一	五七六〇二二二	八五九一	五六八一二四四	八九一二	五八六二七一八
法	一七九	七五四九七八	一九二	七八六四四二	一七七	八〇四八六八
德	一三六	五四六九四〇	一八二	七三三七四四	二〇一	八五〇七三四
荷	一五五	五八〇九七九	一六九	七〇三六一一	一八二	七七一七九八
俄	一一六	二二五二四	五三	六五八七三	六九	一〇七五二五
意	五六	一七五九八八	一〇五	三二八四五五	一〇八	二七四二三三
其他	二七六	六三三六七三	六五六	一二五七七六二	六三二	一〇八四四三四
共计	一二一八七六	三〇〇一八二四〇	二〇四九五	三一三〇五四一九	一九八六一	三〇二八四八五五

各国在沪之商店与侨民

上海开港之始，租界内仅有洋行二十五家，西侨百人，内妇女仅七人而已。厥后商业渐盛，其来沪设立之商店与来沪经商之人民，均随其对华贸易之发展而日趋增多。截至一九二二年为止，在沪设立之外国商店已增至一千七百八十九家，外侨增至四万零五百九十五人。最近数年，尚未有统计可考，以大势观之当必更多于此数也。照上表观察，商店与人数以日本为最多，计商店有一千零七十二家、人数一万八千六百三十二人；英国次之，计二百六十六家、五千九百六十三人；美国一百五十七家、三千六百三十五人；其次则为法国、德国、俄国、葡萄牙等国。查日本在上海境内，类系经营小商店，故其商店之数为独多。但其小商店之规模，不能视为日本之缺点。盖其组织虽小，而其分散颇广，故商业发展因之甚速。英国商店仅及日本四分之一，美国商店仅及日本六分之一，此则由于英美商店资本雄厚，多巨大之组织。故店数虽少，其势力实不在日本下也。兹将一九一四年至一九二二年各国在沪之商店及人民，列表比较于左（根据江海关调查）。

国别	一九一四年	一九一五年	一九一六年	一九一七年	一九一八年	一九一九年	一九二〇年	一九二一年	一九二二年
美国	七一	七五	八一	一〇〇	一〇八	一三五	二一六	二一六	一五七
粤国	一三	一四	一四	一一	一一	——	——	——	——
比国	三	四	六	七	八	八	八	一〇	二〇
巴西	——	——	——	——	一	——	一	六	六
英国	二〇二	二二五	二二五	二二五	二三〇	二二一	二六五	二六六	二六六
捷克斯拉夫	——	——	——	——	——	——	——	五	六
丹麦	六	七	八	八	八	九	九	二一	一八
荷兰	一〇	一〇	一二	七	九	一〇	一一	一三	一五
法国	三三	三三	三二	三七	四三	四三	四三	五五	四七
德国	一〇二	一〇二	九五	五〇	五〇	——	——	三〇	五六
匈牙利	——	——	二	——	——	——	——	——	——
意国	二二	二二	二七	二〇	一四	——	一五	一五	一一
日本	一一七	一七五	七三六	九四八	一一九六	一三六三	一一二五	九八四	一〇七二
挪威	九	九	七	七	一〇	一一	一二	一二	一五
葡萄牙	二四	二四	三六	三六	二八	三二	三六	五六	五八
俄国	四〇	二〇	二七	二一	三二	二七	四四	五〇	二八
西班牙	八	一一	一四	八	八	八	八	七	九
瑞典	——	——	三	三	三	四	五	五	五
无条约国	——	——	——	——	——	——	五	——	——
合计	六六二	七一九	一三二三	一四九五	一七五九	一八七一	一八〇三	一七四一	一七八九

上海外国人口数额表

国别	一九一四年	一九一五年	一九一六年	一九一七年	一九一八年	一九一九年	一九二〇年	一九二一年	一九二二年
美国	一七八九	一八七五	一九九九	二〇〇〇	二二〇〇	二六〇〇	三〇二八	三〇二八	三六三五
粤国	一三九	一三九	一七二	二〇四	二〇四	七	七	七	七
比国	四一	四五	五八	五四	六三	五八	五八	五〇	一〇〇
巴西	——	——	——	——	一六	——	一〇	四二	四二
英国	三八〇二	三〇七六	三〇七六	三〇七六	二三五一	七一八五	五八〇〇	三〇八一	五九六三
捷克斯拉夫	——	——	——	——	——	——	——	九〇	一二五
丹麦	二〇六	二三〇	二三六	二五〇	二八〇	三〇〇	三〇〇	三三六	三五一
荷兰	一五〇	八一	八九	九二	一三九	一四三	一二八	一八九	一九八
法国	一〇〇〇	六〇八	六〇八	六二三	五〇〇	六七〇	六七〇	八四六	八〇〇
德国	一〇〇〇	一四七五	一四〇〇	一二八九	一二八九	五三一	五三四	五六八	七〇〇
匈牙利	——	——	——	——	——	一	一	——	——
意国	一一五	一六二	一七五	一七五	一七八	——	二五〇	二五〇	一八〇
日本	二一三八	二四五七	二四五五	三九四四	二五四一三	一八三一二	一五一三二	一六七一七	一八六三二
挪威	一〇三	一〇七	一〇六	一〇六	一〇六	一五〇	一四二	一四二	四三〇
葡萄牙	三〇〇五	三二二	二〇六三	二〇六三	二〇六〇	二〇二五	六〇〇〇	三一四六	三一五一
俄国	五〇〇	四五八	六七八	五四五	一六七三	二五〇四	六〇〇〇	三一〇四	六〇〇〇
西班牙	一五五	一五二	一八七	一八七	一八六	二〇一	一八七	一九一	一九〇
瑞典	七四	八四	八六	一七四	九〇	五〇九	一一〇	一一〇	九一
无条约国	——	——	——	——	——	二五	——	——	——
合计	二三二二三	二三〇六八	二二三七六	二四七七三	二六七四七	三五四六三	三四四八三	三一八九三	四〇五九五

结论

上海经济地位之重要与夫外人在沪所占势力之伟大既如上述，固无怪外人之欲久假不归，将据为己有也。但就常理言之，譬如租地造屋，在地主既从未收取地租，总算亲邻睦友已极，乃并欲强占其地为己有，此岂事理之平乎？诚使外人交还上海租界，在外人不过将租借区域之行政统治权完全转移，其于贸易上之经营，并无妨碍其固有之事业，又何必竟于商业关系之外必欲留此外交上之痕迹？且曩者借国家强力以为商业市场经营之独占，今商业实力并不因交还租界而受何种之束缚，是则又何必希冀租借之形式欤？但英人鉴不及此，反以重兵临我，将恃武力把持上海之市场。此种行为，适足增加吾国民之恶感。而英国对华贸易之前途，恐益将陷于不利耳。故英国今日虽恃其兵力把持租界，而其结果或反致丧失其东方之市场也。

银行周报 1927，11（13）

上海物价表

财政部驻沪调查货价处编

本表如欠正确处，请各界函至爱多亚路五十号五层楼，本处当即更正。

货名		单位	趸售市价（上海规元）	
			十五年九月一日	十五年九月十五日
粮食类				
米	高常河下白米	石	一二六七四	一三〇三四
	苏同河下白米	石	一二三一二	一〇一三八
	高常河下白元	石	一一二二六	一一七三一
小麦	汉口小麦	担	四六〇〇	四三五〇
面粉	绿兵船面粉	包	二三七五	二三〇〇
	老车牌面粉	包	二三七五	二三〇〇
黄豆	大连黄豆	担	四五二〇	四六五〇
	火车河南黄豆	担	四五〇〇	四六〇〇

（续表）

货名		单位	趸售市价（上海规元）	
			十五年九月一日	十五年九月十五日
豌豆	浦口白豌豆	担	五〇〇〇	五三五〇
蚕豆	汉口蚕豆	担	三二〇〇	三〇〇〇
菉豆	南京菜菉豆	担	四八〇〇	五〇〇〇
白豆	美国白豆	百磅	一二五〇〇	一二五〇〇
高粱	大连红粮	担	二七八五	二八〇〇
芝麻	亳州白芝麻	担	一一七〇〇	一二六〇〇
花生	徐州花生	担	五四〇〇	五七〇〇
	山东生仁	担	八四〇〇	八六七〇
其他食物类				
猪肉		担	二二七一一	二六〇六八
牛肉		百磅	一三九〇六	一七八一三
羊肉		百磅	一三七六一	一五二〇六
火腿	金华味兰腿	担	四〇五五八	五二一三七
鱼	北洋咸带鱼	担	八五〇〇	九七〇三
	萨门鱼（高货）	担	七〇〇〇	八〇〇〇
蛋	大号鲜鸡蛋	千个	一五三五四	一六二九三
	鸡蛋白		一三〇〇〇〇	一三〇〇〇〇
菜蔬	四川榨菜	担	二二〇〇〇	二二〇〇〇
糖	黄冈青糖	担	七二〇〇	七二〇〇
	十号荷兰赤糖	担	七三〇〇	七三〇〇
	上冰白糖	担	一一五〇〇	一一二〇〇
	二十五号细砂荷白	担	八二〇〇	八二〇〇
	八号车白	担	八六〇〇	八六五〇
	三温半太古白糖	担	八八〇〇	八九〇〇
	太古冰糖	担	一三七五〇	一三七五〇

（续表）

货名		单位	趸售市价（上海规元）	
			十五年九月一日	十五年九月十五日
茶	珍眉绿茶	担	八九〇〇〇	八五〇〇〇
	祁门红茶	担	七八〇〇〇	七九〇〇〇
	锡兰茶	打	一五五七一	一六二九三
咖啡	二号爪哇咖啡	担	四八〇〇〇	四八〇〇〇
牛奶	飞鹰老牌炼乳	箱	一五〇〇〇	一五〇〇〇
油	牛庄豆油	担	一三二〇〇	一四八〇〇
	木厂生油	担	一五七〇〇	一六五〇〇
乳油	白塔油	箱	六六〇〇〇	六六〇〇〇
通心粉	正号龙口粉	担	一九八〇〇	一八五〇〇
	英国通心粉	箱	四三〇〇	四五〇〇
盐	食盐	担	三二五九	三二五八
酱油	双套酱油	担	五四〇六	五七九九
海带	根室海带	担	五三〇〇	五二〇〇
海参	日本大号十番参	担	一七〇〇〇〇	一七五〇〇〇
燕窝	龙牙白燕	斤	三一〇〇〇	三二〇〇〇
香菌	天华香菌	担	二三〇〇〇〇	二三〇〇〇〇
荔枝	金山荔枝干	担	四二〇〇〇	四一〇〇〇
桂圆	桂圆肉	担	五一〇〇〇	四五〇〇〇
葡萄	葡萄干	箱	八二五六	八二五五
柠檬	柠檬（一百五十只）	箱	八六九一	七九六五
瓜子	大连瓜子	担	一二五〇〇	一二五〇〇
杏仁		五十磅	六一〇〇〇	五二〇〇〇
胡椒	黑胡椒	担	六一〇〇〇	五二〇〇〇
酒	双加重绍酒	担	八九九一	八九九一
	三星斧头牌白兰地	打	二六七九七	二七五一六

（续表）

货名		单位	趸售市价（上海规元）	
			十五年九月一日	十五年九月十五日
酒	太阳啤酒	箱	九九二二	八二五五
	璐尔皮葡萄酒	打	一三四〇〇	一三四〇〇
匹头及其原料类				
棉花	通州花衣	担	四二七五〇	四二〇〇〇
	上海火机花衣	担	四〇〇〇〇	四〇〇〇〇
	美国花衣	担	五八七五〇	五八六五〇
	废花	担	二七五〇〇	三二〇〇〇
棉纱	十六支人钟棉纱	大包	一四七〇〇〇	一五二五〇〇
	十六支宝鼎棉纱	小包	一四五五〇〇	一五二五〇〇
	十六支水月棉纱	大包	一四〇〇〇〇	一四〇〇〇〇
	八十支紫凤凰二股丝光纱	大包	五六二〇〇〇	五七〇〇〇〇
	30/50 六股 200 码白木纱	罗	一一二一〇	一一一二〇
本色布	重 84 镑长 40 码宽 36 英寸英国原布	匹	四六〇〇	五六〇〇
	重 8 镑长 38 码宽 38 英寸日本原布	匹	五一五〇	五二〇〇
	重 18 镑长 40 码宽 36 英寸日本原粗布	匹	五七五〇	五九〇〇
	重 14 镑长 40 码宽 36 英寸本厂原粗布	匹	六一五〇	六二五〇
	重 12 镑长 40 码宽 30 英寸本厂原粗斜	匹	五五〇〇	五六五〇
	重 14 镑长 40 码宽 29 英寸本厂原粗斜	匹	六九〇〇	五九五〇

（续表）

货名		单位	趸售市价（上海规元）	
			十五年九月一日	十五年九月十五日
本色布	长40码宽32英寸日本细斜	匹	七三○○	七二五○
	长40码宽28英寸英国细斜	匹	九五○○	九七五○
	长24码宽32英寸日本原标	匹	四○○○	四○○○
漂白布	长40码宽30英寸英国漂白布	匹	九二八○	九五九○
	长40尺宽36英寸本漂白布	匹	九二五○	九四○○
	长30码宽28英寸英国色丁绸	码	○三○○	○三一○
染色布	长27码宽11英寸三二毛宝土布	匹	一七一○○○	一七四○○○
	重4磅长28码宽30英寸英国红洋标	匹	四七五○	四八○○
	长48码宽28英寸日本红棉绒	码	○一八二	○一八五
	长38码宽26英寸英国元色细布	匹	七六○○	七六五○
	长30码宽29英寸英国元羽绸	匹	一二六○○	一三 ○○
	长32码宽31英寸英国元素羽棱	匹	二八○○○	二七七五○
	长30码宽29英寸英国泰西缎	码	○七一七	○七一七
	长35—37码宽22英寸英国尺六绒	码	○六八五	○七四○

（续表）

货名		单位	趸售市价（上海规元）	
			十五年九月一日	十五年九月十五日
花布	长30码宽28英寸什色花标	码	○二二五	○二三五
	长30码宽29英寸英国什色花罗缎	码	○五三○	○五四○
手帕	18英寸白夹边巾	打	一四五○	一四二五
	28英寸印花丝巾	打	一八○○○	一八○○○
花边	19格牡丹花边	码	○一三八	○一三七
帆布	帆布（二号）	码	○八二○	○八二○
白丝	头号白丝	担	五二○○○○	五二○○○○
	头二号白经丝	担	七六五○○○	七六五○○○
	上等白厂经	担	一二七○○○○	一二八五○○○
黄丝	头号黄丝	担	四八○○○○	四八○○○○
	头二号黄经丝	担	八○○○○○	八二○○○○
	头二号黄厂经	担	一○○○○○○	一○四○○○○
野蚕丝	头号柞蚕丝	担	三○○○○○	三○○○○○
	野蚕经丝	担	五三五○○○	五一○○○○
绸缎	元青织机杭缎	尺	一一○○	一一二○
	头号山东府绸	匹	一三四○○	一三五○○
	六九白湖绸 长30码宽卅二英寸	两	○七九七	○七九六
	杂色东绸	码	○五一○	○五一○
	48–50英寸元色大海虎绒	码	四五○○	四一○○
羊毛	山东绵羊毛	担	三八○○○	四○○○○
毛绒绵	蜜蜂四股毛绒线	磅	二二六○	二二七五

（续表）

货名		单位	趸售市价（上海规元）	
			十五年九月一日	十五年九月十五日
呢	56 "—58 "直贡呢	码	四四〇〇	四四〇〇
	56 "—58 "元藏素哔叽	码	二六五〇	二六五〇
	54 "—56 "双面夹呢	码	一七五〇	一七七〇
	普通雨衣布	码	二六二五	二六二五
绒	54 "双面驼绒	码	二八五〇	二九〇〇
麻	沅江标号火麻	担	二三五〇〇	二四五〇〇
	湖北头号白宁麻	担	二五五〇〇	二七〇〇〇
夏布	浏阳夏布	六十四	五一〇〇〇	五一〇〇〇
金属类				
钢铁	径二分至一英寸二孟林圆钢	担	四一〇〇	四一〇〇
	径二分至一英寸竹节钢	担	四〇〇〇	四〇〇〇
	半分船钢板	担	四七五〇	四六五〇
	黄钢丝	担	三七五〇	三九五〇
	头号汉冶萍生铁块	吨	四三〇〇〇	四六〇〇〇
	旧生铁	吨	三八〇〇〇	三七〇〇〇
	长块剪口铁	担	三一〇〇	三一〇〇
	48×30 英白铁	担	一三〇〇〇	一三五〇〇
	二英寸黑铁管	尺	〇二四〇	〇二四〇
马口铁	英国九十磅马口铁	箱	九一五〇	九二五〇
钉	一英寸至六英寸法西钉	桶	五五〇〇	五五〇〇
铜	CT 紫铜绽	担	三四五〇〇	三四五〇〇
	粗细黄铜条	担	三二〇〇〇	三二〇〇〇
	粗细紫铜条	担	四〇五〇〇	四〇〇〇〇
锌	九及十号白铅皮	担	二二八〇〇	二三〇〇〇

（续表）

货名		单位	趸售市价（上海规元）	
			十五年九月一日	十五年九月十五日
铅	B 字大条铅	担	一三〇〇〇	一二七〇〇
锡	云南小碘锡	担	一三〇〇〇〇	一二七五〇〇
	荷兰点铜	担	一四八〇〇〇	一四六〇〇〇
锑	湖南纯锑	吨	三四〇〇〇〇	三一〇〇〇〇
燃料类				
煤	山西白煤	吨	二一五〇〇	二一七五〇
	头号开平火车块煤	吨	一二五〇〇	一二二五〇
	头号柞岛块煤	吨	一五二五〇	一五二五〇
	头号金田统煤	吨	一二〇〇〇	一一七五〇
	二号井陉统煤	吨	一二五〇〇	一二二五〇
	头号红屑	吨	一一五〇〇	一一四〇〇
	头号开平屑	吨	八七五〇	八五〇〇
焦煤	中兴焦煤	吨	二七〇〇〇	二七五〇〇
柴	泗安大反白柴	五十捆	一七二四	一八一〇
炭	温州青炭	担	一六六六	一八一〇
油	老牌火油	箱	三八四〇	三五四〇
	柴油	吨	三三七九九	三三七九九
洋烛	十二两洋烛	箱	三五七〇	三 〇〇五
火柴	荧昌安全火柴	箱	二四三〇〇	二三五〇〇
	日本安全火柴	箱	二六〇〇〇	二五五〇〇
建筑材料类				
木材	一钱至一钱五分码双连杉木	根	二七七五	二七九〇
	八至十五尺花旗松	千尺	五六〇〇〇	五六〇〇〇
	东洋白松	千尺	四〇〇〇〇	四二〇〇〇

（续表）

货名		单位	趸售市价（上海规元）	
			十五年九月一日	十五年九月十五日
木材	方料先进柚木	千尺	二三〇〇〇〇	二三五〇〇〇
	8×6 枕木	千尺	二二七五〇〇〇	二二七五〇〇〇
	建松板	千尺	四四〇〇〇	四五〇〇〇
	长十六尺以内新加坡硬白板	千尺	一一六〇〇〇	一一八〇〇〇
砖	天津空心砖	千块	二一八〇〇	二一八〇〇
瓦	天津红瓦	千片	六五〇〇〇	六五〇〇〇
	头号老式瓦	万片	三九一〇九	四〇八五七
石灰	无锡石灰	担	一八八三	一八八三
水泥	启新水泥	桶	三四五〇	三四五〇
	日本水泥	桶	三一〇〇	三一〇〇
玻璃	比国四号原片（三七搭）	箱	四九〇〇	四七〇〇
生漆	徽州生漆	担	一〇八六三七	一一五八四〇
漆油	鸟牌漆油	桶	三三五〇	三三〇〇
柏油		四十加仑	六三二〇	六五二〇
工业用品类				
靛油	潮州靛油	担	九〇〇〇	九〇〇〇
	爱礼司靛油	担	三五〇〇〇	三五〇〇〇
染料	硫化元	担	三四〇〇〇	三三〇〇〇
	直接元色	斤	一二五〇	一二五〇
	直接靛蓝	斤	〇九〇〇	〇九五〇
	盐基洋绿	斤	三一〇〇	三一〇〇
	酸性品蓝	斤	四〇〇〇	四〇〇〇
	汽巴淡黄	听	一〇〇〇	一〇〇〇
	酸性朱红	听	〇四八〇	〇四八〇

（续表）

货名		单位	趸售市价（上海规元）	
			十五年九月一日	十五年九月十五日
染料	盐基品红	听	一五〇〇	一五〇〇
	盐基玫瑰	听	〇四〇〇	〇四〇〇
五揞子	川揞子	担	二〇〇〇〇	二一〇〇〇
漂白粉	太阳牌漂白粉	百磅	五八〇〇	五八〇〇
碱	纯碱	担	四四〇〇	四四〇〇
	烧碱	担	七八〇〇	七八〇〇
硫酸	六十六度硫酸	二百磅	一〇一三五	一〇一四四
盐酸	二十度盐酸	箱	五〇六九	五四三一
硼酸	硼酸粉	箱	三四〇〇〇	三四〇〇〇
盐酸钾		会	一二五〇〇	一二五〇〇
尼拉非尼	一百二十四度巴拉菲尼	箱	一三〇〇〇	一二〇〇〇
硫磺	硫磺块	担	八六九一	八三二八
硝	智利硝	担	八三二九	八三二八
松香	本国松香	担	一〇〇〇〇	九五〇〇
油墨	新闻黑墨	磅	〇一五二	〇一五二
樟脑	江西脑	担	一〇八〇〇〇	一〇五〇〇〇
其他物品类				
纸	毛边纸	件	一一二〇〇	一一二〇〇
	25×44 17 磅有光纸	会	一四五〇	一四五〇
	31×43 37 磅报纸	会	二七〇〇	二七〇〇
	黄火柴纸	会	三三五〇	三三五〇
	32 米突卷烟纸	盘	一三〇〇	一三〇〇
	锡纸	磅	〇一九五	〇一九五
生皮	汉口生牛皮	担	四三五〇〇	四六〇〇〇

（续表）

货名		单位	趸售市价（上海规元）	
			十五年九月一日	十五年九月十五日
熟皮	生档红牛皮	担	五一〇〇〇	五一〇〇〇
	英国一英寸皮带	尺	〇一二〇	〇一二〇
植物油	平砠荆油	担	一四〇〇〇	一四四〇〇
	白桐油	担	二八五〇〇	二八五〇〇
	洪江桐油（副）	桶	二六〇〇〇	二二〇〇〇
	牛庄籽油	担	一八〇〇〇	一九二〇〇
	椰子油	担	一九〇〇〇	二〇五〇〇
矿物油	美孚红车油	四十加仑	一六八〇〇	一六八〇〇
	亚细亚汽发油	桶	三二八五	三二八五
饼	余记厂豆饼	张	一四六〇	一四六〇
	浙绍光菜饼	千捆	二五四九三六	二七二二六九
	生和隆花生饼	担	三八〇〇	四二〇〇
	棉子饼粉	担	二九〇〇	二八〇〇
麸皮	华丰小包麸皮	担	二六〇〇	二六五〇
菜子	芜湖菜子	担	六八〇〇	七三〇〇
棉子	通州棉子	担	一九一九	一七七四
麻子	胡麻子	担	二〇〇〇〇	二〇〇〇〇
磁器	白胎青花人物申三号菜碗	打	一八四〇	一九〇〇
	七寸东洋蓝边磁盆	打	一一五〇	一一五〇
搪磁器	三十生的鸭牌洋磁盆	箱（十打）	一八五〇〇	一八五〇〇
肥皂	一百二十块祥茂肥皂	箱（十打）	四〇〇〇	四一二七
香水	檀香水	打	七五〇〇	七七五〇
针	1/9 老礼和洋针	万枚	一三〇〇〇	一三〇〇〇
	1/12 礼和绣花针	万枚	一三五〇〇	一三五〇〇

（续表）

货名		单位	趸售市价（上海规元）	
			十五年九月一日	十五年九月十五日
裹衣	卫生衣	打	一五五〇〇	一六〇〇〇
袜	香港白线袜	打	三三五〇	三三二五
发网	10 扣 28 扣单元发网	罗	一一四八	一四四八
布伞	28 寸日本真桃丝布伞	打	九五〇〇	九八〇〇
麻线	三四五股印度麻线	千磅	二一〇〇〇〇	二〇〇〇〇〇
麻袋	二磅七五新斜纹袋	千只	四二〇〇〇〇	四〇〇〇〇〇
钟	八寸鱼尾挂钟	打	三九五〇〇	三九〇〇〇
灯	200 伏脱 16/50 电灯泡	百只	二三一七六	二三一七二
	老美孚灯	打	二四〇〇	二四〇〇
猪肠	一路猪肠	百副	三〇〇〇〇	二九八〇〇
头发	十号头发	担	一二〇〇〇〇	一二〇〇〇〇
猪鬃	十七号黑猪鬃	担	一二〇〇〇〇	一二〇〇〇〇
马鬃	十五号白马鬃	担	二三〇〇〇〇	二三〇〇〇〇
火酒	顺发火酒	箱	九〇〇〇	八八〇〇
檀香	西水敢支檀香	担	二一五〇〇	二二〇〇〇
药材	地字三十支别直参	斤	一一四〇〇〇	一一四〇〇〇
	统木香	担	三八〇〇〇〇	四〇〇〇〇〇
	甘草	担	八〇〇〇〇	八五〇〇〇
	川刀芎	担	三〇〇〇〇	二九五〇〇
天平	丙种物理天平	具	六九五三	六九五一
钢丝钳	五寸钢丝钳	打	二五〇〇	二三〇〇
铅笔	鸡牌铅笔	罗	三〇四二	三〇四一
干片	六寸干片	打	一七三八	一七三八
皮球	日本三号白皮球	打	〇三二五	〇三二〇

（续表）

货名		单位	趸售市价（上海规元）	
			十五年九月一日	十五年九月十五日
烟叶	头号黄冈烟叶	担	三四〇〇〇	三〇〇〇〇
	美国头等烟叶	百磅	六三五九八	六三〇七〇
烟丝	淡克浦斯登烟丝	磅	二八九七	二八九六
纸烟	五百支双喜牌香烟	千枝	二二六一	二二六一
	五百支大英牌香烟	千枝	二七八八	二七九五

钱业月报 1927，7（10）

上海经济绝交之效果

两星期内之大影响　日本商界非常恐慌　　反日暴行会之报告

上海各界反抗日军暴行委员会，昨发表对日经济绝交成绩，通函各省各团体云：

径启者：对日经济绝交，业经各处一致进行。具征公理所在，不谋而合。惟日人方面，仍强为反宣传，以为抵制日货，与彼无损。实则我国同胞，果能持以恒心，抵制到底，足以制日人之死命而有余。今为期未远，而效果已呈。最近振青君报告日本工商业受排货影响，可见一般。兹抄录原信，送请察阅，借以证明抵货之效力。仍乞毅力主持，积极进行。国耻未雪，此志不懈。临颖无任企盼之至云云。附录通信如下：

日本岛国，壤地褊小，出产有限。现今工业虽发达，但原料俱仰给我国。所出之粗制品，以我国为尾闾。华商博蝇头之利，替其代销。日本今日所以能国富兵强者，皆沐华人光顾日货之恩惠而已。讵日人饮水不知思源，迭向我国肆其强暴。前姑勿论。今日我国圣地山东，竟被其蹂躏殆尽。国人为民族图存起见，一致力行对日经济绝交。两星期间，日本工商业渐呈恶化景象矣。兹将日本各方面受排货影响情形略述之。

（一）丝织品：华人所购之舶来丝织品，其大部分来自日本福井县。福井县为日本产丝最盛地方，年输出中美两国以亿万计。近以吾国抵货，一般大工厂纷纷接到停织止办电报，莫不愁眉深锁，长吁短叹。失业工人，叫苦连天。绢织物公会连日开善后会议，奈中日时局关系，无法可施。遂决定由六月一日起至十五日止，各厂一律开半工，以资调剂。

（二）大阪输出品：大阪为日本工业中心地，工厂林立，出品大半销售我国。此数日间，出口大宗之棉布、化妆品、药品、吗啡、鸦片、电气具、毛巾、袜帽子、印刷用品、珐琅玩具、文房用具等，平日靠中国为销场，现无人定货。工厂不得已，逐渐有宣告开半日工者。据局中人云，如中国坚持抵货，大阪大部分工商业不得不收歇，同时数万工人不免有失业之忧。总之，我国商人以营业为主。虽此次东京所开之全国实业家大会，有主张以强力对待华人，但此种主张毕竟使我辈商人，受许多损失也云云。

（三）海味：日本岛国，海产物（海味）甚多。本国人不甚嗜好，多由华商代其销售。此数日间，因国内及南洋各帮华商均来电止办，一时鱼翅、干贝、鱿鱼、鲍鱼、柴鱼、海参等海味，无路可销。商家束手，有要求日本政府设法阻止华人排货以维持营业。经济绝交尚在开始进行时期，日本商界已大起恐慌。坚持日久，必有成效可观，殆无疑义。但商人图利，每有不顾大局。往者我国对日经济绝交时，竟有许多奸商私购大宗日货，因而猎取巨利者。此次上海、香港、广州、南洋各埠商会，为救国起见，议决一致停办日货。其中爱国商人遵守决议者，当然不乏其人。但暗中勾结日人、作种种秘密勾当者，亦仍不免。神户华商有某某等数家，勾结日人将日货棉织品封面所引 made in japan 三字，改为 made in usa 或 england，冒充英美化妆品、丝织品。则冒充法国货、意国货，搭外国船运往香港，然后转沪，或由天津转运赴沪，以瞒国人。种种狡猾手段望国人充分注意也。

兴华 1928，25（21）

上海市物价表

财政部驻沪调查货价处编

本表如欠正确处，请各界函至爱多亚路八十号五层楼，本处当即更正。

货名		单位	趸售市价（上海规元）	
			十七年九月一日	十七年九月十五日
粮食类				
米	高常河下白米	石	七九七七	七九三五
	苏同河下白米	石	六八六三	七〇六九
	高常河下白元	石	九一九九	九六六六
小麦	汉口小麦	包	三五〇〇	三六〇〇
面粉	绿兵船面粉	包	二〇五〇	二〇二五
	老车牌麦粉	包	二〇五〇	二〇七五
黄豆	大连黄豆	担	四七三〇	四六三〇
	火车河南黄豆	担	四六〇〇	四二〇〇
豌豆	浦口白豌豆	担	四三〇〇	四二五〇
蚕豆	汉口蚕豆	担	三〇〇〇	二七八〇
菉豆	南京莱菉豆	担	六四七〇	六三〇〇
白豆	美国白豆	百磅	一二五〇〇	一二五〇〇
高粱	大连红粮	担	二五〇〇	二四二〇
芝麻	亳州白芝麻	担	八六七〇	八一〇〇
花生	徐州花生	担	六八〇〇	七二〇〇
	山东生仁	担	一〇三〇〇	一〇二〇〇
其他食物类				
猪肉		担	二六九五一	二六三三〇
牛肉		百磅	一三〇八〇	一二六二四

（续表）

货名		单位	趸售市价（上海规元）	
			十七年九月一日	十七年九月十五日
羊肉		百磅	一三六六五	一三三四五
火腿	金华味兰腿	担	六一八〇七	六二〇三八
鱼	北洋卤带鱼	担	八九一二	九三七八
	萨门鱼（高货）	担	九八〇〇	九八〇〇
蛋	大号鲜鸡蛋	千个	一六三一四	一七一六九
	鸡蛋白	担	八二〇〇〇	七八〇〇〇
菜蔬	四川榨菜	担	一七〇〇〇	一七〇〇〇
糖	黄冈青糖	担	六六〇〇	六六〇〇
	十号荷兰赤糖	担	五九〇〇	五九〇〇
	上冰白糖	担	九五〇〇	九五〇〇
	二十五号细砂荷白	担	六九〇〇	七二〇〇
	八号车白	担	七〇〇〇	七〇〇〇
	三温半太古白糖	担	八六五〇	八九五〇
	太古冰糖	担	一一二五〇	一一〇〇〇
茶	珍眉绿茶	担	九八〇〇〇	九四〇〇〇
	祁门红茶	担	六五〇〇〇	六一〇〇〇
	锡兰茶	打	一五四五二	一五五〇九
咖啡	二号爪哇咖啡	担	四二〇〇〇	四二〇〇〇
牛奶	飞鹰老牌炼乳	箱	一五〇〇〇	一五〇〇〇
油	牛庄豆油	担	一四九〇〇	一四七〇〇
	本厂生油	担	二〇〇〇〇	一八五〇〇
奶油	白塔油	箱	六六〇〇〇	六六〇〇〇
通心粉	正号龙口粉	担	一九〇〇〇	一九〇〇〇
	英国通心粉	箱	四〇〇〇	四〇〇〇
盐	食盐	担	四三六二	四三六四

（续表）

货名		单位	趸售市价（上海规元）	
			十七年九月一日	十七年九月十五日
酱油	双套酱油	担	六四六八	六四九二
海带	根室海带	担	五五〇〇	五三〇〇
海参	日本大号十番参	担	二二〇〇〇〇	二二〇〇〇〇
燕窝	龙牙白燕	斤	三二〇〇〇	三四〇〇〇
香菌	天华香菌	担	三六〇〇〇〇	二八〇〇〇〇
荔枝	金山荔枝干	担	三〇〇〇〇	二九〇〇〇
桂圆	桂圆肉	担	五〇〇〇〇	四六〇〇〇
葡萄	葡萄干	箱	六六八四	六四九二
柠檬（一百五十只）		箱	八二六五	八二九六
瓜子	大连瓜子	担	九二〇〇	九〇〇〇
杏仁		五十磅	二七五〇〇	二七五〇〇
胡椒	黑胡椒	担	六四〇〇〇	六八〇〇〇
酒	双加重绍酒	担	八九二二	八九五五
	三星斧头牌白兰地	打	二二六三九	二二七二三
	太阳啤酒	箱	九三四三	九三七八
	戤尔皮葡萄酒	打	一一五〇〇	一一五〇〇
匹头及其原料类				
棉花	通州花衣	担	三五〇〇〇	三四五〇〇
	上海火机花衣	担	三四〇〇〇	三三五〇〇
	美国花衣	担	四五四五〇	四三九〇〇
	缀花	担	二七〇〇〇	二七〇〇〇
棉纱	十六支人钟棉纱	大包	一六一〇〇〇	一六三〇〇〇
	十六支宝鼎	小包	一六〇五〇〇	一六一五〇〇
	十六支水月棉纱	大包	一五八五〇〇	一五七〇〇〇

（续表）

货名		单位	趸售市价（上海规元）	
			十七年九月一日	十七年九月十五日
棉纱	八十支紫凤凰二股丝光纱	大包	五八五〇〇〇	五七〇〇〇〇
	30/50 六股 200 码白木砂	罗	一一二一〇	一一二一〇
	本色布重 84 镑长 40 码宽 36 英寸英国原布	匹	五六〇〇	五六〇〇
本色布	重 84 磅长 88 码重 38 英寸日本原布	匹	四五〇〇	四八〇〇
	重 18 磅长 40 码宽 36 英寸日本原布	匹	五二七〇	五二五〇
	重 14 磅长 40 码宽 36 英寸本厂原粗布	匹	六三五〇	五三五〇
	重 12 磅长 40 码宽英寸 30 本厂原粗布	匹	五二七五	二二五〇
	重 14 磅长 40 码宽 29 英寸本厂原粗斜	匹	六一〇〇	六〇七五
	长 40 码宽 32 英寸日本细斜	匹	六七五〇	六七五〇
	长 40 码宽 32 英寸英国细斜	匹	九六〇〇	九六〇〇
	长 24 码宽 32 英寸日本原标	匹	四〇〇〇	四〇〇〇
漂白布	长 40 码宽 80 英寸英国漂白布	匹	九八〇〇	九八五〇
	长 40 码宽 36 英寸日本漂白布	匹	八八五〇	八八〇〇
	长 30 码宽 28 英寸英国色丁绸	码	〇三四五	〇三四〇

（续表）

货名		单位	趸售市价（上海规元）	
			十七年九月一日	十七年九月十五日
染色布	长27码宽11英寸三二毛宝土布	百匹	一七七〇〇〇	一七七〇〇〇
	重4码长28码宽30英寸英国红洋标	匹	五〇〇〇	五〇〇〇
	长48码宽28英寸日本红棉绒	码	〇一六七	〇一六七
	长38码宽36英寸英国元色绸布	匹	七八〇〇	七八五〇
	长30码宽29英寸英国元羽绸	匹	一四六二五	一四五〇〇
	长32码宽31英寸英国元素羽绫	匹	三〇〇〇〇	三〇〇〇〇
	长30码宽29英寸英国泰西缎	码	〇六八七	〇六九五
	长35—37码宽22英寸英国尺六绒	码	〇六八〇	〇六七二
花布	长80码宽28英寸什色花标	码	〇二三〇	〇二三〇
	长30码宽29英寸英国什色花罗缎	码	〇五二五	〇五三〇
手帕	18英寸白夹边巾	打	一三二五	一三五〇
	28英寸印花丝巾	打	一八〇〇〇	一七八五〇
花边	19格牡丹花边	码	〇一〇一	〇一〇八
帆布	二号帆布	码	〇五五〇	〇五五〇
白丝	头号白丝	担	五八〇〇〇〇	五九〇〇〇〇
	头二号白经丝	担	七四〇〇〇〇	七四〇〇〇〇
	上等白厂经	担	一三二〇〇〇〇	一三四〇〇〇〇

（续表）

货名		单位	趸售市价（上海规元）	
			十七年九月一日	十七年九月十五日
黄丝	头号黄丝	担	四八〇〇〇〇	四八〇〇〇〇
	头二号黄经丝	担	六三〇〇〇〇	六五〇〇〇〇
	头二号黄厂经	担	九二〇〇〇〇	九四〇〇〇〇
野蚕丝	头号柞蚕丝	担	二六〇〇〇〇	二八〇〇〇〇
	野蚕缫丝	担	二七〇〇〇〇	三七〇〇〇〇
绸缎	元青铁机杭缎	尺	一〇〇〇〇	一〇六〇
	头号山东府绸	匹	一四〇〇〇	一三五〇〇
	六九白湖绸长 80 码宽卅二英寸	两	〇七七六	〇七七九
	杂色东绸	码	〇五一〇	〇五一〇
	48–50 英寸元色大海虎绒	码	五二五〇	五二五〇
羊毛	山东绵羊毛	担	三五〇〇〇	三五〇〇〇
毛绒线	蜜蜂四股毛绒线	磅	二二七〇	二二五〇
呢	56″—58″ 直贡呢	码	四一五〇	四一五〇
	56″—58″ 元藏素哔叽	码	二六〇〇	二五七五
	54″—56″ 双面夹呢	码	一六〇〇	一六〇〇
	兽通雨衣布	码	二六二〇	二六二五
绒	54″ 双面驼绒	码	二九五〇	二九五〇
蔴	沅江标号火蔴	担	一八六〇〇	一八八〇〇
	湖北头号白苎蔴	担	一九〇〇〇	一九八〇〇
夏布	浏阳夏布	十六匹	五〇〇〇〇	五〇〇〇〇
金属类				

（续表）

货名		单位	趸售市价（上海规元）	
			十七年九月一日	十七年九月十五日
钢铁	径二分至一英寸二孟林圆钢	担	四二〇〇	四三〇〇
	径二分至一英寸竹节钢	担	四〇〇〇	四一〇〇
	半分船钢板	担	四五〇〇	四五〇〇
	黄钢丝	担	三八〇〇	三八〇〇
	头号汉冶萍生铁块	嘞	四五〇〇〇	四五〇〇〇
	旧生铁	嘞	三〇〇〇〇	三〇〇〇〇
	长块剪口铁	担	三一〇〇	三一〇〇
	48×30 英白铁	担	一一〇〇〇	一一〇〇〇
	二寸黑铁管	尺	〇一九〇	〇一九〇
马口铁	英国九十磅马口铁	箱	八四〇〇	八三五〇
钉	一英寸至六英寸法西钉	桶	五〇〇〇	五〇〇〇
铜	C.T. 紫铜锭	担	三三〇〇〇	三一五〇〇
	粗细黄铜条	担	三〇二五〇	三〇二五〇
	粗细紫铜条	担	四〇五〇〇	四〇〇〇〇
锌	九及十号白铅皮	担	一七五〇〇	一七二五〇
铅	B 字大条铅	担	一〇五〇〇	一一〇〇〇
锡	云南小硔锡	担	九三〇〇〇	九四〇〇〇
	荷兰点铜	担	一〇〇〇〇〇	一〇二〇〇〇
锑	湖南纯锑	吨	二五〇〇〇〇	二五五〇〇〇
燃料类				
煤	山西白煤	吨	二〇七〇〇	二〇〇〇〇
	头号开平火车块煤	吨	一一〇〇〇	一一〇〇〇
	顾号杵岛块煤	吨	一一八〇〇	一一二五〇

（续表）

货名		单位	趸售市价（上海规元）	
			十七年九月一日	十七年九月十五日
煤	头号金田统煤	吨	九七五〇	九六五〇
	二号井陉统煤	吨	一一〇〇〇	一一〇〇〇
	头号红层	吨	九五〇〇	九三五〇
	头号开平层	吨	八〇〇〇	八〇〇〇
焦煤	中冀焦煤	吨	二九二五〇	二九五〇〇
柴	洒安大反白柴	五十梱	一三八二	一三三六
炭	温州青炭	担	一三六五	一三七一
油	老牌火油	箱	三一〇二	三一〇二
	柴油	吨	三五七七〇	三五七〇五
洋烛	十二两洋烛	箱	三四二一	三七七〇
火柴	茨昌安全火柴	箱	二三五五〇	二三六〇〇
	日本安全火柴	箱	二四六〇〇	二四五〇〇
建筑材料类				
木材	一钱至一钱五分码双连杉木	根	二八〇〇	二八二〇
	八至十五尺花旗松	千尺	五〇〇〇〇	五〇〇〇〇
	东洋白松	千尺	三八〇〇〇	三八〇〇〇
	方料暹逻柚木	千尺	二三〇〇〇〇	二三〇〇〇〇
	8×6 枕木	千根	二三〇五〇〇〇	二三〇五〇〇〇
	建松板	千尺	四二〇〇〇	四三〇〇〇
	长十六尺以内新加坡白板	千尺	九〇〇〇〇	九〇〇〇〇
砖	天津空心砖	千块	二〇〇〇〇	二〇〇〇〇
瓦	天津红瓦	千片	六五〇〇〇	六五〇〇〇
	头号老式瓦	万片	三五九三四	三六〇六九

（续表）

货名		单位	趸售市价（上海规元）	
			十七年九月一日	十七年九月十五日
石灰	无锡石灰	担	一〇〇六	一一一八
水泥	启新水泥	桶	三四五〇	三三〇〇
	日本水泥	桶	二八〇〇	二六〇〇
玻璃	比国四号原片（三七搭）	箱	四八〇〇	四八〇〇
生漆	徽州生漆	担	一〇九二四〇	一〇九六四九
漆油	岛牌漆油	桶	三四〇〇	三三〇〇
柏油		四十加仑	七〇〇〇	六八〇〇
工业用品类				
靛油	潮州靛油	担	九〇〇〇	九〇〇〇
	爱礼司靛油	担	三五〇〇〇	三五〇〇〇
染料	硫化元	担	三〇〇〇〇	三〇〇〇〇
	直接元色	斤	一二〇〇	一二〇〇
	直接靛蓝	斤	〇八五〇	〇九〇〇
	盐基洋绿	斤	三〇〇〇	三〇〇〇
	酸性品蓝	斤	四〇〇〇	三九〇〇
	汽巴淡黄	听	一〇〇〇	一〇〇〇
	酸性朱红	听	四四七〇	〇四七〇
	盐基品红	听	一五〇〇	一五〇〇
	盐基玫瑰	听	〇三四〇	〇三五〇
五棓子	川棓子	担	二〇五〇〇	二一〇〇〇
漂白粉	太阳牌漂白粉	百磅	五六〇〇	五六〇〇
碱	纯碱	担	四四〇〇	四四〇〇
	烧碱	担	七八〇〇	七八〇〇
硫酸	六十六度硫酸	二百磅	九〇〇〇	九〇〇〇

（续表）

货名		单位	趸售市价（上海规元）	
			十七年九月一日	十七年九月十五日
盐酸	二十度盐酸	箱	五三九〇	五四一〇
硼酸	硼酸粉	箱	三四〇〇〇	三四〇〇〇
酸钾		会	一二五〇〇	一二五〇〇
百拉非尼	一百二十四 度巴拉非尼	箱	一二八〇〇	一三八〇〇
硫磺	硫磺块	担	八二六五	八二九六
硝	智稍硝	担	八二六五	八二九六
松香	本国松香	担	八五〇〇	一〇〇〇
油墨	新闻黑墨	磅	〇一五八	〇一五九
樟脑	江西脑	担	一〇五〇〇〇	一〇八〇〇〇
其他物品类				
纸	毛边纸	件	一二五〇〇	一二五〇〇
	25×44 17 磅有光纸	令	一三〇〇	一三二〇
	31×43 37 磅报纸	令	二九五〇	二九九〇
	旧火柴纸	令	三一〇〇	三一〇〇
	32 米突卷烟纸	厘	一二六〇	一二六〇
	锡纸	磅	〇一九〇	〇一九〇
五皮	汉口生牛皮	担	六二〇〇〇	六二〇〇〇
熟皮	生橘红牛皮	担	五四〇〇〇	五四〇〇〇
	英国一寸皮带	尺	〇一一五	〇一二〇
植物油	平砠荆油	担	一七四〇〇	一七八〇〇
	白桐油	担	二五八〇〇	二五八〇〇
	浜江桐油（副）	桶	一九五〇〇	一九二〇〇
	牛庄籽油	担	一五九〇〇	一五九〇〇
	椰子油	担	一九〇〇〇	一九五〇〇

（续表）

货名		单位	趸售市价（上海规元）	
			十七年九月一日	十七年九月十五日
矿物油	美孚红车油	四十加仑	一六八〇〇	一六八〇〇
	亚细亚汽发油	桶	二一九〇	二一九〇
饼	余记厂豆饼	张	一五〇〇	四四二〇
	浙绍光菜饼	千梱	三二六二八四	三二七五〇四
	生和隆花生饼	担	三二〇〇	三二〇〇
	棉子饼粉	担	三一五〇	三一五〇
麸皮	华丰小包麸皮	担	二二七五	二三〇〇
菜子	芜湖菜子	担	七二〇〇	七二〇〇
棉子	通州棉子	担	二一九二	二二〇〇
麻	胡麻子	担	二〇〇〇〇	二〇〇〇〇
磁器	白胎青花人物中三号菜碗	打	一八八〇	一八六〇
	七英寸东洋蓝边磁盆	打	一〇〇〇	一〇〇〇
搪磁器	三十生的鸭牌洋磁盆	箱（十打）	一七五〇〇	一八〇〇〇
肥皂	一百二十块祥茂肥皂	箱（十打）	三七三七	三七五一
香水	檀香水	打	七六二五	七七五〇
针	1/9 老礼和洋针	万枚	一二五〇〇	一二五〇〇
	1/12 礼和綉花针	万枚	一三〇〇〇	一三〇〇〇
裹衣	卫生衣	打	一五七五〇	一六〇〇〇
袜	香港白线袜	打	三二五〇	三二〇〇
发网	10 扣 28 扣单元发网	罗	一四三七	一二九八
布伞	28 英寸日本真桃线布伞	打	九二五〇	九四〇〇
麻线	三四五股印度麻线	千磅	一八〇〇〇〇	一八〇〇〇〇

（续表）

货名		单位	趸售市价（上海规元）	
			十七年九月一日	十七年九月十五日
麻袋	二磅七五新斜纹袋	千只	三九〇〇〇〇	三九〇〇〇〇
钟	八英寸鱼尾挂钟	打	三八〇〇〇	三八二五〇
灯	200 伏脱 16/50 电灯泡	百只	二〇六七八	二〇七七六
	老美孚灯	打	二一五〇	二一五〇
猪肠	一路猪肠	百副	三八一〇〇	三七九〇〇
头发	十号头发	担	一二〇〇〇〇	一二〇〇〇〇
猪鬃	十七号黑猪鬃	担	一二〇〇〇〇	一二〇〇〇〇
马鬃	十五号白马鬃	担	二三〇〇〇〇	二三〇〇〇〇
火酒	顺发火酒	箱	七五〇〇	七五〇〇
檀香	四水散支檀香	担	二四〇〇〇	二三五〇〇
药材	地字三十支别直参	斤	九五〇〇〇	九七〇〇〇
	统木香	担	三二五〇〇〇	三一八〇〇〇
	甘草	担	七二〇〇〇	六八〇〇〇
	川刁芎	担	一七〇〇〇	一六八〇〇
天平	丙种物理天平	具	七七六二	七七九一
铅笔	鸡牌铅笔	罗	二八〇三	二八一三
干片	六英寸干片	打	一七二五	一七二一
皮球	日本三号白皮球	打	〇三二〇	〇三二〇
烟叶	头号黄冈烟叶	担	三二〇〇〇	三二〇〇〇
	美国头等烟叶	百磅	六八二三五	六七九八四
烟丝	淡克浦斯登烟丝	磅	二八七五	二八八五
纸烟	五百支双喜牌香烟	千枝	二二六一	二二六一
	五百支大英牌香烟	千枝	三四五〇	三四六三

钱业月报 1928，8(9)

上海长期纱花市况表

（市价单位：两）

	棉纱			花			成交额	
	最高	最低	平均	最高	最低	平均	纱	花
民国十六年	——	——	——	——	——	——	二八〇六八五〇包	四七八三九〇〇担
十七年	一六九〇〇	一四六三〇	一五七七二	四〇九〇	三一九五	三五八八	三一三一八五〇	一四四三八九〇〇
十八年	一八四六〇	一四八二〇	一六二四四	三七〇〇	三〇〇五	三三五六	五三八五〇〇〇	一四三八七七〇〇
十九年	一六六六〇	一三五五〇	一五二九六	三八五五	三〇六〇	三三九三	五〇五三三五〇	一二四〇九六〇〇
二十年	一八二五〇	一四四三〇	一五九六五	四六一〇	三〇三五	三五七二	一一四三五一五〇	二七四三六八〇〇
民国二十年								
八月	一六二四〇	一四八九〇	一五五〇〇	三六九〇	三二五五	三四八一	一二六〇六〇〇	三三四八〇〇〇
九月	一六七一〇	一四九五〇	一五六九六	三五一〇	三一九〇	三三四九	一二一〇六五〇	二五九四五〇〇
十月	一六六一〇	一五七九〇	一六一六三	三三五〇	三〇五五	三二一八	九四六八〇〇	三二六一六〇〇
十一月	一六一四〇	一四五二〇	一五四五四	三三七五	三〇六〇	三一八五	八五八三〇〇	二六〇一七〇〇
十二月	一五七〇〇	一四八七〇	一五三六四	三二九五	三〇三五	三一八二	五七〇三〇〇	一七二〇六〇〇

（续表）

	棉纱			花			成交额	
	最高	最低	平均	最高	最低	平均	纱	花
民国二十一年								
一月	一五七五〇	一五一二〇	一五四四六	五四一五	三〇八五	三二四四	四五〇六五〇	一五三五七〇〇
二月	因沪战停市							
三月								
四月								
五月	一五七〇〇	一五〇〇〇	一五四六〇	三三四〇	三一八〇	三二五四	二三九八〇〇	四一九〇〇〇〇
六月	一五四二〇	一三八四〇	一四四八六	三一八五	二七〇〇	二九三一	七四九二〇〇	一五九三六〇〇
七月	一五四二〇	一四一二〇	一四六八六	三二七〇	二九四五	三一二八	一〇一三七五〇	二二七三二〇〇
八月	一五八二〇	一四五四〇	一五二七五	三五七〇	三〇七〇	三三五五	一〇〇九四〇〇	三一三二五〇〇

备考：标钞原为顺手十六支人钟牌，自本年五月起改为为反手二十支人钟牌；标花原为汉口细绒纺十六支纱原料，自五月起亦改为郑州细绒纺二十支纱原料。

申报年鉴 1933

上海丝经市价表

	高等厂经（13/22条份）	上等厂经（13/22条份）	中等厂经（13/22条份）	下等厂经（13/22条份）	上等鲁经（13/15条份）	中等川经（13/15条份）	上等灰经（金蝙蝠牌）
十九年							
七月	× 一二八〇	一二〇〇	一一二〇	× 一〇八〇	一〇二〇	九四〇	四九〇
八月	× 一二八〇	一一七〇	一〇八〇	一〇五〇	× 一〇二〇	九三〇	四八〇
九月	× 一三五〇	× 一一四〇	× 一〇五〇	× 一〇二〇	× 九八〇	× 九一〇	三八五
十月	一一〇〇	九七〇	× 八八〇	× 八五〇	× 八〇〇	七六〇	三四五
十一月	一一〇〇	九七〇	× 八八〇	× 八五〇	× 八〇〇	七六〇	三四五
十二月	× 一一三〇	× 一〇二〇	× 九〇〇	× 八七〇	× 八五〇	八〇〇	× 四〇〇
二十年							
一月	× 一二八〇	× 一一三〇	× 一〇六〇	× 一〇〇〇	九八〇	一〇二〇	四二〇
二月	× 一二八〇	× 一一三〇	× 一〇六〇	一〇〇〇	九八〇	一〇二〇	四五〇
三月	× 一二四〇	× 一一一〇	× 九八〇	× 九五〇	× 九四〇	× 九一〇	四三〇
四月	× 一一五〇	× 一〇二〇	× 九〇〇	× 八八〇	× 八八〇	× 八五〇	三八〇
五月	× 一一四〇	× 一〇二〇	× 九五〇	× 九二〇	× 八六〇	八二〇	三八〇
六月	× 一二〇〇	× 一一〇〇	× 九九〇	× 九七〇	× 九六〇	× 八四〇	四〇〇
七月	× 一一七〇	× 一〇五〇	× 九八〇	× 九六〇	× 九七〇	△八八〇	× 四一〇
八月	× 一一三〇	× 一〇六〇	× 九八〇	× 九六〇	× 九八〇	九二〇	四〇〇
九月	× 一一六〇	× 一〇七〇	× 九六〇	× 九六〇	× 九六〇	× 九三〇	× 三九〇
[illegible]	[illegible]	[illegible]	× 九四〇	× 九一〇	× 九四〇	× 八六〇	× 三四〇

（续表）

	高等厂经（13/22条份）	上等厂经（13/22条份）	中等厂经（13/22条份）	下等厂经（13/22条份）	上等鲁经（13/15条份）	中等川经（13/15条份）	上等灰经（金蝙蝠牌）
十一月	×一〇五〇	×九二〇	×八五〇	×八三〇	×九〇〇	×七六〇	×三二〇
十二月	一〇三〇	九〇〇	八二〇	八〇〇	×九〇〇	×七七〇	×三二〇
二十一年							
一月	×九八〇	×八七〇	×七八〇	×七五〇	×八五〇	×七五〇	×三〇〇
二月	×九八〇	×八七〇	×八〇〇	×七六〇	×八三〇	×七三〇	×三〇〇
三月	×九五〇	×八五〇	×七六〇	×七二〇	×八〇〇	×七〇〇	×三〇〇
四月	×八〇〇	×七一〇	×六五〇	×六三〇	×七八〇	×六五〇	×二九五
五月	×七〇〇	×六六〇	×五七〇	×五四〇	×六五〇	×六二〇	×二八五
六月	×六五〇	×六三〇	×五五〇	×五一〇	△五八〇	×五五〇	×二七五
七月	×六八〇	×六四〇	×六一〇	×五五〇	×五七〇	×五四五	×二七五
八月	×七八〇	×七二〇	×六八〇	×六三〇	×六〇〇	×六〇〇	×三〇〇
九月	×七五〇	×七一〇	×六八〇	×六二〇	×六五〇	×六二〇	×三三〇

备考：

（一）丝经单位为担。

（二）市卖单位两。

（三）有×符号者为虚价。

（四）有△符号这为估价。

（五）本表中所列为每月最末周之价格。

上海经济的危机

陈建棠

上海，我们提起这终年到头灯红酒绿、纸醉金迷的上海，谁不起着一种兴旺繁荣的观念。试看当今各地闹着经济恐慌、农村破产的当儿，独上海犹能一般地宴饮作乐，歌舞升平。所谓东亚第一大埠、东方小巴黎者，真不愧是一个世外桃源。

然而细细地来观察一下，这是不是一个真真兴旺繁荣的世外桃源呢？我们不是一面看到洋房里的灯红酒绿，一面又看到马路上的失业群众；一面听到跳舞场里歌舞欢声，一面又听到工商界的不景哀音……诸如此类的事实，都是经济的矛盾现象。由此上海的经济状况，其繁荣到底是表面的繁荣，其兴旺也不是真实的兴旺。我们试把他的内容来一分析，把这面虚伪的洋境拆穿了后，就可知其危机之深，不可以言语形容呢！

（一）帝国主义压近的危机

大致说来，上海经济为帝国主义的经济是不会错的。不要说法租界、公共租界上充满着洋行洋货的洋气，然是南市闸北的华界上，也何尝不有十分之七八的洋味呢？若拿数目字来看，那末譬如为经济发展条件的航业。据一九二九年的统计，日本占29.3%、英国占30.4%、美国占10.8%，合共占了百分之七十以上，中国自己只占了百分之十四，其余百分之十又为其他各国之势力。银行业则以资力论据，去年调查外商占有七八七八四二六八七六三六元，而中国自己则合在全上海总分行之所有亦不过八八七五七二二一八四四元，相差七八倍之多。以言工业资本，则民国十八年社会局的调查全上海大概有三万万元，而外商占了二万万元，本国只有一万万元。以言商业势力，则外国的商号英国有四四〇所，美国有四一二所，德国有一〇五所，法意有一二〇所，日本还没有见到数字的调查，大致总在英美之上，至少有七八百所，终计不下二三千所。这种商号都是资本雄厚，大者有整万万元，普通亦有数千万或数百万元。以比中国商号之不过数十万百万，真不啻一天一地。此种庞大势力的为害，时时垄断我们的工商业，使我们民族的工商业完全没有抬头的机会，使上海的经济整个的落在各帝国主义手中，时时可判我们的死命。譬如五卅惨案时，公共租界上断绝了水电的供给，就使全上海的工厂人民都起恐怖，便是一个实例。不过这种为害还不为一般人所看出。若拿战争的事实来看，那末就很明显了。原来帝国主义对于上海的压迫不尽是靠工商业，还要用武力。拿最近的事来说，如“一·二八”之役不是把闸北一带打得精光吗？事后调查，被害工厂大小达九六五家，直接、间接损失达五千九百八十一万四千七百二十余元；商户被害达五七一家，直接、间接损失达四千九百四十九万二千五百零八余元。查上海华商的工厂资本，上面说过只有一万万元，而被损五千万以上，差不多去了一半以上。这样幸而早早停战，否则不要全部被毁吗？现在虽未受此厄，但是日帝国主义的停止进攻犹未可即据为乐观，因为当今太平洋风声紧涨的时代，一旦战争爆发，帝国主义凭其现时工商业的势力，随时有被占据被摧毁的可能。由此帝国主义的压迫实在将予上海经济以上一极大的危机。

（二）基础动摇的危机

都市经济的基础是建筑在农村的经济上，因为都市经济的核心是工商业，而谈到工商业，就非靠农村不可。譬如工业制造要靠农村来供给原料，商品贩卖要靠农村来销售。上海是国内唯一的、而且是东亚唯一的都市经济，何能例外？然而上海所依靠的农村，则何如故？破产已经破得无可再破了。农民大多数已经陷于无衣无食的悲境，而去当兵、而去做匪了。我们试想田野荒芜了，原料将从什么地方来呢？农民都弄得分文没有了，制造出来的商品再贩卖给谁呢？其他如农民因破产而离村，麕集于上海，增加失业者、增加劳动预备军、增加劳资争议；乡村里的富翁、土劣，因为匪盗蜂起，弄得不能安静，而带了农村里的资金到上海来，使上海金融界酿成充血症的病态。凡此一切的一切，是不是都隐伏着未来的危机？

（三）本身发展不合理的危机

帝国主义压迫、农村破产都是一种外界的压迫。若是本身健全，那到也没有什么，只要大家谨慎就可不要紧，可是上海则不然。我们试一查其本身，则就可发现许多发展不合理的现象。这种发展不合理的现象即无个界的打击，也足以危害其生存而有余。

讲起上海经济发展不合理的事实，要以生产与消费不均衡为最显著。所谓生产与消费不均衡就是生产事业日趋衰落而消费事业逐渐膨胀。膨胀的消费事业最使我们容易见到的。如（一）跳舞场影戏院之风起云涌；（二）投机买卖之狂热。

第一项事业之膨胀，我们没有确实的数字，不能知其膨胀的程度。但是我们试到这种场所去一观察舞女、游客之热烈，便可知其梗概。况且泸战以后跳舞场也确实加了几个。这种现象都可使我们得到膨胀的影像。

第二项所谓投机买卖之热烈，又是尽人皆知。第一，如地产的买卖。我们要呈地价的高翔及交易之繁多觇之。据尝益地产公司所发表，谓自民十五至十九年五月年间，上海房地产价值总额增加有二十万万两之多，而十九年一年中所增加者竟占其半数。是可见上海地价高翔之剧烈。又据上海地产月刊之交易统计，计民国十九年之交易总记录为六五〇〇〇〇〇〇元，而二十年则增为一三一〇〇〇〇〇〇元。一年之间增加竟达一倍，是足征上海地产投机之风盛。第二，如公债买卖。我们只要看左表民国二十年一年中每月分内国债券买卖成交之总数，即可知其概况。

民国二十年上海国内公债买卖额总计表

月份	内国公债买卖成交总数
一	一〇七一七五〇〇〇元
二	一一六四三一〇〇〇
三	一四六四三一〇〇〇
四	一五〇七四一〇〇〇
五	三二九二八五〇〇〇
六	三六三五一五〇〇〇
七	三六六八三三〇〇〇
八	二三一三六七四〇〇
九	四三九一五八〇〇〇
十	二二九四二四〇〇〇

（续表）

月份	内国公债买卖成交总数
十一	一九四一七七五〇〇
十二	一一二三五二九〇〇

此种地产与公债之投机虽经“九一八”“一·二八”而稍杀，然而最近又将回复之趋势，并且以外又加上了一种花会与奖券的风行。以言花会，则大赌窟时有破获之事，经过街头巷尾马路边就随处可见玩弄之人。以言奖券，则又是近来最时髦的。大之如航空奖券，小之如各香烟公司之吸烟奖，天天在报上可见。这种现象使人民养成一种侥幸的心理，而抛弃了努力与生产工作。其对于经济上的利弊灼然可见。

消费事业如此膨胀，生产事业到底如何日趋于衰落呢？我们现在先来看工业。工业的衰败分为二层来讲。一是沪战时候战区内工厂的摧毁，一是战后到现在因不景气而停工减工。前者在社会局等的调查，直接损失达五五五八九七七七.八二元，间接损失达四二二四九四二.五〇元，合共达五千九百余万元，损及全沪工业资本之一半以上（全沪华厂资本据社会局十八年统计一万万元），原气损伤可谓达于极点。后一层，因战后不景气而停工减工又时有所闻。以最近的事实来看，莫如纱厂之停工与减工。再看社会局所调查一月至七月份的工厂停业的状况，尤可了然。

月份	厂名	停业原因
一月	义大丝光染厂	营业清淡
	安禄棉织厂	亏本
	康福糖厂	亏本
	协平布厂	亏本
二月	华豆塘瓷厂	受战时影响宣告停工
	春华橡皮厂	营业不振
三月	中兴炼铜厂	受战事影响
	振和布厂	营业不振
	友仁丝织厂	营业不振

（续表）

月份	厂名	停业原因
四月	三友宝业社	受战事影响
	振华丝厂	营业不振
五月	惠元布厂	停业
六月	震工染厂	亏蚀
	丽康绸厂	营业不振
	明华橡皮厂	受战事影响
	华阳染厂	亏本
	大成书局	营业清淡
	精勤染厂	营业不振
	振华布业	战后损失巨大
	宝大绸厂	营业不振
	云裳绸厂	营业不振
	祥华绸厂	营业不振
七月	新余丝厂	营业不振
	美利印务局	营业不振
	精益制革厂	受战事影响
	震新绸厂	受战事影响

工业如此，商业自然也不能例外。战时的损失，直接的达三三五二五九八四．六〇元，间接的达一五九五六五二三．七二元，合计也达四千九百余万元。战后的不景气，现在没有数字统计来证明，但是如果看看各商店都挂着大减价的招标便可明白。他们大减价的招标有许多都说“关门在即，底货拍卖”，或说“迁移在即出净存货”。他们为什么关门、为什么要迁移？恐怕就是为了不景气而亏本倒闭的理由吧。若不信，再来看近两年来表现不景气的物价逐渐下落也可明白了。

上海趸售物价指数表（关定税则员员会编）

	粮食	其他食物	纺织品及原料	金属	燃料	建筑材料	化学品	杂类	总指数
物品项目	二二	三〇	三八	一二	一三	一一	一〇	一八	一五四
民国廿一年									
四月	八九.〇	一二六.九	一〇六.〇	一二八.八	一四一.八	一二九.四	一五一.六	一一三.七	一一六.七
五月	八九.九	一二九.八	一〇二.三	一二八.一	一四〇.九	一二五.二	一五〇.八	一一二.八	一一五.七
六月	八五.四	一三一.五	九七.八	一二八.六	一三七.二	一二六.六	一五〇.〇	一一一.八	一一三.六
七月	八一.五	一三三.五	九五.六	一二五.九	一三二.九	一二七.三	一四九.五	一〇九.六	一一一.八
八月	八三.五	一三一.九	九五.九	一二七.一	一二八.四	一二四二.〇	一五〇.二	一〇六.六	一一一.三
九月	七七.三	一三〇.四	九六.三	一二九.〇	一二六.二	一二二.〇	一五一.一	一〇六.三	一〇九.八
十月	七四.二	一二九.四	九四.四	一三一.八	一二五.〇	一二一.六	一五二.三	一〇五.八	一〇八.七
十一月	七二.四	一二六.八	九三.四	一三四.二	一二二.四	一一七.三	一五二.六	一一三.五	一〇六.九
十二月	七四.三	一二八.八	九三.〇	一三四.一	一一三.二	一一八.六	一五一.四	一〇二.五	一〇七.四
民国廿二年									
一月	七八.六	一二八.九	九三.七	一三二.二	一二四.五	一一九.三	一五一.七	一〇三.一	一〇八.六
二月	七六.三	一二八.四	九二.五	一三五.一	一二一.〇	一一九.八	一五一.九	一〇二.八	一〇七.六
三月	七五.二	一二六.六	九一.七	一三五.一	一一八.六	一一七.九	一五五.二	一〇二.七	一〇六.七
四月	七二.〇	一二三.一	八九.四	一三五.四	一二〇.四	一一六.〇	一五三.五	一〇一.一	一〇四.六

因为工商业的不振，就影响到金融事业与劳资间的冲突。金融事业因工商不振，资金无用武之地，就酿成库存增加的充血症。据最近的调查，华洋银行库存的趋势，有如下表所列：

时间	银两库存（单位：千两）	现银库存（单位：千两）
一九三〇	一九〇九六八	一五二九八二
一九三一	一八三七一五	一五〇六九三
一九三二		
一月	一九一三一	一七二九五三
二月	一九一四二	一七一〇三五
三月	一九六七六八	一五〇五一七
四月	二一三二二〇	二〇二四七〇
五月	二二九五七九	二二〇、六七八
六月	二二九四四一	二三三二〇〇
七月	二五八六一五	二四一〇五九
八月	二七三五一六	二四一六一八
九月	二八〇九五四	二三三四八七
十月	二八六八二五	二二九〇九〇
十一月	二九〇九七〇	二二〇〇九二
十二月	二九一一七四	二〇六一五〇
一九三三		
一月	二九八六〇三	二〇四三三〇
二月	三〇五八八五	二〇六一七九
三月	三一二四〇八	二一五三四八

劳资争议的事件，又是最显明的事实。在“一·二八”战争以前，据社会局的统计，就每年有四五百件之多；战争以后更是声势汹汹，在报纸上那一

天不看到几件关于劳资冲突的新闻。据社会局的调查，去年一月至十一月仅是纠纷的案件（罢工案件除外），经社会局调解者有三百三十六起之多，其原因大都是因工厂停业而起。此外还有失业人数的增加。上海产业工人共有二十八万五千七十八人。战后调查，失业者达二十四万零三百九十六人。其后有的人虽有工厂复工而复得工作，但是大都数则因工厂恢复无力而继续失业。并且还有其他工厂于战后不能支持而亦跟着停业，致增加失业工人。再因农村破产而农民都向上海来。如此，上海的失业工人恐怕还在二十四万以上呢！现在我们来试想消费事业仅管膨胀，生产事业反而衰颓，再加以金融的病态劳资的冲突与失业问题的严重，那末上海经济的本身是不是很危险呢？

大概一种制度、一种组织，权是本身不健全，犹可从本身逐渐改进。或仅是外力的压迫，也可由加强本身的力量来抵御。若本身既不健全、外界又有压力，那末其危险自然格外严重了。现在上海的经济，从上看来就是处于这样内外夹攻的地位，其危险的程度不待言喻。今后应当如何急救才可以挽回这种危机呢？依我的管见，也不外对正了这三种病症而下药：就是对于帝国主义的压迫，应当提倡国货；对于农村破产，应当协助各方去复兴农村；对于本身的不健全，应当提倡节约。因为如果提倡国货，那末帝国主义的压迫除非用炮火来攻，他所有在上海的经济势力自然会衰落下去的；如果去协助复兴农村，农村巩固了，上海工商业的原料自然会源源而来，商品也自然慢慢销去。至于提倡节约更是显而易见。因为不节约的缘故，所以酿成消费与生产的不合理发展；因为不节约的缘故，就大家存了一种奢侈的欲望，起一种侥幸的心理，而抛弃了生产工作来做不生产的投机买卖；并且因为不节约而奢侈的缘故，就大家喜欢新奇的外货而垂弃质优的土货，使洋货大销、土货呆滞，养成帝国主义的经济势力。由此刻若节约，努力生产尤为急救上海经济危机的最重要一法。质之高明以为然否？

钱业月报 1933，13（9）

上海趸售物价指数

国定税则委员会编制

	粮食（二二种）	其他食物（三一种）	纺织品及原料（三八种）	金属（一一种）	燃料（一三种）	建筑材料（一一种）	化学品（一〇种）	杂类（一八种）	总指数（一五五一种）
民国十六年	一〇〇六〇	一〇八一〇	一〇〇九一〇	一〇九一〇	一一二七〇	一〇五四〇	一〇二六	一〇二一〇	一〇四四
十七年	八九六〇	一〇八七〇	一〇二一〇	一〇二九〇	一〇四〇〇	一〇三〇〇	一〇一二〇	一〇二〇〇	一〇一七
十八年	九七二〇	一〇九五〇	一〇一九〇	一一一〇〇	一〇四一〇	一〇九一〇	一〇五八〇	一〇四二〇	一〇四五
十九年	一〇〇三〇	一〇五六〇	一三六二〇	一一七一〇	一一八二〇	一二〇一〇	一一一四〇	一一四八〇	
二十年	九四四〇	一三八三〇	一一八八〇	一五四二〇	一四八五〇	一三五四〇	一五〇七〇	一二二一〇	一二六七
民国二十年									
八月	一〇三四〇	一四三三〇	一一九四〇	一五二七〇	一五三〇〇	一三七一〇	一五五一〇	一二三四〇	一三〇三
九月	一〇〇二〇	一四三九〇	一一九四〇	一五〇〇〇	一四九一〇	一三八五〇	一五三六〇	一二二九〇	一二九二
十月	九二九〇	一四一九〇	一一七五〇	一四五〇〇	一四八七〇	一三七三〇	一五六六〇	一二四三〇	一二六九
十一月	九〇九〇	一三九六〇	一一五三〇	一四二二〇	一五〇一〇	一三五五〇	一五六五〇	一二〇八〇	一二四八
十二月	八六四〇	一三七九〇	一一三六〇	一三八四〇	一四七八〇	一三一四〇	一五四〇	一一五九〇	一二一八

（续表）

	粮食（二二种）	其他食物（三一种）	纺织品及原料（三八种）	金属（一一种）	燃料（一三种）	建筑材料（一一种）	化学品（一〇种）	杂类（一八种）	总指数（一五五一种）
民国二十一年									
一月	八六六〇	三三三〇	一〇一〇	一三二一〇	一四五九〇	一三〇〇〇	一五四七〇	一一五三〇	一一九三
二月	因沪战商业停顿指数缺								
三月									
四月	八九〇〇	一二八九〇	一〇六二〇	一二八八〇	一四一八〇	三九四〇	一五一六〇	一一三七〇	一一六七
五月	八九九〇	一二八八〇	一〇二三	一二八一〇	一四〇九〇	一二五二〇	一五〇八〇	一一二八〇	一一五七
六月	八五四〇	一三一五〇	九七八〇	一二八六〇	一三七二〇	一二六六〇	一五〇〇〇	一一一八〇	一一三六
七月	八一五〇	一二三五〇	九五六〇	一二五九〇	一三二九〇	一二七三〇	一四九五〇	一〇九六〇	一一一八
八月	八三五〇	一三一九〇	九五九〇	一二七一〇	一二八四〇	一二四二〇	一五〇二〇	一〇六六〇	一一一三

备考：

（一）民国十五年＝一〇〇。

（二）本表系简单几何平均法计算。

（三）本表指数系国定税则委员会改订后所发表者，因元指数表中所包含之日本货，市价久缺，兹另选替代品，字二十一年一月起，重行分别改算。

上海输出物价指数

国定税则委员会编制

	原料品					生产品	消费品	总指数
年　月	农业	动物业	林业	矿业	平均			
民国十五年	一〇〇〇	一〇〇〇	一〇〇〇	一〇〇〇	一〇〇〇	一〇〇〇	一〇〇〇	一〇〇〇
十六年	一〇五三	一〇二二	一〇〇二	一一九七	一〇六六	一〇六五	一〇四四	一〇六一〇
十七年	一〇六八	一〇六〇	九四四	一〇四九	一〇六〇	一〇四〇	一〇一六	一〇四五〇
十八年	一〇九六	一〇八三	九三一	九九二	一〇七五	一〇三六	一〇二〇	一〇五二〇
十九年	一一五九	一〇六七	九六〇	一一四五	一一三八	一〇一六	一〇四〇	一〇八三〇
二十年	一〇七〇	一〇七三	一〇七九	一三二七	一一〇六	九六一	一一七六	一〇七五〇
二十一年								
一月	九八八	九四六	一〇二一	一二六八	一〇二一	八五八	一一六三	九九八〇

（续表）

	原料品				生产品	消费品	总指数	
年　月	农业	动物业	林业	矿业	平均			
二月	日军攻沪商业停顿							
三月								
四月	九六八	九〇七	一〇一八	一二一八	九九五	七八五	一〇八八	九四八〇
五月	九八二	八七二	九八六	一一八九	九九五	七一七	一一九〇	九四七〇
六月	九五七	八二五	一〇三二	一一三五	九六五	六六九	一一三一	九〇六〇
七月	九六一	七八八	一〇七二	一〇八二	九五六	六七八	一〇四六	八八七〇
八月	一〇一九	七四三	一〇一九	一〇三九	九八二	七三二	一〇一六	九一一〇
九月	九五八	七七一	九七四	一〇三三	九四二	七三八	九九六	八八九〇

备考：

（一）本表采用物品六六种。

（二）民国十五年全年平均＝一〇〇。

（三）本表系加权算术平均法计算。

上海输入物价指数

国定税则委员会编制

	原料品				生产品	消费品	总指数
年　月	农业	林业	矿业	平均			
民国十五年	一〇〇〇	一〇〇〇	一〇〇〇	一〇〇〇	一〇〇〇	一〇〇〇	一〇〇〇
十六年	一一四七	一〇九〇	一二〇六	一一五六	一〇四九	一〇四九	一〇七三
十七年	一一九九	一〇二八	一〇五二	一一五五	一〇五四	九六八	一〇二六
十八年	一二七七	一〇六六	一〇一〇	一二〇三	一一〇六	一〇二〇	一〇七七
十九年	一五一一	一二一七	一一六七	一四一六	一二八一	一二〇七	一二六七
二十年	一五九二	一四七一	一三六八	一五三五	一六〇二	一四五七	一五〇二
二十一年							
一月	一三二二	一三〇八	一三二〇	一三二〇	一五〇二	一三五四	一三七六

（续表）

	原料品				生产品	消费品	总指数
年月	农业	林业	矿业	平均			
二月	——	——	——	——	——	——	——
三月	——	——	——	——	——	——	——
四月	一三九九	一二七八	一二五九	一三六〇	一四八九	一三七八	一三九六
五月	一三三一	一二五五	一二四六	一三〇七	一七四九	一四〇七	一三九九
六月	一二八九	一二五三	一二一〇	一二六九	一四七七	一四〇六	一三九〇
七月	一三五一	一二三四	一一〇四	一二八九	一四六三	一三九六	一三八六
八月	改编暂停						
九月	同上						

备考：

（一）本表采用物品一〇九种。

（二）民国十五年全年平均＝一〇〇。

（三）本表系加权算术平均法计算。

上海在我国经济上之地位

绪论

上海一埠，照我国现行法所规定，是隶属于行政院的一个市，位居长江入海之口，滨临黄海，并有黄浦江横贯中间，交通方面，陆路水道，都很便利。货物运输，以水道言：东向为黄海，可直驶太平洋；西向则经达长江各口岸；北达青岛，大连；南至厦门，福州，香港。以陆路言：有京沪，沪杭甬，淞沪等三铁道，西北直达首部；南接杭州；北联吴淞。因为形势的优越，对于商品集散上，处处表现着便利，所以逊清道光二十二年中英江宁条约，就规定辟作商埠。复因当时政府昏昧，管理无方，遂致大权旁落，形成现在的公共租界和法租界二个特别区。百余年来，在帝国主义列强吮吸国民膏血的过程之中，上海幸获余沥的营养，逐步发达，以至于今日的虚伪繁荣。在本国的观点上，上海确是全国经济的中心，华洋杂处，大厦巍峨，十足显示现代都市的华丽。在国际的观点上，上海是世界工业国家商品倾销的尾闾，商轮接踵，洋行林立，十足表现半殖民地的丑态。

照广义的解释，上海一埠，是包括①上海市、②上海县、③公共租界、④法租界等四个单位。以现状而论，上海县一个单位，因为缺之重要商市，在经济的意义上，其重要性已不能与其他三个单位相提并论了。现在把这三个单位的面积，列表如左：

名称	方公里	百分比
上海市	一〇八八一一三	九五．七二
公共租界	三三五〇三	二．九五
法租界	一五一五〇	一．三三

上表三个单位的面积，虽以上海市为最大，可是在商务上的势力，则公共租界和法租界要重要得多。例如重要的银行商店，大都麕集租界。我们探讨这种畸形状态形成的由来，无非因为①租界受国际劳力的保护，比较安全；②外国人

管理市政的技术，较华人为先进，无可讳言；③租界地位，比市中心计划实现前的华界更为便利。

我国实业幼稚，出品货大部分为农产物，百余年来，各国把廉价的工业品，倾销内地，以我之未制品，易彼之精制品，在贸易上，处于极端不利的地位。所以自从与海外通商以后，整个的国民经济，便已沦入慢性崩溃的过程中，农村衰落，年甚一年，于是有许多农民不幸均陷入失业的恶运，在内地没有饭吃的压迫之下，纷向都市谋生路。上海既然是我国货品集散的大港，遂变成大部分产业预备军憬憧中的天堂。所以上海的人口比其他各埠特别繁多，列表如左：

名称	人口数	调查日期
上海	三四九二四一九	念四年一月
北平	一五五七一七九	念三年九月
天津	一三五三七九五	念三年八月
广州	九五四六四二	念二年七月
南京	七七七二三〇	念三年十一月
汉口	七四二五三六	念二年八月
青岛	四五二五二八	念三年十一月
济南	四三二八〇六	念三年十月

观上表，上海的人口，比天津、北平约多三倍，南京、汉口多四倍，与世界各国的都市比较起来，可以称作第四位。

上面说过，上海是我国商品集散的中心，和另商旅往来特别繁多；所以商船的进出口也非常繁忙。兹将二十三年度各国商船在我国各大埠进出口的数字，列表比较如左：

名称	船数	吨数
上海	三七二六	一六八五四四八一
广州	一六七三二	六二七八二八一
九龙	二一七三一	二一一四一〇一

（续表）

名称	船数	吨数
天津	一三一六	二〇九三九三五
厦门	八六一	二〇五八四一八
汉口	二四五	七〇七九八八
芜湖	一七九	三二二一九五
福州	二一七	二五六二八一
南京	六一	二一七七二二
宁波	五九	八三七一八
九江	六	二五六六二

商船进出口繁寡，表示商务的盛衰。上表十一大都市往来外洋的商船数，除九龙、广州两埠，因系过路码头，故居首次位外，吨数以上海占首位，吨数高，容量大，载货多，因此上海便在备具上面的条件之下成为我国的经济中心。

上面已把这全国经济的中心略加正面的分析。究竟牠除消纳大批洋货，容留大批洋人之外，在我国整个的国民经济上，居于怎么地位呢？要答复这问题，我们在后面再从侧面加以探讨。

上海是商品集散的中心

上海因为是一个海口，内河交通，长江运输，都极便利，所以洋货从外国运入，大部分须经由上海，然后分配与内地。同样，土货出口，须运集上海，然后装往国外。百余年来，国人提倡实业，急起直追，不遗余力，至今得到区区的收获，在地域之分配上，也以上海为最盛。这从民族工业的原动力方面可以看出：

全国电气事业总发电量	上海总发电量	百分比
五五八二七〇一千瓦（廿一年）	二一六六二七千瓦（二十年）	三八．八〇

上表上海的电气供给量，占全国百分之四十。电气是推进工业发展的原动力，上海既有这么巨大的原动力供给，已可推测上海的工业，在我国整个工业方

面，占怎样的地位了。兹将几种主要工业，列表比较如左：

工业门部	全部总计	上海共计	百分比
工厂总数	二七〇〇厂	一一二一九厂	四五．五二
面粉厂数	一三〇余厂	一七厂	一三．〇七
纺织厂数	一三六厂	六四厂	四七．〇六
纱锭	四七三一一四六枚	二六〇八七二〇枚	五五．一四
绵锭	四四〇四五四枚	三七六五六〇枚	八五．四九
布机	四二八三四台	二四〇二三台	五六．〇八

据查我国目前合乎工厂法组织的工厂，全国共计二千七百余厂，上海竟占半数。纺织工厂和面粉工厂，是我国民族工业的基础，上表所列数字，纺织工业，在上海几占全国百分之五十以上，这种事实，足以指明上海在我国工业发展方面，确已达到重心的地位。

工业成数的密度，已如上述。其次在商品贸易方面，也以上海为集散中心。长江一带所产的米粮，都由上海粮商派员收买后，在上海打包分配与福建，浙江，广东等省。苏浙鲁所产的生丝，必先由上海丝商前往收买后，运往外洋。津浦陇海铁路沿线所产的杂粮，也以上海为出口地。宁波一带的草帽原料，都由上海各家草帽行分往收买，或供自己制造，运销内地，或装运出口，以博厚利。

同样，各大都市制造的工业品，和每年由国外运来的洋货，大都份都先集中上海，目前内地各处在上海都有申庄的设立，这种申庄（或称庄客或称客帮）代表内地商铺，把都市里的工业制品收买后，装往内地，分配与一般消费者。年来我国洋米及外棉入口，为数颇巨，其中由上海入口的，恐怕占其大半，即以二十三年春季上海市社会局登记的洋米定购额而论，已超过六百卅万包了。二十三年度第一季的贸易报告，上海的洋米进口数，总值九百二十余万元之巨。

上海既然对于我国商品的供需，处于分配者的地位，每年进出口货物，为数当然可观。兹把五年来上海在我国国际贸易总值上所占的数字，与其他都市比较如左（单位：千）：

埠别	一九年		二〇年		念一年		念二年		年三年	
	关两	百分比	关两	百分比	关两	百分比	关两	百分比	关两	百分比
上海	九九二四〇九	四四.四〇	一一一一〇〇四	四七.一二	六六八六九七	四二.九九	一〇五一九七八	五三.七四	八七二七八八	五五.七七
天津	一八二九四五	八.二三	一九八〇五三	八.四〇	一六七四二六	一〇.七六	二〇九二五〇	一〇.六九	一九九七二一	一一.三五
广州	一一一五二九	五.〇二	一一八〇二三	九.〇一	八八二六九	五.六七	一二〇四一二	六.一五	八〇九七六	五.一七
胶州	八九一二五	四.〇〇	九四二三四	四.〇〇	八二一二四	五.二八	一一二四五四	四.七四	八三七七〇	五.三五
九龙	四八六七二	二.一九	六四三三四	二.七三	六九九〇三	四.四九	一〇〇五〇八	五.一三	八〇六一三	五.一五
汕头	五六四五七	二.五四	四六六一八	一.九八	五二三三四	三.三六	七七五五四	三.九六	四二〇〇〇	二.六八
汉口	四五二九三	二.〇四	五七八三五	二.四五	四五〇五四	二.九〇	四一九〇八	二.一四	五二〇六二	一.六七
厦门	二五六一九	一.一五	二八〇二八	一.一九	二六四八六	一.七〇	三六三五六	一.八五	一九八八二	一.二八

上表所列各年度数字，上海约占总值之半数，这种事实，已足证明我国国际贸易，差不多有一半是在上海的。

上海是漏血的赘疣

我国出口货以原料品居多，而进口货以工业制品占其大半(虽然近年来米、棉两项进口也很多)。这样，在国际贸易上，站在不利的地位。自从一九二九年世界普遍的经济恐慌发生后，列强高筑关税壁垒，力求商品的自给，充分发挥经济的国家主义，我国数百年来大宗出口货的丝茶两项，显示着急剧的减退。再加华侨汇款的减少，以致历年海关贸易报告，呈示庞大的入超数字。国际的债务，也和私人间一样，终结要清偿的。数十年来国民的膏血，就在这逐年贸易入超之下，被帝国主义各国吮吸以去。上海一埠，在国际贸易方面执全国的牛耳，在正面看起来，似乎是我国经济的命脉，全国的盛衰所系。但是在目前和外国做交易我国处处吃亏的形势之下，一个码头对外交易愈是兴盛，对于国民经济不利的程度越是深刻。所以从反面看来，我国历年的庞大入超，上海却不能逃避罪魁祸首的恶名。下面是上海历年贸易入超的数字：

年度	上海对外贸易入超	百分比
民国十九年	三六七〇七四〇六四关两	八八．四七
民国二十年	二六八八四二九九四关两	五一．三〇
民国念一年	三五二二一八七四〇关两	五九．〇四
民国念二年	四二〇四六二〇〇〇关币	五七．三〇
民国念三年	三三八一七八〇〇〇关币	六六．三七

上表指出我国历年在商品交换方面流往外国的资金，其中由上海一埠流出的，竟占百分之六十以上。据统计公共租界法租界，民国二十一年外国居民，为数竟超过六万人。他们不远千万里而来，经营商业，这无非在上海确是有饭可啖，而他们唯一的目标，就是推销洋货。洋货销得愈多，资金流出越巨。万想不到像上海这样的华丽都市，还是由我国国民挖着腰包而给点缀起来的。外国人之穷奢极欲，不过是慷他人之慨而已。

外国人在上海赚去的资金，除一部分运往国外外，一部分是转变为投资方式，保留在上海。他们运用这种赚物的方法，第一是开设工厂，利用廉价的原料和人工，制造商品，并可避免关税负担，比之从外国运来，成本要减轻得多；所以外人在华设厂的制品，销路无孔不入。其次是开设银行，利用国人崇拜外人的心理，吸收存款，再以之借给我国政府，把持我国财政，或作为铁道矿山电气等基本事业投资，操纵我国工商业的命脉。这样的周而复始。他们的资金自然是愈积愈多，而我国国民的膏血却愈流愈干了。兹将列强在华投资于各部门的数字，列表如左（百万美金）：

部门	一九一四年	百分比	一九三一年	百分比
政府用途	三三〇三	二〇．五	四二七七	一三．二
运输	五三一一	三三．〇	八四六三	二六．一
邮电及公共事业	二六六	一．七	一二八七	四．〇
矿业	五九一	三．七	一二八九	四．〇

（续表）

部门	一九一四年	百分比	一九三一年	百分比
工业	一一〇六	六．九	三七六三	一一．六
银行金融业	六三	〇．四	二一四七	六．六
地产	一〇五五	六．五	三三九二	一〇．五
输出入贸易	一四二六	八．八	四八三七	一四．九
杂类	二九八二	一八．五	二八二八	八．七

上面所列外人在华投资的数字，其庞大程度很可为在华外人气焰嚣张喧宾夺主的原因，做一诠释。这种投资的地城分配，又以这华洋杂处的上海占首位，试观左表：

列强在华投资区域分布表（百万美金）

区域	一九〇二年		一九一四年		一九三一年	
	数额	百分比	数额	百分比	数额	百分比
上海	一一〇〇	一四．〇	二九一〇	一八．一	一一一二二	三四．三
满洲	一一一六〇	二九．四	三六一六	二二四．〇	八八〇〇	二七．一
其他地方	一七七二	二二．五	四三三一	二六．九	六〇七八	一八．八
不分区域者	二八四七	三六．一	五二四六	三二．六	六四二五	一九．八
总数	七八七九	一〇〇．〇	一六一〇三	一〇〇．〇	三二四二五	一〇〇．〇

上表列强在华投资，上海一埠，一九一四年至一九三一年的七年间，几增四倍，而在投资总额中所占的成数，也由百分之十八突增至百分之三十四，差不多占总额的三分之一以上。据中国银行二十三度估计，我国国际支出项下，外商盈利一项，达二千万元，上海一埠，以占总数百分之三十四推算，为数已达六百八十万元。其他如自上年美国实行购银政策后，国内银价低于海外，我国存银流出达二万六千余万元。干这种运银投机勾当的，亦以外商在华银行为最多，这种公开的秘密，无待我们赘述了。

综上所述，可知列强在华的循环式榨取的情形了。他们把倾销商品得来的余资，作为在华投资的资本，再把这种投资的手段，向我国做第二重的剥削，上海一埠，就在这双重剥削之下，成为我国资金流出最大的漏卮。

上海是金融的总汇

金融事业原是依附于工商业的；一个地方工商业繁荣，金融事业也会跟着发达起来；如果工商业衰落，金融事业也随而销沉下去。百余年来，上海因为是商品集散码头，被推作工商业中心，在外表上极度显示虚伪的繁荣，所以金融业也急速地发荣滋长起来。这是由于金融机关负着调剂商家盈虚的使命，所以曾有“大众的帐房”的称号。上海商肆林立，工厂栉比，加之往来行旅摩肩接踵，因此对于金融机关的需要自然殷切了。上海固有金融劳力，操于钱庄之手；数十年来，新式银行，急起直追，扩张劳力，大有凌驾钱庄而上之劳，最近数年新银行股立者，有如雨后春笋，树一时之盛。

农村的急剧崩溃，是促成上海银行勃兴的最大原因。内地连年在水旱天灾和匪氛人祸的压迫之下，有产者为安全计，纷纷迁居都市，或把财产寄存都市，这是促使资金流向都市的第一个原因。其次是都市工业品很能适合农民需要，农民把出售廉价农产物的代价，去交换高价都市的工业品，农村处于不利的地位，所以都市对于内地的贸易，是年年出超的，这样，资金便从贫瘠的农村流向都市，这是第二个原因。其他如政府的苛捐杂税等等，足以使农村资金急趋贫乏。都市之中，因上海有外人势力的庇护，并且是洋货运销的中心地，所有其他都市的资金，又流向上海来了。上海资金愈积多，必须求得消纳的去路。几年来新银行勃兴，便是负着吸收从内地流入的资金的使命，还有一点。我们要特别提出的。近看来上海各银行纷往内地城镇设立分行，名为办理农村放款，调剂农民金融，可是探究其实，无非为城镇里的绅士们，设立一处安放从农民身上剥削来的资金的场所，银行把这种资金运集上海，作为投机的资本。在这种情形之下，在上面所述促使资金流向都市的三种自然原因之外，再加上一种人为原因。

资金集中，对于银行的勃兴，确有密切关系，这种事实，可以从数字上看出：

全国存银行总计（元）	上海存银数（元）	百分比
一六〇〇〇〇〇〇〇〇	三三七一五五〇〇〇	二一.〇七

九大都市银行数

地名	总行数	分支行数	合计	本埠分支行
上海	五九	一一一	一七〇	七一
天津	一〇	三九	四九	一九
北平	一	三七	三八	一七
青岛	三	一九	二二	八
杭州	六	一五	二一	四
南京	一	四〇	四一	二〇
重庆	八	一一	一九	九
汉口	二	二六	二八	三
广州	五	一三	一八	二

据中国银行《银行年鉴》所载。全国银行（总行）约计一百四十六家，上海占百分之四十，分支行占百分之十以上；而存银一项，亦占全国百分之二十一以上。足见上海的金融，确有左右全国的力量，无怪各地金融紧急时，都须仰乞上海运银救济；各地所做的交易，都把上海的洋拆和申汇市价作为标准了。

上海存银既然这样膨胀，在这商业凋敝的当儿，竟至和工商业解除了联系。资金不向工商业投放，反趋向于①地产、②公债、③标金等投机。结果上海的地价，因为大家抬价竞买，三十年间飞涨十倍之巨，也足以雄观全国了。其次公债一项，也以上海为唯一的消纳场所，上海证券交易所的开价，足以转移全国银行界的哀乐，成交数目的巨大，迥非他种商业所可比拟。至于标金，各银行更是趋之若鹜，上海金业交易所的成交数，足以左右世界的金银市面。

从上面种种分析，我们得到一个结论：上海是全国金融的总体，可是因为工商业凋敝，使银行资金不能放胆投资，结果便畸形发展，成为一个极大的投机市场。

上海是中央财政的源泉

上海在我国国民经济上，从任何方面观察，都显示出畸形的发展；就是财政收入一项，上海也是畸形的盛旺，因为是外货输入最多的码头，所以关税收入特别丰富。因为工厂商店比任何都市为多，所以统税、印花税、营业税等也占中央和地方税收的大部分。兹将五年来上海的关税收入与全部关税对比列表如左：

年度	上海关税收入（关两）	占关税总收入之百分比
民国十九年	八六六四三四八四	四七．九七
民国二十年	一二五一六八九一六	五〇．六五
民国廿一年	九二一八〇六三一	四六．〇三
民国廿二年	一七六二〇〇〇〇〇（元）	五一．九〇
民国廿三年	一七五四〇〇〇〇〇（元）	五二．四二

观上表近五年来上海江海关收入的关税，占关税总额百分之五十，即此一项，已足显示上海对于财政上的重要了。

我国中央和地方的财政，常在赤字预算下过日子，能借到新债来偿还旧债，已算理财者的手腕高明了。在这民穷财尽的现状之下，募集公债不是一件容易的事。恰巧上海集中着过剩的资金，怎不教理财者看了眼红呢？同时金融界也正在为着资金呆搁而发愁，现在正可相需为用，借出些款子，以图厚利。所以每逢发行一次新公债，成商借一笔款项，出面接洽的，都是上海的金融界。甚至像广西这样辽远的地方，上年该省财政当局曾赶到上海与金融界商讨前往投资。据中央研究院社会科学研究所吴承禧君的调查，上年上海各银行承借有政治意味的借款如左表（复兴农村借款和公债承受未计算在内）：

借款种类	金额
政治投资	八五七〇〇〇〇〇
铁路借款	六九二〇〇〇〇〇
水利与公路借款	一六〇〇〇〇〇〇
合计	一七〇九〇〇〇〇〇

上海对于中央和地方财政上的供献这样伟大，无怪历来政府当局，处处想保存上海的精华，惟恐不及。十年以前，在军阀割据时代，江、浙两省的军事首领曾为了抢夺上海管理权，闹得双方火并了结，可知并不是无意识的行动。

结论

号称我国经济中心的上海，经过上面的剖视，得到后面的结论：

①上海是我国商品的集散地，工业和国际贸易的成数，约占总额百分之五十。

②上海在商品运销和资本运用上，是半殖民地性的，所以我国每年流往海外的资金，大半是从上海漏出去。

③上海在金融事业上，因农村破产资金集中的缘故，显示畸形的连，操着左右全国金融市场的方量。

④上海因为税收盛旺，因而成为中央财政收入的主要源泉；同时因为资金过剩，所以成为中央和地方财政当局发行公债和借款的目的地。

在国民经济的观点上，上海确定是害胜于利，有人曾经主张在一·二八战役时，我国军队应死力抗战，如果双方坚持下去，而致上海整个毁灭，就等于割除了一颗漏血的赘疣，于整个国民经济上，不但无害，反有裨益，语虽偏激，不无至理。在目前情况之下，如何从不利的漏血，变为有利的生血，全靠国民的努力了。

大上海工商汇刊 1935

上海市经济建设概况

第一节　农村建设

一、绪言

本市农地面积，计有五十余万亩，务农为生者人数亦众，农作物以棉稻麦为大宗；惟农民耕作技术，墨守旧法，罔知改进，是以农业之进步甚缓，农产之收获难丰。故本市农村经济之衰落，亦与内地同其遭遇。市政府为复兴农村，改善农民之生活起见，特饬市社会局举办农事合作试验区，指导农民改进技术，以期产量增加，数年以来，成效颇著。今更举办作物栽培合作，就最重要之棉作物先行改进。又鉴于农家副业为农民重大利源，关系农村经济至巨，故又举办副业经营合作；以养鸡事业之普遍容易，收益亦丰，乃先从养鸡着手。凡此，皆为农村经济建设之基础，兹分述于后。

二、作物栽培合作

1. 过去情形

市社会局历年举转之农事合作试验，只属作物栽培合作，以植棉为主。在各区择定适当地点，由各该区市政委员及农会遴选优良农户特约种植，由社会局发给优良品种，聘请专员加以指导；每亩并津贴三元，以资奖励。频年来，因采用之品种较农家土种为优，耕种之技术，较农家陈法为善，是故作物之产量得以增加，农民之仿行者年增一年，农友之信仰乃深固，而莫不希望专家助其改进也。计自十九年份起，除二十、二十一两年份，因于秋收之际，迭遭风雨灾害，故收成略较逊色外，其余均属美满。但二十、二十一年两份之收成，合作区亦较一般农家为良好。兹将十九年份至二十四年份之合作试验成绩，列表如下。

上海市社会局十九年份农事合作试验成绩

区别	户数	栽培面积	品种	总收获量	每亩平均收获量	备考
杨思区	一〇	四八.五亩	江阴白籽棉	五八五五斤	一一六斤	
陆行区	九	四〇.五	江阴白籽棉等	五七〇三	一四〇	
股行区	四	二〇.七	宝山白籽棉等	二八二六	一三六	
真如区	六	二九.四	宝山白籽棉及本地棉	一六〇七	五四	发生卷叶虫害
漕经区	四	一四.四	同右	二一三二	一四八	
蒲淞区	六	二一.二	同右	二〇〇一	九四	
共计	三九	一七四.七		二〇一二四	一一五	

二十年份农事合作试验成绩

区别	户数	栽培面积	品种	总收获量	每亩平均收获量	备考
杨思区	一八	九〇	江阴白籽棉	七四四一	八二	
陆行区	一二	六〇	同右	四四三五	七三	

（续表）

区别	户数	栽培面积	品种	总收获量	每亩平均收获量	备考
殷行区	六	三〇	宝山白籽棉	二六四五	八八	
塘桥区	六	一七、五	江阴白籽棉	一九六六	七一	
法华区	六	一八	同右	一三八八	七七	
漕经区	六	三〇	同右	二六九四	八九	
蒲淞区	六	二七	同右	二二一五	八二	
真如区	六	三〇	同右	二四七〇	八二	
高行区	六	三〇	宝山白籽棉	二二八〇	七六	
共计	二七	三四二．五		二七五三五	八一	

二十一年份农事合作试验成绩

区别	户数	栽培面积	品种	总收获量	每亩平均收获量	备考
杨思区	一八	六〇	江阴白籽棉	五七九〇	六四	
陆行区	一二	六〇	同右	六五五〇	一〇九	
漕经区	六	三〇	宝山白籽棉	二三八三	七九	
高行区	六	三〇	江阴白籽棉	二四一五	八〇	
法华区	六	二四	同右	一五五二	六四	
塘桥区	一二	六〇	本地草棉	六五〇五	一〇八	
洋经区	六	三一．五	江阴白籽棉	二二六五	七一	
共计	六六	三二五．五		二七四六〇	八四	

二十二年份农事合作试验成绩

区别	户数	栽培面积	品种	总收获量	每亩平均收获量	备考
杨思区	一八	九〇	江阴白籽棉	九四七〇	一〇五	
陆行区	一八	九〇	同右	一〇三一〇	一一四	

（续表）

区别	户数	栽培面积	品种	总收获量	每亩平均收获量	备考
塘桥区	一二	六〇	棉花	五九二五	九八	
殷行区	六	三〇	宝山白籽棉	三六三〇	一二一	
洋经区	六	三二	江阴白籽棉	三〇四二	九五	
漕经区	六	三〇．八	同右	三二八六	一〇六	
高行区	六	三〇	江阴黑籽及宝山棉	三五七五	一一九	
江湾区	六	三〇	宝山白籽棉	二七〇〇	九〇	
彭浦区	六	二四．五	宝山棉	二五八五	一〇五	
法华区	六	三〇．五	江阴白籽棉	三一四一	一〇三	
真如区	六	三〇	同右	三四二八	一一四	
共计	九六	四七七．八		五一〇九二	一〇六	

二十三年份农事合作试验成绩

区别	户数	栽培面积	品种	总收获量	每亩平均收获量	备考
陆行区	一八	九〇	江阴白籽棉	一五二九三	一七〇	
殷行区	一二	六〇	宝山白籽棉	八四八五	一四一	
江湾区	六	三〇	江阴白籽棉及本地棉	三三〇〇	一一〇	
杨思区	一八	九〇	江阴白籽棉	九六六〇	一〇七	
塘桥区	一二	六〇	同右	六〇五〇	一〇一	
法华区	六	三〇	江阴白籽棉	二八〇五	九三	
漕经区	一二	六〇	江阴白籽棉	五五三〇	九二	
高行区	六	三〇	同右	二五一五	八四	
洋经区	六	三〇	同右	二四〇五	八〇	
蒲淞区	六	三〇	同右	二一五〇	七一	

（续表）

区别	户数	栽培面积	品种	总收获量	每亩平均收获量	备考
吴淞区	六	三〇	同右	二〇七五	六九	
真如区	六	三〇	江阴白籽棉及本地棉	二〇六〇	六九	
彭浦区	六	三〇	同右	三〇七五	一〇二	
共计	一二〇	六〇〇		六五四〇三	一〇九	

二十四年份农事合作试验成绩

区别	户数	栽培面积	品种	总收获量	每亩平均收获量	备考
陆行区	二四	一四七．五	江阴白籽棉	一八〇一〇	一二二	
蒲淞区	六	三〇	同右	三四八八	一一六	
真如区	六	三〇	同右	三三六〇	一一二	
江湾区	六	三〇	同右	三二九五	一一〇	
高行区	六	三〇	同右	三二六八	一〇八	
吴淞区	六	三〇	宝山白籽棉	三二〇六	一〇三	
杨思区	一七	八五	江阴白籽棉	八七六一	一〇三	
法华区	六	二九．六	本地棉	三〇〇二	一〇一	
洋经区	六	三一	江阴白籽棉	二九六四	九六	
塘经区	六	三〇	同右	二八三〇	九四	
共计	八九	四七四．一		五二一八四	一一〇	

2. 改订办法

市社会局鉴于过去农事合作试验之散处各区，人力才力未能集中，乃自二十五年份起，集中于陆行杨思两区，作进一步试验。计陆行区农田共二百亩，杨思区农田共八百亩。其办法，凡已划入作物栽培合作试验区之棉田，均须播种该局发给之优良棉种，依照规定之方法程序耕作（附录于下节），并接受指导。由该局委托该两区市政委员及市立农事试验场、中央农学院、杨思农场、杨思区农会、陆行农村改进社，负办理一切进行事业及指导之责。在该局监督指导之下，由各该市政委员总其成。并聘请义务指挥员协助进行。将合作农户津贴费，改为奖励金。合作区所产棉花，特约棉纱厂收买，每担加价三角，以资鼓励。

3. 指导工作

指导工作，乃为推进事业成功之必要阶梯；故每年当举办农事合作试验开始后，随时派员下乡指导，以冀试验之得有成效。其指导要项，如品种之观察，品种之比较，病中虫预防之方法，摘心之适当时期与方法，播种方法之指导，播种时期之试验等等。农民因知识幼稚，默守成规，故欲将作物改良，非实施指导，难冀农作之得以改进也。兹将指挥方面之重要者略述如次：

（一）品种观察试验

本试验之目的，在求各种品种之性状，于本地风土能否驯化，以为择定育种材料之根据。

（二）品种比较试验

本试验即多数纯种与本地棉互相比较，以期获得优良之品种。

（三）预防试验

本试验系预防炭疽病及赤实虫等病虫害之发生。计分三种：（甲）硫酸浸种，（乙）硫化炭熏种，（丙）灰水拌种。

（四）摘心试验

摘心可以抑制徒长，节省肥料，且能促进棉之成熟，故举行此次试验，以明示利益。

（五）播种法试验

本试验分条播撒播二种，以试验何种播种法为优良。

（六）播种期试验

本试验之目的，在确定棉作播种之适当时期。

附录：植棉耕作程序表：

上海市社会局农事合作试验区植棉耕作程序表(民国二十五年)

(一)品种

(二)整地:行冬耕春耕各一次,耕地宜深耕后即细耘表土。

(三)畦幅:春耕后作畦阔五尺,沟条一尺。

(四)播种法:行条播时,须先施基肥知耘表土,然后开沟播下种子,再将表土镇压,其行距一尺四寸,株距以六寸为度。

(五)播种期:须在立夏前后。

(六)播种量:每亩以十斤为度。

(七)施肥期:肥料可分两期施行:

(1)基肥:须于播种前施下,每亩用量以厩肥或堆肥四百斤至八百斤,草木灰五十斤为度,豆饼或棉饼则用六七十斤已足。

(2)补肥:须于七月中旬(第二回中耕之际),视棉作物生育状况而异;大概每亩以人粪尿五担为度。

(八)施肥法:豆饼、棉饼等均须预先细碎浸水腐败,然后施用厩肥及人粪尿等亦宜腐热施用。

(九)间拔:分三次间拔,以至株距六十为止:第一次于六月上旬行之。第二次于六月下旬行之。第三次于七月中旬行之。

(十)中耕除草:分四次行之,同时施行间拔工作:第一次于六月上旬行之。第二次于六月下旬行之。第三次于七月中旬行之。第四次于八月中旬行之。

(十一)摘心:分三次行之:第一次于八月上旬行之。第二次于八月下旬行之。第三次于九月上旬行之。

(十二)摘梢除蘖芽:在九月上旬行之。

(十三)收获:每隔二三天即须收花一次。收花时第一件,花宜洁净;第二件,已开棉花应尽量采收;第三件,宜晒干贮藏。

三、副业经营合作

1. 计划概要

农村经济之破产,其原因殊多,灾害人员,固足以影响农作之收获;而农产品价格之低落,亦为减少农民收入之主因,今日复兴农村,挽救经济破产,上述原因，固当根本排除，设法补救；而副业之提倡，亦为解救经济破产之重要途径。市政府有鉴于斯，除饬市社会局举办作物栽培合作试验之外，复举办副业经营合作。

副业之种类甚多，其适于本市一般农家者，首推牧畜、农产品加工、养蜂养鱼等为最宜，而尤以养鸡事业最是普遍容易。为提倡养鸡事业起见，自二十五年份起，在本市高桥、陆行两区先行试办，俟有成效，再拟渐次推广。每区合作农家各五百户，两区共一千户，每户原养土种母鸡约十只，合计共养母鸡一万只，由市社会局发给纯种雏公鸡每户一只，共需种雏一千只。指导合作农户改良饲养，施用杂种交配方法，使纯种公鸡与土种母鸡交配繁殖，其第一代杂种之产卵，据精确试验结果，可增至一百五十枚，经六年之改进，可与纯种鸡（每只年产卵数约二百枚以上）相埒，以此推算，该局举办之养鸡合作，共养母鸡一万只，原来之全年产卵总数，约八十万枚，一年以后，经改良之结果，可增至一百五十万枚，每枚价值平均以二分计算，增加收入一万四千元，即每户全年养鸡收益，可增加十四元。本市农户总数，据二十年调查，除市区不计外，约在六万户以上，倘能逐渐推广，一方而改良鸡种，一方面提倡养鸡，数年后，不难普及，则全市农家副业收益，每年最少可增加八十四万元。际此农村凋敝之秋，为民开拓富源，实为富务之急也。

2. 办理经过

二十五年三月间即开始进行，在高桥区择定牌楼库、南库、戚家宅、严家宅、钟家宅、王间桥、徐家路滩、花园滨、曹家宅、徐家宅、孙何家宅、屯粮巷、五间堂、北街等十四村为养鸡合作区；委托高桥区农会主持办理。在陆行区择定金家宅、南瞿家宅、朱家宅、薛家宅、老张家宅、北瞿家宅、南许家宅、袁家宅、窑湾、仇家宅、闵家宅、西张家宅、龚家宅等十三村为养鸡合作区，委托陆行区市政委员办事处主持办理。依照原定计划，先后宣传调查着手。兹录经过如下：

（一）宣传工作：市社会局为增进农民对于养鸡合作之认识与信仰起见，颇注意于宣传工作。分别邀集该两区图董地保农会负责人员，各学校及地方热心人士，举行谈话会，讲演养鸡事业之利益，及合作养鸡之办法，策动全区各界，广事宣传，务使农民能深切认识养鸡合作之重要。他如播音演讲，散发传单标语，张贴养鸡方法与养鸡利益之图画，组织宣传队分赴各乡村宣传等等。将来并拟举行展览会，使农民得以观摩。

（二）调查工作：市社会局于实施宣传工作之后，即在择定区域内，开始办理养鸡合作农户登记。由农户填写登记申请书，声请登记后，即举行合作农户调查（表格附录）。其调查结果摘要统计如下：

养鸡合作农户调查统计表

项目 区别	户数	人口			养鸡状况				
		男	女	总计	现有公鸡	现有母鸡	现有小鸡	母鸡产卵总数	每只母鸡产卵平均数
高桥区	二五〇	五二一	五七〇	一〇九一	一六只	五六〇只	七八只	四二六一六个	七六．一个
陆行区	一一七	三四一	三六〇	七〇一	三一只	三八三只	一〇三二只	三三八九五个	八八．五个
其他关于农户之生活状况与农产收货等等，统计均未列入。									

3. 分配种鸡

市社会局举办养鸡合作，以杂种交配方法，改良鸡种，是故种鸡之选择异常重要。事前与本市设备完全，鸡种优良之民生养鸡场接洽，由该场供给鸡种，先后发给合作农户者，计高桥区来克亨种雏公鸡二百五十只，陆行区来克亨种雏公鸡三十一只，乐岛红雏公鸡八十六只；饲养后，生育均极健全。其已登记而尚未领到者，再行继续发给。

附录：上海市社会局养鸡合作办法。

一、本局为增进农民收益挽救农村破产起见，举办农家副业合作暂以养鸡合作为限。

二、养鸡合作以选用纯种卵用公鸡，使与土种母鸡交配繁殖，以改良鸡种增加产量为目的。

三、在本市高桥陆行两区择定适当地点为合作试验区先行试办其范园每区约十村至十五村，以不超过五百户为限。

四、养鸡合作区一切进行事宜在本局监督指导之下，委托下列各机关专体负责办理之：

高桥区：由高桥区农会及高桥区农村改进会负责办理。

陆行区：由陆行区市政委员办事处，市立农事试验场及陆行区农村改进会负责办理。

五、每区设主任一人，指导员一人至三人，由本局在上列各机关团体中遴选聘任之。均为义务职，遇必要时得酌给津贴。

六、养鸡合作区所需纯种公鸡由本局特约民生养鸡场以最低价格供给并协助指导事宜。

七、在施行合作之前，应先办理合作区内之农户调查及农户登记并统计该区农户土种公鸡母鸡之数量。

八、养鸡合作区内农家土种公鸡一律不准繁殖，并强迫出卖，另由本局发给纯种公鸡，使与土种母鸡交配繁殖。

九、鸡种之分配由本局与各该区主任会商决定之。

十、发给农户之鸡种不收代价；惟农户须绝对服从本局养鸡合作之指导。

十一、发给农户之鸡种农户应负饲养保护之责，倘私自出售或故意残害应照价赔偿。

十二、凡养鸡合作之区内之农户，均须遵照本局养鸡合作办法共谋鸡种之改良，如故意破坏者，视其情节之轻重予以相当处罚。

十三、各合作农户，每户每年最少须繁殖雏鸡十五只至三十只，其一部分由本局给付相当代价收买，以为推广之用。

十四、出售鸡卵由各该区主任与鸡蛋贩卖商接洽收买并指导，农户组织贩卖合作社。

十五、本局得随时聘请养鸡专家至合作区，讲演养鸡方法等，指导改良事宜。

十六、养鸡合作区每村指定农户一家记载养鸡日记，以便查考，其日记簿由本局发给，并酌予奖励。

十七、编印鸡种改良浅说，及其饲养法等发给合作农户指导其实行。

十八、养鸡合作推广办法，俟该两区有成效后再行计划。

十九、本办法如有未尽事项得随时修正之。

二十、本办法呈由市政府核准施行。

第二节　公用建设

公用事业为市民日常生活所必需，举凡衣、食、住、行，靡不与之有密切关系，且本市户口日见繁滋，故对于良好之公用事业供给尤有迫切需要。民国十六年市政府成立，特设公用局以司其事。九年以来，该局从整理民营公用事业与举办公营事业两方积极建设，按其性质，有水、电、交通、煤气、电话、广播无线电台等项。兹将各种事业之大概情形分述于后。

一、自来水

经营本市自来水事业者，有商办公司二家，即闸北水电公司与内地自来水公司，市办给水处一处。民国十六年市公用局成立时，闸北内地两公司水量不足，水质污浊，不足以应市民需要，经该局制就方案令饬改良，嗣经两公司增加资本，改良设备，故业务亦年有发展，用将民国十六年与二十四年闸北、内地两公司各项数字，列表于后，以资比较。

	闸北水电公司		内地自来水公司	
	十六年	二十四年	十六年	二十四年
营业区域	——	一三五〇〇方公里	——	一七七二方公里
供给人口	二五〇〇〇〇	五〇五〇〇	三五〇〇〇	六四九六〇
股本	二六七三一七五元	七五七三二二〇元	一〇〇〇〇〇〇〇两	二五〇〇〇〇〇元
资产	二八四九六四〇元	五六一二七〇七元	一九三一〇四〇两	六一三七七九一元
全厂每日出水量	二〇五〇〇立方公尺	六八二〇〇立方公尺	五六八〇〇立方公尺	九七〇〇〇立方公尺
管线长度	四五七九三公尺	一五三六七二公尺	七六〇七〇公尺	一一六三四一公尺
消防龙头	一四六	二七六	——	七九一
用户	一七九五	六三七五	一二五五五	二一九八三

（续表）

	闸北水电公司		内地自来水公司	
	十六年	二十四年	十六年	二十四年
水货	〇一一六七	〇一一〇	〇一一〇	〇一一〇
全年每日平均给水量	二四五七八立方公尺	四二八〇八立方公尺	四六五〇〇立方公尺	七五四七〇立方公尺
全年最高一日给水量	二二四〇〇立方公尺	六二八五〇立方公尺	五八〇〇〇立方公尺	八七九九〇立方公尺
全年平均细菌数	每立方公分八二一二	每立方公分一四	每立方公分三七三一	每立方公分一二

按上表数字，可知该两公司给水事业，九年以来颇有进步，水量充足，水质纯净。

市办给水处，系二十二年四月间市公用局所组织，专力营经转馈自来水于闸北内地两公司营业区域以外之区域，现在已经埋管供给者，有徐家汇一带住户及停泊沪南码头轮船之用水。截至二十五年六月止，该处共有水管长度二三九四公尺，供给户数一〇四户。此外真如等处之自来水供给，该处亦正在计划，俾市民居住安适，享用便利。

二、电气

本市电气公司，在民国十六年时本有六家，即闸北水电公司华商电气公司、浦东电气公司、翔华电气公司、真如电气公司、及宝明电气公司。至一·二八事变后，宝明电气公司摧毁过甚，无力复业，乃并入闸北水电公司。二十四年一月，成立沪西电力公司，故目前本市电气公司总数仍为六家。市公用局成立时，鉴于华界电气事业之缺点，乃有统一电厂计划，其进行步骤，可分为三点：（一）改良闸北水电公司及华商电气公司之发电厂；（二）停止小电厂发电；（三）连络南北两大电厂。此项计划，业已全部完成。现在闸北水电公司之发电总容量，为二八一二五千伏安，华商电气公司则为二〇〇〇〇千伏安。浦东电气公司为七五〇千伏安，其余翔华、真如两电气公司均已停止发电，向华商、闸北两公司馈电转售，浦东公司亦各华商、闸北两公司购电。至于华商、闸北两公司互供电流之总变压所，于二十三年一月四日开始通电，两公司连络之后，彼此调节盈虚互济危急，故全市供电安全益为稳妥。沪西方面，本为上海电力公司越界供电，嗣经公用局计划收回，于二十四年一月间成立中外合资之沪西电力公司，受该局监督，该公司不自发电，向上海电力公司馈电转售，二十四年份该公司最高负荷为二四、六三〇千瓦。至本市电气事业，质的方面，兹正由公用局督促各该公司扩充设备，华商电气公司于二十四年间订约购置一二五〇〇千瓦发电机一具，浦东电气公司亦在计划建设新电厂，以增加发电量。

至本市路灯，自民国十六年起归公用局管理，当时有路灯三六一四盏，此九年之中，实增七四一六盏，计为三倍，并且灯光明耀，裨益公众交通及区治安，实匪浅鲜。

三、交通

本市交通设备属于陆上者，有市内之电车、公用汽车、联络市外之长途汽车。属于水上者，有市轮渡市码头。属于空中者，有龙华飞行港。

本市电车，为华商电气公司所经营，民国十六年时，行驶路线四路，第一路高昌庙至小东门，第二路自小东门沿中华路至老西门，第三路自小东门沿民国路至老西门，第四路高昌庙至肇周路民国路中华路，本系环城而筑，当时行驶电车，本应定为圆路行车，周而复始，乃因民国路北部属于法租界之故，法商电车公司出而阻挠，使该路电车无端分为两橛，至老西门及小东门地方各为起迄，乘客来往，均须中途换车，殊感不便，经公用局督促令饬接轨改为圆路，于十七年下半年通车，定名三路圆路，第二路路线，本自老西门至小东门，于二十二年九月间展为外圆路，现在该公司共有电车五十四辆，拖车二十七辆，行驶路线四路，计长二三二四公里。

华商公共汽车公司于十七年四月与本市签订合约，取得全市区内经营公共汽车权利，于是年十一月通车，现在该公司有汽车四十五辆，行驶路线五路：第一路宝山路江湾间，第三路宝山路真如无线电台间，第四路宝山路市政府间，第五路宝山路市府职员宿舍间，第六路黎平路与闸北水电公司间，路线共长五三二公里。

市公用局办理之公共汽车，系于二十三年四月通车，在此三年七个月中，营业颇为发展，故添置车辆，扩展路线，均能积极进行，现在共有汽车四十五辆，行驶路线五路：(1)老西门龙华间；(2)漕河泾十六铺间；(3)环城圆路；(4)打浦桥小东门间；(5)东昌路至洋泾镇，路线共长四六五公里。

往来于本市与邻县间之长途汽车公司共有六家，截至二十四年底各公司概况如下表：

<table>
<tr><th>公司名称</th><th>行驶路线</th><th>路线里程</th><th>车船数目</th></tr>
<tr><td rowspan="2">上南交通公司</td><td rowspan="2">周家渡至周浦</td><td rowspan="2">一三.八五公里</td><td>机车三辆
客车六辆</td></tr>
<tr><td>轮船一艘</td></tr>
<tr><td rowspan="2">上川交通公司</td><td>庆宁寺川沙小</td><td rowspan="2">二三.七四公里</td><td>机车九辆
客车一六辆</td></tr>
<tr><td>营房间</td><td>轮船三艘</td></tr>
<tr><td>租办沪闵长图汽车线交通公司</td><td>国货路闵行间</td><td>二九.八九公里</td><td>汽车一三辆</td></tr>
<tr><td>沪太长途汽车公司</td><td>1 关北至刘河
2 嘉定至罗店
3 宝山至吴淞
4 吴淞至刘行</td><td>1 三九.二五〇公里
2 八〇.一六公里
3 五二.九八公里
4 一四.三五九公里</td><td>汽车二六辆</td></tr>
<tr><td>上松长途汽车公司</td><td>上海至松江</td><td>四五公里</td><td>汽车一七辆</td></tr>
<tr><td>锡沪长途汽车公司</td><td>1 上海至无锡
2 常熟至苏州</td><td>1 一四.〇〇公里
2 四一.〇〇公里</td><td>汽车六六辆</td></tr>
</table>

市轮渡原为上海塘工善后局所经办，有轮船一艘，行驶于南京路外滩与西渡西沟间。公用局成立以后，轮渡事业改由该局接办。经该局整顿扩充，先后添置轮船，至二十二年八月计有十一艘，其中长渡轮五艘、对江渡轮六艘。辟长途航线一：南京路码头至吴淞；对江航线三：(一)定海桥庆宁寺间；(二)其昌栈威赛公码头间；(三)东门路与东昌路间。此外备有汽车四辆，行驶于高桥市轮渡码头与海滨浴场间。轮渡事业经市公用局办理之后，业务发达，市民称便。民国二十二年八月本市组织兴业信托社，即以市轮渡全部资产作为该社资本之一部分，其管理权亦随移交该社。年来该社又添置公共汽车二辆、长途渡轮一艘，并在北京路外滩建筑市轮渡专用双层码头一座，添辟对江航线二线：(一)董家渡与塘桥路间；(二)北京路外滩与春江码头间。

市办码头位于东门路沿黄浦江迤南至董家渡一带。该处一部分码头原为商人所经营，因未能适应需要，故由前市港务局规划给价收归市营，计岸线共长一千五百公尺，已建码头十二座。民国二十年市公用局接管码头后，积极建设，计先后添建码头七座，收回商办私有码头二座，于是沿浦岸线均已布置码头，且均为公家所有，其总数为二十一座。此外在董家渡以南，亦经该局规划建造码头二座：一为砖灰码头，专供砖灰同业卸装窑货之用；二为柴炭码头，以为外埠运来柴炭登岸之处。市码头自经添建良之后，凡吃水十四英尺长三百英尺之轮船均可并泊，现在中国商人经营之轮船咸泊于此，计公用局接管码头后第一个年度自二十年七月至二十一年六月以内，并泊轮船三〇八五艘，共二三七三三二八吨，上年度统计自二十四年七月至二十五年六月，并泊轮船七四一〇艘，共三七四三一二六吨，业务发达，于此可见一斑。

至码头设备，必须辅以仓库，然后货物进出方足以言便利。前以外马路沿浦并无隙地，以致仓库久未兴建，二十四年七月本市收回航商承租之公地一方，爰经市公用局规划建造仓库一所，建筑工屋于本年六月开始，已于十二月中完工。

龙华飞行港位于龙华镇东浦江之滨，机场面积凡一千二百余亩，为本市民用水陆飞机场。二十四年十一月市政府为维持整理机场起见，交由市公用局组织管理处接洽机场事务，业经该局拟具计划将机场及房屋等切实整理，并布置办公室、侍候室等，机场秩序，亦经订定章程，切实执行，故飞机起落与旅客上下均称便利。

四、煤气

本市煤气系由上海自来火公司供给。其先该公司在闸北及沪西一带越界营业，并未得本市官厅准许。嗣经市公用局与该公司交涉，始于十九年一月与本市订立合约，由该局执行监督。至二十五年九月，复经该公司请准本市政府签订补充合约，准予该公司扩充煤气供给至沪南域。截至二十四年底，在华界部分煤气管总长为一二五一一九三公尺，是年在华界部分出售之煤气总量为五五一一二五六三〇立方公尺。

五、电话

本市之电话事业，除租界区域内由美商上海电话公司经营外，所有沪南闸北浦东江湾等处，均由交通部上海电话局经营，现在有用户三九三七家，自动电话机四九五〇门，人工接线电话机九〇〇门。至于美商上海电话公司在市区及越界筑路地区装置电话越界营业，亦经市公用局会同交通部上海电话局与该公司交涉，于二十二年四月十九日签订电话临时合约，于是该公司在本市区内越界营业正式受我监督，其应享应尽之权利义务亦有相当规定。至民国二十四年底，该公司电话在沪西越界筑路区域者二九五八具，沪北越界筑路区域者一〇三五具，沪南区者五六具，沪北区者六七具。

六、市广播无线电台

市政府为宣传市政建设及讲演民众教育起见，令饬市公用局建造广播无线电台，经该局拟具计划，招商承办，于二十五年三月中建造完竣，电台电力为五百华特，电波长度为九〇〇千周率，天线杆及机器房之地点，位于市政府大厦直北一〇〇〇英尺，播音室即在市府大厦，两者之间，埋设电话地缆，以资连络。此外并由该局置备无线电收音机，装置于市内各公共场所，俾电台播音，可普及于全市各地，所有电台管理及播音等事宜由该局组织，广播无线电台管理处，以司其事。

七、结语

本市公用事业自公用局成立以后，颇多进展，该局除督促扩充民营公用事业各公司之业务外，并创设公营业，先后举办之轮渡、码头、公共汽车、给水等事业，业务发展，为本市公营业奠一基础。现在水、电、交通、煤气各项均已粗具规模，此后于公用事业之数量与质量两方，再求扩展，则市民享用，当能益臻便利。

第三节　土地之测量

民国十六年市政府成立后，划定区域，以先行接收旧属上海县之十一市乡，宝山县之六乡，为上海市区域，由市土地局接办上海清丈局及宝山册单局之一部分工作，当以查见从前清丈，未尽精密，因即重行规划，再施丈量，并先从旧属上海县部分及宝山县之繁盛地区着手。兹将进行状况，述之如次：

（甲）三角测量：就先行测定之基线及子午线，向四周选择测站，测定三角网，逐步展开，计已测定平面三角点二一二点。

（乙）道线测量，又称图根测量：分干道线与支道线二种，施测连系三角点间之道线为干道线，连系任何已知点之道线为支道线，干道线点为测绘地形之依据，支道线点为测绘户地之依据，两共计已测定五九五〇九点。

（丙）地形测量：就各处地形之繁简，分别施测二千五百分之一、一千分之一、五百分之一等比例之地形图幅，以备规划施测户地及整理区图之依据，计已测竣约三六九方公里。

（丁）户地测量：除规定测绘五百分之一之户地图幅外，其地形与经界复杂之处，则施测三百分之一比例之分段图，共计测竣约二五五方公里。

查全市水陆面积合计约五二七五一方公里，除旧属宝山县部分一七五四七方公里地有原丈图册外，现在清丈之旧属上海县部分，因各户土地面积率皆琐碎，又因办理人民清丈、圈征民地、会丈外人租地、法院查封、部照升科、及其他等案件纷繁异常，丈员之从事于清丈工作，只占一小部分，并经一·二八之变，故事业紧缩，致进行迟缓，现虽大部已经丈竣，尚余其高行陆行蒲淞特别区等内之十万余亩土地，亟须赶速清丈整理，现已增加经费，添设丈班规定于一年半内完成，兹将本市历年办理地形测量及户地测丈之统计表附后，以资参考。

（一）上海市历年办理地形测量统计表

上海市土地局地形测量统计表（十六年度至二十四年度）					
年度		道线	面积（平方公里）		备考
十六年度	前期	2,583 点			
	后期	3,656	27	443	
十七年度	前期	2,39	25	112	
	后期	3,728	38	120	
十八年度	前期	3,868	53	889	
	后期	4,031	58	141	
十九年度	前期	3,134	24	993	
	后期	3,669	20	557	
二十年度	前期	4,474	29	720	
	后期	626	8	813	本期二月至六月因一·二八事变暂停

（续表）

上海市土地局地形测量统计表（十六年度至二十四年度）					
年度		道线	面积（平方公里）		备考
二十一年度	前期	2,056	14	250	本期自十月份起恢复工作
	后期	3,645	19	686	
二十二年度	前期	6,080	1	437	
	后期	4,831			本期地形面积未实调
二十三年度	前期	3,722	20	187	
	后期	3,335	14	062	
二十四年度	前期	1,662	12	266	
	后期	2,019			本期地形面积未实测
总计		59,509	368	675	

（二）上海市历年办理户地测丈统计表

上海市土地局户地测丈统计表（十六年度至二十四年度）					
年度		户数	面积（平方公里）		备考
十六年度	前期	1,379 户	248,603	294	
	后期				户地暂停改测地形
十七年度	前期				同上
	后期	16,680	173,873	168	
十八年度	前期	19,116	179,33	168	
	后期	19,165	187,557	106	
十九年度	前期	21,289	151,162	098	
	后期	24,386	168,019	944	
二十年度	前期	27,589	243,963	358	
	后期	4,738	57,082	421	本期二月至六月因一・二八事变暂停
二年十一度	前期	10,845	87,661	646	本期八月份起专案料理战区
	后期	11,833	112,495	852	

（续表）

上海市土地局户地测丈统计表（十六年度至二十四年度）				
年度		户数	面积（平方公里）		备考
二年十二度	前期	21,739	196,184	834	
	后期	18,376	175,916	830	
二年十三度	前期	22,687	168,983	983	
	后期	26,961	177,319	743	
二年十四度	前期	18,232	128,440	465	
	后期	14,985	115,578	207	
总计		280,001	2,572,16	114	

实业部月刊 1937，2（2）

两年来的上海经济动态

王　仁

从七七芦沟桥事件演变到八一三全面抗战揭幕以来，转瞬已届二年。在这二年中间，就整个战局说，已由防御阶段转入相持阶段，显然的已由黑暗面走向光明的一面；但就上海的地位说，自沦为孤岛以来，可说是每况愈下，就说像月前的情形，表面上虽似繁荣，实际却危机四伏，我们每一个生活在这孤岛上的人，都有警觉的必要。这里想把二年来上海经济方面的演变过程简单的介绍一下。

先就贸易说起。在民国廿六的上半年，全国工商各业正一致呈现着繁荣的景象，上海为全国经济中心，气象当然更新，是年第一二两季上海对外贸易总额，要占到全国贸易总额百分之五五以上，及八一三沪战爆发，水陆交通阻塞，社会秩序大乱，贸易乃一落千丈，第三季贸易总额对全国贸易总额的比例，虽有战前一月——七月份——最高纪录的数字在内，还是低减到百分之五二五弱，至第四季则激减到百分之二九强，在廿七年第一二两季，更减为百分之二三强；但到廿七年第三季起，又重见起色，而逐渐由百分之三〇强增加到本年四月份的百分之四七强，而且目前还在继续进展中。现在把廿六、廿七两年各季和本年的第一季及四月份上海贸易总额全国贸易总额以及上海贸易总额对全国贸易总额的比例，表列于次(金额单位：千元)：

时期	上海贸易总额	全国贸易总额	上海对全国百分比
廿六年第一季	二九〇二九七	五一一八二七	五六．七二
第二季	三二二六一三	五七八四〇七	五五．七八
第三季	二一八二一二	四一五七二九	五二．四九
第四季	八三六一	二八九〇三九	二九．一九
廿七年第一季	八六五〇三	三七一一〇八	二三．三一
第二季	九三二〇二	四〇三六六五	二三．〇九
第三季	一四一二六五	四五九四三五	三〇．七五
第四季	一七六九六四	四二九七〇三	四一．一八
廿八年第一季	二一〇二四〇	四六九〇一三	四四．八三
四月份	八八七七一	一八八四一五	四七．一一

由上面的数字，我们可很清楚的看出，二年来上海贸易的动向，曾由盛而衰，最近又在由衰而盛。上海的贸易，除了数额的变动已略如上述以外，对于国别的变动，我们也可约略的加以指出。在战前一两个月，即廿六年七、八月，我国对外贸易的主要国，本以对美为最旺，其次依次为英、德、日、法。战事爆发后，就发生了变动。在最初，如廿六年九月的顺序，是美、英、法、德、日，同年十月至廿七年二月的顺序，都是美、英、德、法、日，一直到廿七年七月，一向是对美居首，对日始终在第四、五位之间。但自廿七年八月起，对日贸易就逐渐旺盛起来，计八月份升居第三位，九月份升为第二位，到十月份贸易总额虽仍屈居第二位，而进口货已超过了美国一百余万元，至十一月不但进口货超过美国有二百六十万元，就是总额亦超过了美国一百余万元而跃居首位，至十二月则贸易总额超过美国达二百六十余元。到本年一月起，对日贸易才又退居次位，而仍以对美居首。

其次说到工业。上海工业向来集中于沪东虹口、杨树浦一带，闸北、南市、浦东和沪西各区亦有相当数目。淞沪三个月的血战，沪东工业集中地带恰成为两军激战的场地，其他各区亦都卷入漩涡，所有工厂大部被毁。其毁损的程度，举其比较大者而言，计华商纱厂三十家中有二十三家受损停工，日商纱厂则一损一毁，英商纱厂无大损害；染织厂大小被毁共约一百九十家；针织厂五十家中有十五家全毁，内有日厂一家；缫丝厂五十一家中除设在防区内的四厂以外，几全被摧毁；丝织厂四百家被毁者约占四分之三；化学工业中则有九大工厂被毁；肥皂厂中有华商六大厂被毁，一日厂被焚；造纸厂有五家全毁，十四家受有重大损害，战后即能复工的只有四家；烟草工厂华商十八家中被毁八家；面粉厂十五家中亦毁去八家；木材厂有廿二家被毁；机器厂仅公共租界内被毁的就已有四百十家，此外还有闸北、南市共约数百家，亦都化为灰烬。除此以外，其他各种工厂被毁者还有很多，综计各厂所受损失，估计当在四五万万元左右。

但工厂被毁的虽多，及沪郊炮声停止了以后，租界区内的工业就又出现了一种簇新的姿态：在民国廿七年的上半年，虹口和沪西一带，工厂的修理复工和新设立的，已如雨后春笋般的繁盛起来。到廿七年下半年，进展更速，在是年底，共计工厂总数已有四千七百余家，工人总数达二十三万六千七百余人。今年已有二分之一的时间快要过去，工厂的创设还是有增无已，工厂就和工人就业数的增加，当然又有可观。

战后恢复和新设的工厂，种类很多，但要以纺织业和金属与机器工业二者为最主要，两者总计要占到工厂总数百分之五〇以上，工人的数目大约要占到上海就业工人总数百分之七〇以上。此外如缫丝厂、纸厂、珐琅厂、制革厂、烟草工厂，亦占相当数目。至新设工厂的地区，则大多集中在西区及越界筑路地带。

最后说到金融。在七七芦沟桥事件发生以后，中日外交谈判陷于僵局，继之华北血战以起，平、津相继沦陷，局势日趋严重，全国震动，上海金融首先受影响，各金融机关提存存日见拥挤，资金逃避甚烈。同时，债市激落，金价暴腾，市场已显见混乱。幸金融机构健全，又经中央限定债市最低价，极力控制市场，故未生剧变。及八一三沪战爆发，上海顿成战区，人心恐慌无法抑制，金融市场乃如骤遭暴风雨之袭击，发生了激剧的变化：交易所首先停市，银、钱两业亦奉命休业两天，同时财部立即颁布非党中时期安定金融办法七条，又核定补充办法四条，同时施行，限制存户提存。至八月十七日，银、钱业一律复业，固已厚集准备，并且提存已有限制，都能应付裕如，金融机构得保完整，迄今两年，银行中停业的只有通和一家，钱庄自动休歇的亦不过四五家。现在把二年来上海金融市场比较重要的变动分述于次。

（一）收付工具的划分和汇划贴现的产生

过去上海金融市场的收付工具，除现款外，本有两种票据，一种是划头票据，当日可以取现，与现款无异；一种是汇划票据，隔一日方可取。及安定金融办法和补充办法施行，汇划票据，变成了只准同业划帐的票据，不能取现，并不得转购外汇，凡持有这种票据的人，只能用以在国内购买货物和存入银钱业为存款。（这种存款，在安定金融办法有效期内，永远只能支取汇划。）这种票据，因用途不如划头和法币之广，渐为一般人所歧视，而无形中成为一种特殊的货币。后来又缺少法币和划头的人，为求便于使用起见，原将汇划票据抑价换取法币，于是就产生了汇划票据贴水贴现的现象，一般小钱庄见有利可图，更把它视为买卖的对象，最初每千元贴水率约在四五元至一二十元之间，后来逐渐升高，曾一度高到七十余元，后经票据交换所加以平准，方稳定于五十元上下，不久前曾一度跌到三十余元，但近来又已回到五十元左右了。

（二）四行总行的内迁和金融重心的转移

上海一埠，原来是全国金融中心，金融机关设立既多，各银行总行亦大部设立于此。全国金融，都以上海为总汇。自战事发生以后，中央鉴于上海地滨江海，不能久守，早就密令中、中、交、农四法币行将总行迁移内地，到后来上海沦为孤岛，各商业金融机关因事实上的需要，亦纷纷在西南各省分设机关，并有跟着四行把总行内迁的，所以目前的金融重心，已经转移到内地，上海的金融地位已非昔比。

（三）外汇统制的实行和外汇暗市的发生

战时外汇统制，原是必要的措施；我国因环境特殊，未能从早施行：自开战到廿七年三月以前，始终维持着自由买卖制度，中间仅一度密令各银行将购买外汇者的姓名，用途及数目等，列表报告财部驻沪办事处，以示暗中监视之意。结果外汇准备金受到重大的牺牲，是在所不免，而外汇行市，亦赖以始终维持于固有的水准，此于提高法币信用，安定人民心理，使对于各金融机关迅速恢复其信任心的作用是相当伟大。到廿七年三月，华北成立了所谓“联合准备银行”，发行无准备不兑现钞票，企图藉特殊势力收换法币，大量夺取外汇的阴谋，暴露了以后，我政府为防御计，乃不得不于三月十二日颁布购买外汇请核办法，通令全国。一律于三月十四日起施行，实行进口汇票的统制。——其后又续颁集中出口汇票的办法，但以我政府政权已不能及到上海，内地虽已实施，上海始终未能实行。——在统制进口汇票的办法实行之初大约中央银行为兼顾友邦银行尤其是汇丰银行的友谊起见，对于申请之数，特别从宽核给，所以上海外汇市场，虽已发现暗市，而汇丰挂牌，仍极稳定，其后因核给之数目益严格，致中央银行挂牌虽始终为一先令二便上半，而汇丰挂牌，则紧跟暗市，开始猛缩，到廿七年九月，英汇会一度缩到八便士以内，后来大致由中央暗中维持，才稳定了对英八便士二五左右。最后在六月七日上午，因汇丰银行接得香港来电，停止出售外汇，暗盘汇市。又起了重大的波动，英美汇大缩，缩到对英六便士半，现在似已稳定于对英六便士半的新水准。

（四）市场资金的松滥和投机的狂热

在沪战期内，上海金融极度恐慌，金融机关的存款被纷纷提取，大家都厚集准备，应付非常，当时金融的紧张，不言而喻。但到沪郊炮声停止以后，人民对各金融机关的信任心，就立刻恢复了过来，各银行存款，又陆续的增加，后以江浙战区的民众，都以上海租界为安乐窝，相率避难来沪，人口麕集，江南财富，都集中到孤岛上来，各银行的存款更日见激增，迄今已突破了战前的纪录，据一般人估计，目前资金壅积于上海的，恐不下三十万万元；而一方因社会信用未复，而且江浙两省战区，依然在日本军事控制之下，工商业无从复兴，租界一隅，投资的门路很狭，所以市场资金，非常松滥，现在有若干银钱业，已在减低存款利息，以期减轻负担。因为资金松滥，大家都要想法运用，以免亏耗，就不免饥不择食，而走上投机之路，现在市上如花纱、证券、现金、外汇、地产等几种；几乎成了一般投机家共同的对象，这结果是造成了物价的不断高涨，工业的畸形发展，贸易的大量入超，以及目前上海租界区的特殊繁荣。

无论由上面所述贸易、工业或金融任何一方面观察，现在上海经济的动向，就目前“孤岛”的地位而言，都是一种反常的现象、不合理的现象，前途实在非常危险！究竟应怎样纠正这种反常的现象？这是处身孤岛的人大家的责任。

译报周刊 1939，2（10—11）

太平洋风云与上海经济

意　平

自法国在欧洲战败，近卫再度登台以后，远东局势已经显示了剧大的转变，直至日军进占越南，继之以日德意军事经济同盟成立，这个局势就愈加明显。这就是说，欧洲战争已扩展到了远东，日本在太平洋参加了德意的阵线，英美与日本在远东的矛盾益趋尖锐，太平洋战云弥漫，日本与英美的冲突将成为不可避免的事实了。

在太平洋这种动荡的局势之下，成为上海市民所最关切的，是上海局势的问题；而上海工商界所日夜担心的，则是上海经济的前途问题。

实际上，太平洋局势的紧张，在今年五月英法在欧洲失败时已在酝酿，所以上海经济的发展从那个时候起几个月来，大体上可略见端倪：

首先，在金融市场上，成为战后左右上海经济的力量的外汇黑币，自五月以后，逐渐趋于稳定。五月二日外汇黑市曾起空前激变，美汇一度紧至四元半的最低价，但不旋踵即起反动，结果五月底回复至五元半。以后在六七两月，差不多盘旋于五元半至六元二五之间。直到八月中旬由于越南的封锁以及英军撤退的影响，又紧至五元关边。可是接着在上月底左右，中美借款的成功和德意日同盟的成立，结果美汇又长至六元，最近就盘旋在六元关边。外汇价格的比较稳定，不仅使金融市场的投机疯狂大形减杀，而且也引起了股票与货物市场的恐慌，大部分的洋商股票只能保持最高价格的一半，货物如以棉纱为例，则自每包一千七八百元跌至每包千元左右。

其次，在工业部门，表现在纱厂方面的是减工停车已为中外商的普遍现象。华商纱厂六月份起已实行五成减工，日商纱厂六月起减工三成，至七月也实行减工五成，英商纱厂自英军撤退后且有全部被征为军需之说。至于其他工业如丝织厂，根据工部局八月份报告："缫丝厂能获得新茧者两家而已。人造丝织厂已陷入不景气，而本月内以纯丝织绸者则未之见也，"可见其严重之不景气。但是多数的工厂虽则减工停车，然而生产品过剩现象，却绝未减轻。据报上所载，上海大宗实用品如棉纱、布匹、五金、橡胶、卷烟等，滞留在堆栈的，约有百万吨左右。其中以棉纱来说，在十月初的存底估计为三十万〇二千包，内中国纱为十八万八千包，日本纱为十一万四千包。而棉布存底估计竟达一千万匹。工业生产的紧缩和销路阻滞由此可见。

最后，是某方的统制政策的日益加紧，已使上海厂商的原料获得和货物内销上大受障碍。纱厂原料的棉花，要定购印棉、巴西棉、美棉，既感困难，而华北华中一带，所产的又都被统制，所以预料上海纱厂在本年底将发生原料告罄的恐慌。丝厂方面，蚕丝更不易获得，事实上丝厂均因此而停工。面粉卷烟等业，也有同样的困难。在货物推销上，国外和大后方的销路既因海洋的封锁不能畅通，而沦陷区的销路又遭到统制的难关。七月间华北实行入口贸易汇兑统制条例以后，已把上海视为外国，上海货物之输往，当然更不容易。而最近复有日本的丝因外销受阻将运华倾销，以及将独占华中一带的卷烟和棉布之说，那么"内销"的前途也是一样的暗淡了。证之八月份上海内河轮船公司的报告，该月货物运输较前月减少三千五百五十吨，就可知道一统制政策的影响了。

从上面这些发展看来，上海经济前途已大致可以想象得到了，那就是自前年下半年开始，至今年上春达到最盛时期的畸形繁荣，一天一天在走向下降的道路。事实告诉我们，它必然会随着太平洋的风云的紧急，而被卷到东洋大海去！

为什么我们说：随着太平洋局势的临张，上海的畸形繁荣将归破灭呢？

第一，由于日本与美国的矛盾无法调和，太平洋的战鼓正一天天的敲得响起来，这样就会使"孤岛"的地位，丧失了它三年来的特殊作用：（一）美国随在英国之后，有撤退上海的可能，将使上海不再是一个比较"安全"和"自由"的区域，使过去依靠在英美政治力量的经济投资，尽失其保障；（二）随着日美关系的恶化，英美对上海的贸易将逐渐减退，以至最后完全断绝，将使上海不再是一个国际贸易的中心；（三）由于太平洋局势的险恶，必然会引起日本对大后方的严密封锁，将使上海和大后方的联系完全隔断。

第二，因为日本在准备对美作战的过程中，无法解决其资源缺乏的困难，必然会在华中一带，特别是它的中心地——上海，加强其统制政策，以搜罗物资，所以原料供给的被垄断，和商品市场的被独点，将成为上海工商界最严重的困难。

因此，不仅将来投机市场如外汇黄金股票等，会因英美势力的撤退，而受到空前的打击，就是从事生产的工业也将受巨大损失。当然，这个发展还不会是一下子的，它将有某些比较曲折的过程。第一，因为太平洋大战还不至于立即爆发，所以上海经济局面，尚不致突然转变，何况目前上海对外贸易的维持，对日方也是有利的呢？第二，上海始终还有四百万以上的人口，集中着三四十万万以上的资金，某种限度的生产与消费，自然还是会保持着的；第三，在某些条件之下，德意在上海的经济活动会比较以前更趋活跃一些，虽则可能性并不太大。

但是基本上说来，上海经济的前途是已为重重黑影所笼罩的。满洲、华北、华中的先例具在，上海是很难脱逃这个“命运”的。所希望于上海工商界人士的：就是不再在这千钧一发的当儿，彷徨于歧途之上，应该早作贤明的打算才好。

银钱界 1940，4（9—10）

上海的经济地位

目前上海敌方正借口敌侨屡被暗杀事件，向公共租界要求增加日籍副总巡权力，因此一般人均以为敌人或将乘机攫取租界，其实持此说者，实不明今日租界的经济地位，兹愿加以申述如次。

远东英商巨子沙逊爵士日前过港有言：“日本占据上海后，该埠已成为日本最有利之商业区域。”又称：“纵使远东发生战争，上海公共租界仍能保持中立地带之地位，盖日本攫夺公共租界，其不利无异于德国夺取里斯本。”旨哉斯言！盖上海自沦陷后，在经济上已成为一半沦陷一半独立之都市，它一方面已非中国行政权力所能控制，另方面日本又不轻于占领，致令上海不仅成为国际角逐之都市，而且成为远东唯一之自由货币市场。近来以来，日方固常扬言将占领租界，而卒不加以占领者，岂真惧英美列强之干涉，盖不过欲利用上海自由市场之地位，以遂其金融贸易之诡计而已。当英美封存中日资金以前，上海为我国资金逃避之尾闾，法币为唯一具有自由价格之货币，日本利用我国支持法币汇价之苦心，一方面在上海输入原料及军用品，将其外汇需要转嫁于我方；另方面搜括我土产以掉换外汇，增强其侵略力量。当时我国外汇政策之错误，蒋委员长曾痛切言之："在上海办理外汇之办法，不但对我们中国商民没有利益，而且徒然替敌伪维持其金融生命，它实在无异给敌伪以操纵之柄，来摧毁我们抗战经济之基础。"（二十八年七月二十四日中央纪念周报告）是后我国虽两次放弃八便士．二五及六便士半之水准，予敌人之套取外汇以相当之打击，然我货币战之基本战略则以迁就现实环境迄未有所改变。

至日本方面，先在北方与内蒙古发行伪币，并禁止法币之流通。伪"蒙币"与伪"联银券"之信用，完全由日本维持。最初日方规定日圆与伪币平价，结果反使日圆外流，日本之对外汇率亦起动荡，于是乃取消"圆元同价"之规定，但仍不得不对内蒙古与北方输出日货以维持伪币之价格。日本以货物输出北方，而所收入者乃为不能换取外汇之废纸，如向英、美、荷购买货物，仍不得不动用日圆之外汇。日本鉴北方发行伪币失败之经验，故在华中一带除发行军用券外，不惟不妨碍法币之流通，当二十八年发行伪"华兴券"时，且规定"华兴券"与法币联系，其发行数量亦极有限制。迨去年冬季，汪逆伪组织另设所谓"中央储备银行"于沪宁，发行伪钞，日方对于"储券"一开始便不许其与日圆联系，汪逆最初欲日本方面收回军用票而代以"储券"，日方力加反对，谓军用票如不维持，则妨害日方之军需。后汪逆又拟将"储券"与军用票联系，结果仍未得日本军人之首肯。推测日本之用意，显为不使"储券"再蹈北方"联银券"之覆辙，成为日方之负担，再则想就上海之自由法币市场，留下套取外汇之方便。故"储券"之主要任务，完全在换取法币，以套取外汇，周逆佛海在伪"中储银行"沪行门幕时发表谈话称："余深体上海银钱界处境之困难，余深了解上海金融市场之亟须安定，故余决不以暴力强人之所难，更不愿采取非常之手段，以推行余之政策。"其不排除法币，情见乎辞，而日人之由“法币打不倒论”而至“法币利用论”，虽辞若有憾焉，其心则喜之也。日人及周逆岂真有爱于法币而不欲一举而驱之于沦陷区外？岂真有惮于英美之经济势力而不敢侵占租界？盖不过欲留此自由市场之上海，留此具有黑市价格之法币，以为夺取我外汇，强化其金融力量之工具耳。

自英美政府下令封存中日资金后，上海人心皇皇，以为日人或将乘机占领租界；然事实上江逆伪组织之封存英美资金伪令，反在伪“蒙”、伪“满”及伪“华北政委会”之后。七月二十七日上海《每日新闻报》且希望上海成为“欧洲之瑞士”，俾上海得以法币自英美各国输入物资，并以为日本对外贸易今后将更集中于上海。日本与汪逆之欲利用上海之自由市场，以为英美封存日本资金之漏孔，及其欲利用我国之法币以遂其贸易上之奸计，盖已昭然若揭矣。

有利于敌者必无利于我，汪逆之所欲者必非我之所欲，上海自由市场之维持，得失利害，不待烦言而后知。再以工业方面言之，上海过去诚为我民族工业之中心，战后亦依然为我工业生产的荟萃，然战后之工业与战前显已不同，就本质言，战后已不得谓为民族工业。因此种工厂其原料之来自何方，产品销往何处，以及资本来源等等，均成问题。即令资本确为国人所有，而对我抗战经济实际已无贡献。当滇越路尚未封锁以前，上海之物资尚未有大部分输入内地，上海与内地之经济尚称密切，而自日占越南后，上海与内地之交通困难万分，上海与内地经济关系亦微不足道。故就工业生产言，我在今日亦殊无支持上海市场之理由。

或谓上海既有租界之存在，则不能与沦区陷相提并论，上海虽与沦陷区相通。上海在过去虽为中国之经济中心，而在今日则已成为抗战经济之赘疣。上海诚与日人占领之一般沦陷区稍有不同，但此种不同，毋宁为上海之存在，较一般沦陷区更有利于敌而有害于我（三年来之事实已为明证，沙逊爵士慨乎言之），而并不能作为吾人应继续支持上海市场之论证。若谓有租界即非沦陷区，则天津、汉口亦为干净土矣；若谓放弃支持黑市，即等于放弃东战场，则今日北方与东四省之外汇市场又何尝由我所维持？若认此为我国已放弃北方与东四省之主权，其荒谬不待论。但或论上海有数百万之中国人民，有数万万之中国资本，过去素为工商业所荟萃，战后仍保持相当之繁荣，若放弃上海市场，将何以维系孤岛之人心？此在二年前或不失为支持上海市场之一种论证，今日则显不能成立。盖以二年来之事实证明敌人正加紧其对上海进口贸易之统制，正加紧其对上海租界工业之侵占，正加紧其对第三国商业利益之排斥，在敌伪魔手统治之下，上海经济决无光明发展之前途，亦不能避免其独占化之命运。吾人认为：只有中国抗战获取最后胜利，上海之经济始能保证其真正之繁荣，英美在远东之经济利益始能有确实之保障。若欲在日人卵翼之下，苟延残喘，分取余沥，纵令一时可得高度之利润，亦终无法挽救上海经济最后之崩溃。此上海友邦商人及我国留沪工商业家所应放大眼光，深切认识者也，至就我抗战经济之立场言，则上海市场之繁荣固不必为我后方经济之福利，而上海自由市场之毁灭，反有利于我而有害于敌。明乎此，则一切支持上海之论调，当可爽然若失矣。

吾人因洞察日伪利用上海自由市场之阴谋，深知吾人实无继续支持上海市场之理由，故对目前平准基金委员会所决定之新外汇政策，不能不作客观之检讨，求全之责备。今外商银行虽与我加强合作，消灭黑市，而黑市依然存在，根本问题亦依然存在，深望于此三致意焉！

桂林《大公报》

香港商报 1941（163）

日美战争与上海经济之前途

千度

廿九年十一月十八日《中美日报》

上海之现状，以美国之利害关系为唯一重要之镇定力量。万一美日战争爆发，上海之经济局面，当然将有重大改变，此中当有非平时所能想象者。三年以来，孤岛之经济活动，直接间接托庇于国际间之特殊关系。万一此种关系发生全般之变化，则上海之命运，当然亦将全部改观。留心上海经济前途者，特别是负主持经济上重要单位之使命者，对此可能发生之突然转变，自当细心留意，庶事变之来，吾可从容应付，使谋我者不能多有所得，而人民生计，亦不致遭受全部之摧残。用本个人所见，界为论之。

日美战事一旦发生，在上海万面之第一步反应，当然即为英美势力之退出及租界之全部落入日手。在此转变过程中，经济上之变化，可能分成三个不同之阶段：一是战事将发未发时期市场之扰乱；二是战事正式爆发后青黄不接时代各种经济活动之暂时窒息闷塞；三是日人取得租界后对界内经济活动之掠夺使用。吾人即以此三个阶段为基础，讨论在此转变过程中各种可能发生之现象。

吾人兹先讨论第一阶段。按日美战事如以闪电之方式突然出现，则上海之经济活动，将立即出现梗塞冻结，吾人所指之紊乱时期，当然不能成立。惟自吾人推测，不问情势如何紧迫，自初步冲突以至于正面开战，必仍有相当之时间距离。此一时间距离，即为吾人所指之紊乱时代。盖在此时期中，由于战争危机之迫在眉睫，人心深受震撼，但各种市场又未正式停市，非当混乱状态之出现，当无可避免。

在这一个战争已迫，但未正式爆发的时代，恐慌将笼罩整个经济活动。而这种慌乱的由来，主要的是由于英美势力之退出上海。英美势力是上海各种经济活动之中心支柱，因英美势力之突然退出，上海之多数市场及多种工商事业，失其凭藉，当然将立即出现变态。第一，外汇市场将出现剧烈之抛风：盖日美战争爆发，则上海之外汇市场，势必停闭，至少英美汇无市。且英美政府为避免资金落入日人之手，被其利用，于战事发生之后，亦必下令冻结上海方面之信用。英镑美元，在上海仅成为纸面之呆帐。不问情形如何，均不利于英美汇之长期握存。故一般握有外汇者，必乘汇市欲闭未闭之时，尽量抛塞。英美汇殆难免作狂跳之式剧长。第二，上海之外商股票市场，亦必出现暴烈之抛风。上海之外商股票市场，全赖英美势力以支持。所交易者，一为本地英美商人所经营事业之证券，一为南洋之橡胶股票，其活动全视英美在远东之地位而定。英美既自上海退出，南洋亦将成为烽火中心，则所谓外商股票，已全失其凭藉，外股市场，将立见一蹶不振。不论中外商人，必均尽将其所有之股票于股市未正式停闭之前脱手，外股价格将一泄涂地，或竟至完全无市。第三，英美籍银行在上海之金融组织中，向占重要之地位，在此时期，英美籍银行必迅速作撤退之准备，提取存款风潮必普遍出现于英美籍银行，追收放款，清理机务等，亦必接连发生，故银行界亦必有一度空前之忙乱骚动。第四，英美商人所经营之工厂商店，亦必迅速停闭收束，间接倚赖于洋商而存在之各种工商业，亦必纷纷停闭，此为英美商人撤离上海之必然结果。第五，金子市场，倚赖汇市而存在，汇市紊乱，金子亦必出现极度之慌乱。第六，物品市场，亦必连续出现空前之恐慌。外行、外厂既拟撤退，必将全力抛售剩货。而本地之囤货商人，深受空前突变之震动，加以堆栈安全及地方秩序亦无把握，且日人于取得上海之后，对于上海商人所持之政策，尤不可得而知，故相机抛售积货，亦将为事实所不能免。在此情形之下，各种主要商品之市价，如花、纱、布匹等，恐亦难免出现狂跌。第七，地产交易因上海局势之改变，亦必无形停歇。一切现象均为恐慌慌乱之空气所笼罩。

上面是吾人想象中战事将发未发时各市场可能发生的景象的一般。此时一般人之心理状态，全为恐慌因素所支配，殆完全不能以任何理论解释。这种紊乱，将造成种种可怕的结果，若干经济事业，将在这种极度的紊乱过程中摧残。未待战事正式爆发，若干市场，或已因紊乱过度而窒塞。

这个阶段，将因战事之正式爆发，日人之侵占两租界而结束。此后即将走入吾人所谓青黄不接之闷塞时期。战事既经正式爆发，日人当然立即将两租界侵占。斯时对内对外交通停顿，各种市场，无法开业，工厂、商店，亦非暂时闭门不可。上海之租界区域，将无法避免一个恐怖黑暗之时代。凡百事业，均无从进行，静默以待日人之措置。这个静止黑暗的时期，结束过去的紊乱，但亦为日人对租界经济施行宰割之发端，此后之命运，即将完全听命于日人所持之政策。

日本与美作战，其军事上之取给，势将庞大无朋，彼此夺取上海租界之后对于租界内之物资及各种生产动力，必全将加以掠夺利用，以增强其经济上之力量。故日人于夺取租界之后，必不愿上海之各种经济活动长处于窒息静止之中，放任界内所遗留之物资及生产动力长期弃置荒废。是以日人之进一步政策，必在于逐渐使各种经济机构在其控制支配之下，恢复活动。于此即将进入吾人所谓之第三阶段，即日人对于界内经济事业之掠夺使用是。在此时期，上海在经济上之命运，将视日人所持之政策而定。生杀之权，操于彼手，彼如拟令上海成为废墟，亦无不可。惟日人所欲者，为物资及生产动力之使用，租界内既有一部分物资及生产动力之保存，彼之目的，必在于掠夺使用而不在于立即加以破坏。就吾人之想象，当此时期，上海将成为一个在日人管理支配下的部门复杂的临时军用工厂。凡可以利用者，彼掠夺使用之，凡不能利用者，彼将废弃消除之，终使上海成为日本的军事性经济机构的一部分。这个时期上海主要的经济形态，将是这样的：

一、英美商人遗下的各种工厂，日人均将侵夺接收，设法恢复工作，剩货被其移提，原料被其夺取使用。同时日人将使此种接收后复工之工厂，转变目标，集中于军用物品之生产。

二、租界内华人所开之各种工厂，彼亦将逐一加以接收，然后在其支配管理之下复工。实际上此时本国厂商除将工厂交出外，亦绝无独立复工之可能，盖对内对外交通全操于日人之手，无从取得原料使用。

三、上海之各种英美商机房，将全为日军接替管理，华人经营之堆机，亦将全被监视，商货完全不能自由移动。

四、英美籍银行已经不复存在，至于内国银行，在日人监视之下，将只部分恢复收付。逆料日人将组织机关，统制内国银行活动，使各银行之资金归其利用。

五、汇市、股市、金市等固将完全停顿，但零卖交易为维持平民生计所必需，必将逐渐回复。但日人对于粮食、燃料、日用品之消费，必将施行严格之统制。居民将被迫于半饿半活中度日。

上面是吾人想象中日人于掠夺上海之后上海经济活动上的一般形态。逆料吾人之推测，将与事实相离不远。最后吾人凭前面之推论，不得不对我住居于上海之各级人民提出严重之警告数点，以为本文之归宿：第一，目前在上海不论作何种投资，均有危险，万一事变发生，日人决不让华厂开门，自由营业。第二，囤积商货，亦非安全之去处。万一战事发生，各种堆机库房，决无保全无缺之理。第三，经营外股、外汇，风险更大。此种市场，随时有停止之虞。以金钱在上海开立存户，亦不是妥善的办法，万一事起非常，此种存款决无自由支取之可能，即令能够提出，亦必不能自由使用。根据上面之考虑，吾人主张上海之殷阶级应及时早自为计，筹妥善之策，将资金移往自由内地。能在内地获得投资机会，固为计之上者；不然，移存内地银行，或购存优利之政府证券（公债），保存内地，亦为计之得者。迟徊瞻顾，苟且畏葸，将为坐待身家财富之拱手落入掌握也。

兴业邮乘 1941（107）

上海经济前途

竹　塘

上海一埠素为中国经济之首都、国际之巨邑，举凡市况之盛衰、企业之消长、经济之荣枯，其影响于全国国民经济与夫世界经济者，莫不至深且巨。吾人始追溯上海近年来之经济历史发展过程，因中日事变关系而一度呈现萧条之现象，继则逐渐显示空前的战时病态繁荣。殆至东亚战争爆发后，上海之经济情形又起丕变，一方面因英美势力一扫而空，一面又在政府当局之措导及日方协助之下，亟图整个改组上海之经济，矫正过去之畸形状态，使之走向合理的繁荣途径，以期有所贡献于市民之幸福，邦国之复兴。然以目前上海之经济情状论，例如物价飞涨、生产不振、消费萎缩、运输困难等诸现象之存在，实颇引起时人对于上海经济前途怀抱悲观之态度。此据，不容吾人率尔漠视。然就笔者私见，则认为目前诸种现象之发生，实半属人谋之不臧，亦半属新时代诞生时应有之阵痛；换言之，吾人对于上海经济前途固缺乏充分乐观之理由，要亦不无大可乐之因素萌现，泰否之机，端视客观环境之转移与夫市民主观的努力而断。兹就上海经济情形之正反表里诸方面，试一申论之：

上海经济之萧条，大半肇因于产业活动之呆滞。产业活动呆滞之原因具有多面的性质，而原料来源之不裕、运输条件之困难、消费程度之萎缩、国内外贸易之衰落、币制变更之反响诸项实为其中主要之问题。故欲求恢复上海经济固有之经济繁荣，同时又欲一洗过去英美恶势力垄断下之畸形状态，而纳于正常发展之途径，殆非针对上述各问题逐个根本解决不为功。

过去上海在多方面的努力错综活动之下，由于利害之冲突，心所举动每以上海之经济福利为牺牲，故若干年来虽蒙国内外战争之赐，而呈现病态的繁荣，然曾几何时，则因局势之转移而急剧暴露萧条景象，从前一种不安状态转化而为更可悲之麻木与呆滞。上海之国际贸易既已陷入停顿，而与内地之经济连紧又迄未完全恢复，因此，在生产界方面举凡各种原料之供给已呈断绝之虞，制成品之外销又陷于窒塞之窘况；同时，由于币制之更张，物价即因之暂时失去其动态的均衡，凡此诸症结之存在，而欲求上海经济之复兴，自必煞费苦心也。

吾人既了然于上海经济前途之重大障碍所在，欲使上海经济活动逐渐活泼，唯一途径厥为建立上海与内地之紧密联系。兹据同盟社消息，有关当局拟针对上述问题，实行崭新的经济政策，以复苏上海之经济，其政策之要点，约如下述：第一，物质交流之调节。内地物质运沪，不再采取向来之消极态度，决先将上海生产品积极供给内地，借以促进内地物质运输来沪，使上海与内地物资之交流臻于圆滑。第二，原料及必需品之接济。当局对上海产业界所需原料资材之供给方针，决拟在某种程度之下加以改变，对于生活必需品，工业之原料资材供给，予以缓和。第三，配给机构之改革。由于物资交流之圆滑，配给机构自有适应新环境，予以改革之必要。生产品应避免仅限于一部分地域普遍供给以追求盈利，而须在主要农产品之生产地域，应强制的供给以一定份量之生活必需品，为求实现此项目的，建立一元的强力统制机构，自属当务之急。

上述各点若能完全实现，则上海目前经济问题中之原料、运输、贸易、消费等主要疑难，即可迎刃而解。盖以币制更张之后，情况已日渐稳定，人心亦日趋镇静，则上海经济情形复苏与繁荣，或可逐渐实现。然而于此应加注意者，上海之经济若果循上述昭示之政策加以改造，则其可能之前途当为正常工商企业之得到合理的待遇，其所招致之后果当为真实的企业之进展，至于如过去建筑于投机囤积之上之虚伪繁荣，则决不许其存在，当可断言也。

华股日报 1942（112）

日本投降后的上海经济

吴承禧

（一）投降以前上海经济的几个特点

这几年来的上海，无论从表面或实质上看，显然都只是日本对华中榨取物资与奴役人民的一个最重要的根据地。在“有日无华”“有军无民”与“只取不予”的三大政策之下，上海经济之逐渐的转向恶化与民生问题之日趋严重乃为人所共知的事实。自从盟军在太平洋一步步的进逼日本本土以还，敌伪对于华中尤其是上海的搜括乃更竭泽而渔，变本加厉。在八月十五号上海第一次听到敌人投降的喜讯以前，上海经济的危机实已达到空前无比的深度。这种危机之第一个最显著的特征便是通货之极度的膨胀与一般物价之疯狂的上涨。所谓通货之极度的膨胀一方面是伪中储券的泛滥，一方面则是信用筹码之无限的膨胀。自从二月里发行了一千元的大票后，会几何时，六月间又发行五千元的，七月则更发行万元的，如果战事不是突然结束的话，相信五万与十万元大票在现在必已到处充斥。但敌伪运用通货政策去搜括物资是不仅以现钞的滥发为满足的它还尽量的运用票据在都市里活动——大量的信用票据，动辄以万万元计，源源不断的从日商银行流向里滩，辗转而变为华商银钱业存在“中储”的交换头寸，更进而变为一般银钱业信用弛放的基础伪中储当局更运用贴放政策，大做其营私利己的交易，信用的澎胀真正现钞的泛滥还要可怕，以致信用筹码在都市里大大的超过了现钞的流通量，以致形成了票据对现钞要大打折扣的“贴水”现象无端的又促进了物价之更猛烈的上涨，使数百万市民遭到无可名状的双层打击。关于物价之急骤的上涨，我们只要一看将在本刊下期附载的物价指数统计，便可以明了上海在日本投降前之可怖的状态，即六月份的指数为战前的二万四千余倍，七月为四万八千余倍，八月份上期更飞速九万倍之高峰，一万元之伪币尚不及战前法币购买力之一角二分，其崩溃之程度可知。

因为一切交通工具，原料资材与生产工具大部分均为敌伪所占有，且只有它们有权可以尽量利用，所以，尽管物价不断飞腾，一切非军需性的华人工业仍是奄奄一息，十九陷于停工减产的厄运中。且因原料比制成品还涨得快，有许多工业家索性放弃生产而从事于囤积活动，置产业本身的死活于脑后。

大部分的商业部门，因为进货困难，市场闭塞，且因一般购买力贫乏之故，实销实至清淡。大部分的公司行号都是卖一件，吃一件，过的“坐食”的日子。虽然货价天天上涨，钞票越卖越多，然而卖得出，补不进，货架上的存货是一天天的减少了，老本也就要愈吃愈空。到了月底发薪的时候，经理们往往要喊“吃光了，吃光了”，而伙计们却仍不得不有“饿煞哉，饿煞哉”的呼号，市面之萎靡不振以及薪水阶级之穷迫欲死真是世无先例。

然而上海人是不甘寂寞的，正当生意无法开展。水位事业无从努力，便一齐朝着攫取暴利的投机的路上奋进。因为一切生产活动和物资都给敌伪所保有或控制了，民间多下来的便只能是一大堆一大堆的钞票，这些钞票是天天在跌价的，所以大家都要尽速的把它推脱开去，囤货也好，买地产也好，对黄金和二百多种的股票抢抢帽子也好，总而言之是：钞票必须和非钞票的一切东西交换，于是一切被大众所垂青的投机对象便间歇的或直线的猛涨不已，而投机者也就在这进进出出之间，赚到或多或少的利润，有钱的以此更加深其浪费，散户则以此仰事俯蓄，贴补开支。在敌寇没有正式崩溃以前，上海投机的狂热真是空前少有，三教九流，老少妇孺，几于无人不带一点投机气氛，也就或多或少的都在依靠投机为生。在重物轻币与投机囤积的过程中，人民逐渐的又产生了一种赚钱理论，那便是“欠债哲学”，即钱愈借得到，愈欠得多，便愈有利，愈发财，因为，把自已仅有的资金变做物资地产黄金或股票的时候，顶多只能保持某一时期原有的购买力，要想在“保有”之外，还要赚点新的更多一点的财富，那便非利用别人的资金不可，因此便促成“欠债哲学”的抬头。尽管期限只能是十天一礼拜或甚至一日两日，也尽管月息高至二角三角甚至四五角，借钱的人还是在不断的增加，在日本投降前的两个月，银钱业的业务真是繁忙到了极点，票据交换的数字每天往往要达到二三百万万元以上，——假性繁荣弥漫全市。

总而言之，在日本投降以前上海经济的特点是：日方军需生产繁忙，民需生产停顿，贸易阻滞，通货性膨胀，物价不断上升，投机疯狂，敌伪搜括于上，暴发户穷奢极欲，大多数市民则颠沛流离，穷困欲死。在心理上则“坐吃老本”，“等待天亮”，逃难，“听天由命”与“欠债哲学”等待相互交错的在每个人的心灵上浸透流转。

（二）胜利突来与还债运动

但最后胜利终于来到了，从恶梦颠倒的漫漫长夜中一旦获得光明，谁不从内心感到无上的快乐！但从此也就招致了每个人的反省，并从而促成了上海经济的突变。这种突变首先之最值得注意的特征便是大家抢着还债，因此促致了信用之极度紧缩，与一般物价之短期的回落。

为什么大家要抢着还债呢？这有几种理由。第一，所谓“欠债哲学”本来只能适应于战时物少币多与物价不断上涨的特殊环境中，在胜利实现，一切正常生产与贸易活动的阻碍，都将随之而云的时候，大家以为货价是要平复或暴落的，反过来也就是货币要相当增值的，因此，一听到日本投降，大家马上便抛弃重物轻币的观念而相率把债务还清或减轻，因为，在物跌与币涨的过程中，谁都明了借债只能加重自己的负担而不能借以牟利。第二，也许是受了法国和其他地方在这一次战后整理货币的经验的影响吧，大家一开始就在猜测，以为将来政府拿法云整理伪币的时候，对于伪币的欠款可能用一种较存款远为低下的差别折合率云处理。为了避免不必要而或有可能的损失起见，大家于是尽速以伪币去把债务结清以免日后的麻烦。第三，许多新小银钱业和厂商，过云对于“中储”都有许多债务，胜利促便他们赶快了结宿债以免日后节外生枝。第四，借债投机借以弥补开支，在许多人过去原是一种无可奈何的举动，现在胜利来临，光明在望，从此又可以在本位上努力工作，还要借钱投机干什么？因此也就赶快把欠款还掉了。

在欠债哲学风靡一时的时候，市场上的活动是“从币到物”，因此物涨而币跌。现在是大家要还债了，当然要把东西卖出去，其过程是“舍物求币”，因此物价也就要开始回落，其反面便是伪币价值之相对的提高。对于这一种现象，看来虽似显然，但却真的出乎许多人的意料之外。几年来大家都只把伪币看成一种发财的工具，虽然需要它，但从来看不起它，现在伪币本身要发生问题了这工具不能再利用了，但却不能不还，还得把东西去换。但这时谁也没有多余的购买力，因此黄金，股票与货物在还债运动一再压逼之下，从最高峰惨跌倾泻，许多最后套进者无不亏折累累，垂头懊丧。例如，黄金从伪币一千四百万元一两跌至二百三四十万一两，许多投票跌去三分之二甚至十分之九的价值，而许多带有投机性的货物亦无不下跌数成，数倍以至数十倍。这一时期——大约从八月中旬到九月初——一般物价的回落，还有一个重要的助因，那便是日军与日商之大量的抛售积货，街上小摊林立，无所不有，价钱亦相当便宜，都是从虹口那边去贩过来的。

这一时期中还有一件事是值得注意的，那便是从八月廿二至八月卅一日为止的十日中，银行准备会曾代伪中储定价收买黄金，使黄金的价格回升稳定于每两四百万元以上，对于当时银根紧迫与市面惨跌的严重局势似有相当稳定的作用。

（三）伪钞待理与法币增值的过程

迄九月初旬，伪储券的欠款绝大部分实际上已经还清，“还债运动”可以说是告了一个段落，剩下来的问题便是如何清理伪钞了。在起初，大家以为还将是复员工作中最先被解决的一个大问题，因为，币制如果不确定，一切新的买卖，借贷与生产的活动都将是无从进行的。但这一问题却意外的迟迟未决，且因种种其他关系，伪钞价值在一度相当稳定以后又复开始逐渐的下跌，法币价值被突然的抬高，终于使物价也逐渐的昂涨起来。关于物价复涨的其他原因我们拟在下节再述，兹试从货币整理方面一述此种倾向发展的过程。

从和平到九月五号为止，国军因为运输关系还没有到达上海，虽然八月廿号报纸上就已发表了京沪金融特派员的消息，但陈特派员在将近一个月以后的九月十六日方才到沪，在九月十号以前，民众除了等待与猜度之外，实际上对于伪钞多是采取一种听其自然的态度，法币在一百一二十元上下盘旋，一般物价虽已从底盘回升不少，但还远在和平以前的水准以下。

九月六日国军首批到沪，其后汤司令与钱市长等相继来临，九日日降书在京签字，十号那天因为市面上传说“南京法币一元作二百元”使用。于是法币的买户纷起，价由一百十元一跃而为一百六七十元。九月十二日何总司令布告规定国营事业与一切税收概用法币，民间伪币之债权债务着自行清理，伪币信用时期另候公布，而对于伪钞本身如何整理并无办法宣示，于是人民对于伪币命运益加惶惑，法币遂又一跃而为二百二十余元，如此以迄九月廿八日为止，法币始终在二百三四十元左右盘旋，官方保持沉默，人民如坠五里务中，而物价则在这半个月中随着法币价值的倍增而几乎涨了一倍。九月廿八日公布伪币二百作一整理，人心大定，但物价经此一度变化，却不容易回头了。

（四）萧条与繁荣之谜

伪币之二百作一究竟是否适妥，这是一个立场与如何看法的问题，我们不拟在这儿哓舌。我们以为值得注意的乃是这样一个事实，即法币在自由区的购买力，如果以二百比一以后来比较，实远较收复区尤其是上海的为低，这从后方来人对于上海物价低廉的称羡以及他们莅沪以后之购买力的突增都可以反映出来。在后方物价水准没有低落到与此间物价水准相当接近的程度以前，此间物价水准难以望其停止不涨，那是很显而易见的，这是刺激此间近来物价继续上涨的重要因素之一。第二,九月十九日美国第七舰队到沪，大量美金购买力涌现街头。娱乐酒食市场和车力乃又突然上涨。第三，现在邮资、火车票和一切税捐都已收取法币，且收费无不突增数倍，此于一般的物价当亦有一种刺激的影响。总而言之，现在上海的衣食住行，除住外，其余一切的费用无一不涨，且较日本投降前还要超出很多，这是大家所能体认的事实。

纸迷金醉，笙歌酣舞，满街灯彩，倒处是人，百货商店里挤满顾客，粗粗一看，谁能否认今日上海之繁荣热闹？但上海真的繁荣了吗？也许是的，但那最多只能说是一种消费性的繁荣，而且是限于有法币阶级的消费性的繁荣。骨子里，上海实在还没有变，而且更深的陷入于萧条的困境之中。这是因为交通还没有恢复，民营工厂还没有复活，敌伪的工厂虽已接收但还没有尽速使其继续生产，工人大批失业，银钱业、保险公司之大批的解散更使多数的薪水阶级流浪街头，至于金融业与工商业的脱节，国家银行与商业银行还没有发生任何的连系等等尤其余事。总而言之，上海现在还只有消费，没有生产，还没有摆脱“坐食经济”的危机，这是大家所认为非常严重的事。

(五)打开出路的关键

现在市当局正在执行物价停止令，即严饬商民把物价回复到九月十二以前的水准，但这只能作为一种暂时的治标的手段，根治之道当然还在于复活生产，使货物的供应能够相当适应购买力，则物价自将平复。这儿最主要的问题第一当在谋交通的畅达，使煤、原料和食粮能够输入，而制品能够畅销出去，第二在恢复敌伪工厂的生产，勿使闲散浪费，第三当在活泼金融，使其在工商业复活的过程中尽其辅助与圆滑的任务。这些其实早已为当局所深切注意，故亦不必多所申论。总而言之，今后上海经济的基础必须与工商业之切实的得兴紧密的连系起来，必须多数市民有工作，有饭吃，而且饭吃得饱，工作得有劲，这才能替上海的经济萧条打开一条真正的出路。只有消费，只食唾余，那是不能持久的。胜利太快，复员不易，但愿大家努力克服困难，在年底以前使一切步上正轨。

经济周报 1945，1(1)

光复后的上海经济一瞥

上海特约通讯

抗战以前，中国的经济中心是上海，这里集中了全国重要的工业，集中了出口的土产，也集中了进口的洋货，金融工商贸易种种经济的活动，无不以上海为枢纽。战后的上海，依旧不失领导全国经济的重要地位。胜利以来，由于交通未复，邮电不便，上海的一般经济情况鲜为外间所知，即报章记载亦属一鳞半爪，难窥全豹。本篇之作，旨在将上海的金融、物价、工业、贸易等各方面情形，分别作系统的报导，以供参考。兹先述金融。

金融

上海光复之初，其金融的紊乱，表现在伪币与法币之比率不定，一时市面银根奇紧，物价暴跌。在此动荡期间，政府当局对于伪钞的整理，颇值得一述。

日本曾在我国沦陷区设立三间银行，以满洲银行控制东北，以联合准备银行控制华北，以中央储备银行控制华中和华南的金融。在南京伪组织没有成立之前，日人在华中设立“华兴银行”，发行伪钞，流通在长江流域一带，迨南京伪府组成后，便设立“中央储备银行”，收回华兴券，改发中储券，其流通区域包括长江流域和华南一带，但最主要的流通区域，则在苏浙皖三省。

伪中储券发行的初期，尚保持相当谨慎的态度，但嗣后由于敌伪军政费支出的增大，便开始滥发，其结果自为恶行的通货膨胀。按去年六月十一日前，伪中储行只发行十元及千元以下的钞票，六月十一日后始发行五千元券，七月四日起更发行万元大券，庞大的发行额还是在日寇投降前几个月，直至九月十八日止，伪中储券的发行额已达四一九九三四二九三九〇〇〇元之巨（包括市政府所借警饷维持费一千亿元在内）。据估计，日本无条件投降之八月份，伪中储券的价值跌至战前法币价值百分之〇．〇〇一〇三，即伪中储券九万七千四百零二元，方等于战前法币一元的价值。胜利以后，伪中储券贬值益甚，当时市况混乱。政府接收人员东来以后，鉴于法币与伪券之比率亟须从速规定，据说曾商请冷参谋长作非正式的谈话，规定二百与一的比率，市场加油，乃有依据，混乱情况略告澄清。嗣何总司令布告声名“政府机关暨国营事业，以及一切税款之收支，自我政府派人员接收后，即应完全使用法币，不得再用伪钞。京沪各银行，自民国三十四年九月十二日起，凡一切来往交易，应一律使用法币记账，无论债权债务，着即自行清理”。伪钞价值因之惨跌，竟跌至二百对一比率之下。九月廿七日财政部公布“伪中央储备银行钞票收换办法”之后，二百对一的比率，才成为法律。若依据九月上旬渝户两地物价水准估计，法币对伪中储券的购买力平价约为一百二十与一之比，而当时法币对伪钞的行市，亦约为一百三四十元。无怪当地人士埋怨政府把伪钞贬值太低，给东南半壁老百姓的经济以不利的影响。按中储券的发行额约为四万亿元，其准备财产有黄金五十万两，日元五百万，日伪公债二百八十万。单就黄金一项，已足合法币四百三十亿，日元约合四十亿法币，公债房屋总计当不只此数。今以二百比一的定率计算，我政府当局仅费法币二百亿，即可将伪钞全部收回，政府净赚四百亿左右。无论如何，伪中储券的价值实在定得过低，而沪金融人士不但未加阻止，反而推波助澜，使其跌至二百六十，大量收进伪币，以便投机。这正充分地表现了重庆把上海当为殖民地剥削对象，胜利所带给上海市民的，不但不是幸福，反而是灾害。

上海在胜利前有银行约近二百家，钱庄二百余家。光复以后，敌伪时代成立的银钱业全部停闭，现在银行仍剩七八十家，钱庄四十余家。洋商银行如美商的花旗、大通、友邦等三行，英商的麦加利、汇丰、有利等三行，连比商的华比银行，均经我国政府核准，先后在户复业。

此间对于外汇汇率的传说，近月来极为纷纭，然而都毫无事实做根据，许多消息是投机家所制造，以遂其混水摸鱼的目的。从胜利到现在，由于外汇汇率未决，美钞与黄金的市价涨落不定，引起了投机的狂潮。美钞最低时为一元合法币六七百，但为时极暂，最高曾一度达一千九百元，一般盘旋于一千四百至一五百的时候多。黄金最低时每两三万，最近(二月一日)竟超出十二万，大概盘旋于八万至八万五千的时候多。最近金价涨出了十二万，其原因是为了市上关于新汇率的新传说，据云新汇率将为法币每万元合美金六元，我国对美汇兑向以国币百元为制定的标准，最近的官价，即伪法币每百元对美金五元，这一新汇率的理论根据，乃以为战前对美汇价为每百元对美金三十元，现在国内物价上涨约一千倍，故应为每万元对美金三元，又因美金币值在战后亦已贬值，故每万元对美金六元。此项传说虽无事实可资佐证，但金价已涨出了十万，连重庆的金价都受到影响。

这几个月来，大后方的游资仍是不断的向上海集中，其对象大抵为黄金、美钞、公债、股票与囤货等。目前则以股票为最活跃。每天上午股票一开盘，连电话都打不通了，其激烈可想见。一月初旬，纱厂市价从一千〇十元涨到一千三百八十元，美亚从七百四十五元涨到九百八十元。外股中怡和从三千三百四十元涨至四千一百元，会德丰从七千四百元涨至九千八百元，且曾突破万元大关。此外如铜业，从九百元涨至一千七百元外，英联从三千六百元涨至五千元，无论华股与洋股，上涨均劲，其市价若与一月前相比，大致上涨一倍。

公债涨风亦烈，涨价原因约为：（一）政治洽商会议开幕，政局澄清有望；（二）币制将近整理阶段，或许公债也跟着整理。统一甲种公债每百元票面，从一千四百元涨到二千元，当时有人乘机放空，但因筹备有限，交不出公债，因此发生空头逃避事件，此一轧空风潮，至记者执笔报导时，余波未息。丙种市价从一千八百元跌到一千五百元，显有投机者居中操纵无疑。

地产因取消道契，一切土地正在办理重行登记之故，已陷于完全停顿状态中。

市上存欠息，现有这样一个倾向，即欠息渐落，自月息一角五分已降至七八分，存息稍增，由年息三四厘升至七八厘，其故一因游资太多，头寸松动，二因“四联总处”推行低利政策，国家银行放款只有三四分，较商业银行约低一倍，它们同时提高存息。

华商证券交易所，近已积极筹备复业，由杜月笙主持其事，闻不久即可开拍。外商方面，希望英商“众业公司”亦能早日复业，惟按我国法律，证券交易所，每一区域，以设立一所为限，“众业公司”之复活，实应加以取缔。

兹将最近（二月一日）上海的金融行市列表如下，以供参考（单位：法币元）：

<table>
<tr><td rowspan="10">金银</td><td rowspan="5">烚赤</td><td>开盘</td><td>一一七万五</td><td rowspan="2">公债（场外）</td><td>统丁</td><td>无市</td></tr>
<tr><td>午收</td><td>一二一四万</td><td>统戊</td><td>无市</td></tr>
<tr><td>最高</td><td>一二二四万</td><td rowspan="7">华股</td><td>永安纱厂</td><td>二一五〇</td></tr>
<tr><td>最低</td><td>一一六万七</td><td>美亚绸厂</td><td>一六八〇</td></tr>
<tr><td>下午</td><td>一二三万元</td><td>景福衫袜</td><td>一〇三</td></tr>
<tr><td colspan="2">饰金</td><td>十三万四</td><td>新光内衣</td><td>一〇三</td></tr>
<tr><td colspan="2">纹银</td><td>一千一</td><td>勤兴衫袜</td><td>九〇</td></tr>
<tr><td colspan="2">银元</td><td>七二〇</td><td>信和纱厂</td><td>五〇五</td></tr>
<tr><td colspan="2">拆息</td><td>三角</td><td>中纺纱厂</td><td>八〇〇</td></tr>
<tr><td colspan="2">暗息</td><td>一角四</td><td rowspan="8">外股</td><td>业广地产</td><td>二四〇〇</td></tr>
<tr><td rowspan="4">外币</td><td rowspan="4">美票</td><td>开盘</td><td>一六五〇</td><td>会德丰</td><td>一二〇〇〇</td></tr>
<tr><td>午收</td><td>一六八〇</td><td>铜业</td><td>二六〇〇</td></tr>
<tr><td>下午</td><td>一七四〇</td><td>英联</td><td>六〇〇〇</td></tr>
<tr><td>港票</td><td>无市</td><td>垦殖</td><td>三五〇〇</td></tr>
<tr><td rowspan="3">公债（场外）</td><td colspan="2">统甲</td><td>无市</td><td>纸业</td><td>一五〇〇</td></tr>
<tr><td colspan="2">统乙</td><td>无市</td><td>怡啤</td><td>一八〇〇</td></tr>
<tr><td colspan="2">统丙</td><td>二〇〇〇</td><td>航业</td><td>一八〇〇</td></tr>
</table>

物价

光复以来的上海物价和其他光复区的物价一样，暴跌暴涨，动荡异常，为便于说明起见，兹把上海的物价分为四个时期来剖述：第一期从胜利到接收，约自八月中旬至九月中旬，物价是紊乱的；第二期从政府公布二百对一整理伪币的命令开始，即从九月末旬到十一月下旬，本期物价是不断向上；第三期自十一月末旬到十二月十日前后，本期物价是由高而趋平；第四期从十二月中旬直到现在，物价又不断上扬。第一期的物价，由于金融紊乱，伪钞与法币的比率未定，动荡不稳，紊乱不堪，无讨论之必要。

第二期的物价，即自九月二十七日“二百对一”的比率公布开始，扶摇直上，以特殊商品黄金来说，从每两三万涨到八万多，白粳每担从四千元涨到一万一千七百元，二十枝棉纱每件从十九万元涨到六十万元。兹将本期最高峰

(十一月十九日至廿四日，单位：法币元)的重要物价列下：

	最高	最低	平均
黄金	八万五七	七万八一	八万一九
美钞	一三九五	一二八〇	一三三八
白粳	一万一七	九千五	一万〇六
生油	二万七五	二万二	二万四八
棉纱	六〇万	五一万	五五万五
布匹	五万七五	五万五	五万五四
卷烟	九六万	六九万	八二万五
煤球	三千五	三千五	三千五

附注：上述市价黄金单位为每两，美钞为一元，棉纱为杂牌二十支一件，布匹为雏鸡阴丹士林一匹，卷烟为大英牌一箱，煤球为上等一担。

这一期物价之所以突涨，其原因为：(一)当局规定“二百作一”的比率，完全没有根据收复区与大后方的物价水准，结果自然引起了空前的大反动；(二)参加接收工作的文武官员，“重庆客”以及当地的“两栖类”都有大量法币在手，他们乘敌伪抛出物资的时机，尽量抢购，刺激物价上腾；(三)重庆传来新汇率的谣言。

第三期的物价，自十一月末旬至十二月十日，由高涨而趋向平稳。本期物价趋落的原因大致为：(一)伪币整理的刺激已过，户渝物价水准相当轧平；(二)外货开始进口，而售价奇廉，往往低于市价四五倍；(三)善后救济总署有大批物资放出；(四)敌伪产业处理局也有日用品—如布，糖等一一抛出；(五)新组织的国营的“中国纺织建设公司”也有纱布放出。这许多原因使市场流通的物资数量大大增加，也使投机者暂时感到踌躇，于是各种物价不得不逐步回落，其回平的程度，约为第二期最高的百分之二十以上。不仅是批发市价，而且影响到零售市价。以黄金而言，本期的价格从八万以上跌落到六万以内。兹将十二月三日至八日一周间的市价列表如下(单位：法币元)：

名称	数量	最高	最低
黄金	一两	七万五四	六万七五
美钞	一元	一一九〇	一〇九〇
白粳	一担	七千五	六千七五
生油	一担	一万九五	一万七五
棉纱（双马）	廿支	六四万	四八万
布匹（雏鸡士林）	一匹	四万二	五万四
卷烟（大英牌）	一箱	六八万	六一万
煤球	一担	二千五	二千五

从十二月十日以后直到最近为第四期。本期物价的回涨速度是使人惊异的。这由于政府订立新汇率的谣传不断地吹到上海，这时的金价每两已回跌至六万以内，美钞也只回落至九百七十元对一，都比重庆以及各地为低。谣言的散播，使大后方的游资不断地蜂涌到上海，使稍为冷静的投机市场转趋活跃，这是一。其次，物资的供应显见减少了，就纱布而言，全国各地的市价都高过上海，而上海的纱厂，又无法如数按期开工。近来上海的棉纱价格竟脱离过去跟美棉之亦步亦趋，而独特地上扬。尽管敌伪的商品仍有抛出，中国纺织建设公司也推出大量棉纱，美棉也曾逐批运到，无奈因生产不足与各地抢运的关系，至今仍无法阻遏纱布高涨的趋势。其间江海关虽曾于一月九日布告禁止棉纱外运，但纱价亦未因此而低落。此外有一部分商品如丝绸之类，也因为出口商的搜购，回升到从来未有的新高价。城市中成品的涨价自然刺激农产品的价格，白粳每担市价，最近又冲破了万元大关。第三，废历年关将至，实消较繁，也颇足以促使物价（特别是年货之类）上升。物价发展到尽头，可以说已经达到顶点，一时暂无回跌之望。

综上四期物价的分析，可见五个月来的一般物价大体上是以“大涨小回”的姿态迂回地向上爬，上海市民在物价的煎迫下艰苦度日。兹将二月一日上海重要的物价列下（单位：法币元）：

商品	价格	商品	价格
二〇双马棉纱	八四万	白粳	一万二
罗汉图士林布	六万五	生菜油	三万四
天桥人造丝	一四三万	台湾中砂糖	四万三
美亚被面	一〇二万	大英卷烟	一一六万
电力纺	三万	亚细亚油	七千八

工业

上海本为我国最大的工业都市，惟经过敌人八年的蹂躏，今天上海的工业，已患上了普遍的衰弱症，而且已经达到了相当严重的阶段。政府虽全力进行复工，然而在缺乏流动资金，动力以及物价高涨，无法预算的种种困难条件下，目前上海的工业界弄得一筹莫展。

在抗战以前上海的工厂，据民国廿六年上海市政府社会局的统计，共有五五二五家，敌人占领上海到投降为止，大小工厂合计约有四一一一家（内日本工厂占二七三家）。为了要明了其演变，下面来作一个简单的略述。

棉纺业

抗战前本市的棉纱业，中外纺织厂计有六十五家，其中华商卅一家，纱锭一一一四四〇八枚，日商卅家，计纱锭一三三一四十二枚，美商四家，纱锭二二一三三六枚，战事发生，几全部被毁者四家，中日各半，损失较重者十二家，日厂占其五，损失较轻者五家，但华厂在二十七年后被占及强迫收买合作开工达十六家，外埠迁至租界开工及新设者计二十七年有三家，二十九年六家，三十年一家，截至胜利之前夕，全市共有纱厂六十六家，日商占二十八家，惟大都在停工中，开工率甚微，自政府派员接收敌产后，其开工总锭数为三十二万锭，及民营开转之二十一万锭，共四十五万锭左右。

染织业

战前本市染织业共有二百六十家，在闸北之厂十九被毁，在沪东南市沪西等处，其规模较大之厂，全毁计六家，损失严重者五家，较次者九家，至历年创立者，计二十七年卅二家，二十八年四十一家，二十九年二十八家，卅年卅七家，卅一年五十家，卅二年二十七家，日商约四十家，故总数约有四百十家左右。

缫丝业

本市丝厂在战前为全国各地之冠，计有四十四家，战事发生，因缫丝业之集中，一毁无余，故全毁者计有卅家，一部分被毁者三家，廿七年新设者计十五家，三十年只余三家，卅一年后几全部为日本华中蚕丝公司独占经营。

丝织业

战前本市绸厂，共有四二七家，战前受损害最严重者当以美亚之闸北两厂为最，在南市闸北沪东等区之小丝绸厂均受相当损毁，翌年原厂复工者仅有一九五家，即可推知其损失情形，二十七年新设计有八十四家，内日商二家，二十八年卅七家，二十九年二十一家，三十年四十二家，卅一年五十一家，历年共计约四百三十余家，内日商计有六家。

针织业

针织范围至广，如织造丝棉机、汗衫裤、卫生衫裤等，本市针织厂在战前大小合计约七百家左右，较大者约一八〇家，战事损害者，以闸北之工厂最严重，据目前所知，本市较大者约一百三十余家，日商计十九家。

毛纺织业

民国二十六年本市手纺织业中外合计四十二家，内英商二家，日商二家，受损毁之厂商计有四家，被占者二家，二十七年新创者计中日各二家，二十八年五家，日商三家，二十九年七家，三十六年六家，卅一年八家，卅二年七家，全市共计八十五家，日商七家。

翻砂机器业

规模狭小者居多，战前大小计一千二百家左右，打铁铺尚不计在内，密布于虹口南市闸北沪西等处，规模宏大而损害较巨者，计有十七家，较轻者九家，该业以小厂居多，且设备简易，故迁移复工及新设不少。故目前全市大小尚仍有八四六家，其中日商五十家，计工厂五十处，现据报载，由当局接收者已有十六家。

电机工业

分类颇多，如电机、电器、电泡、电筒、电池、无线电、电镀等业，战前大小有二百数十家，美商计有九家，战时该业被毁坏较大者计有九家，以电泡及电机厂为多。该业在二十七八年间以复工及新厂之设立较多，需要电动机甚般，故制造马达厂，尚能应运而生。嗣后以电力限制，及五金统制严密，复趋萧条。据目前所知，该业合计二六八家，其中电机业二十九家，电器业五十三家，电灯泡三十二家，冰箱业十三家，电池电筒业二十六家，无线电十一家，其他一〇四家，日商计二十五家。

金属制品业

亦复包罗至广，资金较大者亦寥寥无几，就其分类言，如钢精器皿、印铁制罐、弹簧铰链、制钉、制针、磅秤、制灯、电件等，其中战前以钢精器皿印铁制罐及钉厂规模较大，当时制罐厂计有二十二家，钢精厂约十家外，其余各厂约有二百十家左右。就制罐部分，在战时毁损较重者七家，较轻者三家，现时该业总数约有三四四家，其中以制钉制针拉丝之一五三家为最多，制罐五十八家次之，再次为龙头制灯零件等厂一百廿余家，日商六家。

交通工业

计分造船及车辆制造，战前造船厂计二十家，其中两家为外商，车辆制造四家，造船厂损坏者七家，被占者三家，另有三家机械拆并，廿七年复有外商新设者一家，嗣后逐渐开设，至胜利时止，共有廿七家。然均以修理为主，日商经营者共计四家。车辆制造业因本市交通不便，自有车及三轮车等制造乘机崛起，先后成立共达四十九家之多。汽车修理计十七家，故合计九十三家。

制木业

战前本市共计十四家，内英商三家，日商一家。廿七年新设者五家，其中日商占三家，美商一家，廿八年成立者六家，日商占其五，廿九年三家，日商一家，卅年五家，日商一家，故统计全市曾达卅三家，日商占十一家。此外尚有软木厂等计有廿九家，板箱厂十一家。

面粉业

战前共十四家，全毁者一家，损失严重者一家，较轻者四家，嗣后日商在廿七年成立二家，廿八年三家，廿九、卅年各创立一家，故全市十二家中，有日商七家。

卷烟业

战前共有五十二家，华商计有四十八家，惟当时开工者实际为卅一家，全毁者二家，其余受战事损害者共计十六家，其后新设者计廿七年一家，廿九年五家，日商占三家，卅五年五家，日商一家。卅一年三家。目前约计四十八家，酿造冷饮业战前十二家，现时为廿四家，其中日商占十家。

调味品业

战前共有调味粉厂七家，被毁者计四家，受毁甚重者计二家，嗣后逐年有新厂设立，共计有十三家。此外制造调味鲜汁等制造厂十六家，日厂则有两家。

榨油业

战前本市共有十二家，受战事毁损者八家，战事后日商强占开工至原有组织继以复业，故在去年日寇投降之前，全市十三家，日方占八家，中日合作者一家。

罐头食品业

战前共计卅九家，外商三家，抗战期中以外货罐头输入减少，且本市恒有食物恐慌，造成市民多购易藏物品，以备万一之准备，是以该年新设者应运而起。卅年以后，最为蓬勃。代替外货者，如乳粉咖啡之类尤属显著。据现时调查，共有一一二家，内日商二家，强占厂开工者一家，专制罐头食品者四十三家，其余兼制糖果饼干之类。

火柴业

战前本市共有九家，其中美商一家，战事期间，由日商强占经营者中美各一家，日商新设者两家，华商历年增设达二十三家。

烛皂业

烛皂为日常必需品，战前中外厂共计三十家，其中外商三家，国军西撤后本埠人口密集，消耗至巨，故廿七年即有新设七家，廿八年一家，廿九年二家，三十年五家，卅一年十四家，卅二年有卅一家，故前后合计有九十家左右。

油漆业

战前中外厂共计十三家，外商两家，受战事毁坏者六家，现时油漆厂共计二十家，油墨厂二十四家，日商四家，共计四十八家。

化学工业

战前共计一百卅家，其中新药制造业共计卅五家，化学工业原料及化学品约一百家，自二十八年后，以外汇暴缩，欧洲战事甚紧，新药及化学原料售价暴涨，新设药厂风起云涌，接踵而来，全市总数达一百二十家（药棉纱布厂十三家）。其中日商则占八家，外商一家。化学工业当初规模较大者，中外仅二十家，嗣后历年皆有增设，二十七年计两家，二十八年五家，二十九年两家，卅年六家，卅一年三家，卅二年六家，卅三年两家，日商二十五家，合计约七十家。其中制酸者七家，日商占四家，木醋酸厂八家，制碱厂七家。内日商一家。电化厂十九家，其余则薄荷油厂九家，制造油脂及酒精灯厂化妆品业战前约四十家左右，嗣后以同一有利环境之下，亦增至二百余家。

制革业

本市机制皮革业，民二十六年共十七家，战事发生后，被毁三家，收买者一家，十三家还址复工，历年均有增设，现机制者共有卅七家，日商三家，专制底皮者十四家，牛羊面皮十九家，制底面者三家（手工制革厂不计）。

橡胶业

该业战前共有卅一家，大都集中在沪东一带，故损失较巨，全部被毁严重破坏者计十六家，损害较轻者六家，迨廿七年，新设者计有五家，嗣后络续增至三十二家，惟日厂进展至速，计达二十一家，故全市合计仍有五十五家。

造纸业

机器造纸本市原有十家，因战事损坏者一家，内迁一家，被占四家，历年新设者，二十七年计三家，二十八年日厂二家，二十九年十二家，卅年一家，卅一年三家，全市现有卅四家，日商十家，已由经济部战时生产局接收复工中。其余制纸制品厂，有二一四家。

印刷业

全市战前所有彩印及铅印两种，合计二七一家，惟厂址大部分系在虹口闸北一带，故损失綦重，且以纸张之缺乏，与文化事业凋敝，鲜有进展。是以迄今总计不过二百家，其中铅印业约一五〇家，彩印约有四十家。

搪瓷业

战前共有十一家，因厂址皆在南市闸北与浦东等处，故战幕一启皆被迫停工，其时计内迁一家，全毁一家，其余则陆续在租界复工，历年新设者计廿八年一家，卅一年一家，且日商一家，亦于战后组织成立。

煤球业

战前全市共有十三家，厂址多集中于租界内，太平洋战事发生，因煤斤运输困难，复遭统制，大型煤球厂皆受严重影响，惟需要孔殷，于是卅二年后小厂粗制滥造，牟利者乘机崛起，竟达卅余家，故全市大小共达四十七家。

玻璃及热水瓶业

玻璃战前为六十余家，热水瓶业四十余家，较大之厂多在战区，是以损失亦复增重，除前者较难统计外，后者遭罹劫者共有七家，廿七年以后，两者均有络续迁入租界复工，新设者亦逐年增加，但自卅一年以后，转趋衰落，玻璃业现余四十八家，日商四家，热水瓶业四十七家，其中日商三家。

上面就是八年来上海工业演变的概况，至于目前各厂的复工情况，据工商征信所的调查，目前上海各厂的开工率，仅为平时的百分之二十左右，其他大部分的工厂，还是在停工状态之中，就以机械厂和化工厂来说，机械厂接收时有一百八十多个单位，但目前能够复工者还不上十个单位，其他有廿余个单位在整理，有四十个单位，则停工拟估价标售。资源委员会所接办的八个厂，也还未能复工，只是准备复工而已。化学工业，已开工的只有三十余家，另有廿余家要发还民营，十六家则在审核之中，廿三家已决定标售。至于棉纱工业，在上海工业上，有其重要的地位，然而现在大部分归中国纺织建设公司所接收。

由于工业的冷落，造成了大批的失业者，据工人救济委员会的登记，至目前为止，失业的产业工人约有一〇五四〇三人，其他没有登记的，当然还有很多。这庞大的失业，造成了严重的社会问题。另一方面，在业的工人受了生活的压迫，而提出了增加工薪的要求，发生了劳资纠纷。法商的电车工潮，曾一度怠工，公司竟将电流割断，以致全市的交通受了很大的影响。其他如崇信纱厂、武田药店、自来水工厂、商务印书馆、旅馆业、制茶业、南通造纸厂等都为提供增加工薪的要求，而发生劳资争执，罢工事件也层出不穷。

这种劳资纠纷，也是目前上海工业界一件最严重的问题，社会局为了防范起见，特规定劳资纠纷，应该循序调处，不得有罢工及停业的行动发生。这真所谓不揣其本而齐其末了。

贸易

汇率没有订立，进出口贸易都很难进行。上海无论中外商人，认为汇率尚未决定之前，经营大批的进出口贸易，确乎是有点像赌博。自从胜利以后，脑子灵活的上海商人，有些抛了投机做进口，首先就去定货。第一批的定货，据说很难获利。其原因，第一是上海当时物价甚高，核算外货倍数少，于是拼命多定，定时又不考虑进口行所订的价格是否准确，所以颇有发生第一批定货与第二批定货价格不符的事情；第二是吃了汇兑的亏。光复后的定货，大多是可以结付美钞，而美钞市价便宜时只有七八百元，高时会达一千五百元以上，相差几及一倍，如果用最贵的美钞结付，则盈余自然很靠不住。至于出口，现在汇票结存中国银行，不定汇率，尚是权宜办法（出口商是外率，规定每美元可暂预支一千元），于商人究感不便。过去已出口者，颇多在上海结价，由外商出口，此法因美钞价格有上下，也可能发生盈亏。进出口贸易不易进行的第三个原因是交通尚未恢复，来往的船只实在是太少了。所以至今上海的进出口贸易还未曾大规模的开始，仅有零星的买卖。

厘定新汇率，确实是一个很重要的问题。我国各地物价上涨，一般总在一千倍以上，而外汇跌落不过三百倍，如果黑市定汇价，必然是进口货太便宜，而出口货太贵，结果，一面是入超激增，一面是民族工业和农业都不免破产，譬如上月美国克宁奶粉大量运抵沪市的时候，每磅只售一千二百五十元（按该项奶粉每磅进口价为美金六角三分，若加外费，则每磅合美金九角一分六厘），使上海制的美女牌奶粉（当时市价每磅三千元）和安健儿奶粉（市价每磅为二千元）无人过问；同时上海牛奶棚都受定户缺乏之恐慌，过去该棚奶价每磅约三百元，近则减到二百五十元左右。

关于出口货物，据合众社十九日讯，美国纺织界拟自意大利、巴西、中国输入生丝，三者售价巴西为每磅美金十三元，意大利每磅十元半，中国每磅八元（约合美金一千零六十四元一担，以黑汇一千二百元计，沪价应为法币一百〇九万六千元，较沪现价略高。若以沪价一百〇五万计，则一千〇十元汇率，方合美金一千〇六十四元之数）。美纺织界希望丝价能在美金五元至八元之间。照上计算，中国丝业在海外尚欠便宜。因此汇率最低亦须订为二千元，土丝才能和外丝竞争。兹将上海若干进口货价列下：

进口货现价（三十四年十二月初旬）

洋米一包	美元二．九五
报纸一令	美元〇．二〇
美棉一磅	美元〇．二四
凡士林一磅	美元〇．〇七
洋锯漆一磅	罗比一．三三
汽油一加仑	美元〇．二八

上列的进口货价，大约比当时上海市价便宜三四倍。兹又将战前和战后茶叶的市价比较如次：

品名	战前	现在
祁门	三〇〇	三五〇〇〇
白琳	一〇〇	二六〇〇〇
绍青	四五	二二〇〇〇
徽烘	一〇〇	四〇〇〇〇

茶叶在农产物中，上涨倍数较少，所以照目前黑价计算，尚可出口。其他土产，如果在战时涨价稍高的（有许多外销特产在战时统购统销的政策下，售价往往落在生产成本之后），根本就无法与外货争短长。

沪市美商顷已积极展开商业活动，并据新药方面消息：美商薛天利洋行业已分发定货价目单与各华商行公司，其中以化学工业原料为大宗，如一百磅包装阿西通美金九元，工业用哥罗仿每五百五十磅装美金二十五元，小苏打每百磅包装美金一百十五元，锌养粉三百磅装每桶美金十三元，石碳酸每百磅包装美金十八元五角，提提体粉每百磅包装美金八十元，漂白粉一百磅包装美金三元六角，硼酸粉三百磅包装每桶美金八元、一百磅包装美金七元五角，硼砂三百磅装每桶美金四元一角，甘油五百八十五磅装每桶美金十四元八角，较沪上所存之各货价格，平均低去三分之二光景。又据新药业人士表示：希望美国能多供应化工原料，俾能以适应国人体格之方法，制成药品，而新药业之复兴，亦端赖原料源源供应与动力不受牵制。以上是最近上海进口贸易的情形。

出口贸易方面，目前各国对于我国土产及工艺品进口者，颇为殷切。市商会最近应美国纽约、芝加哥、旧金山、伊州，英国伦敦，比利时，希腊，新加坡，菲律宾，马来亚，南美洲各方面贸易商请求介绍贸易者，已有多起。其需要的商品，计有樟脑、薄荷、油类、皮毛、猪鬃、药材、发网、草帽、草辫、棉织品、电筒、电池、陶瓷、油漆、手帕等数十种云。

经济通讯1946(1—3)

面临崩溃的上海经济

上海特约通讯

工商界晋京请愿

最近的上海工商界，几乎天天在开会、呼吁、上呈、请愿，奔走呼号，汗流浃背，企图挽救崩溃的命运。

规模最大的是上海市商会和全国工业协会上海分会组织的“上海工商界晋京请愿团”，该团一行四十七人，代表着沪市四十四个同业公会，已于一日赴京，分向国民政府、中央党部、行政院等有关机关、个别请愿。

请愿团底最主要要求有两项：第一是请政府改变现行只顾政府收入，不顾工商业死活的政策，希望政府大量贷款工商业，实行救济而谋复苏。第二是规定“劳资协调”办法，最低的工资，和准许关厂权。

上述两项要求的确是今天工商业者最迫切的呼吁。事实上，近月来工厂商店关门停工之事，已层见叠出，其衰落情形，记者亦经分别报导。最近以内战扩大，外货倾销，金融风潮的影响，工商业者无不奔走相告，感认为旧历中秋将是严重的关头，成十成百的厂家商店即将倒闭。如果政府不斩钉截铁，立刻改弦易辙，救燃眉之急，则上海以至全国经济界的动乱势将无法制止，而与之俱来的广大工人之失业，益将增加问题的严重性。所以工商界所求于政府者其实是“救死”而不是“救生”。我们且看政府这一次是否“见死不救”呢？或再来一次“趁火打劫”？

第二个请愿团是中国茶叶协会所组织的。该会理监事联席会议议决，公推寿景伟、叶世昌、黄燕堂、郑鉴源四氏为代表，晋京分别向国民政府、行政院暨财政、经济、农林、外交各部及联总请愿。所提请求凡四端：（一）请政府办理茶叶出口津贴；（二）请政府续办茶叶易货；（三）请政府运用经济外交扩展华茶市场；（四）请政府续办茶贷并展缓茶贷还本日期。

沪市七十二家烟厂会于九日在康乐酒家举行卷烟业劳资联欢会，会中通过各厂产业工会提案六件：（一）电请政府减订税率，以轻国产卷烟成本；（二）电请政府令饬烟草产地提高品质，改进生产；（三）通电全国各省市提倡“国民爱吸国货香烟运动”，以杜漏卮；（四）组织“上海市卷烟业劳资协进委员会”，并拟定委员人数，劳方七人，资方八人。（五）电请政府提高卷烟成品进口关税，以维民族工业；（六）拟在本市举办扩大国货卷烟宣传运动，以广宣传。

今天沪市烟厂之衰落，主因在于外国香烟的倾销，与国内烟税重、成本高，不能和外烟竞争，造成目前洋烟独占中国市场的局面。据传最近有外船九只，将装“马立斯”香烟十万箱运华倾销。按目前本市卷烟工厂平均生产率，以三百工人计（本市卷烟工人总数有万余人），每天制造十一小时，全日产烟量约为五十箱左右，十万箱即须制造二千日，换言之，十万箱倾销的结果，一个二百人的卷烟工厂，非停工五六年不可。谁能保证沪市七十余家烟厂不致步广东烟厂的后尘，纷纷垮台呢？

金融与工商业脱节

沪市金融与工商业是完全脱节的，既不办工贷也不办农贷，出口贸易固无法获得银行的协助，最近以进口困难重重，此业亦难得银行资金的融通了。那么，银行资金有什么出路呢？六底以前，大部分资金用于金融投机，投机家随时可以拿金条美钞去银行抵押，贷出巨款做投机，所以银行质附上是助长投机的。但自六底金融风潮之后，已使投机家创巨痛深，无力再作大规模之活动，加以五六月间自华北、川、滇、华南等地流来的游资，已纷纷返归，而且在外货倾销下，工商业濒于破产，每日为其事业担忧不遑，已无暇涉足投机市场，金融投机一时敛迹，故周来金钞市价平稳，波动极微，正因为如此，银行资金更无出路，各行的“烂头寸”（即存库闲散不生息的呆资金）总计达六百至八百亿元。但物价续涨，币值续跌，开支增大，利息负担重……这些都是上海金融业面对的困难。

沪市银钱业为了中央银行不能克尽“银行之银行”的任务，乃筹组联合准备委员会，集中自己的力量，共同保障自己的安全。应征参加这个组织的银钱业已达百余家，一俟整理就绪，即可定期召开会员大会，通过各项章则，宣告成立，并确定准备金额。该会成立后，即发行公库证，作为会员流通工具。各会员均可把有价证券、公债、房地产、及货物栈单等，依评价七折，作缴准备金，由会开给公库证。各会员可把所领公库证，向其他行庄，十足抵借款项。该会对金融界广义之任务为：(一)可使行庄呆滞资产一变而为活动资金；(二)行庄如遇紧急时，得以周转运用；(三)央行对各行庄拆放时，有一集中对象；(四)有此组织，使一般行庄可以安心；(五)造成金融界心理上良好的印象。

如所周知，金融和其他的企业不同，一个机构的波动，往往会牵涉到全体的不安，正是“牵一发而动全身”。如今银行业和钱庄业联合起来组织这个有机的结合，以便集合同业的力量，来实行以公库证为抵押的拆放，以缓和今后可能发生的金融恐慌，并便利资金的周转，是十分必要的。本来这些责任是应由中央银行负起的，现央行既然卸责，银钱业只好实行“自救”了。

港口窃风惊人

上海是全国最大的吞吐港。全国输出入的商品有半数以上，必须经过这个港口。胜利以来，因军运频繁，复员迟缓，敌伪物资尚有大量堆存在仓库里，至今仍未出清，即联总运来的救济物资，也堆如山积，无法卸运。拖驳等交通工具，一部分被当局征用，因此大批进出口货物，尤其是进口货，都不能在短期内装卸贮运，码头仓库都有宵小偷窃。这种偷窃是有组织，有计划的，规模极大。据最近的调查，进口货物被窃的占输入总额的三分之一，例如五月份的输入总值为八百十三亿元，被窃的约为二百七十亿元，足证窃风之烈！

吴市长为扑灭码头仓库盗窃风气，特召集贸易商，保险商，水上警察负责人等，举行紧急会议，商讨有效对策，会商结果，决定两项办法：(一)对情形良好的码头警员，发给经常奖金，所需经费，由进口贸易公会负责筹集；(二)商民失窃，由商民向警局报告而破案者，将其所进回货物之半数作为奖金，凡因职守殉难者，亦给予优厚抚恤金。进出口业代表表示须经公会通过后，方能接受。

这些办法自然都是消极的，积极的对策恐怕还是赶快出清仓库的敌伪物资，停止拖驳等交通工具的征用，更重要的是安定民生，所谓“衣食足而后知礼仪”，离道从政者不知这平凡的道理？

七月份海关税收

据海关总署方面消息，七月份江海关税收，又见增加，总数为二百七十九亿，较六月份二百十亿，增加三分之一。兹将各项税收探悉如下：进口税二百四十七亿，出口税八亿，进口附加税一亿二千万，出口附加税四千万，奢侈品附加税八亿五千万，特别品附加税一亿三千万，计七月份出口税收占进口税百分之三。分析七月份税收内容，可知七月份的进口税二百四十七亿与六月份一百八十五亿相比，增加了六十二亿，足增加了三分之一，由此可预测七月份海关进口货统计报告发表时，进口数字比六月份至少增加三分之一以上，我国厂商受此六十二亿进口税收代表进口货之影响而倒闭者，为数必多。其实，进口货决不止江海关统计报告的数字，除了其他各港口（如天津、广州等）的进口货外，走私漏税进口的货物，为数惊人，如这次新海军以军舰带私货，就是典型的例证之一。

八月十一日自沪寄

经济通讯 1946（30）

上海经济三件大事总剖析

无　恙

上海通讯：五月杪六月初，上海经济界发生了三件大事，短期国库券上市、当日票据限制抵用与外汇贸易控制政策的变更，现在就把这三件事对于整国市场的影响，作一简略的剖析。

（一）短期国库券的上市

短期国库券从四月三十日开始发行，迄五月廿九日为止，在足足一个月内，只发行了二万五千亿元，而在同时期内，法币发行的膨胀，据可靠方面估计，当在卅万亿以上。以是，对“安定金融市场，吸收游资”，都未有甚么效果。发行成绩如此低劣，主要原因，第一是税率过低，合月息不过二角多些，与黑市利率相差达二三成光景，有时甚至还低于若干行庄的星期存款利率。第二，期限虽只一个月，但与行庄短期拆放相较，仍嫌过长，比市上一天到数天的短期拆放，更为冗长。第三，没有运用公开市场，缺乏流通性。针对这三个原因，中央银行于五月二十九日晚宣布：自五月三十一日起，短期国库券除一个月期照旧发行三种外，同时委托证券交易所及中国、交通两银行在公开市场买卖，两个月期的短期国库券，库券票面分一千万、五千万、一亿、五亿、十亿五种。交易方式分甲、乙两种：甲种是今天成交，明天交割；乙种是今天成交，后天交割。三十日，证券交易就根据这个原则，订定上市办法，公布实施。实际办法，除技术方面，规定成交单位为一亿元，叫价单位为票面一百元，价格升降单位为五分，跌涨限度为百分之十等等外，对交易方式，除上述甲乙两种外，又增加了一种“丙种”，即每星期四成交，下星期五交割，惟实际买卖，暂以甲乙两种为限。

这三种交易方式，和过去华股交易方式相比，甲种就相当于华股的现货，乙种和丙种，就相当于华股的期货，甲种和乙种或丙种对做，就相当于华股的套利。我们要是不十分健忘的话，当可回想到二个月前，当局曾以“取缔投机”为理由，把自己核准正式开做还只三个月的华股期货交易突然取消。当时笔者曾指出这一个措施，是在替短期国库券的发行铺路，而有关当局却予坚决否认。现在短期国库券一上市，马上就可开做“期货”，那么过去有关当局的否认，又为事实所否定了。

五月三十一日，库券第一天上市开拍，只做甲、乙两种，交易寥落。成交总额只六百九十七亿，其中绝大多数是银行界的捧场，一般人士绝少问津。六月一日以后，中央银行为推广销路，允许商业银行以库券抵解同业活存，成交额才陆续增加，计一周间成交了五万六千七百四十三亿。这并不是说，中央银行在一周之内，以短期库券利用公开市场吸收了五万六千七百四十三亿的游资，因为其中大部分都是买进甲种，同时卖出乙种，以套取一天利息的套利交易，实际上甲种买户就是乙种卖户。在五万六千七百四十三亿成交额中，甲种占二万七千九百七十五亿，乙种占二万八千七百六十八亿，期货的买卖多于现货，也就充分显示了买卖的投机性，对于“安定金融市场，吸收游资”的作用，依然是很少把握的。

（二）支票限制抵用

支票限制抵用，据当局发表的表面上的理由是在“取缔空头支票与退票”。其实这一措施，就法律上讲，与票据法第一百二十四条互相抵触。该法规定“支票应于票面记载日期生效”，如果出票人出的是空头支票或因其他条件而使该票不能生效的，则出票人自有其刑法上应负的责任。现为了“防止退票”，而一般地规定当日票据不能抵用，这真是“削足适履”的办法。

老实说，当局限制当日票据抵用，主要目的，无非想藉此减低通货的周转率以缓和物价的上涨，但通货周转率的迟速，是和通货膨胀的程度成正比例的，通货愈膨胀，币值愈不稳，而通货的周转率也愈迅速。工商业者为了要减轻物价不断上涨的损失，往往于收得货款后，立即补进货物，绝对不愿把头寸搁在银行里过夜，因此就产生了票据普遍抵用的现象。现在当局以为只要禁止抵用，就可减低通货的周转率，这真是“倒果为因”的看法。

六月一日，限制抵用开始。实施以后，业内银根以放款暂停，存单丰厚，颇见松弛，业外头寸实际亦颇松动，只以一时的周转欠灵，造成了人为的俏敛，又因为现钞应用的空则频繁，银行本票的普遍流通，未及三日，由于限制抵用引起的市场心理，已完全消散，一般物价又展开了新的涨风。

支票限制抵用以后，交换的绝对数字，颇见减少。五月份票据交换所交换票据，平均每日为二十六万张，交换金额平均每日为二十九万亿。六月一日，即实施限制抵用的第一日，交换票据即减少到十三万张，交换金额也减少到十二万亿，较五月份平均数减少了二分之一以上。六月二日以后，收解渐繁，交换票据的张数与交换金额，即逐渐回升，到六月四日，前者增加到十六万张，后者增加到十九万亿元，减少的比率，已在二分之一以下。退票的绝对数字和退票占交换总额的百分比，和五月份的平均数相比，不但未见减少，更有增加。五月份，退票平均每日为三七八八张，退票金额每日平均为三千另七十四亿，退票张数占交换总数的百分之一四六，退票金额占交换总额的百分之一一〇。六月一日到四日，票据交换数为六十万张，平均每日为十五万张，退票总数为一万六千七百八十五张，平均每日为四千一百九十四张，占交换总数的百分之二七九。比限制抵用实施前，五月份的平均数增加了百分之一一五，交换金额共六十四万亿，平均每日为十六万亿，退票金额共一万四千三百二十一亿，平均为三千四百八十九亿，占百分之二一八，比实施期限抵用前五月份的平均数增加了百分之一〇八。

一般商品行市，五月三十一日普遍下跌，因各业市场对于票据的限制抵用，颇多顾忌，多头预计调度头寸的周章，纷纷吐售。六月一日，同样的情形还是存在，各种行市的挫跌，仍颇劲捷。六月二日前市因为国家行局库隔日在票据交换所的巨额差出，若干商品行市就止跌转稳，从那一天的后市开始，因为国家行局库的连日差出，外埠游资的涌至和行庄本票的风行，商品行市连日挺进，到五日为止，又形成了一个新的涨风的开始，举几种重要商品为例：白粳每石从六百七十五万涨到七百十五万，兵船一号面粉每袋从二百另八万涨到二百十三万，白煤块每吨从二千六百万涨到三千二百万，廿一支双马纱每件从二亿一千二百万涨到二亿五千八百万,四十二支蓝风纱每件从三亿涨到三亿四千四百万,十二磅龙头细布每匹从六百八十五万涨到七百九十五万,一百廿号天桥入丝每箱从三亿七千万涨到四亿五千一百万，美丽火柴每箱从三千三百五十万涨到四千一百五十万，月牌烧碱每桶从一亿五千八百万涨到一亿八千万。

这铁一般的事实，对于限制票据抵用可以缓和物价上涨的观念实在是一个有力的讽刺！

不仅如此，现在的工商业者一般地说来，都是靠高利贷度日的，票据限制抵用以后，借到的支票头寸，只好隔日再用，而偿还债务又需隔日有头寸。那么借贷之间，工商业者就要吃亏二天的利息。工商业者为头寸调度的灵活，当然得拆借可以抵用的银行本票，而银行本票的利息，已高于支票。故票据限制抵用以后，工商业者的成本已经增加，一转瞬间，这笔负担，就会转嫁给消费者的。所以票据限制抵用以后，不但不足所缓和物价的上涨，反足以助长物价的波动。

再进一步讲，今后的金融圈中，信用通货必然要发展成两个对垒：即支票头寸和抵用头寸，后者包括本票、汇票、汇款、收据现钞与隔日头寸等。在银根松弛的时候，这两种区别，还不至有甚么影响，但到了银根紧俏的时候，两者的划分当较显著，而后者又必然会发生贴水的现象。同时为了交易的方便，银行本票可能像敌伪时期的“拨款单”，普遍行使，抬高了它的身价，制造一批银行本票信用通货。它可能有一个相当庞大的数额流通于工商界，银根松滥时是助长物价波动的有利手段。银根紧迫时，是为害金融业的“洪水猛兽”。除了本票之外，流通于市场中的大额现钞，也必然为工商界所乐用。过了一个时期，大家自然会感到十万元票面大钞的太小太少了，而要求增发更大票面的现钞。所以归根结蒂说来，限制票据抵用的手法，不啻是以收缩信用做膨胀发行的手段，替发行更大票面的通货做开路先锋！

（三）外汇贸易管制办法的变更

第一三一号通函所规定的进口结汇办法，颁行了只三个星期，跟着中央银行总裁的更迭，已于五月卅一日被废除了。代之而起的，是结汇证明书办法。五月卅日，中央银行新总裁俞鸿钧宣布管制外汇的新办法，放出了他二度就任中央银行总裁后的第一炮。

办法的要点有三：（一）出口外汇依照原来规定，照新牌价结汇后，由指定银行发给结汇证明书，在七天以内，得自由转售给合法进口商，移充进口应付的外汇。（二）贸易以外的外汇（例如侨汇）由中央银行发给特种证明书，也可以转让给进口商人。（三）此后进口所需的外汇，除特别规定的以外（如米、麦、面粉、肥料、棉花等进口，及其他政府核准的如留学生、政府官员在国外的费用）以外，虽经过审核并配有限额，政府亦不再借给，由进口商向出口商自行购买。配合这个办法，有关方面又于六月二日修正了贸易管理办法，其要点是：（一）进口数量的多寡，要以出口数量来决定，即在政府不源源供给进口外汇的条件下，各方面和欲增加输入，必先努力扩大输出。（二）政府保留签发输入许可证的特权，对民族工业所必需的机械器材和原料，给予优先输入的便利，到外汇来源宽畅时，再放宽对于其他各类货物的输入限额。（三）中央银行对侨汇证明书的价格，暂取放任态度，同时，为了使外汇供求数量能够接近，中央银行准备立即开始收购国内所流涌的外国货币。

在政府外汇头寸愈来愈短绌，而又不愿放弃管理的前提下，既无力维持限额外汇的供应于久远，又不愿大刀阔斧地调整汇率，使平衡委员会负上刺激物价的恶名，而直接连锁制有技术的困难，完全放任自由，政府又将失去控制的权力。在这种种顾虑之下，上述办法的采取，就成了管制外汇与贸易的必然的归趋。

此种办法宣布以后，市场上也起了相当的波动，第一是一般估计，出口利润可以增加，于是出口物资的价格挺升劲捷。例如八一匀度0级厂丝每司马担从四亿八千万涨到五亿二千五百万，祁门红茶每担从一千六百万涨到三千万，沪十七号黑猪鬃每司马担从二千万涨到三千五百万，足度桐油每市担从一千五百七十万涨到二千万，而国外市价则颇疲软，在另一方面，跟着外汇贸易政策的改变，有关方面停止了出口打包贷款，增加了出口商人周转奖金的困难，因此，出口商利润可能增加的限度，本已微乎其微。不仅如此，由于请准输入许可证的困难，进口商对于结汇证明书的需求不多，而证明书出售的期限又只七天，兜售亦颇不易，故在新办法颁布的翌日，证明书出售价格，每一美元曾喊到六十万元，加上结汇牌价，每一美元约合一百另七万元，和那时的黑市相差不远，后来便逐步下挫，成交价格只在三十五六万元间盘旋，加上结汇牌价，每一美元约合八十三四万元，只有黑市的三分之二左右。因此出口商人经营出口，又快步走上无利可图的老路了。

在另一方面，因为国内流通的外币，央行已准备立即收购，使外币有了一条合法的出路，于是金钞黑市又告飞升，六月五日的行市前者每两已升到七千三百万元，后者每一美元升到一百四十三万，都创了空前高价，种种迹象，已充分显示出上述三大措施的实施，并未能安定金融市场，平稳物价，相反的，它将使金融市场更趋混乱，物价的波动更为疯狂！

经济导报 1948（76）

二 金融

上海金融一览表

	汇票								金市			银市		钱市			
	英国现汇	法国现电汇	德国电汇	美国电汇	印度电汇	香港电汇	日本电汇	和兰电汇	现货金标	足赤条金	沙金合赤	英洋	标金	龙洋	英洋	小洋	铜圆
八月三日	西历暑假无市，下同								四百三十四两	四百四十一两	四百四十二两	西历暑假银行休息，无市	同上	七钱三分五厘	七钱四分二厘	六钱四分	一百八十二千文
四日						由伦敦电汇卖二先令三辨士			四百三十两	四百三十六两	四百三四十八两	开盘、收盘、转账：一钱五分挂牌：一钱	开盘、收盘：四百三十两	七钱三分七厘	七钱四分一厘	六钱五分	一百八十二千文
五日						由伦敦电汇卖二先令三辨士			四百三十一两	四百三十七两	四百三四十九两	开盘、收盘、转账：一钱五分挂牌：一钱	开盘、收盘：四百三十两	七钱三分三厘七毫半	七钱三分七厘	六钱四分八厘五毫	一百八十二千四百文

（续表）

	汇票								金市			银市		钱市			
	英国现汇	法国现电汇	德国电汇	美国电汇	印度电汇	香港电汇	日本电汇	和兰电汇	现货金标	足赤条金	沙金合赤	英洋	标金	龙洋	英洋	小洋	铜圆
六日						由伦敦电汇卖二先令三辨士			四百三十八两	四百四十四两	四百四十六两	开盘、收盘、转账：一钱五分 挂牌：一钱	开盘、收盘：四百三十三两	七钱三分二厘五毫	七钱三分三厘五毫	六钱四分六厘	一百八十三千文
七日						由伦敦电汇卖二先令三辨士半			四百二十三两	四百二十九两	四百三十一两	开盘、收盘、转账：一钱五分 挂牌：一钱	开盘、收盘：四百二十二两五钱	七钱三分二厘	七钱三分六厘	六钱四分四厘五毫	一百八十三千文
八日						由伦敦电汇卖上午二先令四辨士 下午二先令四辨士半			四百另八两	四百四十两	四百十六两中	开盘、收盘、转账：一钱五分 挂牌：八分	开盘、收盘：四百六十两	七钱三分	七钱三分六厘	六钱四分五厘	一百八十三千文

（续表）

	汇票								金市			银市		钱市			
	英国现汇	法国现电汇	德国电汇	美国电汇	印度电汇	香港电汇	日本电汇	和兰电汇	现货金标	足赤条金	沙金合赤	英洋	标金	龙洋	英洋	小洋	铜圆
九日	星期无市下同								四百另八两	四百四十两	四百十六两	星期无市，下同		七钱二分八厘五毫	七钱三分七厘五毫	六钱四分四厘	一百八十三千五百文
十日						由伦敦电汇卖二先令五辨士			三百九十五两	四百另四两	四百另五两	开盘、收盘、转账：一钱五分挂牌：八分	开盘、收盘：三百九十八两五钱	七钱二分七厘五毫	七钱三分三厘	六钱四分四厘七毫半	一百八十三千文
十一日						由伦敦电汇卖二先令六辨士			三百九十八两	四百另四两	四百另六两	开盘、收盘、转账：一钱二分挂牌：八分	开盘、收盘：三百九十九两四钱	七钱二分六厘五毫	七钱二分六厘五毫	六钱四分四厘	一百八十三千文
十二日						由伦敦电汇卖二先令六辨士			四百另四两	四百十两	四百十二两	开盘、收盘、转账：八分挂号：六分	开盘、收盘：四百另二两五钱	七钱二分七厘	七钱三分	六钱四分三厘	一百八十三千五百文

上海金融一览表（续前编）

	汇票								金市			银市		钱市			
	英国现汇	法国现电汇	德国电汇	美国电汇	印度电汇	香港电汇	日本电汇	和兰电汇	现货金标	足赤条金	沙金合赤	英洋	标金	龙洋	英洋	小洋	铜圆
八月十三日						由伦敦电汇卖二先令五辨士七五			四百另七两	四百三十两	四百五十两	开盘、收盘、转账：八分挂牌：六文	开盘：四百零二两半收盘：四百零四两	七钱二分五厘	七钱三分另五厘	六钱四分三厘	一百八十三千五百文
十四日						由伦敦电汇卖二先令五辨士			四百另七两	四百三十两	四百五十两	开盘、收盘、转账：五分挂牌：二分	开盘、收盘：四百零五两半	七钱二分四厘五毫	七钱二分九厘	六钱四分另五毫	一百八十五千文
十五日						由伦敦电汇卖二先令五辨士半			四百另四两	四百十一两	四百十二两	开盘、收盘、转账：五分挂牌：无市	开盘、收盘：四百另三两	七钱二分四厘六二五	七钱二分八厘七毫	六钱二分一厘	一百八十五千文

（续表）

	汇票								金市			银市		钱市			
	英国现汇	法国现电汇	德国电汇	美国电汇	印度电汇	香港电汇	日本电汇	和兰电汇	现货金标	足赤条金	沙金合赤	英洋	标金	龙洋	英洋	小洋	铜圆
十六日	星期无市下同								四百另四两	四百十一两	四百十二两	星期无市，下同		七钱二分四厘二毫	七钱二分八厘二毫半	七钱二分八厘二毫半	一百八十四千七百文
十七日						由伦敦电汇卖二先令万元辨士半			四百两	四百另七两	四百另九两	开盘、收盘、转账：六分挂牌：无市	开盘、收盘：三百九十九两	七钱七分五厘半	七钱二分六厘二毫半	六钱四分一厘五毫	一百八十四千七百文

欧洲战纪1914（3）

上海金融一览表（续前编）

	汇票								金市			银市		钱市			
	英国现汇	法国现电汇	德国电汇	美国电汇	印度电汇	香港电汇	日本电汇	和兰电汇	现货金标	足赤条金	沙金合赤	英洋	标金	龙洋	英洋	小洋	铜圆
八月十八日						由伦敦电汇卖二先令五辨士半			四百两	四百另六两	四百另八两	开盘、收盘、转账：六分挂牌：无市	开盘收盘三百九十八两七钱半	七钱二分三厘	七钱二分六厘	六钱四分另七毫半	一百八十五千五百文
十九日						由伦敦电汇卖二先令五辨士半			四百两	四百另七两	四百另九两	开盘、收盘、转账：六分挂牌：无市	开盘收盘五百九十九两	七钱二分三厘八七五	七钱二分七厘五毫	六钱四分一厘	一百八十五千四百文

（续表）

	汇票								金市			银市		钱市			
	英国现汇	法国现电汇	德国电汇	美国电汇	印度电汇	香港电汇	日本电汇	和兰电汇	现货金标	足赤条金	沙金合赤	英洋	标金	龙洋	英洋	小洋	铜圆
二十日						由伦敦电汇卖二先令五辨士			四百另六两	四百十二两	四百十四两	开盘、收盘、转账：六分挂牌：无市	开盘收盘四百另三两八钱	七钱二分三厘一二五	七钱二分七厘一二五	六钱四分	一百八十五千八百文
二十一日						由伦敦电汇卖二先令五辨士			四百另五两	四百十一两	四百十三两	开盘、收盘、转账：六分挂牌：无市	开盘收盘四百另二两六钱半	七钱二分四厘	七钱二分八厘三七五	六钱三分九厘	一百八十六千文

欧洲战纪 1914（4）

上海金融一览表（续前编）

八月	汇票								金市			银市		钱市			
	英国现汇	法国现电汇	德国电汇	美国电汇	印度电汇	香港电汇	日本电汇	和兰电汇	现货金标	足赤条金	沙金合赤	英洋	标金	龙洋	英洋	小洋	铜圆
二十二日						由伦敦电汇卖二先令五辨士			四百另三两	四百十两	四百十一两	开盘、收盘、转账：八分挂牌：无市	开盘、收盘：四百另三两七钱五分	七钱二分五厘	七钱二分九厘五毫	六钱四分	一百八十五千八百文
二十三日	星期无市，下同								四百另三两	四百十两	四百十两	星期无市，下同		七钱二分五厘	七钱二分九厘	六钱四分	一百八十六千文
二十四日						由伦敦电汇卖二先令五辨士			四百另六两	四百十三两	四百十四两	盘、收盘、转账：一分挂牌：无市	开盘、收盘：四百另四两五钱	七钱二分二厘五毫	七钱二分八厘二毫半	六钱四分	一百八十六千二百文

（续表）

八月	汇票								金市			银市		钱市			
	英国现汇	法国现电汇	德国电汇	美国电汇	印度电汇	香港电汇	日本电汇	和兰电汇	现货金标	足赤条金	沙金合赤	英洋	标金	龙洋	英洋	小洋	铜圆
二十五日						由伦敦电汇卖二先令四辨士半			四百另八两五钱	四百十三两五钱	四百十四两五钱	盘、收盘、转账：一钱挂牌：无市	开盘、收盘：四百另六两五钱	七钱二分二厘五毫	七钱二分六厘二毫半	六钱四分	一百八十六千二百文
二十六日						由伦敦电汇卖二先令四辨士半			四百十一两	四百十八两	四百十九两	盘、收盘、转账：一钱挂牌：无市	开盘：四百另八两七钱收盘：四百另九两五钱	七钱二分一厘	七钱二分五厘五毫	六钱四分	一百八十六千三百文

欧洲战纪 1914（5）

上海金融一览表（续前编）

八月	汇票								金市			银市		钱市			
	英国现汇	法国现电汇	德国电汇	美国电汇	印度电汇	香港电汇	日本电汇	和兰电汇	现货金标	足赤条金	沙金合赤	英洋	标金	龙洋	英洋	小洋	铜圆
二十七日						由伦敦电汇卖二先令四辨士			四百十四两	四百二十一两	四百二十二两	开盘、收盘：七钱二分五厘七毫半	开盘、收盘：四百十二两七钱五分	七钱二分另五毫	七钱二分五厘七毫半	六钱四分	一百八十六千四百文
二十八日						由伦敦电汇卖二先令四辨士			四百十五两	四百二十二两	四百二十三两	开盘：七钱二分五厘二毫半收盘：七钱二分五厘	开盘、收盘：四百十三两五钱	七钱二分	七钱二分五厘	六钱四分	一百八十六千六百文
二十九日						由伦敦电汇卖二先令三辨士半			四百二十两	四百二十八两	四百二十九两	开盘：七钱二分三厘七毫半收盘：七钱二分三厘六二五	开盘、收盘：四百十七两五钱	七钱一分四厘	七钱二分三厘六二五	六钱四分	一百八十七千文

（续表）

八月	汇票								金市			银市		钱市			
	英国现汇	法国现电汇	德国电汇	美国电汇	印度电汇	香港电汇	日本电汇	和兰电汇	现货金标	足赤条金	沙金合赤	英洋	标金	龙洋	英洋	小洋	铜圆
三十日	星期无市，下同								四百二十两	四百二十八两	四百二十九两	星期无市，下同		七钱一分六厘二毫半	七钱二分二厘六二五	六钱四分	一百八十七千八百文
三十一日						由伦敦电汇卖二先令三辨士二五			四百二十两	四百二十六两	四百二十八两	开盘：七钱二分一厘八二五收盘：七钱二分一厘七毫半	开盘、收盘：四百十九两五钱	七钱一分五厘五毫	七钱二分一厘七毫半	六钱三分九厘	一百八十八千二百文
九月一日						由伦敦电汇卖二先令三辨士二五			四百十三两	四百十九两	四百二十一两	开盘、收盘：七钱二分二厘六二五	开盘、收盘：四百十二两七钱	七钱一分六厘二毫	七钱二分二厘六二五	六钱三分八厘七毫半	一百八十八千二百文
二日						由伦敦电汇卖二先令三辨士二五			四百十七两	四百二十四两	四百二十六两	开盘、收盘：七钱二分二厘五毫	开盘、收盘：四百十五两五钱	七钱一分六厘五毫	七钱二分二厘五毫	六钱三分八厘五毫	一百八十八千一百文

上海金融紧缩之原因及其救济法

祚

近一月来，上海金融奇紧，银拆常在四五钱左右，洋厘升至七钱三分以上。前星期尤觉紧迫，银拆飞涨至七钱，已达钱业公会规定最高之限度；洋厘骤升为七钱四分四厘半，亦为从来所未有。民国五年十一月，上海曾以银洋存底之减少而银拆飞涨至七钱者，但不久内地各处银洋纷纷来沪，银根即见松动，从未有若本年之亘一月余之久也。长此金融奇紧，各项商业皆将失其活动之资，而呈恐慌之象，其危险何可胜言！乃人皆熟视无睹，未闻有推究其原因而图补救者，可叹也。

上海金融之奇紧，由于银洋存底之减少，固也。当民国三年年底，上海各银行及钱庄存底据查仓报告，共计银六千二百十二万两、洋二千零五十五万元。至四年底，减至银四千二百七十五万两、洋二千一百九十万元。至本年前星期，更减至银二千三百四十七万余两、洋一千一百六十三万余元。较诸三年，银约减少二倍余，洋约减少一倍弱；即与四年比较，银洋亦均减少一倍。存底空虚，不敷周转，银根因之常紧，此势所必至者也。但五年十一月底，上海银洋存底曾减至银二千四百六十一万两、洋一千四百五十七万元，六年七月底，亦曾减至银一千八百五十七万两、洋一千七百七十七万元，则前星期存底，尚较五、六两年为多，银拆洋厘何以若是之飞涨耶？盖五、六两年，银洋之存底虽少，而内地产物多告歉收，用途不广，故金融不至常紧。今年则异是，内地花米及杂粮等收成均丰，进出各货极形发达，买卖转运需款浩繁，银根常紧此其一。各处银根均紧，北京及天津以前洋厘市价常在七钱以内，近竟超过七钱限度，突升至七钱七分，北京亦在七钱二三分左右，汉口洋厘前亦在七钱左右，近已涨至七钱二分以上，各处洋厘既涨，内地现银存底又极枯竭，故群来上海装运现洋，银根常紧此其二。欧战而后，船只缺少，装货来申，停滞不能出口，外国银行出款极少，钱庄收入无多，各商于营运上未免因之竭蹶，坐视去者自去，来者未来，银根常紧此其三。有此三种原因，故银拆洋厘之飞升较往年为尤甚也。

吾前论现银外流时，常谓吾国所有现银已渐不敷周转，若再任其外流，则他日进出货物稍见发动，则银拆洋厘必飞涨不已。今固不幸而言中矣。所幸今年产物极旺，欧战或有媾和希望。但闻迩来各外国银行银根皆紧，深虑出口业因之牵动，上海金融益见紧缩。加之欧战结果，世界金银之流转极不自由，断非如十数年前之存数百万两所能济事。设各银行不早为之所，深恐商业因之停滞，社会忽呈恐慌也。

在昔上海银根紧迫时，一方吸收内地之银两，他方复输入大条银以缓和之。欧战后，银根一紧，全赖内地银两运沪以图补救。今则内地银根亦甚紧迫，所有银货已将枯竭，不独不能补助，且须仰给于沪埠。现今各国均颁金银出口之禁令，欲自外国吸收大条银，非俟欧战平定后不可。而祸迫燃眉，安能久待？故为今之计，唯有讲求自卫之策。近翻阅旧报，得民国五年十一月中（因此时上海银根之紧约与今日相仿佛）张公权先生所著之《现银之流出及其救济方法》，其所拟之救济法，颇觉切实可行。故节录之，以告上海中外各银行及钱庄也。

（上略）故为今之计，除节省货币之用，别无他法。在中国信用制度尚未发达，彼此进出，均用现货，故货币需用较外国为繁。加以外国银行进出均用现银，而中国贸易通用洋元，故一商家不可不有二重准备。在外国一种准备已足，在中国必预备两种，因之通货缺乏所感尤甚。上海市场实为中外共同之市场，目下中国商界深愿与洋商同心协力，共商救济之法，极盼各洋银行亦细心研究，勿存界限，共筹维持之策。以鄙见观之，节用货币之道有二：（一）由外国银行、中国银行钱庄合组一机关为汇划所，每日进出统由此汇划。内分外国银行为一组，中国银行钱庄为一组，各推一行为代表，使外国银行之甲组，对于中国银行、钱庄之乙组。有应收之款时，甲组之各银行以其应收之款，作为存入代表银行，由甲组之代表银行，拆与乙组之代表银行；乙组由代表银行分拆与各缺款之行或庄。隔日，设甲组有应付之款，即彼此相抵。但甲组拆乙组，或乙组拆甲组之款，先定一限度；限度之外，仍须收解现款，以俟彼此信用渐增，数目亦渐增加，彼此拆款，各予以保证，同组内之各行，由代表行拆出拆进之款，各自量力，各凭信用，定一限度。此法果能实行，使同组内彼此之信用，及此组与彼组之信用，定一限度。此法果能实行，使同组内彼此之信用，及此组与彼组之信用日渐增加。则彼此拆款可逐渐增加，其节用货币为不少也。(二)上海通货，银两与洋元须彼此混用，俾应付银两不足时以洋元抵之，应付洋元不足时以银两抵之，如是可增出一分通货之用。此时银两不废，洋元价值涨落无常，欲使银两、洋元彼此通用，固不可行，不得已唯有暂抵之一法：定一洋元最低价格及一最高价格，使应付洋元而不足，则按最低之价交洋暂抵，俟有银两即行划还，如应付洋元不足，则依最高价格暂交银两，俟有洋元即行划还。不过各行单独收解记帐，较为繁琐，故不如由各组之代表银行出面，如今日甲组应收乙组银十万两，已达拆款限度，此外应解现银，而同组之各行或各庄中有现银不敷，即以现洋暂抵于代表行，代表行如有银两即交银两，如无银两即交现洋于甲组之代表行，可以相抵，隔日再彼划还，现洋亦同。以上二法果能实行，则节用货币甚大，且上海亦断不难实行也。此外根本之道，则由政府借一外债，存贮现银于国家银行，专为调剂金融之用。吾国民当知国货为可贵，能用国币则用国货，勿使现银流出，勿以金银投机为有利可图而驱逐银货于外国，勿无事自扰、收藏现货，使本国银行钱庄之流通资金日见减少。此又在国民之自觉耳。

银行周报 1918，2(42)

上海之金融季节

永　祚

金融季节者，言金融之缓急，如天时之寒暑而有一定之季节也。天时寒暑，因地不同；金融缓急，亦易地而殊。商业繁盛之区，于定货、贩卖、结账等时期需款最多，金融最急；工业地方，于购原料、付薪工等时期；农业地方，于播种、纳税等时期，需款最多，金融最急，亦若天时之寒暑因寒、热、温三带地方之不同而各异也。虽然，天时之寒暑不测，何常均一一适合乎季节而一定不变哉？不过比较上春秋常温、夏常热、冬常寒耳。金融之缓急亦然，其变化靡常，有非人力所能预知，岂能划分一定之季节而永久不变哉？亦不过因积久之经验及金融之原理，而推知其某时期金融常紧急而某时期常宽缓耳。故所谓金融季节者，不过言金融缓急之大较时期。至若因政变之关系或经济上非常之事故而发生之特别变动，则非人智所能预测，而无原理原则之可探究，当以例外视之。此皆先应声明者也。

言金融季节之先，首须说明金融之原理。“金融”二字，英语谓之 Money Market，意即 Monetary Circulation，译为资金之流通，乃资金动的现象是也。故言金融之缓急，非指资金流通之捷徐，即指资金数量之多寡、流通之捷徐、关系乎需要、数量之多寡、关系乎供给。是则金融之缓急，亦若物价之涨落而为需要、供给两原则所支配也。兹得分述之如左：

一、资金之需要不变动时

（甲）供给增加，则资金常觉丰裕而金融宽缓。

（乙）反之，供给减少，则资金常感缺乏而金融紧急。

二、资金之给不变动时

（甲）需要增加，则资金常感缺乏而金融紧急。

（乙）反之，需要减少，则资金常觉丰裕而金融宽缓。

三、资金之需要供给均变动时

（甲）当二者均增加时

（子）需要增加之程度超过供给增加之程度，则资金常感缺乏而金融紧急。

（丑）反之，需要增加之程度不及供给增加之程度，则资金常觉丰裕而金融宽缓。

（乙）当二者均减少时

（子）需要减少之程度超过供给减少之程度，则资金常觉丰裕而金融宽缓。

（丑）反之，需要减少之程度不及供给减少之程度，则资金常感缺乏而金融紧急。

夫金融之缓急，既为资金需要、供给两原则所支配，若再进一步而能探究此需要供给增减之原因，则金融之缓急可以预知矣。惟此种原因因地因时而不同，即在同一地方、同一时期，复因事因物而互异，复杂烦多，变化靡常，非老于此业而富有经验及学识者不能道之。是以知经济事情研究之重要也。兹姑略举其重要原因，述之如左：

一、资金需要增减之原因

（甲）货物之生产及买卖：当货物之生产及买卖时必要资金，因之金融上即发生变动。其资金需要要之多寡，因产物之丰歉而定：产物丰收时，则自生产者以至消费者，其移转买卖时以货物数量之增加而所需之资金亦随之增多；若在歉收时，则所需之资金亦随之减少。例如上海每年当四五六月之间茧丝茶上市时，或八九十月之间棉花及杂粮等秋收登场时，资金之需要增多，金融常较紧急。去年因各处秋收之丰盛，所需移转买收之资金异常增加，而上海金融为之大紧。故一国之农工商业发达，则所需货物之生产及买卖资金加多，而常有通货扩充之必要也。

（乙）商业习惯上之支付期：当各种之支付期，必引起资金之需要，以充支付之用。苏格兰于五月十一月，资金之需要最多，金融随以紧急。推其所以然之故，盖苏格兰习惯，向为半年一结帐，如地租放款利息及各种付款之交付，皆为五月与十一月也。上海商业习惯上之支付期，现尚通用阴历，以端节、中秋、年底三种为大结账期，大月底（即三十日）或小月底（即十五日）为小结帐期，资金之需要最多，金融常较紧急，而尤以大结账期为最。

（丙）外国贸易之盛衰：即进出口货之多寡亦引起资金需要之一原因，而当进口货过多之时有令现币流出于国外之患。上海为吾国之通商大埠，其金融之缓急，尤以进出口货之多寡为断。因进口货多时，金融即为之紧急；出口货多时，又即随以宽缓。近年以来，且因现银流出海外，金融因之常紧。

（丁）国库金之收支：国库金之收付，因其为额之巨而亦关系于金融之变动。当租税征收时，社会通货必因之收缩；而当支付各种费用时又必膨胀。吾国租税之征收时期，分上忙、下忙、冬漕三种，上忙在阴历三四月，下忙在六七月，冬漕在十一二月。彼时资金之需用较多，金融随之紧急。

（戊）债票股票之募集及还本付息：当募集时，金融为之一紧；而当还本付息时，又为之一宽。吾国公司事业尚未发达，股票不多，而政府公债、内债尚少，外债居多，其支付利息或偿还本金，契约上有一定之时期，且往往由上海交付。当交付时，金融上即发生变动。

（己）投机交易之有无：因经济上某种原因而商工业勃兴、新公司逐渐增多、投机交易盛行、人心恍惚若醉，则不久必有转机，金融即随之紧急，甚而发生恐慌。前清季年橡皮股票之风潮，可为殷鉴。

（庚）有价证券及地价之涨落：此项市价之涨落亦关系于金融。吾国有价证券尚未发达，而地价之涨落亦不甚巨，此种关系尚浅。

二、资金供给增减之原因

（甲）硬币铸造之多寡：即金属货币（如银元、银角等硬货）铸造之多寡，关系金融之缓急。

（乙）纸币发行之增减：即银行纸币（不论其为兑换券或不换券）发行之增减，关系金融之缓急。

（丙）信用制度之发达与否：即信用制度发达，则支票及汇票期票等流通甚广，则可增加资金之供给而缓和金融；否则全恃前两种以调剂之。

（丁）银洋之进出口：上海之通货，生银与银币同时并用，故银洋进出口之多寡随即影响于金融之缓急。惟其移动之原因，往往随需要之消长而变动。

以上数种实为金融变动之重大原因。若以上海而论，资金之需要方面除（己）（庚）两种外，均有一定时期；而在供给方面，则往往随需要而变动。例如上海当金融紧急时，南京造币厂莫不昼夜赶铸银元以应急需，各银行又莫不增发纸币以多做放款，而银洋之进出口又即随之频繁，虽皆足以缓和上海之金融，而究因信用制度尚未发达，金融仍不免时有紧急也。故探究金融变动之原因，虽应从需要与供给两方面着想，而究以需要为重。盖市场通货之增减，往往随需要而变动也。资金之需要既多有一定之时期，则金融之缓急亦可分一定之季节。因资金需要之多寡即可推知某时期金融常紧、而某时期常宽耳，虽未必均一一适合乎事实，但可其大较也。

现今货币制度整理、银行政策完善之国家，金融之缓急可征诸中央银行之放款额，及银行贴现率（Bank Rate of Discount，即中央银行收买票据之贴现利率）与市场贴现率（Market Rateof Discount，即普通银行收买票据之贴现率）。

而吾国则通货复杂，银行割据，无制度与政策之可言，既无放款额之足征，亦无贴现率之可凭，则金融之缓急将何从以表现之耶？以上海而论，其金融之变动，可征之于洋厘、银拆及先令之涨落知之。盖上海通货，可谓之规元本位：凡百通货，均以规元为标准而折合计算之。但所谓规元者，实际上并无此种生银，不过假定一重量成色而以为通货计算之标准耳。所谓洋厘者，即国币或鹰洋每元合规元几钱几分之市价也。现在上海实际往来通用银元，而大宗交易之记账本位则仍为规元，内地又多改用银元为本位，故金融一紧。或内地需用大宗银元时，厘价即随之上腾，否则跌落。银拆者，钱庄向银行或同业拆进活期款项之日利也，犹之美国即还贷款（Call Loan）利率。美国无中央银行，故市场金融之缓急于即还贷款利率之大小窥之；吾国亦然，金融之变动常以银拆之大小推测之也。此二种市价由钱业公会定之。先令为向伦敦之汇兑市价，其于金融上亦有间接之关系。虽先令之长缩大半根据银价，而进出口货之多寡亦足以伸缩之：当进口货多时，先令往往见缩，而在出口货多时，又往往放长。其长缩随即影响于金融。故上海金融之缓急，直接显之于银拆、洋厘，间接显之于先令也。兹更据过去数年间上海金融上之变动情形，而按月述之如左。

元月份：本月份为阴历年底。各处归还帐款，运来洋元极多，厘价当然日落，平均市价常在七钱二分左左。银拆亦因年关各业结束，上半月或有营业往来之需用，下半月金融机关只有收款而无放款，必然借用无拆矣。唯商人方面，当结帐之期需用之款甚多，金融不免紧急。钱业平均拆息，不过数分，至多亦不过一二钱。先令看缩居多，因此时进出口货清淡也。

二月份：本月份为阴历正月。上半月各业多停业休息，几无市面可言。年底还账之洋、新正开户之洋，以及春盘运来购货之洋，存底颇觉丰裕，厘价因之日疲，平均常在七钱二分之下。银之存底亦丰，而大宗交易又未发动，故银拆往往不开，或开二三分。先令常看缩势，因匹头棉纱等进口货较多也。

三月份：洋元存底尚丰，虽略有用途，而洋厘无甚起色，平均常在七钱二分四五厘以下。银拆因匹头棉纱等销路尚佳、用银较多而稍涨，平均常在一二钱。先令无大长缩，进出口货均有之故也。

四月份：本月份往往抛做茧洋丝洋，以为茧丝上市时之用，故厘价见涨，平均在七钱二分六七厘之谱。银拆因出口货多，且以外国银行放出茧茶押款之故，故其价日落，往往在一钱以内。此时出口货既多，先令自然放长。

五月份：本月份茧市登场，洋元用途日多一日，厘价因之日涨，常有提高至七钱四分以上者。银拆仍因洋商放出茧款及出口货旺盛之故而无起色，平均不过一钱左右。先令亦仍看长。

六月份：茧市已过，渐有回洋来申，而以新丝上市且逢端节结帐之期，洋元用途未能减少，故洋厘不致大跌，平均常在七钱二分六七厘。银拆虽因归还茧款之故而见涨，但以此时丝茶等出口极旺，收回现银亦不少，故涨亦不多，平均约为一钱余。先令放长为多。

七月份：丝茶市面将过，各业清淡，洋元用途渐少，厘价日落，平均约在七钱二分左右。棉纱匹头销路尚多，且为洋货帮票记结帐之期，银用浩紧，故银拆常涨，平均在一二钱之间。先令无大长缩。

八月份：内地花麦及杂粮等将次登场，银元渐有运去，洋厘略涨，平均在七钱二分四五厘。银拆因还茧款及进口商结账关系，又大，平均为二三钱。先令放长，盖此时往往有丝茶等出口也。

九月份：棉花及杂粮已上市，又逢中秋节结账之期，洋元用途最多，厘价又涨，平均在七钱二分七八厘。银拆亦因秋节用途较多仍紧，平均在三四钱。先令无大变动。

十月份：秋收登场，如江浙之棉花、东三省之豆饼、汉口之杂粮等，均当旺令，银洋用途极大，俗所谓九金十银是也(即阴历九十两月交易最盛之意)，故洋厘又涨，平均为七钱三四分。银拆又大，平均为四五钱。先令因丝经棉花杂粮等均当出口最旺时期，故放长。

十一月份：花用将过，渐有回洋来申，洋厘日落，平均在七钱二分以上。银拆因出口货多，收回现银亦多，渐落，平均常在二三分。先令有长有缩。

十二月份：米用当令，洋元又有用途，唯因此时为冬漕收纳时期，又为阳历年底，各处运来之洋甚多，故厘价平平，仍在七钱二分以上。银拆大涨，竟有涨至五六钱者，因阳历年底，为进口商人结账之期，通年定货即须清结，解缴西商之款过多，故银拆大涨。先令因银行收款较多，往往看缩。

以上为近数年来上海金融之变动情形。由过去之事实及资金需要之原因而归纳论断之，则上海金融可分其季节如左：

第一季：二三月份为金融最宽时期。

第二季：四五六月份为金融紧急时期。

第三季：七月份为金融平和时期。

第四季：八九十月份为金融最紧时期。

第五季：十一月份为金融平和时期。

第六季：十二月及翌年元月份为金融紧急时期。

第一季大宗商业尚未发动，银洋存底既丰，又少用途，金融最宽。第二季茧丝及茶等上市，且为端节结帐之期，洋元需用最多，银则平平，故金融紧急。第三季各业清淡，银元需用平平，故金融和平。第四季棉花、杂粮等秋收上市，且为秋节结账之期，银洋均需用孔殷，故金融最紧。第五季市面平和，银洋无大种进出，故金融平和。第六季为阳历及阴历年底结账之期，商贾方面金融甚紧，银洋均甚需要，而金融机关则甚宽缓也。若再统括之，则阴历上半年常宽，而下半年常紧耳。此上海金融缓急之大概情形也。记者研究上海之金融，为时尚浅，所言不免挂一漏百，而于实际上或恐不能符合，深望老于斯业者赐以鸿篇巨著，俾本问题更有所发明也。

银行周报 1919，3(18)

上海金融市场之组织

本报记者徐永祚君在戊午学会演说，盛叔型笔录

上海金融市场之组织至为繁复，一一论之，非一二日不能竟功。兹所论者，其最普通者也。金融市场之基本为货币之流通，货币之流通赖乎金融机关之组织完善与否，追其原委，定厥次序，今分此论作三段申言之：一、概说，二、通货，三、金融机关。

(一)概说

金融问题，关系于商业之盛衰至巨。今先论上海商业大概情况。上海为中国通商大埠，货物往来聚集于此。自光绪末叶，橡皮股份之风潮起，上海商业遂受影响。嗣后革命军起，国乱频仍。迨民国四年，欧战又起，于是元气日益

凋伤，外强中干，渐形衰落。详考海关贸易报告册进出口货逐渐减少，即可见商业凋落之一斑。而丝、茶两种，受影响尤烈，年来此两项贸易，竟大不如前。因商业之凋落，金融市场亦大阻滞。今年十月以来，因内地产品丰饶，上海银根异常紧急，银拆飞涨，常在七钱之谱，钱庄搁浅，屡闻不希。幸赖中国各银行出而维持，全局纷扰遂得幸免。查上海银根之紧，今年已为第三次，第一次在民国五年十月、第二次在六年五月，均缘现银出口、周转不灵之故，今年银行存银只一千数百万、银圆一千数十万，较之欧战以前现银六千二百万、银圆三千数百万，几不及半，使进出口货一有变动，则银根之紧急，恐酿成全局之糜烂矣。

（二）通货

中国货币制度素极紊乱，而用银为币，于海外贸易又受无形亏损；各省货币不同，国内贸易亦殊困难。故吾谓中国商人，其负担危险较重于外人万万也。清初有铜钱之流通，政府认之为法定货币。其后生银之用日益繁广。迨中外互市，始有墨西哥洋输入，以其携带之便利，遂为最普通之交易媒介物，顾其价值，非有规定，不必衡其成色之优劣定价之贵贱耳。然则中国所谓此二种通行货币者，实皆不得谓之正式货币。须知货币成立有三种要件：（一）由政府铸造；（二）价值不变；（三）各币比价必有定率。今我国之现银皆制自银炉，价值不定，时张时落。至于银圆角子，皆无一定此价，依银两为标准而折合换算；而所谓银两者，其模型重量与夫成色价格皆非国家所规定，不过商人视为交易之媒介物耳，岂得谓之货币哉？今则上至政府，下逮庶黎，纷议定本位制度，岂知吾国货币且未有，尤遑论本位哉？

上海之通货，可分为两种：（一）生银、（二）货币。今分论之。

生银

上海所用之银，又可分为两种：（一）计算银、（二）实用银。所谓计算银者，并无若干重量、若干成色之真银，不过作计算之标准耳。上海通行者曰“九八规元”，亦称“上海两”，其计算以纹银为标准，用漕平秤得其重量，再以九八规之，实则即再作九八扣耳。作扣之故，说者不一，顾最近理者，则谓数十年前上海贸易之中心大都在十六铺一带，而以豆、米两业为最盛，豆自牛庄输入上海，解款付值时例得九八扣，日久时长遂成习惯，今则不可改易矣。

所谓实用银者，即“二七宝”，一名“夷场新”。二七宝按重量而论，其意谓每只五十两重之元宝，伸水二两七钱半也。夷场新以宝样而言，盖元宝前皆由上海海关道官炉镕铸，其后上海开辟租界有银炉设立，其所制之银，因名之曰夷场新，盖求别于故海关道所制之银耳。

上海规银之重量与成色

中国通用之秤，各处不同。英人磨司著书曰《中国商务及行政》，谓中国各处秤量有百七十种之多，在上海则通行用以秤银者为漕平，生银成色以纹银为标准，而纹银又为对于纯银之比价，因此遂有二七宝等名词发生。而伸水愈多，成色愈佳，纹银与纯银之比价为万分之九千四百三十四，顾据日本印度诸国造币厂化析，则谓仅千分之九三五、三七四云。总之上海通用之银两，其重量成色之构成甚紧，下列三种要素不可不知也：

（一）重量以漕秤为标准，

（二）成色以纹银为标准，

（三）旧规以九八归之。

上海既为通商大埠，交易用银，其累害商人之处不胜枚举。兹姑举其数端于左：

（一）银行洋行，记账则按照规元，而款项进出率皆银币钞票。计算之劳，加增万倍；

（二）银圆与规元之比价，时涨时落。商人对于货物用规元买进，而以银元卖出，故对于货物之定价多一层危险；

（三）进出口货略有变动，即致银根紧迫，商业大受影响。

然则用规元之习惯可革除乎？曰：可，顾亦不能骤行。其原因有二端：

（一）习俗相沿，势难骤革；

（二）银币之重量成色各有不同，故价值不能一致。

是以上海一埠，商业虽盛，交易虽繁，用生银之习仍难革除。欲图革除，非先将货币之重量、成色统一不可也。

年来货币内地多通用银元，生银之用途日少，故洋价亦日涨。今年内地之产物异常丰富，上海解付之内地款项较多，洋价遂增至七钱四分。此洋价之涨，初无足奇，一年之中五六月及七八月，内地茧棉运入，银元用广，常致洋价飞涨。夫银两为洋价之标准，故银子愈缺，洋价愈跌也。再言今年银角兑换，得十一角七十有奇，一以洋价涨，一以内地输入银角多耳。此亦上海金融上弊病之一也。

银钱行市之说明

银钱行市，日日不同，逐日揭于报端。其种类有鹰洋、龙洋、银拆、转账等。银拆即钱庄与钱庄或银行款项往来之日利，以千两为标准，最高以每千两七钱为止，视市上银根紧宽为转移。转账者，即钱庄同行往来帐款之利率，其高低折中于银拆之高下。此种行情，上下午不同，由钱行会议决定，故上海金融界上钱庄势力亦殊大也。

昔又有所谓拆票者（Chop Loon）。此项债款全属信用借款，无所凭借，无所典押，由银行借与钱庄；不限时期，随银行之需要归还。其利息即谓之银拆。光复以前，此项拆票，竟至二千数百万之多，而外国银行之势遂澎涨于金融界，市面之紧宽、钱庄之生死，悉握于其掌中焉。迨民国三年，乱事迭起，银根吃紧，上海钱庄大有不安之势，银行拆票借款皆无着落，大受损失，此后拆票之制遂废。今则钱庄向银行借款，必须抵押方可。今年内地物品产额增加，现银需用异常孔亟，拆票既废，借银不易，钱庄乃大为困苦焉。

（三）金融机关

上海金融机关、约可分为下列六种：

（一）外国银行、

（二）中国银行、

（三）钱庄、

（四）银炉、

（五）公估局、

（六）各帮。

外国银行势力最大，几握上海金融市场之全权。外人设银行于上海，其初不过为国外汇兑便利起见。迨见中国币制之紊乱，遂生操纵金融之野心。欧战以前，汇丰银行势力最大，今则日本正金银行亦骎骎而日上也。

上海中国银行设立最早而势力最大者，厥惟中、交两银行。两银行规制之善、办理之美，可与外国银行相颉颃。商业银行中，以浙江兴业银行为最完美，其记账之法全仿西式，非常精密，其次则上海商业银行亦为卓出者也。

上海金融机关以钱庄为最早。太平天国后，上海即有钱庄发现，惟当时其营业情况，大概为买卖金银之投机的企业。光绪三十八年，受橡皮股份影响，业钱庄者始为寒胆，乃渐仿银行制度，从事存款事业，规制渐大，营业亦渐稳固，使经理者能勉力从事，亦未尝不可发展焉。

钱庄可分三种：(一)汇划、(二)挑打、(三)零兑。汇划庄各有公单，彼此汇划，可免运送现银之烦扰。挑打庄则无汇划之权，亦名“未入围”，盖每年元月十三日，南北市各汇划庄，均至沪南南园会议，挑打庄则不能与列，故名。至于零兑庄则仅为兑换银币之机关，其影响于金融市场微矣。

上海金融机关以钱庄发达为最早。光绪六七年间，北市有八十家，南市有三十家之多。及中法战起，只剩念余家，又遭橡皮风潮，元气乃大凋丧，南北市大钱庄倒闭十余家。不久辛亥革命，上海钱庄市面益不可问。近年以来，始渐恢复，北市有七十家，南市有十三家矣。中国南有钱庄，北有银炉。银炉者，北方之金融机关也。迨上海通用生银，始渐由北而南，外埠生银进口，式样既来成色亦异，于是由银炉制成元宝，供银行钱庄之用。按南方钱庄、北方银炉，其起源实与欧陆意大利之银行业、英伦之金匠业相彷佛，遥遥相对，亦云凑巧矣。

公估局为估评银子成色之机关，上海只有一家。评估银子，非至易事，而业此者能以目力审定其优劣，丝毫无差，殊称绝技，据谓此术全凭经验云。

各帮前以山西帮为最有势力，其创设初志，亦不过为内地汇款便利起见。今则银行大兴，各帮渐失其势矣。

由今日以推测金融机关之将来，余谓银炉之业必不久长，盖用生银为交易媒介，不数年必归淘汰。迨币制一定，银炉之业自即灭绝。银炉既废，公估局自亦同归于尽。至于各帮势力，今已显败落之状，数年后银行事业日益发达，再毋容各帮立足之余地，其消灭可引领而望也。惟钱庄之将来如何，殊难察度。昔钱庄专营投机的企业，则败亡自可立待，今则仿银行规制，营存放之事，其业颇为稳固。观年来钱庄之发达，数年后与银行立于同等之地位，未可知也，试翘首以观其将来。

以上所述，不过上海金融市场之大概情形，限于时间未能与诸君多谈，且恐其中亦有不能明了者，他日有暇再当与诸君一一详论之也。

银行周报 1919，3（11）

民国八年上海金融之回顾

永 祚

光阴在苒，岁月为驹，一转瞬间，民国八年又告终矣。吾人回溯此一年中之上海金融，则其变动之剧烈、情势之紧急，不禁有无限之感想也。以洋厘、银拆言，洋厘最大为七钱六分八厘，其价之高实为吾人所仅见；银拆屡飞涨之七钱，银根之紧亦为往年所未有。故洋荒、银荒之声，遍传于国中。以汇兑银市言，先令最长至七先令十辨士，实为华洋通商以来最长之市价；大条最大为七十九辨士八分一，亦为世界银价史上罕有之行市。故银贵金贱之势，至今而尤甚。影响所及，内外贸易，均有变动，固无待言。说者谓民国八年为欧战告终、和平改造时期，世界万事万物莫不发生重大急剧之变动，乃吾上海金融界亦受其波及，斯诚潮流激荡，非人力所能阻遏者也。兹请分述之如左：

自民国五六年，上海现银纷纷流出于海外，以致银洋存底枯竭，一遇需要莫不加长银拆、提高洋厘。此其势六年如是，七年亦然，至八年而尤甚。八年洋厘行市，最大至七钱六分八厘，最小为七钱一分九厘，其间市价之相差为四分九厘，变动之大可谓烈矣。大致元二三四月，厘价常在七钱二三分；五六七月，高至七钱四五分；八月落为七钱三分余；十月更涨至七钱四分余；十一月飞涨为七钱六分八厘，为八年洋厘之最大价，如此高价，实为从来所未有；至十二月落为七钱三四分。八年银拆行市，最大至七钱，最小为二分，除二三四五数月外，每月银拆均有涨至七钱或六钱五分者。银根之紧亦为往年所罕见，大致自元月银拆飞涨为七钱后，既逐渐回落，二三四五月均不过数分以至一二钱，六月而后银拆日紧，最大行市为六钱五分，七月至六钱八分，八月以后每月最大行市均为七钱，且其内盘尚有超过此数者。故八年之洋厘、银拆，均属涨时多而跌时少也。兹将民国八年每月洋厘、银拆之最大及最小市价列表如左：

月次	洋厘		银拆	
	最大价	最小价	最大价	最小价
一月	〇・七二四三七五（十八日）	〇・七一九（三日）	〇・七（三日）	〇・〇二（十八日）
二月	〇・七二一二五（八日）	〇・七一九（十一日）	〇・〇七（二十四日）	〇・〇二（十日）
三月	〇・七二四六二五（十八日）	〇・七二〇七五（一日）	〇・一六（三十一日）	〇・〇三（六日）
四月	〇・七三四（二十八日）	〇・七二二六二五（四日）	〇・一（二十一日）	〇・〇二（五日）
五月	〇・七四二（九日）	〇・七三三（二日）	〇・二四（五日）	〇・〇四（十七日）
六月	〇・七五（十二日）	〇・七四〇六二五（二十五日）	〇・六五（三十日）	〇・〇四（十四日）
七月	〇・七五三（二日）	〇・七三五（十六日）	〇・六八（二十九日）	〇・二（十二日）
八月	〇・七三五（一日）	〇・七二七五（十八日）	〇・七（二十九日）	〇・一（二日）
九月	〇・七四（十八日）	〇・七二八三七五（六日）	〇・七（三十日）	〇・一一（十二日）
十月	〇・七四六（二十二日）	〇・七三九二五（二日）	〇・七（二十九日）	〇・〇七（十八日）
十一月	〇・七六八（二十五日）	〇・七四五五（一日）	〇・七（二十八日）	〇・一九（一日）
十二月	〇・七四九（一日）	〇・七二九（九日）	〇・七（十五日）	〇・一二（二十五日）

兹将民国八年洋厘、银拆之最大及最小市价，与七年及六年比较如左：

		八年	七年	六年
洋厘	最大	〇・七六八	〇・七四四五	〇・七三六五
	最小	〇・七一九	〇・七一六七五	〇・七一四七五
银拆	最大	〇・七〇	〇・七〇	〇・七〇
	最小	〇・〇二	借	〇・〇二

欧战而后，银价日趋腾贵。至民国八年，则腾贵尤甚，长至七十九辨士八分一，最缩为四十七辨士四分三,一年中市价之相差竟达三十余辨士，其发动之剧，虽民国六年亦不若也。大致元二三四月，大条银市价常在四十七八辨士，后逐步放长，五六七月为五十辨士以上，七八九十月为六十辨士以上，十一月涨为七十六辨士，十二月更涨为七十九辨士八分一，此其价之高实为世界银价史上所罕有也。先令行市，向随大条为转移，以今日远东银根之紧、产物之富，先令行市自应逐步放长。统计八年先令市价，最长至七先令十辨士，最缩为四先令六辨士，大小之相差几及一倍，其发动亦可谓大矣。大致先令市价，元二月常在五先令左右，三四月缩为四先令八九辨士，五六月而后逐渐放长，七八月为五先令四五辨士，九十月为六先令五六辨士，至十一月放长至七先令以上，至十二月更长为七先令十辨士。汇价逐步见涨，此亦华洋通商以来所未有也。兹将民国八年每月先令、大条之最长及最缩行市列表如左：

月次	先令		大条	
	最长市价（先令 辨士）	最缩市价（先令 辨士）	最长市价（辨士）	最缩市价（辨士）
一月	五・一 （十五日）	五・□ （二十七日）	四八 七/一六 （十五日）	四八 七/一二 （二十七日）
二月	五・□ （七日）	四・七 一/二 （二十六日）	四八 七/一二 （七日）	四七 三/四 （二十七日）
三月	四・八 一/二 （二十九日）	四・六 （十一日）	四九 三/四 （三十一日）	四七 三/四 （十五日）
四月	四・一一 一/二 （二十八日）	四・八 一/二 （五日）	四九 三/四 （二日）	四八 三/四 （二十八日）

（续表）

月次	先令		大条	
	最长市价（先令 辨士）	最缩市价（先令 辨士）	最长市价（辨士）	最缩市价（辨士）
五月	五・三（十三日）	四・一一一/二（二日）	五八（十三日）	四八一/六（五日）
六月	五・四一/二（十六日）	五・二一/二（四日）	五四三/四（十七日）	五三一/八（十日）
七月	五・六（二十一日）	五・三（三日）	五五一/四（三十日）	五三一/八（十一日）
八月	五・一一一/二（二十八日）	五・六（一日）	六一三/四（二十九日）	五五一/一六（二日）
九月	六・二（二十九日）	五・一〇（一日）	六三三/八（二十六日）	五八（一日）
十月	六・八（二十九日）	六・三（十三日）	六五三/八（二十九日）	六二七/八（十三日）
十一月	七・四（二十九日）	六・六（四日）	七六（二十六日）	六五一/二（一日）
十二月	七・一〇（二十日）	七・四（十日）	七九一/八（十七日）	七一一三/一六（一日）

兹复将民国八年先令大条之最长及最缩行市，与七年及六年比较如左：

		八年	七年	六年
先令	最长	七・一〇	五・六	四・一〇一/二
	最缩	四・六	四・二一/二	三・三一/二
大条	最长	七九一/八	四九一/二	五五
	最缩	四七三/四	四二一/二	三五七/八

上海洋厘、银拆之飞涨以及先令、大条之放长，其直接原因实由银洋存底之减少。查上海各银行查仓报告，银两存底以三四五月为最多，计

存二千八百余万，过此既逐期减少，至六月减为二千二三百万，七八九月减为一千五六百万，至十月稍增，至十一月又减，十二月初竟减至一千四百四十四万，故银拆自六月以后常升至七钱。洋元存底以四五月为最多，约有二千二三百万，此后亦逐期减少，均不过一千二三百万，而以十一月中减少为尤甚，计仅存洋一千万元，故洋厘至十一月而飞涨最大。八年大条银存数尚多，最多计存五千九百条。兹将民国八年每星期六各银行查仓报告列表如左：

月　　日	银两（千两）	银元（千元）	大条（条）
一月　四日	一九〇七〇	一三六五〇	四
十一日	二一〇三〇	一三七〇〇	二六一
十八日	二二六二〇	一三一二〇	一二八九
二十五日	（本报停刊未详）		
二月一日	（本报停刊未详）		
八日	（本报停刊未详）		
十五日	二五一五〇	一六一九〇	一七
二十二日	二七四五〇	一七四四〇	一四
三月　一日	二八一二〇	一八三一〇	一四
八日	二七六四〇	一九八三〇	二三
十五日	二八四五〇	二〇七二〇	二三
二十二日	二八二一〇	二一一九〇	二三
二十九日	二八二四〇	二一〇〇〇	二三
四月　五日	二八三九〇	二二〇三〇	一二二
十二日	二五三九〇	二二四五〇	一二二
十九日	二八三九〇	二三四五〇	一二二
二十六日	二八八八〇	二三七五〇	一三
五月　三日	二八五〇〇	二三九五〇	一三
十日	二八〇八〇	二三二三〇	一三

（续表）

月 日	银两（千两）	银元（千元）	大条（条）
十七日	二七四二〇	二〇四八〇	一三
二十四日	二五八三〇	一四二〇〇	一三
三十一日	二四〇六〇	一一三六〇	一一八
六月 七日	二三七三〇	一一四九〇	一七四
十四日	二一八七〇	一一四二〇	一七四
二十一日	二一一〇〇	一二七二〇	一六六
二十八日	二四〇五〇	一三一八〇	一一七一
七月 五日	一九〇四〇	一二八八〇	七八四
十二日	一七〇九〇	一二八二〇	一九六
十九日	一五〇一〇	一二六四〇	一五三
二十六日	一四八五〇	一一九九〇	四七三七
八月 二日	一五六〇〇	一一八四〇	三二五四
九日	一五八七〇	一一九二〇	一五六五
十六日	一七〇〇〇	一一三三〇	二六四二
二十三日	一五八二〇	一一八四〇	二五七七
三十日	一六三九〇	一二九五〇	二八九一
九月 六日	一六五七〇	一三八三〇	一七一四
十三日	一七三二〇	一四二〇〇	二二一
二十日	一六四四〇	一三七五〇	五九〇〇
二十七日	一六七二〇	一三六一〇	三九四六
十月 四日	一八四八〇	一三三〇〇	二〇八四
十一日	一八八〇〇	一二八三〇	一二七七
十八日	一九〇四〇	一三四七〇	九
二十五日	一八一四〇	一二九九〇	三五六五
十一月 一日	一八〇一〇	一三〇九〇	三四八四

（续表）

月 日	银两（千两）	银元（千元）	大条（条）
八日	一七〇二〇	一三二七〇	一六八七
十五日	一六七〇〇	一〇六三〇	二七七六
二十二日	一五四四〇	一〇一二〇	三四五三
二十九日	一五九四〇	一一五五〇	二三三六
十二月 六日	一四四四〇	一二七六〇	六五二
十三日	一五五一〇	一三一七〇	一七九
二十日	一七一七〇	一二九五〇	四三六五
二十七日	一七九三〇	一三一三〇	一七三〇

兹复将民国八年银洋存底之最多及最少数，与七年、六年比较如左：

		八年	七年	六年
银两	最大	二八八八〇	二九八九〇	二五七三〇
	最小	一四四〇〇	一七九八〇	一六三五〇
银元	最大	二三九五〇	二四一〇〇	二二〇九〇
	最小	一〇一二〇	一一五九〇	一三三六〇
大条	最大	五九〇〇	二二四〇	二四三七
	最小	四	三	三四

推究上海金融紧急之原因以及银洋存底减少之由来，实以民国四五六年上海现银流出于外洋太多之故。查自欧战起后，至六年六月十五日截止，出口银洋共值关平银九千六百二十万三千四百五十四两，进口银洋共值关平银五千三百四十一万五千六百四十八两，进出两抵，计净出口四千二百七十八万七千八百〇六两。故上海银洋存底，自五六年后已大减少，往时内地产物多告歉收，而欧洲大战亦未停止，商业停滞，故银洋用途不广，

存底虽枯，金融不致常紧。而八年则异是，东北各省产物收成均丰，自欧洲和约签定后，各国又多注全力于制造事来，以求战后商业之胜利，故原料品之需要甚殷，凡杂粮、皮毛、棉花、油类、烟草、落花生、草帽鞭等，无一不见畅销，买卖转运，需款浩繁，因之银洋之流入内地者多，虽外国常有大条银来申，而所入仍难抵所出，故本年金融之紧急较往年为尤甚。且吾国东三省等处，通用货币中最占势力者向为罗布票与老头票，欧战而后，罗布市价逐渐跌落，几有江河日下之势，迄今已视同废纸，每百罗布仅值一二元不等，吾国商人之受其累者，亏折无可胜言，于是相率不肯通用，交易往来多改用银元；至于老头票则以金贱银贵之故，价亦日落，已跌至四五折左右，商人亏折堪虞，多拒绝不敢行使，而亦改用银元。此外各官银行号所发行之纸币，亦多不能兑现而有滥发之弊，故信用薄弱，人民不乐使用，需要现银因之日多。东三省向称纸币世界，而去年亦需用现银，多来上海装运。有此大种需要，无怪其供不敷求，金融因之常紧也。至于先令、大条之放长，亦银根紧急之故。盖吾国出口货既多，则外国银行应付之款自增，不得不放长市价以吸收现银。故八年之上海金融，可一言以蔽之曰：银洋存底不敷应用而已。以今日银货需要之浩繁、供给之减少，欲输入银货颇非易易。为今之计，急宜提倡信用制度之发达，以节省实币之用，庶几金融不致常紧，市面赖以周转也。

银行周报 1920，4(1)

吾国金融之分布与多金融之中心及上海金融业资力之推测

沧　水

近数年来，国人渐知金融事情之重要，对于金融上之调查研究稍能注意。但吾国统计之政未举，故所谓调查研究系片面的，虽欲得知其大势，竟不可得也。余为此文有数种目的：第一观察金融之分布状态，第二观察金融之集中情形，第三观察金融之中心地点，最后则推测上海银行业、钱庄业之资力，以探求上海本国金融业资力。聊就研究之所得，以陈述吾国金融之大势而已，但有困难之点，敢为读者告。大凡研究应用经济学者，决非想当然可以为文，要必根据统计以明事实之真相。吾国今日无统计之可言，而民既不明统计之作用，而国家亦无统计之设施，欲俟得有统计而后再发表言论，则俟河之清，人寿几何？无已，惟有就私人能力之所及，以制成统计资料。本文各表缺陷殊多，虽然，恶统计固胜于无统计也。

欲明金融之大势，要须明了其分布状态及集中情形，由此始得悉其中心地点。盖金融中心之造成，必有其原因，决非想当然而可以号称者也。在有票据交换所之国，一方面将所在地各银行之营业实际，如实拨资本存款总额、现金总额、放款总额等项业务，于每星期、每月、每半期、每年分别造表公布；他方面将所在地各银行之交换状况，如交换票数、交换金额、金额与票数之增减等项情形，于每星期、每月、每半期、每年分别造表公布。因有此两种统计资料，可以就各地互相比较，据此以观察金融分布之状态及金融集中之情形，而断定其金融中心点。一国之金融大势，自然了如指掌矣。吾国缺乏此项统计，实系金融上极大缺陷，所希望各地银行公会注意其事，此为金融业者之责任，并非政府所可得而统计者也。

吾国既无现成之统计，可以知其实际上之真相，只好用统计学上大量的观察法。盖统计系大量观察的结果所发生之数字。所谓大量观察者，即计量的单位观察，就一定之顺序组织据此以为推算。此即本文统计资料之制成主旨也。

从银行资产上以观察金融之分布

吾国各地其银行业设有总行五所以上者，除东三省未详外，厥惟北京、上海、天津、杭州之四埠。此四大埠，其设立总行者，实较各地为多。今将银行名与总行所在地及资产总额列表于左，均根据民国八年结帐报告焉（单位：一元）：

银行名	总行所在地	资产总额	附注
中国银行	北京	三一七四三一一七二	本表所列之资产总额系贷借对照表资产科目之总和
交通银行	北京	一四七三五〇〇九八	
盐业银行	北京	二九五四九七八六	

（续表）

银行名	总行所在地	资产总额	附注
新华储蓄银行	北京	一六六五一九一九	
东陆银行	北京	五一五九〇〇九	
北京商业银行	北京	四〇七二四一	
五族商业银行	北京	二六八一九五一	
边业银行	北京	——	报告未到
新亨银行	北京	——	同上
致中银行	北京	——	同上
京兆农工银行	北京	——	同上
蔚丰商业银行	北京	——	同上
中华储蓄银行	北京	——	同上
合计	一三	五二三二三一一四九	
浙江兴业银行	上海	一八二四五四二六	
上海商业储蓄银行	上海	一〇三一〇四八六	
四明商业储蓄银行	上海	五九五七六〇五	单位为规元银
中华商业储蓄银行	上海	一九九五二三二	
中国通商银行	上海	一一三七二五五三	单位为规元银
江苏银行	上海	三四二八九二四	
永亨银行	上海	二三六二六六三	
正利银行	上海	一七五二五六三	
华商实业银行	上海	——	新近开业
华丰银行	上海	——	同上
庆丰合资银行	上海	——	同上
大丰银行	上海	——	同上
华大银行	上海	——	同上

（续表）

银行名	总行所在地	资产总额	附注
民新银行	上海	——	尚未开业
中华劝工银行	上海	——	同上
合计	一五	三八〇九五二九四 一七三三〇一五八	（银元） （银两）
中孚银行	天津	七六四〇六四〇	
金城银行	天津	一八五九六七八七	
大陆银行	天津	七三六〇六八六	
中国实业银行	天津	二三三六〇〇二五	
北洋保商银行	天津	——	报告未到
大生银行	天津	——	同上
合计	六	五六九五八一三八	
浙江地方实业银行	杭州	九二六一七四〇	
华孚商业银行	杭州	三九二〇七一八	
浙江储丰商业银行	杭州	七二四五三一	
浙江杭县农工银行	杭州	三三七六〇八	
杭州道一银行	杭州	——	报告未到
合计	五	一四二四四五九七	

观于上表，可知当地设有总行者，北京共十三家、上海共十五家、天津共六家、杭州共五家。自银行勃兴以来，各地虽有类似银行之固有的金融机关，要以银行业资力较为雄厚。故从此表以为推测，可发现二种现相：一则京、津、沪、汉号称吾国之四大埠，汉口方面，虽无著名银行开设总行于其地，但该地金融业颇为发达，于此可见金融之分布，实以京、津、沪、汉为最盛，此外则为杭州或东三省一带也；二则总行设立地方，其资力较为充实，就此而论，则京、津、沪、汉、杭等处之金融约较各地为活泼。自此两种现相以为综合的观察，则吾国金融之分布，厚于都会商埠，而薄于地方县邑，此即金融不普及之

明证也。可知吾国金融之现状，以都会商埠为繁昌，以地方县邑为落漠，患在组织银行者均群集于都会商埠，从不推广银行于地方县邑，此实一不良之现相。盖都会与县邑为经济界之表里，金融上不可有所偏枯。惟望今后组织银行者，宜在地方上着手，因地制宜以调剂地方之金融，并助长地方上产业之发达也。

从银行数字上以观察金融之集中

就前表以为观察，则银行设立最多之地方首推京沪，总行设于北京者计有十三家，总行设于上海者计有十五家。但今日银行设立最多之地方，亦当以京沪为其最，各银行设有分行在北京者许有十家，各银行设有分行在上海者计有二十五家；中外合办银行之设立京沪者，北京计有五家，上海亦有五家；外国银行之设分行于京沪者，北京计有七家，上海计有十八家。于此可以推测数种现相：一则就银行数字上观之，可知金融之趋势均集中于京沪；二则近今设立银行者，总行往往设于京沪，其各地银行推广分行时亦均首先分设于京沪，故今日北京、上海之二埠可称为银行荟萃之所在。吾于此发生无限之感想，则小银行林立于巨郡大埠，其营业竞争自然必烈，故所望于今后之组织银行者，小资本之组织莫再群集于京沪。今日工商业尚不发达，固有之交易不过仅有此数，多添一家小银行，即多添一番小竞争，利于此必不利于彼，徒使金融市场群小林立。吾人观察银行事业之盛衰，当视其对于市场上营业资力之厚薄，不得以数字之多寡为标准。故小资本之组织，宜舍都会商埠而趋于地方县邑之为是。从本身营业上言，与其在商埠以作牛后，何如在县邑以为鸡口，较能有良好之发展。至从世界金融大势以言之，则非提倡金融之集中，无以与海外市场相接触；并非扩张其组织之规模，无以扶助工商举业之发达。但金融之集中，系营业资力因以充实，并非多增数家小银行，即可谓之为集中也。故今日京沪之现状，系银行数字上金融之集中，并非银行资力上金融之集中。银行之数字虽多，实以小银行居其大多数也。今将京沪现有之中外银行，分本国银行与中外合办银行及外国银行之三大类，以表列于左：

北京现有之中外银行				上海现有之中外银行			
本国银行		中外合办银行	外国银行	本国银行		中外合办银行	外国银行
总行在北京者	分行在北京者			总行在上海者	分行在上海者		
中国银行	浙江兴业银行	华俄道胜银行	汇丰银行	浙江兴业银行	中国银行	华俄道胜银行	汇丰银行
交通银行	中孚银行	中法宝业银行	麦加利银行	上海商业储蓄银行	交通银行	中法宝业银行	麦加利银行
盐业银行	金城银行	中华汇业银行	花旗银行	四明商业储蓄银行	盐业银行	中华汇业银行	有利银行
新华储蓄银行	聚兴诚银行	中美懋业银行	友华银行	中华商业储蓄银行	浙江地方实业银行	中美懋业银行	花旗银行
东陆银行	华孚商业银行	中义银行	东方汇理银行	中国通商银行	中孚银行	中义银行	友华银行
北京商业银行	大陆银行		华比银行	江苏银行	新华储蓄银行		菲律宾银行
五族商业银行	中国宝业银行		横滨正金银行	永亨银行	聚兴诚银行		汇兴银行
边业银行	北洋保商银行			华商宝业银行	广东银行		东方汇理银行
新亨银行	大中商业银行			华丰银行	金城银行		荷兰银行
致中银行	大生银行			庆丰合资银行	东陆银行		华比银行
京兆农工银行				大丰银行	东莱银行		横滨正金银行
蔚丰商业银行				华大银行	山东银行		台湾银行
中华储蓄银行				民新银行	大陆银行		朝鲜银行

（续表）

北京现有之中外银行				上海现有之中外银行			
本国银行		中外合办银行	外国银行	本国银行		中外合办银行	外国银行
总行在北京者	分行在北京者			总行在上海者	分行在上海者		
				中华劝工银行	东亚银行		三井银行
				正利银行	中国宝业银行		三麦银行
					淮海宝业银行		住友银行
					苏州银行		美丰银行
					丰大银行		安达银行
					蔚丰商业银行		
					大生银行		
					大中商业银行		
					广西银行		
					江西银行		
					山东工商银行		
					华孚商业银行		
合计行数一三	合计行数一〇	合计行数五	合计行数七	合计行数一五	合计行数二五	合计行数五	合计行数一八

从银行比较上以观察金融之中心

综上所述，自金融分布状态以言之，可知京沪之金融较为活泼；再据银行数字上以为观察，则金融之趋势均集中于京沪，故今日吾国最重要之金融市场当首推京沪，其次方为津汉也。一国必有金融之中心，吾国之金融中心，系上海乎？抑北京乎？此则极有兴趣之研究问题也。

北京为吾国建都之所在，全国度支出纳均聚散于此。在昔闭关时代，富庶甲于全国，故北京方面之金融甚为活泼。但金融之消长对于贸易之盛衰殊有密切关系。北京虽为首都，实无贸易之可言，并无大宗商业可以左右市面。输入商品，均以消费居多；输出商品，大概由此经过（按：北京附近之丰台镇为京汉、京奉、京绥三路连络运输之处，输出入之货物大概在此集散）。至其金融界之所以活动，全恃公私款项之流通，聚集于此，复散布于各地。年来交通便利，行旅辐辏，较之昔日尤为繁盛；金融市场之需给日渐增大。但北京之金融，非以商业方面之交易为其主体，实以政治方面之关系为其中坚。苟从金融市场上以为具体之观察，则北京之金融，并无特强之势力可以操纵各地，且为各地所左右也。至于上海，实为吾国惟一大商埠。运输便利，工业发达，为吾国对外资易之咽喉，输出入日益繁盛，且国内外汇兑市价多以上海为标准。故从金融地位上、商业关系上以为观察，北京之金融决不如上海之充实，此北京所以不能成为吾国之金融中心也。

至就银行业务上以言之，则北京之银行，其往来交易实以官家为大宗，若上海则纯为商业上之关系。假使今后政治清明，中央财政无仰仗小银行之必要，则已有之银行自必逆取顺守，分设来沪，以谋其正当业务之发展；其在北京开设银行者，势必随以减少。加之上海类似银行之金融业，如钱庄等，其势力正非北京现有之银号所可比拟。故就金融资力以言之，北京之金融市场正不及上海金融市场之资力充实也。又查京沪现有之中外银行，北京总计仅三十五家，上海总计共达于六十三家，即就此数字以为观察，北京之金融决不如上海之活泼。此北京所以不能成为吾国之金融中心也。附表于左：

种别	北京	上海
本国银行	二三	四〇
中外合办银行	五	五
外国银行	七	一八
总计	三五	六三

试退一步以立论，北京为吾国之财政枢纽，实可谓为财界的金融中心；上海为吾国之商业枢纽，实可谓为商界的金融中心。观北京金融之状态，可察乎政治之美恶；观上海金融之状态，可以察乎贸易之盛衰。就此观察以下判定，则吾国金融之中心，可称为椭圆形；北京与上海，实可谓各成其为中心，殊有两个中心之倾向。若从严格以立论，并为正圆形之观察，则就种种方面的情势以下判定，则吾国之金融中心实可谓为在上海。此所希望于金融业者，其发挥而扩大之，并使其进一步而造成为远东之金融中心也。

上海银行业资力之推测

吾人既认上海为吾国之金融中心，但号称金融中心之上海，其银行业之资力究有几何，既无统计可资依据，惟有推测之而已。按总行设于上海并有分行者计有四家，总行设于上海未设分行者计有四家，各地银行分设于上海者计有十五家，其无营业报告可资依据及新近开业尚无报告者尚有十余家，姑不列入。容就此项分类，以次第言之。

总行设在上海未设分行者，其所有之营业资力，当然均在上海，并未分散。此类计有四家，其资力合计共为六百十五万四千九百三十九元、又规元一千一百四十二万四千七百二十五两。此为纯粹在上海金融市场之资力，附表于左(除通商银行系规元银外，单位：一元)：

	营业资力					
银行名称	已缴资本	存款	现金	公积	兑换券	资力合计
中华	二五〇〇〇〇	一三四九〇五七	三八五九八四	五四二二七	二五〇〇〇〇	二二八九二六八
永亨	二五〇〇〇〇	一〇四五四二一	一三一三七二	五五六〇〇	九九九七〇	一五八二三六三

（续表）

	营业资力					
银行名称	已缴资本	存款	现金	公积	兑换券	资力合计
正利	一〇〇〇〇〇	一六一九六〇七	五六三七〇一			二二八三三〇八
通商	二五〇〇〇〇〇	四八七〇一七〇	一三〇七一九九	一二四五〇六九	一五〇二二八七	一一四二四七二五
合计	六〇〇〇〇〇（银元）	四〇一四〇八五（银元）	一〇八一〇五七（银元）	一〇九八二七（银元）	三四九九七〇（银元）	六一五四九三九（银元）
	二五〇〇〇〇〇（银两）	四八七〇一七〇（银两）	一三〇七一九九（银两）	一二四五〇六九（银两）	一五〇二二八七（银两）	一一四二四七二五（银两）

总行设在上海并有分行者，其所有之营业资力，当然不专在上海，略有分散。此类计有四家，其资力合计共为三千七百三十四万六千二百六十元、又规元七百二十一万九千九百二十六两（假定折合银元为一千万元）。但此四家银行所设分行之合计，仅有十三所，其营业资力大部分实在上海总行，故就其营业状态分行情形以为推测，其在沪之资力至少约有六成。假定即以六成计之，此四家之营业资力估计约有二千六百万元在上海金融市场也。附表于左（除四明银行系规元银外，单位：一元）：

银行名称	营业资力					
	已缴资本	存款	现金	公积	兑换券	资力合计
浙江兴业	一〇〇〇〇〇〇	一二九五三四八九	三四〇七四六	六二〇一六七二	三三五〇〇〇〇	二三八四五九〇七
上海商业	一〇〇〇〇〇〇	六三九四一四二	一一〇〇〇〇	二四六四九三二		九九六九〇七四
江苏	六〇〇〇〇〇	二二八一八五〇	一六〇三九二	四七四〇三七	一五〇〇〇	三五三一二七九

（续表）

	营业资力					
银行名称	已缴资本	存款	现金	公积	兑换券	资力合计
四明	六四九八二五	四九六七六七八	七七三八七	一五二五〇三六		七二一九九二六
合计	二六〇〇〇〇〇(银元)	二一六二九四八一(银元)	六一一一三八(银元)	九一四〇六四一(银元)	三三六五〇〇〇(银元)	三七三四六二六〇(银元)
	六四九八二五(银两)	四九六七六七八(银两)	七七三八七(银两)	一五二五〇三六(银两)		七二一九九二六(银两)

各地银行分设于上海者，除无报告可根据者外，计共十五家。其所有之营业资力，当然分拨若干在沪。此十五家之资力合计，共有五亿七千三百零五万二千五百二十八元。于此以为推测，殊苦于无从着想。但此类银行，其分行最多者，莫过于中、交，至中、交两行，其分支行之合计虽共达一百八十余所，但其营业重心厥在上海，故推测其在沪之资力势必充实。又其他银行所设分行为数甚少，十三家之分行合计仅不过三十余所，且其分设来沪，决非无业务而始能来此，故推测其在沪之资力势必不薄，就其营业状态分行情形以为推测，其在沪之资力，通扯至少需有二成。假定即以二成计之，此十五家之营业资力，估计约有一亿四千万元在上海金融市场也。附表于左(单位：银元一元)：

银行名称	营业资力					
	已缴资本	存款	现金	公积	兑换券	资力合计
中国	一二二七九八〇〇	一八一四五九八五九	八九八〇八七六	四一一六七七二	六一六八〇〇八八	二六八五一七三九五
交通	七五〇〇〇〇〇	八一〇〇九七一九	四七一〇二二〇三	三二九五一三六	二九二七二六五三	一六八一七九七一一

（续表）

	营业资力					
银行名称	已缴资本	存款	现金	公积	兑换券	资力合计
盐业	二五〇〇〇〇〇	二二七一三三四九	八七〇七八七一	五一七一六〇		三四四三八三八〇
新华	一二五〇〇〇〇	九六八〇五二一	二〇五〇三二五	二〇六八三六		一三一八七六八二
东陆	六三〇〇〇〇	二二〇二三六〇	一三八九七〇八	二一四五〇二		四四三六五七〇
浙江宝业	七一〇三〇〇	五八〇四二四七	一九三一三九六	八一四二二	一五四二八八六	一〇〇七〇二五一
中孚	一〇二〇〇〇〇	三五六八〇三四	八四九〇二五	五三九九九	八五〇〇〇〇	六三四一〇五八
聚兴诚	七〇〇〇〇〇	四五八九四二四	四一二二四五	一九二八七四		五八九七五四三
广东	二八六〇八八二	七八八三一四四	一〇三四五六四			一一七七八五九〇
金城	二〇〇〇〇〇〇	一二四六七三五〇	三四九一一八三	二〇〇〇〇〇		一八一五八五三三
华孚	四二八五〇〇	二四七九九六六	八〇七二四四	一四〇〇九		三七二九七一九
东莱	二〇〇〇〇〇	三九三六六八二	八四六二八九	三二〇〇〇		五〇一四九七一
大陆	一〇〇〇〇〇〇	五〇一六九三一	一八一二〇一五	九七八五六		七九二六八〇二
东亚	二〇〇〇〇〇〇	四〇一六七七六	一一一〇八九九	二〇〇〇〇〇		七三二七七五
中国宝业	二二二三六〇〇	三一五三二〇九	二六二四一六二	四六六七七		八〇四七六四八

（续表）

	营业资力					
银行名称	已缴资本	存款	现金	公积	兑换券	资力合计
合计	三九三〇三〇八二	三四九九八一五七一	八三一五〇〇〇五	九二七二二四三	九三三四五六二七	五七三〇五二五二八

如前所述，则总行在沪未设分行者，其资力合计共为二千二百万元（内规元银折合银元）；总行在沪并有分行者，其资力合计共估为二千六百万元；其分设来沪者之资力合计共估为一亿四千万元。假定即以此项估计而为推算，是则上海金融市场本国银行业之资力总计共有一亿八千八百万元，再加以未会列入本表之各银行，总共至少当为二亿万元也。吾于此项统计之推算，诚不免有所武断，果使上海有票据交换所之设立，将当地营业情形造表公布，则吾人一览了然，尚何待于我之推算？所算出之数目字，即吾亦自以为殊不确当，固不待有关系者向我责难。虽然，恶统计胜于无统计，当为有关系之阅者所谅解也。

上海钱庄业资力之推测

据上海金融机关一览之所载，北市汇划庄合计共五十九庄，其资本金合计共为五百万两，南市汇划庄合计共十二庄，其资本金合计共为四十九万四千两；北市中通行合计共十九庄，其资本金合计共为八十一万两，南市中通行合计共十一家，其资本金合计其为十八万六千两。总计以上之所载，共为一百零一庄，资本金总计共为六百四十九万两。以上所举缺陷诸多，庄数既不止此，金额或有不确。盖统计之举，本诸调查，苟无调查，又何统计？但调查之着手方法，要在当业者能有确实之报告，在报告若既不愿详其真相，则调查者又何从着手？故金融统计殊不易言也。即如此所述之钱庄对于庄数及金额尚难求窥其全豹，又何况营业资力之内容，如存款现金等项情形乎？今姑据上海金融机关一览之所载列表于左：

种别	庄名	资本金	庄名	资本金	庄名	资本金	庄名	资本金
北市汇划庄	福康	一〇〇〇〇〇	元甡恒记	四〇〇〇〇	信元宝记	六〇〇〇〇	恒祥永记	六〇〇〇〇
	安裕	一〇〇〇〇〇	义生	一〇〇〇〇〇	鸿胜	一二〇〇〇〇	益丰	六〇〇〇〇
	庆裕	一二〇〇〇〇	光裕	八〇〇〇〇	鸿祥	一二〇〇〇〇	兹康	一二〇〇〇〇
	永丰	一〇〇〇〇〇	润昶	六〇〇〇〇	晋安	七二〇〇〇	存地和记	六〇〇〇〇
	润余	八四〇〇〇	汇昶	四〇〇〇〇	长盛□记	六〇〇〇〇	志峰	一〇〇〇〇〇
	恒隆	一一〇〇〇〇	聚康	六〇〇〇〇	茂丰庆记	六〇〇〇〇	福源	二〇〇〇〇〇
	益昌	一〇〇〇〇〇	元盛	四〇〇〇〇	谦成	六〇〇〇〇	庆成	一〇〇〇〇〇
	信孚	八〇〇〇〇	恒兴	一〇〇〇〇〇	大成	六〇〇〇〇	渭源	一二〇〇〇〇
	衡通钧记	六〇〇〇〇	德康	六〇〇〇〇	信裕	一〇〇〇〇〇	德兴	六〇〇〇〇
	顺康	二〇〇〇〇〇	鼎康源记	一〇〇〇〇〇	益大	六〇〇〇〇	仁亨	一〇〇〇〇〇
	承裕	九六〇〇〇	同余永记	六〇〇〇〇	祥裕	一二〇〇〇〇	鼎盛	一〇〇〇〇〇
	汇康安记	九六〇〇〇	永余成记	四〇〇〇〇	宝昶	六〇〇〇〇	合丰生记	一〇〇〇〇〇
北市汇划庄	信成	一〇〇〇〇〇	振泰润记	五〇〇〇〇	志成裕记	六〇〇〇〇	怡大永记	一〇〇〇〇〇
	泰康福记	四八〇〇〇	瑞昶成记	四〇〇〇〇	宝丰	四〇〇〇〇	瑞泰	一〇〇〇〇〇
	元春正记	一〇〇〇〇〇	安康晋记	一〇四〇〇〇	兆丰德记	一〇〇〇〇〇		
	合计：五十九庄，共资本金五〇〇〇〇〇〇两							

（续表）

种别	庄名	资本金	庄名	资本金	庄名	资本金	庄名	资本金
南市汇划庄	徽祥	三〇〇〇〇	义昌	六〇〇〇〇	致祥	二〇〇〇〇	原裕	四〇〇〇〇
	益康	四〇〇〇〇	衡九	四〇〇〇〇	源升	二四〇〇〇	德昶	六〇〇〇〇
	干元	四〇〇〇〇	晋德	四〇〇〇〇	益慎	四〇〇〇〇	均昌	六〇〇〇〇
	合计：十二庄，共资本金四九四〇〇〇两							
北市中通行	致和永记	六〇〇〇〇	同德和记	四〇〇〇〇	鼎大	二〇〇〇〇	丰祥	六〇〇〇〇
	敦余福记	一〇〇〇〇〇	鼎甡	四〇〇〇〇	老久大鼎记	四〇〇〇〇	隆泰	四〇〇〇〇
	同益洽记	一〇〇〇〇	慎益兴记	四〇〇〇〇	大德益记	四〇〇〇〇	正和	四〇〇〇〇
	源和余记	一〇〇〇〇	裕源	四〇〇〇〇	长和	四〇〇〇〇	长源	八〇〇〇〇
	元顺	三〇〇〇〇	同兴泰记	四〇〇〇〇	信康	四〇〇〇〇		
	合计：十九庄，共资本金八一〇〇〇〇两							
南市中通行	志成	一〇〇〇〇	义源祥记	一〇〇〇〇	生大恒记	二〇〇〇〇	元庆	三〇〇〇〇
	瀛丰	一〇〇〇〇	德泰	一〇〇〇〇	祥康	二四〇〇〇	德丰	一二〇〇〇
	正康昌记	二〇〇〇〇	元发	二〇〇〇〇	成源	二〇〇〇〇		
	合计：十一庄　共资本金一八六〇〇〇两							
总计	一百零一庄，总资本金六四九〇〇〇〇两							

于上表之所列，此一百零一家之资本金总额共为六百四十九万两。但钱庄之资力多为无限，并不在资本金之多寡，惟视东家及当手之信用与手腕之如何。数万两之资本金能吸收一两百万之存项，并做一两百万之账面者，实非稀罕。但资力充实者固属有之，其内容竭蹶者亦复不少，于此以为推测极不容易。就各个单位以为视察，则其营业资力十倍于其资本金者颇非浅鲜；至就全部大体以为观察，假定营业资力五倍于其资本金，则照此以为推算，此一百零一家共有资本金六百四十九万两。以五倍推算，再加以未曾列入钱庄，依余个人之揣测，则上海一埠所有钱业之营业资力至少当为六千万元也。

上海本国金融业之资力

假定照以上之推算，银行业之资力共估计为二亿万元，钱庄业之资力共估计为六千万元，是则本国金融业之总资力合共当为二亿六千万元。上海金融市场组织之基础，殆亦不可不谓不充实矣。倘再加以外国银行之资力更为进一步推算，姑假定外国银行之资力与本国银行业同等，则上海金融市场之实际资力当不下四亿六千万元。惜乎竟不能将外国银行之营业报告如数搜齐，以为比较确实的之推算也！

最后有一言敢为阅者告，则本文之作不过希望于无统计之时，以为比较有统计之推算，其不尽不实以及武断附会之处，我个人亦引以为憾。倘无此恶统计以说明之，则虽欲求得知悉其片面的大势且不可得。吾尚有两种希望：一则深盼各银行常以营业报告相惠，俾为不断的研究；二则极盼阅者加以讨论，以指摘其悮谬，俾为不断的改良。此二者当为阅吾报者所乐表同情者也。

银行周报 1920，4（38）

民国九年上海金融之回顾

士　浩

（一）概说

上海金融之变动，非但须受腹地各埠之影响，即世界各国经济之隆替亦在在与有密切之关系。盖上海金融市场之地位，渐由一国的趋于世界的，非仅就一隅之情况以为单的变动也。在民国九年间，日美经济叠呈恐慌，英法商况尤见萧索，其影响之所及已足使上海市场为之减色。况乎频年以来，国家多故，天灾人祸接踵相寻，因此而上海之金融亦缘以而难敏活。以言洋厘，则通年平落；以言银拆，则大致平松——要皆由于贸易商况之凋零。至于国外汇兑则变动无常，高低悬绝，又足使输出入商家感其困难。故九年中之金融商况，其衰颓情形殊甚于往昔。今就本报累期所载之上海金融综合而言其一年中之经过状况焉。

（二）洋厘、银拆

往年当一二月间，洋厘、银拆常因各埠来源之涌旺及商业之清淡而较低落。本年一月三日以后，银拆虽亦低落，而洋厘颇高，二月九日且达七钱四分，其原因殆由于去年底洋厘大涨之余势未尽及存底之淡薄也。三月下旬以后厘价始落，二十七日且落至七钱二分九厘余。三四月间各庄以丝茧用途行将上市，恐洋厘复如去年之大涨，纷纷预进银元，厘价遂涨，自三月中旬以迄于五月初常在七钱四分左右，本年厘价当以此时为最高。银拆则因银行放出茶茧押款尚见松动，但较之去年则见增高耳。五六月间虽当丝茧用途上市之际，而洋厘反见跌落，较之往年情势大异。此实本年洋底之丰富与预进较多有以致之也。银拆因出口较盛且钱庄对于放款颇持稳健，故常在二三钱左右。六月中旬且仅作借，较之往年相差远矣。七月以还国内市况衰落，各商业沉滞，厘价益呈低落，虽七月十二日因津保之变暴涨至七钱四分六厘，然旋即跌落。历八、九、十、十一、十二等月，洋厘常在七钱二分左右。十二月且时落至七钱一分余。其能在七钱三分许者，只九月中旬耳。此不特小于去年远甚，且弗及前年也。银拆自七月后常见提高，十月中旬恒在六钱，嗣后虽较落，然亦未大松，惟较之前年及去年尚小过一钱左右耳。入十二月后常上下于三四钱，较之往年弗及远矣。兹将本年中洋厘、银拆每月之最大价及最小价列表如左（单位：两）：

月别	洋厘		银拆	
	最大价	最小价	最大价	最小价
一月	（十三日） 〇.七三九	（三日） 〇.七三〇五二五	（三日）〇.七〇	（三十日） 〇.〇三
二月	（九日） 〇.七四	（廿七日） 〇.七二五七五	（十八日） 〇.三〇	（二十五日）借
三月	（十五日） 〇.七三八七五	（一日） 〇.七三〇五	（三十日） 〇.四二	（五日） 〇.〇二
四月	（廿七日） 〇.七四二七五	（五日） 〇.七三四七五	（二十九日） 〇.三四	（十七日） 〇.〇五
五月	（一日） 〇七三九五	（二十日） 〇.七二八三七五	（十四日） 〇.三二	（二十二日） 〇.一一
六月	（二日） 〇.七三八三七五	（十日） 〇.七二六六二五	（八日） 〇.二四	（十九日）借
七月	（十二日） 〇.七四六	（三日） 〇.七二七二五	（十三日） 〇.二五	（一日） 〇.〇三
八月	（三十日） 〇.七二九	（廿三日） 〇.七二五六二五	（三十日） 〇.三五	（十四日） 〇.〇六
九月	（七日） 〇.七三一七五	（三十日） 〇.七二三二五	（十八日） 〇.五〇	（三日） 〇.二一
十月	（十四日） 〇.七二四五	（四日）〇.七二	（三十日） 〇.六〇	（二十三日） 〇.一六
十一月	（二日） 〇.七二五二五	（廿四日） 〇.七二〇二五	（三十日） 〇.五八	（十三日） 〇.一七
十二月	（三日） 〇.七二〇五	（廿七日） 〇.七一四七五	（三日）〇.三八	（四日）〇.一六

观于上表，则本年洋厘、银拆之低落，实为往年所罕见。洋厘最大七钱四分六厘，最小七钱一分四厘七毫五。银拆最大七钱，最小作借。二者均较小于去年。且较之七六两年，虽似大过若干，其实本年洋厘最大价之达于七钱四分六厘者仅七月二日早市耳，而银拆之达七钱者亦仅一月初耳，其余之市价平均常较往年为小。

查八年洋厘之在七钱四分上者，九月至十二月间均常见之，六七两月且常达七钱五分余，而十一月下旬竟涨至七钱六分八焉。七年十月至十二月间，银拆时达七钱，洋厘虽常较本年为小，然落至七钱一分六厘许者仅不过一月下旬，非若本年十二月之数数觏也。六年之洋厘虽较本年为小，而银拆实较大。故近三四年来上海金融之呆滞，当以本年为最甚也。兹将六年来洋厘、银拆每年之最大价、最小价列表于下：

		九年	八年	七年	六年
洋厘	最大	○·七四六	○·七六八	○·七四四五	○·七三六五
	最小	○·七一六	○·七一九	○·七一六七五	○·七一四七五
银拆	最大	○·七○	○·七○	○·七○	○·七○
	最小	借	○·○二	借	○·○二

本年上海金融之呆滞，下半期尤甚于上半期。盖上半期中日美经济界尚略有起色，且银价昂腾，外国汇总颇利于吾国之输入业，而国内产业亦尚发动，商业多呈繁荣，洋厘遂能维持其相当之高度，银拆亦能时见松动。五六月后，输入业者以银价频跌，恐慌大起，日本且于此时发生大恐慌，银行工场之倒闭停业者先后叠出，美国则以物价大落，制造业者纷纷停止或减少工作。于是输出入业，阻滞莫动，内地之输出品群集于上海，而存货堆积。已输入之品，则以北方之灾害及其他各处之纷乱，不易行销于内地，亦留滞于上海。一般商业异常清淡。洋厘乃愈趋愈跌，银拆虽较涨，然钱业鉴于去年之覆辙，纷纷缩小放款范围。故金融之呆滞，遂与日俱盛，较之上半期又减色多多矣。

（三）先令、大条

国外汇兑之涨落类以伦敦大条银价为转移，而先令（即对英汇兑）汇价之长缩，尤为其他国外汇价变动之标准。此种情形，当欧战以先，极为明显。近数年来，虽已稍稍不符，然大致尚不相远也。本年一月间纽约银价超过一元三十仙，英美汇价日趋下落，而中印之需银又殷，伦敦银价遂涨至八十五办士。论者以为十五世纪以还伦敦银价之超过八十办士者，当以此为第一次。先令因此大长，月杪已长至八先令八办士。而美法汇价亦皆放长。二月中旬，银价竟涨至八十九办士二分一。银价之高，殆未之前见。下旬虽稍落，然终在八十办士以上。先令亦常上下于八九先令间。三四月间，纽约银价因经济界之衰落而渐趋低落，英美汇价亦以英法公债之偿还而稍涨。当时德法等国且盛售其镕银于伦敦，伦敦银价乃见落。自三月五日以迄于四月末，常上下于九七十办士间。盖世界银价之趋势已呈跌势。五、六月间，墨国产银有增，而中印又以出口衰落，需银无多，银价乃益落。伦敦市价落至五六十办士，六月十六日且跌至四十四办士，较之二月盖不及其半矣。先令乃大缩，常上下于五六先令，六月中旬，且达四先令六办士。而吾国棉织物进口业之发生大恐慌即于此起焉。八月间，英国续以大批现金运美，英美汇价稍涨，纽约银价亦以政府之设施而渐涨。伦敦银价乃渐上升，八月下旬复超过六十办士。先令汇价亦渐长，八月间常在六先令左右。美汇亦超过百元，法汇则达一千四五百法郎，日汇虽较逆，然亦在四十五—九两间也。九月以还，银价频跌，十月下旬仅有五十一二办士，月杪且跌至五十办士二分一。先令亦大缩，十月中旬缩至五先令一办士，较之一二月间相差远矣。十一月及十二月，银价跌势仍盛，十一月杪仅得四十六办士许。先令亦缩至四先令六办士。盖当时一般物价既趋跌落，而中印之需银又极少，印度且间有出售，银价固不得不大跌也。十二月中旬，银价跌至三十八办士许，其价之跌实为一九一七年下半年以来所仅见。先令汇价亦缩至三先令十一办士。本年先令、大条本缩，当以此时为最甚矣。十二月下旬，先令、大条虽稍长，然前者终不过四先令数办士，大条亦只达四十二三办士也。他若美法日汇价，则较年初殆相差一半。兹将本年中先令、大条每月之最长价、最缩价列表如左：

月别	先令		大条	
	最大市价（先令）	最小市价	最大市价（办士）	最小市价
一月	（三十一日）八.八	（三日）七.九	（三十日）七四	（三日）七五 五/八
二月	（十二日）九.一	（十七日）八.一	（十二日）八九 一/二	（十六日）八二
三月	（一日）八.六	（十八日）七.一	（二日）八四	（十八日）六五 三/四

（续表）

月别	先令		大条	
	最大市价（先令）	最小市价	最大市价（办士）	最小市价
四月	（一日）七．四	（十七日）六．二	（一日）七二 四/八	（十七日）六二
五月	（一日）六．三	（十五日）五．八	（四日）六五 一/二	（三十一日）五七 一/四
六月	（一日）五．八	（十六日）四．六	（一日）五七 四/八	（十六日）四四
七月	（二十七日）五．六	（十二日）五．〇	（二十七日）五六 三/八	（五日）五一 一/八
八月	（二十一日）六．三	（十二日）五．九	（二十一日）六三 三/四	（二日）五六 五/八
九月	（十六日）六．〇	（十日）五．一〇	（七日）六〇 三/四	（二日）五五 四/八
十月	（一日）五．一一	（二十日）五．一	（一日）五九 三/八	（二十日）五〇 一/二
十一月	（八日）五．四	（三十日）四．六 一/二	（八日）五四 三/八	（三十日）四六 一/八
十二月	（六日）四．四 一/二	（二十二日）三．一一	（四日）四四 三/四）	（十日）三八 七/八

本年先令、大条涨落之巨，可谓从来所未见。而先令汇价之超过九先令，亦华洋互市以来所仅见也。计本年中先令最长九先令一办士，最缩三先令十一办士；大条最长八十九办士二分之一，最缩三十八办士八分七。二者长缩之相差均过半数，其变动之剧可谓甚矣。若以七八两年与本年相较，本年先令、大条之最长价，固为七八两年所未见，而其最缩价实亦三年来（七—九年）所仅见也。若以六年言之，则其最长缩价，均不若本年之甚。回忆吾人当八年中鉴于先令、大条之暴长暴缩，曾以为见所未见，及见于本年之变动情形，则八年中之长缩又小焉者矣。兹将六年来先令、大条每年之最长价、最缩价列下：

		九年	八年	七年	六年
先令	最大	九.一	七.一〇	五.六	四.一〇 一/二
	最小	三.一一	四.六	四.二 一/二	三.三 一/二
大条	最大	八九 一/二	七九 一/八	四.九 一/二	五五
	最小	三八 七/八	四七 三/四	四.二 一/二	三五 七/八

先令、大条之长缩，其关系于吾国之输出入贸易者甚切。而其变动之间，尤足以转移输出入业者之忧乐地位。本年当五月以先，输出入贸易尚称发动，金融界亦较敏活。五月以后，则商业市况日趋衰落，输出入贸易均呈呆滞。其原因虽与国内秩序之安泰不无关系，然大条、先令之长缩及各国经济界之兴替实亦有以致之。且五六月输入业者之发生大恐慌，尤为前此所罕见，而最主要之原因实为先令、大条之大缩。其影响所及，致陷金融界于呆滞之境。幸金融机关对于顾客往来尚能稳健从事，金融界尚不致受若何之影响也。

（四）银洋存底

民国五六年间，现银外流之势甚烈。七年外流之额亦巨。八年虽属入超，然存底已空，银根甚为紧急。本年中上海金银之输入额甚巨，前者达三千六七百万两（估值关平银两），后者约达七千万两。而移入内地者则以输出贸易之留滞，为数尚不甚多。于是银洋存底相率增加，而洋厘、银拆遂见低落焉。且先令、大条亦因存银之充足而增加其回缩之趋势。故本年洋厘、银拆之落与先令、大条之缩，上海银洋存底之充足亦其因之一也。查本年一二月间银洋存底尚未大丰，三月以后银元存底皆走过三千万元，而四五等月尤为充足。银两存底当四五月间为额颇巨，常在二三千万两左右，六七两月稍减，然十月以后增至三千万两左右。大条存底为数亦巨。兹将本年中银元、银两、大条每周末之结存散列下：

（五）结论

九年之上海金融，虽月有变动，然几可谓为通年呆滞，不过每月之呆滞程度间有不同耳。较之七、八年度之紧急枯竭，又不相同矣。吾人观于九年上海金融之呆滞，诚不得不叹市况之清淡与乎商业之衰落。但观于五、六月间棉织入业者发生恐慌时金融业之尚未受其大牵动。则又不得不为金融基础之稳固贺也。当此银价跌落之际，十年春、夏二季，输出贸易或者可望发动，

	银两（千两）	银元（千元）	大条（条）		银两（千两）	银元（千元）	大条（条）
一月　三日	一八一〇〇	一二二三〇	五二	七月　三日	三三二四〇	一九九九四	一六四五
十日	一八七八〇	一一八九〇	三八五六	十日	三一〇九〇	二〇一五〇	一三六四
十七日	二〇一四〇	一二五三〇	三九三六	十七日	三一八一〇	二〇〇六〇	二二八四
二十四日	一一一七〇	一二五七〇	一七〇五	二十四日	三二三〇〇	二一〇五〇	一二七九
三十一日	二四一一〇	一二六八〇	五三一	三十一日	三一〇五〇	二一五一〇	一一八九
二月　七日	二五四八〇	一二九七〇	二八二一	八月　七日	三〇一〇〇	二二〇九〇	一〇七五
十四日	二七九九〇	一二九七〇	四八四三	十四日	二八八九〇	二二六二〇	九〇八
二十五日	一七九八〇	一三九七〇	四八四九	二十一日	三〇一五〇	二四二〇〇	一四三〇
二十八日	二七七七〇	一三九七〇	七九四八	二十八日	三一三七〇	二五〇六〇	
三月　六日	三一一七〇	一五一五〇	四六〇四	九日　四月	三〇六五〇	二五三八〇	
十三日	三二三九〇	一六六七〇	四八〇〇	十一日	二七九七〇	二六一八〇	二〇一一
二十日	三六七九〇	一九三四〇	三五二九	十八日	三一三四〇	二六九八〇	
二十七日	三八九一〇	一一七二〇	二二一五	二十五日	三〇三九〇	二七三三〇	一五七四
四月　三日	三九〇〇〇	一一七二〇	二六四九	十月　二日	三〇八一〇	二八三九〇	六一四

（续表）

	银两（千两）	银元（千元）	大条（条）		银两（千两）	银元（千元）	大条（条）
十日	三八六〇〇	二五五〇〇	二一六一	九日	三〇六四〇	二八八九〇	一一六一
十七日	三七九二〇	二六五二〇	一五八五	十六日	三一二二〇	一九六〇〇	一五四六
二十四日	三八六八〇	二八二五〇	一七〇六	二十三日	三〇六七〇	二〇三九〇	九六七
五月　一日	三七二五〇	三一二四〇	六一〇九	三十日	三一二五〇	二九七〇〇	二二八
八日	三六五〇〇	三一一六四	四一一四	十一月　六日	三一三三〇	二九六二〇	五〇〇
十五日	三六二七〇	三三六六〇	四八〇六	十三日	三三九八〇	二八八五〇	九七四
二十二日	三六五八〇	三一五五〇	二六六六	二十日	三二六八〇	二九一八〇	八七九
二十九日	三六八〇〇	二三二八〇	一九四〇	二十七日	三二五〇〇	二八六〇〇	九六九
六月　五日	三六〇六〇	一六五八〇	一一二一	十二月　四月	三二〇九〇	二九三三〇	一八七二
十一日	三四七四〇	一六四三〇	一一二一	十一日	三一九二〇	三〇四〇〇	七〇六
十九日	三三六九〇	一八五七〇	九七六	十八日	三三〇五〇	三一三九〇	
二十六日	三三三六〇	一九六四〇	一八二九				

则上海金融自当较为活泼。不过世界经济尚未有若何之起色，输入贸易能否大发动，尚难预测。且以国内经济界之衰落、外国汇价之不利，故输入贸易之前途颇不易乐观。则今后金融界之究能有无起色，当非回顾过去情形而可以臆想者矣。

银行周报 1921，5(1)

民国六年以来上海金融之回顾

士　浩

(一)概说

上海金融之变动，非特须受国内各埠之影响，即海外各金融市场之盛衰亦与有密切之关系。民国六、七两年，内而南北兵争，外而欧战方殷，现银外流，内地银根紧枯，金融殆日趋紧急。八年因海外各市场受战乱之反动，而国内产物又告丰收，金融益紧。九年春夏间，银价汇价暴涨暴落，市场动摇，几生恐慌；秋季以还，世界经济衰落，国内产物不登，金融业者又缩小范围，金融乃萧条不起，盖将一年于兹矣。兹根据本报创刊以来每号所载之《上海金融》，总述六年以来上海金融之变迁如左。

(二)洋厘

六年产物歉收，贸易停滞，洋用本无甚起色。益以前有督军团兵谏之役，后有宣统复辟之事，人心之不宁、市面之衰落，终几无已时，洋厘遂连月平松。六月虽当丝茧需洋之时，而其最大价仅得七钱三分五。七月以后跌落益甚，其价连日在七钱三分下。十一月十二日始涨至七钱四分，然旋归跌落。十二月之最大价亦仅达七钱三分一厘五也。七年之初，以国事未宁，洋用不起，且节届旧历年关，各埠来洋颇丰，市面存底较六年岁暮略厚，洋厘乃益落。二月份之一个月中，连日为七钱一分许。三、四两月，以春季出口货发动迟缓，洋厘仍未达七钱三。五月丝茧用途大起，杭嘉湖及苏常各属纷纷来此运现，洋厘略涨，其最大价为七钱三分六厘二毫五。自六年十二月以来洋厘时呈跌风，至此始呈涨风。但当时市面存底尚厚，丝茧之外银元又无甚用途，洋厘之涨风实难久持，五月二十三日即跌至七钱二分八厘五。六月初稍见回涨，下旬复落。七月丝茶落市，洋厘益落。八月以后，花、麦、杂粮等咸告丰收，秋季产物发动尚盛，市面存底逐渐减少，洋厘乃日涨，九月杪达七钱三分七厘七毫五，十月二十六日且达七钱四分四厘五。当时洋厘之涨风实六年以来所罕见。虽九金十银之季节与之不无重大关系，而墨西哥银元之外流市面存底之欠厚实亦有以致之也。十月下旬，花用落市，回笼洋来数尚旺。洋厘于十月二十八日跌至七钱三分四厘五，十一月一日达七钱三分七厘五，二十日达七钱二分三。十二月米用当令，洋用发动，会冬漕收数颇旺，洋厘乃无十分大涨，月杪且跌至七钱二分。八年之初，现银外流之势已杀，国内用途又以季节关系尚未发动，洋厘颇平松。在一、二、三等月，迄未达七钱二分五。四月下旬以后，各庄号以丝茧用途将起，纷纷预测银元，洋厘日涨，五月九日达七钱四分二。嗣后以丝茧登场，涨风益炽，六月十二日达七钱五分。当是时，洋用除丝茧市外，北方亦需要甚切。市面存底逐日减少，银元颇有供不敷求之状。而墨西哥银元缺乏尤甚。洋银行兑换准备金颇感不足（向例洋银行所发之兑换券以墨西哥银元兑换）。华商方面乃乘机提倡废除英洋高价英龙洋通用这议，未几即见实行，洋银行洋用遂稍舒。惟货物正当发动，洋厘卒不免续涨，七月三日达七钱五分三。当时洋厘之高，实前此所罕见，洋荒、银荒之声，遍于全市。七月下旬以后，回笼洋渐有运来，洋厘渐跌。八月十八日达七钱二分一。九十两月，涨风又发生，十一月二十五日且达七钱六分八，其价之高殆从来所未有也。入十二月后始稍稍平落，然十二月份之最小价尚达七钱二分九。八年度洋厘之涨可惊也。九年之初，洋厘上涨之余势尚未尽灭。故以季节言，虽当洋用清淡、洋厘平松之时，而实际上反呈涨风。一月十三日达七钱三分九，二月九日达七钱四分。三四等月，各庄号鉴于八年丝茧上场时洋厘之大涨，纷纷先时筹备，洋厘乃为之扒长。四月五日达七钱三分四厘七毫五，二十七日达七钱四分二厘七毫五。五六两月，虽当丝茧用款当令之时，但各庄号早已备足，且市面存底颇为丰厚，洋厘非特不涨，反见跌落。五月一日达七钱三分九厘五，二十日达七钱二分八厘三毫七丝五。六月虽略涨，而旋归跌落，十日仅得七钱二分六厘六毫二丝五。当时洋厘之小实逸出常轨之外也。七月十二日因津保之变暴涨至七钱四分六厘，未几复落。八月以后产物不登，出口停留，商业不振，金融呆滞，洋用既连月不起，洋厘亦平松异常。除九月初达七钱三分一厘七毫五外，洋厘终岁为七钱二分许，十二月下旬且落至七钱一分许。当时洋厘之小可谓甚矣。推究其因，可得四焉：五六月间发生恐慌，商界咸有戒心，不敢多做交易，一也；秋收减色，北方又灾旱频乘，国内洋用稀少，二也；世界经济衰落，对外贸易不振，三也；金融业者营业方针谨慎，不敢轻易放款，四也。具此四因，九年度下半期之洋厘固不得不跌落矣。入十年后，商业既鲜起然，金融亦属呆滞。银元除香港、厦门等处时有装运外，去路颇少。市面存底之丰厚为六七八九等年所不及，而洋厘之小亦近数年来所罕见。一二月等月均为七钱一分许，三四五等月虽稍涨，然亦仅七钱二分许也。兹将民国六年以来每月洋厘之最大价、最小价列表如左（见下页）：

（三）银拆

欧战期中，交战各国如英、法等频由我国装运现银。此间存银遂日益减少。一遇需要，银根即紧，银拆即涨。六年度中我国现银凡外流二五三七九四三〇两。银底单薄，银拆本有上涨之势，惟上半期中因产物不登，贸易欠旺，银用无多，故银拆尚中松。入下半期后，正当用途，虽仍无起色，然以国事蜩螗，金融业咸抱不安，市面银根日益紧急，银拆乃大涨。六月一日达五钱五分，七月三日达六钱八分，其距钱业公所议定之最高限度仅二分耳。八月虽稍落，而九月二十五日又涨至六钱。十月至十二月间各月份之最大价均达五钱。当是时，外而欧战方殷，内而南北启争，商业不振，银根枯竭，金融市面颇呈危殆。幸华商方面之各大银行能互相联络以调节金融，故恐慌得未发生耳。入七年后，世界银市以美国之颁布毕德门条例稍稍解松，我国现银外流之势渐杀。上半期中，进口货既鲜有发动，出口货亦未当令，国内产业上之需银为数无多，银拆颇为平松。二月份最大二分，最小作借。三、四两月，其最大价亦只一钱许耳。五月益落，通月无有达一钱者。六月以还，国内产物发动，现银纷纷流入腹地，银拆渐涨。七月十六日达二钱八分，八月杪达三钱，九月杪达六钱八分，十月及十一月、十二月其最大价均达七钱。当时银根之紧急较之六年同时，有过之无不及，各项商业均失其活动之资。至于银根紧急之原因，则银底之单薄实为其主因。盖自三年以迄于六年，现银外流之计数达八九千万两，国内各埠存银均大减。当产业不振银用稀少之时虽可勉强支持，然一遇产物发动

洋厘行市表

月别	民国六年		民国七年		民国八年		民国九年		民国十年	
	最大价	最小价	最大价	最小价	最大价	最小价	最大价	最小价	最大价	最小价
一月			○.七二二五	○.七一六七五	○.七二四三七五	○.七一九	○.七三九	○.七三○二五	○.七一七七五	○.七一三六一五
二月			○.七一九七五	○.七一七	○.七二一二五	○.七一九	○.七四	○.七二五七五	○.七一九五	○.七一三五
三月			○.七二七八七五	○.七一八二五	○.七二四六二五	○.七二○七五	○.七三八七五	○.七三○五	○.七二四一二五	○.七一九一二五
四月			○.七二九五	○.七二四八七五	○.七三四	○.七二二六二五	○.七四二七五	○.七三四七五	○.七二五五	○.七二三
五月			○.七三六二五	○.七二八五	○.七四二	○.七三三	○.七三九五	○.七二八三七五	○.七二五八七五	○.七二三
六月	○.七三五	○.七一九	○.七三二五	○.七二四八七五	○.七五	○.七四○六二五	○.七三八三七五	○.七二六六二五		
七月	○.七二八八七五	○.七一九	○.七二七二五	○.七一九	○.七五三	○.七三五	○.七四六	○.七二七一五		
八月	○.七二四五	○.七二○五	○.七三一五	○.七二一	○.七三五	○.七二一	○.七二九	○.七二五六二五		
九月	○.七二四五	○.七二○五	○.七三七七五	○.七二九	○.七四	○.七二八三七五	○.七三一七五	○.七二三二五		
十月	○.七二七一二五	○.七○二一二五	○.七四四五	○.七三四五	○.七四六	○.七三九二五	○.七二四五	○.七二		
十一月	○.七四	○.七二三七五	○.七三七五	○.七二三	○.七六八	○.七四五五	○.七二五二五	○.七二○二五		
十二月	○.七三一五	○.七二一二五	○.七二八二五	○.七二	○.七四九	○.七二九	○.七二○五	○.七一四七五		

如七年下半期者，即有捉襟见肘之概也。八年之初，因季节关系，银用不起，银拆平松。二月二十四日达七分，三月杪亦仅得一钱六分耳。四月益落，其最大价为一钱，最小价为二分。五月以还，银拆始复入上涨时期。丝茧之用既需巨款，而北方各省银用又急，此间存银日益减少，银拆亦日趋上涨。六月杪达六钱五分，七月二十九日达六钱八分。八月以后上涨益甚，其最大价每月均为七钱，较之七年同时殆相若也。查八年下半期东三省芦布毛荒，各官银行号所发行之纸币信用亦薄，频由此间运现银以充采办杂粮、皮毛等之用，故此间现银之运往长春、奉天等处者为数极巨。此实为当时银拆大涨之一大原因也。又当时各造币厂因洋厘大涨，增铸银元，纷纷来此间收罗现银，其影响之及于银拆之上涨者亦非浅鲜也。九年之初，正当八年岁暮银极奇紧之后，银拆上涨之余，势尚未尽灭。一月三日银拆达七钱，二月之最大价亦达三钱，三月杪达四钱二分。四月以后始渐趋跌落。五六两月丝茧上场，银用渐起，银拆本当大涨，第以棉织物输入业发生恐慌，金融业者之营业方针谨慎异常，对于贷放不肯轻易从事，故各银行、钱庄存银颇丰，而银拆亦甚平松。五月之最大价为二钱四分，最小价作借；七月之最大价为二钱五分，最小价三分，较之八年同期相差远矣。但当时银拆虽若斯之松，而市面银根颇为紧急，一般商号多周转不灵告贷无门者。盖其市情实属明松暗紧也。八月以后进口货略有发动，而出口货呆滞异常。香港、日本等处且频来此装运现银，银拆渐涨。九月十八日达五钱，十月三十日达六钱，十一月份之最大价亦达五钱八分。十二月因时近旧历年关，各埠颇有归账银元来此，银拆略松。四日落至一钱六分。查九年八月至十一月间，其银拆虽较上半期为大，但其上涨之原因乃现银处流之结果，而非产物发动之所致也。入十年后，世界经济既尚在衰落中，进出口货俱留滞不振，而金融机关又抱量入为出主义，以致商业不旺，银拆平松。二月之最大价虽达三钱，而其最小价仅作借。三四两月连日为数分，迄未有达一钱者。五月虽稍涨，然较八年及九年同时，犹弗如远甚也。兹将民国六年以来每月银拆之最大价、最小价列表如左：

银拆行市表

月别	民国六年		民国七年		民国八年		民国九年		民国十年	
	最大价	最小价	最大价	最小价	最大价	最小价	最大价	最小价	最大价	最小价
一月	〇.二	〇.〇三	〇.三二	〇.〇二	〇.七	〇.〇二	〇.七	〇.〇一	〇.四三	〇.〇三
二月	〇.〇七	〇.〇二	〇.〇二	借	〇.〇七	〇.〇二	〇.三	借	〇.三	借
三月	〇.〇七	〇.〇二	〇.一	〇.〇二	〇.一六	〇.〇三	〇.四二	〇.〇二	〇.〇七	〇.〇二
四月	〇.一七	〇.〇四	〇.一二	〇.〇二	〇.一	〇.〇二	〇.三四	〇.〇五	〇.〇六	〇.二
五月	〇.三五	〇.〇四	〇.〇八	〇.〇二	〇.二四	〇.〇四	〇.三二	〇.一一	〇.六	〇.二
六月	〇.五五	〇.〇二	〇.一三	〇.〇三	〇.六五	〇.〇四	〇.二四	借		
七月	〇.六八	〇.〇三	〇.二八	〇.〇三	〇.六八	〇.〇二	〇.二五	〇.〇三		
八月	〇.五六	〇.〇三	〇.三	〇.〇五	〇.七	〇.一	〇.三五	〇.〇六		
九月	〇.六八	〇.一三	〇.六八	〇.一六	〇.七	〇.一一	〇.五	〇.二一		
十月	〇.五	〇.一三	〇.七	〇.一八	〇.七	〇.〇七	〇.六	〇.一六		
十一月	〇.五	〇.一一	〇.七	〇.一	〇.七	〇.一九	〇.五八	〇.一七		
十二月	〇.五	〇.〇三	〇.七	〇.一	〇.七	〇.一二	〇.三八	〇.一六		

(四)先令、大条

六年之初，大条银价虽呈涨风，但其所涨者极小，有时且稍有回落。一月之最大价为三七 七/一六办士，二月达三八 七/一六办士，三月之最小价回落至三五 一一/一六办士。盖当时美国尚未参战，银之供给额犹未甚枯竭也。先令因大条不甚涨，亦呈平稳。四月以后，大条步涨。五月达三八 一/八办士，七月达四一 一/四办士。九月且以美国禁银出口，印度需要旺盛，达五五办士。先令乃大长，九月之最大价达四〇先令一〇 一/二办士。十月以后大条渐跌，先令亦缩。然当时先令之涨落，已不与大条尽同其趋势。洋银行常放长先令以吸收现银，以致先令市价常较平价差十五六办士。盖欧战以后，我国国外汇价之变动已逸出常轨之外矣。七年之初，银价日涨，美国虽有毕德门条例之颁布，而银价上涨之趋势不能尽杀。三月大条之最大价达四六办士，四月达四六 一/四办士，五月达四九 一/八办士。先令亦日长，三月之最大价达四先令五

一 / 四办士，五月达四先令八 一 / 四办士。嗣而英美政府恐银价过涨将危及其币制，相率管理银市，公定银之最高价并暂停其投机买卖，大条银价乃趋平稳。自六月以迄于年终，均在四五 一 / 二办士至四九 一 / 二办士间。较之前此之暴落者大不相同。而先令则不然。九月以先暴长颇甚。七月之最大价达四先令九 一 / 四办士，九月达五先令六办士。其变动之趋势与大条迥不相同。考其原因，要不外洋银行故意放长以期吸收现银而已。十月先令稍缩，其最大价为五先令五办士。十一月又缩至五先令一 一 / 二办士。十二月始复长，其最大价为五先令二 一 / 二办士。八年一月至四月间，银拆仍平稳，日在四七 五 / 八办士至五〇办士间。先令则日缩。五月英美撤废银禁及英美汇价维持政策。而我国及印度需银又急，银价大涨，五月十三日达五八办士。六七两月虽稍落，而八月二十九日又涨至六一 三 / 四办士。嗣后上涨益甚，十一月二十六日达七六办士，十二月十七日七九办士。较之六年之初，凡上涨一倍许。考当时银价之大涨，可得八原因：（一）英美撤废银禁；（二）英美撤废汇价调节策；（三）中国印度运进大批银货；（四）一般物价腾贵；（五）美术及工艺需银大增；（六）美国停止毕德门条例之熔银出售；（七）银产额减少；（八）投机者之买进。具此八原因，银价乃日涨。先令以大条大长，亦日益放长。七月之最大价达五先令六办士，九月达六先令三办士，十一月达七先令四办士，十二月二十日达七先令一〇办士。九年之初，先令、大条仍日益放长。二月十二日大条达八九 一 / 二办士，先令达九先令一办士。其价之大，论者谓为前此所未有。三月以后，我国及印度需银大减，德、法等国纷纷熔化银辅币出售，墨西哥、加拿大银产额又增，银价乃跌落。四月一日大条跌至七二 五 / 八办士，五月四日达六四 一 / 二办士，六月一日达五七 五 / 八办士。当时先令亦大缩，三月八日达八先令六办士，五月一日达六先令三办士，六月一日达五先令八办士。较之二月相差悬殊。进口业者多以之而受亏累。七月以还，大条银价跌落益甚，先令之变动趋势虽不与大条尽同，而其缩风亦甚大。八月二十一日大条为六三 三 / 四办士，先令为六先令三办士；十一月八日，前者已达五四 三 / 八办士，后者已达五先令四办士。先令、大条之回缩率可谓速矣。入十年后，先令、大条仍多缩风。四、五两月虽间有小回长，然其回长之程度极小。以大势言，究多缩风也。兹将民国六年以来每月先令、大条之最大价、最小价表及银洋库存表列左：

先令行市表

月别	民国六年		民国七年		民国八年		民国九年		民国十年	
	最大价	最小价	最大价	最小价	最大价	最小价	最大价	最小价	最大价	最小价
一月	三.七一/四	三.五	四.五	四.二一/二	五.一	五.〇	八.八	七.九	四.一一/二	三.六
二月	三.八	三.六	四.三	四.二一/二	五.〇	四.七一/二	九.一	八.一	三.五	三.二
三月	三.六一/四	三.三一/四	四.五一/四	四.三	四.八一/二	四.六	八.六	七.一	三.二	二.一一
四月	三.五一/二	三.六一/二	四.五一/二	四.三一/二	五.〇	四.八一/二	七.四	六.二	三.三	三.一
五月	三.六三/四	三.六三/四	四.五一/二	四.五一/四	五.三	四.一一一/二	六.三	五.八	三.三	三.二
六月	三.一〇	三.六三/四	四.八一/四	四.六一/二	五.四一/二	五.三	五.八	四.六		
七月	三.一一	三.九一/四	四.九一/四	四.八一/四	五.六	五.三	五.六	五.〇		
八月	四.六一/二	三.一〇一/二	五.〇	四.九一/四	五.二一/二	五.六	六.三	五.九		
九月	四.一〇一/二	四.三	五.六	五.〇	六.三	五.一〇	六.〇	五.一〇		

（续表）

月别	民国六年		民国七年		民国八年		民国九年		民国十年	
	最大价	最小价	最大价	最小价	最大价	最小价	最大价	最小价	最大价	最小价
十月	四.二一/二	三.九一/二	五.五	五.〇	六.八	六.三	五.一一	五.一		
十一月	四.一一/四	四.〇一/二	五.一一/二	五.〇	七.四	六.六	五.四	四.六一/二		
十二月	四.四一/二	四.一一/四	五.二一/二	五.一	七.一〇	七.一	四.四一/二	三.一一		

大条行市表

月别	民国六年		民国七年		民国八年		民国九年		民国十年	
	最大价	最小价	最大价	最小价	最大价	最小价	最大价	最小价	最大价	最小价
一月	三七七/一六	三六	四五五/八	四三一/四	四八七/一六	四八七/一六	八五	七六三/四	四二一/二	三六三/四
二月	三八七/一六	三七五/一六	四三一/四	四二一/二	四八七/一六	四七五/八	八九一/二	八二	三七三/四	三一
三月	三七五/一六	三五一一/一六	四六	四二一/二	五〇	四七三/四	八四	六五三/四	三四一/八	三〇五/八
四月	三七五/一六	三六一二/一六	四六一/四	四五一/四	四九五/八	四八三/四	七二五/八	六五	三六一/二	三二一/八

（续表）

月别	民国六年		民国七年		民国八年		民国九年		民国十年	
	最大价	最小价	最大价	最小价	最大价	最小价	最大价	最小价	最大价	最小价
五月	三八一/八	三七三/四	四九一/八	四九一/八	五八	四八一一/一六	六四一/二	五七三/四	三五一/二	三三一/八
六月	三九七/八	三八	四八七/八	四八七/八	五四七/八	五三	五七五/八	四四		
七月	四一一/四	三九一/二	四八七/八	四八七/八	五五九/一六	五三	五六五/八	一一一/八		
八月	四五	四〇一/八	四八三/五	四八三/五	六一三/四	五五三/四	六三三/四	六六五/八		
九月	五五	四六	四九一/二	四九一/二	六四	五九	六〇三/四	五五五/八		
十月	四八一/四	四一一/八	四九一/二	四九一/二	六六一/二	六二	五九三/八	五〇一/二		
十一月	四五三/四	四二三/四	四九一/二	四九一/八	七六	六五	五四三/八	四六一/八		
十二月	四三三/四	四二三/四	四八三/四	四八三/四	七九	六三五/八	四四三/四	三八七/八		

银洋库存表

月别	民国六年						民国七年						民国八年						民国九年						民国十年					
	银元		银两		大条银		银元		银两		大条银		银元		银两		大条银		银元		银两		大条银		银元		银两		大条银	
	最多时	最少时	最多时	最少时	最多时	最少时	最多时	最少时	最多时	最少时	最多时	最少时	最多时	最少时	最多时	最少时	最多时	最少时	最多时	最少时	最多时	最少时	最多时	最少时	最多时	最少时	最多时	最少时	最多时	最少时
一月	一九二二	一六四三	一八五四	一七四五	一五一七	八五四	一三二六	一二六七	二五七四	二二三一	一五九五	三五七	一三七〇	一三一二	二二六二	一九〇七	一六九	四	一二六八	一二二三	二四一一	一八一〇	三九三六	五二	三四九五	三二九〇	三九四〇	三四一八	三一二〇	一八九
二月	一八九六	一八一二	二一五〇	一六三五	八六二	二六一	一六五四	一二七三	二八二一	二六八五	一一四三	四四〇	一七四四	一六一九	二七四五	二五一五	一七	一四	二一七二	一二九七	二七九八	二五五八	七九四八	二八二一	三九〇四	三八〇七	四一六一	四一四五	九〇八	九〇三
三月	一八七四	一六八〇	二三九〇	二三一五	四六六	一三五	一八四一	一七七六	二八三七	二八一九	四四〇	六	二一一九	一八三一	二八四五	二七六四	一三	一四	二八二五	二一七二	三八九一	三一一七	四八〇〇	二二一五	三八五九	三七九三	四一六九	四一五二	五四七	无
四月	一八一九	一七四六	二三九六	二二九四	八六	三四	一九七一	一八〇七	二九八九	二八九八	一〇五二	七五七	二三七五	二二〇三	二八八八	二五三九	一二二	一三	三一五五	二三二八	三九〇〇	三七九二	二六四九	一五八五	三八一六	三七三六	四一四七	四〇六一	一三三	
五月	二二〇九	一六〇五	二五七三	二三九一	一三六	三四	二四一〇	二〇五八	二七九〇	二六三五	二七四七	七一五	二三七五	一一三六	二八五〇	二四〇六	一一八	一三	三二六六	二三二八	三七一五	三六二七	六一〇九	一九四〇	三八一九	三〇〇六	三九九四	三八二八	无	
六月	一六九九	一五二〇	二三五〇	一九二〇	九二四	二三四	一七五〇	一三九四	二五六〇	二三五八	一四〇六	八四八	一三一八	一一四二	二四〇五	二一一〇	一一七一	一六六	一九六四	一六四三	三六〇六	三三三六	一八二九	九七六						
七月	一七八二	一七五六	一九八九	一七八九	一三九九	六一〇	一六六二	一五四八	二三二二	二二八二	六六四	三〇四	一二八八	一一九九	一九〇四	一四八五	四七三七	一五三	二一五一	一九九九	三一三〇	三一〇五	二二八四	一二七九						

（续表）

月别	民国六年						民国七年						民国八年						民国九年						民国十年					
	银元		银两		大条银		银元		银两		大条银		银元		银两		大条银		银元		银两		大条银		银元		银两		大条银	
	最多时	最少时	最多时	最少时	最多时	最少时	最多时	最少时	最多时	最少时	最多时	最少时	最多时	最少时	最多时	最少时	最多时	最少时	最多时	最少时	最多时	最少时	最多时	最少时	最多时	最少时	最多时	最少时	最多时	最少时
八月	一六四六	一五六七	一九九四	一七二一	二八二五	二八二	一五八七	一四七三	二三〇三	二二三三	一六三三	二	一二九九	一一三三	一七〇〇	一五六〇	二八九一	一五六五	二五〇六	二二〇九	三一三七	二九八九	一四三〇	九〇八						
九月	七〇一	一五八七	二〇二九	一九〇七	二四三七	四二九	一四二七	一二六八	二三五一	二二三四	二二四三	三四五	一二四〇	一三七五	一七七二	一六四四	五九〇〇	二二一	二七三二	二五三八	三一三四	二七九七	二〇一一	无						
十月	七九五	一四六九	二三三七	二〇八六	一〇八一	六〇六	一三七二	一一三三	二四二一	二二四八	二一一四	五六	一三四七	一二八三	一八八四	一八四八	三五六五	九	三〇三九	二八三九	三一二五	三〇六四	一五七四	六一四						
十一月	四九〇	一二三六	二三三七	二一三七	六〇六	三三三	一一七四	一〇六四	二〇五九	一七九八	九	四	一三二七	一〇一二	一八〇一	一五四四	三四八四	一六八七	二九六二	二八六〇	三二九八	三二三二	九七四	二二八						
十二月	一三八九	一三四〇	二二八八	二一一四	九四六	三五七	一二九六	一二三〇	一九六四	一八〇四	四	四	一三一七	一二七六	一七九三	一四四四	四三八五	一七九	三二四九	二九三二	三三四八	三一九二	二六七〇	七〇六						

银行周报 1921，5（20）

四年内上海金融之变迁

进 之

今日之上海，不独在中国为重要商埠，即在世界其地位亦至高。观上海之金融不独可以知全国之市情，并足以窥全世界金融之一斑。三数年来中国工商之业渐见发达，且莫不以上海为尾闾，故上海金融亦随之而成重要之问题。虽然，此犹从客观方面言之也。至于上海金融之本身，四五年内忽起急激之变动：现银忽尔输出，忽尔输入；银价忽尔大长，忽尔大缩；银拆由紧而宽，洋厘由高而低，先令由硬而软，大条由涨而落。实随在使人注意，随在足以引起吾人无限之感想。虽日转黄反绿，不可捉摸，实亦蛛马迹不无可寻之理由焉。今将四五年内金融之起落综合而并观之，亦至有兴趣之事也。

今所欲述者即先令大条、银拆洋厘、金融进出、银行钱业等各问题，所及时间即民国六七八九数年之内也。民国六年，欧战正酣。民国七年，欧战告终。民国八年，战后恢复。民国九年，各国经济又因反动而混乱。数年史迹，年各不同，世界金融状况安得不急变？上海金融状况亦安得不急变？

一、大条、先令

国外汇兑之涨落类以伦敦大条银价为转移，上海对英伦之汇价则以先令标记。大条银价之涨始于民国五年，厥后更有增无已。至六年间，最缩行市遂为三十五辨士又八分之七，而最长行市则达五十五辨士。大条银如此之飞涨，实近数十年内所未有者也。是年银价尤以九月为最高，此一月之中其长甚剧，行市通在五十辨士至五十五辨士之间。十月以后，市价则又回缩。

先令行市常以大条为转移，故六年当大条银剧长至五十五辨士时，先令最长行市到过四先令十一辨士。先令于此之放长亦近数十年所罕见（是年最缩行市为先令三辨士又二分之一）。先令长势最剧时期亦在八九两月。十月以后，大条银逐步回落，先令亦随之而缩。

今考六年度银价暴涨之原因，实不外乎需要过多、供给不足。盖欧战期内，各国莫不吸收金货而贮藏之，以维持其金本位。市中所流通者只有纸币及银辅币，人民又喜用银币而厌纸币，于是辅币之需要大增，各国造币厂遂不得不纷收现银以供铸币之用。加之一方面则囤积居奇，一方面则竞然购买，是以大条银价逐步飞涨。中以七八九三个月间长势最剧。此后囤积银货者又稍稍售出，美国各银行又将蓄存之现银放出，同时巴黎经济会议议决推广纸币办法，以代银辅币，因此供给者渐多，而需要者亦缘以减少。此大条银市所以于暴涨之余又能逐步回缩也。

民国七年，银价虽稍稍回缩，顾最长行市沿至四十九辨士五，即最缩者亦为四十二辨士五。惟其变动远不若六年之剧烈。一年中最高与最低于市价相差不过七辨士，且自四月下半月起以至十一月上半月，中间虽经七月，而市价常起落于四十九辨士五及四十八辨士八一二五之中，相差不及一辨士，可谓稳矣。至十一月下半月，欧战告终，银价亦因之稍落。

盖自六年九月银价大涨以后，美国各银行渐将所积存之现银出售以维持之，同时巴黎经济协会亦议决对辅币厉行推广纸币办法以节省银货之需要，因之银价稍跌。七年四月，美政府复批准议院之决议，规定银价每盎斯一金元，镕成银三万五千万元，改成银条运至印度及中国等处。银之供给既增，故七年最低银价跌至四十二辨士五。先令行市向随银市以转移，而七年则不然，大条虽略跌而先令行市则反放长，且其变动亦较烈，最长至五先令六辨士，最缩为四先令二辨士五。统查一年中先令行市，最长与最缩相差约一先令二辨士五，其变动之大与大条银迥不相同。惟至十一月后，亦因欧战告终稍稍回缩。

查是年先令与大条市价不相应而相反者，盖上海所有现银自五六两年流出国外后，存底枯竭已极，外国银行不得不放长先令以吸收现银。故自九月至十二月上海银根最紧而先令亦最长。盖欲输入大条银以增加上海银货之存底，非放长先令不可。是以先令常视本埠银根为转移，而与大条之随外国形势者不同，有时大条虽缩而先令反可放长也。

是年上海银根之紧，一由于美国已有禁令，不许现银运华，来源已绝；一由于华银之输往各国者反源源不绝，以运往日本为最多。故九月吾国政府曾有请外交团许其禁银出口之举。

七年之末，银价渐落，人人以为可以渐复原状矣。不意民国八年银价腾贵，更甚于六年，最长至七十九辨士八分一，最缩为四十七辨士四分三，一年中市价之相差竟达三十余辨士。其变通之剧，虽六年亦不若。大致春季市价为低，以后逐步放长，绝无间断，至十二月则竟涨至七十九辨士以上。市价之高实世界银价史所罕有者矣。是年先令行市与大条相应。盖因远东银根之紧、产物之富，先令行市自应有增无减也。统计民国八年先令市价上半年沿忽大忽小，下半年则逐渐放长，至十二月逐长至七先令十辨士。汇价逐步见涨直至九年之二三月。

是年金钱汇况价格涨落不一，实越常轨，曾有数小时间变迁不定者。春间英美政府解除管理汇兑之权，并取消禁止生银出口之令，此后银价骤涨，汇兑率亦因之而高。当三月间，银条之价格仅及四十八辨士，十二月间英京之银价竟至超越七十九辨士。其时英京之电汇则由四先令七辨士涨至七先令十辨士，一年之平均价格当在五先令七辨士有奇。此不过为政府公报或银行报告之价。下半年间多有用现款汇兑，所获之利超越政府公报原定之价，多至四辨士至一先令有奇者。如十二月二日英京之价格原定为七先令四辨士，纽约之价格原定为一元四角九分，实际上竟及八先令七辨士，或一元七角五分之价是已。此种特别情形实由当时市而银根短缩。其短缩之故，一因生银进口不足，致储款无多；二因出口甚多，作投机事业者亦巨(如卖买纱厂股票是)。值此空前之银折，若用现银照当日市行电汇外洋，阅三四月将该项汇款转为出售，所获之利当在四分也。

世界产银既较平时为少，而需要转殷。上海上半年现银之缺乏，已岌岌可危。下半年间虽进口日多，而全年平均所存银条不过三千万两。就本埠市面而言，存银最少之数目非得四千万乃至五千万两，不克周转灵活，也现银之需要。虽因全球物价昂贵广需银两应付，而国内钞票及俄币之落价亦为增加现银需要之一大原因。自美政府撤消现银出口禁令以来，大宗银条得有进口，上海金融界得此接济不啻大旱甘霖。下半年进口之多，竟至五千二百九十六万两。出口运往外洋四百九十万两，以往香港者为多，运往通商各口岸者三千一百五十万两，汉口、天津占三分之二。

九年一月间，伦敦银价竟涨至八十五辨士，说者谓十五世纪以来伦敦银价之超过八十辨士者当以此为第一次。先令于月杪亦大长，至八先令八辨士。二月中旬，大条且更涨至八十九辨士二分一。银价之高前所未闻。三四月间，纽约银价以工商业之衰落而渐越低落，英美汇价则稍涨（英磅稍长，美金稍缩），以英法公价开始偿还之，故同时德法等国且盛售其镕银于伦敦。伦敦银价乃见落，自三月五日以至四月末，常上下于六十七十辨士之间。盖世界银价之跌已始于此时矣。五、六月间，墨西哥产银有增，中国及印度又以出口衰落，需银不多，银价乃益跌。至六月十六日，伦敦银价已跌至四十四辨士。先令此时亦大缩，六月中旬达四先令六辨士。吾国棉织物进口业之大恐慌即于此时发生。七八月间英国续以大批现金运美，故英美汇价得稍涨。然以他种原因，伦敦银价仍复上腾，八月下旬复超过六十辨士。先令价亦渐长。不过九月以后，银价又日越于跌，一蹶不复振。至十二月中旬跌至三十八辨士，许又复四年以前之原状矣。先令汇价亦于此时缩至三先令十一辨士。

由是观之，九年先令大条涨落之大可谓前所未有。计本年中先令最长九先令一辨士，最缩三先令十一辨士。大条最长八十九辨士二分一，最缩三十八辨士八分七。二者长缩之相差均过半数。变动之大又非八年所可比矣。今将四年内先令、大条每年之最长价、最缩价列下：

		六年	七年	八年	九年
先令	最长	四．一〇 一/二	五．六	七．一〇	九．一
	最缩	三．三 一/二	四．一一 一/二	四．六	三．一一
大条	最长	五五	四九 一/二	七八 一/二	八九 一/二
	最缩	三五 七/八	四一一 一/二	四七 三/四	三八 七/八

总而言之，年年银价变动之大可称观止矣。吾辈既未闻之于前，恐亦不复能见之于后也。今试追溯欧战开始之时至于今日先令、大条之变迁，实一极有趣味之事也。欧战开始于民国三年，三年十一月，先令不过二．一 七/八，四年则加六辨士，五年又加一先令，汇价为三．六 一/二，六年又加一先令四辨士，即四．一〇 一/二，七年最长价为五．一/八，八年则为七．一〇。民国三年十一月之大条银价，不过二二 三/一六，而于九年二月则增至八九 一/二。然则自三年十一月起至九年二月止，先令涨落之相差实为七．一，大条涨落之相差则

为六七 一/四也。

民国六年以来银价飞腾之原因，吾人既述之矣，今当更求去年先令大跌之原因，而列之于下：

一、欧洲各国卖出镕化之银币及银器也战时欧洲各国极力保藏金货，而以纸币及银辅币代之，故现银之需要大增。去年则因银币之需要稍减，或将银币镕毁，或将银币减其成色，更有较廉之金属以铸造辅币者。银之用途既已节省，银价不期跌而自跌矣。加之战时欧洲富家贵族大半将家私银器埋置于地，或密藏之不欲使人知其富也，战后特价昂贵，生计困难，而银价则大涨，故去年之中相率镕毁其银制器而易金货，银之供给既增其价更跌。

二、中国购买现银之多也。近年英国所输出之银，多数中国所吸收。旧金山去年运来中国之生银计达六千三百万盎斯，民国八年所运计六千四百万盎斯。实因中国有源源不绝之购买故也。去年开幕，上海共有存银二二六〇九〇〇〇两，及洋一〇七四〇〇〇〇元。以后有加无已，至四月一日遂有银四三六五九〇〇〇两，洋二一二八〇〇〇〇元。后虽常有增减，八月十六日虽曾减至银三二七六〇〇〇〇两，洋二四三三〇〇〇〇元，然不久又继续增加，至十月十四日遂为银三五三三一〇〇〇两，洋二八五八〇〇〇〇元。自此以后至年底无大变，更不过减去银五〇〇〇〇〇〇两而已。上海近年存银之多盖由于银行之增加（银行必吸存现银以为准备）。欧战以前，外国银行共只八家，今则增至二十三家；中国新式银行，战前几绝无仅有，今则触目皆是矣。

三、东亚诸国出口货之停顿也。去年欧美物价大跌，购买力大减，中日印度诸国之出口事业几于完全停顿。需银不多，银价所以跌也。

银价之腾不足为患也，银价之落不足为患也，所患者金银涨落倏忽无常，使商人蒙不测之危险。商业苟欲继续发达，必使汇价稳安而后可。求济之法，言之者亦不少矣。用银之国宜改为金本位，则金银比较之涨落可于商业上不生影响，此其一也。但用金诸国，今亦以战事之影响致汇价变动，逸出常轨，商业至感不便，于是有万国通货之创议，更进一步以谋万国货币之统一，此其二也。中国地位至低，一时未遑及此，即改用金本位，亦非俟政府致其态度肯负责任不能谈及。目前求济法，其惟商人自筹之耳。从事正当商业之人，苟欲避去汇价变动之危险，其惟有定货之时预买先令，定货以后先令涨落即可与彼无涉矣。去年倒账之多皆由于投机，其谨慎从事者固未遭何等之损失也。

将来银价如何，今亦可约预测之。有一可以注意之事，即两年以来银价虽高，而世界产额则未有增加。一九一九年，所产之数较诸一九一八年尚少二千四百万盎斯，而一九二〇年产额确数今尚未知，识者谓其必有减无增云。工价过昂，其一因也。墨西哥、加拿大两国，有利可图之银苗已不易得，其二因也。美国又有辟得门条例，以吸收所产之银，东方各国照现在市面必将广为购入，所以将来银价恐未必能大跌。但逆料将来之银价必不能如两年前之昂贵，因今日各国已极力设法节省银之需要。中国存银已多，其余诸国纵使有所购买，其影响甚微，不足以使先令增高至若何程度也。

（未完）

钱业月报 1921，1（2）

四年内上海金融之变迁（续）

进　之

二、银拆、洋厘

银拆也者，钱庄互相往来所取之息也，如云银拆五钱，乃指每银一千两，每日取自五钱，以月计算则为十五两。银根松紧，可于银拆大小觇之。银根之紧，大抵由于市面银底空虚而需款忽浩繁，此其一也；时局不靖，人人震动，纷纷收现，莫敢放出，缺家于是无从通融，此其二也；每逢今节月底各业结账之期，银根亦可立紧，此其三也；洋货进口旺盛，洋商收进款项过多，或无大宗出口货时，银根亦必见紧，此其四也；又遇土产上市，如茶，如棉，如丝茧，如谷粮，用款较繁，斯时洋厘、银拆均须增高，此其五也。总之，正货缺乏，需款孔多，未有不致银根之紧、银拆之高者。

民国五六年以来，上海银根颇紧，存底空虚日甚一日。是以自六年以至九年，银拆之高有增无减。九年以来，存银日丰，银拆顿松。此四五年内大概情形也。六年银拆最高行市竟至七钱，已达钱业公会规定之最高利率。（此言平时。至于乱时，民国三四年间银拆曾至一两。）平时亦常在五六钱左右。七年亦然。至八年而尤甚。银荒之论遍传于国中。普通而论，银拆于二三四五数月常低，以后则常高。故八年除二三四五数月外，其后每月银拆均有涨至七钱或六钱五分者。六月而后银拆日紧，最大行市为六钱五分。七月至六钱八分。八月以后，每月最大行市均为七钱，且其内盘尚有超过此数者。银拆如是之高，故操金融者获利颇厚。九年以后，上海存底渐丰，国内外商业衰落，银拆日松。六月最小银拆作借，下半年十月中旬最大行市恒在六钱，较之七八两年，小去一钱左右。入十二月后常上下于三四钱，较之往年弗及远矣。十年开幕，一月初旬银拆常在二三钱左右，较诸去年同时已轻松不少；中旬以后，拆息益日趋下落，最低不过三四分。盖近来银拆之轻松，非特与去年此时相差甚远，抑亦数年以来所罕见也。先令连缩，市面极受影响，银行、钱庄不敢放款，街底愈积愈厚，拆息遂日趋低小。二月银拆最高不过六七分，而多时则作借。三月行市普通亦不过四五分。四月最高不过六分（仅六日一天），最低则为二分。目下银用绝少，而存底丰厚，一时恐无增高之希望。至于抵息不能开高原因，大半因钱庄方面慎重放款，故各业发动不甚易。加之先令不肯放长，进口商家又苦棘手，更足以使银用稀少、拆息低落也。回忆民国七八两年银拆之高，以视今日，所差远矣。

以上仅言银拆，中国金融缓急之标准，尚有洋厘一事。此实一种特别现象。所谓有洋厘者，即言洋元与银两之比。用洋多于用银，则洋厘高；用银多于用洋，则洋厘低。若市面洋、银均乏，则银拆、洋厘必同时增高，观近四五年内之变迁可以知矣。按民国六年，基洋行市最大未过七钱五分，最小在七钱一分九厘。洋厘上落尚称平静。八年变动之剧烈、情势之紧急，实为吾人所罕闻。洋厘最大时涨至七钱六分八厘（银拆亦于此时飞涨至七钱），最小为七钱一分九厘，其间市价之相差至四分九厘，变动可谓大矣。盖是年一二三四月内厘价常为七钱二三分，五六七月增至七钱四五分，八月落为七钱三分余，十月又涨至七钱四分余，十一月飞涨为七钱六分八厘，其价之高从来未有，十二月落为七钱三四分。

当时上海金融紧急一至于斯，亦自有其原因在焉。查民国四五六年，上海现银流出外洋至巨。大战起后，至六年六月止，进出口银洋两抵，计净出口值四千二百七十八万七千八百余两，故上海银洋存底自五年六年后已大减少。不过斯时内地产物多告歉收，且欧战亦未告止，商业停滞，银洋用途不广。存底虽枯，金融尚不至极紧。八年则有不同。东北各省产物收成均丰，和约既成，各国又注全力于制造事业，需要原料品甚殷。凡杂料、皮毛、棉花、油类、烟草、落花生、草帽辫等，莫不畅消。买卖转运，需要款浩繁，银洋之流入内地者甚多。于是上海金融之紧急远过于往年。虽常有外国大条银来申，而出入仍不能相抵。是年银拆、洋厘之高所以远过于往年也。

至于洋厘之增高犹有特别原因。吾国东三省向来通用卢布票与老头票，但欧战后卢布票价一落千丈，华商受累，亏折不可胜计，于是相率不肯通用，交易多改用银元；老头票亦以金贱银贵之故，价亦大跌，商人不敢使用，而亦改为银元。此外各官银行号所发行之纸币，亦多滥发，不能兑现，人民不乐用之，而必用现银。东省所需现银多来上海装运，银洋供不敷求，金融所以日见紧迫也。

民国九年之初，上海商人鉴于上年洋厘之奇高，特预为戒备。三四月间，各庄以丝茧用途行将上市，恐洋厘复如去年之大涨，纷纷预进银元，结果厘价遂沉落而后涨（二月最低价已跌至七钱二分九厘余，自三月中旬以至五月初常在七钱四分左右）。不过预进既多，洋底丰富，虽当五六月间丝茧用途上市之际，洋厘反见跌落，以视往年情势大异。七月以后，国内市况不振，商业停滞，厘价益见低落。七月十二日，虽因奉直之兵争暴涨至七钱四分六厘，然不久即落。历八、九、十、十一、十二等月，洋厘常在七钱二分左右。十二月且时落至七钱一分余。其能在七钱三分许者，只九月中旬而已。三四年来，上海金融之呆滞，当以去年为最甚。普通而论，进出口活动之时银拆常高，而洋厘则未必同时增高。茶茧棉米等中国土产上市之时洋厘常涨而银拆亦未必同时俱涨。且银拆过大，往往洋厘因之而跌，以银贵则存洋者皆必化洋为银，而洋自贱也。去年则以先令骤缩及他种关系，进出口业为之停顿。国内兵灾饥荒频乘，土产无大收成。商业既呆，存底又丰，所以银拆、洋厘均无起色。今春市场仍无活动，故一月洋厘最大为七钱一分六厘，最小至七钱一分三厘五毫。二月最大为七钱一分九厘五毫，小至七钱一分三厘。三月稍涨，最大亦不过七钱二分四厘余。四月二十二日之厘价于本年为最高，即七钱二分五厘五毫，然次日则又低落云。总之，此四年中平均计算，银拆、洋厘均以八年为最高，以九年为最低。金融事业最忌涨落无定，银拆变动太骤已不利于商业，加以洋厘之涨落莫测，如之何而可？更加以先令、大条之忽升忽降，如之何而可？难矣哉今日之经商也！投机者固投机，不投机者势亦不免于投机，求济之法安在？曰：欲去先令、大条之为患，当用金本位；欲免洋厘之上下无定，当废两用元。

三、银洋存底

四五年来上海金融急剧之变动，与银洋存底莫不有密切之关系。故银洋进出问题，亦不可置而不问。民国六、七两年，中国现银缺乏已达极点。遂有禁银出口问题喧传全国。七年九月，政府且曾照会外交团磋商此事，其理由为（1）中国现银输出不绝；（2）英美各国均有禁银出口之令，来源又断。其实中国银根之渐涸，岂自六年始哉！

现货流出之最大原因，由于国际贷借之不能相抵。而国际贷借不能相抵之最大原因，由于历年国际贸易之输入逾于输出。查海关册自光绪二年至宣统三年止，进口货超过数计关平一九七六九二〇四二八两。自民国元年起至五年至，计超过五五一三一〇九八五两。共计二五二八二三一四一三两。更查历来金银进出口比较表，光绪朝绌八五三三四四一九两，宣统朝约赢六〇六七五九七〇两，总计清末金银进出口约绌二四．五八四四九两。入民国后，一、二两年共赢六一二八九五二一两，自三年至五年共绌七九二四〇四五七两，六、七两年金银出口尚继续不断，所以金融日趋紧迫也。六年八月底上海各银行库存，共银一千元九百九十四万两，洋一千五百六十七万元，较之民国三年欧战前约减少三分之二。至于民国三年以前与民国三年以后之国际贸易，同为入超于出，而金银出入，前似差足相抵，后乃滔滔莫能遏者。盖因三年以前屡借外债额数之巨，约足抵销历年进口超过数三分之一有奇。一时国际贷借之均衡，暂时赖以维持。六年则此项入款之挹注已绝也。外债虽系债务，而当借入时则为权利，其效力与输出增加相同。由是观之，中国银根之涸竭，不自六年始，而至六、七两年，则似已至山穷水尽之时矣。

舍是而外，金贱银贵亦为六年银根大紧之原因。其实此非金贱银贵之故，乃吾国商人昧于大势，见金贱银贵，以为有大利可图，纷纷囤积金货，亏累甚巨，现银因以流出不少。民国八年商业活动，出口事业虽大发达，外国虽常有大条银来申，然大半流入内地，本埠金融之紧急且视往年为尤甚。观下表六、

七、八三年银洋存底之最多及最少数比较（即每星期六各银行查仓单报告）可以知矣。

		八年	七年	六年
银两	最多	二八・八八〇千两	二九・八九〇	二五・七三〇
	最少	一四・四四〇	一七・九八〇	一六・三五〇
银元	最多	二三・九五〇千元	二四・一〇〇	二二・〇九〇
	最少	一〇・一二〇	一一・五九〇	一三・三六〇

综而言之，民国五六年间现银外流之势甚急，七年漏巵亦巨，八年虽属入超，然存底已空，银根甚为紧急。独至九年其机忽转。是年上海金银之输入额甚巨，金达海关平三千六七百万两，银约达七千万两。内地吸收后数尚不甚多，以输出贸易呆滞故也。于是沪市银洋存底逐渐增加，不但银拆、洋厘因之低落，即先令、大条亦以存银之充裕而增加其回缩之势。去年一二月间银洋存底尚未大丰，三月以后银两存底常超过三千万两，而四五月等尤为充足。银元存底当四五月间为额颇巨，常在二三千万元左右，六七两月稍减，然十月以后增至三千万元左右。大条存底为数亦巨。（去年印度亦曾输银若干至中国，虽为数无多，然往年所未有也。英美两国亦曾输入一万万盎斯于中国云。）本年商业尚未活动，银洋存底更形丰富，银两当达四千六百余万两（二月十九日），银元亦常在三千七八百万元左右，数年以来所未有也。

钱业月报 1921，1（4）

上海金融紧缩之原因

马寅初

上海为吾国金融之枢纽，欲研究吾国金融、货币等问题者不可不于此三致意焉。盖国内商务与国外贸易皆视上海金融之缓急以为消长。当实业勃兴、商务繁盛之际，通货之需要必增，原有之筹码必不足用，于是金融渐趋于紧急，利率升涨，一般商人难得资金之通融焉。在英、美、德、法、日本诸国，一遇市面紧急，筹码可以随时增加，即所谓通货有伸缩力者，非特利率无从飞涨（如有特别事情如恐慌战争者发生，又当另论），即稍有升涨亦不难抑之。若夫吾国，则平常之事如丝茶之上市或杂粮棉花之登场，亦足以使上海金融界大兴波折，政局之变化，固无论矣。推厥原因，则以上海之金融以现金之行使为原则，外人往来均用规元、银两，华人往来多用银元，钞票之用途虽日益推广，而支票之用途则尚属有限。况在信用制度极不发达之中国，即能推广钞票之用途，亦时有挤兑风潮之危险，甚且有因挤兑而向银行提取存款者，其结果人人对于钞票与支票皆不敢受授，信用之范围益狭，现洋之范围益广，于是有筹码不足之虑。银行、钱庄咸抱紧守主义，对于放款不敢放松，未放者不敢放出，已放者急于收回，而商人愈感筹码之不足矣。（外国之中央银行于此之时即采放松主义，以平日所蓄之实力出而救济市面。中国尚无此种调剂金融之机关。）一旦风潮陡起，市面紧急，银行、钱庄束手无策，只有听其自起自伏而已。在此种情形之下欲求商务之振兴、实业之发达，不啻缘木而求鱼也。须知金融之缓急，当视通货之伸缩以为准。而通货之伸缩，则须视交易之多寡以为断。交易繁，通货应伸，金融不至甚急；交易少，通货应缩，金融不至甚缓。此良好制度之要素也。吾国今日之金融殊不足以语此，甚且有因伸而反缩者：于杂粮、棉花上市通货应伸之时，政界忽起波折，战云弥漫，消息险恶，银根骤紧，利率飞腾，是通货应伸而反缩也。通货伸缩问题为银行问题之大关键。通货而不能伸缩，即银行不能应时势需要之特征，是银行犹如死物。关于此问题吾有长篇之演稿，当于下期本刊登出之，无庸赘述。兹将上海金融紧急之种种原因述之于下：

（一）欧战未停之前，金贱银贵，外国银行以买卖生金银为营业之一种，纷纷吸收现银，陆续运出以图厚利，吾国银底遂有日益枯竭之现象。此该时金融奇紧之原因也。

（二）当丝茧、茶棉、杂粮等上市之时，上海银行、钱庄均须运现洋至内地以应办货之用，上海银根骤紧，洋厘遂涨。但流入内地之现洋不久仍回至上海，盖国家之大宗收入如关税、盐税，均以现洋缴纳。集中于上海之外国银行，内地商人来沪采办洋货亦以现洋支付，故内地现洋仍复流入上海也。

（三）内地各省滥发纸币，依格来森恶币驱逐良币之原则，内地现洋当尽被驱逐出境，焉有上海现洋流入内地之事？讵不知良货被逐之后可以归于私藏，不必流出境外。盖持有纸币者，深恐纸币之日跌，决不愿藏之以待将来之兑现，故一切买卖均以纸币为之。而现洋则留作别用，或归窖藏，不复现于市场矣。其有现洋之需要者，愿出重利以招致外者之现金，故外省现金有流入者。

（四）上海大钱庄与大钱庄相互往来，有一种票据交换所（即钱业汇划总会）为之清理各庄间之债权债务，出入款项相互冲消，现洋之行使得以减少。其清理之方法已于前期本刊讨论之。至华商银行与华商银行之间，与华商银行与洋商银行之间，则彼此不通汇划：甲行收到乙行应付之支票，即派人持票向乙行去收，或由乙行送至甲行，无所谓票据交换所也。彼此出入项款既不能冲消，现金之行使自不能省却。银根时紧，亦固其所。

（五）近年以来华人从事于外国货币之买卖者，不知凡几，迹近投机，受累不少。闻华人中之因买卖马克所受之损失不下数千万元。或曰人民之损失，即华商银行之利益，故资金仍在华人掌握中，非外人所有。此乃隔靴搔痒之论也。今日之华商银行卖买马克，不冒危险。盖一面向顾客卖出，一面即向别人买进。此种生意，英语谓 Cover，即补进之意也。譬如卖出之数以一百三十马克计算（规元一两值一百三十马克），则买进之数必在一百三十以上，方有利可图，否则亏本矣。此种交易似极稳健，盖有卖出必有卖进（补进）不致落空。虽有时亦有冒危险而不补进者，然为者极少耳。从可知今日华人数千万之损失决非华商银行之利益，巨额资金大抵尽为外人所获矣。市面流资当然减少。

（六）去年沪上交易所勃兴相，继设立者有一百四十五家之多。其影响于金融至深且巨。兹请分三层说明之：

（甲）凡存巨款于银行者，往往提取全部或一部以投于交易所。于是争购地址，建筑高楼。并为种种布置。大宗活资不转瞬间即变为不动产矣。金融界焉有不发生激变之理？

（乙）每逢月底交割之时，买卖两方于出入相抵之后，必有找进找出之数。有时为数过巨，竟有不克交利割之势。此次上海老交易所搁浅之风潮即由此发生。譬如某甲以某股八十元卖出，又以六十元买进，交割之时每股应找进二十元，如买卖之数为一万股则应找进二十万元，十万股即须二百万元。以此类推，可知一百四五十个交易所所需之款必不少也。

不特此也，买进者之银行未必即为卖出者之银行。如买进者之银行为甲，卖出者之银行为乙，则买进者当以支票交与卖出者，卖出者即以之交与乙，乙持之向甲取款。各行之存款因而大有更动矣。如卖买两方同一银行，则转账足矣，固无取款之必要。故每逢交割之期，银行出入骤增，甚形忙碌，且不得不有巨额之资金以备提取之用。市面银根，或因此而紧缩也。

（丙）银行不但有支付存款之义务，且有在透支定额之内或定额之外暂行垫款之融通。譬如甲有股票或公债票卖与某某股票公司（此公司亦系交易所之经纪人），而股票公司即以之卖与乙。至月底交割之时，乙向股票公司取货，该时股票尚在甲之手中，公司无货可交，故公司不得不向甲取货。但取货之时，必交货价，否则甲不肯将货交出。于是公司遂向银行借款。公司甲与银行约定透支额数，于此额数之内可以随时动用。公司以借款所得交与甲，以为取货之代价。次日或当日即以所取之货交与乙，而乙当以现金支付。公司取得乙之现金后即存入银行，以偿还昨日之垫款。故于每月底交割之时，银行往往为经纪人垫款以资周转。此项垫款固当在透支范围之内。苟经纪人信用甚优，亦有在原定透支之外者。此种现象足以使金融紧急，不可轻轻看过也。

银行月刊 1922，2（3）

民国十三年上海金融之经过

裕　孙

（一）概说

今年上期六个月间，沪埠金融之经过大体平稳，甚少特殊之变化可资记述，仅有两层较堪注意而已。其一，为去年秋冬间流入内地之银元回笼甚涌，洋底缘以日增，且各发钞银行为营业竞争起见，腐心于钞票之推广，于是厘价之疲遂为历年所未有。一面虽足证明厘价下落之趋势然，一面因其跌落太剧，币厂遂以不敷成本而累月停工。其二，年初数个月间海外大条涌到，以币厂去路毫无，于是悉数化为宝银，银底赖以日增，银拆常在平疲期中。入夏令后，厘既愈跌，拆亦愈疲，大势所趋。固非待至秋熟登场以后，不能有转机之望也。不意八、九月间，东南战事突起，厘、拆遂完全为时局所左右，变化不循常轨。其变动之奇特，洵为近年罕见之事也。

（二）洋厘稀有之激变

沪埠厘价今春以来大致仅站七钱一分七八厘左右。当时宁、杭两造币厂即因厘价太低，不敷铸本，宣告停工，以俟茧市厘价之转机再行鼓铸。五月中旬，浙茧将次发动之际，厘价似有蒸蒸日上之势。五月十八日因四半期洋交割关系，曾涨至七钱二分一厘七五。说者谓维时尚在浙茧发动之初，苏茧尚将追踪而起，此后旬日正当茧市最盛时期，厘价尽有继涨增高之可能，宁、杭两厂亦即开工鼓铸，以备要需。讵知自十八以后之厘价匪唯不能继涨，且一蹶而不能复振。端节前后，各地茧款大批回笼，厘价更一落千丈。六月念边且骎骎有七钱进关之势。按历年上期厘价以茧市期中为最高昂。然以厘价大势趋落之关系，茧市厘价遂亦年逊一年。兹就民八以来，每年号称茧市时期四、五、六三个月份之厘价，摘录高低比较如次：

民八以降茧市三个月中厘价比较表

年别	最高价	最低价
民年八年	〇.七五	〇.七二二六二五
九年	〇.七四二七五	〇.七二六六二五
十年	〇.七二五八七五	〇.七二二
十一年	〇.七二九五	〇.七一四三七五
十二年	〇.七二五三七五	〇.七一七五
十三年	〇.七二一七五	〇.七〇七二五

今年茧市厘价尚且如此之疲，此后入于夏令淡月之期，洋用稀少，厘价趋势当然愈不堪问。七月虽赖钱业维持，然最低价已到七钱〇七厘，说者谓为系近二三十年来未有之低价。其说信否，吾人以无统计可征，未敢深论。惟据本报民六以来之厘价统计观之，从来最低之厘价固皆远高于七钱〇七厘者也。附表如左，以资参照：

民六以降历年最低厘价比较表

年别	最低价
民国六年	○.七一六
民国七年	○.七一六七五
民国八年	○.七一九
民国九年	○.七一四七五
民国十年	○.七一三五
民国十一年	○.七一四三七五
民国十二年	○.七一六
民国十三年	○.七○七

尝考历年厘价下落之原因，约如下列。其一，为袁像国币自民三开铸以来，时逾十稔，各地总分币厂之详细铸额，虽无从钩稽，但观于国币流通区域，与年俱增。迄今大概除风气极端闭塞之边陲或腹地而外，则任何穷乡僻壤，无不见有国币之踪迹。再则曩年只闻币厂因银元需要浩繁而加工赶铸，近年则频闻币厂因现元需要不起而累月停工，要可见国币供给力之强大。其二，为各行钞票发行额之膨胀。据去年年末之调查，全国中外各银行钞票发行总额约在三万万元之谱。因钞票之盛行，则现银元之需要当然减退不少。其三，为国内民智日见开通，对于从前窖藏现洋之习惯，似已逐渐减少。此种习惯之变更，一方既足减少现洋之需要，一方亦足助长现洋之供给。其于厘价之趋势当具不少之影响也。其四，为沪埠现洋存底之日增。查在民六、七、八等年，沪埠洋底恒往来于二千万元左右。近年则站四千万元以为常，而今年最多之时更曾超过五千万元以上。洋底丰富，固予厘价以甚大之打击。然从别一方面言，则沪埠洋底之丰富，亦即为国内银元供给力强而需要不足以副之之背影也。吾人亦曾根据上述情形，以今后厘价之下落殆为大势所趋，无可避免。而如民八七钱六分八之厘价，当非最近之将来所能复睹。庸知一转瞬间，事变突起，厘价从来之趋势竟亦因以激变乎？

所谓事变者，即东南之战是也。回忆八月之初，厘价尚七钱一分不足。

中旬以后东南形势益紧，各发钞银行为充实准备起见即秘密收买现洋，厘价已见转机，八月二十日居然涨至七钱二分一厘。时适钱庄亦因时局影响迭生破绽，全市震恐，浮言繁兴。银行存户之提款者固纷至沓来，而持票兑现者尤形挤拥。故二十一日钱行开市以后，现洋之买气大盛，厘价突涨至七钱四分，午市集会时竟有多人狂喊八钱者，嗣经钱业当局者之力为调停，收盘始仍比照早市，作为七钱四分。然当日厘价如此其高，而检查成交数量则不及万元。于此一则以见当时人心实群趋于买进而不愿卖出，一则以见买气之旺盛。而后厘价之涨乃至不可以常轨相绳也。此后数日厘价涨跌不常，且其一日间之涨跌范围往往一二分以至数分之多，较之平时厘价之变动仅仅一二厘甚至数毫者，实有霄壤之别。二十七日沪宁交通中断，人心益慌，午市钱行集会复有多人大呼八钱或七钱九分买进，仍无应者，混乱至三点余钟，不能收盘。厥后始由多洋之家卖出五千元，限价七钱五分，作为收盘价格，勒令散会。大概当时厘价倘不加以强力之遏抑而悉任诸自然时，则破天荒八钱之厘价尽有出现之可能也。其后军事消息虽愈紧迫，而金融界因兑现渐平，人心较安，厘价渐落。迨九月三日黄渡实行开火以后，厘价虽仍高昂，然已能于高昂之中保持其稳定之势矣。

九月中旬两军酣战甚烈，而沪埠之兑现风潮已久归消灭。洋底甚丰，用途寥落，厘价曾一度低至七钱一分六。十月间通海花用渐见发动，日商收买现洋甚烈。其中复夹以卢何下野残部收束棘手，金融界不无惴惴，厘价大致站七钱三分左右。近两月来，花米杂粮等用款正在旺令，各发钞银行对于钞票之发行亦不敢如上期之以多多益善为宗旨。加以银拆极端松动之反响与币厂未能开铸关系，厘价颇有益趋高昂之势。年末相近，已递涨至七钱四分左右，中间最高到七钱四分五厘，比较战前之最高价仅低半分而已。

综观今年厘价，似可分为两大时期，即上半期之趋跌与下半期战事以来之趋涨是也。然跌则奇跌至七钱〇七厘，而涨则暴涨至七钱五分，其涨跌范围实达四分三厘之巨。此与近年厘价于平均跌落之中，其变动范围日形平稳之趋势，完全不符矣。附表如左：

民六以降历年厘价变动范围比较表

年别	最高价	最低价	变动范围
民国六年	〇.七四	〇.七一九	二分一厘
民国七年	〇.七四四四	〇.七一六七五	二分七厘六五
民国八年	〇.七六八	〇.七一九	四分九厘
民国九年	〇.七四六	〇.七一四七五	三分一厘二五
民国十年	〇.七三五	〇.七一三五	二分一厘五
民国十一年	〇.七三	〇.七一四三七五	一分五厘六二五
民国十二年	〇.七三	〇.七一六	一分四厘
民国十三年	〇.七五	〇.七〇七	四分三厘

按诸右表，可知今年厘价变动范围之大，不但为民九以来所望尘莫及，即比较民八亦仅差七厘而已。然实则当七月厘价最疲之时，苟非加以人力之维持，厘价之跌当不止于七钱〇七厘而止。又战事发动厘价最昂之时，苟非加以人力之遏抑，厘价之涨当亦不止于七钱五分而止。故就今年厘价经过之实际情形而观，其变动范围实有达于一钱之可能。此于近年厘价之变迁上殊堪注意者也。

（三）银拆变化之观察

今年沪埠银拆，除年初以阴历岁杪关系偶至七钱而外，余则上期六个月间因银底丰富、商业平常，银拆站四五钱之日不多，其大体趋势可称平松。迨至秋间东南战机初动之时，人心异常惶惑，银拆遂为时局之影响而逼涨。钱业多银之家对于拆票非常谨慎，偶有不合即勒令收还。一般缺银之家周转殊感困难。八月十九日挑打庄之永春首生破绽，永昶庄继之，钱业愈加警戒。对于相互间之拆票一律轧住不转，全日之中各谋自卫之策，彼此不能相顾，银拆遂开七钱之顶盘。二十日银行方面除向钱业索还押款而外，其到期拆票亦不允再转，以致钱业虽有临时自卫章程之决定，仍无解于市面银根之紧急。迨至夜间十二时，汇划庄之裕丰竟亦不幸而卷入漩涡。二十一日银拆固属仍为七钱，而实际上则全市拆票各不相通，已无市况可说。市面之奇紧不言而喻。所幸钱业有通力合作之表示，并实行维持缺银之家。二十二日以降钱庄遂无续出破绽之事，人心渐臻安定。但银拆迄于念九日为止始终为七钱不动，较之去冬银洋两荒之际，其紧急程度盖不相上下也。其后战衅虽开，然钱业既能力维信用，银行亦能力予援助，金融界之基碍已臻巩固。九月六日之银拆即曾跌至一钱六分，中旬最低更到数分，下旬赖钱业之竭力维持，始能站住一钱五分不动。盖此时之银拆较之战机酝酿时之银拆，其所受时局之影响适成绝对之反比例，即战前银拆因人心之惶惑而暴涨者，战中则因商业停顿账面收束而狂跌。表面上似呈奇观，实亦为事理所应有之现象也。

按战前银拆之紧急，与去冬银洋两荒时之情形，表面固属不相上下，而实际则完全不同。其可得而言者约有数端：（一）以起因言，去冬系由于内地产物之丰收，沪埠现货均纷纷流向内地，致呈银洋两荒之象。今秋则以公债市面之暴变市面，危机本已隐伏，适值东南战机勃发，市气为之骤紧，钱业遂首露破锭。（二）以结果言，去冬市面虽亟亟不可终日，卒未发生若何事变。今则大小钱庄之遭厄者达五六家之多，而银行之兑现提存亦较去年为涌。（三）以银洋之存底言，去冬存底最枯之时实际银两不足五百万两，银元不足千万元。而今秋洋底超过五千万元，银底亦在三千余万两。以较去冬之存底，其丰啬不可以并论。（四）以行庄之个别言，去冬因银底实在空虚，钱业每晚划头，相差恒达数百万两，虽有纱花丝茧等现货，亦无从向银行押得现款，故当时银行之紧急殊不亚于钱庄，且银行之紧急亦无间于华洋。换言之，即去冬之紧急为全部的，不因机关之为行庄或银行之为华洋而稍异其紧急之程度也。至于今秋则不然。银行最初不允钱业之通融，非银行实力之不足，实因不明各庄之内容情形，深虞因通融而受累，故除少数华商银行比较紧迫而外，余则各行无间华洋均甚泰然。即单就当时之钱业而论，其银根之松紧亦颇不一致。其头衬缺者虽系呼吁无门，而头衬多者且苦无借拆出路。此则今去年两次银根紧急不同之大较。至于今秋钱业大局可以转危为安、市面不致于糜烂者，钱业通力合作之功不可没也。自十月十三日卢何宣告下野，东南战事告一段落，军事行动渐次收束，水陆交通先后恢复原状，论理商业似应发展，银拆亦应转机。顾事实上殊不尽然。近月洋厘虽仍能保持七钱三四分之高昂状态，而银拆则愈趋而愈疲。自十月初银拆维持一钱五分之提议为钱业常会所否决以后，银拆即由三四分而至二分。十一月尚赖人力之维持，二分始得站住。迨入本月份，则并最低限度之二分亦被打破，于是连日早午市之银拆均作白借。按银拆白借，向例仅于阴历年关时见之，至于阳历十二月而见白借，且白借至于全月者，自民六以后固以此为嚆矢也。附表如左，以资参照：

民六以降每年十二月份银拆高低较表

年别	十二月份银拆	
	最高	最低
民国六年	〇.五〇	〇.〇三
民国七年	〇.七〇	〇.一〇
民国八年	〇.七〇	〇.一二
民国九年	〇.三八	〇.一六
民国十年	〇.七〇	〇.〇三
民国十一年	〇.七〇	〇.〇六
民国十二年	〇.七〇	〇.一八
民国十三年	〇.二〇	借

观于右表，可知十二月内银拆之作白借实为今年所独具之现象。其原因所在殊有探讨之价值矣。按自战事已还，宁杭币厂始终未能开工，以致海外涌到之大条几于悉数化为宝银，银底因以激增至五千万两相近。银底充实，银拆当然不振。盖如最近之银底，不但为民六以来历年此时之所无，抑且为民六以来之最多纪录。此近来银拆所以奇疲之原因一也。金融界自经秋间银根紧急之风潮以后，即力持收束主义，而以钱业之戒备为尤力。十月中旬东南战事表面虽告结束，而实际则无处不伏危机，随时随地可以爆发，钱业鉴于年内为日无多，营业方面刻刻谨慎，与其提高拆息而无隐实之放款可做，无宁捺低拆息以减轻对于存息之负担。此最近银拆所以奇疲之又一原因也。据熟于沪埠金融者言，曩年钱业因市息轻微，曾有正、腊（按皆指阴历而言）二月不计存息之定例；自战事以还，百业咸受打击，钱业今年之营业成绩当然受其影响。最近闻已有十家相近，拟于年终宣告结束，或于明年另行改组者。营业艰难可以推见一斑。故同业为稍资抵补起见，遂将银拆作借。对于浮存之存息，即可完全不必

给与。一面对于稳实可靠之往来铺户，酌予通融，征收相当之利息，如九月份(阴历)钱业常会议决之欠息比存息高至七两，其收益之优既非银拆连开七钱时所可望其项背，且放款之性质稳实更无危险之虑。故银拆之作白借，其于战后钱业之营业上不失为亡羊补牢之两全方策也。至于以为银拆白借，银根松至极点，凡赖庄款以挹注之各业，其周转可以容易者，则未免昧于事实矣。

(四)两元存底之充实

十二年冬沪上金融忽生恐慌之原因，在于银洋两荒。换言之，即为两元存底同趋枯竭是也。当时沪埠实际上之存底，银两不足五百万两，银元亦不逾千万。情形之危急自不待言。但旋以海外大条之涌到而渐趋和缓。迨入今年，年初之一个月间，大条入超即达一万三千余条，三、四、五月份入超之大条亦各在三千条左右。入超之大条因厘价愈趋愈疲。宁杭币厂相继停工，毫无去路。于是先后经银炉烊为宝银，存底遂呈增加之势。至于今年上期，币厂所铸之新币虽极有限，然去冬流出之大批现洋，入今年后回笼甚涌，洋底亦即随以步增。五月间因茧款去路关系，洋底虽曾减少甚激，但至六月份仍以茧款回笼之故而复增。附今年前七个月间之两元存底如左：

今年前七个月月末存底比较表

月别	银底（单位：千两）	洋底（单位：千元）
一月末	二五二五〇	三七八五〇
二月末	二四五八〇	四二三三〇
三月末	二八八六〇	四五七七〇
四月末	三〇三〇〇	四五二三〇
五月末	三二四〇〇	三六四三〇
六月末	三四五〇〇	五一〇〇〇
七月末	三七一二〇	四六九五〇

据右表以观，今年银底增加之势固至显著，即洋底能常站四千余万元亦不得算为薄弱也。而同时上期厘价之所以不起，银拆之所以平疲，从存底上亦足以窥其梗概八九月间东南战衅既起，金融界首蒙影响。厘价之狂涨与银拆之奇紧皆为吾人所不能忘。其时固赖金融界之应变有方，得以旋归镇定，其后战期虽经

延长，而金融界反如盘石之安，不可谓非幸事。然假令当时两元存底亦如去冬之枯竭，则无米之炊巧妇难为，金融业者虽有应变之才，亦无应变之力，沪市之糜烂其尚有纪极耶？十月迄今，海外大条到源又涌，而宁杭币厂在此政潮汹涌之中始终未能开铸。故运到之大条仍为银炉所烊化。最近银底遂骎骎焉有突过五千万两之势，民六以来未有之盛况也。至于洋底则因现洋去路涌旺，新币不能接济，月来已减至四千万元相近，比较上期无多进展。以视银底之继涨增高者，殊为逊色矣。

综观最近五千万两相近之银底与四千万元以上之洋底，在民六以来之存底中当可称为极端充实之时期。而就两元存底今年增加之趋势言，尤以银底为最激。至其所以激增之原因，不外于海外大条之涌到与宁杭币厂之未能开工。然将来之银底是否能维持目前之优势，实为疑问也。

（五）结论

综前所述，沪埠金融今年所受东南战事之影响，其显著者约可分为数端。宁杭币厂下期始终未能开工，一也。入大超条因币厂之去路阻塞，银底始臻今日之盛况，二也。因秋间之战，始有厘价之奇涨与银拆之紧急，三也。因新币无来源，厘价始有今日之高昂，因银底之丰富，银拆始有今日之白借，四也。故今年之沪埠金融，假使无东南之战，变化固无特殊可言，趋势亦难越乎常轨。所谓常轨者，即于秋收登场以后，当九金十银之期（指阴历九十两月而言），厘价虽应上涨，然最高当不能超过七钱三分。因银底丰富，币厂于厘价上涨之时必将尽力鼓铸，以应需要，新币之供给不断，厘价殊无继涨增高之可能。若以今年茧市厘价观之，今秋是否能达七钱三分尚为疑问。至于海外运到之大条，以币厂需用关系，固不能尽量烊为宝银，且于大条到源缺乏之际铸币用银，尚不免直接取给于银底。故五千万两相近之银底于事实上决难实现也。银底不丰，商业旺盛，以历年冬季普通之银拆衡之，目前银拆当常在四五钱左右。至白借之银拆，向例仅于阴历年尾初之旬日间见之，此时实无出现之余地。故本年下期金融，因战事而逸出常轨，是为变态。变态之原因消灭，金融仍自趋于正轨也。

银行周报 1924，8（51）

上海金融之简史(一)

裕　孙

第一、民五中行之拒绝停兑

民国五年滇事发生，金融恐慌，洪宪政府有创行不换纸币之议。其时北京总行库储已罄，又密饬上海中国银行移居内地，欲将各行现状吸入北京。而西南各行久不得总行消息，大势瓦解，岌岌可危。上海为南北枢纽，谣诼蜂起。沪地中行股东佥谓维持金融，必先保全中国银行，而保全中国银行必自上海分行始，遂于四月间在沪创立中行商股联合会，推举张季直为会长，叶揆初、林嵩寿为副会长。当议决五项如下：(一)推举临时干事四人，监察二人，稽查上海分行事务所。所有营来各款，不准政府提用。(二)请东西律师二人，函致经理宋汉章副经理张公权，要求始终担负全行事务及付存兑现之责任。(三)上海钞兑准备金移交律师保管，随时兑现。即中央有令他处停止兑付，上海不能停付。(四)声明存款到期立兑，由联合会致函南北商会转告各业。将来商家设有损失，悉归联合会负责，向南北政府交涉，归正式政府承认。(五)电恳中央院部各省军署暨总分行彼此相杂，力保信用云云。迨北京国务院停兑令到，即经联合会议决不理，仍然照常营业，时由经理宋汉章、副经理张公权、营业主任胡稑芗悉心应付，力维钞信，沪市人心赖以大定。而风声所树，山西、河南、湖北、安徽等地中行亦均由各该省当局维护之下群起响应，一律照常兑现，民五停兑令之流毒得免遍及于全国。与今日中行全体地位之增进，岂偶然哉？附录当时停兑之院令如下，以照参照：

民五中交暂行停兑之院令

各国当金融紧迫之时，国家银行纸币有暂行停止兑现之法，以资维持，俾现款可以保存，各业咸资周转。法良利溥，急宜仿照办理。应由财政、交通两部，转饬中国、交通两银行，自奉令之日起，所有该两行已发行之纸币暂时一律不准兑现，一俟大局定后再行颁布院令，定期兑付。所存之准备现款，应责成该两行一律封存。至各省地方，应由各将军都统巡按使。凡有该两行分设机关之地方官，务即酌拨军警，监视该两行不准私自违令兑现，并严行弹压，禁止滋扰。如有官商人民等不收该两行纸币，或授受者自行减低折扣等情，应随时严行究办，依照《国币条例》第九条办理。一面与商会及该两行该两行接洽，务期同心协力，一致进行。并饬该两行将所有已发兑换券之种类数目，克日详晰列表，呈报财政部，以防滥发云云。

第二、发行国币兑换券之嚆矢

自清季以来，沪上流通之银元种类极为复杂，而以势力论则推墨西哥铸之鹰洋（俗呼英洋）为最大。故当时中外各银行所发行银元兑换券，悉以鹰洋为兑换之准备。如以他种银元兑付时，须按市贴水。迨民国七年，沪中行鉴于各种龙洋行市久经统一，袁像国币流通日多，为适应市面之需要及助长国币之势力起见，决定加发上海国币兑换券，计分五元、十元两种，票面印明此券兑付国币字样。惟当时各种龙洋行市本与国币一律，故该券除兑付国币而外，亦得以其他龙洋应兑。该券于七年五月五日开始发行，是为沪埠银行界发行国币兑换券之嚆矢。至该行前此发行之鹰洋兑换券，仍一律照付鹰洋。自国币券发行以后，甚得社会欢迎，且因鹰洋日少国币日增之关系，国币券之势力愈蒸蒸日上。及八年六月，鹰洋行市取消，沪埠银元行市只剩一种，更无鹰龙及国币之分，因此华商各银行不必论，即洋商银行所发行之免换券，亦不得不随时代之趋势而一律以国币兑付焉。

第三、银元行市统一之成功

民三《国币条例》公布后，同年十二月二十四日，天津造币总厂首先遵照条例开铸袁像新币（按即今日通称之国币），未几南京造币厂继之。此项新币，花纹崭新成色划一，人民乐为行使，且无省界之分，不论通商口岸及内地，无不通行。其流入沪埠之数亦日见增多。先是沪上流通之银。除墨西哥铸之银洋因其成色顶真、流通数巨、外商信用等关系占有绝对的优势及较高的行市而外，其余各省所铸之龙洋，如奉天、安徽、四川、云南等，均不甚通用，大清银币、广东、江南、湖北四种，虽属通用而亦行市不同。以至银元种类之庞杂，行市之纷岐，遂为社会所深苦。及津、宁两厂开铸新币，流通及于沪埠。中、交两行因与钱业公所协商，将以前所开各种龙洋行市一律取消，只开新币行市。凡江南、湖北、广东、及大清银币四种银元，均按新币行市，为通用标准。至其他各种龙洋，得向中、交两行兑换新币。此项办法自四年八月一日起实行。于是沪埠龙洋行市乃收化杂为整之效，而沪埠银元行市遂亦只剩新币与鹰洋两种。附录当时中、交两行与钱业公所来往信件如左：

中交两行致钱业公所函

敬启者。前奉惠函，询及以旧龙洋掉换新币一节。兹敝行等定阳历八月一日实行。每日各以二万元为度，由贵钱业各庄自由来行掉换。除铜洋挫边不收外，准以各种龙洋照换新币可也。至逐日所开龙洋行市，请照原议亦于八月一日起永远取消。特此函达，即希分别转致各庄为荷。

钱业公所复中交两行函

径复者。接奉惠函，诵悉种切。承示各种旧龙洋掉换新币，定于阳历八月一日实行，每日各以二万元为度等因。具见贵行统一币制之至意，钦佩莫名。敝处遵于昨日邀齐各庄会议，一致赞成。惟每日共以四万元为度，诚恐或有不敷。拟以阴历七月一日实行，照尊议仅迟十日。而贵行已积成四十万元之数，自不虞求过于供，只恐掉换拥挤，周转不灵，议定江南、湖北、广东、及前清一元银币四种龙洋暂与新币一律通用。先将其他各种龙洋逐日掉换。一俟新币充裕，再行一律办理。谅贵行定以为然也。并请登报，俾众咸知。至于龙洋行市，亦于旧历七月一日起取消，每日只开新币及鹰洋两种行情。特函奉复即祈察核，准照施行。

惟此后龙洋行市，虽经统一，而以各项龙洋向中、交掉换新币一层并未实行。其后新币日增，鹰洋日减。七年五月五日沪中行复有国币（按即袁像新币）兑换券之发行，而江浙各产茧区域亦均欢迎龙洋（包括新币在内），因此鹰洋之行市渐与新币相等。八年二月，钱业公会即监于（一）内地各省均多通用新币及龙洋；（二）墨西哥自改用金汇兑本位后，鹰洋早经停铸，其流通吾国之额逐日减少，有自然消灭之势；（三）鹰洋与新币两种行市渐趋于平。乃有划一鹰龙洋行市之建议。嗣以格于外商银行之反对而中止。迨同年六月六日，为青岛问题，始之以京兆学生之罢课，继之以上海之罢市，事平后十一日开市，银元甚荒。钱业公会集议之结果遂决定只开一种行市，其鹰洋行市从此取消。录其通告如左：

钱业公会取消鹰洋行市通告

沪埠鹰洋，逐年减少。推原其故，由于墨西哥国早已停铸所致。吾国鼓铸龙洋，借资流通，比年以来，商界称便，谅为贵银行所深悉。现因市上鹰洋已属少数，若英龙行情，再分上落，则鹰洋供不应求。自今日为始，无论鹰洋、龙洋及各机关报币，一律并用，无分轩轾。用特专函奉达台端。此后鹰洋行情已归取消，统希察照为荷。

推钱业公会之意敢于毅然出此者，一因鹰洋市面日稀；二以丝茧用去之龙洋均在内地，其时尚未回笼，如再压低，深恐无从购买；三以外国银行所存鹰洋无多，各该行所发行之鹰洋兑换券亦不得已而兑付龙洋也。翌日银行公会会员银行集议之结果，均极赞成，即推会长宋汉章君与汇丰大班史缔芬君接洽。史君亦极赞成。同时钱业公会亦推钟飞滨君函询麦加利，该行亦复函赞成。于是沪埠银元行市自此遂仅有国币之一种，而统一之功遂告完成。此固我国银元之进化，抑与币权之挽回具有重大关联矣。

第四、鹰洋势力之自然消灭

墨西哥铸之鹰洋，于十六世纪之初我国各口岸，如宁波、广州、厦门等处，即已发现其踪迹。迨十七、十八两世纪，鹰洋势力跨有亚、美两洲，几成为一种之国际通货。我国人民尤为欢迎。其流通额日臻膨胀。有清粤督之洞为谋抵制起见，于光绪十三年奏请效铸银元。其后湖北、江南、直隶、浙江、安徽、奉天、吉林等省先后设厂鼓铸。于是国内自铸之银元出数日旺。惟以省自为政，花纹成色绝不相同，民间显分畛域，甲省所铸不能流通于乙省，反不如鹰洋之尚能南北通行。故有清末叶，国内鹰洋之势力，虽有自铸二万万之龙洋，与之竞争稍见减色，然终可保持相当地位，不能望其消灭也。及民三以降，津、宁两币厂依照《国币条例》所规定开铸袁像新币，成色既无参差，花纹亦均相同，居然南北通行，到处受人欢迎。而从未通用龙洋之地方，于新币之推行，尤觉事半而功倍。加以各地中交两行发行之纸币信用日增，流通日广，所予鹰洋之打击殊为深刻。且国内鹰洋之流通额因累年出超及被银炉烊化关系，亦呈渐减之势。沪埠于民国四年八月，各种庞杂不同之银元行市改由中、交两行与钱业案公会协商同意，每日改开新币一种。继以民国七年五月沪中行发行国币兑换券后，国币之势愈张，而鹰洋之势愈绌。民国八年六月，沪上金融界更利用时机，毅然取销鹰洋行市，于是此后愈无鹰洋存在之余地。迄今国内各埠以及沪上，市面流通之银元，鹰洋仅能偶一见之，其余皆为袁像之国币。故鹰洋之于今日业已根本消灭，不久且将成为历史上之名词。近十年来，我国整饬币制之最可纪念者，其仅此欤？

（未完）

银行周报 1925，9（19）

上海金融之简史（二）

裕　孙

第五、银行公会代兑中法银行钞票之始末

民国十年七月二日，上海中法实业银行分行突接巴黎总行来电，令即停止营业。该行即于次日正式登报通告。上海银行公会以该行在沪曾经发行钞票，一旦停兑，有妨社会安宁，于三日召集紧急会议，讨论维持办法。四日由上海法领事邀请公会会长盛竹书君、副会长钱新之君，沪中行行长宋汉章君，偕同该行经理等人，赴法界外滩一号该行内详细检查发行簿据，所有行内现存钞票均交由法领事保管。午后得北京银行公会来电，主张该行在各埠所发钞票一律由当地之银行公会为之代兑，其尚未设公会地方，则由中、交两行代兑，至代兑之款，已由财部公函担保，将来在应还中法款内，尽先扣还云云。当经沪会全体会议结果，一致赞成。一面由在会各行分认垫款，一面筹备代兑手续。因决于十三日起，实行开始兑现，时距该行停业仅十日耳。

代兑中法实业银行上海钞票之垫款除中国、交通、兴业、盐业、中孚、新华、金城、大陆、东陆、中国实业、聚兴诚等十一家银行，由其在京之总分行已经认垫外，其余上海、浙江、四明、广东等四银行各垫一万元，中华、东莱、永亨等三银行各垫五千元，划归中、交两行，再由该两行并京汇各款，转送公会，以备兑现之用。兹录代兑简章如后：

上海银行公会代兑中法实业银行钞票简章

（一）以上海地名券为限。

（二）每户五百元以下之零票以现洋收兑；满五百元者，给以中、交两沪行当日本票，向中、交两行支配现洋。

（三）兑换时间：上午自十时至十二时，下午自一时至三时。过时次日再兑。

（四）星期日停止兑换。

按在筹备代兑之时，本拟委托各会员银行分别代兑。嗣虑开兑以后人众挤拥，对于各行营业不免妨碍，且会员银行中亦有发行钞票者，一经开兑，不知者且以为利用时机，推销本行钞票。故研究结果，咸以开兑地点固以公会为最宜，且代兑时必须一律兑付现洋，不杂钞票，方足以昭大信。然洋元在四五百元上者笨重难携。为便利兑现人计，又不得不筹一种轻便方法。因定五百元以上者给以中、交两行当日本票，向中、交取现。盖一人而有中法钞票五百元以上者，多与银行或钱庄共有往来，不难以中、交本标委托其往来行庄代为收取也。

查上海流通之中法钞票，据检查所得，计七十五万一千余元。自公会于十三日开始代兑，至十九日止，每日共兑四小时。二十日起每日仅兑两小时。来兑人数以十三日为最多，上午约三千人，下午约二千人。嗣即逐日减少。计自七月十三日至二十二日止，除十七日星期停兑外，共由公会代兑九日，来兑人数约达一万六千四百人，兑去钞票五十九万余元。估计未兑者尚剩十六万元，大致系已流入外埠，一时不及来兑之故。因定有七月二十五日起，将公会临时组织之代兑机关撤销，同时委托各会员银行分任零星代兑之责。但以兑至八月十二日为限，以便结束也。

各地公会自开始代兑该行钞票。至实行截止日止，计北京共兑出六十五万二千三百四十四元，天津共兑出四十四万三千八百六十七元，上海共兑出六十五万七千零七十五元，汉口共兑出三十四万五千八百七十六元，总共兑出二百零九万九千一百六十二元。核与该京行法经理所报告之原数，有绌无盈，乃由京、沪两埠各会员银行共同担任垫款。计二十九家银行，共垫二百零九万九千一百六十二元。据当时财部第一九七一号函，此项垫款由财部负责，并声明由财部在应付中法银行欠款内扣还。京公会于十年七月六日上财部函中亦经声明四项：(一)些项垫款，将来交涉，无论如何均由财部负责，概与本会无涉；(二)各银行代垫之款，请由财部指定的款，将款目宣示，以备偿还；(三)偿还期限至迟不得逾半年；(四)垫款利息以月息一分，按月计算，利随本减。均经财部复函承认。但除十年九月收到十五万元外，以后迄未收款。屡经京会函催，直至十一年终，始奉到财部复函，略谓本部因各月所放盐余不敷分配，以致未能照拨，本部对于各项内债现正筹划整理，一俟定有办法，即当照办等因。然其后整理即托空言，垫款亦未偿拨分文。十二年二月，中法实来公司开业钞票以现金赎回，旋得该公司复函，略谓中法实业管理公司乃一完全独立之公司，与中法实业银行所负债务并无关系，惟已将贵公会之意思电知巴黎中法实业银行，请其特别注意，从速赎回。但迄今又历二年，此项垫款，财部既不践约偿还，该行亦以当与其他债务一律办理为理由置诸不闻不问之列，遂使此二百余万元之资金常年搁置，无从活动，殊令人为之寒心不置也。最近金佛郎案既经解决，该行已筹备复业，并有仍发钞票之说。然假令该行于复业之后对于此项代兑钞票垫款不能立以现金偿清本利，殊无以取信于人，不但续票发钞市面难于流通，即其业务前途亦将发生不少之障碍也。

第六、银钱业领用中行兑换券之原委

中行对于银行同业，原有领用兑换券办法，即本无发行权之银行或虽有发行权而不愿直接担负发行危险之银行，若商约中行同意后，可具备现金三成、公债七成，向中行领取十成兑换券，上加暗记代为发行。惟实际上此种规定，每有多少之出入。如民国三年浙江兴业银行与中行所订领券三百万元之条件，系现金五成、公债票照额面二成五、期票二成五，中行对于兴业提供之现金尚须付给利息。中孚及浙江实业等亦有同样之契约。其他各行亦多援例而起。追十二年十一月间，沪埠银、洋两荒，筹码不敷周转。其时沪埠各钱庄，因亦援各行领券成例，拟向中行领用兑换券未果。迟至十三年春，钱庄复联合要求，双方迭经磋商，并由钱庄自开条件，经中行认可后，陆续订立领用钞票合同。规定此项领券总额为一千五百万元，至各庄之领用则视该庄之资力信用，分为五十万元与二十五万元两种。拟订领用章程十一条以资遵守，比较中行原有之领券办法，尤为严密。录左以供参考：

上海某钱庄向上海中国银行领用钞票合同

（一）某钱庄得分批向中行领用上海地名十元钞票，以领足总额〇〇万元为度。

（二）某钱庄领用钞票，应备现金六成，整理案内中央政府公债票三成（须按时价折合市价上落随时增减）或上海房产道契（须经中行认可估价七折核计，估价各有涨落，亦可随时增减）交付中行为保证金。其六成现金不计利息，某钱庄不得随时动用。某钱庄并应自备现金一成，以补足此项领券之保证金。对于此一成现金，应由某钱庄出具中行抬头即期庄票一纸，交中行保管。此项庄票每届阴历正月间，掉换当年即期庄票。所有保证公债或道契及庄票由某钱庄应具正式通知书，叙明公债号码或道契号码，由中行给予正式收据，并编明公债或道契号码。所交庄票遇必要时，中行得收现，充作某钱庄缴纳保证金之一部分现金。

（三）领用之兑换券，双方各加暗记。

（四）中行收某钱庄领用之暗记券。可随时向某钱庄兑换现金。

（五）某钱庄领用上海中行之暗记券，应由中行通饬他埠各分支行，一律照兑。他埠中行收兑上项暗记券，中行随时凭代兑行报单，制成代兑换领券保管证，向某钱庄兑取现金。所兑之券，随时由中行设法运回，其运费归某钱庄负担。

（六）中行兑换券设遇金融恐慌，兑现过涌，某钱庄应临时悬牌代兑。一面某钱庄或续交现金四成，或以所存暗记券抵冲，或以代兑之券抵冲，取回公债票或道契及庄票。但现金交足以后，某钱庄不再兑现。倘遇上项风潮，某钱庄收兑暗记券已满四成，亦得通知中行不再收兑。惟须将兑入之四成暗记券缴还中行，取回公债票或道契及庄票。缴还以后，某钱庄亦不再兑现。统俟市面平定，再行照约领用。

（七）本合同有效期间定为若干年。遇有特别事故，得随时取销之。取销时，某钱庄应缴还四成现金或暗记券，换回公债票或道契及庄票。如通知取销合同之次日尚未缴足，得将缴存公债票或道契由中行自由处分，并将庄票即行收现。

（八）本合同经双方同意得修改之。

（九）本合同自签字之日起实行。本合同有效期内，如某钱庄向中行领用钞票原额外，倘有不敷某钱庄之用，某钱庄可再商中行续领钞票。其数不得过原额之外。惟续领用钞票之保证品及条件，悉照本合同。

（十）本合同期满后，各经双方同意，得继续办理。

（十一）本合同共缮两份，中行及某钱庄各执一份。

中华民国十三年某月某日立

自前项合同陆续签订后，外间因不明真相，谣诼蜂起。舆论有责中行不应滥发钞票、供给军费者。当由中行函致各报郑重声明，并于五月四日召集领券各行庄开会议决，将此次领券各行庄所缴之准备金一律公开，以昭大信。计签定公开办法四条如下：

（一）各行领券所缴准备现金六成，公债票（或道契）三成，庄票一成。统由中行专库存储。

（二）上项准备金或以生金银及外国现货币存在本库，或存出国外抵充，悉听中行之便。如遇银根紧急之时，应酌提一成，专做短期押款，以供调剂市面之用。但存出国外，以二成为限。

（三）上项准备金一律公开。专库所存现金生金银外国现货币公债票（或道契）庄票及一切单据，各领券行庄每月得轮推代表来行检查。

（四）本办法如有未尽事宜，得随时协商修改。

上项办法签定后，当由各行推举代表徐宝琪君，各庄推举代表由祈原君、盛筱珊君，立即公同检查专库。计截至五月四日止，已经按照合同领用者共十六家，计领用一百七十二万五千元。专库内准备现洋一百零三万五千元（正合六成)，又公债票及道契合洋五十一万七千五百元(正合三成)，即期庄票洋十七万二千五百元(正合一成)，经各行代表检查无误，当场公签凭证，以资证明。其后即按订定办法第三条由领券行庄。每月轮推代表前往检查。扰攘匝月，真相渐明，社会疑虑始为之释然。八月江浙战事醞酿期中，中行钞票曾与其他银行之钞票同遭兑现风潮，然均因准备充足，应付得宜，旋归平静。后虽苦战迄于年末，皆未发生问题。意者此项领用办法，殆已由试验时期而臻于稳固地位矣。

(未完)

银行周报 1925，9(20)

上海金融之简史(三)

裕　孙

第七、宁铸银元公开化验之经过

宁铸银元发生问题之由来

宁厂自开铸袁像国币以来，行将十稔，因其成色、重量等悉能确遵条例所规定，故甚得社会之信仰。沪上每年所需之新币，多数即由该厂供给者也。不意十三年二月九日，上海大陆报载有劣币谈之社论，对于该厂所铸银元大肆攻击，略谓：

上海某大外人机关，近几南京造币厂，取得该厂所铸新银币四元，其上铸有袁世凯肖像及中华民国三年字样。此四元银币系十二月五号由该厂发出。同时曾受有在南京可靠之外人华人所给证验书，经固封盖印后，派员专送至沪江大学化验室，于十二月十五号送达，托该化验室加以化学的分析。当由该化验室主任梅皮博士实行化验。今据其报告化验结果如下：

	第一元	第二元	第三元	第四元
银之成分	八八.二一	八八.二七	八八.〇六	八八.〇九

按照一九一四年即民国三年所公布之《国币条例》，铸有袁世凯肖像之银

元为中国标准银元，其成分以纯银百分之九十，铜百分之十。又据其后颁布之修正条例，银之成分减为百分之八九，铜增至百分之一一。由此可见上述造币厂所铸银元，其最多之成色，不但与《国币条例》所定相差甚远，且不逮一九二〇年送往孟买印度政府造币局之中国银元。盖当时所送银元犹含纯银百分之八九以上也。就以上之事实以观，更假定沪江大学化验为准确，则可知中国于成色低减之小银元外，又加以成色低减之大银元。此中有人作币中饱，自无待言。查一九一九年南京造币厂共铸出银币三五八六〇〇〇〇元，截至一九二〇年九月间，共铸出四四六四一〇〇〇元。由此数计算，中饱之数，其巨可见。盖示须稍加铜之成分于所谓中国标准币铸造之中，即有人可收刮大宗金钱。至于其人为谁，则于此事最有利害关系之中国商人，不难猜测而知之也。……云云。

翌日复经各中文报译载，遂引起社会极大之注意。盖使前项化验为确实，不但宁厂之名誉为之扫地，且将打破一元主币之基础。因此项新铸者之成色既属低劣，则前此所铸者当然亦不可靠。合计十年来津、宁、浙等币厂所铸形式相同之国币为数逾数万万元，尽行流通于各地，一旦因宁铸成色低劣之故而发生纷扰，其影响之重大、结果之恶劣，绝非金融上其他任何变故所可比拟也。时宁厂厂长赵恩涵为人强毅坚决，自信该厂所铸银元银铜配合之时向系恪遵定章，不出公差范围，断然无大陆所载之低劣。因该报所载系根据沪江大学化验室主任梅皮博士之化验报告，遂函致梅皮，约期会同复验。

梅皮博士拒绝会验之经过

先是赵厂长于十一日函致梅皮，请其携带原化之残币赴宁重化。尚未得复，即与会办王世泰、铸造科长张履恒、化验主任俞凤冈来申，至沪江与梅皮交涉。察其天平，系属普通器具，不若宁厂所用试金天平专化银币者之准确；叩其化验方法，系属硫青化加里法及重量分析法两种，又不若宁厂所用盖卢氏法之精密；更检其化验草单，同一银屑，上列两种成色高低相差甚巨。据梅皮自称，此次系学生化验，不过权作研究，并非自己动手，而登报亦系友人所为等语。其情虚可见。故赵氏一请其携带残币到宁化验，二请其在沪就近化验，三请其将原币交出，由宁厂自行化验，梅皮皆托故拒绝。嗣经赵氏在沪交涉三日之久，复得上海造币厂赫技师从旁婉劝，梅皮始允将残币四枚各截下三格兰姆，交于赵氏，并择于二月二十五日在沪江大学会同化验。惟要求该厂另提一九二三年十二月所铸银元二十枚，须经宁中行及美领事之证明后，带沪一并化验。赵氏亦勉允照办。迨送往美领事处之二十元，美领拒绝证明。梅皮遂借口非有美领证明之币交来，碍难会同化验。赵氏不得已，遂择于三月三日上午十时邀集中外各团体推举中外化学名家，借上海总商会地方公开化验。函请梅皮准时前往参观。梅皮鉴于情势紧迫，已无推托余地，遂复函赵氏，请于三月四日赴该校化验室，公同会验前项残币。赵氏以该厂之公开化验定期三月三日在总商会举行，已发公函通知各团体，万难更改，对于梅皮改期四日在该校化验之请遂断然拒绝，仍如期在总商会举行公开化验。梅皮情虚，是日并未莅会参与。

三月三日公开化验记详

(一)参与化验及参观人员：是日除厂长赵恩涵会办王世泰率同该厂职员人等到会预为面置外，并有部派技正虞锡麟、南京交涉员代表起世泽到场监视。沪上各公团领袖到者有总商会宋汉章、方椒伯，银行公会盛竹书，钱业公会秦润卿，外国银行公会贺礼贤等。另由银行公会延请化验师白立区、钱业公会延请化验师陶尔顿、总商会延请化验师宋梧生为化验代表。又化验家如周则岳、徐佩璜诸君，亦莅场参与化验。

(二)化验之结果：梅皮化验残余之四币，经宁厂一再交涉，仅截下各三格兰姆送交赵氏，其余梅皮始终不允交出。故开会后由秦润卿君提议，改向任何之银行、钱庄，抽取宁厂所铸银元二十枚，持来化验。结果公推秦卿及外国银行公会代表贺礼贤前往中国银行库房原箱内抽取二十元。携回后，更从中随意抽出四枚分别钻出银屑，合并一次化验，以求其平均成色。依第一法以美国九九九．〇大条银选作化验标准，计为八九〇．七。依第二法以宁厂九九八．六标准银作化验标准，计为八九〇．九。至梅皮交来之四枚残屑，则仍然分别化验。其结果依上项第一法为(一)八八九．八,(二)八八八．九,(三)八八七．四,(四)八八九．四；依上项第二法为(一)八八九．九,(二)八八九．〇,(三)八八七．五,(四)八八九．五。核其成色，一律不出《国币条例》法定公差之范围，并证明梅皮前此之化验报告为完全错误。(按化验银币成色照例应用千分计算，而梅皮系用百分计算。故前次之报告根本已属错误矣。）

（三）监视者之证明单：化验后由监视者分别签字如下：（甲）分别代表钱业公会、上海银行公会、上海总商会之化验师陶尔顿、白立区、宋梧生，兹特声明：于受上列各团体之邀请，于一九二四年三月三日星期一，出席各机关代表集会于上海总商会，化验上述标本银币，验得该币确与中国政府所定之银币标准成分相符。一九二四年三月三日。（签字者）陶尔顿、宋梧生、白立区。（乙）下列诸人参与化验，谨保证化验所取手续及所得结果均无谬误。（签字者）周则岳、徐佩璜、虞锡麟。（丙）下列诸人系上海外国银行公会代表及钱业公会代表，谨声明亲在场监视化验，并证明化验手续系谨慎执行，深表满意。（签字者）秦润卿、贺礼贤。

（四）化验后证物之分存：化验后将自中国银行取来化验之残币四枚，分铰四块，共包四份。一份由宁厂自行保存，其余三份则由上海中国银行、上海总商会与麦加利银行各留一份存执。至梅皮交来之残币银屑，仍由宁厂带回保留云。

公开化验后梅皮之道歉

三月三日公开化验后，梅皮致函宁厂云：

> 敬启者。今随信附上厂所最后化验贵厂银币四元结果化验单一纸。本拟上礼拜一将此单送上，奈届时未得结果，故未如愿耳（附化验南京造币厂银币四元化验单）。鄙人前次化验贵厂之银币，系经化学家及中国各大学毕业者所化验，其法乃用重量法及无虑哈德法。当时鄙人不过指示而已。现在第二次之化验，系鄙人亲自为之，亦用盖卢萨法，所得结果如下：（一）八八七.二（二）八九〇.三。（三）八八九.〇。（四）八九〇.一。鄙人对于前次化验之谬误，殊深抱歉。此次所用之银系九九九。上海化学工艺研究所梅皮启。

当经宁厂函复云：

> 径复者。昨接大函，译悉一是。先生虚怀抱歉，无任佩仰。承示二次

化验银币结果，即无辩论之价值。既承函告，理应布复。以后来函，恕不再答云云。

按沪江大学自经宁厂与梅皮之交涉愈逼愈紧后，以于校誉攸关，即函致各报，声明梅皮并非该校室之主任，故梅皮最后致宁厂函即改称上海化学工艺研究所云云。宁厂后复呈报政府，请责令梅氏赔偿该厂人员因此返宁沪之一切费用。虽无结果，然梅皮终不自安，未几即行束装返美，迄今年余。沪上外人对于袁像国币，未闻续发何种讥评。赵氏强项之成功，有足念者。

银行周报 1925，9（21）

上海金融之简史（四）

裕　孙

第八、洋厘之趋跌及其变态

沪埠厘价自民六以迄于江浙战前，大势皆趋于低落，而以去年战前为尤甚。如去年茧市期中，最高不过七钱二分一厘七五。茧市以后，愈不堪问。七月遂有七钱〇七厘之最低纪录出现。较诸民八最高价之七钱六分八厘，计差六分之巨。附民六以降历年厘价高低比较表如左：

年别	最高价	最低价	高低差数
六年	〇.七四	〇.七一九	二分一厘
七年	〇.七四四四	〇.七一六七五	二分七厘六五
八年	〇.七六八	〇.七一九	四分九厘
九年	〇.七四六	〇.七一四七五	三分一厘二五
十年	〇.七三五	〇.七一三五	二分一厘五
十一年	〇.七三五	〇.七一四三七五	一分五厘六二五
十二年	〇.七三五	〇.七一六七五	一分四厘

（续表）

年别	最高价	最低价	高低差数
十三年（七月底前）	〇.七二一七五	〇.七〇七	一分四厘七五
十三年（八月初后）	〇.七五	〇.七一六七五	三分四厘
十三年（全年）	〇.七五	〇.七〇七	四分三厘
十四年（四月末止）	〇.七四	〇.七一八	二分二厘

夫江浙战前，沪埠厘价以何理由而呈历年递落之势，殆非老于金融业者不能道其详。如以下吾人之所述，仅信其或为一部之理由而已。所谓一部之理由者，又可分为数种：（一）由于银元流通额之增加也。自民三天津造币总厂按照《国币条例》银八九铜一一之成色开铸袁像国币以来，各省币厂继之。其每年新铸几何虽难稽考，但观于今日无论城乡市镇莫不见国币之踪踪，与英、龙等杂项银元之消灭殆尽，则国币流通额之巨大亦可想见。又如曩年只闻币厂因银元需要浩繁而加工赶铸，近年则频闻币厂因银元需要不起而累月停工，非银元之需要昔日独繁而今日独减也，盖亦由于国币因各厂之频年鼓铸而烊毁者绝鲜见闻，其供给力遂随以日臻强大。故即使今日银元之需要无异于曩时，厘价已无起色之望。而况其需要因下述原因，实有减退之势乎！（二）银元需要减退之第一原因，即为钞票之盛行。据十二年末之调查，中、交及各商业银行之发钞总额约一万五千万元。此外各省地方银行官银号之发行总额亦约一万一千万元。若连各洋商银行在华之发钞额以并计，殆不下三万万元。各行钞票之信用虽有厚薄之不同，然大致除少数而外，在其发行区域以内均得自由流通。夫钞票盛行，则银元之需要当然减退，而厘价又安能站住乎？或谓发钞必须准备，是以钞票盛行，一方社会对于银元之需要额虽不免为之减退，但一方银行对于银元之准备额亦必随以随加，一增一减，适足相抵。其于银元固有之需要，似少影响可言。不知发钞之十足准备固为事实所不能，兼亦理论所不许。普通能得六成准备，只须办理得法，即可无虞挤兑。实则今日中外大小各发钞银行，其能拥有六成准备者殆寥寥可数。故谓借发钞准备以维持银元需要者，其为效亦仅矣。（三）银元需要减退之第二原因，殆即为银元窖藏之习惯渐

减也。夫货币流通若能迅速，则虽比较的少数，亦能周转。反是则货币之需要额不得不大。吾国向有窖藏现洋之习惯，尤以乡僻为最甚，以致现洋一入乡间，即难望其流出。至于城市之个人、家庭、机关等，虽不必以窖现为目的，但因习用现洋之故，每日亦必保有多少之现洋于手中，以备其临时与经常之支付。此项各自保有之现洋，分计虽微，合计则巨，其足以增加银元之需要者，殆亦不容漠视。至于此项窖现与用现之习惯目前是否渐减，吾人虽不能得正面之证明，但有足为反证者二焉：（甲）人民对于用现之习惯苟非渐减，何以各行之发钞能达于上述之巨额？（乙）人民对于窖现之习惯苟非渐减，何以近年上期之丝茧、下期之秋收，当时纷纷运出之现洋，其回笼之速率乃年呈增加之势？此项反证倘无相当之解释，则吾人所谓用现与窖现习惯渐减之说，或不无几分之可信。诚如是也，则银元之需要，不免因其流通之迅速与其流通度数之增加而为无形之减少，厘价因此所受之影响或非浅鲜欤？（四）由于沪埠存底之日增也。民八以后，沪埠洋底颇有递增之势。十二年前后，恒逾四千万元。以视民国六、七、八之数个年间，洋底之仅仅往来于一、二千万元者，不可以并论。洋底加增之原因，亦不外于历年各厂铸数日增，各地流通之数不感缺乏。其因一时季节关系而发生之需要，虽须仰给于沪埠，而季节一过，仍复汇归于沪。夫物稀为贵，物理之常。以沪埠洋底如是之丰，而去路又甚阻滞，尚安望厘价之起色也哉？

在江浙战事以前，于厘价步跌声中尚有一事可资注意者，即厘价每年之变动日趋于平稳是也。就前列附表每年厘价之高低差数觇之，至为明显。此其理由何在，颇难索解。或谓近数年来，投资投机之途日广，例如公债即为一最好之目标，故金融界昔之孜孜于厘价之涨落以冀从中取盈者，今则咸置厘价之蝇头微利于不顾，理或然欤？不意江浙战起，连年来厘价之常轨，即所谓日趋跌落、日趋平稳者，乃为其完全打破也。

去岁八月中旬，为江浙战事酝酿成熟之期，爆发在于目前。沪埠钱业之倒闭者，除小同行外，曾经入会之裕丰亦不幸而遭牵累。钞票兑现风潮随之以起，厘价乃一跃而达七钱五分之高价。此后迄于今年二月战事完全告终以前，厘价之变化皆极剧烈。三分、四分之高价，尤为习见之事。近两月来，始稍稍恢复常轨。惟以币厂未能开铸，茧市即在目前，故厘价犹站七钱二三分之间。

以大势推之，茧市一过，时局苟无问题，厘价仍将大跌，即跌至一分进关，殆亦不足异也。

（未完）

银行周报 1925，9（22）

上海金融之简史（五）

裕　孙

第九、银洋存底之变迁

洋底趋增与银底趋减之大势

沪埠银两势力向极伟大，银底之丰迥非洋底所可企及。以欧战初发之民三年终而论，银底计达六千一百余万两，而同时洋底仅二千一百余万两而已。战时因银价腾贵关系，现银外流甚伙，据关册所截，三、四、五、六之数个年间，国内现银之流出额共值关平银八千一百余万两，沪埠银底当然大受影响。故民六年终存银已锐减至二千二百二十四万两，比诸民三岁减三分之二。至同时洋底虽亦减至一千三百七十四万元，而比之民三，则所减尚不足二分之一。民七海外银货虽转入超，然因连年银货出超太剧，国内各埠银底皆极空虚，加以农产丰收，银两除流入于内地而外，铸币所需尤为浩繁。于是存底遂发生两种现象：（一）银、洋存底同时枯竭。如民八银底最少到一千四百余万两，洋底最少到一千余万元。因存底之空虚，金融上遂呈极端紧迫之状，厘价达七钱六分八厘之最高纪录，即在此时。（二）战前两、元存底悬殊甚巨，而因现银外流之结果，战后二者相差之数已日趋于接近。就十三年七月江浙战事未起前之现象言，洋底且有超过银底之势矣。试以下表证之：

年别	银底	洋底
三年年终	六一四五五〇〇〇	二一二九五〇〇〇
八年最多	二八八八〇〇〇〇	二三九五〇〇〇〇
十三年最多（七月底止）	三五八八〇〇〇〇	五一〇〇〇〇〇〇

如右表所载，洋底比之银底，今昔之地位已发生显著之变迁，即银底似颇退化，而洋底则日趋优越是也。尝考二者地位发生变迁之关键，厥在袁像国币成色之划一。盖曩日同一银元既有英、龙之分，而同一龙洋更有江南、湖北、安徽、北洋等种种区别，成色互异，银行、钱庄势不能以定价使用，更不能不以其成色之高下而定其价格。是与用银何以异焉？此欧战以前各省币厂虽竞铸银元，而银两势力未尝为之动撼分毫也。及民三国币铸发以后，因成色之划一，南北通行，不复有省界之分，沪上银元行市更趋于统一。其昔日必须用银之理由，业已根本铲除。银元之流通日广，需要日增。故自民七以降之六个年间，海外银货虽继续入超，据关册所载，计值关平银三万万两以上，而检之近年沪埠银底（截至十三年七月底）最多如十一年之四千二百余万两。比较民六之数，所增尚不足一倍者，即因入超之银货大抵已供币厂铸币之需也。至于洋底存数，自民九后显呈递增之势。以十三年七月前最多数五千一百余万元而论，比之民六之最多数，所增约达三千万元。故从沪埠两、元存底之大势上以为观察，则在十三年七月底前，谓为银元势力之日趋优越，殆非吾人武断之言也。

华洋银行存洋存银多寡之异趣

十年来，由沪埠存底上以见中国金融之可危者，尚有一现象焉，即洋商银行之存底系银两多而银元少，反之华商银行之存底则银元多而银两少是也。例如民六七月七日沪埠存银，洋商银行计占八二.九四%，而华商银行仅占一七.〇六%，约为五对一之比。又十三年七月五日，银底总额三千五百八十万两，洋商银行计占八二.三七%，而华商银行仅占一七.六三%，仍约为五对一之比。于此可觇沪埠之银底，洋商银行实操其重心也。附表如下：

年　月日	银底总额（千两）	洋商存（千两）	对于总额之百分比（%）	华商存（千两）	对于总额之百分比（%）
六年七月七日	一九六九〇	一六三三〇	八二.九四	三三六〇	一七.〇六
十三年七月五日	三五八〇〇	二九四九〇	八二.三七	六三一〇	一七.六三

又如洋底，在民六七月七日总额为一千七百余万元，内中洋商约占五九．四五％，华商约占四〇．五五％，其时洋商洋底比之华商尚多一八．九〇％。迨八年七月五日，华商银行乃反比洋商多一二．五八％。自民八以降，沪埠洋底，华商较之洋商皆能维持其优势于不敝。为十三年七月五日，洋底总额为四千八百余万元，华商实占五五．二一％，而洋商则为四四．七九％。可知沪埠洋底之重心，殆偏于华商银行也。附表如左，以资参照：

年　月日	洋底总额（千两）	洋商存（千两）	对于总额之百分比（％）	华商存（千两）	对于总额之百分比（％）
上年七月七日	一七五六〇	一〇四四〇	五九．四五	七一二〇	四〇．五五
八年七月五日	一二八八〇	五六三〇	四三．七一	七二五〇	五六．二九
十三年七月五日	四八八〇〇	二一八六〇	四四．七九	二六九四〇	五五．二一

据上述情形，是沪埠存底，洋商银行虽以存银胜，而华商银行亦以存洋胜，势均力敌，旗鼓相当，足觇华商银行近年之进步。惟存洋存银，实际上既有悬殊。若更仔细考察时，尤使人嗒然若丧也。试以表证之如左：

<table>
<tr><td rowspan="4">十三年七月五日</td><td rowspan="2">洋底</td><td>华商银行占五五．二一％</td></tr>
<tr><td>洋商银行占四四．七九％</td></tr>
<tr><td rowspan="2">银底</td><td>洋商银行占八二．三七％</td></tr>
<tr><td>华商银行占一七．六三％</td></tr>
</table>

即据右表所载，银底原以洋商银行占优，为华商银行所望尘莫及者，姑勿深论。至于洋底，华商银行虽称占有优势，然而所谓优者，仅仅优于洋商银行一〇．四二％而已。故吾人于沪埠银底，认为完全操于洋商银行之手，而于洋底则认为华洋银行各占其半。是洋商银行之势力不可侮也。然以金融命脉之存底，几全部假手于人，危孰甚焉！

江浙战后银底趋势之激变

十三年八月江浙之战突起，沪埠首当其冲，金融上乃发生空前之变化。他勿具论，单以银底而言。(一)因江浙两币厂以战事之故完全停铸，银两去路寥寥。(二)因海外大条自十月后到源涌旺，均随时由各行庄交由银炉熔为宝银。以此两项原因，沪埠银底总额乃为意外之激增，十三年末已达四千七百余万两。至今三月，最多竟达六千五百余万两，比较民三年终之存底尚增四百万两。此实十年来沪埠银底上之一大变化也。附表如左(单位：千两)：

年别	最多时	最少时
三年末	六一四五〇	
六年	二五七三〇	一六三五〇
七年	二九八九〇	一七九八〇
八年	二八八八〇	一四四四〇
九年	三九〇〇〇	一八一〇〇
十年	四一六九〇	二三三五〇
十一年	四二三七〇	二六五五〇
十二年	二九〇九〇	一九九五〇
十三年（七月底前）	三五八八〇	二〇九六〇
十三年（八月初后）	四七七七〇	三七三〇〇
十四年（四月底止）	六五一六〇	四七四五〇

如右表，江浙战后银底之激增，已与民六以降银底倾向退化之趋势，显呈逆转之象。若再一考华洋银行所存银底之情形，则尤迥异于战前。其理由所在，尚有待于探讨也。例如去年十二月廿七日之银底总额为四千七百五十五万两，其中洋商银行所占者减为六一.二八%，而华商银行所占者增至三八.七二%，双方存银之消长，较诸战前已大不同。迨今年二月十四日之银底，则华商银行一跃而占有五二.一四%，洋商银行同时更减为四七.八六%。换言之，即华商银行之存银不但不较洋商银行为薄弱，且较其占有相当之优势。十年来银底之变化，此亦最可注意者也。惟据三月廿一日之银底观之，则情形又变。即洋商银行占五八.五一%，而华商银行仅占四一.四七%。其殆由于华商银

行实力未充，前项优势不过偶然得之，故难望其保持于永久欤？附表如左，以资参照：

年　月日	银底总额（千两）	洋商存（千两）	对于总额之百分比（%）	华商存（千两）	对于总额之百分比（%）
六年七月七日	一九六九〇	一六三三〇	八二．九四	三三六〇	一七．〇六
十三年七月五日	三五八〇〇	二九四九〇	八二．三七	六三一〇	一七．六三
十三年十二月廿七日	四七五五〇	二九一四〇	六一．二六	一八四一〇	三八．七二
十四年二月十四日	六二一〇〇	二九七二〇	四七．八六	三二三八〇	五二．一四

江浙战后，银底固如前述之激增，但同时沪埠洋底于战事初起之九月，最多亦达五千四百余万元。嗣以连月出超之结果，去年末最少亦未退入四千万两关内。最近以杭厂开铸，遂复达五千万元。是战后银底虽属激增，而洋底亦未见减少。故以吾人之见解言之，三数年后，如现行国币之信用，不生其他之变端，则今日银底之优势终不免为洋底所战胜也。附表如左（单位：千元）：

年别	最多时	最少时
三年末	，二一三九五	
六年	二二〇九〇	一二三六〇
七年	二四一〇〇	一〇六四〇
八年	二三九五〇	一〇一二〇
九年	三二六六〇	一二二三〇
十年	三九〇四〇	二四一八〇
十一年	四〇五三〇	二二一八〇
十二年	四六八二〇	二九六五〇
十三年（七月底前）	五一〇〇〇	三六二〇〇

（续表）

年别	最多时	最少时
十三年（八月初后）	五四六四〇	四一四〇〇
十四年（四月底止）	四九七五〇	四〇五三〇

（完）

银行周报 1925，9（23）

近年上海金融市场之一考察

裕　孙

本埠钱业公会发行之钱业月报，自甲子年（即民国十三年）起，曾按月刊载关于钱业市场中独特之统计两种，即（一）为逐日（公单收付现银清算）统计表，（二）为逐日银圆钞币进出统计表。第一种表内又分为四栏：

（甲）银两公单收付数目，

（乙）银元公单收付数目，

（丙）现银两清算数目，

（丁）现银元清算数目。

第二种表内亦分三栏如左：

（甲）银圆进出数额，

（乙）钞币进出数额，

（丙）前两项总计数额。

以上除第一种表内之（丙）（丁）两项仅刊至是年七八月间即行中辍外，余皆继续按月刊行，迄今已历四载，实为上海金融市场上最有价值之统计。兹为之竟日钩稽，就管见所及者，辄为推论，拉杂陈之。并附两表于篇末，以供参照。

上海金融市场之组织，以华商之银行、钱庄及洋商之银行为中坚。就三者比较而论，钱庄之资本、实力，固不逮华洋银行之雄厚，但以上海市场交易范围之广大，信用制度亦未健全发达，两元存的最丰时不逾一亿三千万两，而金融能周转自如、流通活泼者，则各汇划庄之力量未容轻视也。盖上海金融市场惯例，不但华商银行与洋商银行间不能直接汇划，必托由钱庄为之居间代理，即华商各银行之相互间亦然。故除划头银系当日收现应作别论外，其余凡属汇划票据殆无不集中于各汇划庄之手。各庄每晚将同业应收应解之银洋款项。凡逾银五百两或洋五百元者，皆由应解之庄出一极普通便条式之票，名曰公单，将数自写明，交与应收之庄；再由应收之庄汇集成帧，旁晚交与钱业公会之公单职员。收付互相轧抵，多则知照收银庄，缺则知照解银庄，其性质与各国之票据交换所相类似，功用亦同。故各庄所出之公单，直接虽为各庄相互收解之凭证，而间接则足以表示金融之近势与商业之盛衰者也。

上海金融、商业之往来，固不能全数包括于公单之中，但于观于公单数额之伟大，吾人确信钱业公单为上海金融商业上必不可少之一种信用用具。苟其打破，又无相当之代替者兴。上海之两、元存的，纵较现在增加若干倍，未有不感筹码之缺乏。去年洋商银行公会提议拒用钱业远期庄票，声势淘汹，卒于虎头蛇尾以终者，良非无故也。

公单分为银、洋二种。兹列近年两项公单收付数如左（单位：银公单一两、洋公单一元）：

	银公单	洋公单
甲子	四五四二〇七八〇〇〇	九三七八一一五〇〇
乙丑	七八五八〇〇五〇〇〇	一三〇三五〇五〇〇〇
丙寅	九六七七〇四七五〇〇	一五五九五八三〇〇〇
丁卯	七八四三〇九九五〇〇	一四七〇四〇九〇〇〇

以上银公单收付数，当以丙寅年之九十六亿七千七百余万两为最巨，合以同年一五亿五千九百余万元之洋公单，共达一百〇七亿九千五百余万两。查十七年伦敦票据交换所报告，去年该所之票据总额为四百十五亿五千余万镑，为自有该所以来之崭新记录云云。若以最近之伦敦电汇计之，每英金一镑。约合规元

银八两之谱，则上述之伦敦票据交换额，合申规元约为三千三百二十四亿两之谱，以与丙寅之银洋公单合计额比较如次（单位：百万两）：

十七年伦敦票据交换额	三三二四〇〇
丙寅年上海公单收付额	一〇七九五

右表以百分数衡之，上海之公单额虽仅为伦敦交换额之三.二二%，似乎不能相提并论。然伦敦为世界之金融中心市场，信用制度既极发达，信用组织尤其完备，上海金融市场无一足与比拟，而上海公单之收付数亦达于伦敦票据交换额百分之三强，愈足证上海金融市场公单地位之重要矣。

就近四年大量观察，每年三四月间银洋公单之进出多比平时为增，此或由于当时丝茧上市之故。又下半年之数额亦恒多于上半年，或由于秋收登场关系。盖此项统计系以阴历为标准，从阴历节气上以为观察或不无理由也。

公单收付互相抵轧之结果，其尾数仍须以现银清算，此犹各国交换所之尾数均托由中央银行为之转账也。现银清算数比公单收付数之差额即为公单唯一效用，即亦信用制度最可宝贵之点。故现银清算数对于公单收付数之比例愈小，则公单之效用愈大。究竟公单对于上海金融市场上节约现银之效用如何，可于该表所载甲子年初之数月间现银洋清算数与各该公单收付数一比较观之，更不待吾人之赘言。惜此项现银清算数额旋即中断。此是否由于预防解现之危险，创设票现基金，更利用小公单制之关系，犹待考也。向例阴历年初，各业尚未发动，金融市场最为清闲。观于乙丑、丙寅、丁卯正月，银两公单收付数之特少，亦足以证之也。

至于钞票原为硬币之代用品，同为市场流通之通货，就学理言，本无分列必要。惟按照我国金融之现状，一般社会于信用昭著之银行所发钞票，虽无钞现歧视之心理，而金融业之自身则因发行权之不统一，既不能无人我之分，对于钞现之间，亦不能无轻重之别。此观于（一）各行庄每日收入他行庄发行之杂钞，必须分别整理，以便退还抵解，不愿留存库中；与（二）钱业市场上，钞票买卖价格以较现洋之厘价，迄难恰相一致，可知市场上关于钞现之进出。分别列表以统计之，亦确有一种参证价值也。据后列附表二所载，可供吾人之注意者，约有数端：

（一）钞票进出数额远逊于现洋也：以最近之丁卯年论，市场上钞现之进出总额为四亿六千余万元。其中钞票之进出不过三千余万元，尚不及现洋进出之十分一也。其他各年均类是。查其主要理由，发行钞票之行庄，可借放款、贴现、汇兑等种种方法以直接发行，不必间接求售于钱业市场，一也；各行庄收入铺家送来之杂票分别整理后，亦可直接解送该发行行庄，亦不间接求售于钱业市场，二也；钱业市场交易者除各汇划庄外，各银行亦派员上场参加，发钞准备有余时则售出之，不足时则购入之，皆以在钱业市场交易为最便利，三也；又各行庄遇客帮需要现洋时可在市场购入，装到现洋时可在市场售出，四也。是故钱业市场中，每年钞票进出之数目，虽较现洋进出数目相差甚远，但不能径认此种比例即为沪市全部现钞流通之比例。

（二）丁卯年钞票进出数之锐减也：最近四年钱业市场钞票进出之数额如下（单位：一元）：

甲子年	四二七五九七〇〇
乙丑年	三四二五一〇〇〇
丙寅年	五一二〇〇〇〇〇
丁卯年	三〇三九二〇〇〇

综右表而观，近年钞票之进出数实以去岁丁卯为最少。其减少原因或与各发行庄鉴于环境不良收缩发行数额，不无若干关系。但同时现洋进出数亦不逮丙寅年之多是其减少主因。殆悉由于环境之不良耳。

（三）每年现洋进出最多约达五亿元也：就近年统计所载，则钱业市场现洋之买卖以丙寅年之数额四亿九千九百余万元为最巨，约当于是年平均上海洋的数之八九倍。此亦可见（一）上海现洋交易之畅旺与（二）上海现洋流通之活泼也。

（一）两、元公单收付数目表

年月		银两		银元	
阴历	阳历	公单收付	现银清算	公单收付	现洋清算
甲子三月	十三年四月四日至五月三日	四〇三三一二五〇〇	一二六三〇〇〇	一六九五二〇五〇〇	六七七〇〇〇
四月	五月四日至六月一日	三九六二二七五〇〇	一五〇二〇〇〇	一七〇九三九〇〇〇	六七〇〇〇〇
五月	六月二日至七月一日	三五九四一八五〇〇	一九八九〇〇〇	九三四三九〇〇〇	七四三〇〇〇
六月	七月二日至三十日	三三七四八五〇〇〇	一四五七〇〇〇	九四三九七〇〇〇	五一九〇〇〇
七月	八月二十九日	三七六一四八〇〇〇	一七七九五〇〇	八一一二四〇〇〇	七三〇五〇〇
八月	八月三十至九月廿八日	四八五五〇〇五〇〇	四二七五〇〇	四九九二三〇〇〇	
九月	九月廿九日至十月廿七日	四六〇五〇〇五〇〇		六二四五一〇〇〇	
十月	十月廿八日至十一月三十日	五三六三三五〇〇〇		六七二一〇〇〇〇	
十一月	十二月卅七日至十二月廿五日	五五七二九〇五〇〇		七〇五七四五〇〇	

（续表）

年月		银两		银元	
阴历	阳历	公单收付	现银清算	公单收付	现洋清算
十二月	十二月廿六日至 十四年一月廿三日	六二九八六〇 〇〇〇		七八二三三 五〇〇	
合计		【四五四二〇七八 〇〇〇】	【八四一八 〇〇〇】	【九三八一一 五〇〇】	【三三三九 五〇〇】
乙丑正月	一月廿五日至 二月廿二日	二六八六二一 〇〇〇		六七七九七 五〇〇	
二月	二月廿三日至 三月廿九日	四九七六二三 〇〇〇		九二六七〇 五〇〇	
三月	三月廿四日至 四月廿二日	六一五七六七 〇〇〇		一六〇二八二 五〇〇	
四月	四月廿三日至 五日廿一日	五八九〇八二 五〇〇		一三三六一〇 五〇〇	
闰四月	五月廿二日至 六月廿日	二五二〇二〇 五〇〇		四一七一五 五〇〇	
附注：本月十三日起因五卅惨案停市停止收解。					
五月	六月廿一日至 七月廿日	六四〇二四〇 〇〇〇		八二〇三九 〇〇〇	
附注：端节后始回复营业。					

（续表）

年月		银两		银元	
阴历	阳历	公单收付	现银清算	公单收付	现洋清算
六月	七月年一日至八月十八日	五四五四五〇五〇〇		八一三三一〇〇〇	
七月	八月十九日至九月十七日	六六八八九九〇〇〇		九〇〇一三五〇〇	
八月	九月十八日至十月十七日	七五七〇一四〇〇〇		一一三五二七五〇〇	
九月	十月十八日至十一月十五日	八一五六一七〇〇〇		一〇五四二二〇〇〇	
十月	十一月十六日至十二月十五日	七五三八六〇〇〇〇		一〇一三七三五〇〇	
十一月	十一月六日至十五年一月三十日	七二三〇五三〇〇〇		一〇二五五五〇〇〇	
十二月	一月十四日至二月十二日	七三〇七五〇〇〇〇		一三一一六七〇〇〇	
合计		【七八五八〇〇五五〇〇】		【一三〇三五〇五〇〇〇】	
丙寅正月	二月十三日至三月十三日	三七九五五六五〇〇		一〇八〇〇八〇〇〇	

（续表）

年月		银两		银元	
阴历	阳历	公单收付	现银清算	公单收付	现洋清算
二月	三月十四日至 四月十一日	七六七八一七 〇〇〇		一五三〇七七 五〇〇	
三月	四月十二日至 五月十一日	九一九八〇六 〇〇〇		二四三六〇四 〇〇〇	
四月	五月十二日至 六月九日	八七二九一一 五〇〇		一四七二九五 五〇〇	
五月	六月十日至七月九日	八一〇六〇〇 五〇〇		一〇八八〇九 〇〇〇	
六月	七月十日至八月七日	八一三〇七八 五〇〇		一〇六九二九 五〇〇	
七月	八月八日至九月六日	八一二七〇三 五〇〇		九八八〇一 五〇〇	
八月	九月七日至十月六日	八二七三九九 五〇〇		一一五七八八 〇〇〇	
九月	十月七日至 十一月四日	九一一一九五 〇〇〇		一一〇九五七 〇〇〇	
十月	十一月五日至 十二月四日	九〇九〇八八 五〇〇		一一六三五八 五〇〇	

（续表）

年月		银两		银元	
阴历	阳历	公单收付	现银清算	公单收付	现洋清算
十一月	十二月五日至 十六年一月三日	八四七五一六 〇〇〇		一一五八一七 〇〇〇	
十二月	一月四日至二月一日	七九五三七五 〇〇〇		一三四一三七 五〇〇	
合计		【九六七七〇四七 五〇〇】		【一五五九五八三 〇〇〇】	
丁卯正月	二月二日至三月三日	三〇三九七八 〇〇〇	一一三〇七八 五〇〇		
二月	三月四日至卅日	五一六〇八八 〇〇〇	一三四四二七 五〇〇		
三月	四月二日至卅日	五八一三五四 五〇〇	一一五五二八 〇〇〇		
四月	五月卅日	五七〇八六〇 〇〇〇	一四二〇三五 〇〇〇		
五月	五月卅一日至 六月廿八日	六〇六一七〇 〇〇〇	一二二五二三 〇〇〇		
六月	六月二九日至 八月廿八日	七六九八八〇 〇〇〇	一一八二七一 〇〇〇		

（续表）

年月		银两		银元	
阴历	阳历	公单收付	现银清算	公单收付	现洋清算
七月	七月二九日至 八月廿六日	七一一六三九 五〇〇	一一〇五〇二 五〇〇		
八月	八月廿七日至 九月廿四日	七一〇八一八 〇〇〇	一一六九八〇 四〇〇		
九月	九月廿六日至 十月廿九日	七四〇二〇六 五〇〇	一二九一五五 五〇〇		
十月	十一月廿四日至 十一月廿三日	七七〇八二四 〇〇〇	一一八〇九七 〇〇〇		
十一月	十一月廿四日至 十二月廿二日	七六三二四八 五〇〇	一〇九六〇〇 〇〇〇		
十二月	十二月廿四日至 十七年一月廿二日	七八七〇三二 〇〇〇	一〇四二〇七 〇〇〇		
合计		【七八四三〇九九 五〇〇】	【一四七〇四〇九 〇〇〇】		

（二）现钞进出数目表

月别	甲子年			乙丑年		
	银元进出数	钞票进出数	合计	银元进出数	钞票进出数	合计
正月	一九八七六五〇〇	四〇五四〇〇〇	二三九三〇五〇〇	一九二四〇〇〇〇	二七八八〇〇〇	二二〇二八〇〇〇
二月	三一八〇六五〇〇	二七〇二〇〇〇	三四五〇八五〇〇	二八三〇七〇〇〇	一七七一〇〇〇	三〇〇七八〇〇〇
三月	三八〇〇二〇〇〇	三六四一〇〇〇	四一六四三〇〇〇	三二□三一〇〇〇	三二一〇〇〇	三三二五二〇〇〇
四月	五一九八三〇〇〇	四二四三〇〇〇	五六一三六〇〇〇	四一二三八〇〇〇	二一六〇〇〇〇	四三三九八〇〇〇
闰四月	——	——	——	一八五二〇〇〇〇	八〇四〇〇〇	一九三二四〇〇〇
五月	四一四九五〇〇〇	四九九〇〇〇〇	四六四八五〇〇〇	三〇〇〇〇〇〇〇	三〇四七〇〇〇	三三〇四七〇〇〇
六月	三九一三八〇〇〇	四一六三〇〇〇	四三三〇一〇〇〇	二八七六六〇〇〇	一八二〇〇〇〇	三〇五八六〇〇〇
七月	三三一七二〇〇〇	三七九七〇〇〇	三六九六九〇〇〇	三〇八五八〇〇〇	一〇六〇〇〇〇	三一九一八〇〇〇
八月	一九八八七〇〇〇	二三三五〇〇〇	二二二二二〇〇〇	三二八一八〇〇〇	一四七九〇〇〇	三四二九七〇〇〇
九月	二四三二二〇〇〇	二九六五〇〇〇	二七二八七〇〇〇	三二五四二〇〇〇	四一三〇〇〇〇	三六六七二〇〇〇

（续表）

月别	甲子年			乙丑年		
	银元进出数	钞票进出数	合计	银元进出数	钞票进出数	合计
十月	二四九九九〇〇〇	二九九四〇〇〇	二七九九三〇〇〇	三三八二七〇〇〇	三九五三〇〇〇	三七七八〇〇〇〇
十一月	二八三五六〇〇〇	二一九二〇〇〇	三〇五四八〇〇〇	三二四三七〇〇〇	四三〇九〇〇〇	三六七四六〇〇〇
十二月	三〇九七三〇〇〇	四六八三〇〇〇	三五六五七七〇〇	四〇八六五〇〇〇	六六〇九〇〇〇	四七四七四〇〇〇
合计	【三八四〇一〇三〇〇】	【四二七五九〇〇〇】	【四二六七七〇〇〇〇】	【四〇二三四九〇〇〇】	【三四二五一〇〇〇】	【四三六六〇〇〇〇〇】

（续上表）

月别	丙寅年			丁卯年		
	银元进出数	钞票进出数	合计	银元进出数	钞票进出数	合计
正月	二五七七五〇〇〇	四一五五〇〇〇	二九九三〇〇〇〇	二六五二〇〇〇〇	二二八五〇〇〇	二八八〇五〇〇〇
二月	三九三八一〇〇〇	四九五五〇〇〇	四四三三六〇〇〇	二七三〇一〇〇〇	一五〇四〇〇〇	二八八〇五〇〇〇
三月	四八四三四〇〇〇	五七五九〇〇〇	五四一九三〇〇〇	二九七五五〇〇〇	二一八七〇〇〇	二九九四二〇〇〇

（续表）

月别	丙寅年			丁卯年		
	银元进出数	钞票进出数	合计	银元进出数	钞票进出数	合计
四月	四四二九六〇〇〇	四六七五〇〇〇	四八九七一〇〇〇	四一五七八〇〇〇	二四七九〇〇〇	四四〇五七〇〇〇
五月	四二〇七五〇〇〇	六五九〇〇〇〇	四八六六五〇〇〇	四三七〇七〇〇〇	三三五四〇〇〇	四七〇六一〇〇〇
六月	三八九六二〇〇〇	三五一〇〇〇〇	四二四七二〇〇〇	四四八〇八五〇〇	三一〇三〇〇〇	四七九一一五〇〇
七月	四〇六〇七〇〇〇	三二〇二〇〇〇	四三八〇九〇〇〇	三八四四二〇〇〇	三一一五〇〇〇	四一五五七〇〇〇
八月	四一一七三〇〇〇	二九三〇〇〇〇	四四一〇三〇〇〇	三四九二八五〇〇	二二七八〇〇〇	三七二〇六五〇〇
九月	四〇二七九〇〇〇	三五六八〇〇〇	四三八三七〇〇〇	三八二六五五〇〇	二〇七〇〇〇〇	四〇三三五五〇〇
十月	五〇一三七〇〇〇	三九八四〇〇〇	五四一二一〇〇〇	三四〇九二五〇〇	二四五三〇〇〇	三六五四五五〇〇
十一月	四一四〇一〇〇〇	三七二九〇〇〇	四五二三〇〇〇〇	三二三四二〇〇〇	二〇五〇〇〇〇	三四三九二〇〇〇
十二月	四七四〇六〇〇〇	四一四三〇〇〇	五一五四九〇〇〇	四〇二九〇五〇〇	三五一四〇〇〇	四三八〇四五〇〇
合计	【四九九九一六〇〇〇】	【五一二〇〇〇〇〇】	【五五一一一六〇〇〇】	【四三〇〇三〇五〇〇】	【三〇三九二〇〇〇】	【四六〇四二二五〇〇】

银行周报 1928，12（4）

上海金融紧急原因之分析及其应付方法之研究

潘明珊

上海之金融以现金行使为原则，与欧美以票据行使为原则者不同。自各银行发行纸币以还，其用途虽日见扩广，但以我国信用制度之不发达，往往略受影响，即发生挤兑风潮。近日平津汇业银行停业改组，竟牵及北方华威等银行挤兑。此种挤兑现象，每易发生在信用不健全之国家，使金融界偌起极大之风波，业已数见不鲜。支票在上海虽有行使，但收款人接受支票后，率将支票向该银行收取现币，或持往有来往之银行作为存款。其行使之狭小可以概见。以汇票而言，上海虽为我国内外商业之中心，然国外汇兑均操在外国银行之手，且汇票在市面流通者殊不多见，而国内贸易则鲜有用汇票者。至于期票，在社会上流通者亦仅钱庄之庄票及银行之本票而已。故以支票、汇票、期票数项而言，是票据用途之狭小可以概见，而现金之用途不得不推广矣。现金之用途广，则上海需要大量之现金可知。但上海需要巨大之现金额，又无造币厂以供给银元之铸造。故日常行使之银元，端赖宁、杭二厂之接济。且以宁、杭二厂规模甚小，往往供不应求。故鄙见常望上海之造币厂得早日开铸也。抑更有进者，宁、杭二厂铸造银元之大条，须由外国输入上海，再从上海运至宁、杭二厂；而上海大条之输入，又须恃国际贸易之盛衰为转移——我国国际贸易处于顺势，则大条输入多，反之输入少。其银元来源之艰难既如此。纸币之不能博人民信仰，动辄发生挤兑者又若彼。一遇供求不能相应，数数发生金融紧急者，实必然之势。故上海金融紧急，实际乎现金数量之多寡。明乎此，上海金融紧急之原因知其矣。兹将上海金融紧急之原因略加分析如左：

（一）有时间性的原因

金融紧急之原因关于时间方面者，又有下列数种：

（甲）商业习惯上之结算期

我国商界习惯上结算之期，率以每年之端午、中秋、年终三节为结算之期，而以年移一节最重要。值兹三节，因均欲结算一切往来账目，故需要现金孔亟，而金融遂形紧急。

（乙）农作物收获期

当丝、茶、棉花等农产物上市之际，因交易额骤涨，现金之需要亦随之而增加。然上海又无造币厂加工铸造以应需要，现金之需供不能相应，洋厘飞涨而形成金融紧急之现象。如四五六月当生及茧等上市之际，现金需要增加，而其供给不能同比例的增加，故此时之洋厘必较常时为高。以去年四月之洋厘为七三一三,五月为七三二三,六月为七二五九，可以知矣。

（二）关于上海金融状况方面

从上海金融状况而发生的原因如下：

（甲）无确立之货币制度

民国三年颁布之《国币条例》虽以银元为本位，然实际上则以银两为本位，故日有洋厘以表示银元之价格。查银元本位七钱二分，然当金融紧急之时，需要超过供给，可涨至七钱三分或三分以上；反之供过于求，即可从七钱二分而跌至一分或一分以下。名目上为七钱二分，而实际上其价格日有变化。故目下我国实无确立之货币制度。此种影响，使金融常形紧急。

（乙）无重贴现政策

以前我国本无中央银行，故无所谓重贴现政策。在票据交易发达之国家，中央银行可实行重贴现政策以调剂金融，使金融紧急得以缓和，或少其紧急之程度。

（丙）上海华商银行无票据交换所之设立

上海虽为我国金融界之中心，但票据交换所之设立，尚付缺如，致银行间一部债务不能冲销，以减少现币之使用。故金融紧急实其相当之反应。惟上海钱庄与钱庄之间有汇划总，会可以冲销一部分债务，非未始非金融界上之好现象也。

（丁）金融界之放款政策

当金融紧急状况之下，而一般银行及钱庄对于放款咸抱紧缩政策，已放者则设法收回，未放者则不敢轻易尝试。一般商人之金融均借银行钱庄为之周转，银行钱庄放款政策紧缩，而市场上现币必愈感缺乏矣。

（戊）货币无弹性作用

上海之货币无伸缩无弹性，如此货币主要之作用早已失却。当丝茶等上市之际，货币需要增加，在供方面理应时增加以相适应，然往往因别种原因，货币应伸反缩，金融愈形紧急矣。

（己）我国之纸币政策

上海银行发行之纸币不能于金融紧急时增加发行以救济缺乏硬币之苦。但当上海金融聚急之时，非但不能增加发行，并须收缩已发行之纸币，以固信用。因我国信用制度素不发达，人民对于纸币本无极大之信仰，一遇言蜂起，群往兑现，则银行未有不受挤兑之累。在欧美各国，可由中央银行发行新纸币以救其穷，而我国则反形收缩。此金融之所以愈形紧急也。

（庚）国际贸易之变迁

国际贸易之变迁对于金融之缓急亦有密切之关系。国际贸易处逆势时，往往使金融感受紧急。因进口货多则一部分现币必须流出以偿其差额，且国际贸易之结算地为上海，故国际贸易之顺逆，对于金融紧急颇有影响。

（三）关于其他之原因

以不属（一）（二）两项之原因属之。

（甲）上海无造币厂之设立

上海向无造币厂。南京及杭州虽有造币之设置，然以厂中设备未周，且规模甚小，致未能以充量之力而供上海之需要。当金融紧急之时，来源稀少，求过于供，而酿成金融之紧急。

（乙）大条之进出

大条及银元之输入与输出亦能引起金融界之变动。当大条及银元因运往各地，输出多时，求供不能相应，则金融紧急；反之输入上海多，则金融缓和。且宁、杭两厂所需之大条，均仰给于上海。是上海大条进口减少，不啻牵连及于宁、杭两厂铸造银元数额减少。

（丙）自由铸造不能实现

按民国三年颁布之《国币条例》虽有自由铸造之规定，然揆之实际，仅政府及少数银行有此特权，而一般人民无与焉。故当需要增加，而一般人民不能持生银向币厂请求改铸以增加其数额，使银元无弹性，而形成金融之紧急。

（丁）上海银元流入内地

上海银元流入内地后，普通人之推测，均以爲银元仍须流到上海。然按之实际则不然。睹下表所示，可以见其一斑矣。

一九二七年上海之银元大都来自宁、杭二厂其数为(见《银行周报》五七三期)

由杭州造币厂运来	四一五〇〇〇〇〇元
由南京币厂运来	三二二五〇〇〇〇元
由沿岸各商埠运来	
由上海输出之银元	
南部(香港、厦门、汕头、福州)	一八五〇〇〇〇〇元
北部(天津、青岛、烟台、满州)	一八五〇〇〇〇〇元
沿江各商埠(汉口、九江、芜湖)	一四二〇〇〇〇〇元
产丝区域(无锡、苏州、嘉兴)	一四五〇〇〇〇〇元
产棉区域(通州、镇江)	七二〇〇〇〇〇元
其他(宁波)	二四〇〇〇〇〇元
共计	七四八〇〇〇〇〇元

在一九二七年上海将宝银大条运往宁、杭二厂共铸币九千余万元，中复输入上海备分配各地流行者七千四百余万元，共余一千六百余万元则留存宁、杭或直接输往内地。上海当一九二六年终存洋七千二百万余元。一九二七年宁、杭二厂造九千余万元，实际由上海运往内地七千五百万余元，然上海在一九二七年终仅存洋千二百万元，原存七千二百万元(二六年终)，计增一千万元。在二七年上海新造九千万元。如上海流入内地之银元仍流归上海，则二七年终应存洋一万六千余万元，而实际上仅八千二百万元，其余之八千万元已流入内地不复返矣。

上海金融之急紧实货币需供不能，调剂之关系。当货币之需要超过供给，则金融紧急。而金融紧急现象之表示，可于洋厘及银折之升降以见其一班。洋厘者，银元每日之价格逐日由钱庄宣布。金融之紧急，即表现银元需要增加；银元需要增，则价格高；价格高，则洋厘上升。银拆者，即钱庄借贷每日之拆息。按钱庄之通例，息拆至多不得过七钱，然实际上亦有超过此数。金融紧急，所以直接表示银元之缺乏，故银拆飞涨乃为必然之趋势。镑汇兑亦能间接表示。国际贸易之顺逆，镑汇兑直接受其影响。输入多时，先令往往跌落；出口多时，则先令升高。此先令之高低亦足以表示金融之紧急与缓和也。

金融紧急之现象，无地无之，惟其应付方法则未必尽同。兹将英国救济金融紧急之方法略陈于下，以供参阅。英之交易，率以票据为其支付之具。商业兴盛，则票据行使增加；票据行使增加，则银行贴现营业盛；银行现营业盛，则银行存款多，则支票行使广。其金融之缓急，自有伸缩之余地，与现币实无都大之关系。故发生全融紧急，可由中央银行增发纸币以适应此需要。至于英兰银行有此能力，实因英之银行采集中制。英兰银行为中央银行，负整理国库及发行纸币之权。故当金融紧急，中央银行可以增发纸币以尽调剂之责，而一般银行可持贴现之票据向中央银行重行贴现以为调剂。此种重贴现之票据即可作为保证准备。按英兰银行规定八千四百五十万镑以下可用保证准备，惟当市面十分紧急，政府可下令暂时停止银行条例，准于八千四百万镑以外发行纸币。然其总弊嫌过迟，未足为完全美满之良法。此英国救济金融紧急方法之大概也。我国救济金融紧急方法不能贸贸然采诸英法，其原因如下：

（一）英之信用制度以票据行使为原则，而票据可持向银行贴现，以资流转。但我国之信用制度以记账为主要。惜记账不能向银行请求贴现，且发生倒账者亦多。此中英信用制度不同者一也。

（二）纸币之可贵不在代替现币，而在乎代替物。故纸币不虞其多，只虑不能代替真正之货物耳。德之纸马克、法之纸法郎成为问题而不易解决者，因为此种纸币之增发，所代替者为大战时消耗于战争之军用品，军用品一日因战争而消耗，则借此而增发之纸币直等于零矣。我国银行所推行之纸币是否代替真正之货物，颇难断定。查我国发行纸币由于放款，而此种放款不从贴现而发生，是从抵押放款而来，因我国银行所贴现者仅钱庄之庄票而已，故商人只能用抵押方法以取得银行之信用、向其请求放款，此所谓抵押放款者是。故此种放款是否代替货物，殊不敢率然下断语也。此中英信用制度不同者二也。

因我国无贴现政策，而推行之纸币又不尽属代替真正之货物，故应付金融紧急之方法绝对不能将欧美之良法强行于我国。欲仿效欧美之良法，当先设法将信用制度臻于发达之境。一方鼓励票据之行使，然后可以见诸实行。在我国目前畸形状之下，应付金融紧急之方法自当别寻途径也。兹将鄙见所及略陈数端于左，以供留心金融紧急者之参阅也。

（一）促中央造币厂早日开设：上海之造币厂自民十年开办后，叠受政潮之影响，屡经挫折，致尚未开铸。去年宋财决将上海之造币厂改为中央造币厂，委郭标为厂长，决定于最短期间开厂铸造。后以该厂债务之关系未克完全接收。但据近日报载，对于该厂之债务已有办法，在债权方面亦有相当之让步，故该厂之进行可无都大妨碍。至于该厂成立后对于上海之金融实有极大之影响。我人诚知上海为现金行使之码头，而现金之来源均须恃币厂挹注。上海虽为商业之中心、金融界之枢纽，但造币厂尚未设置。南京及杭州二处虽有造币厂之设置，但一以宁、杭二厂规模甚小，不能供沪上之需要；二则上海隔离，每有远水不及救近火之现象发生；三则素昔之造币厂，其造币权操于军阀之手，彼辈铸币之目的，不在调剂金融，尽金融上之职责，而视造币厂为利薮，洋厘涨时则加工开铸，反之则立即停工；四则按从前颁布之《国币条例》虽规定人民有铸造之权，但按实际之现状，仅政府及少数银行有此特权。故当金融聚急，往往不能得大量之现币以救济金融界之恐慌，仅随其自起自伏而已。因上海为现金码头，欲救济上海金融之紧急，非增加现币不可。而欲现币之增加，又非上海设立造币厂不可。是上海造币厂之设立对于金融上影响之重大，可以明矣。故我人深望在上海之中央造币厂能早日开铸也。

（二）票据之推行及票据交换所之设立：我国交易之媒介素以现币及记账二者为最重要。当金融紧急，支票不能行，纸币不能通，均须借重现币。现币之来源有限，而现币之需要无限。以有限之供给应无限之需要，其能不发生金融紧急者难矣。而记账既不能立刻向债务者索回，在债权方面又不能将记账向银行贴现或抵押借款，故商人感受金融恐慌则愈甚。其根本办法，当使信用制度发达，推行票据，使上海毋斤斤以现币为媒介之物，则可以减少现币之需要。再推行票据后，须有票据交换所之设立以为冲销债务，以减少现币之行使。如钱业之汇划总会举行轧公单方法以冲销债务，其现币仅及于冲销后之余数。但我国银行间尚无票据交换所之设立，故一遇金融紧急，洋厘、银拆均有涨风而银行间因无票据交换所以冲销债务，每每感受周转不便之痛苦。设有票据交换所之设立，则一大部分债务不必悉用现币清偿。仅在票据交换所中一转账而已。在此种情况之下，可以将一部分现币救济市面上之恐慌，银行自身亦可以免受周转不灵之痛苦。一举两得，莫善于斯矣。

（三）中央银行重贴现政策之实施：上海之中央银行业已开幕。于开幕时，宋子文总裁会有举行重贴现政策以尽调剂金融之演说。重贴现者，即中央银行对于其他银行收买之票据重行贴现。至于中央银有此能力，实中央银行有发行纸币特权能力所造成。一方面将此种重贴现之票据作为保证准备，尽量发行纸币以救其穷。按中央银行发行兑换券章程第二条规定，发行准备以百分之六十为现金准备，百分之四十为保证准备。当金融聚急时，得尽量发行兑换券。惟我国则信用制度尚未发达，人民对于纸币尚无都大之信仰，故准备方面不容忽视，仍须十分注重，未可与英美发行纸币以救济金融者一概而论。此点不得不首先注意者也。

（四）纸币准备充足及币制之统一：欲巩固人民对于纸币之信仰，当从重组准备金始。每隔一旬或一周，应将发行额及准备金额公布，俾一般人民均能聆悉发行之内容，无所疑忌，不为谣言所中伤。中央银行兑换券条例第二规定准备金额，第六条规定发行额及准备金额，须按时公布。愿其他发钞银行均能遵行，对于巩固人民信仰方面有莫大之裨益也。币制统一，可使筹码加增。筹码加增，则可以减少金融恐慌之程度矣。

票据交换所之创立，诚为目前之要图。微闻中外银钱业公会业已筹议及之，与作者有同情焉。——编者识

钱业月报 1929，9（2）

上海金融界业务之演进

——受时代教训下之产物

汪家培

上海为中国金融产业之中心地点，亦即为全中国财政之源泉。去年一·二八淞沪中日战事发生时际，日本人心里原计双管齐下，一方面用飞机大炮炸弹毁灭淞沪等处一切有形的物质建设，一方面用经济战略手腕捣乱经济中心之上海，使

中国之工业资本主义无所发展。同时，廉价之劳力与廉价之原料成为帝国主义过剩资本之最好去路。推进上海金融界阵线，可以诱起恐慌，益使中国上面财政枯竭，下面产业崩溃，国计民生同陷绝境。此种设计之恶毒，不在于有形的飞机大炸弹之下。

于是上海金融界，一面充实自身力量，一面压服意外事变之情态。忍痛提早副业，安定一时人心。一·二八事后之昭示，金融界所受时代教训之结果，促成业务上一度之演进。事实昭彰有足述者，约论如次。

联合准备库

上海钱庄主要业务存款、放款，同时兼营国内汇兑与货币买卖，亦占相当重要地位。但自淞沪抗日战事发生后，银钱业为维护自身稳定世面起见，乃有联合准备库之设立。钱业联合准备库由钱业同业公会议决设立，规定准备金额三千万元。所缴准备财产种额（一）立时可以变价值货物栈单；（二）房地产之估价者；（三）现金币或现金条；（四）现洋或现宝。各钱庄所缴上述种种财产，由联合准备库分别填给保管收条。此后凡同业对同业存放款项，或同业贴现、同业票据交换及转账、同业公会领兑换券，或对银行收解银两或银元等项，均由该会先作收付登记。各庄收付有多时则存入，不敷时则透支。并且另立透支限度及利息率等项之规定，便利同业。至于银行准备库所缴准备财产种类，与钱庄大同而小异。各行所缴准备金额，除由财产保管委员会填给保管收据外，并且评佑七折，发给公库证二成，抵押证四成，公单四成。此项公单得替代现金流通市面，由财产保管委员会负兑现之责，委员会兑现后再向领用公单者兑现。

规定标准市价

政府废两改元之议，中经无数波折，议论将近十年之久，终因种种困难迁延不决。直至如今，财政部似下决心，据云有定本年三月一日起实行废两改元，法定规元市价每元合七钱一分五厘。同时耗费国币巨万，未见铸出一币之造币厂。此后各业可以自由请铸银元。上海钱业界因此有三月一日起实行厘价标准市价之决议：（一）以七钱一分五厘作为永久洋厘市价。（二）以银换洋每两作一元四角计算。（三）辅币市价向以银为标准者，自施行日起亦以洋制度计算。（四）加开洋折市价。

中国征信所

自一·二八之役后，内地民生异常困难，经济界已是发生重大变化，金融益成问题。国民产业家与金融业相离愈远。金融界不敢骰子，产业家益无法维持。于是有由上海若干银行之调查部，扩大而为中国征信所之组织。所谓征信所者，乃主义于产业家之信用，放款咸鱼生产事业上。故其显著之效能，一方面促进工商业之发展，一方面提高商业上之道德。调查往来雇主之信用状态在工商业发展上有密切关系者：（一）可防止未来之危险。（二）可助成经济信用值发展，金融界对于生产家不合现代潮流之营业，终必不令其有较顺之进行。反之，从事于生产方面而确具有信用者，亦必不使其有营业之不顺利。故征信所居于产业家与金融界中间地位，有连带的密切关系。故其有补助于金融业，非浅鲜也。

票据交换所

当一·二八事起时际，钱庄曾一度停止解现。此时银行感于一方面受存放钱庄之准备不能提现，他方面又受提存兑换之挤轧，深切觉悟缺少票据交换所之不便。于是银行界中人有丞谋重申票据交换所之议。如今票据交换所固由理论的而演进为事实的，由较换之银行有中国、交通、浙江、兴业、上海商业储蓄等三十二家，从一月十日开幕后先办划头银元，二月一日起继办汇划银元，然后逐步进展二月十六日起再续办划头银两，三月一日起办汇划银两。

凡此云云，金融界业务上一度之演进，大抵受一个时代潮流之激荡。风波受得多，则兴革之事情亦愈多。以上所云，只不过一端已耳。

钱业月报 1933，13（3）

项目			数目	资本金	公积金	存款	兑换券	资力合计
银行	总行在上海者（他埠设有分行）		八	一九九一〇〇〇〇．〇〇（元）	六〇五三六五〇．一九（元）	一二九八二八五五八．七八（元）	一一五五三七三〇．〇〇（元）	一六七五四五九三八．九七（元）
	分行在上海（总行在他埠）		二〇	八一〇〇四四〇一．五五（元）	二三一〇四二九六．三九（元）	五〇六六五二九一六．五一（元）	一八二〇五五三〇二．三四（元）	七九二八一二九一六．七九（元）
	专设上海者		一三	五一六七五〇〇．〇〇（元）	七五〇一一八．〇八（元）	二一四九一七四四．六〇（元）		二七四〇九三六二．六八（元）
	外商及中外合办银行		二四	六四七〇五一四二二．八四（元）	四七一四七七三一九．二九（元）	四九四七四〇六八一七．五六元	八一二四九一三一六．六七（元）	六八七八四二六八七六．三六（元）
钱庄	北市	汇划庄	七七	资本一二四三六〇〇〇（两）附本二〇三九〇〇〇（两）				资本一二四二六〇〇〇（两）附本二一五九〇〇〇（两）
		元字庄	一〇	资本七二〇〇〇〇（两）——				
	南市	汇划庄	一〇	资本七五〇〇〇〇（两）附本一二〇〇〇〇（两）				
		元字庄	一五	资本五九八〇〇〇（两）——				

（续表）

项目		数目	资本金	公积金	存款	兑换券	资力合计
信托公司		四	五一一三六〇〇〇（元） 一〇〇〇〇〇（两）	三七五三六六.九二（元） （含特别公积金） 一四〇〇〇（两） （含特别公积金）			
储蓄会	有奖	二					
	无奖		五四〇〇〇（元）	四二四五〇〇〇〇（元）			
邮政储金局		一			七八二〇三五（元）		

说明：

（一）右表银行数，系根据国民十四年调查，其后设立之中央、国华、通知、正义、女子商业、江南、惇叙、厦门、安徽、商业、国货、恒利、太平、民信、浦东、绸业、江浙等十余银行，均不在统计之内；此外未有营业报告之银行，亦概不列入。

（二）钱庄数目系根据民国十五年调查。

（三）信托公司系十九年调查。

（四）储蓄会系十九年调查。

（五）邮政储金系十七年调查。

上海之金融组织及其缺点

马寅初博士讲，张敏之记录

本篇为马寅初博士在本校经济学会之讲演词，由张敏之同学记录。因仓卒付印，未得马博士修正，所有错误及遗漏之处，概由记录者负责。——编者附识

诸位，我现在所要讲的题目，是上海之金融组织及其缺点，也是报章杂志上所常讨论的问题。兄弟以为上海银拆的变化即足以表现中国金融组织之不良。本来银行利率（Bank Rate）在英国及其他有中央银行的国家是一般存在的，而中国为没有中央银行——真实的中央银行，所以这种利率也就没有。银拆在平常是百分之一，即一千两在一天之内的利息是一钱，一个月是三两，一年共三十六两，约合百分之三．五，不能算高；但上海银拆的变化无常，有时竟达百分之七！这还是条例所限之最高限度，其实暗地里百分之二五者也是有的，即一年中一千两银子生二五〇两的利息！固然没有借款一年的，如果借款一年则商业必至完全场台，但是银拆的变化确很可惊了。

英国美国之银拆的变化，最多不过百分之．五，在中国市场上竟有百分之五—七的涨落，商人的营业因之不能安定，势所必然了。究其变化的原因，约有下列六端：

（一）准备金不集中。

（二）货币不统一，种类太多：

（a）划头银——本国银行及外国银行；

（b）汇划银——本国银行及钱庄；

（c）划头洋——本国银行及外国银行；

（d）汇划洋——本国银行及钱庄。

（三）无实在的中央银行，再贴现（Rediscount）不能通行。现在叫他银行虽办理再贴现业务，而为数有限，这也许是中国尚不惯用票据的缘故。

（四）发行钞票太乱。

（五）银行组织不良，各自为政，彼此不生密切关系。

（六）入超数目太大，现金银多集中于外国银行。

准备金不集中的原因由于金融组织有三大系统，使准备集中为不可能：

（1）外国银行或外滩银行，即完全使用划头银胡银行，内包有小数本国银行——中国、交通、通商、江苏等银行。其清算所（Clearing House）设在汇丰银行。

（2）钱庄完全使用汇划银，其清算所即是汇划总会。各钱庄每日在此轧公单。轧公单胡手续，如甲钱庄出庄票一张，面额五千两，交给某商人；某商素与乙钱庄有往来，于是将庄票交乙钱庄代为收款。乙钱庄持票向甲钱庄照票后，甲即给乙一张公单，此公单代表甲之欠款票据。公单面额最少为五〇〇两，如有尾数则须另行处置，不能在公会轧算。再假定乙发出庄票四千两，此票被丙钱庄收进，乙钱庄也照样给丙一张公单，其关系如下：

甲		乙		丙	
人欠	5,000.00	人欠	4,000.00	人欠	——
欠人	——	欠人	5,000.00	欠人	4,000.00

三钱庄同时出现于汇划总会，彼此同意后，即由甲给乙一千两，同时给丙四千两即可结束此次交易，这轧公单的手续即此了结。甲完全支出五千两，故名曰缺家；丙完全收入四千两，名曰多家。如果甲无现金支出，特向丙通融借用四千两，于是银拆产生，甲为拆进，丙为拆出。但借款必须报赏，所谓报赏即是拆息。银拆普通以两日为限，故名曰“两皮拆票”。钱庄公单在每日下午七时清算，但收账定为翌日。所以汇划票一定在第二天才能取钱。这种轧公单的办法，在钱庄间是通行，准备金在表面上看起来好像是用不到了。可是拆票不一定随时都可以成功，譬如两钱庄因进口商的需要，必须付款外国银行，那么甲钱庄的困难即不易解决。

假定丙钱庄为进口商付汇丰银行四十万划头银，同时丁钱庄为本国出口商向华旗银黄收进四十万划头银，丙丁两钱庄可以共同商量之后，丁收进丙四十万，而由华旗银行直接付给汇丰四十万。于是手续上变为简单，交易即可成功。但丙钱庄现在已不能再作放款，所以甲钱庄即不能拆进，如果再向其他各钱庄借款，那么即求遇于供之虞，银拆势必高涨。因为进口多，出口少的缘故这种现象是常有的，银拆时常上升也是必然的了。

(3)本国银行有专用划头者，有划头与汇划并用者，如上海银行四明银行等皆划头与汇划并用票，收进四明的划条，将此划条交接近的钱庄在汇划总会轧公单，那么银行间的债务与债权关系即变为钱庄间的债务与债权的关系了。

因为钱庄可以代银行付款，故银行必须在钱庄内存款。货借对照表上的"存放同业"一项即由此而来。在另一方面，因为本国银行和外国银行间不通汇划，乃又存款于外国银行之内，且此两种存款——汇划与划头——不能随便移动，损失更大。所以本国银行事业极难发现。如果银根一紧，存款又不能移转，则银拆更上升矣！

本国银行因无中央银行的救济，在政府需款甚急时，中央银行反而求助于各银行；所以在银根吃紧之时，各银行只只收不放，商家乃不得不抛售商品，物价下落，利息抬高，金融界既限于混乱，商业亦受莫大的损失。近来因联合准备库成立，道契可以押款，以百分之七〇出公单，已比较便利。

中国的银行组织太散漫，在美国的单行制中已经表现其弱点，再加上外国银行只压迫其困难更厉害。美国最近的金融风潮之起因，即金融组织不良胡结果。本国银行虽亦有分行，但不能与英国比较，英国以五大银行统制金融，一家银行有支行五千所之多，势力之雄厚未有能与伦比者，故英国金融风潮很少。

至于钞票的发行。又为中国金融界之大缺点。上海发行钞票的银行有中央、中国、交通、四明、浙江兴业、中南、通商、盐业、□□、等九家，其发行总额：

二十一年	三九一〇〇〇〇〇〇元
二十二年	四〇〇〇〇〇〇〇〇元

当中以中国银行发行者为最多，约占全数二分之一，共有一九〇〇〇〇〇〇〇元。中央银行只有三二〇〇〇〇〇〇元。

发行钞票的准备金，法定百分之六〇的现金，百分之四〇的保证准备。但保证准备以票面价格计算，在公债票价格低落之今日，其不可靠可知。

钞票乱发的结果，如在平时尚无关紧要，一旦风潮紧急，各银行皆不能不收回钞票，于是钞票流通额愈益减少，银行虽得以避免危险，而现金必因之吃紧，银行又上升！在外国每于金融风潮紧急时放出钞票，救济一时的恐慌，与中国刚刚相反。这种病人吃毒药的办法，实在危险万分。

外国银行不放款给本国商人及本国公债，即中国工厂也不直接投资！所以外国银行等于在外国一样。随人口超额之增加而将现金吸收殆尽了。现在人口超额已达五六〇〇〇〇〇〇〇〇两（记者按：一九三三年的人超额估计九万万两），所以现金几全入外国银行之手。更加政治风云紧急之时，国人大批存款于外国银行，自取死路无甚于是者！

为今之计，下列补救办法必须实行：

（一）取消汇划，此虽不易实行，但必须促其实现；

（二）清算所应该归并；

（三）发行钞票必须集中；

（四）中央银行要求其有实在的力量。

如有实在力量的中央银行，联合准备库就可以不必要了。中央银行应允许商股加入，法国准许商股占有四九％。董事公推，商业银行自然信任中国银行，而将准备金存于中央银行。所以政府将中央银行的股票让出一部分来，也是集中准备金的有效方法。

以上个点，都易实现，小银行之互相归并也是必要的。联合准备库既不能监督银行，又不能调度金融，实在不是确实的办法。如果上述各方面能实现，金融组织之缺点必可补救。

经济学期刊 1934，2（1）

洋拆高涨与上海金融

吴中凡

夫所谓洋拆者，即当日市场通行之利率是也。钱业公会每日视市场金融需要之缓急、供给之多寡，而订以相当之利率，所以便于临时借贷、按日计息故耳。故洋拆之高低，每以现银供求为转移。苟供过于求，则金融疏松，洋拆低落；反之金融紧迫，洋拆上涨。此经济学理使之然也。

考洋拆之变动时期，吾人常分为普通与非常两种。所谓普通时期者，即洋拆变动有一定之时节，所谓金融季节是也。盖平日农村贸易多居入超，现银外流，屯集上海，致库存增高，洋拆低落。若一当午、秋两季，农产上市，需银颇旺，现银复向内流，则上海金融紧迫，洋拆上涨。如此周而复始，洋拆高低似能预测。所谓非常时期者，即洋拆之变动不按季节，而受外界影响引起极高之涨风，致工商业、金融业两受其害。目前上海洋拆，数月以来，由白借升至四角，涨力之强为近三年来所罕见。推其原因，约有下列七端：

（一）自美国于八月九日公布白银国有后，尽量吸收大宗白银，于是银价高涨至银输出点以上，上海白银遂有巨额流出。依最近可靠之统计，本年一月至九月间，白银出口有一万六千万元之巨。致引起市场银根奇紧。

（二）外行所存之白银大半输出国外。库存空虚，遂不得不吸收现银以补充。

（三）内地金融紧迫，现银缺乏，钞票之信用不固，常有挤兑之风潮。上海为各银行总行所在地，为维持本行钞票计，遂不得不运银各埠，充实分行准备。

（四）数月以来，各省常有发行公债之举，最近如湘省发行之千万建设公积，川省又将有七千万公债发行之说，要皆吸收现银，使上海库存减少。

（五）各省之建设借款、农业借款，最近如苏省五十八万之导淮借款，使贷款银行有大批现银之运出。

（六）财政部最近鼓铸新币，曾运出纹银一百九十一万两，致上海存银又见激减。

（七）自海关征收白银出口税后，表面上白银之输出锐减，但事实上秘密偷运为数颇巨。白银之流出并未绝对减少。

以上七因，其影响所及，无论其或轻或重；其目的所在，无论其为公为私，皆使白银外流，库存锐减，直接影响金融，激成洋拆飞涨。故洋拆愈高，即现银愈缺。现银缺乏，则金融吃紧，百业衰颓。经济恐慌，日益增大。其影响之巨，诚足令吾人最堪注意者也。

洋拆高涨之影响如何，仅就管见所及，略述于次：

（一）商界与金融届之往来，每以银根奇紧、洋拆增高，而不能相互融通，失其调剂之效。

（二）银钱业之信用放款与通知放款，因市面金融紧促，有时不能随时收回。

（三）普通钞票之发行，大率采四六准备制，即六成现银准备、四成保证准备。当兹现银缺乏，易起挤兑风潮。准备不足之银行，固无时不在危险之中。即有六成现银准备充实之银行，若遇重大风潮，其四成保证准备，因银折颇高，亦难于变买。

（四）普通投资于公债者，每因银根紧急，周转不灵，出售大批公债，致引起债市之倾跌。

（五）洋折高涨，银钱维艰，一般物价必行低落，工商各业愈加凋敝。

（六）普通银行之适当投资品与夫存款之保证，均赖公债。若洋拆高涨，债市大跌，银行必蒙极大之损失。

综观上述各节，目前洋拆之变动既如此之巨，而其影响金融又若是之深，若不速谋、不补救，则未来之金融恐慌必有来临之日。所谓补救者何？余以为舍禁银外运，实无以救其急。虽然白银输出为金融季节中必有之现象，然观乎各省农村，水旱迭见，匪祸频闻，农产收获大减，现银需要自少，而一万六千万白银之输出其非适应正当之需要明矣！吾人若认为应有现象，待其自趋稳定，岂可得乎？

钱业月报 1935，15（1）

六年来之上海金融

吴文英

本文乃综述民十八年至二十三年上海金融市场变迁之经过。

上海为国内唯一之金融市场，亦中外支付总汇之所。“中国与各国间之贸易以上海为居间，盖内地支付进口外贸之款项，必先集中于上海再转交于国外；两国外支付本国出口土货之款项，亦必先交付于上海始支配于内地。故凡世界经济变动之影响于中国者，必先影响于上海，然后由上海传达于内地。”（见吴大业《中国经济之变迁》）是上海金融市场情形的变动，可以为国内其他金融市场情形的衡量。兹将足以显示近六年来上海金融市场的变动的诸元素各别分述于下，以见一斑。

拆息行市

观察中国的金融市场，普通以上海钱业公会所定的拆息为标准，在废两改元以前，因洋厘的存在，拆息称为银拆，今则名为洋拆。此项利率，前数年在上海金融市场极为活跃，实可代表上海的一般金融状况。继因钱庄业日就式微，加以游资充斥，所谓拆息行市，已失去其在上海金融市场的刺激性。惟自白银外流以还，拆息渐高，殊足代表上海金融之紧急。

上海拆息行市，依数字来看，民十八年上海银拆平均为二四九，十九年为〇六七，民二十年为一三三。在此时期内，拆息逐渐减低，其原因乃为库存与银行兑换券之增加。二十年十月之十二月则复上升。二十一年银拆平均数为一一一，较之二十年愈见低落。惟是年二月，则因沪战爆发，银根紧急故拆息突然升涨，二十二年之上海拆息，一月至十月最高为一角，十一月最高为一角八分，十二月最高为二角。最后两月拆息的高涨，不外为，1. 转瞬年关将届，市面上需要现款授受加多。2. 闽战爆发，各钱业不惟不轻易放款，并为防患未然计，将一部分原有放款收回，而市面上现金的需要如故，需要的结果，即致拆息之上升。惟就是年拆息之总平均数字来看，不惟毫无起色，且愈见下落，去年一月间之拆息极度松弛，二月为金融淡月。四月至六月始渐上升，因其时茶茧等农产品先后上市。七月份极平静，八月份市面头衬逐趋紧缩，拆息平均升至九分，九月份升至一角二份，十一月分复升至二角，年底更升至三角二分。回顾国内都市的工商日趋崩溃，而农村经济枯竭不堪，是上海去年拆息之升涨，并非为上海现金之内流，尤非为商业繁荣的表现，乃全为现金过度外流使市面头衬收缩所致。

上海存银

上海存银之多寡，全为其对内地与国外现货移动情形所决定。如内地与国外银货陆续流入上海，则上海存银增多。反是，上海银货陆续流入内地或国外，则上海存银势必减少。民十七年底上海存银为一万六千余万元。民十八年因国内外银货继续流入，是年末增至二三五八三十元（单位：千元）。十九年四月竟达二七四二六八元。是年五月起至二十年末止，因上海现货向外流出，故每月存银均见下降。惟以十九年的平均数值与十八年平均数字相较，仍见增加。

上海拆息市价表

民国十八年	一四九	民国十九年	〇六七	民国二十年	一三三	民国二十一年	一一一	民国二十二年	〇五七	民国二十三年	〇九二
一月	一五二	一月	〇七一	一月	一一七	一月	一三二	一月	〇二三	一月	〇五五
二月	〇九六	二月	〇〇〇	二月	〇〇五	二月	四二五	二月	〇一二	二月	〇〇八
三月	〇四八	三月	〇三二	三月	〇二八	三月	一九六	三月	〇四五	三月	〇一七
四月	一一九	四月	〇四七	四月	〇二七	四月	一二六	四月	〇三九	四月	〇四四
五月	一七一	五月	一一五	五月	〇四一	五月	〇五五	五月	〇五〇	五月	〇六九
六月	一三三	六月	一七六	六月	〇五二	六月	〇七二	六月	〇七四	六月	〇七一
七月	〇九八	七月	〇七七	七月	〇六一	七月	一〇〇	七月	〇五七	七月	〇五二
八月	一五九	八月	〇一三	八月	一一〇	八月	〇七九	八月	〇五九	八月	〇八八
九月	一九一	九月	〇六六	九月	一九四	九月	〇三八	九月	〇六九	九月	一一六
十月	二四三	十月	〇六九	十月	三二四	十月	〇四〇	十月	〇七五	十月	〇七四
十一月	二〇九	十一月	〇五六	十一月	三五一	十一月	〇四〇	十一月	〇九一	十一月	一九三
十二月	一七二	十二月	〇七二	十二月	二八二	十二月	〇二四	十二月	〇八五	十二月	三二二

上海存银表

民国十八年	二二二〇九〇	民国十九年	二六三八八四	民国二十年	二五三一〇七	民国二十一年	三五七五四四	民国二十二年	四五七一〇七	民国二十三年	
一月	一七四九三二	一月	二四八八六二	一月	二六九三七一	一月	二六六七二六	一月	四四四八〇五	一月	五六〇〇〇〇
二月	一八九八四七	二月	二六一八四五	二月	二五五五一二	二月	二六〇二二一	二月	四五三一〇〇	二月	五五四〇〇〇
三月	二〇四二六一	三月	二六八六九九	三月	二五一六八七	三月	二七三一四一	三月	四三六〇七五	三月	五八九〇〇〇
四月	二二二〇三七	四月	二七四二八八	四月	二四四四四三	四月	二九九八八六	四月	四七八八三七	四月	五八三〇〇〇
五月	二二三三九二	五月	二七〇八八五	五月	二四六六九八	五月	三二七三〇七	五月	四四八四五七	五月	五六三〇〇〇
六月	二三一一二九	六月	二六五四八九	六月	二三五二七二	六月	三五七七三五	六月	四五一三五一	六月	四九三〇〇〇
七月	二五〇一八〇	七月	二六四八三三	七月	二四七八五五	七月	三八五一八二	七月	四五五六四九	七月	四五一〇〇〇
八月	二三三九四〇	八月	二六六〇五〇	八月	二四七五七七	八月	四一三〇三八	八月	四五五六四九	八月	四一一〇〇〇
九月	二二七二八二	九月	二六二七〇六	九月	二四一七五二	九月	四二三六五一	九月	四五八六七三	九月	三六三〇〇〇
十月	二三六六四四	十月	二六一〇九一	十月	二五三八四七	十月	四二九一七八	十月	四五六〇五五	十月	三三四〇〇〇
十一月	二三六七〇二	十一月	二六一四八八	十一月	二六六一九七	十一月	四二二四七四	十一月	五五七四〇六	十一月	三六三〇〇〇
十二月	三三五八三六	十二月	二六〇三一四	十二月	二六一八七六	十二月	四三五四八七	十二月	四三五四八七	十二月	三三四〇〇〇

此为十九年第一季与第二季现货之增加，有甚于是年第三季第四季现银之流出。即以十九年平均数与二十年平均数相较，虽略见减退，但为数甚微。二十一年内地银货继续向上海流入，故上海存银重见增加。计该年一月份上海存银为二六六七二六元，六月份增至三五七七三五元，九月份增至四二二六五一元，年底增至四三五四七八元，总平均增为三五七五四五元，二十二年上海存银数量仍继续增加，年终计增至四七六二五五元。是年倘无五六七月间巨巨两现银出口，其所增之数，当益见增大。去年存银数量自一月至五月因内地银货的流入，继续增加。计一月份为五六〇一〇五元，三月份为五八九四六七元，五月份为五九四〇五六元。自六月份起则逐月锐减，大有江河日下之势。计五月上海存银数为近年来仅有之最高峯。但至年底竟减缩至三三四九九七元。计减少二五九〇五九元之多。但此项存底的减少，大都为上海外商银行将现银输出所致。计去年外商银行输出之数目几达外商银行存银总数五分之四。华商银行则变动甚微，无关荣辱，此种现象虽受美国白银政策之影响；但其主因仍为屡嵗入超，致国际收支不能平衡之所致。

上海各银行兑换券发行数

上海各银行兑换券发行数民十八年底平均为一二八九三三元（单位：千元），十九年平均增为一七二九二一元，二十年平均为二六五一八七元。在此时间内，适为中国经济繁荣期，故发行额有惊人之增加。惟物价之上升，亦足促成钞票在市场上之需要如以发行数折成购买力观之，则增加之数恐仅足被偿物价之上涨，与未增发时无异。民二十一年为中国经济开始衰弱时期，故发行数亦随之下降，计是年平均数为二二九七〇六元与二十年二六五一八七元相较，实减三五四八一元。以百分率计算，少于二十年约百分之二十。二十二年则复继续增加，计平均数增为二八八四七五元。以是年月别数字观之，四月份为二五七九〇六元，至十二月则达三四三〇二〇元。多于二十年之最高额。去年一月至四月钞票发行数渐趋渐退，六月以降，则复继续增加，至年底达四一一六三一元，近两年来银行发行数之骤增，其原因不外为 1. 各银行设立分支行，业务发达，致钞票之需要增加；2. 现银集中都市，内地筹码缺乏，不得不以钞票作支付之工具；3 废两改元之结果；4. 美国施行白银政策，白银过度外流，内地与都市通货收缩，有加发钞票流通市面之必要。

上海各银行兑换券发行数额表

民国十八年	一二八九三三	民国十九年	一七二九二一	民国二十年	二六五一八七	民国二十一年	二二九七〇六	民国二十二年	二八八四七五	民国二十三年	三五三二六二
一月	——	一月	——	一月	三〇五三二〇	一月	二六二四一〇	一月	二九九一三一	一月	三三九九五九
二月	——	二月	——	二月	二八七二一〇	二月	二六〇七九〇	二月	二七五九七八	二月	三四〇三〇九
三月	——	三月	——	三月	二八九五四〇	三月	二四二〇〇〇	三月	二六一三七九	三月	三一七六二九
四月	——	四月	——	四月	二九九一五〇	四月	二三〇七八〇	四月	二五七九〇六	四月	三一三六二九
五月	——	五月	——	五月	三〇九七〇〇	五月	二二六七五〇	五月	二五九四五〇	五月	三二五二一六
六月	——	六月	——	六月	三一〇五二〇	六月	二二五二八〇	六月	二六七六九七	六月	三四一〇四五
七月	——	七月	——	七月	三一四八〇〇	七月	二二三一七〇	七月	二七八一三七	七月	三四九五五三
八月	——	八月	——	八月	五三二四五〇	八月	二二六二三四	八月	二八三二三一	八月	三四五五五四

（续表）

九月	—	九月	—	九月	三〇六二五〇	九月	二三二〇五七	九月	二九九三八九	九月	三六五五九一
十月	—	十月	—	十月	二〇五一四〇	十月	二四五一五六	十月	三一六五八七	十月	三八四四七九
十一月	—	十一月	—	十一月	二六七七五〇	十一月	二六〇八九三	十一月	三三〇六一五	十一月	四〇四八三六
十二月	—	十二月	—	十二月	—	十二月	二七九五五一	十二月	三四三〇二〇	十二月	四一一六三一

（未完）

绸缪月刊 1935，1（10）

币制改革后的上海金融市场

宋漱石

一、前言

自从遭受世界各国经济恐慌浪潮的影响和美国购银政策的流不经意底两年来中国金融市场，呈现着空前未有的恐怖——白银源源的外流，现金亟亟的枯竭；以致金融无形停滞，信用极度紧缩。素来操持全国金融牛耳的上海金融，也就因之显示着极度恐慌的现象。最显著的表示，就是上海工商业的陆续倒闭，银钱业的相继停歇。然而我们究研它的远因，完全是因为中国的金融，是处在帝国主义者的铁蹄之下，苟延残喘地度着恐怖的岁月，终于缺乏一种自拔自救的方策，所以得有今日的恶果。在这个时候，一般人士，都自以中国整个金融的崩溃，为期不远了。财政当局，为谋挽救这危急存亡的局面起见。就毅然地在之客岁十一月四日，宣告新币制政策，来彻底地解决关于金融经济上的一切难题。

当在实施新货币政策之初，而国内有些偏于理想的学者和金融专家，都以为用银已习惯的中国国民，一旦废现而改用纸币，恐怕对于欲期统一的问题，恐怕是难乎期难。同时版图辽阔的中国，现银收归国有，也难顺利的实现。但是结果事实终归胜于雄辨，我们从币制改革后的中国金融状况上观察起见，不见若何的困难，同时币制改革的利益，都有事实来证明了；如各行发行的扩增，国内汇兑行市的平汇，市面利率的松弛，证券市场的行动，金银移动的反常，金银价格的稳定等，在在都足以表示币制改革后的金融市场的勃兴。虽然中间曾经发生过若干的阻力，可是结果总归消除于乌有。由此可见得世界上一切事物的改革，不是抱有绝大的决心和毅力，虽以奏效的。所以此次中国币制改革的成功，不能不归功于我们当局的决心和毅力了。

现在把币制改革后的上海金融市场的情况，约略地分述于次，以供关心中国金融问题者的一个参考。

二、币制改革后的拆自息动态

凭以测度金融安定之与否，就要赖资拆息。所以拆息的动态如何，就可观察得到整个金融市场的兴替了。

查上海的拆息，素来是在那里变幻无常，有如秋日的白云，但是自从实施新货币政策以来，以有依归金融季节的正轨而行的趋势。在去岁十二月和本年的一月间，虽然是正值总结帐的时期，可是没有往年的那样紧张骇人，安然地平稳渡过。于是拆息方面，自然地日见松懈；自一角三分降至七分，二月份，因为金融市气，日趋安定。于是拆息也就因之渐渐升高；由六分升至八分。到了月中，回落到七分，以后就没有多大的变化了，到了三月份终于盘旋于七八分之间，在这个时候，正值各业发动的时期，论理是需现正殷的当儿，拆息应该要有相当的紧俏，然而因为市场筹码充裕，所以也就没有形成紧迫的现象。同时从前财部拨借钱业公会的金融公债，也已次第偿清了。由这点看起来，可见上海金融市场，因为币制改革后，确有日渐苏生的样子了，到了四月份，正是工商业长期放款结束的时期，关于拆息，本来有极度坚挺的可能；然而钱业公会所开的拆拆，除三日至五日这三天因为需现比较殷切，挂高为九分之外，全月竟均屹立在八分，绝无更动。较之去年同月的坚挺在三四角之间，实有天壤之别呢。到了五六两月份，虽然没有巨大的动变，然而要比较上月份活泼多多。这是因为钱业公会，为谋诱起市情的活动起见，所以拆息的挂牌也比较高些。绝无从前那样违反金融季节的反动变态。这一点，我们不能不认谓货币政策赐予的。现将自去年十一月份直至本年六月止的上海拆息状态，列表以明之：

上海拆息市价表

月份	十一月	十二月	一月	二月	三月	四月	五月	六月
最高	〇二〇	〇一三	〇〇九	〇〇八	〇一〇	〇〇九	〇一〇	〇〇七
最低	〇一二	〇〇八	〇〇五	〇〇六	〇〇七	〇〇八	〇〇八	〇〇八
平均	〇一五	〇一〇	〇〇八	〇〇七	〇〇八	〇〇八	〇〇九	〇〇八

三、币制改革后的发行概况

自从财部宣布禁用银币以来，法币的需要，也就顿形殷切，尤其是各省内的内地。于是法币的发行额，也就因之逐日激增。这足见一般人民的信心一斑了。在客岁十二月份的各行额总共为六亿二千三百九十余万元，但是此项数字之中，是包含有接收发行的七家银行的十一月份发行额在内；如果仅拿中、中、交三行的法币发行额来说，那末为数是四亿三千六百余万元。各年一月份，三行法币发行的总额，为五亿九千四百余万元，较之去岁十二月份要增加一亿五千八百余万元。二月份的总额，共计七亿七千八百六十余万元，不过这个数字之中，仍旧是包含有去岁十二月份的各行杂钞发行额。如果仅以中，中，交三行法币的发行总额计算起来，是五亿九千零八十余万元。比较上月份减少了三百六十余万元。这是因为二月份正值旧历岁首，各业都未发动，同时一月份的发行过距。所以二月份也就略为紧缩。三月份中、中、交三行的发行额为七亿四千八百三十五余万元，比较二月份突增四千八百三十余万元。因为这个月正当各业萌动，需款正殷的期间。到了四月份，恰巧正当蚕讯节季，同时又是四底长期放款结束时期，所以筹码的需要也就格外来得迫切。五、六两月份又比上月份增加，因为时值茶、渔两业全盛时期，并且又是春茧上市。现银禁用，法币于是特别地激增了。

兹将这几个月来的上海各行发行统计列表如下：

各行发行统计表

月别	中央	中国	交通	浙江兴业	中国宝业	四行	四明	通商	垦业	中国农民
十一月	一五〇八九二九一四	一四七六〇五八五四	六九八一〇二〇〇	九四四八七七二	四四四六三四二一	七二二八一四〇〇	一八二二〇八〇〇	二六六一七一〇〇	七四九六〇〇〇	五五六一八一八四一
十二月	一七六〇六五三六九	一七四六六七二二四	八四三一〇六〇〇	同上	同上	同上	同上	同上	同上	六二五九一六〇六九
一月	二二〇六四一〇九〇	二九二二二九三五八	一八一六一二二五〇	同上	同上	同上	同上	同上	同上	七八二三六五五七五

（续表）

月别	中央	中国	交通	浙江兴业	中国宝业	四行	四明	通商	垦业	中国农民
二月	二二四三二四四四三	一八四九三八〇八九	一八一五五二〇〇〇	同上	同上	同上	同上	同上	同上	七七八六八七四〇八
三月	二五一五〇三三五〇	一九七六三三〇八八	一八七〇〇四八〇〇	同上	同上	同上	同上	同上	同上	八二四〇一五一一四
四月	二六二二四七四七二	二〇八〇七四〇三九	一九五六四八六四〇	同上	同上	同上	同上	同上	同上	八三三八四三〇二八
五月	二七七七七五二六四	二三〇〇四三一七九	一九五七二二七四〇	同上	同上	同上	同上	同上	同上	八九一四二五〇五九
六月	三〇四七一五五〇六	三五一七七二七九二	二〇四九一二〇五一	同上	同上	同上	同上	同上	同上	一〇五〇二七一一二五

四、币制改革后的上海中外银行库存

上海中外银行的库存数字，从来没有绝对准确的。自从币制改革，规定现银国有以来各行库存的数字，才有正确的修正。这半年来，上海各行的库存，因为政府为谋调剂收支，维持外汇起见，不得不把国内现银，运往国外，来收买美金和英磅了。所以上海各行的存底，也就逐月减少下去了。但是本月二,三、四的三个月华商银行的库存，比较一月份，大有增加。同时从白银移动上看起来，又没有别处现银运沪的数字。所以这增加之数，却也有些莫明其妙了。但是这币制改革后，禁止民间使现银，于是民间的现银，不得不向中、中、交三行来掉换法币了。这三个月的增加，就是这个缘由。现在把去岁十一月份直至本年五月份的上海中外各行库存，列表以明之：

上海中外库存统计表

月别	十一月	十二月	一月	二月	三月	四月	五月
华商银行	二四五六一七	二三九四四二	一七三七九	一三二五五六	一四八〇四七	一四八六七二	一三六六七四
洋商银行	四一一九八	三六一五九	一九六一九	一七五八七	九一九五	九一九五	九一九五
统计	六六八一五	二七五六〇二	一四六九九八	一五〇一四三	一五七二四二	一五七八六七	一四五八六九

五、币制改革后的上海现银移动

新币制政策实施以后，政府为调剂收支，维持汇价起见，关于现银的运往国外者，为数甚巨。然而这种现象，与从前的现银外流，不能同日而语的。在去岁十二月到本年一月份运往纽约的计银元三千七百九十八万元，运往伦敦有六十六万元。同时运往纽约的银条有七千九百八十条。自从二月份以来，因为海外银价狂跌，现银的出售，大受影响，同时政府对于已往的购进的英美汇，已经有相当的数量足够维持汇价了。所以这个月的现银向外移动，自然要告一段落了。到了三月份的中旬和四五两月份的现银移动，大形忙碌了。关于移入的方面，因为现银掉换法币的期限已经过去，同时各地的存银，都陆续地运往上海。内地小银行和钱庄，也尽数运来上海，向中、中、交三行作为领用法币的准备金。至于移出方面，仅在五月份运出纽约共计一千六百五十万元。兹将这半年来的上海现银移出入的概况，列表以明之：

上海现银移出入表

月别	银元（单位：千元）			银两（单位：千两）			大条（单位：条）		
	移入	移出	差额	移入	移出	差额	移入	移出	差额
十一月	五〇	四五〇	－四〇〇	——	——	——	——	——	——
十二月	一〇三〇	二七〇四〇	－二六〇一〇	——	——	——	七九八〇	——	－七九八

（续表）

月别	银元（单位：千元）			银两（单位：千两）			大条（单位：条）		
	移入	移出	差额	移入	移出	差额	移入	移出	差额
一月	二〇〇	一二五〇〇	－一二三〇〇	——	——	——	——	——	——
二月	——	——	——	——	——	——	——	——	——
三月	六六一〇	——	＋六六一〇	——	——	——	——	——	——
四月	一七一〇	——	＋一七一〇	九〇	——	＋九〇	——	——	——
五月	一六九〇	一六五〇〇	－一四八一〇	六五	——	＋七五	——	——	——

六、币制改革后的外汇市况

自从政府实行管理外汇以后，一般汇市中人，大都以为政府的新政策来维持汇价，恐怕难以如愿以偿。然而察看现状，也就可以证明一般的预料的不当了。在客岁十二月和本年一月份的英美和新加坡的汇市，最为平稳。到了二月份，一般日汇价，均在安定平稳之中；仅在二月底，因为日本发生政变，日汇突然低落，于是投机者预料中日汇兑势必降落，也就尽量抛售日汇，于是市场上因之稍有变动而已。然而到三、四两月份，仍旧是和缓它日起伏状态，都能拘束在中行限度以内。不过这两个月里，以日美的汇市稍有变化。到了五月份，因为中美货币协定的成立。我国照遵协定的规定，已经将一部分的白银，运送美国寄存到了必要时得以透支。所以对于外汇的价格上，更是平稳的气象了。这一点，不能不归功于新货币政策的了。兹将这几月来的中国对外汇市的状况，列表以明之：

国外汇兑市价表

	伦敦辨士	印度罗比	法国法郎	纽约美金	汉堡马克	瓜哇福禄令	香港港洋	新加坡叻洋	日本日金
十一月	14,415	79,2600	449,00	29,5725	72,7900	43,2900	78,8400	51,1350	102,760
十二月	14,375	79,1000	447,00	29,5000	72,6800	43,2500	88,8500	51,0000	102,510
一月	14,375	79,0950	448,00	49,500	72,8600	43,262	91,5100	51,0000	102,292
二月	14,375	79,1250	248,00	29,8800	72,4500	43,270	90,6800	51,0000	102,535
三月	14,375	79,0190	448,00	29,8678	73,0200	43,178	91,3200	51,0000	102,659
四月	14,375	79,0000	448,70	29,7853	73,000	43,255	91,2500	51,0000	102,397
五月	14,375	79,0480	451,00	29,7500	73,2200	43,511	91,1300	50,9620	102,063

七、币制改革后的上海标金交易

自从政府颁布新货币政策以来，标金的结价也就改以海关金单位，上海白标金市价便以中央银行的关金挂牌行市做标准了，而关金的价格也就跟着伦敦金块行市的上落为上落了。关金对于法币的兑价，是每一海关金单位申合法币二元五角；但是在当时实行的时候，因为遭受外力的阻碍，为迁就事实计，只得改为每一关金法币二元二角七分半。一面命令中、中、交三行无限止的买卖外汇。因为这样，上海的标金市场的变化也就没有从前那样变幻的怕人了。在去年十二月份，虽然香港政府宣告白银收归国有，上海标金市场曾经一度受其波动，然而大户的供求日趋平衡，所以也就没有受大的影响。到了该月的末旬，骤然剧变起来。这原因就因为外银愈缩愈紧和海关同流通券不日发行的谣言很盛。于是人心波动，市场顿起斩空的趋势。所以市价飞翔，竟达一千二百元的最高峰。到了本年一、二两月份，也曾有同样的变动。但也终于谣言不攻而破，市价也就无形回落了。自此之后，一直到现在，标金市价的起落均属细微。同时市场内的交易也就寥寥无几了。过去标金市价的变化万端，在币政改革后的现在已经不复存在了。到了六月份，因粤变骤起，谣言特盛，人心因之激昂，于是标金的涨势，也特厉害。到了该月份的下旬，才渐渐地平静下去了。兹把这几月来的上海标金市况，列表如下：

上海标金市价比较表

月别	最高	最低	差额
二四年十二月	一二〇〇．〇	一一三九．八	六〇．二
二三年十一月	一〇〇九．〇	九五六．五	五二．五
二五年一月	一一七二．四	一一三八．三	三四．一
二四年一月	九七六．五	九四二．〇	三四．五
二五年二月	一一五九．〇	一一四一．五	一七．五
二四年二月	九七八．七	九七二．〇	六．七
二五年三月	一一五六．三	一一四四．五	一一．八
二四年三月	八七．五	八六．〇	一．五
二五年四月	一一四七．二	一一三九．〇	八．二
二四年四月	八九九．五	七四一．五	一五八．〇
二五年五月	一一四五．一	一一二八．五	一六．六
二四年五月	八〇一．七	七四八．八	五二．九
二五年六月	一一四八．〇	一一三五．〇	一三．〇
二四年六月	八三八．〇	七四六．一	九一．九

八、后语

中国币制的不健全早为中外人士所公认的。这种状态之下不论在国际贸易上、国内工商业上，没有不遭受它的影响的。所以彻底改革币制实在是全国经济的当务之急。我们依据上述的上海金融市场状况看来，它能够得到循轨而行，实在是新货币政策所赐予的啊！不过笔者还有不已于言的，姑述如下：金融的基础是建筑在工商之上的，而工商业的基础是筑在农村上面的。我们要知道这三者之间正是相依为命，绝对地不能分离的。可是中国目下最严重的问题，就是农村问题。农村经济的破产，不仅影响到农业的衰微，农民的流离同时足以影响到都市工商业的崩溃。在这种现状之下，金融一业究以何处立足？所以政府对于今后的金融业，要使它能够赶快地负起调剂金融的天职，对于关系国家存亡的农村经济，竭力去救济他。虽然政府再三地唤起各行救济农村，改造农业金融，同时各行联合举办农业货款，不过希望今后政府和金融当轴，要切切实实地做去，使农村得到实惠才行。

其次，我们要说到中国金融业业务上的现象。这虽然说是因为环境的关系；但是近在中国金融的能力，还未达到充分发展的反映。以后营养的方针，应该要从多方面进行着，来求他的平衡发展才对。不然，单靠单纯的收益来图谋自己的生存，那末前途的危险实在有点不堪设想的。金融业对于利息的收益，虽然营业收入上的注意点；然而对于手续费和汇兑承兑、押汇、保管事业等等的营业，也须急起直追。至于附属业务，如信托、保险、仓库等的事业，也要努力设法开拓才对！在这千变万化的时代，金融业者赶快趁这货币改革后，金融正上正轨的时机，去力图上进呢！

绸缪月刊 1936，2(12)

二十年来上海金融之回顾

仲　廉

本报创刊于民国六年，迄今已达二十年。在此二十年中，吾人如将过去经济上重大之事情作一系统之记载，俾明了当时之经过情形，实为最有兴趣之事项。兹就二十年来上海之金融状况述之如左，或亦足供研究上海金融者之参考欤？

上海金融之变动，非但须受内地各埠之影响，即世界各国经济之隆替亦在在与有密切之关系。盖上海之金融市场，渐由一国的趋于世界的，非仅就一隅之情况以为单独的变动也。民国六年，宇内艾安，凡百事业均有勃兴之望。不期搞抗德事起，而商业受其影响。其中又有复辟之扰乱、南北之纷争，以致企业者咸有戒心，市场缘以减色。他如大条暴涨，先令放长，国外贸易因汇兑行市之不利，出口土货咸受打击。而此一年中，银根紧急，存底空虚，现银纷纷流出于国外。民国七年之上海金融，不禁有每况愈下之叹。外而欧战正酣，内而南北纷争。商贾懋迁，咸有戒心。商业停滞，金融亦缘以阻塞。自银价暴涨后，现银纷纷流出，银之存底既枯，一遇需要，银拆莫不加紧，洋厘亦随提高。而先令放长，大条未缩，进出口货因汇兑行市之不利，均为之减色。凡此种种，六年已然，七年尤甚。但内地花米及杂粮等收成均丰，进出各货，极形发达，买卖转输，需款浩繁，银根常紧。北平及天津以前洋厘市价常在七钱以内，七年竟超过七钱限度，天津突升至七钱七分。各处洋厘既涨，内地银洋存底又极枯竭，大都向上海装运现洋。故民国七年间，沪埠银根异常紧迫。民国八年，东北各省产物收成均丰，各国因欧战和约会签定后多注全力于制造事业，以求战后商业之胜利，故原料品之需要甚殷。凡杂粮、皮毛、棉花、油类、烟草、落花生、草帽缏等无一不见畅销。买卖转运，需款浩繁，因之银洋流入内地者甚多。虽外国常有大条银运来，而所入仍难抵所出。故八年金融之紧急较往年为尤甚。且吾国东三省等处通用货币中，最占势力者向为罗布票与老头票。欧战以后，罗布市价逐渐跌落，几有江河日下之势。此时市价每百罗布仅值一二元不等，我国商人之受其累者，亏折无可胜言，于是相率不肯通用，交易往来多改用银元。至于老头票则以金贱银贵之故，价亦日落，商人亦不敢行使。此外各官银号所发行之纸币亦多不能兑现，而有滥发之弊，故作用薄弱，人民不乐使用。需用现银因之日多。东三省向称纸币世界，在民国八年间向上海运去大宗现银，有此各种需要，故上海金融颇为紧迫也。民国九年，上海金融之呆滞，下半期尤甚于上半年。盖上半期中日美经济界尚略有起色，且银价昂腾，外国汇兑颇利于吾国之输入业，而国内产业亦尚发动，商业多呈繁荣，洋厘遂能维持其相当之高度，银拆亦能时见松动。五、六月后，输入业者以银价频跌，恐慌大起，日本且于此时发生恐慌，银行工厂之倒闭停业者先后叠出，美国则物价大跌，制造业者纷纷停工或减少工作，于是输出入业阻滞不动，内地之输出品群集于上海。已输入之品，则以北方之灾害及其他各处之纷乱，不易行销于内地，亦留滞于上海。一般商业异常清淡，洋厘乃愈趋愈跌。银拆虽较涨，然钱业鉴于上年之覆辙，纷纷缩少了放款范围。故金融之呆滞遂与日俱盛，较之上半期又减色多多矣。民国十年，上半年上海金融尚称宽松，迨六月以后正当之商业虽无显著之进步而新起之信交独为畸形之发展，新设之交易所竟达一百四十余家。此外带有信交色采之小金融机关亦复滋生不已。因股票投机之狂热，于是上海金融之里面常伏危机。九、十、十一、十二四个月银拆之最高价皆达九钱，洋厘之最高价亦皆在七钱三分以上。故大体亦均在紧急之中，其得安然渡过难关，不可谓非幸事也。民国十一年，上海金融尚称平稳。在茧市时期内存底激沽，洋厘、银拆均为紧急，银价与英汇长风甚烈。六月茧市落令，存底步增。十月为最丰，厘、拆均极松动，银价与英汇均呈缩风。十月以后花用大起，存底转趋激减，厘、拆虽复感紧张，而银价与英汇则仍继缩。就大体而言可称平稳。在本年间金融上发生较大之事项为铜元风潮。一月份兑价每银一元尚为二百十五枚，至十月跌至二百五十枚，前后相较其跌落相差竟有三十五枚之多，殊为年来所仅见。其惟一原因，实由于滥铸私运，市面充塞，供过于求，故其市价逐步下降，货物价值逐步上涨。物价高则民生蹙，而社会秩序之安宁亦因之破坏矣。沪埠银元大宗入超，四五两月因江浙春茧先后登场，麦用亦稍发动，厘价最高曾涨至七钱二分五厘三七五，为春茧期中之最高价。九月日本发生震灾，日商收罗现洋，分赴内地采办赈品。加以又届中秋，洋用愈臻繁忙。十月内地土货逐渐发动，汉口及直鲁东省一带秋收丰稔，洋用极殷，沪埠出口现洋达一千二百余万元。民国十三年，上半期沪埠金融极为宽松，汇价大都趋跌。迨及八月中旬，东南时局日见紧张，金融市面已呈隍阢之象，各方纷纷调现运款准备集中，以致银元吃紧，市价增高。九月初江浙当局剑拔弩张，达于极点，各银行因发行太滥，亦受动摇。劝业银行因沪宁影响首先挤兑，幸应会得法，赖以维持。其他各银行亦有受打击者。此皆金融吃紧之显明表示。同时尚有公债期货交割问题，亦为市面震憾原因之一。盖公债期货买卖原为亏长双方竞斗，平时市价尚为平稳。讵八月中旬利用时局之险恶，多方轧压，遂致市价暴小，每尤公债差额有千余元之巨，买方损失不赀，因之交割时期无法交割，市面因之大受影响。民国十四年，沪郊战事屡起，厘价最高站七钱四分，其后皆七钱三分相近。五卅惨案发生之时，正期江浙春茧汛中，厘价复高至七钱三分七厘，迨开市后始低至七钱二分五六厘。迄于年终，皆以此价为变动之中心，略有数厘上落。虽以国庆浙孙突起驱奉之际，厘价亦未受重大之影响也。民国十五年，因西北战事历久不息，商运不通，北部各项土产未能出口，因之历年洋用最紧之季节，本年均在停顿之中，故沪埠厘价大都趋跌。九月初旬，汉埠发生战事，华商江轮之上驶者皆拒装现洋，而汉口各行需现孔及，乃改装英轮。嗣以汉口已为国民军占领，市面陷于停顿状况。汉地现洋去路始行继绝，而宁、杭币厂新币陆续运沪，厘价因之骤跌。九月间沪上谣传汉口中国实业银行被封，金融界大起恐慌，幸不数日即行平息。民国十六年，年初军事当局禁止沪埠现洋运往广州汕头、厦门、福州等处。三月中旬，国民军占领淞沪。此时沪宁沿线形势甚紧，沪北尚有毕军负嵎，各国侨民又国共党气焰甚烈，租界戒备极严，厘价因之高涨。四月间，汉口中央银行停止兑现，该地华人发行之钞票，除中央与中交外不准使用，他行钞票则由当局令各机关吸收换给中央钞票，各银行现金均被当局封存。沪埠金融业为业务之安全计，一律与汉口银行停止往来。五月间设立二五库券保管委员会，江海关每日所收二五附税，均由该会保管。十月间招商局爱仁轮船发生盗劫，沪埠各轮船公司议决现洋出口概不装运，即向来承装现金之英轮公司亦一致拒装，并决定一种办法：凡现洋到船后责任问题与保险问题须装款者负担。于是沪埠现洋出口不得不暂行停顿矣。民国十七年，沪埠金融上较为重要之事项，为上海中国银行准备之公开。四月一日由检查委员会发表第一次之检查报告，并决定以后每月举行检查一次，即此种报告亦将永远为定期报告。吾国银行准备之公开，实以中行为矫矢，其后发行银行大都效法中行逐期报告。此外中央银行之设立、中国银行改为国际汇兑银行，均为金融上重要之事项。在本年内沪埠金融趋势极为平稳，实为良好之现象。民国十八年，年初数月间，各埠现金大宗运沪，沪上各银行库存极为丰富。三月二十日各银行库存总数达一万六千五百余万两，为从来未有之巨额。嗣后武汉风云渐见紧张，现款需要殷繁，库存激减。下半期银款用途渐臻繁忙，现洋走销亦日见活泼，但厘价仍盘旋于七钱一二分间。良以沪埠存底甚丰，市上流动之筹码以钞票为最多，故现洋用途除社会上零星找头外，只作为银钱业存库之基金，一遇需要，尽可尽量供给也。民国十九年，年初金价飞涨，银价惨落，沪市金融影响颇巨。进口五金呢绒杂货因先零关系，多数延不出货，定货骤形减少。金贵银贱之声浪，甚嚣尘上。关于银价救济问题，颇引起一般人之注意。政府为救济公私经济损失起见，毅然下令自十九年二月一日起海关进口税一律改收金币，以值六〇．一八六六六公厘纯金为单位作标准计算。此后偿付债赔各款，在金银汇兑上得免意外之镑亏。直接救济国库之损失，间接巩固内债之基金。空前盛举，未可以寻常财政改革目之也。政府复于五月十五日下令禁止现金出口，并禁止外国银币进口，以缓和金融之恐慌。下半年间银价依然下落，金价逐渐增高。此不独影响沪市之金融，即全国之金融亦均受其影响也。民国二十年金贵银贱之风潮仍未解决。在上半年一般人莫不以白银为讨论之焦点，沪市人心汹汹，几有谈虎色变之感。下半年各省发生水灾，被水区域达十六省，凡长江大河流域，所有肥沃之区无不沉沦，我国精华所在完全毁灭，伤心惨目，更无待言。沪市为各埠货物之集散区域，各埠既受重大损失，沪市亦直接受其影响。在天灾、人祸相迫而来之时，日人复乘机侵略东省，内忧外患，影响所及至为深刻，金融市场自难幸免。同时复因英国停止英本位，于是市场更起变化。金价大跌，沪埠丝厂纷纷停业，工商事业同感困难。且因日金禁止出口，日币跌落，我国工商业遂受两重之压迫矣。民国二十一年，沪变发生，工商各业完全停顿。政府因财政之缺乏，于是将内债利息减低，还本延期。沪埠金融业为巩固金融基础起见，成立银行业联合准备委员会，提供财产作为准备财产。此为沪埠金融业重要之设施。沪战停止以后，工商业因受战事之影响发生重大之变迁。金融业感于调查战后工商业之必要，乃创设征信所。在此一年间沪埠之金融因受战争之影响，曾一度发生莫大之恐慌也。民国二十二年，财部实施废两改元，外国银行吸收现银之倾向愈益显著，以致华商方面库存现金渐移于外国银行，四月六日起一律通用现码。钱业采用六种办法：(一)往来各户自四月五日止连息结出按七一五合洋转账，存息二两九五扣，欠照回；(二)同业汇头一律以现洋收解；(三)往来各户付入钞票以迟一天入账；(四)已出庄票钞票一律七一五合洋照解；(五)向外行收票应用现洋，票据如付钞票，不逾五百元；(六)长期存款逐年按七一五合计数，俟年终并结。西商方面亦有同意之表示。二十年来倡议之废两改元问题，至此已告一段落，实为本年度金融上重大之设施。本年茶叶生产尚佳，茧则不及上年远甚，故在茧汛中沪埠现洋未有大宗之输出也。民国二十三年白银问题已引起世界人士之注意。美国政府实施提高金价后，复极力提高银价。凡以银条、银块、银锭及其他可供铸币之银类，运输出口者，除中央造币厂厂条外，均征税百分二.二五。但白银之流出仍未因之停止。计一月至八月八个月间，全国出超白银达一亿四千七百余元，沪埠竟占百分之八十。财部复于十月十五日公布银两征税增为百分之十，银元征税为百分之七.五。于是现银流出随之减少，金融恐慌因之缓和矣。民国二十四年沪埠商业较上年度尤为衰落。金融业在此不景气时时期内，进展颇为不易，大都充实准备，以避免恐慌之发生。同时由中、中、交三行对于工商业给以融通之资金，工商业颇受利益。在去年一年间金融上最大事项为币制之改革：财部于十一月三日公布自十一月四日起以中央中国交通所发行之钞票定为法币，不得行使现金，违则全数没收。此为吾国币制重大之变迁实有记载之价值者也。

银行周报 1936，20（19）

战期之上海金融

徐肇钧

一、战期上海金融市场之动态

自八一三事变迄今，历时二年又四阅月，上海金融中场，备受双击，时张时驰，约略可别为四个阶段：第一阶段，八一三事变发生恐慌后；自银钱业遵行财政部公布安定办法之日起，至二十六年底止，半年中，为由恐慌而臻安定时期。第二阶段，二十七年上半年，为由安定而向繁荣时期。第三阶段，二十七年下半年迄二十八年上半年为由畸形的繁荣时期。第四阶段，本年六月，外汇黑市大缩，发生第二度恐慌，自财政部电布六二二新安定金融办法实施后迄今，是为复由恐慌而重臻安定时期。

第一阶段：由恐慌而臻安定时期

八一三前夕，沪市已呈山雨欲来风满楼之势，战祸爆发，恐慌象呈，财政部于事变发生前，已有四行联合贴放委员会之成立，俾从事于金融之调剂。战起后，复令准银钱业休假两日，公布安定金融办法七条，限制提存，大旨为除发放工资及与军事有关之支付得另行商办外，八月十六日前各活存户，每星期至多以提取一百五十元为限。同时上海银钱业公会，复呈准安定金融补充办法四条，其要点为除遵照部定办法外，其在商业部往来，因商业上之需要，所有余额，得以同业汇刮付给之。但此项汇刮票据，与上海市场原来通用之汇刮票据，意义不同。原来通用之汇刮票据，乃隔日取现者。八一三后之汇刮票据，乃祇准同业汇刮，不得付现，始于一·二八沪战时一度行之。自银钱业遵行上述办法后，人心大定，当时由恐慌而臻安定情形，可从拆息、票据交换额、外汇标金公债各暗市中觇之。

拆息：钱业公会折息（每千元日息），八月九日开一角，十三日升至一角九分，十七日站定二角，至十月而渐松，十月与十一月全月平均、皆为一角五分，十二月降为一角二分。银行联合准备会公单折息（每千元日息）八月十一日为一角一分，十七日升为二角，九月六日起，公单折息更为二角二分，贴现率（承兑汇票九十日期）始由一角二分升至一角四分，八月十七日升至二角，九月十三日后一律三角，以上各折息迄年底均无大波动。贴放委员会成立后，于八月十三日开出贴现率周息八厘，放款息（每千元日息）三角，至十一月起减至七厘半与二角五分。

汇刮票据因不能付现之故，折息方面显有区别，故市上钱兑业及投机者，不免有经营汇刮掉换法币之贴水情事，初在千分之五至十五间，年底因需要关系而高至二十元外，惟正常工商业，仍照额授受也。

票据交换额：银行业公会之票据交换额，在二十六年七月中之每日平均额，（国币与汇刮共计）为三六三八一千元，八月降为一七二六六千元，十二月三七八四千元。战后因各行平均减少，交换所之交换时间，改为每日下午三时一次。钱业公会之公单收解数，二十六年内，尚无大变化，至商业结束期后，始见激减。

外汇行市：中央银行法定行市，始终稳定于英汇一先令二便士半（国币一元合先令），美汇三十元（国币百元合美元）。根据汇丰银行卖价，即所谓黑市，二十六年六月之平均黑汇率，英汇为一先令二便士三一五，美元为二十九元三一五。七月因卢沟桥之衅，略缩至英汇一先令二便士二五，美元二十九元，嗣后近平远紧，则中央银行安定外汇之功也。

金市：标准价应在一千一百三十六七元间。战后金市交易所停市。现金交易重心，移至现金号家，初鲜交易，九月初始渐活动，焓赤每条市价，初为一千三百元，较战前昂七十元，货少居奇，十月底曾远一千五百元，十二月降至一千三百五十元左右。

债市：战后公债停市，政府取缔投机，限价交易，计统一公债甲种限七十六元，乙种七十三元五角，丙种七十一元五角，戊丁两种均七十元然市场暗盘现货，大都较限价小八九元。九六暗盘、稍有起伏，最高九元六角，最低七元七五。金长复兴铁迷，均未开拍。

第二阶段：由安定而向繁荣时期

二十六年底，战□西移，上海四周沦陷，而租界以国际关系独全。国历废历两年关结帐 业务虽逊色，而危期已度过。兼之避难来沪者众，工商业亦纷纷向租界谋复业，新存款渐增。沦陷区之银钱业，大都迁至租界办理收付。受限制之存款，经陆续提出后，市场筹码渐松，于是上海金融，渐见活泼，而呈转机向荣之象。

拆息：本期六个月中钱业公会拆息站定一角。银行准备会公单折息与贴现率，国币三角，汇刮二角，形势极稳。

票据交换额：本期中银行业公会之平均交换之每日平均额，二十七年一月为六九六一千元，二月三八五一千元，三月五八一五千元，四月五七〇三千元，五月五八五九千元，六月七五四二千元。钱业公会之公单收□数，自二月起激减，每月不及上年同月额之半。

外汇行市：中央银行法定汇率仍旧。黑市一二月追近法定价，无甚波动，三月内稍缩，四月五月续缩，六月底最低缩至英汇八便士美金十六元半。黑汇紧缩之最大原因为投机，其趋势远期常紧，套利颇厚。华北法币之吸收，沪关关税之移存，皆有转掉外汇之虑。三月十四日，政府实施统制外汇，公备请核外汇办法，及六月政府加强外汇统制，限制非必需品之输入，进口申请、填具证明书，出口货物，售结外汇。凡此种种，皆足引起黑市投机之活动。惟我国法定外汇水平，论者每以为过高，水平降低，反映于物价之上涨，转足以刺激市面。且政府统制外汇成功，国人咸引以为慰，以为从此可以减少入超，而阻遏资金之外流。在黑汇降至英汇八便士美汇十六元半而回长时，市上颇传此为汇市之新水平，动荡人心，转趋安定。是以黑汇虽缩，影响尚轻，而物价趋高，新水平稳定，适足以引起下期畸形的繁荣也。

金市：标金市价随黑汇为涨落，本期六月底，达二千元左右。

债市：八一三战起停市后，八月期公债问题，延未解决。一月杪奉部令，准照二十六年八月十三日记帐价格，连同九六全部，结价了结，于是冷落之公债暗市，骤呈生气。到期本息系以汇刮票据支付。

第三阶段：畸形的繁荣时期

从二十七年上半期以来，金融逐渐松动，已如上述。七月，银钱业允各同业公会之请，恢复小额抵押及信用借款，但以国货事业为限。同时中中交农四行对于商业银行收钱庄之工商业抵押品，允得向四行贴放委员会申请转抵押，惟亦以国货工厂出品之国货为限。同月财政部应银行公会之呈请、公债本息。准以能付现钞之划头票据与法币给付□汇刮贴水，如市上高过千分之五十，银行准备会辄照此标准掉出现钞以维持之。十二月外滩银行，对于交换划头、视同外滩划头，一律通用。钱业公会，复于二十八年三月六日起，恢复午市。凡此种种，足使人心兴奋。而本期中两租界人口益增，消费加多，物价上涨，工商业多获利。界内工厂，逐渐增加，至廿七年底，据估计有四千七百家，比较战前上海全市统计，虽减少八百余家，但较战前租界内原有工厂数，已超过二倍以上。且上海与内地及沦陷区之主要交通线，已逐渐恢复，商品之出入频繁，物资之需求殷切。外汇黑市，此期中波动不大，直至期末二十八年六月始剧变。二十七年九月，德捷交恶，欧局紧张，是时金价下跌，外汇回长。二十八年三月英政府宣布中国一千万磅汇兑平准基金借款之成立，外汇益安。逃避之资金渐流回，市场游资充斥，于是外币赤金股票之买卖，各种商品之囤积，地产房屋之租造　日益旺盛。盖自二十七年七月起，至二十八年六月七日因黑汇陡缩发生战后第二度恐慌止，上海金融市场，表面上大有繁荣气象。然按其实际，则原有生产放款事业，陷于无法整理，大工商业受人统制，放款无出路，税收被攫，入超增加（二十七年十月至十二月三四月入超近一千五百万元，二十八年一月至六月六个月入超约一万万五千万元），物价腾贵，生活艰难，从国家经济立场言，此种畸形的繁荣，实利少而害多也。

折息：本期中钱业公会折息，各月平均多站立一角，二十七年十月、十一月、十二月，升至一角二三分间，此后仍为一角，至二十八年六月上旬，最高达二角五分。银行准备会公单折息与贴现率，各月均为国币二角五分，汇刮二角，同业汇刮二角二分，贴现率三角，至六月下旬，升至国币三角，汇刮二角八分，同业汇刮三角，贴现率三角。四行贴放委员会之贴现率□款息，本期与前期同。

票据交换额：银行业公会之票据交换额，本期比上期增加甚速，二十七年七月每日平均额为七五四二千元，八月九三八四千元，九月九四三七千元，十月一〇二四九千元，十一月六九〇一千元，十二月九〇七九千元，二十八年一月一〇六二六千元，二月一一九八四千元，三月一二五三六千元，四月一四八四七千元，五月一三八七三千元，六月一三四九六千元。上项数字足以表示本期上海金融活动之趋势。至钱业公会之公单收解数，各月均较二十七年上半年略见低减，殆为银钱业势力消长之关系使然也。

外汇行市：中央法定汇率仍旧。黑市自二十七年七月起，至二十八年六月□日止，英汇概在八便士美汇概在十六元上下波动，二十八年三月后，尤稳定，自属平准基金维持之效。六月七日间中英平准基金委员会电沪限制出售外汇，黑市剧缩至英汇六便七五，美汇十二元六二五。

金市：二十七年一月，财政部统制黄金令公布二十八年一二月间北帮及港方大事收购，颇足刺激市面，本期常在二千元左右盘旋，至六月下旬，随黑汇之剧变而陡涨。

债市：二十七年七月，公债本息，准付现钞，兼受市面之繁荣刺激而趋涨。二十八年一月，财政部因关税被攫，战前各长期债务，又不再垫付之说，公债遂大跌，统一甲种，由六十二三元跌至五十四元，嗣悉改山分六期付给法币，人心始定。二十八年六月因外电传有停付公债本息之讯，及黑汇陡缩，与新金融安定办法之公布，人心震动，债市又打跌。

第四阶段：复由恐慌而重臻安定时期

外汇黑市萎缩，投机之风大盛，资金逃避，金融将发生大恐慌。财政部于是有六·二二新安定金融办法之公布，大旨为此后银钱业支付，除发放□资者外，每周支取数目，在五百元内者付法币，以外者支付汇刮，专供同业转帐之用，其有以存款转移内地者，不受此项限制。时汇刮贴水渐高，准备会一投机黑汇者多，故不复予以维持，贴水最高达千分之二百以上乃回降。同月二十五日银钱业为调剂同业资金起，议决将原有存放银行准备会及钱业准备库之汇划存款，约计二千二百万元，由银行准备会按百分之九十五，于七月四日起，分十二期掉成法币以资周转。一方面又有新汇刮制之推行，盖谷行庄原存之汇刮存款，已议定分期掉成法币如上述，此后各行庄领用汇刮，须依照领用办法，以特定之财产存准备会为担保品，其领用汇刮额，不得逾财产评价额百分之七十，财产之检查评价与保管，则由上海中西银钱业代表中西各业专家担认之发行汇刮总额，暂定五千万元。初拟由准备会发行汇刮证以资流道，嗣以市上有流通券之谣，又恐发行后或致窖藏呆搁，故未实行。七月间华北地名钞票大宗流沪，有掉买外汇之传说，市上拒用，经部令准予照收免费转汇原地及重庆支付而定。九月而后，因欧战扩大，英法币值趋跌，香港政府统制外汇并限制提存，投机者多抛售外汇而资金流回，金融重见安定。在本期中，市上忽呈辅币荒之象而发生兑换贴水情事，甚至一元券亦告匮乏。揆厥原因，一因铜元镍币，尽被收镕绝迹，而沪地人口加密，需要随增，且因稀少而储藏者，在所难免。一缘内地及沦陷区辅币，因商业活动季节性之需要，由沪部流往者，源源不绝。近经中央银行增发供给，迨至需要季节一过，荒象度可解除矣。

折息：本期钱业公会折息，各月平均站一角八分与二角。银行准备会公单折息与贴现率，国币站一角八分，汇刮二角五分，同业汇刮二角四分至五分，贴现率二角八分。贴放委员会之贴现率与放款息，与前期同。

票据交换额：银行业公会票据交换之每日平均额，二十八年七月为一一九八八千元，较六月低减一五〇八千元，至八月即增至一六〇七六千元，九月续增至一一一〇六四千元盖香港资金流回，与季节性之商业活动，皆足以增进沪市金融之流通也。

外汇行市：中央法定汇率仍旧。政府复规定凡特许进口之日用必须品准向外汇审核委员会申请购买，经核准后，由制定之中国或交通银行，按照法价售给，但申请人须缴纳按法价与中交两行挂牌价格差额之平衡费。当时之中交两行挂牌价，定为英汇七便士美汇十三元六二五。当六月七日黑汇剧缩至英汇六便士半时，市上传有此将为新水平之说，但中英外汇平准基金委员会，终于七月十八日停止供给黑汇。黑市最低时，曾缩至英汇四便士关内，美汇七元关内，远期更紧，有时套息竟至八九分之高。九月后欧战扩大，一度曾松至英汇五便士关，美汇近九元关。最近黑市（十二月十二日收盘价格），银行现货卖价，英汇四便士五六二五，美汇七元半，本月份英汇四便士五四六八七五，美汇七元四六八七五，正月份英汇四便士五三一二五，美汇七元三七五，远期潜势，颇见平稳。

金市：金市虽随黑汇为涨落，然因财部统制黄金命令之故，金价较黑汇揿小，港币塞出外汇，转套黄金，致有汇金价与黑汇相背而驰，最近在四千元上下盘旋。

债市：本期债市，在发付本息前因有停付之谣，及值黑汇暴缩之恐慌风潮而大跌。嗣经政府宣布分六期致付汇刮，人心渐定，价渐回涨，最近行市稳定，统一甲种在五十七元间。

二、战期上海金融形势之变迁

（甲）银钱业业务状况与所遭受之影响

战期上海银钱业业务，采取紧缩主义，而正当业务颇见清闲。在战事之初期，银钱业皆敢缩放款，集中资金以备应付。迨后避难来沪者众，沪市呈畸形的繁荣气象，银行活期存款增加，尤以大商业银行为盛。然大宗工商业多半受人统制，放款无出路，而银行亦不敢放手经营，在此沉闷环境之中，乃群注意于西南之开拓。自政府实施开发西南政策，沪市□大商业银行，如上海商业储蓄，浙江兴业，盐业，大陆，筒上，中国实业等，纷向重庆或昆明等处，开设分行。中中交总处内迁，于西南西北各城市遍设分支行处，构成金融网，中国银行更注重华侨汇款，向南洋及太平洋方面广事吸收二十七年九月华南银公司在沪设立分行，足见西南与沪市金融关系之增进。中央信托局，于战起后由财政部拨予一千万元，专为办理兵险业务，二十六年十月依部颁兵险办法，开始承保。至于沪市正当业务，则极清淡，虽在畸形的繁荣时期，商业银行，若有余力，每于黑汇近平远紧时，从事于外汇套利，盖期短而利厚也。顾业务虽紧缩，而信誉甚昭著，沦陷区各银行停业后，相率撤退来沪复业，江苏省银行各分支行复业稍迟，于二十七年十月，经中央接济，依照安定金融办法，办理支付。上海市银行及市兴业信托社于二十七年初迁移至汉，卒于二十八年七月，委托上海银行准备会，代理发还存款。中小银钱业，受战事影响，不得已而停业者，或申请市商会和解，或于清算后复业，亦有于战前停业而战后复业者，类能维持信用，尚少纠纷，约略分纪如下：（一）苏州信孚银行沪分行，二十六年七月停业清算，于同年十一月发还储蓄存款五成，余俟所存中央银行保证公债领到处分后，再行续发。（二）大康银行暂行停业后于二十六年十二月复业。（三）二十七年一月，一大银公司因战事影响停业，依据破产法申请市商会和解，四月与债权人签订和解契约。（四）通易信托公司战前停业，争执经年，于二十七年二月复业。(五)建中商业银行，二十六年二月停业清算后，于同年十二月经市商会调议，与债权人成立和解。(六)浙江建业商业储蓄银行，原设杭州，于二十七年四月迁沪复业。(七)恒利银行，二十六年九月停业，经市商会和解，于二十七年五月成立复业和解。(八)二十七年七月，松江典业银行，就沪设通讯处。(九)国泰银行，于二十五年九月起清算，历二年，于二十七年九月假定摊还股本议案。(十)嘉定银行，因在战区，二十七年十月停业，经市商会和解，于同年十二月与债权人签订和解复业契约。二十八年十一月正式复业。(十一)通和商业储蓄银行于二十七年十月停业。(十二)恒顺信托公司于二十七年十二月议决解散清算。(十三)上海闵行浦海银行，于二十八年三月，依破产法申请市商会和解。(十四)南京商业储蓄银行于首都沦陷后移重庆，二十八年夏，在沪设分行。(十五)钱业同业在商业总结束期后上市者，二十七年初，上市者四十三家，较上年之四十六家，减少三家，二十八年初，上市者四十一家，较上年减两家，皆自动收歇。

(乙)票据市场之演变与改善

(一)汇划票据不付□与新汇划制之产生

八一三后之汇刮票据，只准同业汇刮，不得付现，与战前沪市原来通用之汇刮票据为隔日取现之性质，截然不同。至二十八年六二二后银钱业施行之新汇刮制，系因银钱业将原存放于银行准备会及钱业准备库之汇刮存款二千二百万元，行将分期掉取法币而取消后，仍议定此后各行庄领用汇刮，须依照新订办法，以特定确实财产缴存准备库为担保品，其领用汇刮额，不得逾评价额百分之七十，财产之检查评价与保管，由上海中西银钱业代表中西各业专家担认之，具见前述。按此项新汇刮票据性质，与八一三后之汇刮票据，并无差异，不过其支付准备金，后者较前者益形强化耳。

(二)外滩划头与交换划头之通用

沪市银钱业流通之划头票据，向有外滩划头与交换划头之别，外滩划头□行使各外滩银行与中、中、交三行，交换划头，则为交换所划头，系会员银行自准备库所支之划头款项，银行间仅能交换，因之外滩银行，拒不收受。二十七年十二月，双方议妥，外滩划头与交换划头，一律通用，不分轩轾，此实战期上海金融上之一大进步。

（三）钱庄加入票据交换集团

二十八年七月四日起，钱业准备库依两业联席会议决让，以委托交换方式，参加上海票据交换所之交换。是日起，各汇刮收入交换范围内银行付款票据，一律存交准备库，转送准备会提出交换，交换范围内各银行收入各汇刮庄付款票据，一律向准备会提出交换，银钱业数年来所盼望之集中交换，于焉告成。至汇刮钱庄相互间之应收票据，仍在准备库交换。

（四）外汇黑市之波动

上海环境特殊，汇市金市债市，皆有暗市，不守法定标准之限定，而常受投机之操纵波动。就以即外汇暗市伸缩性为最要，而影响亦最巨。大概外汇暗市缩，则金价高而公债跌，商品之行市，亦随黑汇缩而涨，外汇暗市长则反是。战期自二十七年五月六日黑汇叠缩后，投机鼓捣，张弛无定，然赖中英外汇平衡基金维持之力，波动范围尚小，至二十八年六月而又剧变。据港刊物 *China Air Mail* 本年七月二十六号第四周刊中所论黑汇紧缩之原因，以资金逃避为最重要，日方夺取次之，而人超最小。第一次黑汇剧变，在二十七年五六月间，黑汇叠缩，物价随涨，继之以沪市畸形的繁荣。第二次剧变，在二十八年六月，黑汇复暴缩，则水准已觉过低，生活程度日昂，工厂购进原料困难，已引起工商业之不安。此后黑汇趋势若何，殊难逆料。抱业观见解者，以为黑汇已缩至最低度，二十八年九月上海对外贸易，已由入超转为出超，（一千七百万元）汇率可从供需平衡上自然调节。外行之法币头寸，均已移结外汇，手中法币奇缺。资金□避与夺取吸收，亦应有一定限度，水准过低，利益少而风险大，自然缩手。惟吾人所应当认识者，上海黑汇，既不在我政府统制之下，其波动之最大因素为投机，实不足以表示法币之真正价值。现在上海对外贸易，既由法币，绝对信任。然则法币为交换媒介之价值，依然巩固，由是观之，汇市将来之趋势，或可以好转乎？

三、今后上海金融业务方针之观测

金融业之真正繁荣，实建筑于工商业之坚固基础上。在战事之初期，原有生产事业之已受损失者无论已。即经过一度畸形的繁荣以来，从国家经济立场观察，究为利为害，姑不具论，而黑汇暴缩，物价益胜，工人生活艰苦，消费减少，工厂生产力降低，种种危机潜伏，隐尤放大。且大宗工商业受人统制，正当业务无出路，游资徒供投机，在此沉闷局势之中，除计划开拓别处市场另谋进展外，殊乏善策。今上海金融界所抱见解，固莫不以为移资西南或开拓南洋市场为最好出路。然言易而行艰，事实上应先有研究之必要。盖内地交通不便，工商业规模小，技术劣，少有投资的对象。从事新实业，则又非一朝夕之功。国外市场，则少研究而多竞争。今上海赖有国际关系，游资尚有经营余地，且利息优厚，以不妨保持现状，静以待时，故虽抱有开拓进取之心，终乏勇往直前之气。然则一面保守固有现状，一方从事开拓新市场，二者并行而不悖，今后上海金融界之业务方针，殆不外乎是矣。

经济汇报 1940，1(5—6)

二十八年上海金融之动态

朱博泉

一、前言

自二十六年冬战事蔓延，沿江沿海各口岸相继失守，上海乃有孤岛之感，此就政治环境交通情形言固然，就经济情形言之，亦复如是。

上海向为东南贸易中心，今各地农产土产，如棉如米如茧，如矿产如牲畜，在内地者，或因政府禁令，或因交通梗阻，多数不能运沪；在沦陷区者，多半被“统制”被把持被收买，其可自由运沪供销费或为集散者，实已廖廖无几，而沦陷区之工业及其他事业，不论今尚存在与否，一切无从过问，故上海与各地间原有之正常经济关系，已如藕断丝连，大异平昔，即如本年各地丰收，而贸迁之利，大部分殊非国人所自有。

在叙述正文之前，吾人须先就孤岛内部一般的经济情形，先加审视，而后对一年来之金融市场，可以有比较亲切之体会。

孤岛以内之经济，战后甚多病态，一年以来，尤为显著。兹先择要分述之：

因(一)上海租界之秩序与安全，相当的得以维持不坠，故战事中各地避难民众，咸视上海为世外桃源，两年以来，愈聚愈众，人之所聚，资金随之；

加以（二）北方之经济设施，今年起频翻新样，（三）欧洲发生战事，英国东方属地施行金融统制，由此两者所引起之资金逃避，一部分亦以上海为渊薮，故二十六年积滞上海之资金，年来乃益见其泛滥。虽资金移植西南之论，年来甚嚣尘上，银钱同业中，实行者虽亦不少，但大规模之移植，恐非一蹴可几，宜如何统筹并顾，疏散上海之资金，使其运用得循正常轨，其尚有待更进一步之努力欤。此游资之充斥，病态一也。

游资之充斥如此，而正常之投资途径复因上述与各地贸易关系之阻断而愈觉缺少，于是外汇外币黄金，以至各种货物之买卖，至今岁而盛极一时，投机者视为咄嗟致富之捷径，杞尤者视为私人资财之保障，不趋于此，则归于彼。此投机之旺盛，病态二也。

今年物价飞涨，照中国统计学社发表数字，以二十五年为基准，二十六年为一一八强，二十七年为一五三弱，本年六月为一六四，步步高陞，至九月而为二八三强。其原因为（甲）外汇暗市之狂缩，（乙）欧战之继起，加以（丙）界内形形色色之货物投机，（丁）界外形形色色之统制。盖孤岛内之物价，其支配者已不限于经济的因素，于是米珠薪桂，已不仅为文字上之形容，孤岛内之大业，实已战区人民，同其负担，此实目下甚严重而不容忽视之问题，病态三也。

因当地销费之日巨，物价监视之激增，欧战之刺激，界内小工业进口商及零售商等，年来均致小康，地产及建筑事业，亦因人口续增而视前年益形活泼。此界内工商业之繁荣气象，其为病态，不容讳言，病态四也。

兹将一年来上海金融市场情形，分节叙述于后。

二、法币发行

法币发行总额，在战前之二十六年六月底，为十四万万元（约数，下仿此）；战后之同年年底，为十六万万元，二十七年六月底，为十七万万元。本年七月，政府公布二十八年六月底币发行总额，为二十六万万元，现金准备与保证准备之比率，原为六十与四十者，今为四四与五六。就上述数字比较之，则战后第一年中发行之增加，仅为三万万元，第二年中之增加，为九万万元，今年六月底止发行额，比战前约增一倍。

关于战后法币发行约增一倍之事，当时颇有恶意之评述。但：（一）吾国自二十四年币制改革后，在二十五年一年中，发行额约增六万万元，其后战事发生在战事第一年中增加数反见减少，其实此时法币发行，续在进展过程中，而增加量之所以反见减少者，多半由于政府对法币发行，始终采健全保守之政策，在战事初期，尤更有紧缩之趋势。(二)法币在战区中，虽多方遭受破坏与利用，而西南各省需要甚亟，视他国纸币行使，本已达相当程度，或已达极度者，未可同日而语。一年以来，政府屡次声明，维持法币之政策，始终未变，盖对战区法币，既竭力设法紧缩，对上海法币供给，亦复极端审慎，皆为胜于雄辩之事实，恶性之通货膨胀，可谓至今并无丝毫迹象。至现金准备之较减，则诚如政府所称，仍较多数国家为高。

自外汇暗市频缩，八月间复有政府在国外订有大量法币之谣传，在谣言多如波浪之孤岛中，"法币是否将成马克"之疑问，吾人时有所闻，此在稍明事理，稍具常识，稍知马克之历史，稍明法币发行之状况者，固可立时加以否定，但外汇市场之狂热，已因之而骤然增高矣。法币在上海流通数量若干，吾人无从估计，但因法币状况，甚为一般人士所关心，辄于本节略述一二。

本年物价高涨，法币在上海之购买力，减低颇多，但同一法币之购买力，上海与各地大不相同，各地又互有所异，试以食米而言，浙东市价，仅为上海之半，盖沪市物价监视之高，已不仅为各种经济因素所支配，已如前述，法币暗市汇价之低，固为上述经济因素之一，而法币发行量之增加，尚不足构成因素也。至内地之物价是，虽均视战前为高，亦各有其生产方面及交通方面之原因。

今夏因各国加紧扩张军备，五金市价高涨，夏秋之间，市上流通之铜元铜辅币及铜镍辅币，均被收买一空，加以销融及私运。市上除角位辅币券外，辅币几乎绝迹，于是先则以邮票为代替品，继则电车票汽车票印花等等，皆成暂时之辅币，一般商店，怎么各印代价券以供零找，五光十色，大众极感不便，物价之上涨，无形中殆亦受其助力。九月以后，中央银行发行五分一分辅币券，并增发角位辅币券，以应需要，其数量似尚觉不敷。

三、外汇暗市

本年金融上变化最多影响最巨者，为外汇暗市。自去年政府实施外汇管理，中央银行依法定价格供给外汇后，因其供给极度严格，故一般的外汇需要，依然取给暗市，其交易相当繁盛，市价亦因政府之调剂而颇为稳定。本年情形，可分三个时期分述之：

第一时期为一至五月。年初外汇暗市，仍盘旋于八便士至八便士半左右。三月间汇兑平准基金会成立，置基金一千万镑，并由英国借款充基金之半数，暗市外汇，因此益鲜涨落，惟外汇需要仍巨，大别言之，约有下列四种原因：

（一）为入超之庞大。上海虽向为入超口岸，而入超之巨，未有甚于此时者。本年一月至六月上海对外贸易，依 *Finance & Commerce* 统计，其进口货先按法定价格折合英金，再照暗市时价折合国币，总计进口约六万万元，出口约一万七千万元，半年中入超达四万三千万元，约当二十七年同时期入超之十三倍。

（二）为北方资金之逃避。华北方面，于今春强制使行其所谓联银纸币，分期压低法币价格，即天津租界法币这流通行使，亦多方遭受威胁，于是东北资金，源源逃来上海，其中一部分之归宿，即为外汇。

（三）为日人之套买。北方及其他战区内，法币被搜括之数量，既层出不穷，此项法币来沪之后，亦随时易成外汇。

（四）上海一般人士对法币之信仰，虽历久而弥坚，而战时民众心强，迥异平时，人云亦云，在所不免，仅多出于过虑，推窖藏法币之风，施之外汇者，外汇市场因此又多一种负担。同时市面出口汇票，稀如麟凤，在此求过于供之状态下，五个多月暗市汇价之继续稳定，殆全由政府及平准会先后之支持也。

第二时期为自六月至八月。六月七日汇兑平准基金会，对暗市汇价，暂时停止维持，公布之始有如晴霹霾天，一市震惊，谣诼乘之，于是投机的与盲目的购买，纷至沓来，汇丰银行于一日间三易其挂牌，稳定已有十八个月之八便士暗市汇价，遂狂跌至六便士半左右。平准会之停止暗市外汇供给也，当时除无谓及恶意之谣言外，颇多各种不同之揣测，最普遍者，如谓三个月来，基金已罄，不能再事维持。其实上半年外汇之购买状况，既如上述，在此种状况之存续中，今后对八便士汇价之继续维持，是否为明智之举，不待烦言，基金存底之丰绌，犹为次要之问题。故七月十日财政当局发表谈话，谓事属政府所核定，其目的在于使暗市汇价“适合于有利中国经济之标准”云云，市面视听，为之一正。同时因六便士半左右之新水准下，市场有相当之供给，喘息得以稍苏。

七月上旬，财政部公布关于调整贸易，管理外汇之规章三种，规定（一）进口货之非属必要者，共若干种，皆在禁运之例；（二）凡进口货物经核准购买外汇后，由中交两行照各该行挂牌之供售，但应缴纳法价与此项市价之平衡费；（三）凡出口货物售得之外汇，应照法价售予国家银行，由中央银行给予相当于法价及中交挂牌价之差额。中交挂牌行市，大概低于法价，高于暗市，因上海情形特殊，故上项规章，殆未能有一般的施行。

汇价自七月初降至六便士五之新水准后，除在银钱业奉部令再度限制提存时一度放长外，此后一个多月中，市价相当稳定。而购买之风，则仍有增无减，盖套取者因汇价暴缩，当时会颇受打击，而正惟其会受打击，故耽心今后变化，随时购求不断，投机者复靡然从之。至七月初间，有华北法币大量运沪，对外汇市场形成又一压力，于是汇丰挂牌，在七月十七日至廿四日之一星期中，自六便士半，步步猛缩至四便士之新价。人心浮动，投机之风益烈。至八月五日，谣传政府在国外订印大量纸币，汇价即日暴低至三便士二五。旋经政府声明谣传之不确，人心稍定。八月下旬，为欧洲大战之前夕，如德波交涉之决裂，苏德商约之订定，及英法两国各种战时经济措置之发表，消息传来，汇市顿见松动。

第三时期为欧战发生以至年底。九月一日，英法政府宣布与德国间成立战时状态，至九月二日，暗市汇价放长至四便士以上，虽其后因沪西时局和平谣言等等屡次紧缩，而因下述各种原因，故大势终属坚挺。自十月二十七日长至五便士以上，以迄十一月廿四日止，汇价辄在五便士以上，最高之价为五便士五六二五，其后稍回软至五便士以内，而市价平稳，盘旋于四便士半左右，耶诞前后，复见松动。吾人观察四个月来汇价放长之故，其主要原因凡五：

（一）为欧战所引起之资本逃避。欧战发生后，英政府声明对英镑国际价格拟不予以维持，海外英汇放长，同时英国远东各属地先后实行货币统制，香港复有所得税之开征，华侨资金，纷纷流归上海，但上海英汇回跌，而美汇亦跌，惟所跌视英汇略少耳。

（二）为进口减少。查上海进口货，自九月份起，业已减少，约合国币一万九千四百万元，十月份锐减，约九千二百五十万元，十一月份复见减少，约七千八百三十万元；同时出口货物，略见松动，九月份约六千七百万元，十月份约七千四百万元，十一月份约九千二百五十六万元。九月份入超一万二千七百万元，十月份入超约一千八百余万元，至十一月份出超约一千四百余万元，实为向来所未有。惟吾人应加注意者：出口货物中农产物等，已非国人所经营，而棉纱棉织物等，亦大部分非国人所自造。至进口减少出口增加之原因，泰半由于六月汇价之减低，两者固互为因果，当局谈话中所称“合于有利中国经济之标准”者，其效历三月而始显，欧洲战事，则另一原因也。

（三）汇价低落后，所谓套买方面者，以各种方法搜得法币所可获得之外，汇已大大打一折扣。而彼方对于法币自身，有时常有甚大之需要。即如今秋农产丰收，凡向战区内收买棉花或食米，均需法币，当时在在市上出售外汇以换法币者，用户即为平时套买不绝之某方，其颇多矛盾，可以概见。

（四）投机者之购买，显已减少。欧战影响外汇者如彼，贸易状况如此，而长沙及其他各地捷报频来，在谣言最多之外汇暗市中，又如热病之人，初服清凉之剂，观察近来情形，大抵获利出笼者有之，忍痛结束者亦比比而是，虽有待机蠢动之顾望，其意志已不如昔日之雄豪而专一。

（五）一般的商业信念，下半年中逐渐恢复，由于对私人财富作打算而购买者，近来恐属无从。

吾人尚有应行注意之一点，即许多外汇论者，佥谓八月后之数次回涨时，汇兑平准会常酌量收买，使市价变化比较缓和，故知八月至今之暗市价格，倘无平准会之买进，其回涨尚不只此。

四、国债暗市现金暗市及外商股票市场

（甲）国债暗市

战后华商证券交易所奉令停业，内国公债之买卖，亦系暗市交易，上年因沪市游资增加，此项暗市交易，日趋活泼。本年虽经过数次变动，而为时甚暂，一年之中，大致平稳，惟公债之买卖，其投机性质及热闹情形皆远不如外汇与现金，要未能等量齐观也。

本年一月十五日，财政部声明战区海关税收，已被劫持，各该关应该摊应解之国债本息，由政府透支垫付者，已积至一万七千五百万元之巨，战前各长期债务，以关税为担保者，此后将不再垫付，消息传业，各债骤跌六元有余。旋一月底到期公债本息，仍由中中交三行以法币照付，惟改在重庆付款，上海之执票人，可向三行分六个月领取，人心稍定，市价回坚，六月十三日，会涨至战后之新高峰。

六月十九日，距外汇暴缩后未逾旬日，而国债本息停止支付之消息接踵而来，同时复有限制提存之举，债市飘摇，市价连跌，暗市于六月二十二日起暂停交易，于三月四日始于恢复。不久中中交三行承做公债到期本息票之贴现，分六期以同业汇划支付，市况复稳。九月以后，国内战争，屡有好音，而同业汇划制度新经改善，贴水下降，市价益趋坚挺。吾人回忆一年之中，金融市面变动之多，激荡之剧，谣言之盛，虽八一三时无以过之，而综观一年来内国公债暗市价格，其表面之数字上，虽略低于上年，但自还付本息手续变更，实际收益，随之而异，就子母比例计算市价实亦无甚逊色，盖国债信用之优良，沪市民众对政府之信任，于此可见一斑矣。

（乙）现金暗市

自上年三月后，外汇暗市活跃，现金市场亦复活。一月间因受政府实行外汇管理，现金暗市价格，逐步上涨，至十一月而涨至每十两二千元以上。本年上半年中，因现金筹码缺乏，及华北方方面一般的收买，市价继续渐升。自六月七日外汇猛缩后，买风愈盛，殷富人士及投机者流，分其对外汇之信念与兴味，以崇拜黄金，市价遂有飞黄腾达之观，新高价之步步出现，几为常事。至七月十八日突破三十元关口，至廿一日达四千六百元，其后虽经回跌，至八月十一日，因汇市缩至三便士七二五，复狂涨至四千八百元，实为最高记录。其后虽于九月初因欧洲战事，于十一月底因财政公布禁止黄金存押条例，先后两度下降外，至十二月一日后，又涨至四千元以上。良以上海环境特殊，虽明知收藏有违禁令，且抵押之门亦已经关闭，而买卖与投机，依然如故。全年黄金市价，大致随外汇而升降，与国际黄金市价情形，并不十分吻合。

（丙）外商股票

各种外商股票债票，向在英商从业公所买卖，种类颇多，银钱业之证券购置，国债以外，此项外股亦其一种，战后交易减少，去年渐有起色，今年六月间汇市方面发生变化后，外股交易日繁，欧洲战起，尤予各种事业以刺激，各种实业股橡皮股及公用事业等等，市价均有一般的上涨，其买卖情形，要不如汇市金市之普遍而富投机性也。

五、银钱业情形及同业汇划

（甲）银钱业情形

二十八年上半年中，沪市游资靡集，当时虽因国际收付逆差，去路频繁，而银行钱庄存款，则一般的并未减少，收付数目，亦视去年同期增加。银行票据交换，一月份每日平均为一千万元，二月份为一千二百万元，三月份一千二百五十万元，四月份为一千五百万元，五月份为一千四百万元；五个月每日总平均数，为一千五百万元，约当上年百分之二百，当二十六年战前百分之八十六。

六月二十一日银钱业奉财政部马电，于提取存款，再度加以限制；凡八一三后存入之法币存款，每星期支取在五百元以下者，照付法币，超过五百元者，以汇划支付。其时银钱业支付能力充实，财部本旨诚如来电所称："因上海竞购外汇，资金逃避，亟应防止"云云；以视八一三时施行之安定金融办法，其中关于提存之限制，系于防止资金逃避外，兼对银钱业加以保护者，颇有不同。即就此次提存限度观之，较安定金融办法规定之每周一百五十元，宽逾三倍，可以瞭然。惟外汇暗市暴缩，才逾旬日，市民惊魂初定，喘息未苏，突闻此举，在谣诼纷纭中，一时有张皇失措之象。银钱业存款人中，原来可信其不必提款者，反多因谣诼而生误会，因认会而纷纷照限度尽量提存，加以窖藏。于是游资充斥已久之市面，忽因提存而反奇紧。所幸银钱业实力本极充分，故应付裕如也。

银钱业目击时艰，共谋善后，为使自身实力高度的增强，并使一般的商业信念，得以早日恢复起见，决定就两业之支付准备金加以调整，其方法为：（一）各银行钱庄原有之汇划资金，一律按百分之九十五换成法币，由准备会分十二个星期支付。钱业同业公会会员钱庄于七月四日起加入准备会之交换集团。（二）由准备会收受各行庄提供之财产，供给汇划，其总额暂定五千万元。以上均由银钱业联席会议订定各种章则，如期实行，此即"新汇划制度"之所由产生也。

下半年中，虽暗市外汇价格两次续跌，而市面比较的可称平衡。银行业票据交换六月份每日平均为一千三百余万元，七月份为一千二百万元，时钱庄已参加交换，故实际上减低颇多；八月以后，每月增加，八月份为一千六百万元，九月份二千一百万元，十月份约二千二百万元，十一月份约二千二百万元，十二月份约三千二百万元，七个月每日总平均数计一千九百万元，约当上年平均数百分之七一，当战前平均数百分之九五。

一年以来银钱业之营业情形，因报告尚未发表，只能泛述一二。大抵银钱业之经营方针，近来十九注重保守，本市工商业虽有繁荣之观，而各行庄之放款与投资，类皆格外审慎；关于资金内移一点；一部分各有相当之努力与成就。银钱业本为营利社团，但一务业务，在营利目的以外，自有其社会目的。故资金充裕，安全为上，厚利当前，分散是务，其对存户对顾客乃至对社会对国家之责任，视他业尤为重大，在吾国之银钱业为尤甚。而环境艰苦，年甚一年，市面屡惊，今年尤剧。差幸八一三至今两年五个月以来，除通和一家银行及恒隆恒异同庆等数家钱庄外，全体同业，均克稳度难关，为国家保全若干元气，若非银钱两业平素培养之深沉，团结之坚厚，曷克臻此！

（乙）薪汇制度之确立及银钱业票据交换之集中

汇划为票据款项，在战前除同业转账外，可以隔日取现，与普通票据之差别。仅在收现之为当日为隔日，八一三后，银钱业订定安定金融补充办法，呈部核准施行，其中关于汇划票据，有不得收现或购买外汇之限制，有此限制，而八一三后之汇划乃有“封锁通货”之性质。

汇划之产生，最初本由于钱庄之信用制造，其后银行供给信用，亦常以汇划为之，汇划支付准备金之存欠情形，在银行始终为存，在钱业则有存有欠。

新汇划制度之施行，并非于八一三以后之汇划性质加以变更，其最重要之特点，简而言之即系银钱业汇划支付准备之强化。照同业汇划领用办法之规定（一）同业汇划以财产为准备，各行庄领用汇划，须以领用办法内特定之财产，缴存准备会为担保品，领用同业汇划数不得逾财产评价额之百分之七十。（二）上述财产之检查评价及保管，由本市中西银钱业代表中西各业专家担任之。

吾人试将银钱业汇划支付准备金之今昔作一比较，则（一）从前之汇划支付准备金，即系各行庄对欠款钱庄之间接放款，其最后担保，为各欠款钱庄之资金及股东责任。（二）现在之汇划支付准备金，则系百分之百以上之财产为准备者也。

当时银钱业因票据有时效关系，为便于商人日常之授受起见，会拟由准备会发行汇划证，除在庄得就原有之领用汇划限度内领用外，准备会对于最后同业汇划执票人之付款，可以汇划证支付之，旋以（一）同业准备既经强化，预料汇划证将受欢迎，若一般民众，以信任法币者信任汇划证，纷纷加以窖藏，各行庄缴存准备金之财产，殊有呆搁之可能，岂不与准备会供给“筹码”便利工商之旨，大相径庭；（二）汇划证筹设之初，市上发生流通券之谣言，虽难真相一明，谣传自止，而在人心不安之当日，自以审慎为宜；故汇划证备而未用，今后更自无发行之需要也。

新汇划制度实行后，会照章每月举行检查，历经制成公告，刊载各报，兹不具赘。

银行联合准备会之上海票据交换所，钱业联合准备库之汇划总会，各为银行及钱庄票据之清算中心，其初清算范围，各限于银行或钱庄同业。至二十四年六月以后，银行与钱庄相互之间票据款项，始由上述两中心点分别代办收付，但未用交换方法为之，手续仍不十分便利。本年七月四日起，钱业准备库，依两业联席会议决议，以委托交换方式，参加上海票据交换所之交换。凡钱业公会会员钱庄四十二家，其收入交换范围内各银行付款票据，一律存交准备库，由准备库转交准备会，由准备会提出交换。交换集团内各银行收入各钱庄付款之票据，一律向准备会提出交换。银钱两业盼望多年之集中交换，屡次商议而迄未实行者，幸得一旦告成。

（丙）汇划贴水

八一三后，因汇划不能购买外汇，而其转帐范围，复限于本国之金融业，商人之中，渐有以营业收入之汇划，每百元减低一二元，易取法币，以供需要者。嗣后市上汇划增多，而现款反感不足，于是收集法币，买汇划以图利者，遂乘机风起。上年四月，贴水行市飞涨，中中交三行委托银行联合准备会对银钱同业法币需要，酌量调剂，贴水市价，大见稳定。然汇划既可调现，行之日久，取巧者日多，而资金之封锁，因此遂有漏卮。盖银钱业对顾客之供给，本限于进口商人之真正需要，但一一欲如预期之严格，事实上究不可能。本年春间，贴水渐升，而掉现之需求仍亟，在上述情形下，准备会对汇划贴水市面今后之应否维持，实与汇兑平准会之维持外汇暗市，有重新考虑之必要者，其情形正复仿佛。五月中旬，三行与准备会会审慎计议，拟将汇划掉现之供给予以停止，鉴于市面人心之易受刺激，议而未行也。

自银钱业奉财政部令限制提存，准备会对各同业汇划掉现之供给，乃于同时起实行停止。六月二十三日，汇划贴水暗市，暴涨至一百三十余元，其后稍跌至百元以内。七月十四日以后步步高升，至月底高至二百四十余元。九月以后，逐渐回跌，十月二十七日后，盘旋于三十六元至五十元以内。年底趋势，尤属平稳。盖同业汇划，自上述新制度实行后，准备强化，颇受工商业之欢迎，八一三后拒收汇划之外商银行中，已有因此收受者。贴水暗市，自准备会停止供给后，其初虽因市面杌捏，投机家仍得因缘为利，强事把持。而八九月以来，市民商业信念，渐渐恢复，各业人士，对非常时期内资金封锁之意义，新同业汇划保障之稳厚，已有甚深之认识，投机者乃渐失其凭藉矣。

六、尾声

一年来之上海金融情形约如前述，其分段多未适当，叙述不免疏漏，虽竭力摒除主观之论列，而信笔书之，羼入主观语气或亦不免，殊深愧赧。总之，本文关于金融各项目，连前述之各种经济病态，择其一种，已足为专门性质之研探，读者视本文为对于金融研究之拟题可也。

银行周报 1940，24(3)

上海之中国股票交易(一)

罗惠林

昔时在华外国股份有限公司发行股票之成功，因此乃促使华商公司股票交易之不断努力。

当二十七年前国人正密切注意于工厂企业之时，华商公司始有创设。然在一九一〇年中，若干华商银行已在发行股票，并设置经纪人，从事此项股票交易。此种经纪人原系丝茶商人及外国轮船公司之买办。在上世纪末，对于外国股票亦有大宗交易。此项商人初以南京路上之汇丰茶室为聚会之所。旋改在福州路会集。一九〇七年橡皮业究变赏予华商经营外国股票者之利益一大打击。嗣于一九一四年，我国股票经纪商人因欲促进中国股票市场交易，乃组织上海华商证券交易所设办公处于九江路，此为国人首次设立正当交易所之努力，其始只有会员十二人，嗣增至十五人。历二十三年之久，其间数易名称，直至一九三七年中日战争爆发始停业。

当一九一四年世界大战开始以后，大部交易即为公债，时上海华商证券交易所每日成交约有四五千万元，设与现时黑市债券交易，每日约一百万元之数相较，则此数额不可为不大也。

（待续）

经济日报 1941（198）

上海之中国股票交易（二）

罗惠林译

中国股票促进会

当一九四〇年终，因欲促进中国股票市场，遂有一新组织发现，名“中国股票促进会”，由下列之十二家商行所组成：

中国信托公司	中国实业银行	久安信托公司
中一信托公司	和祥信托公司	万国信托公司
生大信托公司	上海信托公司	新华银行
东南信托公司	通易信托公司	永大银行

该会委派秘书七人监督市场动态及定期检查与股票交易有关各华商公司之财政状况，以上十二商行均为该会委员，每一委员除选派代表一人外，得委会员二人，则在市场中得经营交易之会员，共计三十六人，该会每月至少开会一次，主席由各委员轮值，市场营业之损益由各委员平均分配。

中国股票促进会并非为股票交易所，而是一持人组织之委员会。营业由个别委员负责，并非由委员会负责。至营业惯例及揭示牌等，正与公共租界之股票交易所相同。

每星期一定为交割之期。届期开始之时，凡待售之股票，均按商行名称，依中文字母列表揭示。买卖价值既定，即行通知经纪人，各种作价，咸从中国法币为标准。

对于各种交易，该会征收百分之〇二之费用，至会员向兼经纪人者，应付费百分之 1/2，惟每一交易，应付最低限度费用二元，该项费用之五分之二归入该会，五分之三则分给会员。

中国股票促进会，分为营业、宣传、会计、总务、秘书五部，至营业部总经理一职，最近已委派该会委员新华银行充任。

（待续）

经济日报 1941（199）

上海之中国股票交易（三）

罗惠林译

股票转让

中国股票促进会各委员及经纪人对于当事人股票过户完全负责。此在国外或在外国人间之股票过户视为易事，而在国内或在国人间之华商股票过户往往手续繁复，盖因股票式样不一，且公司订有严格章程，而公司本身亦雅不愿见其股票自由转让。

国内尚有若干不记名股票流行市上。按诸中国法律，每一公司得按股票种额发行三分之一之不记名股票，而若干华商股单之上，另辟一项，转让时须经原持有人在该行内签字方为合法，唯与数华商股单，须经盖章及特别记载等复杂手续，始克生效。

华商记名股票之转让，有二种方法：一曰，“大转让”：须将股单退还公司过户。二曰，“小转让”：只须持有人在股单上特辟之一项内签字转让。

中国公司法

中国公司法按其性质可分为二类：一类为必须遵行者，另一类出遵守与否听便，不强制执行。

关于第一类公司法，规定每一公司须有发起人至少七人，对于公司名称、营业种类、发行股票之数额，及价值、总公司及分公司之地址、发起人、保管人、及经理人之姓名，以及营业方面等，均须报告主管机关。

关于第二类公司法，包括组织公司之缘起，公司解散时之条件，股票之确实价格，发行日期及赋予发起人之权利等，凡与业务有关人之姓名、及各发起人募集之款额亦应说明。

（待续）

经济日报 1941（200）

上海之中国股票交易（四）

罗惠林译

华商公司有二主要不同点，但该二点均为中国法律所承认，第一点即所谓“发起人设立之公司”，盖所有股票尽为发起人所收买。第二点即所谓“召募设立之公司”，照例发起人享受之权利胜于普通股票持有人。但中国法律规定，股票持有人不得持有一公司五分之一以上之股票。至记名与不记名二种股单，均为法律所许可。

中国股票之促进

最初对于促进中国股票，遭遇许多困难。如华商公司资本之较为微小，股票持有人之不愿以其股票作交易，经理人不肯将营业情形公开宣布，以及关于转让股票手续之繁复等。

多数华商有限公司，确为家属合伙组织，盖有股票持有人，悉系亲友及家属人等。在一九二一年，某大糖业公司，开幕只数月，即行失败，于是新型企业，对外信用，遭受打击国内政局不清，亦为使新设之实业公司，不能顺利进行之原因，且中国股票价格变动，无外国股票之甚，且范围狭窄，对投机方面兴趣，亦无外国股票之浓厚。

最近大学教授王君（Harpor Wang）徇燕京大学之请，撰著《上海促进中国股票之最近动向》文登载于天津出版之刊物内，流传至广，于是国人对于中国股票之兴趣始重臻浓厚。此项促进中国股票交易之举动，不久将有更伟大效果，吾人试一验下列股票市场价格之□□情形，不难窥见民众对于股票兴趣之有增无已也。

（待续）

经济日报 1941（201）

上海之中国股票交易（五）

罗惠林译

市价之波动

自一九四〇年终，中国股票促进会开幕后，中国股票价格，遂按日由无线电报告，并刊登于主要中文报纸，读者如欲知逐日之变动，随时可从市场获得正确之市价。兹所欲论者，乃根据过去数月之情形，而观察其一般之趋势，以判断其动向究若如何也。

兹收集流通于市场之厂家公司行号之股票价格，共计七十六种，分为九类，即（一）银行及信托业、（二）交易所、（三）公共事业、（四）染织与纱厂、（五）药房与化学工业、（六）矿务业、（七）百货商店、（八）书局、（九）其他各业。兹概述上列各业股票价格之趋势如下：

就该九类事业之全体言，各华商股票之价值，一般均有向上之趋势。至就各类分别而言，则银行及信托公司类，有七家公司之股票，出售价格已较面值为高。其他各公司股价虽有照票面折扣出售者，然亦有逐渐好转之趋势。交易所类内之中国纱布交易所及股票交易所之股票市价，均较面值为高。至公用事业类，则几每家均照面值折减出售，此盖由于该项事业，因受事变损失，现均停业也。纱厂类计有半数以上，高出面值甚多，药房及化学类，除两家外，期待均较面值高出甚多。百货公司类内之股票，□家外，余亦均较面值为高。其他各□类内，市价亦均高出面值甚多，综上以观，华商股票之前途，实犹方兴未艾也。

（完）

经济日报 1941（202）

上海美钞行市之剧变

延　龄

近两星期来，上海美金票市价突涨：一日之间，或连涨三四元。尤其是四月十日，最高每元竟达旧法币三十六元有奇，和去年十一月初最高行市每元合法币四十一元余已相去无几。

自去年十二月八日以后，上海英美商业已被接管或清算，英美进出口贸易，已完全停顿。若照常理推论，美金票虽仍有其潜在之价值，而在上海，目前并无行使之价值，持有此票者亦不过等于呆滞不动产而已，安能再起波澜，一日连涨多次，甚至数日之间，居然涨至百分之百三十以上！

或谓此次美金票高涨原因，由于日本与英美及其他敌国交换俘虏所致，闻有英美俘虏各数百人，由我国各处集中上海，候船离华。彼等所携现资，多为法币，带归本国，毫无用处。故在上海尽量兑换美钞；至于市价之如何，在所不计，而中国投机家又复盲从跟进，以致市上筹码骤感缺乏。

一旦英美及其他敌国俘虏，登船离沪，美钞需要自必骤减，市价恐亦不免锐跌。况美国钞票发行总额原为六百二十五万万元，现在罗斯福总统已咨请国会核准加倍发行，其总额增至一千二百五十万万元。据路透电传，罗斯福屡与财界要人工商界领袖会议，设法防止通货膨胀。就目前情势而论，则美国之通货膨胀，势将不免。尤其是战事延长愈久，美国通货将愈益膨胀。

方今美国战事，频频失利，并其坚守数月之巴打半岛，亦告失陷，美国军队在菲律宾群岛，将无立足之地，欲求反败为胜，恐尚遥遥无期；于美钞行市殊为不利。

反之，美钞在沪流通数，不过一千二百万元，自去年十二月八日以后，决无增多之可能，再经此次英美等国俘虏搜买以俱去，则在沪留存数当更减少，故于其行市言似又有利。当兹旧法币价值，日见下跌之时，华人收藏美钞似尚相宜。但为永久价值计，则其为利为害，尚难断定。

经济日报 1942（349）

事变前上海金融业概况

沈雷春

第一节　战前上海金融业之综合

战前上海金融业之综合，兹依据其性质列表如下：

表一：(一)银行——总行或总管理处设于上海者

类别	行数	本埠分枝数	资本总数
中央及特许银行	四	一七	一六七五〇〇
省市立银行	二	五	三〇〇〇
商业储蓄银行	三六	五五	六五九一九
农工银行	六	六	二〇〇〇〇
专业银行	六	五	一三六〇〇
储蓄会	二	四	六〇〇〇
邮政储金汇业局	一		
合计	五七	九二	国币二七六〇一九元

表二：（二）银行——分支行或办事处分庄设于上海者

类别	行数	本埠分枝数	资本总数
省市立银行	六		一九五三五
商业储蓄银行	一一	一	六一五〇
农工银行	三	一	四八〇〇
专业银行	三		三二〇〇
华侨银行	五		港币一五九二一 叻币一〇〇〇〇 菲币五七一三
小计	二八	二	国币三三七〇三元 港币一五九二一元 叻币一〇〇〇〇盾 菲币五七一三披索

表三：（三）钱庄

类别	庄数	资本总数	附本总数
合伙组织钱庄	四〇	一四一〇〇	一〇〇六
独资钱庄	六	三〇二〇	四〇〇
小计	四六	国币一七一二〇	国币二〇〇〇元

表四：（四）信托公司——总公司设于上海者

类别	家数	资本总数
特许信托公司	二	一一五〇〇
民营信托公司	八	八一〇〇
小计	一〇	国币一九六〇〇元

表五：（五）信托公司——分公司设于上海者

类别	家数	资本总数
民营信托公司	二	港币五三六
小计	二	港币五三六元

表六：（六）保险公司——总公司设于上海者

类别	家数	资本总数
特许保险公司	二	五五〇〇
人身保险公司	二	七五〇
损失保险公司	一五	九三七四
人身损失兼营保险公司	三	六〇〇〇
损失在保险公司	一	四〇〇
小计	二三	国币二二〇二四九元

表七：（七）保险公司——分公司设于上海者

类别	家数	资本总数
人身保险公司	一	港币二六九七
财产保险公司	四	港币四一三〇 国币五〇〇
小计	六	国币五〇〇元 港币六八二七元
总计		国币三六九〇六六元 港币二三二八四元 叻币一〇〇〇〇盾 菲币五七一三披索

表八：（八）外商银行

国别	行数	资本总数
英商银行	五	七一四四英镑 二〇〇〇〇港元
美商银行	五	一二八六〇〇美元 五〇〇华元
法商银行	二	一二〇〇〇〇法郎 二〇〇〇华元
德商银行	一	五六七〇华元

（续表）

国别	行数	资本总数
日商银行	八	三一〇八七五日元 一〇〇华元
荷商银行	二	一三五〇〇〇荷盾
意商银行	一	一〇〇〇美元
俄商银行	一	一六三五英镑
比商银行	一	二〇〇〇法郎
中法合办银行	一	五〇〇〇〇法郎
法比合办银行	一	七〇〇〇〇法郎
小计	二八	八七七九英镑 一二九六〇〇美元 二四二〇〇〇法郎 三一〇八七五日元 一三五〇〇〇荷盾 二〇〇〇〇港元 八二七〇华元

第二节　战前上海金融之特征

据二十六年全国银行年鉴所载，全国银行为一六四家，全国银行之分支行处为一六二七家。而其总行设于上海者为五七家，占全国百分之三四．八。又分支行处设于上海者为一二二家，占全国百分之七．五。再以银行资本而论，全国银行资本总额为二七六．〇一九千元，占全国百分之六三．五。全国金融同地理社会政治环境之关系，中心一向侧重上海，资本雄厚规模宏大之银行均集中于此。中央及特许银行四家之总行亦先后设于此。商业银行除北四行系统之大陆外，总行亦多在沪（大陆战后总行南下，中央及特许银行四家之总行战后内迁）。故全国金融之动荡，均可操纵于上海一隅。其重要性，彰彰明甚。

中国银行之分类甚感困难。上表所述，不过依据全国银行年鉴之统计。考之实际营业性质，则均无不含商业银行之征象。盖即名为农工，或其他专业之银行，均无不经营多少之商业银行业务。概括言之，一般银行均设有储蓄部，即特许银行以及省市立银行、农工银行、专业银行、华侨银行中，亦均兼营储蓄业务焉。

我国之钱庄多为合伙或独资组织。股东之间彼此须负无限责任。近十年来，在钱庄日趋衰落期内，股东本身事业偶或不利，或股东后裔稍见式微，立即影响钱庄之信用。战前上海钱庄总计四六家，合伙占总数百分之八七，独资占总数百分之一三。而其中一姓所组织者计一〇家，即元盛、安康、安裕、庆裕、益大、致祥、顺康、福康、福源及庆成。股东之间有联枝关系者，除元盛、均泰、致祥、衡九四家外，其余四二家均无不然。兹列举营业上比较发达者之联枝关系如下：

钱庄	有联枝关系之合伙人（宁波方姓）
安裕	方季扬
安康	五和轩代表方传梁、方季扬、方瞻园、方苏畲、方哲民
承裕	五和轩代表方传梁、方稼孙，黄庆丰堂代表黄仲长
宝裕	五和轩代表方传梁、方作舟，黄庆丰堂代表黄仲长、方传濬

钱庄	有联枝关系之合伙人（苏州程姓）
顺康	程庸畴、程印午、程辅仁
福康	程播记继承人程庸畴、程印午、程辅仁
福源	程庸畴、程印午、程辅仁、程涵中、程沛时

钱庄	有联枝关系之合伙人
庆大	万振声
庆成	万振声
和丰	陈秋山（即陈西关）、李济生
宝丰	陈秋山（即陈西关），瑞康盛记号代表张兰坪
滋丰	陈秋山（即陈西关）、李济生
滋康	瑞康盛记号代表张兰坪

据《全国银行年鉴》之调查，全国信托公司总数为一二家，总公司在上海者一〇家，占全国百分之八三.三。我国一般信托公司多兼营银行业务，同时银行则兼营信托业务。银行兼营信托业务者在上海五七家，总行中有三一家，大多均另拨基金，独立会计。基金数额以交通银行为最大，计三百五十万元。大陆、新华各为一百万次之。此外多为五十万元左右，至少则为十万元。

保险公司之总公司大多设于上海。据中国保险年鉴所载，战前全国保险公司总数为二九家，其总公司设于上海者二三家，占总数百分之七九.三。我国保险公司一方面依赖洋商保险公司作为分保之后盾，同时与银行发生密切之联系，以谋得营业资金之通融。故其性质既为洋商之附庸，又似银行之副业，实是一种充满依赖性之组织。至其业务以火险为最发达，水险次之，毒险则寥寥无几。兹将银行与保险有联系者列表如下：

中央信托局保险部	中央银行
太平保险公司 安平保险公司 丰盛保险公司 中国天一保险公司	交通银行 金城银行 中南银行 大陆银行 国华银行 东莱银行
中国保险公司	中国银行
上海联保水火险公司	广东银行
四明保险公司	四明银行
大华保险公司 中国第一信用保险公司 宝丰保险公司	上海商业储蓄银行
泰山保险公司	浙江兴业银行
华兴保险公司	中国通商银行

第三节　战前上海金融业资本之分析

兹再就我国金融业七总机构在上海者，将资本列表分析如下（单位：国币元）：

类别	家数	资本总数	平均数	最大	最小	最多
银行	五七	二七六〇一九	二二三八六	一〇〇〇〇〇（一家）	二〇〇（一家）	五〇〇（一四家）
钱庄	四六	一七一二〇	三七二	一〇〇〇（一家）	一〇〇（一家）	三〇〇（一〇家）
信托公司	一〇	一九六〇〇	一九六〇	一〇〇〇〇（一家）	一〇〇（一家）	一〇〇〇（四家）
保险公司	二三	二二〇一四	九五七	五〇〇〇（一家）	二〇〇（四家）	五〇〇（七家）

第四节　战前上海金融业全貌

战前上海之银行——（一）总行或总管理处设于上海者

银行	类别	开业年月	实收资本（单位千元）	业务	重要职员	职员姓名	本埠分支数行处	地址
中央银行	中央及特许银行	十七·十一	一〇〇〇〇〇	商	总裁	孔祥熙	九	黄浦滩十五号
中国银行	中央及特许银行	一·八	四〇〇〇〇	商储信	总经理	宋汉章	五	汉口路五十号
交通银行	中央及特许银行	光绪卅三·十二	二〇〇〇〇	商储信	总经理	唐寿民	三	汉口路外滩十四号
中国农民银行	中央及特许银行	廿二·四	七五〇〇	商	总经理	叶琢堂	三	北京路同和里
上海市银行	省市立银行	十九·二	一〇〇〇	商	总经理	徐圣禅	二	天津路六十六号
江苏银行	省市立银行	一·一	二〇〇〇	商储信	总经理	陆子冬		江西路三十七号
大中银行	商业储蓄银行	八·五	二六〇〇	商	总经理	李赞侯		河南路五〇一号

（续表）

银行	类别	开业年月	实收资本（单位千元）	业务	重要职员	职员姓名	本埠分支数行处	地址
大来商业储蓄银行	商业储蓄银行	一九・九	五〇〇	商储	经理	竺梅光	一	宁波路七七号
大亚银行	商业储蓄银行	二三・一〇	五〇〇	商	经理	王蜀元		天津路一九号
大陆银行	商业储蓄银行	八・四	三九二〇	商储信	总经理	许汉卿	五	九江路一一一号
大康银行	商业储蓄银行	二三・八	五〇〇	商	经理	陈宫辅		宁波路一一二号
上海女子商业储蓄银行	商业储蓄银行	一三・五	五〇〇	商储	经理	严叔和	一	南京路四八〇号
上海永亭银行	商业储蓄银行	七・一	八〇〇	商	经理	朱蕙生		宁波路二六六号
上海至中商业储蓄银行	商业储蓄银行	二二・六	一〇〇〇	商储	经理	史久缘		宁波路一四四号
上海商业储蓄银行	商业储蓄银行	四・六	五〇〇〇	商储信	总经理	陈光甫	一〇	宁波路五〇号
上海通和商业储蓄银行	商业储蓄银行	一四・五	一〇〇〇	商储	总经理	刘鸿源		宁波路四号
中孚银行	商业储蓄银行	五・一一	二〇〇〇	商储	总经理	孙仲立	二	仁记路
中和商业储蓄银行	商业储蓄银行	二・四	五〇〇	商储	经理	夏遐龄		南京路三二〇路
中南银行	商业储蓄银行	二〇・七	七五〇〇	商储	总经理	胡笔江	三	汉口路一一〇号
中国通商银行	商业储蓄银行	光绪二二	四〇〇〇	商	总经理	胡梅庵	三	黄浦滩七号

（续表）

银行	类别	开业年月	实收资本（单位千元）	业务	重要职员	职员姓名	本埠分支数行处	地址
中华商业储蓄银行	商业储蓄银行	一·一	五〇〇	商储	经理	徐桂庭		北京路二九〇号
中汇银行	商业储蓄银行	一八·三	三五〇〇	商储	总经理	杜月笙	二	爱多亚路一四三号
四明商业储蓄银行	商业储蓄银行	光绪三四·八	四〇〇〇	商储	总经理	李润生	五	北京路二四〇号
民孚商业储蓄银行	商业储蓄银行	二二·一二	五〇〇	商储	经理	刘祝兰		天津路四〇号
永大银行	商业储蓄银行	二四·六	五〇〇	商	经理	杨叔鼎	一	宁波路二四号
正明商业储蓄银行	商业储蓄银行	二三·三	五〇〇	商储	经理	朱勤甫		宁波路一〇三号
江海银行	商业储蓄银行	二三·三	一〇〇〇	商储	总经理	包苓西		宁波路一〇九号
光华商业储蓄银行	商业储蓄银行	二三·五	五〇〇	商储	总经理	丁厚卿		宁波路一二一号
辛泰银行	商业储蓄银行	二·三	一〇〇〇	商信	总经理	徐圣禅		河南路一四八号
东莱银行	商业储蓄银行	九·	三〇〇〇	商储	总经理	吴蔚如		天津路八五号
金城银行	商业储蓄银行	六·五	七〇〇〇	商储	总经理	周作民	四	江西路
亚洲银行	商业储蓄银行	二三·一一	五〇〇	商	总经理	李声洪	一	宁波路八九号
恒利银行	商业储蓄银行	一七·四	七五〇	商	经理	乐庆荣		天津路一〇〇号
建华银行	商业储蓄银行	二四·九	五〇〇	商	经理	林楚雄		宁波路八六号
浙江兴业银行	商业储蓄银行	光绪三四·七	四〇〇〇	商储信	总经理	徐新六	四	北京路二三号

（续表）

银行	类别	开业年月	实收资本（单位千元）	业务	重要职员	职员姓名	本埠分支数行处	地址
浦东商业储蓄银行	商业储蓄银行	一七·三	五〇〇	商储	经理	裴正庸	三	爱多亚路二八四号
国信银行	商业储蓄银行	二四·三	一〇〇〇	商储	总经理	张慰如		汉口路四二二号
国华银行	商业储蓄银行	一七·一	二六三二	商储	总经理	饶韬叔	六	北京路三四二号
悸叙商业储蓄银行	商业储蓄银行	一〇·九	二〇〇	商储	经理	蔡松甫		乍浦路六三号
统原商业储蓄银行	商业储蓄银行	二一·八	一一一七	商储	经理	陈润水		北京路三三〇号
惠中商业储蓄银行	商业储蓄银行	二二·〇	五〇〇	商储	经理	戚仲樵		天津路五九号
新华信托储蓄银行	商业储蓄银行	三·一〇	二〇〇〇	商储信	总经理	王志华	五	江西路宁波路北首
中国国货银行	农工银行	一八·一一	五〇〇〇	商储	总经理	宋子良	一	天津路八六号
中国农工银行	农工银行	一八·三	五〇〇〇	商储	总经理	齐青云		河南路三四八号
中国实业银行	农工银行	八·四	四〇〇〇	商	总经理	周守良	三	北京路三二八号
中华动工银行	农工银行	一〇·一一	一〇〇〇	商储	总经理	刘聘三		南京路三二八号
浙江实业银行	农工银行	一二·三	二〇〇〇	商储	总经理	李馥荪	一	福州路一二三号
农商银行	农工银行	二三·八	三〇〇〇	商	总经理	梅哲之	一	河南路宁波路口五一五号
上海煤业银行	专业银行	一〇·七	四〇〇	商	经理	盛安孙		北京路三一〇号

（续表）

银行	类别	开业年月	实收资本（单位千元）	业务	重要职员	职员姓名	本埠分支数行处	地址
上海绸业商业储蓄银行	专业银行	二〇・八	一二〇〇	商储	总经理	陆子冬		汉口路四六〇号
中国企业银行	专业银行	二〇・一一	一〇〇〇	商储	经理	范季美	一	四川路三三号
中国恳业银行	专业银行	一八・六	二五〇〇	商储	总经理	秦润卿	四	北京路江西路口
边业银行	专业银行	一四・一	一〇〇〇	商	总经理	韦梦玲		宁波路二六六号
盐业银行	专业银行		七五〇〇	商储	总经理	吴鼎昌		北京路
中央储蓄会	中央特许储蓄会	二五・三	五〇〇〇	商	经理	李叔明		江西路
四行储蓄会	储蓄会	一二・六	一〇〇〇	商储	主任	吴达铨	四	静安寺路一七〇号
邮政储金汇业局	交部设立	一九・三			局长	沈叔玉		江西路一七一号

本表共五七家，资本国币二七六〇一九千元。

战前上海之银行——（二）分支行或办事处分庄设于上海者

银行	总行所在地	类别	实收资本（单位千元）	上海支行处别	上海行设立年月	重要职员	职员姓名	详细地址
四川省银行	重庆	省市立银行	二〇〇〇	办事处	二四・一一	主任	席文光	宁波路
江西裕民银行	南昌	省市立银行	二〇〇〇	办事处	二三・四	主任	曾雨辰	
河南农工银行	开封	省市立银行	一五四〇	办事处	一七・四	主任	朱曜亭	郑家木桥天锡里二号
浙江地方银行	杭州	省市立银行	一七三五	分行	二四・七	经理	方子丹	江西路三八一号

（续表）

银行	总行所在地	类别	实收资本（单位千元）	上海支行处别	上海行设立年月	重要职员	职员姓名	详细地址
陕西省银行	西安	省市立银行	一〇〇〇	办事处	二〇·五	主任	景祥亭	法界外滩四九号
富滇银行	昆明	省市立银行	一一二七八	办事处	二二·七	副理	张至宝	北山东路二六号
大同商业银行	崇明	商业储蓄银行	二〇〇	通汇处	一九·一	主任	渡廷璋	北京路二八〇号四楼
中原商业银行	天津	商业储蓄银行	五〇〇	汇兑处	二〇·一一	主任	陈怀卿	博物院路九一号
四川美丰银行	重庆	商业储蓄银行	一二〇〇	分行	二〇·四	经理	刘裘彝	河南路五二一号
四川商业银行	重庆	商业储蓄银行	六〇〇	办事处	二一·一	主任	杨德全	汉口路二七一弄七号
武进商业银行	武进	商业储蓄银行	二五〇	办事处	二三·二	主任	刘靖基	北京路山东路
重庆平民银行	重庆	商业储蓄银行	五〇〇	办事处	一七·一	主任	胡为盖	九江路大川通
重庆银行	重庆	商业储蓄银行	一〇〇〇	分行	二一·三	经理	邵继阜	汉口路一三一号
浦海商业银行	开行镇	商业储蓄银行	一〇〇	办事处	一四·一	主任	曹宏树	河南路青阳里内
裕津银行	天津	商业储蓄银行	六〇〇	分庄	一一·	主任	华子春	宁波路
聚兴诚银行	重庆	商业储蓄银行	一〇〇〇	分行	三·一	经理	任师尚	九江路二七六号
嘉定商业银行	嘉定	商业储蓄银行	二〇〇	分行	一一·三	经理	徐新甫	南市毛家弄
江苏省农民银行	镇江	农工银行	四〇〇〇	分行	二三·三	经理	吴任沧	北京路三〇〇号
宁波实业银行	沈家门	农工银行	未详	办事处	二六·一	经理	邬志豪	爱多亚路中汇大楼五一四路

（续表）

银行	总行所在地	类别	实收资本（单位千元）	上海支行处别	上海行设立年月	重要职员	职员姓名	详细地址
广东实业银行	广东	农工银行	八〇〇	办事处	二五・四	专员	张荣溥	江西路三五三号
川康商业银行	重庆	专业银行	一〇〇〇	分行	二三・一	经理	张澍霖	宁波路一九〇号
川盐银行	重庆	专业银行	一二〇〇	分行	二五・四	经理	李云階	九江路
四川建设银行	重庆	专业银行	一〇〇〇	办事处	二三・一一	主任	洪友群	爱亚多路
中兴银行	马尼拉	华侨银行	菲币五七一三	分行	一八・五	经理	王天申	四川路一四九号
东亚银行	香港	华侨银行	港币五五九八	支行	九・四	司理	凌文礼	四川路二九九号
香港国民商业储蓄银行	香港	华侨银行	港币四一八五	分行	一二・四	司理	马惠弼	江西路三四八号
华侨银行	新加坡	华侨银行	叻币一〇〇〇〇	分行	二一・	经理	陈永鲤	九江路
广东银行	广东	华侨银行	港币六一三八	分行	五・一	经理	张荣溥	宁波路五二号

本表共二七家；资本国币三一二六三千元，港币一五九二一千元，叻币一〇〇〇〇千元，菲币五八一三千元。连前表共八四家；共资本国币三〇六一八二千元，港币一五九二一千元，叻币一〇〇〇〇千元；菲币五八一三千元。

注：

（一）上表根据二十六年《全国银行年鉴》及二十七年《中国金融年鉴》加以改编。

（二）总管理处及上海设于一处作一家计算，如中国、大中、中孚、中南。又总管理处及总行设于一处作一家计算，如中汇、金城、盐业等。

战前上海之信托公司——（一）总公司设于上海者

信托公司	开业时间	实收资本（单位千元）	业务	重要职员		本埠分公司数	地址
				职务	姓名		
中央信记局	二四·	一〇〇〇〇	储蓄采办信记保险	局长	叶琢堂		三马路外滩
上海市兴业信托社	二二·一〇	一五〇〇	轮渡信托地产等	总经理	徐桴		
上海信托公司	一九·	一〇〇〇	银行信托储蓄	总经理	齐致		北京路一九〇号
中一信托公司	一〇·	三〇〇〇	银行信托储蓄保险	总经理	严成德	三	北京路二七〇号
中级信托公司	二二·一〇	一〇〇	银行信托	经理	赵新民		
四行信托部	二六·一	一〇〇〇	信托	主任	吴达诠	三	静安寺路
生大信托公司	二五·七	一〇〇〇	银行信托	总经理	林毅伯		宁波路八十号
东南信托公司	二〇·四	一〇〇〇	银行信托	秘书长	孟望渠		爱多亚路一三四号
国安信托公司	一七·六	五〇〇	银行信托储蓄	经理	王国璇		江西路
通汇信托公司	二〇·七	五〇〇	银行信托	经理	朱如山		爱多亚路一五〇号

本表共一〇家，资本一九六〇〇千元。

战前上海之信托公司——（二）分公司设于上海者

信托公司	总公司所在地	开业年月	实收资本（单位千元）	业务	上海行设立年月	重要职员		地址
						职务	姓名	
中国信托公司	香港	一八·	港币三〇九	银行信托				四川路五二四号
广东信托公司	香港	二〇·一〇	港币二二七	银行信托				

本表共二家，资本港币五三六千元。连前表共一二家；共资本国币一九六〇〇千元，港币五三六千元。

战前上海之保险公司——(一)总公司设于上海者

保险公司	开业时间	实收资本（单位千元）	营业范围	重要职员		地址
				职务	姓名	
中央信托局保险部	二四·一〇	五〇〇〇	损失·人身	经理	项馨吾	
邮政储金汇业局保险处	二四·	五〇〇	简易寿险	处长	张明昕	江西路
大华保险公司	一六·三	二〇〇	损失	总经理	潘学安	宁波路四〇号
上海华兴保险公司	光绪三一·	五〇〇	损失	总经理	厉树雄	静安寺路一二五号
太平保险公司	一八	三〇〇〇	损失·人身	总经理	周作民	江西路二一二号
中一信托公司保险部	一〇·	三〇〇〇	损失	总经理	严成德	北京路二七〇号
中国天一保险公司	二三·二	一〇〇〇	损失	经理	王仁全	北京号二五五号
中国保险公司	二〇·一一	二〇〇〇	损失·人身	经理	过福云	四川路二七〇号
中国海上意外保险公司	二一·	二〇〇	损失	总经理	陈干青	
中国第一信用保险公司	一九·一	二〇〇	损失	总经理	潘学安	宁波录四〇号
永宁水火保险公司	四·八	五〇〇	损失	总经理	黄祐宽	
四明保险公司	二二·四	五〇〇	损失	总经理	谢瑞森	北京京路二五六号
安平保险公司	一五·一二	一〇〇〇	损失	总经理	周作民	江西路二一二号
泰山保险公司	二一·八	一〇〇〇	损失·人身	总经理	徐新六	江西路三五三号
华安水火保险公司	光绪三二·三	六〇〇	损失	总经理	傅其霖	爱多亚路二九号

（续表）

保险公司	开业时间	实收资本（单位千元）	营业范围	重要职员		地址
				职务	姓名	
华安合群保险公司	一·六	五〇〇	人身	总经理	吕岳泉	静安寺路一〇四号
华成保险公司	光绪三二·三	二二四	损失	总经理	秦子奇	爱多亚路三九号
华商联合保险公司	二二·六	四〇〇	损失再保险	经理	邓东明	爱多亚路九号
宁绍人寿保险公司	二〇·一一	二五〇	人身	总经理	胡弥骐	北京路国华大楼
宁绍水火保险公司	一四·一一	二五〇	损失	经理	乌崖琴	宁波路八六号
峰泰保险公司	一七·三	五〇〇	损失	经理	徐可陞	广东路一二二号
丰盛保险公司	二〇·	二〇〇	损失	总经理	周作民	王主堂街一号
宝丰保险公司	一二·九	五〇〇	损失	总经理	朱如堂	宁波路四〇号

本表二三家，资本国二二〇二四千元。

注：

（一）上表根据二十七年《中国金融年鉴》加以改编。

（二）中一信托公司保险部资本并为划分。

战前上海之保险公司——（二）分公司设于上海者

保险公司	总公司所在地	开业年月	实收资本（单位千元）	业务	上海行设立年月	重要职员		地址
						职务	姓名	
上海联保水火险公司	香港	二〇·九	港币一四三〇	损失		经理	邓文炳	江西路三五三号
永安人寿保险公司	香港	一四·五	二〇〇〇	人身		经理	郭	南京路六三五号
永安水火险公司	香港	四	一五〇〇	损失		经理	郭瑞祥	那京路六三五号

（续表）

保险公司	总公司所在地	开业年月	实收资本（单位千元）	业务	上海行设立年月	重要职员		地址
						职务	姓名	
先施人寿保险公司	香港	一一·五〇〇	六九七	人身		经理	霍永枢	浙江路四〇三号
先施保险置业公司	香港	四·七	一二〇〇	损失		经理	梁国华	浙江路四〇三号
兴华保险公司	重庆	二四·一〇	五〇〇	损失		经理	潘昌猷	江西路二四六号

本表共六家；资本国币五〇〇千元，港币六八二七千元。连前表共二九家；共资本国币二二五二四千元，港币六八二七千元。

战前上海之钱庄

牌号	成立	组织	资本	附本	经理	地址
大德益记		合伙	三〇〇	三〇〇	王秉澄	大津路祥康里
大赉	一九·	合伙	二八〇		楼兰珍	天津路鸿仁里
元盛清记	三·三	独资	三〇〇		陈玉堂	天津路集益里
五丰安记	三·	合伙	二八〇		张梦周	宁波路冠宁坊
仁昶	二一·	合伙	二八〇		戚子泉	河南路吉祥里
安康因记	同治九·	合伙	二四〇		张善述	宁波路兴仁里
安裕源记	光绪五·	独资	七〇〇		刘召棠	宁波路兴仁里
存德和记	同治一二·	合伙	一〇〇	三八〇	张文波	宁波路冠宁坊
同润	二三·二	合伙	三〇〇		斐云卿	天津路集益里
同余永记		合伙	三五〇		邵燕山	天津路长鑫里
同庆仁记		合伙	三〇〇		林瑞庭	河南路济阳里
志裕福记		合伙	三〇〇		刘午桥	河南路如意里
均昌吉记	九·	合伙	一六〇		周楚琴	豆市街吉祥弄
均泰永记	一〇·	合伙	二八〇	二〇〇	钱达声	天津路福绥里
成裕甡记	光绪一八·	合伙	五四〇		王仲书	宁波路兴仁里

（续表）

牌号	成立	组织	资本	附本	经理	地址
怡大永记	九·	合伙	二八〇	三二〇	胡莼芗	天津路集益里
和丰		合伙	三〇〇		华云芗	河南路吉祥里
信孚	六·	合伙	四〇〇		胡莼光	河南路吉祥里
信裕安记	四·	合伙	五六〇	一〇〇	王桂馥	天津路一二〇号
恒异兴记		合伙	三〇		俞佐庭	宁波路二一四号
恒隆昌记		合伙	三〇〇		林友三	宁波路二〇四号
春元吉记		合伙	二二〇		沈晋镛	天津路泰记弄
益大昶记		合伙	二八〇		何晋元	宁波路兴仁里
致祥	一·	独资	四〇〇		汪介眉	豆市街吉祥弄
振泰德记	五·	合伙	二四〇		金少筠	天津路福绥里
顺泰	光绪三一·	独资	一〇〇〇		李寿山	天津路祥康里
敦余泰记		合伙	四〇〇		赵松源	宁波路七四弄
惠昌	二三·二	合伙	三〇〇	二〇〇	胡楚卿	天津路福绥里
惠丰		独资	二〇〇	四〇〇	席季明	天津路一二〇号
义昌仁记	光绪三一·	合伙	二〇〇		徐寿昌	豆市街毛家街
福康	光绪二〇·	合伙	八〇〇		张达甫	天津路泰记弄
福源	八·	合伙	五〇〇		徐文卿	宁波路七〇号
慎源吉记		合伙	三〇〇		林荣生	宁波路二二二号
聚康丰记		合伙	三三〇		王怀廉	天津路二六号
滋康瑞记		合伙	八〇〇		赵镇山	天津路一一四号
滋丰	一一·	合伙	二八〇		李济生	山东路二〇四号
庆大	一二·	合伙	五〇〇		叶秀纯	天津路景行里
庆成	八·	独资	四二〇		刘湘涛	天津路福绥里
鼎康源记	光绪二八·	合伙	五〇〇		吴子麟	天津路惟庆里

（续表）

牌号	成立	组织	资本	附本	经理	地址
征祥慎记	四·三一，加德记	合伙	二〇〇		沈莜庄	豆市街吉祥弄
衡九	一·四	合伙	五〇〇		周叔唐	宁波路福绥里
恒通源记	一·	合伙	二四〇		陈鸿卿	宁波路兴仁里
鸿祥裕记		合伙	四二〇		钱达瀛	天津路长鑫里
鸿胜福记		合伙	四二〇		郑秉权	天津路景行里
宝丰安记	五	合伙	二八〇		沈景樑	天津路长鑫里
庆裕来记	光绪三三·	合伙	五四〇		盛筱珊	宁波路兴仁里

上表根据二十六年六月《上海市钱业同业公会人会同业录》。钱庄共四六家，资本一七一二〇千元，附本二〇〇〇千元。

战前在沪外商银行

国别	银行	总行地址	设立年度	在沪开业年度	实收资本（单位：千）	在华分行数
日	朝鲜银行	汉城	一九一一	一九一八	二五〇〇〇日元	一八
	台湾银行	台北	一八九九	一九一一	一三一二五日元	六
	三菱银行	东京	一八九五	一九一七	六二五〇〇日元	二
	三井银行	东京	一八六七	一九一七	六〇〇〇〇日元	二
	横滨正金银行	横滨	一八八〇	一八九三	一〇〇〇〇日元	一一
	住友银行	大阪	一八九五	一九一六	五〇〇〇〇日元	一
	上海银行	上海	一九一七	一九一七	一〇〇华元	
	汉口银行	汉口	一九二〇	一九三二	二五〇日元	一
英	麦加利银行	伦敦	一八五三	一八五七	二〇〇〇英镑	七
	汇丰银行	香港	一八六四	一八六七	二〇〇〇〇港元	一三
	有利银行	伦敦	一八九二	一九一五	一〇五〇英镑	一

（续表）

国别	银行	总行地址	设立年度	在沪开业年度	实收资本（单位：千）	在华分行数
英	大英银行	伦敦	一九二〇	一九二二	二五九四英镑	一
	沙逊银行	香港	一九三〇	一九三〇	五〇〇英镑	一
美	运通银行	纽约	一八四一	一九一七	六〇〇〇美元	三
	大通银行	纽约	一九二〇	一九二一	五〇〇〇美元	二
	花旗银行	纽约	一八一二	一九〇二	一二七〇〇〇美元	六
	信济银行	上海	一九二七	一九二七	一〇〇美元	二
	友邦银行	上海	一九三〇	一九三〇	五〇〇华元	
法	东方汇理银行	巴黎	一八七五	一八九九	一二〇〇〇〇法郎	六
	汇源银行	上海	一九二一	一九二一	二〇〇〇华元	
荷	安达银行	荀京	一八六三	一九二〇	五五〇〇〇荷盾	三
	荷兰银行	荷京	一八二四	一九二〇	八〇〇〇〇荷盾	一
意	华义银行	上海	一九二〇	一九二〇	一〇〇〇美元	一
德	德华银行	上海	一八八九	一八八九	五七七〇华元	五
俄	莫斯科国民银行	伦敦	一九一九	一九三四	一六三五英镑	一
比	华比银行	比京	一九〇二		二〇〇〇法郎	三
中法	中华工商银行	巴黎	一九二二	一九二三	五〇〇〇〇法郎	三
法比	义品放款银行	比京	一九〇七		七〇〇〇〇法郎	三

银行周报 1944，28（41—44）

上海金融业之前途

陶学文

一、由盛臻衰之金融业

此数年来，上海之环境经数度之丕变。工商业及金融业咸感受其影响而亦有畸形之发展。以时序言，金融业之离常轨而趋歧途，固作始于工商业之先，而工商业之畸形发达则转而助长金融业循歧前进之速度。当其始也，金融业与工商业，三者联镳并进，骎骎焉日见繁荣，获利之丰厚，言之惊人。然时至今日，则一切皆如日薄崦嵫，已呈弩末之势，非别谋出路，不足以图存矣。然金融业欲另求出路，非先明其症结所在，不能为谋。

考金融业之畸形发展，其经过之程序，大致可以分为三段。七稔之前，战事初作。各处绅富避地来沪者为数极多。各金融机关之存疑随以有相当之增加。维时上海尚为舶来品之购销转输中心。对于外汇之需求颇殷。其不能得之于公共之市场中者，则转而求之于私市。外汇之买卖遂成为一极活跃之事业。上海之各大银行本皆设有外汇部或金币部，其后虽经明令取消，然暗中经营者仍不乏其人，至是乃起而活跃，以牟存利。其后买卖者日众，除必须购致外汇以应付对外帐款者之外，投机者乘机阑入，喧宾夺主，后来者竟居上席。应运而生者，乃有无数之小钱庄。此辈小钱庄之营业，以外币之零星交易为主，此外则更代顾客买卖金银现币，业务繁忙时，收入亦颇可观。其后纱布标金等买卖亦入于此辈小钱庄之营业范围之内。小钱庄之营业范围既经扩大，其经营之利益随之而增加。获利丰厚之小钱庄或银号遂有扩张门面，而改组为正式之银行或钱庄者焉。同时集合资金若干万元以专经营是项交易之新银行亦陆续有所设立。银行遍地，钱庄满街。是为金融业畸形发展之第一期。

过此，外汇之买卖随环境之转变而成为隐晦消逝。一部分小钱庄及银行以失其活动源而归于淘汰。然外汇之投机虽去，而其他之投机活动则转趋活跃。囤积之风一日千里。或搜购现货而庋藏之，或买卖厂单栈单而执有之。此外股票交易亦日见旺盛。囤积投机均须大量之资金，此项资金即以高利向金融机关取得之。一般金融机关于贷放款项以吸取高价外，并自为经营斯项事业。经营之下，所获咸多。其时少数放款较滥，客户较多之金融机关只凭客户支票之票贴，已足敷其日常开支之用，于此可见其业务之繁忙焉。是为金融业畸形发展之第二期。

去岁以还，统制日严，投机市场中之活动骤受约束，金融业之业务受其影响，爰亦日见萎缩，荏苒至今，遂成一蹶不振之势。向之持筹握算、踌躇满志者，至是一变而成为仰屋兴嗟。此为金融业渐趋没落之第三期。

金融业由盛转衰之症结固何所在？析而言之，可得三端。一、金融业往昔之业务繁盛，实基立于一极不健全之基础上。金融业与工商业有休戚相共之关系，与社会生活之安定亦有不可分割之连系。必工商业发达，社会生活安定，而后金融业始能有真正之繁盛。在过去之四五年中，工商业在表面上固似颇为发达。新店、新厂日闻有创办开幕者。每届年终分红之时，此也三分，彼则五分，莫不俨然利市三倍。然而细按其实，则商店存底日见其薄，工厂出品日见其少，所谓盈余云者，十九只为纸面上之虚文。近来交通愈困难，物品来源愈艰涩，商店工厂添货进料固然困难，而销货出品亦同为不易，其业务遂陷入顿滞之境界。由之金融业放款失一稳健之对象。其向金融机关通融款项者，多图侥幸之流，非囤货即投机耳。时至今日，经济活动呆滞更甚。一般之购买力减削至极低，市况惨淡，常呈有喊价而无实交之现象，故囤货之范围愈趋愈狭，投机则更风波险恶，而呈弩末之势。金融业对于此辈囤积投机之客户，虽相为周旋，而负险颇巨。故为自持计，在放款方面亦只有趋向于紧缩之一途，稳健之客户日见其少，投机之客户又不敢多领教。金融业之业务乃大蹙。二、金融机关之存款近来日见减少，其中以定期存款之减少为尤多。金融机关运用之款项，除其自有之资金外，大部分即为其存户之存款。于存款中，活期存款之运用又不若定期存款为稳便。盖金融机关放出款项之后，非经相当之时间不能收回。定期存款于到期前固为金融机关所有，故可仅量利用之以供贷放。至于活期存款则随时有被提取之可能，故只可用于较富弹性之途。目今金融业之存款既减少，则其能贷放之款项自亦随之而减少。斯又其业务所以萎缩之一因也。然金融业所收受之存款又何为而减少？对于此问题，吾人可应之曰：造因者即为金融机关自身。夫存款者之目的在牟取利息。往时以存款取息与经商牟利相较，虽后者之所得可以较丰，然危险亦较巨。故持重者咸以其所有存入金融机关，以博百一之利。今日之情形则适与之相反。金融业以款项贷与一般囤积居奇者或从事投机活动者，以吸取较高之利息。此辈投机者即借借得之款项，多方作不负责之损人利己活动以获倍蓰利。此种过分之利得自为一般人所艳羡。于是有一部分存户即向金融机关取回其存款而自为运用。抑有进者，一般投机者为亟于牟利起见，咸愿以较高之利息借取款项，此项利息之高度远在金融业之存款利率之上。其影响之所及，复使一部分持有款项之人不愿以其所有存入金融机关，而自行贷放与人。此着既减少金融机关之存款，复进而占取金融机关之业务之一部分。双管齐下，后者乃大受其亏。复次，若干不事直接生产之人提取存款以供日常开支，亦为金融机关存款减少之因。三、与业务之萎缩背道而驰者，有各项开支之激增。比岁来，物价循直线上驰，迭呈高峰。首当其冲者固为个人，而雇用办事员工较多之机关亦莫不感受其影响而有难于应付之概。金融业在各种事业中原为雇用职员较多之一类，而其杂项开支亦视他业为巨。物价增高，其开支一切随以增高，在业务畅盛之时固可应付，其如今日之业务萎缩何！要而言之，高物价之造成，金融业实与有力，其今日之支绌乃自食其果。此或亦为其始愿之所未及也。

二、金融之自拔政策及其价值之度衡

存款减少，业务萎缩，生发之道日狭，而开支则日增一日，金融业于此重重之压迫下遂索然无生气。其中实力较为雄厚者固能自为调整，以适应目前之特殊环境。而一般新设立而脚跟未尽稳定之银行钱庄则咸捉襟露肘，深感尴尬不安。于是群谋改辙，以图自拔。目下金融业自振之道之已见诸实施者，计共四端：一为增加资本，二为裁并部分及办事人员，三为提高放款利息，四为从事直接投资。按一般金融机关之资金，在数年前均不过一二百万元，其过千万元者盖鲜。即以若干家最著名之银行、钱庄而言，其资本额亦不过此数，遑论其他。然在当时，已足敷营运。乃者经济情形迥异于者，币值与物价不能相侔，千百万元之进出成为极寻常之事。每一银行或钱庄所负担之责任辄十百倍于其资金额。一旦周转阻滞，即有倾搁之虞。就其影响而言，一则在市场中掀起风波，必有若干人蒙受其打击；二则减杀一般人对于金融机关之信仰，使之不敢以款项存入；三则引起少数不负责任者之侥幸心，勉集一部分资金，即设肆开业，观其外表，固俨然一银行或钱庄，然细究其实，则只为一行险侥幸之组织而已，经营而顺利，固无所谓，万一失利，则拚以倒帐了之。如斯之情形业已数见不鲜。当事者有鉴于此，乃将金融机关之最低限度之资金额加以提高。各种金融机关所应收之最低限度资金额均已由明令规定之，增加资金之期限亦已规定。一般金融机关依令办理，迄今已届完成之期。增加资金之事，具有积极与消极两重作用。所谓积极作用，即指金融机关之资金经加多后其实力乃亦加厚，平时可以营运自如，而遇有风险时，亦可以相持于不敝。金融业之脚跟由之可以立稳。就消极方面言之，在目今之社会中，游资虽属极多，然真欲募集相当数量之资金，以供长期投资之用，则亦颇非易易。今一般金融机关皆欲增加资金，资金执有者必择地位稳固，信用卓著者为其投资之对象。由此即生发一重甄别淘汰之作用。一般有地位之金融机关之增加资金，不难迎刃而解。至于一般信誉欠佳之金融机关则筹措势必不能如意，结果必归于淘汰。金融业经此一度甄选后，莠去良留，地位必可归于稳健。虽然，谓金融机关一经增加资金之后，其当前之困难即可解除，则亦殊未必然。盖金融业之当前难题，并非缺乏资金以推展其业务，而为其业务一时无法得其推展。资金自资金，业务自业务，二者之间初无直接之关系存在。故资金之增加只可充实金融机关之内容，并稳定其立脚点，而不必能使业务有相应之发展。徒增资金而不增业务，其效仍等于零。故此项办法实只为治标之方。金融业之真正出路固别有所在。

就裁并营业部分及办事人员一项言之，其性质虽似与增加资金一节处于相反之地位，而其作用则同，即皆为稳定脚跟计也。金融机关之规模较大者十九皆设有商业、储蓄、信托等部。商业部为金融机关之活动中枢，然储蓄部之工作繁忙，往往驾商业部而上之。盖储蓄部有独立之会计，其所收受之存款，在法律上有优惠之保障，而利息又较厚，且任何零星小款均可存入。故一般人士略有余资，辄储入其间，以化零为整。银行储蓄部之最发达者，存户可多至十余万户。今日之情形则已完全不同。一般金融机关之储蓄部几已成为饩羊。存户寥寥可数。其所以昔盛今衰之理由亦殊简单。一、在昔一般人士多抱有积少成多之观念，故薄有所余，即以付诸储蓄。今则此种观念已荡然无存矣。二、在昔一般人士对于将来均抱有稳定之观念，故零存整付、整存整付等存户极多，为期有长至十五年以上者。今则环境瞬息万变，明日之事且有所难言者，遑论其后。观念改变，人事亦异，新存款既不再来，旧存款一经到期亦多取去。积久之余，愈提愈少，储蓄部乃成为闲曹矣。此外，金融机关前为吸收存款起见，又多设立分支行处。一般存户为便利计，往往与就近之分支行处往来，故其营业颇不寂寞。今则分支行处之情形，亦如储蓄部，办事人员以阅报谈天为其例行公事矣。夫金融机关所引以为大苦之一端为开支浩大。为节流计，此等清闲之部分及冗员实无存留之必要。是以自去秋以还，已有若干金融机关将其储蓄部或信托部撤消，并收歇一部分分支行处矣。此等闲冷部分之裁并固可使金融机关减轻其一部分负担，然而徒减负担而不增加收入，坐食仍将山空，故此项措施亦仍只为治标之计，所谓苟延于一时者是也。

提高放款利息及直接投资经营企业，为金融业之二大开源方略。然而实施之后，究又能否将其当前之困难排去，则殊为可疑。先以提高放款利息言。放款原为金融业之基本事业，金融机关之最大收入源即为放款利息，故放款利息提高，金融机关收入亦可增多，挹此注彼，其开支上之不易周转处，即可得其弥补也。然此特指其营业之数量仍能保持其原状而言。观察目今之情形，则放款利息一经提主之后，金融机关之业务颇有进一步之萎缩之可能。设果如是，则以增加之利息收入，只补业务萎缩之损失，恐只有不足而已，由之必将益感入不敷出，而有难乎其为继之款矣。何以言其然？试析而论之。按金融业之所以萎缩，由来于工商业之活动力退化。一般正经之工厂商店受环境之束缚，而能勉强维持其原有之情状已属万分困难。故发展一层，实无从谈及。彼等为维持职工之生活及供应社会之需求起见，勉力开工营业。其所资以营运之资金，除其自有之一部分之外，即仰给于金融机关之放款。过去，金融机关之放款利息，为率之高，已颇可观。益以此外又常有种种额外之需索。在行险侥幸之流，志在牟取非分横利，固不以此项负担为重。然在确守商业道德，只谋合法利润之商店工厂则早已有利率太高、负担太重之感。是以金融业方面如再将其放款利息，作更进一步之提高，则在一般正经之厂店中，必有一大部分以利息过高，无力负担，而停止向金融机关借用款项。此举有极普遍之不利影响。在金融机关方面，其提高放款利息之目的，原在增加其收入。今放款利息虽经提高，而业务乃反萎缩益甚，以此之得，只彼之失，恐尚难相应，则非徒增加收入之目的，无由达到，恐尚将有与之相反之效应生焉。其害一。就工商业言，社会上之商品供应本已十分不足。今又有一部分工厂商店因无力负担高利而停止向金融机关，借用款项。此等厂店之归趋不外乎两途，一为紧缩范围，一为停止营业。此二者对于社会有相同之影响，即使市面上之商品供应有更进一步之减少，在原已失调之供求关系上再加一偏重之趋势是已。其结果则物价必受其刺戟而愈益上腾也。其害二。就行险侥幸者言，彼等自身大多并无真实力，其活动之资源十九惟金融机关是赖。今金融机关将其放款利息提高，彼等之负担加重，则其牟取大利之心必愈炽，势必诪张为幻，设法掀起风波，以操纵市面。市面紊乱，在此辈行险者固得其所哉，其如一般人士之受其害何？其害三。就执有余款者言，一般执有余款者原已以金融机关之存款利息为率过低而不愿存储。彼等往往以其所有，自为拆借贷放，否则即购囤货物以居奇牟利。市场上之一部分畸形现象即由之造成。乃者金融机关只将放款利息予以提高，而存款利息不与，二者间之差别乃更巨。抑有进者，金融机关之公开放款利息既经提高，私人间之拆放利息自亦必随同而有相应之提高。一般执有余款之人，于此情形下必感觉与其以款项存入金融机关，供其利用，而本人只可取得微息，不如自为运用，转为获得厚利。是以未存款者不必言，即已存款者亦必有乘机将其存款收回者。存款为金融机会之活动资源，存款减少，即为金融机关之活动力减小。反之在私人拆借市场中，款项加多，则拆借自必较滥。且私人拆借款项，在手续方面必不能如金融机关之审慎周到。而又无主管者监视于上，以约束其行为。故凡欲借用款项之人必群趋其间，从事投机者尤所欣从。由之囤积、投机等活动将更为活跃而普遍，市场中必将发生波折。其害四。要而言之，放款利利提高之后，在金融机关方面有驱走存款、压缩业务之虞，在社会方面，有阻滞正常之工商业活动、提高物价、助长投机、捣乱市面之患。故非计之得者也。

然则金融机关直接投资以经营各种企业，其为一合理而有效之出路乎？对于此问题，吾人之答案为利害参半。就一般金融机关现下所直接经营之事业言之，大别可分为两种：一为房地产之买卖，一为正式生产事业之办理。房地产之买卖，原为金融机关之信托部之业务。惟此项事业，在本质上近来已有极大之变化，而成为投机活动之一。虽曰房地产之价格蒸蒸日上，经营者无不利市三倍，然其趋势已失正轨，危险亦殊巨也。故金融机关之事此，不足以为训。至于直接投资以经营各种生产事业，固为极稳健之利用余资，以获取利润之措施，然其中亦含有若干之缺点及危机。一、金融机关有金融之办事员工，企业组织有企业组织之服务员工。今由金融机关供给资金以办理生产事业，是以一副资金而维持两班员工，虽其中有可以兼顾两方者，然在经济原则上言总为一不合算之事。二、生产事业不徒需要固定之基本投资，同时更需要活动之营运资金，后者之数额往往远大于前者。金融机关既经投资于前，自不得不代为筹措于后。筹措之方，不外乎自为拨借或转通融自他家。金融机关之资源已如上述，因存款之减少而感不足。今若以其所仅有者拨供自营之生产事业运用，则对于客户之告贷必不能应付裕如。是有悖于金融机关调剂盈虚、扶助工商之天职矣。若乞诸其邻而与之，则人同此境，必有周转无方，难乎为继之一日也。三、生产事业盈亏无定，非必能获利者也。尤以在今日投机活跃市况多变之情形下，稍一不慎，即有亏折搁浅之虞。某种生产事业为某金融机关所经营，社会人士皆有所知闻。一旦某生产业发生摇动现象，社会人士必联带致疑于该金融机关之地位，该金融机关之信誉必受打击。四、生产事业之经营当以产生商品、供应社会为目标，此固为不可或易之定理也。然今之金融机关之经营生产事业，每有志不在此者。彼等或以囤积居奇为目标，惟恐直接购囤，易来指摘，故特创设一工厂或其他生产组织，假借从事生产工作之名义，以收罗原料、半制成品，甚至制成品而庋储之。其等而下者则并囤积亦视为多事，而着眼于股票之翻弄。彼等略拨资金，架弄一场面。自其表面观之，固亦购地建屋，置机雇工，然而按其实际，则一切均不过为掩饰外人之耳目而设。彼等于场面排就之后，即请求交易所开拍其股票。股票一经上市之后，其主事人即设法做弄，任意抛购，高出贱进，以牟不劳而获之利。股票市场之多事，此种活动实与有力。归纳以上各点，吾人即可知金融机关直接资以经营生产事业，纵脚踏实地做去，亦未必定能有盈无亏，而可以借之纾难纡困也。至于冒其名而别行所是，姑不论道德，对己对人，亦终皆为害多而利少者。万一措置不妥，能发而不能收，则必至于一败涂地而后已。故曰金融机关以直接投机经营生产事业为自振之道，利害参半。

金融机关创设工厂或商号以掩饰其投机活动，在今日之市场中已数见不鲜。为之者固以为此乃最轻易之生财妙术。然而事实果真如是乎？请析而言之。股票市场在二年前固曾极盛于一时，各种股票之价格莫不飞黄腾达，循直线上升，故买卖股票皆获利倍蓰。然去稔以还，情形已完全相反。股票之价格有长时期之连续下降。其间虽亦曾有回涨之时，就其平均之趋势言之，则固跌风多于涨势，价格跌入票面以内之股票比比皆是。于是向之获利倍蓰者至是莫不倾囊倒箧，亏耗不赀。今年之情形亦然如此，股票市场之前途殊为黯淡，非有特殊之刺激或调整，恐难起色。故以之为生财之道，亏折之机会实多于获利之机会。囤积亦然。以往之情形固为有囤皆利，无积不盈。今则异矣。一般人士之购买力一落千丈，除生活所必须之各种物品不得不购用外，其余则可省即省。是以商品之实销情形，呆滞万分。囤货在手有出笼维艰之感。益以环境荡动，囤积之危险成份加巨。二难相集，囤积乃不能如昔日之无往不利矣。由此观之，金融机关之以投机为事，实为行险侥幸之尤，一着之失，必致满盘皆错。

综合以上各点，我人可以一下结论曰：资金之增加及营业部分与人员之裁并，只足以使金融业增厚实力及减轻负担而已，其当前之危机初不能由此而即得其排除。生产事业之直接经营亦在可为而不可为之间。所谓可为也者，生产事业之经营较为稳健而巩固，只须办理得宜，于人于已均有所裨益。所谓不可为者，生产事业在今日之情形下，无论在产销或其他方面均缺乏安全之保障。经营其事，其资金随时有被搁之虞。一旦遭遇此事，负责之金融机关必大受其累也。至于提高放款利息，有饮鸩止渴之嫌。若夫从事投机，则更卑卑不足道矣。由此观之，金融业所以自为谋之道凡四，而推按其实，则无为真正有利之出路也。

三、金融业之可能出路

然则金融业之真正出路果又何在？对于此问题，我人认为金融业可循如下之路逐着推行，以逐渐求出路。第一，金融业对于其一已及其四周之环境，必须有一新认识。金融业应明了其一已之职责，在剂盈调虚、扶助正式工商事业之发展，故对于投机活动应深恶而痛绝之，非徒自身绝对不可参加，即一般有从事投机之嫌疑者，亦当远而避之。金融业苟能如此自励，至少可于市场中消除一部分荡动势力，于人于已两为有益。同时，金融业更须彻底明了上海之地位。上海固为吾国之经济中心，一切规模较巨之企业均荟集于此间。然在将来，上海必不能再如今日之包揽一切，独为重心。此则可为断言者。盖上海之为吾国经济中心，并非得之于天赋之自然条件。日后吾国建设新生产事业，必以各种资源之分布情形为根据。上海之四周并无足供新生产事业利用之重要资源存在于其间，故其一部分地位必将为其他城市攘去。金融业既以羽翼生产事业之发展为目标，自应追随生产事业之地理再分配而为相应之转移。此着在今日固尚无从谈起，然金融业又何可不作先期之准备？金融业应就各地作最审慎之调查，而仅可能设法将其资金撤离上海，以转注于最有利地带之最有利事业中，同时并须鼓励一般生产事业作同样之转移行动。此步倘能见诸实施，则其利至溥。就金融业自身言之，一部分机关他移之后，其遗留之业务即可由余家分营之。百人食之或不足，五十人食之或可勉敷。业务萎缩之困难于此，可以得少纾焉。就生产事业言之，各地或有以缺乏资金之故，致货弃于地，无由开发。今得金融业来归于其间，资金之供应既充，事业之举办斯易。昔之货弃于地者，今乃可出而供用矣。各地有平均之发展，各业有相对之扩充。社会财富由以增加，民生问题可得其解决。盖各种事业兴办既多，对于办事员工自能仅量吸收。此辈人才，一部分取给于当地，一部分则随金融业之移注而俱往。由之失业问题及人口过于集中之问题均可得局部之解决。且各地之事业次第发展之后，金融业即可乘机吸收当地之游资，以供利用。当地之资金执有者如见所有之事业确有生色，自必愿以其资金参加活动。此举既可化无用之游资为有用之生产资金，又可阻止其流入上海，以助长各种不利趋势之发展。上海之市场由之可较安定。第二，金融业苟欲撤离上海，别谋发展，则人自为政之单独行动不足以善其事。其间必须有统盘之计划及一致之行动。金融业欲有统盘之计划及一致之行动，其先决条件为大规模之合并。合并之利有五：一、合并之后，资金可以集中，营运调度，便利多多。二、合并之后，业务亦可集中，汰骈除枝，浪费可以减少。三、合并之后，工作可以划分，各司其事，无谓之竞争及冲突，可以避免。四、合作之后，人才可以集中，选贤任能，比较容易，工作之效率可以提高。五、合并之后，对于一切应兴应革之事，可以通盘计划，协力进行。如资金他移等问题即可得有具体之实施方案。是以金融业如不欲转向自拔则已。苟欲以转向为出路，则非先有大规模之合并，不能为功。所谓合并他移，其步骤，可分为如下若干阶段：一、各金融业应就各个之关系，相互结集，以组成若干联合办事处，以替代原有之个别组织。各办事处集合所有参加组织之金融机关之业务，而依类区划，分别经理之。二、所有设在外埠之分支行处，亦依同一方式处理之，改组织合办事处之驻外机关。三、于合并后剩余之办事人员中遴趣干练者派赴各处调查各种生产事业之情形及投资机会。四、依据调查结果拟具具体投资方案，设法逐步将资金移至各埠，投放于各种生产事业中。一部分剩余职员可分派至此等事业中服务。五、其在上海方面则将一切不必要，及性质可疑之放款仅量收回。所有收回之款项酌留一部分于海上，以供真正从事生产事业之组织借用以及存户提取，一部分则续为移至外埠供用。在比项连续之运动下，资金可以平均分配于有发展可能之各地，而各地之生产事业亦可有平均发展之机会。其在上海，则金融机关既经统一，在业务之执行上，可以出于较稳重而又较活泼之行动。对于真正有利之生产事业，不妨尽量予以接济。同时又可根据其在各埠之经验，协导一般在上海一时无由生发之生产事业，移至外埠适当之地点，继续办理。前者可以增加社会上之物质供应量，以调整供求关系，平准物价，安定生活。后者则可以消除社会上之一部分过剩现象。二者合力，至少可以使社会上现有之舵鮠情状，消去一部分，亦未始非安定民生之一助也。

金融业之出路其在兹乎？然而难言之也。

新闻月报 1945，1(1)

八年来的上海黄金市场

商　隐

前言

在战前，上海金业交易所是我国唯一的黄金市场，银行头寸的吞吐，据投机家的操纵，都通过了金业交易所的黄金市场而反映出来。自从二十五年十一月四日财部实行新货币政策，无限制买卖外汇以后，黄金失去了外汇的依据，黄金投机，开始趋入没落途中。投机商人，已转移目标于纱花方面云，廿六年八月十三日沪战发生，上海金业交易所奉令停业，于是这一所具有十六年历史，组织规模相当完备的黄金市场，开始停止了它的活动。但由于上海租界制度的特殊性，政府法令每有不及之憾，且国际贸易，大部分操于外商之手，其力量足以左右上海法币的对外汇价，因此虽有中央统制外汇，然而黑市汇率，猖獗异常，影响所及，黄金价格亦追随动荡不定。于是黄金的黑市交易，遂在这种环境下，广泛展开：由散漫到具体，由秘密而到公开，此后又因太平洋战争的爆发而重行变成散漫，秘密的形态，及至本年初，又有渐趋具体公开之势，其间经过情形，颇称曲折诡谲。现在把八年来的黄金市场变动情形，分成四个时期来述叙：

（一）黄金黑市场的形成

当民国廿六年十一月间，国军西撤以后，由于租界畸形状态关系，成为国际性的中立区域。同时炮声既稀，商人对战争威胁渐淡，于是开始活动，黄金黑市交易，亦渐见展开。起初由四川路宁波路口一家谦泰钱兑庄代客买卖黄金，几家大银楼亦多派员去听取行情。但此时交易极少，且银楼帮对于钱兑庄，自抱轻视态度，大有不屑为伍之概。不久便找到了仁记路一一九号（即中国旅行社大楼）八十号内元生公司为集合处。等于一种茶会性质。每日上午聚谈交换行情。不久金号方面如同丰永、泰康润、大丰恒等，亦闻讯来归，并为便利与号中接洽起见，大都装就对讲电话。旋元生公司因经营美票交易甚为忙碌，对于银楼帮的假座集会，深感不便，乃商请迁移，此时适有同楼七十一号天元银号，系交通银行跑街开秋严，杨庆和银楼已辞职的账房姜孝高及中国征信所调查员章桐生三人合资开设，资本只有三千元，以经营掉换零杂钞票为业务。开业不久，因收入清淡，乃由姜孝高拉拢银楼业同业公会主席冯清和，将该业的集会，搬到天元银号里来，其条件为天元银号房租共四十五元，由银楼帮津贴四十元，天元银号除账房间独用外，余均混合使用。于是各银楼及金号在元生公司内所装的对讲电话，多搬到天元银号里去。此后外汇黑市变动日烈。黄金价格起仆亦日巨，交易渐有增加，钱兑庄，银号等纷纷来装对讲电话加入。综计有杨庆和、老庆云、新天宝、费文元、北庆云、宝成、老凤祥、新凤祥、凤祥和记、老天宝、方九霞、景福十二家银楼，同丰永、生源永、大德成、泰康润、永丰、永丰余、祥兴、升大永、瑞丰恒、鑫源、万兴、益大、祥兴、仁承、诚大十五家金号，天元、震康、同康、裕中、裕泰、信成六家银号，谦泰、天成、宝康三家钱兑庄，共三十六家。集合的份子，既由从单纯的银楼帮而发展到了各帮的复杂性，于是管理方面，也发生了问题。经过大家同意以后，便决定每家规定缴纳月费若干，由天元银号代收，同时陆续参加的人家太多，地方拥挤，又深恐引起主管当局注意，也经决定不得装对讲电话进来，于是天元银号无形间做了黄金黑市场的管理员，这三十六家便是市场里的经纪人了。

除上述三十六家外，经营黄金投机交易的字号，统计不下三四百家之多，均附装对讲电话在上述三十六家“经纪人”名内。当时“经纪人”收同业的佣金每条(十两)五角，收客户佣金每条(十两)一元，收解办法，上午的交易，下午交割，下午交易并入明天上午一起交割。至于买卖繁忙的字号，按照收盘价格结价轧账，找算差金。

黄金黑市场的雏形是结成了，于是提起“天元”两字，凡是做做黄金投机生意的人，都会意会到这是黄金黑市场的代名词。其实天元银号不过是一个二房东地位，但由于天元银号里的营业主任章桐生的向外活动，拉拢大批银号，钱兑业装电话在该号的账房间里面(该号的账房间就在黑市场一起，仅一板之隔而已)。因此，天元银号得“近水楼台”之便，号召了不少生意经。

民国廿九年八月间，天元银号的内部组织，起了很大的冲突，原因当然不外乎生意太好，而引起了争权夺利。该号经理姜孝高出资最多，副理武秋严次之，营业主任章桐生只有五百元的股份，而且据说还是一个该号职员马某拿出来附在他名下的。章桐生鉴于自己资力薄弱，深恐失去地位，在号里拼命抓权，引起姜、武两人的不满，联合马某，准备把章桐生赶走，另加仁记，改组天元银号。事为章侦悉，当然这是切身利害关系，不得不争过明白，于是章桐生抓住了黄金交易没有取得合法地位的弱点，扬言将报告主管当局，破坏市场。这使所有参加市场的“经纪人”都恐慌起来，结果由谦泰钱庄经理潘炳臣出来调解，章桐生得到全部胜利，竟升任了经理地位，从此大权独揽，姜孝高屈居账房地位，武秋严另谋发展。同时天元银号搬到了新落成的四川路谦泰弄六号内，这里的地方比原有的大上二倍，而且隐避在内弄，所谓“黑市场”确是名副其实了。

外汇黑市场不断地在紧缩，金价涨风随之连绵不息，黄金投机交易，表面上虽然现货交割，但客户在字号里交易，多数是买空卖空。不过买进后由字号垫款收货，卖出后由字号垫货收款而已。因着涨风的剧烈，一般空户均因无货可交，而引起惨烈轧空风潮，当时几家放空字号，都岌岌可危，情形的严重，又使整个黄金黑市场有趋于崩溃之势。章桐生既无形间掌握了市场里的主权，为了维持他的职业生命，更企图增高他的社会地位起见，他经大众殡仪馆经理胡治中的介绍，投入沪西“闻人”潘三省名下，就用这种特种势力，以迅雷不及掩耳的手段，简邀三十六家经纪人到开纳路“潘公馆”里去“聚餐”。当夜，便决定以潘三省、章桐生为中心而建立一个规模庞大的黄金市场，取名为“中国金业股份有限公司”，简称：“联易公会”。同时潘三省也直接参加了天元银号，改组为天元新记银号，章桐生依然是经理，而姜、武二人却变成了隐名股东。至于同业间的轧空纠纷，自然不了了之。

(二)“联易公会”时代

民国二十九年十月二十四日，“联易公会”在中央路二十号正式开幕，里面有新型市场设备，台面，经纪人电话间，场务科，会计科等。里面的组织是“会长”潘三省，经理章桐生，副经理顾重庆，总务科长芮恭先，场务科长赵广甫，会计科长刘守陆。交易方法，采用一个月的期货，逢每月十四日为掉期。黄金公会向经纪人收取每条(十两)五角，经纪人向客户收取一元。设经纪人名额四十家，每家经纪人须交保证金二万元，合共八十万元，据说“联易公会”的资本，便拿这笔款子来运用。同时潘三省还设立了一家联易银行，各经纪人均须向该行开户，“联易公会”只收联易银行的支票，于是两个机构结成了一体。

四十家经纪人的资格，本来根据天元银号内三十六家“经纪人”为原则，再加上四家潘三省关系的新字号。然而银楼帮明哲保身，不敢参加这种恶势力产生的伪组织，都把应得的“牌号”卖给别人，因此经纪人的牌名，就和原来的有些不同，其号数及得号为：

(一)天元	(二)德孚	(三)鑫源	(四)祥和
(五)同康永	(六)恒记	(七)成记	(八)德成
(九)顺源	(一〇)新丰	(一一)德大	(一二)诚达
(一三)大丰	(一四)裕兴永	(一五)益大	(一六)万丰
(一七)永成	(一八)合盛	(一九)裕泰丰	(二〇)鼎盛
(二一)仁承永	(二二)明丰	(二三)祥兴永	(二四)立泰
(二五)宏庆永	(二六)时和	(二七)炽大	(二八)公大
(二九)中兴	(三〇)联兴	(三一)晋元	(三二)公和
(三三)信孚	(三四)义丰	(三五)福康永	(三六)一利
(三七)义元	(三八)大成永	(三九)聚丰永	(四〇)庆泰永

把这四十家“经纪人”的性格和内幕来剖解一下，直接和间接的都代表了

各帮派的投机集团，天元、义元、鑫源、立泰、新丰、中兴等多是潘三省的门徒所设立，或是沪西“闻人”组织的，在市场里虽称为沪西帮，祥兴永、裕兴永、明丰代表了广帮和潮州帮，公大、公和、万丰、德孚、时和等代表了北帮；德成、合盛、益大、鼎盛、恒记等都是原有各金号的化名，代表了过去一部分金业交易所中心人物的势力；祥和、成记等是谦泰、天成两家钱兑庄的化身，至于其他各家则是集合银号，业外人和一些特殊努力的份子所结成。直捷些说来，黄金市场已掌握在一批“白相人”手里，而以纯粹的赌博姿态出现了。

当时“联易公会”所经营的黄金交易，既然先做了期货，便也摹仿金业交易所一般，照外汇结价，跟外汇市价上落的办法。因此，如果在每月十五日不掉期到下月期那末应该于月底现货收解，否则依照当日的汇丰银行上午九时半进口汇票美汇挂牌行市结价。这实际上，百分之九十的交易，都在每月十五日的“掉期讯”里转到了下月份，照结价交易，寥寥无几。至于现货收解，更是凤毛麟角了。

期货交易实行以后，初则一般经营者对于“联易公会”颇感疑虑，成交极少，后来因为做起交易来，较以前大为便利。比如过去要现收现解，即使叫号家垫款，也要挺二分到四分的拆息，而叫号家垫货，在时要被拒绝；期货交易，只要缴付五百元保证金，便可以买进或卖出一条黄金了。既没有收解之烦，也可以不必负担拆息，因之交易日见繁盛。

在“联易公会”全盛时代，它竟然支持了整个上海市面的畸形繁荣，分布在各写字间里的小型金号，差不多有一千家光景。直接，间接参加黄金投机交易的人，包括从业员、伪官僚、银行钱庄职员、公馆太太奶奶等，不下五十余万人之多，当时各金号拉拢客户的手段，也日新月异，如裕泰丰、大通两家，居然专设电台，雇用女职员，随时报告金价。几家小公司，便爽性照电台上报告的行情和客户对做起来。这黄金投机交易的狂炽，可称上海有史以来，空前的现象。“联易公会”每天的成交，也从一千条激增到二万余条。拿每条黄金一元来计算，在当时的特价比率上看来，确乎丰富极了。因此，一度被“和平军第十师师长”林之江觊觎，曾经演了一场大闹“联易公会”的把戏，结果还不是像赌场似的按月送些孝敬过去，保个太平了事。

“联易公会”的发达，反映了上海投机气氛的浓烈，同时也给敌人捣乱我国经济的绝大便利。市场的主持人潘三省，俨然成为金融界的巨头，接着又设立了“棉易公会”“美易公会”两个市场，得以双马厂单，龙头细布为筹码，后者以美金票为筹码，都采取了期货交易。潘三省准备一手控制各种投机市场的野心，于此昭然若揭。然而正因为潘三省太露锋芒，“进账”太好的缘故，引起了沪西帮“盖世太保”吴世保（字云甫）的不满，除策动他的门徒在宁波路同和古里设立“双马厂单”市场和在证券大楼四楼设立“公债市场”以和潘三省对抗外，并且运用种种方法，阻挠潘三省的发展。在投机战术上，吴世保也不管当时的市面应该看涨看跌，一味抛空，在外汇暴缩之下，金价纱价都宣告直线上涨，吴世保为挽回其亏本起见，不惜以开力来压迫市价下跌，当时多头投机家，都变成吴世保的眼中之钉，和成银行经理稽鲲生、鑫源鑫号赵广甫两人的被狙，便是因此做了牺牲品。当时大家都怵于威势，多惊惶异常，这样，黄金投机市场的没落，已开始露出了恶兆。

民国三十年八月间，政府在英美两国支持下，成立了外汇平准委员会，聘请英藉霍尔巴枢，美藉福克斯两氏为委员，并授权给上海汇丰银行，将汇率稳定为英汇三办士一八七五，美汇五元三四三七五，另扣佣金〇六二五，供给予进口商，混乱已久的黑市外汇，开始平静下来。黄金投机交易，因此而失却了活动的依据，并且也因着流通的黄金日少，而深恐筹码枯竭，经八月二十日“联易公会”当局决定把所有未了交易，照汇丰银行挂牌结价了清，一面讨论另订新标准。起初想拿在沪的英金票、美金票、英金镑、美金镑、香港票、英汇及现金等七种为代用品，每逢开做下月期交易时，由市场当局于前三日核定上述各种代用品交割品之等级价格表，以为下一月期交易的标准，同时月底结价办法，由“联易公会”当局召集各经纪人组织评价委员会，内设主席“联易公会”担任主席，余由各经纪人分担，将月底前一日上术的七种价格相和而平均之，此平均价格，就算是月底的结价。但察其内容，矛盾之处很多，而其复杂含温，不易找到一条正确的路线，因此议而未决。九月三日下午二时，又开会讨论，将这种办法作为备案，而再议定以汇丰挂牌美汇五元三一二五之价，与黑市美汇相扯，而成结价，并声明系暂时性质，如逢汇丰挂牌变动，则依然可以恢复从前结价办法。同时如果黑市外汇根本消灭，那末始得采用“代用品交割”办法，以补救之。于是停顿甫一星期的黄金市场，又于九月四日恢复营业，并提前开做十月期新交易，至其他如掉期等，仍照过云情形办理。可是为时未及一月，英美相继冻给中国及日本的资金，整个对外汇兑等于消灭，金价至此，变成毫无依据的东西了。但“联易公会”依旧想苟延残喘，维持这副破碎的局面，在穷思极想之下，想出了一个以香港对上海汇水的申汇来做结价标准，这种办法，显然非常勉强。因此交易清淡，营业一落千丈。同时棉纱投机市场正在沪西特殊势力威胁下，大演其“斩多”的惨剧，才使商人裹足。一切现象，反映着投机已经趋入没落途中。

（三）黄金交易的秘密时代

从“联易公会”的由盛而衰，走到没落之途，虽然反映了当时投机气氛的淡化，然而同时也足以说明在英美加紧对日经济制裁下，敌伪在沪的经济侵略，已走到了山穷水尽的地步。接着十二月八日夜，日军发动了太平洋战争，同时进兵租界区域，“联易公会”便于此时宣告寿终正寝。

在三十年的十月至十二月底的二个多月里，整个上海都笼罩在恐怖的气氛里。银行停业，商店打烊，大家当然没有心思来干这种投机玩意了。跨进了三十一年的新春，敌伪势力已经在上海渐渐稳固，投机商人也从“冬眠”中觉醒过来，又恢复到“八一三”时候的流动买卖方式。起初是在南京路一家“和泰”小银行内，后来宁波路四十号上海银行大楼五楼五二八号万兴银号，经理刘文怀因着过去在金业帮里有些地位，乃拉拢同业集合该号交易，由该号收取佣金每条焓赤手续费二元半。测其企图，似乎想抄袭万元银号的老文章，可是不久被伪警察局侦查而封闭起来。

“联公会”无疾而终后，潘三省一度被日本宪兵抓去，敲出了不少搜括得来的财宝，章桐生都席卷了天元银号里客户所存的金条，跑到杭州去和一辈伪官大事交酬起来。留一批“干部”朱玉龙、陈瑞堂、王敬鸣等，雄心未死，天天想恢复旧观。他们鉴于“联易公会”既然没有办法可以复业，便在中央路二十四号，华侨银行大楼二楼租了二个大间，把“联易公会”里所有的对讲电话，一夜之间统统搬到楼上来（担任这项工作的是电话公司被开除的修理匠，绰号叫小黑炭）。于是又集合了原来一批人马，大模大样做起黄金投机生意来了。惜乎仅是做了一天，又被伪警察局破获解散。

此后，伪组织的黄金投机“禁令”一天天的加紧起来，黄金投机商人的活动，也一天天的狭缩了。环境迫使他们不得不用极秘密的方式，以“游击”姿态出现。于是今天在某银号里集合，明天又转到了某钱庄里交易。当然，集合的人数，仅是寥寥可数的几十人而已。同时在严防拘捕的恐怖情绪下，交易方式，非常秘密，多不敢直称黄金，而另称“老大”，“黄先生”等暗号。

当民国三十二年季的时候，伪政府“财部钱币司司长”，突然发表有关黄金的谈话，透露了黄金可以自由交易的一些意思，黄金投机份子顿时大为兴奋。不过这时谁也没有勇气出来发动组织如“联易公会”似的市场。但黄金交易的集会处却渐渐地固定热闹起来，集会的地方共有三处：（一）仁记路四川路口一一九号（即中国旅行社大楼）八十一号元泰银号；（二）九江路证券大楼五楼三〇一号（没有字号招牌）；（三）宁波路四川路口鼎昌钱庄楼上永兴金号；此外谦泰银号楼上的祥和金号；华侨大楼二楼的大德成金号也有一部分人在唱合着。这批的份子，十九都是“联易公会”的旧人马，在幕后参加活动的大投机家，除原有的天津帮、香港帮、广东帮、银楼帮、银号帮、顾主帮、银兑帮外，又新添了一支南京帮的生力军。所谓南京帮也者便是一批伪政府的高级官僚，周逆佛海、陈逆公博、顾逆宝衡、周逆乃文等都在暗中操纵金价，顾、周两逆更开设了信余银行，在上海设立分行，公开活动。

伪政府的政策，向来是温乱而复杂，今天怎样，明天又是那样，在黄金交易上，更表现出这种弱点来。一向是说黄金已经可以自由买卖，一面上海的伪警察局却依然在干着“扑灭”黄金投机交易，在民国三十二年秋季，十七名黄金投机商人，在证券大楼五楼三〇一号房间里被捕了。这一个打击，使几处集会处再从半公开转到秘密状态，他们又开始踱着流浪的生涯。

伪政府对黄金交易政策的“政令”含糊，也有其内在因素，由于日本在华统治者层的意见分歧，日军部方面因需要向我国内地吸收物资，把大量黄金从日本国内运沪，委托三菱、三井、正金三家银行，日福洋行卖出去。但如果由日本人直接卖给各银楼，银楼深恐被伪警察局作为藉口而处罚，都不愿收购。于是日福洋行招揽了一批黄金掮客（当时被大家称为黄金虫），设立小规模的黄金市场，让日军部的手里的金条，通过了这黑市场再流到银楼里去，而日本的兴亚院在“对华新经济政策”下，竭力希望投机交易消灭，增加军需生产，间接便是加强他们的战力。因此，十七名黄金投机商人捉去以后不久，在日军部支持下，又崛起了一批黄金掮客，设立起黑市场来，地点是：（一）证券大楼二五一号德康；（二）证券大楼二一八号福兴；（三）四川路五〇五号茂昌，每家集会处都装有一百只光景的对讲电话，情形上又现得热闹起来了。

（四）“黄金特税”时代

也许是伪政府感到没有办法彻底消灭它，甚至可以透彻地来说，伪政府看到黄金投机交易的利润非常丰富，不免眼红起来。在“稳定黄金市价，便利客户保藏”的寄名下，想出了发行金证券的噱头，票面分一两、五两、十两三种，每月发行一次，由伪中央储备银行挂牌发售，一个月到期兑现。三十四年五月八日第一期金证券以每两伪币七十八万元，市价开始发行，限售三天。大家对于它是否有兑现能力，都怀着怀疑，虽然在伪政府方面也有自知之明，声明将现金委托银行业联合准备库保管，并推出叶扶霄、裴云卿两个担任检查工作，表示“以商监官”来企图吸引购买。然而有钱的人宁愿以较高的代价去买累赘的金条，而不愿去买这种“黄金远期支票”。当第一天发售时，差不多完全在“中央储备银行”的中级职员，向各银行拉拢下认购去，接着“中央储备银行”售出金证券的钱，去转套金条，于是现金市价突然涨了起来，金证券价格，显示得格外便宜。一个月内，居然能够如愿兑现，于是第二期金证券发行，引起了投机商人的兴趣，显得拥挤起来，第三期，第四期，便接连地发行出来。

在金证券发行的过程中，“中央储备银行”满想在此捞着一票，可是实际上却做了亏本生意，传说是这样的：周逆佛海向日军部建议，凡是日军部要卖出去的黄金，都交给“中央储备银行”，让他们用发行金证券的方式来销售出去，日军部起初答应了，后来为着价格上的争执，（日军部主张尽量提高，周逆主张较现金市价略低），日军部突然反悔撕约，停止供给黄金，并且更唆使伪满与华北伪组织来大量搜买金证券，结果使周逆不得不用超出成本的代价向黑市场里补进金条来实行兑现。

当金证券发行之初，周逆曾说过将开辟“金证券市场”测其用意，是准备取现金市场而代之，蜕化成一所黄金期货市场。这种差使让伪“证交常务理事”沈长庚抓到了手，便在证券大楼八楼设立起“金证券市场”来，设经纪人名额三十家，由“证交总务处副处长”沈某任“主任管理员”。于七月三日开幕，交易办法分到期券、三期券、四期券三种，先为混合买卖转变到分类买卖。然而成交数量，说也可怜，第一天只有五两，以后还是只有十几两光景，“金证券市场”的佣金收入，恐怕泡开水也不够。

第五期金证券为了价格问题，伪中央储备银行和该行的顾问，闹得满天星斗，市场里的人在静待这场巴戏的演出。结果却采取了自由价格，放到“金证券市场”里去“拍卖“发行，兑现期限也展长二个期头，——九月十七日——。在这样地在穷凶极恶做着，试问机警聪明的黄金商人，怎会感到兴趣(关于发行金证券的详情，因于现金不发生直接关系而从略)。

伪政府看到金证券政策的失败，便又发明了一种“黄金特税”，由“上海特别市复兴银行经理”孙曜东出面，组织“黄金特税缴收委员会”，把所谓“三老”和一批金融界的败类拖进去担任委员，并指定四十一家金号代征，于买卖双方成交时，按照交易数额负责代征特税千分之五，由双方各半负担。同时规定征税各金号，每家应缴纳保证金伪币一千万元，这四十一家金号的名称是：

(一)洽丰永	(二)志泰	(三)福泰永	(四)永兴
(五)泰康恒	(六)福大	(七)协兴	(八)元茂永
(九)崇信	(一〇)大丰恒合记	(一一)永丰余	(一二)汇丰
(一三)泰康润	(一四)祥发	(一五)新泰	(一六)庆福星天记
(一七)万泰	(一八)顺记	(一九)辛丰	(二〇)宏庆永
(二一)兆丰昌成记	(二二)致远	(二三)同康和	(二四)义大
(二五)宝大	(二六)同兴	(二七)明丰	(二八)瑞丰恒
(二九)景德和记	(三〇)隆昌	(三一)德康	(三二)联和
(三三)仁孚	(三四)元盛永和记	(三五)福兴	(三六)大同
(三七)益康	(三八)福康永	(三九)祥和	(四〇)鸿兴
(四一)华南			

这四十一家金号，包括德康、裕兴等集合处在内，无形中成了四十一家经纪人，所少的是没有一个总集合的市场而已。但通过了“税”的关系黄金交易分明已经取得“合法”地位，四年以来的秘密行为，至此不期宣告公开了。至于“黄金特税”的收入，数额大得惊人，平均每月达伪币二十亿元之多，罗逆群强曾经公开表示，伪市府的经费百分之九十靠这种“税”来维持。但在黄金

商人方面，都负担不了这千分之五的税率，黄金交易因着反而在减少起来，特别是抢帽子交易，大受影响。同时一般投机分子的购买力也在衰弱下来，一两头交易替代了一条的地位盛行起来，业中人称这种小条子为“小黄鱼”或“小赤老”。

结论

漫漫八年，黄金投机交易的变化，不胜沧桑之感，许多人在这金圈子里混了起来而告发财，也有许多人葬身在这黄金梦里。但这仅是指一般从事在黄金投机交易的商人而言。而站在政治经济上说来，八年来的黄金交易，却做了敌伪经济侵略的工具，敌人把国库里的大量黄金运到上海来，通过黄金黑市场，流到黄金商人手里去（包括金号、银楼、钱庄），在不信任伪币的普遍心理下，这一批黄金最后的归宿是走到了一批豪富之家和农民手里，便是规模较大的工厂商店，特别是银行、钱庄，也喜欢藏几条金子，准备万一伪币崩溃时的应付。因此，几年以来（特别是太平洋战争后）上海黄金的存量增加了六倍光景，这六倍增加的代价，当然是农产品、重要物资（如收买纱布敌伪曾用一部分黄金来交换）的被搜括了去。八月十一日日本喊出了投降之声以后，敌伪在黄金市场的潜势力也随着垮台，“黄金特税”已为政府撤消废止，黄金商人从此可以自由活动了。

银行通讯 1945，新（1）

上海之战时金融

孙瑞璜

抗战期间，上海金融因为首遭炮火摧残，继为敌伪劫持，混乱情形史无前例。当战事初期，上海外围沦陷，市区心脏犹存，金融一切活动尚能奉行政府法令，配合战时金融政策。迨夫太平洋事变发生，敌伪势力侵入市区，上海与中枢失其连络，金融局面在敌伪全面控制之下，推行所谓“大东亚经济政策”，倒行逆施，种种离奇变幻，罄竹难书。兹约分五点，分别述之。

一、战时资金之动向

上海为四方资金汇集之地，战前如此，战时亦复如是。当八一三战事爆发之时，大量资金相率逃避，银钱业曾一度发生提存风潮。当时幸赖政府有非常时期安定金融办法公布，金融难关得以安渡。二十八年资金逃避益甚，外汇频频暴缩，英汇缩至六辨士，美汇低至十二元，政府为维持币值、防止资金外流，又于是年六月有第二次马电限制提存办法公布，并推行新汇划制度，制止现钞套汇。当时资金逃避颇受限制，银钱业存款相率加归。至廿九年，回归之势益甚，当时银钱业以存款大增，运用为难，曾有减息之举，但结果存款并未因此而减少。三十年太平洋事变发生后，外汇无市，外商银行停业，继之以伪中储券大量发行，市面游资汜滥，银钱业存款有增无已。当时虽有一部分向大后方流动，其逗留于上海者亦复不少。此项游资，流动性极大，其流动对象，一为流入投机市场，经营金条美钞，翻云覆雨，极尽其投机之能事；二为流入商品市场，囤积居奇，不时激动物价高潮；三为实行高利贷放，黑市放款利息恒在二角以上，甚有高至三角者，此种高利剥削，诚属骇人听闻，为战前所未有。

二、币制紊乱与恶性膨胀

战前我国法币政策对健全币制颇著成效。八一三事变以后，在敌骑纵横之下，军票强迫使用，沦陷区币制首遭破坏。伪华兴银行战立，曾有伪华兴券发行，虽市面流通不多，其影响币制，为害亦甚。三十年伪中储银行成立，又有伪中储券之发行。始则兴法币等价使用，继以伪府势力已侵入市区，伪府将伪中储券与法币公然分为新币、旧币二种，并于卅一年五月廿日起将法币与伪中储券比价连续抑低，由等价改为二与一之比，同时公布所谓《整理旧法币条例》，勒令银钱业遵照办理。嗣未及一月，法币即被禁使用，伪中储券竟俨然以法币本位自居，由正金银行掌握发行权，以遂其以战养战之目的。三十三年敌伪军费浩繁，小票面伪钞不足应用，乃又提高伪钞面值，由票面二百元逐渐发行至五百元一千元五千元乃至一万元之高度，一年之间伪钞面值提高百倍，伪钞之恶性膨胀，于此可见一斑矣。

三、投机风气狂热

战前上海市场，在金融稳定及政府管理之下，市面长期稳定，绝少投机家踪迹，战事期间，初以资金逃避，投机家推波助浪，继有敌伪蓄意破坏法币，套购外汇，外汇黄金外股等市场投机之风乃渐扩大。太平洋事变以后，外汇外股市场相继停顿，投机对象又集中于黄金及物资方面，更以当时敌伪拢断交通，搜购物资，益为投机家张目，物价一日数涨，民生疾苦，伪府置若罔闻。嗣后物价涨势无已，伪府于三十一年十一开办华商证券交易所，专做华商股票。三十四年五月复举办金证券市场，发行金证券达五期之多，以冀力挽狂澜。无如战事不利，通货大量膨胀，两市场投机色彩益见浓厚，非但不能敉平物价，抑且加速刺激物价。在战事国家，投机与囤积现象固难幸免，而在敌伪控制下之上海市场，投机气焰之嚣张实有过之。

四、银钱业畸形现象

抗战发生，银钱业务一度萎缩，有少数行庄且因维持匪易，先后停业。迨战事内移，上海人口骤增，市面逐渐繁荣，银钱业业务始稍转机。太平洋事变发生后，英美银行停业，外行存款相率流入华商银行，行庄存款因之大增。一般富商巨贾鉴于游览充斥，吸收存款较易，相率创办银行钱庄，一面为本身事业打算，一面利用游资图利。故当时大小银行、钱庄共有四〇二家，内银行有二〇八家，钱庄有二一二家，较战前银行多一三四家，钱庄多一二〇家，以如许之银少钱庄，局促于上海市区一隅。而其所在环境，工业是靠囤积居奇维持生产，商业是靠物价高涨假性繁荣。工商业之仰赖银钱业者，惟借款是图；银钱业之取给于工商业，不过利息而已。在当时物价高涨之下，所设行庄存款不多，基础未固，单靠利息收入，殊不足以应付开支，于是往往脱离正规，误入歧途，高利拉取存款者有之，经营黑市高利贷者有之，附和囤积投机者亦有之，形形色色，各显神通。若一遇风波，又经不住打击，以关门搁浅闻。此种情形，过去数见不鲜。

五、敌伪之金融政策

上海沦陷以后，日本即以此为对华侵略基地，在金融方面，处心积虑，无时不谋统制金融，以支持其侵华经济力量。太平洋事变后，其野心尤为显露，其所行统制政策：

第一，是于卅一年十一月公布金融机关资敌行为取缔办法，严禁上海对自由区公私汇兑，防止上海资金逃走，为控制上海金融之先声。

第二，实行所谓特别圆汇兑，华中对华北、华南分别办理以官营方式办理物物交换，禁止商营贸易，对民间少数汇款申请限制綦严。

第三，攫取伪币发行权。在伪府未成立前，滥发军票以充军费。伪府开张后，伪中储行发行伪币，日方则又借监督之名，收掌理发行之实。当时在日方与伪中储行同时发行之下，伪中储券发行额究有若干，伪中储券闻亦不知确数，奇矣！

第四，统制金融机关。伪中储行于三十二年六月一日，勒令同业存款集中该行，并将交换所各行庄交换头寸移存该行，开立交换清算户，以把握全市金融力量。同年十月廿一日复发表《强化金融业务纲要》，征收活期存款准备金百分之卅，名虽管理，实即加强其控制金融力量而已。

以上所述，为八年来上海金融情形之荦荦大者，仅就上述情形观之，吾人深觉战时之上海金融，一、未能倾全力帮助政府，完成抗战金融大计；二、金融机关业务，放荡不羁，脱离常轨；三、高利贷盛行，种下战后工商业不景气劣根；四、敌伪在金融上之一幕丑剧，为抗战金融史上留下一大污点。此诚为吾人认为遗憾者也。

银行周报 1947，31（6—7）

民元来上海之金融市场

汤心仪

一、引言

年来“金融市场”一名词，杂志、报章已屡见不鲜，顾其意义如何，作用如何，仍有加以解释之必要。考之英文，“金融市场”为 Money Market 之意译。所谓金融，乃由货币引伸而来，而其真确意义，实非仅指金融市场通货之本身而言，乃指此项通货之流动现象及其作用而言。故金融云者，非为代表通货本身——宝物——之名词，而实为表示通货作用——虚象——之名词；非为表示通货静态之名词，而实为表示通货动态之名词，简言之，金融云者，即表示资金在市场上，依供需关系，所发生之移转状态及调节作用，而其变动，当不出三类，即异地通货供需之调节、异时通货供需之调节及异种供需之调节是已。（一）凡埠际、省际、国际通货之收付交换，莫非异地通货供需之调节也。甲埠银根奇紧，可以向乙埠运现，以资救济，调节也；乙埠银根奇松，可以运现赴甲埠，以便出货，亦调节也。(二)异时通货供需之调节，为金融市场根本作用之所在。银钱业之收集存款，为现在通货之收入，即为将来通货之付出；银钱业之经营放款，为现在通货之付出，即为将来通货之收入，出立定期票据，调节异时通货供需之一法也；经营票据贴现，调节异时通货供需又一法也；此外如买卖证券，办理押汇。推广储备，以及其他银钱业之普通业务，苟一为分析，几无不与异时通货需要之调节有关。表示金融市场情状之主要晴雨计——利率，即为调节异时通货供需之产物。(三)在昔我国银两与银洋并行，其用途有时且泾渭分明，不能更替，银根紧时，洋用或松；银根松时，洋用或紧，异种通货供需之应调节者一；即以银两言，上海之“九八规元”，与天津之“行化”，以及汉口之“二四宝银”，成色不同，两地交易，须经公估局之鉴定手续，虽则一国之内，俨然壁垒分明，异种通货供需之应调节者二；再则各种银铜辅币间，兑换行市，逐日涨落，异种通货供需之应调节者三。今则此等现象，均成过去，法币一纸，各地通行，但台湾、东北，尚有流通券之施行，而新疆一省，亦有其特殊纸币，是异种通货供需之调节，在我国尚有其需要，而不能立即废除。

次言市场。市场之定义有二。以狭义言，则市场为零售商人，日常集合之所，设店或设摊，以待顾客之光临；或为零售商人定期集合之所，于预定日期，设店或设摊，以待顾客之光临。据此则市场以地域为范围，凡商人集合及贸易之地点，即为市场。次就是广义言，则市场并无地点之限制。英国经济学家耶方斯氏(William S. Jevons)之言曰：“市场之本义，原仅指城镇中货物交易之公共地点，然此义已加以推广，今日市场之定义，实指有商业关系，及对于任何货物，有大宗交易之任何团体而言。在巨镇大埠，各业每各有其市场，此种市场，初不必即限于一地。”在现代经济社会制度下，狭义之市场解释已不适于用，而一般见解均以后者为宗。至于市场成立，必具有下列四要点：(一)买卖双方，人数极多；(二)买卖物品，数量甚大；(三)有相当组织，使买卖双方，易于往来交接；(四)有相当市况报告，使买卖双方了解于供需情形。在一市场范围内，无论何时，货物之供需常趋于适合之倾向，以成其均势(Equilibrium)。苟货物之均势能继续维持，则特价当可安定。苟突然之间货物之供应方面发生问题，或顾客之需要方面发生问题，或货物之供应与顾客之需要同时发生问题，则物价之兔起鹊落，有如影之随形，无法避免。既有新价格，遂成新均势。市场之静动如何，吾人固可于特价之有无上落觇之。

金融与市场之解释既明，然后可以进而为金融市场意义之推求。吾人已知金融二字，系指资金供需调节之作用及现象；而市场二字，系指货物在同一时间内为同一价格所支配之抽象区域。夫普通市场之有货物，犹金融市场之有资金；普通市场以货物为供需中心，金融市场以资金为供需中心；普通市场之有买卖双方，犹金融市场之有借贷双方；普通市场之有货物买卖价格，犹金融市场之有资金借贷利率。可知金融市场与普通市场之一般现象，其变化大致相同。惟普通市场以货物供需及价格为变化之主体，而金融市场则以资金供需及利率为变化之主体。至于金融市场资金之供需，则大致集中于银钱界。银钱界以存款方式，收集市场之资金，更以放款方式，出贷其余资于市场。而一般工商家之缺少资金以经营其事业，或投机家之缺少资金以经营其买卖者，均不时在市场为资金之需要。此借贷两方之供需时或平稳，则利率固定，而金融市场即入于宁静状态；时或变动，则利率随有涨落，而金融市场亦呈其变动现象。需要多，供给少，则利率涨；供给多，需要少，则利率落，与普通市场现象，其作用实极相类。英作家意斯登氏（H. T. Easton）于所著《货币汇兑及银行论》（*Money*, *Exchange and Banking*）一书中，曾有专章详论金融市场之意义。其言曰："金融市场之一名词，实用以表示资金借贷之组织。有时亦用以表示借借贷方法以谋资金运用之人为动作。此种市场并无地域之限定。……其主要动力之足以影响金融市场者，厥惟可用为放款之资金数额。资金之借贷，定有利率，此项利率即为借用该项资金之代价。而此项借用代价与其他货物相同，亦全受供需之支配。资金之供给多，则放款之利率低。反之资金之供给少，则放款之利率高。故市场上之利率高下，实足为资金供给多少之表示。"而莫尔腾教授 Prof H. G. Moulton 于其《美国金融组织》（*The Financial Organization of United States*）一书中，亦为之下一简单定义曰："金融市场，为货币发挥功能之场合。（*The place where money functions.*）"于此吾人对于金融市场之意义及作用，当可得一概念。

金融与工商业有唇齿相依之关系，有辅车密接之作用，互为表里，缺一不可。金融界以供给及调查市场上资金为职务，而工商界则以使用资金，生产及楙迁货物为职务。有金融界以辅助工商业之经营，而工商界需要之资金，应有及时之供给，有工商界运用金融界之集资，而金融界供给之资金，应有适当之需要。故一埠工商业之盛衰，全视该埠金融之活泼与否；而一埠金融之盛衰，又全视该埠工商业之繁荣与否。如此则商场与金融之关系，可以思过其半。伦敦为英国之最大商场；亦为英国之最大金融市场；纽约为美国之最大商场，亦为美国之最大金融市场；以彼例此，上海为吾国最大商场，故亦为吾国最大金融市场，其理甚明，其事至显也。

自民国肇造，转瞬三十余年，上海虽迭经兵燹，饱历沧桑，然其工商之繁荣，地位之重要，有如岁寒之松柏，弥著其坚贞，而金融市场所负调剂盈虚，融通资金之任务，亦历久而愈显其重要性，盖有如江汉之汇海，岱岳之朝宗，不特执吾国之半耳，而自居中心，分布金融网于全国，且与国外伦敦、纽约、柏林、巴黎等大都市互相联系，而为其中重要之一环。吾人均知工商业之发展，与金融有密切关系，而金融之日进无疆，亦大有裨于工商业之繁荣。因之欲考察任何国家工商业之情况者，只须从金融下手，便可得其概要。而吾国自民元以来，对于上海金融市场，尚鲜有系统之研究，用是不揣固陋，将上海金融市场，分为组织方面，及动态方面，加以陈述：惟是笔者不文，不特鲁鱼亥豕，惧史实之不符，抑且坐井观天，恐所见之不广，是则惟望大雅之教正，应可免覆瓿之贻讥乎？

二、上海金融市场之组织

吾人如欲明了上海金融市场之动态，当先明了上海金融市场之组织，而自民元以来，迄今寒暑三十余易。其间机构之更迭，势力之消长，有者由盛而衰，有者自少而壮，有者已成为陈迹，有者如日丽中天，苟就其递嬗之经过，及其发展之次序，为摘要之记载，倘亦为读者所乐闻欤？

（一）钱庄

上海钱庄之起源已不可考。在昔大都组织简陋，以兑换为主要业务。盖其时上海，通用制钱及元宝，银色既不统一，平砝又极复什，零星兑换时，非有专业从中调剂，既难流通无阻，百钱庄即以是项兑换为主业。其后上海关为通商口岸，国外贸易进出口繁，资金融通需要日增，而钱庄业务亦随之日有进展。民元以来，外国银行次第设立，而国内银行尚在萌芽期间，国内工商业资金之融通，既惟钱庄是赖，而外国银行亦先入为主，与之有无互通，是为钱庄之黄金时代。迨民国廿二年废两改元，民国廿四年实行法币政策，对于钱庄打击颇巨。于是钱庄幡然变计，力加革新，效法银行，扩展业务，如信托储蓄之兼营、活期存款之开放、抵押放款之承受、承兑汇票之推行，无不迎头赶上，因之在金融市场中，钱庄之地位仍极重要。此外尚有可得而言者。

甲、钱庄之类别

上海钱庄以汇划庄之资本为最巨，故其势力亦最大，信用亦最优。此等钱庄，俱为上海钱业公会之会员，且均加入上海钱业之汇划总会，一切票据收角，可用公单于汇划总会，互相札抵，故曰汇划庄。汇划庄之外，以前尚有“元”“亨”“利”“贞”四种钱庄，内元字钱庄实力较为雄厚，且亦有加入汇划总会，札算票据者，其余则营业范围及内部规模均甚狭小，对于上海金融市场影响有限。今则此等区别早已革除，凡加入钱庄业公会者即为钱庄。其余如拆兑钱庄以经营外国货币及金银为业，零兑钱庄以法币辅币之兑换为业者，实力盖均不充裕。

乙、钱庄之组织

在昔钱庄组织，非独资经营，即合伙组织，凡属股东，俱负无限责任。至其内部组织，总握钱庄全权者为经理，以协理或襄理一二人辅助之。职务之分配，大都分为八课，即所课八把头者是。今则钱庄组织一律改为公司，即其内部组织亦渐仿效银行，除资本较为薄弱及业务注重信用外，今日之钱庄与银行，盖已虎贲中郎，无大区别矣。

此外尚有所谓山西票庄者，于前清乾隆嘉庆年间（一七三五——一八一九），由山西平遥人雷履泰所创设，专营国内各埠间之汇兑事宜，营业甚盛，嗣又经营存款，实为钱庄之滥觞。但自钱庄兴起，而票庄衰落今且成广陵散。

（二）银炉

在昔上海南市关道衙门设有官炉，熔铸元宝，以便授受，当时称为海关道元宝。嗣后租界商务繁兴，需银日多，于是北市始有银炉之设立。当时凡在租界内银炉所铸之元宝，有“夷场新”之名，盖为洋场新造之元宝，用以别于官炉所铸之海关道元宝。民国九年，上海银炉公会之会员题名，上海银炉之部数，计二十四家，此后宝银之需用渐减，银炉亦相继清理，民国十六年冬，上海银炉继续营业者，尚有萃泰、宏久、生源等十五六家，自民国十七年，中央造币厂在沪成立，鼓铸银币，银两之用途更少，民国廿二年废两改元，于是银炉遂成历史上名词，全部绝迹于上海金融市场。

（三）公估局

上海于前清道光同治年间，虽亦通行宝银，惟是鉴定银行，各庄俱有能手，无须特组机关之代疱。其后上海商业日繁，银用日广，辨别宝银，渐非专家不能胜任；而钱业后辈，于此等艺术又渐不事讲求，于是光绪初年，有安徽人汪兰亭氏创设公估局于北市，嗣又与南市公估局合并，设局于宁波路乾记弄二号，专事宝银在色之鉴定，信用卓著。自中央造币厂成立，银色鉴定为其专责，于是公估局新陈代谢，而入于淘汰之列。

（四）外商银行

沪埠之外商银行，始于一八四八年（前清道光二十八年）英商东方银行（Oriental Banking Corporation）之上海分行，其后英之麦加利银行、汇丰银行，日之正金、台湾，美之花旗、大通等行先后设立。因我国频年出超，外国银行与各国贸易，有密切关系，因之收入超过支出，在我国金融市场上，地位顿形重要，益以关盐等税，当时须交汇丰银行收存，以为维持对外债务之必要条件，因之外国银行声气更不可一世。但自国民政府奠都南京以还，情势逐渐变易，请参阅朱斯煌先生之《民元来我国之银行业》一文当知其详。

（五）本国银行

外商银行之来华设立，在经济上颇多侵略色彩，国人之目光远大者，渐觉外商银行势力之日趋庞大，钱庄墨守成法，殊难与之竞争，乃仿行西法，努力自强，而我国新式银行于以萌芽。本国银行之最早创设者当推中国通商银行，成立于一八九六年（前清光绪二十二年），此后户部银行（即今中国银行之前身）于一九〇六年、浙江兴业银行于一九〇七年、交通银行与四明银行于一九〇八年、浙江实业银行于一九〇九年，先后设立，皆为本国银行之前辈。至于我国中央银行，则于民国十三年开办于广州，十五年复设于汉口，十七年始完成于上海。我国银行草创时期，内则钱庄，外则外商银行，均早着先鞭，不容插足。顾本国银行含辛茹苦，毕路褴褛，迭经奋斗，后来居上，迄今业务鼎盛，信用卓著，盖已执金融界之牛耳。至于资本行数及其业务等，可请参阅朱斯煌先生之《民元来我国之银行业》一文便知其详。

（六）信托公司

吾国信托事业，实滥觞于民国十年，当时上海一区，交易所之成立者，一时称盛，而信托公司亦突飞猛进。所惜昙花一现，未几即凋零不堪。但其中亦有稳健经营者中，如中一信托公司等，即能巍然屹立，而不趋世媚俗，用能多所献替，步入正轨。自民国十七年以后，信托公司增设渐多，而各大银行亦有兼营信托业务者，气象渐见蓬勃。民国二十四年十月，中央信托局成立，且有领袖信托业之趋势。惟以国势蜩螗，民生凋敝，信托业务尚待协力发展，对于我国信托公司之经过，可请参阅朱斯煌先生之《民元来我国之信托业》一文。

（七）交易所

我国交易所创办之动机，虽始于前清光绪季年，然成立最早之北京证券交易所，实在民国七年。上海华商发起之交易所，成立最早者，当推上海证券物品交易所，由总理孙中山先生创议，而由虞洽卿先生完成其任务，于民国九年七月开幕。以盈余甚巨，于是华商证券交易所、面粉交易所、杂粮油饼交易所等，俱急起直追，积极筹备，先后于民十春间正式成立，且莫不股票飞涨，获利倍蓰。于是同声附和者，风起云涌。民十夏秋之交为上海交易所极盛时代，当时先后成立及在组织中者，共有百四十余家之多。类盛极则衰，月盈则缺，引起信交风潮，至十一年三月，已仅有交易所十二家尚能照常营业，民国二十年左右，交易所更减至六家。自抗战军兴，一切趋于停顿，今则仅有上海证券交易所，系于民国卅五年九月间开业者，其余均销声匿迹，成为明日黄花。

此外如典当业，虽则成立时期甚久，且在资金融通上亦颇尽其调剂责任。又如有奖储蓄，以前如万国、东方、中法等储蓄会，声势甚为浩大，今则已加取缔，仅有中央储蓄会一家，以其在金融市场上影响不大，不再详加叙述。

在上海金融市场上，其势力雄厚，资本充实，足以左右市面，而发挥其功效者，当推钱庄、外商银行及本国银行，三者可称鼎足而立，冠盖三分。顾其势力之消长，实有可得而言者。民元初期，与工商界发生密切关系者当推钱庄，其势力最称充实，外商银行则仅与洋商发生关系，不能普入民间。其后外商银行，尤其以英商银行，因在政治上取得特权，不特关盐等税须扫数存入汇丰银行，即政费之支付（在北京政府时代）亦惟外人是赖，而国人存款，尤其以大军阀大政客之巨额存款，均以存入外商银行为荣，是为外商银行势力鼎盛时代。迨国民政府奠都南京，本国银行渐次抬头，然以扼于钱庄及外商银行，尚不能多所作为。迨废两改元及推行法币之举实现，对于钱庄打击颇巨，而本国银行脱颖而出。迨抗战胜利，租界收回，外行特权悉数取销，于是本国银行更能后来居上，领袖群英。是虽曰时势使然，而本国银行之吸收人才，努力奋斗实有足多者。

此外尚有足述者，昔日钱庄、本国银行及外国银行，各有其公会，各有其票据交换场所，其间划有鸿沟，各自为政。虽迭经各方呼吁，冀谋合作，终以格于成规，难于相下，因是在金融业之间，各有堡垒，迄难水乳交融。亦以抗战胜利后，票据交换汇而为一，而外商银行亦均加入银行公会为会员，从此畛域不分，银钱业一家。苟能再进一步，群策群力，和衷共济，以谋我国金融业之发展，岂不盛欤？

三、上海金融市场之动态

清室既屋，民国肇兴，屈指流光，已三十有六载。如欲将民元来上海金融市场之动态详为叙述，要为篇幅所限，兹有时间为经，分为（甲）北京政府时代之上海金融市场、（乙）国府奠都南京后之上海金融市场、（丙）抗战期间之上海金融市场、（丁）胜利后之上海金融市场四个阶段，复以其间重要事实为纬，提要钩玄，撮述于次。

此外尚有一点应加说明者，即上海之金融季节。原夫金融季节者，言金融上之缓急，如天时之有寒暑，且有其一定之季节也。天时寒暑，因地不同，金融缓急，亦易地而殊。商业繁盛之区，于定货贩卖结帐等时期需款最多，金融最紧；工业地区，于购买原料、支付薪工等时期；农业地方，于播种撤秧、缴纳赋税时期需款最多，金融最紧。亦若天时之寒暑，因寒、热、温三带地方之不同而各异也。就上海金融之变动情形而言，其金融季节，可划分如下：

第一季	二三月份为金融最宽时期
第二季	四五六月份为金融紧急时期
第三季	七月份为金融平和时期
第四季	八九十月份为金融最紧急时期
第五季	十一月为金融平和时期
第六季	十二月及一月份为金融紧急时期

第一季大宗商业尚未发动，银洋存底即丰用途又少，故金融最宽。第二季茧丝及茶等上市，且为端节结帐之期，洋元需用最多，银则平平，故金融紧急。第三季各业清淡，银元需用平平，故金融平和。第四季棉花、杂粮等秋收上市，且为秋节结帐之期，银洋均需用孔殷，故金融最紧。第五季市面平和，银洋无大宗进出，故金融平和。第六季为阳历及阴历年底结帐之期，商贾方面金融甚紧，银洋均甚需要，而金融机关则甚宽弛。此盖主上海过去金融上一般情况而言。虽然天时之寒暑不测，何常一一均适合乎季节而一定不变？但就一般言之，春秋常温，夏常热，冬常寒耳。金融之缓急亦然，其变化靡常，有非人力所能预知。故所谓金融季节者，不过言金融缓急之大概情况。至若因政治之突变、军事之影响，以及国际贸易之反常、经济措施之兴替，自可发生重大影响而顿改昔观。此则不可不知也。

甲、北京政府时代之上海金融市场

民国改元，百废待兴，惟一切继承满清前习，未能立加更张。袁世凯任大总统后，续都北京，不欲南迁，就袁个人言，雄才大略，一世之雄，苟能励精图治，确可多所作为，所惜帝制自私，不克令终，从此北洋军阀，失却重心，争压地盘，频年内战，国家政治，无法步入轨道，上海虽与北京相距遥远，惟是经济之活动，不脱政治为背景，此足以影响上海金融市场者一；次则民国三年，欧战发生，国外货物，来华减少，实为吾国发展工商业良好机会，益以日人提出二十一条件，刺激吾国人民者至巨，发起抵制日货运动，更足助长国货之发展，此足以影响上海金融市场者二；再则上海自辟为商埠以来，公共法国租界等区，行政司法，完全独立，俨然化外，国内萑苻之不靖，适足以召成上海之繁荣，此足以影响上海金融市场者三。综此三因，则虽在北京政府时代，上海金融市场，仍有欣欣向荣之态，吾人背景既明，而后再研究其动态，则一切较易为力兹为简化计。当时上海金融市场上重要动态，有可得而述者如下。

（一）中行拒绝钞票停兑乱命

民国五年春，袁世凯帝制自为，改元洪宪，嗣因各地反对，纷纷独立，蔡松坡等云南起义，侵入四川，兵锋尤锐，袁项城为筹备战费，于是年五月十二日，下令停兑，质言之，即中交两行所发钞票，不能兑换银元，此举不特减低中交两行信誉，而且使该两行钞票币值为之贬低，足以引起金融界之大恐慌，沪上为中外观瞻所击，所关尤重，一时人心惶惶，抑若大难将至。当时中国银行上海分行（时中国银行总行设于北京），由行长宋汉章氏，副行长张公权氏主持，佥觉此项乱命，对于银行及持券者，均有不利，且将影响此后银行之地位，商讨之余，决定组织股东联合会，遂于当晚由律师代表股东，向中国银行沪行要求，将该行所有资产负债，交付律师管理，一面于十三日通告各商，存款钞票，一律兑现，以弥风潮，其办法如下：

1. 上海中行，由股东联合会，举定监察员一人，到行监察，全行事务，悉归股东联合会主持。

2. 本行所有资产负债，移交外国律师，代表股东管理一切，并随时有查账之权。

3. 上海分行钞票，将准备金移交外国律师保管，随时兑现。

4. 所有存款均到期立兑。

5. 将来各商家设有损失，悉归股东联合会负责。

由是绝大风潮，化为乌有。吾人对于宋、张二氏，不徒钦佩其胆识过人，抑且景仰其应付得当，行务归股东联合会主持，则非行长得得过问，上峰即欲指责，亦有推卸余地，免去直接违抗罪愆，此其应付得当处也，辨别是非，深明利害，以全行之利益为前提，置个人之得失于度外，此其胆识过人处也，不特此也，当时钱庄，外行，环伺而立，应付稍一不慎，则整个银行业前途，便将大受影响，而宋张两氏，能于艰困之环境中，辟一光明大道，不徒使中国银行，人民对之信仰弥坚，即对于整个银行业，亦奠其深固之基础。宋张两氏，目光远大，才识过人，使上海金融市场上，应有之风潮，弥平于无形，实与拳匪之乱，江督刘坤一等，力持镇静，保全东南半壁，先后如出一辙。

（二）银价之动荡

我国自昔用银，所有交易中介，以及支付工具，均以银任之，辅之者初为制钱后有钱辅币及铜元等。惟在上海金融市场上所习用之白银，共有两种：一为宝银，大都为本地各银炉所熔制，每枚重量以漕平四十九两八钱为标准，而实际上略有出入，通常称为漕平五十两。宝银制成后，须经上海公估局之鉴定始能通行。二为银币，外来者又有西班牙、墨西哥、美国、日本、英国、安南等国银元之分，其中以墨西哥银元之势力最大。国内自铸者，以广东银元为最早，初重漕平七钱三分，自后湖北、江南、北洋、浙江等处继起鼓铸，模型、成色、分量均有不同。前清宣统二年，币制则例，始定七钱二分为本位币重量。民国建立后，又有总理纪念币及袁世凯像新币，流通市场，渐次取代昔日各种银元之地位，但银两与银元，仍属两用，不特行使不便，且足阻碍交易，深为识者所诟病。

自二十世纪以来，世界各国都步英国后尘，渐次改为金本位，白银用途减少，因之在世界市场上，银价逐步跌落，对于我国，本多不利。但自民国三年起，欧洲发生战争后，情势顿异。试以伦敦大条银每盎斯之价格为例，自一九一二迄一九一四年间，银价仍低，最高为一九一二年之二九．六八七五便士，紧低为二二．一二五便士，但自一九一六年起，开始上升，至一九二〇年之八九．五便士，而达其顶巅。此则因欧战期间，中国国内工商，因鲜外人之经济侵略，顿见欣欣向荣，且有大量产品，可供出口，国际贸易，情势好转，采购条银，为数亦较前倍增，再则欧战期间，各国既已放弃银本位，于是陆续购买大宗生银，以备铸币之用，英国大条银，则禁止输往中国，印度亦禁止现银输出，美国虽无禁止明文，但运白银出口，亦须领有护照，以示限制，而我国则需银甚切，而采购至为困难，此银价之所以上涨也。

我国虽则用银，但各国皆已用金，金贵银贱，则应付赔款外债，按先令折合，已隐受其利，但我国海外贸易，其时不能直接输出，操纵之权，悉在外人，因汇兑率之变迁无恒，实足阻碍中外贸易之发达，而我国出口土货，如丝茶等大宗交易，在民国六年（一九一七年）即大为减色。而改革币制之议复兴，如民国七年八月，财政总长曹汝霖氏，呈请发行金券，以一金元为单位，每元虚定含纯金〇．〇七五二三一八英厘，以为将来采用金本位之准备，民国八年十一月，东三省巡阅使张作霖，亦倡议采用金本位，或金汇兑本位制盖以其时银价甚高，易于购置大宗现金，但其时北京政府，号令不出都门，欲其实行改革币制，不等于画饼充饥，望梅止渴也几希，而此大好机会，任其蹉跎逝去，迄今回思，犹有余痛。

民国九年（一九二〇年）为白银之转折点。是年二月，伦敦大条银价会涨达八九、五便士，此后供应增加，银价渐落，而中、印两国又以出口衰落，需银无多，是年二十月，且见三八．八七五便士之低价，十个月中，每盎斯白银相差达五一便士之距，实为当时所罕见。此后以迄首都南迁，伦敦银价大都在三十便士上下盘旋，最高者为民十之四三．二一七五便士，最低为民十六年之二四．一二五便士，而其趋势则已向下。兹更将民元以迄民十六年伦敦成色九二五条银，每年之最高最低及平均价格，与美国足色条银每年之平均价格，列表于后以供参证：

年份	伦敦每标准盎斯银价（便士）			纽约每盎斯平均银价（美元）
	最高	最低	平均	
民国元年	二九．六八七五	二五．一二五	二八．〇三一二五	〇．六〇八三五
民国二年	二九．三七五	二六．〇六二五	二七．五六二五	〇．五九七九一
民国三年	二七．七五	二二．一二五	二五．三一二五	〇．五二八一一
民国四年	二七．二五	二二．三一二五	二三．六八七五	〇．四九六八一
民国五年	三七．一二五	二六．六八七五	三一．三一二五	〇．六五六六一
民国六年	五五	三五．六八七五	四〇．八七五	〇．八一四一七
民国七年	四九．五	四二．五	四七．五六二五	〇．九六七七一七
民国八年	九〇．六二五	四七．七五	五七．〇六二五	一．一二二二
民国九年	八九．五	三八．八七五	六一．五	一．〇〇九〇〇
民国十年	四三．三七五	三〇．六二五	三六．八七五	〇．六二六二五
民国十一年	三七．六二五	三〇．三七五	三四．四三七五	〇．六七五二八
民国十二年	三三．六八七五	三〇	三一．九三七五	〇．六四八七三
民国十三年	三六	三一．五	三四	〇．六六七八〇

（续表）

年份	伦敦每标准盎斯银价（便士）			纽约每盎斯平均银价（美元）
	最高	最低	平均	
民国十四年	三三．四三七五	三一．〇六二五	三二．一二五	〇．六九〇六五
民国十五年	三一．八一二五	二四．一二五	二八．六八七五	〇．六二一二五
民国十六年	二八	二四．七五	二六．〇三一二五	〇．五六五六二

资料来源：蔡受百译《中国货币论》，二二四——二三一页

（三）银行公会之成立

上海银行公会，始于民国四年春，系中国交通、浙江兴业、浙江实业、上海商业储蓄、盐业、中孚等七行所发起。当时并无会址，假上海商业储蓄银行为会所，每日中午，集各行要人聚餐一次。藉以讨论一次。仅系精神上之结合，自民国七年香港路四号会址落成，加入银行，计有十余家。是年七月八日，开成立会，订定银行公会章程，选举董事，并互选宋汉章氏为正会长、陈光甫氏为副会长。时我国银行业尚在草创之中，行数既属有限，资力亦欠雄厚，偶有风潮，挤兑随之而来，如何团结御侮，如何推广业务，均属切要之图。自有银行公会以来，各行风雨同舟，协力共济，本互助之精神，为业务之合作，贡献已属不渺，尤其建议政府，如确定发行制度，陈请废两为元，设立票据交换所等，不特开风气之先河，谋金融制度之改善，且能自居中坚，联络上下，使声气得以想通，机构趋向严整，尤其在中央银行未能完成其任务之前，银行公会之地位，在金融业中确系举足重轻。

（四）信交风潮

民国十年中，上海金融市场上发生信交风潮，其重要性盖与过去前清末叶之贴票风潮、橡皮风潮并分春色，殊有追述价值。德国经济学者称交易所为市场之市场，盖以其地位重要，驾乎一般市场之上也。但交易所之运用，如能得其当，则可移长补短，调剂盈虚；如不得其当，则适足招致投机，变成公开之赌博。上海证券物品交易所自民九成立以来获利甚丰，于是引起投机狂热，各种交易所纷纷设立及筹备，据本报第六卷总第二四二号朱义农先生《交易所之

分析》一文所载，在民国十年中，上海交易所有如雨后春笋，纷纷设立。据朱氏统计，已成立者为一百十二家，资本最巨者为国际交易所，计美金一千万元；次为全球货币物券交易所，计国币二千万元；再次为上海证券物品交易所及民国证券物品竞卖场，各计国币一千万元；多数交易所资本在五百万元以下，五十万元以上；以上海建筑材料物券交易所为最少，计国币二十万元。据朱氏统计，交易所资本总额当在二万万元左右。此外在筹备中者复有三十余家之多。再就交易所之营业各类而言，可以分为九类：一曰证券类，二曰物券类，三曰丝茶棉花纱布类，四曰货币标金类，五曰烟酒糖纸类，六曰油饼杂粮面粉类，七曰燃料类，八曰建筑材料类，九曰杂项类。至就其营业时间言，当以日市占大多数，夜市者四家，日夜兼营者十七家，星期者一家，晚市与星期兼营者一家。

同时与交易所互相响应者，尚有信托公司，亦应运而生，如中国商业、上海运驳、大中华等，计有十二家，亦先后成立，资本大者数千万，小者亦二三百万，共计达八千余万元。

当时交易、信托，风起云涌，此唱彼和，固属盛极一时。据徐裕孙氏《信交狂潮之反动》一文所载（载本报第六卷总第二三〇号），信交狂潮以夏秋为最热，报纸之广告栏中几于间日必有一交易所出现，十日必有一信托公司发生。夫交易所与信托公司之发达，必以工商业为后盾。试以纽约而言，信托公司固相当林立，但以交易所言，如证券，如棉市，如食粮等，家数亦复有限。今我国欲于一年之内凌驾纽约之上，是岂近乎人情？而上海交易所，竟兴起如是之暴者，一言以之，惟知争取暴利，误为终南捷径耳。一人唱之，百人和之，十百千万之股本，可于坐谈之间抢认足额。盖公司之市招方贴，公司之股价已涨，苟能厕身发起之林，抢认若干股票，则一转瞬间，面团团为富家翁，嗣且仅挂一筹备招牌，持有一元一股之认股证者，亦认为奇货，珍同拱璧，虽得善价而估，犹恋恋不舍，至能得发起人以原价相让，则身受者感等再造。迨后则发起愈多，花样百出，然求其实际，则各交易所营业范围非互相冲突，即架床叠屋。上海虽为东亚巨埠，工商云集，然不能容纳如许交易所，则固不待智者知之。待至十一月之后，各交易以无工可作，无业可营，而用人开支则无法节省，黔驴之技既穷，倒闭之风渐起。昔则门前如市，今则门可罗雀；昔之以发起人理事自豪者，今则争延律师，宣告脱离关系。且有因债务关系，饱尝铁窗风味，其能火中取栗，从中渔利者，固亦有之，然通人均深受累，以股票言，昔则惟恐不易获取，今则惟恐无法脱手，而商肆之倒闭，职员之拐逃，以及自缢者、投浦者无一不与信交风潮有关。因是一闻谈及交易信托，便视为洪水猛兽，避之若浼。实则交易信托何害于人？苟能善加运用，本可助长市面之繁荣。只以沪人不明真谛，故有此失。而北京政府不加取缔，租界当局任其开设，以致有此惨祸，均应分负其责。但在此次风潮中，能兀然特立，表其坚贞者，对于国家、社会均能有其贡献，此则不可不知也。

（五）历年厘拆及库存

银拆之高低，足以表示市场对于银款供需之走势；洋厘之涨落，足以表示市场对于银元供需之情形。在昔上海以银两为记帐本位，而以银元为授受本位之现状下，金融界在平时不得不有两重准备。逢银根紧急时，则不得不提高银拆；而遇洋用浩繁时，又不得不提高洋厘。故厘拆行市，不啻金融市场上之主要晴雨计，苟能与各行库存对照，则一切更可明了。其中民国六年至八年，因欧战方酣，厘拆均见高昂。九年至十一年，渐见松弛。而至十一年底，因银元出超，兼之进口旺盛，厘拆转高。十二年秋收丰稔出超大盛，厂币用银随以浩繁，造成银洋两慌之象。十三年虽受战事影响，而金融界尚称安定。十四、十五两年又转松滥。十六年上半年甚安定，但后因国军抵沪，商业渐动，银拆洋厘转趋紧昂。兹将民国六年至十六年上海银拆、洋厘及中外银行暨钱庄库存变动情况，分别列表于后，以供参证：

一、民国六年至十六年上海银拆及洋厘变动表

年份	一月		五月		十一月	
	银行	洋厘	银行	洋厘	银行	洋厘
民国六年	七．〇	——	三．五	——	五．〇	．七四〇〇
民国七年	三．二	．七二二五	〇．八	．七三四七	七．〇	．七三七五
民国八年	七．〇	．七二四四	〇．二	．七四二〇	七．〇	．七六八〇
民国九年	七．〇	．七三九〇	三．三	．七三九五	五．八	．七二五三
民国十年	四．三	．七一七八	〇．六	．七二五九	七．〇	．七三五〇

（续表）

年份	一月		五月		十一月	
	银行	洋厘	银行	洋厘	银行	洋厘
民国十一年	五.五	.七三〇〇	六.〇	.七二八〇	三.七	.七三〇〇
民国十二年	五.五	.七二七五	六.〇	.七二五四	七.〇	.七三〇〇
民国十三年	七.〇	.七二一五	六.五	.七二一八	〇.五	.七三九八
民国十四年	七.〇	.七四〇〇	〇.四	.七三三五	二.四	.七二七五
民国十五年	五.〇	.七二〇〇	五.〇	.七一九三	二.一	.七四三〇
民国十六年	三.五	.七三六五	〇.二	.七三七〇	二.三	.七三一八

资料来源:《银行周报》第一卷至第十二卷

二、民国六年至十六年上海中外银行及钱庄库存变动表

年份	六月			十二月		
	银两	银元	大条	银两	银元	大条
民国六年	二三五〇〇(一)	一六九九〇(二)	九二四	二二八八〇	一三八九〇	九四六
民国七年	二四六三〇	一七五〇〇	一六〇六	一九六四〇	一二九六〇	四
民国八年	二四〇五〇	一三一八〇	一一七一	一七九三〇	一三一七〇	四三一五
民国九年	三六〇六〇	一九六四〇	一八二九	三三〇五〇	三一三九〇	一八七二
民国十年	三七一五〇	二七八七〇	四二五〇	二八八二〇	二六〇六〇	二七六三
民国十一年	三一一一〇	三五五〇三	二三四一	三七六二〇	三六六三〇	一一八二
民国十二年	二六八二〇	三六八〇〇	八九六	二一五〇〇	三五六〇〇	三〇六〇
民国十三年	三四五〇〇	五一〇〇〇	二三一〇	四七六五〇	四三三〇〇	三六七八

（续表）

年份	六月			十二月		
	银两	银元	大条	银两	银元	大条
民国十四年	一〇八二〇	四六四〇〇	三四四五	五一五三〇	六三二二〇	二八〇四
民国十五年	六三六四〇	五八二六〇	九一四三	六四三〇〇	六八九四〇	四五八九
民国十六年	六五〇〇〇	六一二五〇	六〇七一	五三二七〇	七〇四〇〇	七四八九

资料来源：《银行周报》第一卷至第十二卷

(一)银两以千两为单位。(二)银元以千元为单位。

乙、国府奠都南京后之上海金融市场

国民革命军北伐以及奠都南京，本为民国十六年事，惟以东北易帜，全国一统，则为十七年事，兹为便利纪述计，即以十七年开始。自国府迁都南京后，国内战事迄在进行。迨内战告一段落，而剿共军兴，继且日本侵占东北，内忧外患，迄无宁时。而国外则英、日等国，逢经济恐慌之袭击，再度放弃金本位。凡此种种，均影响及于上海金融市场而增加其动荡性。兹更略述当时重要史实于左。

(一)中央银行之成立

我国中央银行，前于民国十一年即在广州开办。十五年复迁设汉口。然犹在偏安局面下，未能得全国之承认。迨民国十七年，全国业已统一，是年十月五日，国民政府公布中央银行条例，一面派员筹备，并拨给资本二千万元，是年十一月一日，该行正式成立，设总行于上海。由国民政府特派理事九人，(后增为十一人至十五人)组织理事会，并就理事中指定五人为党务理事，特任宋子文氏为总裁，陈行为副总裁。下设业务、发行两局，秘书、稽核两处(以后逐渐增设国库、会计、经济研究、人事外汇审核等四处，最近外汇审核处已裁并)。二十三年，资本增加至一万万元。成立之初，该行对于中央银行之使命，殊感难于应付，惟在逐步进展之余，组织既次第完整，功效亦渐次显著，尤其以推行法币政策及发行集中以后，中央银行之势力，更见充实，惟是征诸过云史事，中央银行之为国家银行，已无拟问，至于与商业行庄之关系，除征收存款准备金外，对于安定金融，发展工商一点，未能有所作为，因之所谓银行之银行者，殊觉有名无实。最近自张嘉璈氏升任总裁后，已渐加注意及此，而其成效如何，犹待事实为之证明。

（二）废两改元之完成

废两改元之议，自民国以来，迭经各团体之讨论建议，先有民九英商之联合议决请求，继有全国银行公会联合会、全国商会联合会、上海总商会等团体之先后建议。民国十二年十一月，上海银根异常紧急，银拆常达七钱顶盘（每千两日拆），暗盘且有高达二两者。盖当时正值什粮棉花上市之际，沪上银洋流入内地，加以当时印度吸收现银甚力，大条之来源稀少，则上海银根紧急，初非无故。十一月十九日，上海银行公会有金融讨论会之组织，公会会长盛竹书氏并发表《银洋并用之金融治标策》论文一篇，其办法系根据当时行市，以银洋一千三百八十元合作规银一千两，而其理由为可以无须两种准备，可以吸收内地银洋，并可以得币厂之源源接济。惟钱庄平昔用角，存入银元不起利息，今如银两并用，不啻存入银元亦将起息，而规银失势，则钱庄固有势力将为之丧失殆尽，反对颇力，因之银两并用一时无法实行。

顾银洋分用，不特增加准备，且害币制之统一，除各团体建议已见前述外，海内经济专家、金融名宿，本学理之研究，应社会之需要，著为论说，阐发尤详，废两改元之为统一币制，整理财政之重要问题，已无疑义。民国十七年春，浙江省政府委员马寅初氏以统一国币应先废两用元之提案，由浙江省政府转呈国民政府核办。是年六月，政府有经济会议之召集，废两改元，提有专案，讨论结果，亦以为“亟应速为设计，以期早日实现”。

二十一年春，内地银元涌入上海，统计有八千九百五十余万元，洋厘大跌，破入七钱关而为六钱八厘，创历史上之新纪录。于是财政当局及金融界人士，认为废两改元时期业已成熟。是年七月七日，财政部长宋子文氏会与银钱界有非正式之会商，说明改革原则为：（一）实行废两改元，完全采用银元制度，以统一币制；（二）旧币仍准使用；（三）每元法价决定后，即开始决定新币币值。报章杂志，均热烈讨论，且均赞成是说。钱业初虽表示反对，而于八月三日开会时，竟然取消一毫二丝半之佣金，从九月六日实行，以释外界之疑。财部复拟定银本位币铸通条例十五条，廿二年提交行政院八十九次院务会议通过后，复经中央政治会议三四六次会议讨论，通过原则，交立法院从速审议。其要点为将银币重量，定为二六.六九七一公分，成色银八八，铜一二，内含纯银二三.四九三四四八公分，合上海规元六九九二三〇五，外加铸费合为七一五，折合比价，即以此为准。财政部训令自二十二年三月十日起，规定银两七钱一分五厘折合银币一元，为一定换算率，在上海市面通用。钱业公会于三月八日起折息改用法币计算。海关征税本以海关两计算者，亦发出通知，从三月十日起改征国币。各银行将银两帐户改成国币帐户。上海金业交易所之标金本以银两计算者，自三月十六日起，由经纪人公会改为国币登帐。洋商亦靡然风从，进行至为顺利。是以政府于四月十日毅然宣布废两改元，人民仅可持银向中央、中国、交通三行兑换银元，不准再使用银两，以为清偿债务或记帐单位之用。其推行之迅速与顺利，殊非始料所及。由此可见政令之推行，苟能有利于大众，且能适合大众之需要者，自能如水之就下，不胫而走。

（三）白银贵贱问题

欧战结束后，白银价格下跌已见前述，而自国府奠都南京后，其势益甚。政府为避免损失计，毅然下令，自十九年二月一日起，海关征收进口税，一律改用海关金单位计算。并由政府规定值六〇.一八六六公厘纯鉴，等于美金四角，英金十九.七二六五便士，八〇二五日元。此后偿付外债，在汇兑上得免意外之镑亏，直接救济国库之损失，间接巩固内债之基金，在上海金融市场上亦颇值得注意。而白银价格仍在下缩。伦敦大条银，十七年每盎斯尚在二十六便士以上，至民国二十年上半年，最低时曾缩至十二便士一二五。吾国海关进口税难已征金，但人民仍习惯用银，对外贸易仍以白银为交易中介、计算工具。在银价狂跌期间，购买机器原料，辄感力不能胜，时贤纷纷讨论，均以提高银价或改用金本位为中心，一若银价一跌，便感水深火热，焦头烂额者，迨是年九月，英国金弃金本位，未几日本继之，金价大跌，银价上升。衡之常情，我国金融应见好转，但以出口困难，益以一·二八事变发生，工商各业群陷停顿。民国廿三年，白银问题引起世界注意，美国议员如毕得门等竭力鼓吹提高银价，用是白银如潮，滔滔东流，于是政府决定征出口白银税百分之二.二五，仍无济于事。计是年一月至七月间，全国白银出口达一亿四千七百余万元，沪埠竟占百分之八十。用是物价狂跌，工商破产，财部于十月十五日公布白银出口增税，计白银增为百分之十，银元增为百分之七.五，情势方稍和缓。夫白银最初在价格下跌时，方使人注意，犹有可说，迨后银价上涨，亦复奔走呼号，抑若不易解释，不知吾国生产不振，一切均须由人摆布，故有此种现象。银价跌，则原料昂贵，不易制造，银价涨，则成本增距，推销不易，是犹身体羸弱者，无论酷暑祁寒，均难忍受，必先求根本之坚固，一切方可迎刃而解。所谓根本要图，无非发展农工商，增加生产量而已。兹更将民国十七年至民国廿六年六月伦敦纽约每盎斯银价列表于后，以供参考：

年份	伦敦每标准盎斯银价（便士）		纽约每标准盎斯银价（美分）	
	最高	最低	最高	最低
民国十七年	二八·八七五	二六·一二五	六三·六二五	五六·五
民国十八年	二六·六二五	二一·三一二五	五七·三七五	四六·五
民国十九年	二一·六二五	一四·四三七五	四六·八七五	三〇·七五
民国二十年	二〇·四三七五	一二·一二五	三一·六二五	二七·五
民国二十一年	二〇·三七五	一六·三七五	三〇·三七五	二四·三七五
民国二十二年	二〇·五	一六·六二五	三六·二五	二五·三七五
民国二十三年	二五·二五	一八·一八七五	五五·七五	四一·七五
民国二十四年	三六·二五	二四·三一二五	八一·〇〇	五三·八七五
民国二十五年	二二·三七五	一九·七五	五五·〇〇	四四·七五
民国二十六年	二〇·五	二〇·三一二五	四五·二五	四四·七五

一月至六月

资料来源：《银行周报》第十一卷至第二十卷及该报社出版之《经济统计》

（四）法币政策之推行

自一九二九年世界大不景气发动，各主要国家先后放弃金本位，以及银价暴涨以还，我国本系用银国家，货币以银为本位，币值经其过度抬高，国内通货紧缩之现象至为显著，而失业增加，破产迭出，资金外流，国库收入短少，国际收支不利，种种状况，纷然并起。而自廿三年七月起，仅在三个半月期间，国内现银流出在二万万元以上，较之以前，情势更为恶劣。政府因于同年十月十五日起下令征收白银出口税及平衡税，借以制止对外汇率之上腾及银货之公开流出。顾此项措施，其效仅及一时，苟货币价值始终昂贵，则通货紧缩将继续存在，则现银之大举私运出境为必然之结果。政府为保存全国准备金，并为巩固币制与改善金融起见，特推行法币政策，于民国廿四年十一月四日起有效，其内容为：

1. 中央银行、中国银行、交通银行三行（后加入中国农民银行共计四行，以下同）所发之钞票。自公布之日起，定为法币，并集中其发行。其他各银行所发钞票仍准流通，但应逐渐收回，而代以中央银行钞票。以后各行不得续发新钞票，所有已印未发之新钞，应交存中央银行。

2. 所有各种以银币单位订立之债务，应准照面额，于到期日以法币偿还之。

3. 所有银之持有人应将其缴存政府，照面额换领法币。

4. 为使国币对外汇价，按照现行价格，稳定起见，中、中 、交、农四行，应即对外汇为无限制之购售（当时对美汇率为法币百元合美汇三十元，对英汇率为法币一元折合英汇一先令二便士半）。现为国有之中央银行，将来应改组为中央准备银行，其主要资本应由各银行及公众供给，俾成超然机构，而克以全力，保持全国货币之稳定。

此外并组织发行准备管理委员会，每月公开检查，以昭大信方。法币政策开始推行时，各方颇多怀疑，而结果至为圆满，人民纷将所存银元易取法币，未及一年，各地所有白银，百分之九十以上均集中政府之手，在我国金融史上实一值得大书特书之史实。所惜抗日军兴，通货膨胀，币值跌落，今昔悬殊，持有法币者莫不大受损失。然法币政策苟不能及时推行，则吾国对日战争，恐银行挤兑之日，即金融奔溃之时，不待暴日之坚甲利兵，早已焦头烂额，疲于奔命。是可知法币政策实应推行，而法币信用能同时维持，则意义更为深长耳。

（五）历年厘拆库存及发行

自国府奠都南京后，上海金融市场上银拆、洋厘仍复盛行。直待廿二年废两为元后，银拆、洋厘同时销灭，代之者为洋拆，即每千银元每日拆息几何（以银元计）。洋拆高，即表示银根紧；洋拆低，即表示银根宽。银两库存同前，无须再加解释。又钞票发行，以前各行赋有发行权者甚多，一一加以发表，不特银行甚多，且恐挂一漏万。自二十四年发行集中四行后，法币数量已有报告，用亦附表于后，以供查考。

一、民国十七年一月至二十二年一月上海银拆及洋厘变动表

年份	一月		五月		十一月	
	银行	洋厘	银行	洋厘	银行	洋厘
民国十七年	〇.〇八	〇.七二二五	〇.〇九	〇.七二八五	〇.二八	〇.七二三
民国十八年	〇.一七	〇.七一七七二五	〇.二〇	〇.七一七	〇.二二	〇.七二三三七五
民国十九年	〇.〇三	〇.七一八五	〇.〇七	〇.七二〇三七五	〇.一三	〇.七二六
民国二十年	〇.一〇	〇.七二三七五	〇.〇二	〇.七二八八七五	〇.三五	〇.七二四
民国廿一年	〇.二〇	〇.七一六二五	〇.〇五	〇.七〇二二五	〇.〇四	〇.七〇九三七五
民国廿二年	〇.〇二	〇.七一三二五	——	——	——	——

二、民国二十二年至二十六年五月上海洋拆变动表

年份	一月	五月	十一月
民国廿二年	——	〇.二〇	〇.八〇
民国廿三年	〇.六〇	〇.五〇	〇.一三
民国廿四年	〇.二〇	〇.一一	〇.一三
民国廿五年	〇.〇九	〇.〇九	〇.〇九
民国廿六年	〇.〇八	〇.一三	

资料来源：《银行通报》

三、民国十七年至廿四年十二月份上海中外银行及钱庄库存

年份	六月			十二月		
	银元	银两	大条	银元	银两	大条
民国十七年	五八七二〇(1)	四二五五〇(2)	二二八七	八三八五〇	五九〇〇〇	四五一五
民国十八年	一二〇〇五〇	七二一〇〇	一〇四六九	一一七三三〇	七九五二〇	八三三七
民国十九年	一二八二五〇	九五七〇〇	五〇五三	一三四六〇〇	八八五八〇	二〇五五
民国二十年	一四四六六〇	七二七七〇	三〇二五	一三七〇〇〇	六一八〇〇	三三〇〇
民国廿一年	二三九一三〇	八一一七〇	五四七三	二二四九二〇	一四六七六〇	六三五五
民国廿二年	二七四四五〇	一一七三〇〇	七〇六二	三二八〇五〇	一四六一三〇	七九二九
民国廿三年	三九五七四〇	一〇五八七〇	八〇〇六	二五一二九〇	二一九〇〇	七九八〇
民国廿四年	二七八七二〇	四五九〇七(3)	七九五〇	二四五五〇〇	三一一五〇(3)	七九一七

资料来源：银行周报社《经济统计》

注：(1)以千元为单位。(2)以千两为单位。(3)系厂条数。

四、民国廿一年至廿六年六月中中交农四行法币发行数量表

单位：法币千元

年月	中央银行	中国银行	交通银行	中国农民银行	合计
廿一	三〇一四五	一七九六四	八八二四二五	——	三〇一二一八
廿二	七〇二七一	一七九五八三	八三一一一	二〇八八	三三四九七四
廿三	八五三三九	二〇一二八〇	一〇三二三四	五一六三	三九五五一七

（续表）

年月	中央银行	中国银行	交通银行	中国农民银行	合计
廿四　六	九八七二八	一六六四四七	九二五四六	一二〇一一	三六〇七三二
十二	一七六〇六五	二八六二四五	一八〇八二六	二九八四七	六七二九八三
廿五　六	二九九二五三	三五一七七三	二〇四九一二	九二〇三五	九四七九七三
十二	三二五五九二	四五九三一〇	二九五〇四六	一六二〇一四	一二四一九六二
廿六　六	三七五八四〇	五〇九八六三	三一三五四八	二〇七九五一	一四〇七二〇二

资料来源：银行周报社《经济统计》及《金融年鉴》

丙、抗战期间之上海金融市场

民国二十六年七月七日，日本为思蚕食华北，激起芦沟桥事变。未几于八月十三日，又因虹桥事件而引起上海闸北事变。全国人心，激昂奋发，不可遏抑。政府虽思息事宁人，已为事实所不许，乃不得不重远众意，与暴日周旋，其间忍辱负重，历尽艰辛，全国在蒋主席领导下，卧薪尝胆，再接再厉，卒使强权失败，正义昭著，日本于民国三十四年八月十五日，宣布无条件投降，而告一段落。在此期间，上海金融市场，变化倏忽，动心骇目，殊难以常理推测。其间复以民国卅年十二月八日太平洋战争，而分为上、下两期，兹将其间金融市场上重要演变，叙述于次。

（一）提存之限制

自芦沟桥事变发生后，上海金融市场上，虽因法币政策之推行，得免于挤兑风潮，但资金之逃避、提存之拥挤，情势仍极严重。据统计自民国廿六年七月十日至八月十二日止，政府各银行售出之外汇计达七百五十万镑之巨，而在上海战争爆发前一星期内售出者即在一百五十万镑左右。而银行提存为数亦巨，以上海与浙江兴业两行为例，前者提存二千五百万元左右，占存款总额百分之十六以上，后者提存一千七百万元上下，占存款总额百分之十七以上。提存风气特别以八月上旬为烈。当时各银行应付提存，备感痛苦。迨“八一三”战争爆发，资金之逃避、提存之拥挤，愈演愈烈，上海金融市场乃日益杌陧不安。财政当局为安定人心计，通令全国银钱业于是年八月十三日起一律休假两日，嗣于八月十五日颁布《安定金融办法》七条于下：

1. 自八月十六日起，银行钱庄各种活期存款，如须向原存于银行钱庄支取者，每户只能照其存款余额，每星期提取百分之五，但每户每星期最多以提取法币一百五十元为限。

2. 自八月十六日起，凡以法币交付银行钱庄续存，或开立新户者，得随时照数支取法币，不加限制。

3. 定期存款未到期者不得通融提取。到期后，如不欲转定期者，须转活期存款，但以原银行钱庄为限，并照本办法第一条之规定办理。

4. 定期存款未到期前，如存户商经银行钱庄同意，承做抵押者，每存户至多以一千元为限，其在二千元以内之存款，得以对折作押，但以一次为限。

5. 工厂公司商店及机关之存款，如发付工资哐与军事有关，须用法币者，得另行商办。

6. 同业或客户汇款，一律以法币支付之。

7. 本办法于军事结束时停止。

借以安定人心，防止资金外流。上海银钱业为流通同业资金，调剂市面起见，决定分别由钱业两准备会库，办理同业汇划拆放。至于工商业正当需要，则由财政当局明令中、中、交、农四行在沪设立四行联合办事总处及联合贴放委员会，办理商工农业票据之贴现与抵押放款。因之情形逐渐好转。而究其实际，其时上海金融。仍处于紧缩与呆滞状态中。直至民国廿七年三月以后，人民心理始形安定，而提存限制渐失失效，但欲发展工业，仍为环境所不许，用是市场游资，群趋投机一途，因造成资金逃避、外汇频缩之现象。于是财部于廿八年六月廿一日发出马电，再度限制提存，原文云：“查近因上海竞购外汇，希图资金逃避，亟应予以防止，以安金融。兹特规定自六月廿二日起，上海银钱业支付存款，除发放工资者外，每遇在五百元以内，照付法币，超过五百元者，汇划支付，专供同业转帐之用。上海以外各埠仍照旧办理，其有将存款移存内地者，不受此项限制。此顶办法，原为维持沪市金融措施。上海各界，素具爱国热忱，务仰共体此意，即同遵照施行为要。”上海银、钱两业公会接到马电后，即开会商讨，决议遵办。

惟是《安定金融办法》及《马电限制提存》，虽则两者功效相同，但其性质颇有区别。前者为全国性，包括全国各地存款，为中日战争爆发以来安定全国金融之非常办法；后者仅限上海一隅，且仅指法币及划头存款而言，战后同业汇划存款不受限制，为维持当时上海金融而定之临时应急办法。至于马电所产生之效果，首为各行庄发生提存风潮，市上法币奇缺，次为投机家遭受打击，忍痛向各投机市场，撤回资金，外汇回松，金市转跌，中外股市情况尤惨，此则不能不归功于马电。顾马电仅系政治上之力量，而无其他条件为后盾。一切经济问题，快非仅恃政治力量便可解决，而其功效只能及于一时，亦属彰彰甚明。

(二)外汇之变动

自战争西移后，上海有产阶级为保持其个人资金安全计，购买外汇黄金风气变本加厉。益以华北“伪联合准备银行”成立，以伪联准券掉换法币，借以套取外汇。政府为防止外汇漏卮计，于廿七年三月十二日，由财部公布外汇请核办法，三月十四日起停止无限制供给外汇，从此步入直接统制外汇之阶段。惟是其时京沪一带均已沦陷，政府对于上海已属鞭长莫及，因之实施外汇统制，无论在事实上及技术上，均多困难。且因须符合各国在华利益，符合一部分资本家及买办阶级之利益，同时无形中又须符合日方之利益，而受其损失者实为政府及大多数人民。因之陪都方面，曾加热烈讨论，以为(1)违反政府所采取之审核制度；(2)外汇基金因之大量消耗；(3)便利资金逃避；(4)增大贸易入超，以繁荣沦陷区之上海——认为政府此举，实为失策。但政府为关怀沦陷区人民，同时为顾全各国在华利益计，有不应维持，又有不得不加维持之苦衷。惟是外汇之基金有限，而黑市之需要无穷，因之上海外汇黑市汇率常趋紧缩，我政府为维持信用，顾全友邦在华利益计，于二十八年三月间正式成立外汇平准基金管理委员会，以英金一千万镑(内英国汇丰银行出三百万镑，麦加利银行出二百万镑，我国中、交两行合出五百万镑)为基金，以谋外汇行市之稳定。惟以日方套取方法层出不穷，除二十八年九月以来欧战发动，逃避资金一度返回上海外，其余期间，外汇颓势仍属无法挽回，不得不设法增加基金以厚实力。因与美、英两国再三拆冲，自二十九年十二月初即进行谈判，至三十年四月廿五日在美京华盛顿正式签字，计由美方供给平准基金五千万美元，英再借给基金五百万镑，连前共有外汇平准基金一亿一千万美元，自足使汇价松动，情势好转。自是以后，美汇辄在五元以上（合法币百元），英汇则在三四便士之间（合法币一元）。未几美、英两国，于三十年七月廿五、廿六两日，先后冻结中、日两国资金。同年十二月八日，太平洋战争爆发，上海为日军进租，于是外汇问题告一段落。兹将战争期间上海美英两汇变动经过列表于后，以供研究：

上海美英外汇行市变动表（民国二十六年七月至卅年十二月）

年	月	纽约（法币百元合）			伦敦（法币一元合）		
		最高	最低	平均	最高	最低	平均
廿六	七	二九．二五〇	二九．二五〇	二九．二五〇	一/二．二五〇	一/二．二五〇	一/二．二五〇
廿七	四	二七．五六二五	二六．七三〇	二一．九〇一九	一/一．二五〇	一/〇．五〇〇	一/〇．九七八
	六	二一．一二五〇	一六．五〇〇	一八．五一五〇	一/〇．二五〇	八．〇〇〇	八．九七〇
	八	一六．二五〇	一六．〇〇〇	一六．一五三八	八．〇〇〇	七．八五五	七．九三三
廿八	七	一二．六二五〇	七．七五〇〇	一〇．四一四一	六．五〇〇	五．〇〇〇	五．三六六
	八	七．七五〇〇	六．〇六二六	六．七二三六	四．五〇〇	三．二〇五	三．八〇〇
廿九	五	五．七五〇	四．三二五	四．七〇三一	四．〇〇〇	三．〇〇〇	三．五九七
三十	五	五．二五〇	五．一二五〇	五．一七四一	三．二五〇	三．一二五	三．一五二〇

资料来源：《银行周报》

由于资金之金避、外汇之频缩，于是战时上海金融市场顿感涛澜汹涌，风云开阖，币值则渐次下贬，货物则声势百倍。迨太平洋战争发动，外来物资顿告断绝，居奇囤积，视为故常，物价则青云直上，日方则勒索百出，而人民生活遂如陷水火，如入地狱，兹更略举有关上海金融市场之动态于次。

（三）币制之变动

自廿四年十一月三日以来，我国法币政策着着成功，获得全国上下一致之信仰。即在战争期间，虽或日军胜利，国军西退，法币仍得照常行使。日方虽有军用票及华兴券之发行，但在上海地区仍无法通行，只可视为虚盘而已。民国三十年一月六日，伪中央储备银行在南京成立。同月十五日，上海分行开幕，即发行伪中储券，与法币等值行使。但京沪等处，人民仍行使法币，伪中储券殊鲜人问津。自太平洋战争爆发，日军进驻租界，以法币套取外汇之惯技已无法再施，即有收回法币、推行伪中储券之计划。三十一年三月七日下午，日军事当局正式发表谈话，日军军用票之挂牌，以伪中储券为限，至日军用票对法币之交换，悉以市场行市为基准。三月九日，日本正金银行挂牌，军用票对伪中储券之行市，为出二十元，进二十元一角二分半，合中储券一百元。由于此项换算率之变更，法币与伪中储券即脱离等价作用。三月九日起，上海市银钱业同业公会临时联合委员会亦议决法币与伪中储券存款分别开户办法。当上币制更张之初，诼谣繁兴，群相兑换，伪中储券需要一时大增。伪中储只允每人每日以三百元为限，一般银号及小钱庄等，暗盘交易倍形活动。三月廿三日，伪中央储备银行正式挂牌定为伪中储券七十七元，折合法币百元，且委托金城、大陆等二十家银行，谦泰、永泰、厚吉、荣康等四十家钱庄代理兑换业务。是项比率显有刺激物价作用，维持一月有余，伪中储券仍为虚盘，人民仍以法币为交易中介，此为日伪所极端不满，而必思云之以为快。爰于五月二十日起中储挂牌，伪券与法币之交换比率由七七改为七四，自此且日有更动，廿一日改为七一，廿二日改为六六，廿三日改为六〇，廿五日改为五三，廿六日改为五〇。质言之，即伪券对法币定为一对二之比，同时军用票与伪券之兑换率亦于五月廿二日由昔日之百元之兑换廿圆者缩为十八圆，六日之中连日挂缩，金融物价变化空前，人心惶恐，不可终日。是时伪券对法币比价虽有变更，但在上海金融市场上仍得同样行使，人民窖藏法币之风仍难消灭。伪方乃定六月一日起为整理法币开始之日。限二月八日至六月廿一日，以中、中、交三行法币掉换伪券；凡行庄存款，均以二对一之比率折合伪券；对于民间所存法币，则由伪整理币制委员会负责，委托上海各银行及所属分支行共一百二十单位、钱庄六十七单位、办理收兑事宜。后以民间藏有法币者，为数可观，特自是年十一月一日起，至同月三十日止，再行实施最后交换一次。上海人民本极敏感，投机风气本极盛行，而此次币制变动更足以助长其势焰。

（四）投机之猖獗

事变发生以还，上海投机囤积之风即已盛行。顾在战争初期，物资之来源未断，人民之心理安定，政治则力量较充，通货则膨胀有限，投机居奇之流尚为事实所限，不易多所作为，只可在外汇、黄金等市场活动，次及纱花、外币等处。迨外汇频缩，黄金、纱花频涨，其他物价渐如磁铁之相吸，山钟之相应，亦受其影响而逐步上翔，但在三十年十二日以前，物价之上升程度尚属有限。自太平洋战争发生，上海已为日军进驻，国际之交通停顿，物资之来源中断，不特黄金、纱花身价日高，即一般物资亦成投机对象，用是居奇囤积，相生相成，而物价乃成燎原之野火、泛滥之洪水，一发不可收拾，涨势日趋猛烈，请参阅《上海之战时经济》一文，便知其详。伪政权亦复迭次会议，商筹对策，诸如增加生产、抑平物价、惩治投机囤积等，均会订有条例，严加惩处。所惜伪政权官吏均抱京兆五日之心，好官自为之旨，非躬预其盛，即乘机牟利，则其功效如何，自可逆测知之。

至于与金融方面有关者，为收缩通货。伪政权在此方面，亦颇有所努力，如：

1. 举行储蓄周：伪中储银行于卅二年九月十五日起至廿二日止举行储蓄周，策动上海市银行一百六十余家全体参加，以吸收定期存款为目的，以总额五百万元为目标，以国人为存款对象。对于存款人除给予应得利率年息一分，到期还本外，并给予资金。

2. 取缔金融机关开发远期本票：伪中储银行检查金融事务处，鉴于当时本市一般小银行、钱庄，专以开发本票为资金之调拨，流弊滋多，爰订定《取缔金融机关远期本票办法》五条，自卅二年十二月一日起禁止各金融机关开发远期本票，即在十二月一日以前所发行者，限十天以内一律清理完竣。

3. 发行金证券：自卅四年三月以来，上海金融市场上证券随金价而上升，投机更形猖獗。伪政权于是决定发行金证券，以谋金价之安定者，谋物价之安定。此项金证券，票面分一两、五两、十两三种，认票不认人，于卅四年五月七日起至同年九月二日止，共计发行五期。兹将每期发售数量到期及售价等列表于后：

期别	起迄日期	发行总额	单价	合计	备考
第一期	三十四年五月七日至六月八日	一三九五七两	七八〇．〇〇〇元	一〇八八六四六〇．〇〇〇元	
第二期	同年五月二十一日至六月二十二日	三〇六〇二两	八三〇．〇〇〇元	二五三九九六六〇．〇〇〇元	
第三期	同年六月四日至七月五日	三三〇二七两	一、二五〇．〇〇〇元	四一二八三七五〇．〇〇〇元	
第四期	同年六月二十日至七月二十一日	二七、七六八两	二、〇四〇．〇〇〇元	五六六四六七二〇．〇〇〇元	
第五期	同年七月三十日至九月三日	不详	随市作价	七月三十日金价为八二八万元，八月十八日提前兑换尾差按七百万元计算	

以上一、三两项办法，目的在收缩通货，可无论矣。第二项则在收缩信用。按理物价可以回平，而衡之实际，适得其反，则以储蓄周之举行毫无成绩，远期本票虽云禁止，但拨款单及近期本票先后盛行，则信用自无法收缩。尤以金证券之发行，价格每期上升，不特不能抑平物价，且有领导物价上升之作用。则所谓制止投机者，本身先大投其机，更何能禁止他人之不投机？兹更将战时金价变动列简表于后，以供参考：

战时上海金价变动简表（民国二十六年七月至三十四年八月）

年	月	金价	年	月	金价
廿六	七	一一四三.〇〇	卅一	六	二二〇九一.〇〇（注）
廿六	十二	一一四二.〇〇	卅一	十二	三一四六一.五〇
廿七	六	一七六〇.〇〇	卅二	六	五四三〇四.〇〇
廿七	十二	一九九九.〇〇	卅二	十二	九六八八〇.〇〇
廿八	六	二四四四.七九	卅三	六	二〇九六六六.六七
廿八	十二	四一三五.五八	卅三	十二	七三〇五七一.〇〇
廿九	六	五六四五.三一	卅四	四	七三九六九一三.〇四
廿九	十二	六〇二二〇〇	卅四	八	七一二五〇〇〇〇.〇〇
三十	六	六四一五.〇〇			
三十	十二	一三二四九.五〇			

注：卅一年二月起至卅四年八月止，金价系以伪中储券计算。

如以廿六年六月金价为基准，则至三十四年八月，金价上涨六万二千余倍，则其时金融市场情势之动荡，自可借以通概其余。

（五）历年拆息及存放款概况

战时物价上涨，财富偏集，是以通货虽极度膨胀，但款项需要程度仍极迫切，因之存欠拆息均见高昂，尤以民国三十四年后五月间暗息有昂达三四角者，仅二三月间本金即可加倍，而通货数量之膨胀亦可于存放款中见之。

一、民国卅六年七月至卅四年八月上海拆息变动表

年份	六月			十二月		
	存息	欠息	日拆	存息	欠息	日拆
民国廿六年	——	——	——	三.七一	根据坐盘照加	〇.一八
民国廿七年	——	——	——	三.一三	根据坐盘照加	〇.二八
民国廿八年	——	——	——	四.三八	根据坐盘照加	〇.二七
民国廿九年	——	——	〇·二五	四.五四	一四·二〇	〇.〇七
民国三十年	——	——	〇·〇七	二.〇〇	一二·六〇	〇.〇七

（续表）

年份	六月			十二月		
	存息	欠息	日拆	存息	欠息	日拆
民国卅一年	——	——	○·二五	三.五○	二一·七五	○.三○
民国卅二年	——	——	○·五○	五.七五	三三·○三	○.五○
民国卅三年	——	——	○·七○	一○五.八	五○·五○	○.九○
民国卅四年	二五	九○	一·一○			

资料来源：《银行周报》

二、上海金融业存放款简明表（注：均以千元为计算单位）

年　　月	存款总额	收款总额
卅一　十二	一六一六三八八○○○	一八五九五三三○○○
卅二　七	二四二八九一一○○○	三二六二九六八○○○
卅二　十二	三七三三五五二○○○	四九五四七四九○○○
卅三　七	六四五五二○四○○○	八四五九五七二○○○
卅三　十二	一一七九一一九一○○○	一五五一二三九四○○○

资料来源：《银行周报》

三、上海票据交换所历年交换统计表

年月	现钞	划头	合计
廿六年	三一一九六 二四八六二五.六八	二六一一八八四 六八二.八一	五八○八一二八 三○八.四九
廿七年	五三○六四 八一二.九八	一二二三二八九 三○七.九一	二一七六三四四 一二○.八九
廿八年	三六二五七○四 五五六.四四	一四○五二三八 五七一.四八	五○三一○四三 一二七.九二
廿九年	一○○○○ 二六二二七七.四八	一○七九八二七 四四四.九六	一一○八○○ 八九八二二.四四
三十年	一四九五一七○四 二六一.二五	三三八九四八 六一九.六九	一五二九○ 六五二八七八.九四

（续表）

年月	现钞	划头	合计
卅一年	五九一五三三九〇四．〇五	三四九四六六五七一五．九四	四〇八六二〇一六一九．九九（一）
卅一年	二五七八五一〇七七九．〇八	五八一九〇二三一九一．九四	八三九七五三三六七一．〇〇（二）
卅二年	一五八四五二七一九九四．三七	四一八六四．二五九七六二七四	五七七〇九六三一七五七．一一
卅三年	二四七八三八四一九五四五．九五	一〇八六〇五六一四〇二〇〇	二五八七〇〇九八〇九四七．九五
卅四年	一九二一三六〇八四七〇〇．八二三九七二二八六六八七三七七．〇〇		

资料来源：《银行周报》

（一）以前全系法币票据交换数。（二）以后全系伪币票据交换数。

丁、胜利后之上海金融市场

暴日求和，终成事实，中华胜利，如愿以偿，故国之河山无恙，人民之耳目一新，苟能由此发展工商，增加生产，本属绝好时机，奈何政治纠纷，无法解开，军事行动，无法停止，而上海金融市场受其影响，亦渐由灿烂之极归于平淡，又觉无善足述。兹述胜利来上海金融市场上之重要动态于下：

（一）伪币之兑换

自日伪投降，国军莅沪后，伪中储券之收兑已在意中，各方对于伪币处理问题纷纷讨论，以谋求得合理解决。嗣京沪区财政金融特派员，于卅四年九月廿八日发布公告，规定伪币收换办法如次：

1. 伪钞准以二百元换法币一元，由中央银行及其委托之机关，办理收换事务，收换规则另订之。

2. 自民国三十四年十一月一日起，至三十五年三月卅一日止，为收换期间，逾期未持请收换之伪钞，一律作废。

十月廿四日，中央银行公告订定伪币收换办法内第三项有“苏浙皖省内之中国、交通、中国农民三银行，中央信托局，邮政储金汇业局，市银行、省银行、或地方银行，及四明、中国通商、中国实业、中国国货等四银行，并各税收机关，均由本行（中央）委托为代理收换机关。各当地无上述五行局者，由邮汇局委托各地邮局收换”之规定。

自此项办法公布后，民间纷纷议论，一则以为兑换比率过高，影响人民生计汇汪，二则以为兑换行庄过少，不能适应人民需要。兑换比率过高，固与人民生计不利，惟是通人之愿窖藏伪币者绝少，再则此项办法颁布后，货物因价廉而销路大。增促成上海之短期繁荣，亦未尝无其利益。至于兑换行庄过少，确系事实。后中央银行又订定《上海市各银行钱庄代理收换伪中储券及按比率折合法币收受存款向中央银行兑取法币及转帐应行办法》，凡准予继续营业之各行庄，均得代理收兑，或将原有伪币存款，改为法币存户，自经此次改良后，对于人民兑换法币，方便多多。据查伪中储券发行总额为四尤一千九百九十三亿强，至三十五年五月底止，大部均已收兑竣车，从此法币又可各地通行。回首民国二十四年十一月三日法币政策之推行，自不觉感触多端，悲喜交集。

（二）外汇黄金之开放与动荡

法币与伪钞之交换比率，既与事实不符，于是上海市场上，物价腾踊，民生凋敝，而投机之风盛行，国外物资，因外汇关系，无法输入，而黄金运渝牟利，尤盛极一时，政府针对当前局势，不得不通筹办法，三十五年二月廿五日上午，国防最高委员会开会时，行政院长宋子文氏，临时提出开放外汇市场案，将现行官价外汇（即二十对一）汇率，予以废止，并规定中央银行应斟酌市面情形，并依照供求实况，随时供给或收买外汇，以资调节，而防止过度之波动。原案以当时买卖外汇，无公开市场，对外贸易，陷于停顿，因之工商企业，并相观望，实为经济复员之一大障碍。近更牵动黄金市价，尤足影响金融刺激物价，自应速将汇市纳入正轨，以促成经济之发展，与民生之安定。其办法有关金融市场者为：

1. 现行官价外汇汇率，应予废止，中央银行应察酌市面情形，并依照供求实况，随时供给或收买外汇，以资调节，而防止过度之波动，对于外币钞票及黄金之买卖，并依同样原则办理。（原办法第四条）

2. 政府指拨美金五亿元，为法币准备金，并饬中央银行于现有外汇中，划出一相当数量，作为基金，以作随时平准市场之用。并应充实现有机构，指定要员，专负指挥运用之责。

卅五年三月四日起，外汇市场开放，上午十时，中央银行挂牌，美金电汇二千另二十元卖出，一千九百八十元买进，其他如英汇港汇等，均无明文规定，仅能根据美汇套汇方法，间接计算。五月八日起，中央银行对于黄金，亦加以管钛镁合金，是日上午十时央行通知上海金业公会会员六十三家，登记者，以一百六十五万一条（十两）之行市开价，当日售出金条一百根。开始数日，黄金曾反动上涨，见一百八十二万元高价。但以央行尽量供给，卒能平定。尤以五月初旬，投机家估动，数日之间，央行抛售黄金四五千条，结出美汇六十万美元以上，以此计算，央行所吸收之头寸当在法币一百亿元左右，而上海行庄存款仅在五百亿之间，一旦抽紧五分之一，对于市场银根自可发生极大影响而有控制之权力。

此项外汇黄金开放办法诚有其缺点，但在当时，外汇既不能不开放，而黄金投机又不能不制止，收黄金为国有，不过高调，绝难成为事实，惟此则较易行得通，所认为最大缺憾者，即系对美汇率，与事实相距过远，未能如初写黄庭，恰别好处，因之徒然浪费外汇，危害工商，苟能加以适当运用，对美汇率，开始能定在五六千元之间，则外汇基金之动用，既可较少，而工商业之情况，亦可较善，所惜当局计不出此，以致不久美钞发生黑市，至八月十九日，政府宣布提高对美汇率，由二〇二〇元增至三三五〇元，黄金亦递升至二百数十万元一条，来日大难，遂感无法收拾，所谓一着之失，召满盘之输者，良有以也。兹更将美汇、美钞及黄金动荡情形列表于后，以供参考：

年	月	美汇	美钞	黄金
卅四	十二	一〇	一二一七．二五	七三一三七四．〇〇
卅五	三	二〇二〇	二〇〇一．三〇	一五六二九一七．〇〇
	六	二〇二〇	二五八八．五〇	一八九九七九二．〇〇
	九	三三五〇	三五五三．〇〇	二一三七五〇〇．〇〇
	十二	三三五〇	五八九九．〇〇	三一六四六〇〇．〇〇

资料来源:《银行周报》

（三）交易所之复业

华商证券交易所，成立于民国十年，当时实以经营公债为主，公司证券，绝少开拍，抗战发生，证交奉令停业。然因物价日涨，工厂多有盈余，社会人士，对于股票，渐感兴趣。民卅二年九月，伪政权通令华商证券交易所复业，股票申请上市者，一百〇九种，经纪人有二百名，一时门庭若市，游资争集。自胜利来临，一时又陷于停顿状态，所有证券交易，均在黑市进行，政府人民，均感不便，于是决定重开证交市场，于卅五年六月间开始筹备，迄九月，已筹备就绪，九月九日正式开业，定名为上海证券交易所，杜镛为董事长，王志莘任总经理。九月十六日，正式营业，初以美式配备，非国人所素习，进行时不无困难，且以人心观望，股市下游，各方对证交当局，颇多两难，待入卅六年，大众对于美式配备，已与日俱进，运用娴熟，而证交当局，复举行递延交割，以便利大众之投资，用是营业鼎威，价格奔腾而上，向之不满证交当局者，亦复变更态度，兹将证交复业来各种重要证券行市列表于后，以见变动之一斑。

股票	面额	三十五年九月		三十五年十二月		三十六年二月		三十六年四月十七日
		最高	最低	最高	最低	最高	最低	
永安纱厂	十元	七七九	六二六	七〇〇	四〇七	二三六〇	二〇五〇	四〇二〇
信和纱厂	十元	三六〇	二八三	三〇二	一八二	八三四	三一三	一七九〇
美亚绸织	十元	四六二〇	三一五〇	二五八〇	一四五〇	六〇八〇	二二四〇	一四〇三〇
新光内衣	十元	三一八	二六五	一九三	一三〇	六八一	二四八	一二一五
景福衫袜	十元	三〇二	二三〇	一七〇	一〇一	六〇八	二二〇	九〇（注）
南洋烟草	十五元	一〇三〇〇	九〇〇〇	一、一五〇（注）	九五〇	三〇〇〇	二四八〇	一〇五〇〇

资料来源:《银行周报》

注：南洋烟草自三十五年十一月起增资，改为新股。景福衫袜自卅六年四月起增资，改为新股。

由上表便知上海证券市场近来上升之猛烈。苟工商能向正当途径发展，证券价值本应日增，但我国股值之增加，一则为游资之泛滥，一则为投机之作祟，尚未能步入正轨。此在能左右市场，获取暴利者，固属左右逢源，财富日增，但不幸而损失者，实足倾家荡产，如何方能去短用长，除旧布新，尚待各方之努力。

（四）经济紧急措施方案

上海金融市场，自胜利后迄未能安定，以前金钞变动即可知之。追入三十六年以来更变本加厉，尤以金钞之激升为烈。二月六日，黄金十两已升达四百九十一尤元，美钞为九千三百元。不图至二月十一日，黄金更狂涨至九百六十万元，美钞则飞升至一万九千元，六日之内，金钞上升一倍，促成物价之上翔，扰乱金融之安定。尤奇者，昔日抛售黄金四五千条即可发生绝大效力，今即抛售黄金二三万条，仍感无济于事，非特人言啧啧认为其音含有政治作用，且以为负有指挥运用之责者亦难辞其咎。于是卅六年二月十六日，国防最高委员会通过经济紧急措施方案以谋补救。就是则言，计有（1）关于平衡预算事项；（2）关于取缔投机买卖安定金融市场事项；（3）关于发展贸易事项；（4）关于物价工资事项等四种。至就办法言，则有（1）关于日用品民生日用必须物品供应办法；（2）取缔黄金投机办法；（3）禁止外国币券流通办法；（4）加强金融业务管制办法；（5）修正中央银行管理外汇暂行办法；（6）银楼业及首饰店金饰处理办法等六种。此外尚有日用品供应细则之规定。而所需应用之法令，尚有（1）取缔违反限价议价条例；（2）非常时期评定物价及取缔投机操纵办法；（3）非常时期农矿工商管理条例；（4）非常时期取缔日用重要物品囤积居奇办法等四种。洋洋洒洒，可称应有尽有；大刀阔斧，堪称对症良药。顾就整个方案而言，盖已步入统制经济之途径，而欲求统制经济之发生实效，又须视政治权力之集中，人员办事能力之加强，以及信赏必罚，公平待遇为必要条件。质言之，有可行之法，必有可行之人，且须获得人民之合作，方可生效，而此等条件，吾国似未见具备，兹再以取缔投机买卖安定金融市场事项而言，即日禁止黄金买卖，取缔投机，即日禁止外国币券在国境内流通，任何独立国家，均应如是，原则上当然绝对完善，苟就其办法有，二月十七日，中央银行正式公布黄金牌价，每条国币四百八十万元，美钞牌价，每元合国币一万一千六百四十元。就黄金牌价言，昔日央行售出，曾达七百三十万元以上，今欲以四百八十万元价格牧进，人民方面，谁肯心愿，苟不心愿，则不久黑市发生，而黄金收买，便等具文，再言美钞收买行市，为一万一千六百四十元，较之昔日挂牌三千三百五十元者，约增四倍而弱，则人民之藏有美钞者，自愿出其所藏，易取法币，则政府收购成绩，定可较佳。此则不啻明示政府所定原则，固极重要，但办法亦不能稍有疏忽，苟不能为民兴利除弊，而只知剥削人民者，则办法绝对不能行得通，办法既行不通，试问尚有何功效，试问人民与政府，在各行其是之情况下，尚有何合作可言。最近三中全会通过之经济改革方案，乃继经济紧急措施方案而代兴者，内容大致相同，其功效如何，不在施行之法，而在执行之环境与执行之人士，亦即吾国昔所谓治法治人，不可偏废者是。

（五）胜利以后上海市场拆息存款及票据交换概况

胜利以后，上海金融市场仍在动荡中，是以拆息等均未见如何改善，但暗息在民国三十五年音，最高时约在月息二角左右，同时工商业不振，为高利贷所扼，无法善后，而倒帐之风，遂时有所闻，对于金融界亦感受莫大痛苦，自入三十六年以来，暗息只在角半左右，而市场银根常处宽弛状态，有以致之。

一、民国三十四年九月至三十六年三月上海拆息变动表

年	月	存息	欠息	日拆	暗息	中央重点现息
卅四	九	六.〇〇	九〇.〇〇	〇.二〇	——	——
	十二	九.〇〇	七〇.〇〇	〇.三〇	——	——
卅五	一	九.〇〇	七.〇〇〇	〇.三〇	——	〇.六〇
	三	一二.〇〇	八〇.〇〇	〇.四〇	〇.二二	〇.六〇
	六	一五.〇〇	八〇.〇〇	〇.五〇	〇.二〇	〇.六〇
	九	一五.〇〇	一五〇.〇〇	〇.五〇	〇.二〇	〇.六〇
	十二	一八.〇〇	一三五.〇〇	〇.六〇	〇.二〇	〇.六〇
卅六	一	一八.〇〇	一三五.〇〇	〇.六〇	〇.二五	〇.六〇
	三	一八.〇〇	一三五.〇〇	〇.六〇	〇.一五	〇.六〇

资料来源:《银行周报》

二、上海金融业存款统计表

年　　月	活期存款	定期存款	存款总额
卅五　一	三六〇一六五八四〇〇〇．〇〇	四九五九一三〇〇〇．〇〇	三六五一二四九七〇〇〇．〇〇
三	五四七六四九〇〇八三三．一二	五六四九五六四三一．〇五	五五三二九八五七二六四．一七
六	九八六二六五八六二五四．二六	一七九四九五六一五六．九二	一〇〇四二一五四二四一五一八
九	一八二六二九九八三六六八四二	四七五二九六七二六三．一三	一八七三八二三五九九三一．五五
十二	二二一一五六五二八五三八．九九	一五八九五九一七四三三四．一二	二三七〇五二四四五九七三．一一
卅六　一			三〇四六七一四六五〇九二．二七
二			三六九一七八七三四九八九．七五

资料来源：《银行周报》

三、上海票据交换所票据交换统计表

年　　月	张数	金额
卅四　十一	二六六六〇九	八八三六三六五二二三六．三三
十二	四三三二〇六	一九七六三八四五三二二八．八〇
卅五　全年	一八八二四六一五	四五七三二五八六七一三一八四．〇八
卅六　一	一四五九一三八	六〇六八五八六四〇八三〇九．一五
二	一九一〇〇八一	一〇〇五二五八九一四七六五八．四〇

资料来源：《上海票据交换所月报》

四、结论

上海不特为吾国金融重镇，东亚巨埠，即在世界市场上，亦有其他位，近三十年来之金融史实，可称浩如烟海，罄竹难尽，今兹仅能提纲挈领，述要如上。同时吾人在叙述之余，加以检讨，则觉在此数十年中，上海金融市场，初非墨守成法，而能随时改进，由昔日散漫紊乱之情态，趋向严密整齐之组织，述其优点有：

（一）币制之统一：在昔上海金融市场上，银两并用，且有银角铜元等。什然陈列，无论交易携带，均感不便，而金融界当局，以及经济学家，均根据原理，发为议论，竭力主张改革，其间虽迭经阻碍，卒能完成目的，由银两并用而至废两为元，复由废两为元，而实行法币政策，凡此等等，固表示吾国币制之进步，亦即上海金融市场之进步也，所惜目前法币政策固已通行全国，但台湾，东北以及新疆等省，或者仍用旧币，或者另发流通券，虽云有其苦衷，要属美中不足如何设法统一，实为不可稍缓之举。

（二）业务之发展：民元以来，上海金融业务长足进展，一日千里，此则无论以行庄家数言，或以存放款数量言，均可窥其究竟，而其所以致此者，虽曰时会使然，顾金融机构，尤其银行等，颇能延用人材，实施管理，一切效法欧美，复能适合国情，即令暴风雨之来袭，一时不免受有损失，但瞬即云过天青，一切又欣欣向荣，此亦上海金融市场足以自傲者。

（三）票据交换之合并：一地间票据交换之多寡，可藉以明了当地工商业发展之概况，因是票据交换数量之多寡，与工商业之盛衰，息息相关，上海情形，因有投机及通货膨胀等问题，尚难一概而论，但票据交换，对于银行方面以及工商业，确有不少便利，此则无容否认者。但就上海票据交换状况言，以前外滩银行之票据，系在汇丰银行交换，钱庄另有其汇划总会，以为轧算公单之所，华商银行之票据，直至民国二十二年一月十日，始有正式交换场所，一国三公，各行其是，非特票据交换确数，须多方调查，而其地方割据措施，更宜改革，直至民国三十四年胜利后，等组织上海票据交换所，隶属中央银行，爰将昔日三分情形，加以一统，而上海票据交换，乃有集中场所，此亦上海金融市场上之一大进步也。

（四）金融制度之改进：在昔上海金融机构，甚为散漫，外国银行既独树一帜，钱庄复根深蒂固，本国银行家数既少，势力单薄，后有银行公会之组织，情势已渐趋健全，迨中央银行成立，金融组织已有领袖，益以信托公司，交易所等，有如众星拱月，群流汇海，此就表面言，上海金融制度，已趋完整，惟就实质言，运用尚未见灵活，如何能组成整个体系，以谋上海金融市场之发扬光大，尚待后来者之努力。

近三十年来，上海金融市场，形式、精神方面，均有长足进展，乃属众所周知，则其所以能一日千里者，金融当局之勤奋从公，培植人材，防风雨于前夕，聚沙塔于多明，是乃累积而来，初非朝夕之功。顾上海金融市场，迄今虽已进步多端，但其缺点亦复甚多，诸如：

（一）利息之高昂：在昔市场上通行利率，约在月息一分左右，较之欧美各国之利率，仅年息二三厘者，相云甚远，乃自军兴以还，通货虽云膨胀，财富已成偏集，现款需要，得因物价高翔，数量增巨，有昂至月息三四角者，即今暗息常在一角半左右，此等现象，虽有其因果关系，供需定律，但利息不能减低，则物价上涨，势必更速，否则倒闭又将发现，此一问题，仍待各有关方面之商讨解决。

（二）投机之盛行：鸟为食死，人为财亡，名利两字，通人均难摆脱，何况上海洋场十里，五方杂处，见闻既广，虚荣益甚，为求平步青云，惟有奇军突出，此投机之所以盛行也。顾在平时，或则有政治之压制，或则受供需之支配，投机求富，尚有顾忌。自中日战争爆发，物资来源断绝。居寄囤积，暴利可求，而投机之风，一时盛行，迄今此中劣根性，尚深入人心，苟不能改正视德，所谓人心已死，国将不国。

（三）票据贴现之提倡：各国金融市场上，款项之存欠，以票据贴现之利用，最为活跃，盖一则有时间之关系，二则便正当之需用，三则即有风潮发生，可以转贴现以资流通也。今我国金融市场上，款项贷放，仍守旧法，一有风潮，便难应付，此票据之贴现及重点现，及公开市场等办法，均有提倡必要。

（四）工商企业之联系：金融市场，以资金融通为能事，工商企业，以物资供应为能事，两者如有唇齿，密不可分，工商无金融之协助，事业无由发展，金融无工商为后盾，一切成虚幻，年来金融界与工商业，虽未见南辕北辙，背道而驰，尚未能珠联璧合，水乳交金。此后尚望双方关系能日趋密切，以谋双方之互利。

自抗日战争胜利，全国喁喁望治，虽以政治纠纷难戢，军事无法停止，但分久必合，乱久必治，我国将步入康庄大道，已有端倪可寻，但欲谋国家之长治久安，则经济建设，实为首要，我全国上下，实不应再斗意气，争私利，而应以国家为重，建设为先，庶可谋吾国之复兴，而入世界之强林，届时上海金融市场之任务，当更为伟大而重要，而金融与生产亦可打成一片。

银行周报 1947，31(21)

上海城市品牌发展近代史料辑录

上海服务

2

上海图书馆 —— 编

上海科学技术文献出版社
Shanghai Scientific and Technological Literature Press

三 贸易

光绪十八年上海口华洋贸易情形论略

光绪十九年二月二十一日三品衔江海关税务司裴式楷呈报

窃查本口贸易情形，据耳所闻，西商中谓市道大衰者十居七八，然亦有谓本年尚不得谓之衰者，揆诸目见，正复相同。但此中亏蚀资本者，不乏其人间有所设行号，岌岌可虑，甚至挹注无方，势将倾倒者，盖其病在外洋商情，如赌博者然，全凭运气，以致如此，非所论于中国平常贸易也。若论本口贸易，尚属平稳，惟当此时势，人有戒心，相率不敢营运，欲俟略有转机，始敢再整旗鼓，此乃一时不甚流通，究不至永贻为患，是有剥极则复之一日也。本年洋货土货进口，除复出口不计外，及土货出口外，净值关平银六千二百三十九万四千余两，较之去年值价净银六千五百九十七万五千余两，所绌无几。推其所由，确非贸易不旺之故，盖盈虚消长，本自难齐，或赢或绌，亦所恒有耳。

一，本关税课

共征关平银六百三十七万一千五百余两，稽之册内所列各项货税，较之去年虽属见绌，然综较历年所收尚属有盈。盖去年税课之旺，本为从来所未有，故不能以此例彼也。本年最旺者，惟出入内地税一项，其余货税俱逊一筹，洋乐税厘一项尤觉相形见绌。

一，外洋贸易

进口洋货册内所载净数，共估值关平银一千五百一万七千余两。最显见者莫如美国运进之货，较之去年计少十成之三。推求其故，始以为美国新改则例，重征进口税，他国去货既税重价昂，则本处之货必随之而涨，或因此而罕有出口者。迨询知深明此中情形者，则谓去年本口积存之棉布尚有未曾销罄者，亦有多在出处当地销去者，又值秋收之际，棉花价值大涨，竟较平时贵至四分有余，以故进口之数见少。印度棉布比去年多至一倍，日本布则多至二倍，棉纱自印度来者去年已见加增，本年更觉大旺，虽价值每担较多十三两，而行销并不滞碍，谅因银价较贱，业此者有利可图。大宗闻俱由华商运往四川、湖南两省为多，铜铁之类俱有减无增。火油一项进口较去年为少，而俄国之油尤甚，因美油跌价求售，运油之船水脚又贱，以故俄油无甚销场耳。

出口土货约共估值关平银三千八百八十六万两，较去年略绌。复出口土货约共估值关平银四千六十七万余两，则比昔年为赢。北方土产甚旺，贸易故日见其盛。茶叶一项无甚上落，如下等粗茶每担跌至十两之时尚可获利，其在英国易于销售者，以印度一带歉收故也。上等细茶几无人过问，洋商在本口购进之茶约有微利可获，而华商所办汉口九江茶俱有亏蚀，顾银价一贱，与运茶贸易固有便益，且与外洋用金购茶亦多合算，惟业茶者往往于银贱时，思将茶价抬昂一二，以冀互有所获，此固商人牟利之心所在皆然耳。绿茶生意本年较好，因在美国售茶之人颇有成算，运往英国数较平时为多，考之册内，转往印度亦日见其多，始疑运去之华茶或搀和印茶以期味厚易消，嗣闻此茶实往印度西北地方，且在此经办者又皆彼处土人，是固信而有征者也。丝一项出口赢于去年，其往欧罗巴洲之数，除英国不相上下外，余皆约多几分，而意大利一国尤觉为多，本省所出之丝佳，而西方各省则无甚高低，欧洲丝市本年自春及秋尚未见有动静，至七月后方有起色，因此价值大涨，较五月间约贵三分左右，至八月内价更见涨，迨八月后始渐低落。近来外洋绸缎转复兴行，乐用者众，以故丝市日见其旺。虽闻各厂工匠时有把持停工，与疫症流行以及金银价值起落无定，种种不便商务之处，然与丝市尚无损碍。意大利之多购华丝者，系因络经工价甚廉之故，英国近来人工较前倍贵，各国亦复皆然，故以彼洁此未免相形见绌。本年业丝华商无不获利，西人员买丝用钱近虽较逊于前，然贩往外洋尚有利可图。至于购买金银票之价，与各项贸易固有关系，然据商人说及，若买一项仍喜收买也。

一，船只

进出口以及吨数，去年已见加增，而本年尚较去年略多。若按各国旂号分计，无甚新事可纪。英国只数虽较少，而吨数尚觉多，中国亦渐见其多，日本则似觉见少。兹且言吨多之故，盖吨位关乎船身加大，吨自见多。以吨数之多，补船只之少，犹觉年胜一年。合计本年之船，每只有一千二十二吨，去年则九百八十一吨，前年则九百三十吨，推之前十年只七百六十吨。本年二月间，奥国有新设之公司邮船，经由印度孟买首次来沪之船，名棓来礼施，各船旂号册内虽载属分何国，然亦不足为据，盖其船属何国商人经办，即换何国之旂，在不知者以为某国船吨较多，其实则因时时换旂故也。载货水脚仍是有跌无涨，现在货装公司轮船或常往来之船，自沪至伦敦，每吨约银十两；如装不常往来并无准期之船，自沪至伦敦每吨约贱一两；从美国装运来华之火油，水脚之贱更出人意外。是以由轮船装来者居多，现由美之纽约装到本口，每箱二钱二分至二线四分，愿装者颇不乏人，惟去年年底水脚则多至一倍。

一，旅客

来往之数，长江年多一年，自沪至汉客位水脚只须两元，各轮船行综计所入之数虽较少于平时，然亦相去无几。当时颇有议及水脚之贱，实与行旅不便者，盖恐宵小混迹其中，因而滋生事故。今细按之，亦不尽然，若辈既欲试其探囊伎俩，即水脚再多一倍，彼亦在所不惜，因有取偿之处也。

一，金银

出口去年已见为赢，本年则又赢一倍。金条出口计值关平银七百余万两，出口之赢于进口者，谅系富户积存售出之故，据银行中述及华人多愿做此交易，因以金易银近颇得价，访诸华商所言亦皆符合，且谓金价不能常贵云。近来华商中颇有购买黄金银汇票，其银流出外洋至今未见归复者，故至年底存银见少，银折亦因而见涨。

一，药土

洋药本年进口绌于去年，而趸船提出之数亦较去年为绌。其价每箱约涨多五十两。因印度天气旱干，收成歉薄，业户又多居奇囤积，不肯售出，又以本口华商与洋商交易银期常有轇轕，现在滞积存栈之数实较往年为多。窃揣情形，若印度洋药价不见增，此项贸易未必遽损。但来价一昂，进口必少，向食洋药者必改食土药。土药一盛，流行日久，势必人皆喜食，则洋药将为土药侵销矣。故洋药进口之多少，总以价值之涨跌为衡。价值愈涨，进口愈少，此亦必然之势也。乃本年有种药水名"莫非耶"（即华人所谓安眠定神药水），进口至一万两之多，有心世道者见之无不骇诧，以其同是伤人之物，西人不敢用，乃华人不知轻重，偏又嗜此。从前进口，本关因示西人作药之用，无关紧要，未经开列名目，今则华人喜食较多，故将莫非耶一项另行登列，以冀触目知悟焉。

土药本年进口较多，均系来自长江，约有二千余担，实为历年来所仅见。本年略有贩往加拉巴售与该处华人所食，本年亦复如是。

一，杂论

关栈本年储货较历年为多，至岁暮时所储之货尤较历届为多。因经手人用钱及各项杂费争相贬价，故无本商人图不先纳税之利，且较商栈示多一入栈之费，因此咸愿存在关栈，则以后存栈之货必愈见其多。织布局所出之布甚多，但其中尚有可议者，如各股东迄未分息，经办局务者又迭更其人，而各司事亦必随总办更易，以致作辍无常，不能一气直接，而当其任者又未谙市情，故不获收因时制宜之效。至本年有关行船碰撞之事，其要有二：一在白节山之水隘处。招商局富顺轮船碰沉德商禅臣行之北京轮船。一在吴淞淤沙相近，英商太古行杭州轮船碰沉和兴行之飞马轮船，该船仍沉于原处。吴淞淤沙至本年冬天更形浅滞，为历年所无，往常大船经由之水道，今竟不能驶入。惟近浦之东岸，每至冬令有一水道，然大船向不经此，至本年冬天始改此道出入，人皆以飞马道称之，以为飞马碰沉于此，水势冲溜较深，大船较可畅行。但水流改道之处，以本关历年册籍考之，实非由飞马船沉没之益也。本埠丽如银行倒闭，存银之人大受其亏，有利一行暂停，即启存银，各户尚无亏耗。

进口洋货土货，按市价估算，共约关平银二千三百五十三万四千七百三十八两，除去进口正半税及栈租杂费等项银五百三万三千六百九十四两，起岸之时实净值银一千八百五十万一千四十四两。土货出口按市价估算共银三千八百八十五万九千九百九十七两，加出口税及栈租杂费等项银四百三十万六千五百八十六两，下船之时实价银四千三百十六万六千五百八十三两。合并声明。

万国公报 1893（58）

光绪二十一年上海口华洋贸易情形论略

二品衔江海关税务司贺璧理

窃查上年岁暮，论商务以及国政，几有不能预料之势。幸至今春，战事渐平，贸易忽见转机。正月间，朝命张、邵二星使赴日议和，虽未开议，嗣命李傅相前往，即在日本马关议订和约，随于三月二十三日彼此画押，旋即批准换约，偿银二万万两，约合英金三千三百万镑，并将台湾全岛及辽东迤北一带至营口牛庄一口而止割畀日本。后由俄、法、德三国居间说合，辽东仍还中国，由中国再偿日本银三千万两。惟此款于本年封冻后，甫经议结，是以本年牛庄一口暂归日本，往来各货当与外洋同观。则出入是口之货值势必大绌。查上年来往牛庄各货价值八百余万两，本年只四百五十万两。是则牛庄一作外洋，即与上海贸易不无关系。爰将细数分列于下，庶阅者知其大概焉。查洋货由上海转往牛庄者，值银一百九十二万六千六百两，土货转往牛庄者，值银九十四万六百两，其牛庄土货之运来本口者，值银一百五十五万五千四百两。以上三项，前列在本关与通商各关互相贸易款内，今列在本口与东西洋各国贸易款内。然一转移间，本口货值之总数净数，酌盈剂虚尚无大碍。盖往年总各货值净数，尚不及本年之多也。查本年货值总数，共银二万一千八百七十三万三千余两，较上年盈一成有二，净数共银九千四百九十九万三百余两，较上年盈一成有五。虽有需偿日本一大款，本年贸易仍旧如斯之旺，令人殊为奇异。然所偿日本头批银两，原定四分之一，又收还辽东另偿一款，悉皆贷自外洋，并非措自中华。故虽负兹重累，几于无人深悉。特将来还本计利暨后此之借款，更不知其凡几。债累重重，其于商务大局，不知若何情景矣。

一，本关税课

共征关平银六百十八万三千六百余两。较之上年计共绌银二十八万六千两，出口税一项虽盈银二十三万两，然进口税绌二十九万五千两。洋药税厘亦较上年绌二十三万六千两。

一，外洋贸易

进口洋货共估值关平银九千八百五十万余两，较之上年计盈银二百万两，较前年则盈银一千五百万两。其复运外洋各货估值银六百万两，较上年之三百万余两已觉有盈。盖因牛庄暂作外洋之故，又因运往朝鲜及海参崴各口者亦俱加增也。若按通商各关洋货贸易而论，虽少牛庄一口，然货之估值，由上年六千三百万两增至六千九百万两。其在本口所销及岁底存积各栈之数，值银只二千四百万两，较上年所存货值三千万余两之数则见其少，足征各处畅销，货不壅滞。查销路之广，系棉布一类居多。本年运进之货值，较上年增二百二十五万两。其复运出口之货值更增一倍，计有四百五十万两之多。进口货值之盈，多半因市价见涨一成之谱。原白色等布较上年无甚轩轾，共有七百万匹。扣布，即标布，则较增半倍光景，计有一百五十五万匹。斜纹布，上年则有一百九万三千匹，本年只有九十六万九千匹。细斜纹布，上年运进二十四万四千匹，本年只有十七万入千匹。粗布，上年运进一百八十六万一千匹，本年只有一百六十一万七千匹。此项布匹，自美国来者，绌于英国。因英国所来者，销路广阔，故进口之数较上年计盈三成有五。开岁之际，本口栈家虽所存甚多，然一有停战消息，华商纷纷向各洋行预定，皆相约本年六月以前运华。嗣因张、邵二星使议和未成，各商办货之心遂又因之减兴。故本年津河开冻时，运去之货数仅及往年五分之一，而此货之销场，尚不见十分踊跃。未几，金镑价昂，是以各色布匹价遂因而见跌。惟次等之原白色布，购由日本，转运朝鲜，及英国之扣布等项，其价均属平稳。直至六月杪，始行售罄。当此金镑价贵之时，美国之纽约克地方售出之布，其数甚有可观，且价值较廉，致本口所销之美布，其价更形低落。维时，英国因接美国来信，产棉之地歉收，棉花行布遂亦见涨，以故由英运进之各布为数甚微，致将存储备销北省之数即在本口就地销去。迨三月间和议一成，业匹头之商人俱随时各向行家定购，故一年之中，棉花虽每磅价涨至四本士三法丁半，较正月间之价几半倍有余，而洋布行市仍不减色，业此之华洋商贩俱见获利。袈裟印花等布，销路略微，价尚起色，年终存栈之货亦属无几。八月以后，各商因为下年开河运北地步，遂向行家预定。其价银虽因银盘而见涨，各栈存货亦多，然与六市无妨，故商人仍有欣然色喜之象。业此者以利有可获，沪市钱庄又皆称顺。窃料下年生意，更可从心担注，放胆经营。棉纱一项，印度所产者，运进较上年略多，计共五十六万担。其自英国运来者，只有二万六千担，较上年则少一万一千五百担。而自日本来者，只二万二千担，较上年又减少一万一千担。但此宗贸易，近年颇佳，价银亦较往年涨至最高之数，故年终存货甚少。绒布一类，及羽纱、羽绫、哔叽下等绒各项，均较上年有增无减，销去之数与运进之数相等。意大利布，上年虽有八万五千匹，本年只六万五千匹。然上年销出之数不敌进口之数，而本年所销之数溢于运进之数。火油一项，自美国来者为数较往年甚减，上年有三千六百余万加伦，本年则只一千六百万加伦。自俄国装箱来者，上年有四百万加伦，本年增至七百八十余万加伦，且俄国池油较上年又多二百余万加伦，共计有五百八十余万加伦。正月间存油甚多，年内油价渐渐涨至二成光景。销去之数，较上年不相上下，惟美油见少，而俄油反多。机器一项，进口估值共有一百八十五万两之多，较上年约多八十万两。赤白等糖，因价银略贵，进口之数，去年有九十二万六千担，本年只有五十九万五千担。车糖黄色居多，上年仅有三十二万六千担，本年增至四十八万八千担。其故，因次等车糖较赤、白糖二种销路更为相宜耳。

出口土货：及复出口土货，共估值关平银七千万两，较之上年计盈一千一百五十万两。其中如棉花一项，则估盈银三百五十万两，共计运出八十二万五千担，值银虽约涨三成，然其所运之数已多四万担。绸缎共盈银二百万两。丝斤一项，共盈银三百二十万余两。内重缫之丝，估盈银三百五十万两；机器缫出之丝，有一百二十余万两。惟土丝较上年约减一百五十万两，其余各种所盈者，名目繁多，不及备载。惟砖茶一项，计盈银四十五万四千两。土布一项，计盈银五十九万余两。丝市五月初开盘，金麒麟价值每包三百十两。上等机器重缫丝运往美国，价银每包五百两。嗣因意大利国蚕收减色，金麒麟每包涨银三十五两，然是年行情仅涨至如此而已。至机缫之丝，六月间每包涨银四十两，七月至九月间又渐涨至三十五两。查此项丝十八年分运出一千担，上年多至六千二百余担，本年运出之数当在一万担以上。因获利甚厚，各商有将旧厂扩充者，亦有另设新厂者。前项机缫丝，大率运销法美两国，其价约六百四十两至七百二十两。野蚕丝运出之数，上年三万九千担，本年只三万五千余担。盖因美国将野丝退盘，换购重缫之丝故也。此项重缫丝，上年只运出五千六百余担，本年运出一万三千六百余担。若论获利多寡，经纪洋商所购之丝系有一定行用，虽无大利，而华商则颇有得意者。茶叶一项，本年由本口转运天津、销往俄国一路者，只四万二千余担，上年则有六万三千担，且货色虽佳，业此者竟多亏蚀。绿茶上年论中曾言美国纷纷购办，无如迟至岁杪，尚复逶积不少，因美国并无茶税，又无存储关栈之法，致业茶之商不能查其运进之实数，故在中国各相争买，而华商又只知上年美国多办，本年运来者数亦甚伙，足可供地球各国之用，计共有二十六万余担。后因洞知其情，行市忽跌，几有不可复振之象。平水茶，年底本埠每担十七两至十九两，而上年年底则十五两至三十二两。婺源茶，年底每担十四两至二十四两，上年则十九两至三十两。天街徽州茶价亦同。然销往印度西北、转往俄国之雨前等茶，上年论内，叙及重征过境茶税一事，本年则改往俄之南境巴东海口交卸。多此一番转折，虽价银较上年见跌，而转运之数尚少一成，往常每担应值银三十六两至四十两，年内只值二十四至二十五两，今则略涨，亦止二十六或二十八两而已。

一，沿海贸易

原出口之货共估值银二千二百万两，较上年计盈六百万两。其所盈之数，系在米粮一宗。盖本年出口米粮，共值一千二百余万两，较上年多五百万两也。

复出口之货并无可纪之事。复进口之货，共值银五千八百余万两，较上年盈五百万两。此项盈数，内有茶叶一宗约盈银二百万两，土药计盈银一百五十万两，皮货盈银一百万两。

一，内地税则

出入各货情形，皆与上年相同，不复细赘。

一，船只

本年进出本口之船，计有六千八百七艘，倴重七百四十万三千余吨。船数较上年多三百七十三，吨数较上年多五十万。分计旂帜，则德国及瑞、瑙、丹三国船数吨数俱有加增。

一，旅客情形

与上年无异，故不详赘。

一，金银

金条出口，本年只直关平银六百八十余万两，与十九年数目相等，惟与上年一千二百七十余万两之数相较则大见其绌。银条进口，则盈一千万两，共计有三千六百六十万两。惟其数因有洋圆在内，约值银一千八百余万两，较之上年只有七百万两，已盈二倍有余矣。银盘行市，本年甚形低落，几于无省不然，无不受亏。惟查购货虽论银两，而市上沽物实皆用钱。如以洋银一圆之铜钱，毁作铜斤变卖，可得一圆有余，则用钱不若卖铜为合算。所以盗毁制钱，势必不少，以致钱串行情甚贵。洋银一圆往常可兑钱九百六十或一千文，今则低至九百二三十文，甚至有低至八百四十文者，几于无人不受其困。淮安一带产盐之区，灶户收盐缴课，每用制钱，以是更形受亏。封疆大吏虽各禁止销毁制钱，限定钱价，煌煌示谕，不啻三令五申，而利之所在，终不免视若具文也。

一，药土

洋药岁首之时，趸船所存之箱数较往年为少，而本年进口之数又见其绌。上年有三万六千四百余担，本年只有三万一千五百余担，销去之数则亦因之而减。上年销于本口者计有一万六千一百余担，本年则只有一万四千二十余担。其运往别口者上年有一万八千六百担，本年亦只有一万七千三十余担。业此之华洋各商，获利无多。大土一项，因印度年歉，价值甚贵。至六月之后，该处岁收虽减，而国家于常年额销之数，转添一千七百余箱，故本埠价值以货多不无见跌，致业此者皆无把握。再加下半年以银百两兑换卢比，由二百七十三圆减至二百五十圆，故更难着手耳。小土一项，本年内行情尚佳，价银虽逐渐见涨，然总无大土之得价，若论下年光景，不免令人观望。盖无论上年之收成不佳，即现所种者，亦俱有损伤之信。逆料后此所售者，价银必贵，势不能与价廉之华土相争衡。“莫非耶”（即华人所名宁神安眠药水）本年运进之数计值六万四千四十余两，较上年又增二倍，较十八年更增四倍，虽间有和水服用者，然大半配合药丸以抵吸烟之用。倘吸烟人无暇过瘾，则将此种药丸，任便吞服。有此便捷之法，难免令人习惯，积久成瘾，较吸烟者尤难成除也。此种药物，应当厘定章程，重征其税，庶贩运者或有限制，不至多运来华，贻害无知。是亦杜渐防微之一法也。

土药，查前年进口之数，虽较十九年加倍，然本年又倍于上年，其数共一万四百十余担。计川土九千五百余担，滇土八百七十余担，徐土亦有售者。上春虽天气骤冷，而仍不减收。土之浆汁，亦觉浓厚。

一，杂论

按马关所订之和约，华洋各商俱可任便购运机器，兴作各项工艺。本埠已建有纺织缫丝等厂，将来中国所产纱布诸货，势必与印度来者相争衡。其新创之丝厂，前幅已经论及。而所设之纺织等厂官商合股者，先有五家。此五厂计共有十二万椗子，八百五十机张，每年能出纱九万包，每包重四百磅，布能出二十五万匹，每匹重十四磅、长四十码。此外尚有十一家，或已建屋，或已购备机器。其十一家内，有三厂系属华商，计有六万五千椗子，每年能出纱四万八千包。其余八家，中有日本商三家，共约有二十七万椗子，每年能出纱二十万包。

进口洋货，按市价约值关平银二千三百八十六万四千二百八十五两。土货，约值九百四十九万三千五百七十五两。共银三千三百三十五万七千八百六十两。除去正半税以及洋药厘金四百三十九万七千三百四十两，实为二千八百九十六万五百二十两。又除经手七厘用金及各费二百二万七千二百三十六两，则进口起岸时，实净值关平银二千六百九十三万三千二百八十四两。出口土货，按市价约值平银六千一百六十三万二千四百八十二两。加上正税一百四十一万一千三百四十五两，实为六千三百四万三千八百二十七两。又加经手八厘用金及各费四百九十三万五百九十九两，则出口货装船离口时，实值关平银六千七百九十七万四千四百二十六两。合并声明。

万国公报 1896(92)

光绪二十二年上海口华洋贸易情形论略

三品衔双龙三等第一宝星江海新关税务司雷乐石呈报

上年商务之旺，固已出于意外。及至本年，不独贸易之日臻兴盛已也，关系中外交涉诸大端，如铁路、银行等事，类多相继而起。中华振兴之机，正可翘足以待。本埠为互市要区，尤易见微而知著。甚愿以管见所及，详细论列，无如事则不胜枚举，文则限以篇幅，仅可撮其首要约略陈之。谨按西历本年三月间，朝廷特命李傅相出使俄国，庆贺俄皇加冠盛典。礼毕之后，游历德法英美诸大国，各国之君相俱以优礼加，各国之士商罔不殷勤款接。十月间由美回华，晋京复命。此大事之宜记者一也。督办轮船招商局事前津海关道升任太常寺卿盛容台（宣怀）奉旨督办中国铁路事宜，先从淞沪一路入手，又奉创设中国银行之命，拟定章程，条理秩然。此大事之宜记者二也。总税务司赫権宪（德）奉旨兴办邮政，并由政府知会各国，将入万国邮会。此固利便商民，而于国家度支日后亦有裨益者也。尤可喜者，本年开办伊始，业已粗举大纲，需以岁时，自不难渐臻妥善。此大事之宜记者三也。前年粤东香港染患痒子疫症，蔓延各处，本年又有窃发之势。虽疫气尚不甚剧，然已传至厦门、汕头，难保不延及本埠，不得不预先防护，以为未雨之绸缪。故自夏徂秋，前后凡五阅月间，南来之船均照前年章法逐一细加查验。南方旅客似觉较稀，而于生意大局仍无关碍。且各公司轮船之防疫能与本关理船公所同心协力，并无勉强，故克相与有成，尤为可幸。此大事之宜记者四也。马关新订和约，别辟苏、杭两地作为通商口岸，即于西历本年十月初一日为始，设关征税。查苏、杭新设口岸，与本埠有无关碍，今尚不敢悬揣。惟念苏州一关，离沪只二百四十里，较近，且有本口一关先已扼其要领。皓月当空，众星匿彩，苏关之未能畅旺，度亦事出有因。惟俟铁路之开，上至金陵，下通沪渎，彼商务之素难预计者，或当缘此而振兴，未可知也。若夫杭州一口，离本口五百余里，浙省向销之洋货，概由宁波转运，今既以吴淞、黄浦两江运粮一河作为通商要道，亦准洋船来往，所运货物又有一定税则，商人乐趋利便。日后杭省之兴旺，有不期然而然者。而与浙海一关，不无关碍。此大事之宜记者五也。至于碰船不测之事，年内出有四起。三月间，北京轮船与罗曼地轮船在陆家嘴互碰。幸北京船主立时转舵，移至岸边，合船性命财货不致问诸水滨。保护之功，实非浅鲜。是月之杪，吴淞内沙地方又有牛庄轮船与安和轮船相撞之祸。牛庄船主亦见机甚速，移上岸滩，未遭伤损。所惜不转瞬间安和全船沉没，淹毙华客三百余人之多，西人亦溺死五名。五月间则有领港船一艘，受碰于进口之商轮。竟与波臣为伍，未伤人命，差足幸也。其最关于本口之巨险者，厥惟安定挖泥船。此船于二年之前，在祥生厂对岸沉下。（此船全身俱系铁质。）六月间甫经捞起，并未请领理船厅准行之单，遽于某日夜半私自起动。不独有违定章，且未布置完善。时正潮水大至，击断其拢岸之铁炼，甚至两边浮船之木壳亦被怒潮掀起。安定遂茫无主宰，一任横冲直撞，连损英国兵船二艘。旋流至正对本关之江中，渐次沉下。其不酿成巨祸者，间不容发矣。似此故意违章，其人大有应得之咎。目下尚不追究，言之殊为可惜。若论本年货值总数，统计关平银二百十六兆九十一万余两。究其净数，则值银九十五兆零三万余两。核此二数，颇觉赢于去年。然闻之商家者流，皆谓本年贸易不甚获利，下半年更为减色。惟鄙见则以为实属大有起色，即如缫丝厂等纷纷兴起，各公司之股分票均有涨而无落，田房产业之腾贵更出人意计之外。且直至年终迄无减跌之象。商家之说，胡为乎来哉？

一，本关税课

本年共征关平银七百八十九万一千余两，较之上年约赢银一百七十万两。除出口税一项，每百两约绌二厘七毫外，进口税计赢之数类皆出自洋货五金、棉花、火油等项。船钞亦百分中赢五厘三毫。

一，外洋贸易

本年进口洋货共估值关平银二百三十兆两，较之上年计赢三十一兆两，较之前年则更多赢二兆两。复运出口之货只值三兆五十万两，较之上年计绌二兆五十万两。盖因牛庄一口上年归入洋贸易，本年则仍作华贸易也，且香港运货之海参崴、朝鲜等口者，向来俱由本口转运，本年则直运而去，又少一宗进款。棉布一类，论其大概，与上年无甚轩轾，计本年运进之货值银六十四兆两，较上年赢三分之一。原色白色布，共运进七兆五十万余匹。扣布，即标布，只有一兆十万匹，较上年约逊一筹，且似有日减之势。各种粗布、印花布面、巾布、洋红布等项，较上年有增无减。惟由英国制者，其数仍与上年相等。至查各货销售之数，均不能如运进之畅旺。是以岁聿云暮，除白色布一项外，余皆多储于栈房。其美国所制者，则赢于上年三十六万匹。美国造成之粗斜纹布，去年只运进三万九千匹，本年则增至五万三千匹布。斜纹布，运进一兆二十五万匹，更较上年增至一倍。棉纱由英国来者，较上年无甚悬殊。惟由印度来者，共八十五万八千担，增于上年二十九万余担，系先已全数抛盘发售于人者。上半年运进暨贩销之数，均较去年上半年赢一倍，则因印度卢比之价大涨，中国暨日本所出之棉纱，销路亦因之见广也。迨至下半年，印度纱市不免有亏，日本所运之各项棉布，虽曰为数较多，问其售销之数，只有一半。若欲综论棉布贸易，接据业此之大行主来信，有云若问本年业此之中外各商究竟有无获利，实属猝难定断，大抵上半年互有生色，下半年皆有亏损也。洋针运进之数较去年多三百二十五万包(每包计针一万支)，几增一倍矣。玻璃，去年运进五万七千余箱，本年增至八万二千余箱，盖皆新建纺纱缫丝各厂所用。铜铁类，除洋锡青铅外均有起色，价值共七百余万两，较上年多二百万两。其中最旺者，莫如铁条、旧铁、铁器并钢条等。惟运进虽多，而询诸业此之人，则云本年均不甚畅销，故年底存积甚多，须至次年春间方能售脱，然存栈之租金与日出之拆息，已诸多亏耗矣。美国火油，虽不如前年之旺，然共运进二千五百七十万加伦，较上年赢九百余万加伦。俄国火油装箱来者，数与上年相等，池油则运入七百六十五万加伦，约赢二百万加伦。又有素未来过之苏门答腊岛火油即僧帽牌者，本年进有一百五十万加伦。糖斤较上两年有绌无赢，赤、白二糖更见其绌。其故盖因产糖之区，工本较贵，本口售价虽昂，据业糖行家云获利实已无几。车糖运进之数虽亦见少，而居民尚皆乐用。倘出处地方，工本较廉，则运进之数必多。煤斤之由越南东京来者，内有白煤五千八百余吨，亦系素未到过。凡用煤斤之诸厂家均谓此货尚属合用，其质较汉口所产净而且佳。其价每吨在七两以内，似亦较鄂产为廉。

出口土货：及复出口土货，本年共估值关平银五千五百万两，较上年绌一千五百万两。内有棉花一项，计少六百余万两。若再考其担数，上年八十九万担，本年减至四十一万余担。盖因本地销场甚大，价又昂贵也。绸匹少于上年，亦有银一百七十万两。土丝则绌银五百二十五万两。机器缫出之丝亦绌银一百五十万万两。砖茶由汉口径运俄国海口，所以数亦见绌。金针菜、土布、纸张、各种杂油亦俱见短。马鬃及各等皮张油毛诸货则见加增。丝斤行市，系西本年七月十一日开盘。土丝价值与上年相等。金麒麟等牌号开盘时，每担三百二十五两，后渐增至三百五十五两，岁杪又减至三百四十五两。大蚕丝价值上年甚跌，本年乡民又将未缫之茧遽售与新设之缫丝等厂。溯自本埠及浙西等处有机器丝厂以来，乡民售茧，获利较厚。本口来货之稀，厥惟是故。

机器缫成之丝，价贵于前数年者实甚。假如从前每担四百五十至五百两者，今则需银六百五十至七百两。大半因雇工价值极贵之故。查以前工价，每日洋银一角五分至二角二分耳，今则需每日三角至三角五分。但最上丝之售价，每担只六百四十五两至六百五十两，余仅五百八十两。故用新法之丝厂，类都亏本。闻本年丝业各商，共亏二百余万两之多。至于本届丝市之坏尤甚于往年者，一则欧洲诸国用华丝者甚少，一则美国竟不购办。故以丝市而论，中华理应首屈一指，但细观历来情形，不独无以争先，且有落后景象，将见绝大利源渐为产丝各国及日本所侵夺。窃思丝业为中华大宗生意，又为国课所关，乘此未被侵夺之先，急宜加意整顿。所有新设机厂，官宪务宜竭力维持。内地厘金，又宜量为裁减。至于育蚕一道，则须采取法国验蚕诸法，悉心仿效，凡和病之蚕子急须厘剔净尽，留其佳种而饲养之，不独丝可倍收，且更光洁逾恒。前阅本埠局所着论略，内言二十年来亚细亚东部销往外洋之丝，每百担中华丝居五十二担，本年仅有二十担。日本一国，二十年来每百担占十六担，本年增至五十九担。以此观之，华丝日敝一日，具有明证。其急望官宪之振兴提倡，不待言矣。茶叶一业，年坏一年，大概与丝市相同。本年更不见佳。计去年运出红茶共八万五千箱，本年只有四万七千箱。运出绿茶十五万五千箱，较之上年亦少二万八千箱。且红茶之运往外洋者，历年以来无如本年之绌。闻本年购茶及业茶之华洋各商俱无甚获利者。且谓运往英美两国之华茶，焙制不得其法，故其质味较逊。在英美销去之价值尚不敌山上收茶之成本。且价虽贱跌，仍难售脱。若欲收回利源，急宜竭力讲求焙制之法。法何在？在于多购机器，延用西人经管一切耳。闻福州已有人仿印度制茶之法，购机试办。寄其茶样往英国暨旧金山泡试，咸称味美。又闻鄂省俄商亦有取用新法细加焙制三茶者，香味之佳，交相夸赞。惟价值甚贵，以三春茶出路不多，不易采购也。绿茶向来汇归本埠一处，本年亦复如是。闻华洋诸商尚有微利可获。平水茶一种，华商于开盘时先经集议，不送茶样，以为抬高价值地步，故出口之数较少。而销往外洋经办之洋商，亦以货少得价，略可获利。再者，本年九月间运往美国绿茶之数共计三百万榜，去年此时计有一千万余磅。华丝至此竟有江河日下之势。若不重加振作，必有不堪设想者。草帽缏，去年运出十一万三千担，本年只有九万七千余担。溯查九年前，即西一千八百八十七年间，共有十四万六千余担之多，皆销于欧洲美国两处。近则乐购日本之货，以其货光而且细也。中国之业此者，务宜自设艺学院讲求工细之法，必如何方为合用合销，此利乃可永保。否则亦如丝茶，亦如别种货物，将为日本所夺矣。

一，沿海贸易

本年原出口之货共值关平银一千六百万两，较上年绌五百万余万两。以本年运出之米粮仅与往常相等耳。

复出口之货与上届相同，不复详赘。复进口之货估值关平银五千四百万两，较上年绌三百余万两。因有砖茶二百万两由汉口径运天津，不由上海之故。

一，内地税则

本年洋货入内地，共估值关平银一百万余两，较本年赢六千余两。查上年十月间此项运单经本税务司与监督商定，径由本关核发，不转由道署填给。此盖商家频年属望于本关者。一旦如愿以偿，不独货无延误，且报关之后，只须二十四点钟即可起运内地，实属利便之至。

土货出内地，本年共估值银五百万两，较上年赢二百万两。此系蚕茧种多销本口之故。办货三联单，按照条约，只惟洋商具领。是年总署推广办法，饬照镇江关前定章程，华商亦准一律请领，以期裕课恤商。第洋商在本口请领联单，大都不按镇关办法，则华商仍不免假托洋商以图代领，直以镇江关章程为虚设矣。

一，船只进出

本年本口之船计有七千零二艘，儎重七百九十六万四千吨。船较上年赢一百九十五艘，儎重亦赢五十六万吨。所增之数，系瑞典、瑙威、丹麦及中国华商等旂。俄国之义舰快船公司现在本口设行，其美国轮船公司之船只亦时来上海之吴淞上卸货客。该两行系本年新增者。

一，旅客情形

本年与上年相等，不再多赘。

一，金银

本年出口金条共值关平银八百二十万两，上年只有六百八十万两。银条进口则值六百六十万两，较上年少三十余万两。本年一年之内，以银易金，市面尚佳。最涨之时，每规银一两换英金三先令一边士八分之一，去年只换三先令零八分之七。最低之时，每规银一两换二先令四边士八分之五。细较以银购金之市，本年略多二边士左右。去年所论钱串甚贵，本年仍度如是，且更有甚者。岁初，一银圆可易钱九百二十文。岁暮仅八百八十五文。各省现皆设局铸钱。本埠制造局亦有奉饬铸钱之举。是亦补救钱荒之一道，商民或可稍纾困顿矣。

一，药土

本年洋药进口共三万一千二百余担，较上年绌一千四百担。所绌者系小土一种。开年之际，小土每担价值自五百五十至六百两，不免稍昂。迨后则低落三十两。至岁暮时，印度卢比价涨，洋药亦随之而涨，每担自五百六十五涨至六百三十两。本口销用洋药之数较上年约少二千四百箱。查华土以及外洋所来之莫非耶，日见其盛，渐次侵占洋药销路。恐未及几年，洋药将无人过问矣。卢比之价虽高，大土并未随之而涨。盖因印度产土之处，银市涨落靡常，银行又不肯任便通挪，以致每箱减去三百卢比。且业此者又不知后此之银市若何，故皆不敢预定价盘，但获利虽微。而因价贱之故，销路较往年为多。波斯土，本年运进甚少，将来度亦无人过问。莫非鸦进口共有六万七千三百余两，较去年约赢三千两。上年贺税务司曾论此药伤人之处，应当设法限禁，本税务司亦同有此心也。

土药，春初有丰收之象，及至收成时，竟失所望。川土之曾经报关而可查考者，有七千六百余担，较往年绌二千担。滇土，九百二十九担，较上年赢五十二担。此两项土药，转运至闽、厦、潮州者，计川土二千一百余担，滇土二百六十担。又有川土三十三担则运新加坡。尚有各种土药销各省新章。计就地完清税厘，粘贴印花票据之外，凡所经历，概免重征。此殆为广销徐土起见。

一，杂论

本年贸易之有转机，前幅已经论及。所有新设之机器制造厂，现皆接踵而起。即如纺纱厂者，华洋各商先有十家，计锭子三十一万五千六百余支，每日出纱七百九十包、重四百斤。上年论内，有日商三家，今两家已经停办，一家开否亦尚未定。织布机张，计华商已成之厂共有一千架，洋商则尚未布置。缫丝厂，华洋两商共二十七家，有丝车四千架，一年中约可出丝一万三千担，但其中停止工作者亦有数家。以上两项机厂共招工人约二万五千至三万人之多。

将来洋商所设之厂一律开机，则需人更多矣。吴淞至上海之铁路业已相度地址，兴工开办。中国银行钦奉谕旨，饬照西商汇丰银行章程，参酌办理。所用司事，中西参半。主持其事者，则系延聘之西人。办事总董，则于散董十二保选举三人。现已开办有期。上海为该银行总汇之区，天津京都则设分行。将来拟于通商各口及外洋各埠添设分行，以便中西人等汇兑银两。扬子江口有名平安沙者，中日衅起时，安设水雷多具，今年春夏之交尚未撤除，船只不敢径行。业由本关理船厅派员前赴该处，遂细刷捞。现在船只行驶如常。该工程并非易办，理船厅不惜艰辛，始克藏事，足见深得其法，殊堪嘉尚。扬子江南一带，又经理船厅重新测验，知沙之迁变、水之浅深，均已改常。安和、安定、西林、领港各沉船俱经理船厅轰除净尽，俾水道无碍来往，船只俱可放胆以行。吴淞江系上海至苏州要道，河中停泊之船挤杂不堪，居民又视两岸为堆储货物之所，几若无人治理者。现由临督禀奉南洋商宪批准，出示晓谕，饬由税务局转派理船厅经管矣。国家所贷之洋款，年内应还本利，到期逐款归付，并无愆误。本口修理船只之船坞，向有耶松、祥生两厂。本年又添和丰一厂于下海浦。厂已开工，坞亦起筑。年内本口出入船只既多，加以各机厂林立，现设之新厂，度必有利可图。

再查进口洋货，按照市价约值关平银四千二百四十六万六千二百十两。土货约值一千七十三万七千八百七十三两。共五千三百二十万四千八十三两。除去正半税以及洋药厘金六百一万八千三百三十六两，实为四千七百十八万五千七百四十七两。又除经手七厘用金及各费三百三十万三千二两，则进口货起岸时实净值关平银四千三百八十八万二千七百四十五两。出口土货，按照市价约值关平银四千一百八十三万一千二百十三两。加上正税一百三十七万四千六百四十九两，实为四千三百二十万五千八百六十二两。又加经手八厘用金及各费三百三十四万六千四百九十七两，则出口货装船离口时实值关平银四千六百五十五万二千三百万十九两。合并声明。

万国公报 1897(105)

光绪三十二年上海口华洋贸易情形论略

光绪三十三年正月十六日二品衔二等第三宝星江海关税务司好博逊呈报

窃查今年本口情形，最足令人注意者莫过于租界内商务日益繁盛。如开筑马路，添建房屋，皆市面振兴之代表。以致操奇计赢之辈，既步武新法，争先恐后，更整顿旧业，不稍恝置，惟日孜孜，如种植然，卒收成熟之效。今以本关商人呈递质报单计之，往年已多至八十四万三千余纸，本年则更占进境，共有九十六万五千余纸。惟欲考察贸易之大概，必先查其营业之成本若干，而后始能悉其获利之究竟。试观现建之机造工艺等厂，暨新盖之洋房无不美轮美奂，焜耀人目。土木之工，一国倡始于后，其最为宏壮者，莫如大德总会、德国书信馆、大北电报公司、大清邮政局、汇中旅馆、三井洋行诸处。而黄浦滩一带之业主，以商务推广，人物殷繁，亦将旧屋翻新，增高加大。屋内配置器具，更逐件讲求，以期利便适用。自来水公司见租地日广，蓄水之池不敷吸引，既就原有者增广数倍，又于新闻路另建水塔一座，工程浩大。聘白尔电车公司已于多处开工，外白大桥因之重新展宽，本拟行驶电车之外，再接以汽车。此事未经发布之先曾一再集议，皆以行驶汽车、不用电车居其多数，盖恐筑轨伤动地下机管也。嗣又虑华人行用汽车，不谙控御，反致偾事。遂仍决议用电车。讵知竟不其然，现在华人之乘汽车者已络绎于道，进退疾徐，颇能如法，喜用之情，有为众所共睹者。迩来汽车一业，所售应用物品，价日胜涨。较别种维新事业，尤为首屈一指。存车之栈、修车之店，几于到处开设。迩有新从欧洲来沪之西人，目击如许重值之汽车与浦中多数之小汽车皆华人控御驾驶，行所无事，不禁叹异者久之。而华人中之殷富者，固各交相购置，乐坐此车。本埠洋行因距货栈穹远，购为运送货物之用。工部局亦置一大者，以之消防火患。据此以观，华洋人士便利此车，殆以道途平坦并无崎岖偏陂之虞也。前者工部局拟由本埠至凤凰山辟一马路。然欲兴盛市面，尤莫妙于辟一路以至吴淞，就本有之滩岸因势利导，事半功倍。较之由沪至凤一路仅供游目骋怀之用，其劳逸得失迥不侔矣。试言其故。筑沪凤新路，须糜巨款，筑至吴淞，则循成迹以为扩充，费省而效著。其于淞埠既可大兴商务，又可保护浦江水利。且于濬浦工程亦多俾益。一举而数善备焉。由是以推，凡此种种维新之设施以及别项之功用，近年来各臻进境，大有一跃千丈之势。是皆欧化输入之明证。犹忆昔年格致书院陈列各器，虽配以光怪陆离之物品，几无过问，比来此种铺肆日多一日，专为售给本埠华人之用。惟但知其作用，未能研究原因，辟新机而自仿制耳。目前无论何处，推行新法，华人智识渐渐见开化，不若曩时之故步自封矣。即如南市展拓马路，用西法造自来水以及整理卫生，居民已有进无退。伺候西人之出于其途者，当有乐而忘返之势。是以于固陵、马鞍岛、莫干山三处另筑别墅数楹借资憩。该数处于卫生一道，亦颇考求。社会输助之款逐年增益。此外各项科学大有进步。侨寓本埠西人之户口册，以去年九月间人数计之，竟有一万七千名口。较前五年（光绪二十六年仅六千七百七十四人），已增多三倍。工部局所建质公家花园，原供格物家考验之用。盖西人于此种事极为注意，凡树木土性质如何得宜，皆须考察。华人则绝不措意。然亦能于平旷地方，视其土之燥湿广栽罂粟或橡皮树，以觅什一之利。现在鸦片一物，业奉明谕，勒限严禁，窃恐市道人心不免因之摇撼。本年夏间，霪雨连绵，其不至为洪流巨浸者，幸有各处所艺之树木吸力护持之，且能变易其天气。即如江北一带大水为灾，凶荒迭告，而长袖善舞之流逆料有此现象，将其往来货款先期收回，在商家无甚亏损，惟中泽哀鸿惨不忍睹耳。若如上述情形，未雨绸缪，相其土宜，应艺何种树木广为栽植，不独无倒厄颠连之苦，且有转移造化之功。现在未被淹没之田禾虽尚有稔之望，其如庐舍飘荡，余蓄全无，苟非在上者助资本以经营，发仓廪为振贷，终恐残喘难延也。沪宁路轨筑至苏垣，已经开车。昔日蚕茧由水道运来，今多改装火车。船坞生意之旺，近年最占优胜，因之纷纷争设。厂中所配引擎锅炉，尤为斗巧出奇。江南制造局分为两厂，一为官设，一为商办，造船、制器等项灵妙非常。神户之传崎船厂近亦分设于此，暂为其本国代造驶行长江之炮舰。刻闻该厂将有久远之势。府海食盐公司拟仿西法，提炼盐斤，惟仅有其说，尚未见诸实行。他如法国员绅闻有拟用洋法制造玻璃，度地于秦王岛之议，该处砂料煤斤足供采取，然亦迄未就绪。南亚非利加洲承招华工一事，有谓华人性质未尽足靠者，亦有谓尚堪募者。本年此间曾有招人往墨西哥工作，是堪为华工可用之一证。及至人尽上船，卒以承揽之人，于所订合同未甚合例，遂尔中辍。去冬本埠租界罢市，颇得西团镇慑之力，致入会者群相鼓舞。华商中有鉴于此，爰设一体操会，精神、形式颇有可观，俱足动人称道。该华队首领，商之西团，彼此联合，作为一起，遇有遣，愿归工部局统辖，与西义队相辅而行。并闻闸北欲另设巡警局，悉仿租界工部局章程办理，为谋租界外毗连宝山县境治安之策。

一，本关税课

今年共征关平银一千二百七十五万两，可为历来最旺之年。所增者出口税一项计银三十余万两。尚有船钞增银十八万余两。其船钞见增者，即可证明本口来船较大之故。以前年各国船旗之例比并，悬英旗者绌银逾五十万两；日本旗盈银一百余万两，约增数倍之谱，不独前次日俄战时所失，全数归复，且将损耗之利息而不攘回；德旗则无甚悬殊，只盈银二十万两；中国旗亦属相等，仅盈银六万两。本关今年存票共发五千四百十九章，计银十四万六千七百七两三钱五分三厘，去年只三千二十二张，计银九万六千三百两一钱二分九厘。自二十九年十月十三日归关经发之后，商家交称利便焉。

一，外洋贸易

查进口洋货约共值关平银二百二十七兆半，去年有二百五十九兆五十万两之多者。以日俄款和后，各商争相趸购进口，度必随到随销，故储栈之货极为壅积。上半年销流尚活，至下半年则甚呆滞，以致货值减去百分中之三十三分。英国棉布进口之数，近四年内相较，惟去岁一年销路独多，苦递年通盘匀算，货仍略绌。然以本埠一隅售出之数而观，不谓不巨，真堪志喜。美国市景使办进口货洋商所以失望者，因上半年之末屯货较前年全数运进者尚见溢额，以致后来进口之货逐渐减少，存货亦因之见绌。幸而栈中积货可供八九阅月之用，以之转输各口，惟牛庄一处尚能应手。是则美货一项，固较前数年为赢，即较上年亦有过之。如此有增无已，实为得未曾有。日本业匹头行家颇善经营，而又到处与人争衡，棉纱尤为其交易之大宗。印度纱虽销数并不锐减，但其价终不能与日本抵抗，即他项生意亦难与之相提并论。绒布进出，较去年无甚差别。顾本年贸易有极可异者。如向业各项进口货之洋号疏消存栈之货，其数较新由外洋运来者为多。又值汇兑仙令见涨，出人意外。终据其报告，售价之好，周岁之中皆复如是。竟将利银用金悉数偿归，殊为难得。洋赤糖较上年计增十六万担，净白糖亦增一万六千担，行销通畅。因有一种爪哇糖，本年收成极丰，糖色又洁，致被侵销，否则售数尚不止此。煤油一项，美国箱油生意约减至十五兆加伦；俄油市上罕有见者；美舱油所增式微；苏门答腊箱油百分中赢六十分，约逾一兆之谱；舱油则大见衰象，约绌三兆加伦。洋杂树一项，去年只十九兆方尺，本年增至四十五兆余方尺，现几遍行中国，闻者以之建筑工程。综观以上各项货值总数约共绌二十三兆，显系仙令太昂所致。净数因存货已销罄，共绌八兆。故考其实，本埠贸易仍有增无减也。

出口并复出口土货，税项加增多半在此。至论丝茶，尚觉差强人意。红茶运往俄国，增七万余担。办出口商家，此届大半喜形于色，统盘筹算，获利之丰自百分中五分至二十分。其故因金贵银贱，外洋易于脱手，绿茶强半运销美国暨坎拿大。本年则减少二万五千担，盖因业茶之华商于制茶之事未肯认真改良，致办购者咸有戒心。惟有一种，悦祥所售之婺源茶最为出色。每担虽贵至规银三十八两八钱，而货道佳妙，超越寻常，烘焙功夫又极讲究，香味迥然不同。谅以业此者历时既久，焙制深得其法也。绿茶交易，近年人皆互怀观望，以其烘炒并不到家，然商人亦颇属意于此，市销尚能踊跃。在美国转贩之人，几可售至期满而止。故办运出口之洋商，无不称意。所惜华商概从汉口办来，转入俄人之手，交易既非直接，自无大利之可图。而俄人将此茶运赴海参崴，售销于满洲南、西伯利亚一带，其装往巴墩之出口茶堪称独步。因该处偶起争端，暂行止运，然其销数尚较平时为赢，所以获利尤伙也。草帽缏利权向只胶岛一处与之竞争，客岁论中曾经略及。近来业草缏行家大半欲设分行于彼。虽利之所在，人争趋之，而生意尚不少逊，且有日增月盛之势，货值较去年约盈一兆三十万两。棉花，往岁所胜者，至今年春初悉已装运出口。汉口棉花收成歉薄，本埠亦微见短缺，且收摘又迟，货复欠佳，以故价值日低。但本口货色虽少，而业此之士人竭力经营，欲冀货价逐渐抬高。无如汇票行市甚昂，亦仅博得平常之价。统计全年之中约只盈一万九千担。丝斤生意，亦属平平。惟同功丝一项，尚算起色，较去年百分中多六十分。机缫丝出数亦较短绌。蚕茧收成，浙江一路货甚低次，比去年百分中减四十分；江苏产较胜，百分中二十分，始则皆相争先收购，价日胜贵，致蓄茧缫者以得价故，鲜有储藏，继则汇费骤涨，收茧者倏受大亏，机缫丝生理亦一败涂地。迨至本年冬季，市情渐复，此种贸易方有转机。木地土棉纱及布匹，前半年生意甚顺，后即逐渐减色。所出之数，只敷定购者之取求。

一，沿海贸易

原出口之货，今年本口与牛庄一处贸易，陡见萧索。进口货较去年约绌一兆两之谱，出口货约绌一兆五十余万两。其余各口，俱有赢无绌，计共多三十四兆二十五万两，以较上届几加一兆有余。纸烟贸易亦日渐畅旺。

复运出口之货，本年无甚可纪。由各口运进制货，豆子一项减至二兆两之谱，华糖约减一兆五十万两。此即上幅所论爪哇糖与之争销，以致短售。芝麻约多百分中之三十分，共增一兆两之谱。他如桐油、山羊皮、绸缎，俱有增无减。

一，内地税则

洋货入内地仍见日绌，较上年约短银二十三万五千两。土货出内地与往届相等。

一，船只

进出口之船本年共有十七兆三十七万二千九百六十二吨，较上年约赢三兆吨。只数原可不计，莫要在于吨重。其中如帆船，或悬华旗及日本旗者最居少数，大半系用小轮拖带，往来苏杭等处，贸易之船是也；悬西洋旗暨英旗者，吨数约减十万吨。悬日旗之大轮，异常加增，竟增至五百余分，去年只四十八万八千六百五十三吨，本年则增一百八十六万七吨，上幅第二节已略言之；悬法旗者较上年约多一倍，去年仅四十三万三千五百吨，本年则增至七十七万三千二百四十九吨，因有走长江大号船三艘，悬彼法旗之故，法、德、日本间由其国家拨助经费，彼得竞争航利；驶往海参崴之悬丹国旗轮船，皆俄国所置，此等船与西伯利亚铁道并行不悖。改挂旗帜之事，窃念不久必能办妥，而为公司邮便船可向俄政府领支津贴也。

一，旅客

年见增多，近今往返之公司邮船亦年大一年。曩者搭客不甚注意，亦无人出而争衡。迩来安顿行旅之房舱，华丽达于极点，船业家耗此巨资，诚为得计。盖当游历盛行之际，旅行众多，生意至旺，于三数月前，预为留定。驶行各口岸及长江轮船，陈设之美，较前数年头等邮便公司船尤为优胜也。

一，金银

本年进口之金，净数约值关平银三兆八十四万银两。进口较出口之数多十四兆两有余。本年以银兑金，其价比诸往届可为最高。自去年冬初涨起，至十二月间，每两关平银应值英金二先令十本士十六分之七。至本年九十月间，竟贵至三先令一本士十六分之九。

一，药土

洋药共计净增一千二百担，小土则见减，大土暨波斯土足补之土之绌数。小土价值每箱骤跌至一百六十两，波斯土则每箱涨银六十两，大土销数尚畅，其余喇庄土与前相埒。土药落地税统征后，每担需税银八十二两八钱。自去年十二月十八日起，税银每担加至一百十五两。土之数目虽不见增，而价则日见其昂。兹将五年内进口土药之数以及价值列表于左：

光绪二十八年	八千六十二担	值关平银三兆七十一万九千四百五十两
二十九年	五千七十三担一斤	二兆二十万七千二百七十六两
三十一年	一万二百八十四担八十斤	四兆六十七万八千二百九十一两

按此足征本年土药担数之减，而货值反见贵者，系因统税加收故也。究之进口之数，下半年虽以加税故，而货仍有增无已（本年下半年计应五千五百九十三担三十二斤，去年下半年仅五千二百五十二担八十二斤）。以观下列之比较表，去年一年之多，可谓从来所未有。兹再将三十二两年川土并他种土药各数均列表于左：

光绪三十一年 川土		三十二年 川土	
第一季	三千四百八十八担十斤	第一季	三千一百五十一担五十三斤
第二季	三千五百四十一担四十斤	第二季	二千六百八十二担九十七斤
第三季	二千一百十九担五十三斤	第三季	一千二百九担九十一斤
第四季	一千六百八十九担十斤	第四季	三千二百五十九担六十九斤
共一万八百三十八担十三斤		共一万三百四担十斤	

去年、本年两相比较，本年计少五百三十四担三斤。

光绪三十一年 云土		三十二年 云土	
第一季	七百三十五担六十九斤	第一季	六百三十三担七十五斤
第二季	九百二担十九斤	第二季	一千担五十九斤
第三季	一千八十担五十七斤	第三季	二百七十六担三十七斤
第四季	三百四十六担二十八斤	第四季	八百四十三担六十八斤
共三千六十四担八十三斤		共二千七百五十四担三十九斤	

去年、本年两相比较，本年计少三百十担四十四斤。

光绪三十一年 江苏土		三十二年 江苏土	
第一季	四十九担七十三斤	第一季	一担十六斤半
第二季	九百九十九斤	第二季	六十五斤
第三季	十一担六十一斤	第三季	无
第四季	五担七十三斤	第四季	三担六十七斤半
共七十七担六斤		共五担四十九斤	

去年、本年两相比较，本年计少七十一担五十七斤。

光绪三十一年 浙江土		三十二年 浙江土	
第一季	无	第一季	无
第二季	无	第二季	二担二十六斤
第三季	无	第三季	无
第四季	无	第四季	无
		共二担二十六斤	

去年、本年两相比较，本年计多二担二十六斤。

今再将所有进口之各种土药总数比列于下：

三十一年		三十二年	
第一季	四千二百七十三担五十二斤	第一季	三千七百八十六担四十四斤
第二季	四千四百五十三担六十八斤	第二季	三千六百八十六担四十七斤
第三季	三千二百十一担七十一斤	第三季	一千四百八十六担二十八斤
第四季	二千四十一担十一斤	第四季	四千一百七担四斤半
共一万三千九百八十担二斤		共一万三千六十六担二十四斤	

一，杂论

本年并无可载之事。

万国公报 1907（226）

民国五年上海贸易之比较概况

上海为全国商业之中心，不啻亦为外国贸易之枢纽。凡金融之伸缩、货物之进出，惟关系于全国，间接且影响于他邦，询为我国惟一之重要市场。兹根据税关报告，概说其五年度中外贸易情形，并比较其消长焉。

（一）进口贸易情形

进口贸易，可别为洋货与土货而言之。实则洋货进口估其大半，而土货输入居其少数。按五年上海进口洋货，总数共值关平银二万一千三百〇六万一千四百七十二两，比之四年洋货进口总数约增七百万两，以比三年则殊大减。五年度复出口运往其他商埠以及内地之洋货总数，比较三、四两年，均约减二千万之谱。但上海方面洋货进口净数则比四年增加约有二千万两，较三年又约减少进口一千余万两。惟去岁洋货进口额较四年增加七百万两之原因，有不可不知者，则所增者货物价值而非货物数量，盖自欧洲战争以来，洋货价值缘以暴涨，去岁正值欧战方殷之际，船舶缺少，运输困难，洋货进口因之锐减，货物价值之总数超过于前年，而货物数量之总额无不较少于曩昔，适与之成一反比例也。兹将最近三年间上海进口洋货统计分列于左，观于所列数目之消长，即可洋货销路之多寡，亦即我国每年之现金外溢也。

年别	洋货进口合计	洋货复出口合计	洋货进口净数
民国三年	二四一二四五八六七两	一四二五八〇一一四两	九八六六五七五三两
民国四年	二〇五九九九三三八	一四〇六六五七三〇	六五三三三六〇八
民国五年	二一三〇六一四七二	一二八八七七九七二	八四一八三五〇〇

至论进口土货，五年输入于上海者，总数约有二万三千六百三十二万七千三百八十四两，比较四年约减去三百万两之进口额。其由上海复出口之土货，约比四年增加一百万量。而土货进口净数，则较四年减少四十万两。兹将最近三年间上海进口土货总数分列于左：

年别	土货进口合计	土货复出口合计	土货进口净数
民国三年	一七二六八五三四七两	一四八〇三九八九八两	二四六四五四四九两
民国四年	二三九四〇四八一七	二〇〇五四〇七二七	三八八六四〇九〇
民国五年	二三六三二七三八四	二〇一八九五三六〇	三四四三二〇二四

今试以上海每年洋货进口净数与土货进口净数，为之列表比较于后。观其消长，殊不胜其惊惧也。

年别	洋货进口合计	土货进口净数	比较相差额数
民国三年	九八六六五七五三两	二四六四五四四九两	七四〇二〇三〇四两
民国四年	六五三三三六〇八	三八八六四〇九〇	二六四六九五一八
民国五年	八四一八三五〇〇	三四四三二〇二四	四九七五一四七六

按之前表，三年来由上海进口之洋货，总计数目达于六万七千〇三十万六千六百七十七两之巨。仅就上海一埠之洋货进口净数言之，亦约有二万四千八百一十八万二千八百六十一两。即以去岁而论，洋货进口净数约有八千四百一十八万三千五百两，而土货进口净数仅有三千四百四十三万二千〇二十四万两，两者相较，其差几有五千万两之大。于此可见上海方面洋货用途之旺，而土货消路之滞。吾为之统计而比较焉，观其盈虚消长，不禁有无穷之危骇，不知国人抑有所恐惧也耶？夫上海固我国惟一之国际贸易市场也，考国际贸易之结果，不外三种现相：进出口出入相抵，是

曰贸易平均；出口多于进口，是日输出超过；进口多于出口，是曰输入超过。而三者之中，自以输入超过为最可危惧。盖输入与输出不得其平，则正货流出，银根紧急。且我国债务国也，输入超于输出，既足为国之累，而债务更过于债权，尤足为国之忧。乃者本国市场之须要，悉仰洋货之供给，土货且缘以减色，是又何怪现银流出，全国恐慌，而无从补救也？为今之计，治本则在扩张输出，治标则在减少输入。然扩张输出，殊不易云，且非朝夕之力所能收效。按民国三年度贸易报告，海关主任特拉有言，中国人平均每年人购一两三钱七分之外货，其间三分之一为必须品，而三分之二则为奢侈品。斯言也，洵非虚语。余观于上海口洋货之输进，察其货物花色，殆以装饰品占其大半，是皆可以土货代之，诚非吾人生活之必须品物。故欲调和贸易平均，固在扩张输出，以剂其盈虚，尤宜限制输入，借免债务负累之增重。兹事重大，讵易实行，消极之补救，其惟国人减少奢侈品之购买力乎？

附记：摘录五年上海海关报告

洋货贸易：洋货由外洋径运进口及由通商口岸运来者，本年进口洋货之价值共计关平银二万一千三百万两，较之上年多七百万两。惟查各进口货之数目，所增无几，其中竟有反为减少至一半之多者。布匹项下，数之最见增加者，为日本原布粗布、细斜纹布以及印花布。其减少之显著而最可注意者，为欧洲原布粗布以及英国、日本粗斜纹布及标布。日本棉纱亦减少四分之一，大约系由日本运往交战国之数加多而运往中立国之数减少故也。日本细斜纹布，销场日见其佳，比之上年加多一半。俄国出口布匹之严酷条例，近已逐渐宽弛，故俄国印花布之运进者大为加增，其总数为十二万匹，值四十八万两，比之上年，其匹数与价值大概有四倍之多。日本棉剪绒与绒毡之进口数，比前较多。棉布类进口之总共价值，减少一千一百万两有奇，惟绒布类则加增九成。半荣麻布洋线袋布冲毛皮布等，进口甚伙。绒棉布类，近五年进口，均陆续有下趋之势。绒线与绒绳，比之上年减少三成有奇。颜料因有复出口至日本美国之故，价值大涨。五金杂货之进口亦颇缺乏，盖船少运费贵，而英、美、日本等国均留以自用，动辄阻其出口也。惟有煤炭进口甚多，但所增者，价值亦多于数量。前年棉花收成不佳，故去年生棉之进口约多百分之十五。爪哇糖之进口甚为减少，而日本至台湾糖则乘隙侵入上海市场，白糖进口额约少四成，车白糖则约增加百分之八，输入上海复出口往外洋者，共计值价八百八十万两云。

（未完）

银行周报 1917，1（12）

民国五年上海贸易之比较概况（续）

（二）出口贸易情形

我国出口贸易以丝茶为大宗，而二者输出，均以上海为集中之地。年来丝茶，业此者不振。丝则夺于意、日，茶则夺于印、锡。自欧战以来，交通多阻，输运艰难，出口更形减色。兹将民国五年茶叶由上海输出外洋额数，为之列表如左：

运往国别	红茶	绿茶	砖茶	茶叶	茶末
香港	八九一担	三一二九担	二担	四〇五担	二担
新加坡等处	一三	二〇八			
爪哇等处		一		四	
印度	一八二	九八四四	一一		
土耳其国		一四七五			
波斯	二八〇八	一〇六			
埃及	二一一	二四七			
阿尔及耳		九六三〇			
英国	三六五二十	四六四八八			三五
瑞典	七六				
丹麦	二				
法国	二五五	一九一六〇			六八

（续表）

运往国别	红茶	绿茶	砖茶	茶叶	茶末
义国	八	七八五			
俄国欧州各口	四三七三	五〇〇七			
俄国由陆路	四四五	三二九九八			
俄国由太平洋各口	一一二〇〇	六七四九□	四〇三一六九	七一二	六
朝鲜	一	一	一		
日本与台湾	二〇□	八一			
菲律宾岛	二三				
坎拿大	四二三七	五三一四			
美国及檀香山	五一七九五	六四〇六二			六〇四四
澳洲纽丝纶等处	一一	三			
南非洲	一一八				
他处		二三四四			
合计出口	二一六〇九二担	二六八三八二担	四〇三〇八二担	一一二二担	六四〇四担

按上表，五年度由上海一埠出口之华茶，合计红茶二十一万六千〇九十二担，绿茶二十六万八千三百八十二担，红绿砖茶共四十万三千〇八十二担，茶叶一千一百二十二担，茶末六千四百〇四担。外有香茶、小砖京茶、茶梗三项未列。据海关总报告，全国五年度华茶出口计红茶六十四万余担，绿茶二十九万余担，砖茶六十四万余担。以与沪上华茶出口额相较，上海运出红茶约占全国出口总数三分之一。其三分之二，大约系由汉口、福州直接运出。绿茶则几占全国出口额十分之九，砖茶则约占出口总数三分之二。是则上海可为绿茶输出之集中市场也。至论华茶销路减少之原因以及五年贸易状况，税关报告言之颇详，爰附记之，不复有所论列。

附记：摘录五年税关总报告

茶亦系大宗贸易之一，以银价如是之高、船费如是之大，洋商岂能出重价以办茶？

罗布价贱，于茶务亦有妨碍。且英伦不独少销，并不准复运出口，如运往伦敦之茶，每吨须费一百三十四先令。粗茶上年值三十三两至三十五两不等，本年值十八两至二十两不等。尚有别项茶叶，本年二十三两至二十七两不等，较之上年已减二十两。头等茶多半运往俄国、伦敦，因价太贵，所以华商亏本，俄商办茶，比较上年加多。因欧州战事牵及黑海，印度、锡兰茶叶皆不能运进敖达萨，不得不改由陆运，由海参威起岸，经过西比利亚铁路。因运费昂贵，不能与华茶相敌。

绿茶颇能获利，实因美国素爱华茶，而印度锡兰茶本非所好。摩洛哥及中亚细亚本年均多购办，惟波斯少购。

红茶出口数，上年七十七万一千一百四十一担，本年六十四万八千二百 二十八担。绿茶出口，上年三十万六千三百二十四担，本年二十九万八千七百二十八担。砖茶出口，上年六十四万一千三百十八担，本年五十六万一百八十五担。

按前项报告，则华茶出口总额已校减于四年，惟绿茶则相差不足一万担。又据上海口报告，上海之机制绿茶，视上年有增无减。观于由上海出口之绿茶，几占全国输出总数十分之九，是又可知上海绿茶出口，尚未有所减缩也。再自华茶运往国别观之，其销路最广者，当推俄英美三国为最，合计俄国输入茶数将占我国出口茶额之半，英、美二国，绿茶销数多于红茶，此所以绿茶销路较上年退缩有限，而红茶比上年锐减也。惟有可异而吾人不可不注意者，则海关报告运往地栏，虽埃及、朝鲜亦均有华茶之销路，日本则包括台湾而计，其出口运往总数，且不及埃及、波斯。即印度原为产茶之地，而每年由沪出口运往印度之茶数，合计亦在一万余担。今以日本、台湾销茶总数相较，仅及印度销数百分之三。于此可觇华茶在日销路之缺乏，亦可知日本产茶之增加，足以供其国内须要，而无待于外求也。

据五年税关报告，丝业一落千丈，不独全国出口总数较四年减少，即上海方面亦略有退缩。兹将五年上海丝茧出口总数录之于左，再论其消长焉。

丝类货别	出口货数	出口货值
白丝	七六担	三三一七七两
白经丝	一七二	八四一八一
白缫丝	二六一三五	二一三一六四六五
黄丝	二五	九二七九
黄经丝	八	三二二七
黄缫丝	一〇九	八二五九七
野蚕丝	五八	一三五七三
野蚕缫丝	一〇	二九九八
同功丝	一一四	二八八五八
蚕茧	一二六六七	一〇八六一七五
野蚕茧	四一	一〇二二
绸缎	二〇五八	一五六二七八四

附注：前表系摘海关册丝类出口数较多者录之，其他从略。

按上表丝类出口之货色，以白缫丝、蚕茧、绸缎三项为大宗，共约值价关平银二千余万两。今试以元年至五年历届由上海出口之白缫丝、蚕茧、绸缎三项，为之比较其消长，要亦可见我国丝业之不振、日趋下落也。

年别	白缫丝出口货数	蚕茧出口货数	绸缎出口货数
民国元年	二〇四三〇担	一二九九八担	九八二二担
民国二年	二〇六五二	一一七六四	一〇五七七
民国三年	一九三三九	一〇六九九	八〇〇七
民国四年	二九九一一	二〇四〇七	一〇〇〇二
民国五年	二六一三五	一二六六七	二〇五八

观于上表，我国丝类殆以四年为出口极盛时期，以云五年出口比较，白缫丝相差仅三千担，而蚕茧出口几差一倍，绸缎则约减少大半。此固由于欧州战事影响，销路停滞，亦因五年春蚕收成不丰，二蚕歉收尤盛，丝茧产地即甚缺乏，故出口货数缘以短缩也。

查五年上海华丝出口，以运往美国者为数最巨。大致白丝销路，法、印最伙，法销二四〇三包、一九五八二七担，印销一二五五包、一〇六八四三脚。白经丝销路，美国最巨，约占出口总数十分之八，往外洋者共一三四二九三八担，美则占有九〇二七七二担。次之英、法销路约占出口总数十分之二，但亦仅有运往美国货额十分之三。白缫丝销路，美、法较伙，共计出口货额三〇一七二六八担，美法已占有七成之谱。同功丝仅有印度销路，他国不之见，为数亦微，仅有二二〇七〇担。至黄丝销路，印度约占出口总额七成，法国约占一成，土耳其、波斯、埃及等处共约占其一成，输出货额总计在一二二〇六九一担。黄经丝出口货数不多，总计约有一八一〇七二担，内以法、印、美销数较巨。若黄缫丝，其销路殆法国独占，总出口数为二四七三二〇担，法则占有二二〇八五六担也。至论蚕茧销路，出口总数共约二三三九七八六担，而运往日本者殆占其半，美、法、意合计仅有日本运往数之七成，于此可见日本之蚕茧须要矣。野蚕丝销路，以美国为最，日本次之，法国又次之，他国销数则殊寥寥。统计野蚕缫丝出口总额为九八八四一九担，美则占其八成，日约占其一成，英及法、意、俄诸国共约占其一成。若乱丝头及烂茧壳两项，以法、意二国销路最巨，约占出口总额之八成，是亦可知法、意制丝工业精良，善于利用此项丝类矣。惟不佞检阅各表，有一感触，则我国丝类，日本除野蚕丝略有销路外，其他黄白各丝运往日本者殊寥寥无几，且不及埃及、波斯之销数，而独于蚕茧一项，则运往日本者，约占有上海出口总数之大半，虽美、英、意、法四国之合计销数且不能及。于此足征近年日本制丝业之发展，精制熟丝无待外求，惟广运我之蚕茧以供其制丝之用，转以输出于欧美，再与我竞争制丝之利。是又何怪海关报告谓我丝业一落千丈也？夫我国丝类，均以欧美为销售市场。我既不能改良出品，则日本必将独占其利，将来必有丝类出口愈少、茧类出口加增之现相。虽同一出口，而损益攸关。要之茧类出口愈多，则丝类出口必将随之逐渐减少，我国徒供给他人之原料耳，可不慨哉！吾人犹有不得不注意者，则乱丝头、烂丝茧两项，其出口之数量殆多于黄白丝及茧类之十倍，且此项出口，历年有增无减，此又可觇我国制丝业之无进步，不能收利用之效，坐观输出于他邦再加精制，转以售诸我国。不佞阅表既竟，殊为我国丝业前途抱莫大之杞忧也。

（未完）

银行周报 1917，1（13）

民国五年上海贸易之比较概况（再续）

（三）贸易船舶情形

贸易之盛衰，与航业之消长具有密切关系。我国因航业不振，致不能扩张国际贸易，内国商业亦因船舶缺少，航业操之外人，而运输上亦均受其牵制。自欧洲战事以来，远洋船舶减少，我国土货出口缘以受其影响，不但运费加增，且往往求吨位而不可得。返观东邻，则趁此千载一时之机，力谋扩张海运事业。说者皆知日本输出贸易之发展加增，不知此亦航业利便有以辅助之也。今将民国五年上海进出口船舶国籍及其吨位只数，表之如左，再论其消长焉。

第一表：轮船

国别	进口只数	进口吨数	出口只数	出口吨数	进出只数合计	进出吨数合计	比较
美国	二六五只	一四四二五九吨	二五八只	一四三三〇九吨	五二三只	二八七五六八吨	
英国	一九五〇	三二八七一六三	一九四九	三三一二三四〇	三八九九	六五九九五〇三	吨数占第一，只顿占第二
丹麦	四一	五四七二六	四二	五五三二二	八三	二〇〇四八	

（续表）

国别	进口只数	进口吨数	出口只数	出口吨数	进出只数合计	进出吨数合计	比较
和兰	二九	五六〇四七	二九	五六〇四七	五八	一一二〇九四	
法国	四五	二〇八〇七八	四七	二一五七八八	九二	四二三八六六	
德国	一	七	一	七	二	一四	只数、吨数最少
义国	二	三八	一	一九	三	五七	
日本	一六八五	二六一〇二四〇	一六八八	二六二〇四六六	三三七三	五二三〇七〇六	吨数占第二，只数占第三
瑙威	四八	八五〇四八	四七	八四〇二三	九五	一六九〇七一	
葡国	六	五七〇	六	五七〇	一二	一一四〇	
俄国	一〇六	一四三二七二	一〇四	一四一〇七七	二一〇	二八四三四九	
瑞国	一〇	二九六二〇	一〇	二九六二〇	二〇	五九二四〇	
无条约国	一	七三三	一	七三三	二	一四六六	
中国	二五一四	一五七八三四九	二四七六	一六八〇九〇三	四九九〇	三二五九二五二	只数占第一
总计	六七〇三	八一九八一五〇	六六五九	八三四〇二二四	一三三六二	一六五二八三七四	中国仅有吨数十分之二，只数占百分之三十五

按本表以船舶吨数比较而言，则英居第一，日本居第二，我国居第三。以船舶只数比较而言，则我国居第一，英居第二，日本居第三。惟我国船舶只数超过

于英日，而船舶吨数则反不及英日。只数与吨数不能相应，是又可知轮船载重量微弱，亦即无远洋船舶之故。至德国船只，仅有两艘十四吨，于此可见欧洲战事发生后，德国对华航业之一落千丈也。

第二表：篷船

国别	进口只数	进口吨数	出口只数	出口吨数	进出只数合计	进出吨数合计	比较
美国	三〇只	六六一吨	二九只	六三九吨	五九只	一三〇〇吨	
英国	九八	二九一一	九八	二九三三九	一九六	五八四五〇	
和兰			一	五五	一	五五	最少
日本	二	二〇〇	二	二〇〇	四	四〇〇	
中国	二四八四	八七九九五	四五六六	一三二五二一	七〇五〇	二二〇五一六	只数、吨数均占第一
总计	二六一四	一一七九六七	四六九六	一六二七五四	七三一〇	二八〇七二一	中国只数占百分之九十五，吨数占十分之八

按本表船舶只数及吨数，均与我国为最多，只数占总计百分之九十五，吨数占总计十分之八。今以一国之航业仅能于蓬船占最多数位置，试与第一表相较，不亦大可耻乎？

查五年进出口轮船与蓬船之总计，共有二万〇六百七十二只，一千六百八十一万九千〇九十五吨。比较民国四年，进口船舶多四十只，出口船舶则少六百十五只，吨数进口约减四万一千八百五十九吨，出口约增一万一千三百十六吨。惟吾人所亟宜注意者，则英国素以航业势力著称全球，而我国远洋及国内航权，殆亦悉操英人掌握。自欧洲战事发生以来，英国无暇顾及远东航权，日本乘此时机发展其国外航业。观于前表，日本船舶只数列第三、吨数占第二，其船只及吨数与英国相较，仅差五百二十二只、约少一百三十六万八千七百九十七吨。使再假以时期，将有驾于英国，执我航业牛耳之势。回顾我国日渐退减，航业不振，可以慨矣！（本报第九号

《近年上海进出口船吨位之减少》论贸易船舶情形甚详，兹不多赘，幸参阅焉。）

按近来日本，因见航业之利无穷，力图推广造船业。虽夙非业造船者，亦拟设厂造船。至原有各船厂，则更纷纷谋所以扩充之法。如三井既拟在大山郡设一大船厂。Nippon 汽船公司即占有 Kuhara 铜铁矿大半者，亦在 Yamaguchi 郡设一船厂。又 Suzuki 公司除旧有船厂数处外，近更收买 Ringo 大船厂，由绅户钢厂监督其进行。横滨之山岛邮船会社则购得横滨造船会社之大半，加工制造；闻该会社尚拟大加改良横滨海港，以便制造新式巨舰。横滨铁厂亦拟自设一船厂，以便从事竞争。此外设立新厂、推广旧厂，或兼办船厂，在计画中而未公布者，不知凡几。以上根据某外报传述，要亦可见日本航业竞争之发展。爰附录之，望我国人急起而直追焉。

附记：摘录五年上海江海关报告

本年各国进出口船只之总吨数为一千六百八十一万九千零九十五吨，较上年略形逊色。英国减十万吨，法国增十万吨，中国减二十万吨，其余中立国无甚差异，惟美国略较减少，日本则日形增加。此虽战时特异之状况，然长此以往，日本之航业不难超出英国而代之也。

（四）金银出入情形

贸易之盛衰与金银之消长互相表里，具有密切关系。我国自通商互市以来，因输出输入之悬殊，及用金用银之比较，加之赔款未已，外债又增，以我债务敌彼债权，故现银流出国外，此乃当然之趋势。欧战之初，金价奇涨，继即渐平。迨至战事扩张，牵入用银之国，而用金者更滥铸辅币，须银尤亟。于是我国适当其冲，出口现银为数极巨。进口与出口之现银相较，其差殆有一倍。兹将民国五年上海进出口金银计值关平银数，为之列表于左，再次第比较其消长焉。

货币种类	国外运进	国内运进	运往国外	运往国内	附注
金条及金砂	八一七六六七六两	一二六二九一〇两	七二三六八三七两	三五二三五〇两	进超于出
金币	一一三八六七三二	一五七	一〇三八二六	五〇〇〇	进超于出

（续表）

货币种类	国外运进	国内运进	运往国外	运往国内	附注
金货合计	一九五六三四〇八	一二六三〇六七	七三四〇六六三	四〇二三五〇	
银条及元宝	一〇四二四三三二	三五三七一〇七	四一二〇二三九〇	一二三四九三三一	出过于进
银币	一四三八七九二一	一四二五五五〇七	三九八九一八五	九九九二九七五	进超于出
银货合计	二四八一二二五三	一七七九二六一四	四五一九一五七五	二二三四二三〇六	
铜币		二六七四	二七四	八〇七六五	
总计	四四三七五六六一	一九〇五八三五五	五二五三二五一二	二二八二五四二一	

查上表由国内外进口金货，合计共值关平银二千万〇八十二万六千四百七十五两，运往国内外之金货合计共值关平银七百七十四万三千〇十三两。进出口均以国外为多。国外运来与运往国外之比，较进口均超过于出口，合计约值关平银一千二百余万两。

附记：摘录五年上海江海关报告

本年由外洋进口之金银较上年增加颇多。上年进口总数值关平银十兆两，而本年竟达四十四兆余两。其中由美国、日本运来之金银条及金币居多。本年出口金银，五月间运往印度者，为数甚巨，因是时宝银有大宗贸易也，总计本年出口金银之数较进口逾二倍有奇。

（完）

银行周报 1917，1（14）

一九二〇年上海之出口贸易

去年一年中，日美经济界颇呈不稳之状。中国荒乱频仍，运输阻滞，以致出口贸易大为衰落。较之前年输出额，各项货品无不减少。查上海对外贸易，向以日、美为最盛，而去年运往日、美之货，时复停顿，迥非昔比。输出贸易之衰落，此实一重大原因也。

春季以后，对外汇兑日益不利。先令汇价，自九辨士余迭缩与四先令以内。夫金贵银贱本利于出口贸易，而结果适得其反者，(一)因涨落无常，上落太巨，致出口商家不敢放手办货；(二)血战五年，各国元气大伤，值通货膨胀、物价奇贵之后，各国财政当局及金融界力图收缩信用，恢复经济之原状，以故制造业顿形萧索，停工及减少工作之事为去年实业界共通之现象。职是之故，洋商对于原料品之需要大为减少。而吾国输出各货，泰半属原料品及粗制品，此出口贸易衰落之又一原因也。

去年第一、二两季之贸易统计，关册已经刊布，三、四两季尚未公表。下列去年全年出口之数额，一、二两季外，除系根据调查报告之所得，故数额不能尽符。然大概数目，要为不谬。读者于此亦可窥见去年出口贸易之一斑焉。

货名	九年数额	八年数额	增或减
市布	一二三〇六七九匹	一三六一一九五匹	减
粗布	二二〇六〇匹	一一五二九六匹	减
粗斜纹布	二六一四〇六匹	二九六六六四匹	减
细斜纹布	二九〇二九匹	四七七六〇匹	减
丝光布	七八九七八匹	三二一九三三匹	减
法兰绒	二九七二〇匹	三九一一六匹	减
棉毯	四〇二一五八条	二七一一九匹	增
标布	四五九五〇匹	二九八〇一匹	增
土布	一〇二八七二担	九四九八一担	增

（续表）

货名	九年数额	八年数额	增或减
棉纱	一〇八四一五〇担	一一二〇九〇六担	减
纯锑	一七五四担	一〇一五二九担	减
生铁	九七八担	四五六〇四四担	减
汽水	一五二六五四担	——	——
牲畜	三九一二八头	三三六二九头	减
豆饼	三五三八八九担	六九八二三九担	减
黑豆	一三五四担	二〇〇八〇担	减
绿豆	四五二七一担	九〇九八一五担	减
红豆	四九八一三担	八九二二一担	减
白豆	一九一五五九担	八二二二五担	增
黄豆	三三九二一一担	八二六五六四担	减
大豆	六三六二五担	六八二七八一担	减
书	二六七一八担	一九六一八担	增
糠	一〇〇七一一九担	一一五六〇七〇担	减
猪鬃	一五三四担	四七〇二一担	减
蜡烛	二三九〇六担	三四五五三担	减
五谷米（免税）	四八五六七担	六一七二四九担	减
纸烟	二〇七二〇五担	二二七四八〇担	减
棉花	一二三九九七担	七五四一八三担	减
废棉花	一〇三二七二担	一一八二五四担	减
蛋白	四九五八四担	一〇三九四七担	减
干蛋黄	一九二七七担	一一〇八一五担	减
湿蛋黄	一四七六五八担	二七七八八五担	减
鲜蛋	二一三七一二〇四六枚	一四二六七〇〇〇〇枚	增
干蛋	四六九三七二五枚	六一〇八五八二枚	减
卤蛋	九二〇六五〇枚	一三〇二二〇枚	增
鹅鸭毛	二二五六八担	五一一一四担	减

（续表）

货名	九年数额	八年数额	增或减
上海厂机面粉	五七九六二〇二担	五〇八〇〇二九担	增
花生仁	七六九六六八担	一〇〇一〇六九担	减
头发	四七六八担	六八一四担	减
火腿	九五五一担	六七〇九担	增
水牛皮	八五七六担	一二四〇八担	减
牛皮	六一一八担	一七九九二担	减
猪肠 值	三六四四〇〇两	七三八九六二两	减
羊肠 值	五五六七两	七三八三两	减
猪油	一〇五七七一担	一一二三七二担	减
药材 值	五二三二〇五两	二九五九五六七两	减
棉子油	七七一七九担	一八九一五二担	减
花生油	三〇五一六八担	三五六三二九担	减
上海厂纸	五一四五一担	四七四三七担	增
棉子饼	五七一五八三担	一一二〇八一六担	减
菜子饼	二七八九三〇担	五一二九一〇担	增
杂类子饼	二八八担	二一一三四担	减
缎鞋	二八九二九三双	四二五五九五双	减
不分类鞋	一二七九二九双	一四六〇二九双	减
未硝山羊皮	四九〇一三三张	一〇一四一九六二张	减
肥皂	一一四七九六担	二八〇八四担	增
丝光线袜	三四五一担	四七三担	增
火柴	四六六三二八罗	七五七五五六罗	减
线袜	一五二一一七打	三五四三八五打	减
绸缎	八〇七三担	九五五九担	减
白帽鞭	一三八九担	三一九四六担	减
陶器	三八八四六担	五四七八〇担	减

去年出口贸易之衰落，下半期更甚于上半期。查去年上半期，银两之汇价甚高，至下半期乃暴缩。以常理而论，汇兑逆势，出口货自应活动。然而缩势太猛，洋商亦望而却步。且商务上战后之反动，造端于春初，而大暴于夏季以后。四五月之交，日本经济界首呈恐慌。生丝、棉纱、匹头等主要商品，销路壅塞，百货山积，金融界以周转不灵，现金枯竭，银行搁浅，一般工商界被此影响，受挤愈甚，纷纷缩小范围，减少产额。美国资力雄厚，准备较足，其恐慌程序虽较日本为稍逊，而金融紧迫、百物滞销，实与日本遭遇同一之阨运。盖自一九一四年奥塞构衅以来，工商界之进步最速、发展最力者为日、美两国，而反动最烈、簸荡最甚者，亦为日、美两国。吾国商务向处被动的地位，乏独立的气概。战事方酣，各国农矿之区半出为战场，不得已而仰给原料于吾。吾乃出其粗制原料各品供人利用。民国六、七、八年，吾国之出口贸易差有起色者。出于吾国之乘机推销者少，而出于洋商之百计搜求者多。此不可掩之事实也。迨战事告终，各国制造业因销场日狭，减少产额，即或产额如故，而农林矿务日益整理，无购求华产之必要。故下半年之出口货额尤为减少。近数月来，商业上之乐观论调虽渐次有力，而英美各国物价日落，工资日减，各工厂之减少工作或宣告停工者尚未见恢复。究竟一九二一年之对外贸易能否发展，尚难预断。所望政商各界瞻往思来增进人为的力量，以确立出口贸易之基础。商业前途，庶有豸乎？

银行周报 1921，5（6）

民国九年上海贸易比较概观

裕　孙

一、进出口货价概说

上海为我国贸易之中心，国内土货之出洋者多经此以输诸海外，国外洋货之进口者多经此以输诸内地。因其为洋土货消费市场，而复为洋土货集散市场，故每岁洋土货进出口及复出口之数总共值银之巨，殆足与全国对外贸易总额相颉颃焉。又其贸易之盛衰消长，而全国对外贸易之盛衰消长与有关焉。据江海关册所载，去年洋土货之由外洋及通商口岸进口者，价银共逾六亿元，较八年约增百分之一四。本年土货之往外洋与通商口岸及洋土货之复出口者，价银约为五亿六千万元，较八年略减。而进出口合计总数，价银共达十一亿七千万元，计较八年增百分之三。兹附表如左（单位：关平银一两）：

	八年货价	九年货价	九年货价对于八年货价百分之比	备考
进口合计	五三二八四四三六	六〇八三〇五二三七	二四	洋土货并算在内
出口合计	五九四九七九一〇七	五六一七一八六〇六	九四	洋土货复出口并算在内
进出口总合计数	一一二五二六三五四三	一一七〇〇二三八四三	一〇三	前两项合计

据关册所言，谓去年上海贸易业臻极盛之境。诚哉其为极盛也！顾吾人一为钩稽其极盛之原因，不觉转生无穷之感慨。盖就上海对外贸易言，去年洋货之从外洋进口者，较八年实增百分之四六，而土货之出洋总数，较八年则减百分之二六焉。是去年上海贸易之所以增进者，盖在洋货而不在土货也。更就上海贸易之全体言，则去年洋货之进口总数，较八年实增百分之四六，而土货出口总数，则较八年减百分之一二。是上海去年贸易之所以增进者，总在洋货而不在土货也。兹附表如左（单位：关平银一两）：

	八年货价	九年货价	九年货价对于八年货价百分之比	备考
洋货由外洋进口者	二六一七〇一〇七四	三八三九一七五二六	一四六	
土货输出外洋者	二五九七六七五九	一九三七五九四一二	七四	系土货由通商口岸进口后复往外洋与土货由本口运往外洋之合计
洋货进口总数	二六五五一九二七一	三九〇一五四一一五	一四六	由通商口岸进口者亦并算在内
土货出口总数	四四九〇六四九二九	三九六一七九一九七	八八	往通商口岸者亦并算在内

内地消费之洋货，有须先经上海以再行输入者。故假使当年上海进口之洋货盛，则转行输入内地之洋货亦必盛。观于九年上海从外洋输入之洋货，较八年多出百分之四六，因之九年洋货之从上海复行输向内地者，较八年亦多百分之一一。此上海对外贸易能间接影响于对内贸易者一也。内地生产之土货亦有须先经上海以再行输出者。故假使当年上海进口之土货衰，则其转行输出外洋之土货亦必衰。观于九年上海进口之土货，较八年少去百分之一八，因之九年土货之从上海复行输向外洋者，较八年亦少百分之三五。此上海对内贸易能间接影响于对外贸易者又一也。虽二者之增减比例尚有他种原因，未能绝对相等。然而上海贸易之盛衰，其与全国对外贸易息息相关，殆可于此证之。兹附表如左(单位：关平银一两)：

	八年货价	九年货价	九年货价对于八年货价百分之比	备考
洋货从外洋进口者	二八一七〇一〇七四	三八三九一七五二六	一四六	其由通商口岸进口者不算
洋货复向通商口输出者	一三四六一七九四六	一五〇二六七〇五一	一一	
土货从通商口岸进口者	二八四七六五一六五	二一八一五一一二二	八二	
土货复向外洋输出者	一五九七〇九六一〇	一〇四七七八五四一	六五	其由本口运往者不算

不独此也，各口所需洋货之种类虽不同，各口所产土货之种类虽不同，然而其为洋货则一也，其为土货则一也。假使当年上海直接输入之洋货多，必洋货之利于进口者也。上海如是，则各口亦大致如是。故九年上海洋货之输入净数较八年增百分之四七，而同期全国洋货输入净数亦增百分之一也。又假使当年上海土货之出口少，必土货之不利于出口者也。上海如是，则各口亦大致如是。故九年上海土货出口总数较八年减百分之三七，而同期全国土货出口总数亦减百分之一五。然则上海贸易其又为全国贸易之风雨表矣。兹附表如左(单位：关平银一两)：

	八年货价	九年货价	九年货价对于八年货价百分之比	备考
上海洋货输入净数	二五〇 四〇四八四二	三六八 六六三一五〇	一四七	从外洋进口数中减去复往外洋数
全国洋货输入净数	六〇六 九九七六八一	七六二 二五〇二三〇	一一七	从进口总数中减去复出口数
上海土货出口总数	三五九 七二八七五九	一九三 七九五四一二	六三	复往与运往合计
全国土货出口总数	六三〇 八〇九四一一	五四一 六三一五〇〇	八五	

二、洋货进出口情形

上海进口洋货，其起运地别有二：一为从外洋直接输入者，此数当占进口洋货之大宗；一为从内地输入者，此项内地输入之洋货，大概为内地不甚合销，故复运回上海者也，其数量当然甚微。故九年二者之进口数为九八与二之比。上海从外洋直接输入之洋货，除一半供当地消费外，余则复行运往他处。其往运地别亦有二：一为运往内地各口，一为复往外洋。九年洋货运往内地者约占洋货进口总数百分之三八，其运往外洋者仅占同额百分之四而已。附表如左（单位：关平银一两）：

	价银	百分比
洋货进口总数	三九〇一五四一一五	一〇〇
由外洋进口	三八三九一七五二六	九八
由通商口岸进口	六二三六五八九	二
洋货复出口数	一六五五二一四二七	四二
复往外洋	一五二五四三七六	四
复往通商口岸	一五〇二六七〇五一	三八
洋货进口净数	二二四六三二六八八	五八

查九年上海洋货从外洋进口者，较八年增百分之四六。而同期由内地进口者亦增百分之六三。观于内地进口洋货之多，足知内地情形之不安。不安之最

大原因，如北省之旱灾以及各地之兵燹，此皆足使内地人民减少其洋货之购买力者也。再观九年复往内地之洋货，较八年虽增百分之一一，但同期复往外洋者，则增百分之三五。可知上海去年外洋直接进口洋货之激增。盖在进口商贪图汇水之便宜，非果有确实之需要也。既无确实之需要，则除去就地上栈而外，惟有复往外洋而已。兹附表如左（单位：关平银一两）：

	八年货价	九年货价	九年货价对于八年货价百分之比	备考
由外洋进口	二六一七〇一〇七四	三八三九一七五二六	一四六	
由通商口岸进口	三八一八一九七	六二三六五八九	一六三	
洋货进口总数	二六五五一九二七一	三九〇一五四一一五	一四六	前两项合计
复往外洋	二二九六二三二	一五二五四三七六	一三五	
复往通商口岸	一三四六一七九四六	一五〇二六七〇五一	一一一	
洋货复出口数	一四五九一四一七八	一六五五二一四二七	一一三	前两项合计
洋货进口净数	一一九六〇五〇九三	二二四六三三六八八	一八七	从进口总数中减去复出口数

查九年上海洋货之复出口数虽然增加，但其增加之比例尚不逮进口者之大，以致洋货进口净数几较八年增至一倍。吾人其犹忆去年洋货之滞销乎？观诸此表，不难恍然其原因矣。

三、土货进出口情形

上海出口之土货，其来源有二：一为当地所制造者，一为从内地进口者。查九年上海从内地进口之土货，约值价银二亿一千八百余万两。其复往外洋者，约占总数百分之四八。而复往通商口岸者，约占同额百分之二七。其余即为土货进口净数，约占同额百分二五。此二五之土货，拨其用途有二：一为供沪人之直接消费，一则为沪上制造工业所吸收，以为加工制造之需者也。虽二者之确实比例如何，不能得就统计证明，但以内地工业之不振，运来者以原料居多，即有工业品，以沪人之竞尚奢侈，未必皆能投其嗜好。故就此推测，则进口土货净数要以工业用者占十之八九，其供直接消费者殆十之一二而已。附表如左（单位：关平银一两）：

	价银	百分比
土货进口总数	二一八一五一一二二	一〇〇
复往外洋	一〇四七七八五四一	四八
复往通商口岸	五八七五四四三七	二七
土货进口净数	五四六一八一四四	二五

九年上海土货出口总数约值价银三亿九千六百余万两，其运销外洋者占百分之四九，其运销内地者则占同额百分之五一。但土货出口总数中，除系原由内地运来而复行出口者外，其为当地所出产而径往外洋者约占出口总数百分之二三。若与复往外洋之数相较，则为二三对二六之比。其为当地所出产而径往内地者约占同额百分之三六，约为复往内地土货之一倍。兹附表如左（单位：关平银一两）：

	价银	百分比
土货出口总数	三九六一九七一七九	一〇〇
土货出洋合计	一九三七九五四一二	四九
复往外洋	一〇四七七八五四一	二六
运往外洋	八九〇一六八七一	二三
土货往通商口岸合计	二〇二四〇一七六七	五一
复往通商口岸	五八七五四四三七	一五
运往通商口岸	一四三六四七三三〇	三六

查九年上海土货之进口总数，较八年减百分之一八。其复往外洋者较八年减百分之三五。土货由本口径往外洋者较八年亦减百分之一二。以致土货出洋合计，遂亦较八年减去百分之二六。虽复往内地与径往内地之数略较八年为增，然增减之比例不能相等。故全年土货出口总数遂亦不逮八年矣。兹附表如

左（单位：关平银一两）：

	八年货价	九年货价	九年货价对于八年货价百分之比	备考
土货进口总数	二六四七六五一六五	二一八一五一一二二	八二	
复往外洋	一五九七〇九六二〇	一〇四七七八五四一	六五	
复往通商口岸	五一六三三五九〇	五八七五四四三七	一一三	
土货进口净数	五三四二二九五五	五四六一八一四四	一〇二	从进口总数中减去前两项合计数
土货运往外洋	一〇〇〇一九一三九	八九〇一六八七一	八八	
土货运往通商口岸	一三七七〇二五八〇	一四三六四七三三〇	一〇〇	
土货出洋合计	二五九七二八七五九	一九三七九五四一二	七四	复往与运往合计
土货通商数往口岸合计	一八九三三六一七〇	二〇二四〇一七六七	一〇六	复往与运往合计
土货出口总数	四四九〇六四九二九	三九六一九七一七九	八八	前两项合计

统观九年上海贸易，与八年之各项比较，则洋化则安之，进出口数无不见增。而土货则除去复往及径往内地者略增外，其余则无不见减。然则所谓去年上海贸易，业臻极盛之境者，盖在洋货而不在土货也。

四、上海对外贸易与全国对外贸易

因上海之为洋土货消费市场，而又为集散市场也，故上海一埠之对外贸易实占全国对外贸易之重要位置。九年上海洋货之进口总数竟占全国洋货进口总数百分之四七，土货出口总数亦占全国土货出口总数百分之三五，洋货之复出口数则占百分之三九，洋货进口净数则占百分之四八，入超额竟占百分之七九。换言之，即去年全国入超额为二亿二千零六十一万八千九百三十两，而上海一埠之入超额即达一亿七千四百八十六万七千七百三十八两也。按去年全国入超之巨，实为自光绪二年以来，计四十五年间所未有。即民国中入超额之逾亿两者，仅元、二、三、九之四个年耳，余则皆在亿两以下，最多为六年之八千余万两，最少为八年之一千余万两。而孰意九年上海一埠之入超额，若与民国以来全国之入超总额相较，竟十倍于八年，一倍于六年，即元、二年尚不逮焉。除九年不计，其全国入超总额，视去年上海一埠入超额稍大者，惟三年而已。可惊哉上海之入超也！兹附表如左（单位：关平银一两）：

	全国对外贸易	上海对外贸易	上海对外贸易对于全国对外贸易之百分比	备考
洋货进口总数	七九九九六〇．二〇六	三八三九一七．五二六	四七	上海栏以直接由外洋进口者为限
洋货复往口数	三七七〇九．九七六	一五二五四．三七六	三九	上海栏以直接由复往外洋者为限
洋货进口净数	七六二二五〇．二三〇	三六八六六三．一五〇	四八	由进口总数中减去复出口数
土货出口总数	五四一六三一．三〇〇	一九三七九五．四一二	三五	上海栏系复往与运往合计
洋货入超额	二二〇六一八．九三〇	一七四八六七．七三八	七九	由洋货进口净数中减去土货出口总数

本文仅就去年上海之贸易货价为概括的叙述。至于金银船舶等进出口情形以及重要洋土货之进出情形，则均以让诸专篇。

银行周报 1921，5（27）

上海国际贸易之趋势（上）

子　明

上海据长江之枢纽，为全国贸易之中心。凡福州以北、山东以南，土货之出洋者，多经此以输诸海外，洋货之进口者，亦多经此以输入各地。论其贸易之范围，则江苏、浙江、安徽、江西、湖北、湖南、四川之七省全部，云南、贵州、河南、甘肃、陕西五省之大半，山东之南半，福建之北半，亘于十四省之间，皆为上海之贸易范围。远而及于渤海湾诸港，亦自上海受外国品之供给。如果三省、直隶、山西及山东之北半，亦可认为准贸易范围。由此观之，则上海之贸易，除广东、广西及福建南半外，殆已包括全国之贸易额。其对外贸易之重要，亦概可知矣。

上海既为全国贸易之中心，输出入货物大都集中于上海。近年以来，上海贸易额对于全国贸易额之比例均在百分之四五十以上，是可知上海之贸易殆足与全国贸易相颉颃。其贸易之盛衰消长，实全国贸易之盛衰消长焉。兹根据海关贸易册，概说其近年来贸易之情形，以观其对外贸易之趋。

自民国以来，上海对外贸易，均系累年增进。查民国元年输出入合计额，计为四亿九千一百四十八万余两，二年略增，迨及三年因欧战发生，稍形减色，四年复增至五亿四千九百三十七万余两。其后逐年增加，民国十年计增至九亿二千七百四十七万余两，以较元年，几增一倍。此为最近上海对外贸易之趋势也。兹将民国元年至十年进出口数额，列表比较如左，以资参照(单位：关平银一两)：

年分	进口		出口		进出总计
	由外洋	由通商口岸	往外洋	往通商口岸	
民国元年	二一〇 〇七一 八三七	一九九 六九六 九一二	四〇 四六二 五三四	四一 二五四 二〇四	四九一 四八五 四八七
民国二年	二四四 四五二 四二一	二〇五 一一六 〇〇四	四一 七二二 五一七	四二 二四三 九三六	五三三 五三四 八七八
民国三年	二三八 五八九 五四八	一七五 三四一 六六六	三六 九〇四 五〇五	四七 八五九 四二八	四九八 六九五 一四七
民国四年	一九八 二一四 三八四	二四七 一八九 七七一	四五 九三九 五八三	五八 〇三六 〇二七	五四九 三七九 七六五

（续表）

年分	进口		出口		进出总计
	由外洋	由通商口岸	往外洋	往通商口岸	
民国五年	二〇七 〇三四 七四〇	二四二 三五四 一一六	五四 七〇六 三八四	六七 一五〇 四三二	五七一 二四五 六七二
民国六年	二一〇 〇八五 九九〇	二三〇 〇二七 一一四	六二 四六九 三四一	七七 六五〇 三九三	五八〇 二三二 八三八
民国七年	二一四 九六七 九〇七	二三七 〇三七 〇〇〇	七三 二三五 八七五	一〇一 八五三 六〇〇	六二七 〇九四 三八二
民国八年	二六一 七〇一 〇七四	二六八 五八三 二六二	一〇〇 〇一九 一三九	一三七 七〇二 五八〇	七六八 〇〇六 一五五
民国九年	三八三 九一七 五二六	二二四 三八七 七一一	八九 〇一六 八七一	一四三 六四七 三三〇	八四〇 九六九 四三八
民国十年	四二五 五一三 九三〇	二二六 〇〇九 二四八	一〇二 七八四 二〇八	一七三 一七〇 二七四	九二七 四七七 六六〇

观于上表，则进出口数额之累年增加殊属显然，而洋货进口之增加速率，尤超过于土货出口增加速率之上。试以进口方面言之，由外洋进口者实占大半，而由通商口岸输入者实居少数。以出口方面言之，则输出于通商口岸者实多于输出外洋。由此可知国人消费洋货之进步，以致洋货输入日多，土货输出仍少。而国际贸易上，常呈输入超过于输出之状态也。

今先以上海每年洋货进口净数与土货进口净数为之列表比较于后，以观在上海一埠土货与洋货之消长（单位：关平银一两）。

年别	洋货进口净数	土货进口净数	比较相差额数
民国元年	七三〇六七三〇一	三一一二六〇九五	四一九四一二〇六
民国二年	九八五六七四八四	二四六八八三一二	七三八七九〇七二

（续表）

年分	洋货进口净数	土货进口净数	比较相差额数
民国三年	九八六六五七五三	二四六四五四四九	七四〇二〇三三四
民国四年	六五三三三六〇八	三八八六四〇九〇	二六四六九五一八
民国五年	八四一八三五〇〇	三四四三二〇二四	四九七五一四七六
民国六年	八四二九九八九二	四六九九一七六二	四二三〇八一〇〇
民国七年	八八三八四一八八	六〇五二四八三八	二七八五九三五〇
民国八年	一一九六〇五〇九三	五三四二一九五五	六六一八三一三八
民国九年	二二四六三二六八八	五四六一八一四四	一七〇〇一四五四四
民国十年	二一七二八五六四七	五八五三四三三四	一五八七五一三一三

按之前表，上海每年洋货进口之净数较之土货进口之净数，恒超过数千万两以上。民国元年，洋货超过于土货者计四千余万两。迨及民国九年，竟超过一亿七千万两。十年超过一亿五千万两。于此可见上海方面洋货用途之旺。而土货销路之滞，吾为之统计而观其盈虚消长，不禁有无穷之危骇，不知国人抑有所恐惧也耶？夫上海固我国惟一之国际市场也，考国际贸易之结果，不外乎三种现象：进出口出入相抵，是曰贸易平均；出口多于进口，是曰输出超过；进口多于出口，是曰输入超过。而三者之中，自以输入超过为最可危惧。盖输入与输出不得其平，则现金流出，银根紧急。且我国债务国也，输入超过于输出，既足为国之累，而债务更过于债权，尤足为国之忧。乃者本国市场之需要，悉仰洋货之供给，土货且缘以减色，是又何怪现银流出，全国恐慌，而无从补救也？但吾人观于上海洋货之输进，察其货物花色，殆以奢侈品占大半，是皆可以土货代之，诚非吾人生活之必须品。故欲调和贸易平均，固在扩张输出，以剂盈虚，而尤宜限制输入，借免债务负担之增重。然扩张输出，殊不易云，且非朝夕之力所能收效。消极之补救，其惟国人减少奢侈品之购买力乎？

综上所述，上海因为洋土货之消费市场，而又为集散市场，故上海一埠之对外贸易实占全国对外贸易之重要位置。但上海贸易情形与其他各埠相较，究属相差几何？故兹再以上海一埠之输入洋货与输出土货与他埠比较之。按：吾国海关共有五十关，兹择其进出贸易总数较为巨大者，表列于左（单位：关平银一两）：

关名	民国元年		民国四年		民国七年		民国十年	
	洋货进口	土货出洋	洋货进口	土货出洋	洋货进口	土货出洋	洋货进口	土货出洋
上海	二一〇〇七一八三七	一六五五二四五〇〇	一九八二一四三八四	二〇一四三七七八〇	二一四九六七九〇七	二〇一二九〇八四三	四二五五一三九三〇	二一〇五二七八九三
大连	二七〇六九七九三	二〇五四九四二四	二四八六五四五二	三五六二二四五八	六六九七九六二六	八〇九七六〇七二	六七六三二九三三	一〇一四〇三五五八
天津	三二八九〇五三五	九四一五八八〇	四〇六三六九四七	一六八九七八〇〇	五九三六七八二三	二六八二二九七一	八八三九六五七四	三八五一五六三六
广州	二五七九六〇〇四	四二八七七二四二	二六〇三七三五九	四二一二七七六五	二八二一五五五四	五〇四三六四四五	四一四九六六六八	七一三三三八三五
九龙	二一七一〇六三八	一二五一七六三九	三〇八六二七二九	一一一八二九五八	三三二六九二七九	一四二八三九八五	四五五六九二七一	一七五一四八二三
汉口	二二〇〇六六三八	一七三三九七九四	二七九二一七二〇	一六二九二八六九	三〇九七四八九三	一〇五八六四〇七	四七四七六三八三	一〇二四八三一四
安东	三五一〇〇八五	二三四六四五五	一三〇〇八五〇九	三九六六八六五	二一八〇八四八四	一一七七七二四七	二九二二六三六五	二一四三三三五六
胶州	一四七〇六七五六	一〇四六七三四五	四二八一四四二	三二六四八五七	一六九七三七八六	一五四〇八三三一	二三九〇三五七二	一九四〇二五七五
汕头	一八〇七二二二五	八〇七四八四三	一五九一六二八二	一一七三九一〇三	一三三六四三五三	八九五〇七七四	一九二七八七一五	一五八五三八七九
蒙自	七七二二〇三二	一一八四七八四九	五三九二九四六	九八〇九一二八	九〇三五六九〇	一一三九八八一八	一〇九一六〇五八	七一五六三九七
梧州	一〇二一五三四四	三八八〇六九一	九五七〇九〇二	四二四七一一四	九〇九〇九〇八	五七三二五二四	七二〇六八五〇	四四三九六三三

（续表）

关名	民国元年		民国四年		民国七年		民国十年	
	洋货进口	土货出洋	洋货进口	土货出洋	洋货进口	土货出洋	洋货进口	土货出洋
拱北	一一六〇二六四九	四八五二五九二	一一七四〇八一八	五二六〇八六〇	八三三六六三一	四八二一〇五二	二四三二六二〇三	六一六二五六二
绥芬河	七九四二九〇六	一五一五〇五三四	六三九三四一七	一六二三四〇〇七	三七三八一九三	七四四七四九七	五二三七五七一	一五七五三四九五
烟台	四四〇五八六五	五七〇九二〇六	五八〇七八二四	五二五〇八八五	六三六六〇五一	四六一二三七一	七〇一三六一五	一四〇六九八六一

再观前表，各埠之贸易总额均未有满一亿两以上者，以较之上海贸易总额，且不及一零数。是诚无怪上海为吾国之唯一贸易市场，此一埠之盛衰关系于全国贸易之消长也。依此项发达之趋势以推论，二十年后，上海不特将为亚洲之巨大商埠，且将进为全世界之巨大商埠。惟是濬江计划大有关于口岸之盛衰，谋上海商务发展者，不可不注意之也。

银行周报 1922，6(41)

上海国际贸易之趋势(中)

子　明

上海国际贸易之大概既如上述，兹再将输出入之重要货物及贸易状况以分别论之，借观其最近贸易之情形，并可以推测将来之趋势。

上海之洋货输入情形

上海之洋货输入最多者，首推棉布类为大宗。我国今日除穷乡僻壤仍有用土布者外，无四季之别，无贫富之分，无时无人不有用洋布之衣。按我国人口四亿二千万，每年每人假使用布一匹，则已需四亿二千万匹，每匹价格以一两计，则全国消费额年达四亿二千万两之巨，岂不伟欤？查最近数年洋布输入者总在二亿匹左右，已占全国销数二分之一。吾国土布若不再速谋扩张之道以挽救之，则洋布输入之增加，方兴未艾也。

且观察中国棉布之趋势。以国内风气开发，粗厚土布必将为精细之洋布所驱逐。若果如此，则外国洋布之前途茫茫如春海，正大有可望。现时外国洋布之输入，其最占势力者厥为英、美两国，日本次之。英国本为世界棉布国，精巧棉布无敌于天下，其输入于中国，有独占东亚市场之势。美国织布业为日较浅，制造精巧尚在英国之下，唯因有生产多量之棉花，故其粗厚品价值甚廉，反优于英国出品。日本织布业为日亦尚浅，尚不能与英美相争衡。故上海市场上洋布贸易，当为英、美二国所独占，他国无从攘夺。即使增加，亦必为二国所垄断也。

属于棉货类者，尚有棉纱，亦为输入之大宗。输入上海之棉纱计分四种，除本地产出之中国纱外，有日本纱、印度纱、英国纱三种。历年以来以印纱输入为最多，日纱次之，英纱又次之。但观于最近三国输入之消长，英纱有减而无增，殆将驱逐于市场。印纱虽常居第一位，而亦有渐次减少之倾向。唯日纱之输入则逐年增加。将来上海市场外国棉纱之趋势，英、日二纱必为日纱压倒无疑也。观于去年输入上海之净数可以概见其一斑：

英国棉纱	七四八七〇一关平两
印度棉纱	一七六四三八三
日本棉纱	二五八九五五一

上海方面因外纱输入之巨，于是本国纱厂亦先后崛起。外棉之输入亦颇有增进。此为略可差强人意之事。现在上海纱厂几成中国棉业荟萃之区，亦逐为棉花消费中心之地。外人论中国之棉业，将来能与世界第二棉业国之印度并驾齐驱。此国人所宜引为发奋自强者也。

上海输入品中消耗最甚而最堪令人惊惧者，厥为纸烟一项。其输入之数年达八九千万两，独上海一埠消费者亦有二千万两左右。国内之人，无论贫富，几乎无人不吸。虽有一二烟草公司制造国货以相抵制，但舶来品仍属畅销，是实一绝大漏卮也。他如煤与煤油，输入亦甚巨。我国产煤与煤油之区，经外人调查，许为丰富者，不一而足，而每岁输入之数仍在千万两以上。又如木材一项，我国东三省及西南诸省不乏森林，苟善保存，取材何竭，而上海输入之木材亦年有增加。东南各省均宜产糖，而我国所用之糖，多由爪哇输入于上海，再转销于内地。五金矿石，吾国蕴藏于地中者，更不知凡几，而实际需用仍多仰给于外货。是足证吾国天产之未能开辟，虽为中国所自有者，仍须求之于外人也。其他则如电气材料、建筑材料、机器等项，近年需用亦颇繁，由上海输入者尤属激增。此或由国内工业之渐次发达，输入虽巨，尚非无益。其余如染料、肥皂、药材、玻璃、纸、酒、化妆品等项，输入亦年有增加。此数项之原料，国内亦称富有，只以技术不精，出产因之有限，是大有挽回之余地也。兹特根据江海关贸易册，将民国十年由上海进口之洋货，择其较为重要者，列一详细表如左，以观其输入最近之趋势：

货名	进口		复出口		共计进口净数	
	由外洋	由通商口岸	往外洋	往通商口岸		
棉货类	二一四〇五六八三匹	二一一四九一匹	一一二六四六八匹	一三四一一〇四五匹	一〇二二四一五二匹	三一七五〇三三一关平两
棉纱	二八五六三五担	一三一三担	三一〇二六担	二七〇四〇六担	一〇八三二二担	六三七八一三二
毛棉呢类	二二七三〇六六码	一五九九六码	二〇四八四四码	一二八七一七六码	一二八七一七六码	二一〇二九二九
呢绒类						四〇六八七五五
杂质匹货类						二五九九三八四
五金黄石类	二三二四二六七担	二八九七五担	五八七九六担	一五二七四一二担	一一三四五三三担	一二一一七五二一
建筑材料	一九一九二四八两	四九五两	一〇六五一两	一〇六八一三两		一八〇二二九七

（续表）

货名	进口		复出口		共计进口净数	
	由外洋	由通商口岸	往外洋	往通商口岸		
纸烟	七三七二七三五千支	二七七二七千支	二八九七四千支	四八一四八八四千支	二八三八九二四千支	八八二三二八六
烟叶	一三七三八二担	五担	二〇五四担	七一九五担	一二八五三〇担	一〇八三一三五八
棉花	一五三二四九八担	七八担	六四六六担	九一二二二担	一四三四八八八担	三〇六一九六一八
煤	七六二九〇〇吨	三七五吨	五四四四〇吨	九四三八〇吨	六一四四五五吨	六四七三〇六七
煤油	四四四二七〇七九加仑	七三〇七〇加仑	七四九五三六加仑	二五七六八八九九加仑	一七九七一六六四加仑	五七九六八九八
糖	二七一八四三八担	一九七五担	四四二七担	一二〇四二四九担	一五一五一一五担	一四七六六九一三
电气材料	八四三八九四一两	四八八六一两	一〇六四九五两	一二一八七八二两		五五八一七二三
机器	三一九五二三一二两	二四五五一〇两	二二〇一一四两	二五二七一四六两		二九四五九六六二

上海之土货输出情形

上海之土货输出，当以丝茶为大宗。近年以来，上海一埠，丝厂林立。厂丝生产，均集中于上海。而四川之黄经、山东之灰经、江浙两省之七里白丝经，亦均先行运至上海，然后分输于海外。每年输出之数恒达关平银六七千万两以上。但年来以外受日丝之压迫，内因丝商之不加改良，故我国丝业无日不在退化之中，输出数量大有愈趋愈下之概。茶产于上海附近者不少，而自各省输入者尤多，故上海之茶叶贸易亦向为出口之大宗。以极衰时代而言，亦销售至数十万箱以上。营业之发达，殆无伦比。乃晚近数年，以有锡兰茶之竞争与茶商之舞弊，遂致见弃于外人，输出之数一落千丈。说者谓长此不变，则二十年以后，世界市场上之丝茶，将无中国立足之地矣。次如棉花、羊毛，输出亦颇多。棉花输出占全国棉花输出额一倍以上，羊毛输出亦占全国羊毛输出额三分之一，以致外纱输入仍有增加，呢绒输入亦日见增多。有原料而不能自用，反将原料而易人之制品，此亦工业未尽发达之明证。其余如蛋白蛋黄、花生仁、发网、花边等类，每年输出亦颇巨。而面粉一项近年尤见勃兴，其所出之品除供给国内者外，其余运至国外者几全集中于上海而再输出于国外。去年输往通商口岸者计三百余万担，而运出国外者亦有一百五十万担，以出抵入，所余尚巨，是亦差强人意之事也。至本国土布，其由内地运至上海，再由上海运往通商口岸者，为数亦颇为可观。即以去年言之，约值关平银二亿两左右。于是可知我国土布前途，扩张之地尚绰绰有余。若此后能将各种国货亟图改良，而国人均用国货，则他日国货与洋货之消长，固未可以今日之情形为断也。兹再根据江海关贸易册，将民国十年上海出口之土货，择其重要者列一详细表如左，以观其输出最近之趋势：

货名	出口			复出口	出口共计	
	往外洋	往香港	往通商口岸			
丝经	七三三四七担	一九担	九八担	八九九一四担	一六二八七八担	六一二一八六六六关平两
茶叶	七七担	二六五〇担	四九六六担	四〇〇二八〇担	四〇七九五五担	一一八九五五二四
棉花	四九四三二担	二四一担	一三五〇六七担	一八四八〇七担	三六九五四七担	九八二六一四四
蛋白蛋黄	一五七七一一担	四一担	四二七担	一三二二七一担	二九〇四六〇担	八九二九四三二
宁麻	三五八担			二〇九二三四担	二〇九五九二担	二九六二二六〇

（续表）

货名	出口			复出口	出口共计	
	往外洋	往香港	往通商口岸			
机制面粉	一〇一九五七九担	四〇九七九三担	三二五五九四四担		四六八五三一六担	二一一五七二五九
夏布	一三〇六担	二担	三八四八担	二二二七〇担	二七四二六担	三六四五七一一
花生仁	二七三二二八担	一六八三担	七〇五五一〇担	五二八二七五担	一五〇八七九六担	八一六三一五〇
发钢	四〇九一〇九七两	三四两	二二五〇两	三九九六二两		四一三三三四三
镂空花边	四三七一〇四三两	一一二六二担	一四七二两	九〇四五两		四三九二八二二
桐油	一四八担		一〇担	三七三八二五担	三七三一四三担	四九四〇三六一
羊毛骆驼毛	三〇九四六担	二二担	六担	一二三一六九担	一五四一四三担	四二二一九七七
粗布	三一二九二匹	一九〇四〇匹	二〇一五八三〇匹	三七五六〇匹	二一〇三七二二匹	一二七六五二二三
土布	二五七二〇担	二三九七八担	七七三五三担	一二三三担	一二八二八四担	八一二八七八六
棉纱	三一担	一三一八四担	一二六九二七九担	一四四九三四担	一四二七四二八担	六〇七〇七七四八

银行周报 1922，6（42）

上海国际贸易之趋势(下)

子　明

上海之船舶进出情形

贸易之盛衰与航业之消长具有密切之关系。我国因航业不振，致不能扩张国际贸易。即内国商业，亦因船舶缺少，航权操之外人，而运输上亦受其牵制。自欧战起后，各国以军事仓皇，无暇东顾，船舶来华颇为减少。我国土货出口因之受其影响，不但运费加增，且往往求吨位而不可得。日本乃乘此时机，力谋扩张海运事业。欧战停后，各国虽渐次恢复东亚之原状，而日本进步之情形已大非昔比。说者皆知日本输出贸易之发展增进，不知此亦航业之利便有以促成之也。返观我国，非但无一船出洋，而内国航路且有日渐减退之势。航业不振，可以慨矣!

上海为全国商业之中心，亦即全国之缩影。观于上海船舶之情形即可知全国之概况。查近年以来上海船舶之进出，年有增进。在民国初元之时，进出吨数约一千八九百万吨。欧战起后，远洋航船颇为减少，民国七年之时曾减至一千四百万吨。战事停后，复行增加。由八年之一千八百万吨至去年增至二千四百万吨。征之海关报告，去年贸易实为历年来最巨之数。则船舶之增多，要亦当然之趋势也。兹特根据江海关册，将最近十年来之船舶进出只数及吨数，列一详细表如左，以资参照。

年份	行海轮船		江照轮船		其他民船、篷船等		共计	
	支数	吨数	支数	吨数	支数	吨数	支数	吨数
民国元年	七九六六	一四四四五七五〇	二一二〇	三三四〇四七九	一二二五七	八五六五七四	二二三四三	一八六四二八〇三
民国二年	七九八五	一五一六二八八八	二三四一	三六一七〇二四	一〇五八三	八〇〇一三九	二〇九〇九	一九五八〇一五一

（续表）

年份	行海轮船		江照轮船		其他民船、篷船等		共计	
	支数	吨数	支数	吨数	支数	吨数	支数	吨数
民国三年	七八八二	一四四三七四三三	二三八〇	三七五九二二四	一〇四四二	七五四二六一	二〇七〇四	一八九五〇九一八
民国四年	六九九五	一二三六三六五三	二四八〇	三八〇二八五八	一一七七二	六八三一二七	二一二四七	一六八四九六三八
民国五年	七〇六六	一二三九九三四三	二六二六	三六八二四七九	一〇九八〇	七三七二七三	二〇六七二	一六八一九〇九五
民国六年	七〇六〇	一一四三三三五四	二五七六	三六一九三七三	一〇二一七	六六三二九〇	一九八五三	一五七一六〇一七
民国七年	七一五五	九九三八六七二	二〇二三	三五一八五九二	八六〇四	五九二〇二九	一七七八二	一四〇四九二九三
民国八年	九二五八	一四二〇八二九六	二二〇九	三八一〇六七九	六三六九	五四二九七〇	一七八三六	一八五六一九四五
民国九年	九六六一	一七九九四二一〇	二五八六	三九七〇九五〇	六六七七	五三二九五二	一八九二四	二二四九八一一二
民国十年	九九〇五	一九一六六〇一二	二七八五	四三九二一四〇	七〇三三	五二四一二二	一九七二三	二四〇八二二七四

观于上表，颇有可以研求之点。盖近年来船舶之进出，吨数虽增加，而只数则反有减少之倾向。民国元年为二万二千余只，迨后逐年减少，今则已减至十八九万只。又观察其减少之现象，则所减少者又仅民船蓬船等类，轮船之数额仍属年有增加。于是可知今日航业竞争之焦点均在轮船而不在蓬船。蓬船虽多，仍不足以应今日商业之需要也。

我国从前国内外之航路，除吾国船外，几全被英国船所独占。故吾国航权殆亦均为英人所掌握。自欧战发生以后，日本用乘时而起，以与英船相竞争，迄于今日，几将与英船有并驾齐驱之概。使再假以年月，则直有驾于英国、执我航业牛耳之势矣。美船因中美间贸易发达，其于近年之进步亦颇速。故在我国航业，现在具有竞争之资格者，即为英国、美国与日本之三国。而我国航业之最被压迫者，亦惟此三国而已。兹将欧战停止以后，英、美、日三国进出船舶之只数、吨数与我国相比较，以观其消长之趋势：

国籍	民国八年		民国九年		民国十年	
	支数	吨数	支数	吨数	支数	吨数
美船	七八六	一三一四五九一	一二四一	二五八七五〇六	一一七二	二二一〇八〇二
英船	四五七一	七〇二一二二六	四八八四	八三二六二五四	四八三一	八七三〇七一八
日船	三七九三	五四二二二〇三	三五一一	六一五五〇一一	五六六一	六九八六七五二
华船	八二四三	三九五一三〇一	八七六四	四一二九六〇六	九四五四	四七〇九九八七
其他	四四三一	八五二六二四	五二四	一二八九七三五	六〇五	一四四四一〇五
总数	一七八三六	一八五六一九四五	一八九二四	二二四九八一一二	一九七二三	二四〇八二二七四

观于上表，当以美船增加为最速，三年之间只数由七百八十六只而增至一千一百七十二只，吨数由近一百三十二万吨而增至二百二十余万吨。英、日二国只数无大增加，而吨数则均增一百余万吨。中国吨数增加不多，而只数反增加一千余只。是可知中国只数之增加，乃系蓬船之增加，非轮船之增加。航业之盛衰全以轮船之多寡为转移，蓬船之增减决不能左右航业。是则我国国际贸易之不能发达，盖亦意中事也。

上海金银之进出情形

贸易之盛衰与金银进出之消长亦互为表里，具有密切之关系。我国自通商互市以还，以输出输入之悬殊，与用金用银之比较，加以赔款之巨、债务之重，倘使悉以金银为授受以清偿债务，则累年所绌总数，虽竭吾国所有之金银，殆尚不能相抵。但今揆之实际，金银之输出入尚能克跻于平，则由于国际贷借犹堪相抵，历年所借之外债即为抵消国际贷借之大宗也。我国为用银国，关于银之输出入尤为重要。当欧战之初，金价奇涨，继即渐平。迨至战事扩张，牵及用银之国，而用金者更滥铸辅币，需银尤亟，于是我国适当其冲，出口现银为数极巨。欧战停后，各国于疲敝之余，咸注力于生产制造，我国贸易亦遂之增进。八年上海银货入超之额计达二千一百余万两。是年金价贱落，人民购买金饰甚多，金货入超亦至三千三百余万两。迨至九年，银价跌落，金货腾贵，凡购有金货者乃又以之易为现银，于是金货又复出超。揆诸数年以来之现象，金货之进出，大都以价格之高低为转移，银货则输入之数，颇有增加之倾向。其故实由于商务上银之需要日益频繁。而大宗现银为造币厂所熔化，用以鼓铸银元，亦一大原因也。兹将近十年来上海金银进出之总数及入超出超额，列表比较如下（单位：关平银一两）：

年别	金货			银货		
	进口总数	出口总数	入超或出超	进口总数	出口总数	入超或出超
民国八年	四三三〇八一四六	一〇七二七五二一	入超三三五八一〇九五	五八三〇一六九五	三六四七九三九一	入超二一八二二三〇四
民国九年	三三八二三〇八五	五五〇三二〇八八	出超二一二〇九〇〇三	九三五四二七三四	五三五六〇九五四	入超三九九八一七八〇
民国十年	一四七九九六六〇	四一一二七七五六	出超二六三二八〇九六	六四〇六七〇一九	六五六七八〇四七	出超一六一一〇二九

年份	进口	出口	出超或入超
民国元年	五八三四三三八二	四六〇五五五〇七	入超一二二八七八七五
民国二年	六三六〇〇四三五	四四五七三三〇〇	入超一九〇四三〇九七
民国三年	三三一九九五〇四	四三五五七三三八	出超一〇三五七八三四

（续表）

年份	进口	出口	出超或入超
民国四年	二二三八六二一〇	六一八八八〇九七	出超三九五〇一八八二
民国五年	六三四三四〇一六	七五三五七三三	出超一一九二三九一七
民国六年	四九九八〇五三〇	五八八六六八〇九	出超八八八六二七九
民国七年	三六六七二一七九	三三六一二五一七	入超三〇五九六六二
民国八年	一〇二七五九四四一	四七二〇六四七五	入超五五五五二九六六
民国九年	三七六二五八一九	一〇八五九三二〇七	入超一九〇三二六一二
民国十年	七九〇九五一一九	一〇六八二九八〇三	出超二七七三四六八四

观于上表，十年来出超入超之年大致互相参半，而其差额亦大致相仿。但以金银二项分析言之，则实银多入超，金多出超，此盖用银国之自然趋势也。兹再将近三年来金银进出之数额分析表之如左，以观最近状况之一斑（单位：关平银一两）：

年别	金货			银货		
	进口总数	出口总数	入超或出超	进口总数	出口总数	入超或出超
民国八年	四三三〇八一四六	一〇七二七五二一	入超三三五八一〇五九	五八三〇一六九五	三六四七九三九一	入超二一八二二三〇四
民国九年	三三八二三〇八五	五五〇三二〇八八	出超二一二〇九〇〇三	九三五四二七三四	五三五六〇九五四	入超三九九八一七八〇
民国十年	一四七九九六六〇	四一一二七七五六	出超二六三二八〇九六	六四〇六七〇一九	六五六七八〇四七	出超一六一一〇二九

银行周报 1922，6（43）

民国十一年份上海贸易纪要

一、进出口贸易之内容

去年江海关进出口贸易总数共为九亿八千九百七十一万五千四百九十两，以较十年份，计约增加六千二百余万两。除通商口岸之进出外，其中进口由外洋者，计值四亿一千九百五十九万三千三百三十一两。又出口往外洋者，计值九千八百八十五万七千五百七十八两。如连同出口运往通商口岸及复出口以并计之，总数约共值关平银四万七千八百四十七万一千四百九十八两。又查去年汇价，因银价改贱，颇不利于进口贸易，但于出口各货则甚有益。去年进口各货甚为疲滞，固由于内地销路减少，但外洋前来采办各货亦比较曩年为逊，实亦具有连带关系。若土货出口，较之上年约增四千万余两，虽国家多故，市面萧条，其结果尚佳，则固差强人意之事也。今将重要进出口货，摘要述之。

（一）米谷小麦：民国十一年份上海进口之谷类，其中计白米一百六十三万四千五百五十五担。共值关平银六百五十七万七千二百八十九两；计小麦八十三万一千九百五十四担，共值关平银二百九十三万五千五百五十两。米之进口，大概皆由西贡输入，由于苏、浙等处风潮为灾，所产米量甚为缺少，价亦昂贵，故均仰给于外米之输入，俾资接济。小麦则亦因收成不旺，以致供不敷求，大致均由美国输入也。

（二）丝经：民国十一年份上海出口之丝类，如黄白缫丝等出口总数，其运往国外各埠者约占六万二千包，较十年份增加三千包。其中以运往法国者为最多，占有百分之四十三。美国次之，约有百分之三十二。印度又次之，约有百分之十六。更就出口货价而论，丝顾出口总共计值关平银七千一百六十万一千九百九十二两。其中白丝共值关平银四千八百零九万三千零八十四两，黄丝共值关平银九百六二十万二千九百十四两，野蚕丝等共值关平银六百八十八万七千八百六十七两。去年白经丝、七里丝两项，贸易颇佳，惟较缫丝稍逊。去年并因法国采办，极形踊跃，所有前年积货均已悉数售出。

所惜上年因汇兑率涨落无常，丝价虽高，仍不免含有投机性质耳。

（三）茶叶：民国十一年份上海出口之茶叶已较增加，共计运往国外三十八万二千　八百二十一担。如以值价而论，则出口各种茶叶计共值关平银一千五百　八十八万四千八百五十九两。内以红茶所增为最多，所惜产额不丰。适值各国销路发动，迨至收庄之际，所有存茶悉均售罄，市面固佳，价亦见涨。英法两国，其购办极形踊跃。此实欧战以来所未有之盛况也。

（四）棉花：民国十一年份上海出口之棉花，其运往国外者，计共二十七万九千担。较上年增加九万担。其中运往日本者，约有二十三万三千担。是可知棉花出口殆以日本所运去者为独多。又查是年进口之棉花，计有一百六十三万二千担，较上年增加约十万担。其中百分之八十均为印度棉花。因印棉约较美棉为廉之故。近年来棉产似略减少，又因纱厂日有增加，本国棉花因此供不敷求。此外国棉花进口所以渐多也。

（五）匹头：民国十一年份上海进口之匹头计占洋货进口值价总数百分之二十八，但数量虽较十年份为增，而值价则较十年份为减。其中以英国运来者为最多，其值价约占进口匹头总数百分之六十六。日本次之，约占百分之二十七。观于此项进口匹头数，可知匹头市面，英居首列，日本居其次，其他各国尚未足以与英日两国相提并论也。

二、关税收数之增加

去年江海关税收共为关平银二千一百九十二万三千八百零七两，内除是年附加振捐银二十八万九千四十两及上年附加振捐银一百五十九万七千六百十三两，去年计实征税银二千一百六十三万四千七百六十七两。较之十年份计增收一百七十二万四百十一两。又江海关关税收数几占全国各关收数三分之一。今如以所收税银俾为推测，上年虽因时局不靖，市面并无起色，但税收有增无减，是可知上海商埠地位之优越矣。

三、船只进出之旗别

去年船只充斥，运费低廉，为欧战以来所罕见。进出口船只共计有二千七百五十一万五千九百二十七吨。较之十年份计增加三百四十三万三千六百五十三吨。如以旗别言之，则英国共有一千二十一万吨，日本共有七百万吨，中国共有五百二十二万吨。是年中国进出船只之吨数，比较九、十两年，均约略见增。但十一年份，英国计约增二百余万吨。观于进出口船只吨数之趋势，英国在华航业固仍保持其优越之地位也。

四、金银进出之进口超过

去年金货进口计共值三百二十四万八千二百三十六两，银货进口计共值四千七百七十一万五千八百四十二两，两共计值关平银五千零九十六万四千零七百八十两。又金货出口计共值四百七十三万零九百零六两，银货出口计共值四千六百五十一万零七百零三两，两共计值关平银五千一百二十四万一千六百零九两。金银货进出口两抵，就上海口而论，进口超过数约共值关平银一百十七万七千六百七十一两云。

银行周报 1923，7(27)

民国十一年上海国际贸易之概观

何育禧

(一)贸易之概况

民国十一年上海国际贸易，其进出口总数共九亿八千九百七十一万五千四百九十两。就进出口分析之，进口由外洋者计，值四亿一千九百五十九万三千三百三十一两；进口由通商口岸者，计值二亿六千三百六十九万九千零八十两；进口共计值六亿八千三百二十九万二千四百十一两。又出口往外洋者，计值九千八百八十五万七千五百七十八两；出口往通商口岸者，计值二亿零七百五十六万五千五百零一两；出口共计值三亿零六百四十二万三千零七十九两。进出口总数较之民国十年计增加六千二百二十三万七千八百三十两。去年以政潮迭起，人心不安，而奉直战争，商务更大受其影响。加以中外汇价涨落无常，进口商人实力不充，各国情势复多不稳。盖上海为全国贸易之中心，他处稍有事端发生，上海贸易即受其影响。去年因金贵银贱之故，进口贸易，颇为不利，但于出口贸易则甚有益。是以进口各货，甚为疲滞，固由于内地销路减少，而外洋前来采办各货亦较曩年为减，实具有相连之关系也。兹据江海关贸易册，将民国以来进出口数额列表如左，以观其对外贸易之趋势（单位：关平银一两）：

年份	进口	出口	进出共计
民国元年	四〇九七六八七四九	八一七一六七三八	四九一四八五四八七
民国二年	四四九五六八四二五	八三九六六四五三	五三三五三四八七八
民国三年	四一三九三一二一四	八四七六三九三三	四九八六九八一四七
民国四年	四四五四〇四一五五	一〇三九七五六一〇	五四九三七九七六五
民国五年	四四九三八八八五六	一二一八五六八一六	五七一二四五六七二
民国六年	四四〇一一三一〇四	一四〇一一九七三四	五八〇二三二八三八
民国七年	四五二〇〇四九〇七	一七五〇八九四七五	六二七〇九四三八二
民国八年	五三〇二八四四三六	二三七七二一七一九	七六八〇〇六一五五
民国九年	六〇八三〇五二三七	二三二六六四二〇一	八四〇九六九四三八
民国十年	六五一五二三一七八	二七五九五四四八二	九二七四七七六六〇
民国十一年	六八三二九二四一一	三〇六四二三〇七九	九八九七一五四九〇

观于上表，上海之对外贸易额年有增进。民国元年之进出口合计额，计值为四亿九千一百余万两。次年即增为五亿三千余万两。七年增至六亿二千余万两。其后逐年均有增加，迨十一年增至九亿八千余万两，较之元年，几增一倍。更就进出口方面分析观之，则进口数实多于出口数。是可见上海之对外贸易，输入恒超过输出也。

今以上海洋货进口净数土货进口净数与土货出口总数，列最近三年间之数额，比较之如左，以观其洋货与土货进出之情形（单位：关平银一两）。

年份	洋货进口净数	土货进口净数	土货出口总数	共计货价净数
民国九年	二二四 六三二六八八	五四六一八 一四四	二三二 六六四二〇一	五一一 九一五〇三二
民国十年	二一七 二八五六四七	五八五三四 三三四	二七五 九五四四八二	五五一 七七四四六三
民国十一年	二三九 〇五四二八三	八六五一二 七三一	三〇六 四二三〇七九	六三一 九九〇〇九三

观于上表，共计货价净数每年逐有增加。民国九年为五亿一千余万两，十年增为五亿五千余万两，十一年更增至六亿三千余万两。又洋货进口净数与土货进口净数相比较，洋货进口超过土货进口，为数甚巨。民国九年洋货进口超过于土货进口者计一亿七千余万两，十、十一年稍减，各计一亿五千余万两。至于土货出口总数，三年间每年亦均有增加。九年计二亿三千余万两，十年增为二亿七千余万两，十一年更增为三亿余万两。但上表之洋货进口与土货出口数系包括外洋香港及通商口岸之进出而言。今再以由外洋及香港进口之洋货与出洋之土货，列其数额，相比较之如左，观洋货输入超过土货输出之情形（单位：关平银一两）。

年次	洋货进口	土货出洋	洋货超过	土货超过
民国元年	二一〇 〇七一八三七	一六五 五一四三八四	四四五四七 四五三	
民国四年	一九八 二一四三八四	二〇一 四三七七八〇		三二二三 三九六
民国七年	二一四 九六七九〇七	二〇一 二九〇八四三	一三六七七 〇六四	
民国十年	四二五 五一三九三〇	二一〇 五二七八九三	二一四 九八六〇三七	
民国十一年	四一九 五九三三三一	二一八 〇五一五四四	二〇一 五四一九八七	

观于上表，洋货进口与土货出洋之数累年均有增加。但土货出洋数终不敌洋货进口数之巨大。惟民国四年在欧战期间，输出超过输入，计三百余万两外，余均输入超过。计民国元年，输入超过为四千余万两。七年减为一千余万两。至十年大增，计二亿一千余万两。十一年则为二亿余万两。可见每年输入超过数之巨也。

今更就民国十一年各国在上海进出各货总价值数以观之，美国为最巨，为一亿六千余万两；英国次之，为一亿三千余万两；日本又次之，为一亿万两。列表如左，以资参照（单位：关平银一千两）。

国别	民国十年	民国十一年
美国	一七一五〇〇	一六一三〇〇
英国	一四六〇〇〇	一三九二〇〇
日本（高丽、台湾在内）	一〇八〇〇〇	一〇九七〇〇
英属（各地除香港）	六三四〇〇	六八五〇〇
香港	五三三〇〇	四一四〇〇
法国	三〇〇〇〇	四〇四〇〇
德国	一五五〇〇	二四〇〇〇
荷兰各属地	一一九〇〇	一二九〇〇
荷兰	七二〇〇	八一〇〇
意国	四五〇〇	六三〇〇
比国	六六〇〇	六〇〇〇
菲列滨	三〇〇〇	三二〇〇
安南	一九〇〇	三〇〇〇
瑞典	一九〇〇	二二〇〇
其他各国	一一三〇〇	一三〇〇〇
共计	六三六〇〇〇	六三七〇〇〇

民国十一年全国贸易总额，计值十五亿九千九百九十四万一千五百八十三两。其各地之输出入贸易额以上海为最巨，为六亿余万两，实占全国贸易额百分之四十。惜输入超过输出达二亿零一百五十四万余两之巨，不可谓非上海国际贸易之缺陷也。今将民国十一年之各地输出入贸易额，择其较巨者，列表如左，以明上海对外贸易所占地位之重要焉（单位：关平银一两）。

关名	洋货进口	土货出洋	共计货价
上海	四一九五九三三三一	二一八〇五一三四四	六三七六四四六七五
大连	六五六六七三九五	九五四四六〇七五	一六一一一三四七〇
广州	五四二三二五七一	八九〇一六六〇一	一四三二四九一七二
天津	九六四二二五一五	四六四七一四八八	一四二八九三〇〇三
九龙	四七九六四七七〇	一八五五七九一一	六六五二二六九一

（续表）

关名	洋货进口	土货出洋	共计货价
汉口	四七九一三九五六	一八三六一四五八	六四二七五四一四
胶州	三四六三三一六二	二二一二九八一八	五六七六二九八〇
安东	三〇一〇八二三〇	二四一九〇八八三	五四二六九一一三
哈尔滨属关	一二〇九七四八三	三八三三九八七五	五〇四三七三五八
汕头	二三〇九四七九六	一一〇〇二八二七	三四〇九七六二三
拱北	二〇八七五七二三	五〇四三五九四	二五九一九三一七
蒙自	一二二三一八九二	九二四〇九六九	二一四七二八六一
烟台	五四八〇五〇一	一二九九七三六六	一八四七七八六七
厦门	一三九九二六〇七	一三二一六一〇九	一七二〇八七一六
九龙（广九铁路）	八七七九七四五	七六三五八一五	一六四一五五六〇
牛庄	九八四九三七六	三九九七一八六	一三八四六五六二
福州	五〇〇〇一七九	八四八九一五一	一三四八九三三〇
南京	八五六二七九四	三六八八一二一	一二二五〇九一五
江门	八九七八三二三	一六二八三三五	一〇六〇六六五七

（二）海关税收之程度

民国十一年江海关税收共为关平银二千一百九十二万三千八百零七两，内除附加赈捐银二十八万九千零四十两，计实征税银二千一百六十三万四千七百六十七两。与民国十年实征税银一千九百九十一万四千三百五十六两相比较，计增收一百七十二万四百十一两。照实征之数，按三先令九辨士折合英金，共为英金四百零五万六千镑有奇，几占全国各关收数三分之一。可知上海为全国贸易之集中地与其地位之重要矣。再以各项税收分言之。民国十一年进口正税计一千四百余万两，出口正税计四百余万两，复进口税计六十余万两，船钞计一千五百余万两，内地子口税计五十余万两。今据江海关贸易册，列民国以来税收数如左，以观其税收之程度（单位：关平银一两）。

年份	税收共计数	年份	税收共计表
民国元年	一一五一三〇六二	民国七年	一〇九〇三〇四七
民国二年	一四四七五四三三	民国八年	一四二八九七三六
民国三年	一二〇六一一九七	民国九年	一八八三三〇四六
民国四年	一一四一〇六二〇	民国十年	二一五一一九六九
民国五年	一一三二四五一七	民国十一年	二一九二三八〇七
民国六年	一一二一四五七三		

注：民国十年税收数，内除附加赈捐银一百五十九万七千六百十三两，计实征税银为一千九百九十一万四千三百五十六两。民国十一年税收数，内除附加赈捐银二十八万九千零四十两，计实征税银二千一百六十三万四千七百六十七两。

观上表江海关税收数，民国元年共为一千一百余万两，二年增为一千四百余万两。欧战起后，税收颇减，民国七年减至一千万余两，八年复增为一千四百余万两，九年更增为一千八百余万两，至十一年增至二千一百余万两，较之元年，几增一倍。如以民国十一年所征收之税银按照旗号所观之，以英国为最巨，计九百余万两，日本次之，计六百余万两，中国则为二百余万两，美国为一百余万两，其他各国各为数十万两不等，而俄国则仅四千余两而已。附表如左，以资参照（单位：关平银一两）。

旗号	税银数	旗号	税银数
英国	九二九五九二三	瑙威	三二九五二七
日本	六二六七八〇八	丹麦	一八〇二六一
中国	二三八〇一四七	意国	一二九六九〇
美国	一六三六八一四	瑞典	一一一一七六
荷兰	五五八六八三	俄国	四六三八
德国	四〇五六四五	共计	二一九二三八〇七
法国	三三四四四八		

（三）船舶进出之情形

自民国九年以来，世界航业受欧战影响，日就衰落。去年各船公司仍一致进行，力求振作。因之船只充斥，运费低廉，航行外洋各船，岁首即现衰败之象。嗣经议定，凡属五谷等货物之运费均行减低。因此季春运货，略呈佳况。至六月下旬，长江下游由汉口直放外洋之船只，所订运费更属低廉。上海之贸易，既愈趋愈下，货运即日见其少，几至无货可运，不得不将各种货物再行减轻运费，且汉口运至上海应加各种费用亦一律减少。因此货物之运往欧洲者，需要吨位骤增。直至年终，均形拥挤。去年上海出口货装往太平洋各口岸者，全年异常稀少。运赴纽约各货，外观颇似畅旺，其实因运费低落所致。此外进口各货，尚属平稳。至于沿海航业，变动最剧。香港船员罢工，自正月底起至三月初止，凡开往香港船只几全行停滞该埠。及罢工解决，原状恢复，而奉直战争又起，商务受此打击，夏季航业几至无事可为。迨秋获有期，商务始有回复气象，市面稍形活动，吨位之需要亦日增。总计民国十一年进出口船舶，共有二万一千六百七十三只，计二千七百五十一万五千九百二十七吨，较十年增加一千九百五十只，计三百四十三万三千六百五十五吨。今据江海关贸易册，将民国以来船舶进出之只数及吨数列表如左，以观其增加之趋势。

年次	只数	吨数
民国元年	二二三四三	一八六四二八〇三
民国二年	二〇九〇九	一九五八〇一五一
民国三年	二〇七〇四	一八九五〇九一八
民国四年	二一二四七	一六八四九六三八
民国五年	二〇六七二	一六八一九〇九五
民国六年	一九八五三	一五七一六〇一七
民国七年	一七七八二	一四〇四九二九三
民国八年	一七八三六	一八五六一九四五
民国九年	一八九二四	二二四九八一一二
民国十年	一九七二三	二四〇八二二七四
民国十一年	二一六七三	二七五一五九二七

观于上表，上海船舶之进出年有增进。民国初元，船舶进出吨数约一千八九百万吨。欧战期间颇为减少。民国七年，减至一千四百万吨。八年复增为

一千八百万吨。九、十两年，增加颇巨。十一年增至二千七百余万吨。至于船舶进出之只数，则颇有减少之趋势。民国元年，有二万二千余只。其后逐年减少，至十年减为一万九千余只。十一年增为二万一千余只，较十年虽增加一千九百余只，然与元年相较，则减少六十余只。但观其所减少之船舶，均系民船、蓬船等类，而轮船之只数则仍年有增加也。

民国十一年上海船舶之进出，就旗别言之，以只数计，吾国有一万一千余只居第一，英国有五千余只为第二，日本有三千余支为第三，美国有一千余支为第四；以吨数计，则英国有一千零二十一万余吨居第一，日本有七百万吨为第二，吾我有五百二十二万余吨为第三，美国有二百八十五万余吨为第四。可知吾国船舶之只数虽多，但平均每只之吨数则远不及英、日两国。且考其所增加船舶之只数，又系蓬船而非轮船，于航业上无足重轻。此吾国航业不发达之状况也。兹将最近三年间英、日、美三国进出船舶之只数及吨数与吾国相比较列表如左，以观其消长。

旗号	民国九年		民国十年		民国十一年	
	只数	吨数	只数	吨数	只数	吨数
英船	四八八四	八三二六二五四	四八三一	八七三〇七一八	五四五二	一〇二一二五六〇
日船	三五一一	六一五五〇一一	三六六一	六九八六七五二	三四〇一	七〇〇〇四一六
美船	一二四一	二五八七五〇六	一一七二	二二一〇八〇二	一〇七二	二八五三一八七
华船	八七六四	四一二九六〇六	九四五四	四七〇九九八七	一一〇一五	五二一二三六二
其他	五二四	一二八九七三五	六〇五	一四四四一〇五	七三三	二二二八四〇二
合计	一八九二四	二二四九八一一二	一九七二三	二四〇八二二七四	二一六七三	二七五一五九二七

附注：民国十一年上海金银进出之情形已见本报第三〇七号，故不赘述。

银行周报 1923，7(38)

民国十四年上海贸易之概况

周志华

最近海关总稽查发表《关于上海去年贸易之概况》，兹节译之于下，以供同好之研究焉。

民国十四年之上海真可谓多故矣。欲一一加以详细之分述，殊非易事，兹为便利起见，分成季节，以观其变动焉。

自十四年一月至三月为第一季。因遭江浙战争之复燃，本埠货物无由而运诸内地。既不能运诸内地，则势必堆积。于是输入贸易不得不呈衰落之现象。此季之中，棉质、匹头、五金与杂项减少最多。惟印度棉花之输入增加百分之五十。其他如人造、丝煤、油与白糖等，亦稍有增加。

一方面出口贸易虽当政潮不安之际，颇能奋发有为，故结果甚佳。本国内衣与被单料增加四三八○○○件，南京所出之紫花布增加三六○○○担，白生丝三五七七担。第一季关税收入与民国十三年同时期之收入相较，计减少海关银八六五○○○两。

第二季之初，商况颇有进步，而趋于平稳之势。及五月卅日南京路发生惨案起后，商界罢市，学界罢课，工界罢工，民气振作，诚有神圣不可侵犯之势。抵制仇货之声浪，高唱入云，震动全国。其结果使输入贸易受莫大之损失与打击。除煤、煤油、白糖与棉花外，皆呈减杀之现象。萧条之境，莫此为甚。外国船只，满载货物，既不能御于沪，不得不暂往日本，以待良机。外国货物既受此种损失，于是代以本国之货物。土货匹头贸易最佳，产额尽量增加。菜子与棉子之出口开最新之纪录。出口贸易虽如此发达，但此季关税之收入复减少一六二七○○○两。与前季合计之，损失已达海关银二四九二○○○两矣。

海员大罢工影响于英日者尤甚。直延长至七、八月，始稍能恢复。当六、七月间，沿岸与长江之商业皆系中国船只，外国船只之进口非常困难。大部分之货物仍御于日本或新加坡等地，待情势稍复，再达目的地焉。

际此时期，金融市场颇为裕如，但商业成交甚少。因各店积货过多，不愿再进也。除美日色内衣、毛绒与联合布外，匹头贸易减少百分之五十，美国煤油则增加百分之三百。其他来自波罗岛、苏门答腊与波斯者，总计不过三二五八加伦。十三年同时期之进口额为二八〇〇〇〇〇加伦，可谓一落千丈矣。糖与煤之增加甚多。糖之增加，由于此界产糖国之丰收，价格因而低廉也。煤之增加，实系内地煤斤运输不便所致。其余各种货物皆因海运不便，商况萧条，而呈衰落之现象。

本国制造业所受之损失，约略与外国货物相同。何以言之？一曰海运之不便，二即受电力之损失也。上海大罢工后，电力不足，以致各大工厂皆不能开工，势必停顿。内衣与斜纹布之出产虽有增加，但不足抵被单料等之损失。棉纱与香烟所受之影响亦大。第三季关税收入减少四五九〇〇〇两。第四季之初，甚为顺利。惟因船业罢工，稍受影响，幸不久即停止，各地需要大起。总之，自八月后，匹头贸易颇有活动，而能恢复原状。故十月间一期，为全年匹头贸易最盛之时期。但不久而战乱起矣，商人自不敢前进，于是仍趋萧条。附近本埠一带虽未有战乱发生，惟交通不便，土货输出势必延迟或受碍。需要与供给两方面均受同等之影响。内地货物既不能来此，经纪人亦不愿再恃上海之供给。虽存货不多，不之顾也。

第四季美国货物之输入甚多，尤以印度之棉花为最。其故由于中国棉花价格之高也。中国棉花之价格何为而高乎？一方面由于市场之操纵。而在农民方面，则因不急于现金，皆坐望待涨。于是本埠之纺织厂不得不恃外棉之供给。及中棉价格销落，市况已趋冷淡矣。

虽有上述各种阻碍之发生，但上海货物之活动尚不十分沉闷。第四季关税收入较十三年同时间增加一四二七〇〇〇两。第一、第二、第三三季少收之数目，与第四季相抵，尚少收一五二四〇〇〇两。其中以进口税与吨税减少最多，出口税则略有增加。当第四季时期，南部有大批货物以备由此运往外国，实原于香港封港之阻碍也。

民国十四年上海之船舶与民国十三年相较，受损不少。全年内进出之船只共一九八九一艘，计三〇二八四八五五吨。十三年为二〇四九五艘，三二三〇五四一九吨，相较减少六〇〇艘，二〇五六四吨。英国船只减少二二

○○○○○○○吨，日本船只则增加四六九○○○吨，中国船只亦增加一八一○○○吨。其他各国亦微有增加云。

银行周报 1926，10（28）

五卅后上海进口贸易概况

张建新译

五卅后，上海进口贸易所受影响最巨者，为英商匹头业。盖华商激于爱国之热忱，昔之向英国定货者，多转而之他，且取消已定之货。故英商进口贸易公司受损失而濒破产者已数闻矣。而德、美等国商人则反受其利。据美国农商部报告，自排货风潮发生后，该国驻沪代理商人营业价值增加美金二百万元。是盖华人多向美国进货之结果也。

然罢工排货之影响至大，岂独匹头一业而已？当六、七月间沪上罢工气焰最烈之时，机器、汽车、木材、颜料等营业莫不有交易停止之现象。盖工厂歇业，生产工作几全告停止。机器需要遂有一落千丈之势。据海关进货表所示，本年七月份上海机器进口价值较去年同月份减百分之八十四，较本年上月减百分之六十一。

汽车营业一时顿现停止之原因，盖以罢工期间沪上存货无多，后又以海员及码头工人罢工之影响，即已运到之货，亦不克起卸上陆，来源遂告中断。故商人多延期定货。而外国汽车之待出口者亦须于航运秩序恢复后始能装运至华也。其尚有颇足注意者，即现在中国进口汽车以加拿大为主要来源。

木材营业虽亦因罢工风潮而遭阻滞，但罢工恢复后，需要颇盛。因各种建筑已开工者必须赶早完工，而新建筑之继起者亦日渐增多。但需要虽旺，而价格并未见涨。六、七月间上海流行布价为每一千尺四十两，是尚较前数月为低。市上木材以西伯利亚松木为最多，八月间进口者计有一千万尺，多为制造板箱之用。又七、八两月，自美国奥利光（Orcgon）进口者，有一千三百五十万尺。

营业之不受罢工影响而仍甚形活动者，当首推纸张，而尤以新闻纸与包裹纸之需要为最大。盖纸张进口并非由英、日所装运，故其来源不以海员罢工而有断绝之处。且行家各种存货亦甚全备，可随时供给购客之需要。惟火柴纸一时稍形缺乏，但定货未几即到，尚无供不济求之患。

罢工期间，棉花进口甚形萧条。惟厂家所购印棉，于本年上半年中陆续进口者，共达八十六万七千七百六十五担，值关银三千三百零八万八千四百七十七两。印棉价格较华棉为低，故上海棉纱厂家多乐于购用也。

蓝靛营业尚称活动。虽沪上纺织纱厂多半停工，而颜材销售未形阻滞者，以内地需要尚盛故也。盖英国颜料之受排货影响者仅于长江各省为然，其他各地销行如故。六月间上海进口之靛共计四万三千余担，内自荷兰进口者二万零四十三担，德国一万五千零四十担，英国七千一百二十五担，瑞士三百五十担。兹将本年上半年上海进口靛浆及各色颜料数量表列后：

国名	蓝靛担数	颜料担数
德、比、荷	五二〇三〇	六〇七五九五
瑞士	一三三六七	五五八九三
美国	四三四三六	一三五九五〇
法国	五〇四六	一七一〇一
英国	七四八五	六〇二九二
日本	一四六	一二六九七
其他各国	一一一五	四九〇七

本年秋间，加拿大麦与面粉上海畅销，亦进口贸易中显著之一现象。其价格较本地出产与美国来者为低。故沪上面粉厂家与内地商人之采购者甚众。九月底华商向加拿大购匹之麦计十五万吨，面粉则为三百万袋。

五卅后钢铁营业亦甚形活动，以铅铁、钢锡板、铁管之销路为最广。锡板一项，多为华商纸烟厂所购用。因自英国纸烟被排除后，国货香烟之销路大增，包装香烟所用之锡料需要遂日见其多矣。

按上述数端，可知五卅后重要进口贸易变迁之大概。而我人可得而观察者，有下列诸点：

一、英货进口减少：此次排货风潮发生，蒙其害者，当首推英商。但我人排货理想之目的，乃欲以消极的经济方法，而抗英国对华之侵略，亦所以使国内实业得一发展之保障。但今日所得结果，英货进口果已减少，而他国货品之进口增加漏卮如故，诚何贵乎有此排货之举哉？惟丁兹干戈扰攘之秋，纵有实业家之奋起，设厂制造以替代英货，亦多见其不可能者。是则可慨也矣。

二、机器进口减少：机器为生产之工具，故机器输入减少，实足以示生产力之退减。盖罢工期间工停于厂，商罢于市，是则不特为一时生产力之降落，而其有害于将来者亦甚大。因经济状况一经紊乱，非朝夕所能恢复。此乃罢工排货风潮中我华商所受真正损失也。

三、原料进口甚多：原料木材一项多自美国及西伯利亚进口。夫木材为建筑中主要材料。试观我国近年各大商埠新式建筑之增进，即可推知此项漏卮之巨矣。纸张进口之多，亦可骇人。我国印刷业之进步，不啻为推广洋纸之销路。中国新式之纸厂迄今未见成立。制纸之法未明欤，抑因原料缺乏欤？是可惑也。棉花我国农产大宗之一，而其价格反较舶来者为高，致外棉进口无已。推究其改，良以外人吸收中国之棉，制成织物，转售于华。故华商棉纱厂家反觉原料贵而制品廉。因此华产棉花价格腾贵，而其市场尽被外棉所占。但进口棉纱价格反低，我国厂家所出，遂以成本高而不克与其竞争。近年中国纱业不振之象，盖以此也。而外人对华经济侵略手段之毒，亦于此可见一班矣。况进口货物中，为中国工厂制出品之原科者至伙。如水门汀一物，其中原料之仰给于英、美、德者甚多。其他华货其名、外货其实者，又不知凡几。所异者，惟土地、人工、资本属于华人耳。虽然，五洲通商，贸迁有无，初无足怪。惟我国货弃乎地为他人所垂涎，利权旁落，将反主而为宾，致神州富饶之乡，沦为异族殖民之土。爱国者至此得毋爽然若失乎？

钱业月报 1926，5（12）

上海对外贸易之大势

何育禧

(一)贸易进展之趋势

民国以来，时事多故。国内经济，颇不宁贴，以致工商各业未能充分发展。然而对外贸易状况，逐年增进，不可谓非良好之现象。考吾国对外贸易，以上海为中心。上海贸易之消长，实全国贸易盛衰系之。自民国以还，上海贸易累年增进。民国元年，上海贸易输出入合计额共为四亿九千一百四十八万两。至十三年，其输出入合计额达十一亿八千三百五十四万余两。较诸民元，几增二倍。其中欧战期间，以世界贸易衰微，所增不多。欧战终后，增加甚猛，由七亿六千余万两增至十一亿八千余万两。十四年份以国内俶扰，兼以抵货运动，上海贸易略见逊色，然犹达十一亿八千一百余万两。去年上海贸易数额尚未发表。据总税务司去年关税收入报告，去年全国海关税收共约关平银七千八百一十万两，较前年约增收八百二十三万两，其中江海关税收共约三千二百七十万六千两，较十四年份计增六百六十八万二千两。观上海税收所增之巨，则去年贸易额之增加可以想见。以频年国内之不宁，战事之影响，加以工潮迭起，生计艰难，购买力减少。而上海贸易犹能按年增进，是可见上海对外贸易地位之重要，洵为吾国唯一市场，并为远东之巨大商埠。其前途之进展，诚不可限量也。附表如左，以资参照(单位：关平银一两)。

上海进出口贸易货价表

年别	进口	出口	进出共计
元年	四〇九七六八七四九	八一七一六七三八	四九一四八五四八七
二年	四四九五六八四二五	八三九六六四五三	五三三五三四八七八
三年	四一三九三一二一四	八四七六三九三三	四九八六九八一四七
四年	四四五四〇四一五五	一〇三九七五六一〇	五四九三七九七六五
五年	四四九三八八八五六	一二一八五六八一六	五七一二四五六七二

（续表）

年别	进口	出口	进出共计
六年	四四〇一一三一〇四	一四〇一一九七三四	五八〇二三二八三八
七年	四五二〇四四九〇七	一七五〇八九四七五	六二七〇九四三八二
八年	五三〇二八四四三六	二三七七二二七一九	七六八〇〇六一五五
九年	六〇八三〇五二三七	二三二六六四二〇一	八四〇九六九四三八
十年	六五一五二三一七八	二七五九五四四八二	九二七四七七六六〇
十一年	六八三二九二四一一	三〇六四二三〇七九	九八九七一五四九〇
十二年	七四一七六一一〇一	三六三三五六一四五	一一〇五一一七二四六
十三年	七九九一〇〇一五八	三八四四四三二〇一	一一八三五四三三五九
十四年	七九八四五九一〇〇	三八二六一八五四七	一一八一〇七七六四七

江海关税收表

年别	税收数	年别	税收数
元年	一一五一三〇六二	八年	一四二八九七三六
二年	一四四七五四三三	九年	一八八三三〇四六
三年	一二〇六一一九七	十年	一九九一四三五六
四年	一一四一〇六二〇	十一年	二一六三四七六六
五年	一一三二四五一七	十二年	二三九〇四〇九五
六年	一一二一四五七三	十三年	二七五四七四一九
七年	一〇九〇三〇四七	十四年	二六〇二三二〇七

（二）洋土货输出入之情形

上海为全国贸易之枢纽。由外洋进口之洋货既多经上海以转运于各地，而土货之出洋者亦多经此以输出海外。近年上海贸易日臻繁盛，洋货进口增加颇巨，幸土货出口亦年有增加，差足以抵洋货之输入也。查洋货进口，当民元之际，其进口净数计值七千三百余万两。翌年即增为九千八百余万两。欧战发生，进口略减。民八欧战告终，洋货进口复转旺盛，增至一亿一千九百余万两。九年更增为二亿二千四百余万两。至十三年激增至三亿零一百余万两，为民国以来上海洋货进口最多之年，较诸民元，激增至三倍以上。至于土货出口总数，民元计值八千一百余万两。其后每年递增。十三年增至三亿八千四百余万两，以较元年，增加几及四倍。则土货出口贸易增进之猛，似驾洋货进口贸易而之上。惟此所谓洋货进口与土货出口之数，系包括外洋香港及通商口岸之进出而言。如就由外洋及香港进口之洋货与运往外洋之土货数观之，则土货出洋数终不敌洋货进口数之伟大。除民四欧战期内，土货输出超过洋货输入计三百余万两外，余均输入超过。民元输入超过为四千四百余万两。七年减为一千三百余万两。至十年大增。计二亿一千余万两。十一年以后，土货出洋之数骤增，洋货输入超过以减。十二年输入超过，计一亿四千一百余万两。翌年复增为二亿余万两。十四年以五卅案件发生，抵货运动热烈，英货之受抵制影响者甚大，即其他各国之洋货，其销路亦不如前。是年之洋货进口净数较十三年减四千二百十六万两之多，而由外洋及香港进口之洋货比较十三年更减五千一百五十八万两。至于同年土货出口总数，虽较十三年减一百八十二万两，而运往外洋之数则较增二百九十七万两。因输出增加，输入减少，是年输入超过数减为一亿二千五百余万两，为民七以后洋货输入超过最少之年。虽是年以有特殊变动情形，以致洋货进口一时骤形减少，后必渐复旧状，然近年土货出洋之增加则为显著之事实，亦差强人意之事也。附表如左，以资参照(单位：关平银一两)。

上海洋土货进出口净数表

年别	洋货进口净数	土货进口总数	土货出口总数	共计货价净数
元年	七三〇六七三〇一	三一一二六〇九五	八一七一六七三八	一八五九一〇一三四
二年	九八五六七四八四	二四六八八三一二	八三九六六四五三	二〇七二二二二四九
三年	九八六六五七五三	二四六四五四四九	八四七六三九三三	二〇八〇七五一三五
四年	六五三三三六〇八	三八八六四〇九〇	一〇三九七五六一〇	二〇八一七三三〇八
五年	八四一八三五〇〇	三四四三二〇二四	一二一八五六八一六	二四〇四七二三四〇

（续表）

年别	洋货进口净数	土货进口总数	土货出口总数	共计货价净数
六年	八九二九九八九二	四六九九一七九二	一四〇一一九七三四	二七六四一一四一八
七年	八八三八四一八八	六〇五二四八三八	一七五〇八九四七五	三二三九九八五〇一
八年	一一九六〇五〇九三	五三四二一九五五	二三七七二一七一九	四一〇七四八七六七
九年	二二四六三二六八八	五四六一八一四四	二三二六六四二〇一	五一一九一五〇三三
十年	二一七二八五六四七	五八五三四三三四	二七五九五四四八二	五五一七七四四六三
十一年	二三九〇五四二八三	八六五一二七三一	三〇六四二三〇七九	六三一九九〇〇九三
十二年	二四三八八七〇三三	一〇四八五八一四〇	三六三三五六一四五	七一二一〇一三一八
十三年	三〇一二〇一二三六	九一一六六三〇九	三八四四四三二〇一	七七六八一〇七四六
十四年	二五九〇四〇七九八	一一三〇三七〇三三	三八二六一八五四七	七五四六九六三七八

上海洋土货输出入超过表

年别	洋货进口	土货出洋	洋货超过	土货超过
元年	二一〇〇七一八三七	一六五五二四三八四	四四五四七四五三	
四年	一九八二一四三八四	二〇一四三七七八〇		三二二三三九六
七年	二一四九六七九〇七	二〇一二九〇八四三	一三六七七〇六四	

（续表）

年别	洋货进口	土货出洋	洋货超过	土货超过
十年	四二五五一三九三〇	二一〇五二七八九三	二一四九八六〇三七	
十一年	四一九五九三三三一	二一八〇五一三四四	二〇一五四一九八七	
十二年	四一七八七〇四五二	二七六八三八二三三	一四一〇三二二一九	
十三年	四八三四六九九四二	二七六四五四九二一	二〇七〇一五〇二一	
十四年	四三一八八七八三六	三〇六一八五四四三	一二五七〇二三九三	

（三）船舶进出之概况

航业之消长与贸易之盛衰关系甚切。吾国航业不振，航权操于外人，以致对外贸易未能扩张，殊为憾事。查近年以来上海船舶之进出年有增加。当民国初年，上海船舶进出数约一千八九百万吨。欧战之时，各国船舶来华顿少。民七上海船舶进出，减至一千四百万吨。民八以后，年趋增进。十一年为二千七百余万吨。十三年增至三千二百余万吨，较之民元，约增一倍。观近年船舶之吨数趋增，而只数则减少。考其所减少之船只，系民船及小轮船之类。而江海轮船则仍年趋增加也。十四年份，以五卅之案，海员罢工，各国船舶咸受影响，尤以英船为甚。其年上海进出船舶计为三千零二十八万吨，较十三年减二百零二万吨，其中英船较十三年计减二百四十四万吨之多，实受抵制运动之影响也。去年国内扰乱加甚，影响所及，沪埠华商轮船不得已停航，即硕果值存之招商局亦宣告停业，坐视英、日等外商各轮独擅航运之利，而我国遂无航路矣，可胜慨哉！附表如左，以资参照：

上海船舶进出表

年别	只数	吨数	年别	只数	吨数
元年	二二三四三	一八六四二八〇三	八年	一七八三六	一八五六一九四五
二年	二〇九〇九	一九五八〇一五一	九年	一八九二四	二二四九八一一二
三年	二〇七〇四	一八九五〇九一八	十年	一九七二三	二四〇八二二七四
四年	二一二四七	一六八四九六三八	十一年	二一六七三	二七五一五九二七
五年	二〇六七二	一六八一九〇九五	十二年	二二八七六	三〇〇一八二四〇
六年	一九八五三	一五七一六〇一七	十三年	二〇四九五	三二三〇五四一九
七年	一七七八二	一四〇四九二九三	十四年	一九八六一	三〇二八四八五五

（四）各国对沪贸易之消长

近年各国对华贸易互有消长，即日、美猛进，其势甚锐，而英国则渐趋退后是也。沪埠贸易为各埠冠。观各国对沪贸易之推移即可知其对华贸易之趋势。上海贸易之国别观察，可就税收与船舶进出以分别观之。沪关税收，英国在十二、十三两年份均有一千万两以上，十四年仅有六百九十九万两。美国纳税，十二年份为一百七十六万两，前年则增为三百零二万两。日本更由六百余万两增至八百十万两。税收之消长如是。至各国船舶进出之吨数，英船由十三年之一千一百七十四万吨减至九百三十万吨，日本则由七百五十九万吨增至八百零六万吨，美船三年间无甚差异。其他各国对沪贸易，法、荷等国略有增进，德、俄两国近年在华贸易恢复甚速，惟俄似较德稍逊耳。附表如左，以资参照：

江海关税收国别表

国别	十二年	十三年	十四年
英	一〇〇六二五七〇	一〇七〇九一四八	六九九八八九四
日	六六七九四七七	七七五九三一六	八一〇一五八四
美	一七六五六四三	二四七五八六六	三〇二八四四九
华	二八九六一五五	二七九四五二五	三三〇〇二八九
法	四九三二八五	五八二一六二	七五九八四七
德	八一一二〇四	一四四三一七九	一四二二六一一
荷	四四六七一四	六七五一六六	一三八三四五一
俄	一四八八六	三一三一三	四四八二一
意	一七八五五二	三〇一五四六	三七三一八四
其他	五五五六〇九	七七五四九八	八六九三九三
共计	二三九〇四〇九五	二七五四七七一九	二六二八二五二三

江海关船舶进出旗别表

旗号	十二年		十三年		十四年	
	只数	吨数	只数	吨数	只数	吨数
英	五四二四	一〇七〇四〇二〇	五八四四	一一七四九三〇八	四六一六	九三〇一九三一
日	三五四〇	七六〇七七一四	三五二九	七五九七四八四	三八九〇	八〇六六六一二
美	一一〇三	三一九一二〇二	一一七四	三四〇一四九六	一〇七四	三一六〇〇〇二
华	一一九八一	五七六〇二二二	八五九一	五六八一二四四	八九一二	五八六二七一八
法	一七九	七九四九七八	一九二	七八六四四二	一七七	八〇四八六八
德	一三六	五四六九四〇	一八三	七三三七四四	二〇一	八五〇七三四
荷	一五五	五八〇九七九	一六九	七〇三六一一	一八二	七七一七九八
俄	二六	二二五二四	五三	六五八七三	六九	一〇七五二五

（续表）

旗号	十二年		十三年		十四年	
	只数	吨数	只数	吨数	只数	吨数
意	五六	一七五九八八	一〇五	三二八四五五	一〇八	二七四二三三
其他	二七六	六三三六七三	六五六	一二五七七六一	六三二	一〇八四四三四
共计	二二八七六	三〇〇一八二四〇	二〇四九六	三二三〇五四一八	一九八六一	三〇二八四八五五

银行周报 1927，11（8）

上海贸易之新纪录

子　明

自二月一日新税则实行后，每年关税收入究能增加若干，尚未能推定其确数。据一般推测，谓年可增加一万万元。执此以谈，则上海一埠占全国税收百分之四十，每年当增加四千万元，每月平均增加三百三十余万元。但征诸最近情形，二月份之上海贸易额为输入二千万两、输出二千二百万两，较诸一月输入八千三百万两、输出二千九百万两，输入减为四分之一，输出减百分之二十；较之去年同期，输入减百分之四十五，输出减百分之二十二。输入数量之大减，尤为沪港空前未有之纪录，更少于五卅案后七月之二千一百万两。上海原以输入超过为特征，今乃一变而为输出超过，实一可异之现象。而天津、青岛、汉口等埠，大体亦为同样之趋势，约减少半数。以贸易额如此之激减，故税率虽增，而税收并未能有巨额之增加。据江海关报告，二月份该关税收额为二百四十五万七千七百三十六两，去年同时为二百零九万一千二百三十两，仅增加三十六万六千五百零六两耳。此项实际增加数额与预估之数相比较相差几达十倍，实为当时所不料。但考其减少之由，盖有特殊原因。兹举数种如下。

关于输入方面者

（一）新税则尚未实行以前，沪上各外商为未雨绸缪计，在去年九月中即纷电本国，请将已经订定之货扫数运来上海。英、法、美、德、意、荷各国自十月份起便开始装运，以货物过多而期限又促，遂于欧美各路现行之正班轮以外，在纽约一线内又临时增轮二十八艘，在欧洲一路内亦添加货轮二十余艘，合诸原有正班轮，共计达百余艘之多。此项提前运来之避税货品，欧美各国共有八十余万吨，总额值一亿数千万元。上海各货栈均为塞满。此种大宗货物足供数个月之销路。现在金融市场虽拥有存银一万四千万两，极为缓慢，而各货俱不甚畅销，恐非至六、七月间不能期待活动。

（二）日本对华输出以匹头为大宗。现在国内之本色布，如市布、粗细布、洋标布、斜纹布等进口无不以日本货为最多。其他如棉纱一项，除在华各日厂之产品外，每年由日本输入者为数亦甚巨。据海关贸易册所载，日本棉货之输入额每年计达关平银一亿两以上，上海一埠平均每月输入三百余万两。自对日经济绝交，棉货之输入大减。迄今年二月，济案谈判停顿，抵制之声愈趋激昂，日货之输入遂亦愈形减少。据东报载称，二月份大阪港对华输出较一月份竟减去三分之二，仅及六千二百吨。又运货商船，天津、大连、青岛各班亦均不振。大连班较一月份约减千吨，为七千二百十吨。天津班减二百吨，为六百十九吨。青岛班减五十吨，为九百十五吨云。

关于输出方面者

（一）丝经为我国出口货之大宗，各丝经中又以白厂经为最多，计岁占输出丝经总额十分之六。销纳最巨之国，首推美国，次为法兰西，每岁输往美国之白厂经约四万包。现在因我国对日经济绝交，日人即在海外市场将日丝廉价竞售，不惜亏本以侵夺华丝在美之销路，于是华丝销路一落千丈，至二月份而益甚。其他如茶叶一项，以适值落令之时，输出已不多觏。棉花则以国内纱销畅达，原料需要骤增，输出之额遂亦随之减少。

（二）二月份适逢阴历年关。我国虽已遵用国历，而一般商人仍旧沿用阴历。值此岁尾年首之时，凡百商业及大小工厂均告停顿。商市既形萧索，故土货输出之额亦较平时为减。

以上种种均为二月份贸易减退之原因。但此项原因系一时之变态，非有永久继续之可能，故一俟变态过去即可恢复原状。此无待赘言者也。虽然，二月份对外贸易有一极可注意之事。此事维何？即输出超过输入是矣。查吾国对外贸易，数十年以来进口洋货恒超过于出口土货。据海关贸易册所载，除前清光绪二年为出超外，其后概为入超。考其原因虽不止一端，而关税之不平等实阶之厉也。夫关税以其设施之目的而论，可大别为保护关税与财政关税两种。保护关税者，以保护本国产业为主。财政关税者，以增加国库收入为主。然无论其为保护关税或财政关税，要均以其国有完全税权自定税则也。吾国自前清以来，税率由各国通商条约协定，凡有约国之货物皆得完值百抽五之轻税运销中国，而中国货物之运往各国者则任人苛征巨税而不能抗，甚且值百抽至数百。例如外国对我国烟叶之进口征百分之三百五十，对吾国茶叶之输入每磅征原价四分之一，对我国之丝织品亦征百分之二十五至六十。而我国对于各国一切奢侈品物及销耗商货，则概以植百抽五之税率报之。其结果遂致洋货之输入因税轻而充斥于市场，国货之输出则受外国苛税之压迫而日趋于衰微。此吾国对外贸易历年入超之由来也。今者国民政府既实行关税自主，此后对外贸易已不受协定税则之束缚。苟吾国商人趁此机会努力振兴土货之输出，政府方面复能于关税自主以后厉行保护关税之政策，则吾国对外贸易未尝无发展之望。故二月份上海之出超，虽为贸易之新纪录，但亦可谓为吾国对外贸易转机之先声也。

银行周报 1929，13（10）

去年上海贸易概观（上）

仲　廉

自民国以来，上海贸易累年增进。输出入贸易额对于全国贸易额之比例均在百分之四五十以上。国内土货之输出，国外洋货之输入，大都以上海为集散地。故上海贸易之消长直接影响于全国贸易之盛衰。其地位之重要，远非大连、天津、广州、汉口各地所可相提并论也。年来时局不靖，战乱频仍。进口洋货因汇价增高，成本加重。出口土货复因收获不丰，交通停滞，直接、间接上均受莫大之打击。但我人一考上海近年来之贸易额不惟不减少，反有增加之趋势，是实极可注意之事也。兹就去年上海贸易情形述之如左，以供我国人之参考焉。

（一）洋货土货输出入情形

去年上海对外贸易，其进出口总额共值关平银十四亿七千二百六十一万三千六百七十六两。就进出口分析之，进口由外洋者计值六亿二千四百六十四万五千八百余两，进口由通商口岸者计值三亿四千八百四十一万六千九百余两，进口共计值关平银九亿七千三百零六万二千八百余两；又出口往外洋者计值一亿八千五百十六万九千四百余两，出口往通商口岸者计值三亿一千四百三十八万一千四百余两，出口共计值关平银四亿九千九百五十五万八百余两。进出口总额较民国十七年约增加七百二十余万两。其中由外洋进口者增加颇巨，由通商口岸进口较前年度为减少。观此可知洋货输入大有与年俱增之势。而内地土货之输出，因时局纠纷，交通阻滞，反有激减之趋势，是实极堪注意之事也。去年年初商人利用旧税则税率之低，购运大宗商品进口，此时商人存货颇多。迨二月一日新税则实行后，上海进口贸易未受若何影响。其后各地水旱为灾，田禾歉收，西北各省赤地千里，江浙素为产米之区，去年亦输入巨额洋米，故去年洋米输入额颇巨。迨及中东问题发生之后，北满商业完全停滞。加以时局纠纷，烽烟四起，人心怕恐，商人不敢积极扩张。此外如外汇之腾贵、银价之跌落，以及上海与纽约证券市价之跌落，在在均能酿成市场杌陧之现象。计去年一年间，输入商人因金贵银贱，成本增加，除一部分商人外，大都损失不赀，即出口商人虽受外汇腾贵之利益。但因时局不靖，交通停滞，各地农产物收获不丰，实际上亦无若何之利益也。兹据江海关贸易册将民国九年以来上海进出口数额列表如左，以觇其进展之趋势焉（单位：关平银一两）。

年分	进口		出口		进出共计
	由外洋	由通商口岸	由外洋	由通商口岸	
民国九年	三八三 九一七 五二六	二二四 三八七 七一一	八九 〇一六 八七一	一四三 六四七 三三〇	八四〇 九六九 四三八
十年	五二五 五一三 九三〇	二二六 〇〇九 二四八	一〇二 七八四 二〇八	一七三 一七〇 二七四	九二七 四七七 六六〇
十一年	四一九 五九三 三三一	二六三 六九九 〇八〇	九八 八五七 五七八	二〇七 五六五 五〇一	九八九 七一五 四九〇
十二年	四一七 八七〇 四五二	三二三 八九〇 六四八	一一九 〇二六 八一三	二四四 三二九 三三二	一一〇五 一一七 二四六
十三年	四八三 四六九 九四二	三一五 六三〇 二一六	一二〇 五二九 二六三	二六三 九一三 九三八	一一八三 五四三 三五九
十四年	四三一 八八七 八三六	三六六 五七一 二六四	一二七 三六三 四八一	二五五 一五五 〇六六	一一八一 〇七七 六四七
十五年	五九六 五五五 四〇五	四〇三 八一〇 一六七	一五二 一八五 八〇四	三一七 三四二 一〇八	一四六九 八九三 四八四
十六年	四五五 三一七 一四四	三四八 三五四 六八三	一六八 一七〇 二一三	二九〇 八二一 三五三	一二六二 六六三 三九三
十七年	五四八 六〇七 八八九	三九七 五一〇 一一九	一八二 六二三 四九四	三三六 六六五 六七二	一四六五 四〇七 一七四
十八年	六二四 六四五 八二三	三四八 四一六 九九一	一八五 一六九 四六〇	三一四 三八一 四〇二	一四七二 六一三 六七六

观于上表，上海对外贸易均系累年增加。民国九年输出入合计额为八亿四千九十六万九千四百余两，十年增至九亿二千七百余两，十六年稍减，十七

年又复增加。去年输出入总额共达十四亿七千二百六十余万两，较之九年约增加六亿余两。更就进出口方面分析之，民国九年进口总额达六亿余两，其中由外洋进口者达三亿八千三百九十余万两，由通商口岸进口者约二亿二千四百余两。迨至去年由外洋进口者已达六亿二千四百余万两，由通商口岸进口者亦增至三亿四千八百余万两。出口贸易民国九年约达二亿三千二百余万两，去年达四亿九千九百余万两，出口往外洋者由九年之八千九百余万两增至一亿八千五百余万两，往通商口岸者，亦由九年之一亿四千三百余万两增至三亿一千四百余万两。观此可知上海贸易已有逐年增加之趋势。今后时局安定，交通恢复，上海对外贸易尚有进展之可能。也兹就民国九年以来洋货进口净数与土货进口净数列表比较如左：

年别	洋货进口净数	土货进口净数	比较相差额数
民国九年	二二四六三二六八八	五四六一八一四四	一七〇〇一四五四四
十年	二一七六八五六四七	五八五三四三三四	一五八七五一三一五
十一年	二三九〇五四二八三	八八五一二七三一	一五二五四一五五二
十二年	二四三八八七〇一三	一〇四八五八一四〇	一三九〇二八八九三
十三年	三〇一二〇一二三六	九一一六六五〇九	二一〇〇三四九二七
十四年	二五七〇四〇七九八	二三〇三七〇三三	一四六〇〇三七六五
十五年	三八七四一六九〇四	一一五三四二四五九	二七一〇七四四四五
十六年	二九四一〇七八七九	一一五八七九〇三九	一七八二二八八四〇
十七年	三七一三三七五〇四	一三八四二九五三九	一二三二九〇七九八五
十八年	四一六七九〇二〇五	一一九三四八六六六	二九七四四一五三九

上表所列上海洋货每年进口净数较之土货出口净数恒超过数千万两。民国元年洋货超过于土货者计四千万两。迨至民国九年，竟超过一亿七千余万两。去年增至二亿九千七百余万两。于此可知上海方面洋货用途之旺，土货销路之滞。吾人观其盈虚消长不胜杞忧，未知国人亦有所恐惧否耶？

查上海输入之洋货，大部分为匹头、呢绒等类。输出货物以丝茶为大宗。兹就去年是项输出入主要口贸易情形，约略述之如左。

棉布类：去年初原色布及白色布价格颇涨。三月间虽盛传长江一带发生战事，此项贸易依然蒸蒸日上。直至三四月间，大局日趋严重，原色、白色布价格跌落甚巨。其后中央军恢复武汉，价格较为稳定。五月间天津方面需要增加，白色粗布以及原色布售价骤涨。其后涨落较微。

呢绒类：去年是项贸易极为衰落。前年各项呢绒货物需要颇殷，外国厂家不及应付，原定七八月间装运来华之货至去年初始大宗运到。当时需要不若前此之殷，销路业已大减。去年呢绒在出产地之价格本甚低廉，惜以银价跌落，售价增加，购者不甚踊跃。

人造丝：前年人造丝价格低廉，去年仍继续跌落。司尼安牌第二第一百五十支之货，年初价格为二先令四辨士，年终跌至二先令一辨士半，均跌落百分之十一。去年各国出品竞争颇烈。意大利厂家仍能维持其固有之地位，德国人造丝在上海市场上销路颇佳。去年日本人造丝开始在上海卖出，将来是项贸易竞争必烈。

纸类：去年年初斯坎地纳维安半岛出产之油光纸及印报纸在上海市场上销路颇巨。嗣英日商购置新机增加产量，在上海发售之油光纸及印报纸月达三千至四千包之多。而斯坎地纳维安之油光纸在去年下半年内输入不足一吨云。

糖：去年爪哇糖共输入三十余万吨，古巴糖共输入四万吨，日本糖自抵制日货停止后输入数额亦巨。去年年终所积存之爪哇糖约达十余万吨之多。自一月至八月间市面平稳，其间因长江一带风鹤频惊，间有延期交货之事。厥后因进口数量增加银价跌落之故，市面遂愈趋愈劣。闻去年一年间沪埠糖商约损失二百万两至四百万两之巨云。

皮张：去年南美苦旱大事屠宰，各种生皮价格跌落不已，南美产品之价格几与日俱降。其他皮张市面亦随之跌落。我国输出生皮之价格在去年一个年间约跌落百分之五十。黄狼皮年初需要尚多，但售价跌落亦巨，其售出总数较前年减百分之二十。羔皮虽有少数交易，但售价甚低。

茶：去年华茶贸易于我国茶商及外国出口商行均属不利。上等茶之价格尚能维持，而中等及普通茶之销路均为不旺，以故价格异常跌落，即印度茶及其他他价格亦均跌落。去年红茶销路不佳，绿茶北非州之贸易日见隆盛，该处所销绿茶他国并无出产，故我国绿茶在该处之销路极为优良也。

丝：去年茧价颇高，各丝厂工资又复增加。海外售价因受纽约股票风潮之影响，极为跌落。规模较小之丝厂发生破绽者计有数家。辑里丝售价极低，四川山东厂经出产不多，贸易有限。其品质优良者销售较易，惜多系劣品，故价格极低。野蚕丝外洋需要渐少，价格涨落颇巨。

蛋及蛋制品：是项物品在上海出口贸易中日占有重要之地位，大部分均于春间冰制运往外洋。其以银两计算之价格与前年相同。嗣因银价跌落，以英金计算之欧洲起岸价格遂觉较低。去年各厂来源均仰给于长江一带。鲜蛋一项，外洋需要甚殷，春夏两季输出不少，秋季素为鲜蛋装运时期，大宗定购者家惜因船只有限，遂未能尽量发展。美国对于各项干蛋口购买数量均有增加。（未完）

银行周报 1930，14（44）

去年上海贸易概观（下）

仲　廉

（二）关税收入之概况

关税收入之多寡，这贸易之盛衰成一正比例，即贸易兴盛，税收随之增加，贸易衰落，税收亦随之减少。此外贸易总额虽未变动，但因税率增加之结果，关税收入亦因之激增。去年为实施七级过度税率之年，各种商品之关税增加颇巨。虽商人于新税率施行之前预先购入大宗商品，以避免负担较高之税率，但去年输出入贸易并未受其影响，计去年一个年间江海关税收共达关平银六千九百四十四万二千九百九十三两，较之民国十七年约增加三千五百七十八万三千六百余两，几占全国各关税收之半。观此可知上海为全国贸易之集中地，其地位之重要非其他各埠所可比拟也。再就各项税收分析言之。去年进口正税计五千六百八十余万两，出口正税计八百四十余万两，复进口税计一百余万两，船钞计二百余万两，内地子口税共八十余万两。兹就民国九年以来江海关税收数额列之如左，俾觇其增加之趋势焉（单位：关平银一两）。

年次	税数共计额	年次	税数共计额
民国九年	一八八三三〇四六	民国十四年	二六二八三五二三
十年	二一五一一九六九	十五年	三三六三〇八七七
十一年	二一九二三八〇七	十六年	二五六八〇七〇六
十二年	二三九〇四〇九五	十七年	三三六五九三四七
十三年	二七五四七四一九	十八年	六九四四二九九三

（注）内有附加赈捐。民国十年为关平银一百五十九万七千六百十三两，十一年为二十八万九千〇四十两，十四年为二十五万九千三百十六两，十五年为九十二万五千二百廿六两，十八年由该关押注现银存票，共计关平银三百五十二万六千六百四十六两，未计入税收总额之内。

观于上表，江海关税收大有与年俱增之势。民国九年共为一千八百八十余万两，翌年即增至二千余两，十三年复增至二千七百余万两，十六年稍减，十七年突增至三千三百六十余万两，去年又增至六千九百四十余万两，较之民国九年约增加二倍以上。今后时局安定，交通恢复，输出入增加，该关税收尚有进展之可能也。兹再就去年所征收之税银按照旗号观察之，有如左表所列：

	民国十四年	十五年	十六年	十七年	十八年
美国	百分之十一又八	百分之十又七	百分之十又八	百分之九又五	百分之十又七
英国	百分之二十七又二	百分之三十二又五	百分之二十九又三	百分之三十三又六	百分之三十一
中国	百分之十又七	百分之七又七	百分之九	百分之九	百分之六
荷兰	百分之五又六	百分之四	百分之四又三	百分之三又八	百分之四又九
法国	百分之二又九	百分之二又五	百分之二又五	百分之二又五	百分之二又七
德国	百分之五又七	百分之五又七	百分之七	百分之八又四	百分之十一又四

（续表）

	民国十四年	十五年	十六年	十七年	十八年
日本	百分之三十二又三	百分之三十三又一	百分之三十三又五	百分之二十八又一	百分之二十五又九
挪威	百分之一	百分之一又五	百分之一又四	百分之二又九	百分之三又八
其他各国	百分之二又八	百分之二又三	百分之二又二	百分之二又二	百分之三又六

（三）船舶进出之情形

一国贸易之消长，与航业之盛衰具有密切之关系。盖一国产业发达，直接输出货物于海外，本国所不生产之物及生产较少之物直接由海外输入。是项输入与输出之货物则全赖航业以为转移。如航业不振，则一国产业未有不受他人支配者。我国航业向极幼稚，直接海运固操外人，即内江航线亦几洋商居其大半。比年以来，时局不靖，工商停顿，交通阻塞，运输停滞，我国航业公司大都在风雨飘摇之中。除规模较小不克支持因而倒闭外，其依然存在者亦皆捉襟见肘，了无生气。故今后我国航业公司如不励精图治、积极整顿，则航业前途实不堪设想也。

去年上海船舶进出据海关贸易册之报告，共有二万二千二百八十九只，计三千五百八十六万九千五百余吨，较十七年只数约增加二十余只，吨数约增加一百二十余万吨。查去年进出船只吨数仍以英船为最巨，计达一千一百四十余万吨。日船次之，约九百二十余万吨。华船又次之，约五百四十九万九千余吨。兹就民国九年以来上海进出船只及吨数列表如左，以观其进加之趋势焉：

年次	只数	吨数
民国九年	一八九二四	二二四九八一一二
十年	一九七二三	二四〇八二二七四
十一年	二一六七三	二七五一五九二七

（续表）

年次	只数	吨数
十二年	二二八七六	三〇〇一八二四〇
十三年	二〇四九五	三二三〇五四一九
十四年	一九八六一	三〇二八四八五五
十五年	二二六八六	三三三二三四二九
十六年	二一五一四	三〇一五一六五三
十七年	二二六八六	三四五八六〇四六
十八年	二二二八九	三五八六九五六〇

（四）金银之进出情形

一国金银进出之多寡，与国际贸易之盛衰有相互之关系。盖贸易出超之国家，其输入之金银未有不超过其输出者，贸易入超之国家除贸易以外之收入作为入超货价填补外，国内金银大都输出超过。此就一般国家而言，惟我国情形则颇不同。自民国以来，对外贸易历年均为输入超过，除金货常为出超外，银货则为入超。

是项金银之进出，大半属诸商业性质，其与国际贷借之关系可谓极微。我人观于民八金贱银贵之时，大宗金货源源输入，民十银价下落大宗金货滔滔流出，当可了然也。去年世界银价因受印度出售巨额现银与安南采用金本位之影响，市价极为跌落，外国商人遂以此过剩之银输入我国，故去年上海银货输入额竟达关平银一亿一千八百七十四万四千二百九十四两，世界银货几完全以我国为尾闾之地。于是金贵银贱之声浪甚嚣尘上，不但进口商人以及一部分汇兑业者奔走相告，惶惶然不可终日，即一般人民因汇价腾贵、各种洋货售出价增高，亦莫不感受生活上之痛苦。同时金货大宗输出，其输出总额达关平银二百九十余万两，大部分输出于美国，其输往香港者亦达一百零四万七千余万两之巨也。兹就去年上海金银进出口数额列表：

上海金银进口表(单位：关平银两)

输出地		金货 金额	银货进口金额
欧洲		——	七〇六六九一六
美洲		一五八〇二七	八五一一七九二五
亚洲	香港	八〇五三二五	四三二五〇三二
	西贡东京	六四〇	二九〇三〇
	新加坡等处	——	——
	爪哇等处	——	——
	印度等处	——	一八二九三三〇
	朝鲜	——	——
	日本	——	二八二八八一三
	菲律宾	——	——
	国内各埠	七六七六〇	一七五三〇四七四
合计		一〇四〇七五二	一一八七四四二九四

上海金银出口表

输往地		金货出口金额	银货出口金额
欧洲			
美洲		一八四二〇七六	
亚洲	香港	一〇四七六二〇	一一六二三五五四
	西贡东京	——	五九九三五五
	新加坡等处	——	五九六四九八
	爪哇等处	——	——
	印度、缅甸等处	——	二五二六五二
	朝鲜	——	——
	日本台湾	——	——
	菲律宾	——	三六二三〇
	国内各埠	三七〇〇〇	一五五二五三
合计		二九六二六九八	五九三一九八六三

银行周报 1930，14(45)

民国二十四年上前期上海一埠的对外贸易

静　观

一、一般的观察

一九三五年为首六个月，上海一埠的对外贸易的净值为国币四三六二一一八一五元，一九三四年同期为国币四六九六九八七二八元，一九三三年同期为国币五八二七四三九七〇元。这就是说一年上半期的净值为一九三四年同期的九三．八七％，为一九三三年同期的七四．八五％。所以一般说来，近三年来的对外贸易，是年年在那里减缩。不过从下表看起来，进出口虽然都在减缩，而进口的减缩比较出口的减缩更多，因此入超方面倒有改善的趋势。在这银根奇紧的时候，入超减少，就是说上海一埠的存银少流出若干，不可谓不是可喜的事实。

一九三三至一九三五年上半期进出口净值表（单位：千元）

	一九三三	一九三四	一九三五
进口	四二五八一〇	三三六三八三	三〇九九六〇
出口	一五六九三四	一三三三一五	一二六二五二
合计	五八二七四四	四六九六九八	四三六二一二
入超	二六八八七六	二〇三〇六八	一八三七〇八

上表告诉我们，本年上半期的入超较去年同期的少去百分之十，较前年同期约少去百分之三十二。但是这种入超的改善，虽然于本埠白银存底方面不无良好的影响，而决不是中国整个经济的表示。因为入超的减少并非由于出口货之增加，是由于农村破产，市面不景气，人民购买洋货力量薄弱的缘故。要生产发展，输出物增加，把贸易地位改善，才算是真正经济进步的好现象呢！

还有一层，本年上半年入超的改善，也非完全因为输入货物，比较去年同期减少，实在是因为银价上涨，以金单位折合银元，自然银元的数字显见得小了。我们若是把这两半年的出口货的价值折合海关金单位，与进口货原来的金单位价值作表比较，就可知道本年进口货的净值实际上并不较去年同期减少，而入超亦并不改善。

一九三四至一九三五年上半期进出口净值表（千海关金单位）

	一九三四	一九三五
进口	一七〇六九〇	一七五六九三
出口	六七三三六	七一一四八
合计	二三八〇二六	二四六八四一
入超	一〇三三五四	一〇四五四五

二、主要输出入品之增减

上海一埠，本年一至六的六个月中间的主要输入物之中，米谷小麦面粉一类，其净值为金单位三六七七八一四六元，占进口货总值之百分之二十一，列第一位。这在往年，也是如此。中国自古以农立国，现在人民的主要食品都年年要仰仗外货的输入，想起来真令人寒心。此外进口货之比较去年增加者，有木材、纸、糖等。至于棉纱线、烟叶、五金制造品、车辆、机器等，则俱见减少。现在各列表如左：

一九三五年上半期比较一九三四年同期增加的进口货（金单位）

物品	一九三四	一九三五	增加百分数
米谷小麦粉等	一三八四二五三一	三六七七八一四六	约一六五 %
木材	四一二九三八三	六一六八六六六	约四九 %
纸	八七一一六五三	一〇四九五三一一	约二〇 %
糖	一八三五九九三	二六五五七三八	约四四 %

一九三五年上半期比较一九三四年同期减少的进口货（金单位）

物品	一九三四	一九三五	减少百分数
棉纱、棉线	二八七五二一七九	一五五八二五三〇	约四五 %
烟叶	九二七二八五〇	二九二七〇〇二	约六八 %
五金制品	一〇四四九〇三四	七二九七一一四	约三〇 %

（续表）

物品	一九三四	一九三五	减少百分数
车辆	六六六七二八五	三八四二七〇四	约四二 %
机器	八九五八八六二	七三三六七一六	约一八 %

上列许多货品之输入减少，一方面是由于一般购买力薄弱，他方面是由于国内建设停顿，所以金属制品，车辆，及机器之需要，均见减低；还有一层，某国在沪经营的纺织业，大见扩张，这是棉纱线输入见减的主要原因。

出口方面，比较去年同期增加者，只有各种油及矿苗，而减少者有棉纱、匹头、生熟皮、猪鬃、茶等。各列表如下：

一九三五年上期比较一九三四年同期增加的出口货（单位：元）

物品	一九三四	一九三五	减少百分数
各种植物油及籽	一〇二五二四六四	一九八八〇二九〇	约九四 %
五金黄油	二九四七七一二	四四二二二二九	约五 %

一九三五年上半期比较一九三四年同期减少的出口货（单位：元）

物品	一九三四	一九三五	减少百分数
棉纱	一五七九〇九八六	八〇〇〇五一八	约四九 %
匹头（丝与棉）	一二〇七一三一〇	七三一二五四四	约三九 %
皮革皮货	一一四六九六九三	八〇四六三七七	约三〇 %
猪鬃	五一四八九四三	三八七〇九一五	约二四 %
茶	一一〇一七二九四	九七〇〇二六八	约一二 %

世界市场不景气，各国政府，尤其是英日，用关税政策、货币政策等等，把他们的出品极力向外国倾销，中国商人自然不能够同他们争夺市场，所以像匹头、茶都受排挤，输出的退缩为不可避免的结果。其中有一二种输出物，像油及油籽同铁与钨等，较去年同期增加，也不过是偶然而已，因为各国正在谋“原料自给”，这种原料输出品的增加，恐怕难以持久；美国近来努力种植桐树以取桐油，就是一例。

三、各国贸易的阵容

在上海一埠，英、美、日诸国对华贸易的情形如左：

棉布及毛织品的输入，英居首，日第二，然而本年上半期与去年同期比较，英的输入减少，而日的输入是在增加（单位：千金单位，以下同）：

物品	国别	一九三四年至六月	一九三五年至六月	比较
棉布匹头	英	二九五五	一三八七	－
	日	一三六六	一八五一	＋
毛织品	英	一五九八	一五一六	－
	日	六五九	七四五	＋

机器的输入，英居首，日第二，美第三。

物品	国别	一九三四年至六月	一九三五年至六月	比较
机器	英	三一四五	二四〇一	－
	日	一一六五	一五〇二	＋
	美	一五一五	一二四八	－

棉花的输入，美居首，英属印度第二。

物品	国别	一九三四年至六月	一九三五年至六月	比较
棉花	美	一六五五〇	八六八八	－
	英属印度	九九九五	四三四三	－

五金的输入，除德国外，美居首，英第二，日第三。

物品	国别	一九三四年至六月	一九三五年至六月	比较
五金	英	三六〇二	二七六四	－
	美	二〇〇八	二四三七	＋
	日	一〇一六	一〇四八	＋

此外海味、鱼类，及糖（荷兰除外）的输入，当然是日居首。车辆、煤油、汽油、机器油及烟叶的输入，美第一。

现在把近三年英、日、美三国船只的吨位，列表比较如下：

国别		一九三四年一——六月		一九三四年一——六月		一九三五年一——六月	
		只数	吨数	只数	吨数	只数	吨数
进口船只	英	三七五	一七六四 一四三	二九六	一四九二 〇三一	三五二	一六二四 〇六七
	日	三二四	九九〇 六一〇	三一八	一〇四二 九二八	二九七	一〇〇〇 六一九
	美	一三一	八三四 五四七	一五二	八九九 八九四	一二八	七七九 六五六
出口船只	英	三七三	一六三五 八九二	二九四	一四九一 五五九	三五一	一六四七 〇六七
	日	二八二	八九八 九四四	二六四	九三四 五六九	二四五	八八七 九〇一
	美	一一七	七六六 八二三	一三三	七九八 二一六	一一一	七一九 八一五

关声 1935，4（3）

战期中贸易之动态

何育禧

战期中贸易之变动为必然之现象。中日战争影响及于贸易者，初仅限于华北一隅。迨沪战发生，遂延长于全国，产业摧毁，生产锐减，加以海岸封锁，交通阻滞，贸易之衰落有每况愈下之势。上海为吾国巨埠，亦为远东唯一商港，占全国贸易之大半，所受战事影响尤为深巨。查二十六年份上海输出入贸易净值计国币九万一千三百万元，较二十五年份之九万一千四百万元，所减不过一百万元，其中进口货值由前岁之五万五千三百万元退为五万零八百万元，计减百分之七.三，出口货值由前年度之三万六千一百万元进为四万零四百万元，计增百分之七.六。因出口贸易之增进与进口贸易之减退相抵销，故其总值所减之数甚微耳。兹列近十年来上海贸易额于左，以资参照：（单位：国币千元，以下各表均同）

年别	输入	输出	输出入合计
民国十七年	五七八五四三	五六四三三九	一一四二八八二
十八年	六四九三五九	五六七一七五	一二一六五三四
十九年	七三二六二一	四八七一三六	一二一九七五七
二十年	九九六二〇二	四三二三〇八	一四二八五一〇
廿一年	七八一一二三	二四六四〇五	一〇二七五二八
廿二年	七二八三三三	三一五四八五	一〇四三八一八
廿三年	五九六四四〇	二七一九四五	八六八三八五
廿四年	五〇五一九四	二八八七二一	七九三九一五
廿五年	五五三〇九五	三六一四〇〇	九一四四九五
廿六年	五〇八八四四	四〇四三九五	九一三二三九

上述上海贸易之情况，系就全年贸易综括而言，故其减退之迹不著。如将战事发生前后之贸易分别观察，则受战事影响甚为明显也。查去年上期沪埠贸易甚为佳良，一至七月份之进口货值计四万四千万元，出口货值计三万零一百万元，进出口总值共为七万四千二百万元；八至十二月，进口贸易只有六千八百万元，出口贸易亦仅为一万零二百万元，进出口总计不过一万七千万元。又战前七个月中，进口贸易平均每月为六千二百万元，出口贸易平均每月为四千三百万元；战事发生后五个月中，进口贸易平均每月只有一千三百万元，出口亦减为二千万元，以致进出口总值每月平均激减达七千二百万元之巨，幸出口贸易减少额不如进口贸易之甚，否则总值之减少，为数当更巨也。列去年上海贸易月别比较表如左：

月别	输入	输出	输出入合计
廿六年一月	四三五七八	三九四三八	八三〇一六
二月	五二八七一	五一二八〇	一〇四一五一
三月	六八一九八	三四四六六	一〇二六六四
四月	六九九二九	三八八四九	一〇八七七八
五月	六三九六一	四一一三一	一〇五〇九二

（续表）

月别	输入	输出	输出入合计
六月	六四四一三	四三八四二	一〇八二五五
七月	七七六四五	五二八九〇	一三〇五三五
八月	二八一六二	二三七五七	五一九一九
九月	七三二〇	二七九三二	三五二五二
十月	八六一〇	一四二一四	二二八二四
十一月	一〇三九一	一八〇二七	二八四一八
十二月	一三七六六	一八五六九	三二三三五
合计	五〇八八四四	四〇四三九五	九一三二三九

吾国国际贸易，向处入超地位。自法币政策旅行成功，对外贸易情势好转，入超之额降低。查民国二十年份上海贸易入超额达五万六千三百万元，嗣后逐年趋减，至二十五年份降为一万九千一百万元。上年七阅月中，入超数共为一万三千八百万元。战争期间，情势一变，由入超转为出超，九至十二月份，上海贸易出超额达三千八百万元，其中以九月份出超数二千万元为最多，因其时沪战正酣，该月进口货只有八百万元，出口货尚有一千四百万元，以致一变而为出超也。附表如左：

时期	入超额
民国十七年	一四二〇四
十八年	八二一八四
十九年	二四五四八五
二十年	五六三八九四
廿一年	五三四七一八
廿二年	四一二八四八
廿三年	三二四四九五
廿四年	二一六四七三
廿五年	一九一六九五

（续表）

时期	入超额
廿六年	一〇四四四九
计廿六年一月	四一四〇
二月	一五九一
三月	三三七三二
四月	三一〇八〇
五月	二二八三〇
六月	二〇五七一
七月	二四七五五
八月	四四〇五
九月	（出）二〇六一二
十月	（出）五六〇四
十一月	（出）七六三六
十二月	（出）四八〇三

今年以来，因战事内移，沪地苟安，上海进口贸易逐月逐增，由上年十二月份之一千三百万元，每月增加二百万元。出口贸易，一、二月份均为一千万元，三月份亦增二百万元，较之去年十一、十二月份均达一千八百万元者，尚属减退。因进口贸易之转佳，出口贸易之不振，贸易遂复转入超。一月份入超四百万元，二、三月份各为六百万元，第一季入超额又达一千八百万元矣。附列今年来上海贸易额如左：

月别	输入	输出	合计	入超
廿七年一月	一五三九〇	一〇六八一	二六〇七一	四七〇九
二月	一七一六〇	一〇三九八	二七五五八	六七六二
三月	一九二三三	一二三五四	三一七八七	六六七九

今年春季，上海对外贸易虽较去年冬季略为好转，然较之战前则大见衰落自去年八月至今年三月，八个月中之贸易总值，与前岁同期相比较，减少达四万二千八百万元，其每月减少之数如次：

廿六年八月	二三一二〇
九月	四五九七〇
十月	五一一四〇
十一月	四九二六〇
十二月	五四一七〇
廿七年一月	五六九四〇
二月	七六五九〇
三月	七〇八七〇
共计	四二八〇六〇

再将今年三个月来进出口货值与去年同期分别比较之，则进口货值共减一万一千二百万元，出口货值计减九千一百万元，进出口货总值共减二万零四百万元，如左表：

月别	较上期减少额		共计
	输入	输出	
二十七年一月	二八一八八	二八七五七	五六九四五
二月	三五七一一	四〇八八二	七六五九三
三月	四八九六五	二一九一二	七〇八七七
共计	一一二八六四	九一五五一	二〇四四一五

按今年来输出货物之减少，因土货存货告罄，内地货物以交通阻塞，运输困难，致来源稀少。至于进口货，以上年滞留香港等处之外货陆续运沪，适以土货缺乏，一部分货物不得不仰给外货，因之需要增加。然以目下贸易与外汇之中心已由沪埠移至粤港，近来广州、九龙等处之进出口货物较前大增，上海贸易地位为之转变，如战局延长，上海贸易一时恐无转盛之势。惟实施外汇统制后，成效甚著，且政府对于国际贸易之调整，业已专设机关，奖励输出，撙节输入，则对外贸易当有转机之望也。

银行周报 1938，22（25）

战后的上海对外贸易及入超问题

龚家麟

一、战后上海贸易的动态

我国的对外贸易，以历史及地理的关系，上海素执牛耳，历年辄占全国之半数以上。比如民国二十五年我国贸易总额十六亿五千万元，上海一埠即占九亿二千万元之巨，可见其重要。但自八一三沪战爆发，上海沦为战区，贸易急落直下。随后战事内扩，遮断了上海与内地的交通与运输，使上海的对外贸易难以抬头；不过，同时却因为上海租界的关系，造成了畸形的景气局面，使它的对外贸易仍能维持相当的地位。尤其自去年华南战事爆发，一部商业又回到上海，贸易遂重见起色。最近几个月因为棉麦输入的激增，更明显地造成了输入的景气，而同时也就造成了沪市入超的严重问题。现在在试将开战以后上海对外输出入的数字隔月列表于下，再为说明于后（单位：千元）。

年　月	输入	输出	总额	占全国％	出（＋） 入（－）超
廿六年七月	七七六四五	五二八九一	一三〇五三六	六一．四	（－）二四七五四
九月	七三二〇	二七九三二	三五二五二	三四．九	（＋）二〇六一二
十一月	一〇三九一	一八〇二七	二八四一八	三〇．一	（＋）七六三六
廿七年一月	一五六三九	一〇七一一	二六三五〇	二五．八	（－）四九二八
三月	一九七六一	一二五六九	三二三三〇	二一．六七三	（－）七一九二
五月	一八二九八	一一九九六	三〇二九四	二二．九	（－）六三〇二
七月	二四七〇〇	二〇一〇三	四四八〇三	三一．〇二六担	（－）四五九七
九月	二六四七四	二七六二一	五四〇九五	三四．九	（＋）一一四七
十一月	三三六三五	三〇二〇〇	六三八六五	四五．二	（－）三四一五
廿八年一月	三九四二三	三〇四七一	六九八九四	四六．〇	（－）八九五二

（续表）

年　月	输入	输出	总额	占全国%	出（+） 入（-）超
二月	三三八八七	二八九九七	六二八八四	四七．一	（-）四八九〇
三月	五三一一五	二一一八四	七四二九九	四一．二	（-）三一九三一
四月	五六三九二	三一九二二	八八三一四	四七．〇	（-）二四四七〇
五月	七二八九五	三四二二三	一〇七一一八	——	（-）三八六七二

依上表数字趋势的变化，并为便于说明起见，战后上海的对外贸易大致可以分为三期：第一期是衰落期，第二期是恢复期，第三期是入超严重期。现在试略加说明。

第一期自中日开战起，经历约有一年的光景。战前前七月份上海贸易额占全国百分之六一．四，但九月份即惨落至三四．九，十一月份更落至三〇．一，贸易额仅二千八百数十万元，不及战前七月份四分之一。不过在战初几个月，上海输出的减少，远较输入的减少为小，这主要是因为上海战前存有大量输出土货，战事一起，商人为策安全起见或销售方便起见，竟提存货运至香港及外洋，于是造成了首几个月的出超。这是值得注意的一点。至后贸易绝对值虽略有增进，但其百分率仍有继续下降的趋势。盖上海战事虽已停止，但其四围仍继续广泛的战事，土货既无法运来，洋货也无从内销。不过同时却因为附近各处乡绅的避难租界，上海人口麇集，购买力增加，所以输入贸易略有进展：二十七年首季出口三二六九八千元，进口却达五二八〇五千元。入超达二千万元之巨。而输入品之增加最多者，莫若米谷和杂货。这两项日用消费品，占输入极大的部分。这种现象很可以示出当时上海消费市场的性质。

第二时期，约自二十七年下半年开始，经历有半年多的光景。此时上海贸易渐有起色，其所占全国贸易额自五月份之二二．九跃至七月份之三一．〇。以后逐有增进，故可称为贸易恢复期。此时输入品中棉布、木材、化学品等增加，输出品以财部体察沪市商艰，特准茶叶由沪出口，所以茶叶出口畅旺。其他桐油、蛋品等主要输出商品亦有增加。同时因为政府借汇兑统制的机构加强贸易的管理，七月份输入二四七〇〇千元，输出二〇一〇三千元，入超降为四五九七千元，八月、九月份更有小额的出超。九月中华南战事爆发，粤汉、广九两路中断，一部贸易又归到上海，上海贸易遂有明显的增进，所占全国的百分率又升至百分之四十以上。

第三个时期的贸易景气期也就是入超日趋严重期，还是最近几个月的事。从上面那张表里，很容易看出：本年二月份以前各月入超从未超过一千万元，而三月份入超竟达三千二百万元，四月份二千四百余万元，五月份更增至三千八百六十余万元，造成惊人的记录。(这还是依据海关的记载，实际上的进口数字是低估的，请见下文。)究竟此项入超内容如何，性质严重到什么程度，又应采取何种方法补救，便是下面几节所要讨论的。

二、最近上海贸易景气的分析

从前表可以看出，近来上海贸易的景气，完全是由于输入方面不平衡的发展。本年一月份输出三千余万元，以后各月没有什么进步；但在输入方面却迭有增加：一月份输入三千九百万元，五月份输入七千二百万元，几已增加一倍。究竟什么原因造成输入的激增？详察海关贸易统计月报，我们发现有两个输入项目，最值得我们注意，现在录其数字于后：

本年首五月上海棉花小麦进口价值表(单位：千元)

	棉花		小麦	
	价值	占上海输入 %	价值	占上海输入 %
一月	六八七七	一七.四	★——	——
二月	四七八二	一四.〇	二二四三	六.六七九
三月	一四四九〇	二七.三	四九二三	九.三
四月	一一三九五	二〇.二	五六二六	一〇.〇
五月	二一六八一	二九.八	四八六二	六.七
总数	五九二二五	二三.二	一七六五四	七.〇

★关册无记录

无疑的，上海近月贸易入超的激增，最大的原因当在巨量棉花的输入。日方除在华北竭力夺取棉花原料以供国内纱厂消费并军用外，为供给纺细纱之用，近来日商在沪纱厂订有大量印棉、美棉、埃及棉，本年首五月棉花输沪计达五千九百余万元之巨，超过去年同期六倍之多。另据市场消息，日纱厂在四五两月中续订大量印棉，定于六、七两月中交货。此项订货数量极巨，据当地经纪人估计，值一千万镑以上。这种消息，固然未必完全准确，但自己往几个月棉花进口增加的趋势来看，确有相当的可靠性。

上海棉花输入的景气，从我国抗战的立场来看，决不是一个好现象。我们知道，现丰上海生棉的消耗，以日本纱厂为最巨。现在上海的纱厂，日商占到一百三十余万锭，华商仅占到五十万锭左右。此部由日商纺织成的棉纱与棉布，一部销售于沦陷区内地（我们政府统治各地严禁日纱输入，虽然日纱价格每包要比华纱便宜好几十块钱），一部复由上海出口运返本国，以代国内制造。日人施用此种政策，一方面是在利用我国廉价的劳工，一方面也是在利用我国的外汇——以日伪钞调取法币，再以法币在沪市购取外汇订货进口。这个问题是很严重的。

除了棉花外，近月来小麦与烟草输入的激增力量也不小。本年首五月上海小麦输入计一七六五四千元，而去年同期几乎完全没有输入（去年输入以大米为主）。烟草（烟叶）输入计一七四二七千元，超过去年同期七百余万元；并且自各月输入的数字来看，还有累增的倾向。小麦的输沪，除掉一部是当地消费外，大部都是由上海面粉厂磨成面粉转运到天津与大连的。在沪地的黑市上是付出外汇，收进日伪钞票，其不利可知。

三、上海入超的再估

上海入超的真实情形，单从海关报告册的数字来观察还是不够的。这有两个主要的原因：一个是私货的输入，如砂糖，便是一个最显著的例子；另外一个是由于汇率计算不同输入价额的低估。关于第一点，因为没有准确的估计，我们暂置不论；第二点却是比较容易计算出来的。

我国海关现在进口货值的计算，系根据关金记载，再以关金折合法币。关金市价，系依据伦敦金价与法币对英汇价计出。海关以关金折合法币，系按照官定对英汇价一先令二办士半计算，但黑市汇价，已落至八办士左右（指六月七日之前）。所以官定关金合法币二元三角左右（行情略有涨落，视英伦金价而定），但实际当合四元多，二者相差几达一倍，所以进口商实际所付远较关册记载为多，也就是数额现在极小，可以忽略掉。试依汇率计算的差异再加以校正（输入以八办士二五的平准价代十四办士半的官价），则上海本年首五个月的入超数字如下（单位：千元）：

	输入	输出	入超	输入相当输出之倍数 %
一月	六八九九〇	三〇四七一	三八五一九	二二六
二月	五九三〇二	二八九九七	三〇三〇五	二〇四
三月	九二九五一	二一一八四	七一七六七	四三九
四月	九八六八六	三一九二二	六六七六四	三〇九
五月	一二七五六六	三四二二三	九三三四三	三七三
总数	四四七四九五	一四六七九七	三〇〇六九八	三〇五

上海本年首五个月的入超，依校正的数字，竟超过三万元。输入的价值竟常超过输出三四倍，这个问题，尤其在战时，真是严重极了！这是上海有史以来所没有过的记录！

四、政府的措施方策

入年以来的上海入超问题，我们在两个月以前便早已指出其严重性。我们曾说明，上海现在已是沦陷区的一部（虽然和他地沦陷区的性质有不同的地方）。其经济意义的存在，固然对于我国内地经济也不无帮助，但对于日人的利益却更大。在此情况之下，政府以巨额的外汇基金来维持上海的汇市稳定，补足贸易入超，究竟是否值得，确是很可怀疑的。当然，政府也并不是没有看到这一点，不过当局为顾全外商的利益，博取外人的好感并维持法币在公开市场的信用起见，一直是在维持着外汇黑市。并自本年三月八日起成立了中英汇兑平准基金委员会，加强维持汇市。这里，政府自有不得已的苦衷在，我们自然也不能贸然加以非议。

因此，政府便考虑以贬低黑市汇率的方法，来改善沦陷区贸易的平衡。六月七日晨香港中英汇况平准会突然停供外汇，使上海黑市汇价在二十四小时内自八办士二五的平准价降到六办士半的新平准价，而重新再加以维持。

这种以贬低黑市汇率的方法来调整贸易，我们当然承认是有相当功效的。就上节所分析近月来输入增加最剧的棉麦两项来讲，据报载汇市暴缩后，沪日商已被迫取消一部购棉合同，其结果自将减少今后数月内更巨量棉花的进口。且棉价增高后，绵纱成本亦将提高，日纱日布向沦陷区的推销，亦将受一大打击。洋麦成本增高后，天津及满州原自上海进口的面粉势将多用本地麦子磨制，上海面粉对津满输出减少，当然也就减少了洋麦的进口。这都是可以预料得到的。

或者有人以为政府单单降低黑市汇价不够，还该同时限制黑市外汇的购买。这初看似乎极恰当，但据笔者的推理，似乎有些不可能——除非政府打算根本不维持上海汇市。一先令二办士半的官价买卖实行了限制，于是出现了所谓现在的外汇黑市。如果此种黑市买卖再加限制，结果必定又出现第二个黑市。这个黑市的汇价，当然是更低于六办士半。结果，外汇的供给者——出口商，外币保有者，外币薪给者及其他一切外币收入者——必将彼等之外汇在此第二黑市塞售，结果政府统制银行岂非将只有外汇的卖出而没有买进了吗?

显然，政府现在对于沪市的外汇政策，只有两条路可走：一是根本不维持，听其自行变动，自行涨落；另一个就是政府现行的黑市稳定政策——附有随机应变的处置——这两种政策的利害得失，现在是很值得详细讨论的。本文限于篇幅，且已越出原题中心，暂此停笔。

廿八年六月廿八日于上海

银钱界 1939，3(7)

二十八年上海对外贸易之回顾

一、本年概况及与近三年之比较

民国二十八年为中日战事发生以后之第二个全年，亦为上海一埠多方面有畸形发展之期。此在对外贸易，亦无例外可言。查八一三中日军兴之初，上海对外贸易呈极度衰败之象，及后战事内移，始乃渐渐复苏。二十七年下半年上海对外之输入贸易已向前迈进，惟输出贸易尚少扩展，至二十八年则输出入贸易同见递增，致形成空前隆盛之情况，变化之大，至足惊人。下表所列近三年贸易值之统计(单位：百万元)，约可显明向上趋势之一斑：

贸易值		二十六年		二十七年		二十八年	
		上半年	下半年	上半年	下半年	上半年	下半年
输出		249.0	155.4	72.9	149.3	172.4	419.3
输入	关册数字	362.9	145.9	104.2	164.9	323.1	257.0
	修正数字	–	–	113.4	271.8	629.0	807.6
贸易合计	关册数字	611.9	301.3	177.1	314.2	495.5	676.3
	修正数字	–	–	186.3	421.1	801.4	1226.9

根据上表，可见本埠对外贸易自二十七年下半年起，除输入值关册数字不计外，每期均增加，结果，二十八外上下两半年之输入值与贸易合计及同年下半年之输出值均驾乎战前二十六年上半年同项数字之上，二十八年下半年之输入值志贸易合计之修正数字且均增加一倍有奇。再以二十八年与二十七年比较则数字之增加尤为惊人，计二十七年上半年输出值仅为七二.九百万元，经连增三次后，至二十八年下半年已达四一九.三百万元，换言之，即约增五倍。同时输入值与贸易合计之修正数字则由二十七年上半年之一一三.四与一八六.三百万元递增为二十八年下半年之八〇七.六与一二二六.九百万元，更约增六倍与五倍半之多。

以全年及月计数字论，二十八年之贸易亦充满繁盛之气象。第一，二十八年全的输出值为五九一.七百万元，输入值与贸易合计之修正数字为一四三六.六与二〇二八.三百万元，均为历年来之最高纪录。如与以前两年比较，则输出值较二十六年增一八七.三百万元，较二十七年增二六九.五百万元，输入值依同一次序增九二七.七百万元与一〇五一.四百万元，贸易合计亦增一一一五.〇百万元与一四二〇.九百万元。第二，就有材料各年而论，以往最大月计数字为输出值二十四年十二月之三七.九百万元，输入值二十年十一月之一〇九.九百万元与贸易合计二十年十二月之一三八.一百万元，直至二十七年为止从来未有变更。但至二十八年则新纪录叠出，尤以输入值与贸易合计为然，计输出值超过三七.九百万元者共有七月，内中最大价值为十一月份之九二.五百万元，输入值修正数字超过一〇九.九百万元者共有九月，内中最大价值为十二月份之一五三.七百万元；贸易合计修正数字超过一三八.一百万元者亦共有九月，内中最大价值则为十二月份之二三六.六百万元。试以各项最大价值与战事发生后二十六年八至十二月间最大月计数输出值之二三.七百万元，输入值之二八.二百万元与贸易合计之五一.九百万元，暨二十七年最大月计数输出值之三〇.一百万元，输入值修正数字之六一.〇百万元与贸易合计修正数字之八八.七百万元相较，则猛然向上之趋势更属明显万分。

二、本年贸易兴盛之原因

二十八年贸易值之膨胀为多种因素所构成，举其大要则有三因：(一)人口之增加。据公共租界工部局之估计二十六年中日战事未发生前上海人口约为三百八十万人，其中住在公共租界者约一百二十万人。战事初期上海人口曾一度减少，但其后则继续增加。二十七年虽乏上海全部人口数字，然据公共租界工部局依死亡率之推算，其界内人口已增至二百五十万至三百万之间，二十八年上半年传闻全部人口已增至五百万人。人口增加则商品销耗量加大，直接间接均有促进输入贸易之功能。(二)制造工业之繁荣。上海战事内移之际，本埠工商业几陷停顿状态，一方面闸北、南市与公共租界东区工厂被毁者不可胜计，一方面租界内工厂之停工者亦比比皆是，但不久之后情形即趋好转。据公共租界工部局之调查，二十七年底设于公共租界与越界筑路区之大小工厂约有四千二百五十家，二十八年复新设大小工厂约一千五百家左右；同时上海电力公司售与工厂之电量二十六年为四六五百万千瓦小时，二十七年减为三九一百万千瓦小时，二十八年则猛增为五九八百万千瓦小时，均为战后工业突飞猛进之明征。我国新式式厂之制造原料大部分系仰给于外洋，制造机械亦多由外洋进口，因此工业发达之后，工业原料与工业机械之输入随之增多。(三)对外汇价之紧缩。二十七年本埠平均对外汇价英汇为一〇.三九一便士，美汇为二一.一七一美元；二十八年前五个月跌为英汇八便士，美汇一五.六二五美元，其后最低英汇降为三.二五便士，美汇降为六.〇六二五美元，虽九月份起略见回升，全年平均仍不过为英汇六.〇四〇便士与美汇一一.三四七美元，汇价跌落之甚由此可知。因汇价之紧缩，进口与出口物价均激而向上，于是贸易值亦比例增加。上举三因第一二两者均影响进口贸易而不影响出口贸易，或为二十八年进口值数字特别膨胀症结之所在，惟进口值不过人膨胀常有鼓励出口贸易之作用，似亦不可一概论之。

三、上海对外贸易与全国对外贸易之关系

就上海对外贸易与全国对外贸易之关系论，二十八年上海之输出入贸易值均占极重要之地位，计出口贸易总值对全国之百分数二十七年为二九.二〇,二十八年则升为五七.七二，进口贸易总值对全国之百分数二十七年为三〇.七七,二十八年亦升为四三.七九。再以上海数字与全国第二大商埠之天津比较，其他位之重要更有与日俱增之势，计二十七年上海出口贸易值约当天津数字百分之一二六.六八,二十八年则骤然上涨而达百分之六二二.一〇，同时进口贸易总值对天津数字之百分数，二十七年为一一七.五四,二十八年亦升为一七〇.六八。查现在天津为联银券流通之大本营，外汇市场与出口贸易悉被统制，故其对外贸易之日趋衰败亦在意料之中。

四、输出贸易之分类

二十八年上海对外出口贸易之分类统计以纺织纤维之价值为最大，计为一五七.九百万元，次为动物及其产品类，计为一〇二.一百万元，第三为纱、线、针织品等类，计为七九.七百万元，第四为匹头类，计为五五.五百万元。杂项类、杂粮及其制品类，其他纺织品类与矿砂、金属及其制品类之价值在二千余万元至三千余万元之间，则为第五、第六与第七。其余二十四大类除皮及皮货类，茶类与化学品及化学产品类外，均不足一千万元。纺织纤维类之月计出口值在八月以前均不足一千万元，自八月起则恒在一千七百万元之上，十一与十二两月之数字已增为三〇.四与二一.八百万元。同类之唯一主要出口货品为沪白厂丝，全年出口值为九九.〇百万元。动物及其产品类，纱、线、针织品等类与匹头类之价值亦以下半年之数字为较大，内中动物及其产品类主要出口货品为黄白不分冰湿收，全年出口值为二九.七百万元与猪鬃为二〇.七百万元；纱、线、针织品等类之主要出口货品为棉纱，全年出口值为三一.一百万元与挑花品及绣花品为二二.七百万元；匹头类之主要出口货品为市布、粗布、细布，全年出口值为二〇.五百万元。以二十八年数字与二十七年比较，向上之趋势极为普遍，计出口三十一大类中，价值之减少者仅有三类，价值之增加者则达二十八类。价值减少之三类中仅有一类减少一百数十万元，其余两类之变动均在一百万元以下；价值增加之二十八类中共有六类之变动在一千万元以上，即纺织纤维类增一一九．八百万元，动物及其产品类增五七·三百万元，纱、线、针织品等类增四〇．三百万元，匹头类增三五．四百万元，杂项类增一六．六百万元，其他纺织品类增一五．九百万元，矿砂，金属及其制品类增一四．二百万元。此外价值增加在一百万元以上者更有十四类之多。

五、输入贸易之分类

二十八年进口三十二大类之修正价值仅有一类在一百万元以下，九类在一千万元以下。至其余之二十二类则十类在一千万元至四千万元之间，十类在四千万元至一万万元之间，两类在一万万元以上。值得最先提及者为棉花、棉纱、棉线类之四〇六．二百万元，其价值之巨不独为同年其他各类所望尘莫及，即以该类本身而论，如是惊人之进口值，亦为从来所未有。是项进口值百分之九十九系代表外洋棉花之进口，计全年进口量共二三一八千公担，内中印棉占一三三六千公担，巴西棉四七五千公担，美棉三五八千公担，而进口棉花之主要销耗者则为本埠之各纱厂，由是更可见工业对于贸易影响之大矣。第二进口大类为烛、皂、油、蜡等类，进口值为一一〇．〇百万元。第三进口大类为杂粮及杂粮粉类，为九六．九百万元。第四进口大类为金属及矿砂类，为八八．五百万元。第五进口大类为烟草类，为七二．一百万元。凡此诸类之主要进口货品，如烛、皂、油、蜡等类之汽发油及汽油、柴油、煤油、滑物油与石蜡、杂粮及杂粮粉类之小麦（进口值占全类百分之七十五以上）、金属及矿砂类之铝、钉条与钢铁板及片及烟草类之烟叶（进口值占全类百分之九十左右），亦均与本埠之制造工业有关。除以上五类外，尚有三类之进口值在六千万元以上，即化学品及药品类，计为六九.七百万元，书籍、地图等类，计为六二．四百万元，煤、燃料等类，计为六〇．六百万元。以二十八年之数字与二十七年比较，三十二大类之价值一致增加，其增加逾恒者则有五类，即棉花、棉纱、棉纱类增三八七．〇百万元，杂粮及杂粮粉类增八五．一百万元，烛、皂、油、蜡等类增六六．四百万元，烟草类增四八．〇百万元与化学品及药品类增四六．〇百万元。棉花、棉纱、棉线类百分数之增加为二〇〇九．九，杂粮及杂粮粉类百分数之增加则为八一四．七。

六、分国统计

以分国统计而论，二十八年各国对于上海贸易之地位以美国为首屈一指，计出口往美国货品之价值为一七六.六百万元，占全埠出口总值百分之二九.八，由美国进口货品价值之修正数字为三〇四.六百万元，占全埠进口总值百分之六九.八。结果，对美进出口贸易合计之价值亦占全埠对外贸易合计百分之四六.八。除美国数字外，出口贸易以对香港之九三.〇百万元与对英之六六.〇百万元为较大，进口贸易之修正数字以对英属印度之二二五.五百万元与对日之二〇三.五百万元为巨。兹将各项数字列表于下（单位：元）：

出口		进口		合计	
		关册数字	修正数字	关册数字	修正数字
美	176,658,865	117,313,778	304,607,251	293,972,643	481,266,116
日	22,597,055	81,400,090	203,536,005	103,997,145	226,133,060
英	66,008,843	39,4519,506	95,524,137	105,528,349	161,532,980
德	22,416,938	45,729,401	106,416,925	68,146,339	128,833,863
法	28,891,402	7,353,393	18,657,963	36,244,795	47,549,365
英属印度	30,002,905	96,081,185	225,468,752	126,084,090	255,471,657
香港	92,963,093	8,010,266	20,728,626	100,973,359	113,69,719

自二十八年九月欧洲战事发生后，本埠对德之出口贸易几乎降而为零，同时对德，对英属印度与对英之进口贸易亦均有减少，惟各项变动对于全体贸易值之影响均殊有限耳。

经济统计月志 1940，7（1）

一年来上海进出口贸易

冯克昌

上海是远东惟一大商港，向来是我国进出口贸易的中心。在中日战事未发生时，每年进出口贸易的数量，在全国贸易总额中常占百分之五十以上，而居位全国各口岸之首。自八一三中日全面战争展开，上海沦为战区，秩序大乱，交通四阻，进出口贸易顿时剧减。后来国军西撤，上海四周悉被控制，同时国内各地大规模战争继续演进不已，秩序失常，商务停顿，上海贸易亦未见出色，所以在民国廿七年份，上海进出口贸易数额仅占全国贸易总额百分之三十左右。到廿八年，因华中各地伪组织先后成立，进行其所谓“复兴”工作，沦陷区的铁路和航运亦渐次恢复，同时上海租界区域，因托庇外人势力之下未受蹂躏，江、浙等省人民都视为惟一托命之所，纷纷避居于此，人口激增，资金集中，消费日繁，上海贸易在这一年来可说是突飞猛进，增加得很快，在量与质两方面都有重大的变化。

这一年来上海的进出口贸易，在数量上说，不仅比上两年增加了很多，且已差不多恢复了战前的地位。这里，我们可把廿八年一月至十一月上海进出口贸易值和它对于全国贸易的比率，与前三年(包括战前的民国廿五年)同期的情形来比较一下。

近四年来上海进出口贸易概况比较

		民国廿八年一至十一月		民国廿七年一至十一月		民国廿六年一月十一月		民国廿五年一至十一月	
贸易别		贸易值总额	占全国百分数	贸易值总额	占全国百分数	贸易值总额	占全国百分数	贸易值总额	占全国百分数
进口	国币	五五四〇〇六	四四.一九%	二三九九三二	二九.二三%	四九六五四四	五四.九九%	五〇三一六五	五九.〇五%
	关金	二二六二一七		一〇四三七九		二一八一八五		二二二九〇〇	

（续表）

贸易别		民国廿八年一至十一月		民国廿七年一至十一月		民国廿六年一月十一月		民国廿五年一至十一月	
		贸易值总额	占全国百分数	贸易值总额	占全国百分数	贸易值总额	占全国百分数	贸易值总额	占全国百分数
出口	国币	五一一二二〇	五六．三二%	一九五〇八九	二七．七一%	三八六〇一〇	四九．二七%	三二七五七二	五二．二六%
	关金	二〇二〇七四		八四六七七		一六九七一二		一四五一〇六	
入超	国币	四二七八六		四四八四三		二〇四五		一七五五九三	
	关金	二四一四三		一九七〇二		四八四七三		七七七九四	

（注）贸易值国币单位：千元；关金单位：千金单位。

在这里应特别指出的，就是上列的贸易值，是海关所报告的数字，而事实上自上海沦陷以后，一切都被控制，海关所能行使的职权已大受限制，所有进出口货物，除了报关而列入关册的以外，还有很多未经报关的走私货物，数字亦很可观，其中尤以废铜旧铁、棉花、粮食之类的逃税出口运往某国，和台湾糖与其他某国货的走私输入沦陷区倾销，为数最巨，这些走私货物数字相当大，而一时无法统计，所以上面所列民国廿八年上海贸易值的数字是缺而不全的。可是，我们就这不全的数字业观察，已可看出它同民国廿五年海关行政权完整时差不多。这是值得注意的。

一年来上海的进出口贸易，除了数量和地位有重大的变化以外，在国别和商品方面亦有显著的变化。以国别说：上海对主要各国的贸易，进口方面，在民国廿七年以美国居首，德国次之，日本居第三位，英国居第四位，荷属印度居第五位；在民国廿八年第一位仍属美国，第二位则为英属印度所占，第三位仍属日本第四位属诸德国，第五位为英国。出口方面，在民国廿七年以香港居首位，美国次之，英国居第三位，德国居第四位，英属印度居第五位；而民国廿八年则以美国居首，香港居次，英国居第三位，法国居第四位，英属印度居第五位。以商品说：进口商品，在民国廿七年以烛、皂、油、脂、腊、胶、松香为最多，金属及矿砂次之，煤燃料沥青煤膏又次之，机器及工具又次之，烟草又次之；在民国廿八年则以棉花、棉纱、棉线为最多，烛、皂、油、脂、粮、胶、松香次之，杂粮及杂粮粉又次之，金属及矿砂又次之。烟草又次之，现在将民国廿八年一月至十一月几种重要进口商品的数值和廿七年同期比较于次：

民国廿八年与廿七年重要商品进口值比较（单位：国币元）

品名	民国廿八年一至十一月	民国廿七年一至十一月	廿八年较廿七年增（+）减（–）数
棉花、棉纱、棉线	一四五九一〇三九三	九〇六五四八六	（+）一三六八四四九〇七
烛、皂、油、脂、蜡、胶、松香	四三五八三七一〇	二六二八八五八一	（+）一七二九五一二九
杂粮及杂粮粉	三七二〇九三七九	一〇二五一六九四	（+）二六九五七六八五
金属及礦砂	三三九八三五二三	二四七二九〇五一	（+）九二五四四七二
烟草	三〇九一〇九五八	一五〇六四六九七	（+）一五八四六二七九
化学产品及制药	二七〇七〇六〇五	一四一八五六五二	（+）一二八八四九五三
煤、燃料、沥青、煤膏	二三六九一三六四	一五九〇八二二七	（+）七七八三一三七
书籍、地图、纸及木造纸质	二三五〇七四一一	一八二三二三一五	（+）五二七五〇九六
染料、颜料、油漆、凡立水	二二二七四〇三六	一二〇四六九九三	（+）一〇二二七〇四三
机器及工具	一九五〇九九四一	一五二二八六一七	（+）四二八一三二四
毛及其制品	一八〇七七二八五	八二〇一四九八	（+）九八七五七八七
杂类金属制品	一三五二三六六三	八九四八二六二	（+）四五七五四〇一
丝（人造丝在内）及其制品	一二〇八〇六八九	三九四八〇二一	（+）八一六四九一六
木材	一〇六二四四三五	四二五〇九〇三	（+）六三七三五三二
糖	九八七四九九三	六三七八一五一	（+）三四九六八四二

由上表看来，上海几种重要进口商品的进口值，民国廿八年比廿七年都有很多的增加，而其中增加最多的，要算棉花一项。本年棉花进口数量之巨和价值之大，可说是前所少见，现在把廿八年一至十一月上海棉花进口的数量与价值和前三年同期比较于次：

	民国廿八年一至十一月	民国廿七年一至十一月	民国廿六年一至十一月	民国廿五年一至十一月
进口量	二一七四三一一	九九一三二	一四〇六三五	三七一七七〇
进口值	八八四八九三三	四四三八七六	八九八〇八七	一九六三六八一

(注)进口量单位：Quintals(一百磅)；进口值单位：英镑。

廿八进口棉花的来源，以英属印度为最多，巴西次之，美国又次之，埃及又次之。

出口商品，在民国廿七年以动物及动物产品(生熟皮、鱼介、海产不在内)居首，纱、线、编织品、针织品次之，纺织纤维又次之，匹头又次之，茶又次之；在民国廿八年，则以纺织纤维(生丝在内)居首，动物及动物产品(生熟皮、鱼介、海产不在内)次之，纱、线、编织品、针织品次之，匹头又次之，杂粮及其制品又次之。现在将民国廿八年一至十一月几种重要出口商品的数值和廿七年同期比较于次：

民国廿八年与廿七年重要商品出口值比较(单位：国币元)

品名	民国廿八年一至十一月	民国廿七年一至十一月	廿八年较廿七年增(+)减(-)
纺织纤维	一三六一三〇七四三	三〇九五二三七五	(+)一〇五一七八三六八
动物及动物产品(生熟皮、鱼介、海产在内)	九三二五三一五五	三九〇九七六七二	(+)五四一五五四八三
纱线、编织品、针织品	六一五七三六六一	三五三八七七一九	(+)二六一八五九四二
匹头	四八四五二六五四	一八一八一八六二	(+)三〇二七〇七九二
杂粮及制品	二一一六五九七二	一四八二八二一	(+)一九六八三一五一

（续表）

品名	民国廿八年一至十一月	民国廿七年一至十一月	廿八年较廿七年增（+）减（-）
其他纺织品	一七八〇八四一四	四三四九七二三	（+）一三四五八六九一
磺砂、金属及金属制品	一六七七六六七五	五八七六九四三	（+）一〇八九九七三二
生皮、熟皮、牛皮	一一五九五五〇九	四〇二六九一四	（+）七五六八五九五
茶	一〇七二二一二一	一三〇三七二九七	（+）二三一五一七六

由上表看来，上海几种重要出口商品的出口值，民国廿八年比诸廿七年，除了花一项减少外，其余都有很多的增加，而其中尤以纺织纤维中的生丝一项，增加最多。现在将廿八年一至十一月出口生丝的量与值和廿七年同期比较于次：

	民国廿八年一至十一月	民国廿七年一至十一月
出口量	六五一一二八二	二五九七三六六
出口值	一一七八三一六四〇	一八七〇一〇七四

（注）出口量单位：Kilogrammes（一千克兰姆）；出口值单位：国币元。

民国廿八年出口的生丝，运往美国的最多，法国次之，再次是英国日本和其他国家。

至于一年来上海贸易的趋势如何？这可由各月进出口贸易值的数字上看出来，现在把廿八年一至十一月逐月的进出口贸易值和出入超，分列于次（单位：英镑）：

	进口贸易值	出口贸易值	出（+）入（-）超
廿八年一月	二三八一七九七	一〇一五七一四	（-）一三六六〇八三
二月	二〇四七六七四	九六六五六〇	（-）一〇八一一一三
三月	三二〇九五六六	七〇六一四三	（-）二五〇三四二三
四月	三四〇七八二八	一〇六四〇六二	（-）二三四三七六六
五月	四四〇五〇八八	一一四〇七六九	（-）三二六四三一九

（续表）

	进口贸易值	出口贸易值	出（+）入（-）超
六月	四〇七一二三九	七三三八五六	（-）三三三七三八三
七月	三五六六九九六	九四八七三三	（-）二六一八二六三
八月	三九六二七〇六	八八四八九一	（-）三〇七七八一五
九月	二九四九九〇四	一〇一六三〇二	（-）一九三三六〇二
十月	一五六一四四〇	一二六七七四三	（-）二九三六九七
十一月	一五二九七一七	一八〇七七八五	（+）二七八〇六八
合计	三三〇九三九五五	一一五五二五五八	（-）三一五四一三九七

以上海进出口贸易值折成了英磅的数字来比较，比了根据海关报告册所载的数字来比较，要准确一点：因为海关报告的数字，其货币单位仍以政府公布的外汇行市计算，同现在上海公开市场的外汇行市相差很远，因此对于进口贸易的值计算得不免过低。倒可按照关册纪载，江海关贸易在本年九月起就变为出超，但照合成英镑的值计算，则九、十月仍为入超，到十一月才变化为出超，关册数字的准确性由此可见一斑。

就上海进出口贸易的入超数字来说，廿八年一至十一月与上年同期比较，共增加一六一〇八一一六镑，本年的入超数几乎达上年的四倍（上年为五四三三二八一镑）。但就一般的趋势看来，上年的入超数字是逐月减少，到了十一月份更变成了出超。

所以如此变动的原因，据我们看来，大约有以下几点：

一是由于外汇市场的变动：从去年八月以至今年六月，外汇黑市稳定，进出口经营比较平顺，华北日本及"满洲国"各地的贸易亦多经由上海转口，尤以进口为甚，因上海可自由在黑市中购买外汇，故入超亦特多。自六、七月间外汇跌价以后，政府对黑汇放弃主持，汇市大落，各进口货成本大贵，消费因之减少，故近数月入超亦渐减。

二是由于欧战的关系：欧战发生以后，海运大感困难，各国又因军用浩繁自顾不暇，于是出口减少，而上海方面的进口遂亦不得不减。再有一层，欧战后各国物价类多上涨，进口货因外汇大缩而感棘手者至此又一层困难，于是入口量益少。但反而，由于欧美对远东货物需要的加强，输出却有增加。

三是由于某方统制搜刮的加严：现时沦陷区内的交通及物资转运已由某方全般统制，他们用各种独点的方式直接或间接的搜括土产，并以之输出，取得外汇，表面上看来出口增加，入超减少，实际出口外汇在别人袋里，于我们是没有什么乐观的地方的。

总之，在战事没有停止以前，在第三国利益没有被尊重以前，上海进出口贸易的畸形状态是很难消除的。

银钱界 1940，4（1）

上海在中国对外贸易中之地位

John Ahlers，北民译

在十一月底，大多数美国妇孺已从上海与中国沦陷区撤退。所有上海的美国商业公司，实际上已完成了对紧急事变的预防和准备，到那时他们接到简短的通知即可退出。可是在这一带，重要的美国公司还没有一家关闭的，或是表示想要关闭的。因为此时在中国对外贸易的出口、入口上，美国都占有领导的地位，美国商家决定要尽可能的保持住这个领导地位。

为什么现在对中国贸易在美国远东政策中显得比任何时候都重要。它主要的堡垒、它首要的商品是什么，谁是它重要的伙伴呢？中国国际贸易在过去九个月中，有一个很大变动，而一般公众似乎还没有完全察觉到。现在它的重要的现象是：大量货物空前的集中上海，多属于几类重要的商品，而其主顾多属于英美势力范围。自从缅甸公路重新开放对中国的商运，大量的外国货（主要的是美国货）又自西南角进入中国。中国相当数量的输出，又复经滇缅路出境。可是该路的商运，受了现在每月一万顿运输量的限制，比起法国崩溃经过安南，每月五万吨的货运是差一些。法属安南，对自由中国的运输已完全停止。在香港，英国人仍遵守他们夏季与日本成立的协定，不准武器、军火、汽车与矿物油运入中国。自由中国沿岸贸易所保持的，只剩下偷运，这种偷运贸易因日本海军之加强对锁，比半年前已减了许多。虽然滇缅路重新开放，上海以南的贸易（包括日本占领的广州、厦门和汕头）在中国国际贸易全部中所占不过六分之一。日本占领的华北，其贸易额也并不多。在北方，日本人操纵的进口统治和近几月来坚持扩大的出口统制，大大的减缩了直隶湾各港口和青岛的国外贸易。按表面价值，海关公布的华北贸易数字虽没有超过上海，似乎也与上海相等。这是“日元集团”的计算，若照上海的算法，就多占计了三倍。真实的情况是：华北与华南在中国进口上各占百分之二十五弱，在出口上各占百分之十强，所有中国对外的商业来往则为上海的贸易所占去。上海今天在出口贸易上享有压倒的优势。近几月来，此地的出口价值几度超过全中国的百分之八十。华北在毛、皮（到美国）、印制品（到英国）与煤炭（到日本）出口上仍居首位。华南在矿苗输出上占先。但是上海则在其他出口货物上居领导地位，计有金属、茶、桐油和许多牲畜制品。上海出口货物的基干是纺织品，近几月来，上海在全中国纺织品（人造丝、毛呢和棉布）占这些地全部进口将近百分之四十。不管上海棉织工业的恐慌，此地最重要的进口商品还是棉花，其进口量每月仍超过一七〇〇〇吨，约占上海外货进口的百分之六．五。在中国任何地方纺织品进口易被忽略。煤炭（烟煤与无烟煤）是上海必须进口的又一项，它占整个进口的百分之三十。纺织品和煤炭一起，担负了上海进口价值的一半。另外三分之一为食物、饮料、烟草（占百分之十七）和金属（占百分之十六）占去。上边的进口，主要的包括小麦、面粉和福尔珍尼亚烟叶。上海之大部分金属入口为美国的钢铁，这主要是供给此地的金属制造工业。纸与纸制品的进口占了此地总额的百分之六．五。而矿物油、化学品和染料则靠近金字塔形的底层，各占百分之五以下的成数。上海进口的种类，清楚地反映出是在非常的战争时期，因为在和平时代，上海现在的主要进口货物如棉花、煤炭、小麦和烟草，皆为过剩的产物。中国本身就供给了上海的需要，华北进口总额少于上海进口总值的一半，并且在种类上是不同的。那里食物在总进口中以百分之三十的数占先，其次是金属成数为百分之二十。华北最重要的国外贸易港是天津，三分之二的进口和五分之三的出口集中在那里。太多数其余的贸易则在青岛。至于秦皇岛、龙口、威海卫和烟台，对外国商业没有什么重要。早在中日战争前，天津在贸易数量和价值上屡次与上海竞争，并且现在仍然保持第二位的贸易数量和价值，仍然是全中国第二个大商港。但是天津的贸易现在远远的落在后面，它近来和外国的商业来往数额抵得上海入口的三分之一和出口的十分之一。这就又一次证明它在中国贸易中的传统地位。华北与上海的国外贸易最显著的差别，在于经营进出口贸易国家的不同。在华北，日本供给了整个进口的百分之八十以上，并且是百分之三十以上出口的买主。在上海，它们的商业尚未超出百分之八．五。这些成数远不及英美在上海商业中的比例，两国一起占了全部上海进口的百分之七十和出口的百分之八十五。在上海入口上，合众国占了百分之三十六，大英帝国则为百分之三十四，都超过日本的成数三倍以上。在上海出口上，合众国占了百分之四十五，大英帝国占了百分之四十，两国相加刚好超过日本成数的十倍。关于中国的对外贸易差额，这个严重的问题，近来在中国沿岸颇有些流言。原因是过去六个月中，上海外汇市场有了回国的中国资本，和逃难的外国资本之大量涌入，这批外汇弥补了因入超而起的外汇需要，它又将严重的影响上海外汇市场。以美国通货计算，中国近几月来国外贸易每月平均总值不足四〇〇〇〇〇〇〇美元，其中三分之二为入口，三分之一为出口。在九月，中国进口值是二七〇〇〇〇〇〇美元，出口总值为九〇〇〇〇〇〇美元，入超一八〇〇〇〇〇〇美元。这个数字表示，入超在这一个时期大半已经恢复，它在近年来对上海外汇市场去是最危险的。

（完）

西北角 1941，3（4）

民国二十九年份上海的贸易

民国二十九年上海国际贸易的总数十分巨大，总计达四三四二九八二一八七元。其贸易总额较之民国二十五年和平时增加了五倍之多。其价值即以公开市场内的元计算之，换句话说，这一种元就是上海居民现时所每日支出者。由于货币的贬值，这数字若表示于定量的贸易之中已失去比较的目的。但这一个数字，可用于工部局所开的纳税人会议之中，可作为增加税率的依据。加税的原因，很明显的，是由于商业活动力强的结果。因为流通票据过量的增加，且为大众所接受，因此工部局似乎感觉到很合理，而实行增税，以得较优的收入，因为工部局处于这种情形之下，必维持其应有的地方服务。

英镑计数的增加

对于贸易数值增加的原因，在一般人的想像之中，或有一点，即由于货币贬值的关系。因为或者以为现在的贸易额，若折合成英镑或美金时，其价值在现时并不算大，也许将小于过去五年之内的价值。现在有若干数字，能帮助解决这问题，下表为过去五年之内上海国际贸易的国币保监会和英镑价值。

年份	国币	英镑
民国廿五年	九一四七〇五六二一元	五四七八七一四三镑
民国廿六年	九一二二六三四一八元	五四四〇三二〇九镑
民国廿七年	五九八六二五〇七一元	二五七二二一七七
民国廿八年	二〇〇〇五五〇一九七元	五〇五三四七四一
民国廿九年	四三四二九八二一八七元	七一二〇六八一二

若然有人喜欢这些详细的数字，更可陈述出货币交换价值的平均率。民国廿五年是十四又八分之三便士，民国廿六年是十四又十六分之五便士，民国廿七年是十又十六分之五便士，民国廿八年是六又十六分之一便士，民国廿九年是三又十六分之一五便士。

由此观之，上海国际贸易的英镑数值，在民国廿九年较之廿八年增加百分之四〇.九，较之廿五年近乎增加百分之三〇。当这几年之中的情形有点混乱，而随之又为一不景气的时期，使整个的上海市在历史 上受到一次极大的商业打击。然而在过去一年之中，上海的商业社会不论其受到任何情形，也可不必去讨论。实际上，在这一时期内可算是很兴盛了，但是仍然有不安宁和劳工的困难，其事实是由于最近所得的工资数量是增加了，然而实际上仍旧不能去应会这种高涨的生活程度。

进口的增加

当上海商业兴盛的时候，但随之并不能使全国的贸易在交易之后都能有利。即在日本管理之下者，其发展的情形，已不能平均。在民国廿五年时的贸易总数，约可分为百分之六十的进口和百分之四十的出口。去年进口的数量，大量增加，虽然对于非主要货物的购买。加以限制至最低限度，其比例是由百分之六十八减至百分之三十二，但入超的数值有一六〇八四一四七三三元，竟为二倍于民国廿五年贸易总数的国币数值。上海入超数值折合成的英镑数值如下：

民国廿五年	一一四九四三六一镑
民国廿六年	六一七〇六三一镑
民国廿七年	六二六八四九一镑
民国廿八年	二〇六四一四〇三镑
民国廿九年	二六三七一三〇〇镑

棉花和米

去年入超数值内的半数，或是一三九一六九一四镑，是用于去年购买外国棉花的，然而中国自己也有丰富的棉花生长着。再有其余的百分之五十，是用于洋米的购买，然而中国亦为生产米的国家。

在过去二年之中，上海须准备平均每月二百万镑的外汇，以备出口数量不足抵偿之时应用。以同样情形看起来，汇价的下跌是并无所奇。所以汇率由一先令二便士半跌至三便士半。

与各国之贸易

几年之前，外国与上海发生贸易的重要国家，其顺序是美国、日本、英国和德国。然在最近的情形之下，由法属印度支那和英属印度的进口数量是惊人的增加起来，大部分是米和棉花。民国廿九年时，英属印度是进口至上海的第二个最大进口国（美国为第一），第三是日本，第四是法属印度支那，第五是荷属东印度，第六是英国。若以进出口合并计之，其顺序为美国、英属印度、日本和英国。下表之数字可帮助注意到在这许多国家之中是那一国造成了上海这种贸易的逆差。

	民国廿九年	民国廿八年
入超的总额	二六三七一三〇〇镑	二〇六四一四〇三镑
对美国的入超	八〇二四一一四镑	二六四七七八七镑
对英属印度的入超	六四一二六四八镑	五七八一四〇〇镑

（续表）

	民国廿九年	民国廿八年
对日本的入超	三三五三二三二镑	四二〇一八七五镑
对印度支那的入超	三一四〇三七二镑	一二六一九六镑
对荷属东印度的入超	一六五二七九四镑	一〇八七一六五镑
对德国的入超	一一八五六一四镑	二二六九二〇八镑
对英国的入超	三八六二一七镑	八七三一〇四镑
对七国入超的总数	二四一五四九九一镑	一六九八六七三五镑

将民国廿九年与民国廿八年比较起来，由美国所来的进口总值增加百分之一三二，而出口总值仅增加百分之八二。在民国廿八年时，由英属印度进口的数量很大，而出口至英属印度的数量比较的小。去年进口贸易是增加百分之二二，而出口贸易增加百分之一五七。民国廿九年份，日本对上海的贸易总数，是衰落的。出口至日本者，增加一七八七一五镑，然而这数字恰由日本减少进口六六九九二八镑这数字相冲销。法属印度支那帐上来的贸易，其进口至上海者，增加百分之五六五，同时由上海出口至法属印度支那的数量，下跌百分之六〇。民国廿九年，从德国进口的数量是增加的，实际的原因是由于对德没有出口贸易。对各国之详细数字，列如下表：

美国	民国廿九年	民国廿八年
自美进口者	一四九一五四六三镑	六四二六七七三镑
出口至美者	六八九一三四九镑	三七七八九八六镑
总计	二一八〇六八一二镑	一〇二〇五七五九镑
入超数值	八〇二四一一四镑	二六四七七八七镑
民国廿九年与民国廿八年比较之贸易总数	增一一六〇一〇五三镑，增一一三．七％	
进口	增八四八八六九〇镑，增一三二．一％	
出口	增三一一二三六三镑，增八二．四％	

英属印度	民国廿九年	民国廿八年
进口	七七〇六一六七镑	六二八三八四二镑
出口	一二九三五一九镑	五〇二四四二镑
总计	八九九九六八六镑	六七八六二八四镑
入超数值	六四一二六四八镑	五七八一四〇〇镑
民国廿九年与民国廿八年比较之贸易总数	增二二一三四〇二镑，增三二．六 %	
进口	增一四二二三二五镑，增二二．六 %	
出口	增七九一〇七七镑，增一五七．九 %	

日本	民国廿九年	民国廿八年
进口	四〇四三八一五镑	四七一三七四三镑
出口	六九〇五八三镑	五一一八六八镑
总计	四七三四三九八镑	五二二五六一一镑
入超数值	三三五三二三二镑	四二〇一八七五镑
民国廿九年与民国廿八年比较之贸易总数	减四九一二一三镑，减九．四 %	
进口	减六六九九二八镑，减一四．二 %	
出口	增一七八七一五镑，增三五．〇 %	

法属印度支那	民国廿九年	民国廿八年
进口	三二八五四二〇镑	四九四一四八镑
出口	一四五〇四八镑	三六七九五二镑
总计	三四三〇四六八镑	八六二一〇〇镑
入超数值	三一四〇三七二镑	一二六一九六镑

（续表）

法属印度支那	民国廿九年	民国廿八年
民国廿九年与民国廿八年比较之贸易总数	增二五六八三六八镑，增二九七．九％	
进口	增二七九一二七二镑，增五六五．〇％	
出口	减二二二九〇四镑，减六〇．六％	

荷兰东印度	民国廿九年	民国廿八年
进口	二六四六九一八镑	一四五九四四九镑
出口	六九四一二四镑	三七二二八四镑
总计	三三四一〇四〇镑	一八三一七三三镑
入超数值	一六五二七九四镑	一〇八七一六五镑
民国廿九年与民国廿八年比较之贸易总数	增一五〇九三〇九镑，增八二．四％	
进口	增一一八七四六九镑，增八一．四％	
出口	增三二一八四〇镑，增八七．〇％	

英国	民国廿九年	民国廿八年
进口	二五九二〇一七镑	二三八〇四四五镑
出口	二二〇五八〇〇镑	一五〇七三四一镑
总计	四七九七八一七镑	三八八七七八六镑
入超数值	三八六二一七镑	八七三一〇四镑
民国廿九年与民国廿八年比较之贸易总额	增九一〇〇三一镑，增二三．五％	
进口	增二一一五七二镑，增八．九％	
出口	增六九八四五九镑，增四六．五％	

德国	民国廿九年	民国廿八年
进口	一一八七三〇九镑	二八三五四八一镑
出口	一六九五镑	五六六二七三镑
总计	一一八九〇〇四镑	三四〇一七五四镑
入超数值	一一八五六一四镑	二二六九二〇八镑
民国廿九年与民国廿八年比较之贸易总数	减二二一二七五〇镑，减六五．一 %	
进口	减一六四八一七二镑，减五八．一 %	
出口	减五六四五七八镑，减九九．七 %	

经济丛报 1941，3（2）

一九四六年上半年上海进出口贸易统计

江海关进出口贸易统计，自四月份起已经开始在各报公布了。不过各报所载，错误极多，而且有时极大。譬如《商报》七月二十二日所补登一月至三月上海进口货统计，海关英文原稿系 G·U，就是关金的意思，而《商报》竟误为国币千元。结果一月份进口货值为四千六百余亿元，而事实上仅有三十余亿元，六个月总计一共不过三千四百余亿元。兹将应行改正之点举例如下：

	《商报》错误（国币千元）	应行纠正（国币元）
一月	469，143，216	3382，864，320
二月	758，666，364	15，382，864，320
三月	2，028，867，922	40，577，358，440

从四月起江海关进口数字亦改用国币数字发表（二十元合一元折合），惟六月份总计一二二六一九一五三千元，六个月总计为三四七六二〇〇〇四千元，而《商报》竟误以六月份总计为三四七二六〇〇〇四千元。

此外海关本身统计亦有自行修正之点。海关最大错误，为三月份进口救济面粉价值，原仅一五一五二七，八九五关金单位，而初步报告竟误列为一二五〇四四〇五二七关金单位，比原数多了八倍以上，也算是一个巨大忽略了。海关统计素以精确著名，今亦有此重大错误，或者因为工作恢复不久，人手不熟。希望以后不再有如次严重错误，因为如此工商界一时忽略未察及数量与价值之比例，会使面粉价值受到一个小小骚扰的。

本刊把各月出口商品、进口商品（一律改为国币）、进口救济品各月数字、各月累积数字，以及纯粹商品入超、进口商品加进口救济品的总进口、总入超（国币及美金折合）列成一表，使读者能得到一个概括的观念。从三月份起总入超已在美金数千万元之数，六个月总入超总和达二万万美元之巨，一九四六年下半年入超至少将在三万万美元以上，则本年的入超当为五万万美元以上。

这样巨大的入超，并没有输入很多建国器材，而多是日用品或日用品原料，当然是很可异的。其中差强人意是原棉的进口，六个月共进口商品棉花一百七十余万公担以上，价值在一千七百余亿元，约合商品总进口之半数强，每日进口比例亦在半数以上，只有六个月为三分之一强。联总进口棉花三月不多，自第四个月起量值始大，五月、六月进口尤多。本年只闹粮荒，而没有闹布贵，原棉进口是有相当影响的。

自从七月份起，《全国进出口贸易统计日报》也恢复出版了，可是里面只有全国数字，而没有分关数字，不过我们如果把全国数字和江海关数字一比，便可知道江海关所占比例之大。在战前江海关进出口常占全国总数二分之一，目前则在十分之九以上。外轮停止航行内港、各地进出口贸易未复常态、粤海关区域走私货物甚多，当系主要原因。将来各地贸易恢复常态，海关缉私制度健全以后，江海关的贸易比例将逐渐减低，可是恐怕永远会比战前为大的。

江海关一九四六上半年进出口贸易月别表

（单位：国币千元）

月份	出口商品	进口商品	进口救济品	商品入超	总进口	总入超	总入超折合美元（2000：1）
一月	5641814	9382864	598082	3741050	9980946	4339132	2169566
二月	3308964	45173327	2858445	11864363	48031772	14722808	7361404
三月	3937180	40577358	21069527	36640178	61646886	57709706	28854853
四月	4083818	81510060	15863286	77426242	97373346	93289528	46644764
五月	11105166	77997241	34618497	66892075	112615738	101510572	50755276
六月	6717458	122619153	31677700	115901695	154296853	147579395	73789698
一个月	5641814	9382864	598082	3741050	9980946	4339132	2169566
二个月	8950778	24556192	3456527	15605414	28012719	19061941	9530971
三个月	12887958	65133550	24526054	52245592	89659604	76771646	38385823
四个月	16971776	146643609	40389340	129671834	187032950	170061174	85030587
五个月	28076942	224640854	75007837	196563909	299648688	271571746	135785873
六个月	34794400	347260004	106685537	312465604	453945541	419151141	204575571

江海关进出口统计：一九四六年一月份

海关号列	商品名称	数量	国币千元
	一、进口商品		
45	棉花（公担）	83,639	5,913,619
68	未列名亚麻、苎麻、火麻、䔢麻货品（公斤）	4,057	30,973
89–97	丝（人造丝在内）及其制品（” ）	4,568	17,555
119,120	钢片，钢板（公担）	1,303	25,222
139	建筑用，构造用之各式配或钢铁体段（” ）	1,588	4,823
177	未列名科学上之仪器或器具，及其零件、附件	——	13,746
206	未列名金属制品（” ）	——	222,708
207–224	鱼介、海产品（公斤）	26,029	36,322
224–226	炼乳、淡奶皮、淡牛奶、牛奶粉（” ）	146,917	293,248
248	未列名果（公担）	2,090	108,546
258	洋参及野参（公两）	14,480	40,579
260	散装胡椒（公斤）	37,687	27,118
264–267a	糖、冰糖（公斤）	233	7,088
269–277,279	酒、啤酒、烧酒（公斤）	5,882	12,012
282	烟叶（公斤）	136,748	104,804
289	未列名酸（” ）	123,909	68,490
302	烧碱（公担）	928	57,242
308	未列名化学产品	——	25,001
309	未列名药品	——	53,342
310	未列名安尼林染料及其他煤膏染料	——	39,679
322	印刷墨油（公担）	416	73,049
333	矿质汽发油、石脑汽油、扁陈汽油（公升）	5,943,628	427,817
338	柴油（公吨）	1,412	103,959
341	未列名精油、精质、及综合香料之成分（公两）	27,790	31,567

（续表）

海关号列	商品名称	数量	国币千元
342	煤油（公斤）	8,409,26	517,216
344	滑物油（”）	1,880,312	283,680
353	印本、刻本或抄本，书籍、乐谱（公担）	71	26,009
356	纸、烟纸（公斤）	23,629	102,676
358	普通印书纸、印报纸（公担）	712	18,083
377–384	熟皮（公斤）	14,572	19,026
384	皮货（公担）	——	102,880
422	地沥青	4,113	50,227
	其他	——	487,517
	共计	——	9,382,864
	二、进口救济品		
	毛、已梳或已篦之毛废毛（公斤）	740,297	29,377
	未列名衣服及衣着零件（公斤）	471,489	5,407
	未列名机器及其零件	——	48,023
	马达拖动车、拖车及货车（辆）	275	13,515
	练奶、奶皮、淡奶皮、牛奶粉（公斤）	2,592,793	124,869
	小麦（公担）	313,499	51,040
	小麦粉（公担）	35,974	12,231
	瓶装浓啤酒、啤酒（公斤）	662,427	3,533
	未列名化学制品	——	7,093
	未列名药品	——	139,528
	水泥（公担）	25,800	140,356
	仿造皮、油布及其制品	——	13,500
	其他	——	9,610
	共计	——	598,082

（续表）

海关号列	商品名称	数量	国币千元
	三、出口商品		
14	皮蛋、咸蛋（千）	464	18,469,028
24	散装整只火腿（公担）	182	18,597,147
66–69	鱼可、海产品	——	69,622,240
81	麦粉（公担）	5,060	43,700,000
99–111	鲜果、干果、制果（” ”）	4,401	186,290,264
115	茯苓（” ”）	523	26,502,673
120	未列名药材	——	292,733,557
133–144	子仁（公担）	1,474	71,456,474
160	烟叶（” ”）	202	16,093,287
163	黑木耳（” ”）	221	45,371,187
165	金针菜（” ”）	338	28,474,178
166	香菌（公斤）	47,961	110,960,987
170	马铃薯（公担）	2,430	16,687,672
181	味精粉（公斤）	5,187	75,842,031
182	未列名植物产品	——	10,910,889
199–203	纸（公担）	321	33,979,250
215–223	生丝（公斤）	57,251	969,581,110
231–239	纱、线、编织品、针织品	——	1,002,366,067
240–243	棉花（公担）	201	73,971,700
254	棉毯、线毯（” ”）	1,219	408,274,075
256	毛巾（” ”）	355	113,699,968
258–263	人身衣着	——	1,207,695,812
290,291	玻璃及玻璃器	——	16,396,680
295	细磁器（公担）	87	16,204,301
296	瓦器、陶器（” ”）	100	11,973,980

（续表）

海关号列	商品名称	数量	国币千元
310–312	印刷品（”　”　）	134	29,103,632
316–319	草帽类	——	268,353630
325	头发网（罗）	19,898	124,238,800
330,332	席、地席（公担）	104	17,453,517
339	电灯及电灯器	——	26,620,533
344	首饰	——	62,491,337
350	未列名化装品	——	27,126,835
	其他	——	200,570,063
	共计	——	5,641,813,904

江海关进出口统计：一九四六年二月份

海关号列	商品名称	数量	国币千元
	一、进口商品		
45	棉花（公担）	96,645	8,975,539
84	毯毡（公斤）	3,684	32,596
119–120	未镀锌钢铁、片、板（公担）	2,343	53,225
168	马达拖动车、拖车、及货车（辆）	107	281,033
177	未列名科学上之仪器或器具，及其零件、附件	——	3,272
188	绝缘电线	——	47,699
206	未列名金属制品	——	319,676
207–221	鱼介、海产品	——	46,189
224–226	炼乳、淡牛乳、牛奶粉（公斤）	212,890	375,548
247	橘子（公担）	411	536,729
248	未列名水果（”　）	2,602	111,388
260	散装胡椒（公斤）	517,339	385,116

（续表）

海关号列	商品名称	数量	国币千元
269–277,279	酒、啤酒、烧酒（公两）	9,065	40,996
280	纸烟（五百）	9,650	32,952
282	烟叶（公斤）	116,135	143,641
302	烧碱（公担）	367	32,662
308	未列名化学产品	——	44,737
309	未列名药品	——	140,529
310	未列名安尼林染料及其他煤膏染料	——	83,024
316–318	靛油、靛浆（公斤）	31,134	40,111
330	硫化元（公担）	306	36,222
333	矿质汽发油、石磁汽油、扁陈汽油（公升）	12,361,039	1,009,974
338	柴油（公吨）	3,729	239,986
342	煤油（公升）	3,787,787	326,845
343	胡麻子油（”）	54,171	38,733
344	滑物油（”）	807,115	125,109
356	纸、烟纸（公斤）	16,900	69,713
359	书图纸、文件纸、钞票纸、债券纸（公担）	884	63,838
377–381	蜡光纸、簿面花纹纸（公斤）	50,884	84,657
384	皮货（公担）	——	43,101
422	地沥青	7,234	72,101
440	未列名建筑用材料	——	39,765
448	旧废橡皮、生橡皮及树胶（公担）	2,260	447,155
470	已冲洗电影软片	——	70,506
482	未列名杂货	——	42,915
	其他	——	736,019
	共计	——	15,173,327

（续表）

海关号列	商品名称	数量	国币千元
	二、进口救济品		
	生亚麻、苎麻、火麻（公担）	118	109,911
	建筑用、构造用之各式配成钢铁体（公担）	3,480	798,276
	抽水机及其配件	——	23,886
	未列名机器及其配件	——	230,638
	机械工具（用气压或电力之工具在内）	——	58,788
	铁道或电车道用之客车、货车（辆）	408	24,612
	马达动车、拖车及货车（车胎在内）（辆）	1,192	762,377
	未列名车辆及其配件（车轮胎不在内）	——	61,279
	未列名电气配件及材料	——	21,363
	未列名电力器具	——	23,872
	未列名金属制品	——	28,785
	炼奶、奶皮、淡奶皮、牛奶粉（公斤）	2,372,173	16,209
	小麦（公担）	712,885	67,815
	未列名药品	——	146,488
	鱼肝油（公斤）	53,820	180,803
	水泥（公担）	27,072	59,986
	其他	——	243,358
	共计	——	2,858,445
	三、出口商品		
14	皮蛋、咸蛋（千）	220	11,568,698
24	散装整只大腿（公担）	109	11,982,995
31	散装猪油（"　"）	204	14,223,300
66–69	鱼介、海产品（公担）	——	68,240,950
87	米、谷	5,000	100,000,000
99–111	鲜果、干果、制果（公担）	1,409	94,204,252

（续表）

海关号列	商品名称	数量	国币千元
115	茯苓（""）	162	9,694,354
120	未列名药材（""）	——	149,400,293
133–144	子仁	307	24,441,073
145–147	酒	——	10,993,000
149–158	茶	364	25,292,725
160	烟叶（公担）	305	22,172,063
163	黑木耳（""）	72	23,295,245
165	金针菜（""）	108	14,966,756
166	香菌（""）	6,584	25,176,169
167	大头菜、咸萝卜干（公斤）	931	14,074,696
170	马铃薯（公担）	271	2,758,087
181	味精粉（""）	2,114	21,663,948
182	未列名植物产品	——	2,103,570
199–203	纸	204	24,523,350
215–223	生丝（公担）	42,103	852,239,973
231–239	纱、线、编织品、针织品（公斤）	——	759,212,735
246	蚕丝绸缎（公斤）	2,237	26,760,□00
256	毛巾（公担）	659	290,998,433
258–263	人身衣着	——	147,953,642
266	未列名棉制品	——	15,563,111
290–291	玻璃及玻璃器	——	33,911,778
295	细磁器	88	18,265,840
310–312	印刷品（公担）	103	17,067,400
316–319	草帽类	——	214,734,400
325	头发网（公担）	2,015	10,230,000
330–332	席、地席（罗）	106	9,870,000

（续表）

海关号列	商品名称	数量	国币千元
339	电灯及电灯器	——	12,364,000
344	首饰	——	27,331,500
350	未列名化装品	——	21,□49,253
	其他	——	179,738,504
	共计	——	3,308,964,303

江海关进出口统计：一九四六年三月份

海关号列	商品名称	数量	国币千元
	一、进口商品		
45	棉花（公担）	226,620	24,639,959
58	未列名衣服及衣着零件	——	123,443
59	未列名棉货	——	123,326
69	毛、已梳或已篦之毛、废毛（公斤）	161,398	210,257
109–125	未镀锌钢铁（公担）	22,690	811,045
158	未列名机器及其配件（” ）	11,202	433,745
168	马达拖动车、拖车及货车（辆）	38	8□,049
177	未列名科学上之仪器或器具及其零件	——	101,831
202	表及零件	——	307,273
206	未列名金属制品	——	434,764
207–221	鱼介、海产品	——	174,579
224–226	炼乳、淡奶皮、淡牛奶、牛奶粉（公斤）	162,311	306,607
238–244	杂粮及杂粮粉（公担）	44,011	503,677
247	橘子（” ）	1,142	52,872
248	未列名果（” ）	1,459	118,867
258	洋参反野参（公两）	13,377	7□,866
260	散装胡椒（公斤）	16□，066	127,554

（续表）

海关号列	商品名称	数量	国币千元
269–277	香宾酒及其他汽酒（公升）	26,860	103,797
280	纸烟（五百）	23,345	84,486
282	烟叶（公斤）	25,314	41,639
301	纯碱（公担）	18,834	166,089
302	烧碱（公担）	8,720	259,659
306	净面碱，晶碱（公担）	3,742	□03,441
308	未列名化学产品	——	267,847
309	未列名药品	——	615,450
310	未列名安尼林染料及其他煤膏染料	——	502,926
330	硫化元（公担）	654	95,888
333	矿质汽发油，石磁汽油，扁陈汽油（公升）	6,749,994	745,470
338	柴油（公吨）	6,662	359,142
342	煤油（公升）	7,517,632	1,016,065
344	滑物油（’’）	757,259	123,490
353–374	书籍、地图、纸及木造纸质	——	2,474,161
377–381	熟皮	——	76,028
384	皮货	——	251,070
448	旧废橡皮、生橡皮及树胶（公担）	4,042	983,960
455	未列名建筑用材料	——	353,939
470	已冲洗电影软片	——	8□,961
482	未列名杂货	——	306,794
	其他	——	2,933,720
	共计	——	40,577,358
	二、进口救济品		
	铝（箔不在内）（公斤）	747,830	95,744
	镀锌钢铁新丝绳（公担）	3,784	89,292

（续表）

海关号列	商品名称	数量	国币千元
	建筑用、构造用之各式配成钢铁体段	3,491	364,994
	发电机	146	321,247
	抽水机器及其配件	——	87,689
	未列名手工具	——	1,620,571
	未列名机器及其配件	——	133,916
	车辆及船只	——	6,958,68
	科学仪器及其配件（未列名）	——	1□0,327
	未列名金属制品	6,504,296	808,002
	炼奶、奶皮、淡奶皮及牛奶粉（公斤）	——	2,694,489
	罐头食品（未列名）	123,886	2,131,726
	小麦（公吨）	97,659	3,030,558
	小麦粉（公吨）	90,000	396,312
	汽水、泉水	24,444	209,829
	皮鞋及皮靴	30,315	80,388
	水泥	——	63,474
	未列名建筑原料（公吨）	——	1,222,380
	其他	——	570,421
	共计	——	21,069,527
	三、出口商品		
14	皮蛋、咸蛋	158	15,004,605
25	未列名制□肉（千）	——	8,87,880
31	散装猪油	229	22,072,050
33	未列名动物产品（公担）	——	12,386,528
66–69	鱼介、海产品	——	75,739,555
81	麦粉	9,900	135,000,000
99–111	鲜果、干果、制果（公担）	1,028	75,991,396

（续表）

海关号列	商品名称	数量	国币千元
112–121	药材及香料（” ”）	——	310,383,359
133–144	子仁	127	17,863,954
145–147	酒（公担）	——	11,354,250
149–158	茶	58	4,006,000
159–162	烟草（公担）	724	76,479,560
163–176	草蔬（” ”）	——	87,286,860
177–182	其他植物产品	——	32,752,966
192–198	木材、木及木制品	——	33,435,320
199–203	纸	128	27,935,242
215–223	生丝（公担）	15,718	586,350,000
231–239	纱、线、编织品、针织品（公斤）	——	383,456,576
246	蚕丝绸缎	4	14,328,375
256	毛巾（公担）	345	216,225,215
258–263	人身衣着（” ”）	——	145,984,182
266	未列名棉制品	——	32,250,567
274	□矿纱（公担）	12,964	985,296,072
290–291	玻璃及玻璃器	——	37,314,870
292–298	石，泥土，及其制品	——	36,640,340
299–309	化学品，化学产品	——	38,375,719
310–312	印刷品	——	38,448,612
313	花草，帽缏	18	12,500,000
316–319	草帽类（公担）	195,783	202,326,200
325	头发网（个）	22,207	34,033,000
329	火柴（罗）	5,000	8,190,000
330–332	席、地席	——	17,119,080
335	未列名矿物油及其制成物	——	13,252,000

（续表）

海关号列	商品名称	数量	国币千元
339	电灯及电灯器	——	21,796,626
344	首饰	——	17,662,566
349	未列名文具	——	15,028,310
350	未列名化装品	——	10,894,363
	其他	——	123,030,942
	共计	——	3,937,180,110

江海关进出口统计：一九四六年四月份

海关号列	商品名称	数量	国币千元
	一、进口商品		
16	染色、素、市布、粗布、细布（公尺）	643,754	471,131
32	未列名漂白或染色棉布（公担）	——	5,610,877
45	棉花（公担）	463,319	47,227,773
58	未列名衣服及衣着零件	——	126,265
59	未列名棉货	——	42,989
61,62	亚麻、苎麻、火麻、绳、索、缆（公担）	466	89,003
69	毛、已梳或已篦之毛、废毛（公斤）	140,167	205,513
82	未列名纯毛或杂毛呢绒（” ）	7,837	108,626
87	未列名衣服及衣着零件	——	236,874
99	铝（公斤）	325,048	218,568
103	紫铜锭、块（公担）	12,977	797,491
109–125	未镀锌钢铁	——	754,769
155	发动机及其配件	——	817,795
158	未列名机器及其配件（公担）	3,377	541,344
168	马达拖动车、拖车及货车（辆）	166	394,300

（续表）

海关号列	商品名称	数量	国币千元
177	未列名科学上之仪器及其零件、附件	——	1,053,375
224-226	炼乳、淡奶皮、淡牛奶、牛奶粉（公斤）	431,240	369,654
248	未列名果（公担）	——	364,222
269,279	酒、啤酒、烧酒（公升）	32,605	97,727
280	纸烟（五百）	42,603	144,563
282	烟叶（公斤）	753,663	1,191,044
302	烧碱（公担）	16,322	361,897
308	未列名化学产品	——	445,608
309	未列名药品	245,670	2,310,617
310	未列名安尼林染料及其他煤膏染料（公担）	66 □	977,102
333	矿质汽发油、石磁汽油、扁陈汽油（公升）	13,607,270	1,729,294
338	柴油（公吨）	4,268	399,030
342	煤油（公升）	1,199,132	2,008,917
344	滑物油（” ）	2,816,332	563,817
353-374	书籍、地图、纸及木造纸质	——	1,127,862
375-390	生皮、熟皮及其他动物产品	——	335,852
397	铁路枕木（根）	64,936	260,011
434	水泥（公担）	20,852	184,654
448	旧废橡皮，生橡皮及树胶（” ）	9,988	1,809,206
470	已冲洗电影软片（公尺）	476,781	147,740
482	未列名杂货	——	1,280,755
	其他	——	6,704,795
	共计	——	81,510,060
	二、进口救济品		
	棉花（公担）	27,643	1,889,900
	未列名棉织物	——	156,217

（续表）

海关号列	商品名称	数量	国币千元
	轨钢（公担）	14,834	151,307
	新丝绳（公担）	402	148,566
	未列名机器及其配件（公担）	1,224	92,□76
	未列名手工具	38,562	143,120
	车辆、船艇	——	1,759,881
	未列名科学仪器及零件	——	49,935
	金属制品	——	21,989
	炼奶、奶皮、淡奶皮及牛奶粉（公斤）	3,650,447	3,383,750
	罐头食品（" ）	2,858,124	1,165,722
	荤食日用杂货品（" ）	423,126	406,698
	米（公担）	125	122,400
	麦（" ）	301,981	4,016,601
	小麦粉（公担）	65,553	1,367,137
	瓶装啤酒（公升）	675,009	363,905
	木器，竹器，籐器（公担）	1,332	78,212
	未列名之建筑材料（" ）	216	24,914
	未列名杂货	——	63,849
	其他	——	456,907
	共计	——	5,863,286
	三、出口商品		
33	未列名动物产品		2,040
66–69	鱼介、海产品		4,185
87	米谷（公担）		1,780
99–111	鲜果、干果、制果（" ）		1,730
112–121	药材及香料		6,488
145–147	酒		9,242

（续表）

海关号列	商品名称	数量	国币千元
149–159	茶（公担）	183	8,657
175	罐头草蔬（” ）	6	702
176	未列名菜蔬（” ” ）	——	1,031
177–182	其他植物产品	——	160,714
197	未列名木	——	205
198	未列名木制家具及木器（公担）	75	33,178
199	上等纸（” ）	8	2,165
203	未列名纸及纸制品（” ）	328	68,792
217,218	白丝经、白厂丝（公斤）	27,500	2,195,595
224	废丝（” ）	15,538	21,155
231–239	纱、线、编织品、针织品		881,569
243	未列冬棉布（公担）	28	40,000
246	蚕丝绸缎（公斤）	858	71,406
247	人造丝绸（” ）	640	32,980
256	毛巾（公担）	51	33,□59
258–263	人身衣着	——	42,378
266	未列名棉制品（公斤）	1,190	14,760
291	未列名玻璃及玻璃器	——	32,394
292–298	石、泥土及其制品（公担）	597	41,549
299,309	化学品，化学产品	——	32,793
310–312	印刷品（公担）	148	6,515
316–319	草帽类（件）	141,360	116,839
325	头发网（罗）	5.438	58,543
330	席	——	22,745
344	首饰（公两）	395	23,868
349	未列名文具（公担）	——	1,222

（续表）

海关号列	商品名称	数量	国币千元
350	未列名化装品	——	45,164
352	未列名橡皮货品（公斤）	1,161	45,808
	其他	——	82,010
	共计	——	4,083,818

江海关进出口统计：一九四六年五月份

海关号列	商品名称	数量	国币千元
	一、进口商品		
16	染色、素、市布、粗布、细布（公尺）	1,129,639	173,910
32	未列名漂白或染色棉布	——	154,433
45	棉花（公担）	426,741	44,765,573
87	未列名衣服，及衣着零件（” ）	——	297,657
103	紫铜锭、块（” ）	9,072	518,715
109–125	未镀锌钢铁（” ）	——	1,074,377
142	锡锭、块（公斤）	144,178	405,735
143	锌（公担）	3,792	188,587
144	未切名金属（” ）	——	150,179
155	发动机及其配件（” ）	——	908,651
158	未列名机器及其配件（” ）	4,340	736,555
168	马达拖动车、拖车及货车（辆）	515	1,676,865
170	汽车零件、附件（公担）	3,110	923,064
202	表及其零件	——	159,106
225	淡奶皮、淡牛奶（公斤）	264,711	168,808
228	未列名罐装或他种食物	——	218,□01
247,248	橘子	——	1,410,016

（续表）

海关号列	商品名称	数量	国币千元
280	纸烟（五百）	92,956	316,033
282	烟叶（公斤）	118,759	274,089
284	未列名烟草（” ）	555,637	173,212
301	纯碱（公担）	7,541	157,521
302	烧碱（公担）	5,117	149,914
308	未列名化学产品	——	418,034
309	未列名药品	——	1,015,213
310	未列名安尼林染料及其他煤膏染料（公担）	275	256,470
316	靛油、靛浆（公斤）	134,957	167,769
319	靛粒、干靛（” ）	35,147	337,□24
322	印刷墨油（公担）	1,7□9	227,529
333	矿质汽发油、石磁汽油、扁陈汽油（公升）	31,129,974	3,253,051
338	柴油（公吨）	12,632	787,594
342	煤油（公升）	13,600,166	2,185,818
344	滑物油（” ）	5,279,962	947,195
353-374	书籍、地图、纸及木造纸质	——	2,426,498
375-390	生皮、熟皮及其他动物产品	——	600,893
397	铁路枕木（根）	63,289	232,284
434	水泥（公担）	53,846	2,202,377
448	旧废橡皮、生橡皮及树胶（” ）	3,237	271,161
451	汽车橡皮气胎（个）	1,695	213,523
482	未列名杂货	——	446,472
	其他	——	6,951,938
	共计		77,997,241
	二、进口救济品		
	原棉（公担）	151,593	15,026,974

（续表）

海关号列	商品名称	数量	国币千元
	钢轨（公担）	1,917	109,359
	建筑用之钢铁（公担）	38,728	395,933
	发动机及其配件	557	138,592
	未列名机器及其配件（公担）	——	414,130
	车辆、船只	9,913	202,670
	未列名电汽配件	——	149,112
	炼奶、奶皮、淡奶（公斤）	1,072,774	498,086
	罐头食品	——	825,358
	小麦（公担）	365,567	3,481,198
	小麦粉（公担）	35,824	1,158,240
	未列名药品	——	157,612
	柴油（公担）	514	157,723
	润滑油（公升）	576,697	28□，669
	未列名木料	——	410,865
	未列名建筑材料	——	1,985,011
	未列名杂货	——	841,841
	其他	——	1,061,643
	共计	——	34,618,497
	三、出口商品		
6	猪鬃（公斤）	136,157	1,162,068
15–17	禽毛（公担）	738	280,218
69	头发（” ）	38	40,053
21	猪肠（” ）	120	51,387
37–52	皮货（件）	470,176	1,375,969
55,58	猾皮、猾皮统（” ）	8,204	67,7□6
99–111	鲜果、干果、制品（公担）	1,972	140,□66

（续表）

海关号列	商品名称	数量	国币千元
112–121	药材及香料	——	541,577
122–132	油蜡（公担）	1,836	202,229
133–144	子仁	3.04 □	176,608
149–158	茶（" ）	308	35,378
160	烟叶（" ）	460	72,592
163–176	菜蔬（" ）	567	82,026
177–182	其他植物产品	——	180,662
197,198	未列名木及木制家具（" ）	——	114,191
199,202	上等纸及未列名纸（公担）	478	56,726
217,218	白丝经、白厂丝（公斤）	74,018	2,947,528
231–239	纱、线、编织品、针织品	——	1,346,432
246	蚕丝绸缎（公斤）	2,202	130,777
247	人造丝绸缎（" ）	902	37,255
256	毛巾（公担）	149	90,514
257	毛地毯（" ）	82	104,716
258–263	人身衣着	——	228,446
266	未列名棉制品（公斤）	3,766	31,231
270	未列名纺织品	——	78,043
289	未列名金属及金属制品	——	81,912
290,291	玻璃及玻璃器	——	50,058
292–298	石、泥土及其制品	——	93,516
299–309	化学品，化学产品	——	58,497
310–312	印刷品	——	41,115
313	花草帽缏（公担）	35	28,000
316–319	蕉麻草帽、草帽（件）	112,044	71,773
325	电灯及电灯器（公斤）	29,707	372,230

（续表）

海关号列	商品名称	数量	国币千元
344	首饰（公两）	1,355	170,115
349	未列名文具（公担）	9	27,056
	其他	——	39,131
	共计	——	11,105,166

江海关进出口统计：一九四六年六月份

海关号列	商品名称	数量	国币千元
	一、进口商品		
1-44	木色棉布、漂白或染色棉布、印花棉布、杂类棉布	——	2,829,390
45	棉花（公担）	455,101	45,683,358
58,59	未列名衣服及衣着零件（公斤）	399,264	1,131,066
69	毛、已梳或已篦之毛、废毛（”）	240,751	654,101
82	未列名纯毛或杂毛呢绒（”）	29,399	536,429
87	未列名衣服及衣着零件（”）	246,382	591,312
109-125	未镀锌钢铁（”）	——	2,824,101
139	建筑用、构造用之各式配成钢铁体段（公担）	14,526	44,392
142,143	锡锭、块，锌	——	1,112,262
152	纺织机器及其配件（公担）	1,652	658,401
155	发动机及其配件（”）	886	742,514
158	未列名机器及其配件（”）	7,602	843,8□9
168-170	马达拖动车、拖车及货车	——	6,003,851
182	燃煤、燃油、燃酒精之器具及其配件（公担）	2,165	1,003,523
202	表及其零件（公斤）	1,557	510,900
207-221	鱼介、海产品	——	855,104
225-226	炼乳、淡奶皮、淡牛奶、牛奶粉（公斤）	827,093	3,736,555

（续表）

海关号列	商品名称	数量	国币千元
228	未列名罐装或他种食物（”）	441,329	548,512
230	咖啡（”）	342,393	508,290
237	未列名荤食、日用杂货（”）	604,315	554,999
238–244	杂粮及杂粮粉（公担）	25,905	742,037
247–248	橘子、未列名果（”）	25,557	1,608,115
255–262	药材及香料	——	584,473
280	纸烟（五百）	465,214	2,069,324
282	烟叶（公斤）	1,334,996	2,349,890
285–309	化学产品及制药	——	7,120,905
310	未列名安尼林染料及其他煤膏染料（公担）	1,057	913,182
316–321	靛油、靛浆、靛粒、干靛（公斤）	353,442	1,234,357
326–328	未列名油漆、油漆料、擦光料	——	1,002,96□
330	硫化元（公担）	3,569	607,305
333	矿质汽发油、石磁汽油、扁陈汽油（公升）	14,084,768	1,388,963
338	柴油（公吨）	30,074	1,770,315
342	煤油（公升）	20,129,529	2,733,979
344	滑物油（”）	4,921,331	1,341,716
353–374	书籍、地图、纸及木造纸质	——	5,400,625
375–390	生皮、熟皮及其他动物产品	——	2,633,□80
394	锯方轻木（立方公尺）	5,767	451,923
420–423	煤、燃料、沥青、煤膏	——	620,745
434	水泥（公担）	106,394	866,202
451	汽车橡皮气胎	7,087	778,755
465	未列名办事室用品（公斤）	11,586	395,832
470	已冲洗电影软片（公尺）	480,661	130,254

（续表）

海关号列	商品名称	数量	国币千元
482	未列名杂货（公斤）	595,076	1,145,969
	其他	——	12,927,121
	共计	——	122,619,153
	二、进口救济品		
	染色、素、市布、粗布、细布（公尺）	2,414,280	2,159,682
	生棉花（公担）	107,256	10,423,542
	棉织品（公斤）	523,128	949,818
	绳、索、缆（公担）	10,132	641,759
	钢轨（公担）	64,869	670,522
	发动机及其配件（公担）	4,440	1,060,875
	机器及其配件（公担）	10,528	732,598
	手工工具（公斤）	314,604	1,082,133
	马达拖动车、拖车及货车（件）	418	922,128
	船艇及材料（公担）	46,876	563,544
	科学仪器及其配件（公斤）	58,155	236,489
	电缆（公担）	3,177	315,864
	湿电池、储电池（公斤）	1,460,909	1,003,701
	练奶、淡奶、奶皮及牛奶粉（公斤）	2,0□5,388	1,063,998
	罐装及其他食品（公斤）	1,973,529	824,958
	酱油、沙士及调味品（公斤）	1,194,843	595,125
	小麦（公担）	84,610	868,248
	杂粮粉（公担）	85,684	2,868,920
	大豆、豌豆（公担）	89,508	911,412
	化学原料及化学制品（公担）	3,057	148,002
	未列名药品（公斤）	180,881	600,054

（续表）

海关号列	商品名称	数量	国币千元
	建筑材料（公担）	22,538	354,730
	未列名杂货（公斤）	835,644	218,342
	其他	——	2,462,256
	共计	——	31,677,700
	三、出口商品		
6	猪鬃（公斤）	192,510	1,807,873
15–17	禽毛（公担）	1,127	296,714
21	猪肠（”）	276	116,191
29	麝香（公两）	539	123,976
37–52	皮货	——	54,266
66–69	鱼介、海产品（公担）	124	14,943
70–79	豆（”）	1,577	67,439
97	五倍子（”）	305	46,702
99–111	鲜果、干果、制品（”）	1,141	80,575
112–121	药材及香料	——	1,155,006
125	花生油（公担）	450	54,345
128	桐油（”）	800	85,611
133–144	子仁（”）	1,411	117,192
149–158	茶（”）	431	59,872
160	烟叶（”）	395	118,624
163–176	菜蔬	——	48,469
177–182	其他植物产品	——	153,013
184	竹蔑、竹叶等（公担）	197	10,128
197,198	未列名木及木制家具（”）	397	56,040
210	废棉花（”）	1,032	29,576

（续表）

海关号列	商品名称	数量	国币千元
216–218	白丝（公两）	16,062	564,412
224	废丝（”）	19,543	60,032
229	绵羊毛（”）	13,348	15,998
231–239	纱、线、编织品、针织品	——	166,82□
246	蚕丝绸缎（公斤）	1,422	94,145
248	蚕丝人造丝交织绸缎（”）	1,253	89,246
250–252	茧绸（”）	1,028	54,361
256	毛巾（公担）	53	43,525
258–263	人身衣着	——	168,734
280	黄铜器（公担）	49	28,928
284	未列名钢铁及其制品（”）	71	91,386
289	未列名金属及金属制品（”）	62	41,883
290,291	玻璃及玻璃器	——	63,740
295,297	细磁器（公担）	102	62,099
305	化学制剂（公斤）	3,540	50,950
311	印本书籍（公担）	54	10,534
313	花草帽缏（”）	140	38,520
317,318	蕉麻草帽、草帽（件）	97,800	42,265
339	电灯及电灯器（公斤）	1,575	87,985
344	首饰（公两）	931	162,914
349	未列名文具（公担）	12	16,453
	其他	——	255,964
	共计	——	6,717,458

新世界 1946（8—9）

山穷水尽的通货与贸易

上海特约通讯

防止通货膨胀？

今日政府控制地区的经济，真如惊涛骇浪中的危舟，时时有倾覆之虞。风浪由四处袭来，船上人手忙脚乱，顾了东边顾不到西边，眼见前途渺茫，倾覆势所难免，真是在绝望中挣扎了。

上海的米价，现已达到每担四百万元以上的高价，真是骇人听闻。一万元买两根油条，都如纤纤玉指，一千元的钞票，在马路上乱滚，无人肯拾。商店标价都改以万为单位，如价值一千万元之商品，票价不再是一〇〇〇〇〇〇〇元，而改为一〇〇〇万元。万元已经是最小的单位了。这种现象表明了法币的急剧贬值，使发行法币的南京政府十分惶急。虽然实际上它想不出有效的改善之策，但不得不在形式上作一点努力，以求减少人民对法币贬值的恐慌，遮一点面子，因此最近传出两种“防止通货继续膨胀”的办法。

第一种办法是“按期公布钞票发行额，使民众知道法币实际流通额”，因政府觉得“法币发行额常被夸大”，故认为有公布的必要。

第二种办法是决定拨出价值四亿美元以上之资产，交央行作法币准备金，由行政院拟具办法运用。此项资产为：一、中纺公司资产之一部分，价值二亿美元；二、招商局资产之一部分，价值一亿美元；三、资委会资产之一部分，价值五千万美元；四、日本赔偿物资之一部分，价值八千余万美元。

公布发行数字是一种心理战术，但不会收到预期的效果。因为官方纵使发表数字，也一定是假数字，不会取得民众的信任。而且物价的上涨，并不受发表的数字之影响，而受法币实际流通量的影响。这办法既不能防止通货膨胀，也不能有助于平抑物价，连对人民的欺骗作用也是很小的。

第二种办法那就更可笑了！加强法币的准备，假如是增加黄金与外汇的准备额，那自然是足以使法币信用增加的，现在却是用国营事业的资产，这种资产是不能随意分割、转移或储藏的，这对法币的价值有什么相干？假如拨一些不容易变卖或尚待变卖的资产便可以使法币信用提高，那政府正可以下一命令把中国全国的土地、矿山、铁路、河道都拨为法币准备，法币价值不是更稳固了吗？

政府为了吸收美金，简直不择手段，只要外国能给钱，不论什么都可以卖。过去对于外国的投资，多少还取审慎的态度，现在不但在台湾、广东特准美国资本经办重要工矿事业，甚至中国本部的纺织业、航业、重要工业也要卖与美国了。这是有计划的行动，最近经济部曾邀请外交、财政、交通等各部及资委会，全经会，举行“欢迎外资来华投资座谈会”，检讨有关法令，“公司法”中已曾予外商极大便利，今后将变本加厉，完全不顾自己，专为外商设想，一切法令中对外商有任何不便之处，均将予以修改，务使美国完全满意为止。

外国投资于中国主要工业，政府不但不加限制，反修改种种法令，予以便利，这真是饮鸩止渴。可是，我们认为这套防止通货膨胀的方策恐怕仍难行得通，一方面，这些资产是否卖得了，是否能卖到预计中的数字，是一个问题；另一方面，假使卖得了若干数目，是否真会用作货币准备，也是问题。我们记得中纺资产曾被用秦发行美金债券的准备，曾几何时，又移作法币准备，以后再有什么变化，现在还不知道，而如果外资控制了中国的纺织业、航业及其他主要工业，后果更不堪设想。

所以这一套办法，实无异掩耳盗铃，且成功之望极微，时至今日，政府败兆已显，除了美国政府为援助南京而填老鼠洞外，已很少人敢对政府手中的事业投资了。要靠这一套办法来防止通货膨胀，仍是很渺茫的。

改变贸易政策？

在贸易方面，最近可能在政策上作若干改变，过去政府要把民间的外汇收归已用，所以取缔公开市场，特定低价吸收，但现在发觉这办法行不通，政府不但没有好处，反将本可利用之民间外汇，冻结在人民手中。所以现在政府考虑改变办法，以利用这一批外汇，市上盛传的政府将开放自备外汇及无限制输入的传说，都是政府对民间外汇动脑筋的表示。

外电传说上海的商人主张政府撤消外汇统制及入口限制政策，其实，上海商人的这种主张，非自今日始，奇怪的倒是官方的高级人员最近竟也作此主张了。如资源委员顾问钱昌照会对记者公开表示其见称：“政府现在不准人民将其私有外汇向国外购货，但昭此政府仍不能迫彼等将所存外汇交于政府，此等私人外汇将来唯有逃往南美洲或其他国家，相信此等私人外汇现在大部分存于美国，其总数约有三亿三千万金元，有等人且估计有十亿金元之巨，此等资金，多以假名存于美国银行。彼等显然不欲外间知彼等存巨金在美国，倘政府容许自由输入货物，则此等富有华人必愿投资经营入口贸易，如此，则必有大量货物及机器输入中国，亦有裨益于中国经济；假定现在有价值低跌，吾人可毋须考虑求美国借款问题，有外国存款之华人，甚愿利用其存款输货物以谋利，彼等决不愿将其国外存款交于政府，倘政府欲迫其交出，则此等资金必逃避更远。若有大量货物输进，则物价必降，美汇黑市亦必暴跌，因有大量货入口，则需求美金者必少，中国物价低跌，出口货价随之低跌，如此则向外推销必较易，政府若鼓励原料输入，则可刺激出口贸易之发展。”

钱氏的这一段话没有提及内战，因此他的分析，是不完全准确的。无论如何，这种呼声，是表示官方与半官方，亦有改变外汇政策的要求。今日的贸易，的确已山穷水尽，非变不可了。但将如何变法，可走之途径亦不多。据张嘉璈说，政府可能有采取不限制进口之政策。这说法大概是不完全的，因政府手中没有外汇，如何能不限制输入？张嘉璈的意思大致是说政府将采取的政策，是在不需要政府供给外汇的原则下，不限制自备外汇的输入。但霍宝树则认为：现行输出入贸易政策，尚不致有所变更，盖我国输出入贸易与整个物价关系甚大，在政府尚未掌握大量物资及外汇前，骤然改变贸易政策，势必刺激物价上涨，政府对目前国际收支，正努力改善中，务期收支差额，逐渐缩小，在出口方面，使出口物资国内价格减低，其方法不外：(一)与农村计划配合，尽量减少生产成本；(二)减低运输费用，并尽量予以便利；(三)减低加工费用；(四)以政府收购物资所得，贴补出口亏损。在进口方面，虽然仍采紧缩政策，而对国内需要最切之工业原料器材之限额，则已稍予放宽，政府现仍考虑开放自备外汇输入工业器材，输管会顷已拟就办法，呈政院核示中。从各方面的迹象观察，自备外汇输入的放宽，大致是没有问题了，这是聊胜于无的改善，对整个贸易情况，不会有大作用，是可以断言的。

经济通讯 1948，3(11)

四 航运

最近上海航业及世界船舶之概况

俊　公

交通为国家之命脉，亦为贸易消长之关键，故欲图国势之发展与夫贸易之兴盛，非便利交通为其前驱，不足以观成效而奏全。然考交通之道，亦伙矣哉，兹姑以航业一端论之。我国自海禁开弛以来，不知航业之重要，弃若敝屣，罔知振兴。外人遂乘我罅隙，越俎代谋，掌握实权。而我国运销外洋之货物，遂非依赖外邦船只不可。利权外溢，莫有甚于此者。乃自欧战发生以来，外邦船只日益稀缺，出口土货大受影响，不仅运费较昔为巨，有时且求吨位而不可得。设向日能未雨绸缪，早兴航业，则操权自我，何至感受今日之痛苦？此鄙人于我国航业，不禁为之一掬伤心泪者也。

兹查本年第一季江海关报告，一、二、三三月间由沪进出口之行海船，共有一千六百三十只，计约二百四十六万零七百六吨。船只吨位，日本占最多数。兹将本季出入船舶依照国别揭示于左：

国别	只数	吨数
日本	六百二十只	九十九万五千一百七十五吨
英国	四百四十二只	七十万零九千二百三十三吨
中国	三百七十只	四十六万三千三百七十吨
美国	九十八只	十二万七千一百吨
荷兰	三十五只	五万零九百二十三吨

（续表）

国别	只数	吨数
瑙威	二十二只	四万四千一百三十吨
俄国	二十只	二万一千七百二十七吨
丹麦	十四只	二万四千九百五十六吨
法国	四只	一万四千零八吨
瑞典	四只	一万零八十四吨
合计	一千六百卅只	二百四十六万零七百六吨

按上列之表，日本船只及吨位为最多，英国次之，我国又次之。我国航业，夙以英国最占势力。自欧战发生后，欧洲各国均以战事之急，无暇顾及其在我国之事业，如德奥船舶均已无形消灭，即英国船舶亦与日俱减，较之业昔，已仅强弩之末。惟日本则以欧洲战祸正在剧烈，趁此千载时机，亟亟于航业之竞争，并竭力扩张船舶，以为一跃而上之计。叠阅海关报告，日本船舶、均驾乎英国而上。若论我国，则依然故我，毫无增进，本季进出船舶，仅及日本之半。丁此欧战倥偬之际，政府不知鼓舞，不知救济，坐失良机，任人攫取，良可惜也！查海关报告，尚有一、二、三三月间由沪进出口之行江轮船，仅计四百八十七只，共计八十二万八千一百九十四吨。兹更将其船只吨位，依照国别揭示于左：

国别	只数	吨数
英国	二百五十一只	四十一万二千四百零七吨
日本	一百三十七只	二十四万九千二百二十吨
中国	九十九只	十六万六千五百六十七吨
合计	四百八十七只	八十二万八千一百九十四吨

由上表观之，英国占最多数，日本次之，我国居第三位，仅有九十九只、十六万六千五百六十七吨，较之去年末季减少三分之一之谱。今内国航业，较之他国，亦瞠乎其后。而华人自办之轮船公司，以政府不能任保护之责，遂有

悬挂洋旗，借外人之势力为庇身之护符。此虽政府之咎，抑亦吾民之痛也。要之今日我国，实无航业可言。若论内河，仅有一二萎靡不振之公司，船只亦寥寥无几；以言外海，我国无直接通行之远洋航路，货物运输全赖他国之船舶，仰人鼻息，受人操纵，而商业无形之损失，已有不可胜计者矣！噫！

至世界船舶之消长与航业自有莫大之关系，而与贸易之盛衰亦有切肤之利害，故并述之。

查民国三年七月间欧战开始之际，全世界船舶总吨位为四千三百零七万九千一百七十七吨。惟自欧战以来，历年船舶损失之数达千二百八十四万四千七百四十三吨，而在此数年以内，新增吨位仅计七百八十八万六千二百七十五吨，故增加额与损失额互相抵除外，旧有吨位尚须损失四百九十五万八千四百六十吨。故据本年四月间之调查，全世界船舶总吨数尚余三千八百十二万七百零九吨，至本年自一月以至四月船舶损失总数，计英国九十万八千二百八十五吨，其他联合中立各国计五十二万零三百二十七吨，合计亦有一百四十二万八千六百十二吨之谱。再查本年四月分船舶损失额，计英国二十二万七百零九吨，其他联合中立各国计八万四千三百九十三吨，共计三十万五千零二吨。然按照此数，较之去年每月平均数已减少半数，更依此数而推计本年全年吨位减少总数当在四百万吨左右。现今英美二国鉴于船舶日缺、吨位日稀，关系航业贻害非浅，故均以全力扩张其造船计书，并拟达增加数超过于损失数之目的，俾航业不致因战皲而受遗憾也。

（完）

银行周报 1918，2（25）

上海航业之状况及其重要

龚　骏

上海为我国实业之中心，无论制造业、银行业、贸易、交通，莫不在全国首屈一指。自《南京条约》以来，上海经济状况之进步一日千里。然欲举而一一详述，恐非一时所能办。且统计缺乏，无以窥其蕴奥。本篇所述，即上海之航业为明晰计，更列数端以讨论之：

（一）上海之水道与航线；

（二）航业状况与其在全国之地位；

（三）各国在沪航业公司之竞争；

（四）各国在沪航业之势力。

一

上海航业之发达，其主要原因即在于贯通全国唯一水道长江之黄浦江。此外与内地相通之河流，均与上海航业甚少关系，故亦不再赘述。而实业为其原动力。黄浦江水深在二十四尺以上者，四千吨左右之船只可以自由出入。然只长一万四千五百尺，而其中水深最低度在三十尺以上者，仅不过三千尺，寄舶处只敷目前应用，中号船舶共有十九处。此外公有者，有公共租界之黄浦滩法租界与南岸之滩岸，然巨轮均不能靠，且亦不能进口。将来商务愈益发达，则困难更有加无已。上海浚浦局曾计划开浚浦河使吸水三十三尺左右之船舶，得从容行驶，并在吴淞设一邮船码船及商船码头及船坞，但以无人责成至告搁置。

上海居我国海岸之中心，故航线均集中于此。除北洋线、南洋航线及长江航线外，其与各地所通之航线共计在二十五条以上。其间通美国商埠者七路，通欧洲港口者十六路，通菲律宾者二路。此外临时加入者尚不在内。至航业势力，其通欧洲者，以英国居首，法德次之；通美洲者，则美日英并居重要位置。至我国之商轮，大抵从事沿海贸易。遍观五大洲，几无一五色旗之商轮，即对外信件之递送，亦唯外轮是赖。近则南洋群岛之航业，稍有插足之余地耳。

二

上海航业，年有进步。在一九一二年，上海航业占全国百分之一六点二，天津占一五点二，汉口一〇点八，广州一〇点七。一九一三年则为天津所夺，此后则复居首位。兹将历年上海航业之载重吨数与其占全国之百分率列表如左：

年次	全国进出船只	上海进出船只	百分率
一九一三	一九〇七三八	二〇九〇九	一〇．九一
一九二〇	二一〇六〇九	二八九二四	九．三八
一九二三	一八二七二二	二二八七六	一二．五〇
一九二四	一八六三九二	二〇四九五	一〇．九九
一九二五	一六七七四六	一九八九一	一一．八五

关于船舶载重之吨数，兹更列一表以表之：

年次	全国进出船只	上海进出船只	百分率
一九一三	九三三三四八三〇	一九五八〇一五一	二〇．九七
一九二〇	一〇四二六六六九五	二二四九八一一二	二一．五七
一九二三	一三一三〇四五五六	三〇〇一八二四〇	二二．〇九
一九二四	一四一四三二八二七	三二三〇五四一九	二二．一三
一九二五	一二八二〇二六二五	三〇二八四八五五	二三．六二

由上所知上海航业之进步。去年遭五卅惨案之影响，一时贸易停顿，航业宜遭一极大之重击，然结果未曾有若何之激退。此可以卜将来进步之潜势异常巨大。如能加以人力开浚浦河，扩充设备，则进步当益惊矣。

三

航业之盛衰于航业公司之多寡亦有重大之关系。现在世界最大之轮船公司共一百零三所，其间英国占五十七，美国九，意国、荷兰各八，法国六，日本四，德国三，比利、丹麦、那威、西班牙及瑞典各二，葡萄牙、智利各一。其间各国航业之盛衰，均亦以次递增。上海为我国大埠，贸易推为第一，则各国在沪航业公司之竞争，是不可免。兹附上海各国设立轮船公司如下：

国籍	轮船公司数
英国	一八
美国	八

（续表）

国籍	轮船公司数
日本	七
德国	三
法国	二
俄国	二

由上表观之，可见英国势力之伟大。英国之沿岸贸易占总额百分之四十二，即我在本国之势力尚不及其四分之三。我国最大之轮船公司为招商局，而比之英之怡和太古、日之日清，其势力相差远甚。此外政记公司甯绍公司及开平矿局，非特不足以图利，苟非百计经营，则存亡尚不可卜。且全国之轮船公司规模比较宏大，往往附设保险公司以保护人货。每年由此吸取之金钱何可万计！而各大商埠又多自设码头，往返速迅，其资本之雄厚有足惊者。近年以来，外轮时遭抵制之影响，损失当不在少。去年太古亏蚀据云在一千万元以上。我同胞慷慨决烈之志气，固原不可厚非，惜为德不卒，往往失败，而外人亦乘间恢复营业，以此补彼、以今补昔。曾几何时，而外人获利之数，已远超于我国轮船公司之上矣。

四

外人在沪之航业既如是苦心经营，则其所其之势力当极伟大。现在各国在华之航业势力，日居东北，英居中部。故上海航业，英国最占优势。兹先举各国在我国航业势力，列表如下，以百分率计算：

年次	英国	日本	中国	美国
一九一三	四〇．八四	二五．〇九	二一．三二	〇．八五
一九二〇	三八．四六	二七．〇三	二六．五二	四．四二
一九二三	三九．五八	二五．三五	二四．七〇	四．五五
一九二四	三九．三九	二四．五八	二三．五四	四．五〇
一九二五	三三．五〇	二七．三六	二五．七四	四．五七

兹更将上海各国航业之势力列表如下：

年次	英国	日本	中国	美国
一九一三	三九.六五	二五.六三	一六.三三	一.九三
一九二〇	三七.〇〇	二七.三五	一八.三九	一一.五〇
一九二三	三五.六五	二四.三四	一九.一八	一〇.六三
一九二四	三六.三六	二三.五一	一七.五八	一〇.五二
一九二五	三二.一一	二六.七一	一八.七八	一一.二二

综上以观，可见英国航业之势力，无论在中国方面在上海方面均居首位，日本次之，而中国居三，美国航业在中国全国仅占百分之四点六，而在上海则占一一点二。去年以五卅惨案，英国在华之航业颇遭挫折，结果减少百分之四，而日本、中国、美国均见增加。再从进步方面观察之，则美国递增最速。在一九一三年，美国在沪之航业仅占百分之一点九，今则增加六倍。日本、中国均增加百分之一。而英国则见激退。现在美国政府极力思以推广中国航业，设立公司、建筑码头、增加航线补助基金，不数年来，成绩卓著。以彼思此，我同胞可以告奋矣！

钱业月报 1926，6(9)

上海港各国轮船运输之比较

据上海海关计算，自民国十一年至十四年止，四年间出入沪港之各国船只，其吨位数比较，英国占其三分之一，次为日美，而本国船只之吨数仅居第三位。盖无巨大船舶，而运输权利为人攫尽也。下表所列，其单位均为英吨一吨，每吨合中库平一千六百八十斤。

	民国十一年	十二年	十三年	十四年
英国	二〇九七四五四	一〇六二九七八七	一一四三五五六五	九二三四九一六
日本	六九五二六八一	七七〇二五三八	七六四六九六三	七九七六七二八
中国	四七四七七二五	五三五七四八九	五五五九八四一	五七三三五七六
美国	二八一六〇二〇	三一四〇二五七	三三三六九六七	三一六四四二九
法国	六六〇七一二	七八四七二〇	七六九六九一	八一二六六二
德国	二一二八五六	五三七七五〇	七五八五三〇	八四七四〇八
荷兰	五七二六九二	六〇二一二六	六七四九四七	七七〇七七七
挪威	三一九三二〇	二二五二四四	七〇六七八四	六七八三六五
丹麦	二一五三四四	二〇四〇六八	二八四一一三	二一一〇〇八
意大利	八八六六〇	一六九四五八	三一四八四七	二七三七四五
瑞典	八三六一〇	一〇〇五五六	一二三五三五	一〇八八〇七
俄国	二九七〇	二二二四三	六〇三〇一	一〇八二一七
西班牙	——	二四〇一四	三五七六五	二八一八八
巴拿马	——	二五二五九	一七一二九	——
葡萄牙	——	——	——	四一六二
希腊	——	——	三一七五	——
菲律宾	——	二六八八	——	——
暹罗	——	二六二八	——	——
巴西	——	——	——	二〇四六
波兰	——	——	——	一九九一
合计	二七七七〇〇四四	二九五三〇八三五	三一五二八四二六	二九九三七〇二六

银行月刊 1926，6(6)

上海、汉口两区注册船舶艘数吨数表

民国二十年交通部统计

区别	十吨及十吨以下者		十吨以上百吨以下者		一百吨以上一千吨以下者		总计	
	艘数	吨数	艘数	吨数	艘数	吨数	艘数	吨数
上海区	一一五	三五九二．九〇	四〇二	一〇七九七．七七	一四三	五〇一二〇．七三	一二四八	二二六一六九．八四
南京	八	四九〇四	一四	四一三八九			二一	五三二九
镇江	三八	二五二七	八五	二一八八．九三	三	三二一二	一二六	二七七二．六三
上海	二三	一二四一．五六	一九六	七六三一五．〇〇	一〇三	四一三一二．二二	五九九	二〇九五九三．二一
苏州	二〇四	一〇六．七一	二五	三七二〇〇	一	一〇〇〇〇	二三〇	一五三六．七六
杭州	九六	五四九九六	二六	四八一六四	三	三三五七四	一二五	一三六九．三四
宁波	四二	二二三八二	三六	一三七五．〇四	一四	二九七四．五九	九二	四五七三．四五
温州	一五	一一二三四	二〇	五二二二三	一九	五一五六．九五	五四	五七九一．五二
汉口区	一一五	七四一二四	四一三	一五一三四．〇六	三三	七九一二．一六	五七六	二五九三一．五三

（续表）

区别	十吨及十吨以下者		十吨以上百吨以下者		一百吨以上一千吨以下者		总计	
	艘数	吨数	艘数	吨数	艘数	吨数	艘数	吨数
苏胡	三七	二四一三一	二五	六三五六八	一	一一二三〇	六五	九八九二九
九江	一〇	八一四七	五四	一四八二七			六四	一五三九．七四
汉口	五九	三五六五四	二二八	九〇八．三六	一五	二七五五．二六	三〇二	一二一七〇．四六
长沙	九	六四九一	九二	二八一四．〇八	二	三四二一八	一〇二	三二二一．一八
沙市	——	——	八	三五五〇五	——	——	八	三五五〇五
宜昌	——	——	——	——	一	三二七六〇	一	三二七六〇
重庆	——	——	一七	八一一六二	一七	四三七四．五二	三六	七三二八．二一
总计	七八七	四七〇一七五	一六八九	五七四四一九	三七一	一一四 六〇四．〇五	二九八六	四三一 八九二．九二

注：本表下列均在一千吨以下者，至一千吨以上二千吨以下者，仅上海六五艘共九九八六七．九八吨；重庆二艘，共二一四二．〇七吨。二千吨以上至四千吨者，仅上海二一艘，共五二八〇六．四六吨。四千吨以上者仅上海二艘，共八八九三吨。

申报年鉴 1933

上海在水道交通上的地位

交通便利，是上海发达的主要原因，这是谁都不能否认的。上海位于长江之出口，为我国沿海及太平洋西岸之中点适当我国及东洋航路的交汇，所以上海的交通，又当首推水道交通。兹先就上海在水道交通上之地位，稍加申述。

上海在长江入海出口的右岸，居长江支流黄浦江与吴淞江合流之交点，距长江口约二百里，距黄浦江口（即吴淞口）约三十六里。黄浦江、吴淞口及与吴淞江在苏州交叉之江南运河，为上海附近地带之重要水道。黄浦江源出浙江嘉兴塘，经金山及松江而入境，曲折东北流，合吴淞江，至吴淞口会长江入海。吴淞江为太湖最大的支流，其源自太湖分流，出吴江县之长桥，合丽山湖，折而东南流合殿山湖，经昆山、青浦、嘉定等县入境，与黄浦江合流入海。江南运河自镇江之京口引长江水东南流，经丹阳、武进、无锡、吴县，傍太湖东岸南流，过吴江、嘉兴，折西南至杭县而入西湖。黄浦江、吴淞江及江南运河，各与无数支渠联络，宛如珠网，因此水运非常便利，到处畅通小汽船或帆船，而促成上海之繁盛。

长江流域亦全部在上海贸易范围之内。因长江流域内铁路尚未十分发达。故交通方面，长江航运独占重要地位，长江航行区域，本流约达一七〇〇里，无论寒暑，二千吨大汽船，可以直达河口，计程六百里，其间经过重要商埠，有镇江、南京、芜湖、安庆、九江等处。汉口至宜昌，计程四百里，亦可通行大汽船。宜昌至重庆，计程四百里，可以通行马力较大的浅水汽船。重庆至徐州，计程三百里，亦有小汽船往来。此外则长江沿岸，支流颇多，船运亦便，可通大小汽船之航线，共计达四五〇〇里，可知今日上海繁荣，所获于长江航业者实多。我国海岸又以上海为中点，故上海又握沿海航线之枢纽。我国沿海商港，上海以外，虽尚多多，但或以水道于浅，大汽船不便入口，或以冬季不免于封冻，或以与内地交通不便，或以地位偏于一隅，故终不足与上海抗衡。上海占南北两洋之中点，扼长江之咽喉，位置优越，腹地广大而富饶。遂卓然为全国第一商港。且上海适在太平洋西岸之中点。由上海至世界实业发达之西欧与美国东部，其航程亦大致相等，故在世界商港中亦占重要地位。东与日本之神户、长崎，英国西部之旧金山、西雅图，南与印度之加尔各达、孟买，南洋，澳洲各埠，北与朝鲜之斧山、仁川，西北利亚之海参威，皆可直接通航。

由海外或沿海各地来沪之船舶，须先经长江口，然后入吴淞口至上海港区。自北马鞍岛至吴淞口计程六十七里半，而吴淞口至所谓外港口，凡九里半。长江口东南面有舟山群岛罗列，故船舶山东南方面来时，须依岛屿间所立灯塔浮标指定的深水道而行。至于东北海面，则并无礁石。

长江口小岛沙洲罗列，有碍航行。崇明岛最大，计长三十五里，平均宽六英里，面积约二百十方里。其南为横沙，东面之大沙洲则名铜沙滩。因崇明岛及横沙铜沙滩的间隔使长江出口分为三条水道。崇明岛与长江口左岸间之水道称为北分流。水浅沙多，不适航行大船；且有正在形成之岛屿，势将淹没水路。崇明岛与横沙铜沙滩间之水道，称北水道，其东方阔约二英里，有佘山沙横亘口外，水最浅时在水面下二十一尺，对于行船尚无大碍。西方阔约一里，有崇明沙滩，延长三十三英里。其最低水时水深在一九二三年十一月为十九尺，至一九二六年一月则减至十三英尺左右。地位变化不常，水道又较他处狭窄，大船通行不便。故入上海港口之船舶，多由南水道。南水道在积沙，铜沙滩以南，长江口右岸以北。为长江口较良之水道。但入口处亦有一浅滩，名曰神滩，延长三十里。滩上水深，最低水时约十六尺，故吃水较深之大汽船，有时须在滩外二里之航路梵镣漂外五里处暂泊。

昔日吴淞口外（黄浦江与长江汇合之处）及黄浦江下游（在江口内三里的江心沙后方），各有一门洲，前者名外门洲，后者名内门洲。两门洲之间突出一土角，不利航行。清末，设浚浦局浚治，宣统二年初步工程告竣，于是由英继亚斯托利亚号首次经过该道，遂名为亚斯托利亚水道。

上海港区系由黄浦江水道构成，浚浦局之规定，以江南船坞为港口上界，以东汉口为外港口，计长九里。两岸相距离自一〇八〇尺至二〇〇〇尺不等：惟水深二十四尺之水道，开度不过七五〇尺。港内船泊之收容能力，约在四十万吨以上，二千吨由一万跑吨之大汽船七十只，可同时并泊。

港内西侧河浜，上海方面在公共租界东区为杨树浦港及虹口港，在公共租界中区有苏州河，在南面有徐家汇港，西以苏州河在航运上极占重要地位。

至于港区两岸之港湾设备，在西岸者，自周家嘴至杨树浦港只有公渡码头一处，杨树浦至苏州河有公渡八处。苏州河以南至爱多亚路的公共租界河岸计三五〇〇尺，共中公国驳岸五〇〇尺，公渡码头公路共三千尺，码头外设有公共方船十五座。受多亚路以南的法租界河岸，计长三八〇〇尺，其中公共码头外设备私有方船，公共方船或小样公共码头者凡一三七〇尺，私路外设备私有方船者一千八百尺，公路外设备公共方船者六三〇尺。而南市之河岸，只有方船一六〇〇只，浦东方面则无良好之公路或私路码头设备至为简陋。

港区西岸之码头，除位于公共租界之海关码头，及南市十六浦至董家渡一带之市办码头外，大部为轮船公司堆机及其他公司之私有设备。而尤以洋商所有者最重要如金利源码头、太古码头、仆山码头、公和祥码头、黄浦码头、蓝烟囱码头等是。我国官商合办之招商局码头亦甚重要。

大上海工商汇刊 1935

上海沿江之传闻编录

施世铨译

吾人如信远东航业已进展，可预估此后十年内，其发展之状态。一星期前，吾人当已知悉，国营航业之图实行扩充营业，将以数兆元建造新轮，又将以数兆元建筑时代化之码头及堆栈。此系一种准备振兴之表示，并实现研究及宣告多年之希望，斯可由新近中国轮船增长航线至“马尼拉”(Manila)而证实之。数日前，报载暹罗商业局长维那奥斯丹拉大(Villas Ostananda)先生，自京来申，访晤吾国招商总经理蔡增基先生，商榷开辟中暹航线。此种事件，只系商界活动之趋向，吾人不能武断，当局将永以有限之境界为共航业范围。吾国当局有鉴日本之进展，而欲效其振兴发达，中国之国家与人民均已渐向前进，拟与日本并驾齐躯。

两星期前，年久之“长德”号轮船(属爱多亚路利平公司)，擅自驰至小会山(Shaweishan 译音)，使船上俄籍船员及华籍水手俱感兴奋。去年八月，此船常被政府征用，运载无数军士军火至广东，后有报告谓该船中途失踪，此间报纸亦盛传其事，事后又闻其已安抵黄浦附近。当时该船已破，复受海浪汹涌之冲击，船上人惧将遭覆没。急发电呼救，后得一领港船之援救（领港船之后桅因而受损），船员及水手皆赖得转运来申，船则被弃置该处。当“茂勒”（Moller）拖驳图拖救该船时（一部分煤斤，已于遇险时弃掷海中），发觉无数价值物件（内有船用指南针），已被人私登船上窥去，此种恶习，已为此间一带海面所习见，数百年前，已有擅取失事船上遗物之恶习，利平轮船公司，对此自亦当淡然处之。此船于上星期杪已抵一安全地带，不久即将重行航驶于黄浦江外之怒涛中。

一种厄运降临“曼丽摩勒”（Marie Moller）号轮船，该船主由安特生（Eapr. N. S. S. Andnerson）充任多年。

当“曼丽摩勒”上次驰向利物浦途中——船上装有上星期载自摩达拉斯（Madras）沿海岸之花生杂货。在距离“好来海特”——属此威尔斯（Nost Wales）数里间，煤舱发生两次爆炸，因而起火，不得不呼救乞援。后威尔斯有救生船驰至，将船上华洋船员水手载至安全处所。可异者，当时路透社坚持彼所误传华人获救之数目为确实，该社记者尚未知该船载有三十二名华籍水手（赴哥本哈根（Eopehhagen），为上海航运公司带来一新拖驳），但此事结束仍必水落石出。“曼丽摩勒”号现恐已全部丧失，此船毛重为四八七七吨。净重为三一一九吨，一九一一年在“纽喀斯尔”（New-Castle）建成，长四一〇英尺，阔五十二英尺，深二十八英尺。此船本名“好里”（Horley），后改为“欧克立”（Euclid），后又改为“本凡诺”（Benvennoc）。

上海有许多人士不信本埠商业已有惊人之恢复，尤以航业分析结果发表之时为甚。然事实上不仅华商积极考虑建筑大批轮船，外商与之竞争者亦正拟将旧船废弃，或改造之合时代化，并已决增建最新式船只。日前有一部分负责者，曾讨论现时是否已应建造万吨以上之新轮，以求适应时代之需要，此实鼓励及增加人之自信心，盈利因而有把握，而忠于航业之海员所提出加薪之要求，亦将有考虑容纳之希望，此辈海员均系勤劳之人。

大西洋彼岸及此间商人，须知目下英船货舱地位有限，注意美国及坎拿大交货迅速之远东各商号，因以大感困难；而因有直接之利害关系，英船几全被排斥，或谓船只缺乏，恐将使水脚合同失效一年，前定之额，在今日则已多被拒绝，木材水脚虽已增加三倍，犹未能建立成可靠之营业。远东中日各处，对木材之需要，将来必大受影响。

新世界 1937，10（8）

上海商船进出口吨数

航运之盛衰，在平时仅与工商之隆替发生关系，在战时则与政治、军事发生关系。在平时工商发达，则航运随之发达；在战时交通受阻，航运式微，工商业因外销困难，莫不大受其影响，其情形适与平时相反，如今日上海是也。按自去年九月欧战发生以来，往来外洋船只即行减少，除本年四月外，其余各月均比去年九月前为逊，而本月为尤甚，计比上月进口减一五四七五六吨，出口减一八三五八二吨，进出口合计减三三八三三八吨。往来国内口岸者比上月减少四四二六五吨。往来内港者减少二四六七吨。三项合计减少三八五〇七〇吨之多。本月份进出口船只吨位数字为自二十七年二月以来最少之一个月，视此则本市工商之繁荣，焉得不受其影响耶？

以船只之旗别而言，上海一埠本以英、日旗占大部分。自欧战发生，英旗大降，日旗有取而代之势，自二十八年起主要旗别之统计已详见上期本志统计图表。本月往来外洋者日为第一，英居第二，美则第三；往来国内口岸者英为第一，日居第二，荷兰则第三；惟与上月比较往来外洋者英日旗吨位均减，增者则仅葡萄牙与巴拿马，其吨位有限，故全体趋于减少一方也。至往来国内口岸者亦系英、日主要者减少，增加者仅不甚重要之挪威、荷兰等旗耳。其详细数字见下表：

旗别	九月份吨数		与上月国内口岸	
	往来外洋	往来国内口岸	往来外洋	往来国内口岸
日	265,535	113,205	–135,920	–38,132
英	230,755	152,586	–70,385	–5401
美	102,240	81	–44,781	+81

（续表）

旗别	九月份吨数		与上月国内口岸	
	往来外洋	往来国内口岸	往来外洋	往来国内口岸
挪威	63,055	23,578	–30,144	–7,985
巴拿马	21,427	11,451	+995	+1,511
瑞典	14,585	3,835	–3,325	+3,835
荷兰	14,534	39,986	–19,962	+7,258
葡萄牙	2,344	——	+2,355	–56
其他各国	3,424	3,097	–37,160	–5,286
合计	717,058	347,909	–338,338	–41,265

本月份航运之所以特别低落者，在外洋航线固由欧战影响，而越南局势紧张，沪防航线本月仅开航数次，亦系主要原因。至往来国内口岸者因浙海之被锁，始终未能顺利通航，即勉强通航之船只，检查、扣留等事时时发生纠葛，客货运因而停顿。日方近对沦陷之统制日益加严，苏北口岸及苏州一带之货物运沪既多困难，而沪货如布匹等欲输至上述一带者亦非易易，此往来内港船只之所以减少也。如本市对外航路一时无特殊发展，此后进出口船只只有趋减之一途耳。

如以本月份商船进出口吨数与去年同期比较，则往来外洋者进口减二二五三七四吨，出口减二八九五九六吨，合计减五一四九七〇吨，减少达百分之四〇强；往来国内口岸者减六九六六〇吨，减少约百分之一六；至往来内港者减六八六二〇吨，减少约百分之三七。三项总计减少六五三二五〇吨，约减少百分之三六。

经济统计月志 1940，7(10)

上海商船进出口吨数

六月份上海航运略见退化。与五月比较，三类航运之吨数，除往来国内口岸类进出口合计增二〇四三二吨外，其余两类一致减少。计往来外洋类进口减二五五七九吨，出口减一六九八六吨，合计减四二五六五吨。往来内港类进出口合计二二八〇九吨。影响所及，各类之进出口总计遂减四四九四二吨。各项数字增减之趋势适与上一月情形相反，因五月份往来国内口岸类与各类统计船只之吨数均比四月份大，而其余两类之数字则比四月份为小也。

旗别之吨数，往来外洋类仍以日旗进出口船只占第一位，美旗与英旗亦保持第二与第三位，未有变更，但与五月比较，英旗与美旗减二二〇二四吨与一一〇四七吨，而日旗则增六五一四吨。吨数最大之增加为荷兰旗船只所增之一三一五二吨。往来国内口岸类旗别吨数大都表示增加，尤以荷兰旗所增之一七九六三吨更为明显。日旗之吨数与一般趋势相反，计减一四五三四吨，致六月份英旗实际之吨数比较日旗为大。各项主要旗别之数字分见下表：

旗别	六月份吨数		与五月份比数	
	往来外洋	往来国内口岸	往来外洋	往来国内口岸
日本	397,505	126,864	+6,514	–14,534
美国	142,436	——	–11,047	–
英国	94,283	131,935	–22,024	+5,645
法国	42,574	——	–9,282	——
荷兰	31,938	46,591	+13,152	+17,963
巴拿马	25,680	24,396	–10,465	+3,736
中国	17,035	15,419	–4,41	+8,583
瑞典	6,225	——	–5,706	——
其他各国	14,427	6,008	+703	–961
合计	772,103	351,213	–42,565	+20,432

六月份英旗海运船只继续由此间撤退，其全月进口与出口之吨数仅当日旗数字百分之二三强。同月四日美国海运委员会宣布征用海运输船二十八艘以备国防之需，内中七艘为总统轮船公司之船只，惟全月往来外洋类美旗之吨数尚未感受重大之影响。据月底之消息，此后总统轮船公司，因维持航权关系，仍将派轮船十二艘常川驶沪，其船期已在排定中。继上月份苏联巨轮九艘将行驶此间至南北洋航线消息之后，本月份复有此项巨轮共为十二艘，其中三艘已入香港与九龙船坞修理之传说。惟按实际，本上两月本埠苏联旗船只极少出现，计上月份完全无有，本月份仅有一艘出口，计重二二五五吨。因德苏战事之忽然爆发，远东局势为之一变，在此情形之下，此间航运将否发生特殊之变化，自然难以预知矣。

与一年前情形比较，六月份各类船只之吨数一致跌落，计往外洋类进口减一四六二六一吨，出口减一一三九七〇吨，合计减二六〇二三一吨；往来国内口岸进出口合计减一三三三〇九吨；往来内港类进出口合计减三一八三六吨。三类进出口总计减四二五三七六吨。

经济统计月志 1941，8(7)

服务产业

一 交通运输

上海、杭州间水路情势

译《通商汇纂》(东二月)

一，航路情势

杭州府领一州八县。其境域，南界绍兴府、严州府，北接嘉兴府、湖州府，西连安徽省、广德府，东控海。其管内各地，有数百川流，纵横贯通，船舶交通极便。今详述杭州拱宸桥到上海水路情势，以资参考。

拱宸桥至塘栖镇	五十四中里
塘栖镇至石门县	六十六中里
石门县至石门湾	十八中里
石门湾至嘉兴府	一百二中里
嘉兴府至嘉善县	三十六中里

拱宸桥到塘栖镇间，河幅广七十二丈，狭不下三十六丈，水深一丈以上，四时不妨船舶驶行。塘栖镇至石门县间，水路屈曲，河幅较狭。石门城周边，河身极缩，中历五、六月间减水，生浅州，水深仅止一尺五六寸，虽秋冬之际，水量不甚多，航行小轮船颇艰。石门县至石门湾口间，水路直通，河幅约二十丈，水深七尺以上，不妨航行，然入湾口则水流屈曲，河幅狭七八丈，水深五尺至八尺，现时不妨航行，然减水之时颇艰。石门湾至嘉兴府口间，水量极少，河幅亦三四十丈，春秋共不碍航行，然减水期，即中历五六月，往复上海、杭州间，嘉兴出平望，通过新市，不寄泊石门湾县，出塘栖镇，此迂回路

程约一百中里，要三点钟间，为有石门浅洲也。嘉兴城外运河一路，昼夜系泊民船约七八百艘，船尾突出河身，中间狭穿，不便航行小轮船。嘉兴府至嘉善县城外，河幅约二十丈余，然到嘉善县前约九中里，有地曰三里桥，数年前来巨石沈滞，碍小轮船及深喫水民船进行，现时于三泾江小轮船，进行小河窑浪方面，以解放迨嘉善县之曳船，但水量多时则不妨进航。沿嘉善县城壁运河，河底多巨石，故减水之时，迂回三十中里输送乘客货物于三泾江，三泾江接济小轮船云。此小轮船，更至老窑浪，进航上海。

一，警察情势

中国到处警察制度不完全，惟对小轮船制限其曳船数且规定夜间进船，必要船镫。然民船不论其大小，无预防冲突之方法，其碇系场亦不一定。故虽河幅狭隘，然肆突出船尾于河身，妨航行船之进路，而无制御之机关。会水夫间有争论喧嚣，任强暴弱耳，毫不尽保护之责。但其沿岸为一市街，而船舶辐辏之水路配置炮舰，搭载舰长以下十名内外兵士，以任严肃水上，且看守脱厘金税者。然一切人民不信用兵员，兵员所为亦不免失公平。今举示拱宸桥上海间配置炮舰之处如左：

仁和县下拱宸桥一艘　长公桥一艘　柏树头一艘　王家庄一艘　武林桥厘金局前一艘　塘栖镇二艘　万寿高桥一艘　丰年高桥一艘　仙望高桥一艘

石门县城外二艘　石门湾二艘　万年高桥一艘

秀水县下观音桥一艘　东岳庙前一艘

嘉兴府（秀水县、嘉兴县）城外四艘

秀水县下塘汇镇一艘

嘉善县城外二艘

以上为有警戒水路之责者。然更不尽其职。狭隘水路，或以竹木为筏而往复，或沿岸木材商浮木到河身，或私使用河中，或区画河中设渔场，甚者运河两岸树立竹木栽培植物延长至数里，而沿岸各人家投弃尘芥于河中。此等妨碍船舶通航极多，然不敢禁止之。浚渫修理河中之方法，毫无规定也。

一，沿岸各地民情

杭州城外拱宸桥下流运河一路，跨仁和县、石门县、秀水县、嘉善县四县及塘栖镇、石门镇、塘汇镇三镇，名为小都会。拱宸桥附近从来止有农家二三。然由明治二十八年条约，为开市口岸，租界划定运河东岸，而接续租界之地。价额著腾贵，华人各争筑道路，建设家屋。自绍兴府、宁波府、苏州府、上海等移住者不少。明治三十一年中，运河西岸开创纺绩棉丝局、制造绢丝局，其附近商贾群集。租界及中国街设置戏场，丑业妇女亦来住，殆呈游乐地情况。游观者多穿美丽衣裳，男女同乘车马，横行市街，赌博流行。然其下流塘栖镇，人气质朴，不多无赖之徒，市街不见轿子，一切由徒步若船便，往复劳近各地。又石门湾石门县，有盐匪者煽动土民开张博弈，人心不稳。嘉兴府（秀水县、嘉善县所在地）人情和靖，各热心从事商业，贩卖各货，不分别各内外人，皆正直为旨。嘉善县罕外国人到者，不能判别东西洋人，民情极质朴。

一，民船与轮船之关系

开始轮船航行以还，民船稍失其业。然从来内地运出土货，一旦输送宁波，而后输送外国者，杭州府开市以来，此地方土货，悉经由杭州到上海。其间以轮船则三十点钟间，以民船则四五日间，而以轮船曳民船则亦不多出三十点钟间外。故民船每月仅止往复三次者，被轮船曳为往复十次，于是船夫省劳力，增收利。民船却待轮船往复者为此也。而搭载旅客船，概到自苏州、无锡地方，故不含恨于轮船，却同货物船被轮船曳，以省劳增利为念耳。

一，修理运河概况

杭州拱宸桥至塘栖镇，四时不妨船舶航通。水路东岸，古来筑造堤防以御浸水，然现时处处破坏。其西岸无堤防之设。塘栖镇至石门县间亦不妨航通。然县城附近水路屈曲，夏时生三处浅洲，其相去仅六七丈。从来加浚渫，然未至完成。航行船舶，一旦除却货物，以空船通过浅洲更搭载货物。地方官熟知其不便，然以有他迂回航路，等闲视之。而土民频待其浚渫。石门县至石门湾，两岸不设堤防，且湾形屈曲。故曳船多数，则困艰进行。盖运河一路，从来不加修理，惟堤防有破损，则临时仅加工而已。

一，大东轮船公司

本店在东京，分店在上海，苏州、杭州设支店，以从事上海苏州间、上海杭州间运输业。现杭州支店，设其便店于城内淳佑桥及城外新码头，以集收乘客货物，日日以数艘船舶运到拱宸桥支店，于此处换载乘客货物于他船。每日下午五点钟，出船开行。乘客及曳船数不一定，然概五六十名内外。货物由时季有多寡，其主要物为制茶、扇子、绸子、湖丝、火腿等。拱宸桥下流至上海、塘栖镇、石门镇、石门湾、嘉兴府、嘉善县置代理店，处分乘客及货物，其情势各地不一。

塘栖镇代理店，在东子角，位运河东岸。华人二名从事业务。乘客每月约一百名。货物稀少。

石门县代理店，在南门外北寺前。此地有轮船业者。

戴生昌支店，从业较旧。故乘客颇多。

大东公司代理店，开业以来仅十个月(昨年四月开设)，乘客每月约二三十名。

石门湾代理店，在运河东岸。此地前会有戴生昌支店，然现不营其事业，故有一大东代理店耳。每月乘客到上海者三四十名，到杭州者一二十名。

嘉兴府，在杭州、上海中央，水陆至便。其土产出绸子、菜油、谷类。其输入品为洋曲油、仔油、刻烟(即烟丝)、杂货。乘客、货物进出频繁。每月乘客一千二三百名。为将来有望之地。大东公司代理店特驻日本人以监督其业务。

一，拱宸桥至嘉善县沿岸情势

拱宸桥到塘栖镇，两岸平坦，田田相连，其间有桑树、枇杷树、橘树，其他杂树蕃茂。塘栖镇到石门县，两岸水田、陆田相半，陆上小河所架设桥梁概加修理。石门县至石门湾，沿岸多陆田，稀见水田。石门湾到嘉兴府，沿岸多陆田，桑柏及杂木畅茂，人家散在各处。嘉兴府至嘉善县沿岸，有塘汇镇，土民大半从事农业。此附近一带之地，水田颇多，水利最便云。

一，户数人口

中国各地户数人口，不知其详细。问之人，则甲乙异答。要路官员亦不能答言确实，仅以约几万答。然今实地查察大约数目如左：

地名	户数	人口
拱宸桥附近	〇八〇〇	四五〇〇
塘棲镇	一〇〇〇	五〇〇〇
石门县	二四〇〇	一二〇〇

（续表）

地名	户数	人口
石门湾	〇八〇〇	四〇〇〇
嘉兴府	二五〇〇〇	一五五〇〇〇
塘汇镇	〇七〇〇	三五〇〇
嘉善县	二〇〇〇	一〇〇〇〇

一，商业

拱宸桥至嘉善县，各县各镇，其商业微微不振。各商贾于杭州嘉兴府买收商品，以应其土地及近乡各村落需要，即所谓零卖店而已。惟嘉兴府交通利便，土货亦不寡，货物进出颇频繁。故杭州税关分派外国人以检查进出货物。其各商家顾客多在钱塘江上流。及硖石镇、平湖县、海宁州等，亦是货物集散之区。市街热闹，商贾卖买极旺盛。

一，商品及土产

其主要者绸子、菜油、蜡、谷类、果实、叶烟等是。而其进口货为洋、油、仔油、杂货等。其所谓外国杂货者，多为日本制品。其重要者，洋伞、洋火、纸烟、磨齿粉、玩弄物、洋镫、洋镫心（洋镫所用）、手巾、香水、钟表是，而不见优等货。惟以罗马字记其制造地名，故中国人是以为西洋货也。

一，农作物

沿地各岸农产物主为米、黄豆、甘蔗等。

一，通货

中国各省货币制度不一定。甲乙省不问而可，甚者一村落及各户间异银块与铜钱之价额。行贩居商，缺便不少。然杭州到上海沿岸如以鹰洋为本位货币者，其以下流通各省所铸造二角一角五分小银货。铜钱各地到处通行，然有大小，授受有好恶。去年十一月中，杭州城内以九十二文为一角，嘉兴府附近以八十一文为一角，而共以小银货十一角三分三厘换算鹰洋一元。日本商人不可不预讲究货币情势。

一，在留外国人数

拱宸桥畔各国租界内，于明治三十年十月间开始税关。目下有外国人税关长以下六名。又租界内有警察署，英国人一名，为顾问而雇聘。塘栖镇，有耶稣传教师三人。嘉兴府内有西洋人二名，设置医馆及学堂，教育儿童。闻嘉兴府城内外及近乡传教外国人，从前算约三十名，然拳匪乱后，或往上海，或还本国，尚未再回云。此外税关分署，有外国人三名。

湖北商务报 1901（71）

去岁上海英界电车之营业状况

上海电车公司伦敦总公司，近在伦敦开第十五届年会。该公司总管滕脱爵士主席，经书记宣读报告后，主席起立演说，大致谓本年成绩颇甚满意，收入之丰冠于以前诸岁，加以银汇顺利获得更大。计除上年滚存三千七百七十八磅外，本年净收十七万八千四百十五磅，其中拨作一切刷新所用之公积金十万磅，纳税公积金五万磅，普通公积金四万五千磅，余存七万三千四百十五磅；分派利息，计预给两次利息，每次六厘，共分去三万八千四百磅，现拟再付最后八厘息一次，计需二万五千六百磅，尚余九千四百十五磅，滚存余下届帐内。公司获利虽丰，但须付额外赢余税六百之六十以及新颁行之公司赢余税，计以前七年间所纳额外赢余税，共达十三万磅。现在公司资本已增至四十万磅。伦敦股票交易所承认经手公司之新股票，公司并无公债之担负。原来资本为三十二万磅，现在全部财产已达四十八万四千六百八十一磅。本年滚存至下届帐内之九千四百十五磅，比去年滚存至本年者计多五千六百六十三磅。惟当地有一不甚满意之情形，即所收辅币市价大跌，其故因造币厂滥铸铜圆，供过于求，当地公司总理虽曾经向当局抗议，卒无效果。然虽有此项困难，公司本年获利之厚，实为历来所未有，其故半由公司电车之数逐渐增加，乘客因而日众。计去年添新车十五辆，工部局并许再添五辆，如果全数电车之数，将达九十辆。此外本年又将添无轨电车七辆，不久即须开行。然车辆虽多，尚不足应公众之要求。公司屡曾商请工部局许其再扩张无轨车路，但尚未能实行。去年电车所载乘客共一万一千零八十三万三千三百十一人，较一九一九年加一千五百七十九万四千六百十人，中见营业之蒸蒸日上也云云。当经一致通过本年帐目及报告，又举定董事查帐员数人。即行闭会。

银行月刊 1921，1(9)

建筑上海架空铁路之计划

《字林报》云，有一侨居上海之西人，研究上海交通，力谋有以改良之者。西人回国，乃提出一意见书，主张在上海造架空铁路。该西人即著名工程师包威尔君。彼拟定架空铁路之计划，以为上海实有资本与地土，可以造成。上海之土虽松，格式务求美雅，一切工程必以减少车声为要，最好能较电车之声又轻。架空铁路上行电力火车，第一段能分数处同时工作，则一年内可成。电力由工部局供给，每年电气处可收五十万两，或者自行设厂生电亦可。兹将包比计划大略列左：架空铁路之轨道与架全以水泥钢骨造成，其高度逐渐斜下直至与沪宁铁路线平，庶几架空火车。行至北站，可借用沪宁路自极司非而站至支路交界处，再架空铁路之支线一段，可至杭沪之上海南站。轨道之斜度，自上海城界起即逐渐低下，务与杭沪线平。全路用电机为之动力，并不在空中设电线，乃由一总机关供电力。路上所行之列车，每次可乘客至少五百人。自黄浦滩为起点，至西区或东区只数分钟。路线分里圈线：自黄浦滩起，经爱多亚路、西藏路、北西藏路、沪宁北站、靶子场、虹口河、苏州河，而绕回至黄浦滩为一圈；外圈线：自黄浦滩起，经极司非而站与沪宁北站而回至黄浦滩支线。一至沪杭南站，一至提篮桥汇山码头。

如此之路线，虽取道黄浦滩，并不损及公园。沿路所造之路架，全系水泥形式，必雅致人。人行其下，可免日晒。上海如有此架空铁路，可免车辆之拥挤。既能往来载客，又可输送各工厂之出品与原料。

造铁费用与开放：现有之路并不为多，反可增加运输之能力。因一路加宽十尺，实不能使运输加速，架空铁路则能之。且该铁路之计划与现有之运输，设备无碍。所经之地大半为官产或铁路道，只有数处需利用私人之产耳。

架空铁路费用：统盘计算，路基搭月台轨道与枕木，每百尺需费一万六千四百两；地价计宽二十尺，每百尺约二万二千两(此指在北京路者)。全线成本计(一)里圈线自黄浦滩，经爱多亚路、西藏路、沪宁北站、虹口河、苏州河而回至浦滩，共长二万七千尺，每百尺费一万九千两，共银五百十三万两;(二)支线至福煦路底一万三千尺，每百尺费一万九千两，共二百四十七万两;(三)再接续扩张路线路基渐低，以达极司非而路之车站，共长七千五百尺，每百尺费六百两，共四万五千两;(四)用地四十亩，每亩二千两，共八万两;(五)支线至汇山码头六千尺，每百尺费一费九千两，共十一万四千两;(六)支线至上海城之南，六千五百尺，每百尺费一万九千两，共十二万五千两;(七)支线至沪杭南站路基渐低，计三千尺，每百尺费六百两，共一万八千两。以上七项路工，敷设材料地基费，共七百九十八万二千两。(八)各车站造费，共八十五万两;(九)车辆费计购火车头十架，每架五千两，共五万两;客车货车五十辆，每辆八百两，共四万两;装设布置及治路植立符信杆等费十万两。以上三项共十九万两。总计架空铁路之成本，计银九百另二万二千两正。每年经费办事员薪水等九万六千两，电气五十四万七千五百两，存栈等五万两，成本利息五十万两，共计一百十九万三千五百两。每年收入，载客每星期二百万人，每年五十二星期，每客收费一角，全年可收客票费一千另四十万元，合银七百二十万两。运货每日五百吨，一年十八万二千五百吨，每吨收费二元，一年可收货车费三十六万五千元，合银二十六万二千八百两。两共收入每年约七百四十六万二千八百两。以上云云，皆包比之计划。包比研究各国大城之架空铁路，颇有经验。历作种种比较，上方所述之成本与收入，并有根据，并非凭空虚想者可比。其所定之里圈线，颇与支加哥之架空线相仿云。

申

铁路协会会报 1921(107)

倡办上海架空铁路之驳议

七月二日《字林报》载工程师包威尔之主张，在上海造架空铁路。兹得电车公司受考文氏之意见，知此项计划不能实行。彼略云，造架空铁路之意思，本为改良车辆与行人拥挤，但凡大城之交通改良，必先注意路之情形，然后投巨资造地下或架空之铁路。按五月二十日赉氏曾演说上海交通问题，提议在虹口滨上造运铁路支钱，以与铁路相接。又可在加意之河南路驶行电气载客火车，期使中央商区与家居之区相通较便。目下爱多亚与西藏二路已宽，但尚不觉拥挤，何必费巨资建架空铁路乎？包氏计算，只用车五十辆，约每隔二十分钟即有车行一次。又彼计造费为九百万两，车头每辆五千两，实觉不敷——其车价亦太低。再车必有棚与工场，包氏均未计及。包氏只预算收入之多，而车太少，岂能符合？例如每年五十车可载客一万四百万人一层。按利物浦情形，其架路火车有六十五辆，每年共载二千万人而已，每客每年可收一便士另十分之六，每年每车可收二千一百六十磅。今包氏计算每人每年可收一角，即三便士，实多于利物浦十二倍矣。又如上海电车，每人每年只收半便士，一年一车收一千二百磅。再包氏之言一角，即约十五铜元。今电车最高之资，头等十二分，三等八分而已。依上海情形论之，架空铁路之收入，只多不及包氏估计之百分之十或八，因上海人民所入颇低，不能纳重资。至于造价，利物浦之架空铁路，每哩需十二万磅，今日至少将加一倍。该路利息最高每年不出三厘半。照包氏云，上海方面可获息八成半，实空想耳！又包氏云，水泥架之架空铁路可无声。实大错，其车辆因重量必大云。

申

铁路协会会报 1921（107）

上海交通指南

引言

上海位于长江下游，当太平洋西岸南北适中之地，东距吴淞口六十里，据南北之中枢，扼黄浦之门户，商舶云集，百货辐辏，握中外贸易之枢纽，为亚东通商第一口岸。市尘栉比，人烟稠密，工商发达，学校林立，繁盛为全国之冠。有公共租界及法租界，各国领事署江海税关银行邮电诸局在焉。四方人士来斯土者，毂相击，肩相摩，盖交通便利，有以使然也。按上海为东西洋交通之孔道，水陆四达，无往不利。言水路，有中外大小商轮民船穿行江海，北至青岛、威海卫、烟台、大连、牛庄、天津、营口、高丽等处，南经宁波、温州、福州、台湾、厦门、汕头、香港、广州湾、海防、西贡、马尼拉、苏门答拉、锡兰、印度、苏彝士而抵欧非二洲，东经日本、檀香山而抵南北美洲，西溯长江，通南京、芜湖、安庆、九江、武昌、汉口、岳阳、洞庭湖、宜昌、重庆等处。内河有吴淞、黄浦二水。溯洄吴淞江，达吴江、太湖等处。溯洄黄浦江，达金山、平湖等处。言陆路，有铁路绵亘南北，南北二车站在焉。淞沪铁路通其东，止于吴淞口。沪宁铁路通其北，经苏州、无锡、镇江而抵南京，接津浦、陇海、京奉、京绥诸大干路。沪杭甬铁路通其南，经松江、嘉兴、杭州、绍兴、余姚而抵宁波。谚云："上有天堂，下有苏杭。"而上海实介乎苏杭之中，即沪宁与沪杭甬二线之接轨地，南往杭、北往苏，无不以上海为必经之地。其交通之便，洵可知矣。邻县交通，有上川、上南、沪太、沪闵南柘等长途汽车路。上川路至川沙，上南路至南汇、沪太路至太仓之浏河，沪闵南柘路经闵行、南桥而抵柘林。又有电车、公共汽车、汽车、马车、人力车、脚踏车、小车、塌车通行市郊，憧憧往来，络绎不绝。乘坐其上，既便且适。交通之便，实无与伦比焉。

（一）轮船

说略

轮船大约可分四类，一为国外，一为内海，一为长江，一为内河。国外航业，自中国邮船公司停办后，其权几乎全操外人之手。内海及长江轮船，则招商局、宁绍、三北诸公司皆为华人所办。内河轮船，则大都为国人所经营。国外轮船码头，在虹口、杨树浦一带，有时则在外洋泾桥及新关码头，用小轮驳渡至杨树浦或浦东。内海及长江轮船码头，则大都在十六铺一带。内河轮船码头，皆在盆汤弄桥一带。海洋航路，分南北洋两大别：凡至宁波、温州、福州、厦门、广州、汕头、日本、吕宋、新金山等口岸，皆为南洋航线；至胶州湾、烟台、天津、秦皇岛、塘沽等处，则皆为北洋航线。

行旅须知

船票可向轮船帐房或各写票行或旅馆帐房购买，惟官舱房舱大餐间等均须先定。行李物件以早些送下船为宜。购统舱者，如无铺位，可向茶房购买，须另出资。欧美船位，更须先定（如系留学，环球中国学生会可为代办）。长江轮船时有扒手混入，贵重物件最好交在行李舱，取得铜牌为凭，庶免遗失。又轮船如从发疫处开来，进口时须受海关医生之查验，但不必惊恐，验系无疫，即可登岸，有疫送入医院，无所苦也。

轮船码头表

名称	所在地	航路
黄浦码头	杨树浦	欧洲及日本
汇山码头	杨树浦	日本
新关码头	外滩	国内外各埠
大连轮步公司码头	南市十六铺	崇明、海门、通州、如臯
大古码头	法租界黄浦滩	国内外各埠
法公司码头	黄浦滩外洋泾桥挽	欧洲
公和祥码头	百老汇路一三一号	内外国各埠
正昌行记轮船总局码头	北苏州路北山西路东	内河
立兴祥记内河轮船局码头	北苏州路盆汤衖桥西	内河
老公茂轮船公司码头	北苏州路北山西路东	双林、新市、无锡、石硖
江边码头	江边码头路制造局东	
金利源码头	法租界黄浦滩	内国各埠
招商局内河公司码头	北苏州路天后宫桥西	苏州、杭州、湖州、菱湖
益泰码头	苏州路衍庆里口	内河
华通码头	浦东	内外国各埠
华顺码头	东百老汇路	
宁绍商轮船公司码头	南市十六铺	宁波、长江各埠
开滦矿务局码头	浦东	秦皇岛
丝商码头	苏州路河前路即抛球场西	
扬子码头	浦东杨树浦纱厂对岸	国内外
杨家渡码头	浦东	内国各埠
杨树浦码头	兰路口杨树浦桥南	

（续表）

名称	所在地	航路
杨树浦油车码头	洋泾港口	
董家渡码头	浦东	
福兴码头	苏州路河南路即抛球场西	
旗昌码头	浦东	
广信路码头	广信路底杨树浦路南	
锡金公所码头	北苏州路甘肃路口	
鸿升码头	浦东	内国各埠
戴生昌轮船局码头	北苏州路天后宫桥西	苏州、杭州、湖州、菱湖
蓝烟囱船码头	浦东洋泾港口	
宝隆码头	浦东	

轮船局地址

局名	地址	电话号数
三北输埠公司	四川北路二号	中央：三二八三
招商轮船总局	总写字房：福州路一号 船头写字房：法租界黄浦滩九号	船头房、总账房 中央 一四四、四六八
招商内河公司	北苏州路三〇七八号天后宫桥西	北：八八七
怡和轮船公司	北京路三号黄浦滩路二七	中央：一八六
怡泰洋行	黄浦滩廿八号	中央：四四六
法兰西火轮公司	黄浦滩一〇号外洋泾桥南	搭客房、货房 中 三一六、九九
昌兴轮船公司	英租界黄浦滩一二号	中央：五五八一
泰东内河轮船	北苏州路五七四号老闸桥东	北：一三八二
通源公记轮船公司	北京路庆顺里五一号清和坊三弄三八号	中央：四五五七
脱礼爱司脱意国邮船公司	江西路二八号，即礼和洋行旧址	中央：五〇九五

（续表）

局名	地址	电话号数
宁绍商轮有限公司	江西路二一七号广东路口	中央：一五五二
闵南协记轮船局	南市外马路大码头街相近	南市：六八〇
越东轮船公司	南市外马路火达里	中央：三七五六
提督轮船公司	南京路二九号	中央：六三七三
雷氏理船会社	北京路三一号	中央：二二六二
三星轮船公司	北苏州路三二三号	北：六四九
大来轮船公司	广东路三号	中央：六三七一
大信经理轮船行	广东路五号	中央：六七八七
大英火轮公司	广东路一号	中央：二二六九
大连轮步公司	南市外马路大连里二号	南市：一五一九
大丰洋行	法租界黄浦路八号	中央：三〇五八
元一轮船行	南京路杨树浦东杨家渡	中央：五九一
公纪轮船公司	山东路即麦家圈怀远里二〇一号	中央：七三八二
天利轮船公司	江西路五八号	中央：五五六
太古轮船公司	黄浦滩二一至二三号	中央：四八八一
北方航业公司	四川路四六号	中央：五九九八
平安总公司	南市外马路二九号	中央：三三七二
平准洋行	四川路七二号	中央：三二三一
平安轮船局	爱多亚路三八号	中央：四〇二七
永利商轮公司	南市外马路大连里	中央：三七五六
正昌行记轮船总局	山西路一〇四号	中央：三九二四
申鲁轮船有限公司	黄浦滩八号	中央：七八五〇
立兴合记轮船局	北苏州路五四七号	北：二四七八
合丰轮船公司	爱多亚路四二号	中央：六三五七
同利轮船有限公司	黄浦滩路八号	中号：七八五〇

（续表）

局名	地址	电话号数
同记轮船有限公司	靶子路一一一号赵家花园	北：一一〇二
同益商轮有限公司	派克路润身里七号	西：一〇六二
老公茂内河轮局	北苏州路二二二号	北：六四九
舟山轮船股份有限公司	南市外马路如意里	南市：九五八
亨宝公司	广东路二号	中央：二〇九八
利克茂轮船公司	外滩六号	中央：八四二〇
利达航社	南市外马路	南市：五六号
吴淞汉口领江公司	北京路三二号	中央：一六五〇
协信公司	汉口路三八四号	中央：一〇二五一〇二六
恒安商输有限公司	东百老汇路一〇五四号	北：二四四七
政记轮船股份有限公司	天主堂街四八号	中央：五四二七
常安轮船有限公司	江西路庆吉里一衖 B 三号	中央：八六九〇
朝阳轮船沪剧	南市大连码头典当衖十号	南市：九五五
渣华邮轮公司	四川路四一号	中央：八七五五
华法邮轮公司	福州路一号	中央：四六六
黄浦轮渡局	福州路一四号	中央：一三九五
新仁和轮船局	南市大连码头外滩	南市：九〇三
肇兴轮船公司	四川路四六号	中央：五九九八
福昌轮船公司	江西路二五号	中央：九〇〇一
庆记轮船局	北苏州路二七三号	北：五六六

（二）铁路

车站

沪宁铁路上海车站

地址：界路前

沪宁铁路麦根路车站

地址：新租界麦根路

沪杭甬铁路北车站

地址：在沪宁铁路车站内

沪杭甬铁路南车站

地址：在龙华路沪军营后

淞沪铁路车站

地址：在界路二四四号沪宁车站旁

说略

旅客来沪，或自沪赴杭甬线者，如目的地或所在地在法租界南市城内西区等处，以在南火车站上下车为便；如在公共租界及闸北一带者，以在北火车站（即沪宁车站）为便。由北站启程下行至杭甬者，经过麦根路、梵皇渡、徐家汇等小站至新龙华站，即与南火车站上车者同一路线矣。乘沪杭甬火车至上海者，如目的地系为法租界、南市城、内西区等处时，应择南站停卸之车而乘之。因火车至新龙华，必须解卸分路，一部分车开至北站，一部分车开至南站。如不择坐，下车以后又须折回矣。

行旅须知

一，夜车备有床位，但须预先向问讯处定购。

一，旅客携带行李，除零星物件可随身带入车中外，其重大者均须目前车站脚夫打就行李票黏贴于上，另置行李车中。脚夫搬送行李，每件每次铜元三枚。

一，购票时须验明票面价目地点有无错误。

一，男女小孩乘车，未满四岁者免费，未满十二岁者半费，满十二岁者即照成人全费。

一，某班火车之票只能乘坐某班火车。如因特别事故不及乘坐、须改乘下班车，须先向站长陈明理由，得站长许可签字方可改乘本日之下一班车，否则该票作为无效。

一，如先一日预购车票，须向站员声明何日何班车用。

一，来回票之路程在三百公里以内者，其有效期间为四日；在三百里以外者，六日。

一，无票乘车，或票遗失，或票已撕破不能验明日期，或换坐高一等之车位者，除补收票价外，并加征费头等三元、二等二元、三等一元、四等五角。

一，每人可带免费行李如后：

头等　八十公斤（合华斤一百三十四斤）

二等　六十公斤（合华斤一百斤半）

三等　四十公斤（合华斤六十七斤）

小孩减半

如超过上列之数，起码以二十公斤计算，每公里收费二厘。

一，贵重行李保险费，每百英里按二厘五计算。

一，存放行李于车站中，二十四小时内免费，过此须收费。

火车时刻表

（此表时刻路局得随时更改）

沪宁津浦京奉京津段

上行车

●上海开

上行七点（快车）

上午七点十五分（沪翔客车）

上午七点三十五分（沪常三四等车）

上午九点三十分（特别快车）

上午九点五十分（三四等车）

下午十二点十分（沪翔客车）

下午十二点三十分（快车）

下午三点二十五分（沪锡客车）

下午五点十五分（沪常客车）

下午五点四十五分（沪翔客车）

下午七点三十五分（沪翔客车）

夜十一点三十分（夜快车）

●南翔开

上午七点二十八分（快车）
上午七点四十五分（沪翔客车）
上午八点〇三分（沪常三四等车）
上午十点三十一分（三四等车）
下午十二点四十一分（沪翔客车）
下午十二点五十八分（快车）
下午四点〇一分（沪锡客车）
下午五点四十七分（沪常客车）
下午六点十五分（沪翔客车）
下午八点〇五分（沪翔客车）
上午〇二分（夜快车）
●昆山开
上午八点十二分（快车）
上午八点四十九分（沪常三四等车）
上午十点三十六分（特别快车）
上午十一点三十八分（三四等车）
下午一点四十五分（快车）
下午五点十八分（沪锡客车）
下午六点五十二分（沪常客车）
●苏州开
上午八点五十九分（快车）
上午九点四十一分（沪常三四等车）
上午十一十六分（特别快车）
下午十二点五十三分（三四等车）
下午二点四十三分（快车）
下午六点二十四分（沪锡客车）
下午七点三十九分（沪锡客车）
上午一点三十九分（夜快车）
●无锡开

上午七点(锡宁客车)

上午九点五十九分(快车)

上午十点四十四分(沪常三四等车)

下午十二点〇三分(特别快车)

下午二点十二分(三四等车)

下午三点三十八分(快车)

下午本点三十四分(沪锡客车)

下午八点三十六分(沪常客车)

上午二点三十八分(夜快车)

●常州开

上午八点十四分(锡宁客车)

上午十点五十六分(快车)

上午十一点四十一分(沪常三四等车)

下午十二点四十九分(特别快车)

下午三点二十八分(三四等车)

下午四点三十八分(快车)

上午九点三十八分(沪常客车)

下午三点四十二分(夜快车)

●丹阳开

上午九点三十分(锡宁客车)

上午十一点五十二分(快车)

下午一点三十八分(特别快车)

下午四点二十八分(三四等车)

下午五点三十八分(快车)

●镇江开

上午十点三十一分(锡宁客车)

下午十二点四十九分(快车)

下午二点二十二分(特别快车)

下午五点三十四分(三四等车)

下午六点三十三分（快车）

上午五点三十四分（夜快车）

●南京开

下午十二点三十分（锡宁客车）

下午二点二十一分（快车）

下午三点四十三分（特别快车）

下午七点三十五分（三四等车）

下午八点〇二分（快车）

上午七点二十分（夜快车）

●浦口开

上午八点五十分

上午十点

●徐州开

下午五点〇八分

下午七点四十八分

●济南开

上午二点〇四分

上午五点五十八分

●天津总站开

上午十点十五分

下午三点三十二分

●天津东站开

上午十点二十五分

下午三点四十二分

●北京到

下午二点二十五分

下行车

●北京开

上午九点〇五分

●天津东站开

下午一点正

上午九点三十五分

●天津总站开

下午一点二十分

上午十点〇六分

●济南开

下午九点五十七分

下午七点五十分

●徐州开

上午六点五十一分

上午六点正

●浦口到

下午二点三十八分

下午四点〇二分

●南京开

上午七点四十分（快车）

上午八点十分（三四等车）

上午十一点五分（快车）

下午三点五十分（特别快车）

上午四点十五分（宁锡客车）

夜十一点（夜快车）

●镇江开

上午九点二十分（快车）

上午十点二十五分（三四等车）

下午十二点五十四分（快车）

下午五点二十九分（特别快车）

下午六点二十七分（宁锡客车）

上午五十二分（夜快车）

●丹阳开

上午九点五十七分（快车）

上午十一点二十一分（三四等车）

下午一点三十六分（快车）

下午六点〇三分（特别快车）

下午七点二十六分（宁锡客车）

●常州开

上午七点十分（常沪客车）

上午十点五十八分（快车）

正午十二点（常沪三四等车）

下午十二点四十四分（三四等车）

下午二点三十二分（快车）

下午六点五十七分（特别快车）

下午八点四十六分（宁锡客车）

上午二点四十一分（夜快车）

●无锡开

上午七点二十分（锡沪客车）

上午八点二十二分（常沪客车）

上午十一点五十九分（快车）

下午一点〇二分（常沪三四等车）

下午二点〇七分（三四等车）

下午三点三十三分（快车）

下午七点四十三分（特别快车）

下午九点五十二分（宁锡客车）

上午三点五十三分（夜快车）

●苏州开

上午八点二十一分（锡沪客车）

上午九点三十加分（常沪客车）

上午十二点五十四分（快车）

下午二点〇二分(常沪三四等车)
下午三点二十五分(三四等车)
下午四点三十一分(快车)
下午八点三十二分(特别快车)
下午四点五十八分(夜快车)

●昆山开

上午九点三十八分(锡沪客车)
上午十点三十五分(常沪客车)
下午一点四十七分(快车)
下午三点〇五分(常沪三四等车)
下午四点三十二分(三四等车)
下午五点二十分(快车)
下午九点〇九分(特别快车)

●南翔开

上午八点十五分(翔沪客车)
上午十点三十三分(锡沪客车)
上午十一点三十四分(常沪客车)
下午一点(翔沪客车)
下午二点三十三分(快车)
下午四点〇三分(常沪三四等车)
下午五点四十五分(三四等车)
下午六点十八分(快车)
下午六点四十分(翔沪客车)
下午八点三十五分(翔沪客车)
上午六点二十六分(夜快车)

●上海到

上午八点四十二分(翔沪客车)
上午十一点(锡沪客车)
下午十二点〇五分(常沪客车)

下午一点三十分（翔沪客车）

下午三点正（快车）

下午四点三十二分（常沪三四等车）

下午六点二十分（三四等车）

下午六点四十五分（快车）

下午七点十三分（翔沪客车）

下午九点〇五分（翔沪客车）

下午十点〇五分（特别快车）

上午六点五十分（夜快车）

沪杭甬铁路沪杭段

下行车

●上海北站开

▲上午八点〇五分（特别快车）

上午九点十五分（慢车）

▲下午一点三十分（快车）

▲下午三点三十五分（沪禾快客车）

▲下午六点三十分（快车）

●上海南站开

▲上午八点十五分（特别快车）

上午九点三十分（慢车）

▲下午一点四十分（快车）

▲下午三点四十五分（沪禾快客车）

▲下午六点四十分（夜快车）

●松江开

▲上午九点二十分（特别快车）

上午十一点正（慢车）

▲下午二点五十三分（快车）

▲下午五点〇八分（沪禾快客车）

▲下午七点四十五分（夜快车）

●嘉善开

▲上午十点〇九分（特别快车）

上午十二点〇七分（慢车）

▲下午三点四十八分（快车）

▲下午六点十分（沪禾快客车）

▲下午八点三十八分（夜快车）

●嘉兴开

上午七点四十分（禾闸快客车）

▲上午十点四十分（特别快车）

下午十二点四十九分（慢车）

▲下午四点二十三分（慢车）

▲下午六点三十五分（沪禾快客车）

▲下午九点十分（夜快车）

●硖石开

上午八点二十五分（闸禾快客车）

▲上午十一点十四分（特别快车）

下午一点四十分（慢车）

下午五点〇在分（快车）

▲下午九点四十四分（夜快车）

●长安开

上午九点十八分（禾闸快客车）

▲上午十一点四十九分（特别快车）

下午二点三十二分（慢车）

▲下午五点四十四分（快车）

▲下午十点十九分（夜快车）

●杭州开

上午十点三十四分（禾闸快客车）

▲下午十二点四十五分（特别快军）

下午四点正（慢车）

▲下午六点五十五分（快车）

▲下午十一点十五分（夜快车）

●闸口到

上午十点五十分（禾闸快客车）

▲下午一点正（特别快车）

下午四点二十五分（慢车）

▲下午七点十分（快车）

▲下午十一点三十分（夜快车）

上行车

●闸口开

上午七点十五分（特别快车）

上午九点〇五分（慢车）

下午一点三十五分（快车）

下午三点二十五分（闸禾快客车）

▲下午五点四十五分（夜快车）

●杭州开

▲上午七点四十分（特别快车）

▲上午九点四十分（慢车）

下午二点正（快车）

下午三点五十一分（闸禾快客车）

▲下午六点十分（夜快车）

●长安开

▲上午八点三十二分（特别快车）

上午十一点〇五分（慢车）

下午三点〇六分（快车）

下午五点〇三分（闸禾快客车）

▲下午七点〇二分（夜快车）

●硖石开

▲上午九点〇三分（特别快车）

▲下午十二分〇三分（慢车）

下午三点四十三分（快车）

下午五点四十六分（闸禾快客车）

▲下午七点三十三分（夜快车）

●嘉兴开

▲上午七点三十五分（禾沪快客车）

▲上午九点四十四分（特别快车）

▲下午十二点五十七分（慢车）

下午四点三十二分（快车）

下午六点二十五分（闸禾快客车）

▲下午八点十五分（夜快车）

●嘉善开

▲上午八点〇六分（禾沪快客车）

▲上午十点〇八分（特别快车）

▲下午一点三十五分（慢车）

下午四点五十九分（快车）

▲下午八点四十一分（夜快车）

●松江开

▲上午九点十五分（禾沪快客车）

▲上午十一点〇一分（特别快车）

▲下午二点四十八分（慢车）

下午五点五十八分（快车）

▲下午九点三十六分（夜快车）

●上海南站到

▲上午十点三十分（禾沪快客车）

▲上午十二点正（特别快车）

▲下午四点十二分（慢车）

下午七点〇七分（快车）

▲下午十点三十五分（夜快车）

●上海北站到

▲上午十点四十分(禾沪快客车)

▲下午十二点十分(特别快车)

▲下午四点二十分(慢车)

下午七点十五分(快车)

▲下午十点四十五分(夜快车)

凡上有▲符号者系与沪宁车衔接。

淞沪段

沪至淞

●上海开

上午六点正

上午七点三十分

上午九点正

上午十点三十五分

上午十二点二十分

下午二点正

下午三点五十五分

下午五点三十分

下午九点正

下午十点五十分

▲上午十二点三十五分

●江湾开

上午六点十二分

上午七点四十二分

上午九点十二分

上午十点四十七分

上午十二点三十二分

下午二点十三分

下午四点〇七分

下午五点四十三分
下午七点二十八分
下午九点十三分
下午十一点〇三分
▲上午十二点四十七分
●吴淞到
上午六点三十五分
上午八点〇六分
上午九点三十五分
上午十一点十分
上午十二点五十五分
上午二点四十分
下午二点四十分
下午四点三十分
下午六点十分
下午七点五十五分
下午九点四十分
下午十一点三十分
上午一点十分

淞至沪

●吴淞开
上午六点四十五分
上午八点十五分
上午九点四十五分
上午十一点二十分
下午一点〇五分
下午二点五十五分
下午四点四十分
下午六点二十分

下午八点〇五分

下午九点五十分

下午十一点四十分

▲上午一点二十分

●江湾开

上午七点十分

上午八点四十分

上午十点十分

上午十一点五十分

下午一点三十分

下午三点二十四分

下午五点〇六分

下午六点四十九分

下午八点三十四分

下午十点十九分

下午十二点〇九分

▲上午一点四十五分

●上海到

上午七点二十分

上午八点五十分

上午十点二十分

上午十二点正

下午一点四十分

下午三点三十五分

下午五点十六分

下午七点正

下午八点四十五分

下午十点三十分

下午十二点二十分

▲上午一点四十五分

有▲符号者星期六、日加车。

沪宁杭甬铁路火车价目表

沪宁

站名	头等	二等	三等	距离公里
上海	元 角分	元 角分	元 角分	
真茹	.二〇	.一〇	.〇五	八里
南翔	.六〇	.三〇	.一五	一八里
黄渡	.八〇	.四〇	.二〇	二四里
安亭	一.一〇	.六〇	.三〇	三一里
陆家浜	一.六〇	.八〇	.四〇	四三里
恒利				四九里
崑山	一.八〇	.九〇	.四五	五二里
正仪	二.二〇	一.一〇	.五五	六三里
唯亭	二.四〇	一.二〇	.六〇	六九里
外跨塘	二.六〇	一.三〇	.六五	七八里
官渎里	三.〇〇	一.五〇	.七五	八四里
苏州	三.二〇	一.六〇	.七五	八七里
浒墅关	三.四〇	一.七〇	.八五	九九里
望亭	三.六〇	一.八〇	.九〇	一〇八里
周泾巷	三.八〇	一.九〇	.九五	一一八里
无锡旗站	四.〇〇	二.〇〇	一.〇〇	一二四里
无锡	四.二〇	二.一〇	一.〇五	一二九里
石塘湾	四.四〇	二.二〇	一.一〇	一三九里
洛社	四.四〇	二.二〇	一.一〇	一四二里
横林	四.六〇	二.三〇	一.一五	一五一里
戚墅堰	四.八〇	二.四〇	一.二〇	一五七里

（续表）

站名	头等	二等	三等	距离公里
常州	五．二〇	二．六〇	一．三〇	一六八里
奔牛	五．四〇	二．七〇	一．三五	一八六里
吕城	五．六〇	二．八〇	一．四〇	一九三里
陵口	五．八〇	二．九〇	一．四五	二〇三里
丹阳	六．二〇	三．一〇	一．五五	二一三里
新丰	六．四〇	三．二〇	一．六〇	二二一里
渣泽	六．六〇	三．三〇	一．六五	二三三里
镇江旗站	六．八〇	三．四〇	一．七〇	二三八里
镇江	七．二〇	三．六〇	一．八〇	二四三里
镇江江边	七．四〇	三．七〇	一．八五	
高资	七．四〇	三．七〇	一．八五	二五五里
下蜀	七．六〇	三．八〇	一．九〇	二六七里
龙潭	七．八〇	三．九〇	一．九五	二七八里
栖霞山	八．〇〇	四．〇〇	二．〇〇	二八八里
尧化门	八．二〇	四．一〇	二．〇五	二九七里
太平门	八．四〇	四．二〇	二．一〇	三〇四里
神策门	八．八〇	四．四〇	二．二〇	三〇七里
南京	九．二〇	四．六〇	二．三〇	三一二里

淞沪

站名	头等	二等	三等	距离公里
上海	角分	角分	角分	
天通菴	．一〇	．〇八	．〇五	二里
江湾	．二五	．一五	．〇七	六里
张华浜	．四〇	．二五	．一二	一二里

（续表）

站名	头等	二等	三等	距离公里
蕴藻浜	.六〇	.三〇	.一五	一四里
吴淞镇	.六〇	.三〇	.一五	一五里
炮台湾	.六〇	.三〇	.一五	一七里
上海北站	元　角分	元　角分	元　角分	
梵王渡	.三〇	.二〇	.一五	一〇里
徐家汇	.四〇	.三〇	.一五	一三里
新龙华	.五五	.三五	.二〇	一七里
龙华	.六〇	.四〇	.二五	一九里
上海南站	.七五	.五〇	.三〇	二四里
梅家衖	.六五	.四五	.二五	二一里
莘庄	.八〇	.五五	.三〇	二六里
新桥	一.〇〇	.七〇	.四〇	三三里
明星桥	一.二五	.八五	.五〇	四二里
松江	一.三五	.九〇	.五〇	四五里
石湖荡	一.六五	一.一〇	.六〇	五六里
枫泾	二.一〇	一.四〇	.八〇	七一里
嘉善	二.三五	一.六〇	.九〇	八一里
嘉兴	二.九〇	一.九五	一.一〇	九九里
王店	三.三〇	二.二〇	一.二五	一一六里
硖石	三.六〇	二.四〇	一.三五	一二六里
斜桥	三.九五	二.六五	一.五〇	一三九里
周王庙	四.一〇	二.七五	一.五五	一四五里
长安	四.二〇	二.八〇	一.五五	一五一里
许村	四.四五	二.九五	一.六五	一六〇里

（续表）

站名	头等	二等	三等	距离公里
临平	四．六〇	三．〇五	一．七〇	一六六里
笕桥	四．九五	三．三〇	一．八五	一七九里
艮山门	五．一五	三．四五	一．九〇	一八六里
拱宸桥	五．三〇	三．五五	二．〇〇	一九二里
杭州	五．二五	三．五〇	一．九五	一九〇里
南星桥	五．三五	三．五五	二．〇〇	一九三里
闸口	五．四〇	三．六〇	二．〇〇	一九六里

沪杭甬宁波段

站名	头等	二等	三等	距离公里
宁波	元　角分	元　角分	元　角分	
	．二〇	．一五	．一〇	七里
洪塘	．三五	．二五	．一五	一二里
慈谿	．五五	．四〇	．二〇	一九里
叶家	．七五	．五〇	．三〇	二六里
丈亭	一．〇〇	．六五	．三五	三四里
蜀山	一．二〇	．八〇	．四五	四〇里
馀姚	一．四〇	．九五	．五五	四八里
马渚	一．七五	一．一五	．六五	六〇里
五夫	一．九〇	一．二五	．七〇	六六里
驿亭	二．一〇	一．四〇	．八〇	七三里
百官	二．二〇	一．四五	．八〇	七六里
曹娥江	二．二五	一．五〇	．八五	七八里

沪宁特别快车客票价目

站名	头等	二等	三等
南京	元 角分	元 角分	元 角分
镇江江边	三.〇〇	一.五〇	.七五
镇江	二.八〇	一.四〇	.七〇
丹阳	三.八〇	一.九〇	.九五
常州	五.六〇	二.八〇	一.四〇
无锡	六.四〇	三.二〇	一.六〇
苏州	八.〇〇	四.〇〇	二.〇〇
上海北站	一一.六〇	五.八〇	二.九〇

沪杭特别快车客票价目

站名	头等	二等	三等
上海北站	元 角分	元 角分	元 角分
松江	一.九五	一.二〇	.六五
枫泾	二.七〇	一.七〇	.九五
嘉善	二.九五	一.九〇	一.〇五
嘉兴	三.五〇	二.二五	一.二五
硖石	四.八〇	三.〇〇	一.六五
长安	五.四〇	三.四〇	一.八五
拱宸桥	六.五〇	四.一五	二.三〇
杭州	六.四五	四.一〇	二.二五
南星桥	六.五五	四.一五	二.三〇
闸口	六.六〇	四.二〇	二.三〇
特别快车附加费价目：每一百公里头等洋六角，二等洋三角，三等洋一角半。			

北站至恒利来回客票价目

站名	头等	二等	三等
上海北站	元　角分	元　角分	元　角分
恒利	三．六〇	一．八〇	．九〇

北站至南翔夜快车客票价目

站名	头等	二等	三等
上海北站	角分	角分	角分
南翔	．八〇	．四〇	．二〇

莫干山客票价目

由或到	等级	单程票价				来回票价	
		到莫干山		由莫干山		大人	小孩
		大人	小孩	大人	小孩		
上海北站	头等	十二元七角	六元八角	十一元五角	六元二角	二十四元二角	十三元
	二等	十元三角半	五元六角半	九元七角半	五元三角半	二十元一角	十一元
	三等	八元五角	四元七角	八元二角	四元五角半	十六元七角	九元二角半
上海南站或梵王渡	头等	十二元四角半	六元七角	十一元二角半	六元一角	二十三元七角	十二元八角
	二等	十元一角半	五元五角半	九元五角半	五元二角半	十九元七角	十元零八角
	三等	八元四角	四元六角半	八元一角	四元五角	十六元五角	九元一角半

沪宁铁路车轮联票

沪宁铁路车轮联票	头等	二等	三等	四等
上海北站经南翔至嘉定	八角	五角	二角半	
苏州经南翔至嘉定	二元八角	一元五角	七角半	
上海北站经安亭至白鹤港		八角	四角	二角半
南翔经安亭至白鹤港			二角半	

（续表）

沪宁铁路车轮联票	头等	二等	三等	四等
昆山经安亭至白鹤港			二角半	
苏州经安亭至白鹤港			六角	
上海北站经安亭至青浦		一元一角	五角半	四角
南翔经安亭至青浦			四角	
昆山经安亭至青浦			四角	
苏州经安亭至青浦			七角半	
上海北站经安亭至朱家角	一元八角	一元二角	六角	四角半
南翔经安亭至朱家角	一元二角	九角	四角半	
昆山经安亭至朱家角	一元二角	九角	四角半	
苏州经安亭至朱家角	二元六角	一元六角	八角	
上海北站经苏州至甘露	三元六角	一元九角	九角半	
上海北站经苏州至荡口	三元六角	一元九角	九角半	
上海北站经苏州至洞庭前山		二元一角	一元一角	
无锡经苏州至洞庭前山		一元一角	六角半	
上海北站经无锡至青旸	四元六角	二元四角	一元二角	七角半
苏州经无锡至青旸	一元六角	九角	四角半	二角半
常州经无锡至青旸	一元六角	九角	四角半	二角半
镇江经无锡至青旸	三元六角	一元九角	九角半	六角半
南京经无锡至青旸	五元六角	二元九角	一元四角半	一元一角半
上海北站经无锡至江阴	四元八角	二元六角	一元三角半	八角半
苏州经无锡至江阴	一元八角	一元一角	六角	三角半
常州经无锡至江阴	一元八角	一元一角	六角	三角半
镇江经无锡至江阴	三元八角	二元一角	一元一角	七角半
南京经无锡至江阴	五元八角	三元一角	一元六角	一元二角半
上海北站经无锡至溧阳	五元四角	三元	一元六角	

（续表）

沪宁铁路车轮联票	头等	二等	三等	四等
苏州经无锡至溧阳	二元四角	一元五角	八角半	
上海北站经无锡至宜兴	五元一角	二元八角	一元四角	
苏州经无锡至宜兴	二元一角	一元三角	六角半	

沪杭甬车轮联票经由嘉兴

站名	二等	三等	四等
上海北站至沈荡	二元四角半	一元四角	
上海南站至沈荡	二元二角半	一元三角	
杭州至沈荡	二元三角	一元三角	
上海北站至海盐	二元六角半	一元五角	
上海南站至海盐	二元四角半	一元四角	
硖石至海盐	一元二角半	七角	
拱宸桥至海盐	二元五角	一元四角	
杭州至海盐	二元五角	一元四角	
南星桥至海盐	二元五角半	一元四角半	
闸口至海盐	二元六角	一元四角半	
上海北站至平湖	二元二角半	一元四角	一元
上海南站至平湖	二元零五分	一元三角	九角半
硖石至平湖	八角半	六角	五角
拱宸桥至平湖	二元一角	一元三角	九角半
杭州至平湖	二元一角	一元三角	九角半
南星桥至平湖	二元一角半	一元三角半	一元
闸口至平湖	二元二角	一元三角半	一元
上海北站至新仓		一元五角	
上海南站至新仓		一元四角	

（续表）

站名	二等	三等	四等
硖石至新仓		七角	
拱宸桥至新仓		一元四角	
杭州至新仓		一元四角	
南星桥至新仓		一元四角半	
闸口至新仓		一元四角半	
上海北站至新丰		一元三角	
上海南站至新丰		一元二角	
硖石至新丰		五角	
拱宸桥至新丰		一元二角	
杭州至新丰		一元二角	
南星桥至新丰		一元二角半	
闸口至新丰		一元二角半	
上海北站至乍浦	二元三角半	一元五角	
上海南站至乍浦	二元一角半	一元四角	
硖石至乍浦		七角	
拱宸桥至乍浦		一元四角	
杭州至乍浦	二元二角	一元四角	
南星桥至乍浦		一元四角半	
闸口至乍浦		一元四角半	
上海北站至盛泽	二元三角	一元三角半	八角
上海南站至盛泽	二元一角	一元二角半	七角半
硖石至盛泽	九角半	五角半	
杭州至盛泽	二元一角半	一元二角半	七角半
南星桥至盛泽	二元二角	一元三角	七角半

（续表）

站名	二等	三等	四等
上海北站至震泽	二元六角	一元六角半	八角
上海南站至震泽	二元四角	一元五角半	七角半
硖石至震泽	一元二角	八角半	
杭州至震泽	二元四角半	一元五角半	七角半
南星桥至震泽	二元五角	一元六角	八角
上海北站至南浔	二元六角	一元六角半	八角
上海南站至南浔	二元四角	一元五角半	七角半
硖石至南浔	一元二角	八角半	
杭州至南浔	二元四角半	一元五角半	七角半
南星桥至南浔	二元五角	一元六角	八角
上海北站至湖州	三元一角半	二元	一元三角半
上海南站至湖州	二元九角半	一元九角	一元三角
硖石至湖州	一元七角半	一元二角	
杭州至湖州	三元	一元九角	一元三角
南星桥至湖州	三元零五分	一元九角半	一元三角半

（三）长途汽车

说略

经沪境赴各处之长途汽车，现有四路线：一为沪太长途汽车，往来上海闸北及太仓浏河镇，上海车站在闸北共和路中兴路口；一为上南长途汽车，往来上海及南汇，上海设输站于董家渡，用轮船摆渡至周家车站；一为上川长途汽车，往来上海川沙，亦设轮站于董家渡；一为沪南闵柘长途汽车，往上海南汇柘林闵行等处，上海车站在西门黄家阙路。

沪太长途汽车行车时刻表

	第一次	第二次	第三次	第四次	第五次	第六次
上海至大场	七点一刻	八点	九点	十点	十一点	十二点
大场至上海	七点半	八点半	九点半	十点半	十一点半	十二点半
上海至刘行	七点一刻	十点三刻	十二点三刻	二点半		
刘行至上海	八点一刻	十一点三刻	一点三刻	三点半		
上海至罗店	七点一刻	九点	十点三刻	十二点三刻	二点半	四点一刻
罗店至上海	七点一刻	九点半	十一点一刻	一点一刻	三点	四点三刻
上海至浏河	七点一刻	九点	十点三刻	十二点一刻	二点半	四点一刻
浏河至上海	七点一刻	九点	十点三刻	十二点三刻	二点半	四点一刻

(一)沿途电杆木上钉有“此处搭客可以停车上下”之铅皮牌处搭客可以招呼停车。

(二)经过彭浦、唐桥、顾家宅、刘行、长浜桥、潘家桥、霜草墩、墅沟桥、长泾桥等各小站，除特别车外，均停止片时，以便旅客上下。

沪太长途汽车客票价目表

	上海	彭浦	大場	唐橋	顧家宅	劉行	長浜橋	羅店	潘家橋	霜草墩 墅溝橋
彭浦	一角									
大場	二角	一角								
唐橋	三角五分	二角五分	一角五分							
顧家宅	四角	三角	二角	五分						
劉行	五角	四角	三角	一角五分	一角					
長浜橋	六角	五角	四角	二角五分	二角	一角				
羅店	七角	六角	五角	三角五分	三角	二角	一角			
潘家橋	八角五分	七角五分	六角五分	五角	四角五分	[illegible]角五分	二角五分	一角五分		
霜草墩 墅溝橋	九角五分	八角五分	七角五分	六角	五角五分	四角五分	三角五分	二角五分	一角	
瀏河	一元	九角五分	八角五分	七角	六角五分	五角五分	四角五分	三角五分	二角	一角

沪闵南柘长途汽车票价目

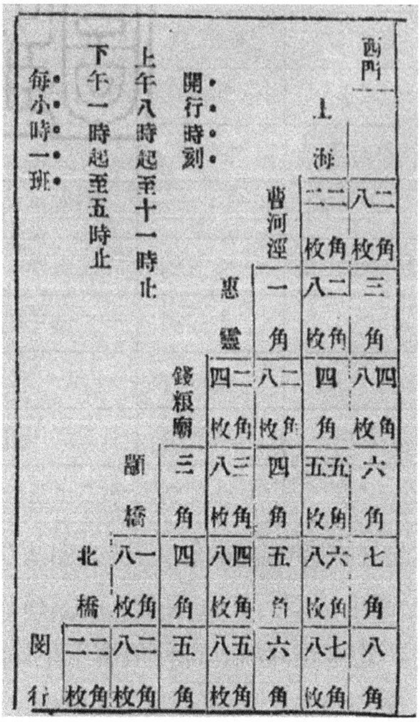

	西門	上海	曹河涇	惠鹽	錢糧廟	顓橋	北橋
上海							
曹河涇	二角八枚	二角二枚					
惠鹽	三角	二角八枚	一角				
錢糧廟	四角八枚	四角	二角八枚	二角四枚			
顓橋	六角	五角五枚	四角	三角八枚	三角		
北橋	七角	六角八枚	五角	四角八枚	四角	一角八枚	
閔行	八角	七角八枚	六角	五角八枚	五角	二角八枚	二角二枚

開行時刻・
上午八時起至十一時止
下午一時起至五時止
每小時一班・

上南长途汽车价目时刻表

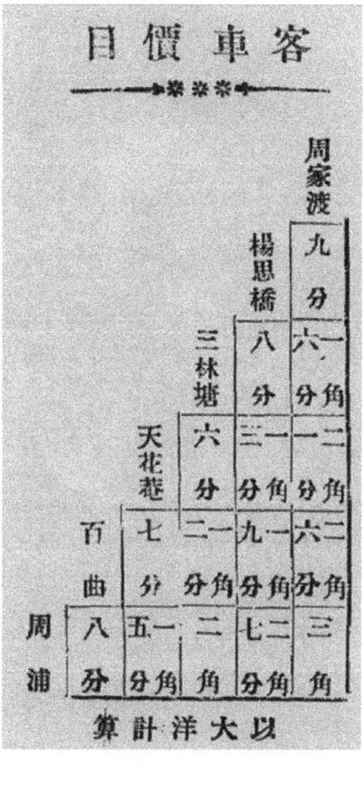

客車價目

	周家渡	楊思橋	三林塘	天花巷	百曲
楊思橋	九分				
三林塘	一角六分	八分			
天花巷	二角一分	一角三分	六分		
百曲	二角六分	一角九分	一角二分	七分	
周浦	三角	二角七分	二角	一角五分	八分

以大洋計算

客车时间

南行

周家渡	每点开	上午七点起下午七点止
杨思桥	每点八分开	上午七点八分起下午七点八分止
三林塘	每点十四分开	上午七点十四分起下午七点十四分止
天花菴	每点二十分开	上午七点二十分起下午七点二十分止
百曲	每点三十分开	上去七点三十分起下午七点三十分止
周浦	每点四十分到	

北行

周浦	每点五分开	上午六点五分起下午六点五分止
百曲	每点十二分开	上午六点十二分起下午六点十二分止
天花菴	每点二十分开	上午六点二十分起下午六点二十分止
三林塘	每点念八分开	上午六点廿八分起下午六点廿八分止
杨思桥	每点三十五分开	上午六点三十五分起下午六点三十五分止
周家渡	每点四十五分到	

行船时间

周家渡	每点五十分开	上午五点五十分起
		下午五点五十分止
董家渡	每点二十五分开	上午六点二十五分起
		下午六点二十五分止

附注：各处脚划船在周浦接班

董家渡早晨六点二十五分乘上南轮渡。

周家渡早晨七点乘头班汽车。

周浦早晨八点各处脚划船开出。

召家楼、杜家行、沈庄、下沙航头、新场头桥、奉贤、南高桥、青村港、东新市、南四团、坦直桥、三灶、南汇、瓦雪村、六灶、祝家桥、陈家桥、六团湾、江家路口、横沔、孙小桥、陈推官桥、三王庙、川沙小湾、龚家路口。

以上各处脚划船大约在下午一二时开回到周浦，在下午五六时可以乘下午六时五分周浦开出之末班汽车回申，屆计可当日来回。至下午一、二时在周浦亦有各处接班脚划船开出，幸各注意。

上川交通公司行车时刻表

川沙开	垄镇开	庆宁市开
▲上午六点五十分	上午八点	▲上午八点
▲上午七点五十分	上午九点	▲上午九点 ×
▲上午八点五十分	上午十点	▲上午十一点
▲上午十点五十分	上午十二点	▲上午十二点
▲上午十一点五十分	下午一点	▲下午二点●
▲下午一点五十分	下午三点	▲下午三点
▲下午二点五十分	下午四点	▲下午五点

龚镇站每逢星期一上午特加七时班。

上有▲记号者为轮船接送时刻。

下有 × 记号者可接送至六团湾。

下有●记号者可接送至祝家桥。

（四）电车

说略

上海电车，分公共租界、华界、法租界三部。公共租界电车公司在苏州路七号，有有轨电车共十路。第一路往来静安寺及公园靶子声。第二路往来静安寺及十六铺。第三路往来麦根路及东新桥。第五路往来沪宁车站及西门。第六路周行外园路。第七路往来提篮桥及北火车站。第八路往来杨树浦及十六铺。第九路往来洋布局及十六铺。第十路往来提篮桥及十六铺。第十一路往来靶子场及外洋泾桥。无轨电车共四路。第十四路往来沪宁车站及郑家木桥。第十五路往来三洋泾桥及乍浦路。第十六路往来三洋泾桥及戈登路。第十七路往来西藏路南底及虹口元芳路。

华商电车公司在南火车站前，有电车四路。其路线一自高昌庙至小东门；

一自老西门至小东门，经民国路；一自小东门至老西门，经中华路；一自老西门至高昌庙。

法商电车公司在吕班路七十五号，有电车七路。第二路有两线，一往来十六铺及徐家汇，一往来十六铺及洋泾浜。第五路往来斜桥及东新桥爱多亚路。第六路往来十六铺及芦家湾。第七路往来小东门及西六。第八路、第九路往来十六铺及洋泾浜。第十路往来十六铺及芦家湾。

乘客须知

一，电车价每分只须铜元一枚。但小洋一角，只作铜元十枚；大洋一元，只作铜元百枚。故欲搭电车者，须于未上车前多备铜元，以免吃亏。

一，买票时须验明该票价目是否相符，并注意勿将票遗失，以备查票时交阅。

一，未上车前须认明该车号数及开往地点，是否为自己所欲乘之车。

一，上车者须让下车者先下。

一，上下车时均须手握铜杆。下车时左足先下地，并详视旁边有无他车经过，以免碰撞。

一，车中不准吐痰。笨重物件不得带入车内。

一，孩童乘车除抱在怀中者免费外，其未成丁者一律照成人例，并无优待。（华商电车十岁以内者半票，但头等车至少须四分。）

一，月季票仅在公共租界通用者，头等每张按月六元，十六岁以内之儿童减半，三等每季（三个月）每张九元。

一，月季票通用于公共租界及法租界者，头等每张按月洋十元，十六岁以内之儿童六元。

二，月季票须本人亲自向公司购买。随带二寸照片一张，以便公司验对黏贴票上。

附：公共汽车

说略

公共汽车即摩托街车是也。大众可坐，取资较电车稍昂，但座位之宽敞、上下车之便利，则又为电车所不及。公司在江西路。现有路线四条。车资有以小银币为本位者，有以铜元为本位者，均详列车资价目表中，兹不赘述。

（五）汽车

说略

汽车即摩托车，借挥发油涨力以行动之车也。每小时约可行百余华里。租价第一小时大车每小时五元，小车每小时四元，第二时起价可稍减。如仅送至某处或至某处迎接，则可先与约定价目，视路之远近而定也。

汽车行地址

牌号	地址	电话
三兴汽车公司	爱多亚路六五五号	中{一五四九 三五一三
大北汽车公司	礼查路十四号	中：一四六三
大利汽车公司	霞飞路二四二号	中央：四〇二
大来汽车公司	北四川路一二九六号	北：四〇三九
大东汽车公司	乍浦路十七号	北：一一七〇
中央汽车公司	香港路九号	中：三八〇九
中国汽车公司	静安寺路一二五号	西：一九七
中国运货汽车公司	华德路一〇〇五号	东：一〇三
中国制造汽车公司	爱多亚路一七六号	中：三四九〇
公鑫玉记	新大沽路口五〇一号	西：二五七四
太平洋汽车行	恺自迩路六〇七号	中：五九七七
北洋第一汽车公司	北山西路四十号	北：二八五〇
有利汽车公司	浙江路一五五号	中：四九〇一
江湾汽车公司	北四川路十五号	北：二六六〇
西方公司	大通路九九八号	西：二〇〇六
亨大汽车运货公司	界路五〇六号	北：二二〇九
亨昌公司	白尔路二五五号	中：四二一一
亨茂汽车公司	静安寺路四二号	西：一二三四
利利汽车公司	同孚路三号半	西：二四七〇

（续表）

牌号	地址	电话
利昌新记汽车公司	爱多亚路六六五号	西：二三九六
利喊汽车公司	霞飞路四八四号	西：三六四
亚洲汽车公司	恺自迩路八一九号	中：二四三二
亚细亚汽车公司	静安寺路二一六号	西：一 北：一 东：一
亚德洋行	福煦路一三一号	西：三六五四
怡昌	爱多亚路	中：三八〇四
林记	浙江路七三五号	中：四五八〇
东方汽车公司	苏州路四号	中：一一五八
法大汽车公司	霞飞路三一〇号	西：二七八〇
南洋汽车公司	爱多亚路五三号	中：七七〇〇
美华汽车行	北四川路天路潼角	北：九四〇
美丰汽车公司	维尔蒙路一四〇号	中：五八八六
飞星汽车公司	静安寺路一二五号	西：一九七
飞隆汽车公司	爱多亚路六九号	中：四一三三
飞云顺记公司	北福建路一五〇号	
飞鹰汽车公司	威海卫路二九八号	西：一八六〇
海宁公司	海宁路四十号	北：三四三六
马迪汽车公司	蒲石路二六〇号	西：四二〇〇
既攻汽车公司	同孚路三号	西：三七八四
探勒汽车公司	爱多亚路八三七号	西：三五〇〇
祥生汽车公司	武昌路九八四号	北：二五一
通达鑫记汽车公司	爱多亚路	西：二一八四
发镕	北京路二号	中：五二四七
华北汽车公司	南浔路八号	北：二一六四

（续表）

牌号	地址	电话
华顺汽车行	敏体尼荫路二一〇号	中：八六〇四
华达汽车公司	爱多亚路四〇七号	中：二〇二
华丽新记	九江路	中：一六四四
云飞汽车公司	环龙路七七号	西：一八九
顺大汽车公司	界路一八二号	北：二二〇〇
冯福记	海宁路一七五四号	北：九六七
勤昌汽车行	爱多亚路一〇四四号	
汇司汽车公司	右拔路一四号	西：四九八一
新新汽车公司	南浔路八号	北：三七九七
福昌信	北河南路五一二号	北：四六五
福星汽车公司	福煦路二三号	西：四四〇〇
赵发盛忠记	南成都路七四八号	西：二四九七
远东汽车公司	平凉路一五〇三	五〇五五〇
凤凰汽车公司	北四川路	北：三四六六
忆太汽车公司	大新街五七号	中：二四二四
德昌	白克路八三五号	
兴昌	派克路二十号	西：一〇八五
龙飞汽车公司	静安寺路三六号	西：一六四二
环球汽车公司	四川路一号	中：二二四〇
鸿兴	新大沽路五三一号	西：四七五〇
宝利汽车公司	亚尔倍路四三号	西：四八五四
腾飞	福州路二二七号	中：五六〇八
龚福记汽车搨车运货处	北浙江路四九号	北：二六二五
金鸿汽车公司	巨籁达路一一九号	西：四一一一

（六）马车

说略

马车系用马驾车而行之车，其形式分轿车及皮篷二种。冬季及盛服谒客，宜用轿车；夏季及闲游，则宜皮篷车。租价每全日（晨九时至午后五时）约银三元，半日（一至五时）约银二元，正午至午夜约银三元半。需用时可至马车行雇佣。欲往何界，须嘱其带何界之捐照。如车行地点在英租界，而访客或游览之地系在华界，则必须嘱其带华界捐照也。马车行各处皆有，以四马路、白克路、派克路、卡德路、新闸路一带为多。

（七）人力车

人力车分三种，即包车、野鸡包车、黄包车是也。包车大都由用主自备、雇用车夫，但亦有向专以包车营业者租用。野鸡包车，旅馆中皆可代雇，每日需银一元半左右。黄包车则游行街市，任人雇用。车资宜先讲定，否则必被讹索。如付小银币，必需令车夫当面看明，否则遇狡诈之车夫，必将自备之假银币强令乘客调换也。又初次旅沪者，因不识路径，雇车时往往为车夫所欺，出寻常数倍之价。是宜先向旅馆侍役或熟人询明路径。如在途中，亦须向站街巡士或路旁商店询问，方可免受欺也。

（八）报电

中国电报章程摘要

一、电报种类

电报分国内、国外两种。国内电报分同城、同省、隔省三种。

二、电话种类

电话分华文、洋文两项。

三、电码种类

电码分明码、密码。华文明码由电报码本译出，华文密码系用另编码本译出。码本编法，由发报人与收电人约定以某字作某字，或上下对调，或加减号码均可。惟姓名、住址仍须用明码，免致无从投递。洋文明语，系用国际电报上所准用之文字，连贯成文，意义明显者。洋文密语，可用暗语或缀字。

四、电费

华文电报每字收费如左（洋文电费与密码同）：

同城	同省	隔省
（明）银元三分	（明）银元六分	（明）银元一角二分
（密）银元四分五厘	（密）九分	（密）一角八分

附注：华文明码电报，收报局地名照二字算费。华文密码电报，收报局名地照一字算费。

洋文明码电报，每字在十五个字母以内者作一字算费，逾此加算一字。密语电报以十个字母为一字，逾此加算一字。

新闻电报，无论本省、隔省，华文每字一律三分，洋文六分。但新闻电报须经交通部核准发给凭照者，方能拍发。

发报人欲将所发电报提前发出者，即为急电。可以“急”或“Urgent”书于收报人姓名地址之前，此字亦照一字算费。急电电费照寻常电报加二倍。

电报如托电局代译，须另缴译费。

电报如欲托电局校对者，加收四分之一校对费。此项校对电报，可以“校”或“Te”为标识。

一，预付回电费

发报人欲收报人发寄回报愿为预付报费者，得于发报时预付报费。此项电报以“回……”或“Rp……”（空格书预付回报费字数）为标识。如欲付紧急回报费，以“回急……”或“Rpd……”为标识。预付字数务须注明，否则不为代收。

收报局收到前项电报时，附送凭单一纸交与收报人凭此寄回报。如所用报费不及预收之数，或竟不用此费发报者，可于三个月内将凭单交由收报局，通知原发报局查明，将报费退还原发报人。惟所余之数不及二角者，概不退还。

预付回报费电报，如无法投送，或收报人不顾收受，应由收报局用纳费公电通知原发报人，其报费即在预付回报费内扣除。

一，退费

凡遇下列各项情事得请退全费：一、凡因电报局之误致电报不能交到收报人者；二、因线路阻滞电报稽留未经发报人要求注销者；三、因电报局之误致电报到达较迟于邮递者；四、凡密语校对电报或明语电报因报局传递错误而成无用者，若已用纳费公电更正者不在此例；五、预付回报费凭单票留存在局未交收报人者；六、凡预付回报费电报之报费及其回报费，因原电或回电为电报局传递错误以致不能得其效用者；七、因错误而发之查问电报费（按字计算），如查其错误系属于电报局者。

一，电报挂号

收报人如欲将姓名、住址缩写为一字者，可预先向当地电报局挂号。每年收挂号费大洋十二元。

各省电报局名

直隶：昌黎　张北县即张家口　张家口桥东　朝阳府　承德府即热河　正定府　赤峰　秦皇岛　锥子山　阜新　河间府　怀来　开鲁　开平　高碑店　高村　建平　经棚　古北口　良各庄　临城县　凌源县即建昌县　林西县　永平府　滦州　马厂　密云　北戴河　北京国务院　交通部　教育部　陆军部　南苑　海军部　内务部　北京北分局　大总统府　北京西南分局　参谋部　北京前门分局　外交部　北京西分局　平原　泊头镇　山海关　闪电河　石家庄即枕头　什巴尔台　顺德府　宣化府　绥东　大沽　大名府　塘沽　唐山　天津　天津城局　天津北分局　天津南分局　多伦诺尔　沧州　井陉县　清苑县即保定府　通县即北通州　围场厅　乌丹城　永年县即广平府　丰台　龙化县　丰宁　宁县即定州　高邑　挂印屯　永定河　获鹿　易州　邯郸　兴河城　柴沟堡　小范镇　高阳　辛集（附铁路电局：芦台　北塘　定州　新城）

奉天：安东　长白府　昌图府　朝阳镇　锦州府　法库门　凤县即凤凰城　抚顺　海城　海龙府　兴京府　恒仁县即怀仁城　义州　开原　开原分局　沟帮子　公主岭　辽阳县　辽源州　临江县　龙王庙　八道江　北镇　山城子　沈阳县即盛京　盛京分局　西安县　西丰　新民府　岫岩　绥中县　四平街　大孤山　兆南府　大东沟　铁岭　辑安　东丰县即东平　通化县　通江子　牛庄即营口　牛庄即营口分局　青堆子　庄河县　八面城　范家屯　通辽镇　黑山县　新立屯　孙家台　东边　舟山县　八道沟　柳河县　开通　彰武　锦西

吉林：阿城县即阿什河　长春即宽城子　方正县　富锦县即富克锦　扶余

县即伯都讷　珲春　依兰县即三姓　伊通州　佳木斯　吉林　郭尔罗斯　拉哈苏苏　宁安县即宁古塔　农安　额木县即额木索　磐石县　宾州　滨江县即哈尔滨　双城县即双城　小城子　新甸　德墨利　延吉厅　榆树县　桦川县　长岭县　双阳县　伏龙泉　万里河洞　一面坡　横道河子　海林　穆稜县即穆稜站　绥万河　掖河即铁岭河　下九台　汪清细鳞河　秦家岗

黑龙江：瑷珲　肇州厅　海伦厅　海兰泡　兴化镇　兴龙沟　呼兰县即呼兰　呼玛县即库玛　奇乾河　林甸　龙江县即齐齐哈尔　龙门镇　漠河　讷河厅　嫩江府　拜泉　巴彦州　绥化府　泰来镇　大赉厅　通北县　望奎镇　三道沟　昂昂溪　青冈县　通河县　兰西县　海拉尔　黑尔根　安达县　富拉尔基　扎兰屯　博克图　兴安岭　扎冈　扎兰诺尔　满洲里　奇克特　克山　二克山　汤原

河南：安阳县即彰德府　郑州　正阳县　周家口　驻马店　潢川县即光州　开封　汲县即卫辉　鸡公山　荆紫关　观音堂　临汝县即汝州　罗山　洛阳县即河南府　南阳府　商邱县即归德府　陕州孝　义镇　新乡　信阳　许昌县即许州　道口　焦作　清化　沁阳县即怀庆府　武安　武陟　叶县　郾城即漯湾河　禹州　邓县　兰封　方城县即裕州　汜水县　升平县明港　西平县

山东：昌邑　城阳　周村　诸城　韩庄　茶泽县即曹州府　胡家岸　虎头崖　黄县　惠民县　益都县即青州府　日照县　高密　贾庄　腰州　巨野县　官庄　广饶　莱阳　聊城县即东昌府　历城县即济南府　济南府商埠　临清州　临沂即沂州府　雒口　龙口　篷莱县即登州府　平度　博山　沙河　单县　十里堡　宋家集　泰安府　台儿庄　大郭家　郯城　陶城堡　道旭　大汶口　德州　滕县　铁匠庄　曹县　齐河　即墨　清河镇　青岛　济宁　楱霞　滋阳县即兖州府　威海卫　潍县羊角沟　掖县即莱州府　烟台即芝罘　郓城县　石岛　平里店　章邱　金乡县　文登　朱桥　高村　金家口　临城　冠县　峄县　枣庄　昌乐县

山西：丰镇　汾阳县即汾州　韩阳镇　侯马　霍州　祁县　归绥县即归化厅　临汾县即平阳府　包头镇　平定州　平遥　萨拉齐　忻州　代县　太谷县　大佘太　大同府　碛口　五原县　阳曲县即太原府　运城　璐安府　泽州

陕西：长安县即西安府　凤县　凤翔县即凤翔府　延安府洛川县　龙驹寨

南郑县即汉中府　宁羌县即宁羌　邠州　三原县　西乡　潼关　石泉县　安康县　大荔县　白河县　蜀河镇　泾阳　同州　陇县

甘肃：安西　张掖县即甘州府　皋兰县即兰州府　泾川县即泾州府　酒泉县即肃州府　固原　陇西即巩昌府　宁安堡　宁夏府　平番　平凉　西宁府　导河县即河州　磴口　天水县即秦州　定西县即安定　狄道州　武威县即凉州府　清水县　徽县

新疆：阿克苏县即温宿　承化寺即阿尔泰　哈密　伊宁县即宁远县　伊尔克斯塘　奇台县即古城　库车　库克申仓　巴楚县即玛拉巴什　疏附即喀什噶尔　汉城　绥来　绥定则伊犁　塔城即塔尔巴哈台　迪化府　精河厅　吐鲁番乌苏厅　焉耆县即哈拉沙尔

四川：长寿　成都　忠州　中渡　奉节县即夔州府　酆都县　涪陵县即涪州　汉源县即清溪县　合川县即合州　宜宾县即叙州府　康定县即打箭炉　剑阁县即剑州　綦江　广元　梁山　乐山县即嘉定府　泸州　绵阳县即绵州　南充县即顺庆府　南川　内江　巴县即重庆府　小桥驿　西昌县即宁远府　新津县遂宁　叙永县即永宁府　垫江　资中县即资州府　自流井　万县　巫山　五通桥　雅安县即雅州府　越巂　永川　云阳县　中壩　三台县　阆中县　灌县　贸县　松潘　大竹　资阳县　茂州　保宁　三博　三汇　隆昌

贵州：安顺府　镇远府　赤水厅　重安江　兴义县即黄草坝　黔西州　贵阳　南龙县即兴义　毕节　松坎　大定府　遵义　铜仁　铜梓　威宁　独山　荔枝

湖北：安陆县即德安府　长阳　钟祥县即安陆府　恩施县即施南府　汉阳府　黄冈县即黄州府　黄陂　宜昌　宜都　江陵县即荆州府　嘉鱼县　蕲春　荆门　公安　广水　来凤　老河口　利川　庙河　白洋　宝塔洲　巴东　蒲圻　沙市　沙洋　夏口县即汉口　襄阳府　孝感　仙桃镇　新堤　大冶　潜江　秭归县即归州　武昌　武穴　羊楼峒　阳新县即兴国州　郧县即郧阳府　崇阳　通城　资邱　马鞍山　浩子口　野山关　大枝坪　小桥驿　随州　监利县　兴山　黄梅县　江口

湖南：长沙　常德　郦州　城陵埠　辰溪　芷江县即沅州　株洲　凤凰厅　衡山县　衡阳县即衡州府　洪江　晃州　江华　祁阳　耒阳　澧州　醴陵　零

陵县即永州府　临澧县即安福宁乡　宁远　宝庆　湘乡　湘潭　湘阴　道州　桃源　津市慈利　益阳　岳阳县即岳州府　阮江县　阮陵县即辰州府　永丰　永明　武冈州　新宁县　汉寿即龙阳　溆浦　浏阳　攸县　茶陵　新化　东安　桂阳县　桃花坪　新田县　平江县

江西：安源　樟树　丰城县　河口　湖口　宜春县即袁州　赣州　吉安府　景德镇　九江　牯岭　临川县即抚州府　乐平　南昌　萍乡　鄱阳县即饶州府　上饶县即广信府　新喻县　大庾县即南安府　德安县　进贤县　万安县　吴城　余江县即安仁　永修县即建昌县　万载　武宁　信丰　修水　会昌　贵溪　玉山县　广丰　南丰　广昌　南城　石镇街　雩都

安徽：正阳关　凤阳　阜阳县即颖州府　合肥县即卢州府　怀宁县即安庆府　霍山县　贵池县即池州府　六安州　蚌埠　亳州　寿州　舒城　宣城县即宁国府　宿松　太湖　当涂县即太平府　大通　秋浦县即建德县　桐城　屯溪　芜湖　乌衣　颍上县　殷家汇　荻港镇　采石　深渡　宿县　霍邱　怀远县　滁州　泗州　五河县　临淮关　婺源县

江苏：常熟　陈家港　震泽　众兴　川沙　福山　海安　海门厅　兴化　浒浦口　淮安府　宜兴　如皋　高邮州　江宁县　即南京　南京鼓楼　江都县即扬州府　姜堰　江阴　灌云县即板浦　涟水　浏河　溧阳县　南通县即通州　宝应　浦口　上海　上海制造局　盛泽镇　十二圩　沐阳　下关　象山　响水口　仙女镇松江府　宿迁　泰兴　泰州　唐家闸　丹徒县即镇江府　丹阳　大伊山　清江浦　青浦　崇明　东海县即海州　铜山县即徐州府　徐州府分局　东台县　吴淞　吴县即苏州　吴江　无锡　武进县即常州　窑湾　邵伯　江浦　久隆镇　盐城　阜宁　界首　汤泉　南汤山　东沟镇　福山　东坎

浙江：乍浦　镇海　衢县即衢州府　诸暨县　海门　杭县即杭州府　杭州江干　杭州拱宸桥　黄岩　嘉善　嘉兴　江山　金华府　兰溪　临海县即台州府　龙山镇　莫干山　南浔　宁海县　鄞县即宁波　平湖　浦江　绍兴府　萧山　德清　缙云　崇德县即石门　桐乡县　吴兴县即湖州府　武康　武义　永康　永嘉县即温州府　余姚　曹娥镇　建德县即严州府　嵊县　丽水县即处州府　淳安县　奉化县

福建：长门　长汀县即汀州府　诏安　晋江县即泉州府　涵江　惠安县

建瓯县即建宁府　嘉岭　龙溪县即漳州府　龙岩州　马尾　闽侯县即福州府　闽侯县城即水部　福州上杭街　南平县即延平府　浦城　三都　上杭　川石山水口　思明县　即厦门　平和　云霄　峰市　永定　建阳

广东：潮安县即潮州府　陈村　蕉岭县即镇平县　长冈　化州　佛山　防城　虎门　香山　兴宁县　海丰　海康县即雷州府　香港　合浦县即廉州府　河源　琼山县即海口　江门　江门洋关　高要县即肇庆府　曲江县即韶州府　老隆　廉江县即石城　灵山　连滩　罗定州　陆屋　梅县即嘉应州　武利　茂名县即高州府　那丽　那良　南雄　岸步或名安铺　北海　白沙　平远县　宝安县即新安　博罗　番禺县即广州府　三水沙角炮台　沙面　石龙　水东　深圳　顺德县即大良　小董遂溪　新昌　新塘　汕头　德庆　电白　清远　前山　徐闻　松口　东兴　东莞　惠阳县即惠州府　威远炮台　黄埔　乌石　钦州　恩平　阳江　英德　悦城　平儒洞　梅菉　西南　猪头山　黄岗　平山　台山

广西：昭平　镇边　全州　崇善县即太平府　中渡　富川县　横州　兴安　兴业　宜山县即庆远府　江口　恭城县　贵县　桂林　桂平县即浔州府　果德县即果化　来宾县　勒竹　禄丰　隆安县　龙州　隆邦　马平县即柳州府　八步　平乐　平马　平孟　平南县　宾阳县即宾州　百色　上思　硕龙　藤县　驮卢　苍梧县即梧州府　靖西县即归顺　迁江　郁林　永淳　武鸣　永福　南宁　八渡　罗里　恩平　长安镇　钟山

云南：阿迷州　阿墩子　昭通　中甸厅　富州县即富州厅亦即普厅　鹤庆　河口　建水县即临安府　个旧场　昆明县即云南府　曲靖府　广南府　丽江　鲁掌　马关县即安平厅　麻栗坡　蒙目　普洱县即普洱府　保山县即永昌储　碧色寨或名壁虱寨　剥隘　顺宁　下关　小辛街　宣威　思茅　他郎　大理府　腾冲县即腾越厅　青龙厂　楚雄　东川　通体系　文山县即开化府　盐津县即老鸦滩　永平县　元谋　云龙县　蛮耗　蛮允

蒙古：库伦　买卖城　滂江　叨林　乌得　二连

（九）邮政

说略

上海邮务管理局在北四川路，第一支局在城内福佑路，第二支在城内肇浜路，第三支在南市外马路，第四支在浦东河塘街，第五支局在西华德路十五十六号，第六支局在西华德路二五〇一号，第七支局在北四川路七六号，第八支局在界路火车站对面，第九支局在卡德路中，第十支局在新闸路，第十一支局在南京路口路口西首，第十二支局在法租界恺自尔路，第十三支局在法租界天主堂街，第十四支局在海格路二〇二号，第十五支局在南市里马路，第十六支局现时停办，第十七支局在闸北共和路，第十八支局在霞飞路，第十九支局在杨树浦路，第二十支局在徐家汇，第二十一支局现时停办，第二十二支局在曹家渡，第二十三支局在静安寺。快信挂号信及一切邮件，支局均可收寄，惟包裹则仅管理局收寄。

中华邮政寄费表

类别		重量等数	中国境内					外洋各国		
			蒙古新疆以外各省		蒙古新疆			邮会各国	日本朝鲜等处	香港澳门威海卫等处
			本埠	外埠	就地投送	各局互寄	与各省互寄			
普通	信函	起重二十公分	一分	四分	二分	六分	九分	一角	四分	四分
		每加重二十公分	一分	四分	二分	六分	六分	六分	四分	四分
	明信片	单	一分	二分	二分	三分	四分	六分	二分	二分
		双	二分	四分	四分	六分	八分	一角二分	四分	四分
	新闻纸类	五十公分		半分		一分	一分半	二分	半分	二分
		一百公分	半分	一分	一分	二分	三分	四分	一分	
邮件	书籍印刷品类	一百分分	半分	一分	一分	二分	三角	每重五十公分二分	一分	每重五十公分二分
		逾一百至二百五十公分	一分	二分半	二分	五分	三角		二分半	

（续表）

<table>
<tr><th colspan="2" rowspan="3">类别</th><th rowspan="3">重量等数</th><th colspan="5">中国境内</th><th colspan="3">外洋各国</th></tr>
<tr><th colspan="2">蒙古新疆以外各省</th><th colspan="3">蒙古新疆</th><th rowspan="2">邮会各国</th><th rowspan="2">日本朝鲜等处</th><th rowspan="2">香港澳门威海卫等处</th></tr>
<tr><th>本埠</th><th>外埠</th><th>就地投送</th><th>各局互寄</th><th>与各省互寄</th></tr>
<tr><td rowspan="2">邮件</td><td rowspan="2">货样类</td><td>一百公分</td><td>一分</td><td>二分</td><td>二分</td><td>四分</td><td>三角</td><td>每重五十公分二分</td><td>二分</td><td>每重五十公分二分</td></tr>
<tr><td>二百五十公分以内</td><td>二分</td><td>五分</td><td>四分</td><td>一角</td><td>三角</td><td></td><td>五分</td><td></td></tr>
<tr><td colspan="2">单挂号</td><td>每件除普通</td><td>五分</td><td>五分</td><td>五分</td><td>五分</td><td>一角</td><td>一角</td><td>五分</td><td>一角</td></tr>
<tr><td colspan="2">双挂号</td><td></td><td>一角</td><td>一角</td><td>一角</td><td>一角</td><td>二角</td><td>二角</td><td>一角八分</td><td>二角</td></tr>
<tr><td colspan="2">快信</td><td>邮资外另加</td><td>一角</td><td>一角</td><td></td><td></td><td></td><td>二角</td><td>一角</td><td></td></tr>
<tr><td colspan="2">保险信</td><td>每件除普通邮资外另加</td><td colspan="2">民保险类百分之一
收费至少一角起算</td><td></td><td></td><td></td><td></td><td></td><td></td></tr>
<tr><td colspan="2" rowspan="2">包裹类
一千公分</td><td>五千公分</td><td>一角</td><td></td><td>单纯费二角</td><td></td><td></td><td></td><td></td><td></td></tr>
<tr><td></td><td>单纯费二角
递加一角</td><td></td><td>四角
递加二角</td><td>一元二角
递加六角</td><td>另有国际包裹寄费可向邮局询问</td><td></td><td></td><td></td></tr>
<tr><td colspan="2">汇费</td><td colspan="9">汇费各处多寡不等可向发票局询问</td></tr>
</table>

说略：

一、重量每二十公分约重库平五钱三分六厘。

二、寄交国内各处之信件以重五千分公为限，寄交国外各处者以重二千公分为限。

三、寄递信件邮资均须纳足，否则递交时向收信人加倍索取。

四、新闻纸书籍等件均须露封，否则须照信类纳费。

五、每重不及额定之公分数目者亦照额定数目纳费。

六、关东租借地之快递事务只得以书交该，处投递局二日里以内地方之邮件为限。日本所属之库页岛及太平洋诸岛现尚未通快信。

七、外洋各国之快递邮件只能向限定之各国发寄。国名备有清单，可向邮局查询。但此项快递邮件必须挂号方能给予收据。

八、中国境内寄递包裹按路途之远近，分别收取一单纯费至六单纯费，寄递时可向邮局询明。

寰球中国学生会特刊 1926

京沪航空开始搭客

——时实行飞机寄报

交通部沪蓉航空沪宁段廿五晨七时开始装载乘客，飞往南京，并同时实行飞机寄报。兹分录各项情形如下：

驾驶机师

昨日为沪蓉航空线沪宁段实行乘客及装载报纸之第一次，飞机为沪蓉第一号，由美飞机师麦克利及华机师周璜。

装载重量

昨载乘客四人，为吴理华、陆锡侯、陆锡藩。余一人本为铁道部长孙科。后因孙部长须于昨晨八时前抵京，参顶铁道部署奠基典礼，故改乘前晚夜快车返京。余一座乃由陆子良垫补。沪蓉航空管理处即将各人分别磅秤体重，其重量连同飞机快报四千七百格兰姆，及两飞机师体重，共约计一千余磅。据朱凤藻站长言，该飞机能载重约二千磅，现因保护安全起见，故特加以限止。

抵京时间

沪蓉一号于七时一刻飞往南京，于八时五十分抵宁。乘客四人均称平安异常。飞机快报，即交飞机快报贩卖所，分别送交各报馆指定各机关各定户。

飞回情形

沪蓉第一号抵京后，两飞机稍事休息，即于九时三十分飞回上海。由京来沪之乘客则有西人一人。抵沪后，绕行全沪一周，于十一时二十分始降下飞机场。

售票计数

由沪飞宁第一天至第三天之客票，已于前日完全售去。截至昨日下午，计上海站共售去二十张。由沪往宁、由宁回沪之来回票又可打九五折。据朱站长云本星期五有美国人二、奥国人一，均购买来回票。

稳安异常

沪蓉航空管理处主任聂开一，以飞机座客谅系初次搭乘者，故转嘱飞机师于驾驶上升下落时徐徐而行。如飞机转弯时向系侧向一方，聂主任亦恐乘客饱受虚惊，故亦嘱飞绕一转弯，力求驾驶稳妥。

汉线筹备

聂开一主任以沪蓉航空沪宁线飞行以来成绩甚佳，乃拟继续创办由上海到汉口航空线。聂主任已派人前往接洽，一俟就绪，当亲乘飞机驰往汉口。并悉沪汉线实行后，将自办一飞机厂，以便自制各种另件。盖飞机上如遇有另件损坏，而仍须至美车订购，则须时须费两不经济，故拟自办一飞机厂较为便利也。

兴华 1929，26(34)

上海县公路计划

吴文华

上海自特别市成立、市县划分之后，城厢附廊以及四乡繁盛之区，几尽划归市府。县辖各区，除闵行外，其他各乡镇大率规模隘小，设施陈旧，不特工商业卑无足道，即宿以棉稻着闻于世之农业亦有江河日下、不可终日之势。症结所在，交通梗塞实为主因。故居今而欲建设新上海，开发各乡镇，舍兴筑全县干支各路，其道莫由。路政修明，各乡镇连络一贯，然后县镇之间如臂使指，血脉贯注，呼吸通灵，不仅运输便利，农业发皇，即电炬、电报、电话等各种新设施，势必随道路推展以及于全县，因之而振兴工艺，推广商业，普及教育，期以十年，必可一新耳目，改易视听。此非期许过甚之词。苟全县人士同德一心，共以公路为必趋之的，而督促此计划之实施，则理想之终成事实，特时间之早晚问题耳。

上海县政府本在城厢以内自县市划分。城厢区划归市府，而县府所在地遂远在市府辖区之内。距县府所辖各乡，至近者且有十三四里之多，不特行政上诸多不便，于建设上亦失其重心。业奉厅令指定以全县适中地之北桥附近为新县府之所在地。故现定公路计划即以北桥为纵横两干路之交叉点。其余重要镇市之不在干路范围以内者多设支路，以收相互联络之效。务使全县道路，脉络贯通，庶无呼应不灵、交通阻滞之病，而后各项建设得以附丽而行，新上海之实现庶几乃可计时而期其必成矣。兹将斟酌现在情形，规定全县干支各路线如下。（将来地方发达，交通需要激增时，当再谋第二步之规划，姑从略。）

（甲）干线

（一）南北线

从特别市之漕河泾入县境，经颛桥北桥闵行而入奉贤县境。此线已由商办，定名为沪闵南柘路。在县境内者约长二十余里。

（二）东西线

从南汇县之天花庵起，经桥头陈行越黄浦，再经外车沟塘湾北桥马桥以达上松交界之汇桥。全县长约三十七里。东接上南汽车路，西接松江县，遂横贯全境，而联络黄浦两岸为一气，实为目前需要最殷之路。现分两段兴筑：（子）北汇段；（丑）天北段。

（子）北汇段：北段系从北桥镇起，沿俞塘迤西，经马桥镇以达汇桥，与松江县道衔接。全段约长十二里强。于十八年冬季开始征工兴筑，现在路基业已筑成，全部工程当可于本年度告竣。

（丑）天北段：北段路线之在浦西（即北桥至外车沟一段），现在着手规划，一俟北汇段工程告竣，即当开始兴筑，以树全县东西交通之骨干。

（三）长闵线

从特别市边界之长桥镇起，经关港外车沟沿黄浦南行至土嘴角，折西南行以达闵行。全线约长三十五里。此线自开港以至闵行，均与黄浦平行。路线所经，拟距离黄浦五六百尺，以备建筑码头推栈工厂等之需。如是一方可借黄浦之水，利以开发浦滨，一方更资陆路之交通，以发展内地水陆交相为用。十年以后，此线所经，必将一跃而为全县工商要区，发达之速，势有更过于纵横二干线者。故此线工程虽大，且以政治目光观其重要，容或不如上二线，特就实业之发展计，则其建筑实有不宜或缓者。因列入干，而期其必成焉。

(乙)支线

(一)华士线

从华泾起，南行经曹行塘湾，折东南行而达士嘴角。全线约长二十三里。此线大率与长闵线平行，而作用不同。长闵线主要在利用黄浦之天然形势，以发展本县之工商业，华士线主要在连接各乡镇与东西线交于塘湾，与长闵线会于士嘴角，直接与各乡镇居民以交通上之便利焉。

(二)华东线

从县境东北边之东三林镇起，西南行经西三林镇，至王家渡浦西行而达华泾镇。全线约长十四里，为东北边境主要道路。浦东各乡镇端赖此线以连络一起，借与干线相通，故其作用与华士线同。而以北境道路之较少，其重要乃视华士线为更甚焉。

(三)松闵线

从闵行镇西北行，经吴会镇达汇桥，以与松江界之松汇线接。全线长约十四里。在全县各线中，比较次要，当最后兴筑焉。

此项公路计划，如能见诸实行，有三大干线以贯通四境，有各支线以联络内部，必能使全县各镇声气相通，各项新建设亦均可附丽进行，一一见诸实施，而实现一鼎新之上海焉。以上各路，仅就观察所得，规划大概，在未经详细测堪以前，殊不能有精确之预算。顾以大概价格，每里约需银四千元，计除已成及正在兴筑各线不计外，全县路线尚有一百十一里之谱，约需银四十四万四千元。依征工筑路计算，约省土方银十分之一，亦需银四十万。以现在县库贮藏之支绌，地方财力之困穷，筹集巨款，诚非易事。顾及今不图，则十年百年以后，依然故吾，不特阻碍全县之进展，且大上海计划亦必将因之大受打击，而婉转呼号于衣食住行四大问题下之上海人民乃终无由得解放之途。是在我全县人民之通力合作，急起直追，视公路为解放之途、筑路为自救之策，而竭全力以赴之，则虽蒙痛苦于一时，而路成以后，举凡土地价值之增高，农工商业之进展，所增将必什百倍于今兹，而食其利者仍属我上海之人民。一时之痛苦，百年之福利，东隅之失，桑榆之收，亦何惮而不为哉？若蹉跎坐视，悉委其任于县府，以全年建设经费仅一万余元之上海，尚有何时可为？则此计划也终成其为计划焉耳！利害所关，尚祈全县人士深计而熟图之。

道路月刊 1930，30（3）

民国十四年至十九年上海进口汽车统计

年份	汽车		机械自行车		其他各式汽车
	辆数	价值（单位：两）	辆数	价值（单位：两）	价值（单位：两）
十四年	三一六九	三八一二九一四	三六二	八四四八二	二二五六八九四
十五年	四四九九	五一〇七一七	六五五	一九三七四六	三五三三九三一
十六年	三三二九	四〇二二八四八	四一九	一三四四六〇	三五二三一三九
十七年	四一〇九	四九六〇二〇五	五七〇	一九七一九八	五〇四二七三三
十八年	八七八一	一一五〇一四一一	七〇七	二一二七五七	五二六一四九四
十九年	四四五五	七五八一八九〇	五〇三	二五〇八七三	九四九七八九四
总计	二八二八六	三六九八〇九八五	三二一六	一〇八四六一六	二八一一四一五五

上表依据上海公共租界工部局车务处报告，惟其车辆，不以应用于该管区域内或上海者为限。统计此项汽车之制造工厂，约四百家，然以二十家之出品，占全数之半。就中进口最多之公司，为福特(Ford)、别克(Buick)、马立师(Morris)、克立司雷(Chrysler)、飞挨脱(Fiat)、李脑(Renault)、奥斯丁(Austin)、雪佛莱(Chevrolet)等十五汽车公司。

申报年鉴 1933

上海附近长途汽车公司交通营业概况调查

民国廿三年十月服务部调查

一、沪太长途汽车公司

沪太路自上海闸北为起点，迄太仓县之浏河，一切事运营业均由沪太长途汽车公司办理。计分干支各线如左：

上海至浏河干线(二七.〇〇〇公里)，上海至嘉定支线(三〇.六三六公里)，吴淞至刘行支线(一四.三五九公里)，宝山至吴淞(五.二九七公里)，宝山至刘行(一三.三六〇公里)，刘行至杨行(六.八九六公里)，杨行至宝山(六.四六四公里)。

沪浏线路面用煤屑铺垫。桥梁多数木面，用铁筋水泥建筑者只有二座。养路办法，随时就近处雇用乡人，每名每日工资三角五分，至高为三角七分至四角。

(一)沪浏线客车，每日由上海开至浏河七次，由浏河开上海七次。每月平均乘客人数三四万，票价收入二三万元。

大客车有大蒙天牌及盆士(Benz)柴油机，小客车有雪佛兰牌，统共二十六辆。大客车可容三十四人。每次客车由上海至浏河，消耗汽油一加仑半。若用柴油亦相同。每月共费三千加仑之谱。

大站如上海、大场、罗店、浏河、嘉定等，设有站长一人，管理售票兼轧票职务。其余小站设售票员兼管各种站务。

车票分单程卡票、来回票、团体票等。

（二）沪嘉支线，每日客车来回亦开七次。每月平均乘客二三千人，票价收入约一千余元。

（三）淞城刘支线，起自吴淞镇，经过三官堂站、宝山城站、杨行站，再接沪太干线之刘行车站。计长一四.三五九公里。吴淞镇至杨行，每日来回客车各十五次，载客平均每月五六千人，票价收入一二千元。此段近与京沪铁路联运，起自上海北站，经过吴淞镇站，到杨行站为止。杨行至刘行一段，因旅客甚少，不在联运之内，每日客车来往各六次，客票收入不满六七元。各段均无货运。

查刘行车站左近，有路线一条，可达广福而至南翔。若能加工修筑而行汽车，俾与沪太接连，更可发展交通增进营业也。

二、沪闵长途汽车公司

沪闵路线计长二九.二三公里，为沪杭公路之一段。其起点上海国货路，迄至闵行镇，渡江（闵行轮渡）衔接浙省公路局管辖之乍浦平湖车站，直达杭州。联运暂以沪闵之上海车站至浙省公路局之乍浦平湖两站为止。此外由北桥站尚可通达松江，与上松长途汽车公司亦订有联运。

路基三合土填底，路面铺以煤屑，桥梁多数为木面。

每日沪闵客车来回共行十八次。每月平均载客一万八千人，收入票款一万元。以上海、漕河泾、北桥及闵行四站之旅客为最多。行李收入一百余元。每月包车收入平均一百元。通行税收入七百余元。

以上系就夏季调查时营业情形而言，秋季较之稍增。车辆设有大客车十二辆，均系英国制造，Bedfood牌，载足每辆可容三十三人。公司不办货运。

客车每次行驶全路，需用二加仑半汽油。车行速度每小时二十五公里。每月平均汽油机油需用一千七百六十加仑，价值一千三百余元。连修理维持车胎等费，统共三千元之谱。养路消耗费用，每月工具煤屑工程车等需一千四百余元。

全路设有车站十处。站长十名，售票四名，司机十五名，工程师一名，事务员等十三名，其余工役四十五人。薪工火食每月支出在二千三百元上下。

车票分十种颜色，有单程及来回等。单程票当日有效，来回票期为七天，以售出之日起算，逾期作废。联运票闵行输渡费包括在内。

现在乍浦、平湖两处联运。设有儿童半票。惟由上海至闵行沿路各站则无售半票之例。

沪平、沪乍二种联运来回票价并无折扣，只按联票两个单程之票价略减。

沪平联运班车每日各开四次，专载客人。

行李以手提小件不占坐位者免费，其余须购行李票。每件在十五公斤以内收费一角，廿公斤收一角五分，廿五公斤收二角，轮渡费包括在内。如超过廿五公斤，物件过于笨重者，须于起运前接洽代理运办法。行李运抵目的站，即须提取。如逾三小时不提，倘有遗失，公司不负责任。但行李寄存车站内者，每天每件又须收寄存费一角。

三、上松长途汽车公司

上松路开办于民国二十一年十月间，起自松江迄至北桥车站，计长一八.五〇公里，与沪闵路相接，南通闵行，北至上海，均于北桥站接换车辆。

该路因运输量不多，路基建筑用三合土为底，面加铺煤屑。沿路之桥梁，多数为木面，水泥建造者只有一座。

每日客车开行来回十六次，载客平均二百余人。每月平均六千余人，票价收入三四千元。

车辆有大客车六辆，小客车三辆，拖车一辆，货车无。所有车辆均是英国倍德牌(Bedfood)。大客车座位坐足三十三人，小客车可容四人。每次客车行驶全路，消耗汽油三加仑。车行速度每小时按三十英里。每月平均用油九百加仑之谱。

养路每月消耗费用平均四百元。

职员计站长九人，售票、稽查各一人，工程师一人，司机六人，工务员等十六人，机匠三人。每月平均支出薪工等费六百九十元。

上松、沪闵两公司办有联运。联票分为单程来回两种。单程票不拘远近，凡越过彼此界限之外均售大洋八角。来回票只有上海、土山湾、华阳桥、新东门、罗神庙(现改城中站)、竹竿汇(现改新西门)、马路桥(即松江总站)。以上七站出售之来回票价均为大洋一元二角，系按单程价八角加倍计算略为减少也。

松江至北桥间之车站，沿途大小设有九站。其中有俞塘站，系一代办站。

汇桥站建有木栅门一所，车墩站无房屋，亦无售票所，乘客可招呼停车，只站时再补收车费也。

北桥站基系属沪闵路，站屋则为该公司建造，各站内关于旅客布告等等，无系旧物。新站名亦未加改正。松江总站客车即停于厂外路中。时间一至，吹笛开车。未设出进之路并停车之处。各站站名多写于附近墙壁上，每有字迹过小、不易辨识者。

附近松江尚有一路，现在筹筑中。桥梁已建筑完竣。此路将由松江起点，经泗泾、七宝等处，直达上海闸北为止。

道路月刊 1934，45（2）

上海建筑市中心区铁路

上海市政府为发展市中心区起见，将与铁道部合作，建筑市中心区铁路。已命由京沪、沪杭甬两路局办理。此次铁路，决在淞沪路铺筑支线，直达三民路。该支线可由江湾站附近之沪淞支线第六、五公里筑起，直达市中心区，须填土四千二百立方尺，建筑木桥两座，站屋及月台一座，需工费约三万八千元，不日即可开始建筑云。

铁路月刊：津浦线 1935，5（3）

上海的航空

中国航空公司

上海民用航空事业，创始于民国十八年。十九年七月，国民政府交通部与美飞运公司订立新合同，合组中国航空公司，经营下列诸线之航空邮运事项：

第一线：上海——南京——九江——汉口——宜昌——万县——重庆——成都；

第二线：南京——徐州——济南——天津——北平；

第三线：上海——宁波——温州——福州——厦门——汕头——广州。

该公司正式营业以后，所经营之上海成都线、上海北平线及上海广东线，共长四千二百八十千米。更预定两项新路线，一为重庆云南线，一为成都拉萨线。最近又欲与泛美航空公司缔结契约，发展广东马尼拉线。目今盛传之太平洋横断航空路，殆即将于马尼拉与此线相衔接也。

上海成都线，全长一九七三千米。共分为三区，上海汉口间为第一区，每日开航；汉口重庆间为第二区，每周于月、水、金曜各日通航；重庆成都间为第三区，每周月、水、金、土曜各日通航。其所收客运之费，略如下表：

上海至南京	四〇元
上海至九江	一二〇元
上海至汉口	一五〇元
上海至重庆	四五〇元
上海至成都	五五〇元

至于航行所需时间，则上海至南京为二小时十五分钟，上海至九江需经五时二十分，上海至汉口需七小时，由汉口飞至重庆亦需七小时，而由重庆飞成都则需二小时云。

上海广东线，全长一六二二千米，所需时间，连中途着陆时间在内，共计八小时三十分。每遇火曜日及金曜日开航。其客运之收费，计上海至福州为一百三十元，上海至汕头二百元，上海至广州为二百七十元。

上海北平线，全长一二八八千米，每周逢水曜、金曜及日曜开航，所需时间，连中途着陆时间共计，需九小时。客运之收费，计上海至青岛一百元，上海至天津一百六十元，上海至北平为一百八十元。

欧亚航空公司

民国十九（一九三〇）年八月，国民政府交通部又与德国汉沙航空公司缔结中德航空契约，组织欧亚航空公司，经营欧亚航空邮运事宜，总公司设于上海仁记路九十七号。其预定航路有三，即①上海——南京——天津——北平——满州里线，②上海——南京——天津——北平——库伦线，③上海——南京——甘肃——新疆线。

现时实际经营之路线，计上海西安线长一二九〇千米，北平广东线长二〇五〇千米，此外则或未实现，或仅有不定期飞航耳。

上海西安线：飞航时间需六小时。每周开航二次，水曜日自上海飞出，日曜则自西安飞出。客运收费，计上海至南京收三十元，上海至郑州收一一〇元，上海至西安收二〇五元。西安塔城线初曾开航，但因误飞蒙地，益以新疆政局不靖，致于停航。如经复航，则每周木曜自西安，土曜自塔城发。

北平广东线：全线分为平汉及粤汉两段。北平汉口线，每周水曜及日曜二次开航。汉口广东线，每周木曜及月曜二次开航。北平汉口间，飞行需经八小时，客运收费一三〇元。汉口广东间，飞行仅需五小时半，但收费则为二百元。

此外，兰州包头间，每周木曜自兰州发，金曜自包头发，所需时间为五小时，运费为三五〇元。

全国航空联运

我国交通部管辖下之航空公司，除前述之中国航空公司、欧亚航空公司外，复有西南航空公司。现交部为便利旅客及其他运输起见，拟定全国航空联运办法，中国及欧亚两公司已订定联运，西南航空公司亦已进行联运合作，此项工作，实益足以发展上海之空中交通也。

查国内航空路线经中国、欧亚、西南三公司积极发展后全国航空网大部已告完成，而关于全国航空联运办法，则中国及欧亚两公司近已着手实行，其办法为凡需经二个航空公司以上所辖航线而实行联运者，由出发航线所辖之航空公司，负责通知另一航空公司，代办联运客票等手续，例如有客须由上海往北平再转汉口者；则可由中国航空公司代办联运客票，搭客抵平后，转搭欧亚之平粤机飞往，可不用另购客票，而各公司则于每月底结算一次，至邮件方面亦系照以上办法进行联运，手续甚简单云。

至各公司各线联运接卸之日期及地点，其规定如下：①星期三欧亚平粤南行机，在郑州与沪新西行机联络；②星期六欧亚平粤北行机，在郑州与沪新东行机联络；③星期三及星期日之中航沪汉线西行机，在汉与欧亚平粤南行机联络；④星期二、星期六之中航沪汉西行机，在汉与欧亚平粤北行机相联络；⑤星期二及星期六之中航汉渝线东行机，在汉与星其三及星期六之沪汉东行机相联络；⑥星期一、三、五日之中航沪汉西行机，在汉与星期二、四、六之汉渝线西行机相联络；⑦一、三、五之汉渝线西行机，在重庆与渝蓉线星期一、三、五之西行机相联络；⑧星期三、五日之渝蓉东行机，在重庆与汉渝线星期四、六之东行机相联络；⑨星期二、六日之中航沪平线北行机，在平与欧亚平粤线星期三之南行机相联络；⑩星期二、六日之欧亚平粤线北行机，地北平与中航沪平线星期三之南行机相联络；⑪星期三欧亚之沪新线西行机，在兰州与包兰线星期四之东行机相联络；⑫星期五包兰线西行机，在兰州与沪新线星期六日之东行机相联络；⑬星期三、六西南公司之瑶龙线东行机，在广州与欧亚平粤线星期二日北行机，及中航沪粤线星期四之北行机相联络云。

大上海工商汇刊 1935

上海的铁道交通

上海的铁道交通虽然不及水道交通盛，但也占据很重要的地位。上海位于京沪铁道的终点、沪杭甬铁路的起点，市区内复有京沪路支线淞沪铁路，及京沪、沪杭两种的联络线。

京沪铁路，原名沪宁铁路，民国十八年后始改今名。由南京下关起，至本市闸北止，长三百十二公里。中日战争我方失败后，列强纷纷要求租借堆及筑路开矿特权，本路即光绪二十四年清政府所允英商承办的五路之一。光绪二十九年七月九日，由盛宣怀与英国银公司在上海订立《建筑沪宁铁路借款合同》，借款额为英金三百五十万磅，年息五厘，五十年后偿还，以既成之淞沪铁路暨沪宁路全路造成后产业地基作担保。契约发表，地方绅士群起反对，结果减少借款额为二百五十万磅。光绪三十年八月开工，至三十二年（一九〇六年）七月上海无锡段工竣，然资金已感不敷。英国银公司拟再发行债券一百万磅，为督办铁路大臣唐绍仪所阻，减为六十五万磅。直至光绪三十四年二月，全路乃竣工。今京沪路每日由上海开出客车十余次，分特别快车、快车、慢车及区间车等类，对于行旅，颇称便利。

由京沪路车站起，至吴淞炮台湾止，是线即为淞沪铁路，长十六公里又十分之一。同治七年(一八六八),英国实业公司讲定于上海附近筑一铁路通江湾镇,光绪二年(一八七六年)延长至吴淞镇,为中国最初之铁路。翌年,因辗毙一人,引起纠纷,遂由清政府出银二十八万五千两收回拆毁。光绪二十三年(一八九七年)四月开工重筑,次年三月竣工。今则与京沪铁路接轨,作为京沪铁路支线。现每日来往次数颇繁,每次相隔不过半小时耳。

其次为沪杭甬铁路。该路初名苏杭甬,亦系光绪二十四年清政府所准英商承办之路。沪宁铁路既竣工,英人要求继续订立建筑该路之正约。当时各地人民正运动争回路权,苏浙绅士竭力反对订约,清政府亦不肯轻易允许。交涉数月,乃改路线为沪杭甬,借英款一百五十万镑,约定管理权归中国。政府即将英款转借与苏路、浙路两公司,分头开工建筑。苏路沪嘉段于宣统元年(一九〇九)筑成,浙路杭嘉段亦同时竣工,是年五月举行通车式。宣统二年续筑宁波至曹娥江一段,民国元年底通车。民国二年至三年间,苏路浙路先后收归国有。杭州至曹娥江一段,因建桥工程之易进行,中途停顿,至今方再度兴工云。其已成各段,计自本市沪南车站路起至杭州闸口止,长一百八十六公里;宁波至曹娥江一段,长七十八公里。

沪宁、沪杭甬两路之联络线于民国五年筑成。自沪宁路麦根路站起,沿叉袋角迤西折南,越苏州河而达梵王渡,经法华、徐家汇,由漕河泾达龙华西首之黎角尖,与沪杭甬路相接,是为新龙华站,长十七公里。于是界路前之沪宁路车站成为沪宁、沪杭甬两路之总车站,通称为上海北站;而沪杭甬路原有起点之沪南车站路前的车站,称为上海南站。

沪杭甬路沪杭段,现时每日由上海开出客车,次数不及京沪路之一半,此则其在交通上之重要性稍逊于前者故也。

大上海工商汇刊 1935

二 仓 储

上海浙江兴业银行第二货栈之添设

上海浙江兴业银行上年为便利顾客堆存货物起见，特在英租界成都路一百七十二号，即新闸桥沿河设立第一货栈。历年以来，颇蒙顾客雇用，因是货物堆存极形拥挤，大有共不敷求之势，近又于老垃圾桥浜南苏州路第三十五六七号门牌添设第二货栈，已于阳历十一月一日开幕。所有一切章程，悉照第一货栈办理。该处水际交通，更形便利云。

银行周报 1920，4(42)

上海堆栈业之调查

堆栈一业，关系商业至巨。商家之堆积货物，转运出口，在在皆资其利用。而发行栈单，互相授受，尤为商业上及金融上莫大之便利。是故世界经济愈进化，则栈单之授受愈繁，而栈单之业务亦愈广。今日工商业发达之国，堆栈业与金融、交通各业同占市场上重要之位，良有以也。上海一埠，近数年来，码头堆栈事业日增月盛，逐步扩张，大有一日千里之势。盖自去年二月以后，各种洋货之进口大旺，而土货则堆存洋栈，呆滞不动。于是云屯雾集，愈聚愈多。各码头满坑满谷，无地可容。因而栈租上下力各费，乘此机会，纷纷增涨。其有现货进口上栈者，且须另缴贴费，否则即遭拒却，其损失将更巨。此种情形，各业皆然，而煤业所受之影响为最剧。幸数月后，出口货徐徐流通，进口货亦稍见减退，加以各大堆栈如太古、保隆、董家渡等栈又多着手扩充，或增广堆地，或建筑新栈，去年一年之间，本埠洋华商人之投资于斯业者盖数倍于往年也。下表为本年中最近所调查。凡已筑及尚在建筑者，一一分明地段，并志其经理之行名、堆货之种类。观此亦可见斯业发达之一班也。

浦东之南（江南船坞两面以至陆家嘴口）

国籍	经理行名	栈 名	堆货种类	域 址
美国	大来洋行	大来栈	外洋进口各种杂货、钢板、大五金、木材、煤炭	白莲泾
华商	壳件洋行	公记栈	煤炭	同上
同上	汉冶洋公司	汉冶栈	生铁、钢板、煤炭	白莲泾之北
美商	亚细细公司	亚细亚南栈即董家渡堆栈	火油桶箱及附属等物	董家渡之南
华商	壳件洋行	董家渡南栈即义泰兴南栈	煤炭、杂货、烟叶及各种	同上
日商	三菱公司	董家渡中栈即菱华栈	煤炭	董家渡
华商	壳件洋行	董家渡北栈即义泰兴北栈	煤炭	同上
日商	三菱公司	同春福栈	杂货、煤炭、海味、药材、白铅丝	张家浜
同上	大阪商船会社	大阪栈	杂货、杂粮、及米麦油、豆饼	张家浜之北
同上	同上	新大栈	杂货、煤炭、木材	张家浜之北
同上	大仓洋行	益昌栈	杂货、煤炭、米麦、海味	杨家渡之南
同上	元一行	元一栈	杂货、煤炭、南北货、建货	杨家渡
华商	招商局	杨家渡栈	杂货、颜料、油酒、煤炭及靛油	同上
英商	太古洋行	太古南栈	杂货、国外进口各物及黄白洋糖、煤炭	陆家渡
英商	太古洋行	太古北栈即华通码头	杂货、机件、洋糖及外洋进口各物	陆家嘴相近
英商	鸿安公司	鸿升栈	杂货、煤炭以及沙糖等物	烂泥渡

（续表）

国籍	经理行名	栈 名	堆货种类	域 址
沥商	隆茂公司	隆茂栈	棉花	陆家嘴口
法商	永兴洋行	永兴栈	煤炭及天外各物	陆家嘴老船坞隔壁

浦东之北（洋泾之西以至洋泾江口）

国籍	经理行名	栈 名	堆栈种类	地 址
英商	公和祥	旗昌西栈	栈器、钢轨、小五金、煤炭	洋泾之西
同上	公和祥	旗昌东栈	烟叶、竹节、钢丝、管子、煤炭、船钢板	洋泾之西
华商	招商局	华栈	铁条、竹节、钢铁、管子、旧铁、杂货	洋泾之中
日商	海洋社	海洋社栈	杂货、咸鱼、煤炭及天外各物	同上
美商	亚细亚	火油栈即亚细亚西栈	火油及附属等物	同上
英商	开湾矿务公司	开平栈	杂货、煤炭、火砖、红瓦	同上
英商	篮烟由公司	太古栈	杂货以及外洋进口大小五金、机件、白铁皮等物	洋泾江口
日商	三井洋行	三井栈	煤炭	同上
美商	亚细亚公司	亚细亚东栈	火油	洋泾之东
美商	美孚洋行	美孚栈	火油及附属等物	同上

上海之东（黄浦浦至杨树浦一带）

国籍行名	堆栈种类	地 址
日本邮船株式会社三菱公司码头栈房	国内外各种杂货、洋头等物货匹	北洋子渡
中国邮船公司码头栈房	外洋进口各种类货、钢板、竹节、钢铅丝等物	东百老汇路

（续表）

国籍行名	堆栈种类	地 址
华商招商局北栈码头	杂货、栈件及天外各物	同上
英商公和祥码头	同上	同上
英商怡和华栈码头	杂货、煤炭及天外各物	东百汇老公平路口
日本邮船会社汇山码头	日本进口各种货物及煤炭包件	提监桥东
日商大阪商船会社杨树浦码头	煤炭、钢条、钢丝、杂货、铁板	杨树浦
日本南满洲铁道会社黄浦码头	煤炭、矿物、杂货、白铁皮	同上

上海之南（洋泾浜外滩起至十六铺大码头止）

国籍	行名	码头栈名	堆货种类	地址
英商	太古洋行	太古码头	杂货、糖花、衣、杂粮	洋泾浜起至新开河止
华商	招商局	金利源码头	杂货、黄白糖、海味、南北货	新开河起至十六铺止
华商	宁绍公司	宁绍码头	杂货、棉花、竹料、米麦	十六铺
华商	大阪公司	大阪码头	杂货、棉花、粮食、豆饼	十六铺
华商	鸿安公司	鸿安码头	杂货、建货、油桶等各物	十六铺

尚在建筑中者

国籍	行名	栈名	将来堆栈种类	地址
日商	三菱公司	菱华北栈	煤炭及天外各物	陆家嘴附近
同上	大达商船会社	大达新栈	杂货、杂粮、油豆饼以及天各物	杨家渡之南
俄商	中东路铁公司	保隆新栈	煤炭天外各物	杨家渡
英商	篮卤烟公司	大司新栈	五金、几件、杂货、钢铁等类	洋泾江口附近

以上各堆栈，俱有广阔之码头，进出口轮船均可直达卸货。

银行周报 1922，6（15）

上海东莱银行添设货栈

上海东莱银行自四月一日接办集益公记堆栈，改名为上海东莱银行货栈。该行特发通告，略谓苏州路四十号集益公记堆栈，自阳历四月一号起归本行接办；所有以前各行号堆存集益公记堆栈货物之栈单，自四月一号起速至本栈核对，掉换新单，以三个月为限，逾期作废云云。

银行周报 1927，11(11)

上海之堆栈制度(一)

王雨桐译

第一节　堆栈业之发达

第一项　沿　革

堆栈制度之发达，一由于交通制度之发达。上海堆栈业之发达，盖亦为上海开埠后运输业发展所致也。

一八四二年中英鸦片之战订阅《南京条约》之结果，上海开为商埠。于是历求活跃于香港、广东等华南各地之英国商人，从此更得一飞跃之新天地。顿时移寓沪地者踵至。且上海有长江支流之黄浦水流，巨舰可自由出入，加以四千英里之滔滔浊流可直通中国内地，所经类皆江浙之沃野，故上海允为货物集中之中心地，又为交通之要津。气候适宜，历来水路只有漕米船之往来及艒艒船之游弋，凡码头堆栈等陆上设备，皆付阙如。当时只有浦东方面之中国堆栈，然非专门之堆栈业，只供作货物之贮藏处而已。开埠以后，建筑完备之近代式堆栈及码头乃成为当面之紧要问题。一八四四年遂由英国商人三名组成一委员会，担任建筑道路及码头等事务云。

一八五四年，英、美、法各国领事与上海道决，设立居留地。于是《洋泾浜章程》因以成立。无何英、美两租界于一八六三年合并，迄今道路之建筑已属于公共租界工部局之事业。一方码头事业，未几即失其公共的色彩，而为各国轮船公司兼营之副业矣。

历来上海一地，内地之交通机关皆以船舶从事，并无水陆连络设备之主要意义。因之开埠后，外国船舶之出入，向由船主自行择定冲要之地作为锚地，及暂时停泊船只用之码头与简单之卸货场等，以便各该公司船舶之出入及货物之卸落。惟当时以上海一埠之贸易状态而观，堆栈之设置，以尚未感必要，故只有华人经营之不完全堆栈。迨一八六九年，苏彝士运河开凿，于世界运输业惹起一大革命，尤以对于亚东之影响为大。汽轮运费，低落颇巨，其结果使历来翩翔于远东洋上之挪威、荷兰各国之帆影遂为英、法、德之汽轮所侵夺而代之，且各国之汽轮公司因是遂得发展其海外之业务。于是竞争极烈，互减水脚，次复进而建筑快速巨轮，精究船只设备之完全，更使附属于运输业之陆上设备亦渐齐备，俾努力吸收客货。自此船舶之出入日趋频繁，货物之输出入激增。于是昔时之简单栈库等均不适用，乃从事码头之扩张与增筑，建设近代式堆栈，以收容此类输出入之货物矣。

上海一埠，地形屈折无极，锚地可亘黄浦之水流数哩。其间复有苏州河之合流，水深因地而异，潮流之进退足令沙土为之崩坏或堆积，对于船舶之投锚碇泊有极大之影响。各轮公司乃深感有废止历来之临时码头，而谋建设永久者于优适地点之必要，遂各投以巨大之固定资本，努力新筑码头，同时并建近代式之堆栈于码头附近。冀技术的设备完全，庶吸收货物，较易为功也。

促成上海堆栈业发达之最有力者，厥为中国之海关制度，盖英人赫德，系继中国海关最初之总税务司莱恩之后任。在职时，凡关于中国输出入货物之关税征收，颁布英国制之征税制度，因之一般输入商及与海关有密切关系之船舶业，受共惠者不鲜。例如轮公司只须提出船舶保证书于海关，则未纳输入税之货物，可保管于该公司经营或指定之堆栈。此实为轮公司所得保税制度上之特权。盖据一八五八年六月签定之《天津条约》第三十四条，凡进口之船只，除得海关之许可者外，在进口手续未完了前，不得擅开船舱提货，违犯者没收其提货之全部，并科船长以银五百两之罚金。至普通之进口手续，须俟海关之许可、签印于卸货许可书 General Discharge Permit 后，方可卸货入栈。其后海关鉴于此类手续过费时间，乃改令船只所有人、雇船人及其代理人先行缴呈船舶保证书检验，得与以特别许可；或由各轮公司于本轮入口之先，指定可资停泊之码头，并附以保证书，请求卸货许可书后，轮上所载各货，得卸置于公司所有之码头货栈内。惟于此时，轮公司必须严守左列各项条件：

（一）船只所有人或代理人，在办理船只进口手续后一定期间内须缴付输入货物之税金及对于船只之特许费用。

（二）得有上岸许可书，直接运赴许可书所明示之地点，或须经特许驳驳运之货物，非得海关税务司之署名许可，不得移动他处。

（三）有违反条约或法令之行为时，船只所有人或其代理人缴负其责，应付一切费用。

（四）应遵守关于鸦片特别办理规定，不得有妨碍中国政府之征税一切事务。为励行条约之规定起见，应对于海关所采取之手段，与以最善之助力。

各轮公司既得享有货物先行上岸之特权，于是相继从事建筑栈堆于私有码头上。此即历来所以间接助成各国对华贸易发展之因也。（未完）

注：关于船舶保证书之规定，必须该轮公司在上海设有营业所，需商人二名为保证，经海关认为确实者，且除英国人民外。具此保证书时，须在其各该国领事前署名宣誓，而得领事之承认。契约期间普通为一年。期满须经海关税务司之承认，而另换新证。

银行周报 1931，15（28）

上海之堆栈制度（二）

王雨桐译

第二项　现　状

凡堆栈发达之初，无不以保管多额之物品为目的。自海陆交通机关进步发达，则不仅从事货物之保管，更进而为船只之碇泊、驳船之搬运、货物之起岸堆积等事务。以是使多额之货物保管，随其搬运而发挥机能，以至于互相调和连络，成为自然之趋势。

上海一地为中国最大之贸易商埠，固为各国之船舶辐辏之处，贸易额年年增加。最近中国之对外贸易且有渐次集中上海之倾向，现已占中国对外贸易之百分四十以至五十。兹列表于次：

年次		输出	输入	合计（千两）
一九一七	全国	四六二九三一	五四九五一八	一〇一二四〇〇
	上海	一九七三五四	二一〇〇八五	四〇七四四〇
一九一八	全国	四八五八八三	五五四八九三	一〇四〇七七〇
	上海	二〇一二九〇	二一四九六七	四一六二五八
一九一九	全国	六三〇八〇九	六四六九九七	一二七七八〇七
	上海	二五九七二八	二六一七〇一	五二一四二九
一九二〇	全国	五四一六三一	七六二二五〇	一三〇三八八一
	上海	一九三七九五	三八三九一七	五七七七一二
一九二一	全国	六〇一二五五	九〇六一二二	一五〇七三七七
	上海	二一〇五一七	四二五五一三	六三六〇四一
一九二二	全国	六五四八九一	九四五〇四九	一五九九九四一
	上海	二一八〇五一	四一九五九三	六三七六四四
一九二三	全国	七五二九一七	九二三四〇二	一六七六三二〇
	上海	二七六八三八	四一七八七〇	六九四七〇八
一九二四	全国	七七一七八四	一〇一八二一〇	一七八九九九五
	上海	二七六四五四	四八三四六九	七五九九二四
一九五五	全国	七七六三五三	九四七八六五	一七二四二一八
	上海	三〇六一八五	四三一八八七	七三八〇七二
一九二六	全国	八六四二九五	一一二四二二一	一九八八五一六
	上海	三六一八九九	五九六五五五	九五八四五四

注：过去十年中上海一埠贸易输出为八三％，输入为一八四％，全贸易额激增一三五％。

最近十年间上海出入之船只数

年次	只数	吨数
一九一七	一九八五三	一五七一六〇一七
一九一八	一七七八二	一四〇四九二九三
一九一九	一七八三六	一八五六一九四五
一九二〇	一八九二四	二二四九八一一二
一九二一	一九七二三	二四〇八二二七四
一九二二	二一六七三	二七五一五九二七
一九二三	二二八七六	三〇〇一八二四〇
一九二四	二〇四九五	三二三〇五四一九
一九二五	一九八六一	三〇二八四八五五
一九二六	二二六八六	三三三二三四二九

注：过去十年间只数有一四 %，吨数有一一二 % 之激增，是即示近年快连巨轮出入之结果。

尤以上海为一内外重要货物大集散地之故，进出口货物之大部分多有更转运他处者。实际上长时期之保管货物极少。今试以最近三年间，上海再输移出货物数额，列表于下（单位：千两）：

		一九二四年	一九二五年	一九二六年
中国货	自中国各埠移入	三一〇九八四	三六一七八九	三九八四二六
（内）	向外国各地再输出	一五五九二五	一七八八二一	二〇九七一四
	向中国各埠再移出	六三八九二	六九九三〇	七三三六九
外国货	自外国各地输入	四八三四六九	四三一八八七	五九六五五五
	自中国各埠移入	四六四五	四七八一	五三八四
	向外国各地再输出	一二七二三	九一七七	一三四八七
	向中国各埠再移出	一七四一九〇	一六八四五一	二〇一〇三五
中国货	外国货移输入额	七九九〇九八	七九八四五七	一〇〇〇三六五
（内）	再输移出额	四〇六七三〇	四二六三五九	四九七六〇五
百分率		五一 %	五三 %	四九 %

如上表即示输移入货物之半常运往其他各埠。且即如纯粹之输移入货品，因堆栈有本船抵埠后十日间，得免收保管费之特别规定，货主常务求其能早日出栈。在实际上长期保管之货物，约为全额百分之十。故上海之码头堆栈，与其谓为保管货物之用，毋宁谓为便于货物之转运，而以船只碇泊、货物之起岸堆积为其主要目的也。换言之，上海之堆栈，非完全为保管的堆栈，仅为单纯的临时储藏所而已。至对于存栈货物之火灾保险，货栈本不负责。又保管费一节已如上述，有十日间免收之规定。事实上此免收时期有延长至二星期以至一个月者，且保管费大都虽依照各栈间之协议有一律之规定，但仍以设备之便利与否为相当之折扣而互相竞争。此即上海之堆栈实非所设保管堆栈性质之一明证也。

上海之码头堆栈业，皆非仅以保管费之收入为主要项目，反以收取货物收管运送费用(Receiving, Storing ond Delivering Changes)为主目的。盖就普通之经营法而言，只以保管费为唯一之主要收入，究未能偿其所需。故彼等之主要顾客，非货主而为轮船公司。其主要收入即系得自汽船公司之货物收管运送费用。至自各顾客所收之保管费及船公司之码头费等，皆不过为补充的收入而已。

注：货物之收管运送费用之收入，可约与码头费及保管费收入之合计相等。

沪地如菱华仓、库大仓码头、海洋社、义泰兴等各独立性质之码头堆栈业及轮船公司兼营之堆栈，亦非完全以保管费为主要收入，盖已如前节所述。上海之堆栈，由于最初轮船公司之建设经营，而得渐次发达，其本来之目的在于随各该公司运输业之兴盛而有多额之运费收入。彼等所望者乃在于货物之入频繁，而非欲存栈货物之丰富与夫多额之保管费收入。盖保管货物，恒少移动，徒使存栈货物停滞，亦即为运输本业萎靡不振之左证。故轮船公司之兼营堆栈者，时以自有之码头，供给其他公司使用。是亦与独立性质之堆栈，同以货物之收管运送费用为主要目的，而不重视保管费及借用码头费也。

上海之堆栈，可不问其为轮船公司所兼营，或为独立性质，皆非为完全之保管堆栈，乃纯以船只之碇泊、货物之起岸堆积等为目的之码头堆栈业。毫无疑义，上海凡有堆栈之地，必有码头，是 Wharf 与 Godown 二字谓为语异意同，当非过言也。

码头堆栈业以外，复有中国新式银行经营之中国堆栈。其发生动机，亦非以货物保管为目的，以货物为担保而作通融金资之便。此种事业之趋势尚属微弱不振，究不能与码头堆栈对抗。历年来上海之各外商大银行，皆以汇兑业务为主，而以金融业务为副。历来华人间之金融概掌握于钱庄及中国之新式银行。而钱庄之以对人信用为基础，为其特异之点。至新式银行，乃依照所设近代的欧式经营方法而设立，渐次以对雇用为主。故以堆栈保管货物为担保之金融，乃愈足证明新式银行悉以完全的对物雇用为基础。因码头堆栈制度有种种不备之便之点，遂设立本行所属之堆栈，俾收容担保货物，予以金融之便利。是既安全而于本行之业务发展上，又可齐极大之效果。兹将上海各堆栈之收容力，与其国籍别，列为左表：

注：日商经营之上海仓库信托会社亦为金融堆栈之一。

码头堆栈

栈名	所在地	堆栈收容力（吨）	空地收容力（吨）
一、华商经营			
招商局金利源码头	浦西	一〇〇〇〇	——
招商局中栈	浦西	一三〇〇〇	——
招商局北栈	同	二八〇〇〇	——
甯绍码头	同	三〇〇〇〇	——
老甯绍码头	同	三〇〇〇〇	一五〇〇〇
汉冶萍码头	浦东	二〇〇〇	二〇〇〇〇
中东铁路杨家渡码头	同	一八〇〇〇	三〇〇〇〇
鸿升公司码头	同	六〇〇〇	八〇〇〇
开滦局码头	同	六〇〇〇	五〇〇〇〇
义泰兴码头（南北二栈）	同	三〇〇〇〇	九〇〇〇〇
其他		三七〇〇〇	——
合计		二一〇〇〇〇	二一三〇〇〇

（续表）

栈名	所在地	堆栈收容力（吨）	空地收容力（吨）
二、英商经营			
ShanghaiandHonkew Wharf Co. Hunt Wharf	浦西	二七〇〇〇	三〇〇〇
Honkew Wharf	浦西	五二〇〇〇	一〇〇〇
Pootung West Warf	浦东	一五〇〇〇	四〇〇〇
（O）“Eastern”	同	三〇〇〇〇	一〇〇〇〇
Butterfieldand Swire-Whatung Wharf	同	二五〇〇〇	一五〇〇〇
Butterfieldand Swine-Pootung Warf	同	二三〇〇〇	一五〇〇〇
ButtorfieldansSwive-Eastern Wharf	同	二五〇〇〇	——
Blue Funnel Line Hoets Wharf	同	九〇〇〇〇	——
Mackenyel Wharf	同	二五〇〇〇	——
合计		三一二〇〇〇	四八〇〇〇
三、美商经营			
Dollor Line Wharf	浦西	一五〇〇〇	四〇〇〇〇
（△O）East American Petroleum Upper Wharf	浦东	二三〇〇〇	一五〇〇〇
（△O）East American Petroleum Lower Wharf	同	二五〇〇〇	——
（O）Standard Oil Co.Wharf	同	五〇〇〇〇	——
合计		一一三〇〇〇	五五〇〇〇
注：表内有O符号者系兼储火油之堆栈，△为自用堆栈。			
四、日商经营			
日本邮船会社（Mail Wharf）	虹口	二五〇〇〇	——
同上（Wayside Wharf）	杨树浦	四〇〇〇〇	八〇〇〇

（续表）

栈名	所在地	堆栈收容力（吨）	空地收容力（吨）
同上（Pootung Wharf）	浦东	三〇〇〇〇	三〇〇〇〇
大板商船会社杨树浦码头	杨树浦	一七〇〇〇	三五〇〇〇
（△）三井洋行堆栈（两处）	浦东	——	九〇〇〇〇
（〇）海洋社杨树浦码头	同	一七〇〇〇	八〇〇〇
大仓社杨树浦码头	同	六〇〇〇	二〇〇〇〇
菱华仓库董家渡与头	同	——	七〇〇〇〇
菱华仓库董家渡码头	同	四〇〇〇〇	一五〇〇〇
日清汽船会社老白渡码头	同	四〇〇〇〇	二五〇〇〇
大连汽船会社码头	杨树浦	一七〇〇〇	四〇〇〇〇
合计		二三二〇〇〇	三四一〇〇〇
总计		八六七〇〇〇	六五七〇〇〇
注：表内之符号意义与前同。			

金融堆栈

栈名	所在地	长度	高度	阔度	收容力（吨）
华商经营					
上海公栈　第一栈	苏州河岸	九〇英尺	三六	七七	三四二〇
同　第二栈	同	一〇九	三六	八三	四五〇〇
同　第三栈	同	一三四	三八	五〇	三三〇〇
江苏银行　第一栈	同	一〇五	三六	七五	三九二〇
同　第二栈	同	九八	三六	七五	三六〇〇
同　第三栈	同	九八	三六	七〇	三四〇〇
通商银行堆栈	同	——	——	——	二〇〇〇
注：上海海栈为中国交通、浙江实业、浙江、兴业、盐业、上海商业储蓄等六银行所组织。					

（续表）

栈名	所在地	长度	高度	阔度	收容力（吨）
日商经营					
上海仓库信托会社	（虹口）收容力为四十万立方尺。				

银行周报 1931，15（29）

上海之堆栈制度（三）

王雨桐译

第二节　起岸运送费　码头费　保管费

上海码头堆栈业之收入项目，为起岸运送费、码头费及保管费三项，已如上述。其中最主要之收入，为堆栈所重视者，即取自轮船公司之起岸运送费，盖占全收入之半数以上。而对于轮船公司所收之码头使用费，属于次要。至得自各个人顾客之保管费，只不过为一种补助的收入而已。

（一）所谓起岸运费费，乃以货物由码头运至堆栈，迨出栈时搬运至最初起岸地方。所需费用须视货物之种类如何而异。其费用之单位（见附表）、船内之扛搬费及出栈时自最初之起岸地点、搬入轮船或驳船内之苦力工资，皆另行支给。又起岸运送费凡不合表中所定者则当另定规率而征收之。例如自码头轮上直接卸落于驳船之货物，则收规定率之半数。又如货物俟起岸于码头后，直接卸于驳船时，收规定率之三分之二。又客船或货物船装载货物，启程通过码头时，收规定率之半。至在星期日、休假日、日夜间起岸或运送，当另行收取特别费用。

上海以苦力工资之低廉。凡货物之搬运、起岸、装载，皆无需使用起重机及升降机，全以苦力之劳动为之。以是苦力工费既为起岸运送费之本源，又为支出之主要项目，故常为各码头堆栈事业者所留意而不敢忽略者也。（注一）码头堆栈所雇用之苦力计有三种：（一）公司直属者；（二）公司买办所承办者；

（三）由苦力荐用人所供给而雇用之。其直属于公司者，工资每日由公司直接支给于苦力。其他二种多系每月付给一定之数额于买办或苦力荐用人，而买办及苦力荐用人，复得于其中沾取相当利益。

注一：左表示苦力生活费之最低限度，以供参考。

		一日	换算大洋	每日（大洋）	备考
收入	工资	铜元百八十枚	六角	一二、三元	每月休息七、八日
支出	草鞋	铜元十枚	四分	一元二角	每日一双
	朝餐、茶	卅枚	一角一分	三元三角	
	饭或面	八十枚	三角	八元七角	
	房租	——	——	一元五角	
	卷烟、杂费	——	——	三元	
合计		——	——	一七元七角	

（二）码头费除沙船及煤船外，概依船之长度计算，每尺以银两定之，例如左：

一，中日货物搭载船	每尺三钱五分
一，三百尺以下之煤船	七五两
一，三百尺以上之煤船	每尺三钱五分
一，其他之海洋船	每尺七钱五分
一，沙船	五〇两

至使用期间亦有限制。凡远洋航轮为五日，沿岸航轮三日，超过此期间者，每船第一日收费五十两，以后每日七十五两，后者第一日收费三十两，以后每日五十两。此种制限使用办法，乃欲使船只货物之出入频繁，收入可期增加。吾人于此可了然于码头使用费为一种补助之收入项目也。

（三）保管费之征自各个之货主。普通最初之一月几何，第二月以后每月几何等规定。皆视各种货物之种类、征收之单位而异。

上海之保管费，较之日本平均约廉百分之一二十。在本轮抵埠后，十日间得收免保管费。且更可视位置之便利与否、设备之如何、货物出入状态之如

何，得延长其免费期间。额定之费率大体皆经各栈之协议，惟各栈均有特予之折扣。（注）

注：货物之保管地点，系依上海保险协会及港务局之规定限制之。

品名	单位	定率
酸类	箱	〇八
铁板	担	〇七
锚（一吨以下）	同	〇七
锑磺物（装箱）	同	〇七
同（装袋）	同	〇七
石棉	袋	〇五
石子	吨	五五
豆饼	个	二.五
木材（新加坡）	立方尺	二.五
豆类	袋	五.五
啤酒（装桶）	桶	一〇
槟榔树皮	袋	一一
麦秆草帽梗	捆	一〇以上
铁床架	担	〇八
铁制沿槽	个	二〇〇
水泥（装桶）	桶	一〇
棉花（中国土包散装一三〇斤以下）	捆	〇九
同（中国土包散装一八〇斤以下）	同	一二
同（中国土包散装一六〇斤以下）	同	六〇
同（中国土包散装）	担	〇七
同（美国机器包）	捆	三〇
同（孟买机器包）	同	二〇
同（汉口机器包）	同	二五
棺	个	五〇〇

（续表）

品名	单位	定率
锁类	担	〇九
煤	吨	四五
同	同	六五
炭（装草袋）	袋	二．五
煤屑	吨	七〇
碎棉	担	〇七
铜（块锭）	同	〇九
蜡烛	箱	一．五
同（大）	同	〇三
卷烟	同	一六
弹药（置转别堆栈）	同	二五
茧及烂茧	捆	二二
柑橘	担	一〇
陶器	同	〇八
车类	个	三〇〇
苛性苏打（装箱）	担	〇七
染料木	同	〇五
枣、椰子	同	〇四
土器	同	〇七
黑檀	同	〇六
菌类	捆	一一
面粉	袋	〇二
烟火	箱	一一
砖瓦	千张	四〇〇
燧石	吨	六〇
羽毛	担	〇七

（续表）

品名	单位	定率
盐鱼	同	○七
窗用玻璃	箱	○七
玻璃版	担	○八
玻璃器	同	○七
磨刀石	同	○六
胶	同	○六
五倍子	箱	○八
五金（装桶或装箱）	担	○七
马匹（搬运车）	个	一五○
马匹（通过码头）	同	七五
皮革（天津汉口机器包）	捆	五○
皮革（中国土包）	同	一一
麻（天津汉口机器包）	同	五○
麻（中国土包）	同	五．五
靛青		○六
靛青（大）		一六
铁条	担	○七
铁轨、铁轴（一吨以下）	同	○八
铁（丁字形 山字形）	同	○八
沟钎	担	○八
钢铁板	同	○九
铁筋水泥棒（三十尺以下）	同	○九
铁及铜板（六担以下）	同	○九
同上（三十尺以上及六担以上）	同	一○
旧铁（马蹄、铁青、铁丝等）	同	○六
铣铁及铁矿	同	○七

（续表）

品名	单位	定率
铁管	吨	六〇
亚铅板	担	〇七
硬石类	同	〇六
铅板	同	〇七
铅块	同	〇六
革及皮带	同	〇七
机械类（一吨以下）	同	〇九
火柴	箱	一五
火柴梗	捆	〇六
火柴盒板	箱	一五
麝香	同	三〇
云母	担	〇六
钉	桶	〇六
煤油	箱	〇三
同（五加仑桶）	个	〇四
煤油（装桶）	担	〇五
风琴	个	一五〇
猪（通过码头）	同	一〇
水管及煤气管（一吨以下）	担	〇九
电杆	个	〇五以上
木板（一立方尺以下）	同	〇二
同（日本板）	同	〇一
同（日货 十束厚一尺以下）	同	〇四
洋漆（廿八磅）	桶	〇二
同（五十六磅）	同	〇四
同（装桶）	担	〇八

（续表）

品名	单位	定率
胡椒	袋	〇六
钢琴	个	二五〇
纸（大包土特产）	色	〇八
同（普通包土产品）	同	〇六
同（小包土产品）	同	〇二
豌豆（装袋）	袋	五.五
食料品（二立方尺或五十六磅以下）	袋	〇三
同（五立方尺或百十二磅以下）	同	〇七
同（廿立方尺或四 Cwts 以下）	同	二〇
同（十立方尺或廿四磅以下）	同	一五
米（打包　大）	袋	五.五
同（打包　小）	同	〇四
铁丝	担	〇七
麻绳	同	〇八
橡皮	立方尺	〇一
籐	担	〇五
铁路材料（一吨以下）	同	〇九
脂肪类	袋	一〇
脂肪类	桶	三〇
砂糖（普通二百磅以下）	袋	五五
同（大包）	同	一一
同（台湾包）	笼	一二
同（外国包）	袋	〇七
冰糖（小）	同	〇五
海峡殖民地货物（普通）	个	〇七
同（大）	同	一四

（续表）

品名	单位	定率
钢条（装箱）	担	〇八
同	同	〇七
苏打灰（自一担至六担装袋或桶）	同	〇七
同（六担至九担同上）	同	一〇
洋铁皮	同	〇八
羊（通过码头）	个	〇五
白檀	担	〇七
胡麻	个	〇六
背板	同	〇七以上
昆布	桶	〇五
同	束	〇八
酒精（装桶）	桶	二〇
同（装瓶）	箱	〇六
生丝	捆	一〇
丝吐	同	一五
肥皂（二十八磅装箱）	箱	二．五
同（五十六 磅装箱）	同	〇五
毛皮类 大机器包	捆	五〇
树脂	担	〇四
烟草	同	二二五
同（中国土包）	捆	一一
木材（一顿以下）	担	〇七
西洋面	袋	一一
羊毛（于机器包）	捆	五〇
同（普通机器包）	同	二五
同（中国土包）	同	〇九

（续表）

品名	单位	定率
酒	箱	〇六
酒	桶	二〇
蛋黄	担	〇六
棉纱（四十把）	捆	一〇
同（廿把）	同	〇七
亚钳锭及板	担	〇八

一，除以上各物以外之货物，须视其大小、价格、重量而收取之。

品名	单位	定率
沿岸贸易品之普通物	一个	〇.〇六
同（大）	同	〇.一二
外国货（单品）	一个	〇.〇八
同（大或双品）	同	〇.一六
同（装箱）	一箱	〇.〇九
同（装大箱）	同	〇.二〇
制成外国货（一个四百磅以上者）	一担	〇.〇六

但至十二立方尺为止为普通品。在此以上，作为大号计算。

一，木材、铁材、机械类一吨以上者，另有规定。

一，自民国十一年一月一日起，皆照上列定率减去百分之十（浦东方面）。

一，民国三年六月一日起，浦西增加百分之二十。

保管费定率表（概略）

品名	单位	一个月	以后每一个月
酸类	方尺	〇四	〇三
豆饼	个	一.五	一.五

（续表）

品名	单位	一个月	以后每一个月
牛角	包	二〇	二〇
豆类	同	〇三	〇三
木材（新嘉坡）立方尺		〇二	〇一
晒粉	担	〇八	〇六
铜竿	同	〇九	〇六
蜡烛	立方尺	二.五	〇二
中国棉（百十斤）	捆	一二	一二
同（百廿斤）	同	〇九	〇九
同（六十斤）	同	〇六	〇六
棉花（机器包）立方尺		〇三	二.五
棉制品（捆 装箱）	同	〇三	二.五
水泥	装桶	一二	〇九
苛性苏打	担	〇八	〇六
铜（块板条）	担	〇九	〇六
煤及铁矿	吨	一〇	一〇
煤（装袋）	袋	一.二五	一.二五
同	吨	二〇	二〇
煤屑	同	二〇	二〇
同（装袋）	袋	二.五	二.五
雪茄烟	立方尺	〇四	〇三
杂类	担	〇八	〇八
卷烟	立方尺	〇四	〇三
柑橘	同	〇四	〇三
染料（装箱桶）	同	〇四	〇三
黑檀	担	〇三	〇三
蛋黄	桶	二〇	一五

（续表）

品名	单位	一个月	以后每一个月
面粉（五十磅装）	袋	〇二	一.五
砖瓦（外国货）	千张	二〇〇	一〇五
燧石	吨	一〇	一〇
家具及个人用品	立方尺	〇五	〇四
五倍子	同	一.三三	〇一
玻璃板	同	〇九	〇六
窗用玻璃	同	〇五	〇四
玻璃粉	担	〇八	〇六
玻璃器（装箱桶）	立方尺	〇五	〇四
帽子（呢草）	立方尺	〇三	二.五
皮革（汉口、天津机器包）	袋	五〇	五〇
同（中国土包）	捆	一〇以上	
麻（汉口、天津机器包）	同	五〇	五〇
麻（中国土包）	个	〇四以上	〇三
五金类	立方尺	〇五	〇四
铁（丁字形、山字形）	担	〇七	〇七
铁条	同	〇六	〇六
铁管	同	〇五	〇五
铁板	同	〇六	〇六
箍铁（新货加二分）	同	〇四	〇四
亚铅及铁板	箱	二五	二〇
铁絚	担	〇四	〇四
铅板（桶、卷）	担	〇六	〇六
酒及酒类（装罐）	立方尺	〇五	〇四
木材及圆木	同	〇二	一.五
皮及皮带	同	〇四	〇三

（续表）

品名	单位	一个月	以后每一个月
机械铁路材料	吨或容积	二〇〇	二〇〇
火柴	箱	一五	一二
同	同	二〇	一五
缝针	同	二五	二〇
钉（装桶箱）	担	〇六	〇六
镍	箱	一〇	一〇
煤油（五加仑）	桶	〇四	〇三
同（装桶五百磅以下）	桶	二〇	一五
同（装桶五百磅以上）	同	三〇	二五
纸数	立方尺	〇三	〇二
豌豆类	袋	〇三	〇三
食料品	立方尺	〇四	〇三
香料类	立方尺	〇五	〇四
沥青	担	〇四	〇四
钢琴、风琴	立方尺	〇五	〇四
洋漆（装廿磅桶）	桶	〇四	〇三
藤	担	〇三	〇三
带	立方尺	〇五	〇四
米	袋	〇三	〇三
小吕宋麻绳	立方尺	〇五	〇四
铁丝绳	担	〇五	〇五
丝吐及茧	立方尺	〇一	〇一
昆布（大把）	把	〇六	〇五
刻昆布	箱	〇二	〇二
白檀	担	〇六	〇六
肥皂	立方尺	二．五	〇二

（续表）

品名	单位	一个月	以后每一个月
胡麻子	袋	○三	○三
硝石	担	○六	○六
铁屑	同	○四	○四
麦秆草梗	立方尺	○二	○一
铜铁（装箱）	担	○六	○六
铜铁条铜轨	担	○六	○六
苏打灰	袋	○三	○三
冰糖	同	○四	○三
砂糖（台湾）	笼	○六	○六
同（外国包）	袋	○五	○四
锡板（装箱）	担	○六	○六
锡锭	同	○六	○六
耐火砖瓦	立方尺	○五	○四
茶	半箱	○三	○三
同（装笼）	笼	○四	○四
木材	立方尺	○二	一．五
烟草		三○○	二○○
同（装捆）		○二	一．五
酒及酒精桶（装桶）	桶	四○	三○
羊毛（大机器包）	捆	五○	五○
同（中机器包）	立方尺	○二	一．五
同（中国土包）	个	○七	○七
棉纱（四十把）	捆	二○	一五
同（二十把）	同	一五	一○

除上列以外之货物，须视大小、价格、重量，而以下列之定率为收费之基础。

	堆栈	露堆
每一立方英尺	○.○二五	○.○一五
每担	○.○六	○.三五一

（未完）

银行周报 1931，15（30）

上海之堆栈制度（四）

王雨桐译

第三节　上海堆栈之文件

上海之堆栈业，非为纯然之近代式保管堆栈，已如前节所述，大都皆为汽轮公司兼营之码头堆栈，亦有非兼营而与汽轮公司有密切关系之码头堆栈。故所发行之文件亦与今日世界各国流行之一纸制或三联制之完全的证书制度有异，而另有上海堆栈业独特文件之发行。其主要者为栈单（Landing Account）、提单（Delivery Order）、栈单（Godown Receipt）及关于汽轮公司之提单（Delivery Order）等四种。兹就此类之内容及法律上之性质研究之。

第一项　栈单（Landing Account）

栈单系码头堆栈业者对于入栈之货物，由于寄托者之请求而发行之一种存栈证单，为非流通性之债权的证书。“栈单”之名词，系暂为直译者也。

第一目　栈单之发行

栈单系对输入货物而发行。倘货物之输入商俟输入后同时即加以处分者，则可无发行之必要，只须就船公司之提货单上加以里书让渡之，即可成达双方之目的。然货主有时视市价之如何、资金之充与裕否，该货物入栈后即行相机售卖者；倘或用以为担保之用，以冀融通资金时，则必须请求发给栈单。其手续应于输入手续完了之船公司提货单上留一空白里书，持往汽轮公司兼营之码头堆栈，或与汽轮公司订有货物起岸保管契约之其他码头堆栈出示验明，请求发给栈单。此时堆栈对于该货物之有无碍障、损伤应加检验，且确认该栈单之号数、货主名、有无银行关系——设有银行关系者，须审其名义之正否——及船只、船公司提货单之号数、货舱费、唛头、箱号、个数、品名、摘要之如何等等。无误后由堆栈主任署名，更由堆栈买办副署之。（此系指洋商堆栈言。若在华商堆栈，当然无买办之设备。）然后交以栈单，同时并附以货物出栈时可通用之提单，但须由货主之署名及印鉴。

货主于必要时得署名于提单，自由提取货物之全部或一部。又全部提出时，少数堆栈亦有不依据提单而只须里书于栈单之规定。

要之栈单制度，有如银行之往来存款制度。栈单可视为开立之账户，而提单有如支票。往来存款之取款，非皆用支票不可。栈单制度须以提单为原则，惟亦有例外。如全部提出时，可只凭栈单行之，是栈单带有存款折之性质。又自严格的言之，用提单时亦有附添栈单时，实际上倘只用提单自由提取货物之差额，不一一为之记入栈单，其结果则栈单上不特无货物之余额可睹，且狡诈者流每可就货物提取已空之栈单上签名以欺他人。然本市华人间犹有此种制度存在，实有极危险结果发生之可能。曾忆前数年某交易所收入空栈单作为证据金之担保，致受损失。惟此类事件固极稀有，然华人用此不完全而又危险之制度，能从事比较的圆转之商业交易。是殆华人间之以传统的旧式道德及所谓“面子”为主乎？

货物设为押汇者，则银行为完结输入手续起见，可暂贷予船公司之提货单。盖货物到达上海后，在两星期以内而未能办竣报关手续，则货物将被运入保税堆栈。倘货物运入保税堆栈时，除应另付入栈费及其他意外之损失外，其后之报关及提取货物之手续将更繁杂。至今交货迟延，对于商事上必有不利。故此时银行只须获得汇票支付人之保证书（Letter of Guarantee on Delivery of Bills of Lading for Landing and Storing Purposes），复于船公司之提货单上里书载明货物由银行之名义保管，其文字大抵为：

Customs Only,

Deliver to……Wharf on payment of Charges and to be stored in Our name

此盖明示为报关便利而贷予提货单之意。是时倘全部货物须分一二次卖去

时，货主应该报关手续完竣后，将货物用银行名义存入堆栈，然后以报关手续完竣之提单交还银行。(注)

注：时时船公司有即将提单交还货主者，亦有收回旧提单而另发新提单。货物得以之办竣报关手续，然后交还银行。关于此数提单之性质，容于第四项中另述。

又银行里书于船公司之提报，交付货主，使办理报关手续。此事骤布之，似甚危险。实际上报关手续恒在指定之码头上行之，具报关及入栈等事均由船公司所属之苦力及取派之监工督视办理，在一关手续期间及入栈之途中所发生之货物纷失被窃等事，胥由船公司对银行负其责任。故船公司之有信用者，此事可谓并无危险。

自银行之立场上观察之，此际似可无需栈单，只须以一纸报关手续办竣之船公司提单即可。然普通大量之输入货物，非一次或二三次所能处分终了，尤以输入商之对方为中国之小商人时，则输入货物之分为十数次售卖者成为普遍之事实。依照本地之习惯，常用容纳输入商之请求，贷以提单，交换栈单俾使其依次货物也。

在理论上，船公司之提单系具有特权的效力之有价证书。银行于此时以之交给他人，而收受仅足证明寄存性质之一纸栈单，严格的言之，于担保之形式上，似微嫌不甚妥善也。

惟栈单制度，在华人间已如上述，具有转辗流通之性质，结果则以其常有发生危险之可能。办理时自务必求对方之信用确实为标准，然后从可。则自银行方面及堆栈方面，皆属极重要之事项也。

要之栈单适往来存款之账户，堆栈对于寄托人要求署名及印鉴，自不必论，银行方面有时亦需此种手续，该货物提出时一一为之精密对照。此有如往来支票之核对印鉴，固无异于银行对于存款所负之责任也。

注：关于有价证券之保管，德国亦须采用类似栈单制度。德国自一九二五年十二月一日起，柏林及福朗克两部市间曾实行之。倘甲银行以所有有价证券售于乙银行，或作为 Call Money 之担保品时，则以有□证券，并不交与买方银行，而存入预先指定之福朗克银行，由福朗克银发给含有栈单性质之存入证，必要时并可发给如提单式之支票以完成其

手续也。

银行周报 1931，15（32）

上海之堆栈制度（五）

王雨桐译

第二目　栈单在法律上之性质

最初之堆栈业，纯以保管货物为目的。迨竣工商业渐次发达，堆栈已不只为一种保管之机关，同时事实上复成为介绍买卖及信用之机关。是即示堆栈证书之经济的机能，不只在于证明受领货物及成立契约之作用，其主要者乃为：

一、便利保管货物之买卖；

二、便利以保管货物为担保之金融。

上述二项，（一）即以堆栈证书为货物流动作用之货物动化机能；（二）为以堆栈作抵押，有类不动产抵押放款之货物不动化机能。因是之故，可免除或轻减经费、时间、劳务与危险等，而得招致一船对物信用交易之安全与殷盛，更可缓和商业之沈滞，调节生产与消费。于此可以悟堆栈业存在之理由矣。

然上海之堆栈栈单，与上述之堆栈证书性质所异。盖无若何法律上之证据，不过为一种保管证而已。简言之，不过为承认寄托者有请求寄托货物返还权之一种债权为证书，是栈单实非流通证书也。

一、栈单不能视为流通证书之理由

现时之各国法制以堆栈证书与票据及其他之商业证单，视为同一性质而予以流通性，一经背书或交付后可以转让。今上海之栈单并无何等法制之根据，而由各栈发行，是其所表显之债权，只为指名债权，不能凭背书而转让，乃为非流通性之证书，至关于转让。依据日本旧例，照民法之规定，须以附有确定日期之证书，由让渡人通知债务者，及须得债务者之承认（日本民法第四六七条）。于是以让渡之货物，一一知照堆栈，记入堆栈之簿册后，始发生效力。故栈单恒载明下列文字：

No transfer of interest will be recognized unless registered in the Company’s

Book.

注：按其意义，栈单类似定期存款单所表示之债权，盖皆属于指名债权。又普通一般之堆栈证书所表示之债权，系属指定债权。可无疑弊。

二、栈单不能视为有价证券之理由

所谓有价证券者，乃表示私权而占有其利用之一种证券。然有价证券与流通证券，时或合为一致。盖流通证券之让渡交付时，移转私权之效力缘是而生。同时有价证券之移转私权，亦必须移转其占有之证券。是证券所表示私权之移转履行，乃构成私权利用之内容。欲达其目的，必占有所有物之证券。日本商法第三六三条规定对于入栈货物，缮发堆存证或抵押证时，嗣后关于寄存物之处分，非依据所发证书行之不可。又三六五条所定，堆栈证书让渡时，与入栈货物之让渡有同样之效力。然上海之堆栈栈单，以缺乏让渡流通性之故，结果不能认有该项效力。是即栈单之占有，非以权利之实行为必要之条件。故存货人虽执有栈单，嗣后欲自由提取所存之货物，则须另以提单为凭。结果栈单与货物之存在，实全然无关。苟欲只凭栈单受让渡物，则非就堆栈明确其所载货物之实情不可也。

三、栈单不能视为提交证书之理由

在一般之货物栈单，对于提交应具有货物提交之效力，可无俟赘言。是即栈单之提交，于其所表示货物上之占有权、所有权、抵押权、留置权等，基于实质上之关系，得享有物权，而有物权的价证券之本质。然上述之栈单，以非货物之代表证书，自无货物提交之效力，结果则倘过堆栈出于过失或故意以寄存货物。提交于无关系之善意第三者时。将使执有栈单者不能请求取回货物。只可对于堆栈请求损害赔偿而已。又当存货人将栈单移转后。即遭破产之厄时。是彼所寄存之货物。因宣告破产之结果，当然被列入破产清理处之一部分财产，而令栈单执有人无从抗辩矣。

依据上述是栈单全非具有特权的效力之有价证券，故于法律上，所谓堆栈业之二大职能货物动化及不动化作用，实丝毫未有也。然就实际情形观之，则殊出人意料之外。在此极不完全之栈单制度之下，华人间竟以单纯之里书受授而从事货物之买卖抵押，比较的能圆滑而利用堆栈之机能，是华人以法律上全然无特权的效力之栈单用作特权的有价证券。此殆于中国无可据之一定规矩与准绳，只以彼等独特之道德性构成一种商业习惯，超越现时世界各国法律上之性质，而发挥其实际之交通。此即中国之所以为中国也。

次请述栈单制度与银行之关系。在华之外国银行，其主要业务已如前述，在于外国汇兑买卖。如此类之金融业务，素不以重要视之。且彼等对于栈单，实际不过视为一种单纯之债权的证书，绝不输以栈单为担保之金融业务。但于押汇票据则亦承受办理。押汇票据不久变为栈单时，则栈单恒以银行为存货人，货主之姓名不过为收取保管费之便利而填入之。又其后倘货主欲成为存货人而提取货物时，依单上所载规则，必须得有银行之指令。依前者之便，有如下列文字：

Received the following Goods ex. S. S.……B/L No.……for account of A Bank to be stored in No.…… Godown. Storage charge M$ ……in full for fisrt Month, Messrs. B. Campany.

又依后者之例，则为：

Received on storage from Messrs. B. Co. and held to the order of A Bank, the pakages specified below.

照第一例，则货物之提取，倘无银行之署名，将无从进行。第二例为货物之提取，必需银行及进口商两方之署名。故在第二例，银行持有 Bladk Enborse 之汽轮公司提单时，其外部之关系为获有货物所有权，俟正式变为栈单后，即将招致丧失外部关系之结果。质言之，即进口商为货物所有权者，银行只占抵押权之地位也。(下从略)

华商银行及钱庄，常有以存栈货物为担保而放款者。此时该放款之担保货物，当令货主交出有里书之栈单，存货人即以银行名义改填，或由银行以已获得抵押权之情事知照堆栈，并令承认以后货物之出栈，须得银行之指令也。

(未完)

银行周报 1931，15(34)

上海之堆栈制度(六)

王雨桐　译

第三目　栈单之形式

上海之码头堆栈，以有中、英、美、日等商人，各有组织，故栈单之形式至不一律。各栈所采用之方式不无互异，但大概皆以左列各条载入，且普通均有堆栈经济及买办之 Counter Sign 署名。至所载条文如后：

一、以简单之文句，表示有寄存之事实。

二、受托物之种类、品质、数量，及打包之种类、个数及记载(就实际上之利害言，受托货物之说明务求其详细绵密为妥，因堆栈只不过就其个数与记号为准，而不能明悉货物之内容故也)。

三、寄存人之姓名或商号(当货物抵押于银行时，以银行之名为寄存人，或仍以货主为寄存人，但提货时须得有银行之指命等，亦须载入)。

四、保管之处所(即记载堆栈之所在地及堆栈号数)。

五、保管费。(载明数率与保管费起算日之规定。栈单之发行，普通系于到栈后十日，即经过免费期间后行之。保管费由寄存人于货物出栈时缴付，或用提单，以货物让渡他人时，栈单中恒载明向受让人收取。惟依本市之习惯，多系由受让人承认负担以后堆栈之一切费用。当提单交堆栈验视时，堆栈先检查其日期。凡在货物让渡以后，保管费即向提单执有人收取，其以前各费，则由原寄货人负责。各栈皆以此为原则。)

六、装载货物船只之名称、汽轮公司之提单号数。

七、单据之发给地点及年月日。

八、免责约款：

(甲)火灾、暴风、洪水、气候之变化，其他起因于不可抵抗之情形，又对于因战争暴动，而使货物之灭失及损害，堆栈不负责任。

(乙)明记货物之价格，此为备付给保管费之标准外，遗失时，每个赔款在三百两以内。

（丙）货物出栈时，堆栈只能以入栈当时状态之货物提交，对于货物之内容不负若何之责任。

九、关于保险之约款。（堆栈对于受托货物本无附担保险之义务。在日本寄存人关于保险事宜，可托堆栈办理结约。本地则普通皆须由寄存人自行处理。故单据上载有下列文字：No Insurance against fire has been effected on the said Goods Which are at the risk of the owners.）

十、特种约款。（上海之各种交易其对方以恒为华人故在以华人名义发行之提单，于其名义人与执有人极难认证。又华人之署名图章，因有华人独特之笔致，于辨别其真伪一事亦极困难。故普通于栈单上，在以华人氏名，发行提单时，恒另列特种约款，表示堆栈对于中国文字及印章之真伪不负责任，只以持有提单者视为权利者。其约款如下："The Wharves Will not be responsible for the goods delivery orders made out in fovor of Chinese, nor for the validity of Chinese Cnops or signatures, and they shall be entitled to assume that the person presenting a delivery order is the person lawfully entitled to take delivery."）

第二项　提单（Delivery Order）

栈单上所载之寄存货物全部，欲一时让渡，或提出时，虽可于栈单上加以背书让渡，持示堆栈，即可达到目的。但欲以一纸之栈单，将货物分批让渡或出场，究有所不能。盖手续既繁，交易断不能望其圆满进行。于是不得不赖提单之发行以补其不足。因有提单，货物可以自由出栈，或提出一部分。此乃补充本地所行之栈单制度不备之点也。

第一目　提单之发行

提单系当寄存人欲提出存栈货物之全部或一部分时，用为对于堆栈之请求书面。单内应载明栈单之号数，出栈货物之数量，品名、记号，及其他关于货物之特写条目，由寄存人署名。（倘为押汇之提单，应由银行署名。）普通为无记名式，或记名所有人式。为指令提交货物之一种书面，有似往来存款中之以支票取款同一性质。故堆栈对于执有提单者，当提交货物之际，于验视寄存人署名之正否、货物品名、记号等，恰如支票之须俟核对印鉴后方可付款之手续，丝毫无异。是提单使一切手续完备，则堆栈收到后，自当照交货物。在堆栈方面固不负若何责任，惟提单之受货人倘为记名式或记名指令式时，则堆栈对于提单面所载之受货人与其 Identification 应负其责。然上海之堆栈，在对方为华人而以华人名义发行之提单时，因不易一一为之 Identify，遂另有特种免责条款加入，已如上述。条文类如下列文字：

提单倘以华人名义发行时，本栈对于华文印章之真伪不负责任，只以提单之执有人视为权利者。

堆栈由上述条文自可免除本身之责任，且可望办理交易简易迅速，故现时之提单多为执有人式也。然其结果，使提单得具有流通性，而发生辗转让渡之现象。是即中国商人间得因提单之背书让渡而售卖货物，或作为担保，获融通资金之便利，以发挥堆栈之两大职能也。

（未完）

银行周报 1931，15（38）

上海之堆栈制度（七）（续第七一九期）

王雨桐译

第二目　提单在法律上之性质

提单不过为对于堆栈业者令交出所存货物于第三者之一种命令书面而已。执有此单者，可根据书面向堆栈请求提交所记载之物件，同时复得以此书面交与他人，让渡其货物提交之请求权，而受让人可以此书面直接向堆栈请求所列物件之提交。其性质为请求提交一定物品之债权证书。此债权让渡手续，于实际之商业习惯上，系以此书面直接或间接所取得，自居于债权之受让人而行使其权利也。

故提单止不过为一种命令债权证书，决非代表货物之一种有物权效力的证书。盖从日本法律言之，物权的证券，法律只限于设有特别之规定者。苟非然者，则依据当事者之意思或习惯。对于某种证券，不能任意付予物权的效力。在法律上无规定之证券，即令有任意可付予物权的效力之习惯，而结果法律仍将不能承认其习惯之效力也。

因是日本法律即在习惯上，以提单交付于买主，俾得提交现货，履行卖主之义务。两方当事者虽皆有遵依习惯之意思，然在法律上，此类提单并非有物权效力之证券也。

提单之背书让渡，在法律上之效果，亦不过只为货物提交请求权之移转。货物之确实与否，非俟提单取示于堆栈后，不得而知。堆栈亦得以对于货主订有契约为理由。而拒绝提交货物。是提单之转让并不附有转让何种货物之效力。至提单发给后，遇有寄托人宣告破产时，则其寄存货物，亦因宣告破产而列入受债权团请理之一部分财产。故只执有提单之人，自不得主张该货物不受债权团之处理。此与执有栈单者，情形相同。

是以只执有单纯之提单，决不能确保其货物之权利，而以买卖方式推让及接受该单后，自亦不能立即持示堆栈。接受货物之提交，又不得通告堆栈，办理变更名义之手续也(由质押而让受之时亦同)。

在上海之实际商业习惯，已如前述，以简单之提单背书让渡作寄托货物之买卖或质押。此类办法极为危险，苟被奸狡之徒加以恶用，则流弊滋多。年前会有业输运雅片之犹太人二名，于穷迫之余，以伪物充混雅片，发行提单，售卖于人，所得价款为一纸庄票，彼等即往贴现，携款潜逃后，致令当事人负累不堪。又其后会有日商擅于提单上窜改所载之件数及其他条款，骗取货物。此虽由于形式过于简单之弊，然以一方未与栈单并用，只以提单为提取货物之结果所载，故提取货物应以栈单与提单两者同时交验为妥。货主于卖脱货物后，应以货物之提交件数及所余件数详记于提单内，然后执有此单者即可持赴堆栈交验，堆栈于验明后，乃以所记货物提交之，更于栈单上记有余额之处盖章，送还货主。(遇急要时，货主可先以电话通知堆栈。)

关于此节，最大之缺点乃堆栈发给栈单之迟延，为显著之事实。货物入栈后，栈单之发行，早亦需二三星期，迟则一二月。是不得不令其间之买卖，舍栈单而以简单之提单行之。结果招致上述之流弊，故不与栈单制度并用，则将无意义可言。盖栈单与提单各有其相辅之机能，设离去其一，将如双轮之车，单轮不能行驶也。

又尚有应加注意者，即栈单用银行名义之时，银行方面至少每月二次，以货物之实际余数知照堆栈，作确计之手续，以策万全。是犹如往来存款之存款人，以其往来折交示银行，确计其存款数额也。

第三项　栈单（Godown Receipt）

上海各堆栈之发行 Godown Receipt 皆为华商经营之堆栈。外商之堆栈，普通只有 Landing Account 及 Delivery Order 二种之发行而已。

本文之所谓栈单，乃堆栈承认货物之入栈，而载明以本纸换提货物之一种收领证，为华商堆栈用以防弊之文件。惟普通于执有此类收领证者，得以之换取货物，其条文载入单中，故带有让渡流通性。依照实际之商业习惯辗转流通，是仍将有同样之结果发生也。

然考本地之一般堆栈保管收据，于发行之际未必即赋以流通性，其主要目的乃为堆栈于履行其义务之便宜上制成发给。故执有是类证券者，不能只以占有证券之事实，而自认为货物上之权利者。此类文件不能视为权利之利用与证券之占有可相牵连之有价证券，其义极为明显。换言之，即所谓有价证券者，乃所表彰之权利，苟非与证书相俱，则不得移转必使证书上之权利与由证书所生之权利合而为一。由证券所表彰之权利，不得与证券分离，须具有证券即权利，权利即证券之实质而后可也。

自此点观之，栈单之为物，与其谓为有价证券，毋宁谓为近于免责证券之文件。所谓免责证券者，债务人对于证券之执有人实践其债务之履行而免其责任，债务人于执券人之是否为真正之权利者一事，则不负调查之义务。此自执券人方面言之。证券之执有人，因其执有证券而得受履行债务之资格，惟是否有接受之权利，实成问题。换言之，堆栈业者对于栈单执有人应使货物之提交，常成有效，而于执有人之是否为正当之权利者则无调查之义务。执有人虽执有证券，惟未必能主张其为证券上之权利者。非然者，应于取得证券以外之权限上出示证据，且以堆栈不负检查执有人之真确与否之义务。故遇有认执有人确非权利者之时，自可拒绝提交货物也。

（完）

银行周报 1931，15（43）

二 邮 政

上海邮政分局地点表

上海邮局，除北京路总局外，支局已有二十处，各分疆界，收递信函，亦有只管理收信而不管理递信者。兹将支局地点录表如下：

第一支局	城内旧校场福佑路
第二支局	城内彩衣街（不管理递信）
第三支局	南市行仁码头
第四支局	浦东河塘街
第五支局	虹口百老汇路（不管理递信）
第六支局	虹口西华德路
第七支局	美租界北四川路
第八支局	界路
第九支局	英租界卡德路
第十支局	公共租界新闸路
第十一支局	英租界南京路
第十二支局	法租界巨籁达路
第十三支局	法租界天主堂街
第十四支局	西门徐家汇路
第十五支局	里马路
第十六支局	虹口西华德路蓬路转角（不管理递信）

（续表）

第十七支局	闸北共和路
第十八支局	法租界霞飞路
第十九支局	杨树浦路
第二十支局	徐家汇徐家汇路

新民报 1918，5（2）

航空邮政新发起

交通部因四川交通不便，邮递迟缓，故创办沪蓉航空邮递。自美国购来飞机四架，每架四万元，载重一千余磅，马一三百匹，每小时可飞行一百二五英里。先试办京沪段。计京沪距离不过一百六十英里，一小时余可达。昨已开始试飞，结果甚佳。拟于七月一日京沪段先行开驶。

航邮价目：

甲、信件部分：每二十公分在一千五百公里以内，收航空邮递费一角五分。逾量照加。惟原用之邮票仍须照贴。例如一信由京寄往上海者，除航递邮费一角五分外，另加普通票四分，共计一角九分。如寄快信，则航递邮费一角五分，再加普通快信邮票一角六分，共计三角一分。其他挂号等项依此类推。

乙、包裹部分：每一公斤收航递邮费六角，每逾一公斤则加三角，以十公斤为限。此外普通包裹邮费仍须照缴。例如有包裹一件，重约二公斤，则纳航递费九角，普通邮递费三角，共计一元二角。余照类推。

兴华 1929，26（25）

四 金融类

上海商业储蓄银行之今昔观

沧

上海商业储蓄银行开业于民国四年。开业时资本金仅有十万元，旋增为二十万元。去年因营业方面日渐推广，为照示信用、厚储准备起见，当经董事会议决，添召股本十万元，合计资本金总额为三十万元。开业伊始即与中国交通、兴业、浙江实业、盐业、各银行共同组织上海栈，以利货物之流通，借收放款之稳妥利益，并加入银行公会，以相团结。附设储蓄处，专收零星存款。本年因储蓄存款累届加增，因事务冗繁，特设专部司理其理，并与商业资金分清界限。近该行为推广储蓄、吸收存款起见，新制储蓄盒一种，用意颇为完善，此亦提倡储蓄之良法也。开业后即在常州、无锡二埠分设代理处，专做堆栈押款。因该埠米麦及流通货物甚多，近无锡因营业成绩甚佳，已于四月二十八号改为分行。最近苏州亦改设分行。五年冬于南通县设分理处，专做厂家押款，因南通为苏省实业荟萃之区，工厂林立，特产富饶，故经营以来成绩颇佳。今年在南京下关设立办事处，专理押汇及特约押款。上海总行为辅助工商事业起见，本年兼营工厂特约押款及特约抵押透支，于此可觇该行营业方针力求与实业界接近也。兹将该行重要人员录之于左：

总董：庄得之

副总董：林绛秋

董事：徐秀荪、李馥荪、楼暎齐、金伯平、孔庸之、钟紫垣、王晓籁、孙景西、唐露园

总经理：陈光甫

副经理：杨敦甫、朱成章

无锡分行经理：华艺三

兹将该行本年六月底第四期结帐报告存该对照表列之于左：

存该对照表

资产之部	
库存现金	三四八八二七．九五
存放银行钱庄款	三五四五四九．四二
证券购置	二三七〇六．四二
往来透支款	一八六七〇二．七五
往来抵押透支	二七二〇六五．二一
定期押款	六三八六四六．五二
活期押款	一四七五二〇．八六
合做押款	四〇九四三．二六
贴现放款	七二九六．五五
押汇	一一一五二．八七
未收票据	一一二八．三二
银行公有地基金	五四三一．七二
暂记欠款	二一一二．〇九
生财	六四六〇．〇〇
开办费	五〇〇〇．〇〇
总计	二〇六一六九七．九五
负债之部	
资本金	二〇〇〇〇〇．〇〇
公积金	六〇〇〇．〇〇
兑换准备金	四〇〇〇．〇〇
活期存款	九五八四二三．四九
定期存款	五九八九〇九．八四
暂时存款	三八七二四．三一

（续表）

储蓄存款	七二〇三一．一〇
票据存款	四一〇八一．九四
汇出汇款	三五五一．七二
支付汇款	八五三六．〇〇
预核利息等	三六二二．九五
未付股息	四二〇．〇〇
同上期净盈	二六三九六．六〇
除传习所经费	二四七五九．二三
除行员奖励金	五〇〇．〇〇
除公积金	四五〇〇．〇〇
除兑换准备金	二〇〇〇．〇〇
除股息	五〇〇〇．〇〇
除股东红利	五〇〇〇．〇〇
加本期净盈	二三六三七．三七
总计	二〇六一．六九七

观于上表，该行资本金仅三十万元，而吸集存款总数达于一百五十九万六千余元之巨，于此可觇该行营业之发展。更自其现金观之，库存款与存出同业款共有七十余万元，以与吸收存款总数相较（除去定存），其准备殆为十分之八，又可见该行处理之稳健也。

该行自开业以来即有盈余，每届纯利逐步增加，去年每股计分正利五厘、红利三厘。兹将该行历届分配纯利数目为之列表于左：

第一期（自开业起至四年十月止）	纯利：四千四百八十元〇一角六分六厘
第二期（自五年一月起至六月止）	纯利：九千七百四十四元三角五分四厘 （内有上期滚存六十四元一角）
第三期（自五年七月起至十二月止）	纯利：三万三千四百八十元七角三分九厘 （此系五年上下两期纯利总数）
第四期（自六年一月起至六月止）	纯利：二万六千三百九十六元六角 （内有上期滚存二千七百五十九元二角三分）

今将该行第一期至第四期重要会计累年比较表提示于后，该行之营业成绩于此亦可见一斑焉：

（一）负债之部

期次	资本金	公积金	兑换准备金	定期存款	活期存款	票据存款	储蓄存款	暂时存款	每期纯利
第一期	二〇〇〇〇〇元			一二四九一元	三四一九三二元	二一四九一元	一八八八二元		四四八〇元
第二期	二〇〇〇〇〇元	一〇〇〇元		四七八一七六元	六七九四九六元	一三二七九元	三五四九六元	四八三元	九六八〇元
第三期	三〇〇〇〇〇元	一〇〇〇元	二〇〇〇元	五六〇一〇四元	八四〇七二二元	四〇四八九元	四五一二五元		二三七三六元
第四期	三〇〇〇〇〇元	六〇〇〇元	四〇〇〇元	五九八九〇九元	九五八四二三元	四一〇八一元	七二〇三一元	三五七一四元	二三六三七元

（二）资产之部

期次	现金	存出款项	购置证券	往来透支款	定期押款	活期押款	合做押款	贴现放款	生财
第一期	一三二四四三元	一四七八〇八元	三〇二九元	二九九〇二元	一六二八〇八元	二〇五八〇五元	一二八二三一元		三〇四六元
第二期	二四四二四九元	一八八七六八元	一五一九一元	二七六七三一元	四三五一八四元	一九二二〇六元	一〇二八九六元		三九八八元
第三期	三四九四九四元	二六九二七六元	一五一九一元	二〇二八八一元	六六一一七〇元	一八一二三九元	二四二七五八元	四一三七元	五二四〇元
第四期	三四八八二七元	三五四五四九元	二三七〇六元	四五八七六七元	六三八六四六元	一四七五二〇元	四〇九四三元	七二九六元	六四六〇元

银行周报 1917，1(22)

民国六年上海中国银行营业纪略

上海中国银行，近来以来信用日加牢固，营业亦逐步扩张。查民国六年，该行结帐全年纯益共有五十六万三千七百四十五元九角二分，内计上期纯益洋二十三万七千九百七十七元六角九分，下期纯益洋三十二万五千七百六十八元二角三分，赢余如此之巨，为历届结账以来所未有，并为一般银行业所警羡者也。查上海中行决算报告，结帐至十二月三十一日止，各项存款共有洋五百五十二万五千一百元五角七分，发行兑换券共有洋二百九十七万四千元，至库存现款及存放各银行款共有洋四百十六万六千五百十八元六角，除兑换券系十足准备外，其活期存款之准备约为七成，要可见该行营业之稳实也。

去年上海中行自五月一日起改用划头，收付现银，此举为该行一大革新，而其关系市面洵非浅鲜。查沪市款项往来，有银行划头、钱庄汇头两种。汇头亦曰汇兑银，系因市面现银缺乏，故各钱庄到期收付款项不能当日收取，须隔一日方能收现。最初发生之意，无非冀现洋可迟付一日而已。若有当日欲收现银者，名曰银行划头，钱庄收付款项，均系隔日，故曰钱庄汇头。上海中行因市面习惯，除对于外国银行汇出外，亦与各钱庄一律，进出均用汇头银两，自去年五月一日起一律改用划头现银，与各外国银行一律。按此事改革之原因，由于同用汇头银时，一遇市面紧急，银底枯渴，中行亦同处支绌地位，不能调剂盈虚；倘改用划头现银往来，则如遇外国银行收款较多时，及各钱庄需款浩繁银根紧迫之际，中行可以量力做出押款以缓和市面。故自五月间改行汇头以来，值此国家多事之秋，如去年七月间复辟之变以及十一月中宁波独立风潮时，中行均做出各钱庄押款以活动金融。此后庶不致遇有紧急，同处困难，市面亦赖以调和。是举洵关系于沪市金融，甚望各银行群相效法也。去年自七月初复辟事起，一时人心恐慌，市面银根紧急，银拆大至六钱五分。上海中行即做出各钱庄押款，银拆始得逐渐平复。迨至九月间，先令逐步见长，竟至四先令十一辨士，各钱庄及各华商均因套进先令，市面银拆遂致奇紧，此为去年银拆最紧之时代。嗣经该行以市面紧迫，关系重要，竭力维持，做出各庄押款，最多时会达二百万两之谱，且所定利息，因事关救济市面，均仅取长年七厘，以示维持商业之本意，闻各钱庄至今犹称道该行不置也。

去年十一月下旬宁波独立事起，沪甬相距既近，人心恐慌尤甚。又值花用当令，洋底适正枯缺。于是洋厘骤然奇涨，十一月二十六日竟涨至七钱四分。该行因市面银元来源缺少，去路正涌，一时供不应求，洋厘过大恐或牵扰市面，当以库存银元出售借平其势。同时商诸南京造币厂装运生银往宁，赶开夜工，从速加铸，新币运沪六万续近二百元，洋厘因此逐见平落云。

综上所记，固为该行去年经过之重要事实，要与沪市金融有密切关系，于是可觇该行近年以来竭力维持市面，处处以救济金融为怀，甚能恪尽中央银行之职务而发挥其效能。其营业成绩，当不能仅以获利优厚一端视之也，今再就其内部情形而略言之。

上海中行定期存款计分三类：存一年者，周息五厘；存半年者，周息四厘；存三周者，周息三厘。银洋利率一律存银以三百两，存洋以三百元为起点。至往来存款，存银周息二厘，存洋周息一厘，无论银洋均以二百为起点。其存款托代收庄票者，票力按每千两一钱六分计算。他如银行支票则一概免力。又对于我银洋互换，凡存款往来各户，以洋易银，照市价酌加一厘。该行支票可以完善关税，江海关税收处特放宽时间，每日可用至五时止。此实与该行有往来者之便利也。

该行为便利商业维持市面起见，监于近年以来出口土货，华商因资本不足，当仰鼻息于外人，不能多备资本，往内地收买，甚至竟由外人直接往内地采办出口。又如进口各货，华商因资力薄弱，常向洋银行商做押汇。故该行择确实可靠之户，酌做往来透支及押汇，均所以便利商家资金之融通，而扶助其经营事业也。该行放帐极为谨慎。查该行结账至十二月底止，共做出各项押款计洋四百七十八万三千八百七十四元六角六分。民国四年时，上海中行即与交通、商业、实业、盐业、中孚七家银行共同组织银行公栈，已由第一栈推广至第三栈，并由上海中行为总经理，故近年该行对于湖丝、干茧、棉花、绵纱、匹头、杂粮等货，当做栈单押款。盖栈单多由公栈或洋栈发出，当然确实可靠，且既利货物之流通，又助商家之周转，而该行亦可得稳实放款之效益也。

上海中行受政府之委托，经收监税，按期代解银行团，并经收关税及上切税款，遵照财政部令发放各款，另附设收税处管理其事，除代江海关征收进出口税外，并代征工商局码头捐、浚浦局浚浦捐及支发全关经费等事云。

银行周报 1918，2(4)

上海盐业银行最近营业概况

盐业银行自民国四年开办以来，信用日增，营业逐渐发展，每届结帐均有赢利。去岁自吴达铨氏总理该行后，因经营得人，营业为之益振，年终结帐计共获纯利洋四十八万八千八百二十二元，观其获利之优厚，已可知营业之发达矣。

沪行为该行之大分行，信用久著，营业素称发达。去年结帐计获纯利洋六万零九百余元。今年各项存款加增，常达二百八十余万元，而各项放款亦因之加多，约二百万元有奇，故准备金常在五分之一左右，经营方法颇为谨慎。六月该分行上半期结帐，计获毛利六万七千六百余元，除去股东利息及各项开支外，尚有纯利三万九千一百十二元二角三分，其中收入以利息为最多，而汇水、余水亦不少也。该分行设于上海天津路鸿仁里内，近因营业扩张，旧有房屋不敷展布，乃另筑新居于北京路十号，已于八月中迁入，规模伟大，气象恢宏，其地为各大银行汇集之处。经理倪杨雨君，又皆为银行熟手。故此后之发达，益将蒸蒸而日上也。

银行周报 1918，2(41)

金城银行营业纪略

金城银行于民国六年五月开业。股本总额为二百万元，先收足四分之一，计五十万元。总行设于天津，北京、上海设分行、分庄各一。开业甫及一年，营业极为锐进。据民国六年营业报告，各种存款共计四百六十余万元，各项放款共计三百七十余万元。去年自五月间开业至十二月底抄止，共计盈余十三万九千七百五十元零七角四分，除各项开支及摊提、营业、房屋、器具等费计四万三千六百七十一元二角三分外，净余九万六千零七十九元五角一分，其利益项下以利息收入为最多，约占总数四分之三。六年纯利照章经监察要检查董事会议决分配如左：

纯利	银元九六〇七九五一（元）
内公积金	银元一四〇〇〇〇〇
股利平均公积	银元一六〇〇〇〇〇
本年股利	银元四〇〇〇〇〇〇（按年息一分二厘）
行员奖励金	银元二四六〇〇〇〇
盈余尾款	银元一四七九五一

金城银行现总董为王君郅隆，监察人为郭善堂、胡筠二君，总经理为周君作民云。

今录金城银行民国六年资产负债表及损益表于后：

（一）资产负债表

负债类	
股本	二〇〇〇〇〇〇〇〇（元）
定期存款	八九一二五一四一
往来存款	三一五左六六一八八
暂时存款	五五四三八四一四
存款票据	九五四五三八
支付汇款	八二〇〇〇〇
应付未付利息	五五二五〇四
本年净利	九六〇七九五一
合计	六七二〇六四七三六
资产类	
未缴股本	一五〇〇〇〇〇〇〇（元）
定期放款	四五五二七一四一

（续表）

抵押放款	六四四二二九九五
往来存款透支	一八七二九一九九
活期放款	二四九五九〇六七一
有债证券	二七四八三五〇
外埠同行往来欠款	一四〇八五六四
营业用房屋器具	二四六三六一五
生金银及各种货币	一六八二〇〇〇
应收未收利息	一一七二三六三
库存现款	一三四三一九八三八
合计	六七二〇六四七三六

（二）损益表

损失之部		利益之部	
各项开支	三七七九二（元）	利息	九七九六七（元）
手续费	四二五	汇水	一三一六一
摊提营业用房屋器具	五四五二	余水	二六七四二
本年净利	九六〇七九	平色	一三二五
		杂损益	五五四
合计	一三九七五〇（元）	合计	一三九七五〇（元）

银行周报 1918，2（13）

浙江兴业银行七年营业纪略

浙江兴业银行创设于清光绪三十二年，开办迄今业已有十二载。成立即早，故根基牢固。信用卓著，每期营业均有增进，所获赢利亦极优厚，实吾国商业银行之巨擘，而历史最深、信用最著者也。该行总行设于上海，杭州、汉口、北京、天津设有支行，奉天、哈尔滨则有分庄，全国各大商埠及英、美、日本等处均有代理银行以通往来。近年以来因经理得人，营业尤觉猛进。虽当政变频承，商业萧条之际，而该行沪、汉、杭三处仍能守定方针，力趋正轨，从稳实之中以谋进取。即如京钞紊乱之京津、滥币充塞之奉天、投机盛行之哈尔滨，该行支行及分庄执事人处此潮流，亦能力戒幸获，凡所收入均从正当营业积铢累寸得来。总计本届纯利，计有十六万六千零九十六元。日后政治清明、商业繁盛，该行之发展，益将蒸蒸而日上也。兹据该行第十二届报告而略述其民国七年份之营业状况如左：

一、资产负债表(及财产目录)(戊午年终)

资产之部	
现款	二二四一八一七．八四(元)
期票	六八九．〇〇
存放他银行及钱庄(计一百二十一户)	三三〇三〇九五．一四
准备金	三〇三〇〇〇〇．〇〇
押款(计四百七十一户)	四六四七九二九．七四
押汇(计二户)	六〇五五五．五五
拆票放款(计三户)	一四八六四八．六五
贴现(计四户)	二四九二九．八一
往来透支(计六十五户)	一四二八二二六．一六
信用放款(计一百二十七户)	一四四六五九八．二八
过期放款(放十四户)	九〇五五一．五一
有价证券	八六〇六〇八．一九
各种股份	一〇四七〇．七〇
没收抵押品	一〇三五五．三五
房地产	四九八三八一．二四
器具费	七〇〇．〇〇〇
押租	一〇八五．一二

（续表）

暂欠	九六五一四．三八
合计	一七九〇一一五六．九六
负债之部	
股本总额	一〇〇〇〇〇〇．〇〇
特别公积金	一六八一六二．〇二
公积金	八八八四六．七七
备抵呆帐	九二八一四．三八
各种定期存款	四二五二七四七．六六
各种活期存款	六六〇四一二三．六一
行员保险金	九六〇五．二六
行员保险准备金	九六〇五．二六
各种票据	一三四七〇四．六九
兑换券	三〇三〇〇〇〇．〇〇
各种暂存额	二二七五一二〇．九五
房地产租户押租	六〇七七．七八
未付红利	七八七．二〇
暂核利息	六二四六四．四六
本届纯利	四九八五．六二
上届结存	一六一一一一三〇
本届纯利	一六六〇九六．九二
合计	一七九〇一一五六．九六

二、损益表（戊午年终）

利益之部	
利息	三九六五六四．二三（元）
汇水	三九六三六．一五
余水	四六六〇八．八〇
手续费	八四一七．八七

（续表）

房地产进金	一四〇〇四．九九
有价证券买卖损益	一八〇三九．九三
外国货币买卖损益	四一四．四八
合计	五二三六八六．四五
损失之部	
房屋器具折价	一二〇七〇八．四六（元）
提付行员保险准备金	九六〇五．二六
杂损益	二四〇八四．五六
各项开支	二〇八一七六．八七
本届纯利	一六一一一一．三〇
合计	五二三六八六．四五

三、公积金及盈余利息分派表（戊午年终）

纯利		一六六〇九六．九二（元）
除第一公积（照章提二十分之一）	八三〇四．八五（元）	
第二公积（二十分之二）	一六六〇九．六九	
第三公积（二十分之一）	八三〇四．八五	
第四次公积（二十分之一）	八三〇四．八五	四一五四二．二四
净余		一二四五七二．六八
照章畸数滚入下期		四五七一．六八
净余		一二〇〇〇〇．〇〇
照章将净余匀作四十分每分计三千元		
除股东红利（照章提三十二分）	九六〇〇〇．〇〇	
酬劳金（董事监察人及总办事处职员照章提二分计）	六〇〇〇．〇〇	
又（各行职员照章提五分计）	一五〇〇〇．〇〇	
又（无赢利行补贴照章提一分计）	三〇〇〇．〇〇	一二〇〇〇〇．〇〇

兹该将行总分各行本届营业情形分述如左：

申行：本届营业成绩，以推广汇兑为最全。年汇款共计三百九十余万元，汇水收入较上届增加五分之四，国外汇兑如日本之东京、大阪、神户、横滨，英之伦敦，美之纽约、旧金山等处，均于本届选择代理银行，渐次开立往来户，顾客极称便利。其次为增进押款。所交往者皆系上等押口进出活泼之户，全年总数共计八百五十余万元，较上届增加十分之五分三，本届决算时尚有二百十余万元，较去年增加二倍，定期存款增加八十四万余元，较上届为十与二十之比例，储蓄存款增加之数，较上届为十与二十三之比例，往来存款增加之数，较上届为十与十五之比例。中行兑换券较上届增加五十万元，故一年以来业务频繁，全年收付总额已超二万万元以上。沪埠秋冬之间银根奇紧，该行素重准备，出其余力加做押款拆票，应付甚觉裕如。银行公会为维持市面计，集合巨款，协力救济，该行亦与其列，救济市面厥功甚伟。

杭行：本年市面，初尚平靖，三月间各业正在上市之时，官厅适于此时着手革除现水。际此变革，钱业多恐金融忽然播动。加以甬绍时间停市，各怀收缩主义，更以丝米市面不甚起色，因之各业均有停顿之象，又年来同业继起渐多，营业竞争甚烈，该行虽不肯以高利吸存存款，然大势所趋，市面利息日以增高，该行以支出存款利息数亦较巨，中行承官厅革除现永水余，调节金融，需款孔亟，该行因事关大局，接济巨款，利率甚低，一出一入之间，不免小有损失。幸其他放押各款，利息尚仁，汇款一项发达甚速，较上届增加一倍有余。汇水一项，虽不加多，实以大市减轻，不得不因时制宜。冀可推广汇兑事业，中行兑换券较上届增加十万元，惟货栈以本年丝市不旺，押款贴现比较上届略形减色，此则时局使然耳。

汉行：本届营业方针，注重押汇押款汇兑贴现，并增开有担保品之透支户。故押汇一项，轻上届增加六十五万元，押款增加七十万元，汇兑增加三百万元，贴现增加二十七万元。秋末冬初，汉口有一二外国银行，以重息吸收存款，全市趋之若鹜，而该行各种存款，年终统计尚与上届相等，此为信用牢固之表征，非可幸致也。该行因全埠金融局势日见艰涩，不得不增做拆票，以供同业之需要。故拆票一项，较上届增加一百二十五万元，且收放灵捷，毫无纠葛。中行兑换券较上届增加二十万元。汉市习惯，素重信用而轻抵押。自该行注重抵押以来，抽汇押款等交易日有进境。入冬以后，银市恐慌已极，该行一面留意准备，一面周旋顾客，调度因应，煞费心力。年计颇获盈余，营业大有进步，而汉市抵押风气之渐开，亦可见一斑矣。

京行：本年政局不定，中交京钞忽上忽下，涨落无常，投机家利用时机以为操纵，自七折抑至五折以内，卒以七年公债继续发行，两行又筹款整理，仓卒之间涨至六七折，大为业此者所不及料。加以全国银根紧迫，九十月间申汇大至一零六五，洋厘高至七钱一分，皆为往年所罕见。该行于此投机事业严加制止，处以潮流，步步谨守，专意推广汇兑事业，全年汇款共计四百五十余万元。存款一项，往来随时较减，定期较增，京市受款次震荡以后，各业痛苦万状，市面久已呆滞，该行交往各商帮，皆素择殷实信用之户，进出尚形活泼。其余放款各户，押品确实，绝少蒂欠。迩来京师银行蔚起，顿有荼火之观，该行度德量力，抱定稳健主义，除于商业方面照常进行外，惟对于中行当局维持票价。该行认为整理金融，所关甚巨，会联合各支行量力援助。此外未与政治方面接近，足征该行之深明大义而熟心整理金融也。

津行：本届各项息款，较上届增加十分之三分五。放款利息收入亦较上届为多。中行兑换券，因接近京钞申汇票可购，获利颇优，本年停止办理故耳。统计本届各种收入，皆系正当营业，决算利益足与上届相埒，其进步实已不鲜。津埠市面向称稳固，各处银根虽紧，津埠尚无支绌现象。一因百业停滞，用款者少；二因时局不稳，放款者严。其效由于消极，并非实有余财也。该行宗旨专从工商业界积极进行，并调查货物销路，以便推广抵押。程功虽缓，效果已见，该行经营方法之稳健实足多也。

奉庄：自丁巳年改定方针，专营汇兑，本届成绩甚佳。东省小洋毛荒，申票市面每日变更无定，汇兑极感困难，本届所做汇款，均能相机因应，随时收抵，不受市价变更之损失。本年已在大西门内大街中行之侧购定市房一区，拟于己未年修理迁居，以图进取。

哈庄：本年春间在北四道街购定市房一区，于六月间迁移。存款较上届为增，放款利息亦尚优厚。年终赢亏，仍照上春议案，俟积至己未年底再结。俄乱未终，运道梗阻，麦豆囤积，价格甚疲，市况极为萧条。详行专以吸收存款，慎重信放为主，凡稍近投机之事，一概不做。虽无近效可见，然该行信用已因之日增矣。

以上为各行营业之大概情形，均能于稳健之中力谋进取，各项重要营业莫不有多少之进步。兹将各行各种存款与上届比较增减数目，分别列表如左：

科目/行名	特种定期存款		定期存款		往来存款		随时存款		储蓄存款		嘱托存款	
	增或减	数目（元）	增或减	数目（元）	增或减	数目（元）	增或减	数目（元）	增或减	数目（元）	增或减	数目（元）
申	增	六二四八七.九〇	增	八四七二〇七.一四		五〇〇一〇九.八八	减	四九八六三.一九	增	七九〇九九.六九	增	一一〇.九一
杭	增	九〇〇〇.〇〇	增	九四〇八.二二		四八八三九.四八	增	一一五七一.二五	增	四五〇三.四六	增	一一六.九六
汉		无	增	二三三七〇四.五八		八一六一八.八〇	减	一六四〇〇一.八七	增	一一二〇七.四四	增	一七二.二〇
京		无	增	三三九五一.四四		四九二四〇二.三五	减	一三九〇八五.〇九		无		无
津	增	四三七六二.八八	增	六五〇四九.〇七		二五七五三六.一三	增	四〇六四八.五三		无		无
奉		无	增	七四〇七四	减	一四八一四.八一		无		无		无
哈		无	增	三九〇七八一.六三	增	九三五二九七.六五		无		无		无

右表所列本届各种存款，增减相抵，计增二百六十四万三千五百九十三元零七分，即戊午年新增存款之总数。

兹将本届押款与上届比较，分别列表如左：

行名	上届总数（元）	本届总数（元）	增或减	数目（元）
申	六九六二六三．六五	二一七一八六一．七〇	增	一四七五五九八．〇五
杭	三八八二二五．五七	四四七九二五．八七	增	五九七〇〇．三〇
汉	三三〇〇九三．六五	一〇三六七三七．〇〇	增	七〇六 六四三．三五
京	六八九七二．九〇	二一七〇五九．〇四	增	一四八〇八六．一四
津	一八二八七八．五七	三四一八三一．八五	增	一五八九五四．二八
奉	一一一一一．一一	六五九六．一三	减	四五一四．九八
哈	二五〇四三一．三二	四二五九一七．一五	增	七五四八五．八三

右表所列本届押款增减相抵，计增二百七十一万九千九百五十二元九角七分。

兹将本届信用放款与上届比较，分别列表如左：

行名	上届总数（元）	本届总数（元）	增或减	数目（元）
申	一二五三〇一．六一	四六八六九．一五	减	一七八四三二．四六
杭	三〇四四九三．二七	二二五二三五．九五	减	七九二六七．三二
汉	三六一三七二．〇一	三六三八八八．八九	增	二五一六．八八
京	一九一四五七．一〇	六四四七一．四三	减	一二六九八五．六七
津	六二八五七．一四	四八一四二．八六	减	一四七一四．二八
奉	无	无		无
哈	八四〇〇〇．〇〇	六九八〇〇〇．〇〇	增	六一四〇〇〇．〇〇

右表所列本届信用放款增减相抵，计增二十一万七千一百十七元一角五分。

兹将本届往来透支与上届比较，分别列表如左：

行名	上届总数（元）	本届总数（元）	增或减	数目（元）
申	三九〇五三六．二四	四一九二八五．三九	增	二八七四九．一五
杭	一六九六．四九	无	减	一六九六．四九
汉	九九〇〇二．七六	三〇二二八二．八七	减	二〇三二八〇．一一
京	一二四八八九．四〇	一四〇一八五．八九	增	一五二九六．四九
津	四六〇六〇．〇四	二二三三六三．六〇	增	一七六三〇三．七六
奉	无	无		无
哈	六五九五四．三七	三四四一〇八．二一	增	二七八一五三．八四

右表所列本届往来透支增减相抵，计增七十万零零零八十六元八角六分，其总数为一百四十二万八千二百二十六元一角六分，内有担保品者计九十二万九千余元。

本届领用中行兑换券总数共计三百零三万元，截至十二月底，流通在外者共计二百九十万零四千五百九十六元，其应缴各项准备金悉照合同办理。

兹将本届年底结存现款与上届比较，分别列表如左：

行名	上届总数（元）	本届总数（元）	增或减	数目（元）
申	七一三二一四．五一	七一一一六五．〇八	减	二〇四九．四三
杭	三一五四七九．三五	四三五五一一．四六	增	一二〇〇五二．一一
汉	三七八四五五．五四	三四一七四二．二九	减	三六七一三．二五
京	二三〇六〇一．六一	二六八一九〇．七七	增	三七五八九．一六
津	六九二五．九五	七八〇〇．一三	增	八七四．一八
奉	二九四．九九	一一四一．〇七	增	八四六．〇八
哈	二七六二．五	四七六二四七．〇四	增	四六四四八四．五四

右表所列本届现款增减相抵，计增五十八万五千零八十三元三角九分。

兹将本届年底存放他银行及钱庄之款与上届比较，分别列表如左：

行名	上届总数（元）	本届总数（元）	增或减	数目（元）
申	七七四七七九．九六	一四四〇〇七一．三七	增	六六五二九一．四一
杭	一一〇二五一．五五	一三八〇五．八六	减	九六四四五．六九
汉	六六四〇七八．三〇	九八三九．七〇	减	六五四二三八．六〇
京	一四三六二四六．七九	三六三三六六．五七	减	一〇七二八八〇．二二
津	四九九六〇六．九〇	九九六七七九．八二	增	四九七一廿二．九二
奉	一三九六一．五〇	存一五二二．七六	减	一五四八四．二六
哈	一六九六一〇．九一	四八〇七五四．五八	增	三一一一四三．六七

右表所列，本届存放他银行及钱庄之款增减相抵，计减三十六万五千四百四十元零七角七分。

以上两表，结存现款共计五百五十四万四千九百十二元九角八分。查本届十二月底止，各种存款总数共计一千零八十五万六千八百七十一元二角七分，合计营业准备数目为百分之五十一分一，除定期存款未经到期、无庸准备外，实计为百分之八十四。本届财产总额已达一千八百万元，全年营业收入以利息为大宗，余水次之，汇水又次之。兹将本届营业上重要收入，与上届比较分别列表如左：

科目	上届总数（元）	本届总数（元）	增或减	数目（元）
利息	二二七五七三．〇〇	三九六五六四．二三	增	一六八九九一．二三
汇水	五六〇七六．〇〇	三九六三六．一五	减	一六四四〇．〇〇
余水	四三六四．〇〇	四六六〇四．八〇	增	四二二四四．八〇
手续费	九〇九一．〇〇	八四一七．八七	减	六七四．〇〇

本届毛利计共五十二万三千六百八十六元四角五分，除去各项开支杂损益房产器具折价及提付行员保险准备金外，计获纯利十六万一千一百十一元三角，与上届比较计增加二万二千七百七十九元。兹复将历年重要营业，分别比较如左，借以明营业发达之梗概焉：

	第一届（千元）	第二届（千元）	第三届（千元）	第四届（千元）	第五届（千元）	第六届（千元）	第七届（千元）	第八届（千元）	第九届（千元）	第十届（千元）	第十一届（千元）	第十二届（千元）
各种公积	——	——	四五	五四	七七	五四	三七	六三	一〇八	二〇〇	三二二	三四九
各项存款	二二〇一	一九七六	三五九六	三四〇三	一九二三	二七七四	二九四一	四五〇一	四六九三	五九二五	九六〇六	一三一三一
领用中行	——	——	——	——	——	——	——	——	一二五〇	一九〇〇	二一〇五	三〇三〇
兑换券	——	——	——	——	——	——	——	——	——	——	——	——
押款	二一三	七二一	八二七	九七七	八六一	七七一	六八六	一〇二〇	六六六	一〇一三	一九二九	四六四七
往来透支	–	四四一	五二五	一八六	五八四	九三九	一二六八	五七六	六六九	五五三	七二八	一四二八
信用放款	二二三八	一二四三	二四五七	二一八一	九一九	一〇五〇	八〇四	二五六〇	一一九七	一一六六	一二二九	一四四六
有价证券	——	——	——	——	——	——	——	——	四〇一	四二一	四四九	八六〇
现款	五〇	三三六	九七五	一四二三	一四一	一〇〇〇	七七四	一六四八	七二	一四四四	一六五六	二二四一
存放同业	——	——	——	——	——	一八〇	五四五	五七六	一七一五	一八六〇	三六六八	三三〇三
准备金	——	——	——	——	——	——	——	——	一二五〇	一九〇〇	二一五〇	三〇三〇
每届纯利	三	五八	五〇	一〇九	四六	六六	九五	一〇五	九七	二八	一三九	一六六

注：各种公积，除两项公积金外，备抵呆帐亦包含其中。存放同业，即存放他银行及钱庄，领用中行兑换券，系自第九届始，以前乃该行自己发行，故不列入。

由上列比较表观之，足征该行营业，每届增进，近年增加甚速，而以本届为尤猛烈。此观于上列各表，已极明了，无庸赘述。惟其中最足令人称誉者，莫信用放款，不随业务之扩张而增进，反有逐渐减少之趋势，而押款则逐年增进，尤以十一二届增加为最巨。他若公积金提存之多与夫现款准备之厚，均足征该行经营方法之稳健，处处根据银行原理，循正轨而行，不丝毫苟且，实足为吾国商业银行之模范。故表而出之，以供世界言银行者之参考也。

银行周报 1919, 3(12)

上海保险业之调查

保险事业对于社会甚属有益。近年水火险、人寿险等，营业日盛，计去岁各公司之盈余，自数百万至十余万不等，而尤以欧战期内之水险营业为佳。盖由各交战国潜艇横行，鱼雷密布，危险甚多，保险费因而大增，而运输货物者则以沿途荆棘，不得不投巨资于保水险公司，营业遂大得利。至火险则以本埠营业者为最发达，内地各处因街道狭窄，救火之设备不精，往往有火警，十百家同归于尽，公司乃不免有受累者。又人寿险，分无定期缴费、定期缴费、普通保险、存银保险、幼孩保险、大富保寿、储蓄保寿等七种，各有定程公司与保险者两方面，皆可享受利益。故各行营业，皆称发达。兹将人寿、水、火保险中外行名及经理姓氏等，汇刊于左。

（甲）华商人寿保险

行名	经理姓氏	注册
华安（China United Assurance Society）	郁赐（英人）、沈仲礼	农商部
福安（Fook On Assurance Co.）	邓文海、罗倬云	香港英领事馆
金星（Venue Life Assurance Co.）	易次干、张平夫	农商部
康年（China National Life Insurance Co.）	严韫玉	农商部
商立（Central China General Insurance Co.）	陈鸿宾	农商部

（乙）英商人寿保险

行名	经理姓氏	注册
永年（China Mutual Life Insurance Co.）	倪安、杜维德	英国
华洋（Shanghai Life Insurance Co.）	派克	香港英领事馆
永福（Standard Life Assurance Co.）	克剑屁、开德	英国
宏利（Manufacturers Life Insurance Co. Of Canada）	白罗克	坎拿大英领事馆
永明（Sun Life Assurance Co. Of Canada）	麦考伦	同上

（丙）华商水火保险

行名	经理姓氏
华安（Wah An F.& M. Insurance Co.）	沈仲礼
华兴（Shanghai Wah Hsing F. & M. Insurance Co.）	梁炳垣
华成（Shanghai Wah Cheng Fire Insurance Co.）	穆杼斋
联保（Shanghai F. & M. Insurance Co.）	李煜堂、刘石荪
联泰（Luen Tai Insurance Co.）	谭焕堂
联安（Luen On. F. & M. Insurance Co.）	黄伯牛、许文亮
福安（Fook On Assurance Co.）	罗倬云
香安（Heung On. F. & M. Insurance Co.）	卓鉴云
羊城（Yeung Ching Insurance & Investment Co.）	罗倬云
广恒（Hong Kong Kwang Hang F. & M. Insurance Co.）	罗倬云
仁济和（Yun Chi Ho Insurance Co.）	唐凤墀、陈辉廷
金星（Venus Life Assurance Co.）	易次干

（丁）洋商水火保险

行名	经理姓氏或行名
太阳 Sun	爱尔德 Algar & Co. Ld.
尤宁 Union of London	同上
皇后 Queen	茂生 American Trading Co.

（续表）

行名	经理姓氏或行名
以归提勃 Equitable	慎昌 Andersen，Meyer & Co. Ld.
扬子 Yangtsze	同上
大名永 British Dominions	安大生 A.L. Anderson &Co.
Employers Liability（华名不详）	安利 Arnhold Bros & Co. Ld.
马达尤宁 Motor Union	安利
保众 General	通和 Atkinson & Dallas Ld.
保宏 New Zealand	泰隆 Barlow & Co.
保太 Assurance France Asiatique	中法储蓄 J.Beudm & M.Speelmen
保家 North China	长利 J. P.Bisset & Co.
保安 Union Of Canton	盘尼（译音）C.M.G. Burnie
保定 Manchester	白忒勒（译音）Clarance H.Butler
保泰 South British	壳克司（译音）W.Wakeford Cox
保隆 Excess	司伯克（译音）C.E.Sparke
Imperial Fire Office（华名不详）	泰隆 Barlow & Co.
National Union（同上）	同上
Foncier de France et des Colonies（同上）	皮亭（译音）J. Beudiu
Royal Exchaongo（同上）	长茂 A. R. Burkin & Sons
Atlas（同上）	德记 Bradley & Co. Ld.
Queensland（同上）	泰利 Brandt & Robgers
State（同上）	白忒勒（译音）Clarance H.Butler
West of Scotland（同上）	同上
London & Lancashire（同上）	太古 Butterfield & Swire
Royal Exchange（同上）	同上
British Traders（同上）	同上
Orient（同上）	同上
Guardian（同上）	同上

（续表）

行名	经理姓氏或行名
凤凰 Phoenix	丰裕 C.&J. Trading Co. Ld.
Patriotic（华名不详）	同上
Western of Toronto（同上）	同上
Lancashire（同上）	中国营业 China Realty C.Ld.
Bombay（同上）	胜业 China Land & Finance D Co. Ld.
Union of Paris（同上）	达兴 Credit Foncier C' Extreme-Orient
保宁 British Traders	美裕 Grace China Co.
Union of London（华名不详）	天祥 Dodwell & Co. Ld.

（丁）洋商水火保险

行名	经理姓氏或行名
天一 Rossia	莱钦费（译音）A.Drachenfels
益兴 Yorkshire	爱力生（译音）H.W.Allison
香港 Hongkong Fire	芬登（译音）A.E.Fenton
远东 Far Eastern	F.C.Heffer & Co.（华名不详）
望赍 JavaSea & Fire	Transmarima Trading Co.（同上）
安平 Norwegian Lloyd	泰忒（译音）E.G.Tait
Law Union& Rock（华名不详）	德利 Percy Tilley
Palatine（同上）	斯单福（译音）Roy D.Stafford
Northern（同上）	格力其（译音）G.Grayrigg
Eagle（同上）	信记 Eastern Trading Co. Ld.
British Amerio □（同上）	丰泰 Frazar & Co.
仁记 China Fire	力因登（译音）Gibb Livingston & Co.
Gresham Fire & Accident（同上）	汇通 J.A.Waitie & Co. Ld.
Kobe Marine（同上）	三井 Mitsui Russan Kaish
Osaka（同上）	同上

（续表）

行名	经理姓氏或行名
Tokio Marine（同上）	同上
Tokyo（同上）	同上
Kyodo（同上）	同上
Meiji（同上）	同上
Nippon（同上）	同上
Chiyoda（同上）	同上
Yokohama（同上）	同上
London & Lancashire（同上）	隆茂 Mackenzie & Co. Ld.
保泰 South British	老沙逊 David Ssso noa & Co. Ld.
老公茂 Commercial Union	晋隆 Mustard & Co.
West of Scotland（华名不详）	长安 M.Myers
Norwich Union（同上）	大仓 Okura Trading Co. Ld.
公平 Royal	尼尔（译音）O Neill，C.A.
巴勒 North British & Mercantile	亚力山大 Alex，Ross & Co.
LnCoaFlance of Paris（华名不详）	立兴 Racine Ackermann & Co.
L' Urbaine（同上）	同上
Netherlands Lloyd（同上）	普益 Raven Trust Co.Ld.
Scottish Union & National（同上）	连纳 Rayner Heusser & Co.
London Guarantee（同上）	锦隆 Harrisons King & Irwin Ld.
East India Sea & Fire（同上）	同上
Mercurins（同上）	好时 Holland-China Trading Co.
Salamandra（同上）	同上
Essex & SuffolK（同上）	义记 Cecil Holliday & Co.Ld.
Central（同上）	同上
Helvetia（同上）	慎余 Huber & Co.
香港 Hongkong Fire	怡和 Jardine Matheson & Co.Ld.

（续表）

行名	经理姓氏或行名
Alliance（华名不详）	同上
Eastern（同上）	同上
Caton（同上）	同上
Liverpool & London & Globe（同上）	（同上）同上
Veritas（同上）	蒲特（译音）E.P.Boode
Essex & Suffolk（同上）	霖山（译音）Geo.Lindsay
Guardian（同上）	德和 Lester，Johnson & Moriss
London Assurance（同上）	天伦 Simon Levy & Co.

（戊）华商水火保险

行名	经理姓氏
先施（Sincere M. & F. Lns. Co.）	经理黄译生
永安（Win On M. & F. Lns. Co.）	经理郭标

（己）华洋合办水火保险

行名	经理姓氏
华暹（Nanyang Siam F.& M.Lns. Co.）	经理苏澄如、协理林慧波

银行周报 1920，4（12）

浙江兴业银行之事业批评

沧　水

银行组织之观察

兴业经营方针与组织方法之变化，可分为三期。其创始时期，实为樊君时勋筚路褴褛之功。其后与民国三年收束浙江军政时代之垫款，其翌年增加资本，完全商办，修改章程，改善组织，并将总行移设于沪。迟至民国七年，上海总行新屋落成，因此一帆风顺，日臻稳健。此系第二期，可谓中兴时代也。上年因鉴于内部改组之必要，于是废除总办事处之制度，采用总行总协理之组织。此系第三期，可称进化时代。据吾人局外之观察，兴业组织上在有总办事处之时代，殊于日常行务进行有所障碍。盖总办事处之集权制度，其于兴业微嫌稍不适用。因分行过多，为管辖整饬起见，自以集权为必要。若分行不过五六所，其各行经副理，均系谨慎小心、老成持重之人，则又何妨稍假事权，俾谋相当之因革进展？若稍为重大之事，其为经理者必需事事向总办事处请示机宜，揆诸商机贵乎敏捷之旨，不免诸多障碍。又经理外，毫无丝毫可否之自由意志，固足以妨害经理对外之威信。且间使为经理者，不能相机进展，徒兼承总办事处之意旨，以为看库盖章之例行公事，似嫌束缚过甚。今者废除总办事处之公府集权制，改用总协理之责任内阁制，董事长兼任总理，直接亲掌日常事务，另以协理二人，俾为之辅，分掌各分行往来及每日间营业上之重大事务，此举实为该行经营进化与组织改善之一大关键。因无总办事处之隔阂，其裨益行务处理与便利营业进行多多矣。该行尚有一特色，则其分行力量根抵极厚，决非毫无基础。以推设分行，借此点缀门面，实际上等于各药房之领牌开业者，所可双拟。杭州分行因系原有之总行，其组织虽或变更，但其实力并未稍减。汉口分行值武汉光复之际，其时盛君竹书适长汉行，营业固赖以保全，其与各界尤称融洽，闻在汉口方面颇得深厚之信用。天津分行在光复时叠遭事变，而信用缘以日著。北京分行系由汇兑处改设，虽在首都重利盘剥之中，从不与财政部往来，观于历次财政部欠各银行借款表中，兴业均系榜上无名，可知政府关系绝无沾染，因京行经理汪卜桑君人极耿介、品格极高也，故南方人之在京津者多乐与往还。加以近数年来，都门时有不靖，因一般人颇多信用兴业之故，其于汇款与存款各项业务，颇能利用时机以厚自封殖也。

银行当局之月旦

总理叶君揆初，其资格甚老，曾为大清银行监督。自办理兴业以来，专心行务，从容坐镇。求之今日各银行中，以董事长兼总理之地位而躬亲行中日常事务，并非空担一个虚名者，实不可多得。基佐为徐寄庼、徐新六两协理，亦复各有专长，堪称良佐。寄庼君曩曾留学于日本山口高商，其后舍政而商，曾任九江中行经理。民国六年初，改就兴业副经理。去年兼代总经理，未几改组，因任协理。其供职时期，垂八年矣。寄顾君之为人，富于进取，极肯做事，年来因环境关系，颇能打破环境以排除障碍。又人事磨折，其养气工夫所增多多，推精明干练之才。新六君自英国归来即曾担任中国银行总管理处之要职，并会任财政部秘书。前年改就兴业总办事处书记长。去年该行改组，因任协理。新六君才能学识，在今日各银行中当称有数之人才。其人甚为静默，而思虑极能周密，国际经济情形尤为通晓。兴业有此两协理，以刚柔调和，其裨益多多矣。副经理董君芸生，现主外国汇兑部事务。董君供职某外国银行有年，其为人心气和平，诚朴无华，至关于外国汇兑上之经验心得，尤其余事。再则兴业银行之董事与监察人中，大概借隶浙江，其人色较为整齐，派别不甚复杂，此亦对外足以取信之特长也。再则近年以来，兴业经副理，其中涂改就他行者不乏其人，在兴业虽因人才荟萃以光大其事业，并不感受人才之转迁而觉其缺乏，但可知兴业人才，均称一时之俊杰，虽不无割爱，致使楚材晋用，然而兴业银行亦足以自豪矣。

银行资力之分析

兴业银行贷借对照表上资产项合计数目，十一年底已达于三千二百五十五万余元。查其营业资力之来源，各项存款共有一千九百四十七万余元，股本与公积金共有三百四十余万元之谱。其营业资力，在吾国除特种银行而外，当称伟大。更就投资方面以观之，同业往来计有六百三十余万元，合做放款计有三百八十余万元，定期及贴现放款计有二百六十余万元，抵押放款计有五百十四万余元，往来担保抵押透支计有二百十万余元。观其投资性质，除同业往来外，实以抵押放款占其大半也。

但自利益收入以言之，则每年利益之收入虽逐渐增加，但以其营业资力俾与每届纯利相比较，则实际上尚相形见绌。吾闻该行之营业方针有两项长处，一则其存款利息比较为小，不欲提高利息以为劝诱，仍保持常例，以定相当之利率，但存款不因息小而见减，同时又因信用久著，而存款且反见增加；二则该行既因不必提高利息而吸集存款，且存款尚有自然增加之趋势，故对于放款，其欠息亦较轻，但又不常贪做，宁可放款利息稍为迁就，独对于抵押品则轻易不肯将就，故其收益因此适中，而放款比较均有确实之着落。观此当知兴业之特长，即在“稳妥”两字。然而兴业虽属历年进步，但尚仅有发展之余地，而未肯兼程并进者，亦正由于“板”之一字，俗所谓不合时宜，即不愿自背方针以为迁就而自感困难也。再则近年以来，该行每年纯利虽与年俱增，但其照章所提之股东红利与职员花红各项，固仍维持其常序，不为逾分之见好也。

从该行历年营业内容以比较之，可择其大者分论如左：

各项存款总数：其开业后之五个年中，无甚进步。至第十年度（民国五年）始有增进。迨及去年底，则较之五年结账约增一千四百余万余。

各项放款总数：其开业后之五个年中，亦无甚增加。即在民国五年，所增亦不过十分之四。但在去年底，则较之五年结账约增一千五百余万元。

今附列该行自开业年起至上年底止，每五个年间之业务比较如左，以资参考（单位：一元）：

种别	光绪卅年 第一年底	宣统三年 第五年底	民国五年 第十年底	民国十一年 第十六年底
资产项				
库存现款	五〇五九四	一四一二九四	一四四四〇七五	一八〇九六一七
有价证券			四二一三八九	一二四八 四〇三
房地产及器具	一三六八	二八〇 四七〇	四二一一六六	六二一 〇三八
各项放款总数	二四五二三八〇	二三六四八四七	四五九四四三七	二七六九七三〇
负债项				
各项公积金		七七七七一	二〇〇六九二	八五八八七六
各项存款总数	一九七六七一二	一八六一二一八	五八七五六七二	一九四七八 六五九
每年纯利总数	一二七五五	四六六九七	二八八二三	五三八五八四

银行周报 1923，7（10）

上海商业储蓄银行进步观

龙

上海商业储蓄银行之发展，有风起云涌之势，在银行界久负盛名。要其有今日，全在陈君光甫经理之得宜。其服务于该行，亦随营业之发达而日力。溯世界大战发生之际，中国银行界感而兴起，上海商业储蓄银行亦于是时发生，以辅助华商发展世界贸易为职志，至今不渝。故华商多乐与往来，贴现票据为数可观，发行商业信用状几遍全球。华商银行受外人推崇者，此其一也。该行信用之著，得于存款之数观之，以缴足资本二百五十万元之银行，而有存款一千八百三十一万二千三百九十元（去年六月底之数）。其为数虽视浙江兴业银行有差，然而其成立，远在兴业之后（兴业仅限于清光绪末年，该行仅限于民国四年），有此成绩，亦足以自豪也。

更言国外汇兑之经营，上海商业储蓄银行实开华商银行之先河。除正在创办之银行不计外，截至去岁止，华商银行有八十一家，法定资本共三万六千八百九十万元以上，缴足资本在一万五千五百万元以上。至民国八年尚未有设国外汇兑部者。有之，自上海商业储蓄银行始。

上海商业储蓄银行之公开准备金在五十万元左右，故其巩固无待多言。而此款之有利于将来事业之发展，亦无疑也。自创办以来，存款为数之增加有如下者：

民国四年下半年	六十八万三千元
民国五年上半年	一百二十四万三千元
民国五年下半年	一百五十七万二千元
民国六年上半年	一百六十六万八千元
民国六年下半年	二百〇六万七千元
民国七年上半年	二百六十八万八千元
民国七年下半年	三百二十万七千元

（续表）

民国八年上半年	四百十五万七千元
民国八年下半年	四百十七万四千元
民国九年上半年	五百八十一万元
民国九年下半年	八百十八万三千元
民国十年上半年	一千〇六十七万七千元
民国十年下半年	九百十二万二千元
民国十一年上半年	一千〇四十二万一千元
民国十一年下半年	一千一百十六万七千元
民国十二年	一千四百九十八万八千六百九十九元
民国十三年上半年	一千八百三十一万二千三百九十元

于此可见公众对该行信仰之深切矣。溯该行之始创，资本仅百万元。民国十年增至二百五十万元。是年以商市不振，洋商贸易锐减，故押汇汇票约减二百万元，又以银市奇紧，存款为量骤减。该行鉴于经济状况之恶劣，取保守主义，未事扩张。

该行处国外汇兑部成立，大着进步，商业一经恢复，经济市场之发展，该行必与有分焉。该行为中国银行公会会员之一，上海造币厂之借款及交通部购置机头车辆，该行固属有分。而使中国银行公会入会各银行，一致合作，亦与有力焉。

上海商业储蓄银行历年净利得之数逐渐增加，有如下者：

民国十年上半年	二十万六千三百十二元
民国十年下半年	二十七万九千九百九十四元
民国十一年上半年	十九万五千五百三十九元
民国十一年下半年	二十六万七千四百六十一元
民国十二年	二十万七千六百七十二元
民国十三年上半年	二十三万四千七百三十元

从上观之，虽商业清淡之时，尝使上海银行利得稍减，而就大体观之，其渐着进步殊有可观也。

该行新股旅行部，售国有铁路快车来回票、团体票通车票旅行票，及国内外船公司船票，并印行旅行支票，通行全国，不折不扣，其类有四十元、五十元、百元、百二十元）。商界群感其便，旅行内地者为尤，因可省携带现款之烦也。

上海商业储蓄银行，去年六月之财产目录如下：

<table>
<tr><th colspan="4">负债项下</th></tr>
<tr><td colspan="2" rowspan="2">资本</td><td colspan="2">百元股票二万五千股，二百五十万元</td></tr>
<tr><td colspan="2">准备金五十万元</td></tr>
<tr><td rowspan="3">存款</td><td>往来</td><td>九百八十九万七千三百九十七元八角九分</td><td rowspan="3">一千八百三十一万二千三百九十元四角九分</td></tr>
<tr><td>定期</td><td>五百四十九万八千六百四十五元八角七分</td></tr>
<tr><td>储蓄</td><td>三百九十一万六千三百四十六元七角三分</td></tr>
<tr><td colspan="2">汇票及应付未付电汇款</td><td colspan="2">一千三百三十九万五千四百三十二元五角三分</td></tr>
<tr><td colspan="2">因代顾客发信用状而发生之负债</td><td colspan="2">三百十万五千七百九十四元八角九分</td></tr>
<tr><td colspan="2">到期利息</td><td colspan="2">二十五万五千四百九十七元三角二分</td></tr>
<tr><td colspan="2">在途帐项</td><td colspan="2">六十一万二千〇三元四角五分</td></tr>
<tr><td rowspan="4">损益</td><td>民国十二年结余</td><td colspan="2">二十七万一百〇二元七角一分</td></tr>
<tr><td>减去普通准备</td><td colspan="2">三万元</td></tr>
<tr><td>旅行部开办费</td><td colspan="2">三千元</td></tr>
<tr><td>民国十二年分红百分之五又四分之一</td><td colspan="2">十三万一千一百五十元</td></tr>
</table>

（续表）

<table>
<tr><th colspan="4">负债项下</th></tr>
<tr><td rowspan="6">损益</td><td>董事监察人花红</td><td colspan="2">五千元</td></tr>
<tr><td>职员花红</td><td colspan="2">八万元</td></tr>
<tr><td>结余</td><td colspan="2">二万〇八百五十二元七角一分</td></tr>
<tr><td>加民国十三年上半年利得</td><td colspan="2">二十三万四千七百三十元六角</td></tr>
<tr><td>损益总结</td><td colspan="2">二十五万五千五百八十三元三角一分</td></tr>
<tr><td></td><td colspan="2"></td></tr>
<tr><td>合计</td><td></td><td colspan="2">二千六百九十三万七千〇一元九角九分</td></tr>
<tr><th colspan="4">资产之项</th></tr>
<tr><td rowspan="2">现金</td><td>现存</td><td>二百四风格化万七千九百二十二元三角二分</td><td rowspan="2">七百二十三万三千二百八十七元三角五分</td></tr>
<tr><td>其他银行及代理处</td><td>四百八十二万五千三百六十五元〇三分</td></tr>
<tr><td colspan="2">投资</td><td colspan="2">二百〇二万五千五百三十五元六角七分</td></tr>
<tr><td colspan="2">贷款垫款及透支</td><td colspan="2">一千一百四十一万七千八百九十三元三角五分</td></tr>
<tr><td colspan="2">汇票及应收未收电汇款</td><td colspan="2"></td></tr>
<tr><td colspan="2">顾客委托代发信用状发生之债务</td><td colspan="2">三百十万五千七百九十四八角九分</td></tr>
<tr><td colspan="2">应收未收利息</td><td colspan="2">三十七万六千四百七十三元八角三分</td></tr>
<tr><td colspan="2">生财等</td><td colspan="2">四万一千七百七十八元八角八分</td></tr>
<tr><td colspan="2">地产及建筑</td><td colspan="2">六十七万五千八百三十三元七角五分</td></tr>
<tr><td colspan="2">合计</td><td colspan="2">二千六百九十三万七千〇一元九角九分</td></tr>
</table>

钱业月报 1925，5

浙江实业银行之进步观

龙

溯华商银行之发展，近数十年间事耳。银行为数既岁有所增，而其法定资本为数亦巨。考其发展，多有因战后德国无正式银行，所有交易概需经华商银行为之经纪者。究之，凡与华商银行往来之德商，无不满意以去。而有时德商之承办机器建筑等交易，赖华商银行推毂之力为多，则德商之爱载华银行，亦其宜矣。

浙江实业银行，即华商银行得德人交易最多之一也。斯行创始于有清光绪年间，汉口、杭州俱有分行，在银行界盛名久负。据该行去岁上半年财产目录，知其已了然于设准备金及营业取慎重主义之必要矣。

就其营业报告观之，净利得凡十九万余元，较国民十二年之全年总利得仅为三十四万余元，为数似已较增矣。去岁半年中，存款为数较其前年约增百万元，准备金自四十二万元增至五十万元，亦可以观矣。

浙江实业银行初办时，资本仅百万元。其后营业日盛，至民国十年，总资产之值超过资本额十五倍，董事会决议增招资本百万元，未及三月已经认足。自民国四年七月改组后，存款之数所增甚著，计其年存款凡一百十六万余元，翌年增至二百四十五万余元，至民国八年即增至五百七十九万余元，去年半年竟增至八百六十二万余元。

行中重要职员皆曾受欧美及日本教育之士，职员众多，建筑闳敞，财源又丰，故可因应而不敝。

民国十年总利得一百五十七万余元，净利得三十三万余元。十一年总利得一百七十三万余元，净利得三十八万余元。十二年总利得一百八十三万余元，净利得三十四万余元。去年半年净利得十九万余元。自民国十年至十二年，分红一分二厘。办理之佳，于此可见。溯清光绪三十四年初组织时，资本百万元中，浙江地方官股占三十万元，故总行设在杭州。其后沪行营业，日益发达，总行有设沪之必要，遂拟收购官股，而设总行于上海。十二年三月，卒由巨商以七分之高利购官股，使我完全商办银行，未几而自建新屋于汉口路江西路口。其去年上半年财产目录如后，或亦读者所乐睹乎？

负债项下	资本	二百万元
	准备金	五十万元
	存款 定期	三百五十六万〇四在八十一元五角八分
	活期	五百〇六万七千七百七十四元三角一分
	职员年金	九千七百五十五元六角二分
	未付票	十万九千五百二十五元五角一分
	代中行发行钞票	二百二十万元
	银行联合贷款帐项下	八十三万九千一百二十七元六角八分
	应付汇票	八万一千八百〇二元四角
	签证债务	二百四十二万五千三百〇六元六角六分
	各债权人	四十二万七千八百八十三元〇九分
	未分红利	一百七十八元八角
	未付利息	七万六千二百十五元二角一分
	民国十三年上半年净利	十九万二千七百〇四元三角三分
	合计	一千七百四十九万〇七百五十五元一角九分
资产项下	未缴资本	二十万元
	蓄储部资本	十万元
	现金	三百六十三万〇八百六十四元四角四分
	存中行发行钞票准备金	一百三十六万五千元
	投资	一百二十四万八千一百四十元〇一角四分
	贷款垫款及透支	六百二十八万四千九百六十六元〇四分
	收票项下	一百三十八万三千七百七十二元五角三分
	应收汇票项下	四万一千八百六十八元四角二分
	因签证而发生之顾客债务	二百四十二万五千三百〇六元六角六分
	各债务人	三万五千八百三十六元九角六分
	行屋及生财	七十七万五千元
	合计	一千七百四十九万〇七百五十五元一角九分

钱业月报 1925，5

上海钱庄事业之研究

高志超

引言

对于上海之钱庄问题，意我读者诸君极少有研究之者，故其管中全豹，当亦不甚了然。尤其是对于许多在中国经商的外人，因彼等商号中采用一种买办制度（Compradorse System），凡于一切收买货物事情，均由中国人从中为之买办，是以彼等本身极少机会与钱庄发生直接接触的关系。而又因为吾国对于此种问题，无英文之著作，是亦为使彼等不易得有机会明白钱庄底蕴之一最大原因。在中国之一部分外人，因不能辨别中国之钱庄与中国近代式之银行之不同之处，常作一种不幸运的解释。其实由二者之历史上及技俩上观察之，则大相歧异矣。Native Bank，中国名之曰“钱庄”或“钱店”，用适合的英文译之，便为 Money Shop，意即为一种经营金融事业之机关。而中国近代式之银行，译为英文，可为 Silver Firm，意即为银号，其创设也仅在二十年前耳，中国现称曰银行者即指于是，其经营业务，除运用固有之旧法外，并采取泰西之制度焉。

在兹未进而研究此问题之前，吾意必须先将钱庄历史上的背景与组织，为读者诸君一言。上海之钱庄在金融界中占最重要之地位，因上海为中国财政中心点，当中国近代式之银行尚未产生之前，一切财政上之事务全操之于钱庄。然则其助于商务之发展也甚大，与各商号之来往接触者实为深密，虽国内之外国银行，因有雄厚之资本及丰富之财源在中国占有优越之地位，顾凡与中国商人发生之商业关系，必须由其代表买办 Compradore Officer 转托钱庄代为处理，盖以其在内地城镇中，无支行之设立也，结果与内地商人发生之交易，势有不得不仰借于钱庄矣。

过去与现在

当上海尚未开为商埠以前，已早有钱庄之设立矣。其经营方法为采用中国之旧有制度，惟以欲适合时代之需要起见，每隔数十年一则修改一次。在过去之七十五年中，营业兴衰，履有变迁。自一八五一年至一八七四年止，为钱庄鼎盛之营业时期，截至一八七五年，总计全沪有八十家之谱。惜旋以中法军兴，营业遂大衰，卒能维持其业务者，只有二十家，余皆息闭矣。所辛为时未几，即皆次第恢复，原一波甫平，一波复兴，在一九一〇年，因牛庄之钱庄营业失败，而又波及于上海，幸各庄经理得人，处置有方，遂得复转危为安矣。

上海之钱庄，在其过去的历史中已饱受频危之苦矣。原于次年一九一一年，复以橡皮股票风潮大作，于其业务上更受惊人之打击。盖其时各庄家皆投资于橡皮事业，以橡皮股票价大跌，遂蒙巨大之损失，当时几家素被认为资雄信著之钱庄，亦皆莫能逃此厄运，以是被债权者强迫清算者几有半数。对于两此风潮，一般人之脑海中，至今犹留有余恐也。嗣后复以武昌起义，清廷推翻，朝政即由帝变为共和，则国家之经济制度，亦遂大改旧观，以是全沪七十家钱庄，而能顺变不受其挫者，卒维四十三家耳。所以在民元时，沪埠各庄家，皆维慎维审，只冀能维持其业务，不思有所进展矣。迄翌年民二，国事奠定，主政有人，百端有绪，其营业亦遂觉渐有起色。迨次年民三，欧战方殷，吾国外既无国际之胁迫，内亦复以政定之余，四海升平，遂得参预当时各种贸易，自一九一四至一九二一年，在此七年中，因环境之适合，钱庄营业遂得大事扩展。在一九二二年秋，虽无制股票（Wild-cat Stock）與商品之买卖，不若前之盛旺，顾于各钱庄之营业，并不因之而生恐惧，仍顺利进行，不遗余力。及至一九二四年，江浙军兴，危及沪埠，商业遂见停滞，自时至今，政局勤摇，军事频兴，而商业之凋敝，亦就一蹶不振，职是之故，钱业首当其厄，并因环境险恶，乃渐多缩小其范围者，虽在今兹，犹在审慎中，卒致商人之信用，不易孚着，贻害于商务发达者，丰浅鲜哉！

上海各庄自经几次损折之后，遂得有善良之经训，嗣后凡于一切投机事业，不敢再事问津，对于信用放款，亦必审慎将事焉，所以今之各庄，其管理之严密与安全，视之于昔，精胜多矣。

组织

钱庄之组织与银行不同。大凡各国之银行，普通皆依照其本国之法律而组织，为股份有限公司者也。顾钱庄则反于是，其性质全为私人的庄号，由数个拥有资财者为合股人，负一切债负上之责任者也。易言之，即其负债责任，不仅于所认定之股银，而负无穷债务上之责任者也。钱庄因有是项特殊之性质，是其所以能博公乘之坚信也。银行之得以稳固者，以其有资本及公积金也，而钱庄之得以冗立不助者，则恃某合股者之身分与钱财焉。盖以钱庄各股东所有财源之总额，往往有超过其资本总额之十倍或百倍者矣。

钱庄之内部组织与中国他种商业机关毫不稍异。在规模宏大之庄家，有经理一人，副经理一人或二人。普通经理人即为该庄之合股人，受各合股者之委托，负处理营业之全部责任。与其为同事者，常有十位或二十位雇员，各有专任之职务司守，井焉不稍紊乱。全部职员常被分为内外两部。内部职员之工作，包括会计、文牍、金库之保守、受人委托与侍待顾客等职。外部职员之工作，视内部者更为重要，凡兜揽生意、交接事情及各商号之信用舆财政之调查等职，均须任之。此即为中国钱庄营业之方法也。除前之各种职员外，犹有专习斯术者数人，称之谓学徒，当彼等未被正式擢为职员之前，须经三年之实习，彼等亦有自学徒而升为经理者，比比皆是。此外更有所谓杀老虎者，二人或三人不等，其职务为以庄票或支票或正货代庄家收付一切人欠或欠人之款项者也。以其经手银钱之出入，故常须有当地之殷实商号作保焉。

分类

依照资本之大小、合股人身分之高低及营业范围之广狭，上海之钱庄可被分三种：

（一）汇划庄

为钱业汇划总会之会员清算各庄之来往帐款者也，与票据交换所之性质相同，其汇划清理之步骤有二，第一送银票，第二轧公单。

（甲）送银票：例如甲钱庄收到乙钱庄划洋票银三万两，又收到票银二万五千两，又收到票银一千两，又还划五千两，叉拆票五千两，又客路汇划一万零一百五十七两，共计七万六仟一百五十七两。至下行二点以后，甲钱庄将所有之票送至乙钱庄（外国之票据所则无此手续）。其送至乙钱庄者，并非取现，不过照票而已。于是乙以七万六千两之公单付甲，其余一百五十七两则记帐，即乙庄收甲帐五百五十七两。盖公单最小额须五百两，故在五百两以下之余额，须另记帐。其与中国各银行异者，即甲银行如有二银行之票据，甲银行向乙取现款，而不轧公单，在中国之华商或外国银行皆如是。又与外国之情形不同者，即外国无送票之手续，直接携他行票据至票据交换所而行清理也。反之，乙庄收到甲庄划洋票银四万两，又收到一万五千两，又收到二行两，又还划四千两，又拆票三千两，又客路汇划一万三千二百十七两，共计七万七千二百十七两。至下午二时以后，乙以票送甲呈照。甲出七万七千两之公单于乙，又于乙账内收二百十七两，乙欠甲之余数为一百五十七两，甲欠之余数为二百十七两，两相比较，尚差六十两。甲即付乙以六十两现银，于是余额已清理，而公单则尚未清理也。

（乙）轧公单：甲欠乙之公单为七万七千两，乙欠甲为七万六千两，于是甲乙均至总会（所有入会之钱庄均须至总会）。公单轧过后，则甲付乙以一千两之现银。此系仅有两钱庄时之情形，如钱庄甚多，则亦可照票据交换所之法以清理之。钱庄多时，设公单轧过以后之结果为甲净欠一千两，乙净收一千两，丙净欠三千五百两，丁净欠一千五百两，戊净收五千两，于是甲出一千两，丙出三千五百两，丁出一千五百两，乙收一千两，戊收五千两，是出与收之数适相等，总会则可通知甲，使甲将其应出之一千两付乙，通知丙丁，使之将其应出之数付于戊，而清理之事了矣。

（二）元字号钱庄

即元字号小庄也，不能到总会去轧公单。如有公单待轧时，非托入总会之汇划钱庄不可。则如乙为元字号钱庄，甲欠乙一千两，则乙不能到总会轧之，惟有记汇划钱庄代轧。故大钱庄号即为汇划钱庄，称小钱庄为元字号钱庄，其意即表示不入总会之钱庄也。

（三）兑换店

其规模甚小，并无何等之组织，专司兑换抄票或银元为职，扣兑款之百分之数几为手续费。通常是等小钱庄，以营烟纸为副业，在电车站口所习见者也。

钱业公会

根据最近之统计，全沪共有汇划庄八十家，六十九家在租界中，十一家在华界内。为谋彼此互助起见，乃有南北两市协会之组织，各以其本区之钱庄为会员（于此欲声明者，即南北两市协会之会员，并不限于华界内所有之十一家钱庄，而租界中之六十九家钱庄，亦分别包括两市协会中也）。而此二协会复有共同之组织，即吾人所称之钱业公会者是。其目的为在相同之政策上，收合作之功效，与夫为谋公众之利益。细分之，可有下列等应为之职务：

（一）联络在会同业研究业务及经济事项之进步；

（二）促进同业之发展；

（三）矫正同业之弊害；

（四）提倡合群及讲义求信义；

（五）评议入会同业之争执或和解之；

（六）同业因商事行偶有必要之请求，得转函商会陈清官厅，或转函各埠商会，但非关商行为者，不在此例；

（七）处理其他关于同业之事项，但以其事件之性质为本公会所得处理者篇限。

钱业公会中之各会员，彼此在财政量力上，既有联络，则各庄所得之特权与利益，必非浅鲜，何也？盖以一庄遇有危急时，则其他各庄必相互襄助之，甚有为之特派委员协同其庄之合股人与轻理，敦聘律师，或有特许权之会计师，代为解决其事，若该庄之资产犹足以偿付其债务时，则公会愿贷以现金，以应各债权者之临时要求，使其资产待善价而沽诸，不致受人压迫而致庄于破产也。若该庄之资产为不足应付债务时，则公会将代为补偿其不足之数，俾以式符钱庄之性质，为负无限责任者也。

资本

汇划庄之组织及作用，均已言之矣。兹再将各庄之资本，报告于读者诸君之前，谅亦为最有兴趣之事也。在过去五年中，各庄之资本，实较前增加不少。于此足证近年来之营业，视昔为发达多矣。兹将各庄之资本，依照本年三月内调查所得之秸果，列表于下：

北市协会		南市协会	
庄名	资本（以两为单位）	庄名	（以两为单位）
长盛	120，000.00	均昌	100，000.00
吉昌	150，000.00	福隆	100，000.00
庆大	160，000.00	恒润	100，000.00
庆成	200，000.00	义昌	120，000.00

（续表）

北市协会		南市协会	
均泰	200，000.00	德昶	120，000.00
聚康	100，000.00	致祥	60，000.00
春元	100，000.00	征祥	90，000.00
大德	160，000.00	干元	60，000.00
达源	160，000.00	益康	60，000.00
同安	160，000.00	益慎	100，000.00
同春	120，000.00	源升	18，000.00
同泰	120，000.00		
同余	200，000.00		
安康	200，000.00		
安裕	240，000.00		
福康	360，000.00		
福泰	100，000.00		
福源	300，000.00		
衡九	120，000.00		
衡吉	150，000.00		
恒大	220，000.00		
恒隆	220，000.00		
恒兴	100，000.00		
衡通	120，000.00		
衡余	120，000.00		
祥恒	200，000.00		
厚丰	100，000.00		
鸿丰	170，000.00		
鸿胜	240，000.00		
鸿祥	300，000.00		

（续表）

北市协会		南市协会	
赓裘	180，000.00		
义兴	200，000.00		
义生	200，000.00		
宝昶	200，000.00		
宝大裕	120，000.00		
宝丰	200，000.00		
信康	160，000.00		
信孚	100，000.00		
信裕	220，000.00		
信成	160，000.00		
鼎康	200，000.00		
鼎盛	200，000.00		
鼎元	100，000.00		
滋丰	100，000.00		
滋康	300，000.00		
志裕	200，000.00		
志诚	100，000.00		
振泰	100，000.00		
敦余	200，000.00		
汇昶	240，000.00		
五丰	160，000.00		
怡大	150，000.00		
益昌	100，000.00		
益大	100，000.00		
益丰	260，000.00		
寅泰	110，000.00		

（续表）

北市协会		南市协会	
裕大	120，000.00		
裕成	100，000.00		
元盛	120，000.00		
元甡	100，000.00		
永聚	160，000.00		
永丰	200，000.00		
永余	100，000.00		
仁亨	200，000.00		
瑞昶	80，000.00		
存德	60，000.00		
顺康	360，000.00		
慎益	100，000.00		
承裕	180，000.00		
总额	11，450，000.00	总额	928，000.00

兹更可用统计表，将表中各庄及其资本，列成简表如下：

庄数	资本平均数（以两为单位）
5	300，000.00
22	200，000.00
46	100，000.00
7	60，000.00
80	

由此表观之，即知上海之钱庄，其资本有100000.00两者为最多数。在一九二三年，钱庄之设立多于今兹，无一家之资本有超过300000.00两者。顾今有此数者，凡五家焉。在昔总计各庄之资本，仅为8000000.00两，而今则

为12378000.00两，视之于昔，增加几有一倍，此非近年来之营业日见发达而曰何！

洋厘银拆及国内汇兑率之订定

上海之钱庄，有订定洋厘银拆及国内汇兑率之权者，已悠久矣。在金融市场中，斯三项之特权，给予钱庄以无匹之营利机会。规元银虽为上海唯一通行之记帐虚银两，然普通日常买卖之交易，则多用银元。钱业公会，每日在上午八时半及下午十二时半，开会两次，以决议对于规元银有相关之洋厘，所谓早市、午市者是。而各庄之利益，即在由规元银化为银元或由银元化为规元银，从中买卖而取得之也。由是所得之利益甚厚。若营业盛者，则年终结算，除去庄内之一切费用外，犹可有盈余数十万矣。

银拆者，即为规元一千两每月之利息也。银拆日有不同，而其决定之权，则操之于钱业公会。每日亦定市价两次，每千两以分数表之，例如银拆之市价为十分，则一年为三六五两，其（以十分乘三百六十五日所得）银拆之高低，全视市场上对于短期借款之需要与供给之原素而决定，盖以其为表示银根紧松最佳之寒暑表也。每天每千两银拆之变化，普通为自零到七十分。在旧历新正一月之后，商业尚未发动，其银拆率之变化，几无一天有超过十分者。迨至二三月间，商人咸需巨金向内地购办米、茶、棉及他种农产物时，则银拆亦渐渐高涨，依照钱业公会现存法规之规定，最高率为七十分，即一年为二五.五五两——如此高率，自必于银根紧急时方得遇逢，在平时不易见到也。

上海银拆之高低，对于中国之经济生命极为重要。因内地之城镇，多耽耽于上海一隅，以为圭臬，若上海之银拆为高，则多投资于此，以冀博得厚利焉。

兹犹有一种市价，亦须受上海钱庄之势力而决定者，即为国内汇兑率。普通一般重镇如北平、天津、汉口、广东以及其余商业中心，常须买卖上海之规元银，因为上海为中国进出口商业最重要之分配区域，所以彼等对上海之规元银，有热烈之买卖矣。

作用

上海钱庄之作用，最重要者有三种，即存款、放款及国内汇兑是。

（一）存款

可分为定期存款与活期存款两种。定期存款之期限为自三月至十二月，由存款人与钱庄双方议定息价。而活期存款则并无规定期限，且亦无设定之利息，惟普通多依照钱业公会所决定之每月平均银拆而定，钱庄常于此所定之利息上减去百分之五为手续费用，意即为活期存款之人在实际上只收得一月利息之百分之九十五也，但照钱业法规，活期存款之最小利息每月每千两为二两，一年为二十四两。

（二）放款

亦可分为透支与长期定期放款二种。其两者之不同点与银行中所习用者相同，故不赘述于此。钱庄在透支放款上，所收之利息，其大小乃依照不同之基础而表示，盖须受每月平均银拆率之应响也，例如每月每当千两，其平均银拆为超过四两半者，则一年为五十四两，钱庄则再增收三两，甚或四两亦不定，乃须视借款人之信用程度如何而定焉。普通借款人之信用愈高，则钱庄收利愈轻，使其平均银拆，底过于四两半者，则为最小限度之利息。通常钱庄则再增收三两，所以透支借款人之最低利息，每月每千两，须付七两半，一年为九十两。

钱庄只做于在社会中信用卓著之人，而此人之接识钱庄，必须经与钱庄相熟之人之介绍方可。钱庄之习惯，每于旧历新年后，奉送给各商号存款簿多本，彼等被其送给者可有向庄透支之特权，而庄无不乐予之也。惟须注意者，即庄有随时收回之权也。每到年终，各种账户均结束时，则是项透支帐款亦须清理。若借款人届时不能如数缴清者，则损其信用，而于次年亦再难享受此项透支之特权矣。

至于长期放款，则其性质与前者迥异，其放款期限与额数均须订明于约中，而在双方确定之时期内，钱庄不得收回也。在此种性质之放款上所收之利息，常高过于活期放款上所收者，因为放款期限愈长，则所包含之危险亦愈大，所以钱庄对于放款期限之长短，常熟思之，且须察借款人之信用为如何再决定之焉。依照上海钱庄之习惯，普通长期放款之期限为三月至六月，虽亦有一年者，则须有他项物品为担保方可，钱庄普通多愿为短期之存款与放款，因为彼等常喜选择投资于易于变买性之财产上，盖以其可用为流动之资本，而助营业转移之迅速也。

（三）汇兑

大概可分为信汇、电汇与票汇三种。信汇和银行所用 Letter of Credit 之性质相同，电汇与票汇亦同于银行所用者，故兹不多述。惟钱庄之资本小者，营业范围不广，各处分庄与代理机关亦不多，所以其营业实亦无关重要。普通所用之汇票，多为见票后三日至三十日之一种也，其式如下：

凭票汇付 订明汇至　见票后　日无利支付 此致 某某庄　验兑 中华民国　年　月　日　具

庄票

钱庄之习惯，常应顾客之请求，发出庄票以代付给现款，而记顾客帐者。是项庄票之性质，适如银行发出之见票即付或出票后五日或十日付现之支票相同。惟钱业公会之法规所允许者，其最长期限为十日耳，其庄票之格式如下：

第　号 计元 年　月　日　具

庄票为一种流动通货，凡沪埠各庄及各商号，均承兑免现。其之所以如是流通者，因为在汇划庄过去之历史中，无一庄票曾倒信者。虽在一九一〇年橡皮股票风潮大盛之时，凡在汇划总会中之各汇划庄，对于所发出之庄票无不一一兑现，未尝少付一文也。在去年秋，各外国银行咸在本国报纸上，竟悍然宣布，自一九二七年八月起拒用庄票，若欲向彼取回提单等件者，则须缴纳现款方可。盖时南京国民政府在上海定集银条几百万两，欲运往各处以资解款，彼等是项之决议，冀希禁止银两出口也。但经沪埠各商业团体之反对，卒不能实行，因为首感其不便者即为进口商号，盖在上海用庄票代付货款者，已成为商业上之习惯，今若不用庄票，欲在五日至十日之短时期中，遽使进口商筹措充足之现金，以应付收付于一时，是又不啻由地登天，何等之难事也！

此种决议，由安全方面立点观察之，似合于原理，顾在实际上，决不能施行也，而尤为在未得到有关系商人承认之前。所以外国各银行在尔时不得不再改变其决议，卒于汇划庄所出之庄票，仍承认收用，惟谓有时亦得选择之，并规定于某种进口货物可用几天期之庄票偿付，他则不可，例如出票后七天之庄票可用以偿付金类、煤、木材及布匹等进口货，出票后十天之庄票可用以偿付农产物、糖、米及油等诸类进口货，总之庄票可用以偿付一切进口货物。既是，则又何必应用不同期限之规定？且所不同者，二者又仅为三日？然则外国银行之用心何在，又莫能测矣！

至进口商之不付现款而用庄票代之者，其有二由：

（一）进口商用出票后五天或十天之庄票付款者，以其可得充分之时间审查货物。若发现其货物有不符合或错误时，则进口商可立即涵知钱庄停付，于进口商人，可得安全之保障。

（二）钱庄可得充分之时间筹措现金，以备将来兑现之需求，尤在银根紧涨、不易集得现银之时，是以用庄票付款者，便于钱庄财政上之处理。

由是以观，短时间之定期知照庄票，于钱庄、于进口商人，两相裨益也。

信用之于钱庄

商业与信用，二者常相牵连不可须臾分离者也。由实际言之，信用之作用为从所有者之手中获得愿意转让之赀本，而移入所需者之手中也。由是繇观，钱庄以一方收入之存款，而依照个人之人格与其商业之程度。则在他方借贷予人，处间为一种发展商业之效劳耳。信用之为物，人所视为最重要之经济势力。欲发展伟大之商业，则不可不备信用。若无信用，则未有国家，未有社会，未有商业能兴盛者也。反之若能发展之，则于商业，于财政机关，均有裨益也。顾信用过乎，则易引起投己之事业，结果钱庄不但变为致投已者失败之工具，且变为贻累全社会之毒器矣。是以钱庄之信用，普通之商号不易取得也。

钱庄既基于信用而营业，则于信用之审查为钱庄业务中最重要之事务焉。受人之信用而贷我债款，其事甚简，无须多费口舌以絮聒也；顾我授人以信用而为放款，则须细心研究对方之借款人，根据确切调查所得其之事实后，犹须加上坚强之判断力，以决定其之偿付力为何如焉，若是庶几于放出之资本，有安全之保障，不得落空矣。

信用之标准

信用之于钱庄，其重要既如上述，则钱庄在未放资于商号之前，其须注意于商号者，有下列数点：

（一）借款之商号，其营业是否发达？

（二）其组织与管理，是否严密且适合？

（三）其偿付债款，是否迅速？

（四）其于所借入之债款，用为发展其营业乎？抑为投机之事业乎？

（五）其于所借入之债款，是否有超过其资本偿付之能力？

以上五点，钱庄在未放款以前，必须向借款人调查周详，庶可免患于后日。至调查之法有二：

（一）直接法：即由商号送入之营业报告书，与随同交入之合股人加退清册上，所查得之信用也。

（二）间接法：除前法外，钱庄派遣外部职员，出外调查借款人之财政状况、营业习惯及其资产之记载，由是所得之信用也。

目下在上海对于信用之调查，较昔为困难多矣。在廿年前，欲得任何商号之信用报告，殊为易事，偶一致询，便可得悉。盖以囊昔，沪埠居民之变迁不若今兹之速，其一业之经营常蝉联数代不绝，所以对于商人之往事状况，钱庄洞然若镜。顾今则不然，新兴之商业逐渐广增，职业之变化翻覆无常，遂致过去之学识与经验多不复能适合于今情。因有斯种变迁情形故，所以钱庄咸限制其信用放款，而为 Credit loans against collateral securities 有担保且可随时收回之放款矣。

结论

上海之钱庄，因有七十五年经验之利益，与夫在依照巩固钱庄之理论与事实上，而改良其所应操之经营方法。今之钱庄，协助中国商业及财政之发展，视之囊昔，已裂配得宜多多矣。惟依照近年来国内工商业发达之趋势论，对于钱庄之组织、管理、范围等等问题，咸有改良与扩充之必须，甚望有志于钱庄事业之人士们起而负其促进之责任矣。

参考书：

The Rotary Club of Shanghai（*Bullet in No.2*）

《马寅初演讲集》(第二集)
《高级商业簿记》(童傅中著)
《经济汇报》(四卷一号，本校经济研究会所出)
《商业珠算合璧》(施伯珩著)

(仓卒成稿诸未修整，简陋舛误之处，定所不免，尚望阅者指正焉。高志超附启)

在我们四卷一号的内面，有姚君蔚生的《钱庄的研究》一篇，这篇是就一般的钱庄情形而言。今高君单以金融为中心的上海的钱庄立论，在在证出上海钱庄的沿革和地位，真为本刊增色不少。——编者识

经济汇报 1928，4(2)

上海房地产押款呆滞之真象

譬如于十八阅月以前，有某甲以房地产向某乙抵借银六万元。此项产业估值十万元，每年收益六千元，而押款利息周年八厘，每年计四千八百元。今年地产呆滞以后，此项产业价值低落，仅值五万余元，于是押款到期不能取赎，势必转期。而汇市利率是时已增高至周息一分三厘，押款利息转期后亦须由八厘增至一分二厘，核计息款处计七千二百元。一方房产以租户减少，又有减租或欠租等事，其一年之收益减为四千元。是时房地产虽不继续跌价，约维持五万元之谱，而某甲以收益抵付欠息，每年已不敷三千二百元。当年初时彼负债六万元，产业值五万元，结果其净负债额计一万元，兹则一万元外复须年增负债三千二百元。某甲若无别项资产，显然无力偿付。此项亏负，遂不得不转嫁予贷款之某乙。是时某乙但见放出之款呆滞不动，欠息日增，亦无收回希望。欲谋解除此困难，惟有提高物价，俾使押品可与欠款相抵。若物价不变，易言之，即照此低价不复回涨，则兹所述之押款势必无限期延宕，否则某乙惟有忍痛变卖押品。若采延宕办法，则某乙不啻坐耗其资金之利息。久而久之，

某乙若无别项资产，亦必宣布破产而后已。至于变卖押品，少数固可采行，但此法不能普遍。今日之房地产押款，到期不赎已成常例，按时取赎翻成例外。若于逾期押款，人人采取变卖押品办法，则市上将但见房地产卖户而无买户，结果势必酿成房地产之再度衰落而后已。此今日沪上房地产押款之实在情形，无可讳言者也。

银行周报 1935，19(39)

《上海之工商业》(节选)

第二章　商　业

第一节　金融类

一、银行业

沪市之有银行，迄今不过四十四年之历史。当逊清光绪二十六年时，由盛宣怀等发起，创办中国通商银行，翌年正式成立，是为沪市银行业之嚆矢。惟外商银行，是时开设为数已多矣。光绪三十一年，户部银行分行成立，则为沪市有国家银行之始，其后浚川源、信成、信义、浙江兴业、四明、裕商、浙江及邮传部奏请设立之交通银行等先后成立，于是银行业乃日趋勃兴。民国以后，由户部银行改组之大清银行停业清理后，即另组中国银行。财政部拟定中国银行则例十三条，采股份有限公司制度，中国银行遂成为官商合办兼有国家银行职权之银行。而交通银行亦于民国三年，由政府公布该行则例二十三条，规定该行亦得代理国库。北伐完成，国府奠都南京，中央银行于民十七年十一月一日成立，改中国银行为国际汇兑银行，交通银行为特许实业银行，该二行之总行，亦应时势之要求，由北平迁沪，至其他商业储蓄等各种银行，自民国以来，陆续创设或分设者，达二百余家之多。然泰半因种种之关系，皆已倒闭或收歇。至沪战前，全市银行存在，共计八十二家，即中央、中国、交通、中国农民、上海市、四川省、江西裕民、江苏、江苏农民、河南农工、浙江地方、陕西省、富滇新、大中、大来、大同、大亚、大陆、大康、上海、上海女子、永亨、至中、通和、中孚、中和、中南、中原、中国企业、中国垦业、中国通商、中国实业、中华、中汇、四川美丰、民孚、四明、永大、正明、江海、光华、辛泰、东莱、金城、武进商业、亚洲、重庆、恒利、重庆市民、建华、浙江兴业、浙江实业、浦东、浦海、国信、国华、统原、惇叙、惠中、聚兴诚、裕津、新华、国华、中国农工、国华劝工、嘉定、宁波实业、农商、川康殖业、上海煤业、绸业、盐业、四川建设、川盐、边业、中兴、香港国民、东亚、华东、华侨等家是也。内总行设在沪市者，计为五十二家。自外埠设立分支行或办事处者，计为二十九家。此外又有另设之分支行或办事处达八十处，连前述之总分支行共达一百七十二所，为沪市之有银行业以来之最高记录也。

战前因中外资本皆以上海为策源地，加以扬子江流域之辽阔，物产之丰富，为其活动之背景。故沪市之金融活动，乃能散播于全国各地；并有支配一切之权威，是以业务殊臻良好。自民廿五年度秋收丰登，社会经济昭苏后，各行实力，更见充厚，而存款方面，几有一致递增之趋向。迨沪战勃发，经财部紧急措置得宜，如颁布非常时期安定金融办法，限制提存：令饬中、中、交、农四行，组织贴放委员会，调剂市面，金融市场，得趋安定。然当时营业情形之恶劣，无待赘言，亦战事中必有之现象也。沪战后银行业务，力谋审慎，而同业阵线，则安如磐石。虽有嘉定与通和两行于廿七年十月间一时周转不灵而告停业，但不久即经市商会和解，经债权人同意，嘉定银行业已复业。而战前停业之恒利银行，亦经市商会和解，于廿七年十月间复业。沦于战区之分之分支行，亦多迁来沪地，继续经营。惟自沪战发生后，金融重心，已移西南各省，而以香港总其成，除国家银行移总行于内地外；其他银行，亦移其一部分资力，于西南各省添设分支行，而对沪市方面营业，则采取保守政策，郑重一切放款。因人口之增加，货物求过于供，市面形成畸形之发展，故各行在战前战后所放出款项，均能如期收回，故二十七年度各行年终决算，结果均获相当盈余矣。

去年以还，沪市畸形发展，有加未已，而游资之麇集，更为前所未有，投机猖獗，以致各行活期存款，无不激增，运用为难，以迄于本年上期，存款仍在逐渐膨胀中，殊使各行当局业务经营，发生相当之牵制也。

二、钱庄业

沪市钱业之起源，远在逊清乾隆年间，当时沪埠未闻，南市商业，极为发达。钱庄业务，随亦转盛。至光绪元年前后，全市汇划庄远一百〇五家之多。迨太平天国乱后，南市因受军事影响，商业衰落，而北市则地处租界，并未涉及，于是钱业重心，遂由南市而移至北市，其后虽屡次发生倒账风潮、贴票风潮、橡皮风潮等，钱业曾遭受几度衰落。民国以后，各庄资本，日益扩张，同业团结坚固，营业遂趋稳健。中间虽经五四风潮、信交风潮、五卅风潮及民廿与民廿六两次沪战，钱业并未受巨大之影响，即可见其一斑矣。

沪市钱业之经营，以宁绍帮独多，次之为本帮及洞庭帮，而业务则有大同行小同行之分。大同行除在钱业市场自做交易外，并得予入园钱庄任何一家互通汇划，故又称汇划庄。小同行有元、亨、利、贞四级之分。盖当绪中叶，沪市钱业，竞事增设，蒸蒸日上，当时该业中人，各以其营业之大小，遂有门户之标榜，因此以营业范围之大小，别为元、亨、利、贞四种。元字钱庄，又称跳打庄，其营业范围，稍次汇划庄，较大者与汇划相伯仲，亦得与大同行各庄通汇划。其所以称跳打之由来，殆系挑担之误，缘清代民间通用制钱，钱业为迁就顾客，遣司挑担送往，因有是称，其说近是。亨字钱庄，亦称为关门跳打，不能在钱业市场上通汇划，其营业范围，较元字稍狭。利字钱庄，以买卖货币生金银为主要业务，然趸批而非零兑，对于钱庄业务存放款项，并不注重，故与钱业市场，无若何之关系也。贞字钱庄，亦专营货币辅券之兑换，然仅为零数，所以异于利字钱庄也。

钱庄业务，自昔重在信用放款，然自银行业勃兴以来，已屈居其次。挽近因顺应潮流，对信用放款，亦日益慎重，一方扩充资本，强固实力，一方经营抵押放款，自营堆栈，承堆商品，已上营业正轨矣。业务虽不免受有影响，然组织则已趋健全。自沪战后，钱业恪遵财部安定金融办法，限制提存，实行汇划制度，一切工商往来，虽可无限制提取汇划，但提取者甚少。因之反使钱庄方面，以市况畸形，运用困难。盖对放款，谨慎从事，除信用充实，素有往来之客户照常放款外，对其他新户放款，大都暂停接受，抵押放款，略予承做。惟钱庄因其审慎营业，对放款则采取担保制度，且战后商业畸形发展，故各庄盈利，颇属可观，亦足堪自慰矣。

查战前钱庄，大同行计为四十六家。战后廿七年份岁首上市，共为五十二家，内大同行(即汇划庄)四十三家。福源、承裕、宝丰、福康、益大、元盛、聚康、安康、慎源、敦余、均泰、滋丰、滋康、仁昶、志裕、信孚、鸿胜、信裕、赓裕、和丰、同余、安裕、鸿祥、春元、大德、顺康、大赉、衡通、庆成、衡九、惠昌、振泰、怡大、同润、惠丰、庆大、五丰、鼎康、存德、均昌、致祥、义昌、征祥等家是也。小同行元字号只建昌一家。亨字号永亨、元盛、存益、裕康四家。利字号恒丰一家。贞字号鸿康、协康、宝康三家。

廿八年岁首上市之钱庄，除鸿祥与敦余两汇划庄，因股东无意营业，自动歇业外，计为五十一家，较上年减少一家。内大同行为大德、大赉、元盛、五丰、仁昶、安康、安裕、存德、同润、同余、志裕、均昌、均泰、承裕、怡大、和丰、信孚、信裕、春元、益大、致祥、振泰、顺康、惠昌、惠丰、义昌、福康、福源、慎源、赓裕、聚康、滋康、滋丰、庆大、庆成、鼎康、征祥、衡九、衡通、鸿胜、宝丰等四十一家。小同行元字号建白一家。亨字号裕康、元亨、存益、永庆、元成、富源等六家。利字号恒丰一家。贞字号宝康、鸿康二家。

本年岁首上市之汇划庄为三十八家，较去年岁首减少三家，其名称列下：大德、仁昶、同润、均泰、信孚、致祥、大赉、安康、同余、承裕、信裕、振泰、元盛、安裕、怡大、顺康、五丰、存德、均昌、和丰、益大、惠昌、惠丰、滋丰、致祥、宝丰、义昌、赓裕、庆大、衡九、福康、禄源、聚康、滋康、鼎康、鸿胜、庆成、衡通，于此可见战后三年来之钱业阵线，稳定为如何矣。

三、钱兑业

钱兑业向以经营各国货币、公债、股票、赤金、生银为主要营业。同业开设，多在虹口北四川路、西华德路、闵行路、天潼路、百老汇路、密勒路、四川路等处。其同业范围之广狭，别为福、禄、寿、喜四级，在战前全市家数，达七八十家，业务均告繁盛。

沪战后，信用紧缩，资金呆滞，无营运之余地，于是钱兑业乘机勃兴。盖该业业务，既如上述为买卖货币兼及投机事业，实为有资金而不能营运者，辟一捷径。是故各庄营业，大有应接不暇之势。自统制外汇后，即发生外汇黑市场，因核准外汇锐减，一般乃向黑市场购买，头寸供过于求，汇价紧缩，钱兑业经手之外汇买卖，无往无不利。更自汇划贴水盛行，亦予该业获利机会。而一般殷富，多喜收藏现金，率由该业经手，亦受到实惠。职是之故，虹口区之内歇业者，纷纷在四川路及南京路一带复市，而新张者更见蓬勃，有如雨后春笋，迄今四川路江西路一带，衡宇相望，市招相接，莫不为钱兑业也，战后金融市场所发生特殊变化，不意竟予钱兑业之良好机会焉。

查二十七年份上市之钱兑庄，共计二十八家，计福字号为三泰、天成、永泰、协和公、泰和兴、盈丰、祥丰、鸿大、鸿昌、谦泰、宝康等十一家。禄字号为新泰、宝成等二家。寿字号为仁泰、永盛 成茂、同康、长丰、存益、恒茂、祥源、振泰、福家祥、宝祥、康鸿等十二家。喜字号为惠康、万泰、鼎祥等三家。而未上市者，则有四十八家，占上市同业三分之二弱。揆其原因，以各庄所在地，沦为战区，被迫停业，有以致之也。

然自金融市场发生特殊变化后，该业业务即呈畸形之发展，故廿八年春上市同业，亦较上年增多，计共六十三家，内福字号为三泰、天成、中和、永泰和记、永丰、同丰、全泰、利通、协和公、承泰、长泰、茂丰、南和申、泰和兴、盈丰、通源安记、祥康、晋大、盛大、复盛、祥丰、惠通、勤泰勤记、顺丰、顺余和记、源昌、新泰德记、鼎元燮记、谦泰德记、润利、鸿大、鸿康、鸿昌、宝康亿记、宝甡、宝泰、镒康、镇兴泰记等三十八家。禄字号为宝成、森泰两家。寿字号为大昌、仁泰、正余、存益、同利、长丰、祥源、恒茂义记、成茂、厚吉、振泰、振源、甯元、万茂、福和祥、聚兴、卢章记、永盛义记、宝祥等十九家。喜字号为万泰兴记、惠康锦记、鼎祥、同康等四家。

本年春间，上市之钱兑庄计共八十五家，内福字号为三泰、九泰、元大、元益、永泰、成丰、南和申、天成、元海、永丰、利通、长泰、茂昌、大通、中和、同丰、协和公、协余、茂丰、厚丰、晋太、泰和兴银行、祥泰、通源、盈丰、祥丰、盛大、国泰、复盛、顺余、顺丰、鼎元、源昌、鼎昌、新泰、勤泰、鸿大、鸿昌、鸿康、谦泰、泰康、镇兴、宝泰、宝甡、宝康、宝丰、宏昌、宏兴、宝成、宝大、源丰、生大等五十二家。禄字号为森泰、长康等二家。寿字号为大昌、仁泰、永盛、正余、同利、利元、盛茂、存益、长兴、恒茂、茂康、隆兴、卢章记、宝祥、利大等廿二家。喜字号为天元、永源、同康、长茂、惠康、万泰、鼎新、大厚光、祥元等九家。

四、银号业

银号业介乎银行与钱庄之间，其由来已久，向以格于事实环境，未能有如其他新事业之迅速发展。但自沪战以后，银行因内地游资集中沪上，存款激增，钱业则以信用放款，权力紧缩，均因格于部颁规章，顾虑太多，对一般工商业，殊鲜充分援助。在银钱业则感资金有过剩之恐慌，而工商业则有周围为难之叹。银号业乃乘机而兴，标服务社会为前提，能将银钱业所不致为不屑为者而优为之。职是之故，两年余来，新设银号，有如风起云涌，颇呈蓬勃之现象，据目下统计，全市同业，已达二百十余家，开设以九江路、四川路、天津路、南京路一带为多，多租赁大楼内写字间，为营业设地址处所。

该业组织，以合资为多，独营者少。资本普通在万元居多数，亦有多至五万元者，惟只数家而已。业务范围，与银钱业相仿佛。大别之，可分为存放、抵押、地产、证券、汇兑、贴现及其他代办服务等七项，间有偏重某一种业务，如以买卖外币为主，经营外股为主，经营烚赤为主，经营纱花为主，经营公债为主，惟范围较大者，投机事业，无不承营，至兼营存放、抵押、贴现、地产、汇兑等业务者，则仅只数家而已。

战后银号业得有今日之发达，乃系金融市场畸形发展有以致之。例如汇划票据之贴现，本已由财政部电令四行取缔，但该业仍有经营者，自黑市外汇紧缩后，资金逃避之风甚炽，巨富殷贾，搜购外币甚力，该业亦不遗余力以经营之。因此遂予该业以发展机，亦可谓大时代动荡下之幸运者也。职是之故，过去二年来，该业莫不大获其利，诚呈空前之繁荣。

惟自本年五月中旬欧战扩大，国际金融发生剧变后，该业投机者大受亏蚀。同时因英金镑票停止收售，及荷德镑票停市，营业蒙受重大影响。盖投机外汇、烚赤、处带者，逐渐歙迹，营业随见平淡。

五、信托业

沪市信托业滥觞于民十三上海通商信托公司。嗣后则有中易、中国商业、上海运驳、大中华、中央、中外、中华、通商、通易、神州、上海华成等纷纷而兴。当时总计各公司资本达八千余万元之巨，可谓盛矣。然究其实际，大都并无信托之基础；且组织极为薄弱，纯受交易所发达之影响所促成，早为有识人士所稔忧，果也不旋踵其间，即见信托公司纷纷倒闭，其硕果仅存者，惟中一（原名中央信托公司）与通易两家而已。自民十七年后，国人又复相继创设信托公司，如国安、中国、上海、东南、通汇、中级及四行信托部等。而各大银行如中国、交通、上海、国华、新华、大陆、浙江兴业、浙江实业等，亦先后有信托部之成立。而官办之信托机关，亦于兹发轫。如民廿二年十月上海市兴业信托社，由市政府主办，二十四年十月中央信托局，由中央主办。迄至战前，沪市该业，又有中兴之现象矣。

信托业之业务，就普通而言，分信托与代理两大类。又分（甲）个人信托，（乙）团体信托，（丙）个人与团体通有性质之信托，（丁）个人与团体通有性质事项之代理。

近年以还，信托业业务多注重一般普通投资及代理买卖或抵押不动产之各种有价证券，以及水火人寿保险等。此等业务，除代理水火人寿保险，在普通银行尚未视以为副业外，其余一切业务皆与普通银行之业务相同。至各大银行信托部业务所标榜者，为注重管理公共财产、慈善财产、医院学校等财产，执行遗嘱，管理遗产，代理建筑工程，代理投资借贷及水火人寿保险，代理买卖或抵押不动产与各种有价证券。然按之实际，除代理建筑工程事业，显见挺进，及信托存款之增加外，其余亦鲜有成绩之可言，所幸一部分信托业者，已开始承接执行遗嘱，管理遗产之业务。此项业务，前途当颇有展开之可能也。沪战以后，因整个金融业稳定，该业亦屹然不动，且因人口之集中，对于保管物品，管理财产，代理地产业务，各界颇多委托，职是之故，业营殊为繁荣。

六、保险业

保险副业，为近代经济制度下有效群众乏社会副业。逊清道光二十六年（一八四六年），英商永福及大东方两家首先设立分公司于沪地。惟当时规模甚小，经营人寿保险业务；且受保者多系外人，同治元年，英商复设立保家保险公司及扬子保险公司，始经营水火保险。是时因航海设备简陋，故保费殊昂。招商轮船局成立时，所有轮只，拟由外商保险，其保费竟达保额百分之十，且限制非外轮不保，同时，火险保费之高，亦相伯仲。该局于光绪十一年，遂自设仁和、济和两保险公司，办理船栈客货保险，后并为仁济和保险公司，乃开国人经营该业之先河。如是至光绪三十年，历时十九年间，竟无继起者。光绪卅一年至卅三年，始有四家保险公司先后成立。宣统年间，亦无新创设者。民国元年，成立二家，其中华安合群保寿公司一家。允推为国人经营人寿保险之鼻祖，自后每年皆有新公司之创设。（除民八年）迄至战前，全市保险公司总公司之设在沪地者计有二十余家。

保险副业渐露头角，尚近为十年间事，新创独立之保险公司。资本亦相当雄厚，虽不能与外商公司相颉颃，然已树立相当之基础。同时，由于银行业之突飞猛进，而所营货物，或不动产押款，均需保险以资本保障，遂竞以其过剩资金，投资于保险事业，形成今日保险副业为银行副业之现象。据查保险业与银行有直接关系者，为中央银行投资之中央信托局保险都。广东银行投资之上海联保水火险公司。上海银行投资之大华保险公司、宝丰保险公司。交通、金城、中南、大陆、国华、东莱等银行投资之太平、安平、丰大三保险公司。交通、金城、大陆、国华、东华等银行投资之中国天一保险公司。中国银行投资之中国保险公司。四明银行投资之四明保险公司。浙江兴业银行投资之泰山保险公司。通商银行捐资之华兴保险公司。聚兴诚银行投资之兴华保险公司。此外银行之代理保险业务，已成普通现象。而信托公司亦有保险部之设，大部均属代理性质，间有直接承保者。至百货公司，如先施、永安、亦另拨资本，创办保险公司。

战前数年，保险业务、殊臻发展，而同业之努力亦足称道。如增加资本、改良制度、选派人员赴欧美考察、与海外著名保险公司直接订立再保险条约等等。此外政府及社会各界亦积极协助，如保险法之修改，保险业法规之订定，保险业监理局筹设，国营保险事业之建立，凡国有财产及银行钱庄之放款押款投资，或其他信用关系之工厂、商号房屋、轮只、货物等财产，尽量纳入华商公司之承保范围。惟就沪市整个保险业言，华商公司资力，不及外商公司之雄厚，诸凡一切修改章程，增灭保价，订定规则，俱由华洋联合设立之公会处理。因华商公司质与量两方皆感不及，是以未能与洋商并驾齐驱也，据估计每年全数收保费下，百分之六十以上为外商，华商公司仅占百分之四十而已。

沪战发生，东区杨树浦一带大小工厂，暨码头、栈房，多遭毁灭。而南市、闸北、虹口以及沪市四郊，亦受重大之摧毁。损失统计，迄今尚无精确之数字，然至少必达数十万元。其于保险业，实属严重之打击，盖大小工厂、码头、栈房等，俱为保险业务之对象。今兹毁灭，不但削减业务，且因所保物质，亦保险责任，必须将未能保费，全部退还，是以战事发生后，各公司业务，几有趋于停顿者。同时，该业鉴于战后之损失，按照保险单定章，此种特殊情形之损失，不负赔偿责任，华洋同业为谋一致行动，俾便应付起见，乃组织“华洋职合委员会”，凡各委员公司在战后所有之赔偿，均交该会审查赔付。而华商同业为谋自身合作起见，亦成立“特务委员会”，从事研究战后各地兵灾损失情形，以求法律上之保障，更行设立“华洋联合兵险谘询委员会”，以资应付兵险发生后之各种问题。

廿七年春初后，沪地市况渐趋繁荣。迨后畸形发展有加无已，更因物价受投机屯积、外汇转紧等等关系直线上向，该业业务乃见勃兴，火险及汽车险两项保额，超过战前数字，而人寿保险亦以人口激增较为增进，惟资产保险犹在萎疲过程中，但零星保户颇多增加，此由于新创商号颇有设立也。

七、典当业

典当业为平民济急之所。沪市该业有典当与押店之分。其所不同者，前者以十八个月为典期，每月取息二分，期满宽放五天；后者以八个月为典期，甚有缩短至六个月者，每月取息二分，惟以十日为一期，月分三期。若当价在二元在下，每月更增息一分，计为三分。典当之经营，以徽帮占势，本帮次之，资本约自十万至二十万元间。押店则以潮汕人士经营居多，资本自二万至五万元。

战前全市典当约八十余家，押店四百五十余家，然自沪战后，同业之陷于战区中者，颇多停业。迄今据查，连曾遭兵燹由内地迁沪者，共计仅为四十余家，较战前约减半数，若较一二八前同业一百十余家，大有势成弩末，萧条堪怜之概。惟押店则反见蓬勃，吾人试观各马路上新创者纷纷，可见其发达矣。

典当受当之货物，以衣服为大宗，金银饰物，由占少数。言其营业，自军兴以还，因人民之颠沛流连，更受物价之高涨，典质度日者，殊属不少，不无繁荣之景象。然按之实际利益，则不逮战前远甚。盖受当物品，在未满期间，若价格高涨，则当户决不放弃，必亟亟取赎，如是其利仍归当户。且自代客赎当事业兴起后，家数超过典当而上之，其目的专在代赎有赢余可得之货，故典当业满期之货物，除贵重饰物，早被取赎一空外，衣服因长期保存，届期式样过时，颇难获得善价，故徒属表面之繁荣而已。且因同业间平日当货取息，虽每月以二分为准绳，年来因环境关系，颇见轩轾不一，故经该业公会全体开会议决，于去年九月一日起，所有当货取息，按照典当营业规则第十一条规定，每月二分，统一取息，以未维护业务，实亦反映典当业之无甚巨利可得，本年上期，更缩短当期至十二个月。

至押店营业，值兹生活艰难之秋，业务颇为发达，且以当期缩短，仅及典当二分之一，满期衣服，式样仍合时尚，且取息名虽二分，而月以三期计，其优厚可见。是以获利易于典当，观乎家数之众多，而可瞭然矣。

八、银楼业

我国银楼业，发轫甚早，但沪市在逊清中叶之前，仅有专制金银首饰之小规模作坊，而无规模较大之银楼。迨乾隆年间始有银楼成立，开设最早者为大同行之杨庆和福记、杨庆和久记。该业于嘉庆年间营业发达，且易获利，因之引起同业之纷起，如老庆云甡记、景福元记、裘天宝德记、凤祥裕记、费文元裕记等家是也。其后于道光年间开设者，有庆福新恒记、庆云仁记等家。光绪年间，营业日趋发达，而获利亦愈厚，乃有杨庆和发记、宝成正记、凤祥和记、凤祥德记、裘天宝礼记、方九霞新记等家继续创设。民元以降，新同行之开设者，又达十余家。至是沪地银楼，遂执全国银楼业之牛耳矣。

银楼业业务，以制造锁、圈、环、镯、簪、戒指、压发等妇女用之金银首饰为主要。民元以降，因人民竞尚欧化，于是该业逐渐制造金银器皿等日用品。在民元至民十年间，营业发达，每年交易总额，达七百余万元。民十至二十年，以国民经济，日益衰落，且妇女竞向烫发，少用首饰，致业务日感困难，营业总额，渐降至四百万元左右。迨至近年，首饰一项，仅对中产阶级，略有销出，对一般富有阶级，则赖金银器皿及日用装饰品之销售而已。

沪战以后，因人口之麕集，市面畸形发展，该业业务，遂见繁荣。盖避难人士，多将金饰兑售，充作生活费用，而富有者，自外汇统制后，抱杞人之忧，纷纷购藏黄金。职是之故，进出交易，倍盛于昔，因之新创设银楼或类似银楼性质之金银买卖商店，犹如雨后春笋，迄今不下五十余家，可谓极一时之盛矣。惜其业务，较之战前，完全背驰。在战前以供应装饰消耗为主，而今则皆在金市暗盘中活动，此因统制外汇后，金价步涨，暗盘动荡，恒起激变。停止供给外汇后，一般进口商，纷纷购买黄金，向外商银行，换取外汇，以作采购洋货之资金。因此黄金在市场上供应，随之增加。更以金价高涨，内地民间之藏金，陆续携沪兑售，为数殊属不少，是其业务之繁荣，固非无因也。

九、金业

沪市金业历史悠久，惟其集中买卖，初以金业公会为场所，迨至民九后，证券物品交易所成立，始有正式金业交易市场之组织，继之金业交易所成立。民廿三年九月，证券物品交易所标金部分，奉实业部令，合并于金业交易所，遂成为沪地唯一之金币市场，金业交易所买卖金货，规定(一)国内矿金，(二)各国金块、金币，(三)标金，(四)赤金等四种，但在场实际买卖，则以标金为主要，其余为辅，且其数甚微，是以除金业交易所买卖之外，尚有赤金铺之现金买卖。

金业交易，向昔颇为发达，投机交易尤繁。但自民二十四年冬改革币制后，各业都有昭苏之象，独该业非但毫无进展，抑且有一落千丈之势。夷考原因，良以金号营业，向来现货买卖，仅有十分之二，平日业务，全恃投机家之忽进忽出，与套做各钏外汇为挹注。自政府稳定外汇后，外汇市价，即无变迁。标金市价，向视外汇之升降为转移，汇市既无伸缩，金市乃日趋平定，标金与外汇之套头，复因市价之平定，无从套做，标金市场，因之日益萧条，而市价乃益呆滞不动，宣告收歇者，踵趾相继。

战后金业交易所，奉令暂时停业。旋有暗盘市场之出现，在场交易，只限现货烚赤，以一条为最低单位，(每条十两)当日交割，即上午买卖，下午交割，下午买卖，次早交割，因之一般投机者，趋之若骛，交易颇盛，金价由是剧烈变动，查战前金价，颇为稳定，纵有上落，极其有限，例如廿五年最高最低之差额，仅五十一元，廿六年则更低至二十一元，自暗盘市场出现后，因投机者之蜂起，金价重见剧烈之波荡，廿七年最高最低差额，达八百六十九元，而去年最高最低，竟达二千八百三十二元之巨，盖投机于现金者，除卜取买空卖空之差额利益外，大半作为资金逃避之一种方法故也。本年上半期来，金市初尚平稳，“五二”金融市场剧变后，金市飞黄腾达，最高曾至七千二百五十元，然自该月中旬后，欧战局势，急转直下，外汇逐步趋长，金价随亦剧跌。总计半年金价高低差额，竟达三千二百三十元之巨，可谓极尽惊风骇浪之能事，故金业交易，得以活跃生气，为该业所意料不到也。

上海之工商业 1941

上海之钱兑业

守 一

钱兑业在上海之历史，不过十年左右而已。自民国二十六年八一三事变后至去年大东亚战事之爆发，短短四年余之时期中，飞黄腾达，气象蓬勃，四川路江西路一带，栉比鳞次，如雨后春笋，旺旺以三四千元之资本，一年半载之后，盈余至数十万元。世乱正殷，百业停顿，而钱兑业之发达有如此，不可谓非得天独厚。

钱兑业本以买卖各国货币为其最初主要之业务，嗣后逐渐扩充，寖至于金融业中各种买卖，如烚赤、纱布及证券等之代客交易，无不包罗万象，应有尽有。自去年十二月八日之后，行政当局鉴于过去黑市之情形，即从事于取缔投机之买卖，先之以烚赤，继之以纱布之买空卖空，钱兑业务已始露衰颓之气象。近复加之以禁止英美等货币之交易，钱兑业之业务，益见其没落不支之状态。今而后钱兑业之演变如何，自应依环境情形之进展为归纳也。

窃以为钱兑业既以钱兑两字为标榜，其业务又以买卖各国货币为主体，大东亚战事之后，英美在华之势力铲除已尽，其货币在上海市场之买卖行为已经当局禁止，即新旧法币之全面掉换，上海部分亦早已完成其工作，事实所见，钱兑两字之范围，将来势必日趋局促，可以无庸讳言。自另一方面言之，钱兑业之代客买卖，如烚赤纱布等，逐其买进卖出差额之润益，在前所获，本极可观，此际行政当局，对于烚赤买卖除银楼同业而外，已悬为例禁，即纱布交易，亦但准业中人之现纱买卖，搬运证又只发给于同业帮中，是业外人之买卖，显已不可能，其交易数额，亦必大为减色，况纱布本有纱业工会，买进卖出尽可于市场内直接执行，故今后上海钱兑业之如何继续维持，及其营业方针之如何规划，以期扩充进展，诚属不容忽视而须急为慎重之考虑者也。

经济日报 1942(426)

谈上海房地产

韩君涛

上海自从开辟商埠以来，市面逐步的趋向繁荣。房屋是繁荣市面的必需品，没有它，什么事都无法进行。那时候地价极低廉，南京路最热闹地方，地价每亩也不过几两银子，有远大眼光的于是大量趸购，建造房屋，力量不够，情愿背债，像沙逊洋行还发行过土地债券，等到地价上涨，把热闹区价高的房地产出售，再买进地点比较偏僻，地价比较低廉的房地产，这样川流不息的经营着，它的成绩自然可以想见。上海的大地主，如沙逊哈同之流，就是这样造成的。

后来上海因为租界关系，情形特殊，每次内乱，各处人民都逃到上海来避难，大家看了上海是一个唯一最安全的场所。就是平时，人们也愿意到上海来，做生意比别处来得活动，起居饮食也来得舒适，只要有钱，什么事都能够办到。因之人口只有增加，租界区域嫌小，越界筑起路来，市面当然是更繁荣了。外国人做事确实认真，把地方治安交通卫生，处理得井井有条，对人民最需要的房地产，也厘订了很完善的办法，买卖手续非常简捷，道契过户只消十分钟就可以完事，那里同现在我们的地政局，道契送进去快要一年，还音信全无，所以那时候上海的房地产，大家欢迎，当作一种筹码，买办阶级要是手里没有道契，外国人就不信任你，工商业拿道契押钱，来得便利，卖了它也容易找到主顾，上海的房地产真可说是活动得很，它的名义虽然称为不动产，实在是商品化了。

讲到上海房地产的价值，除了遭受特殊的政治经济和军事影响暂时下降外，简直是在直线上涨之中，到民国二十年达到最高峰。二十一年“一·二八”事变爆发，上海发生战事，和平后市面大不景气，工商业停闭的停闭，破产的破产，那时候空屋很多，租买任你选择，房东对于房客非常迁就，不但不要你顶费，一年里还要送你两个月租金，油漆房屋。因此房地产收益很少，也没有交易，呆滞得很。这样情形，到二十六年“八一三”中日战争前为止，可说是上海房地产最衰落时期。自从政府西迁，沦陷区人民不堪敌人压迫，大家逃到上海来，这种都是各处有钱的人，有的感触到虎口余生，抱达观主义，化钱满不在乎，有的人慕海上繁花，借此机会见识一番，于是消费场所人满为患，上海又慢慢的形成畸形的发展。

战事开始的几年，上海房地产没有什么变动，只因为闸北、南市房屋大半毁于炮火，各处人民又集中到上海来，房屋供不应求，造成房荒现象，本行就把霞飞路沙发花园空地四十亩、浦石路古拔路空地八亩，分批建造新屋，分宅出售，很受社会欢迎。这是上海办理土地分割、发行土地代管证的嚆矢。后来又受托设计建造新闸路三元坊、西浦石路李家花园、霞飞路雷上达路许多房屋。别家同业和地产公司也相率仿效。旧公共租界本来很少宅基空地，旧法租界空地较多，因之都给络续造成新屋，要没有本行倡导，恐怕现在的房荒问题还要严重啊！

民国三十年“一二·八”，太平洋中美国和敌日开战，敌日进占上海旧租界，接续南京伪组织扩大政权。上海房地产本来因实际需要和游资充斥关系已经是欣欣向荣，到三十一年六月，法币禁止使用，两作一掉换伪币，人心更觉不安，物价一天天上涨，人们都打算保障自己的财产，有的囤货，有的换购黄金美钞，有的投资房地产，也有把物资偷运到自有区变换法币，造成恶性通货膨胀，大家看伪币不在眼里，各种物价疯狂暴跳，房地产业突飞猛晋，以前不值一顾的冷角落头地皮，居然也受人欢迎。这样涨风，直到三十四年八月我国胜利为止，创造了房地产涨价空前的纪录，比较货物涨的倍数当然不及，比较黄金涨的倍数是差不多，相旧法租界 A 字住宅区贝当路地价比黄金涨得还要厉害。

胜利后，人心极度兴奋，大家认为可以安居乐业，一切的一切都可恢复战前的原状，那知是大失所望。房地产呢？因为官民复员回来，自然更加需要，可是租的多、买的少，所以顶费只有增加。敌伪住过的房屋，你抢我夺，闹得不成样子，房地产交易反而呆滞，原因是：

（一）地政局整理地籍，把全上海各种产权凭证冻结起来；

（二）政府课税太重，税的名目太多；

（三）银钱业不接受房地产押款；

（四）当局规定租金倍数太少。

因为地政局没有把产权凭证整理好，买卖抵押都不方便，因为银钱业不做房地产押款，工商业和个人都无法活动，因为收益少、负担重，房地产就失人信仰，当局又不肯针对现实想法补救，新房屋谁来建造，老房屋也不去修理，要想灵活上海的房地产和解除房荒，怎么能够办到呢？

兴业邮乘 1946（119）

我国第一家银行——中国通商银行

秀　堂

两个历史上的文件

请设银行片　光绪二十二年九月

银行仿于泰西，其大旨在流通一国货财，以应上下之求给。立法既善于中国之票号钱庄，而国家任保护权利无旁挠，故能维持不敝。在各国通商以来，华人不知务此，英、法、德、俄、日本之银行乃推行来华，攘我大利。近年中外士大夫灼见本末，亦多建开银行之议，商务枢机所系。现又举办铁路，造端宏大，非急设中国银行，无以通华商之气脉，杜洋商之挟持。议者谓国家银行当全发帑本，简畀大官，通行钞票由部造发，如英、法等国，财赋皆出入于银行，是户部之外府也。然中外风气不同，部钞殷鉴未远，执官府之制度，运贸易之经纶，恐窒碍滋多，流弊斯集。或欲委重西人，取资洋款数千万金，咄嗟立办，其词甚甘，其权在彼，利害之数，未易计度。臣惟银行者，商家之事。商不信，则力不合。力不合，则事不成。欲慎始而图终，必积小以成大。拟请：

简派大臣，遴选各省公正殷实之绅商，举为总董。号召华商，招集股本银五百万两。先在京都、上海设立中国银行，其余各省会、各口岸以次添设分行。照泰西商例，悉由商董自行经理。臣前在上海与开设粤闽浙沪江汉各海关官银号之绅商侯选道严信厚议及银行之事。严信厚顾全大局，情愿以其独开之银号归并公家之银行，使其气局宽展，并照汇丰银行规则，以精纸用机器印造银票，与现银相辅而行。按存银之数为印票之数，以备随时兑现。各省官司向银行借贷，应照西例，由总行禀明户部批准以何款抵还，方能议订合同。欧洲国债数千百万，皆由银行筹办。印发借券，应收年息，归行取付，大信不渝，集事自易。嗣后京外拨解之款，可交汇以省解费；公中备用之款，可暂存以取子息；官造银元尚不能通行尽利者，可由银行转输上下，官得坐收平色之利。银行用人办事悉以汇丰章程为准，则合天下之商力以办天下之银行。但使华行多获一分之利，即从洋行收回一分之权。并照西例，俟有余利，酌量提捐归公。预定章程遵守，商民既交得其便，国家即阴收其益。俟将来官商交孚，内外政法变通尽利。再行筹设国家银行，与商行并行不悖。庶几早见措施，以免空言无补。谨附片陈请伏乞圣鉴训示，谨奏。

筹办中国通商银行次第开设情形 光绪年廿四年四月

奏为遵旨筹办中国通商银行次第开设情形，恭折仰祈圣鉴事。窃臣奉命招商倡办中国银行，节经招集绅商，备足股本，参照西国银行成法议拟章程。商请总理衙门王大臣逐款覆核，折衷一是。并会同北洋大臣直隶总督臣王文韶、湖广总督臣张之洞，议覆银行利弊情形。并由南北洋稽查以保利权。奏奉俞旨钦遵于光绪二十三年四月二十六日开办上海总行，自夏徂冬，天津、汉口、广州、汕头、烟台、镇江等处分行陆续开设，京城银行本年亦已开办。此后自王畿以迄各通商码头，泉府机括，血脉贯通，或不至尽为洋商所把持。至各行省都会地方亦当逐渐分设。近年金镑翔贵，银币低压，百物胜踊，输转窒滞。如上海通商总汇之区，而银根空匮，商情岌岌，皆有不可终日之危。幸通商银行主持市面，银息虽昂，犹稍有限制，得以勉为支柱。中国银行大辂椎输，规模草创，故裨补于商务，收效于桑榆者，必须由渐而来。尽由仿办于各国银行在华开设之后。如汇丰之设已三十余年，气势既盛。根柢已深。不特洋商款项来往网罗都尽，中行决不能分其杯羹，即华商大宗贸易，亦与西行相交日久，信之素深。中国银行新造之局势力未充，以慎始图终，积小成大为宗旨。今者创办一年，始基已立，自此扩充中土之商力，收回自有之利权，其枢机必视京外拨解官款是否皆归通商银行为旋转。若各省关存解官款仍循旧辙，专交私家之银号，绝不与举。

旨设立之银行相涉，则商政之体全失，西人胜笑，华人增疑，海内商情，孰肯信响？所关于商务大局非小也。臣惟今日之事，凡有兴举，期利国家。查银行于国家，有无形之利，有有形之利。气脉流通，商民交便，利在无形。余利愈厚，归公愈多，利在有形。微臣原奏，言之已详。非恃国家主持于上，公忠闳达之督抚藩司各关监督维持于下，无以徐收两利。宏此远谟，合行仰恳敕下户部，通行各省关。嗣后凡存解官款，但系设有中国通商银行之处，务须统交银行收存汇解，以符事体而树风声。及其成效大著，则如昭信股票以及造路开矿，凡有招股之事，皆可仿照西国，归于银行代办，较之官力号召，自无扞格猜疑之弊。是以泰西及日本国家，莫不重视银行，力为扶翼。夫欲富国，必兴商务。欲兴商务，首重银行。但兹事繁难断，非微臣心力之所能及也。所有筹办中国通商银行次第开设缘由，谨恭折具陈。伏乞皇上圣鉴训示，谨奏。

上面二个文件，是盛宣怀氏的奏折。一个是说明了创设银行的动机，一个是说明了中国通商银行筹办的情形。中国通商银行创立于前清光绪二十三年四月二十六日，为国内商业银行的鼻祖，英文行名原为 The Imperial Bank of China，民国后改称 The Commercial Bank of China。当时，国内已先有外商银行之设立，时盛宫保鉴于欲富国必兴商务，欲兴商务首重银行，发纾闳议，摺具奏章，旋即奉旨招集商股，筹议创设。

五十年来饱经沧桑

中国通商银行初筹办时，由商业钱业领袖张振勋、叶成忠、严信厚、杨文骏、刘学询、严洁、杨廷果、施则敬、朱佩珍及盛宫保等为总董，招募商股五百万两，先收半数，并向度支部商借库银一百万两支用，光绪二十三年四月廿六日，遂在上海正式成立。总行设上海，并于汉口、天津设立分行，户部并命使行发行银元、银两二种钞币以使民用而抵制洋商银行的纸币。初聘英人梅特兰（A. M. Maitland）为洋行经理，钱业领袖谢纶辉氏为华经理，以沟通中外银钱两业。中国通商银行经营之始，没有法令成例可援，乃由各总董共同拟订章程，参酌汇丰银行的成例办法力求严谨，所以当初组织管理及营业规则，颇多参照洋商银行的地方，并且也曾入过外商银行公会。庚子年因义和团失败而影响天津分行得到收息，辛亥革命时汉口分行也因而收束。

民国以后再作整顿，一面因时制宜，将外籍行员先后解雇，并续在上海本埠虹口、南市各区及宁波增设分行，并继续发行钞票，计民国七年发一百六十万两，八年为一百五十万两，民国九年十年为一百万两，民国十六年一百三十万两，钞票信用极佳。民国二十一年废两改元以后，该行改订章程资本折合国币七百万元，先收半数，使该行又另入一新阶段。二十二年发钞一千六百万元，二十三年达二千九百万元。二十四年该行主持人因忽于业务，造成挤兑风潮，后由政府接办，由杜镛氏任董事长，将资本七百万元打一.五折扣，即在十足三百五十万元中，乘以百分之一.五即等于五十二万五千元，作为商股，政府另投入官股三百四十七万五千元，共计资本四百万元，是年政府改革币制，即遵令将发行准备及库存钞票，一并移交发行准备委员会办理。

抗战军兴，该行随政府内迁，先后设立兰州、西安、洛阳、宝鸡、平凉、天水、宁夏、成都、自流井、威远暨衡阳、桂林各行处，金融网络贯通大西南北，一面将总行机构内迁，加强中枢管理机能，其后洛阳衡桂等行随军撤退，平凉威远继予裁并，至陷区各行在抗战初期，均已先后撤沪因遭敌伪劫持，业务无形停顿，迨日本投降，国土重光，该行奉令办理收复区各行处接收清理等事宜时，杜月笙氏因公先已抵沪，除遵照法令积极处理，同时并将上海分行及所属沪区各支行先予复业外，并以全国金融经济重心，业已东移，为统策全部业务，便于指挥管理，暨筹划原有京锡苏杭甬鄂以及厦门各行处复业事宜起见，经提请董事会呈部，于是年底将总行迁沪，继续营业。

中国通商银行已历经五十年沧桑，她的经历过程正是中国五十年来金融界的缩影。可是因为她能把握时机，适时发展，所以她发展的过程虽艰，而却在艰难中奠定了基础。

组织与人事

该行组织名义上是总行制，实际是总管理处制度，其目的在采取两者之优点，而除去其劣点，以次相辅相用。其组织系统如下：

该行现任董监及主要负责人，董事长为杜月笙，常务董事为钱永铭（交通银行董事长），戴铭礼（财政部钱币司长），周雍能（财政部主任秘书），杨管北（大达轮船公司总经理）；董事为赵季言、陆京士、边定远、顾嘉棠、骆清华。常驻监察为盛昇颐（华福烟草公司总经理）监察为杨虎、朱学范、李祖伸、徐桴。总行总经理杜镛（兼），协理骆清华，总务处长王宝康，副处长乌崖琴，稽核处长丁葆瑞，副处长陈振铣，业务部经理丁葆瑞，副经理庞安民、沈宗铭，襄理唐润一，信托储蓄部经理陈国华，副经理杜维藩，上海分行经理庞安民，

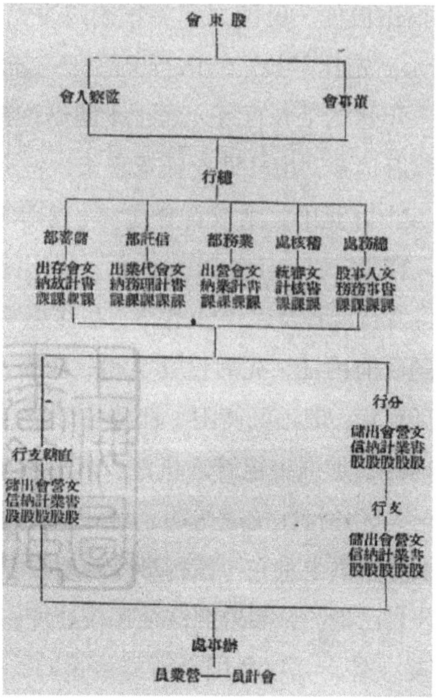

副理李宗文，襄理卢鸿基、胡远声、王古尊。

业务的推展

该行业务，一本前贤所勗“中国通商银行之举办，应相时度势，慎始图终，务期坚守一信字，使中外咸孚，远近皆服，庶要举勿隳半途”而经营业务，五十年来，未曾稍有懈忽。

一、存款

战时经济，每多特殊病态，一般存户心理，大都改观，游资多不透过银行，该行恪守立场，存款吸收，一本正常，不与黑市竞争，主要对策，厥从树立信用及提高服务效率方面推进，存款数字，尚能保持相当水准，欧战告终时，即切实对存款准备加强充实，并充分储备现钞，静俟应付，故当黄金风潮及生理后存户提存储端，均能肆应从容，未受影响，且各行处存款，反见增加，上海并因代兑伪币关系，转存亦多。至储蓄存款，以战后民生凋敝，吸收匪易，但为倡导节约，依旧举办，而收效不著。兹将三十五年度该行各项存款平均余额数，举例如左表（单位：万元）：

项目	三十五年度
定期存款	一六〇八九〇
活期存款	八一八七一〇
同业存款	二八七一〇〇
储蓄存款	二六二〇七〇
共计	一五二八七七〇

二、放款

年来工矿生产日趋萎缩，商业资本膨胀过速，投机囤积之风，变本加厉，各业用款，已无所谓季节性，银钱业贷放对象渐失凭借，该行放款，在合法与安全之条件下，仍以短期灵活并紧缩信用，侧重质押，客户力求分散，押品贵易脱售，尤以可资转抵押及转贴现者为要，诸则如自流井之盐块，威远之煤斤，西北特产之羊毛、皮张、药材、水芋等，与国计民生有关各业，多致力匡扶，年前时局急转直下，该行戒备于先，将放款紧缩，收回旧欠各户。故虽当市面告迫，银钱业焦困万状之际，不致临事周章，所需头寸均由总渝两行充分调应，并未向各地中央银行拆借款项，此可说明该行资金之运用，力求审慎。至胜利后，市面未复常态，同业多存观望，该行仍择信用素著各户，酌予贷放，借免暗耗，兹将三十五年度该行各项放款平均余额数举例如左表(单位：万元)：

项目	三十五年度
贴现	三〇四八〇〇
信用放款	一六八六〇〇
质押放款(包括储信部)	一六〇〇四〇
存放同业(包括储信部)	四九八四五〇
共计	一一三一八九〇

三、汇款

该行对经营所有调抵头寸，如现金输送买汇运用等，均尽力以赴，一面委托各地同业，订立代理收介合约，积极拓展通汇网，自胜利复员，沪地物价与内地相差悬殊，一时资金东流，该行争取时机，首向各商业银行办理申汇，客户称便，所获汇水盈余，差足抵补，因战事结束后，收缩放款及复员费用之损失，兹将三十五年度该行汇出汇款及买入汇款实际营业数举例如左（单位：万元）：

汇出汇款	一〇七四六三三〇
买入汇款	五六四三三四〇

新世界 1947（5）

五 展 会

观江苏省地方物品展览会及上海总商会商品展览会之感言

山 农

民国十年秋，江苏省行政署有地方物品展览会之举。上海总商会因创设商品陈列所，亦举行展览会。际此全国扰攘饥馑锋镝之余，江苏一省同时有展览会二，诚难得之事也。然有不能已于言者，拉杂书之，以作一得之献焉。

江苏物品展览会设南京，地为贡院旧址。会场宽展，规模宏畅。惟陈饰之具，不及上海商品展览会之整齐。盖苏省自民国以来，几经兵燹，省款奇绌，能勉为此，已属不易。上海商品展览会，合众商之力，宜措施裕如矣。乃因地在租界，局蹐一隅，不能发展，且在外人势力之下，举动辄不自由。(会场在闸北天后宫后，为旧时驻使行辕。新建洋式楼凡三层，惟场之甬道隘仅容二三人，观者稍多，即形拥挤。)由此观之宁会之不足，似在财力，沪会之不足，似在地位，均有尽善未尽美之憾，可概者一。江苏物品展览会，以本省为限，为类凡十，制造品以五年内者为断。上海商品展览会，无省之界限，为类凡十二，制造品以十年内者为断。两者相较，沪会范围似大于宁会。然合而观之，沪会虽有客省商品，亦仅少数，其他物品未必多于宁会。即此一端，可见各地实业之不振，可慨者二。然此犹其小者也。试就农商二类再分别言之。两会征品，咸以农林列第一，示所重也，乃合两会所见。农产品中最触目者为南洋烟草公司之产品，次为长隆盛林裕泰赖天生德等之皮丝净条烟，茶叶无多，丝茧亦只二十余家。致重要农产，除上海棉业联合之棉花标本一大匣，又东南大学美棉树(棉树标本以宁会所见较多；沪会仅见一枝，已零落矣)及小瓶内各项子种及油类若干外，几无所有。农业副产以上海徐家汇戚秀甫之养蜂场为最佳，自蜂与蜂之产品及饲养收割之具，几无不备。两会中赖此生色不少。此外如江西平乐靛公司之靛青仅一种，及中国化学工业社之除虫菊仅一株，林业产品仅震升恒一家而已。夫以中国天产之富，江苏物力之饶，农林一类，所见仅此，殊出所料。说者有谓此次农产谓不及南洋劝业会之多，系由农业时代进于工商时代之现象。噫！直欺人之语也！以愚所见，农之不振约有二端。一近因江苏是年雨水为灾，业农方救死之不暇，宜无所有。此说虽近理，然就远因言，尚不止此。夫农最愚鲁，与外界接触最少，不若商之知竞争。故欧美之于农也，于教育以外，特设劝导之断。美国谓之 agent of agriculture，系每县一人，法国谓之 professeur departemental d’agriculture，为省一人，以补教育之不及。吾国有农之职责者，以事属教育，置勿问。而主教育者，谋普及尚不能，无暇及于农。虽有少数之甲、乙两种农业学校，亦只能教读书人以农，非真能教农人读书，故农之无教如故也。至社会方面，近年来渐知趋重职业教育，然所及者只工商而已，只城市而已，农无与也。夫农之愚鲁如此，无教又如此，欲冀其产品之发达，不已难哉？

商品以纺织类为最发达，有毛织、棉织、丝织三项。毛织物只哔叽一种。棉织物向不及舶来品之佳，惟近年来纱厂日多，业是者力求进步，对于外来之货虽尚不能作取而代之之想，然未尝无万一之抵御。如三星之帆布、上海恒丰之纱布、达丰之花洋纱洋板绫、信大鸿章三新震泰等之麻纱提花布，均有可观。尤可注意者，为上海公利、协大两线厂之丝光线，线球亦以木制，洞其中作轴状，两端皆粘以纸，上记线之磅数及牌号，貌观之与舶来者（沪俗名洋线团）相仿佛。惟是否为机器制造，每日能制若干，原料是否为中国纱厂所出，质地若何，能合于用否，颇堪研究也。总之棉织一项，较十年前进步甚多。丝织品为我国故有之业，向以之著称于世，其进步应较他项工业为速。然合会所见绸缎类，五光十色，莫可名状，花式上之改良实属不少，欲求一合于外销者，尚无有也。然在宣统之末至民国初年，外国缎盛行，几有以赵帜易汉帜之势。自近来提花机发达以后，中国绸缎花样日新，染练之技亦日精，于是舶来之绸缎渐绝于市，不可谓非是业之进步也。惟近来妇女服饰，盛行花边，价昂者一衣之费达数十元，此物均自外来，漏卮之巨，不减少于昔之外国缎。前三四十年，妇女衣服亦尚缘饰，所有花边皆属国产，今内地尚有用之者。是业现虽凋敝，其基尚在，曷不就而改良之？亦纺织业之一问题也。

此外机械一门，吾国在幼稚时代，即稍形发达者，亦只简单之纺织用具而已。电汽用具亦有两家，以商办者为有进步。制造工业，如中华职工厂之洋瓷器及锌制品、上海大中自求等厂厂螺钿钮双轮，及第一工厂之刷帚、维大公司之纱管、景文之复写用具，均足以抵制外入之品，惜少大规模之工作耳。再上海宝源纸厂，原为日人所创，因抵制日货不能维持，遂由华商收买。固本皂药厂，系德人所办，自中德绝交后由华人收归自办。是二者，均可纪念者也，故附志之。

劝业从报 1922，2(3)

参观上海县儿童读物展览会以后

戴晓孚

上海县在本月十七日开儿童读物展览会。会场借旦华学校。会场里陈列的书，除现在小学所用的各科教授教课书外，还有童话、小小说、故事、儿歌、《儿童世界》《小朋友》和各种的图表等。

那天我去参观的时候，已是下午四时了，所以不过看着一点钟。今把我一点钟参观后对于种种书集的感想，写出来供大家讨论。

场里国语教科书陈列的最多，书里内容各有所长。内有赵君编的一部书里，取材的狮子、老虎、狼等，活动情形太多，与儿童实用方面觉得没有甚么关系，并且这类动物，儿童也少看见。国语教课书的取材，最好是儿童环境常看见的和日用的常识做教材，最为合宜。

早前儿童除念课书外，课后简直没有合儿童生活环境的书看；现在儿童看的书很多，最完全的，要推商务的《儿童世界》、中华的《小朋友》。但是这两种书还有要改良的地方：

一、书里的字不可太小，应该一律用三号字排。

二、书里每篇文字最长的，不可过二百个字。

三、书里用字和文意，应该要合小孩念书的程度。

小孩因这三个缘故，每拿到了一期新出版的书，只管看书里的图画，能够把书里文字细细看的小孩，简直很少。这是我在小孩看这种书时考察出来的。我再恐怕不正确，连问过好几位当小学教员的朋友，也是这样说。所以要希望编辑《儿童世界》和《小朋友》的诸君，把以上提出三个问题注意！陈列的各种图表，中华的《学生功过图》和《植物图》，商务的《修身挂图》和《交通比较图》，都是新出版的。每图虽一小张，倒很完全。小学采为教授标本，极为合宜。

陈列各书，其图画、手工、游戏书为最少；就是所陈列的这种书，都陈腐极了。我希望一般美术家和体育家，像国语教科书的出现，改革文言教课书一样，创着些新教材出来，给一般活泼的小孩练习。

我再见二师附小陈列的原版英文课本，书面上写“可为新小学五六年级用”，我把内容一看，取材和生字配制很切实。书里再有一种可以有研究价值的，就是他每课都有表课文事实的图画，并且再在图画上加颜色。我就把中华、商务的国语教课书一看，不要说三四年级念的课书上少图，就是二年级念的课书上也没有几课有图。说到图上加颜色，每本课书里可以说难得有一种。

课书上有图，不但学生有趣味念书，教师讲解也容易得到学生明白。图上加颜色这一层，小孩早有要求：凡是当过小学教师的，大概都晓得。小孩是不是是喜欢把各种颜色涂在课书图上的么？所以我希望中华、商务把将要出版的新学制小学国语教课书上都加图，图上最好再加颜色，以便教师教授和合小孩的要求。

以上所说的语，如有事理不对的地方，很希望教育家指教！

十一年十二月二十日

学灯 1922，12(27)

绘画成绩展览会的效率和上海美专西湖写生成绩展览会

李寓一

谈到绘画成绩展览会，现在却有很好的空气，各省各地凡是美术研究的场所，都有这种会的表现。这种会可说是真美之神，时时想脱离学校，而现身于社会——是学校社会化的一种——一方面可以驱除社会枯燥的恶魔，一方面可以促进研究者的向上。现在且把他的效率分析一下。

学校考察绘画科成绩的方法，有计分、分等、评语种种。最初用记分法：凡是教师认为好的，把分数放宽一点，反此则用很少数的分数，以刺激学生的努力。自从这种方法发生不公平及失败的悲观种种不好的现象，于是有改用甲乙丙……分等等的方法，以为比较上可以公平一点；但是仍旧免不了奴隶于等第的弊端。要想学生能够认明研究学识，是为绘画而研究绘画，不为分数所驱策，不为等第所奴隶，不受一切束缚；而但露其趣味之苗，滋润同化的向上，却是一种很难的问题。解决这种问题，用一种评语罢了！学生对于评语十分注意的很少。绘画也很难评判有甚么方法呢？我想除了展览没有再好的方法，或许更有再好的方法，但是将来的问题，此刻可说是没有别种了。

最显著的反射运动，在儿童精神作用上显露出来是当运动会参观以后：儿童由运动会感到的刺激，知道别人家的运动如何好，自己的如何坏，必定反射出一种必须十分努力的热忱来。这种在运动以后，儿童围住教师七嘴八言的时候，可以看出来，可说是运动成绩展览会所得的效率的一种。绘画展览会也有这种显著的效率，每当开会以后，势必有一种批评：或是人家的批评，或是自己批评，或是自己批评的批评。无论他的态度如何，无论他心理如何，他只要经这一露布，总不能使他自己的艺术有自满自划的希望。也许虽经别人批评以后而认为批评不正当的，但无论如何，他自信的催眠状态必定不能十分紧固，就是无论如何，他对于自己的艺术总有点怀疑——我表现的好吧，或是不好吧，怎样我以先自己看是十分好的现在看却不好呢？怎样某某人一幅表现的多么灵活呢？——这种自己怀疑的现象，在未开会以先还是口头上客气话，既开会以后却是一种真的怀疑了。什么是怀疑？怀疑就是一切学问进步的鞭策。所以展览以后，常得以怀疑而得进步。但这还是展览以后。展览以前，感想和努力，无形之中，可以使学生不得不诚诚实实，为绘画而研究绘画。且这次的展览以前，就是前次的展览以后，这次的展览以后，就是下一次的展览以前，展览会是必定要继续开的，学生的努力也就要继续的前进了。并且真美之神域于学校的时候，学校内有成绩的展览，努力是在学生时代，努力是以学生为单位；真美之神走到社会里，学校的成绩的展览一变而为社会上的展览，努力是不限于学生，努力可不以学生为单位。就是无论是读书作事，都要继续他的努力的精神了。

虽然，绘画科脱险计分、分等、评语种种不完善的考察成绩法，而进于与社会共开的展览其方法，虽然是十分的完善，但仍不免带有为名誉的色采，纯粹的情感表现，都要看自己的风地如何哪！

以上说绘画展览会在学校中效率。

初尝社会的滋味的人们作起白话文或白话诗来，一定少不掉，“悲苦”“沉闷”“蔚蓝色的天空”……种种字样，最后还要加一句努力、奋斗的语气。这种可以证明青年人爱和美的要求底强烈。谈到爱和美的要求，自然是要拿艺术来安慰他了。谈到拿艺术来安慰，自然是以绘画展览会为好的方法中一种了！但是除了安慰青年人的沉闷，可有别的效率呢？唉！有的，有许多人的爱美的解释，是安慰他的自己的一生，要如果真个这样，那么美的效率但有一种享乐了，就是伦果（Lange）所盛倡的美的享乐观。其实，美，如果单是能享乐，那只能造社会成一种静止的状态，却不能使社会有一种进步的现象。需知世界的进步，全由美的观念酿成；自茹毛饮血的野蛮时期，进而至于峻宇雕墙的文化时期，无非是美的要求底适应。沉闷是社会进步的阻碍，反之爱美就是社会进步的要素。所以绘画展览之能占有社会事业的一部，确是社会事业进步的滥觞，并且可说就是社会的进步。所以不能单说安慰青年，应当认定为策进社会。所以绘画展览会，日见其多，当为社会幸。

虽然策进社会的为“美”。“美”不仅绘画的一种，绘画又不仅西画的一种。现在绘画展览，西画多而他种艺术少，以致对于展览会的兴趣因无变化而减少。这也是美中不足的地方。

以上说绘画展览会在社会中的效率。

美专旅行写生有完善的组织是在七年八月间。第一次成绩展览会，是在七年二月。那个时候，美术学校在我国还没有什么设立，展览会的事还是一个创举。等到把西子的裸体美全个儿连到上海来中，那却在七年以后。起初不完备的时候，就得各报纸，及端清、传甲、伯俞……一般名流的谬奖，统计来看的有四千三百三十五人之多。现在继续这种精神已经七年了，屡经改进，屡次觉得不满足，这一次六月二、三两日在省教育会展览西湖旅行写生的成绩，是近三星期的制作，水彩画约二百点，油画二十余点，人体写生十余点（教员作品），其中有几种和上次不同的地方略略说一说。

第一，这一次不是拿个的展览，是代表制作的陈例。因为前此每次都有数千件，在我们固然是起初的露布，但在惠临的诸同志看来，却不免有目不暇击的失望。所以仅遴选二百余点以免繁琐。

第二，恐但有代表制作的陈列，参观的人看不出内容的真相来，因又于第一、第二两院陈列平时成绩，不拘那一个学生的制作都有。并有竞进会成绩，以表示成绩平时较优的。

第三，美专从前批评成绩的方法，有时还用甲乙分等，现在解脱以前种种不良的方法，而但靠托学生对于展览的兴趣了，所以对于展览会的希望格外大些。但所希望的却不在虚誉，希望在展览以后，有努力向上的真兴趣。

第四，对于批评的要求。有许多人说，我国艺术界缺少批评家，其实不然；不过有许多人都以观赏为满足，不愿做这种事情罢了。考究批评的效率，不但是对展览的与以指导，进一步就是对社会与以指导。换一句话就是：不但展览者有一种求正的渴望，社会上也有这种要求，有许多很真实而有研究的批评，却是能与社会以巨深的意味。下次《艺术旬刊》拟出批评专号。

以上说美专西湖写生成绩展览会。

十二、六、二

艺术 1923（6）

上海图书馆协会双周纪念之展览会

纯

本年一月九十两日为上海图书馆协会组织之双周纪念。展览会开会之期，其陈列品分下列八种：（一）关于图书馆学之书籍杂志（即书籍一项不下五百余种，可见图书馆现已成为专门科学）；（二）各图书馆之设备用品及表；（三）各图书馆章程；（四）各图书馆之出版物；（五）各图书馆之印刷品及照片等；（六）各图书馆之装订品样本；（七）各图书馆收藏之孤本、古本、精本、抄本以及其他罕有之书报杂志；(八)其他与图书馆有关之事物，如上海民立中学图书馆、商科大学图书馆、总商会图书馆、中华书局图书馆、大夏大学图书馆、同济大学图书馆、南洋大学图书馆、江苏省教育会图书馆、徐家汇天主堂图书馆、清心中学图书馆、敬业学校图书馆、圣约翰大学罗氏图书馆、苏州图书馆、浙江公立图书馆、沈仲俊家庭图书馆、上海法政大学、国民大学图书学系、商务印书馆、千顷堂书局暨私人方面如杜定友等，均有种种陈列品，其最重要者，如交通大学图书馆展览之汪精卫藏炸弹之书十二本、天主堂展览之满文《圣经》、锡兰贝叶经、一赐乐业教人赵映乘殿武卷、天主教人许缵曾殿试卷、阮元手校《至顺镇江志》抄本、徐文定公墨迹、原版《职方外纪》等书，尤为出色。是日到会者除团体会员三十二机关，个人会员近百人外，其他来宾为数尤伙，如图书馆专家海斯女士，暨叶采真、沈信卿、胡朴安诸君均有特别演讲。

图书馆学季刊 1926，1(2)

第八次佛画展览会昨日闭幕

第八次佛画展览会，此次假净业社举行。秋高气爽，人地两宜，洵文人雅士及时行乐之时，由冯子耆经营三两君先行协助，成绩颇佳。兹将所见略记如左。

会址之适宜：此次假佛教净社香光堂为展览场。佛画佛地，洵为难得。

参观之踊跃：此次参观者无须入场券，故尤见踊跃。统计五日来，不下七百余人，尤以昨日为多，如刘士禾、曾孟鸣、谢英伯、蔡北仑、陆丹林，画家徐悲鸿、黄文农、陈抱一、丁衍镛、张聿光、曹仲渊等，均莅会参观，啧啧称善。

画家之豪兴：书画家缪谷英、黄葆戎、粟灵苏、余天遂、马寿民、蒙树培、周柏生、许士骐及主人钱化佛，兴致豪浓，临场对客挥毫，广结墨缘。

茹素之聚餐：昨午举行聚餐会，全席素肴，风味特佳。闻该社所备，取价亦廉。

闭幕之纪念：全场摄影以作纪念。又昨日本请胡适之演讲，因胡君陪韦白司脱博士赴光华演讲，时间不及，故未能出席。又悉同人于闭会后，拟商诸钱氏，组织一大规模之佛画流通机关，以便流传各地，以挽颓风云。

兴华 1927，24（4）

上海市农工商局筹办国货展览会

沪讯：市农工商局自奉到市长转发国民政府提倡国货通令后，深以沪上洋货充斥及一般市民之习尚奢华，非积极从转变市民心理及奖励本国制造着想，不足以收通令之功效，而挽民生枯槁之大患。特拟具举行国华运动大会及国货展览会筹备办法，呈请市长提交市政会议通过，指令照准，着即筹备举行。该局为慎重将事以期收效宏大起见，特定筹备期间为四个月。关于展览宣传奖励等事，已派定专员负责办理，并拟聘请专家担任审查，由市长发给奖章奖凭。又以事关工商，拟请两界派员加入筹备，以期尽善尽美，不日拟邀集工商界谈话，征集意见，主办其事为该局第二、第四两科云。

银行月刊 1928，8（5）

出席上海中华全国道路协会路市展览大会路市会议总报告书

陈海滨

窃查中华全国道路协会本届十周年纪念，开大规模之路市展览会，暨路市会议于上海总会，自本年三月起，即已迭次催促各省市政府：汇送展览物品，遣派代表赴沪参加，函电交驰，期在必行。海滨奉派出度其问，业将赴沪参加大会情形，迭次择要呈报在案。惟本届路市大会，历时约一个月，城费逾十万金，关于会场之设备展品之陈列、开幕之情形、讨论之议题等，事项殷繁，有为前此简略报告所未能详尽者，因更将大会前后经过情形，分别记述，编成总报吾书，以期翔实。其中详处，虽属细大不蠲而繁文缛节，则尽删之；略处，虽系撷要记录，而闲评舆论，则并纪之，盖吾闽出口在展会中确具有相当之价值（故道路特刊记载福建出口特较详，所占篇幅亦最多），陈列时固未事铺张，而展览时则颇邀好评，事实具在，奚敢壅不以闻？兹谨分条，陈述如次。

（子）会场之设备

展览会会场在法租界贝当路，原系交通银行地皮，面积计四十余亩。道路协会于一个月前向交通银行商借后，即将此一片空地施工铺垫煤屑，坪碾平坦，全部会场上搭蓆蓬，下铺地板，原冀于会期前竣工，一次暴风烈雨，蓆蓬牌楼多被摧毁，以致翻工起盖，稽延时日，当将大礼堂赶于九月十二日以前搭盖完竣，以应开幕之需，其他各部备为各省市出口陈列之用者，则昼夜赶制，于开幕后亦陆续相继竣工，至十八日会场全部布置就绪。临街之处，建为大门，门前竖一道牌楼，向则长约二百分尺之甬道，两旁竖各种广告牌，并间以种种标语，甬道尽处又为一道大牌楼，牌楼为前跳舞厅，牌楼以内中央为大礼堂，其余皆为展览会场。迴环曲折之道路，两旁鳞次栉比，划成大小方位，皆为各省市各洋行公司各租界工部局出口陈列之处所，并附设饮食店各项游艺场（如电影新旧剧之类），辉煌灿烂，蔚成大观。

（丑）展览会开幕之盛况

九月十二日为路市展览大会举行开幕典礼之期，到会者有：蒋主度代表之上海市长张岳军先生，外交部王部长正廷，实业部孔部长祥熙、赵次长晋卿，中央委员兼中法工科学院校长诸民谊先生，外交部驻沪办事处杨处长念祖，古巴公使庇德赖将军，捷克代表费哲尔，道路协会总干事吴山及干事陆丹林、郑希涛等三十余人；各省市代表到者：除吾闽外，贵州代表二人、河北省二人、陕西省四人、浙江省二人、安徽省一人、江苏省三人、湖南省五人、云南省一人、河南省二人、山东省二人、湖北省一人、江西省一人、辽宁省三人（又该省民生工厂代表三人）、黑龙江一人、察哈尔省二人、山西省一人、甘肃省一人、宁夏省一人、天津市一人、南京市二人、北平市二人、青岛市一人、上海市四人、汉口市一人、成都市一人、杭州市一人、铁道部代表一人、中华市政学会代表一人（各代表详细姓名详在《道路特刊》，兹不赘述），中外男女和界来宾到者达二千余人，颇极一时之盛。是日上午十时二十分宣布开会，由赵晋卿主持，杨念祖司仪，行礼后，先由会长王正廷致词，次由蒋主席代表张市长致词，实业部长孔祥熙、美国汽车商会代表鲍尔及中央委员褚民谊相继演说毕（演词甚长、已详《道路特刊》，兹从略）。最后由曹云祥君代表主席，用汉英两种语言致词，礼成，撮影茶叙。

（寅）各处出口陈列之概况

自十二日开幕以后，会场中各部分逐渐建筑完竣，各处出口随时择定地点陈列，各代表皆随带职员公役到场亲自布置：公共租界工部局陈列下水道模型及图案，法租界工部局陈列各种路面模型，并附以详细说明。各洋行公司亦将各种货品机器运来参加，惟陈列品占用之位置每一方合十平方公尺之面积，须纳租银三百两至五百两不等（视地点优劣而异：在重要处则较贵；幽僻处则较廉），占地更多者，则租银照此递增，如福特安利等公司陈列多种汽车、开路机器、滚路机、碎石机、压气机及搀合三和土机器等件，则占地约三倍四倍元多，其租银当在千余两至二千两之谱；其他如礼和、禅臣、美最时、天祥、谦信、美孚、亚细亚等行，各有货品陈列，占地皆在一方以上。此外则结彩、裱糊及电灯、匾额等项之耗费，动辄一二千元，即简朴如贵州、湖南两省，其陈列处之装饰费亦达八九百元。至于各省市陈列之物品，如：贵州除公路风景油画数幅，其余皆用多数玻璃瓶内贮铜铁、矿苗、水晶、朱砂、樟脑、药材各项出产物之标本；湖南陈列处为路市照片及公路桥梁蓝图各四十余张；陕西省陈列者为路市风景照片及各种图表各计三十余份，又土产汽油样品十数瓶；汉口市陈列者为公园市街及下水道模型五具，图案及植物标本各百余种；河南、山东及其他省市，多系照片及报告书之类。惟上海市、江苏建设厅及浙江建设厅，暨杭州市其出口陈列处，均颇伟丽堂皇，彼等皆以木制精美之模型为主要出口，而照片图表似不重视。如：南京市之各种平民住宅木模及建筑国民政府模型，杭州市之公园模型，上海市之木制江湾中心区域平面模型（该模型占地将及两方）、住宅区房屋模型、陈英士先生纪念塔型、烈士纪念碑模型，暨各种拟建之桥梁模型及筹设自来水厂之各种模型等项，率皆体量硕大，占地较广，故上海市出品须分两处陈列之。但此类出品多属未来之计划，初非过往之成绩。又辽宁省迫击炮厂所附设之民生工厂，将其特制之国产汽车一辆运来会场陈列，此种汽车行驶效率可与舶来品相颉颃，而内部机件皆由该厂自行配制，惟机器中 Brenk 一项，须向外洋采购，为缺憾耳！然此辆汽车堪称吾国第一次出品，因亦颇引中外人士之注目焉。综计会场内展品，足有一万七八千件之多，除各省市、各租界工部局、各洋行公司之展品外，尚有国外各使领馆寄来参加陈列，各种道路风景照片图画三百余种，珍奇富丽，琳琅满目诚诸洋洋乎大观也！（各处出品参看《道路特刊》已有详细记录，兹不多赘。）

（卯）吾闽出品陈列时之情形

吾闽出品计其质量，本可专处陈列，并承协会总干事吴山之赞扬，力主择一相当地点，专为吾闽路市出品展览之所。嗣经海滨告以吾闽经费支出，无力任此，且此次奉派来沪参加大会之目的，除报告闽省建设情形，只望获睹各省市成绩之优点，为吾闽建设之借镜，至于目前所汇集区区成绩，自渐浅陋，殊不敢过事铺张。吴总干事遂亦赞同此议，特将会场孔道旁，与道路协会本源陈列处为邻之两所大厅，指定为吾闽出品陈列之部分，凡属闽省市政路政之图表照片，则分别罗列于厅中央，而道路协会纪念品之照片匾额，及江西、山西、河南、青岛各省市之照片，则分悬于该厅之两壁（吾片图表，均无镜框，不便悬挂于篷壁，间故皆平放干长棹上），但彼等数量皆未及百件耳，此外又将吾闽公路局出品之厦门壁山路西段散布碎石照片，壁山路已滚压之路基照片，及邵光汽车路首段之铁筋混凝土桥照片三帧，由协会聘请画师用帆布制成油画写真三大幅，此种油画各省市皆制备甚伙为补壁之用，并就闽省路市各照片选择二十余帧，用玻璃柜装就于厅之左台，福建出品全数陈列之后所，占面积颇为宽广，较诸他省出品虽设专处陈列，而占地仅及半方者，似又胜一筹也。

（辰）吾闽出品展览时之评论

自九月十八日起，各处出品陈列完备，实行公开展览。十九日为协会公宴新闻记者之期，正、副会长王正廷、孔祥熙，偕褚民谊、曹云祥诸君，同时莅会，遍览各处，逐部细察，迫至吾闽陈列处时，当由海濒出为招待。王孔二君本系旧识，乃蒙垂询个人近状，并乃闽省现况；海滨除将闽省财政及建设情形，作简明报告外，并将最近所拟森林公园计划，向孔部长略为陈述，王、孔二公睹及吾闽出品，皆深表满意，王部长之言曰："本届道路协会，特开路市展览大会，所以不避繁难，极力促成，此破天荒之创举者，其目的正欲借此一窥各省市历来对于路市两政有无改善，并各省建设进行之程度如何耳。福建出品虽无新奇炫异之处，但所有图表照片，确能将新旧时代一切优劣不同之点，明晰表现，实不失为有条理有统系之汇集，俾使观者一目了然，确知闽省自有市政路市以来，在物质上所增进之价值，并借此窥见近两年中福建建设事业之猛进，殆有一日千里之概，不禁令人钦佩！”孔部长之言曰：“路市展览会实以考核全国各省市之过往成绩为前提，福建出品确能实事求是，较诸过事夸张，所致失真者，实远胜一筹。且与本会宗旨极为契合云云。”其余参观者，每日络绎不绝，各学校各团体皆整队入场观览，对于各省市出品，多详加考究，择要记录。吾闽陈列之照片，如：温泉浴之特别池个人池、万寿桥提岸风景等幅，及图表中如中国房屋结构图，并下水道管径检用表等份，均颇引起观众兴趣，凡遇各校工科学生到此，无不详晰抄录。而中国房屋结构法，并时为欧美人士所注目，间有三五西人聚集观览，查询或互相研究中国建筑法与西法在科学上各具异同之点，并有乘便依式绘制草图以去者。按此时沪上各报登载关于路市展览会消息，曾谓福建建设厅精制各种建筑及统计图表三十余张，查此等图表资料丰富，内容详确，凡遇路市专家，或工科学生，或学校团体，到此参观时，无不抽暇摘要抄录，借供研究云云。盖亦纪实也。(《申报》路市专号登载颇详)

(巳)欢迎会之盛宴

九月二十日午后六时，道路协会开欢迎大会于展览会会场中，并备西餐欢宴各省市代表。席设会场之跳舞厅。届时到者除副会长孔祥熙、总干事吴山暨招待员二十余人外，尚有杨念祖、褚民谊、曹云祥、赵晋卿诸君，各省市各机关各团体之代表到者五十余人。熙致欢迎词，次主席赵亚卿报告展览会宗旨，次主干吴山报告筹备经过概要，次各代表演讲，次来宾演讲，次执行董事及执行委员演讲，次撮影，次奏乐，毕会，终则自由参观各种游艺，直至十二时余，始各尽欢而散。是日褚民谊先生演讲中法考察团，旅行西北蒙古新疆一带情形，海滨因以代表资格，继起演讲，除简略报告闽省建设情形外，并以开辟西北富源，挽救中国危弱为题，向大众讲述意见，又将曩昔查勘甘肃新疆外蒙情形，及去年向当局呈递之蒙新青藏经济开发之初步计划，一并陈述，最后并声明吾闽建设厅厅长许公曩昔旅居新疆多年，熟谙边情，对于西北交通素极关怀，故今日特向大会代抒管见如此云云。此为协会欢宴各代表时之情形也。又二十四日下午六时，上海租界纳税华人会：杜月笙、王晓籁、张啸林、徐寄庼四君，复开欢迎会于会场跳舞厅，并设宴款待各代表。到会者有许世央、虞洽卿、林康侯、何德奎、汤漪、陈群诸君，来宾三十余人，多系各法团代表。席间演讲涉及日本暴行问题，与会之人无不愤慨激昂，并决议即由各团体代表于翌日起就各团中，分途进行对日经济绝交办法。席散后，杜月笙、张啸林诸君亲自登台扮演佳剧，以娱宾客。此为纳税华人会欢迎各代表之情形也。

（午）全国路市会议

自九月二十一日起，至二十六日止，皆为全国路市会议之时期。兹将逐日会议经过情形，分叙于后。

（1）开幕典礼

九月二十一日为全国路市会议开幕之第一日，出席者除各省市代表外，尚有中华市政协进会代表任作君，道路协会董事部殷汝骊、朱少屏，道路协会干事部吴山、陆丹、林剑、郁樱，路展会执委代表曹云祥。下午二时起奏乐，开会如仪，主席曹云祥致开会词，行政院蒋院长代表张市长训词，铁道部代表萨司长福均致词，路市展览会主席实业部次长赵晋卿致词，副会长九之江代表翁国勋致词，继即推举路市会议主席团及秘书主任，旋由主席团吴山君主席议决各案如下：（一）路市会议大纲与会议规则（详《道路特刊》，兹从略）；（二）路市两组议案审查委员会规划（详《道路特刊》）；（三）推举路市两组议案审查委员；（四）推举秘书主任陆丹林起草大会开幕宣言。终则茶点奏乐散会。

（2）审查议案

九月二十二日下午二时至四时，及二十三日上午十时至下午二时半，皆为路市两组审查委员会会议之时间。续会议系分组讨论，福建代表被众公推临时加入市政组，该组计有议案三十八年，经过审查会议，认为理由欠充分，或无提出之必要者，则概予保留，拟不交大会，其有议题相同，或理由办法相等，或性质相类者，则概予并案讨论，审查结果，共得十一案。海滨忝列议席，颇多辩论，中有市政调查会一案，多为各代表所提议者，惟海滨则谓设立市政调查会，不如设立市政协会，效用较为广大，遂公决改为市政协会。吾闽建设厅关于市政方面计提两案：一为促进全国市政协会之设立案，一为设立路市专科学校，培植路市专材案。前者与天津市政府并案提出；后者则与湖北建设厅及济南汉口两市府并案同提也。又查路政组计有议案四十二起，经审查会议删改归并后，共得十案。吾闽建设厅关于路政问题，曾由海滨交付该组主任代提两案：一为开采山陕甘石油矿，提炼汽油，以供要需，并提倡改良山西大同府现有出品狮球牌汽油，推销全国，以挽利权案，与浙江省公路局并案共同提出；一为拟请中央政府指定专款，补助各省筑路经费案，则与江苏建设厅共同提出者也。

（3）历次会议情形

（a）路市会议第一次

九月二十三日下午二时半，在路市展览会场，议决各案如左：

（一）设立道路及其他建筑材料制造厂及试验厂案（天津市政府提）；

（二）整顿房捐与办土地税，确定此项收入为市政物质建设专款案（天津市政府河南建设厅提）；

（三）鼓励工业，离中与田园市运动案（天津市政府提）；

（四）救济都市失业问题案（杭州市政府提）；

（五）拟请国民政府拟订路市各种建筑标准图及做法案（天津市政府提）；

（六）请国民政府通令各级路市机关聘用专家组织采购委员会，主持对于行政事业两方面之一切需用物品及印刷文件等，以节经费案（董修甲提）；

（七）拟请设立路市专科学校，培植路市专材案（湖北、福建建设厅，汉口、济南市政府同提）；

（八）提倡市办公用事业案（天津市政府提）。

附临时动议

（一）审查大会开幕宣言案：议决公推吴山顾在埏审查后发表。（宣言详载《道路特刊》。）

（二）张锐提议用本会议名义发表对日暴行宣言案。议决由秘书主任起草，交主席团核阅后发表。（宣言详载《道路特刊》。）

（以上各议案全文，均登载《道路特刊》中，兹不赘录。）

（b）路市会议第二次

九月二十四日下午二时半，在路市展览会场，议决各案如左：

（一）各省筑路应注重实地试验，以期求得最经济之筑路方法案（江苏建设厅提）；

（二）提倡铺修良好路面，以利行车案（河南建设厅提）；

（三）改良土路及渣石路面办法案（天津市政府提）；

（四）由道路协会组织道路工程名词审定委员会，从速审订道路工程名词案（杨哲明提）；

（五）规定每年开全国路市会议一次，以交换专门智识及经验案（江苏建设厅提）；

（六）拟请由道路协会遴选科学专家，研究培养“膏粱大豆”原料品，改良火酒豆油制法，使其富于挥发性及润滑性，俾将来能充汽油及机油之代用品，以杜漏巵，而广供给案（杨得任提）；

（七）提议由道路协会内附设汽车燃料研究社案（河南公路局提）；

（八）拟请由道路协会遴选专家，订定选购汽车汽油及机油标准方案（杨从任郁森提）；

（九）请聘用国内汽车技师，组织汽车研究委员会，以便发展国内汽车事业，并应国内各汽车公司之询问案（郁森提）；

（十）画一全国公路标志、行车通则，及征收养路捐方法案（江苏建设厅提）；

（十一）拟请由道路协会呈请政府，设立防止交通出险研究委员会案（杨得任提）；

（十二）请政府严令取缔军警民团等无票乘车及自由借用车辆案（杭余汽车路公司提）。

（以上各议案内容均载《道路特刊》。）

（c）路市会议第三次

九月二十五日下午二时半，在路市展览会场，议决各案如左：

（一）请国民政府速颁都市分区模范法律案（董修甲提）；

（二）促进全国市政协会之设立案（福建建设厅天津市政府提）；

（三）今后五年内道路建设，及汽车运输最低限度计划案（中国铁道运输学会提）；

（四）改良有齿车轮，并取缔重载大车，以保路面案（河南建设厅、天津市政府提）；

（五）拟请用道路协会名义呈请政府，通令各省禁止修筑不合建筑条例之低洼、路基狭窄、路幅土质、路面弯曲、路线之不良道路，以利民行，而收实效案（杨得任提）；

（六）建议国府通令各省修筑道路，应与矿区联络，以期相济，为用共进繁荣案（安徽建设厅提）；

（七）拟请由道路协会呈请政府，通令各省市建设机关，对于路市统计，加以特别注意，并绘制图表，径寄道路月刊社发表，以资参考，而便比较案（杨得任提）；

（八）拟请调查全国沙石之产地品质之产地品质产量与价格，以资比较，而利筑路案（顾在埏提）；

（九）提倡修筑国产柏油路案（河南建设厅提）；

（十）拟请中央政府指定各省筑路经费案（江苏、福建建设厅提）；

（十一）拟请中央及各省市政府，补助中华全国道路建设协会经费案（周凤九、顾在埏等提）；

（十二）拟请由道路协会组织汽车购料委员会，以节公帑，而余积弊（杨得任提）。

（d）路市会议第四次

九月二十六日下午二时半，在路市展览会场，议决各案如下：

（一）拟建议各省当局于训政期间，各就省会及工商业繁盛之区，建立一市，不设处局，只分科办事，以为各县日后创办市政之模范案（董修甲提）；

（二）各市政府设立市政傅习所，以训练公务及自治人员案（天津市政府提）；

（三）限期完成全国国道、省道，并采用工赈筑路案（河南建设厅提）；

（四）拟请国民政府，遵照总理筑路遗教，施行征工制度及兵工制度，并速筹国道专款；分发各省实行，设置国道分局，限期完成国道案（资居仁提）；

（五）呈请中央政府，将赈灾公债提出百分之三十，作以工代赈修筑公路案（湖南公路局提）；

（六）举行全国筑路运动，订定以工代赈计划案（汉口市政局提）；

（七）请政府筹办灾民筑路，寓工于赈案（钱肃齐提）；

（以上三案合并讨论）

（八）拟请迅速筹设路机汽车工厂与自制轮胎，并采取汽油案（河南建设厅顾在埏提）；

（九）拟请用道路协会名义，呈请政府对于发明改良汽车人材及国产汽车工厂，予以特别奖励，并补助大宗资本，促其达到成功之目的，以塞漏卮，而挽利权案（杨得任提）；

（十）创设酒精制造厂，制造酒精，以代汽油案（资居仁提）；

（十一）开采山陕甘石油矿，提炼汽油，以供需要，并提倡改良山西大同府现有出品狮球牌汽油，推销全国，以挽利权案（浙江省公路局、福建建设厅提）；

（十二）请政府蠲免筑路地亩赋税案（浙江省公路局提）；

（十三）请设法提倡全国道路工程材料之研究，以利建筑案（杭余汽车路公司提）。

附临时动议：

（一）张锐提速编会议纪录分发各代表案，议决由秘书处办理。

（二）道路协会提致慰民生工厂代表案，议决函慰。

（三）道路协会提致电张学良以民生工厂之自制汽车，为展会增光，迫击炮厂虽被日军强占，中途停顿，深望本革命精神，牺牲一切，对日反抗，恢复工厂，加工制造，以应时需，而挽利权案，议决由道路协会办理；

（四）秘书主任陆丹林提前次福建代表陈海滨交议之蒙新青藏经济开发初步计划书，因时间不及誊录，未得列入议题，兹届闭会，拟径交道路协会，日后呈请政府施行案。议决交付道路协会文牍股主任蒋君收存，将来连同其他重要议案，一并呈请政府施行。

（五）胡樾提关于陈列品之赠予案：议决应由协会询各省市可否赠予道路协会路市图书模型陈列馆，如不愿赠送者，由协会暂行保存，费用由各省市担负。

（按以上历次路市会议议决案，颇有数件未登入道路特刊者，如：第三次之第一、第十、第十一各案，第四之第一、第三、第五、第九、第十、第十一各案，及临时动议之第四案，皆已列入当时会议纪录，而《道路特刊》竟致阙漏者，未审何故，兹已去函道路协会查询矣。合并声明。）

当路市会议开幕之始，适逢潘阳事件爆发，东三省代表及辽宁民生工厂代表，即制造国产汽车之工厂以乡邦沦陷，愤慨异常，无心列席会议，王、孔两会长暨诸要人，均以外交紧急，未暇莅会，即各省市代表，亦多为国难当前，备极愤激，对于该会未遑多所建议，以致会议精神，突蒙影响！

（未）各代表参观各处之情形

自路市会议闭会之后，各代表多从事参观工厂与考察路市建设之工作，并随时访问调查，以广见闻，而收观摩之效。兹将各处参观情形，分别记述如下。

（1）江湾中心区域

九月二十七日上午九时，道路协会为扩大宣传起见，举行汽车游行。中外各界汽车六十余车辆、乐队三班，整齐出发，游行特区及华界一周。各代表于参加游行后，即同赴江湾叶家花园，应张市长之午宴。席散，就近参观上海市中心区域建设计划之形势，由张市长指示新市划分之区域、道路之线纲，暨一切拟具房屋桥梁各项新建筑之规模，遍览一周，至下午四时始毕。

（2）闸北水电厂

参观江湾中心区域完毕，即偕往闸北水电厂，该厂各部机器、设备均极完密，且各种配置皆由德国西门子公司以最新式最经济之方法出之。惜时间短促，未能详细调查与纵情畅览为憾！出厂时已暮色苍茫，万家灯火矣。

（3）福特工厂

九月二十八日承福特汽车公司之邀约，各代表于上午十时一该齐集外滩新关码头，十时半乘该公司小汽船开往浦东参观。福特工厂规模宏壮，各部机器均极完备，厂内除各种飞机模型外，其余皆为各式汽车及修路机器等项，种类繁多。新制之双A式福特货车，其优胜之点，为车底盘尺度长六十六寸半（至后轮轮心止），阔七十四时六分（至两轮轮胎止），全部长一进八十三寸半，车轮距离一百三十一寸半，转弯占地周围四十六英尺，载重一吨半至二吨，载重容量大约阔四十三寸，高五十寸，长八十八寸。又有一种新式倾卸车身之运货汽车，车身长八十四寸，阔度六十寸深度十四寸，倾卸角度达四十五度，各处市政府多有采购此种汽车，以资运送垃圾者。午后一时各代表在该厂参观毕，复乘汽船返申，同赴福特公司午餐，三时席毕，始各散归。是日大雨滂沱，同行诸人，虽跋涉水陆之间，精神仍极焕发。

（4）康元制罐厂

九月二十九日上午参观康元制造食物罐头工厂，规模伟大，销路发达，全厂工人三千余名，大小机器百余部，每日出品八千余罐。

（5）上海市公用局暨其所属各部分

九月三十日午后一时，得旧同学黄局长柏樵君电话约赴局晤谈，当即驾车而往，晤黄局长及同学王传熙君，现充该局技正，承其导往参观各办公室，一切布置，井井有条。局长室与各科室接洽公事，皆先以红绿电灯为信号，以定接洽之次序，灵巧便捷，绝无废时失事之弊，技术室收存之图表，皆度置高处木架中，内附弹簧卷舒，自如外标号码，便于抽阅电料，检查处借以考验各种灯光光度之强弱，及盾料之优劣；电表检验处，借以解决市内燃户与电燃公司时常发生之纠纷；轮渡处对于检轮确有极端之改善，电气处最近新购电气钟表多具，竖各大马路交叉点之上，使市内各处同时具一律之钟点，无毫厘差异。参观至汽车司机生考验处，据该处主任云：考验司机生，除驾驶术外，并极注重各人目力，最近除以大小字母试验目力，并加用红绿二色之圆点，以察验司机者，对于辨色之目力如何，自增加此种试法，至今历三个月，曾发现二人目力甚佳，独对于红绿标志，辨认不清，因而未准给证驭车者，但从此本处考验司机生之方法，当可臻于完妥矣。综观该局各部多利用电气，以收一切管理与设施之奇效，诚科学化中之最新法则者也。参观既毕，回至局长室黄局长处参观题词簿，请题词其上。海滨当即书一切科学化，收回租界，实利赖之！二语，向之申谢，告辞而退。但此次参观，原系个人友谊式之访问，初非与各代表共同之行动也。

（6）公共租界工部局混凝土沟管制造场

当海滨由闽起程赴沪出席路市会议之时，本市工务局正计划台江泛新式混凝土沟管工程，故海滨到沪，即向上海市工务局局长沈君怡、技正谭羲民、胡树楫诸同学详细调查，该市钢筋混凝土沟管制造及安设工程，俾资参考，继于展览会场，见有公共租界工部局陈列之混凝土沟管多种，因又向该沟管批发处经理商妥，订于十月一日前往外滩该沟管制造场参观，是日上午九时，即应约而往。查得该场除制出六寸口径瓦筒外，其混凝土沟管，有圆形、蛋形两种圆形。直径分36、24、18、12、9五种。蛋形为2/3比径（如横径为20，则直径为03）分四种，混凝土系一、二、四搀合，净砂须洁净粒粗角锐为合格。石子须用青花石（granit），直径自二分至五分为止，用时洗净为宜，须以自来水拌和江河之水，不可用钢筋，须云锈无弯曲节痕，冷弯至一百八十度，仍不生裂痕者为合格，钢筋衔接用二十号铁丝，绕扎唧接之长度，约合所用钢筋直径三十倍，据该场技师称，沟管模型，从前皆用木□，现已逐渐改用铁壳，因铁壳脱模之时间较速也。然脱模时间，亦与天时冷暖有密切之关系，大约可列表如左：

温度（华氏）	木壳脱模时间	铁壳脱壳时间
六十度以上	二十四小时	二十小时
六十度以下五十度以上	一百二小时	一百小时
五十度以下四十度以上	二百四十小时	二百一十小时
四十度以下	须待完全凝结后	须待完全凝结后

（7）英商安利洋行机器部

十月一日下午一时半参观安利洋行机器部，其中多属工程上应用之机械，如：凿石机器、搀合三合土机器、挖泥机压气机、起重机碎石机、压路机之类。碎石机有每小时出碎石八吨及十吨两种，定价为二百四十二镑及三百磅，压路机有露斯顿（Ruston）牌十五四马力卧置式之柴油引擎一种，全部重量七吨，在工作时间可增至八吨半，其优点有三：（一）此机宜于缺煤之区域；（二）此机用时可立时工作极为便利，非若蒸汽压路机段装多量之煤，与水并须经过相当燃烧时间方可使用；（三）柴油机较蒸汽机经久耐用，每工作八小时，用柴油三加伦，机油二品脱半（按现时该两种油价，每小时共耗油一角七八分），此机定价为七百磅（税费在内）。按当时适值金磅跌落，折合银洋一万二千余元耳，查柴油引擎压路机，在产煤缺乏之闽省，用之修筑道路，最为经济。故特详细调查记述之，以备留心吾闽路市两政者之参考焉。

（8）中法工科学院

十月二日上午八时赴亚尔培路中法工科学院访院长诸民谊先生，调查前次中法考察团旅行西北详情，并讨论关于采用六轮及爬轮两种汽车，办理西北交通问题，继蒙其导往参观学院内之讲室、宿舍、工厂等处，其实该院原系昔年同济工医大学校之旧址，即为海滨十五年前修业之母校，当时德人所建之校舍工厂，均未改观，即工厂内各项机器之布置，亦与曩昔无殊，惟昔日该校附近马路未辟，绿茵浅草，尽属郊原，田野之乡区，今则楼房毗连互峙，马路纵横贯通，成为法租界之新域，校址依然，景象已非，不胜今昔沧桑之感！

（9）交通大学校

十月二日下午各代表偕往参观上海交通大学。该校原称南洋公学，自民十一始改今名，立校三十余年，规模逐渐扩大，今则校内一切设备益臻完整，机器厂、铁工厂、木工实习厂、电气厂、标本室、体育场、图书馆、理化试验室，无不应有尽有，而图书馆之内容尤为丰富。

（10）商务印书馆及国货商场

十月三日上午参观商务印书馆，下午参观国货商场，截至本日止各代表对于沪地各重要处所，业已参观殆遍，调查与考察所得者，实足引起研究学术之兴趣，而为他日从事各种事业之补助，匪特广其见闻而已。

（申）路市展览大会之闭幕典礼

十月四日下午七时举行全国路市展览大会闭幕典礼，是日上午会场中已从事结束。间有数省市代表已将展览品开始搬运者。会场即择在吾闽陈列品之大厅中。（先是道路协会致函各代表，原谓在游艺厅未演平剧以前举行闭幕典礼，嗣以与演剧时间冲突，因改在吾闽陈列处。）故吾闽出品，亦须事前稍加整理移置，以便布置会场。届时到会者，除道闽协会总干事吴山四人，七时奏乐开会如仪，先由主席政闭幕词，次由展会主干致谢词，次协会主干报告路市会议各代表议决各案之办法，次撮影，终则奏乐闭会茶点而散。自是日举行闭幕典礼之后，各代表纷纷告别，或分向各处辞行，并申谢协会各干事一月来招待之盛意。

（酉）展览品之处置

此次展览品计约二万件，展会结束，关于展品之安置，不免发生问题，道路协会会所狭隘，纵欲暂行保管，亦为势所不能，各洋行公司，各租界工部局，概将其陈列品运回各省市，多有自顾领回其展览品者，吾闽出品本可悉数收回，适此时上海交通大学因纪念周年盛典，拟开大规模之物质建设展览会，正在选取各省市出品，吾闽各种图表照片，亦在被其罗致之列，遂决议暂缓收回。

（戊）展览券之额数及其赠彩办法

展会入览券，原规定为十万张，每张售洋一元，并附赠彩办法：头、二、三三奖，皆可得到优美汽车一辆。但以会场远处僻隅，门券未能畅销，除摊派各机关各团体各学校外，直接售出之门券为数有限，综计摊派之数及零星售出者，共得三万余张。至于开奖日期，则订于十月十八日，在法租界逸园当众抽签、揭晓，届时又有一番盛况云。（开奖揭晓，详在《道路特刊》中。）

综上所述，路市展览会自九月十二日开幕，至十月四日闭幕止，其间经过情形已尽举其大略，其为《道路特刊》所已详者，本书不再赘录，其为《道路特刊》所未及，或为《道路特刊》所未便登载者，本书则据事直书，以明真相，兹将《道路特刊》附于本书之末，以便互相参阅，则全国路市展览大会之盛况，不难窥其全貌矣。

福建建设厅月刊 1931，5（10）

上海市国货展览会举行开幕典礼

上海市商会联合四国货团体组织上海市国货展览会，于六日上午十时举行开幕典礼，由陈部长、蔡军长、翁旅长代表行揭幕礼。会场戒备綦严，参加人员均赠送国货一袋，兹将各项详情分志如下。

到会代表

中央委员宋渊源，交通部长陈铭枢代表杨建平，十九路军蔡军长代表范其务，实业部何炳贤、汤澄波，市政府陈克成，警务司令部徐义衡，市党部朱养吾，外交部驻沪办事处叶慕橘，社会局俞天碧，市商会王晓籁、王延松、方椒伯、邬志豪，钱业公会裴云卿，实业部国货陈列馆陈少甫，市联会胡凤翔，各路商联会张一尘，中华国货维持会王介安，市民提倡国货会陈翊庭，机制国货工厂联合会朱镇汉，国货工厂联合会陆星庄，暨各同同业公会各民众团体代表，共一千余人。

戒备严密

由市商会王晓籁、叶惠钧，国货维持会王介安，市民提倡国货会陈翊庭，机制国货工厂联合会朱镇汉，国货工厂联合会陆星庄为主席团。严谔声秘书。郑澄清总干事。朱伯元司仪。钟谨忱记录。周修荃、张伯方、孙筹成、朱德超等为招待。市公安局第七中队长张钟武率领武装警士三名，会同商会全体保卫团及全体童子军，维持会场秩序，戒备甚为严密。

揭幕情形

是日上午十时，在市商会大礼堂举行开幕典礼。首由市公安局军乐队奏乐，继由主席暨各机关代表训词。及至十一时三十分，全体摄影，于奏乐声中散会，并由主席王晓籁氏陪同蔡军长代表赴国货展览会揭幕，同时大放鞭炮，高升国旗，任人参观。

主席报告

主席王晓籁报告云："今日本会商品陈列，联合本埠四大国货团体，举行上海市国货展览会开幕典礼，辱承各界惠临指导，曷胜荣幸！查本会陈列所，创自民国十年，屈指已十一年矣，萃国产之菁华，供各界之参考，在此十一年中，除开展览会暨临时国货商场六次外，平时逐日开放，任人观览，借资提倡。复于去年三月间，以舶来品充斥市场，国货滞销，遍觅沪埠，欲求一完全国货之商肆而不可得，致受用国货诸君茫无适从，因鉴上次工商会议曾有奖掖筹设国货商场之决议案，而南京、杭州等处国货陈列馆中早经次第增设，有例在先，刻不容缓爰于本所一楼辟一永久国货商场，遍招国货工厂，共策进行，经三月之筹备，始告厥成。开办迄今，营业尚称不恶，足见我爱国士女们对于服用国货早具决心，殊堪钦感。此次本会重开展览会，其发起之动机，以一·二八事变之后，闸北一带，兵燹所至，国华厂家，存在寥寥，擢烬余之难复，期卷土以重来，希我爱国志士暨全国同胞，毋怠毋荒，再激再励。本会职司提倡，爰思所以鼓励而赞导之，正在拟议间，于四月二十六日，接上海市民提倡国货会函，以厂商当此疲荼之时，外货正可乘隙而入，黯淡可虞，请为设计，扩大宣传，积极唤醒民众，以共同之意志，协合作之精神等语前来。本会道本同谋，责无旁贷，核议之下，联合中华国华维持会、上海市民提倡国货会、上海机制国货工厂联合会、上海国货工厂联合会四团体，发起组织上海市国货展览会，以期产消供求，共资策励，男妇童叟，有所导循。虽规模粗具，不无改进之可言，而设备求全，冀尽国货之□人，所以分门别类，胪陈于室，列价标名，可知准则，发起宗旨，胥有此耳。本月六日适为国货商场一周纪念，本会乃于是日开幕，为期一月，并于二楼展览会中附设推销部，罗列国产，低廉出售，尚希爱国士女踊跃赐顾，实行提倡，庶几扩而大之，漏卮可塞中，民生可苏矣。展览会期满以后，即拟重组二楼国货商场，俾垂久远。再此次展览会，承蔡军长廷楷莅会，行揭幕礼，实业部代表汤秘书、市政府陈克成先生、社会局代表俞馆长颁赐训词，本会觉得十二分荣幸，谨此郑重道谢，并希各界士女赐以批评，广行宣传，尤为欢迎。”

范氏训词

继由范其务代表蔡军长演说，其词云：“今日上海市国货展览会举行开幕典礼，蔡军长原欲亲来参兴，适因军部事务繁琐冗，未克实现，故派余为代表，来参加此国货展览大会。我个人意见，相信国人对于国货无有不乐于采用，乐于提倡。所以然者，盖人无有不爱其自身也。旷观世界各国，无论何国，对于本国之工商业莫不竭力注意，以期其发展兴旺，如关税之增高，亦无非欲以抵制外货充斥，保护国货畅销。我国国货生产。此后应如何方能使其渐臻发达，要言之，约有二点：(一)企业家一方面应尽力设法发明改革，以增加其生产而改良出品；(二)国民方面应特别乐用国货，全力提倡，以使其畅达，□我国现时之出品，明知未能与外货相较，但仍旧应以爱国心为前提，以穿用国货为光荣。须知工商业之发达，不是一日之助所能成就，尤其是经济落伍之我国，此则尤应自勉同勉者也。更有进者，国货商店之出品，其原料尤有大部分是采用国外，于是有人便指为不是国货，然亦未免苛求过甚，只不知各国之出品中，未必尽量本国出产，所以只能希望逐渐研究，以国产所有易之。若一种国货出品，一切皆须本国所产，而后能认为国货，事实似甚困难。总之要提倡国货，政府与人民须完全合作，政府负保护之责，人民负提倡之责，而后民可富，国可强，非谓民富国强，全恃武力可以争得也。最后希望上海市商会于极力提倡之后，国货前途能有日增月新之进步，庶不负今日所举行之盛会焉。”云云

实部训词

实业部代表国际贸易局副局长何炳贤训词云："主席诸位，今日是上海市国货展览会开幕的日子，兄弟奉实业部派来代表参加，实在觉得非常荣幸。方才听主席报告本会筹备的经过，兄弟对于诸位过去的努力十分表示钦佩。举行国货展览会是一件很有意义的事，尤其是在这国难当前，东北沉沦，沪北毁灭当中举行，更含有深远的意义。自去年九月十八日日本开始占领东三省后，我们日月在报纸中看见飞机、炸弹、大炮、坦克车等战争利器的名词和我们东北同胞国破家亡的惨状。到了今年一月二十八日，日本又在上海重演夜袭沈阳的故智，于是我们从前只在报纸上看见的名词，现在亲眼看见和亲耳听得了，从前只在报纸中看见同胞被难的惨状，现在我们都直接或间接的身受了。这种深刻的印象，是不容易磨灭的。但是我们要知道战争有两种，一种是军事战争，就是我们自一·二八以来所身受的，还有一种是商业战争，就是我们自被帝国主义压迫以来时时刻刻所身受的。不过商业战争所用利器，不是飞机、大炮和坦克车，所以我们也看不见流血和火焰的凶象，因此很多人虽然自有生以来日日身受着，还不觉得。其实这种敲精吸髓杀人不见血的商业战争，是百倍千倍惨过军事战争。军事战争的失败，是政治上的亡国，我们还可以徐图恢复；商业战争失取，就是经济上的亡国，这就是万劫不复的。所以我们对于军事战争要抵抗，商业上战争更要抵抗。军事战争的利器是枪炮，所以我们就用枪炮抵抗他；商业战争的利器是货品，我们就要用货品抵抗他。说到此处我实觉得非常痛心，我国自与外国通商以来，年年都是入口超过出品，并且这种此例一年大过一年。民元入超数是二万一千三百零一万余两，到了民二十，就到了五万五千九百八十五万余两，增加的多过了两倍半。仅就民元至民二十而说，这二十年中，我国入超的数额已达到了三十九兆一千二百二十三万余两，这实在是一个惊人的数目。我们若用这个款项用在国内，那么军事上、实业上、交通上、内政上、教育上、社会上，都有大大的改革，我国现在也不至弄到这样的贫弱的地步了。但是这笔款子是流到外国去了，所以弄到我国的农村破产，工业凋零，商业更奄奄一息，完全在帝国主义的鼻息下生活着。到了现在，我国的国民经济已经到破产地步了，我们快要经济亡国了，我国难道坐以待毙么？我们不要起来设法抵抗么？前次我们第十九路军，在淞沪抵抗日本侵掠我的时候，全国民众尤其是上海民众，都起来援助，可见全国国民都是主张抵抗的。这当然不是单对于军事上侵掠如此，对于经济上侵掠也是如此，因为国破家亡是大家所不愿意身受的。我们既然确定了对于外国经济侵掠应该抵抗，现在说什么抵抗。我们知道，外国侵掠中国，所用仍是货物，我们就用货物去抵抗它。换句话说，就是振兴国货，去替代外货。我很不相信那种纯粹唯心派的理论，以为中国人无论在那种情境之下，都只应该用中国货。不错，这自然是十二万分应该的，但应该是一件事，事实又是一件事，人类的天性，谁不爱美术、便当、廉价的东西？这种人欲和天理战争的时候，天理实在不能维持长久。我们曾经抵制过英国货，抵制过美国货，日本货更抵制过不少次数，但是都不能持久。就以这次创巨痛深的经验来抵制日货，现在报纸上已经日日有大批日货进口的消息登载了，华北方面，且彰明显着的卖买日本货了，有人都责中国人只有五分钟热度，其实这是人类天性，任何种民族处这种情境之下，也不免有这种现象。我们若认清楚了这点，然后可以根本谋补救，不然，纸上谈兵，结果还是踏从前失败的覆辙。根本原因是什么？就是改良国货。我们要将外货的优点都具在国货中，并且设法增加生产，以期普及。上面我已经说到人们普通的心理，一方面对于外来经济侵掠，是抱一种抵抗的态度，一方面又很难长期克复外货的引诱，这种心理，表面看来虽然互相矛盾，但人们的内心实在就是这样。我们只有利用这种心理，然后才能够成功。我上面说过，振兴国货才能抵抗外国的经济侵掠，但单在振兴上着想，还是不能够达到目的，因为一种货物若要普及，必先要大家都知道。外国货物注意宣传，我国报纸杂志中的广告差不多一大半是洋行的，即如国际贸易局所出的《工商半月刊》，一个月以前，里面的广告十分之九都是外商的，此外南京路和各公司和其余大商店，差不多变成了外货的陈列场，我们政府表面固然也设了几处国货陈列馆，但就数目上设备上比较起来，真有天渊之别了。因此我们就要谋补救，国货展览会就是补救的一办法。会场内陈设各种国货，一方面对于国货宣传，引起国人对于国货的认识和兴趣，一方面又可引起国内资本家，对于振兴国内实业的决心。就心理上说起来，就是一方面增加国人对于外国经济侵掠的决心，一方面又给予人以国货的优点的印象，使他自然不愿买外货。这种意义是很重大，决不是那种消极的宣传所能做到的，所以我们可以说，国货展览会就是经济战争利器的陈列所，我们既然对于外国经济侵掠抱有抵抗的决心，今日到了这个军器陈列所，希望大家仔细研究一下，看看我们的军器和外国比较起来究竟到了什么程度。语云：‘知己知彼，百战百胜。’愿我们大家都向这点努力，今日我就把这点意义写出来，祝此次上海市国货展览会以成功。”

中央周报 1932（210）

本园参加上海市菊花展览大会

上海市菊花展览大会，由上海市园林场发起，于本月十日十一日十二日，借南京路中国国货公司三楼为展览场，上海各大养菊场参加者甚多。本学园亦被邀参加，种类最多的为市立园林场，本学园农场的立菊和农村教育科的盆菊。观众以为品种栽培都还不差云。

农村 1933，1（2）

参观上海菊花展览会以后

园　丁

上海市政府每年开一次菊花展览会，第四次展览会，今年于十一月十一日之前后三日间，又在南京路大陆商场的三层楼开会了。参加的十有余家，出品花共有五百余品种，上海菊界的精华，差不多都聚集一堂了。

上海的菊花展览会，以前我不曾参观过。今年立达学园农村教育科，于十一月五日在南翔柴塘，独自开过菊花大会，又参加南翔古猗公园槎南菊社的菊花会，同时立达学园农场也参加这次上海菊花展览会。因此种种关系，我为广眼界起见，就去参观上海菊花会一下。我去参观过两次，一次是十日下午，与《农村旬刊》的编辑某君等同去，一次是十一日晌午，与黄、陈两君同去。参观后自然不无一点感想，但我并不要说什么批评话，又因未曾看过以前的展览会，所以也不能作一个比较的判断，我只不过将我所希望的几点指出来，以求同好者之指教而已。

一般的倾向

据我所感到的印象说：一般的倾向似乎注重“希奇”一方面。迎合群众心理的倾向，的确是浓厚；商品化、广告化的陈列，就可以证明它。陈列的地点也许有一点关系吧。南京路的中心，大陆商场的洋楼上，回廊式陈列场，侧面式陈列：在这样环境之下，那样的倾向，也许是免不了的。一样的花，在茅舍的竹篱边，与配以洋楼中红木架子，其趣味迥异。菊花本来与前者相调和，所以说菊花为东方趣味的花。我并不懂什么东方趣味，也不是赞美东方趣味的。但无论如何，菊花在于傲然自若和高尚秀逸的特色，并不以艳美富丽为贵；菊花的自然美也就在此。

园艺是一种艺术，但是一种活的艺术，所以自然美的成分经任何艺术还多，艺术无论怎样尊崇自然美，却不能脱出人工之外。我所谓不失自然美，并不是完全自然放任主义，“矫揉造作”有时也需要，但如不得其法，那就未免太俗了。菊花矫揉造价不得当，都像把假花插在古瓶里虽然也能引起一般人的注意，但究竟他的真面目，不免损伤。

种菊者与看菊者

菊花要不失其自然美，当然要从栽培法研究起。现在上海的菊花出品，大约多半由各花园的花匠培养吧！鉴赏者及展览会的审查委员等如果自己并不是亲手栽培过菊花，即使为专家，菊艺，怕未必有心得，鉴赏，也许还见高明。我们希望他们来领导斯界，而改进菊艺，但我们又希望这希望不要成为奢望。至于现在各花园的花匠呢，他们虽有经验，但因缺少科学的教养，其经验不免为机械化，固执传统的习惯，所以他们来改进菊艺。也是没有多大希望的。我希望爱菊家诸君——鉴赏者及展览会的审查委员等等——自己来实地种菊并且研究学理。选种、繁殖、制造、培养、浇水、施肥、整枝等等工作，都由他们自己来尝试，把自己所养的菊花拿出来参加展览会。这样才可以知道一点菊性，也可以尝到一点菊花的真味，从此，养菊又可以有进步。现在中国的菊艺，进步的余地很多，但学理的研究与实地的经验，若非同时并进，那末所谓进步，就很难言了。

分类的问题

这次展览会，将菊花分成“盆菊”“立菊”“韵菊”三类。但这样分类，在审查上，也许觉得很困难吧？龙菊就是日本人所谓“悬崖菊”，立菊就是日本人所谓“千轮（朵）菊”，盆菊大概是日本人所谓“大菊”。只就大菊一项说，就有很多的花形，牡丹、荷花、绣球、桂心、十八瓣、粗管、中管、细管、针管等等，各不同其范畴，亦各有其特色，不能漫然混同而比较。就是一样的管瓣花，细管的理想花与粗管的理想花是不好比较的。如荷形花一般重厚的花与细管一样精细的花，更不能比较。然而菊花的重心却在大菊，将来须把他分得精细一点，规定几个标准花形，以作审查的单位；再怕生，也要设分类的花坛，将同形花陈列在一处。这不仅在审查上方便，对于观众，也可予以鉴赏的知识，一方面，在菊艺的进步上也有帮助。

悬崖作是小菊（文人菊）的一种整枝法，小菊除悬崖作外，也可以应用种种整枝法，而且在其整枝上，研究的余地很多，仅以“龙菊”一名词包括小菊一项，只可以应付目下的情形。小菊培养的重心问题就在整枝法，将来小菊的分类，也要扩大其范围。

几个小问题

立菊以花多而花形整齐者为贵，所以如管瓣一般花形易乱的品种，是不合于作立菊的。这次出品的立菊多半将花朵配列以水平面，但此不及配列以曲线面（如缓峰一般中心高而四围低）的好。这与栽培法有关系，一钵花如有二三百朵以上的作品，于整形后，自然成为缓峰形的。

花钵的大小与花朵数，也不能漫无标准，用口径四五寸的一个花钵，开四五朵大菊花，花不易十分表现其特色，而且外观上首尾不平均。大菊须注重花形，花形要大而且整齐，所以一株之花不可多。以一朵或三朵乃至五朵为合格。开一朵的可配以七寸口径的花钵，开三朵和五朵的，花钵更要大一点。

这次龙菊为大观园的独家出品，成绩颇有可观，但因所用的花钵太小，故入秋以后的发育不充分，或者因为中途将其主干减少诱引角度的原故吧？其上半部的龙体稍微瘦一点，所以俯仰自在变化不测的艺术妙味还不够。但无论如何，小观园总不愧为上海菊界的先进，我对小观园主或其指导者，表示敬意，并且希望他更有新的进步。

农村 1933，1（4）

历代钱币大展览

金融界闻人王守谦、平玉麟等，鉴于我国自有钱币以来迄已三千余年，历代钱币种类极多，为使国人明了历代币制情形，以资识别起见，特将私资购储之珍贵钱币，定于八日起至九日止，假南京路新世界饭店三楼三百二十四号公开展览，并定名为"中华罕见金银铜币展览会"。昨据该会平玉麟君语实业社记者，本会发起之动机因世界各国博物院均有钱币之陈列。对于我国钱币，且亦多有罗致。不惜巨大之代价，使国民明了各国币制情形者。惟我国数千年来，对于此举，竟付缺如，殊为憾事。此次同人等发起展览会。陈列钱币共计二千七百余种，全属我国历代钱币复为社会上所罕见者云云。

兴华 1934，31(48)

举行上海市第一次健康教育展览会

教育、卫生二局，为灌输市民之卫生智识起见，于本年六月一日至三日，举行健康教育展览会三天，先后到会参观者，计五万七千一百六十八人。其所办节目如左：

(1)陈列攸关卫生之文字图书标本模型用品统计等件。

(2)映放卫生教育影片。

(3)健康演讲。

(4)免费检查牙齿。

(5)免费注射霍乱预防针并布种朱痘。

(6)供给儿童免费浴所，鼓励沐浴。

(7)健康表演。

(8)广告及标语之宣传。

卫生月刊 1934，4(2)

上海开无线电展览会

无线电展览会，于上年十二月九日上午十一时，在福州路汉弥登大厦举行，由吴市长及夫人莅场，行开幕典礼，是夜十一时至十一时半，由立道饭店音乐队在会场水晶室演奏，并每晚九时半至十一时，由该饭店传播至会场，十二月十四及廿一两日下午九时至十时，工部局全体乐队在水晶室演奏，由XMHA及XQHC两电台播音，该水晶室构造，异常精致，四面可从外边望入室内播音姿势，而外界声音，则绝对不能传入，除此两著名乐队外，尚有工部局巡捕房乐队，将于十二月十二及十九两日下午九时至十时半，在水晶室播音及音乐家比赛，凡得钢琴或梵哑铃第一名者，各得现洋一百元，并有儿童比赛节目，计分钢琴、梵哑铃、唱歌、背诗、四种，每日下午四时半至五时半。优等者奖以安康洋行特制之银徽章或奖状，以资纪念。若十一岁以下之儿童得列优等者，则由富达贸易公司林君赠以玩具一种。现在距开幕期近，各业展览者均极忙碌，布置一切。闻开幕后，每日上午十时至下午至五时，入场券两角，五时后至十时五角，星期六及星期日全日收入场券五角，惟每张入场券可摸彩一次，每日有七十彩，计有航空公路建设奖券十元、五元、一元三种，如能摸着头奖，可得五十万元，或五万元之奖金，此券于本月二十九日，在逸园开奖，想届时必有一种盛况也云。

新电界 1934，3(16)

伦敦中国艺术展览上海预展会参观记

逸　子

这一次能住上海看到所谓中国的“国宝”，不能不说是受“大英皇帝”之赐了。

当我买了票，走进那座近代建筑的“参加伦敦中国艺术田际展览会上海预展会”的黄浦滩中国银行旧址，便想起去年也是今天在北平参观故宫博物院中的古物而是跑到那个古色古香的皇帝老儿的“御地”那一回事儿了。

去年所看到的只是一些儿拣得剩下来的东西——但是，就是这一些儿拣得剩下来的东西，也使我“不胜羡慕之至”者久之：一个人怎么能不做皇帝呀！闲言少说罢：——因为除了被那些军阀官僚明抢暗偷之外，所有看得上眼的已经给日本人的铁鸟吓得“逃难”了，现在从那批逃难的古物里面挑出一部分的“顶儿尖儿”公开展览，当然是要去开一下眼了。

预展会计分七室：

第一室（楼下）：宝座。

第二室（楼下）：明清书画、织绣、折扇。

第三室（楼上）：唐、五代、宋、元书画。

第四室（楼上）：铜器。

第五室（楼上）：瓷器。

第六室（楼上）：瓷器。

第七室（楼上）：古书、玉器、景泰蓝、剔红等。

每一室都是警备森严，巡逻的人不计其数；古物被称为“国宝”不是没来由的了。

（我对于艺术——尤其是“古物”，是一个地道的“外行”，用眼睛去看看那还行，所以，这儿所记的不过是“用眼睛去看看”的话，如果要我用艺术家的“内行”话写此文，当然是办不到的，若是说错了的地方，务请原谅，因为本文根本是一篇 sketch 啊！）

才走进了第二个收票处，劈面便瞧见一个宝座。宝座是皇帝坐的。它原是金銮殿上的东西。可是，现在它却屈居在走廊里。从金銮殿一直降到走廊，这样的降级，不知道是该用几十位的算盘来算了。

宝座既宽且大，并没有靠背。从这点没有靠背上想，皇帝上朝坐在那个宝座上，其苦可知，并且能明白皇帝坐在宝座上准是“端而正之”的。宝座后面，有一个“屏风”。屏风土的雕刻和织绣，十分精致。宝座前面，是一个书桌。书桌上搁着文房四宝。笔杆子是玉、翡翠之类的；笔架和笔筒之类亦然；还有一个砚台，据说臭墨研在上面不会臭(当然，皇帝决不会用臭墨的。)而且不会干。宝座、书桌和屏风全是红木的(也许是紫檀；不过，宝座上的座垫和屏风上的织绣全是黄色，“帝”之所以“黄”，“斯之谓也”么？

跑进了“明清书画、织绣、折扇”室，真觉得“满目琳琅”或者是“眼花缭乱”了。翻开了那本参加伦敦中国艺术国际展览会出品目录，知道明清书画有七十二件、织绣有二十九件、折扇有二十柄。

我别的不知道，只知道画的线条全是工致精细，奔放的粗线条很少；只知道书，全是笔力遒劲，苍老非凡；只知道每一柄折扇，全象是古物，要值不少的钱。如果，你要我指出几件的话，那末——

第一〇六号的明代戴进画的《风雨归舟图》。那幅画上的树叶、芦苇，穿着蓑衣的舟子和步行的或坐在船上的人们的衣服，全给飓风吹得像空中的风筝，而人们全躲在雨伞下的那种低头缩颈的样儿，把风和雨的袭击全表现得淋漓尽致；站住旁边看画的，人也觉得那股风雨的来势正不小呢！

第二四号的清代缂丝御题周文矩大禹治水图。缂丝者，乃织绣之画也。这幅画不要说是缂丝——织绣的了，就是用笔画，也许还没有这样好。这儿，有山、水、人、火、犬类的动物。水是像历史书上所说的那样的洪水；山是崇山峻岭、怪石嵯峩；人是那种用力气工作的样儿；火是熊熊的烧着；犬类的动物是在跳跃着，整幅的画，没有一处不是表显着技巧的卓绝和艺术的惊人。

其他如第二三号清代缂丝周处击蛟、第二九号叫清代缂丝场圃秋成等，前者几乎把一条校织绣成活的了，后者的农村秋收情形简直是一幅摄影。

上了楼，第一间“唐、五代、宋、元书画”室。这儿计有一百零一件：唐代三件；五代二件；宋代五十五件；元代四件。

第一、二两号的唐代李昭道的《洛阳楼图》和《泰山行旅图》那两幅画上，题字的人很多，全誉李昭道为唐代第一人。还有第二四号的宋代赵伯驹的《阿阁图》和第五七号的宋人画杜甫丽人行，那种精细的笔致，我们真不会疑它们是画，而是雕刻了。此外，一幅宋代夏珪的长江万里图卷(第三七号)，据目录上说，纵二六．九公分，横一一一四．三公分。我们且看这句一一一四．三公分，便可知这幅画的工程是怎样的伟大了。

第二六号的宋代苏汉臣的《货郎图》。这是画的一个人推着一辆车子卖货。这些货里面，使我们永远不会忘了的，便是上面有手套、刨子（像现在普通刨瓜的刨子）、油盏等等；这些全表示中国并没有进步，而是退步了——说句时髦话，“中国永久停留在“中国本位”上”了！

至于书，如苏子瞻等的字，全写满了后人的题字，其价值不用说了。

宋太祖、宋太宗、成吉思汗和两位皇后的画像，觉得现代的摄影也许要不如它们。

隔壁是“铜器”室。铜器大概全是商（约西纪前一〇七〇年以前）、西周（约西纪前一〇七〇至七二二年）、春秋（约西纪前七二二至四八一年）、战国（约西纪前四八一至二二一年）、汉（约西纪前二〇六年至西纪二二〇年）和汉以后等时代所制造的。据目录上说：“商、西周、春秋三时期为铜器时代最主要者，其间变化较少，然乐器在商时尚未发达。钟镈一类，当起于西周时。食器之盨，亦西周末年始发见。故单就铜器之进化，有时亦可判别其时代也。”

这一次展览的除烹饪器及食器类、容器温器及饮器类、寻常用器类、乐器类之外，还有新郑和寿县所发现的铜器。至于属于这些类的器具，有烹饪器及食器如鬲、甗、鼎、簋、簠、豆、盨等，容器温器及饮器如罍、壶、卣、盉、角、爵、斝、觚觯、尊等，寻常用器如盘、鉴、匜等，乐器如钟镈钲、铙铃、铎等。

“瓷器”室里的瓷器，计有三十九号，共三百五十一件。年代是：宋、金、元、明、清。这些磁器，无论在质地上、色调上、形式上，全不是现代的出品所能及的；因此，可知后代子孙只会赏鉴祖宗遗下来！其中有盌、琖、壶、盘、杯、笔洗、笔撰和珐琅彩瓷制成的鼻烟壶等等。

在这一室里，有宋、元、金各代的木刻本和精钞本。木刻本古巴斑然，好像纸头快要变做灰了似的。精钞本的字全是怪秀丽的，一笔不苟，所化费的工夫准不少。

甲骨上的文字，不管是第一、二或三、四期的，都不知道是瞎画了些什么（我真佩服瞎画的人们，日后还能认识所瞎画的意义）。此外，如骨簇，铜簇、铜戈、铜矛、铜斧、石刀、笄等，这些全表示了一个时代的社会形态。

景泰蓝制的，有连环瓶、盘、犀罇、花觚各种。明代计六件，清代计十件。有的瓶、壶、盘等，外面是景泰蓝，而用金子做胚。景泰蓝，像珐琅，是蓝色；大概因为是在明代的六件上有“大明景泰年造”的字样，所以用“景泰”为名罢。

玉器计有七十件，色分黄、白、碧，更有红白两种玛瑙。玉制成的东西，有玉圭、玉琮、玉璜、玉壁、玉环、玉瑗、盘龙觥、双离栝、玉兕觥、三足炉和盌、钮印、唾盂等。

看完了，晚上在日记簿写了这样一行：

往参观参加伦敦中国艺术国际展览会上海预展会，既毕，觉如斯废物，竟能屡成祸根，大奇！

新人周刊 1935，1（35）

上海市商会举行改良中式簿记展览会及讲演会纪盛

改良中式簿记自本事务所徐会计师提倡以来，颇引起学术界及事业界之注意。去年冬在上海市商会开展览会及演讲会后，要求开办讲习科以训练簿记人才者，日不暇接，而远如陕西、四川、广东、广西、南洋群岛，近如江苏、浙江、山东、江西、安徽等处，常来函要求函授，徐会计师乃与市商会常务委员兼商业夜校校长王延松氏、市商会秘书兼商业夜校副校长严谔声氏，会订简章，起草缘起，由上海市商会商业夜校与徐永祚会计补习学校合办改良中式簿记讲习科，自七月念日起开始招生，于八月一日开学（其详细情形，已登载本志四卷二期）。每日清晨由徐会计师亲自讲授一小时，由潘士浩、陆善炽、徐汉清、张黉骏等四氏担任质疑解答半小时，并利用星期日余暇，由王延松、严谔声及徐会计师分别担任特别讲演。其教室即在市商会大会场，因人数众多，乃托由中华无线电研究社装置大众式讲演机，以利听讲。对于改良中式簿记作系统的讲解，对于各种帐簿表单作实地之练习。为时两月，至九月三十日讲授完毕，十月下旬举行毕业考试，十一月下旬全部学业成绩考查完竣。计及格毕业者，甲等九十五人，乙等百六十四人，丙等百六十八人，共计四百二十七人。统计各毕业学员中，大部分系工商界帐务人员，学习改良中式簿记与本人职务有密切关系，故咸能悉心研习，好学不懈，而成绩尚称良好。旋于十一月二十九日及三十日，发给毕业证书，办理改良中式簿记讲习科至此始告一结束。改良中式簿记讲习科在讲习期内，对于各种帐簿表单曾先后实习多次，其实习课卷颇多佳作，可供采用改良中式簿记者之参考；而徐会计师新近改订之改良帐簿及说明专书，亦适于斯时出版，二者颇有公开展览之价值。爰经市商会当局与徐会计师商定，择于十二月一日起至三日止，在市商会将学生成绩，择其优良者，公开展览，任各界到会自由参观，同时并将标准帐表文件制售所最进出版之帐簿表单四十余种及新修订第六版之改良中式簿记概说及讲义等一律陈列，以供对照。并为阐扬改良中式簿记之理论及鼓励改良中式簿记之兴趣起见，定十二月二日在市商会大会场公开讲演，由徐会计师暨商政各界名人亲临讲演，计三日日中，团体个人之莅会参观及听讲者近约一万五千人，实为上海从来未有之盛举。兹略志其参观及讲演盛况如后。

会场布置及参观盛况

改良中式簿记展览会会场，设于上海市商会三楼，共占四大间。一为实习帐式陈列室，室广可容数百人，中部置案，围成圆形，上置讲习科实习课卷，外圈设座数十，备参观者入座阅览，内圈由讲习科毕业学员分驻各处，担任说明。二为新出帐簿表单陈列室，室广亦可容数百人，置案列成四方形，上置标准帐表文件制售所全部新出帐簿表单，亦由讲习科毕业学员暨本所职员常驻桌旁分任解说。三为讲义书籍陈列室，置案列成长条形，陈列改良中式簿记讲义概说及本所出版之各种丛书杂志。四为来宾休憩室，内亦陈列各种课卷帐簿表单及书籍杂志，其他尚有新颖标语及名人题词数十种，分别张悬于各部陈列室。莅会参观者，第一日三千余人，第二日八千余人，第三日五千余人，总计三日参观人数共达万五千人以上。其中个人如工商界名人俞佐庭、徐寄庼、秦润卿、林康侯、王晓籁、陈蔗青、金润庠、柯干臣、邬志豪、盛灼三、严谔声、朱伯元诸氏均先后莅止。学校团体之来参观者亦不少，如第一日有大公职业学校学生二百余人，第二、三两日有中华职业学校、之江职业学校、五伦职业学校、上海第三职业学校、上海女子中学、民立中学及清心中学等数百人，均由师长率领，前来参观。由本所重要职员暨讲习科毕业学员在场分别担任招待并详细说明，是以参观者咸称满意。尝见各人于参观时，大都能据案细加批览，目不旁视，亦有取出纸笔，临场将各种帐簿组织系统及帐户分类内容，逐一抄录，以便携归参考者，盖因此种材料均适于实际应用，故为从事簿记业务者所认为至宝也。三日展览期满犹有来函或面请展期者，因特于本事务所内专辟一室，将各种材料继续陈列，以备各界之未及在展览会参观，或参观时因人数众多，未及细阅者，仍可不至向隅。

陈列内容

会场内陈列各件，计分五部：（一）为实习帐式，系改良中式簿记讲习科之实习课卷，都凡二百余本，一律用改良中式帐簿表单缮写，分为六个组织，每个组织所用帐簿，自二三本起至三十余本不等，均各标明组织之名称及帐簿之种类，一经阅览，便可明了而各组帐簿，俱系遵照徐会计师所定之记帐规则及改良纲要记载，故莫不条理井然；（二）新出帐簿表单，即系徐会计师所拟订之改良中式帐簿表单，交由标准帐表文件制售所印刷发行者，此次为与前项实习帐式对照便利起见，特将最近出版之全部帐簿表单，一并陈列，计有帐簿三十余种，表单十余种，格式极多，各业所需均备，其纸张分罗地、海月、毛边三种，均属国货，较上年所出者，质料尤美，装订全用布面布底线装，更为耐用，且因本届出货，采用大量生产法，故货品之数量增加，质料优美，而成本反较低廉，所有售价，已一律核减，可谓改良簿记而兼及推销国货；（三）讲义书籍，为本事务所出版之各种书籍杂志，其中有改良中式簿记讲习科所用之讲义帐式一种，对外从未发表，此次特装订陈列，任人参观，尚有改良中式簿记概说一种，自念二年冬出版后，已经再版五次，行销达数万册，最近又特修订发行，其他如《会计杂志》自创刊号起至最近期止共计二十三期，及所有会计丛书，如成本会计纲要决算表之分析观察法英美会计师事业等是日均全部陈列；（四）图表标语，俱系关于改良中式簿记帐理帐法之表解及标语，图表共有二十余幅，分别挂于展览会四壁，重要者有各业帐簿组织系统图及各业帐户分类图等，将各业帐簿之运用方法，及各业所用之记帐项目分别列成图表，一目了然，凡从事记帐实务之人，阅之颇有益处，标语亦有多种，分贴会场各处，寓意深长，切合改良中式簿记之特色；（五）名人题词，系各界名人为改良中式簿记之亲笔题词，都凡四十余帧，如国府主席林森，监察院长于右任，主计处长陈其采，实业部长陈公博及叶楚伧、陈立夫、李元鼎、潘公展等，与商界名人虞洽卿、秦润卿、林康侯、俞佐庭、张公权、陈光甫等，均有题赠，分悬各处。

讲词节录

改良中式簿记展览会为阐发改良中式簿记之学理及引起一般人之研究兴趣起见，特于十二月二日召开讲演会敦请各界名人莅会讲演。是日因系星期日，故到会听讲者异常踊跃，在上午九时半左右市商会大会场即已全部充塞，后至者皆无抽足地，亦可见听讲者之热诚。旋于上午十时开始讲演，先由王延松氏致开会词，继由徐永祚氏报告改良中式簿记经过及意见后，各名人讲演者，有商界闻人林康侯、王晓籁、秦润卿、骆清华诸氏，及南京审计部厅长林襟宇氏。其余如商会主席俞佐庭、常委徐寄庼、国民政府主计处会计局局长闻亦有，及潘仰尧、盛灼三、计健南、陶乐勤诸氏，亦均预备讲演，惜因时已过午，临时作罢，兹将诸氏讲词节录于后。

（一）首由王延松氏至开会词，略谓会计与工商业关系甚切，市商会责在助长工商业，关于工商业管理上各事项，素所注重，而会计即其一端。我国簿记不良，人所共知，市商会深觉有改良之必要，徐永祚会计师亦同有此感，乃于今年合办改良中式簿记讲习科。现在第一届已毕业，对于工商界当有相当之贡献。望毕业诸君，今后仍继续努力，将改良中式簿记发扬光大之，并出其所学，随时随地，从事于改良之实际工作，俾一般工商界皆受其益。我国簿记已有悠久之历史，其长处原属不少，惜向无通人以为讲习，以致芜杂不定，大有碍于工商业之管理。自西式簿记传入中国，虽似整齐有序，但理法奥赜，费用浩大，而簿记人材尤非短期训练所可成就，对于一般簿记界，不易推行。以致中西二法，向不讲通，中式者不知西式之科学方法，西式者未明中式之习惯。我人欲求一中庸平易之法，只有采用改良中式簿记法，且只有推行改良中式簿记法。讲习科诸君应自觉使命之重，请到会诸名人，多多赐教，以补讲习之所不及。

（二）次由徐永祚会计师报告，略谓自西式帐记传入中国后，中国簿记之为人鄙弃盖亦久矣。但三四十年来，除银行铁路及新企业外，中式簿记之盛行如故，而其简陋不完备亦如故，长此停留于此种状态，其影响于国计民生者至巨。余虽学习西式簿记出身，主张因势利导，改良中式簿记。自去冬将改良中式簿记方案及专书公布后，颇引起全国上下之注意。去冬在市商会举行展览会及讲演会，当时已有多数听众要求办讲习科，而以事忙未果。本年以来，采用改良中式簿记者益多，要求办讲习科者益众。爰与市商会商业学校校长严先生商定简章，开办本科，自七月下旬登报公告。未及旬日，来学者已八百余人，因课堂已无法容纳，只得提早截止，于八月一日开学，每日授课一小时，两个月完毕。为时虽暂，但来学者，大都能努力研究，故成绩尚佳，还请到会诸君多多指教。

（三）继由林康侯氏讲演，略谓兄弟是一极老式之人，无论中式簿记、西式簿记，均未研究，但觉中西二式各有短长，且各有适用之处，采用应酌量本身情形，不必以采用西式始为新式也，且不必以学了一样就算完全也。徐永祚会计师之改良中式簿记，摘取西式之科学精神而融化之，沿用中式之固有习惯而改良之，融会贯通，平易可行，兄弟虽为老式人，也觉十分完善，颇可学得。或以横式直式之别衡量中式西式之优劣，兄弟以为不必，盖在格式之本身上，横式直式均有其相当之价值，不过我人向来读书是读直式的书，写字也是写直式的字，则觉中式簿记之直式切于实用耳。现在提倡新生活，大家都很注意，其实新生活之实质就是光复旧道德，对于西式簿记者谈改良中式簿记，未尝不可作如此观。又或以新式事业与旧式事业之别评判中式西式之应用，兄弟以为所见应远大，中国全部情形，适于中式者何等广漠，切不可囿于若干都市之洋式组织也。徐会计师是吾老友，我虽不懂簿记学之玄妙，但觉其改良中式簿记，既可懂得亦可行得，请大家共同提倡。

（四）王晓籁氏讲演，略谓吾人对于万事万物，如觉有不能适用或不切时代需要之处，均应加以改革。顾所谓改革者，既非固守旧法之意，亦无摹仿外国之意。譬如簿记，袭用固有方法而不变，即系守旧，完全采用西洋方法，即系摹仿，二者均属非是，必须就固有方法，留其所长，去其所短，方足称为改革。然改革有改良改恶之分，必须改而为良，方合实用，如改而反恶，不如不改。徐永祚会计师之改良中式簿记，即系改而良者，吾人但问其改革之是否适当，至于方式如何，可不问也。

（五）林襟宇氏讲演，略谓我对于改良中式簿记，有二种感想：（一）一般人以会计为末技，士大夫尤耻言货利，中国公私经济之交困，与此不无关系。我自出国游学以至现在，此身未尝一日离开会计界，处处觉得会计之重要有出于一般人想象以外者，但国内事业界之能深切注意于此卒未多见，其能主持风会以谋普遍之改良者更属无有。今幸得徐会计师将吾国固有之中式簿记，提倡改良，何快如之，所以特地从南京赶来，参加盛会。（二）学理与事实不可偏废。中西式簿记，在学理上各有长处，但事实上应采用何种，则不容不加以酌斟。以现在而言，中国各地应采用改良中式簿记者为多，此盖无容讳言。或谓实业之发达，由于需要，西式簿记如盛行，其笔墨纸张，中国自能出产，此说固有相当之理由，但未能为目前言也。以我看来，科学以适合时代为原则，将来横式写帐可以通行，改良中式簿记有渐进为横式之可能。我见展览会所陈列的东西非常之多，在帐表之中有一种是横式的日核表，此即见其端欤？根据此二个感想，我觉谈改良中式簿记应顾及一切问题，如定名为改良中国簿记则更妥善矣。

（六）秦润卿氏讲演，略谓商家无论大小，各有簿据记载，其中营业之盈亏、存欠之稽核，均惟帐簿是赖。我商家各业帐目不同，缺少系统，向承旧贯，不肯随便变更，详注虽少醒目，然此中优点亦属不少。近来欧风东渐，学尚西法，簿记手续虽繁，记载却较中式详明。今徐会计师发起改良中式簿记，设校教导，各处来学者异常踊跃，可知此事之重要。且中国簿记法，自经徐会计师用去繁就简提纲挈领之法，加以改良，已成为条目分明、切合实用之模范簿记法，将来果能逐渐推行于全国，一致采用，则诚堪为吾国工商界额手称庆也。

（六）骆清华氏讲演，略谓簿记为社会科学之一种，应求其合理化。所谓合理化，即能充分发挥其“效率”是也。而所谓“效率”，包括三大要素，即一、准确，二、简捷，三、节省。兹就中式簿记与西式簿记之孰能合乎“效率”条件而言，中式簿记之浅显明了，节省费用，确为西式簿记所不及，惟其缺点，则帐表无一定之格式，帐户无一定之分类，记帐无一定之法则，简言之，即不合乎准确之原则。而西式簿记，准确则有之，简明与节省则未必。故言改良簿记，莫善于取西式之长，补中式之短。徐会计师之改良中式簿记，即能合乎此种原则者，凡吾国人，自应同声赞许，协力提倡也。最后尚有一个报告，即兄弟最近参加立法院会议，议及商业登记法，关此商业帐簿一章。因鉴于中国簿记法尚未臻于完善，而西式簿记法反不能有裨实用，主张俟徐会计师之改良中式帐记推行有成效时，再行采入法典，可见改良中式簿记，不特为商界重视，政府亦颇知注意也。

会计杂志 1935，5(1)

木刻——辛辣的精神粮食

——第二回全国木刻流动展览会在上海

宗亮晨

上海的一切都被乌烟瘴气蒙罩着，有时从大海洋里括来的飓风，也会暂时扫荡一下，使人们也能呼吸些清醒的空气。

上海的艺术界当然也不能例外。

像那装有自动扶梯的摩登的大百货商店——大新公司，它的四楼上三四间房间，好像一个美术馆，接连不断地举行国内第一流画家的画展会，那里陈列着几百块钱一幅的名画。就是顶顶热闹的双十节，也正是挂着将由教育部特派出国考察的熊氏三姐妹的“名作”在那里展览，向“为艺术而艺术”的人们伸手。

记得徐悲鸿氏说过：“艺术是一国生活的表演，是一国思想的符号。”然而你要是不抱着为艺术而艺术的念头，到摩登的大新公司去参观名画家的名作，十回将有九回会使你失望的。你买了门票走进去，要是不留心那糊裱名画的洁白的绫罗，你一定会疑心这是一百年前的古董！你找不出和民族和现社会相关的意识。那里尽是些山水啦，花木啦，鸟兽啦，以及现在还能偶见的道士一般的古人。若要说这是一国生活的表演，这显然太不公平，难道名画家过的有闲生活就能代表一国么？若要说这是一国思想的符号，这更冤枉了社会上一切前进的人们。若是你不忘记我们中国现在正当民族存亡的关头，能够见到国家及人民都枉挣扎，新兴事业的建设，救亡运动的勃起，一致的要向新的道路上走去，当你看到这一类顶替古董的作品，而且是出于“第一流成熟的艺术家”之手，一定会摇头的。

本月六日到八日，上海八仙桥青年会的九楼，那间开过苏联国版画展览会的房间里，有过不少大众在那里“换空气。”也许是因为氧气多，心房都跳动得比平常厉害，——原来就是那个第二回全国木刻流动展览会在那里举行。

木刻，在中国有很久很久的历史，但一向被人看做雕虫小技，所以几千百年来，木刻还是蒙了封建的外衣，被弃在一角，然而在外国，它早已登上艺术的高坛。

木刻版画，它虽只是黑白二色（彩色的很少），用明和暗来表示，但能明显地刺激人们的神经。又因为它的内容是大众意识的写实，所以比诗歌散文更能感动人们的情绪。木刻出世以来就接近大众，成为大众的艺术。

近年来，木刻在中国已形成一种艺术上的新运动，这运动开始在五年前，首先提倡的是鲁迅先生，他把外国的作品介绍到中国来，引起中国爱好艺术的青年们的注意，于是大家开始学习。先是，一九二九年出世了一个“一八艺杜”，这是初期的习作。到一九三一年，就有西湖的“木铃木刻社”，上海的“上海木刻讲习会”“野穗社”“MK 木刻研究会”“铁木社”“末名杜”等先后成立，并在各地举行展览会，出版刊物。从此学习的人便多起来。到一九三五年，广州的“现代版画研究会”、香港的“深刻版画社”、北平的“当代木刻社”、上海的“中华木刻会”等又相继成立。更因为鲁迅先生介绍了苏联的木刻《引玉集》，培尔那尔特斯基的《死魂灵百图》、德国凯绥·珂勒惠支的《版画选集》，和良友公司出版的麦绥莱尔的四本连环故事，给与中国的木刻界绝大的帮助，不论在技巧上和内容上。直到今年二月里南京、上海先后举行苏联国版画展览会，木刻版画的印象就深入一般前进青年的脑中。

在去年，我弟弟告我，他学校里——北平师范大学有几位同学干木刻很努力，已往天津、济南、太原等地举行展览会。——那就是“第一次全国木刻联合展览会”。不久这展览会就到了上海，在中华学艺社举行。那是第一次引起我的兴趣，那种大胆泼辣的描写。所陈列的除新作品外，有许多外国的作品

(叶灵凤收藏的居多)，更有许多民间的古董木刻(多数是彩色的)，都是北方收集来的。还有彩色印的信笺，印刷的技巧很可佩服，此外更有几本关于木刻的书籍，和许多木刻用具陈列。

这次第二回展览，陈列作品有六百多幅，除了少数中外名人及艺术家文学家的人像外，多数是描写现实社会的动态的。题材多数是新鲜而积极的。我举出几幅名称，也就可以知道这次览展的内容和意义："九一八之回忆""救亡运动""没有祖国的孩子""三个受难的青年""联合起来""冲锋武装走私""劣绅""雇农之死逮捕""铁蹄下""生活之期待者""妇女节""童养媳""放牧不景气""黎明"……这一串字连起来，就够刺激我们。这里暴露出地主劣绅的凶暴，帝国主义的蛮横，描写出民众的怒吼，救亡运动的热情。看了每一幅有力的表现，谁也禁不住心头的跳动和热血沸腾，这是对帮闲艺术一个很好的答复，使浸沉在乌烟瘴气中的人们透了一口气。这些作品虽则没有用绫罗来糊裱，也没有镜框来保藏，仅用包东西的牛皮纸做衬底，然而谁能否认它的时代价值呢!

这次除了个别的单幅作品之外，更有连环的故事，用很少的文字，介绍一个富有刺激性的故事。这个，在推向大众的道路上最是切合了。

木刻也和其他艺术部门一样，包含着技术和内容双方。一个木刻作家，除了他能连用小刀在木板上自由活动之外，更要具备画家的一切知识技能，而他们的对象是人类;——社会上各色各样的人，更要熟习一切人体的描法，表情动作都要忠实显明。而题材的切近现实，实为木刻画的最大特色，也是它技术进步的原因。近代木刻在中国的兴起，还只是三五年的历史，各作者的学习时间虽短促，而这次的成绩和初期的刻得像外国货的比较，就是证明它的前途是无限的。

对木刻极努力的作者李桦君在展览会特刊上写道："在国难严重的今日，组织"木刻流展"更觉有重大的意义。因为民族解放的呼声，已响遍了全国，在我们已经踏上苦斗阶段的现在，需要像木刻这种带辛辣性的精神粮食更迫切。木刻，在大众的精神上，一方面发挥着安慰、刺激、兴奋、鼓舞的作用，一方面更有伟大的启示力量……"

所以他们在这民族生死关头的现在，想把这展览会向全国各大小都市乡村的大众面前去流动。他们已确定的轮流地点，除广州、上海外，更有杭州、南通、如皋、镇江、扬州、南京、嘉兴、宁波、绍兴、象山、石浦、台州、南昌、长沙、汉口、开封、孟县、榆次、太原、桂林、柳州、南宁、梧州等二十四处，在接洽中的有济南、天津、北平、西安、成都等地。

各地的少年读者，你倘若也要透口新鲜空气，要见识见识，那么等着吧，好在他们的目的不是给个人收买保藏换钱享闲福，而是要向广大的民众推荐的。

新少年 1936，2(8)

中国建筑展览会在上海市博物馆开幕

四月十三日报：

中国建筑展览会于昨晨九时在市中心区博物馆大礼堂举行开幕仪式。到叶恭绰等五百余人。由叶恭绰氏致开会词后，参观者已极拥挤，故于十一时起即行开放。工程师学会、建筑师学会、《申报》特刊及各大厂商，均有印刷品在场分送。至下午五时止，参观者有七千余人，学校团体尚不在内，实为市中心区举行全运会后未有之盛举。晚间更在八仙桥青年会举行学术演讲。昨晚由该会会长叶恭绰氏讲“今后我国建筑的作风应如何转变”（即十三日），由梁思成氏讲“中国建筑结构之变迁”。八日会期均有专家演讲，系公开性质，欢迎各界参加云。

陈列展览物品种类：展览陈列之出品，分模型、图样、材料、工具、书报五大类。陈列于市博物馆及中国航空协会两处，琳琅满目，美不胜收。(一)模型之部，有北平图书馆、上海市政府两路管理局、紫禁城角楼等模型六十一件。(二)图样之部，有圆明园北路文源阁、现代建筑装饰图说、谐奇趣全图、大上海计划图、大上海商港、上海市全图、北平故宫等图样，共计三百二十一件。(三)书籍之部，有《圆明园专号》《中国营造学社》《文渊阁藏书全景》《中国建筑史》《圆明园》等中西书籍计一百十部。(四)摄影之部，内容更为充实，将全国各重要建筑名胜均收入镜头，成列品计六百〇四件。(五)材料之部，有玻璃砖、避永浆、大钢窗等四百八十七件。

学术世界 1936，1(11)

上海畜产改良会筹备乳牛展览会

上海市畜产改良会以改良乳牛品种，特筹办上海市乳牛展览会。月前曾举行筹备会议，讨论展览会一切进行事宜。兹悉此项展览会将于本年秋间在上海市中心区举行。规定凡上海市各牛乳公司，均应选送乳牛二头，参加展览。同时并拟请中央摄影场摄制电影，放映乳牛影片，招待各界前往参观。闻上海民生农业公司，拟将种兔种鸡，附入该会展览，届时当有一番盛况云。

鸡与蛋 1936，1(5)

上海的展览会

胡怀琛

最近教育部主办的全国美术展览会，在南京开会。这是第二次。第一次是在上海开的。时期是民国十八年四月。今天因为南京的展览会，想到上海的展览会，现在就把上海的展览会从头说一说。先说最早的展览会，次说民国元年以后展览之会逐渐增多，次说三次大规模的展览会，次说最近展览会的进展，最后说说一年零三个月来(民国二十五年一月至二十六年三月)上海展览会的数量。

最早的展览会，不叫展览会，是叫赛珍会。在上海曾经有过每年规定举行的赛珍会。的确始于何时，是无从查考。上海县志也没有说起。只有李氏(李氏为上海大族之一)家乘上有一段说到此事。他说："上邑旧俗，每届八月二十七日，举行赛珍会，限于每街一户，就富厚者之外庑，陈设彝鼎古玩之属，任人观赏。先世藏有白玉宝塔一座，高尺许，雕刻玲珑，疑出鬼斧，稀世宝也，是日，亦陈列于县束本宅。"此处所云旧俗，也不能确定指出是何时，大约是在前清道光时间。此种风俗现已没有，但也不知是在何时始停举行。总之，这可算是上海的最早的展览会。其次便是清宣统元年(民国前三年)曾开过两次金石书画赛会。第一次是于该年二月间(阴历)举行，地点在愚园。第二次是于该年九月间（阴历）举行，地点在张园。征集出品等手续，和今日的展览会相似，但仍名赛会。这可说是过渡时代的展览会。再次，是李平书的平泉书屋书画展览会。时间是清宣统三年八月十五至十七（阴历），地点是在成都路贞结里，出品是李先生个人所藏的古今书画。展览会的名称出现于上海，大约以这一次为最早。

民国成立以后，展览会逐渐的增多。民国元年，图画专门学校曾开了一次图画展览会，时间是该年十二月，地点是在法租界北褚家桥，这是最早的西洋画展览会。

从民国元年到民国十七年，展览会虽然逐渐的增多，但比到近三年，仍是相差得很远很远。

到民国十七年以后，个人或团体的展览会，便勃兴起来。同时，由行政机关主办的三次大规模的展览会，也次第在上海举行。第一是教育部主办的全国美术展览会，时间是民国十八年四月，地点在南市普育堂。第二是上海市教育局主办的民众艺术展览会，时间是民国十九年六月，地点在邑庙内园。第三是伦敦艺术展上海预展会，时间是民国二十四年四月，地点在黄浦滩路中国银行旧址。这三次展览会的规模都极大，给与上海艺术界的影响也极深。

自民国二十四年到最近，上海的展览会更有长足的进展。一方面是数量增多，另一方面是性质渐渐的普遍化，并不限定于美术古物。关于数量方面，下面另讲。关于性质方面，如民国二十四年十月，有复旦大学新闻学系所主办的报纸展览会；民国二十五年十一月，有钱化佛的杂藏展览会；民国二十六年一月，有余答尼的贺年片展览会；同年一月，有立报主办的日历月份牌展览会及最近的假钞展览会、世界百科全书展览会都把出品性质推广到古物及美术以外。这是展览会一种大变化。

近三年来的展览会的数量突然的增多，而尤以去年至今年为更多。我曾将去年全年及今年已过去的三个月内各种展览会的数量，做了一张详细的表。计去年（二十五年）全年有五十一起，今年已过去的三个月内（二十六年一至三月）有十九起。如依此做比例，今年可以有七十六起。就比去年又更要多。我的话讲完了，最后，敬祝今日以后上海的展览会，还是一天天的进展。

（完）

播音二周刊 1937（28）

上海市博物馆举行古玉印瓷展览会

四月四日报：

上海市博物馆为普及文化及提高观众兴趣起见，例有短期之特种展览会。此为第二次。所陈列者为陈大年先生珍藏之古玉与李子谦先生由四川运来之唐代邛瓷。陈大年先生为国内第一藏玉大家，历年收藏之古玉达千件，此次运沪所展览者俱为不可多得之极品，国内实无其比。四川邛洲大邑窑瓷器为唐代瓷器之极品，皆与海上人士初次相见。该馆日昨招待新闻界，由馆长胡肇椿及出品人陈大年、李子谦先生等一一为之介绍说明。所展览古玉中，有花纹大璧五件，尺寸皆极大，前所未有。其中一大穀璧，穀纹粒粒浑圆，此种纹样亦前人从来所未见者。又有一朱绘璧，用朱砂绘成朱雀，朱绘之玉器亦属创见。尚有联璧多件，均希有珍品，且此类制度亦为前人所未曾道及。又有大圭，其长竟达尺许，国内外藏家实无过此者。又日本勾玉，为日本最古史前之玉器，国内人士尚无收藏。其他珍品至多。邛窑唐瓷杜甫诗曾有“叩如哀玉锦城传”之句，然至今未见有传世之物。此次于大邑出土大量邛瓷，故特运沪展览，以供海上人士之欣赏与研究。闻展览日期自四月四日至十一日，为期仅七日（六日为星期二为该馆休假日，照例停止开放），想参观人士必甚拥跃也。

学术世界 1937，2（5）

上海市防空展览会

自军委会巡回防空展览会运到大批展览品后，本市防空展览会筹备处即着手布置，日来工作倍形紧张。据该会负责人语记者，该项展览品约于五日才能竣事，六日由该筹备处将全部会场所陈列之物件再详细视察一周，七日即正式开幕，举行公开展览。该会向南京航空协会商借飞机三架，一架陈列在会场内以供市民参观，另二架于开幕日在全市上空飞绕一匝并散发彩色标语，以引起市民之注意。

兴华 1937，34(25)

上海万国摄影艺术会的摄影展览

记　者

上海万国摄影艺术会，这次在上海南京路千代洋行二楼，举办了一个“万国影展”，时间短促得很，是五月十五至十九日五天。

在这展览会中所陈列的出品，质与量上都总算还相当的丰富，展览作品，一共有三百三十余幅，分为“日本人组”，“中国人组”，及“西人组”三类。各类的数量上的比例，“中国人组”最多，共有一四七幅；“日本人组”次之，计一一一幅；“西洋人组”最少，仅七十有一幅。

至于内容，绝对地看起来，也许相当的丰富，然而仔细一想，以“万国”的名义，收集了这样一些“商标化”的作品，委实未免有点可怜！

“中国人组”虽列在这些“万国”的作品中，我们不免有担心着“相形见拙”的难堪，但实际，虽然似乎“差”一点，也不能算是怎样“见拙”了。较可看看的，我们还不得不提起“西洋人组”，虽然数量较少，但他们对于 Portrait 与 Nude 的特别成绩，到底是难得的。“日本人组”中最受人注目的，终究是那幅得“赞美春天”一个年青的日本少女，攀着几枝扶疏的樱花，扬手作笑，这也许是不无含义的。他们的一般的成绩，也可以说是相当地可欢的。

然而虽然如此，在看过了全部的作品，我们依照免不了有点失望。第一，“万国”的这个头衔挂得太大了，结果我们除了一些零落的国籍不同的摄影家的寥寥无几的成绩之外，什么也看不出来，至于说到“国际的意义”等等，那真是离得太远太远了；第二，是有点营业化的气味以“万国”的名义，卖五分钱的“门票与目录”，真是未免太“那个”了。

摄影画报 1937，13(14)

参观上海俄国邮票会春季“邮市”及“展览会”记

赓 伯

俄国邮票会创立于一九三五年。最初会员四十余人，每星期举行拍卖一次。其后渐增交换等部，因办理完善，会务乃颇为发达。华人之加入该会为会员者，初仅赓伯一人，现则已增至二十人左右。该会每年例举行“邮市”数次。邮“市”者，英文原名 BOURSE，译意为“交易所”。会员及非会员均得加入，在会场租一桌或数桌之地位，陈列邮票出售。会中按其所租地位之大小，征收三元、五元、十元不等。由会广发请柬于全沪集邮家，并有赠品以助兴趣。本年春季“邮市”及展览会于四月十六日在小沙渡路八十五号英国兵营内该会会所举行。到有来宾五百人以上。会场分两室：第一室为“邮市”，室中有各邮商所救之临时邮摊约二十余个，海上著名邮商如朱世杰、罗门等均行加入，营业均极可观。第二室陈列展览品，陈列品均用玻框，共计约有六十余框，框分大小两种，出品人约十余，兹择其可记者列下。

（一）朱世杰：陈列六框，其中精品如珠，实为本届出品之冠。摘其重要品如次：（一）海关一次厚纸五分票，二十枚全张；（二）海关一次阔边新旧单票，各全套；（三）万寿有水印上海版票全套；（四）万寿票黑色厚纸无水印试模票全套；（五）海关二次三分票，无水印，加盖中西文台湾各一；（六）红印花当五元新票一；（七）同上，倒盖一；（八）红印花小四分新票一；（九）帝一次日印一元、二元，五元四方连（内五元有齿、无齿各一方连）；（十）墨绿色五角新票一；（十一）北海票四方连新票全套；（十二）宋体三元倒盖四方连；（十三）宋体半分倒盖新，一分大国字倒盖四连新，三分倒盖新（按：此类票用过者极普通，新票则甚名贵）；（十四）第一次航空四方连新；（十五）新省廿五年四方连新；（十六）滇省一、二、五、元双圈四方连新；（十七）滇省单圈大小字一、二、五元四方连各一。

（二）罗门（ROMAM）：出品数框，均华邮珍品，内中有一部分尤为近时不易得者：（一）海关二次加小字十方连全套新；（二）万寿香烟纸试印票无齿四方连全套；（三）万寿日本版四方连全套新；（四）万寿加小字四方连全套新；（五）万寿上海版大字长距离加盖四方连全套。万寿短距上海日本两版混合者各一方连全套；（六）红印花当五元直双连贴在汇银收据上；（七）红印花大二分倒盖四方连；（八）红印花大一元十方连；（九）帝一次日印半分至五元四方连全套（墨绿色五角票在内）。

（三）威特门（S. WEIDMAN）：此君陈列品有七八框。华邮中最出色者有：（一）福州中立全套新票；（二）汉口中立一分、二分、三分、七分、一元新票各一（其中二分一枚加盖为伪品），又一分、三分、七分贴在一信封上，在汉口请求销印者，日期为一九一二年三月廿六月，又一角六分、五角汉口销印二枚，日期为三月廿五日，此两枚加盖极可疑；（三）万寿小字一角加盖在六分银上直双连票中缝漏齿（两票之上下两端亦系光边，似为全张横缝完全漏齿票中剪下之一对）；（四）大字上海版三分银改半分直双连中缝漏齿（其中一枚1/2在N在上）；（五）万寿日本版六分银横双连中缝漏齿；（六）宋体二元倒盖一枚；（七）棕色宋体欠资倒盖旧票一枚（此枚亦有可疑）；（八）德客邮三框，其中胶州票均全备；（九）暹罗澳门票二框。亦有佳品。

（四）门杰克博士（Dr. S. P. MANJAK）：此君陈列品以俄客邮为多，其中尤以哈尔滨加盖一类为最全。无齿者如一分例盖、五分倒盖、五分复盖，有齿者如二分蓝色加盖、三分复盖方连、四分倒盖、四分倒盖兼复盖、一角旧票、一角票“10”误为“01”，均为此类票中珍品。其余如俄国在LEVANT发行之票，亦极完美。其中早年发行之票，有蓝色六分者一枚（目录价三十镑），颇不易得。此君对于赤军邮票亦感兴趣，有二小框陈列。单票有半分、一分、二分、四分、八分、一角新者各一枚。又欠资二枚。用过者有信封四枚。

（五）樊沙维趣（N. VANSOVICH）：此君陈列品甚多，约有十余框，其中以满州为最多。各票大致均备。变体有“暂作壹分”斜角盖于票上者一枚。又博克图苏炳文加盖票全套，惟此票绝少有齐全者，此君所有者均系请求消印，未能妄为评断。关于满州票罗门所陈列者亦颇丰富，自第一次至现在均为四方连，其中以二次十五分四方连较为难得。二次八分亦有一四方连陈列，但此票并非正式发售流出时均为大全张，实际不如十五分之希少也。

（六）李辉堂君：此次仅陈列一小框，均系趣味品。其中有前清邮局供应股所用大龙纹绿色封条一张为最有趣。又民国三分帆船票盖洪宪元年戳者一枚。(按“元年”两字者极多，有“洪宪”字者甚少。)尚有上海商埠票通商五十年纪念八方连，中有一枚英文数值2 CENTS，系红黑色复印者。

此外罗门对于集邮小全张亦有陈列，以瑞士及德国两邮展小全张为最名贵。Langelutje君之俄国各种样票，亦颇出色。

综观陈列各品，在以前之二、三等票，现均提高身份。华邮价值宝已提高不少。又在西人邮展会中有此成绩，实属不易，尤见外人办事之精神有足取法。惟此次陈列中，十九为邮商出品，集邮家鲜见，大约为时间匆促所致也。

新光杂志 1939，7(2)

上海将有空前盛举之邮票展览会

地址：上海大新公司四楼

日期：十一月三日至七日

本会诞生于民国十二年，至十五年一月正式成立发行会刊，迄今已达十五年之久。八月廿四日本会理事会举行常会，经议决为纪念本会创立十五年周年，特举办盛大之邮票展览会。当经推举大会筹备委员分股办事。展览会会场事前由张璜诸君向大新公司商租四楼全部，该公司在本年原来已然余空之时间，以邮票展览会为各国特殊文献，故特排定十一月三日至十一月七日之期间，容纳此展览大会。展览之日期为星期一至星期五，因该公司实无法出租此屋，如须包括星期六、日则须延至明年春期，故本会不得不免强承租。五日租金为二千五百元，理事会诸公颇虑支出之浩大，当经陈志川君承认大会门票不足之数归志川君负担，常会之后，刘子惠君亦认捐五百元，故大会经费已不虞匮乏。展览会最大之希望，一为大会会场为全沪最适之地点，二为全国中外集邮家正荟萃于上海一埠，吾人不易见到之邮票，固能尽量浏览，即个人勾心斗角之陈列方式，亦可于此宽畅之屋宇大献鸿图。陈列内容约分四组，为国邮组、西邮组、少年组、邮学书籍用品组。国邮组当然为大会主要出品，故其中又须详细分列。邮票并不尊重于珍贵品，故凡排列粘贴、研究说明均占重要，所谓花叶扶助相得益彰。且大会主旨固在搜集精华，供千载一时之浏览机会，同时亦在发扬集邮运动，以引起大众收集作先驱，故会中除中外之成套邮票外，并特辟少年收集组，以为初集之示范。大会虽为本会所主办，但本会仅愿作一领衔，实际则盼望中外各邮票会会员尽量参加，故筹备会已敦请国内外著名集邮家参加外，并将分别函请中外各邮票会转请各会员参加。大会之筹备委员未加多推之原因，系欲集中力量办事，尤以征集组人员之不多，以便各同志可信任将征品交付征集委员。大会对参加人之出品一律估价保险，务使各出品人无所卦虑。大会将于会期完毕分别发给证状，以志谢忱，而不再发给比等奖，以免普通参加之减少。筹备会之总务组征集组宣传组现已开始办事，保管股须俟出品到后方始执行，场务股则须会期开始方实行。大会为增加收入起见，特于会场专设让品股，著名之邮商现已向本会筹备开始报名，但此组之设立并不限于邮商，凡集邮家有愿将复品出让者均可参加，并望外埠之邮商及集邮家来会参加。大会之招待组特别注意于外埠会员之参加，凡代定旅馆等琐事均当效劳。大会之门票已规定会员一元，非会员二元，名誉券十元（可用五天），团体券面洽，极盼各会友先期来会承销，使大会得满意成功。兹将本筹备曾各股办事人员台衔列左：

总务处

中文文书组：钟韵玉　陈葆藩

西文文书组：张承惠　梁芸斋　柳志川

事务组：王纪泽　张璜　张子俊　钟笑炉　陈志川

征集处

国邮组：陈复祥　王纪泽　陈志川　严西桥　周炜良

西邮组：张子俊

少年组：张景盂　王振家

邮学组：张赓伯

保管处　本会全体筹备委员及专责人陈志川

场务处

布置组：梁芸斋

招待纠察组：本会全体理事及专责人王纪泽
宣传处：张赓伯　周鸿晨　粱芸斋　张承惠　钟韵玉　张景盂
会计处：王振家　陈德清　钟笑炉
让品处：王纪泽　叶振拍　张赓伯

本筹备会各股总办事处在：
爱文义路福田邨七十一号　电话：六一一一八
霞飞路一〇三号二十一号　电话：七三九二四

新光邮票杂志副刊 1941（5）

从中国技术协会说到上海工业品展览会

葛逸华

中国技术协会是三月十七日正式由工余联谊社改组成立的，这是一个对于建设民主的科学的新中国抱着无限热忱的年青技术人员的大集团。抗战的胜利使中国在国际政治上获得了独立平等的地位，但这却并不是说，中国已经富强了。实际上在很多方面，中国都还非常落后和紊乱的，在乡村里，农民在重税与兵乱下挣扎，生活还朝不保夕，根本谈不到技术的改良和生产的发展；在城市里，八年的抗战并没有替中国的民族工业打稳基础，大后方的许多中小型的工厂因战争的结束而纷纷倒闭了，收复区的许多被敌伪强占过的工厂，则又迟迟未能复员，机器被呆置着，工人被摒弃在厂门外；在政治上，民主政治的推行虽已有了端倪，但距离真正的成功，还有相当艰苦的路程。在这建国经纬万端的时候，这些青年的技术人员没有妄自菲薄，他们觉得复兴中国是每个人的义务，也是权利，为了祖国，他们决定把自己的技术智识有效率的贡献出来，因此他们组织起来了电工、机械、土木、纺织、数理、医药、商业、农矿等各个不同的职业部门，交大、清华、大同、浙大、中大、南通、沪江、复旦、暨南、约翰、雷士德等各个不同的学校，总数约四百余人。他们又聘请对技术建设或专门学术有特殊研究的人士为该会正会员，以聆取他们的经验教训和指导。技协的纲领里说："本会以致力建设事业之发展使中国成为富强康乐之现代化国家为同人最高理想。"这愿望是崇高而又实际的。

技术协会的前身工余联谊社在普及技术教育方面，曾举办两次工业讲座，创办工程界杂志，设立中国技术专科夜校。技术学会成立后除将前面的这些工作继续下去外，又订了许多其他的计划，而这中间的第一项就是筹设上海工业品展览会。

在工业界呈现着一片凋蔽迹象的今天，来筹开工业品展览会，也许有好多人要认为不大适当，但事实上正是因为工业凋蔽，才更需要把实际情况表达出来，让大家注意。技协的会员深深了解这一点，决定不顾一切困难进行下去，他们希望这展览会能给予参加展览的厂商一个相互观摩联络的机会，能给予一般人一个鉴赏本国工业产品的机会，让大家知道，我们自己的工厂里倒底能生产些什么，它们的优点在那里？缺点在那里？如果有人因之而对工业生产发生兴趣，因之而变换他的目光将资金投向技术教育方面，那么"上海工业品展览会"便完成了它的使命。

四百个会员的努力是不会落空的，在社会各界的赞助和鼓励下，展览会已自三月廿四日起（每天下午二时半至七时半）在宁波同乡会开幕了，预定会期一星期，参加展览的厂商共九十三家，其中由各厂自己布置场地有六十二家，委托技术协会代为展览产品的三十一家。上海比较有名的民营厂家，差不多都包括在里面了。

展览会的内容，大别之分展览与义卖两部，展览部除将各厂商的代表产品一一陈列外，为引起大家对工业生产的兴趣并增加他们的技术智识，曾洽请厂家作活动模型的表演和制造程序的说明，厂家对此都乐于接受，这使展览会生色不少。现在已经参加活动模型表演的有中国化学工业社、中华铁工厂等八家，这里面有自动制牙膏机模型表演、磨床表演、喷务机表演、电话交换机表演等等。至于生产程序的说明，有的用照片表示，有的将各阶段的半制品依次陈列出来，还有到会场中来实地制造的，如裕华肥皂公司带了原料到会场中实地制造给观众看，给予观众的印象很深。此外还有科学世界，病理卫生常识，机械常识，电工常识的照片展览，在计划中的则还有天文台的装置，希望灌输观众一点天文智识，义卖部分专管商品义卖的事，这些商品都是向各厂家捐来的，义卖所得，拟全部充作技术教育基金。

无可否认，在这个展览会里看不到什么中国工业的辉煌成就，然而就是这一点可怜的成绩，也正是民族资本家不断奋斗得来的，此后民族工业的飞黄腾达，还有待于政治民主与经济民主的实现，我们希望这次的上海工业品展览会是中国工业发展史上的里程碑。

经济周报 1946，2(12)

从女工生活展览会眺望上海女工的远景

卢

女工夜校成立二十四年女青年会实践生活教育

上海的女工都知道女青年会劳工部办的女工夜校。女工夜校最近举行了第四十八届毕业典礼，那就是说：它已有二十四年的历史了。

“太平洋战争以后，虽然环境非常恶劣，我们的夜校缩小到只有四十多人，但我们仍不让停止，我们尽最大的力量使这工作不中断，只等时机到来再行发展。我们坚信敌人的寿命不会太长的。”

劳工部干事王女士这样告诉记者。就在这种奋斗的精神下面，女工夜校有了二十四年的历史。

每一学期终了时她们都要举行一次成绩展览会，让没有入学的女工们来看看受到教育的姊妹们有了如何迅速的进步，借以鼓励她们求知的欲望。这一次，成绩展览会扩大为女工生活展览会，初次把埋头苦干了二十四年的工作向社会展视一下。希望因此多得到一些参加这项工作的朋友。

展览会最大的特色是向我们启示了女青年会的教育方法不是旧式的、落伍的死板教学方式，而是进步的、活泼的、与生活联系起来的生活教育，在夜校读书的女工们有她们自己的组织：友光团。在这个组织之下她们做着各种活动：运动、旅行、演剧、服务、互助以及办刊物等。活动由照片表现出来，两种油印刊物是《曙光》和《友光饼》，学生自己写自己编，这这里面反映女工们自己的意见，我们可以看到她们是怎样跟着时代前进。

展览会分为两室，第一室是女工生活，第二室是女工夜校的一般情形。

走进第一室，第一张桌子上摆着各种罐头，好像食品商店，仔细一看，一张卡片上写着："我们有二十四个同学在罐头工厂做工。"接着下去都是"我们有XX个同学在XX厂做工"，纺织厂最多，有四百十三个，其次是织布厂，有一百四十六个，再其次是毛织厂，有一百三十五个。一共一千个学生来自十三种不同的工厂。各种工作成品给了我们极鲜明的印象。纺成的纱、织成的布、做成的套鞋以及漂亮的绸缎、美丽的花边，样样都是出自女工们的劳动之手。

第二室是成绩展览和生活照片。每天有许多女工们赶来参观，她们最感觉兴趣的是第二室。她们一面看着朋友或同学们的成绩，一面向同来的伙伴们介绍。记着亲眼看到这种展览会如何地起了鼓励的作用。看见照片上这些姊妹们如何快乐的旅行和穿着各种服装在演戏，我们可以想象还未入学的女工对于这种生活会怎样的憧憬呢！

两室的四壁除了照片外还有图书和表格。由此可以看出女青年会的工作是如何生动而有计划。最出色而意味深长的图书是"女工的希望"和"一个模范女工"。她们的希望并不高，只是：理想的工厂，安定的生活，工作八小时，和健全的托儿所。模范的女工是待人诚恳，坦白，态度活泼大方，生活整洁，朴素而卫生。如今这样的模范女工倒不少，而她们的希望则还远得很。

有许多统计表格很可以作为研究工人生活的参考资料。譬如：

一千个女工中间患沙眼的百分之八十，患肺病的百分之五十五，患胃病的百分之三十，贫血的百分之三十。这表示工人的健康问题如何严重。

一个女工徐阿翠在一年中因自己生病请假四十五日，丈夫生病请假七十四日，婆婆生病请假二十八日，婆婆死请假十日，孩子生病请假三十六日，实际工作只有一百七十二日。表格上面提出一个问题："这是谁的损失？"

工人工作时间，每日十小时的占百分之五十八,十一小时的占百分之十五，每日十一时半和十二小时的各占百分之七。

工人工资每月收入在十五万左右的人占大多数约有七八百人，收入三万和二十四万的最少，每一项仅有三五个人。

举办女工夜校显然是一件极困难的工作，当记者问及王女士怎样克服这些困难而获利今日的成功时，王女士含笑说：“的确，女工们在一天疲劳的工作以后，再要她们每天晚上来上课是很不容易的。这要经过许多说服和鼓励的工夫，我们五间夜校的十几位教员都是很刻苦而精神可佩的群众工作者，她们和女工交朋友，常常到她们家里去玩，为她们解决生活上的困难。她们不仅是女工们的老师，也是她们的良友。”

中国工人 1946(5)

上海市卫生展览会筹备经过

朱云达

我们从上海市民的罹病率高及死亡率高看来，知道上海虽是全国最大的都市，但文明程度实在不够，市民卫生知识水准太低。有三份之二的人，平时不知保健，有病不知接受科学医学的治疗，甚至有不少病人还在烧香拜佛，迷信鬼神，因此误死的人，不知多少！所以办理公共卫生，第一件事，应该是卫生教育，因为卫生教育是灌输人民卫生知识，唤起自觉，养成卫生习惯，促进身心健康，纵使不幸生病，也知道早期诊断，早期治疗，缩短生病时间，免除许多不必要的消耗。我们再从另一方面看，许多医院病人的拥挤，医疗救济经费的不够，药品来源的艰少，这种种现实的困难课题，更指示我人认识卫生教育在今日公共卫生设施上的重要性！

上海市卫生局对于卫生教育设施，在极少的人力和财力状况下，已尽力的在做，然而，终因卫生教育这项工作，设施的面积广，无法在短期内普及，且效果一时不十分明显，不易唤起市民的同情和自觉！再检讨我们的缺点，过去所做的卫生教育工作，大部分是教市民用听觉接受的，如中小学卫生教学、广播卫生宣传、各种卫生训练等，我们很想找一个机会，请极大多数的市民，在同一时间内，用视觉来接受卫生的知识，因为视频的观察，能使大家更进一层的了解，如果在一个场所聚集相当数目的群众，来体味卫生知识的重要，这是何等经济而有意义的一会事！因此，我们才毅然决然的筹备这一次上海市抗战胜利以后的第一次卫生展览会，说到展览会的目的，是很简单的就是：“用通俗的方法，把卫生和医学，介绍给市民”，因此我们尽量避免介绍机关团体的工作成绩。展览会是由卫生局发起主办，参加筹备机关团体，计有教育局、公用局、工务局、国防医学院、上海医学院、同济医学院、震旦医学院、圣约翰医学院、同德医学院、东南医学院、上海牙医专校、巴斯德研究院，防痨协会、美国新闻处等。展览品内容，计分解剖、生理、病理、细菌、寄生虫、传染病管理、护理、妇婴卫生、学校卫生、口腔卫生、卫生教育、环境卫生、卫生工程工厂卫生、药物等组。陈列次序，第一部解剖生理，使观众知道人体机构情形，人是怎样生活的。第二部告诉大家疾病是如何来的，生了病怎样抵抗它第三部告诉大家怎样保持和增进健康。

这次因筹备时间短促，经费有限，展览物品不能如理想的完全，一定不能满足观众的要求，这是我们非常抱歉的！

在筹备期间，承中央卫生实验院惠借大批展览物品，并派技师郁维协助筹备。又承震旦大学借给房屋作为会场。盛情均感，谨此志谢。

上海卫生 1947，1(5)

血的史诗

——记上海人权保障照片展览

静　文

上海通讯：

十年来中国人民始终在血泊中挣扎前进，向法西斯反抗，向统治者反抗。尤其是青年学生，站在时代的最前线，用血，用肉，用汗，在铺路，在开山，在造桥……

高潮紧接高潮，在连绵不断的冲击里，我们几乎被弄昏了头脑。在今天，为了提高同学们的警觉，惕励同学们的意志，加强同学们的信心，把近十年来的一篇血债纵列起来，在一字一泪的文件中，紧张悲壮的书面中，我们看到摧残人权的魔手虽然拼命地愈捏愈紧，然而正义不但没有损及毫发，相反的，愈长愈茁壮，愈生愈健硕了。

正当国大选举期间（十一月廿二、廿三、廿四日），上海奖励同学收集了许多宝贵的资料。从十一年前“一・二九”到今天的于子三事件，照片、漫画、当时的报章杂志、论文、新闻、文件、油印品、宣传品、木刻、学运史实，丑恶面、光明面，一古脑陈列起来，足足的三四个钟点，叫人浸沉在愤怒的回忆里，勾起了新仇旧恨，拼发出更炽旺的忿恨和力量。

民国二十五年，统治者用铁棍、木棒来殴打要求抗日的群众。胜利后，于再等四烈士的血染红了昆明。接着，较场口、沧白堂，凶手们更聪明了，用无声手枪击毙了李闻二先生，用失足落水搪塞南通惨案的责任。伟大的“六二三”，人民呼出反内战的吼声，千千万万的人潮，举起了同样的旗帜；反对内战！争取和平！

血还是汩汩地流着，铁甲车机关枪对准了手无寸铁的摊贩扫射，一方面，人力车夫臧大二子和女学生沈崇被美军击毙和强奸，另一方面学生开始组织起来！从抗暴联到学联，团结得更亲密亲切。

上海，“爱国者有罪”，今年二月九日，劝工大楼发生血案。“二二八”，台湾又举行大屠杀。继保障人权委员会成立后，全国学生重新喊出了“反内战，反饥饿”的口号，多难的五月，这历史永远腐灭不掉的日子，水龙和机枪造成了二十号的南京惨案。而战士们的血还没有凝固的时候，在武昌，中国革命的发源地，又有“六一”的武大惨案发生，我们的政府竟用达姆弹来对付学生。

穿插其间的，还有一次次的助学运动，同时用自己的手来温暖自己，抚育自己，然而，这也是不被允许的。今夏助学联申高山同学，就这样的失踪了，最近上海被捕的光华大学金慧玉同学，罪名也就是参加了青年会的学济会工作。

于子三惨死了！又是一个信号，是黑暗将更黑暗的信号，是光明将更接近的信号！

带着沉重的脚步、心境、头脑，跨出会场，猛抬头，壁上涂着四行大字：

大江流日夜，中国人民的血日夜流！

我们不能让他们白死！

他们是不会白死的！

岔然提起笔，在出口处的意见书上，写下了“更坚定”三个字。

燕京新闻 1947，14(7)

介绍联合国展览在上海继续举行，第一日即到观众万余人

本报上海讯：

总会与励志社总社前在京合办“介绍联合国展览会”，内容尚称丰富，深得中外人士好评，已志上期本报。联合国驻沪办事处为徇沪市人士热烈要求，经与会社当局多次洽商，决定将全部展品运沪展览，业于本月十八日在上海黄浦路一〇六号联合国大厦揭幕，第一日即到观众一万余人，定于廿七日闭幕，沪上人士当可大饱眼福。

本报上海讯：

联合国照片展览会今“十八”起在黄浦路一〇六号联合国大厦开始展览十天，每天上午九点到下午六点，不收门票，欢迎市民参观。

联合国展览会由联合国驻沪办事处、励志社和新运促进总会举办，十七日下午五点到七点，举行预展招待上海新闻界，及各界首长、名流、各外国使节，济济一堂；联合国驻沪办事处主任朱宝善和全体招待人员殷勤为参观者解说照片内容。

五十七个国家的国旗飘扬在大厦门前，一进门就被壁上的和平字样吸引住：“联合国十七万万五千万人要互相谅解，永奠和平”的红色大字，已说明了全部七百多帧照片所显示的各国人民的活动意义。展览会场有四个房间，第一室全是会员国单独介绍的彩色照片，在照片上你可找出这个国家的人口、出产、建国年代、土面地积、语文等详细内容。从A字开头的澳大利亚到以Y字收尾的南斯拉夫都有解说。在这部简明史前，我们还可看到人类史上可贵的文件：如一九二五年的总理遗嘱，一七八九年的美国《独立宣言》，一九三六年的苏联宪法，一九四一年的罗斯福自由……这些用血、用人民的奋斗换取出来的文件，如今在烽火中的我们看来，真愈觉得其亲切。我们又走进了第二室，有各会员国的风景照片，郁郁的森林、旷阔的平原、小康家庭生活的快乐

照片，都一一陈列在眼前，我们好像用眼一瞥看到了全世界，那画面上没有战争的全世界。第三室是专门解说介绍联合国本身组织的照片，有图表，有各部门工作情形。我们看见会中外交家们折冲樽俎，滔滔雄辩；我们看见了莫洛托夫和贝尔纳斯在握手，中国的代表王世杰又在和其他的小国的代表晤谈。“天下一家”“世界和平不可分离”的景象，又呈现在眼前。我们更可以懂得安理会是什么，经济社会理事会有那些国家，国家法院又有什么模样，然后我们进入了第四室。那是如今在世界外交中占重要地位的中、英、美、苏、法五国的介绍了，他们是联合国安全理事会的五常任理事国。中国的唐佛石刻，汉代的古董，成都华西坝的风景，北平颐和园的秀丽图片都可以在瞬息间被我们流览。苏联的选举，莫洛托夫、史达林都拿着票放进柜箱里，旁边并没有好奇的人拥着，一些躺在医院的病人，一百三十岁的老者都在投票。美国人活洁的精神又闪耀在眼前，新的文化，新的人种，力生上说：“美国除了土著的印第安人外，每一个都是移民的后裔；他们自来世界各地，形成了新的文化。”英国争取人权的光荣历史，庄严宏伟的议会，在雾伦敦中坚实朴素的人民。然后我们又看到了法国，他们又一次一次的制定宪法，一年又一年的人民取得了胜利。无数的照片，给我们极大的启示。正如我们看到联合国徽（加拿大艺术家安佛来杰作）所显示的一样：泥土中培植出一棵茁壮的大树，全世界的国家都在大树上发芽成长，天下是一家。从图片上看看世界和平，当不会有望梅止渴之感吧！

新运导报 1947，14（6）

上海国货展览会及其他

家　祐

一

六月十九日揭幕的上海国货展览会，到现在已经有两个星期了。

展览会的地点在南市蓬莱路，离开闹热的中心市区的五条大马路还有一段距离，那附近一带的建筑物，一般说来没有大马路一带那样雄伟崎峨，而且行人的表情也不及中心区的来得急迫匆忙，初看起来，说它不是上海都可以。中华国货厂商联合会，选择这以一片荒落而偏僻的街道，举行国产品的展览，倒确有一点令人堪发深思的。

开幕那一天，蓬莱路上的气象颇有几分热闹，到会的除了各厂商代表、市民外，各机关首长也大都出席，车水马龙，人数总在千人以上。

展览国产品的房舍是用竹席搭盖而成，席棚的支柱不是钢骨水泥而是木椿同木板，席棚里面划分成许多小间，参加的厂商，可以任意租用，有的占一间，有的占两间，不过占一间的居多，间与间之间以陈列的货品作为界限，既没有木板相隔，也没有什么布幕作挡，一眼看去，颇像排设地摊的样子。但会场的布置在这样的物质条件下，可以说是费了一番心思，要是你有耐心转场一周的话，你可以经过每一家参加陈列着的商品的前面，看到每家铺面不同的摆设，以及每一位主持其事者的表情。

每一家铺面都有一盏电灯，霓虹灯是没有的，电线电灯都是临时架设自不待言，据说装设这一千多支电灯，还有着一段故事哩。最初公用局方面是不肯接线，理由是本市电力不足，国货厂商联合会方面几经交涉，绞了不少脑汁，最后，如果再不接线，参加的厂商就打算关了那间小铺面，一齐至市政府去请愿，这样才把问题解决了。霓红灯的装设负责当局始终不肯应允，官方的理由是说提倡国货的人，何必用这些玩意呢。说起来也不无道理，不过这么一来，整个展览会场入晚就大减色，来去的游客，在一样的色调之下，逛不到一个圈都会感到乏味的，如果与大马路一带声色俱全的大百货商店比起来，确实有点"情景惨澹"，至少说不够使人振奋。当然用电算电费，用水自己接水管，国货厂商方面化了一笔大钱才把蓬莱路上的水管接到展览会的场内。

这次展览会的布置不论是表面上或实质上都有着十足的中国气派，一眼看去可以看透了中国国货厂商的处境同遭遇。特别不幸的是昨天那场暴风雨所加之于厂商们的辛酸滋味，草席做成的房舍毕竟经不起一阵阵的急雨狂风。草席被吹落的有，木柱吹歪的有，雨水透过草席的缝隙除倾盆而下的更不消说，不仅是货物受潮，人受淋，住在草棚下面的厂商伙计受吓受惊，而情景之惨，据一位厂商的伙计说，这颇有点象是当前国货的处境，它所处的国家，无法保护不受暴风雨似的外货的袭击，国货的厂商，真是受尽了折磨同恐怖呀！

那么，大马路的高大的洋房又怎么样呢，我请不少厂比较一下他们半月来营业的情况，大致都说来参观的人一天比一天少，谁肯到这样可怕的地方来买卖货品呢，就是参观一下，也不如到富丽堂皇的百货店中逛逛来得有趣。

二

所以，他们的营业大都不振，不少厂家每天的收入不过一千万元到二千万元之间，情况好的自然也有，不过不多，有些完全为了展览货品而来，并不出卖，有些是以赚钱的目的，除了出售本厂出品外，也兼营一点他厂的货色，据说联合厂商方面曾经一再取缔，但收效不大。

这次报告，参加的厂商有二百六十余家，货品几乎样样都有，其中值得注意的是，半数以上都是棉织厂商的出品，其余的有食品、橡胶、颜料、化学品、热水瓶、各种药品、铅笔、铅笔、雨伞、搪瓷、牙刷、灭火机、钢精成品、陶瓷器、钟表、剪刀、皇蜡、五金、皮革等轻工业成品，另外还有一些道地国粹，如饮食摊、中药铺，点辍其间。

其次，国营厂方面也有参加，中纺、资委会的上海机器厂，华北水泥公司，也都租有房间参加这次展览，不过样品都少得有趣，仿佛只是为了应应故事，凑凑数目而已，也许由于货物的搬动不大容易，因此，就不愿意多运来展览。

半月以来，已经有三家歇了业，一家是钟表店，一家是百货店，还有一家是冷食店，除此以外，有没有歇业的，就没得而知。据筹备这次展览会的人解释说：那家钟表店家中有事，其他也许是由于营业不佳。既然来了，又关门而去，倒也值得惋惜。不过，在这里又可以看到目前的国货厂商不管将商品运到那里，就是把它摆到在离开充斥着外货商场更远的地方，也难免不走进关门的一条途径，何况蓬莱路离开大马路不足十里，社会人士对于国货产品的展览又是如此轻视与漠不关心呢。

三

国货厂商目前最感痛苦的是原料的缺乏与资金周转的不灵，原料变成货物之后，又不敢轻易脱手，因为货物脱手以后，补不进原料，开设铺面的厂商，更陷入上午卖出一批货物的资金，到下午又补不进同样多的货品，这样下去，商店停者保持货品不卖，保全币值。而工厂方面，成品找不到销路，由减产而停工，从这次国货展览中又可以看到他们内心中这股苦味，有些厂商说他们并不希望一定多卖，以这样的价钱卖出去，厂内还是有亏无赚，因为来这里既然是展览成品，标价都比市面为低，卖的多，赔出的也多，一般说来，只要维持住开支就可以。他们租的房间是每间二千万元，后来的增到二千五百万元，吃饭是包的客饭，每人一天四十八万元两餐。筹备这次展览会的国货联合会方面真是煞费苦心，据说该会的五十多亿的基金都已全部用尽，以后这一个多月如何维持，很成问题，原来打算展览两个月之后还要继续下去，看目前的情形，多半不可能。首先这大席棚能不能支持到两个月以上，而且在秋凉风紧的季节里，参加厂商的伙计们将恐无法度过这么可怕的日子，何况展览不到一个月前往参观的人就如此廖廖无几，两个月以后的情形更可想而知了。

四

国产品的处境，如何弄到这步田地呢？该会开幕宣言中说："我国经八载之抗战，人民亟待昭苏喘息，而全国各地战乱频年，农村经济濒于破产，都市百业日呈凋疲，工商界遭此动荡之影响，加以币制之贬值，税捐之迭加，运输之困难，已是气息奄奄……近则日本从美国之扶植，工业已逐渐恢复，其出品已正图卷土重来侵占我国市场……"国内工业厂商在通货无限制发行之下，币值跌落已至恶性膨胀的程度，加之华南各地施用港币，青岛天津一带使用美钞，内地各都市使用银元，农村中以实物作交易之媒介，港币、美钞、银元、实物结成了一条"统一战线"，一齐向法币进击，法币在广大人民的面前已失去信任，但政府为应付庞大的军事上与行政上的开支，必须大量发行法币而且把它运往各地，法币到那里后，抵抗不了各种势力的侵袭，很短期间就又以"游资"的资格，回到老家来。"游资"象是"游兵散勇"般的在市面上兴风作浪，打家劫舍，国货厂商在这种游兵散勇的骚扰之下，怎么能够支持下去呢？政府当局又为了遣散这些一阵又一阵四面八方涌来的"恶汉"，就征收这种税，那种捐，又是弄得国货厂商苦痛不堪。同时战区不断在扩大，法币与货物流通的范围都逐渐缩小，农村亦复不宁，住在都市中的人，除了特殊豪富者外，公教人员及一般市民大多都在食不果腹的情形下，更谈不到多余的享受，购买力的低落就是日用必需品也都能省就省。其他，如自农村中逃到都市来的豪绅地主等，需用的东西也有减少的趋势，农村经济破产，国货的销路主要靠大小城镇，可是在城镇的百货商店中，大都被外货充斥着，甚至外货以压倒的姿态盘据着各大公司的框架与橱箱。

加以，美国扶植日本工业的复兴不遗力，美国供给资金技术，日本供给廉价的劳动力，货物的成本非但低落到百分之卅左右，而且品质又佳，为了销外的方便起见，美国又用“以货易货”的方式向东西各国推销，如此尚有不足，并将在日本货品上打印着“Made in U.S.A.”字样，说是美国出品。如此下去，日本工业的复兴指日可待，国外国内仅有的一点市场，在极短期间内就要被美日联合公司的出品所击败，前途发展实堪忧惧。

我们实在不愿揣测日本工业复兴经济侵略所引起的军事后果，就在目前，华南华中已经发现了大量日货或冒牌美货的公开出售，上海方面，除了中信局公开标售过一部分日货呢绒以外，只听到有些厂商说已有不少机器零件走私到了上海，日用品方面亦有发现，惟尚无定论，这的确是一件大危机，这一危机不仅威胁着我们这一代经济的财产，可能威胁着我们的生命与安全。

国货厂商仅仅提倡国货，还是不够的，如果“国货”做不了一道万里长城抵挡往外洋货的侵袭，而等到外货追来之后，再一齐高呼捉贼，那已经是来不及了。

五

参观了国货展览会归来，觉得国货厂商联合会负责方面苦心劈划的成绩，已经令人十分满意了，不过，透过这次国货展览的背影，深深感觉到国货厂商的处境是可怕的，行走在这个大席棚中不时可以闻到发自他们内心的辛酸气味。

一九四八，七，五

经济周报 1948，7(3)

参观上海职业青年生活展览会书后

费　信

不久以前，上海青年会举行了一次职业青年生活展览会，把上海不同阶层不同部门的职业青年的生活状态，用图画，用表格，也用文字，活生生地表现了出来，使外界人士明白占上海人口极大部分的职业青年，正在度着怎么悲惨的日子，又怎样焦急地在期待着光明的到来。笔者参观以后，更是不胜感慨！是的，我们自己的生活也迫切地需要着改善；但，这次展览会提醒了我们，原来有很多很多的人正过着比我们更苦痛的生活，我们怎可以仅仅以改善自己生活为满足？何况这所谓改善，还渺小不足道呢！

逐一介绍那些有趣的然而是触目惊心的图表，是不可能的。在这里只能核要地引几句图画的标题。至于具体的情况，我想读者诸公还没有现款存花旗，地产在纽约，交美国朋友，吃美国面包的特等“华”人在内，对于中华民国职业青年的疾苦，不至十分隔膜，总不难按照文字去想象的吧！

展览会中占比例最重也最引人注意的是教师生活的图片。我们贫苦的公务员，一年两度，接到了孩子们就学的学校当局开来的巨款学费单，谁不在暗暗地咒诅呢？的确，学费在我们是一个沉重的负担；但，这辈为国家造育人材，受着“教育第一”的政府当局优礼的教师们在过着怎样牛马不如的生活呀！请看吧，这里是几幅图画的标题：

一、“车儿快又便，价高坐不起，南市杨树浦，早晚拼命赶。”

二、“空肚到学校，饥肠咕咕啼，见了学生面，忘了肚子饥。”

三、“教到“生活苦”，破碎心暗酸。”

四、“白米无福享，大饼充午膳。”

五、“天天教人读，儿女读不起。”

六、“工作山样重，深夜忙改批。”

七、“薪水蜗牛爬，物价升如飞。”

八、“无情粉笔灰，带来恶‘T.B.’”。

九、“抱病犹上课，病深医无钱。”

十、“耗尽最后力，呻吟在床笫。”

十一、“温暖良友情，难疗病中体。”

十二、“大炮震天响”；

十三、“处处是灾黎。”

十四、“尽瘁为教育，至死而后已。”

十五、“哀悼变愤恨，刚结是力量，造成悲惨局，谁应负其责”。

其次是技术人员。除了建筑滇缅公路的照片以外，最引人注意的是郝贵林工程师的遗嘱。郝先生旅法二十年，抗战期中决心抛弃了妻子回国服务；终于因为找不到事，穷困自杀。那遗嘱说："到重庆后，假中法比瑞同学会打地铺，但也并不敢抱怨。奇怪的是没有甚么地方需要我们！为了工作，我也曾拜访过几位要人，但他们反而向我们诉苦，说连他们也都在飘摇之中……。"在另一幅图案里，我们听见了深沉的叹息："在中国这块土地上，那些为着别人的幸福而辛勤劳动的技术人员绝对的多数却在忍受着生活的熬炼！"同样是一百五十元的底薪，在外商的企业公司里可以拿到一千四百万元（本年一月份），而在政府的技术机关里，却只拿到五六百万元！一方面口口声声说是中国缺乏技术人才，一方面对于技术人员的待遇却是怎样的刻薄，试问技术人才难道可以西北风培养起来的幺？说到这里不仅又想起我们海关来了。胜利以后，多少经过长时间训练的船员们离弃了海关（不，是海关离弃了他们呢！）别谋温饱的职业去，遗下的职业自然只有照金镑计薪的外国船员可以填补，这就是独立自由四强之一的中国奖掖技术人才的方法！！

因为地位的关系，教师和技术人员特别值得同情，但职业青年中过着悲惨的生活的还有的是呢！譬如说——

一、银行从业员："钞票堆积如山，出纳眼花手酸""每日工作至少十小时，吃饭都难抽身""雇佣无能力，公后自烧炊""鱼油买不起，咳嗽无处医""谁说待遇好，养不活妻小""薪水匍匐上，物价直线飞""同是金饭碗，待遇分十等"。

二、邮局："送信，拣信，收信忙""朝朝暮暮，白发来头到，腰弯没精神"！

三、说到女子职业，接线生该不算顶坏吧？可是，"没有光，没有热，在监工严厉的监视下，送走了青春；我们操劳，我们捱苦，但甚么时候才能改变环境，享受合理的生活？我们期待黎明！"是的，谁不在期待黎明！

四、药房中的雇员："每天伙食费计三十余万元。早晚十二桌，平均每人每餐二千元，买不上一根油条！""配药间又小又暗，空气阳光都不好""每月薪金二百五十万，休想讨老婆"。

五、典当业："没有阳光，牢狱似的生活；没有青春，从少年到白头""利息三角六，老板得二角九？余归伙计分配，每月不到一百万，老婆妻儿养不起”。

六、估衣业：“既唱且做何逍遥，问君能呼几多春！”

七、至于说到学徒生涯，那更加不堪了。这里是颜料业学徒的故事：(一)十五六岁进店拜先生；(二)六时起身开牌门，打扫店堂倒痰盂；(三)搬运一百二十多斤的桶子颜料，性命交关；(四)包扎颜料分子飞，染在脸上活像“大花脸”；(五)调拌颜料，分子飞入鼻孔伤肺部；(六)残羹冷饭，吃不饱饿不死；(七)经年颜料侵蚀，冬天皮开肉烂，夏天饥肤薰肿；(八)大热天炉上染样子；(九)卖命生活月换念万元；(十)三年苦出头，当个柜台员。

恕我不能一一的征引了。所遗憾的，这次展览会有银行有邮局，就是没有海关员工生活的图片。其实这素称“金饭碗”“头等职业的”的关饭，何尝没有阴暗的一面。随便说吧，Night Watch 的，风雪中孤零零地伫立在江边的黑夜里，自日落以至午夜或自午夜以至天明腹饥身寒力疲神倦；抄班的，出入于煤堆锅炉之间，即使厕所垃圾堆都得摸索搜寻，而且还有落水下锅的危险；缉私的，无分昼夜，在荒山旷野里巡罗，随时提防着致命的袭击；巡舰上的船员，连日连夜，在波涛汹涌的海上颠簸；灯塔的看守员，朝朝暮暮，和白茫茫无涯际的海水为伍……这些不都是很动人的图片么？而现在的待遇又是那样的菲薄：除了少数人以外，谁不是前支后空，寅吃卯粮？衣衫破旧无法添补，老妈子走了无法再雇，多少同事的太太充当杂役不算，还得撇了孩子找事情贴补；自己下班以后，还得帮忙生煤烛带孩子；一旦生了病，非但不能好好的休养调摄，还得奔走告贷筹措医药费——天呀，安得善绘者把这些景况绘成图片，叫人们看看这百年来首屈一指的职业现在沦落到如何地步！免得蒙着眼睛说瞎话的一些大主笔大法官，还在背着战前的老套，什么“海关待遇特优”！

我希望再有一次职业生活的展览，更希望那时有我们关员生活的图片参加展览。

关声 1948(复刊 8)

六 生活服务

《上海工商业异动报告》之卫生、清洁、娱乐业

新创五家，改组一七家，闭歇三家

医院、诊所

新创

商号	组织	地址	资本	主体人	筹备经过	日期
中央诊疗所	独资	康脑脱路四五九号		田祖芬		一
俄国医院		善钟路二三〇号				四
景贻孙诊所		爱文义路派克路西平和里一九号				六

衣着洗染

新创

商号	组织	地址	资本	主体人	筹备经过	日期
扬子机器洗染商店		福煦路四六六号				一二

改组

商号	组织	地址	资本	主体人	改组原因	日期
新汇兴公记洗染公司（前）	独资	蓬路一六二号		罗公记	原主无意经营，出盘	二五
新汇兴恩记洗染公司（今）	独资			冯恩记		二一

（续表）

商号	组织	地址	资本	主体人	改组原因	日期
合群洗染公司（前）	股份有限	霞飞路六四六号			营业清淡，原主无意经营，出盘	三一
合群洗染公司（今）	股份有限			茅傅宗		
华盛全记洗染厂（前）	独资	赫德路三三八号		俞全世	原主无意经营，出盘	二六
华盛全记洗染厂（今）	独资			孙武贤		
丽华洗染厂（前）	独资	西新桥余庆里口六九号		华金实	输值期满	二〇
丽华洗染厂（今）	独资			华金发		
合群洗染公司（前）	股份有限	蒲石路			营业清淡，原主无意经营，出盘	三一
合群洗染公司（今）	股份有限			茅傅宗		
中央聚记第三支店（前）	合伙	广东路四七二号			原主等无意经营，出盘	一〇
中央华记洗染店（今）	独资			王瑞华		

闭歇

商号	组织	地址	资本	主体人	闭歇原因及亏损数	日期
合群洗染公司		霞飞路六四六号				二四

沐浴

改组

商号	组织	地址	资本	主体人	改组原因	日期
上海浴室（前）	合伙			毛桂实	股东无意经营，推股	二六
金山浴室（今）	合伙			沙学政		

理发

改组

商号	组织	地址	资本	主体人	改组原因	日期
千里香贵记理发店（前）	独资	天潼路泰安里口七一七号		陈实贵	原主无意经营，出盘	一四
千里香堃记理发店（今）	独资			陈根生		
泉乐也理发店（前）	独资	七浦路四一七号		陈步泉	原主无意经营，出盘	九
光明理发店（今）	独资			刘少青		
发记理发店（前）		浙江路			原主无意经营，出盘	一二
发记理发店（今）	独资			谢庆裕		

戏院、电影院

改组

商号	组织	地址	资本	主体人	改组原因	日期
诚谊公司卡德大戏（前）院	合伙	卡德路新闸路口		丁澄记	股东丁君无意经营，推股	一
诚谊公司卡德大戏（今）院	合伙			钟鼎记		
文记维扬共舞台（前）	独资	梧州路一五〇号		朱文记	原主无意经营，出租	一
维扬共舞台（今）	独资			张柱生		

游艺场、舞场

新创

商号	组织	地址	资本	主体人	筹备经过	日期
东方舞厅		爱多亚路朱葆三路口八号				

改组

商号	组织	地址	资本	主体人	改组原因	日期
明星舞厅（前）	独资	爱多亚路淡水路口		王震廷	原主无意经营，出盘	九
明星舞厅（今）	独资			马庸梁		
顺风舞厅（前）	合伙	北四川路		潘文卿	股东潘君无意经营，退股	二五
顺风舞厅（今）						
桃梅按摩院（前）		浙江路同春坊内三号			原主无意经营，出盘	一五
桃梅良记按摩院（今）						

闭歇

商号	组织	地址	资本	主体人	闭歇原因及亏损数	日期
明星舞厅	独资	爱多亚路淡水路口		王震廷	市面萧条，营业清淡，无法维持	五

照相馆

改组

商号	组织	地址	资本	主体人	改组原因	日期
蝴蝶摄影社（前）	合伙	福州路七三八号		田德良	原主无意经营，出盘	二九
新上海照相馆（今）	合伙			刘顺龄		
天天照相馆（前）	独资	北河南路二二七号		陆松桥	原主无意经营，出盘	一
洛阳照相馆（今）	独资			鲁永霖		

闭歇

商号	组织	地址	资本	主体人	闭歇原因及亏损数	日期
冠芳照相	合伙	东煦华德路六四五号		罗介卿	债欠房租	一七

上海工商业异动报告 1937

《上海工商业异动报告》之旅馆、饮食业

新创四家，改组三四家，闭歇一〇家

旅馆、商栈

改组

商号	组织	地址	资本	主体人	改组原因	日期
上海洪记新旅馆（前）		广东路五〇六弄一二号			原主无意经营，出盘	一三
上海兴记新旅馆（今）						
恒通新旅馆（前）	独资			吴延龄	原主无意经营，出盘	一八
（今）	独资			张松林		
公和松记旅馆（前）	独资	徐家汇路三六三号		张秀堂	原主无意经营，出盘	二五
（今）	独资			俞金水		
新实和旅社（前）				王嘉安	营业不振，原主无力经营，出盘	二四
（今）						
爱多动记旅社（前）	独资	八里桥徐庆里一〇号		张祖熏	原主无意经营，出盘	一九
爱多福记旅社（今）	独资			谢福章		

（续表）

商号	组织	地址	资本	主体人	改组原因	日期
招商旅社（前）	独资				原主无意经营，出盘	一五
招商恒记旅社（今）				黄炳荣		
金城旅社（前）		汉口路五七〇号			原主无意经营，出盘	一
金城洽记旅社（今）						
霞飞公寓（前）		白尔部路六〇至二号			原主无意经营，出盘	三〇
霞飞云记公寓（今）	独资			凌云章		
新生活公寓（前）	合伙	八仙桥		刘光军	原主无意经营，出盘	二六
新生活公寓（今）				李秉义		

闭歇

商号	组织	地址	资本	主体人	闭歇原因及亏损数	日期
江苏旅社		广东路三七九弄五〇号			市面萧条，营业清淡，周转不灵，无法维持	三一
中兴旅社		霞飞路一三五七号		王竹平	积欠房租	一
东新合记旅社				许章生	受原主纷扰，无意营业	一三
老实和旅社				王嘉安	市面萧条，营业清淡，周转不灵，无法维持，	
新实和旅社				王嘉安	市面萧条，营业清淡，周转不灵，无法维持	

茶馆、茶楼

新创

商号	组织	地址	资本	主体人	筹备经过	日期
哈同协记饭店		南京路哈同大楼五一八〇号A				一五
蜀艘川菜社		汉口路广西路口		徐鹤轩		一
三民食品馆		福州路旧锦里				二一
蓉成川菜社		汉口路扬子饭店东				二四

改组

商号	组织	地址	资本	主体人	改组原因	日期
大新酒楼中菜部（前）	合伙	南京路大新公司五楼		汪为樑	经营不善，出盘	一一
大新协记酒楼中菜部（今）	独资			陈化章		
长江川菜馆（前）	合伙	华格臬路二七号		刘镇中	原主等无意经营，出盘	六
长江运记川菜馆（今）						
胜鸿泰酒菜馆（前）	合伙	浙江路先施公司对过			原主无意经营，出盘	二九
胜鸿泰春记酒菜馆（今）	独资			叶元龙		
福禄园寿记菜社（前）	独资	牯领路一四一号		王振廷	营业不振，原主无力经营，出盘	五
福禄园寿记菜社（今）	独资			沈骏发		
美生祥记西菜社（前）	独资			张梧冈	原主无意经营，出盘	一七
（今）	合伙			胡赓佩		
世界兴记食品社（前）				陶玉荪	营业不振，原主无力经营，出盘	九

（续表）

商号	组织	地址	资本	主体人	改组原因	日期
世界食品社（今）	独资			陶玉荪		
生源食品公司（前）	合伙	广东路三〇八号		朱志昌	原主无意经营，出盘	一
生源公记食品公司（今）	合伙			孙克成		
天佑饭店（前）	独资	静安寺路润康村一七八号		王源发	原主无力维持，出盘	二三
（今）						
奇美洽记饮食店（前）				顾崇富	股东顾君无意经营，推股	九
奇美洽记饮食店（今）				缪长林		
天香菜饭店（前）	合伙	麦根路三九号		张其其	股东张君无意经营，推股	一六
天香菜饭店（今）	独资			杜尚文		
极乐园餐室（前）		北四川路四八五号			原主无意经营，出盘	九
九龙酒家（今）				李步青		
邑庙湖心亭茶铺（前）	合伙	邑庙		华润生	股东华君无意经营，推股	二三
邑庙湖心亭茶铺（今）	独资			刘慎康		
美华茶楼（前）	合伙	北福建路一七五号		钱王氏	股东钱氏无意经营，推股	三一
美华茶楼（今）	合伙			陈浦氏		
万生茶楼（前）	独资	方斜路一六七号		吴正福	原主无意经营，出盘	一三
万生茶楼（今）	独资			韩文良		

（续表）

商号	组织	地址	资本	主体人	改组原因	日期
品香永记茶楼（前）	独资			黄镜心	原主无意经营，出盘	一
品香茶楼（今）	独资			陆胜祥		
万升楼（前）		吴淞路猛将堂口			原主无意经营，出盘	八
大升楼（今）						
德胜增记茶园（前）	独资			吴阿增	原主无意经营，出盘	九
（今）	独资			王德胜		
德胜鑫记茶园（前）	独资			王德胜	原主无暇兼顾，出租	一
（今）	独资			施锡彭		
荣兴园老虎灶（前）	独资	康脑脱路康乐里口一六一号		黄步高	原主无意经营，出盘	八
荣兴园庆记老虎灶（今）	独资			孙庆山		
福兴园老虎灶（前）	独资	天津路四四七号		周财发	朱君收回自营	
福兴园老虎灶（今）	独资			朱文辉		
福兴楼老虎灶（前）	独资	王家码头街一五八号		徐福生	原主无意经营，出盘	九
福兴楼焦记老虎灶（今）	独资			焦仰峰		
南兴园老虎灶（前）		南市庙桥路八三至五五号		周文炳	原主无意经营，退租	二二
南兴园老虎灶（今）				沈炳笙		
复兴园老虎灶（前）	独资	制造局路凌家宅义昌里三号		沈王氏	原主无意经营，出盘	二五

（续表）

商号	组织	地址	资本	主体人	改组原因	日期
新兴园老虎灶（今）	独资			薛盘		
井泉园运记热水炉（前）	独资	菜市路祥顺里口二七〇至二号		姜阿二	高君收回自营	八

闭歇

商号	组织	地址	资本	主体人	闭歇原因及亏损数	日期
松鹤楼菜馆	独资			姚朱明德	市面萧条，营业清淡，周转不灵，无法维持	三〇
福兴园菜馆		老北门民国路六四五号			市面萧条，营业清淡，周转不灵，无法维持	三一
世界兴记食品社				陶玉孙	市面萧条，营业清淡，周转不灵，无法维持	九
复兴园		铁马路			欠租停业	六
福新园		九江路			欠租停业	六

其他

改组

商号	组织	地址	资本	主体人	改组原因	日期
长顺俊记粥店（前）	独资	北浙江路二四〇号		谢文俊	原主无意经营，出盘	
长顺粥店（今）	独资			吴汝荣		

理发业在上海

剑　光

富人一理发，穷人一月粮

海禁开后，很少蓄发了。于是应运而生的理发店，在繁盛的都会里，是几如雨后春笋。他们尽量注意到门面的装璜，坐椅舒适，用具的新颖，花式的繁多。高迹一点的，户说每客每次要五元至十元不等，门前的汽车，远远的排列着，生涯鼎盛，门庭若市，上海就是这么一个地方，越贵越是“吃香”。真所谓富人一理发，穷民一月粮，在饥饿线上挣扎的我们，只有像治洪水的大禹，三过门面不入，着青布长衫的朋友，即是硬着头皮，勉强赤进去，也有些“麻布上镶黄金”般不称配。因此，只好物色起码一点的理发点，胡乱把头发剪掉就算了事。门前的价目表上，写着男宾理发一角五分，最合胃口，因为给他二角大洋，还附带五分社会习惯式的“小帐”，就是受他们称谢一声，于是也觉当之无愧。以前内地的学生，在军事化的管理之下，也都是“牛山濯濯”，女生是以不烫发为原则。上海在非常时期中，形成孤岛上后，一切无不非常。学校里的男女学生，单在头上用的功夫，为时实不在少数。女生的头发，是她们美丽的表现，除去少数朴实求学者以外，无不尽态极妍，刮垢磨光。花样之多。恕我外行，不能一一备述。男生也大都头发梳得雪亮，必要时还带一些水浪纹。大有书可不读，发不可理之概，令人良深浩叹！

还有过于不民化的理发，也值得检讨。因为他们挑着理发的担子，沿着马路边，随时随地的停下，代那些老乡们理发剃头。头发经风一吹，风卷残絮般满天飞扬，会吹到“家常便饭”的肴菜里，甚至行人的眼睛里。对于公共的卫生，影响是多么的重大。而且所有的面盆手巾，垢污不堪。为人挖耳朵、打眼睛，更是要不得的手术，大有严厉取缔的必要。总之，我们的理发固然要经济化，但是不能忽略的，是清洁化啊。

大观园 1940，2(1)

沪照相业材料缺乏

上海消息：

沪市照相业，自太平洋战事发生后，材料来源大感缺乏，早已家家改用敌货。而敌货则以战事关系，亦极少到沪，故于伪报分类小广告中，时可看到征求照相材料之文字，照相店所悬价目，乃亦时见增高。据四月中旬调查，比较公道之照相店定价，为二寸三张加送□寸一张，计伪币二百元；二寸□张加送十寸一张，计伪币五百元。

苏讯 1945（63—64）

七 殡 葬

各教俱备之大殡仪馆

兹有各界绅商集资削办中央殡仪馆。在沪西戈登路劳勃生路，拓地数十亩，聘请国内著名建筑师，仿照欧美最大殡仪馆式样设计。动工建筑以来，已历数年。现次第竣工。馆外有巨大停车场及门楼，式若皇宫，内则广宽，甬道两旁铺以碧绿草茵，并有硕大无朋之庄严礼堂。内分宗教礼厅，若佛教、天主教、耶稣教、犹太教、回教等。均聘请各教富有经验之专门人才管理。务使丧家安心委托。另有美容专家为死者化妆。无论何种死态，一经化妆，可使面目光焕，奕奕如生。再备有富丽之停尸室，以便远道亲友至申视殓。该馆备有卧室数间，专为亲友睡卧，可称殡仪中之别开生面者，其他若灵柩车、接尸车、来宾客车及各种欧美名贵铜棺、玻璃棺、国产楠木馆，均选最上等，至一切费用，则务求经济平民化。非若其他以营业为前提。闻该馆经理陈君，经验宏富，决采用科学管理。陈君并热心公益。复特另设平民丧葬部，俾化有限之金钱，可将一切衣衾棺椁办就。闻该馆不日即将开幕云。

兴华 1935，32(35)

殡仪馆

汪仲贤

在上海住石库门房子的人家，不幸横倒了一个死尸，板门搁在中堂，即无活人回旋余地，重要吊客，也只好逼在天井角里“请立”。

这还是中等以上的人家，府上还有一个上海式的客堂间咧，如果是租人家一间楼面，二房东以客堂移充卧室，而事前言明客堂不作公用的，则死了人保得受屈些，仍与生前一样，请由后门出入罢。

我看见过一件奇事：店面房子的楼上另租一份，人家楼上死了人，店老板不肯牺牲营业让死人在楼下安殓，并不准死尸在店堂中经过，棺材当然是无法杠上楼的，逼得死尸无法，只得在楼窗口像铺盖般吊下来，在马路旁亲视含殓。据朋友说，这种吊铺盖事在上海常见的，不足为奇，殓礼都在夜半举行，顾全店主东营业也。

住小洋房的人，生前能享用抽水马桶，死后却也不十分便利，原来进门就是一架楼梯，洋门很狭，穿堂也窄，杠棺材进门已很困难，进了门无法转弯，棺材只好搁浅。遇到这种尴尬场合，只得仿死囚犯拖牢洞的方法实行拆去一垛墙壁。

有人租了一宅大洋房，是富丽堂皇的西班牙式，下层是厨房与汽车间，正室都在二三层楼，由十几级古堡式的盘梯上去的。不幸太太死了，买了棺材来无法运上盘梯。拖牢洞无从举行，又不忍吊铺盖，只待将汽车间改为中堂，草草盛殓，好像医院里的太平间。

上海人，活着气概轩昂，出丧也排场阔绰，就是自断气以后到抬出大门的几个钟头内，直有些尴尬样子。殡仪馆之发明，就为解决此尴尬问题。

起首老店，万国殡仪馆，是洋商办的，里面杠外国棺材的，和欧化土工，都是体面洋人，他们好像不十分赞成中国式寿器中附葬的炭屑石灰，对于和尚道士的能够超度亡魂，更不很了解，所以不爱听牧师赞美诗的中国死人就很少抬进去。

三五年来，中国人自办的殡仪馆，风起潮涌，名目甚多，因为没有宗教仪式的限制，并且免去了住洋房人家的拖牢洞式的不幸，所以生意听说很发达。

死人面孔都是很难看的，但是殡仪馆的死人却个个比生前的面孔更标致，因为殡仪馆能代死人化装，纵然是吊死鬼，替他擦粉点脂胭之后，也会像钟雪芹一样漂亮，这却应了“吊死鬼拍粉”的俗讲了。

在活人住鸽笼的上海滩，殡仪馆确是十分需要，不过现在的殡仪馆太贵族化了，他们仅代住洋房朋友解决了拖牢洞与睡太平间问题。没有代住搁楼朋友解决吊铺盖问题！

集团结婚，参加者莫不称便，省了市民许多无益的耗费，希望市政府再办几所价廉物美的殡仪馆。死人的最后结果，似乎比活人的养儿子问题更为急迫，生意一定兴隆，只要不规定死人都到市中心区去集合。

礼拜六 1936（623）

靠死人而生存的殡仪馆

海上殡仪事业，现已由盛而衰，已至没落时代了，当然他们靠着死人而生活，也就是地方上死人越多越能生存而获利，可是现在因了生存支出大，而死人所入的少，就感到不易维持局面了，海上殡仪馆，目前都在吃棺材老本了。

人工开支太大

据本刊记者作了一次探访殡仪馆，所获是的资料，就是他们每家殡仪馆目前最感头痛的人工支出太大了，现在职工待遇，都以生活指数为薪给标准，最低的薪给二十五元，最高的在百元左右，还供给膳宿，所以每家的职工的工资支出月在六七百万元，杂支约近四五百万，两共合计要在千万元以上。

一半靠寄柩费

至于收入部分，单靠殡殓死人遗体，按照目前死人统计，简直不能维持，一半还是靠寄柩方面而弥补，据他们报告我，眼前死人比较夏令减少很多，倘是拿几家老牌子来讲，平均每日做一件统扯每件殡殓等费，一切包括在内，以十五万元一件计算，月入计四百五十万元，寄柩方面也以每件每月一万元件，现寄存之灵柩多在二三百件左右，就近三百万元，两共也近八百万元，势必每家每月要赔本二三百万元吗？如遇寄柩少，那更亏累的大了。

棺材寿衣不敢顾问

不过话却说回来，殡仪馆一部分收人，还是靠寄售的棺木部和寿衣部，可是现在的生意已每况愈下了，原因一般人都知道殡仪馆购买寿材寿衣，等于寿头洋盘，殡仪馆也是吃人的老虎，同样一具杉木寿坊，他们只少要昂涨二成熟人去讲交情，便宜点增收一成半，一百五十万一具，就要算你一百七十余万元，那末寿衣部分，也同样要取个用，所以门槛精的人，就在外边购办，他们也没奈何，眼见生意一天清一天，只能挺死呢。

出动跑街兜揽生意

其中有很多家，幸亏过去还囤点棺木，现在尚不妨买脱一具吃一具，至少还能维持残局，但是没囤棺材的人家，只有派职工去做路街，兜死人家的生意，他们到也想得出办法，联络各大医院，如过有将死的人，先行介绍，就用一个电话召来跑街谈判生意，此外就是托药房先领市面，某家有人患病，随时记录，必要时也可以召来一笔生意，办殡仪馆到如此地步，似乎也太凄惨了。

上海特写 1946（24）

八 医 疗

上海医师公会成立纪事

本埠各西医组织医师公会，十一月一日该会开成立会。其程序，(一)由庞京周报告筹备经过，大致谓医师公会与学会性质不同，除辅助学会研究学术外，颇有解决新医学对于旧社会上种种困难之责任，并为取缔医界之先声云云。(二)公推谢应瑞主席，讨论章程，俞凤宾、余云岫、庞京周为书记。(三)选举结果，会长余云岫，副会长俞凤宾、庞京周，书记牛惠生、汪企张，会计夏慎初，干事谢应瑞、朱蓉镜等五人，评议汪于冈、华景奭、宋梧生等十二人。(四)聚餐。(五)特别捐款，会长以下，约认五六百元。(六)会所由牛惠生医生暂假时济医院楼上，次由各职员会商评干会日期及议案。(七)摄影。散会已四时矣。

医药学 1925，2(11)

上海中西医学研究会略史

本会成立于西历一千九百十年，即民国纪元前二年。爰自筹经费，纠集同志，就上海派克路昌寿里设立会所，以实行研究医学，并印行《中西医学报》，借供远近医界之观摩。后因入会者日伙，《医学报》亦日见推广，基础已立，因自建三层楼洋房于派克路十八号。历经禀准前清民政部并两江总督、江苏巡抚批准在案。

民政部批

据禀及章程均悉。该生等精研医理，设会讲求。萃中西之学说，谋医学之普及。热心公益，深堪嘉尚。所请立案，自应照准。此批。

两江总督部堂张批

据禀已悉。该生等联合同志，设立中西医学研究会，系为维持公益、郑重卫生起见，志甚可嘉。察阅章程，亦尚妥协。应准立案。即由该会自刊钤记开用，以资信守。仰上海道转饬遵照，仍候抚院批示。此批，禀抄发。

江苏巡抚部院宝批

吾华医学，迄无进步，皆由不能集思广益使然，所见甚是。该生等自筹经费，纠集同志，组织医学研究会，将以中西学说，供远近医界之观摩，用意至善。所拟章程，亦尚妥协。应准如禀立案。仰上海道查核明确，饬县妥为出示保护。至此等会所，近来有无由官颁发钤记成案，所请能否照准，并即由道查议详复饬遵。仍候督部堂批示。缴折存禀抄发。

内务部批

禀及章程均悉该生等专功医理，精研生理，博采中西之学说，合谋医业之深邃，设会讲求，实堪嘉尚。所请立案之处，应予照准。此批。

中华民国元年

共和初建，民国肇造，遂取销前案，重行呈准内务部立案。时海内外同志已达千余人，各地设立分会共计十有余所，会务日形发达。原有会所，不敷办公，因迁至静安寺路三十九号洋房，为总会事务所。面临跑马场，空气清新，地址极为适中。十余年来，本会进行更不遗余力。翻译医典都数百种，由医学书局发行，实开吾国医学界破天荒之创作，亦未始非吾国医学界之好现象也。本会同人虽不敢故步自封，顾能力薄弱，希海内外同志诸君赐以南针，加以匡助，以造成中国维一大规模之医学机关，以开辟中国医学界之新纪元。同人等企予望之。

新会址：原址因房屋翻造，现迁上海梅白格路一百廿一号。

医学门径语 1926，8(11)

上海牙医生

公　　曼

上海的牙医生真不少，我现在来谈谈内部的情形。并不是替他们招揽生意，不过就调查过来的经验来供献于读者。

在外国科学发达，有专门的牙科学校。上海地方也有一只牙科学校，叫做中国第一牙科学校，在汉口路的九号四层楼上，是一位俄国人设立的，学生并不多，约七八人。内部还是专门替人家治疗牙症。不过一处较大的牙科医院的变相，多收几个学徒罢了。

在三年以前，中国人也有自己创设的牙科学校，如司徒博、彭菊洲等，因为学生不多，就不久的关门大吉，也可见中国对于牙科的不重视了。

南京路上有一个万国牙科学社，是一位陈思明设立的，除治疗镶牙以外，兼售各种牙科材料。各地牙医室内挂着一张齿部解剖图，就是他印刷发行的，每张五角，倒也卖去不少。

牙医生的集合处，在南京路上最多了，其次虹口，日本人居多数。北四川路也不少。中国人的牙医生，昭东藉的尤其占多数。在目前的营业发达，大概以江西路的徐紫峰、南京路的徐峻民、霞飞路的司徒博、三马路的郑灼臣几家了。西洋人也有六七人，江西路的赫德要算牌子最老，德国人的裴盘生意也不恶，日本人的生意范围有限，只有北四川路的小竹最称发达，余则亦平常而已。

女牙医生也有几位。北四川路昆山路口有牙科指导所，是几位西洋女牙医，生意倒也很好。最近中国人也有一位宋佩珍，独立的设诊所在俭德会附近。这是中国破天荒的第一个女牙医。不过交通不甚便利，开诊伊始，营业尚无把握。

老牙医生要算四马路的徐景明了。目下景明已死，由他的儿子少明承继上去，牌子上仍旧徐景明牙医局。现在已经搬到四川路上去，生意也不算坏，但是比较从前衰败得多了。他的四马路老局地址仍旧开设一个分局，里边卖些漱口水和止痛水等。这不过是招揽生意的机关，每月要赔钱的。

有一位秦少周，从前在天潼路的，听说是徐少明的娘舅，不知是否确实的。现在就在四马路徐少明分局的对过楼上开设一个诊所。娘舅抢外甥的生意，倒是有趣味的。牙医局的范围最大，装潢考究，最近要算爱多亚路的王荣耀了。该处本来是南京路的王荣耀创立的，不知如何，营业没有半年就出盘了。

最近两月内有牙医室两处开设。一是四川路的华东牙科医院，一是西新桥的冯宝荣。排场却好，生意如何，目下有难说。

城隍庙里也有牙医七八家，但是都和钟表店里的牙匠差不多，就中以陈心田有些研究，要算鸡鹜群中，超然一鹤了。

其范围较小，而生意倒不恶的，也有几家。如北京路的陈伟卿、大新街的何瑞生，价廉物美，生意非常迁就。

新上海 1926，2(3)

上海之医生

徐耻痕

上海五方杂处，空气秽浊，病人之多，冠于各地。惟其病人多，故应运而生之中西内外大小方脉。以及花柳毒门、祝由符咒之种种医家，亦多如牛毛。试一调查全沪各路各里以至极幽僻之小弄中，几无处不有医生之市招高悬通衢，引人注目。此林林总总之如许医生中，学识经验两俱丰富者，固大有其人，而略谙医学门径，毫无研究，毫无把握，徒借此以谋生活者，亦何止千数！病家求医，大都急如星火，匆促之间，往往不暇选择，盲人瞎马，因之误于庸医之手而冤死者，年不知若干人！

吾今且舍上海医生良窳不齐之问题，而讨论一般医生对于病家之态度。医生虽亦为谋生职业之一，要不免含有几分慈善性，故范文正公尝有“不为良相，当为良医”之言。且进一步说，医生既操活人之术，当易个人眼光为社会眼光，视社会任何人之疾苦不啻己身之疾苦，为社会多尽一分义务，即为自己人生观上多卸一分责任，如此方为不负所学。盖学术本为公天下之用而创，秘而私之，或且挟以为利，不亦鄙哉？今上海医生则不然，医金诊例，播诸报章，门诊若干，出诊若干，过一桥增若干，隔一界又增若干，其卖术居奇，斤斤较论，视走卒贩夫为尤甚。使病而富，则当救死不遑之际，固不得不忍痛填其欲壑；若病而贫，则利重命轻，只有坐以待毙耳！故凡旅居上海之人，无不以染病为绝可畏之一事，而彼最足受人敬爱之医生，遂反引起群众忌疾之心理。岂群众有负医生哉？亦医生自轻而自贱耳！虽然，十步之内，必有芳草，上海之大，岂不有贤于一般所谓时髦医生者？卢君施福其一人也。卢君之学问、道德、技术、性情，举不与时髦医生类，然渠座客常满，曾未因此而稍减其时髦。盖医生之时与不时，在操术之精与不精，徒搭架子亦何益？吾与卢君有一日之雅，雅不愿冒标榜之嫌，厚誉卢君。海上不乏病家，苟与卢君一接声咳，当知予言非谬矣。

生命与健康 1926（38）

上海卫生局取缔中西医并用论

高心逸

本栏对于中西医药上之种种讨论，已屡论不一论。去岁三卷第二十号不佞曾着《论医士登记考试》一文，虽于中西医学少所论列，然二相权衡，各有不可偏废、必须互资借镜之价值。及复中引，自觉持论公允。明达之士，容邀契许，区区微志，深愿医界同仁群起作进取之道，具融通之志，勿龈龈于短长之间，日以攻讦为能事。盖其时方中西医交哄酣烈之际也。

去岁孙传芳时代统治下淞沪卫生局以审查中西医者，曾几何时，窜亡败北，局务因之中止。迨革命占领，认此举有萧规曹随之必要，仍令前任局长重行办理。现已告一段落。惟近更有取缔中西医并用之举，煌煌布告，颁诸报章。其文曰：“凡此次经中西试验委员会审查或试验合格后登记之中西医，颁得执照。开业时，中医不得用西法及西药，西医亦不得用中药。倘有中西医法混用而模棱两可者，本局当分别轻重，处以罚金或取销其执照云云。”不佞实认卫生当局有意阻碍中西医学互资借镜之便利，如枘凿之不相入，而壁垒森严，拒中西医界有志之人士于千里外也。

夫卫生当局颁布此项命令，事前谅有深到之审虑，或者鉴于沪上非驴非马自称融贯中西医士之充斥，乃设法以取缔之，要亦事理之常，我人应予同情。然不佞何谓乎卫生当局拒有志中西医学者于千里外耶？请毕吾说。

若卫生局果认不中不西之医者能使病家轻易受害，是不予以开业证书可也。若认中医为合格，则予以中医开业证书可也。若认西医合格，则予以西医开业证书可也。若认中西医两擅其长，经中西医试验而合格者，则亦予以中西医开业证书可也。乃该局既不严行取缔中医或西医，并不予擅长任西医者之便利，则该局直认中西医如枘凿之不相入，有杜绝中西医之融通，并无提倡之诚意，从可知矣。不佞于此敢下直捷之继辞焉。

抑尤进者，中医药上早有采用西药之处，而西医亦有采用中药者。诚如布告所云中西医法模棱两可者当分别处罚，则中西医者，动辄得罚，不亦罚不胜罚乎？该局所谓模棱两可，应加处罚，意者其直认病之可用中医中药者，必不可于西医西法矣，可于西医西法者，必不可于中医中法矣。不佞不医，其不敢信为必也，医界不乏明达之士，其对斯举或更有显著之表示，请拭目以俟之。

广济医刊 1927，4(12)

上海建设贫民医院之必要

葛成慧

五方难处、贫富不齐是一般大城市的通例。富有的人，运用金钱的魔力，住在大城市中，格外能享用一切物质文明上的便利。贫苦的人却得乎其反，连天然的日光空气也不能充分的享受。这种人受经济的压迫，衣食是不充足的，居处是在最污秽的，因此疾病是不能免的。得到病了，工作自然是停止了。平日里所得的工资，生活也不足，那里讲得至积蓄？一病之后，告贷无门，只得听其自然罢了。所以上海地方屈死的路毙的人实在不少，真是可怜。说到医院呢，上海到也不少。不过医院中间，除了圣心医院、新普育堂这二所天主教所办的能容留一百内外不出费的贫民之外，其余像仁济医院、同仁医院、宝隆医院及中国红十字会医院、上海公立医院等等，虽然带些救济贫民的性质，但是因经济的关系，至少每月也须六元的饭费。这一般贫民到病了的时候，真是无处投奔。所以我愿地方上的行政长官和一般有智识有能力的人士都出一点力，创办几个贫民医院。这不仅为贫民造福，也是为地方公众的利益。因为贫民生了传染病，没有相当的治疗和隔离，蔓延开来，富有的人也得殃及。去年的霍乱和今春的猩红热，不是前例么？再则呢，上海是通商大埠，中外的观瞻所在，也得有相当的贫民事业，保持国家的体面。

新医与社会汇刊 1928(1)

上海特别市卫生局办理中西医及助产女士登记经过之概况

——二月十五日午后七时胡局长鸿基于青年会演讲

甄别医生，本为卫生局之责任。惟上海医界，情形复杂，办理中西医登记，宜一秉至公，由宽入严。澄清医界，本非一朝一夕之功。本局于成立时，即认定此种办法最为适当。详加考虑后，即呈请市政府，函请各著名中医学术团体(中华医药联合会、神州医药总会、上海中医学会)，由各该团体自行推举代表，提供试验委员职务。后据各团体先后来函，举出殷受田、蔡济平、沈琢如、包识生、薛文元、倪颂兼、顾渭川、徐相任、丁仲英、王一仁、谢利恒、傅雍言、丁秉臣、谈干臣、徐松侯、盛茂祥等十六人，联合组织中医试验委员会。经市政府核准，予各委员审查及考试全权，呈请登记之全部中医，自上年十一月十七日起(每逢单日)开会审查。两月有余，始将审查及考试办理完竣。经中医试验委员会审查及考试认为合格之医士医生共有一千四百二十九名，本局即据以给照，并呈报市政府备案。至西医试验委员会之产生，亦由本局呈准市政府函请各著名医学校及学术团体(即东南医大、同德医专、上海协和女医学校、南洋医大、第四中山大学医学院、圣约翰大学医科、同济医大、震旦大学)推举教授及监督，担任西医及助产女士试验委员。结果推出宋谷冰、陈卓人、汤蠡舟、王景阳、尤彭熙、王淑贞、吴宗庆、夏慎初、乐文照、高镜朗、陆锦文、徐逸民、梁之彦、梁伯强等共十四人，联合组织西医及助产女士试验委员会，全权执行审查及考试。西医学术团体之推举代表到会监督者，有中华民国医药学会上海分会余云卿、中华医学会陆锦文。西医试验委员会即于上午十二月十六日开始（每逢双日）审查。西医各委会审查时，遇有疑惑情形，本局即根据管理西医暂行章程第十二条办理之。至于如何去取，悉由委员会决之，本局绝不干涉，系尊重委员会之职权，亦即遵守法令。自开会后，各委员均能热心任务，严厉执行，致招反动。在审查未竣之时，委员会迭接匿名函件，借端恐吓，强欲以无资格之西药逼各委员承认、予以通过。此种无意识之举动，本不值识者一笑。然本局为保护各委员安全计，即将匿名函件抄呈市政府，并函公安局及租界当局，请求保护。无如各委员惴惴不安，几无心审查矣。于十二月十四晚开会后至十六晚开会之时，诸委员均未到会，逐致无形停顿。经本局专函商请，各委员有始有终，勿因细故而缺席。旋据委员会答复，定于十二月十二日再开会一次，以资结束。除审查合格医师三百六十六名及免试医生五名外，所有请求登记之助产女士，未及审查，及该会认为有考试资格之西医，亦未举行考试。本局因诸委员去志坚决，无可挽留，故即呈报市政府，并条陈继续办法。曾奉核准，由局函请浙江省立医药学专门学校，推举教授五人来申，全权担任考试西医及审查助产女士委员会。旋据该校长朱其辉函复，举定余德荪、黄曼欧、何积烺、朱其辉、宋健于上月二十七日来申。事前已由本局借定上海医院教室为委员办公室。于二十八日起，开会审查助产女士，认为合于助产之资格，准予免试登记者，共九十三名。据前西医试验委员会议决，应考之西医有五十余名，由本局登报周知，并函知到会考试外。尚有不及格者（无考试资格者）四十余名。本局亦根据管理医师暂行章程第五条，函请考试西医及审查助产女士委员会准予考试，函授出身者，不准与试，并函各不及格者到会考试。到会应考者为数不多。结果考取二十六名，其余均畏葸不到，自甘放弃。本局现为补救起见，发出布告。此次经中西医试验委员会及考试西医审查助产女士委员会审查不合格，或曾与试而未取之各中西医，速往本市各大医学校补习，由医学校出具证明书，归下届登记时，再行核办。此乃中西药及助产女士登记经过之大概情形也。

医界春秋 1928（21）

上海两中医校之比较观

张子恒(则鸣)

中医无良善之教育，实为数十年来不进步之大主因。余生长上海，即以上海论，所谓中医校者，仅中医专门学校及中国医学院二校相对峙耳。夫为世界观瞻之上海，而仅有二校，且二校之是否能臻完善尚不可断，能不痛心？兹特将二校比较，以便求学者之选择，亦愿中医界群起扶助，俾资光大焉。

校别 项目	上海中医专门学校	中国医学院
校长及主任	夏应堂、丁仲英、丁济万	章太炎、秦伯未、王润氏、芮道吾、徐渭渔
教授	汤逸民、戴达夫、程门云、余威丹、余彦纯、时逸人等十三人	许半龙、祝味菊、王一任、陆润雷、章次公、张赞臣、严苍山等二十三人
讲师	无	丁福保、谢利恒、顾惕生、陈无咎、傅雍言等十人
课程	三民主义、国文、医经、生理、伤寒金匮、医史、药物卫生、方论、四诊、温病、杂症、医案、妇科、儿科、外科、实习等	三民主义、生理学、解剖学、组织学、诊断学、治疗学、理化学、内难经、药物学、病例学、伤寒金匮、温热、细菌学、妇科、儿科、产科、外科、实习、演讲等
用书	《医学三字经》《医宗金鉴》《中西汇通本草便读》《古文观止》《脉学辑要》《医经原旨》《温热经纬》等	各科均编讲义，见该院院刊各科讲义栏
附设	广益中医院	中国医院研究院图书馆
修业年限	预科二年，本科三年	预科二年，本科二年
纳费	预科九十一元，本科九十五元。又建筑费五元	由院董会负责
组织	校长制	院长制
出版物	无	院刊
校址	老四门内皮石弄	小西门外董家关路

就上表所列，由作者个人之观察及参观后之感想，可分为两点。中医专校倾向于守旧方面，以阐明中医固有学说为主体。中国医学院具有时代精神，于固有学术，使成科学化外，兼采西医所长，以补缺憾。此其大不同者也。

医界春秋 1928（27）

上海特别市驰名药材铺一览表

胡庆余堂	丸散饮片 开设北京路四六四号
雷允上	开设法华民国路与圣街角
苏存德	开社抛球场河前路一百八十四号
蔡同德	开设河南路抛球场三八九号
徐重道	第一号开设在派克路五五七一至五五七二号；第二号开设在北成都路口五七三至五七五号；第三号开设在新闸路七二六至七八号
徐慎修	开设新闸路北成都路东首电话西一千五百九十五号
童涵春	开设小东门
王大吉	开设五马路石路西
叶树德	开设福建路
郁良心	开设城内东马桥
衍泽发	开设小南门
冯存仁	开设三马路
张宏济	开设老西门内曹家桥
延龄堂	开设方斜路白云观
杜同寿	开设白尔路
严大生	开设恺自迩路
同葆元	开设海宁路北浙江路
济生堂	饮片丸散 开设总号马浪路西路门口大石库门，面坐东朝西；东号开设贝勒路四八八至四九四号

（续表）

种德堂	开设爱文义路二零二号
达仁堂	北京分沪，精制丸散膏丹兼售饮片 开设南京路四十号
乾德堂	开设孟纳拉路淡水路西首
为德堂	开设白克路北成都路东首，电话西一千九百三十四号
卢生生堂	丸散饮片，广东名药 开设虹口东武武路
颜同德	开设巨赖达路
张延德	开设劳合路
春元堂	开设圣母院路

自强医刊 1929（4）

上海各路商会总联合会电请提倡国医国药

南京国民政府行政院卫生部薛部长钧鉴：

公自长部，图国民卫生之进步，召集全国卫生行政会议，以创制一切空前盛事。景仰曷胜！惟是对于固的医术，非特无提发扬之策划，且有压抑消灭之决议，不免为盛德之累。用本管见所及，谨陈如今：夫医之为用，已人病耳；医生之良否，以能否已病为断。溯吾中华立国数千年，在闭关自守之前，人民疾病，医固已之，而生齿亦日繁；至于民族衰弱原因，国家重文轻武之故，医固不能任其咎。虽因国家不予提倡，视为小道，医术有退化之势，然亦人才辈出，有所昌明，而医术刊物，苟经研究，即科学家亦惊其发今人所未发，此在学术上有特到之处者也。海禁开后，帝国主义者为种种之侵略，于是表为慈善，设立医院，暗为经济侵略之先锋。虽经言文宣传，蛊惑多方，而国人求治，犹维国医，通商口岸之现象如是，域外华侨之习尚仍旧，此在信仰上有特到之处者也。吾国经济落后，无可为讳，人民贫困之原，医药负担过重，亦为其一，然以医药费贱，尚能相应，且国医国药，犹能自给，社会经济，于卫生上尚无如煤铁纱布之受重大打击。设医药均给洋是尚，衡以国人经济力量，惟有病以待毙，此在经济上有特到之处者也。抑又进者，国家得以攻守无虞，战时全在兵器给养之能自给，平时全在衣食住行之能足用，今受不平等条约束缚之余毒，人民食用所需，几无不操在外人之手，乃欲益以医药之权，太阿倒持，平时已属危险，战时将何以应付！此种议决案，表面似为提高医药之国际地位，暗则实与国民革命之宗旨，大相背驰，且我国之于国际地位，所以低落，经济教育等，实力不如人耳。如谓一惟西法是尚，即能提高国际地位，则曾、李等创办兵工厂，兴海军轮船，足使我邦列于强国之林，而剪发易服，坐汽车，吃西餐，观电影，行跳舞等等，可以吓退帝国主义矣。何必再须从事心理、物质、社会之三大建设哉！就现今立国之道言之，非自给自足，虽日日言增高国际地位；结果必且相反，乃今并欲将差堪自给自足之医药而摧残之。是大不可也！不过学术贵精进，而精进固有医药，亦有其道；设学校，严取缔，提倡补助，舍短取长，合乎能力，适合民情，斯为上策，善乎部长于三月十八日对民国日报记者曰："须中医西医化，西医中医化。"我国医药自神农发明以至今日，为社会所必需，人民所信仰，由是观之，我国固有如不撤销，且为进一步之提倡，与发扬之设施，人民误会，似难祛除。为特电请部长，明令撤销，以定人心。不胜屏营待命之至！上海各路商界总联合会叩。效印。

广东医药月报 1929，1(4)

上海特别市卫生局举办牙医施诊所报告

徐少明

上海特别市卫生局办理学校卫生，其目的为谋学生健康起见，且系上海行政机关空前之创举。开办以来，分科治事，井井有条。惟事前筹款规画，已煞费苦心，迨呈请市政府批准拨款后，复承万国卫生社之热心协助，乃得设立学校卫生股，以专其事。至于牙医施诊所，即该股附设机关之一，于民国十八年五月间成立者也，其内容如左：

职员：聘请牙医师二人担任医务，轮流值日。

工作：分为两种。一曰治疗（即医牙、补牙、拔牙、洗牙之类）。一曰宣传（即说明口腔之卫生法，此种说明或用演说，或用文字）。

开诊时间：每日由上午九时起，至十二时止。下午及星期日均停诊。

就诊人数：自开办迄今，平均每日学生就诊者十五人，临时急症就诊生者五人。

就诊手续：学生就诊，须由学生先向该校长领取身体检查表，携带前来。所有诊断牙病状况及治疗经过，由牙医师详细记录，以便集作报告，借资研究。

查上海市立学校共有一百八十一所，学生为数甚多。惟牙医施诊所开办伊始，范围颇小，目前如欲全体兼顾，力有不逮。现拟就已经调查之二十四校着手。其学生人数，今已有九千余人。再先由第一校治疗矫正其学生之牙病，俟有相当成效后再及第二校，余悉依次行之。须知牙医施诊所之趣旨，盖以学生在求学时期，大抵年轻无知，对于牙病无不漠视淡视，即使稍知其利害，又限于经济无由治疗。故设立此种施诊所，采用免费办法以为救济。如是则卒业以后，已受过相当卫生教育，又曾注意及此，当能觉悟牙病关系，延医诊治矣。是故该所开办后，利便学生，裨益甚多，宜其为社会有识者所称颂也

卫生月刊 1929，2（7）

上海国医学院宣言

中央卫生会议，废止旧医案。上海中医界团体开会力争，敝院亦派代表列席，惟与到会之医界闻人学说不同，意见不能无异，盖中医之学说不合科学；中医之治疗。突过西医，皆为不可掩之事实。谓中医当用科学方法整理其学说则可，谓中医当废止则不可。今医界闻人，所主张之理由：则谓中国医学有四千余年之历史，国粹应当保存；西药进口有一万数千万之漏卮，利权不可外溢。夫使中医药果不能治病，虽万年亦所当废；使西医药果能回生，虽亿万金亦所当买。此为理由，无乃甚不充足。中医药不可废之理由，约有五端：

（一）中国经方，历数千百年数万万人之实验而得，效用极著，方法极简。至东汉已灿然大备，其时欧西尚在草昧时代，近三百年科学突飞猛进，医学始

脱离哲学的理想而趋于科学的实验；然人体之秘奥，究非今日之科学所能详悉。西人亦知科学未足以解决医药问题，乃趋重于动物试验以求效方。西医汪企张为破坏中医最出力之人，尝于时事新报发表议论，略谓："中医之效方乃牺牲数万万人命试验而得，至为不仁。吾新医(汪称之治疗)固不能完善，然不忍以人命为试验，故先以动物试验，使效力以渐接近，然后试于人体。"(以上隐栝之原文)夫谓中医效方，出于人命试验，乃莫须有之诬词！中国医学月刊第一号中，言中药发源于单方。单方之发明，由于人体之抗病本能，极有理由，可以取证。即使真如汪氏之言，则既经试验所得之效方。将以其曾牺牲人命，故悉摈不用，坐待动物试验之成功，然后治病乎？不用此效方，则牺牲于试验而死者，可以复生乎？且使患病者不用效方，而坐待不可必得之发明，则人命之牺牲于患病失治者，何止数万万，以此言仁，宁非至愚！夫能用中药之效方者惟中医，则中医不可废也！

(二)卫生委员废止旧医之最大理由：谓旧医不知病原细菌学，不能治法定传染病；且为消毒豫防之障碍也。夫消毒豫防，固卫生行政之首务，然按其实际，亦徒唱高调而已。日本厉行新医五十年，竭三岛卫生家医学家之力，预防一麻疹，曾无少验，细菌学之无裨于卫生如此。细菌原虫为最下等之细单胞动植物，按生物学之定理，动植物愈下等者，发生于地球上俞早，则病原菌之存在，早在人类萌芽以前，决非近代始有。吾中医向不知细菌，向不知消毒预防，而深知消毒预防之汪企张余云岫辈，乃发生于近三十年。使细菌果能害人，则华人之绝灭久矣。然以本部十八省之面积计，人口之密，为全世界冠。可知细菌之毒，初不因旧医而蔓延，西医所用防疫诸药，多以菌体菌毒注入人体，以引起其抗毒力。夫以人工注射，与自然感染者，相去几何？今厉行消毒，充其量不过减少病菌之传染机会，决不能将病菌杀灭无余也。然人体抗毒力，反因减少传染机会之故，退化殆尽，一旦猝染菌毒，势必为病愈深。西人愈讲消毒，而抵抗传染病之力愈弱。则消毒预防之利害轻重，正复难言！至于传染病治法，西医什九无效药。其由化学制成者，惟六零六与九一四。然所见梅毒患者，经六零六九一四之治疗，而转归不良者，比比皆是。此令氏之白喉破伤风血清，号称特效，然皆利用动物之天然抗毒力制成。可以知利抗毒力为治传染病之惟一方法。中医治传染病，实能补助病人之抗毒力。惟事关学理，决非尺幅之报纸所能尽。今秋废中医而代以西医，则传染病将愈不可治矣。

（三）中医之学说，不足取信于人；中药之效方，已引起全世界之研究。日本且设立东洋医道会，皇汉医界社，大张旗鼓，宗师仲景，汉医之价值，骎骎乎出德医之上。若在五十年前，则德医压迫汉医，正如国内汪余辈之压迫中医也。人方扶植，吾则摧残。中国医学从此常落人后矣。

（四）郭君云霄者，西医而供职军队者也。丁艰归里，亲友求治病，以乡僻无从得西药，束手无术。因历举中医药治效数事，谓西医亟应研科中药。原文见广济医刊五卷四号。夫中医药治效，出于西医之口，则非阿私之言。且乡僻之处，无西药铺者，治病惟赖中医业。今汗余辈欲废中医：将仅废都会之中医欤？抑悉废全国之中医欤？由前之说，则都会卫生，而乡僻不卫生；由后之说，则必使穷乡僻壤，遍设西药铺而后可。无怪汪余之被谥为西药推销员也。郭君与汪余同是西医。郭君谓西医应研究中药，是西医亦当用中药也。汪余欲废龙用中药之中医，是国人皆须用西药也。郭君之言不失为公，汪余之作为，乃一片私心耳。敝院以为凡西医学校，皆应加授中医课，非特中医不可废而已。

（五）废止中医之后，中医之失业者，人数尚不甚多。然从此国内无人能用中药，则采药贩制花之人，以中药为生计者，何止数千万，将悉因汪余之一言而失业，使中药果不能治病，犹可说也。今以效验卓者之中药，益以数千万人之生计，断送于汪余一言之私。困兽犹门，汪余虽欲安然销西药以业西医，其可得乎？

对付方法亦有五端：

（一）作大规模宣传，使全国人悉知中医药将被废止，患病名从此须悉受西医治疗。若乡僻无西医西药之处，即无从求治。而直接同接以中医药为生计者，皆将失业。祸首厉阶，实为上海西医汪企张余云岫。

（二）中西医于学理上。业务上，皆有互相联络之必要，今因汪辈一二人之故，引起中西医药界之恶感，须唤醒西医药界，将汪余逐出医师公会。并请卫生局吊销其营业执照。

（三）余云岫等系三十年前留学日本之旧西医，并非公众卫生学专家，滥充中央卫生委员，不于积极的卫生行政上悉心筹画，而乃假公济私，废止中医药，以遂其营业竞争之素志，应请卫生部立予罢斥。并却回其议案。

（四）由于中药团体，组织委员会，严厉禁止中药出口，断绝西药之原料。

（五）联络各地金融机关，与西药业断绝金融往来。非俟中医药有确实保障时，决恢复友谊。

生于忧患，死于安乐，中医药界经此大打击，急当淬厉自新，力图振作，谨陈管见，用备采择：

（一）请教育行政机关监督检查私立各中医学校，务使中国医学渐入科学轨道，不得沿用五行运气等谬说。择办理最完善之医学校，准其加入学校系统，以资模范。

（二）规定若干年后非正入学校出身，不得挂牌开业，禁止私人收领学徒。

（三）中医药界当补充科学知识、卫生知识，推行消毒手续。废除各种不卫生之旧习。

（四）联络科学家、西医学家，切实研究中药性效，以求新明。

（五）丸散膏丸，本当公开原方。但专利法未确实保障，则事实上难公开。无已，则仿单上之效用，须令简明确实利并须载明禁用之证候，不得滥载百病，使人茫无适从。

（六）混售伪药及滥售毒药，皆间接破中医药之信用，须由药业医业会同组织委员会，从严检查取缔。

（七）西医凡有新学理发明，一经公认，即全体推行。虽有德日派，英美派之分，学理上仍相一致。中医则金元而后，大分门户，各承师说，不相统一，应组织学术研究会，存是汰非，归于一致。

（八）医药各团体当实事求是，公开选举不得仍前近于包办性质。

以下就敝院同人管见所及，略备刍荛之采，医药界同志如有充分理由，加以纠正，敝院极愿牺牲成见。如以为一得之长的取，竟予推行，则敝院全体教职员学生，誓为后盾，特此宣言！

广东医药月报 1929，1（3）

恽铁樵先生在上海国医学院演讲词

徐衡之、李鸿庆笔记

新中医不惟其名须惟其实

鄙人鉴于中医之衰落，因公布其一知半解，于时医既极端反对，于古人亦多所不满，吾自说公布之后，遂有今日之团体，现在无论局中局外人，皆称此种学说为新中医。诸君须知新中医云者，不惟其名惟其实，仅仅有名，无用多处；所谓实者，乃实际有效之谓也。

旧中医夫岂无效？其不如新中医者，在无标准。标准者，形能也。形能之说，已散见拙著各篇中。如今只能简要点说两句：形是病状；能是病的势力，又不但病有形能，生理亦有形能，躯体中血肉筋骨，此呼彼应，便是生理之形能，若分开说。病的症状是病形，病的传变是病能；各组织的构造，是生理之形，消化食物，吸收营养，耐劳忍苦，是生理之能。注意在这上面，读书自然别有会心，注意在这上头诊病，自然能有标准，时医却不如此，他们讲的是太阴湿土，阳明燥金，自然模糊影响的地方太多了。这个可以随便学一个例证明吾说：即如近日流行之脑炎证，据西国人说，是一种病菌，中医向来不讲菌学，似乎中医不能治此病了，然而我从去年到今年，医此病在廿人以上。就有四分之一医不好。四分之三却好了，何以能医好呢？我的方法是先就病形推考。脑炎病形，在西说是神经系病，却与中国的痉病是一个样的病形。伤寒金匮痉病病形不详细，千金方中所说的，纤屑毕合，因而知道脑炎确是痉病，心中已有把握，知道照千金治法，必然有效。又根据这个去考证内经，内经上说："肝之变动为握"，王注："据是痉挛"因而知神经系病在中国内经是属之于肝的。脑炎病之初步，总是头痛，古人将肝经头痛属之于胆，千金谓之胆府病，谓少阳乙木，化火上炎之故。所谓肝与胆相表里，我不管他是火是木，但是治胆气上逆，法当苦以降之，我就用川连胆草为治，所以为苦降也。药后成效甚佳，已经神昏谵语的，会神志清明；目上视的，会恢复恒状；执果溯因，益知我所推测的不误。于是参用千金治法，定了一个方子，用犀牛、胆草、当归、生地为主药，其余随证加减，竟得四分之三成绩。我已将该方在《申报》上公布了，胆气上逆，因而头痛，因胆气上逆之头痛，可以神昏，这都是病能。

流行性脑炎，都是初起伤风，发热头痛，头项瘈，时医不知形能，只用豆豉、豆卷、石斛等套药。若问他何故此病会神昏谵语，他必定引叶桂之说："风邪犯肺，逆传心胞络"之故。他这话，岂复有些微理由可说。所以药与案都无有是处，也毕竟想不出一个有效的治法。如此看来，岂不是新中医的新字，是有实际的效力不仅仅虚名么。

我为的是医学衰落，不赶紧振刷一番，无幸存的希望。所以刊布自己的心得，并不是有意与旧中医为难。旧中医腐化的学说，与拚命集会结社，出种种抄胥式的杂志和医报，想借形式上的热闹保全饭碗；这种谬妄举动，当然我是极端反对的，但是我反对者是谬误的思想，并不是人，是中医团结谬妄的举动，并不是私人交情。但他们那里分得清这个界限，他们对我恨极了，种种鬼蜮手段，可以加害于我的，无所不用其极，这岂不是笑话么？而且他们并不知道新中医有何学说，妙在终年不肯看书，他们以己度人，以为新中医也不过和妓女衣裳一般，换个式样，出出风头罢了。惟其如此，所以永远与我们合不来。至于西医，别人我没有深谈过，只有余云岫，数年前为他著有《灵素商兑》一书：我表示反对，他曾和我大打其笔墨官司，当时我的著作，一样也没有成功，苦于无说话的材料，他所说的，却是东洋人贩卖的西洋学说，我自然说他不过：他却大得其意，以为战胜了。我对于云岫学说，所未能满意者：第一是要据内经浅层，痛加抨击，不复研究深层；第二是自己并无发明，仅仅将其留学日本所得之本领，以蹂躏祖国故物。至于余氏的学问文学与知识，绝非旧中医所可比拟，那原是我所佩服的。不过就学术上说，余氏即与我立于敌对的地位，其他西医，不能相谅，亦何消说得。因此我们这一个团体，在医界中两面是敌，更无谁何向我们表示亲善的。我们既在这种情形之下，丝毫无依傍，亦丝毫不容假借，有存在的价值，便前途有希望，无存在的价值，就不必客气了，不过我想我所著的书虽浅，总是一条路，只要我们团体中人照这条路努力向前，不怕不生于忧患。（未完）

广东医药月报 1929，1(6)

恽铁樵先生在上海国医学院演讲词

徐衡之、李鸿庆笔记

中医适合国情的医学

所不歉于医中旧者，为其颟顸无标准。不但时医，金元以后的古人，都是如此。只要看各种伤寒注家的著作，就可以证明吾言，颟顸无标准，功效自然不良，倘然有标准，不模糊影响，又适宜于中国民族，就可以正正确确，远驾西医以上。第一是便当，无何种热病，当其初起，未甚败壞之时，倘断为可治，只须三五七日，何可以霍然全愈；第二是顺生理之自然，寒不用火薰，热不用水渍杀菌抗毒，利用体工之本能，无须种繁复之手续；第三是公开，新中医之学说，人人可懂，现已成之书，人人可读，脉案药方，人人可以明白，所以借手于医师者，不过资其阅历经验；第四是近人情，西医往往以命令式限制病人不许见客，又于某种病，必须转地疗养，于某种病，必须与亲属隔离，吾不敢谓其不是。不过有十之六七，值中医之良者，投药取效，可以操券，西医所谓必须者，实未见其真个必须之处。且以我国社会生活之简单，财力之寒俭，凡西医所谓必须者，委实有多数未能勉强企及之憾。以上四者，明眼人试一平心观察，当知吾非有意诋毁为此言也。

西医自有长处

虽然，西医之长处，有曰非吾人所及者。在新中医所治之病，为伤寒、温病、喉痧、痧疹、麻豆、疟痢、急性肺炎。脑炎、中风、便血、吐血、衄血、肿胀、脚气、诸症，其余大多数之病，均未能医治，即此能治之各种病，在传变败之时，亦有少数束手无策，而为西医治愈者。固曰尺有所短，寸有所长，况新中医所以能有此成绩，一部分由参考西国学说而后能之，岂得攘人之善。况西国学说之精密，可以为吾人师资者，正不胜指屈，科学之精深细密，亦回非吾新中医简陋之学说所能比其百一，不过此中有当知者二事：其一，东方学说，本来疏陋，全靠治学自身之工力，不能专恃学术本身之组；不但医学如此，即如何治与绘事二者，将中西南派一相比疑，便显然可见。在中国凡事顺自然，其妙处以神理见长，而能手必旷之遇之；在西国，凡事征服自然，其妙处以精能见长，而人才可以辈出。自今以往，此种不同之点。在理有互相调和之可能，故吾人只虑自己无毅力向学，正不必以东方所固有者失之疏漏为嫌。其二，西医之所能如此精密，初非个人才智能造此境，其最要关健在分科，技术愈精，分科愈细，结果为学术上之事，绝非善通应用上之事。例如眼、耳、口、鼻专科，例无不治神经学者，而神经专科所知，有绝非耳、目、口、鼻专科所能知者。此种精深之学者，能发明新义，以供给他人，绝对不能委屈其人，使充普通医院。此亦形格势御，百工之事，固非可耕且为也。明乎此二者，吾侪活医当如何致力可以从容自择，正不必以学说疏密为弃取，醉生梦死曰不可，嗒然自丧亦不必，不过在自身，当养成一种虚衷自克的习惯地，勿专尚虚荣欺骗，则国家前途之幸福，不仅吾新中医之曙光也。

中国医化合是心在的趋势

宇宙是无究竟的，宇宙中万事万物，是进行的。这个，中西哲人都知道，所以易经终了是未济。西国人往往有若干年之后地球患人满，煤炭当告绝，种种慌的预测。惟其是无究竟，而又是进行的，所以凡事凡物，都是逐渐禅变；看看逝者如斯，实在后水迥非前水，根本这个观念，可以知道世界上竟无铁案如山，一成不变之事物，但是就自身说，变所以求生存；就环境说，必须变化适当，方能生存我们新中医，就是旧中医禅变而来。在我们自身，可谓已知道求生存之道，毕竟我们的变，是否合于适者生存一句话呢？鄙人对于这个问题，有三个观念：旧中医本在飘摇风雨之中，全靠几张老方子，有经验，有效力，所以能博得社会信仰，其余大多数学说，都是醉生梦死。如今更过着西医的攻陆，有本领的还是牢守秘密，无本领的竟是反舌无声，懵懂的社会，决不长此懵懂，就各方面观察实在无幸存的可能，这是一层，西国医药，就是因为不适于国情，不能替代得中医。况就事理衡之，西医若欲替代中医，亦非改造不可。褚民谊先生说："中医要研究西医，西医也要研究中医。"他这话自然指的是中国的药效。但我想不但药效有当研究，即学说亦有当研究，我原不是指表面的五行学说有研究价值，须知中医深层，绝非五行，西医若不从这深层略一采讨，药效是研究不出来的。如其西医高视阔步，不以我这话为然，那就使假政活热力以行。恐怕有多数人民不情愿领教啦！倘然欧洲的学说不变不动，搬到亚洲来，就可以应用，那末，维新不是难事，为甚孙总理要特创三民主义呢？这是第二层。宇宙中事物，是进行的，是禅变的，讲到禅变，却有个原则，是化合，从历史上观察，深信此说不误。宋儒的学说，是有佛事色彩的；日本的文化，是东西洋合并的，都是绝好证据。大约非化合不会变的，这是第三层。照以上三层说，旧医不能存在，西医不适国情，我们采取西医学说，以成新中医，是不二法门。不过现在尚是萌芽时代罢了，自我的预测，如今西医，虽然借政治势力，排诋中医，将来却未必能通行全国；旧中医联合药界，抵抗西医，亦是假借势力，将来更不能长久存在。中国适用的西医，当有两种：一种是带有西医学色彩的新中医，一种是含有中医学色彩的改良西医。

设立新中医学会为中医唯一的出路

人事纷纭，是非两字，最是难说，要知道真是非所在，最好是诉诸良心，譬如嘴里不肯服输，脑子里常起护自己的念头，而心下总是兀臬不安，不消说这件事十九是错了。若是心安理得，当然是十九不错，靠同学若得心下有些微兀臬不安的情形，最好是不要勉强须从速改业。若是觉着心安理得，侭可不忧不惧的努力向前，并且可以不必和人家作无谓的争执，俗说不是有“瓶水满者不响”的一句话么？意思是内部充实，无取虚声，鄙人常常自返，觉得努力新中医，实在是心安理得的一件事。本不愿向人多话，如今未能免俗，忽然欢喜说闲话，委实因处这种环境之下，不容你响。所以我想结合一个新中医学会，先出一种杂志，对于新中医，用适当的语言宣传，并徵求各意见，讨论出一个有程序的进行方法出来。这个学会，我想不必限定医生，凡是知识，局中人，赞成我们主义的，就请他入会。至于细则，可要请各位从长计议了。

广东医药月报 1929，1(8)

上海中医药团体之会议

废止中医案风潮，自经褚民谊氏发表意见后，空气略见和缓。惟中医药界，昨忽接到卫生会议议决各案，全文到沪，内容实有消灭中医中药之可能，与褚民谊报告上不符，各方面适又盛得种种不良空气，于是形势又趋严重，较以前情形，反见剧烈。故医药团体，如：神州医药总会、中医学会、上海医报公会等，均有集会。药业公所方面，亦有紧急会议，南北不下卅余起；午后又开全市医药团常务代表联席会议。到者：药业公所方面为姚长卿；中医协会、神州医会及各医学会方面，为蔡济平、蒋文芳、陆中安等；广益中医院，以及各善堂等，为丁仲英；药业商民协会为张梅庵，医报公会方面为陈存仁、朱振声；药业职工会方面为过鹤帆等。推定民主席记录，行礼如仪。席间讨论褚民谊之意见与卫生会议议案，有根本不符之处。以卫生会议议决各案，实有消灭中医之可能，即举议决案二十件，大致为（一）发表卫生会议议案，以见褚氏意见有根本符之处；（二）对于某报所载贿赂问题，应即日登报悬赏征求证据，以凭提起警告及公诉；（三）即日晚间七时，在北浙工路承启里神州医药总会大会厅，召集全市医药团体代表会议。继由陈存仁提出所致褚民谊函一件。共同讨论，随即散会。

广东医药月报 1929，1（3）

上海医校统计表

校名	教授用文字	地址
国立中央大学医学院	英文	预科在吴淞，正科在上海海格路 中国红十字会总医院
国立同济大学医科	德文	预科在吴淞，正科在上海白克路宝隆医院

（续表）

校名	教授用文字	地址
约翰大学医科	英文	预科在上海樊皇渡，正科在上海西华德路同仁医院
震旦大学医科	法文	预科在上海卢家湾，正科在上海金神父路广慈医院
同德医学专门学校	中文、德文	上海同孚路（附设同德医院）
南洋医科大学	中文	上海麦根路（附设南大病院）
东南医科大学	中文	上海沪军营（附设东南医院）
上海女子医学专门学校	中文	上海西摩路二二八号
同德产科医学校	中文	上海麦根路十二号
中德产科医学校	中文	上海静安寺路七十号
大德产科医学校	中文	上海戈登路四十五号
大华产科医学校	中文	上海卡德路六十三号
人和产科医学校	中文	上海莫利爱路十六号

医药学 1929，6（3）

上海劳工医院概况

王景阳、范守渊

（一）产生之经过

十八年夏，沪地霍乱流行，工人传染尤多。上海同德医专三区分部同志，恻然悯之，乃建议于三区党部，于沪西劳工集聚之区域，设立劳工时疫医院一所，以资救济。幸赖党政当局及沪上各厂家诸善士热心赞助得以成立，救治二月，成效甚佳，颇博时誉。秋来，时疫渐告消杀，院务例应结束，会上海特别市党部暨社会局卫生局有创设劳工医院之议，乃由市党部委托褚民谊、潘公展、胡鸿基、汤德民、范争波、吴伯匡、范守渊、王景阳、叶惠钧、王延松、徐寄庼、泰润乡、施公猛、扬清源、周君常、金问淇、俞松筠等为筹备委员，公推褚民谊为筹备会主席，筹备其事。俭以觅地非易，而劳工时疫医院地址接近工厂，屋舍尚堪应用，逐决改组而扩充之。任褚民谊为院长，王景阳范守渊为副院长。筹备匝月略具规模于十八年十二月十五日，举行正式开幕，海上空前未有之劳工医院，于焉成立。

（二）本院之组织

本院组织为分权制。院长为全院院务之执行机关，院务委员会及财务委员会为全院之讨论并监理机关。其人选均由上海特别市党部委任之。院委会则委任海上各界各人十余组织之，并指定主席一人，决议并讨论院务之进行。财务委员会为掌管并筹募一切经济事宜，并指定三人为常务委员，院长正一人，副二人，总理院务医务。在院长之下分医务、总务二部，分别处理日常医务事务。医务部设正副主任各一人，下分各科、室、局。各科设常任医师一人，特约医师一人；各室设主任助手各一人，药局置调剂员助手共二人。此外另设护士班，置教务主任一人，教员若干人，均由本院各服务人员分别兼任。医务会议为讨论并让助医务之进行。总务部设主任一人，下分会计、文牍、庶务三科，兹再将全院组织之系统，列表如下，以清眉目：

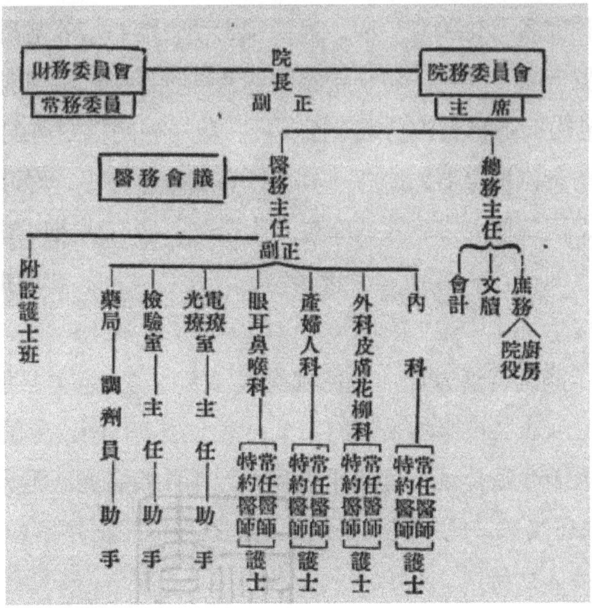

（三）经费之来源

本院经费，由上海特别市党部遵照中央指令，提拨反日会救国基金二十万元充用。内五万元开办费作为开办时购置医疗用具及生财物件，余十五万元暂存银行生息，作为经常用费。惟本院专为救济海上之劳工贫病，性质全是慈善，凡属工友贫病，对于诊病、药咨、住院以及光疗、电疗等等，一切用费，概行免收，故每月之费用浩大，经常之开支甚巨，每月经费常费用，除基金之子息外，所欠尚巨。院委会为维持本院永久计，拟在最近期间，召集海上各厂家，共让捐募，以补不敷。是则有望于院委诸公之努力与夫海上各厂家，各善士之匡助以乐成焉。

（四）设备之概况

本院虽系慈善性质，惟设备方面，在可能范围之内，莫不力求美备，以期治疗效果之增进。一切应用器材及药品均审慎购置，以切于实用为主旨。所惜院屋原为住宅，虽经同人等煞费苦心，力加改造，仍未能尽协人意耳。

本院设备，概分两部：一对病人治疗诊病方面之设备，一对病人住院待遇之设备。对于诊病方而之治疗部，计门诊室四间（内科兼小儿科一，外科兼皮肤花柳科一，产妇人科一及眼耳鼻喉科一）。手术室一间，均光亮整洁。各科所需器械，堪称完备。化验室一间，显微镜、孕育器、培养基消毒器及其他应用器材均已购置齐备。凡病人各项检验物以及各种反应试验均能自行检验。光疗、电疗（已定购，不日到沪待装）各一具。药局一间，专司配制本院应用之药品。消毒室购蒸汽消毒器大小各一具，纱布绷带衣件等，均可自行消毒。

本院病榻，因院屋无多，仅获布置九十余张；所有病床均是定制，占地不广，灵巧轻便。对于产科方面，另设产室、产房各一间，特聘助产女士数名，专为女工贫产接生。

再略述对于病人待遇方面；凡住院病人，无论冬夏衣着被服，均由院给，清洁整齐，该是项衣装被服均是特制。又设病人浴室一间，专供在院病人沐浴之用，务使病人卫生适体也。远道重症病人，本院特备新式宽大之护病车（现已制成一架）往还接送。此本院设备之大概也。

（五）对于病人之待遇

欲明本院对病人之待遇，须明本院创立之意义与性质，顾名思义，已足洞然，医院定名劳工，其含有救济劳工贫病之使命明矣。故来院就诊之劳工贫病、本院医师、护士，均本此意旨，诊病详尽，接待和谐，一如普通病院之特等、头等病人然。且病房床榻，不分等级，一律平等，更符本院宗旨。门诊挂号，不收号金，施诊给药；住院病人，如属贫病工人，医药房一概不收，即对贵重之诊疗，如X光灯之诊断，太阳灯、透热电疗机之治疗，亦均免费。故本院对劳工贫病之待遇洵称优美。

（六）未来之计划

本院草创伊始，诸多未能周备，故贡献于社会者尚属鲜甚，歉疚殊深，然同人改进之心，辙未稍已，兹就已有计划而急待实施者，计有下述各项。惟兹事体大，端赖群策群力共让斯举，尤望乐善者君子，予以缓助，知难行易，成功立待也。

（甲）扩充总院　本院院址原是私人住宅，虽其房屋结构式样，尚合设置病院，然终因地方不大，房屋无多，两地层除门房、膳堂、会客室、候诊室、调剂室，各科诊察室及事务办公室等，尚敷应用外，二层止能设置病榻九十余，三层因构造较低，除一间辟为化验室外，余只为院中办事人员之诊室。夫以区区九十余张之床榻，决难收容全沪八十余万工人疾病救济之需要。第以该地区域，邻比工厂，实为工人集居工厂林立之中心地点，此为该地之特殊优点（本院正式开幕以来，为期不逾三月，而诊务发达之迅速实为可惊，每天门诊病人，近一月来，竟增至二百余人，虽因本院性质慈善，医药诊疗概行免费，然地区之适中，要亦不无致使发达之原因）。且医院发达与历史之长久，亦有莫大关系。本院计自去岁成立时疫医院办理迄今越半载，贫病劳工对于本院已有相当之观念，借此基础再谋发展，自属事半功倍。本院如应全沪工人之供需计，扩充病室，实不容缓。同人等意见，能于总院毗连，觅购空地若干，添造三百张左右之病房，并建筑一完美之手术室及爱克司光线室，则不难成一沪上救济劳工疾病之完全医院矣。是项意见，同人等当于院委会会议时，提出讨论，谅能获得同情通过也。

（乙）筹设分院　设立分院分诊即为过去劳工医院筹委会时之原有计划。良以沪地近百万数之工人，散处各方，欲谋全沪工人诊病之便利计非于各处工厂繁密多分院不设为功。原拟在浦东置分院一所，在杨树浦、沪南工厂等处，各设分诊所一所。第因当时开办费虽已着落，而经常费一节，仅总院一所，所欠已巨，奚论分院。故增设分院之计划已无问题，只待经常费募定，得有着落，即可着手进行矣。

（丙）经济筹措　本院创立，开办费项，院委会依市政部指令拨发之救国基金内分划五万元充用，唯经常开支，所需甚巨，苟无妥善办法，筹措定妥，则经常维持，殊难图久，筹商募款，实为目前当务之急。加以分院分诊所之增设，如期在即，更非急图设法，商谋筹欵不可。院委会对此，亦颇重视，前已确定拟向沪上各工厂、各实业家分担若干之募捐原则，该劳工医院与各工厂有密切关系也。近闻拟与社会局会同共商筹募之办法，想不难成功也。

（丁）筹办月报　本院拟在最近筹办月报一种，按月出版，刊行月报该有二义：一以报告本院每月诊务情况以及种种计划上之设施，或属讨论或是建议；公开发表，按月布露，务使社会人民咸知劳工医院之实况。一以刊登指导工人卫生常识之浅显文字，以供一般知识浅陋之劳工获增卫生知识之机会，对于消极的劳工疾病之减少，不无少补。是项月报，所费甚廉，轻而易举，不久即可实现。（完）

十九年二月十七日，于上海劳工医院

医药评论 1930（29）

上海劳工医院逐月诊数统计

上海劳工医院开办迄今，为期半载，逐月诊数有增无减。计自开办时，去年十二月份总计二千一百三十二人，今年一月份总计二千五百二十人，二月份总计四千五百六十三人，三月份总计五千七百七十一人，四月份总计六千四百九十七人，五月份总计七千九百三十一人。激增比率，不为不速。至各科分析，则以外科、皮肤花柳科为最多数，至占全诊数半数以上，其次内科与眼耳鼻咽喉科，相互上下，以产妇小儿科为最少数。兹特将逐月各科诊数百分比率以及实诊日数、每日平均诊数列表于左，以资留心工人卫生者览焉。

	内科	外科与皮花科	眼耳鼻咽科	产妇小儿科	总数
十八年十二月份	396	1191	420	125	2132
百分比	18	56	20	6	100
实诊十九日每日平均	20	63	22	7	112
十九年一月份	365	1623	396	136	2520
百分比	15	64	16	5	100
实诊二十二日每日平均	18	74	18	6	118
二月份	678	2909	529	397	4563
百分比	15	64	12	9	100
实诊二十三日每日平均	29	126	25	18	198
三月份	935	3231	1036	569	5771
百分比	16	57	18	9	100
实诊二十四日每日平均	40	132	42	26	240
四月份	1028	3623	1281	666	6497
百分比	16	54	20	10	100
实诊二十五日每日平均	42	40	51	29	259
五月份	1340	3969	1728	894	7931
百分比	17	50	22	11	100
实诊三十一日每日平均	44	128	55	28	255

医药评论 1930(37)

上海市医师公会会章

第一章　总　纲

第一条　本会由上海市具有医师资格者组织之，定名为上海市医师公会。

第二条　本会之宗旨如左：

甲、共策学术之进步；

乙、勖勉医师之道德；

丙、促进及协助地方行政机关办理公众卫生事宜；

丁、保障会员职业之权利发挥互助精神。

第二章　会员资格

第三条　凡具有左列资格之一者得为本会会员：

在国内外政府立案之公私立医科大学及专门学校毕业领有毕业文凭者，或在国内外未立案之医科大学及医学专门学校领有毕业文凭者（但此项医校其所授医学教程须满四年以上者）得为本会会员。

第三章　入会及出会

第四条　会员加入本会应履行之手续如左：

甲、凡有上列资格之一者，由本会会员二人以上之介绍，审查委员会审查合格，得执行委员会核准，准即入会。

乙、填具入会志愿书履历表。

丙、缴纳入会费及经常费。

第五条　凡入会者本会填给会员证书。

第六条　会员有左列事项之一者，由监察委员会弹劾，执行委员会核准之后，得令其退会：

甲、有违反本会宗旨之行为者；

乙、现行剥夺公权者；

丙、经监察委员提出弹劾者；

丁、经本会会员十分之一以上提出反对之事由者；

戊、不纳会费二年以上者；

己、开会时会员有无故连续三次缺席并不委托代表者。

第四章　会　费

第七条　会员入会须缴纳入会费六元。

第八条　会员入会后须每年纳经常费六元，分二次缴纳。

第五章　特别捐

第九条　会员与非会员热心公益，自愿捐助金钱、地产、书籍、器具、标本等物者，概归特别捐项登记。

第六章　组　织

第十条　执行委员会由执行委员十五人组织之，计常务兼审查委员五人、文牍委员二人、组织委员三人宣传及交际委员三人、经济委员二人，另设候补执行委员四人，以次多数充之。

第十一条　监察委员会由监察委员五人组织之，互选一人为主席，另设候补监察委员二人，以次多数充之。

第十二条　常务委员由举出之执行委员中互选之，并以得票最多者为主席，其余文牍组织等诸委员均由主席分别推定之。

第十三条　常务委员总理本会一切事宜但关于重要事务，须开执行委员会议决之。

第十四条　监察委员监察本会一切事务。

第十五条　委员均由会员中于秋季大会举出之，用记名投票法，以得票最多者为当选，票数同者以抽签法定之。

第十六条　委员任期均为一年，连举者得连任，惟不得继续连任至二次以上。

第十七条　被举为委员者不得无故辞职。

第十八条　佐理事务与缮写等得以雇员担任之。

第七章　会员会及委员会

第十九条　全体会员会分大会、临时二种，开会时均以常务主席为主席。

第二十条　大会每年春秋二次由常务委员召集。

第二十一条　于必要时经会员三分之一提议或执行委员过半数之决议，得召集临时大会。

第二十二条　执行委员会每月一次，遇必要时得由常务委员召集临时会，凡开会时，须要求监察委员至少推一人出席，但无表决权，监察委员会由监察主席随时召集之。

第二十三条　凡大会及执行委员等会，须各有在沪会员过半数到会，始得成立其动议之议案，须有到会者过半数赞成，始得议决。

第二十四条　本会遇有临时发生或由地方委托事件，须研究及调查，由主席提出会员若干人，经执行委员会通过，组织临时委员会办理之。

第二十五条　临时委员各项职务由临时委员自定之。

第二十六条　凡委员于开会时无故连续三次不到，并不委托代表者得，由候补委员补充之。

第八章　附　则

第二十七条　会章如有增订或修改之处，于大会时公决之。

医事汇刊 1931(7)

希望于上海国医界

朱寿朋

国医有数千年之历史，其出神入化之处，有不可言喻之妙，尤与国药营业有密切关系。西洋制药厂如德之怡默克(E.merck)由麻黄制成受佛特灵(Ephedrine),由当归制成优美露(Eumenol),天德由麻黄制成拿采姆爱夫德灵(Racem-Ephedrin),轰动世界,因之西洋药学家对我国之药物有深刻之注意。日本渡边熙博士留德归国后,深觉所学非所用,乃求应用医术于中国之古籍,著东洋和汉医学实验集,于我国之医学极端称美,并上书日之当局,请恢复汉医。近东京帝国大学医科之设有汉药讲座,亦正欲作精微之研究。由此种事实,足以证明我国医药之价值。而政府不察,对医政之设施,悉以洋货为依归,所以中医不列入学系,中医不得称医院。“中医不得……”种种政令,势将使中医学术日就衰亡,则中药命脉亦岂能免于断丧乎?

上海国医界同人不忍坐视,奔走呼号,促当局之觉悟。结果政府敷演面子,总算设立一个国医馆,以作研究之机关。然常年经费与其他医学院之类相较,远若天渊。而反对者犹复刻骨挖心,加以攻击。甚矣,国医地位之不尊、国医环境之险恶!静夜思之,尝不惕然恐惧,若临深渊也。

夫物必自腐而后虫生,人必自侮而后人侮。国医之果能光荣与否,亦全视国医界之努力奋斗精神何如以为断。上海为中西学竞争之中心,上海国医界同人亦即为中西医学院竞争之先锋队,其所负使命之重大与夫地位之尊崇,固无出其右也。余添为医界一小卒,窃以为此后国医之演进,非徒托空论所可了事,必有实际事业之准备,方可以竞存。爰就管见所及,约举数端,用作刍荛之贡。是否有当,尚望海内名宿有以教之。

(1)订正医书:书籍为学术精神寄托之所,学者求道之门。时代有进化,思想无止境。昔以为是,今以为非,亦常有之事。我国医学发明甚早,但学者多尚宗古,不肯创新,以致数千年来虽述著汗牛,然独少新颖,且昔贤所错,不敢批评。如《难经·二十三难》曰“手三阳之脉,从手至头,长五尺六寸,合三丈。手三阴之脉,从手至胸中,长三尺五寸,三六一丈八尺,五六三尺,合二丈一尺。……”《四十二难》曰“胃大一尺五寸,径长二尺二寸。……肝重四斤四两。心重十二两。……”此种标准,由何而定?即使当日扁鹊解剖实验所得,亦系被解剖者脏器经脉之长度、容积与重量耳,岂可垂于万世,以诲来者?此皆古贤之错误,稍有新思想者,不能认以为是。学者若迷信古籍,焉有不坠于五里雾中?中医古籍诸如此类者甚多,非加一翻订正工夫,则以误传误，永不能进于科举之途矣。

（2）组织制药事宜：药与医有密切关系。药不精，医即无所试其伎。吾国向无制药厂之设立，即固有之丸散膏丹亦多出诸药店商人之手。彼药商者，类多不学无术之辈，师徒传授完全器械性质，无化学知识为之基础，无药学技能为之操作，千古如斯，永无改进，炮制失性，在所难免。卒至医疗失效，理固必然。今东西各国制药事业之发达，澎湃奔腾，一日千里。反观吾国，阒然无闻。处此科学竞争之世，以吾之旧斗彼之新，以吾之手工斗彼之机器，以吾无学之药商斗彼专门之药师，以吾之大贾深藏斗彼之扩大宣传，不陷于失败之局，其可得乎？为今之图，此制药事业，所不可缓也。

（3）征求民间药：民间药包括单方与草药两部，多为医者所不注意，而医籍所未收载。其功效之奇，学理之秘，确有研究之价值。谚云“一味单方，气死名医”，良有以也。余就临床实验所得，前曾治一小儿疳积，经中西医家多人救治，绝无效果，投以天台山奇僧所授之六稜草，一服见功，三服而病愈。又有顽固心胸诸痛，服医药康普乐、蔻第印、凡拉蒙无效时，与以独灵草而奏功。又有慢性痛风，服骨痛露、冯了性药酒、虎骨胶及西药阿陀方（Catophan）等无效，与以民间草药所谓倒挂金钟者服之而转机甚速。吾乡又有一人王圣瑞者，有秘传救阿片中毒草药，诚可谓有起死回生之功，但非有三百元之酬金，不肯授人，迄无人知其为何物也。全中国地大物博，诸如此类者岂胜枚举！余年来致意于民间药之研究，而所得成绩已颇可观。（拙著《民间药剂》一书，专记载是项药物。他日当出版公世。）上海为全国医药中心，有心人若能发起征求民间草药与单方，而再以科学方法整理之，其补益于医林，岂浅鲜哉！

（4）征集秘本医书：各地专门医家之述著，俱为心血之结晶。或原稿未刊，或印本无多，或流行于一时，或称贵于一地，其秘方疗法必有独到之处。若不广事搜求，未有不日就淹没者。余意最好由上海市国医公会或其他医药团体负责举行一次图书展览会，则全国各地之秘书异稿自能集中沪海，批砂淘金，确有无上代价，择其尤者而发行之，则医学知识界之受益又非同小可也。

医界春秋 1932（74）

上海市国医公会设立中国医学院概况

历史

民国十六年开办计第一届，毕业生十八人。第二届毕业生二十四人。第三届毕业生十六人。第四届毕业生三十三人。

负责人员

除院董会外，院长恭文元，名誉院长朱南山，副院长朱小南、蒋文芳，教务长蒋文芳（兼），训育生任朱鹤皋，事务主任黄宝忠。

现任教授

讲堂教授丁福宝、谢利恒、秦伯未、福味菊、方公溥、费通民、章巨膺、沈啸谷、景芸芳、朱寿彭、章鹤年、朱鹤皋、蒋文芳（以上国医）、张剑雄、叶信诚（以上西医）。住院实习教授张廉卿。院外实习教授李遇春、马济仁、赵实夫、唐亮臣、俞岐山、谢也农。

学级编制

分一二三四年级四级，秋季始业，四年毕业。自民国二十三年起加招春季始业一年级新生五十人，推行双轨制，以为分系之准备。

现有学生

一年级六十人，二年级五十七人，三年级四十二人，四年级三十一人。共计一百九十人。

附教学方案如左：

［宗旨］

本学院遵照中华民国教育宗旨，以研究中国历代医学技艺，融化新知，养成国医专门人材，充实人民生活，扶植社会生存，发展国民生计，延续民族生命为宗旨。

［学程］

一年级：党义、国文、生理、解剖、药物、医经、医学常识、医史、医论、病理、方剂、伤寒等科。

二年级：党义、国文、药物、医学常识、伤寒、病理、方剂、诊断、温病、外科、医论、妇科、儿科、杂病等科。

三年级：上午临诊实习，下午《金匮经方》、外科、妇科、儿科、花柳、喉科、眼科、温病、杂病。

四年级：（一）临症处方；（二）教师指导；（三）同级研究；（四）课外阅读。

［教材］

整理固有学艺之精华，列为显明之系统，运用合于现代之理论，制为完善之学说。生理、解剖、外科、急救等并采用西医学术。各科讲义均由各教授自编。

［实习］

三年级生每日上午至名医处临症实习。四年级于教师指导下在本院施诊所临症处方，在医院内临床实习。

本院招收二十三年度春季始业一年级男女新生五十名，即日开始报名。

【资格】

中学毕业或有相当程度者。

【手续】

（一）填写履历书；（二）呈验毕业证书或其他证明文件等；（三）缴纳考试费洋一元（录取与否概不发还）；（四）最近四寸本身照片一张。

【办法】

将上开手续办齐送交，上海本院招生委员会定日考试或随到随考。

【试验学科】

国文

准定二十三年二月一日开学，二月十九日正式上课。

函索章程附邮票七分

院址：上海公共租界北河南路东首老靶子路口二四二号洋房

附志：本院招收三年级插班生十名，试验药物、病理、方剂、伤寒、金匮；二年级插班生八名，试验国文、药物、病理。如有转学证书等证明文件者免试。(手续同前)

本院第四节毕业纪念刊内载毕业论文及教授大作四十余篇，篇篇精彩，句句诚恳，均系师生四年来点滴心血。关怀中国医学，在时代的趋势者不可不读。定价每册一元。凡医药团体凭有正式公函者及投考新生均得享半价优待。

医报 1933，1(10)

公立上海医院二十年度医务统计

第一表　民国二十年度门诊人数统计表

门诊＼月份		七	八	九	十	十一	十二	一	二	三	四	五	六	总计
诊察总数		4408	5579	5236	4848	4184	3658	3220	763	1477	3640	4135	4602	45750
内科	初诊	605	771	680	513	381	319	404	57	282	452	396	573	5435
	复诊	541	721	553	488	433	305	307	32	124	355	375	460	4694
外科	初诊	766	981	785	846	680	663	637	366	363	669	730	724	8210
	复诊	1489	1743	1853	1606	1447	1374	1164	225	444	1407	1756	1755	16263
皮性科	初诊	351	500	393	445	344	236	239	23	143	289	302	389	3654
	复诊	656	863	972	950	899	761	469	60	121	468	576	699	7494
各月合计	初诊	1722	2252	1858	1804	1405	1218	1280	44	788	1410	1428	1688	17299
	复诊	2686	3327	3378	3044	2779	2440	1940	317	689	2230	2707	2914	28451

附注：(一)本表自民国二十年七月起至二十一年六月止为一年度；

(二)本年度门诊病人初复诊总数四万五千七百五十人。

第二表　民国二十年度住院人数统计表

类目＼月份		七	八	九	十	十一	十二	一	二	三	四	五	六	总计
住院总数		395	440	393	360	305	275	304	308	406	354	322	329	
上月存数		102	104	102	106	101	87	82	42	229	109	128	108	
本月份新入院数		293	336	291	254	204	188	222	266	177	245	194	221	2891
本月份出院总数		291	338	287	259	218	193	262	79	297	226	214	229	2893
出院分类	治愈	170	191	139	133	114	106	130	37	110	126	125	137	1518
	死亡	22	38	42	30	20	31	32	20	20	30	27	28	340
	因事退院	99	109	106	96	84	56	100	22	167	70	62	64	1035
住院总日数		3099	3729	3380	3484	2927	2540	2771	2827	1386	3367	3574	3484	备查
平均每日住院人数		99.9	122.9	112.7	112.4	97.6	82.0	79.0	94.2	44.7	112.2	115.3	116.1	

附注：（一）本表自民国二十年七月起至二十一年六月止为一年度；

（二）本年新入院病人病名分类另详次表。

第三表（1） 民国二十年度住院病名统计表

病名＼月份	七	八	九	十	十一	十二	一	二	三	四	五	六	总计
伤寒及类伤寒		4	3	11	4	3	1			1	2	5	34
霍乱	5	9	36	16							3	34	103
赤痢	20	28	22	25	3	4	2				1	3	108
流行性感冒	7	5	7	3	5	4	9		15	7	8	2	72
流行性耳下腺炎	1						1						2
流行性脑脊髓膜炎	1			1	2		2	1			3	1	11
传染性脑炎	1				1	1	1		1				5
发疹伤寒						1							1
天花	1				4	3	11		4	4	2		29
水痘							1		1				2
麻疹	2	2	2	4		5	6		18	68	11	1	119
猩红热	1	1	1	1		1	1			7	15	5	33
白喉	1	1	2	1	8		1		1	6	1	1	23
百日咳		1	1										2
回归热	1	1								1			3

（续表）

病名＼月份	七	八	九	十	十一	十二	一	二	三	四	五	六	总计
疟疾	9	25	6	3	3		1		1		2	6	56
狂犬病	1												1
传染病合计	51	77	80	65	30	22	37	1	41	94	48	58	604
气管支炎及喘息	3	1	4	6	4	2	5	1	2	6	3	3	40
肺炎	5	2	1		1	1			9	2	3	2	26
肺结核	13	10	3	4	3	7	14	2	2	9	7	6	80
肺脓疡及坏疽			1									1	2
肺水肿			1	1	2					1		1	6
肋膜炎	4	1		1	2	1	1	1	1		1		13
呼吸器病合计	25	14	10	12	12	11	20	4	14	18	14	13	167
口腔及咽喉炎	2	4	2		4	2	3		1	5	3		26
急慢性胃肠炎	34	41	53	27	11	10	9	4	9	7	11	27	243
胃溃疡	5	1	1	1	1		3				1		13
胃扩张及胃肠弛缓	2	3	1	1	2	3			1		1	2	16
肠寄生虫病	1	6	3		1	2	2			2	1	1	19
胆道及肝脏病	4	2			1	2					1		10

（续表）

病名 \ 月份	七	八	九	十	十一	十二	一	二	三	四	五	六	总计
腹膜炎	1	2	3			1	1				1		9
腹水	1	3	1	1			1			1	1		9
消化器病合计	50	62	64	30	20	20	19	4	11	15	20	30	345
肾脏炎		1	3	2	1	2	2				1		12
肾石症			1		2								3
尿毒症							1		1		1		3
急性心内膜炎	1			1								1	3
心脏瓣膜障碍		2	2	3	3		3		1	2	3	3	22
紫班病					1						1		2
贫血	1	1	1	3		1	2			2	2	1	14
泌尿循环器病合计	2	4	7	9	7	3	8		2	4	8	5	59
卒中及半身不遂	2	3	1	1	2	4	1				1	2	17
脊髓病	1			2						1			4
末梢神经病		2	2				3		1	3	1	1	13
结核性脑膜炎			1	1		1						1	4
日射病	2	1										2	5

（续表）

病名＼月份	七	八	九	十	十一	十二	一	二	三	四	五	六	总计
神经衰弱	3	3	1	2	1	2	1		1			4	18
脏躁病	3	2		3		2	1		1	1	1	2	19
癫痫		1					1					1	3
神经系统病合计	11	12	5	9	3	9	7		3	5	3	13	80
糖尿病		1	1		1	1	2				1		7
痛风		1	1								1	1	4
脚气	6	3	6	5	6	2	4			3	4	2	41
偻麻质斯	3	5	4	4	2	1	2	2	2	3	3	9	40
毒瓦斯中毒						1	2						3
急性毒物中毒	8	8	4	1	8	5	10		1	1	10	5	61
慢性吗啡中毒	13	10	10	4	5	12	14		3	4	9	22	105
体质病及中毒合计	30	28	26	14	22	22	34	2	6	11	28	39	262
吞金		1	1	1									3
调验烟瘾				1		1							2
杂症合计		1	1	2		1							5

附注：内科总计2251。

第三表（2） 民国二十年度住院病名统计表

病名＼月份	七	八	九	十	十一	十二	一	二	三	四	五	六	总计
挫伤及钝器伤	26	26	19	14	10	7	16	4	14	11	8	13	168
哆开外伤	16	17	16	17	1	9	25	4	4	11	8	10	272
枪弹伤	4	2	3	5	2	3	6	135	4	8	13		185
炸弹及炮弹伤								60					60
脑震荡及头盖外伤	3	7	4	4	2	6	1	3	1	3	3		37
火伤	4	3	5	3	3	2	7		1	1	4	6	39
触电		1	1									1	3
冻伤							1		8				1
骨折	3	3	7	8	9	4	8	8		6	8	10	82
脱臼	1		2			1	1		1		1	2	8
败血脓毒症			2			1			4	2	1	1	9
蜂窝织炎及筋炎	4	10	8	11	4	6	7			3	4	4	65
痈疽	1		2				2			2	3		10
破伤风			1	1									2

（续表）

月份 病名	七	八	九	十	十一	十二	一	二	三	四	五	六	总计
骨髓炎	2	2	2		1	2	1		1	2	1	1	14
关节炎	1	2	6	1	4	1	1			1	1		19
盲肠炎	1	1	4	1		1						1	9
脱肠疝气		3	1		1	1	1			1			8
痔及肛门炎	1	6	5	5	3	6	5		1	1	1	2	35
瘰疬		2			1				2				4
寒性脓疡	1	3		2			1		2		4	2	15
下腿溃疡	3	3	1	3	3		1				1		1
橡皮病							1				1		2
良性肿疡	3	1	3		1		1			1			10
恶性肿疡		3	1				1				1		6
外科合计	77	75	93	75	61	50	87	214	43	53	78	53	980
砂眼	4	1					1				2		8
急慢性结膜炎	1	2	1	1	1	1	3		2	2	1	1	16

（续表）

病名\月份	七	八	九	十	十一	十二	一	二	三	四	五	六	总计
角膜病	4	3					1		1				9
白内障			1				1						2
眼睑及泪腺病	1						2				1		4
中耳炎	1	1								1	1		4
鼻及前额窦炎	1			2	1						1	1	6
水癌			1										1
扁桃腺肥大	3	1			2							2	8
咽壁後脓肠			1		2					1			4
咽喉结核	1	2		1		1			1				6
眼耳鼻咽喉病合计	16	10	4	4	6	2	8	0	4	4	6	4	68
正规分娩	6	10	4	5	5	5	14	0	1	2	4	5	61
流产		1				1	1				1	1	5
产褥热		2		1		3	2			1		1	10
妇科病	4	1	2			1	2		1	1	3		15
产妇人科病合计	10	14	6	6	5	10	19		2	4	8	7	91

（续表）

病名＼月份	七	八	九	十	十一	十二	一	二	三	四	五	六	总计
湿疹	5	6	8	7	4	2	3		1			2	38
疥癣	3	3	3	1	1	2			3	1	6	3	26
疖及瘰疽	1		1	1	2		3					1	9
丹毒	1		1	1								1	4
第一期梅毒		3	2	8	6	3	3		1	3	5	4	38
第二期梅毒		2	2			1	1					1	7
第三期梅毒	2	2	9	1	1	3			1	1		2	14
淋疾	4	4	1	10	1	3	9		1	1	2	4	40
软性下疳	3	3	1	2		3	3		1	1	2	1	20
膀胱炎及尿道炎	5	5	2	2	1	2	3				1	3	24
包茎及阴部畸形	3	1					2			1	2	1	10
皮性科病合计	27	29	22	33	16	19	27		8	8	18	23	230

附注：外科、眼耳鼻咽喉科、产妇人科、皮性科总计9631。

第四表　　民国二十年度自杀统计表

月份 / 自杀方法	七	八	九	十	十一	十二	一	二	三	四	五	六	总计	死亡数
吞雅片	14(2)	17(4)	7(2)	15(1)	12(1)	21(1)	23(2)	3	3	7(2)	19(2)	6	147	17
吞红丸	1												1	
吞安眠药	2		1		1	1	2					1(1)	8	1
吞十滴水	1												1	
吞火柴		2					1			1		1	5	
吞砒霜				1	1(1)						1		3	1
吞樟脑		1											1	
吞水银		1										1	2	
饮强酸		1									1		2	
饮火酒					1								1	
饮煤油						1							1	
饮黄药水											1		1	
吞金饰	4	6	8	3	1						1	1	24	
吞货币			1			1							2	
自缢		1			1								2	

（续表）

自杀方法＼月份	七	八	九	十	十一	十二	一	二	三	四	五	六	总计	死亡数
自刎				1	1		1							
饮枪弹													1	
合计	22	29	17	20	18	25	27	3	3	8	23	10	205	19

附注：（一）本表自二十年七月至二十一年六月为一年度；

（二）括弧小数字系死亡数。

第五表　　民国二十年度法定传染病统计表

病名＼类别＼月份	七		八		九		十		十一		十二		一		二		三		四		五		六		总计	
	门诊	住院	门诊	住院	门诊	住院	门诊	住院	门诊	住院	门诊	住院	门诊	住院	门诊	住院	门诊	住院	门诊	住院	门诊	住院	门诊	住院	门诊	住院
霍乱				9（4）		36（13）		16（4）														8（2）		34（9）		98（82）
天花										4		3（1）		11（3）				4（2）		4（1）		2				28（7）
伤寒				4（1）		3（1）		11（2）		4（2）		3（2）		1						1		2（1）		5（1）		34（10）
赤痢	4	20（1）	20	28（4）	7	22（5）	2	25（5）		3		4（2）		1（1）										2（1）	33	105（19）

（续表）

病名 \ 类别 \ 月份	七		八		九		十		十一		十二		一		二		三		四		五		六		总计	
	门诊	住院	门诊	住院	门诊	住院	门诊	住院	门诊	住院	门诊	住院	门诊	住院	门诊	住院	门诊	住院	门诊	住院	门诊	住院	门诊	住院	门诊	住院
白喉	1	1（1）		1（1）	1	2	1	1	1	8（1）			2	1（1）			1	1	2	6（1）	1	1	1	1	11	23（5）
猩红热		1		1（1）				1				1（1）		2（1）						7（3）		15（2）	1	5（1）	1	33（9）
班疹伤寒												1（1）														1（1）
流行性脑脊髓膜炎	1	1（1）			1			1（1）		2（1）					1	1						3			3	8（3）
合计	6	23	20	43	9	63	3	55	1	21		12	2	16	1	1	1	5	2	18	1	26	2	47	48	330
备考（死亡数）		3		11		19		12		4		7		6				2		5		5		12		86

附注：（一）本自民国二十年七月至二十一年六月为一年度；

（二）括弧中小数字系死亡数。

医药评论 1933（97）

免费检查体格医院一览表

		检查身体	照x光镜
上海肺病疗养院	大西路四号	免费	检查二元二角，摄影五元至十元
中国红十字会医院	海格路三六三号	免费，但只检查肺部，每天以五人为限	六元
大华医院	法租界宝建路十九号	免费	三元
广仁医院	爱文义路三六一弄四号	免费	成人五元，小孩半价
上海时疫医院	西藏路五四五号	免费	四元
沪东医院	杨树浦路一五五一号	免费	五元
黄雯疗养院	大西路十三号	免费	二元
上海体仁医院	法租界巨籁达路一二一号	免费	四元
上海伯庸医院	爱多亚路大世界西对面七〇六号	免费	五元
旅沪广东同乡会粤民医院	狄思威路四六八号	免费	五元
公立上海医院	南市三泰码头多稼路	免费	半费
孟养医院	白克路一七二号	免费	半费
宝隆医院	白克路四一五号	免费	半费
上海疗养医院分院	靶子路一七一号	免费	半费
大众医院	九江路五四七号	免费	半费
公健医院	白克路二〇八号	免费	无
广德医院	法租界太平桥北首白尔路	免费	无
福人医院	敏体尼荫路八八号	免费	无

（续表）

		检查身体	照x光镜
人和医院	莫利爱路十六号	免费	无
上海劳工医院	小沙渡路一千号	免费	无
中国杏林医院	大世界南褚家桥生吉里口	免费	无
上海理学诊疗院	巨籁达路一二一号	免费	四元
家庭医药社儿童齿科院	南京路一九一号	免费	五元
圣心医院	宁国路四十一号		
上海疗养卫生院分院	靶子路一七一号	免费	五元
方子勤医师	南京路女子银行楼上	免费	半价

医事汇刊 1934(20)

公立上海医院二十二年度住院外科病名统计表

病名＼人数＼月份	一	二	三	四	五	六	七	八	九	十	十一	十二	总计	备注
挫伤	18	24	20	22	17	15	23	27	10	20	22	19	237	外科总计九三九人
哆开外伤	13	12	14	14	15	12	22	19	19	15	18	17	190	
枪弹伤	2	3	2	2	3	1	2	3	2	2	5		27	
炸伤	1	2	2	1	1	1		1		1		3	13	
脑震荡	2	2	3	3	2	3	4	5	2	4	2	1	33	
火伤	2	3	2	3	2	2	3	10	4	1	1		33	
触电														
冻伤	1	1											2	

（续表）

病名＼月份＼人数	一	二	三	四	五	六	七	八	九	十	十一	十二	总计	备注
骨折	3	3	8	4	6	5	4	2	5	6	3	8	52	
脱臼				1		1	1					1	4	
败血脓毒症		2	1	2	1	1	1	2		1	1		12	
蜂窝织炎及筋炎	1	3	5	5	6	4	1	10	8	7	2	1	53	
痈疽	1					1	1	4	3	1	1	1	13	
破伤风							1						1	
骨髓炎		1	2			1				1		1	6	
关节炎		1	2	1	1	1		5	2	2	1	1	17	
盲肠炎				1	1	1			1	3		2	9	
脱疡疝气			1	1	2	1	1	1	4		1		12	
痣	4	2	3	2	4	2	4	15	2	7	2	3	50	外科总计九三九人
淋巴腺炎								1		1		1	3	
寒性脓疡	1	3		1		2	1		2	1	1		12	
良性脓疡	3	1	2	1		1		1		1	3		13	
恶性肿疡		2		3		1	2			1			9	
外科合计	52	65	67	67	61	56	71	106	64	75	63	54	801	
砂眼	2	1	1	2	1	1		1	2			1	12	
结膜炎	1			1			2	2				1	7	
中耳炎			1								1		2	
鼻出血	1			1							1		3	
娠妊		2	2	1	1	2	4		1		2		15	

（续表）

病名＼月份＼人数	一	二	三	四	五	六	七	八	九	十	十一	十二	总计	备注
正规分娩	4	3	2	6	6	5	8	5	5	6	6	10	64	外科总计九三九人
不正常分娩		2		1			1		1		1		6	
产褥热	2			1	1	1	1		1	1		1	9	
妇科病		3	2		1	1	2	5	1		2	1	18	
产妇人科合计	10	11	8	13	10	10	18	13	11	7	13	14	138	

医药评论 1934（113）

公立上海医院二十二年度住院内科病名统计表

病名＼月份＼人数	一	二	三	四	五	六	七	八	九	十	十一	十二	总计	备注
气管枝炎及喘息	4	1	2	2	3	2	2	4	3		3	5	31	内科总计一二〇三人
肺炎	2	2	4	1	3	2	6	6	4		1	3	34	
肺结核	13	12	10	8	10	8	17	11	3	4	11	8	115	
肺脓疡及坏疽														
肺水肿										1		1	2	
肋膜炎		1		1		1	2	5	1	1	1		13	
呼吸器病合计	19	16	16	12	16	13	27	26	11	6	19	17	195	
口咽炎	3	2	3	2	2	1	4	4	2	1	3	6	33	
急慢性胃肠炎	20	18	18	20	25	26	63	54	31	25	15	12	213	
胃溃疡	1	1		1			1	2	2	2	1	1	12	
胃扩张及胃肠弛缓	2	2	2	1	2	2	1	1	1				14	

（续表）

病名＼月份＼人数	一	二	三	四	五	六	七	八	九	十	十一	十二	总计	备注
肠寄生虫病				2	1	1	1	1	3	2	1		12	
胆肝病		1		2	1	1	1	1	3	2	1		13	
腹膜炎				1	2	1	1	2		1	1		9	
腹水			1	2	2	1	1	3	1	2			13	
消化器病合计	26	24	24	31	35	33	73	68	43	35	22	17	433	
肾脏炎		2	1	3	2		1			2	1	2	14	
膀胱炎					1								1	
尿毒症		1	1		1	1					1	1	6	
急性心内膜炎			1			1	1		1				4	
心脏弁膜障碍		1	1	2	2	2	1		1				11	内科总计一二〇三人
紫斑病						1							1	
贫血	2	1	1	1	2			1		1	1		10	
荨麻疹														
佝偻病		1						1					2	
泌尿循环器病合计	2	7	5	6	8	5	3	2	2	1	3	3	47	
卒中	4	1	3	3	2		3	3	2	2	3	4	30	
脊髓炎	1		1	1				1		1		3	8	
末梢神经病	1	3	1	1	2	2	2	3	4	3	1	1	24	
结核性脑膜炎	1	2	1	3	3	2	3				1	2	18	
日射病					3	2	9	4					18	

（续表）

病名＼月份＼人数	一	二	三	四	五	六	七	八	九	十	十一	十二	总计	备注
神经衰弱	3	3	1	3	2	1	3	2	1	2	2		23	
脏躁病			1	1	2	1	2		5	3		1	16	
癫痫				1	1		1		2	1		2	8	
神经系统病合计	10	9	8	13	15	8	23	13	14	12	7	13	145	
糖尿病				1		1	2	3				1	8	
痛风														
脚气		4	3	5	5	3	9	11	4	9	7	8	63	
偻麻质斯	3	2	4	4	2	3	9	11	4	9	7	3	61	
炭酸中毒														内科总计一二〇三人
急性毒物中毒	7	7	3	6	18	7	7	5	6	3	5	6	72	
慢性雅片中毒	5	9	6	10	10	15	7	5	8	10	11	8	104	
体质病及中毒合计	15	22	16	26	30	29	34	35	22	31	30	27	311	
吞金							1						1	
调验雅片					3				15		31	14	63	
溺水		2			1								3	
诊断不明		1	1					1	1			1	5	
杂症合计		3	1		4		1	1	16		31	15	72	

医药评论 1934（113）

上海医师研习所儿科研究班第一次课程表

日	星期	上午	课目	教授	地点	下午	课目	教授	地点
廿一	一	九	开学	全体	会	二——四	婴儿及儿童死亡之研究	高镜明	会
廿二	二	十——十二	婴儿及儿童之发育	徐乃礼	会	二——四	小儿肠传染病之细菌学	李振翩	校
廿三	三	十——十二	营养及饲养法	祝慎之	会	三——五	儿童传染病	富文寿	会
廿四	四	九——十一	小儿肠传染病之病理	谷镜研	校	二——四	同前	李振翩	校
廿五	五	十——十二	营养及饲育法	祝慎之	会	二——四	传染病临床	曹芳涛	隔
廿六	六		皮屑病及梅毒	陈鸿康	西				
廿八	一	八——九	麻疹及风疹	周君常	会	二——三	传染病	富文寿	会
廿八	一	十——十二	发育（续）	徐乃礼	会				
廿八	一	十——十二	佝偻病	陈琦	会	四——五	临床	高镜明	院
廿九	二	八——九	百日咳	周君常	会	二——四	儿童外科	任庭桂	院
廿九	二	十——十一	坏血病	陈琦	会				
三十	三	八——九	结核病	周君常	会	二——四	结核病临床	高镜明	院
三十	三	十——十二	痢疾	陈卓人	会				

（续表）

日	星期	上午	课目	教授	地点	下午	课目	教授	地点
卅一	四	九——十	伤寒及副伤寒	吴憶初	会	二——四	血清及免疫学	程慕颐	试
卅一	四	十一——十二	耳科病	李罔	院				
一	五	八——九	结核病（锁）	周君常	会	二——四	传染病临床	曹芳涛	隔
一	五	九——十	眼干病	高镜明	会				
四	一	八——九	肺病	周君常	会	二——四	外科临床	任廷桂	院
		十——十一	流行性感冒	张维					
五	二	十——十一	婴儿脚气	高镜明	会	三——五	儿童卫生	李廷安	局
六	三	十——十二	耳喉病临床	李罔	院	二——四	肺痨临床	高镜明	院
七	四	九——十一	参观传染病院	吴利国	闸				
		十一——十二	耳喉病	李罔	院	二——四	血清及免疫学	程慕颐	试
八	五	九——十一	临床	张维	会	二——四	传染病临床	曹芳涛	隔
九	六	上午	皮屑病	陈鸿康	西				
十一	一	九——十一	学生卫生	吴利国	会	二——四	学童缺点矫治	孙家齐	
十二	二	十——十二	肾炎等病	高镜明	会	二十四	外科临床	任廷桂	院
十三	三	九——十二	托儿所及育婴	王贯一	会	二——四	儿科临床	富文寿	西
十四	四	十——十一	肠寄生病	高镜明	会	二——四	学校卫生参观	孙家齐	

（续表）

日	星期	上午	课目	教授	地点	下午	课目	教授	地点
十五	五	十——十一	临床	祝慎之	院	二——四	传染病临床	曹芳涛	隔
十六	六	上午	皮屑病临床	陈鸿康	西				
十八	一	十——十一	临床	祝慎之	院	二——四	临床	任廷桂	院
十九	二	九——十一	药疗学	朱恒璧	校				
		十——十一	白喉预防法	赖斗岩	校	二——四	预防门诊	高镜明	院
廿	三	十——十一	临床	陈琦	院	二——四	中国儿童卫生行政	张维	校
廿一	四		乡村儿童卫生						高桥
廿二	五	十——十一	国际儿童卫生	张维	会	二——四	讨论	全体	会

注：

会——中华医学会

校——海格中国立上海医学院

院——海格路红十字会第一医院

局——市中心区上海市卫生局

隔——鸭绿路华人隔离病院

试——闸北虬江路广东街卫生试验所

西——西门妇孺医院

上海城市品牌发展近代史料辑录

上海服务

3

上海图书馆 —— 编

上海科学技术文献出版社
Shanghai Scientific and Technological Literature Press

上海市管理医士（中医）暂行章程

二十三年三月二十七日修正公布

第一条　凡本市区内营业中医，在中央政府未颁行医士法以前，应遵照本章程办理。

第二条　凡未经照章考取或审查合格者，不予登记。未经登记者，不得在本市区内开业。

第三条　中医之考试或审查，由本市卫生局延聘中医界中品学兼优经验宏富者若干人组织中医试验委员会办理之。

第四条　中医考试或审查，每年于六月间举行一次。

第五条　凡无免试登记资格者，应受考试，并缴试验费银八元。其因第一次不及格而于下届再请与试者，其试验费得减半收取。

第六条　凡有左列资格之一，经审查合格后，准予免试登记，给照开业，并免缴试验费：（甲）曾在呈奉教育部核准备案之中医学校毕业，领有文凭者。（乙）曾在本国其他主管卫生行政机关领有开业执照者。

第七条　凡中医经考试或审查合格者，每人应纳登记及执照费银三元，印花税费银一元。均于领取开业执照时缴纳。

第八条　凡应考中医者，应于定期试验十五日以前依照定式将志愿书、履历表及本人四寸半身照片二张，连同试验费一并缴局，换领试验证。

第九条　凡具免试资格者，应于定期试验十五日以前依照定式将志愿书、履历表及本人四寸半身照片二张，连同证明资格之文凭证书执照等件一并缴局，以凭审查。

第十条　中医考试分笔试、口试两种。笔试及格者，再应口试。口试及格者，准予登记，给照开业。

第十一条　试验之科目如左：

一、内难概要；

二、伤寒概要；

三、温病概要；

四、疫症概要（疟痢附）；

五、女科概要；

六、外科概要；

七、儿科概要；

八、眼科概要；

九、喉科概要；

十、伤科概要；

十一、本草概要；

十二、古方概要。

以上十二目内，其外科、儿科、喉科、伤科近均号称专科，然各科统以内难为本，皆用本草，而各有本科经方，故内难本草古方为考之科目。至号称大方脉者，（一）至（五）及（十一）（十二）之七目均须考试。

第十二条　各科平均分数在七十分以上者为及格。笔试及格者，再行口试一次，以定去取。

第十三条　审查时遇有疑惑情形，得由试验委员会函请本市卫生局通知被审查人，提出补充证据，或令到会面询。

第十四条　凡经审查或考试合格者，给予医士开业执照。其执照应遵限具领。如满一年以上尚未具领者，即行注销。

第十五条　未经本市卫生局登记给照，擅在本市区域内行医者，处以二十元以下之罚锾，并停止其营业。

第十六条　中医应备诊疗簿，记载病人姓名、年龄、性别、住址及病名、治法、处方、诊察次数等类，以备查考，并须保存至二年以上。

第十七条　各医诊断传染病人，或检验传染病尸体时，应指导消毒方法，以免蔓延，并速报告本市卫生局。如遇生产死亡，亦应随时报告。其报告书式由局制备，各医已预领备用。

第十八条　各医所领开业执照，应张挂便于众览之处，并遵照本市卫生局定期每年缴验一次，加印发还。其逾期不缴验者，处以五元以下之罚锾。

第十九条　执照如有遗失，得呈请补领。除应照第七条之规定缴纳执照费及印花税费外，并登报声明遗失作废。

第二十条　中医遇有迁移时，应于二星期内报局备考。违者处以十元以下之罚锾。

第二十一条　本章程俟医士法颁行后费止之。

第二十二条　本章程如有未尽事宜，得随时修正之。

第二十三条　本章程自公布之日施行。

医界春秋 1934（91）

上海公共租界工部局开业医师牙医及兽医注册名录（一九三四年增刊）

（一）开业医师

姓名	性别	地址	国籍	资格
保罗卫客	男	江西路二六七号	意	一九一八年泼拉大学医学博士
张景贻	男	华格臬路一七号	华	一九一七年海宁怀德医院医学校毕业南京卫生署注册
张锡珍	男	仁济医院	华	一九三三年齐鲁大学医学博士
张宇戍（文樵）	男	劳勃生路裕庆里四四三八号	华	一九二八年同济大学医学博士
陈冠嶂	男	河南路四九五号	华	一九二〇年天津海军医学校及一九二四年波都大学医学博士
周振禹	男	大陆商场四〇一号丙	华	一九一八年爱丁堡大学医学士
朱世标	男	仁济医院	华	一九三三年齐鲁大学医学博士
柯英凯	男	九江路一〇号	埃	一九三三年日内瓦大学医学博士
士多	男	戈登路二六五号	匈	一九二七年克莱士大学医学博士
傅尔儒	男	广东路三号扁礼师医生转	美	一九三〇年霍布金大学医学博士
乔哲夫福斯	男	沙逊房子	德	一九一七年蓬恩大学医学博士
福井义胜	男	腾越路二号	日	一九三〇年长崎医科大学医学士

（续表）

姓名	性别	地址	国籍	资格
胡竹君	女	大陆商场四〇四号	华	一九三〇年锡城大学医学博士
黄子方	男	老靶子路五二七号	华	一九二四年芝加哥大学医学博士
柯富门	男	马斯南路三一号	德	一九一六年柏林大学医学博士
高来士	男	江西路三七四号	匈	一九三〇年维也纳大学医学博士
李佩德	男	中央造币厂	华	一九一八年杭州广济医专毕业
李维英	男	蒲石路三四四号	德	一九三三年海特堡大学医学博士
李魂生拿柏	男	迈而西爱路三六五号	德	一九二四年蒙尼克大学医学博士
李慕英	女	北四川路永丰坊九九号	华	上海市卫生局登记中医
林小川	男	南京路六二一弄二〇号	华	上海市卫生局登记中医
凌蔚川	男	长安路长春坊一〇号	华	一九二六年上海惠旅养病院医校毕业南京卫生署注册
刘明珍	女	仁济医院	华	一九三二年齐鲁大学医学士
雷春鸣	男	赫司克而路安宁里二号	华	上海市卫生局登记中医
米西尔露妲	女	迈而西爱路三六五号	德	一九三一年蒙尼克大学医学博士
米尼娜	女	南京路四九号	墨	一九一六年哈科甫女子医学院毕业
毕顾来	男	静安寺路二〇三〇号	英	一九二九年伦敦大学医学士及英伦皇家内外科医学会会员
宝丽慈（伊满地夫人）	女	汉密尔登大厦五〇五号	匈	一九三三年碧施大学医学博士
罗伟廉	男	南京路七三号	德	一九二五年耶那大学医学博士
清水忠夫	男	平凉路二七六七号	日	一九三二年庆应义塾大学医学博士
苏中原	男	北四川路四八八号	华	上海市卫生局登记中医
沙信	男	华懋公寓五〇四号	德	一九二五年海特堡大学医学文凭
苏斯根	男	南京路七二号	德	一九二八年柏林大学医学博士
汤汉志	女	仁济医院	华	一九二八年北平协和医学院医学博士
朱人瑛	女	同德医院	华	一九三一年同德医学专门学校毕业

（续表）

姓名	性别	地址	国籍	资格
伏罗汉（戈门夫人）	女	江西路二六四号	德	一九二三年柏林斐莱迪惠尔汉大学医学博士
万珏先	男	新闸路新闸花园一一号	华	一九三三年震旦大学医学博士
王伯元	男	华德路二四弄二七号	华	一九二八年上海体生医院证书；南京卫生署注册
汪尊美（企张）	男	西爱咸斯路三七〇号	华	一九一五年大坂高等医学校医学士
杨颂先	男	大通路二号	华	一九三二年汉堡大学医学博士
殷震贤	男	白克路永年里一〇号	华	上海市卫生局登记中医

（二）牙医

楚普俩也瓦	女	静安寺路八八二号	俄	一九三二年哈尔滨第二齿科学校证书
都保夫司基	男	静安寺路一二〇五号	利	一九〇四年哈科甫大学牙科医士证书
富乐士	男	汉密尔登大厦三四四号	美	一九一八年伊利拿寒大学牙科博士
贺列布尼阔夫	男	霞飞路八三三弄林大弄一号	俄	一九三〇年哈尔滨第二齿科学校证书
陆伟良	男	福州路五四八号	华	私人传授，上海市卫生局登记

上海公共租界工部局公报 1934，5（15）

上海市立传染病医院一年内医疗概况（由二十三年三月至二十四年一月底）

在法定传染病内本院规定管理白喉、猩红热、脑脊髓膜炎、天花、斑疹伤寒、霍乱及鼠疫七种。本年内以春冬两季病人为最多，春令则以天花及白喉为多，冬惟白喉。本年夏季无霍乱流行，斑疹伤寒仅有一人住院。故入院最多者为上述首四种病症，兹就此四者之治疗概况略述之。此各病之病状病症及治疗法早为医界同人所洞悉，兹不赘述，但择其稍有研究价值者，略举一二。夫今日我国须竭力唤醒民众，俾知各种传染病，对己对人之危险，患者应早日入院，俾早得痊愈，不至再传他人。常见病者来院大迟，不及治疗，注射罔效而死。此固为社会之教育问题亦吾卫生界之重责也。

一、白喉

统计全年病案以白喉为最多，竟占全数之过半，治疗结果，尚称满意。共有白喉病者二百九十人，经治愈而出院者二百六十二人。除少数因就诊太迟，或在家未得相当之治疗而不及治疗者外，余皆结果良佳。

今按其病类分论之。

1. 咽部白喉

白喉病案中咽部白喉为最多，占全数百分之九十。所收入之病人概以咽部有标准之白膜而找出白喉细菌者，则施以相当之治疗。咽部白喉患者，以中年为多，如入院太迟或已有不合适之治疗者，常致治疗罔效，有一病人女性年二十四岁，来院在病后八天，咽部有厚膜及黑色腐脱质甚厚，全舌均为黑色。考其病历，乃知在外曾延中医用竹签括去白膜一次。致局部受染而身中毒，咽及舌全部变死，入院后，虽由血管注射多量之抗毒素，终因中毒昏边，心力猝衰而死。另有一病者，女年二十七岁，来院时病已九日，中毒状甚深，已成奄奄一息。入院后，即由血管注射抗毒素之足济而每天由皮下给生理食盐水，两周后痊愈出院。此二病者年相若，病况相若，来院已皆迟，其结果悬殊者，一则为未入院前之不当治疗所误耳。

白喉之加杂病甚多，惟本院未曾多见，皆于二周后体况佳良而出院。有者在初入院时，尿内含蛋白质，热退膜消后，则尿内蛋白质同时不见，未见致成肾炎者。患中耳炎者二人。至于瘅麻症在住院内未曾见过。

2. 喉部白喉

喉部白喉，在白喉中常为少见，惟在过去四月内，本院治疗甚多，竟与他项白喉成一与九之比。喉部白喉为小儿患之。本院病案多在一岁以上十岁以下，平均三四岁者多见。中有一孩为九岁，又有一孩为八个月。

病者来院时俱已至危急现状，呼吸困难，甚至面苍白或紫黑。其来之迟者多因在初起时难以诊断，又加社会间习尚，有吞咽困难与咳嗽时先就中医，中医均认为伤风咳嗽，及至呼吸困难时乃来就诊，故所有病人皆不需检查细菌而一望可知为喉部白喉也。曾在本院门诊室有三个病孩，来时已呼吸困难，面部发紫，脉息细微，未及挂号入院而死矣。由此可知来院危急者，比比皆是，死于门诊室者有之，未及来院而死者岂无其人乎。

按过去四个月内，此种白喉曾见五十一案，曾经喉部插管术者二十三人，治疗结果尚称满意。皆于病者初入院时，即立施喉部插管术，管子插妥后，再给相当之抗毒素。在插管时或前后，均给以助心剂及氧气吸入，如此而得救者有十六人。中有二孩已挂号入院未及施行插管后均呼吸自如，呈舒适状。多数病者因呼吸困难而坐卧不安，甚有二日未得饮食、一日未得安睡者，曾有病孩一经插入管子后，呼吸通畅者见，身心安适，立时沉睡于手术台上有之。

此种病者所用之抗毒素剂量，为由一万至二万五千单位，平均一万五千单位者居多。平均剂量不大，盖病状虽危急，而所侵之地位则小，故既有管可通气后，抗毒素剂量，虽较小亦可获痊愈。

计此种病案中，因插管术而得痊者，有十六人，其余七人，则因中毒太深，虽经插管而呼吸仍无改变，终因心力猝衰而死。有因气管内代累过长，虽经插管亦无济于事。虽然竟有二人喉部已有显明之症状，同时呈中毒现象未曾施插管术，仅由静脉注射抗毒素而竟获痊。有中毒状，有喉部状施插管术后，又给足量抗毒素，继以注射生理食盐水二三日，而得痊愈者亦有二三人。病者之可否插管，与乎当先施何种治疗，则以当时之症状为衡也。

喉部插管术之加杂病及后患喉部插管术并非完全无虞之举，病者确冒甚大之危险，不过不用此术则惟坐以待毙，插管后则既救立时之危急，并可望延长时间后之痊愈。其中有三病者，经插管后白喉则愈，而又加杂肺炎幸又经调理，三人均已告痊。故肺炎为施插管后常见之加杂病，当为此项病人留意而预防者。又有一人因症状不退之故，管子在喉内存留十日，第十二日移去管子，因喉部痉挛立时气闭，即予急救，只在五分钟内，病者因气闭而死，此乃施行此术之后患，极当注意者也。曾有一病孩年八岁，来院时症状甚重。既经施插管术后，体况改进，呼吸通畅，各状俱退，至六日管子因咳嗽而吐出，当时呼吸甚佳，似乎已愈。忽在第八日之夜，又呈呼吸困难，有立时不能呼吸之概，注射各药罔效故又给施插管术。兹后则管子咳出者数次，每次则不能呼吸，面呈紫黑，立变危状，势必立时施术，且每次管子咳出后所呈之状较前更重。曾有两次呼吸全停，面紫，手足僵直，脉息细微，甚至不见，心之搏动亦难测。当时救急之手续，乃先将肾上腺精一厘直接射入心肌内，同时用迅速手术插入喉管，然后速用人工呼吸法十数分钟，病者始得苏生。初想喉部乃一时之痉挛，后如斯者七八次，想为喉部肌瘫或瘢痕组织所致。病者既不能无管而呼吸，更不能长此以往，故又施喉部切开术以代之。施此术后，病况更较改进，现病者仍在住院治疗中。

管在喉内存留之时间

按施插管在喉内之平均日数，仅由此寥寥数案之经验而论，管子在内存留，至多则七八日，少则二三日，多数病案约三四日间可移去矣。时日多则恐有喉部之后患，少则恐喉部症状未退仍有呼吸困难之虞。凡热度退，各状俱减，即可试行移去。惟至少须保持二日，至多不可过十日，则可得佳良效果而痊愈。

喉部插管术之指征

病者初来时须定规可否利用此术，一方视喉部受阻之轻重，一方视将来之结局，可否有良好之效果。有时病者入院时，指征不甚明著，有可插或可待之疑难，插则更添痛苦或后患，不插则恐病状加重，一时防预不及，故当注意应否插管之指征。

应施插管之指征

1. 喉部白喉因喉部梗塞呈呼吸困难而有明著之格鲁布声者。

2. 每次吸入气时在两锁骨上部及胸前心口处显明显之陷凹者。

3. 病者无中毒或昏迷现象而精神尚佳惟因呼吸困难而呈不安之状者。

4. 因呼吸困难而呈缺氧之证者。

大概病者之精神佳良，而是有呼吸困难，因以面紫且脉弱者，施插管术后，结果多佳。若有血中毒状，且咽部有厚白膜，甚或溃烂者，则效果迟缓或不佳。再者若病期较长，致心力已呈衰弱者，多有心力猝衰而死之虞。总之较第一条轻者无须插管，射抗毒素后，可待其自愈。有第二条之征者当速施插管术。有三四条之证者，则须视兼有第二条之征否，再定施插管术与否，而兼以他项治疗。

施喉部插管术后之护理法

喉部喉管后之护理法甚为重要，因病者除重症外又加局部之外物，且病者多为孩童，不能理喻，尝顾咬断口内之线而得舒适。故插管后须有经验之护士坐守数时，以免第一、管子咳出，第二、管线被咬断，第三、管子咳出后之呼吸困难或气闭，第四，管线被咬断后，将管吐出或误咽诸险状。同时须松缚病孩之两手，以免自己拉出。若有以上之不幸，则须施二次之手术。按本院所经验者，因咳出或拉出后再作二次或三次之插管，乃常事也。管子插入后之二三日，须按病情及体况，而施相当药剂，如助心祛痰止咳等。

施喉部插管术时所见之困难

夫喉部插管术固非绝大技术，但虽富有经验者，亦不免偶感困难。第一即当施术时，病者之假声带或日喉门及会厌肿胀，致在救急之际，不得随手而入较大之管不易插入，较小者则于一二日内，肿胀消退后，容易吐出，故须先行插入一较小者，俟咳出后，则按当时之病况而或再插。第二病者呼吸困难多时，心力已不支，在插管时若阻止呼吸时间较长，常可致心力立竭而致不救。第三若喉内白膜过厚，或在气道内代累过长或膜易于脱落，在插管时推下，反致气道梗塞。此乃行手术时当注意之点，故宜用力轻而敏捷也。

喉部白喉发生之年龄与男女之比较

	一岁以下	一岁	二岁	三岁	四岁	五岁	六负	七岁	八岁	九岁
男	1	1	6	6	7	2	2	2		
女	1	1	1	5	5	6	2	4	1	1
总计	2	2	7	11	12	8	4	6	1	1

喉部白喉之治疗统计

类别	病况过重未及插管及中毒过深未曾插管者	曾经插管者	无插管之指征而未曾插管者	总计
死亡	17	7		24
痊愈	2	16	10	28
总计	19	23	10	52

3. 鼻部白喉

鼻部白喉甚少见。曾见二三人多在小儿与咽部或喉部者并发之。其单纯鼻部之白喉概未之见。治疗之结果，均一经抗毒素之注射咽或喉部痊愈，鼻部者亦退。惟中有一四岁之女孩，喉部痊愈后，鼻部则成脓性鼻炎者多日。

白喉治疗中所需之血清量

本院所用之血清概为中央防疫处所制成者按施用之经验功效甚佳。病重者则给三万单位，轻者由五千至一万则可，在已痊愈之病人约为一万五千单位。

二、猩红热

猩红热病有一百零七人痊愈者，一百零五人为治疗结果中最堪满意。病者来诊时均有咽部疼痛，红肿及显著之红疹。平均来诊时多在二三日间。住院后经注射猩红热血清后，二三日则热退各状俱减而渐愈。于八至十五日间则脱皮。猩红热之发生加杂病者甚少，除二三人在家已得加杂病或曾有不过当之治疗者外概未之见。若按种类而分之良性单纯性者居多。按华北之报告则颈淋巴腺肿中耳炎之肾炎乃常见之，本院病者于发热时多有尿内含蛋白者惟一经势退蛋白亦无，未见有成肾炎者。但本院所有之病人为数不多，不敢作任何定论姑录数则以供读者之商榷其或他院所收入之病人亦有此项异同点耶。此项病案中曾有一隐性猩红热，初病时有咽痛，稍热及周身不适状未见有红疹，舌部亦无猩红热症状，初则以为系咽炎，及至第九天两手两足显退皮诊断乃切。另有一病者系中毒性之猩红热，来院时已九日咽部溃烂余食不下，温度甚高，右肘节四围肿胀特甚，已成蜂窝组织炎。病者入院时呈昏迷状，其肘节约于未入院时受染。在院二日医治无效而死。此病人初病时之轻重虽未知然其不能痊愈者则由病症过重并由在家治疗之失当也。颈部肿胀者曾见一案，病者女，来院时已五天，红疹明著，颈部肿胀，温度延继两周之久，后则各状减退体，况告痊而出院，惟颈部肿胀仍未全消。加杂中耳炎及颈部脓肿者有一人，该病者系一女孩，年七岁，来院时已病后十一日，其弟在家因同病而死，入院时状甚昏迷，饮食不进，两耳及口鼻均流血，除给相当抗毒血清外并给别样注射剂，在不能进饮食之三四天，则逐日注射生理食盐水，至两周病况稍痊，在院四周各状俱退精神佳良而出院。各个之所需血清量剂，以二十厘居大多数，若得病后之一二日即行入院，此少量血清均可治愈，惟症状过重，则须用二次或一次四十厘，则病案可由重病复原而痊愈。其不能得痊者实因就治过迟或未得相当治疗也。社会上有不少昧于斯者望我医界同人极尽宣传之责。

三、脑脊髓膜炎

共有脑脊髓膜炎病者三十人，痊愈者十三人，死亡率甚高。凡年龄愈小者结果愈不佳，就治愈迟者治疗亦棘手。治疗概以脊管内注射血清及兼周身之病症治疗，直至各状减退，脊液变为阴性为止。但各状减退一由喉内找出细菌者居多数，故除给特殊治疗外均施喉内局部之涂擦，俟变为阴性，而后准其出院，惟一般人均忽于传染之危险，常因此点而争执。

四、天花

天花仅在四五六月间为多，共有五十一人，痊愈者廿七人。患者以贫苦工界人最多。查天花一症在今日文明各国几将绝迹，惟我国每逢春令仍有我处流行，可知一般人仍有未曾接种或接种不良者，此亦防预工作之立待实施者，其治疗无何特异，兹不赘述。

血清反应(血清病)

以上所述各病除天花外俱经血清之治疗。受血清后多数发生血清反应，发生反应者约有百分之七十。多发现在第二周内。所发之症状多数为风疹块，曾有一人发现红斑性风疹块，一人发现结节性风疹块于两退，又有发现关节疼痛者数人。有数人前曾射过血清而有过敏性者。

结论

综上所述，不过本院治疗中之一般，所见病案尚少，故任何症状与治疗之特异点，不敢立为定论，更不敢视为准则。所以纪之者，深望同道者共同研究，匡我不逮。更望海内同人，抱先天下之忧而忧之志，普及治疗，努力预防，俾我传染病医院，先急需而后不需，则我民族幸甚。

卫生月刊 1935，5(3)

上海市医师公会诊疗费考表

宋国宾等拟

一、原则

（一）本会视目下本市生活程度情形，制订此表，以供会员业务上之参考。

（二）凡属本会会员俱有征收诊疗费之权。

（三）本会会员于正当诊金外，不应征收一切不义之财。

（四）本会会员不应故意滥订过低诊例，效减价贱卖市价式之竞争。但以工作繁简时间裕迫之不同，得制订诊例高出于本表以上。

（五）普通诊察外，有需理化上或特别器械之诊疗，当酌量加费。

（六）会诊费当较常诊费为高。专科医师费得较普通医师费为高。

（七）本会会员对于贫乏病人，得酌量减收或免收诊疗费。

（八）同道及其妻室与未成年之儿女就诊者，概免诊金。服务之护士就诊者，亦免诊金。

（九）“包医”不合逻辑，本会会员俱当免此陋习。

（十）诊疗费是劳作的报酬、消费的代价，不以结果吉凶为准绳，故被诊者虽不幸不起，其诊疗费亦当照例征收。普通诊疗费一律付现，至多月杪结算不得折扣。

二、参考表

（壹）门诊出诊费

门诊…………………………………………………………… 一元以上

出诊…………………………………………………………… 五元以上

远诊…………………………………………………………… 自订

夜诊…………………………………………………………… 三倍

急诊…………………………………………………………… 双倍

会诊…………………………………………………………… 自订

外埠出诊……………………………………… 除特别诊费外另加旅费

(贰)普通内科手术费

(一)说明

(甲)凡简便包伤、按摩、火针、火罐等均包括于门出诊内不另取资。

(乙)此外手术费详下表。

(丙)外科大手术之助理医师照手术费另加百分之十至五十。麻醉手续每次十元。

(丁)手术费仅指手术而言，手术后之诊视费另付。

(戊)夜间或急症手术另加百分之二五。

(己)注射费仅指手术而言药品除外。

(二)手术费

皮下注射……………………………………………………………………一元

肌肉注射……………………………………………………………………二元

生理食盐水皮下注射………………………………………………………四元

九一四以外之静脉注射……………………………………………………四元

生理食盐水静脉注射………………………………………………………五元

九一四静脉注射…………………………………………第一次八元以下六元

皮下血清注射(药费在外)…………………………………………………四元

华氏反应抽血手术…………………………………………………………四元

移病脓疡……………………………………………………………………十元

脊柱穿刺……………………………………………………………………八元

膝关节穿刺………………………………………………………………十二元

腹水穿刺……………………………………………………………………八元

胸液穿刺……………………………………………………………………十元

人工气胸……………………………………………第一次三十元下次十五元

输血………………………………………………………………………五十元

放血…………………………………………………………………………八元

窒息治疗“抽血及人工呼吸”………………………………………………十元

导胃…………………………………………………………………………四元

灌食法………………………………………………………………………八元

洗胃…………………………………………………………… 八元
简单缝合（一针、二针）………………………………… 三元
复杂缝合（三针以上）…………………………………… 五元
外伤整理及缝合……………………………………… 二十元
复杂敷裹（在同一肢上）………………………………… 三元
特别敷裹………………………………………………… 六元
脓疡切开………………………………………………… 三元
瘭疽切开………………………………………………… 七元
非内脏性的深部脓疡切开…………………………… 二十元
阴囊积水穿刺…………………………………………… 十元
轻度火伤（一二指之大小）……………………………… 二元
中等火伤（手掌大小）…………………………………… 三元
大火伤……………………………………………… 十五元
广火伤……………………………………………… 二十元
异物深部取出（无须X光诊察者）……………………… 十元
异物深部取出（须用X光者）……………………… 六十元
皮肤移植术………………………………………… 三十元
疤痕截除……………………………… 八元至一百六十元

（叁）大外科手术费

（一）血管神经手术

普通缚脉止血…………………………………………… 八元
缚脉　桡动脉　尺动脉　肱动脉　面动脉　颞动脉………… 十五元
手足党动脉…………………………………………… 二十五元
胫动脉　腓动脉　腘动脉　腑动脉…………………… 三十元
股动脉　锁骨下动脉………………………………… 四十元
颈动脉　髂外动脉…………………………………… 五十元
动脉瘤：

单缚脉……………………………………………… 六十元
复杂脉……………………………………………… 一百元

摘除法……………………………………………………………… 二百元

Matas 手术 ……………………………………………………… 一百六十元

动静脉瘤：

单缚脉……………………………………………………………… 六十元

四缚脉…………………………………………………………… 一百二十元

摘除法…………………………………………………………… 一百六十元

两孔缝合………………………………………………………… 二百元

摘除后移植法整复……………………………………………… 二百四十元

神经简单缝合…………………………………………………… 八十元

神经移植缝合…………………………………………………… 一百二十元

神经分离………………………………………………………… 四十元

（二）四肢手术

（1）骨折：

指骨折　趾骨折　掌骨折　跖骨折　肋骨折　肩胛骨折　胸骨折等…………………………………………………………………………… 四元

指骨掌骨折须用牵伸器者……………………………………… 十元

销骨折……………………………………………………………… 十元

膝骨折……………………………………………………………… 十二元

（2）上肢骨折：

前臂独骨折………………………………………………………… 十二元

桡骨下端折………………………………………………………… 十六元

前臂双骨折………………………………………………………… 二十四元

（3）下肢骨折：

腓骨折……………………………………………………………… 五元

胫骨折或小腿两骨折……………………………………………… 五十元

大腿骨折…………………………………………………………… 五十元

（4）骨折动刀手术 ……………………………………… 较以上规定加倍

（5）骨折连合手术：

鹰嘴………………………………………………………………… 四十元

膝骨…………………………………………………………… 六十元

肢骨…………………………………………………………… 八十元

(6)石膏使用 ………………………………………………………… 十元

(7)脱骱整复(不用流血手术者):

指骨关节　趾骨关节………………………………………………… 五元

拇指　领关节………………………………………………………… 十元

腕关节………………………………………………………… 十五元

肩关节………………………………………………………… 十五元

肘关节………………………………………………………… 二十元

膝盖骨………………………………………………………… 二十元

踝关节……………………………………………………… 二十四元

膝关节………………………………………………………… 四十元

髋关节………………………………………………………… 五十元

(8)脱骱(须用流血手术者):

手指…………………………………………………………… 十五元

指拇…………………………………………………………… 二十元

肘肩　膝盖骨………………………………………………… 四十元

踝足…………………………………………………………… 八十元

髋关节…………………………………………………… 一百五十元

(9)关节切开:

手指……………………………………………………………… 七元

腕肘踝………………………………………………………… 三十元

肩髋…………………………………………………………… 五十元

膝……………………………………………………………… 六十元

(10)关节截除:

指骨或手足指一部分截除…………………………………… 十元

一手指或一足指截除………………………………………… 十八元

手足指及掌骨或跖骨………………………………………… 三十元

数手指或数足指……………………………………………… 三十元

数手足指及掌跖同时截除………………………………………… 四十元
腕关节……………………………………………………………… 六十元
肘关节……………………………………………………………… 六十元
肩关节……………………………………………………………… 一百元
足之一部分截除（Lisbone，Chopart）……………………………… 四十元
颈骶关节…………………………………………………………… 六十元
颈骶关节及补骨法………………………………………………… 一百元
膝关节……………………………………………………………… 八十元
髋关节……………………………………………………………… 一百元

（11）断肢法：
前臂………………………………………………………………… 六十元
臂…………………………………………………………………… 六十元
小腿………………………………………………………………… 六十元
大腿………………………………………………………………… 八十元

（12）碎骨取出手术：
皮肤肌肉下取出…………………………………………………… 二十元
环锯术取出………………………………………………………… 八十元

（13）摇骨手术（Mobilisation）………………………………………… 二十元

（14）石膏使用：
髋关节核…………………………………………………………… 三十元
膝结核……………………………………………………………… 三十元
肘腕结核…………………………………………………………… 二十元

（15）骨干切开术………………………………………………………… 五十元

（16）人工关节固著术……………………………… 一百二十元至一百五十元

（17）膝关节切开异物取出（子弹）…………………………………… 六十元

（18）腱整复手术：
简单缝合…………………………………………………………… 四十元
吻合手术…………………………………………………………… 六十元
移植手术…………………………………………………………… 八十元

（三）面颅脊柱各种手术

下颌骨折（使用器械固著者）……………………………… 八十元

简单颅环锯手术…………………………………………… 四十元

补唇手术…………………………………………………… 三十元

颅环锯手术及脑膜切开………………………………… 一百二十元

颅骨移植术………………………………………………… 一百元

脑脓肿颅切开手术……………………………………… 一百六十元

颅内子弹取出…………………………………………… 一百六十元

骨盘折断及脊柱折断……………………………………… 五十元

（四）胸腹手术

脓胸手术…………………………………………………… 三十元

肺内子弹取出…………………………………………… 一百二十元

纵隔障内子弹取出……………………………………… 一百六十元

剖腹……………………………………………… 一百元至三百元

肠胃切除或吻合术………………………………………… 二百元

人造肛门………………………………………………… 一百六十元

腹内取弹术……………………………………………… 一百六十元

直肠镜检术…………………………………………………… 十元

（肆）专科手术费

（一）尿道手术

普通器械检查及肛门触诊…………………………………… 四元

导尿法………………………………………………………… 四元

尿道扩大术…………………………………………………… 四元

电溶扩大术…………………………………………… 每次八元

膀胱灌洗……………………………………………………… 四元

前列腺按摩术………………………………………………… 四元

尿道及膀胱滴药术…………………………………………… 四元

尿道镜检术…………………………………………………… 八元

膀胱镜检术…………………………………………………… 十元

输尿管导尿术………………………………………………………… 三十元
尿道管内切开术……………………………………………………… 四十元
尿道管外切开术……………………………………………………… 八十元
去睾术………………………………………………………………… 六十元
割势术………………………………………………………………… 五十元
膀胱穿刺术…………………………………………………………… 十二元
包皮割除……………………………………………………………… 二十元
尿道管狭窄电疗…………………………………………………… 共四十元
副睾切除法…………………………………………………………… 六十元
阴囊积水手术………………………………………………………… 四十元
会阴脓肿切开………………………………………………………… 四十元
前列腺脓肿切开……………………………………………………… 六十元
前列腺切除……………………………………………………… 二百四十元
精囊切除………………………………………………………… 二百四十元
膀胱切除………………………………………………………… 一百六十元
膀胱仙肿瘤透势治疗…………………………………………… 每次四十元
膀胱内肿瘤截除术……………………………………………………… 二百元
膀胱结石摘除术………………………………………………………… 二百元
肾囊脓种切开术……………………………………………………… 八十元
肾固着术………………………………………………………… 二百五十元
肾切开术………………………………………………………… 二百五十元
肾石切开……………………………………………………………… 二百元
输尿管切开…………………………………………………………… 二百元
肾截除术………………………………………………………… 二百四十元

（二）眼科手术

配光………………………………………………………… 十元至二十元
检验眼底………………………………………………………………… 十元
视野量计………………………………………………………………… 十元
眼皮外翻手术………………………………………………………… 四十元

普通器械检查…………………………………………………… 四元
小手术…………………………………………………………… 四元
结膜下注射……………………………………………………… 二元
眼皮膜脓肿切开………………………………………………… 四元
眼伤缝合………………………………………………………… 十元
势气喷雾………………………………………………………… 二元
眼眶部放血……………………………………………………… 六元
角膜异物取出…………………………………………………… 六元
泪囊切开………………………………………………………… 六元
电疗………………………………………………………… 每次六元
角膜切开……………………………………………………… 二十元
眼球穿刺……………………………………………………… 二十元
角膜白翳染黑术……………………………………………… 二十元
泪腺手术……………………………………………………… 二十元
脸板腺囊肿…………………………………………………… 二十元
虹膜脱出……………………………………………………… 五十元
翼状胬肉手术………………………………………………… 四十元
泪腺手术……………………………………………………… 五十元
眼睛脓肿切开………………………………………………… 四十元
沙眼炮烙术…………………………………………………… 二十元
眼皮疤痕整理………………………………………………… 六十元
沙眼刷挤术……………………………………………………… 十元
虹膜截除法…………………………………………………… 六十元
白内障手术…………………………………………………… 一百元
摘眼术………………………………………………………… 六十元
眼皮内翻及睫毛整理法……………………………………… 二十元
眼皮下垂手术…………………………………………………… 十元
眼肌手术……………………………………………………… 一百元
泪囊摘除术…………………………………………………… 六十元

防止绿内障手术…………………………………… 一百元
神神经切除术……………………………………… 六十元
玻璃体异物取出术………………………………… 一百凶
眼睛内手术………………………………………… 一百元
眼球椎刺术………………………………………… 六十元
（三）耳鼻喉科手术
普通检查…………………………………………… 四元
（1）鼻咽部手术：
扁桃体脓肿切开…………………………………… 十元
悬雍垂切除………………………………………… 二十元
腺肿切除…………………………………………… 三十元
扁桃体切除………………………………………… 三十元
（2）鼻部及窦部手术：
鼻衄………………………………………………… 二十元
鼻孔异物取出……………………………………… 十元
鼻角切除术………………………………………… 二十五元
鼻腔内部息肉根治………………………………… 一百元
上颌窦穿刺………………………………………… 六元
上颌窦炎根治……………………………………… 一百元
额窦炎根治………………………………………… 一百元
额颌窦炎根治……………………………………… 一百五十元
额窦椎刺术………………………………………… 七十元
颌窦椎刺术………………………………………… 七十元
（3）耳部：
听觉测验…………………………………………… 十元
异物取出…………………………………………… 二十元
异物取出（须全身麻醉者）……………………… 三十元
鼓膜穿刺…………………………………………… 二十元
鼓膜穿刺（须全身麻醉者）……………………… 五十元

耳息肉………………………………………………………… 十元

耳小骨截除………………………………………………… 六十元

乳突从刺………………………………………………… 二百五十元

（4）喉头食管气管枝气管手术：

电烙术………………………………………………… 十元至三十元

气管切开术………………………………………………… 一百元

喉头切开术………………………………………………… 一百元

喉头切除术………………………………………………… 二百元

枝气管镜检术……………………………………… 四十元至一百元

喉息肉切除术……………………………………………… 一百元

喉头狭小放大……………………………………………… 五十元

食管镜检及放大术………………………………………… 一百元

食管镜检与异物取出………………………………… 一百五十元

食管切开…………………………………………………… 二百元

（四）口腔手术

器械检查…………………………………………………… 四元

麻醉取牙…………………………………………………… 二元

去牙垢……………………………………………………… 二元

普通补牙…………………………………………………… 三元

复杂补牙…………………………………………………… 六元

镶牙（每牙）……………………………………………… 四元

假牙（每副）………………………………………… 十元至三十元

（五）产妇科手术（孙克基、金问淇、俞松筠等拟）

产科部（左系至少数目）

生产费

凡正产、早产、流产属之其费，包括孕中、临产及产后十日，产母起床或待婴儿脐痊时诊察在内，其有按次计算者亦可，但与产无干之疾病须另纳费。

一、初产………………………………………………… 五十元

二、经产………………………………………………… 四十元

手术费(包括麻醉费助手费在内)

一、产道手术……………………………………………… 每次五十元

二、腹部手术………………………………………………… 三百元

产道手术后而需腹部手术……………………………… 两共四百元

急救费

一、子痫……………………………………… 五十元，应用手术另加

二、止血手术………………………………………………… 五十元

三、其他较简手术…………………………………………… 二十元

(一)腹部手术

Alexander-Adams 氏手术 ………………………………… 一百元

剖腹术……………………………………………………… 二百五十元

子宫后屈整复术………………………………………… 一百五十元

输卵管妊娠………………………………………………… 三百元

输卵管摘除术……………………………………………… 二百元

输卵管不妊术…………………………………………… 一百五十元

输卵管造口术…………………………………………… 二百五十元

卵巢摘除术……………………………………………… 一百二十元

卵巢囊肿摘除术…………………………………………… 二百元

纯单子宫摘除术……………………………… 三百元(肿瘤同)

Wertheim 氏手术 ………………………………………… 五百元

(二)阴部手术

Barthorini 氏腺摘除术 …………………………………… 三十元

阴道口闭塞切开术………………………………………… 一百元

阴唇完全摘除术…………………………………………… 三百元

托宫器安置术……………………………………… 每次二十五元

前阴道壁缝合术…………………………………………… 八十元

后阴道壁缝合术…………………………………………… 六十元

会阴破裂缝合(旧破裂) ………………………………… 五十元

肛门举肌缝合……………………………………………… 一百元

阴道全部摘除…………………………………………………………… 四百元

人工阴道制造…………………………………………………………… 五百元

子宫爬搔………………………………………………………………… 五十元

茸肿摘除………………………………………………………………… 五十元

输卵管通气……………………………………………………………… 五十元

Emmet 氏手术 ………………………………………………………… 八十元

子宫阴道部切除术(简单) …………………………………………… 一百元

子宫阴道部切除术(高位) ……………………………………… 一百五十元

子宫脱落摘除术………………………………………………… 二百五十元

由阴道开腹术(前)一百五十元 ……………………………… (后)八十元

其他由阴道开腹施行于子宫办理卵巢等手术，与由剖腹施术同。

尿道或膀胱阴道瘘………………………………………………… 每次三百元

Doughlas 氏窃穿刺……………………………………………………… 五十元

骨盘结缔组织排浓……………………………………………………… 一百元

(一)以上所列皆专指手术时需费，至于手术后诊疗依照原则须另计。

(二)镭锭治疗与理学诊疗部同。

(六)按摩 ……………………………………………………………… 每次三元

(伍)理学诊疗费

(一)爱克司光摄影

手指(一指或数指) ……………………………………………………… 五元

手…………………………………………………………………………… 八元

腕…………………………………………………………………………… 八元

前臂………………………………………………………………………… 八元

肘…………………………………………………………………………… 十元

肱骨干……………………………………………………………………… 十元

肩或锁骨………………………………………………………………… 十五元

肩部旁照……………………………………………………………… 二十四元

头颅……………………………………………………………………… 二十元

下颔骨…………………………………………………………………… 十六元

半胸　肋骨或胛骨……………………………………………… 二十元
齿……………………………………………………………… 八元
足趾…………………………………………………………… 五元
足……………………………………………………………… 八元
踝……………………………………………………………… 十元
小腿…………………………………………………………… 十元
膝……………………………………………………………… 十二元
大腿骨………………………………………………………… 十二元
髋关节………………………………………………………… 十八元
颈脊柱………………………………………………………… 十八元
腰背脊柱……………………………………………………… 二十元
脊柱全部……………………………………………………… 四十元
荐骨…………………………………………………………… 二十元
骨盘…………………………………………………………… 二十四元
（二）宽体摄影　………………………………… 每部按前列加倍
（三）异物部位透视检查
肢部…………………………………………………………… 十元
头部…………………………………………………………… 十二元
胸部…………………………………………………………… 十二元
腹部…………………………………………………………… 十二元
（四）内脏爱克司光诊断
（1）肺部：
　　幕上检查……………………………………………………… 八元
　　绘图指示……………………………………………………… 十元
　　摄影…………………………………………………………… 十二元
（2）心部及大动脉：
　　幕上检查……………………………………………………… 十二元
　　绘图指示……………………………………………………… 十八元
　　摄影（一张）……………………………………………… 二十四元

摄影（二张）…………………………………………………… 四十元

（3）食管或胃：

幕上检查………………………………………………………… 十二元

绘图指示………………………………………………………… 十六元

摄影…………………………………………………………… 二十四元

（4）胃及排泄之研究：

幕上检查……………………………………………………… 二十四元

绘图指示………………………………………………………… 三十元

摄影……………………………………………………………… 四十元

（5）肠部（不明液灌肠）：

幕上检查………………………………………………………… 二十元

绘图指示……………………………………………………… 二十四元

摄影……………………………………………………………… 三十元

（6）肠部（不明液餐后之排汇研究）：

幕上检查……………………………………………………… 二十四元

绘图指示………………………………………………………… 三十元

摄影……………………………………………………………… 四十元

（7）消化器官全部：

幕上检查………………………………………………………… 四十元

绘图指示……………………………………………………… 四十八元

摄影……………………………………………………………… 六十元

（8）气腹膜：

幕上检查…………………………………………………… 一百二十元

摄影………………………………………………………… 一百六十元

（9）肝部：

幕上检查………………………………………………………… 十六元

绘图指示………………………………………………………… 二十元

摄影…………………………………………………………… 二十四元

（10）泌尿器：

膀胱…………………………………………………………… 二十元

一肾…………………………………………………………… 二十元

二肾…………………………………………………………… 三十元

一输尿管……………………………………………………… 二十元

十输尿管……………………………………………………… 三十元

一肾一输尿管及膀胱………………………………………… 四十元

全部泌尿器…………………………………………………… 六十元

（五）说明：上说之各种检查加说明书者，每种另加四元。

（六）爱克司光治疗

皮肤病………………………………………………………… 五十元

瘰疬…………………………………………………………… 一百元

恶癌…………………………………………………… 三百元至五百元

子宫出血……………………………………………… 三百元至五百元

（七）透热与电流治疗

每次…………………………………………………… 二元至十元

电气割症……………………………………………… 十元至三十元

紫光灯…………………………………………………… 每次一元

（八）镭锭 ………………………………………… 每居利单位二角

（陆）化验费（沈传德拟）

一、痰液

（一）细菌学检验

结核菌检验（简单法） ……………………………………… 一元

结核菌检验（溶会法） ……………………………………… 二元

各种细菌及寄生虫检验

（简单检验法）……………………………………………… 一元

（培养检验法）……………………………………………… 四元

（二）细胞学检验 ………………………………………………… 一元

细胞及细菌学检验……………………………………………… 二元

蛋白质反应……………………………………………………………… 一元

二、病本液质(脓质、病体分泌夜质及生假膜等)

(一)细菌学检验

简单法检查……………………………………………………………… 一元

培养法检查(白喉菌在外) …………………………………………… 四元

螺旋菌检查……………………………………………………………… 二元

白喉杆培养法检查……………………………………………………… 五元

就病人住所检取喉内黏液检查………………………………………… 八元

制造病人自身菌苗(Auto-Vaccin)念四管 ……………………… 十五元

(二)细胞学检验 ……………………………………………………… 一元

细胞及细菌学检验……………………………………………………… 一元

(三)化学检验(Rection de Rivolta 养白质定量)…………………… 一元

三、脑脊髓液

(一)细菌及细胞学检验

细胞计数………………………………………………………………… 二元

白血球百分比　　白血球成式………………………………………… 二元

简单法细菌检查………………………………………………………… 一元

结核菌检查……………………………………………………………… 二元

培养法检查……………………………………………………………… 六元

(二)化学检验

蛋白质定量……………………………………………………………… 五角

糖质定量………………………………………………………………… 五元

尿素定量………………………………………………………………… 二元

Acidediacetique 检验 ………………………………………………… 一元

胆质色素检验…………………………………………………………… 一元

(三)生物学检验

华氏反应(Reaction de Bordet Wassermann)……………………… 五元

安息香酸醇梅毒脊髓液反应(Reaction de Benjoin colloidal)…… 五元

达固粒氏百黎高力甘香酒反应(Reaction de Targowla selexir paregorique）…………………………………………………………………… 三元

（四）细胞计数及蛋白质定量 ………………………………………… 三元

四、胃液

（一）化学检验

酸类定性检查（游离盐酸及乳酸） ……………………………… 一元

酸类定量检查酸类总量及游离盐酸………………………………… 二元

游离盐酸混合盐酸酸酵酸及总量酸类……………………………… 三元

血液及胆汁色素检查………………………………………………… 五角

（二）细胞学检验 ……………………………………………………… 一元

五、粪

（一）细菌学及寄生虫学检验

寄生虫及其虫卵检查………………………………………………… 一元

变形虫及变形虫胞子………………………………………………… 一元

肠内各种细菌类别检查……………………………………………… 一元

结核菌检查…………………………………………………………… 一元

用培养法检查赤痢杆菌伤寒杆菌及零乱杆菌……………… 每种五元

检查消化机能及其余渣……………………………………………… 四元

（二）化学检查

血液胆汁色素检查…………………………………………… 每种一元

六、血液

（一）细胞学检验

赤血输计数血红素定量及各个血输血红素定量…………………… 四元

白血球计数…………………………………………………………… 二元

白血球计数及白血球百分比（白血球成） ………………………… 四元

以上三种完全检验…………………………………………………… 七元

（二）物理试验

血液凝结时间之计算（由静脉取血） ……………………………… 六元

流血时间之计算……………………………………………………… 二元

以上两种同时检查得付……………………………………………… 七元

血输抵抗力之测验…………………………………………………… 四元

（三）细菌学及寄生虫学检验

血液中寄生虫（如疟疾虫再归热之螺旋虫）之检查 …………… 一元

血液细菌培养…………………………………………………………… 六元

在病人住所抽取血液………………………………………………… 十元

（四）生物学检验

畏氏伤寒血液反应（Reaction de Widal）及班疹伤寒地中海热病血液反应…………………………………………………………………………… 三元

华氏梅毒反应（Reaction de B.Wassermann）……………………… 五元

康氏梅毒反应（Reaction de Kahn） 白赛嘉氏结核病反应 … 五元

输血检查…………………………………………………………………… 三元

（五）化学检验

盐质定量…………………………………………………………………… 五元

胆脂素定量………………………………………………………………… 五元

糖质定量…………………………………………………………………… 十元

尿素定量…………………………………………………………………… 四元

尿酸定量…………………………………………………………………… 八元

七、皮屑毛发

寄生虫检查………………………………………………………………… 一元

寄生虫培养法检查………………………………………………………… 四元

八、尿

（一）细胞学及细菌学检查

细菌及寄生物检查………………………………………………………… 一元

结核菌检查………………………………………………………………… 二元

细菌培养法检查…………………………………………………………… 五元

细胞圆柱体结晶体检查…………………………………………………… 二元

注射兔身妊娠诊断法…………………………………………………… 十二元

（二）化学检查

定性检验如 Albumine，Sang.，Pus，Acetone，Urobiline.，Acide Diacetigue.，

Indican, Pigments Biliaire. Diazo-Reaction 等 ………………………… 每种五角

尿酸宣检查……………………………………………………………… 六元

尿石定性分析…………………………………………………………… 四元

以上种种完全检验……………………………………………………… 二十元

九、乳(检查人乳)

酪蛋白质定量 }
醋脂定量 } ……………………………………………………………十元
乳糖定量 }

定量检验如 Chlorures, Phosphate, Sueree, Allumine, Sang, Pus. 等等…………………………………………………………………… 每种二元

医药评论 1935(121)

上海法公董局一九三四年医事及卫生报告

医事部分,由 Velliot 博士报告。在一九三四年中,夏季虽曾有呼吸的流行性感冒及冬季有肠病之流行,但从未有激烈之传染病发生,是可庆幸者也。

对于工部局人员之防疫工作,照常进行。四月中打虎列拉针者二三八九人,十一月中种痘者达二三八一人。

夏季,卫生处大厦之西部扩充并加改造,工作不免妨碍。然住院者仍达一二四一人,住院日数,共达一五〇〇〇日。会诊者一二〇〇〇人。施用手术者一六四人。关于花柳病预防工作,已见成效,一九三二年患此病者四七五人,现已减为二二〇人矣。

卫生部分,由 Rabaute 博士报告,可分二部:第一,全年中如一九三三年,从未发生虎列拉,市民健康深引以为满意。本年其中一百二十三人虽曾一度有麻疹传染病发现、支气管肺炎;其常发生之时疫,则有痢疾、猩红热、伤寒、白喉、天花,至于每月死亡统计,因租界上各医院之消息日进完美,故较去年更形正确。

防疫人数已见增加,种痘者较去年增加 11%,打虎列拉防疫针者 18%;此增加率,详细分析之,实卫生试验所努力之结果。现该所在广慈医院旁新建

大厦，已于一九三四年末开始动工。

一九三四年外国医生登记者六三人，较去年增加，而中华医生及牙医，及从二九七人减为二六六人。学校卫生检查，人民防疫工作及防止传染病之敌布乃为致租界人民健康之主要原因。检查工作，现已推行至公董局所设之中法学堂。

第二，述及救济事项，一九三四年，公董局在各医院救济贫穷病人，达一三二四人。并在广慈医院空地上，建造可容三百床位之病舍，该舍专为贫穷华人患病者而设，已于本年底完工。

神经病门诊所在一九三四年初即已开幕，该处专为诊断各种神经病，并考察其应送入医院或回家疗养。而最近开设之上海普慈医院，亦受法公董局补助，年应容纳贫穷神经病者若干人。

兹附一九三四年详细工作统计：

（一）车上防疫工作

种类　　　　　　　　　　人数

虎列拉……………………………89629

种痘………………………………55281

（二）门诊所工作

种类　　　　　　　　　　人数

虎列拉……………………………8275

种痘………………………………15142

会诊………………………………63100

医生考试…………………………383人

（三）牙病求医者　……………2720人

（四）检查牛乳　………………522次

（五）检验微菌及分析化学　…1811次

（六）搜获腐果臭肉　…………7125次

（七）捉捕游犬　………………835只

（八）消毒煤油（预防疟疾）…用3842介伦

（九）各医院贫病救济人数

医院名称　　　　　　　　人数

俄罗斯病院……………………468

传染病院……………………68

广慈医院……………………481

其他……………………307

总计……………………1324

医药评论 1935（130）

上海市立沪北戒烟医院一年报告

自政府厉行禁烟以来，上海市卫生局即积极进行戒烟事宜，先后设产龙华戒毒所及沪南戒烟医院，广收烟民，严限戒绝。后因烟民投戒者日多，原有两院房舍不敷收容，卫生局乃复租赁沪北区天通庵路七二二号民房，添设沪北戒烟医院，即于廿四年五月十五日开始工作，同月廿六日正式成立。兹将该院内容及一年来工作概况分述如下。

（甲）内容

经费：开办费一万八千元，经常费每月六千二百五十七元。

工作人员：院长兼主任医师一人，医师四人，事务员五人，护士长一人，护士十六人，练习生三人，警士三人，工役二十一人，厨役七人。

烟民待遇：医药膳宿完全免费，并有娱乐及各种消遣之设备。每日下午，每一病房轮流开放，烟民可随意至院内花园及运动场散步或运动一小时。时间分配，上午六时半起身，七时试体温（如发热者，每隔四小时试一次），七时半早餐，八时发药，九时医师在护理室诊察并参酌夜班护士报告处方，十一时半午膳，下午一时至二时散步，二时发药，四时试体温，五时半晚餐，八时发药，九时值日医师查察病房，十时熄灯。

入院处置：烟民由公安局登记后，每日下午送院受戒。入院后，先记录其姓名、籍贯、职业、年岁，并询明其吸食鸦片抑其他毒品，以及吸用量之多少并用何种方法服用（如吞、注射）、成瘾时期、成瘾原因、以前曾否戒过、入院前已否服用毒品并有何种痛苦，一一记录单上，然后印指模，磅体重。再由医师检查体格，根据记录单及身体状况处方后，送入整理处，剃头沐浴，换穿该院衣服。然后按照病床号数，送入病房。

施戒方法：该院施戒方法，采用发泡及递减法，在施戒期内，并用兴奋补血等药剂及各种注射，入院烟民，非因重病或年龄六十七岁以上身体衰弱者，一律于当日下午六时发泡，约隔十二小时左右，至翌晨七八时许，抽取泡浆，将抽得之全量，施行筋肉注射。在施戒时，烟民服用代瘾品，同时并用辅助剂，又并用兴奋剂。俟停服代瘾品后，则用补血剂，至出院为止。

每一病房，有日班护士三人，工役三人；夜班护士一人，工役一人。护士除管理普通工作外，尤注意新进医院及将出院之烟民有否发瘾现象及其他特殊情形，而详细记录之，报告医师。凡已停给代瘾品后，在七天之内，根据报告，倘无发瘾及其他症状发现，则认为完全戒绝，即将送回公安局，具结释放。

（乙）一年来工作概况

各种统计：断瘾人数，四千一百五十三人（内无瘾五十八人）；自动投戒，二千四百五十三人，占至五九．一％，勒戒一千七百人，占四〇．九％；吸食鸦片三千九三十六人，占九四．八％，其他毒品二百十七人，占五．二％。住院日数：发泡者三千三百九十五人，占八二．九％，每人平均住院日数五十天，递减者七百人，占一七．一％，每人平均住院日数十正天，无瘾五十八，每人平均住院日数七天。代瘾品用量，均合作吗啡计算，每人平均用吗啡量〇．五格阑姆强。

增设门诊：烟民戒绝出院后，因心理作用或饮食不慎，间或发生失眠酸痛下剂等症状，易引起再犯之观念。故该院于本年四月起，特辟门诊部，以便已出院之烟民，于每日上午九时至十二时，凭出院时所给之号牌，来院就诊，并免费给药。至现在止，共计门诊人数三百九十六人。

研究工作：该院自本年三月起，添设研究室，试验各种施戒方法，及施戒对于人体究生何种变化。现可供研究者，计一百五十例。

医药评论 1936（143）

民国二十五年上海法租界公董局医事工作概况

法公董局每年预算中，除划出巨款为办理医事及卫生事业之经费外，又拨给补助金与各医院。本年度预算中，关于医事方面之经费，规定为二十万五千元。界内之医院，一部分系教会所办者，一部分则为慈善机关所设者，免费施诊，故法租界公董局予以经济上之补助。

法租界公董局，对于界外之医院及卫生慈善机关，亦予补助，如补助公济医院经费二万六千元，而中国时疫医院、上海新普育堂市医院及仁济医院，亦均受补助也。

工部局化验室及花柳肺痨诊所，每年受补助金一万四千八百元。

Pavilion of Saint Vincent 共分四层，计有床铺三百，供中国贫苦病人之用。第一层为药房、眼科及儿科诊所。第二及第三层，为外科病室及手术室。第四层，为内科病室及细菌与化学试验室，将来尚拟辟 X 光室一间。此外另辟一部，接收街头被车撞伤之人。该院又设牙科诊所一所。该院建筑及布置一切，所费计三十四万五千元，悉由法租界公董局补助。至于常年费用，法租界公董局亦每年补助三万元。

法租界公董局对于俄国正统教会医院担任二十只床铺之费用。又在广慈医院中担任成人床铺四只及儿童床铺六只之费用，供贫苦西人患病者之用。此外，又在广慈医院妇科病室担任床铺八只之费用，供贫妇之用。

工部局医院每日上午开放，下午则每星期开放三日。下列各表为该医院之工作概况：

（甲）一九三五年施诊人数

华人	五六五〇四
外人	九一一九

（乙）历年施诊比较：

一九三一年	一一四五一
一九三二年	二四七五四
一九三三年	四一二三三
一九三四年	六三一〇〇

（丙）去年一年中，牙科病案共计二千九百十二件。

闵行普慈疗养院之成立，系上海华租当局合作之结果。法公董局捐款五万元，而预算中另拨五千元为该院经常费用。现该院备有免费床铺二十五只，供贫苦华人之用。

Saint-Jean Building 系法租界公董局与广慈医院所合办。法公董局担任建筑费之一半，并负担每年经费三万元。该处设免费床铺二十只，供贫苦中西病人之用。

法租界公董局最近对于医事及卫生方面之贡献，厥为新化验室之落成。该化验室，除从事细菌化验外，并制造菌苗，供该局卫生处每年卫生运动之用；此外，并制造预防肺痨菌苗。化验室一部分为食物化验部，其旁为普通化验部，将来尚拟添设病理研究部。

法租界公董局现拟建立图书馆一所，收藏法国科学书籍及杂志。

预防医院亦在该局计划之中，预料明年即可实现云。

医药评论 1936（141）

上海市医院之设施

翁之龙、吴利国

一、成立经过

民国廿一年淞沪战役之后，我市政当局积极建设市中心区。是年十月卫生局即计划市医院建筑图样。廿二年一月择定市中心区虬江以北、府南左路以东、府东外路以南、华原路以西八十七亩余之基地，经市中心区建设委员会呈经二〇六次市政会议通过，五月拟就市立医院房屋设计大纲函请工务局作初步设计。廿三年七月成立市医院筹备委员会，聘请沈怡、安尔、李廷安、李扬安、汤博生、坦得楼、马歇尔、俞鸿钧、翁之龙、董大酉、叶恭绰、刘瑞恒、蔡增基、邓禄勃、潘德生、颜福庆、关颂声等十七人为委员。十一月卫生局拟就市立医院房屋建筑图样及工程预算，会同工务局呈请市府审核，旋奉令于第二百七十一次市政会议通过。十一月三十日在工务局开标，得标人为陆根记营造厂。十二月与得标人陆根记营造厂签订合同，旋即动工。廿四年一月一日由吴市长亲临举行奠基典礼。三月招投卫生暖气设备工程，得标人为新申工程行。四月招投电气设备工程，得标人为中国联合工程公司。廿五年六月验收房屋工程。七月市府委任翁之龙为院长，吴利国为副院长。八月验收电梯与卫生暖气及电器设备工程。九月卫生局与同济大学成立与本院合作协定，同济大学调派王味根、姜寿椿，卫生局调派潘泰馥、张式庐、朱寄沧等五人假卫生局开始筹备工作。十月五日正副院长在市府大礼堂宣誓就职。十一月于卫生局招考护士助理。十二月迁入院内办公，并训练护士助理及聘委医务事务人员。廿六年一月四月开始门诊。二月十七日开始接收住院病人。

二、院务组织

上海市医院隶属于上海市卫生局，设院长一人，副院长一人，下分医院与事务两部。医务方面掌理诊疗、护理、药剂、纪录及社会服务医药顾问等事项，事务方面掌理庶务、会计、文牍、饮食、库房、问讯、挂号、图书等事项。对于病人系分科治疗，现计分内科（附小儿科）、外科、产妇科、皮肤花柳科、眼科（附耳鼻喉科）等，每科设主任医师一人，首席医师一人，一级医师若干人，二级医师若干人，护理方面设总护士长一人，护士长若干人，领班护士每科一人，护士若干人，护士助理若干人，其他如药剂、理学治疗、社会服务、医药顾问等部皆各设主任一人，助理员若干人，兹列一组织系统表如下。至于现有人员，除正副院长外计有医师十五人，职员十二人，药剂师二人，药剂生一人，技术助理一人，护士十二人，助产士三人，护士助理二十八人，护士学生七人，汽车夫二人，信差一人，电梯匠一人，电灯匠一人，火夫四人，院工五人，洗衣匠四人，厨夫五人，木匠一人，女佣一人，成衣匠一人，清洁夫十人，职工总计一百一十九人。

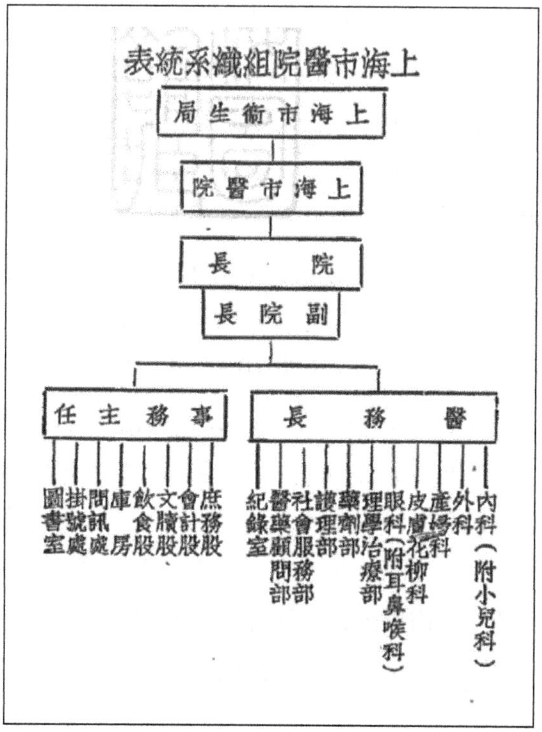

三、建筑概况

本院建筑系一立体式之楼房，原为总计划中之管理处及医学校，目前暂作医院用途，计长八十公尺，深十六公尺，而积一千另六十平方公尺，各层面积共四千五百平方公尺，中部连地室凡六层，两翼则为四层，全用钢筋混凝土构造，外墙用人造石，内部过道之隔墙用空心砖砌筑，内部之分间墙则大都以木条构造，以便将来易于移拆改造，手术室、生产室及消毒室等之墙壁系用绿色磁砖，各病室之地面铺树胶块，X光室及电疗室地面铺橡皮块，厨房饭厅手术室及各工作之地面则铺磨光石，至各层楼之病人休憩室与会客室及办公室等皆系用檀木地板。兹将各层之布置概述如下：

（一）地室在中部地面层之下，为装设锅炉电表机器等之处。

（二）第一层（地面层）中央为门厅及会客室，大门左右为电梯间东翼为总办室、院长室、总护士长室、小儿科诊室、产妇科诊室、皮肤花柳科诊室、X花电疗室、社会服务部医药顾问部。西翼为问讯处，药室，急诊室，门诊手术室，外科敷里室，外科、内科、眼科、耳鼻喉科等诊室，又门诊候诊室及挂号处。

（三）第二层为外科病院，附住眼耳鼻喉及皮肤花柳等病人，计东翼有头等病室二间，二等病室二间，三等病室三间重病室一间，公共浴室及厕所一间，杂务室一间。西翼有手术室二间，小手术室一间，消毒害二间，施行手术准备室一间，头等病室一间，二等病室一间，三等病室二间，重病室一间，杂务室一间，公共浴室及厕所一间。

中部过道之北面为医生室二间，小检验室一间，其南面为病人休息室，附有宽大阳台，当左右之电梯门对过各有护士办公室一间，每间之内附小厨房一间，衣物储藏室一间，三四两层亦与此相同。

（四）第三层为内科病院，计有头等病室四间，二等病室四间，三等病室六间，重病室四间，公共浴室及厢所二间，杂务室二间，东西两翼之分配相等，中部各室亦与二层同。

内外两科病院之病室皆男女各别。男病室在东翼，女病室在西翼。又各层病院之头等病室附有浴室一间。

（五）第四层东翼为儿科病院，计头等病室二间，二等病室二间，三等病室三间，重病室一间，杂务室一间，公共浴室及厕所一间。西翼为产妇科病院，计头等病室二间，二等病室二间，三等病室一间，待产室一间，生产室二间，消毒室一间，婴儿室一间，早产婴儿室一间，产科护士室一间，产科医生室一间，公共浴室及厕所一间，杂务室一间。中部之医生室、检验室、病人休憩室、护士办公室、衣物储藏室、小厨房等皆与二三层相同。

（六）第五层为厨房，计饭厅一大间，厨房一大间，配膳室一间，备菜室一间，电灶厨房一间，夫役一间，厕所一间，浴室一间，升降机一具直达地室以运取物料，又有送膳机二具，输送膳食至各层病院之小厨房。

全院每层过道之两端皆做有熟铁太平梯各一只，又有每层扶梯间墙上装有救火皮带箱各一只。

此外有附属建筑物一所，为二层楼房，在府南左路之旁，系“工役室”，该屋地面层为殡殓室、洗衣室、汽车间，楼上为库房及工役卧室。

本院建筑经费计：

房屋工程	国币二五〇〇五〇．一三
电气设备	二七三六九．〇五
卫生设备	六四七〇九．二〇
电梯设备	三一六三六．七四
总计三十七万三千七百六十五元一角二分正。	

至本院之总计划共有主要建筑物九所，计分内科病院二所，外科病院二所，产科及妇科病院一所，小儿科病院一所，门诊部及眼耳鼻喉科病院一所，护士学校及宿舍一所，管理处及基学校一所。此外尚未有国立同济大学建筑之病理药物研究馆一所，临床教室一所及学生宿舍一所。

四、内容设备

本院共有病床一百八十一张，计头等病床十一张，二等病床二十二张，三等病床一百三十六张，重病床九张，婴孩床三张，头等病床为一人一室，二等病床者为二人一室，三等病床为五人至十二人一室，重病床则一人一室，凡病人应用之衣服被单毛巾用具等皆由本院特为制备，病人入院可不必自带。

外科手术室凡关于手术应用之器械及消毒器械等无不应有尽有，尤以手术台及无影灯为最新式之出品。

理学治疗方面计有高山太阳石英灯、柯罗梅亚石英灯、奥根式热光灯、盖费二氏电流机短波透热电疗机及“Sanitas”爱克司光机等，尤以爱克司光治疗机系德国最新式出品，售来远东此尚为第一部。

本院厨房系用热蒸气煮饭，瓦斯烹菜，电灶烹流质及柔软饮食，借以避免柴煤之烟气，凡大厨房内菜饭烹好时即用自动送膳机分送于各层病院之小厨房，再由护士分配送入病室，至大厨房与各层之小厨房内皆备有冷藏机及蒸气消毒机，又碗碟匙箸等每次用后必用蒸气消毒。

本院所用之棉纱与医疗器械等，每次消毒系用高压蒸气。

本院病室系以电灯代替电铃，备病人呼唤，此灯安置于每一病室之门前，直通护士办公室与总护士长室，他端则以胶线与病床联系，病人若因事呼唤。以手揿线则床前及门前之灯，与护士办公室及总护士长室之灯同时发光，护士入室后即将灯熄灭。倘三分钟以上灯仍不熄，则总护士长即查觉无人侍应，即可查询迟延原因，是种装置可以免除病室铃声之嘈杂及易于稽考服役人员之勤惰。兹将全院设备费条列如下：

（一）理学治疗器械	国币	三七二二七．九四
（二）手术器械		二七九七三．五六
（三）消毒器		一四五九七．〇〇
（四）厨房设备		一〇七一〇．〇〇
（五）药房设备		五〇〇〇．〇〇
（六）病床及傢具		二二六七四．八〇
（七）衣被绒毡等设备		一〇六〇〇．〇〇
（八）杂项		一八八四一．七八

总计十四万七千六百二十五元〇八分正。

五、特殊工作

本院除负治疗责任外，尚有其他特殊工作，择要陈述如下。

（一）医药顾问部：本院因鉴于我国人民对于医学知识未能普遍，致病病之何由而生，有如何预防与如何治疗皆无相当常识，有欲为此类问题而请教于医师者，又因医师业务繁忙，无暇解签，故本院特设医药顾问部以备咨询，凡关于医学上之问题，或个人健康或公共卫生等如承面询或函告，皆愿详为解答，是亦卫生教育之一助也。

（二）社会严务部：人生疾病与其个人生活、家族状况社会环境在在相关，故治疗之法不仅乞灵药石，尤须注意其生活与环境，医院于病者所负之责，亦不仅以在院治疗，或出院后即为终了，当随时查访予以救济或指导，庶几社会病态得以健全，亦即古语“医药医身医心”者是也。本院有鉴于斯，特成立社会服务部，其目的：（一）对于病人者之个人，家庭和社会环境作详细之探讨，借以补诊断治疗之任务；（二）用调查研究和合作等方工以推进上项工作；（三）实施救济，如病者无力纳予以轻减或蠲免，或补助其金钱，或为之介绍职业等。

（三）训练护士助理：病人住院医疗服役问题至关重要，本院因感此项工作非仆役的能操作，爰招考护士助理予以训练，除关于医理方面给予应知之常识外，对于应对进退亦施以合理之教导。去年十一月假卫生局招考，计应考者百余人，结果取录卅名，十二月一日开始训练，由本院医师护士长领班，护士等分别讲授生理解剖伦理及病房工作等科目一个月，本年一月开始实习，拟定实习二个月后，再为甄别。

六、住院须知及收费办法

（一）病人来院须先经本院分科医师或急诊医师诊视，视为有住院治疗之必要方得入院。

（二）病人入院时携带日用物品以必需者为限，贵重物品及银钱等物可交本院事务部代为保存，否则如有遗失，本院概不负责。

（三）病人饮食起居及服药等均应尊照医师之规定及护士之劝告，并不得高声谈笑或玩弄乐器。

（四）病人如欲自携食品入院，须先经主治医师之允可方得食用，所有食品须交由护士代为保存，按时分送，不得储存在病室之内。

（五）病人须注意清洁，不得随地吐痰及抛弃果壳、纸屑等物，便所及浴室清洁尤宜注重。

（六）住院病人非经主管医师许可不得自请外来医师诊治并不得私自备药品服用。

（七）病人需用特别护士时可由本院代雇，其费用概归病家自理。

（八）住院病人非经医师允许不得擅自出院及在外住宿，经主管医师许可因事出外者不在此例。

（九）病人病愈出院，亦须先经主管医师之许可，否则院后如发生病变等情，本院概不负责。

（十）本院暂定每日下午二时至五时为三等病房病人家属及亲友来院探视时间，上午十时至十二时下午二时至五时为头、二等病人家属及亲友来院探病时间，如在规定时间外来院，须先经本院医师许得入院。

（十一）病人如有毁坏本院公物应照价赠偿。

（十二）本院护士及工役概不得向病家需索酬谢或赏金，如出于病家自愿，则请于出院时交给本院事务部当代为分发。

（十三）本院护士工役人等于病人如有服务不周等情形，可将事情发生时间地点及经过情形详细写明，报告本院管理人员，分别处理。

（十四）住院病人及侍疾者如有不避守本院规章，屡告不诫，以及有妨碍院内安宁与无礼貌之举动者，本院得随时令其出院。

（十五）本院一切设施及服务如有未尽善处，倘承随时指告，无不竭诚欢迎、设法改进。

卫生月刊 1937，7（4）

上海平民妇孺医院

——一九三八年至一九三九年度报告书

前言

上海产妇医院，成立于一九三八年五月中，系为供应彼时难民改进产妇急切之需要而起，幸得社会人士多方赞助，踊跃输将，嘉言纷至，卒抵于成。在最初之时，各方对于此种事业，即表示莫大之兴趣，而继续所给予之赞助，使本院得有今日，用将二年来之工作，报告于下。

上海平民妇孺医院简史

在一九三七年中，上海受战事之影响，全沪人士，对于难民之受伤及患病者，予以莫大之辅助，盖在四郊避难来沪之难民，不下二十万人，一时集中于上海租界之一隅，饮食起居，即成问题，幸有各大慈善机关，设法供应食品、房屋及必需之医药。然各医院拥挤非凡几无余地再容待产之妇女，而各收容所地段四散，设有产妇临盆，每不能如期达至医院，尤以晚间为难，既有宵禁，一般普通收容所，又无电话之设备，以至婴孩在街道、人力车及不宜于生产之收容所中生产者，为数甚多。一般产妇又不愿与其子女及家人分离，盖恐日后之离散也。各机关之主事人员，有鉴以此种情形之急待救济，爰经集议，并即组织委员会，使避难上海之产妇及婴儿各得其所。参加此项委员会之机关如下。

管理委员会

当然委员：贝干博士

主席：朱友渔夫人

书记：吴景琦夫人

会计：韦伯祥先生

委员，即各机关之代表：

上海国际红十字会贝干博士　　　屠达先生

上海难民救济分会：蒉延芳先生　　聂海帆先生　Mr. P. H. Chang

国际救济委员会：李规庸先生

上海慈善团体联合救灾会：赵朴初先生

上海妇女会：祝慎之夫人

上海联青社：陆梅僧先生

中华医学会：王子芳医师　　　卢祺瑛女士　　施思明医师

公共租界工部局卫生处：Dr. J. H. Jordon and Dr. H. Lucke

基督复临安息日会：Dr. Mourer，Dr. G. Beaty，Miss M. Follet，Mr. E. Meisler and R. H. Dinsbier

救世军：Brigadier Morris and Mrs. Brigadier Morris

上海女青年会：谢祖仪女士

谊庐妇女会：陶胜夫人

中华慈幼协会：Dr. S. Y. Chang

各委员会席如下：

设计委员会：陆梅僧先生

教育委员会：陈鹤琴先生

经济委员会：韦伯祥先生

儿童福利委员会：马伯乐夫人

医药委员会：王逸慧医师

宣传委员会：余英杰夫人

职业委员会：候祥川夫人

衣服委员会：富文寿夫人

法律顾问：巢纪梅先生

根据上述委员会所定之计划，拟在医院近旁设置收容所，使各产妇在怀孕期间，得以特备之营养食品以其日常食品之不足，同时产妇于临产之时亦可不必各处奔波，而与家人分离之恐惧，亦可迎刃而解。然而上海人口繁众，各处空场或房屋，早已占居一空，欲觅一适当之场所，实非经易取得，后经与上海急救委员会议定，由本院接收该委员会在劳勃生路一一〇号所设置之第三十四收容所，作为本院院址，然该三层大厦中已有难民九百七十二人，欲为彼等设法迁居，实非易事，乃特建临时收容所四处，此项严重问题方告解决。

同时，本院在最初工作之时，更得基督复临安息日会之赞助，因该会在靶子路所经营之施诊所，暂时停止，爰即以该所之设备器具租与本院，为期六个月，更将该处原有之下列职员，襄助本院：

该院院长：Dr. Geneva Beatty

护士长：Miss Malilda Follet

业务主任：Messrs. E. Meisler & R. H. Dinsbier

此项辅助对于本院之进行方法效力颇大。盖设无此项辅助，则本院之服务亦不能早日开始。

关于芦苇棚之建造及其他各项问题之商讨，又荷国际救济会及救世军中之专家，供献其可贵之经验，使本院得收费省效宏之结果。

中华医学会更派护士多人，常川至各收容所调查，将产妇伴送到院，并来院襄助，并担任访问各产妇之工作，此外时更不时于看护方面之方法等项，尽量供给。

公共租界工部局卫生处，对于本院收容所及本院之卫生设备，多方指导，并将收容所前之水潭填塞，尤为可感，更不时由各收容所，将产妇伴送到院。

国际红十字会，对于本院产妇予以与其他收容所相等待遇，供给饮食，该会之各委员会对于本院各项问题，如难民之转送，收容所之组织及管理等等，亦乐于代谋解决。

国际红十字会教育组陈鹤琴先生，又为本院设计教育事宜，关于职业指导方面，则由侯祥川夫人担任之。

本院及收容所，于一九三八年五月底正式成立，在草创时期，历经困难，幸各职员之努力从事，及安息日会之辅助，得于初创时期，即有良好之成绩。

上海各界对于本院经济、衣服、医药及普通用品之捐助既甚踊跃，本院各委员会决定组织募捐委员会向各界募捐，以冀获得充分之经济，足以维持本院一年之经常费。在本院会议及募捐委员会及宣传委员会共同努力之下，至一九三八年七月中所收之捐款，已超过四万元之原定数额。中国妇女协会，除已捐一千元外，更由该会在澳大利亚收到捐款中，划支三千元，捐助本院，作为第一个月之经常费。德国妇女方面，亦立即踊跃输将。该此次捐款者不仅妇女界尽极大之努力，即男子方面，亦鉴于产妇及其所生子女之重要，并对被难同胞表示莫大之同情，而踊跃捐款。上海联青社及菲律滨在华总会捐款既多，美国咨询会、英国在华救济会及纽约儿童福利委员会，亦捐有巨额物品。故捐款之成绩，不仅经济方面超过原有之预算，各方之同情，尤为令人可感。本院与安息日会合同，于一九三九年一月份届满，于是本院即须另觅妥善之设备及职员爰即与中华医药会议商，请该会产妇及儿童福利委员会继续经营，即聘任：

Dr. Walter Poff：为院长，

Miss Marian Shaw：为护士长，

Dr. Louisa Hutchins：为施诊所主任。

大部分之设备均向中国红十字会及海关税务学校商借，故由本院自行设备之用品为数甚少。

此后因施诊所所占之地位日益扩展，以致本院院址顿现拥挤之状态，收容所中所留养之孕妇及家属亦因数目众多而感地位不敷，而劳勃生路一一〇号之租赁合同又告届满，故又有另觅新址之必要。嗣得潘志铨先生之合作，使本院与威海卫路七三七号红十字会临时儿童医院合并办公。虽该处之房屋并不十分宽大，但一时既无适当之处所，爰于四月迁入该处办公。

本院自开创以来，历十八个月以后，所募得之经济方面，行将告竭，故于以后之计划，不得不预为筹划。为研究上海难民之实际情形，及产妇方面之需要起见，特于八月中召开会议，并推定委员会，专门研究上述两项问题。但不论以后之成绩如何，本院对于社会所作之服务，已蒙各界明了，因不仅能使产妇解决其生产问题，同时各方面之合作精神，亦至堪欣慰也。兹以限于篇幅，未能将各方赞助本院者之芳名一一胪列。至于本院工作方面之报告及其费用，列表于第六页。

第一表　收入及支出

一、收入方面	
各方捐款	共五〇五五六元三角九分
上海难民救济协会	二七八四元九角四分
圣诞卡出售利益	二三九元九角五分
本院门诊收入	四六〇元二角六分
利息	一〇八九元二角九分
共计五五一三〇元八角三分	
二、支出方面	
甲、医院房屋	
开办费至	一四五元
修理费用	二〇四八元六角
水、电柴、水汀费	四一三八元五角二分
房租	四〇〇〇元
设备	
开办费	一四二六元三角
修理及添置费	一〇一六元六角八分
薪俸及工资	一一三八九元六角三分
邮电（电话车费等项）	一三六五元七角七分
厨房供应材料	七二九八元〇四分
医药用品	六二〇八元二角七分
事务费用	五八一元五角三分
洗濯费用及布衣	二二九三元七角
教育费	六六九元四角九分
杂项	二二〇元一角一分
汇划支票贴水	二〇九元五角
共计四三四七一元四角	

（续表）

乙、收容所房屋	
开办费	一六三五元六角
修理费	一八一元〇四分
水电	四〇八元
厨房用费	二八二三元五角六分
共计五〇四八元二角八分	

现存会计处余款六千六百十一元一角五分。

医务报告

本院医务，正式开始于一九三八年六月中，在院最初生产之男孩系六月七日，此后虽院址更易，但医务方面，迄未停顿，故下列报告所经过之时期，共计十八个月。

门诊部

本院主要事务，虽以接产为主，但门诊方面，男女兼施，因妇女生产时之健康对于环境极有关系。家中有传染病症如能早日诊治往往可预防产褥炎。同时如产妇家属之疾病，能为其治疗则产妇心中平安，生产亦可平安无事。此种情形，尤以本院产妇家属同院居住时屡见不鲜。在十八个月中，经门诊部诊治之病者共计三千二百十四人，兹特列第二表于第七页。

住院部

本院门诊部之病者，男女均有，但住院部则以妇孺为限，尤以产妇及乳婴为多。在十八个月中，住院病者共计二千五百八十七人，其中一百五十二人系为（约计百分之五一．八）哺育而来者，其他则包括生产及已产之妇女。

住院者之种类	总数	百分比
接生	一三五五	五一．五
婴儿	一一〇〇	四二．七
哺育人数	一五二	五．八
总计	二五八七	一〇〇．〇

对于解决哺乳问题，于各产妇实有莫大之辅助，而效果方面亦至为满意，因婴孩之食品，一经设计改良，其体格之迅速发展即极易觉察，借其费用较大，未能十分普遍耳。

乳母服务

本院除接生及实行医院方面之工作外，介绍可靠之乳母，亦认为业务之一，因有若干产妇，迫于经济，于生产以后，颇愿作为乳母者。于是本院即起始以可靠之乳母，介绍于需要乳母之家庭，同时彼等所生之婴孩，即留养于本院，而由乳母付些微之代价，此项介绍之事务，于雇用者及乳母两方均感便利。但在情形稍为安定之时，愿作乳母之产妇数目即逐渐递减，然乳母之需要则未曾稍减，因之本院之供应方面亦渐感困难，在十八个月中，经本院介绍之乳母共计五十人，而各方之需要则为数不下一百七十四起。

代觅父母服务

有若干产妇，在生产以后并不拟留养其所生之女子，于是即须代觅妥善之家庭。此项工作应为婴孩之前途着想，故须觅妥善之家庭。兹将乳母之服务及代觅父母服务二项之统计，列表于下：

乳母介绍	
申请数目	一七四次
供应乳母之数目	五〇人
比率	百分之二七．七
代觅父母服务	
总共数目	三二
觅人留养数目	三二
比率	一〇〇．〇

对于医药方面之解释，本院于四月份中迁至威海卫路之时，诊病者之数目同时减低，即至六个月之后，亦未能恢复其原来数目。究其原因，大致系威海卫路一带，大部为中上阶级人士所居，其家庭境况远胜于劳勃生路之居民也。（各月门诊之数目请参阅英文部第十页之第五表）

另有一点亦至有趣味，即每日每一病者所需之费用也。查本院之病人并不达至百分之百，故每病者每日所需者于将来人数增加之时，必可望其减少。兹先列表于左：

总共支出	四八四五九元四角二分
总共病者所占时日	三三九三三天
每一个病者每日取费	一元四角三分

同时对于医院中之死亡率，亦足资所述，以本院之各种情形及所收病者之阶级而言，在本院中之死亡率及疾病率能保持低微之比率——仅有百分之一——实堪惊人，故本院之各医师实有莫大在之劳绩也。每月接生之数目及产妇死亡数目，请参阅英文部第十一页之第七表。

对于会后扩展之建议（王逸慧）

本院创立迄今，虽已对于产妇方面尽有相当责任，但以已经十八个月所得之经验，深感此种设备，在上海一埠至为需要，盖不特难民所需要，即工人及普通低级居民，及因战事而流离失所者，亦正需此种设备也。目前因缺少准确之统计未能调查上海一埠关于产妇健康情形。但欲知我国之一般情形不难以别国为比较，以其社交、经济及智力各点比较之根据，因此三者对于一国国民之强弱，有密切之关系也。例如以蒙罗寇尔所作一九二五年英国之产妇之死亡率，在该年中有百分之三七．一之产妇死于产褥炎，百分之一五．六死于妊血毒。此二病为产妇病中最易管理之病症。而据仔细调查，此种病症之发生，有三大原因，即（一）由救产妇自身及家属之忽略（百分之二三），（二）判断错误（百分之一九．一），（三）缺乏设备（百分之二〇〇）。若英国在一九二五年尚有上列情形之存在，今日上海之情况可想而知。下表系上海各种接生方法一部之调查：

月份	由医生接生	由护士接生（曾受训练）	由旧式接生者	总计
十一月	三	二	〇	五
十二月	四	五	二八	三七
一月	四	二〇	二六	五一

（续表）

月份	由医生接生	由护士接生（曾受训练）	由旧式接生者	总计
二月	三	一六	二七	四六
三月	六	八	一六	三〇
四月	三	四	一一	一八
五月	—	五	五	一〇
六月	四	六	七	一七
总计	二九	六六	一一〇	二〇五
百分比	一四．一	三二．二	五三．七	一〇〇

中国产妇及婴孩死亡率较之别国为高，其最大原因，厥为中国多数产妇，常采用旧式接生者所以如此，原因有三：

一、经济问题：因产妇无力请新式医生。

二、缺乏设备：中国对于接生之设备，并不能普遍分配，故凡有事务纷繁之产妇，每不能至医院生产。

三、不能离家：如遇已有子女数人之产妇，设欲离开家度而在医院中生产，则其家庭中之一切事务，几乎完全停顿，而其下已长大之子女即首蒙其害，于是此种产妇，宁不顾生命危险，不顾离开其家庭，即在家中由毫无现代医学知识接生者之接生。

上述之第三项，即前表中之由旧式接生者一项所载之产妇，设能以完美之产妇医院介绍于此种产妇，必能减少产妇之死亡，故本委员会建议于本院之外，更宜设立出外接生之服务。

上海平民妇孺医院报告 1939

上海市医疗设施调查

中央卫生实验院技师郁维

本调查由卫生部中央卫生实验院派员会同上海市卫生局办理。各调查表经中央订定，分发卫生局所属各区卫生事务所调查。调查时间在卅六年二月至四月间。调查人员有各卫生事务所医师，公共卫生护士及卫生稽查员。一部分调查表因区域辽阔未能一一走访，发交各医师医院自行填报，又限于人力，不克复查补充遗缺材料。兹就已有材料加以统计分析，有若干情形颇堪注意。

调查区域及人口之比例：上海全市划分三十行政区，本调查包括十九区，多属市区，郊区未设立卫生事务所者，未予调查。医疗机构大部集中市区，郊区极少。市区有闸北及北四川路两区未能如期完成，未列入统计。已调查各区总人口数达三一四二六六一人，占全市人口有百分之七十三弱，可代表上海大多数居民所享受之医疗设施状况。

调查区	人口数
嵩山区	三五五八三五
老闸、黄浦区	二五〇九二
卢家湾区	一五五五八〇
邑庙区	一九三八二二
徐汇、常熟区	二五二九八四
蓬莱区	二六六一八一
新成区	二九三四三一
普陀、静安、江宁区	五四六一八七
汇山区	二一二五七六
江湾区	三二〇九三
吴淞区	三二〇三七

（续表）

调查区	人口数
杨树浦区	一〇四六二一
洋泾区	一九六八二一
龙华区	八四三六六
榆林区	一五六二七八
总计	三一四二六六一

调查医药组织之比例：各区卫生事务所迄至本年四月已成立有十九所，均附设门诊，又市立传染病院二院，隔离传染病例，其工作性质与开业医师诊所医院不同，未列入统计。本调查之医药组织个数与全市卫生局登记之数字比较，医院占百分之八十一，合组于所卫生局并无登记规定，开业医师占百分之六十六，新药房占百分之二十九，调查时未加选择似可代表上海大多数医疗设施之性质。所谓该所系指医师二人以上之联合诊所，以诊所名义向主管机关登记者；药房限于经售新药（西药）之商号，国药铺不在其内；医师亦限于新医（西医），旧医未予调查。

	登记总数	调查数
医院	一二一	九八
诊所	一	三六
医师	二一一二（正式及临时执照合计）	六八五（医院工作七一四人在外）
药房	七一四（包括药商行号）	二〇八

医院

调查九八医院，病床总数一九八三床，平均每一医院设病床二〇张。病床数在五十张以下者占百分之六十四，多数为不规模之医院，在经济观点殊属不经济。据各医院自称有免费病床八〇一张，约百分之四十，实际限于经费，即在市立医院，免费收容病人，多已不可能，或美其名为免费病床免收住院费，而在其他收费上加出弥补，完全免费者极属少数。病床数以调查区人口平均计算，只合每一万人口有病床六张（一〇〇〇人口中

〇．六床）

医院类别以普通急性病医院，兼收各科者为主（84%），小儿科专门医院极缺少，本调查内竟未有，儿童保健设施之落后，可见一斑。

医院设备有显微镜者，卅七院，仅百分之卅八，未及半数，其他检验设备之不完全，可以想见。医院不注意于检验诊断，在上海大城市尚如此。有X光机者廿八院，仅百分之廿九，更属少数，应用X光检查，极不普遍，可见设备上之窳陋情形。

病历记录，有完全之纪录者，仅有三院，百分之三。绝对多数医院之病历记载，不足为学理研究之用。

工作人员以病床总数平均计算，每十张病床有医师三六人，有护士助产士七人，比列数已相当高，但多数医师有兼职或另自开业，并非专任，又因多数为小医院，人力消耗，殊不合经济。

医院几全体附设门诊，其门诊每日就诊人数不足五十人者，占百分之六一。挂号费平均五千至一万元，每天住院费平均三万至五万元，手术费平均十万至五十万元。调查未明者有多数，实际收费，当较以上平均数为高。

病床数	医院数	
10 以下	5	63（64%）
10—20	19	
20—30	19	
30—50	20	
50—100	7	21（22%）
100—200	10	
200 以上	4	
不详	14	14（14%）
总计	98	

医院类别	医院数
普通急性病医院	82
产妇科	13
眼科	2
牙科	1
总数	98

<table>
<tr><th>门诊日人数</th><th colspan="2">医院数</th></tr>
<tr><td>10 以下</td><td>21</td><td rowspan="2">60（61%）</td></tr>
<tr><td>10—50</td><td>39</td></tr>
<tr><td>50—100</td><td>10</td><td rowspan="3">23（24%）</td></tr>
<tr><td>100—300</td><td>9</td></tr>
<tr><td>300 以上</td><td>4</td></tr>
<tr><td>不祥</td><td>15</td><td>15（15%）</td></tr>
<tr><td>总计</td><td colspan="2">98</td></tr>
</table>

工作人员总数（99 医院）	人数
医师	714
护士	1104
助产士	290
药剂师、药剂员	60

门诊挂号费	医院数
1，000 以下	11
1，000—2，000 元	7
2，000—5，000 元	19
5，000—10，000 元	24
10，000—20，000 元	4
20，000 元以上	8
不详	25

每天住院费	医院数
10，000 以下	7
10，000—30，000 元	15
30，000—50，000 元	15
50，000—100，000 元	9
100，000 元以上	4
不详	48

普通手术费	医院数
1000，000 以下	10
100，000—500，000 元	12
500，000—1，000，000 元	4
1，000，000 元以上	3
不详	69

诊所

多数医师联合组织诊所，所谓 Polyclimie，上海尚未盛行，因专科医师既不多，开业之专科医师尤少。普通开业医师各色兼治，无合组诊所之需要。各区调查诊所卅九所，内有卅二所医师六十六人，平均每所二人而已。备有显微镜者各诊所中只有五所，有 X 光机者只一所，附设药房者二所。助产士开放设诊所者不多，调查只十三所设有助产士十九人。一般富裕者往往住院生产，贫苦者延旧式产婆接生，科学助产尚未普遍。助产士家庭服务殊值得提倡，而为目下社会大众所迫切需要。

医师

上海市卫生局登记医师（西医）总共二一一二人，据本年四月上海市医师公会统计，已领正式执照医师一二三六人，已临时领执照医师一〇六三人，总共二二九九人。系包括所有医院诊所在内。领有临时执照之医师，多无卫生部医师证书，为不合格之医师。各卫生机构医师有未向医师公会入会者有少数，有离埠或歇业者应不计，姑以正式医师一二三六人分配全市人口四百万，只合每一万人中有医师三人（一〇〇〇人口中〇．三医师），即以全部医师合并计算，平均一万人中不及六人。此比例数较之欧美国家则甚低，较之各国大都市更远不及逮。

本调查开业自设诊所之医师六八五人，内男性六二一人，女性六四人，年龄以四〇至五〇岁一组为最多。经调查领有医师证书者五〇九人（百分之七四），登记有开业执照者五七五人（百分之八四），换言之，有五分之一开业医师不合法营业，逃避主管当局之管制。

医师主治科别分类，以普通内外科及内科最多，其次为牙科（据医师公会调查牙科医师领有正式医师执照者一一七人，而领有临时执照者一四七人，较正式合格医师尤多），其他专科医师凤毛麟角，所占比例极低，可见上海一大城市之开业医师并不专门化。产科医师（连产妇科在内）只五八人，有辅助工作之助产士三六人，加以诊所开业助产士十九人，则调查区内总共开业助产士五五人，平均每十万居民有开业助产士一人。产科医师接生收费较助产士高，家庭接生及妇婴卫生服务，有赖助产士推进，上海助产学校林立，每年毕业学生就业困难，有转而担任护士工作者，未能为社会充分利用，堪为卫生当局所注意。

开业科别	医师人数
总计	685
普通内外科	136
内科	199
外科	41
小儿科	46
产妇科	33
产科	25
妇科	7
皮肤花柳科	46
泌尿科	2
眼科	22
耳鼻喉科	7

（续表）

开业科别	医师人数
眼耳鼻喉科	6
肺痨科	9
牙科	78
X 光科	1
化验科	1
骨科	1
胃肠科	1
肛门科	1
不详	23

开业医师学历，以东南医学院七六人，震旦大学三八人，同济大学三八人，同德医学院三七人，南洋医学院三一人为最多，其次为圣约翰大学一九人，上海医学院一九人，浙江省立医专一六人等校。正式医学校毕业者一一四人（百分之一七），有国外学历者一〇四人（百分之一五）。非正式医学校毕业者二二九人（百分之三三）。其余学历不详者，可列入非正式学校毕业之列（百分之三五）。外籍医师本调查中有二六人，大多欧洲各国籍，英美人极少数，一般对外籍医师之不合理信仰尚遗留社会。开业医师学校毕业年数，以二〇年以上为最多，计十年以上者百分之六二，此比例数当受新进开业需费浩大之影响，社会不能吸收多数新进学识进步之正式医师。

<table>
<tr><th>毕业年数</th><th colspan="2">医师人数</th></tr>
<tr><td>5 年以下</td><td>65</td><td rowspan="2">136（20%）</td></tr>
<tr><td>5—10</td><td>80</td></tr>
<tr><td>10—15</td><td>86</td><td rowspan="3">426（62%）</td></tr>
<tr><td>15—20</td><td>147</td></tr>
<tr><td>20 年以上</td><td>193</td></tr>
<tr><td>不详</td><td>123</td><td>123（18%）</td></tr>
<tr><td>总计</td><td colspan="2">685</td></tr>
</table>

开业医师年数，以五年至十年以上者一组为最多，尤以十年以上者最多。大都于战前或战时已设诊所，最近开业者，所需诊所房间顶费及设备费相当庞大，一时又未必能罗致病人，颇难立足。市场放款利息极高，如有能力投资一二亿元为开业资本，已可坐收利息，生活优裕，不必开业矣。

诊病每日人数，大多不出十人。人民于西医信仰尚未坚立，少数著名医师及精于开业术之医师固门庭若市，忙于应付，颇有不愿病人太多，免招是非，宁愿提高诊费迎合病者心理。甚至遇有传染病例，拒绝诊治，以免报告卫生机关有伤病家感情，不报告受惩罚之麻烦。

设备有显微镜二二人（百分之三），有X光机者十人（百分之一）。应用检验及X光检查，极不普遍。可断言多数开业医师，已无使用显微镜检别病源之能力。虽有卫生试验所及私人检验所X光诊所，收费昂贵，非普通人所能享受。

开业医师门诊收费，以一〇〇〇〇至二〇〇〇〇元为最多，较医院挂号费略高。出诊费每次以五〇〇〇〇至一〇〇〇〇〇元为多数。医师有自配方给药者，其收入大部即为药费收入。药房接受医师处方分润陋规，上海市医师公会已有规定取缔，实际仍不免秘密存在。

据调查开业医师诊病有记录者三六八人（百分之五四），无诊病记录者一一五人，调查不详者二〇二人（总共三一七人或百分之四六）。竟有一小半数诊病时并无记录可查，违背医师法最低之要求，轻视法律上对病人之责任。

年龄	医师总数	男	女
	685	621	64
21—30	37	31	6
31—40	219	198	21
41—50	290	262	28
51岁以上	123	115	8
不详	16	15	1

<table>
<tr><th>开业年数</th><th colspan="2">医师人数</th></tr>
<tr><td>1 年以下</td><td>113</td><td rowspan="2">27%</td></tr>
<tr><td>1—5</td><td>74</td></tr>
<tr><td>5—10</td><td>183</td><td rowspan="2">60%</td></tr>
<tr><td>10 年以上</td><td>228</td></tr>
<tr><td>不详</td><td>87</td><td>13%</td></tr>
<tr><td>总计</td><td colspan="2">685</td></tr>
</table>

<table>
<tr><th>诊病日人数</th><th colspan="2">医师人数</th></tr>
<tr><td>5 人以下</td><td>233</td><td rowspan="2">65%</td></tr>
<tr><td>5—10</td><td>210</td></tr>
<tr><td>10—20</td><td>69</td><td rowspan="2">13%</td></tr>
<tr><td>20 人以上</td><td>20</td></tr>
<tr><td>不详</td><td>153</td><td>22%</td></tr>
<tr><td>总计</td><td colspan="2">685</td></tr>
</table>

门诊挂号费	医师人数
2，000 以下	36
2，000—5，000	93
5，000—10，000	129
10，000—20，000	135
20，000 以上	36
不详	256
总计	685

出诊挂号费	医师人数
10，000 以下	4
10，000—20，000	16
20，000—30，000	15
30，000—50，000	45
50，000—100，000	81
100，000 以上	11
不详	513
总计	685

药房

本调查新药药房二〇八家，约占全市登记西药房之多数。卫生局登记药房共七一四家。上海市医师公会统计西药商五二八家，包括经营药品批发之药商行号在内。

药房二〇八家中有营业执照者一一七家，有许可证者一一三家，只及半数而已。有药剂师者四四家，只百分之二十一。大部分药房对于配方未加重视，亦未遵守药剂师应守之规则。所有药房配方，均并无处方登记。往往配方后处方仍交病家收执，病家可以原处方继续配药，流弊百出。麻醉药品多数药房须凭医师签证处方配售，惟售价特别提高，殊失政府管制之用意。

有药剂师者	44 家	21%
有药剂员二人者	16 家	8%
有药剂员者	157 家	75%
药剂人员全无者	8 家	4%

营业月收入	药房家数
2，000，000 元以下	20
2，000，000—4，000，000	20

（续表）

营业月收入	药房家数
4，000，000—8，000，000	16
8，000，000—10，000，000	13
10，000，000 以上	58
不详	81
总数	208

每月支出	药房家数
2，000，000 元以下	34
2，000，000—4，000，000	24
4，000，000—8，000，000	28
8，000，000—10，000，000	12
10，000，000 元以上	24
不详	86
总计	208

各药房经济状况调查未免不正确，据报之收支数目与药房家数之分配情形，可见大小药房参差不一，不足以据评论。

结论

一般而言，上海市医疗设施，在量的方面，较国内其他各城市为多，衡以现代城市人口平均分配数，犹属远不足量为普及市民医药享受。如医院病床数（一千人口中〇．六床），合格医师数（一千人口中〇．三人）及开业助产士数（一万人口中〇．一人）。在质的方面，姑不论医事人员如何与公共卫生配合关系之欠缺，医药业执行业务之最低合法条件尚未具备。此诚民众健康上之损失，抑亦科学医学进步上重大之打击。

1. 本调查包括上海市市区十九个行政区，人口总数达全市十分之七人口之医疗设施情形。调查各医院诊所、医师、药房约占全体之半数以上。

2. 医院缺乏专科医院，设备大多简陋，病历记载极不完整，而多数小规模医院人力财力均属不经济，标准殊低。

3. 医师联合诊所为数极少。助产士开业，尤属少数。专科医师合组诊所及助产士家庭服务，应予提倡，以应社会需要。

4. 开业医师有五分之一为非正式医师，专科医师缺乏，执行业务标准极低，开业年久者，大多生活富裕。开业所需资本浩巨，正式医师开业反属不易。

5. 药房多无正式药剂师担任配方，营业标准极低。往往注意于牟利，而不以服务病人为目的。

上海卫生 1947，1（4）

九 福利慈善

上海创设贫儿院

上海职董周晋镳、曾铸等集合同志，在上海创设贫儿院一所，专收养贫寒子女。住院膳宿，教以粗浅小学，兼习各种工艺。其院度地于西门外西南首，基约三十余亩，其章程每次招收以六十名为一班，男女各半。教养之法分为三期：至六岁为第一期，以蒙养院章程为准；七岁至十四岁第二期，以小学章程为准；十五岁至十八岁为第三期，以各种技能，仍兼习普通文学，俟教养期满，或家庭领回，或由院代谋生计，并拟附设孤童感化所一区，专收流落市街之乞丐幼童，诚美举也。

并州官报 1908(4)

记游上海龙华孤儿院

游龙客

沪西龙华镇，风景绝佳，佛寺巍然，高塔矗立。每值春光明媚之秋，游人踏青其地者踵相接，余已三次猾闹其间矣。今岁三月某日复与二三知己往焉，则见荷枪军士梭巡街卫。予等方徘徊，陡闻人声鼎沸，隐约见国旗高飘。询之行人，知是孤儿院开会。素仰是院宗旨慈善，成绩照著，何妨一饱眼福，庶不负此一行。入见夹岸桃梨鲜美，雅然可爱，转东数十武，院舍幢幢，左为女院，右为男院，院生沿途招待，状颇殷勤，尚由一生服黄色操衣，年未及冠，貌亦俊秀，导余等至应接室憩焉。桌置学生文课甚富，余随手翻阅，见谢、冯二生之笔墨最佳。转东绕办事所至品物陈列室，甫入，斗见一女子鹤立，年近花信，面白如雪，发乌而有光，衣时式装束，俯首作鞠躬状，若惟迎来宾也者。惟两目炯炯，不稍转动，细看审之，一木偶耳。相与鼓掌大笑，曰人巧足夺天工，于此可见。周壁有搁板，罗列木刻肖像架。中央有长桌一，置木刻之玩要品不鲜，若宝塔，若官轿，若鱼舟，若人力车，形形式式，无一不肖。内又有一室，满悬名人书画，中有曾国藩字联一，王石谷山水一，余若汪、润若、杨了公、郑孝胥字联，吴仓硕、王一亭画轴为伙，沪上时髦画家如丁悚、张丰光、惺惺、薛飞白等山水、花卉、人物油画漆画，亦间有之。出而东行至一室，室小而洁，内有商务印书馆仪器标本罗列于玻璃橱，大致飞禽之属居多，其状如活，中有兵舰模型二、人体模型一，室隅置该院出品写字台一、外国皮椅二、书橱一，橱中有院生自制之凉鞋累累，工精而式样时髦，履之颇雅观，余乃出墨西哥银圆一购之，余友某君亦出银圆三购红格布一匹。出而东行，经操场至一大凉棚，四周覆以芦席棚宽畅，可容四五百人，男女宾促膝面内而坐，默无声息。移时，铃声鸣鸣，音乐大作。俄而唱歌也，演剧也，戏法也，弹唱说传也，盲童演技也，座客咸欣然色喜，乐而忘倦。时计五下，始各欢散，余等亦起立，回顾壁隅，见藤椅式样新奇，心好之，出墨西哥银三圆有半，市卧椅一。余仰视天色，斜阳西下，思作归计，惟友人等意必参观一周而后已，余心殊不愿，然不便有达众意，随之而行。少选，至膳堂，转北绢布间，折而西木工间，此室为管理室、图书教员预备室、漆工间、沐浴间，末为水灶间。前行三分钟复至应接室，时有白发老者出嘱憩息，余等唯唯。惟念天色将晚，憩之恐不及归，盖龙华距城有二十里之遥，路又崎岖，车行不稳，速且必颠，因辞老者拾级而下。甫举步，微闻老者喉间鸣鸣发声曰："天色尚未晚，诸君去参观女院之刺绣乎？"余默念是院刺绣品曾受南洋劝业会欢迎，特奖金牌，今既来之，乌可不一旷眼界？乃老者导余等至女院周览一过。是院教室、卧室、浴室、刺绣教授室，无不完善。继至一室，宽而洁，往来于眼前者，类多绣品。间有绣屏四幅，神气之活泼，仿佛画工手绘（按是绣屏闻系湖南长沙所罗门绣花馆捐助者），他亦工细而美，心颇好之，惜多闺闼装饰品，非男子应用物也。钟鸣六下，亟辞老者出，归齐默想，不禁叹服是院办事人之苦心经营，良非易易，遂此笔记之。

兴华 1915，12（20）

上海孤儿院参观记（江苏）

竺规身

上海孤儿院，吾莅其院屡矣。然逐部参观，详审内容，卒未尝也。本届上海连环会假该院为会址，吾于会务之暇，各部观览，并得与诸办事员详询一切，爰述概要。

总院在龙华，有男儿二百十人，女儿八十八。工艺所在上海西门，有工艺学生四十八。幼稚所在周浦，有幼稚生三十人。又有进德会在上海闸北，为出院习业生之辅导机关，在寄宿生四十人。除进德会外，其他三部，常年开支非二万金不办，并无的款，端赖募集。捐款之得自华人而非其基督徒者，实居十之八九而有余。每年救主圣诞，各教会团体捐助经费、食物、用品等，约在五百元之谱。常年开支概由董事王一亭君负完全责任。

总院分男女两院，工读并课。男生有木工旗工。女生有缝纫烹调。全院儿童之衣服被褥等件及平日佐膳肴馔，均出诸女生之手。木器等件亦坚实耐用。较大之籐工，设在西门，吾未往参观，惟出口已于总院见之，允非市品所及。读课分高初两等，七年毕业。毕业后升送中学者有之，转入工商各界者有之。成绩如何，吾不敢谬加褒贬，惟教员有精神，学生有兴味，吾于观察中得之也。

全院洒扫整洁诸务概由儿童分任，年龄之长幼与任务之巨细为此，绝不假劳役之手。勤习操作，井井有条。

出院生先生凡三百人，分投工商学各界。持身稳健、功成名立者，颇不乏人。道德堕落、甘自暴自弃者，间亦有之。即留院诸儿中，顽梗不化、造就难期者，更何容讳？盖诸儿于未入院前，所受环境之化育良莠不齐，家道清正、父母见背居多，父母俱在、教养无力者次之，遇骗迷路、警局送入者又次之，其家长不务正业、为社会所共弃之行乞为盗者亦复不少。自幼深染恶习，能于留院时暂守规矩，已非易易，出院后谁复能保不复萌故态耶？在办事人固有惭色，在旁观者尤当曲加原谅焉。

该院无宗教派别，因主任董事一人为基督徒，一人为佛教徒而赞同基督教者。故历任院长，概聘长老，公监理各公会信徒任之。办事员基督徒与非基督徒参半。院儿家族之宗教信仰尤形复杂，释、道、回、天主各教均有，而监理公会传道人之子弟送入留养者尤移。

民国六年，监理会在龙华设立循环时，顾念劬君掌孤儿院务，兼任循环司职，借孤儿院礼堂为本堂，在漕河泾赁屋作布道处，迄今六年。顾君退职后，幸由蔡式之君接替孤儿院院长，兼理龙华循环事务。教会事业得以广绩。将来继蔡君之后者，倘非本公会信徒，则龙华循环既无堂址，又无牧师，更无牧师住屋，教友一百余人将何以善其后？

更有一事，吾意必须附记于此者。本公会传道人或教友，家境困难，不能供给子弟，受相当教育者，多送请孤儿院教育。接本公会信徒之子弟，公会有教育之责，只所办各校每因经费及名额关系未能录收，于办学宗旨相去已远。既经送入孤儿院理应补助相当费用且陆续送养，估去真正孤儿额数过多，于孤儿院之宗旨抵触尤甚。蔡式之君于连环会报告中有一段云："为补救之计，应由本公会于孤儿院邻近觅地建屋，留养教友之子弟，收最低额之衣食费，遵照孤儿院收录附读生办法。朝到暮退，不寄膳不住宿，免费附读。至高小毕业为度。其管理之责另设专员，或由将来龙华循环专职传道人兼理之。"果能依此办法，本公会教育事业得一臂助青年子弟前途幸甚。述之以供读者诸君研究。

兴华 1923，20(22)

参观妇孺教养院记(上海)

王善治

前日偕妻贵思出外散步。到本埠闸北青岛路寿师坊，见上海妇孺教养院，遂叩门而入。适该院正院长丁益华女士因公外出，乃承副院长余勉裳夫人招待参观，尽兴而归。聊记其要，以供国人。

一，该院乃中华基督教妇女节制协会学生部干事刘王立明夫人利导上海学生节制联合会所创设。以学生而能关心社会服务，洵今日世界教育之滥觞，以于培育学生公德心，实有莫大裨益。我国教育界曷不闻风兴起，猛追其后乎？

一，该院虽同隶于普通善举旗下，却有积极区别，迥非彼随缘乐施、无补于根本救济、消极的慈善所可同日语者。因该院专收乞丐贫苦妇孺，而以最短时期教以手工、国文、常识，俾能自立自养。

一，该院虽属今年二月之雏产，而章程、院规、董事部、职员部诸端大体俱告完备。

一，院值兹萌芽，规模固小。现仅有民房一幢，过楼一间，妇孺十二名，织袜机六架，纺纱车二辆。而其布置雅洁，支配经济，颇堪为若许巨厂模范。该院将来发展之机能，现已举具。

一，该院功课颇适实用。大抵除于星期休假外，每日早晨五点钟即起，洗刷洒扫，拂尘烹饪，各司所均派之工。七点早膳。八点半礼拜，教以普通道德真理。九至十二点，在职工室织袜、纺纱、作鞋、绣花、做围巾、挑手帕。十二点午膳。下午一至四点半，功课与上午相仿，特学徒换班学习。六点晚膳。晚七至九点，上交课室读书写字，或听各种常识演讲。下班即各自就寝。而最可景仰者，即正副院长寝室紧与贫苦妇孺卧房毗连一起，非真能推己及人者，曷克臻此？

一，该院成绩亦颇有可观。查该院开办不及五月，即有一贫苦女徒卒业，充当本院教师。除宿膳费外，可净得月薪三元。后为别处工厂聘去，竟得月薪十元。于下月内，将又有一贫苦女徒卒业，手工颇好。其所获之薪金，当不让其先进同学。再察该班学徒，历来所作各色鞋袜、围巾、手帕等件，均受社会欢迎，为价亦廉。将来该院若多得热心慈善家鼎力维持，经济充足，妇孺增多，其所造之勋功幸福，必格外广大。

一，该院一切经费悉由干事、董事、职员以及上海学生节制联合会诸学员亲向本埠各慈善家或慈善团捐募。例如该院所有之六架织袜机，乃聂太太、刘湛恩博士夫人、力绥小姐（Miss Lacy）所管之主日学、中西女塾、圣约翰大学青年会暨沪江大学青年会等六处所捐。深冀各界有心救济女界之不幸份子及失机妇孺者，亦能奋袂赞助，慷慨输将，俾该院积极善举愈加扩充；或各就本地仿此推行，则造福于我国女界，洵无限量。

总而言之，孔子说："四海之内皆兄弟。"吾国女同胞之流离失所、无赖乞讨者，举目皆是。谁无妻姊母女？观其同类惨罹困厄，能不伤怀？是己立立人，己达达人，诚为吾人义不容辞之天职。况耶稣更垂好撒马利亚人的圣训，以喻"爱人如己"范围之广大、意义之精深，吾侪信徒曷三复其训，而黾勉以求贫苦女同胞之根本救济乎？临颖依依，不胜盼祷。

民国十二年九月九日志于本宅进化斋

兴华 1923，20(38)

大规模养老院之先声(上海)

南洋巨商胡文虎先生，生平急公好义，当仁不让。兹今革命告成，其间得胡君之资助独多。而于慈善事业，亦竭力设施，不遗余力，南洋侨胞多受其惠。客有谈及胡氏行将归国事者，盖胡氏为推广其所经营之虎标永安堂药品起见，曾于去年返国一次，过沪时目击街头巷尾流连无告者颇多。以其颠沛之苦与乞怜之状，不胜其悯恤。归南后，犹念念不能去怀。今春四月间，曾函请蒋介石主席在上海附近划出公地三十亩为建筑养老院一所，俾收容此辈年老无告者，当即蒙蒋氏之赞许。最近胡氏以积极筹备起见，且得蒋氏之电邀返国磋商进行，故胡氏已准备起程还国。先乘法邮船至安南，然后由港来沪，抵沪后即晋见京谒蒋主席，俾养老院早得成立。而胡氏以热心祖国之公益，不惜长途跋涉，亲自返国进行，国人读此，当起无限之敬仰也！

兴华 1928，25(45)

上海将建养老与孤儿院

胡文虎至国府书云：

国民政府主席暨列位委员钧鉴：文虎拟出资二十万元在上海任养老院建筑事，前曾具函蒋主席，请转饬上海市政府，指拨近郊公地为院址。蒙蒋主席深加赞许，函召回国面商进行办法，乃于月前束装就道。抵香港时，阅报知蒋主席已以检阅军队外出，而文虎又以年关在即、商务紧缠，蒋主席既因公务出京，则此时晋京，深恐多费时日，只得委托李秀河、胡仲英两人为代表面谒诸公，请示具体办法。昨得敝人代表来函报告，欣悉诸公关心贫老，允许予赞助。蒙派代表庄君卓英庇敝代表赴沪，与市府接洽一切。复蒙市府派周秘书雍能办理此事，将浦东八十亩公地指拨。逖听之余，莫名雀跃。兹将所拟进行计划再向诸公一陈之。文虎拟将该公地分为两区。第一区约占地三十亩，以一半建筑老人住屋，以一半辟作花园，供老人游息及栽种园蔬。第二区约占地四十五亩，以十五亩建筑孤儿院，十五亩建筑孤儿学校，十五亩辟作孤儿游戏场。其余五亩择距离稍远之地作公坟，为留院老人及未出院而不幸夭折之孤儿作最终之归宿地。至孤儿院规模较大，其所需建筑费，当将本年敝堂营业溢利全数拨充，故养老院事筹办就绪后，即可着手于孤儿院之建设，以冀仰副国府诸公爱民若赤、痌怀在抱、教养兼施之至意于万一。敢恳转饬上海市府早日派员，将指拨之地，测量四至，划清界限，俾得按址绘图，随时建筑。俟所拟计划一一实现后，即当完全交与政府或社会人士共同管理。庶冀永久，并得以避包办之嫌而昭大公之信，是文虎当附书声明者也。

兴华 1929，26(5)

上海创办托儿所

托儿所之利益与办法，本报第九期会详细言之。但我国当经济恐慌时期，百端废弛，骤语以新兴事业，如托儿所之类，岂不愈觉困难？

然而事实上最为需要者，实在莫过于儿童事业，儿童是国家未来的基础，若不能在育养上特别注意，则人种之日趋孱弱与减少，实属国家一大危机？况在城市方面，工厂林立，女工广集，对于育儿一事尤有不可避免的困难，负责社会的人士，允宜早为之所。

今者上海市儿童幸福委员会特于三月十一日发起办理托儿所，在南市与闸北各组一处，诚属工儿一极大幸事。惟上海以三百万居民，强半以工业糊口，仅此两处托儿所，决难普及，望各慈善机关，继起组织，遍及工业区堞，亦望我教会同工，推救主爱儿童的热诚，为工农儿童，特造托命之所，国家与社会实利赖之。

兴华 1934，31(10)

上海市儿童幸福委员会改组托儿所计划

托儿所在欧美日本，皆已有相当历史，在苏俄更有惊人之发展。其宗旨无非使社会上一般壮年妇女，不因职业关系而妨碍育儿之天职，或因养育儿童而丧失生产之能力。故现代托儿所之组织乃应社会实际之需要，决非昔日以慈善性质为目标者可比，必须科学化与社会化。本会曾有托儿所之组织，但事属创举，三月以来，尚多欠善之处，兹以当务委员会决议，加以改良，并委托延安负整理及改组之责。鄙人为集思广益计，曾就商于富有托儿所经验之中外学者数人，同时研究旧有托儿所发生缺憾之原因，以免理论与事实捍格难行，而合乎社会经济之实际。今以管见所及，草拟计划如左。

一、改变寄托制度 当今多数儿童心理学家之意见，皆以为凡有良好家庭环境之儿童，其智识道德体格常较养育于公共场所者为佳。故儿童于学龄前不宜离开母亲，托儿所亦只须帮助白天出外工作、无暇在家之母亲，至于晚间，则儿童仍宜回家与母亲同居。

二、规定收费办法 旧例每月八元或九元不等，似尚太高，劳动者力不胜任。故托儿利益，反为经济宽裕而欲摆脱育儿天职以逍遥于麻雀舞场者所享用。是以今后收费，宜一律减至二元以内，使一般真正劳动者之子女可以受到托儿所之利益。

三、限制年龄办法 前与国衙卫生部长汤特劳教授，对于托儿所有十五年之经验，竭力主张初办时，以二岁至四岁之儿童为限。因二岁以下小孩抵抗力极弱，不宜集居一处，护育工作亦较难周密。与其泛而不妥，不如规模小而佳，以后得相当经验后，不妨逐渐推广范围。

四、甄别工作人员 小儿人数现限三十名。聘请幼稚教师二人、护士二人，负护育之责，再于四人中选定一人为主管者。雇佣女仆二人，洗濯衣服被褥及清洁户内户外，男役一人，担任送信及看守门户之责。厨房则由女厨子一人管理之职员及仆役。无论男女，皆须经详细体格检查，以免带病之人传染小孩。凡护士及教师等技术人员，则甄别其资格，用改试法征求之。

五、制定日常程度 托儿所内之生活应十分整齐而守时间。早晨七时半至八时半，母亲或其他负责人伴送小儿到所，由护士测量体温，检查咽喉、皮肤，询问小儿家中有无传染病发生，将已病或可疑者送回家中或送入医院，以防传染病之蔓延，同时对各个小孩之卫生习惯及整洁与否可得相当印象，完全无病者送入更衣室脱去衣服，用毛巾围腰，送入浴室，1. 大小便；2. 洗淋水浴；3. 更换托儿所制服；4. 上楼游玩。

八时半至九时半	小孩在楼上或屋顶游玩场游玩
九时半至十时	洗手，用早点
十时至十一时半	幼稚园训练
十一时半至十二时半	洗手，午膳
十二时半至二时半	脱去衣服预备午睡——午睡。
二时半至三时半	穿衣，大小便，随意游玩
三时半至四时	洗手，午后茶点
四时至五时	团体游戏
五时至五时半	小孩回家

六、护士日常责任 护士除调理饮食、整理衣服被褥及举行晨间检查、家庭访视，或母亲会等专务外，每星期必测量各个小儿之身高体重一次，发育过尺者，报告医师诊治。

七、教师日常责任 教师除指导团体游戏及灌输幼稚教育外，宜竭力培养儿童之卫生习惯、互助精神、愉快心境及实验观察力等，务使小孩从小养成良好人格。

八、宣传育儿方法 家庭环境恶劣，则托儿所所护育之功难于收效。护士宜分一部时间，或利用暇期举行家庭访视，指示悉须改良之点，并于星期日或假期在所中举行母亲会讲演育儿方法。所中宜开一室，设置标本模型图画等物，以宣传育儿常识。

九、改建适宜房屋　托儿所原借沪南俞家街住房屋一所为所址，每月租金一百元，然光线、构造，皆不适宜，兹经儿童幸福委员会常务会议决议，将蓬莱路近泮坊第一号至第七号房屋，改建新屋，草图已拟就，拟再请专家审核，以期完善。

近年来本埠各大工厂，亦有在厂中试办托儿所所者，大都因缺乏适当技术人员而不能科学化，房屋亦多因陋就简，不适宜于儿童生活，故延安对于新托儿所之房屋构造及内部设备与工作人员之技能，皆主严格，以期完善，而资各私立托儿所之取法，庶无负于本会爱护儿童创设托儿所之宗旨欤！

中华民国二十三年十一月

计划者：上海市儿童幸福委员会常务委员兼托儿所主任李廷安

卫生半月刊 1935，2(11)

十 旅 行

上海商业银行旅行部业已举办

上海商业储蓄银行为便利行旅起见特设旅行部，呈请交通部承办游历代理事务。业奉批准，代国有铁路沪杭甬、沪宁、津浦、京奉、京绥、京汉等线发售各种车票，并由该行派人在车站按时招待旅客，照料行李。现于上海宁波路九号总行及杭州官巷口大街分行。自八月十五日起开始发售，其余各处分行均将陆续举办。凡旅客或须预定车房卧铺坐位均可代办。且务使顾客定能满意，至旅行支票亦正在印制中云。

银行周报 1923，7(34)

上海商业银行旅行部之经办事务

上海商业储蓄现更添设旅行部。其缘起云，溯自海禁驰张、国际通商以来，西风东渐，百业维新，无论求学经商，均视负笈远游，感受新鲜文化，研究奇异发明为当务之急。诚以潮流所趋，时势变迁，非若数十年前闭关自守之时代，凡循古泥旧者即足以图存。是故富有新思想者，固急欲远涉重洋，遍游世界，以资博览精取。即平昔意志消极、株守故乡之士，亦已多数改变思想，以游历为必不可少之事。南辕北辙，此往彼来，川流不息者，良有以也。顾行路艰难，古今同慨。即使水陆交通已致便利，然人情风俗随地而异，饮食起居到处不同。其旅行应先预备之手续既已繁多，则稍一疏忽即发生无数障碍，损失金钱，耗费时间，种种困难，不胜枚举，诚为有志旅行者极大阻力。本行有鉴于此，特设旅行部以备旅行者之咨询，并代办一切事务。本服务社会之精神，使旅行者得享种种之便利。职志所在，力求完善云云。

该行旅行部已于上海总行及杭州分行。次第举办其经办之各项事务如左。

代售车票：本部代国有各铁路发售车票及联运票、周游票、来回票、次数票、团体票等。

代售船票：本部代国内外各大轮船公司发售船票。如赴欧美各国南北洋各大口岸及长江各埠者，均可托本部代购船票。

预定舱位：本部已与各路局轮船公司接洽妥当。凡由本部代购之客票，均可先期预定舱位或车上卧铺等。

照料行李：本部一经旅客通知，当即派人至车站或码头照料行李及验关过磅等事。

沿途招待：本行自各大通商口岸及重要都邑均已设立分行分理处，各行处均派有穿著制服之人招待旅客。旅行诸君可享种种便利。

保管行装：旅客游览各地时，其笨重行李及珍贵物品可交本行各分行分理处保管。

选派向导：旅客游览各地时，若感人地生疏，本部可选派向导指引一切。

代定旅馆：本部可代旅客预定旅馆，务使随地安适，免去局促拥挤之苦。

旅行支票：本部鉴于旅行时携带现金之危险，因于原有之外国旅行支票外，又复发行华币旅行支票，计共十元、二十元、五十元、一百元四种。无论何处均可适用。轻便稳妥莫过于此。

商业调查：本部为便利客商办货起见，特派人专司调查土产国货及舶来商品各种情形。一经函询，当将准确报告寄奉，以资参考。

银行周报 1923，7(36)

上海银行旅行部之发达

上海商业储蓄银行首创旅行部，专代客经理车票船票。开办未及一年，而营业之盛，据上月该行报告，铁路部售出车票约值一万六千元。此中以赴北京及周游者居多。周游券为自上海起程至北京，再乘京汉车至汉口，由汉口乘船回至沪上，中途折程游览均无不可，惟以二月为期。车船票价均为七五折再打七折，故头等联票仅一百十九元余，二等票九十五元余。轮船部其售出船票价值一万七千两有奇。此中以购票赴西雅图、香港等处者为多。并闻该部现正在组织游美自费团，一俟团员集有成数，或将特派专员陪同赴美，沿途代为照料。今年清华毕业生赴美亦由该部经理。加之日来学商各界赴各地作春季旅行者为数极众，均以在车站埠船埠购票，拥挤不堪，纷纷向该旅行部预定房位、购买车票，故尤形忙碌。近在北京设立分行，行址在西皮市，现已开始营业云。

银行月刊 1924，4(4)

十一 体 育

一件推广体育计划案（呈教育部）

欧战以来，世界各国鉴于国际民族之生存竞争日趋险恶，无不汲汲于国民体育之增进，以充实其国力，盖时势使然也。吾国体育问题，素为国人所轻视。全国人口既无明确之统计，其生存死亡率自无切实之比较，然考证事实、体察情形，国民体育未能与他国抗衡，盖无可讳。近年各地学校虽渐知提倡体育，而社会心理积重难返，不免事倍而功半。试观日本数十年来之体育何等注重，然较之欧美各国社会体育之能普及者，尚觉瞠乎其后，近今鉴于时局之影响，朝野上下尤为研究提倡，不遗余力。吾国非积极进行，断无幸存于国际竞争之理。兹拟推广体育计划，谨请大部采择施行。

一、对于体育上之设施事项

甲、设立国立体育研究所，以为体育之根本。研究力谋体操之改善及体操以外各种体育法之进步，并年派适当之人材就学海外，调查各国研究之状况，以为体育改善之参考。

乙、国立高等师范学校均设体育专修科，以应各省之需要。

丙、各省城镇组织体育会。

二、对于体育上之改进事项

甲、社会体育

社会体育者，指学校军队以外一般社会之运动而言，期以锻炼心身、养成坚实之国民也。若社会体育之机关不备，学校体育无论如何讲求，终难收完善之效果。今拟由各地教育机关组织社会体育事项如左。

（子）设备

（一）特设公共体育场（各省治道治地方可先组织模范体育场，逐渐推行于县治及镇集）。

（二）利用公园。

（三）开放学校运动场。

（四）利用庙宇、教练场等隙地。

（丑）指导奖励

（一）设指导员并巡回各地实地教授。

（二）发起运动会并联合各地方体育机关，每年举行数次，施以相当之奖励。

（三）利用学校教师为指导之补助。

乙、学校体育

（一）加授武术。

（二）关于体育上设备及器械力求完备。

（三）奖励自由研究理论上实际上认为适当者得设法实施之以力求教授之改良。

（四）注重课外运动。

（五）设法优待体育教员。

（六）规定体操及教练之成绩考查法。

体操及成绩之考查法，由身体、精神和智识三方面行之。身体方面则考查其强健、姿势及技术三点。精神方面则考查其诚意、元气及规律协同诸点。智识方面则考查其关于体操及教练之知识。师范学校并考查其关于小学校教材及教练方法。

新教育 1919，1（1）

上海精武运动会之历史

黄维庆

拳术之中在今日，已成为有价值之科学，渐为世人所趋重。以何因缘收此效果？曰运动会之力也。拳术之为人所蔑视也久矣。十余年前，士人耻习，学者不为，曾卜筮星相之不若，一无关重要之末技耳。精武崛起于民风委靡之秋，侠武有禁之世，毅然提倡斯道，发技击之幽光，资国人之观感，固非举行运动会不为功。故每经一度之运动，报纸之颂扬，人心之趋向，风起云涌，若决江河。一震之威，乃至于此，则此种运动，谓为体育运动可，谓寿人寿世之大运动亦无不可。然则运动会之重要，其经过历史，宁令缺而不传哉？乃为之序次如左。

本会成立于逊清宣统三年。会例每年开运动会一次，举行毕业典礼。第一届在民国元年十二月二十七日，于王家宅会址前操场中盖搭演武台，来宾环而观者数千人，由会长袁恒之先生报告，会员依次运动。来宾加入者，有广东、山东、湖南技击家。开会前后数天大雨滂沱，是天晴日朗，大放光明，此为可喜之朕兆。精武之有运动会，此为嚆矢。

第二届运动会在民国三年十一月八日，仍于王家宅会址举行。登台表演者三十人。表演节目凡九十三节。有一人演至七八套，至令观者眉飞色舞。此辈老同人近因职业关系，除卢、陈、姚、郑诸子外，百劳飞燕，各自东西。然精武之真精神，仍聚而不散也。

四年，会众因前两届在操场开会，来宾与会员皆感拥挤之苦，遂决租法租界民兴新剧社为运动场，于十一月二十一日午后一时半举行。是为第三届初中级毕业。会员有宁竹亭者，一年来从无一日告假，其恒心毅力有足多者，特制金牌以奖之，使会员皆有所矜式。会员之得奖金牌者自宁君始。而同源学校之加入运动，亦于是年始。

五年，乃技击高级毕业会员之初次。假十六铺新舞台旧址之凤鸣茶园为运动场，十一月五日举行。来宾中有孙逸仙博士演说，力言技击之有益于人身，且言科学昌明，长枪大炮亦有失恃之日，勖国人必须致力于技击云。先生为医学博士，其言皆在科学上负责也。此为第四届毕业。此届最精彩者为技击说明一节。从前来宾只有如看武戏，我之如何着劲，如何巧妙，彼不知也。自有此次说明，而门外汉亦懂一二，彼江湖派与剧场中之伎俩尽露矣。吾谓后来之发达，此一场说明有大力焉。广东小学之髫龄学生，服制一如本会，操潭腿，齐整而有精神，誉者声震屋瓦，学界之观感不浅矣。陈、姚、郑诸子任教授之劳，睹此亦足以自慰哉。翌日中西报纸皆有评论，亦佳象也。

第五届技击毕业在民国六年十一月二十五日。是届鉴于前此之挤壅，特赁四千座位之大舞台，然挤壅如故也。开始时由久任之会董袁恒之君报告一切情节。本会教授之学校日多，须节省会员之运动时间，俾各校学生得贡所学于社会，故本会高级会员，亦略有休息矣。是年有技击术军用实施法一门，用技击手法施于火枪上刺刀之对敌，及刺刀与指挥刀互战，最新式而受国内外来宾之欢迎。开会之翌日，国文报纸多奖借语，即英人之《字林报》、美人之《大陆报》，皆表同情。《字林报》于会医林锦华之科学说明尤多赞美。《大陆报》长篇大论，记载更详。作者以一文弱书生，期年之功，亦于是年一显健儿身手，且得提前毕业，可知天生弱质一语，吾人万不能承认。特志之以励同仁。

第六届毕业仍在大舞台举行。是届有军乐合奏、喇叭独奏、弦乐合奏、四弦琴独奏与体育真相，故秩序表署名曰“第六届毕业游戏表”。盖本会各种科学日有增加，后此开会，断不止技击表演之一种也，故易名为游艺会。体育真相为筋肉之表示，使人知躯体之非能天然发育，须锻炼之而后强健。彼面团团之富家翁，壅肿如五石匏，虽庞然大物，实则非常柔脆，弱不禁风也。惟表示肌肉，非裸体不可。乃创制豹衣以蔽体之一小部分。彼杖而能起之陈老铁（陈君为本会书记，入会时已年逾不惑），其发育在四十以后，为生理上之新发明，亦得杂入豹队，以为标本。是届学生更多，且有音乐表演与摄学给凭，故会员运动只有六十八节。

八年十二月十九、二十、二十一三日，在虬江路上海大戏院开特别游艺会三夕。除本会技击选手及自制之技击影片外，有各学校游艺加入。故八年第七届毕业改在翌年十周纪念会举行。吾会自清宣统己酉迄民国八年己未，适周十稔，爰于是年秋，集诸同志，为庆祝之会，以表十余年成绩，且示不忘本也。是会也，筹备两阅月，分科任职，凡三十二科职员二百四十二人，皆奔走骇汗，居处不遑。会期为十月二十三四两日。适遇天雨，会场沾湿，不能为大会之运动，乃开职员会议。炜昌对众言曰：“今日之雨，天殆以毅力试验吾群众。计此会费吾会众精力不少，牺牲金钱凡数千，发入场券凡数万。若仅以昨日一日之尽力为已足，人其谓吾精武何？”旋问陈列科：“会场旗帜三千余面，其被雨沾湿而损失者几何？”曰：“约六百余元。”问总务科：“改期需费若干？”曰：“约千元。”炜昌曰：“余意就金钱论，无论百千万亿，决不足以膺吾会众之心胸者。独问吾人能否具此毅力，再从事于斯会耳？”众者曰能。乃展期为下星期，即十一月七日也。于是职员分途将会场收拾。计会场广十余亩，四周空际，挂万国旗，演台凡三，座位数千。入门转右一茅亭为临时音乐场，中乐属之。左望离百步，会场当中为红星台。台前足球场为会操处。左为司令台。迤西一小亭为临时警备处。右方为会所。会前网球场为黄星台。会内外教练场凡三。其一为成绩陈列所，满挂会员文字、图画、摄影及各界赠品；一为会董办事处；一为招待室。会后草地为蓝星台。台旁洋楼为女校招待处。其西一大茅亭为西乐场。场后空地为叙餐处。右方支帆帐数十座为各校学生休息所。此其大较也。是日上午九时开会，赴会男女数万人，会员及来宾运动亦以数千计。由总司令号筒传声供指挥，红黄蓝三星台一律开演各种游艺。下午一时半，则联合数十团体为国技大会操，与操者数千人。司令登台发令，操潭腿工力拳。一发令，数千人动作齐一，大有排山倒海之势，一时掌声四起，万众欢呼。又以竹扎两盾形，高七尺，幕以白布。一大书“精”字，一大书“武”字，分悬五色国旗于其下，各以小麻绳数百丈，随风放至空中。诚沪上自有开会以来，未睹若斯之盛也。是会各省教育会代表黄培炎等二十余人，及各处精武分会均派代表参预，莫不致钦慕之词，并期设分会于各省。自时厥后，会务扩大，经费不敷。每年开游艺会一次，筹款以资补助。十年十一年冬开游艺会于南京路市政厅，一连两夕。虽杂以各种游艺，仍以国技为主体。

十二年四月廿二日，在中央大会堂开第八届运动会。十二月十五、十六两日开游艺会。来宾之众，较前尤甚。本会职员会议决定今后开会，注重国技，以符本会宗旨，故有此次大规模之运动会。计十五年之间，开大会十五次、宣讲会廿八次，高中初毕业二百九十人，支会达三十八所。

会员数万众，虽未能达到普及之目的，亦可告无罪于国人。夫国家之强弱，系于国民之身体。欲觇国家之强弱，视运动会之多少亦可知其梗概。文明先进国，此种运动会无地不有。吾国近年来始推行于通部大邑，而穷乡僻壤，亘古未之前闻。果能扩而充之，光而大之，进国人于健康之域，俾吾国数千年遗留之国技，将来于远东运动会、万国运动会占一位置，为吾国光，作者馨香顶祝。精武万岁！运动会万岁！

精武 1924

上海排球联赛会纪

本会向以提倡体育为职志，对于体育有效益之技术，靡不尽力设备，又从而奖励以促进之。排球（Volley ball）一道向为吾华特长，执历届远东运动大会之牛耳。惟是技术一道，不进则退，吾华既具此特长。苟无联合比赛之机会，则无以维持而促进之。乃者华东八大学对于足球、篮球等项曾有联合比赛之举，独于排球一道尚付缺如。本会为联络体育界感情起见，遂有此项联赛会之发起。发起之初，本会同志郑福良君、简世铿君及谭道景君，已早具此意。后得复旦大学霍共若君之同情，并请本会发起。于是本会同志相与磋商进行。交游艺科长简世铿君提出第四届参事会议。结果各参事皆认为有提倡之必要，遂通过焉，并委任简世铿君主理起草联会章程，报告于下次参事会。简世铿遂发函上海各大学中学及团体凡十八处邀请加入。于阳历四月二十日下午二时在中央大会堂举行第一次各代表联席会议，讨论进行。到者有复旦大学、岭南体育会、英华书馆及精武体育会等代表。本会委员因事属创举，宜以集思广益为妥，且尊重各代表之公意起见，遂于是日将联赛章程草案先行磋商，复于四月二十七日下午二时举行正式会议，公开讨论。出席者有复旦大学、南华学院、浦东中学、英华书馆、岭南体育会、精武体育会等代表。其通过章程如下。

精武体育会上海排球联赛会章程

（一）宗旨

联合比赛，增进体育上之技术，联络体育界之感情。

（二）组织

1. 性质：团体及中学以上各学校。

2. 单位：以每团体或每学校之一队为单位。

3. 资格：每队之队员，须以该会之会员，或该校之学生为限。

4. 限制：每队员于本联赛期内经在一队内出力者，不能另在他队内出力。

（三）比赛

1. 日期：四月卅日后起赛，五月九日前完赛。比赛日期时间等，由双方择便利者。

2. 场所：最后之决赛在精武球场。其余各比赛之地点，由此赛者双方之同意，得在各校或体育场举行之。

3. 规则：照远东运动会最近所定之队球规则管理之。

4. 方法：照华东入大学足球比赛法举行之。

（四）评判

1. 职员：评判员一人。记分员一人。监察员二人。

2. 委任：职员由本会委任之。如第三队之人才经比赛者双方之同意得提出于本会。由本会委任之。即认为正式者。

（五）锦标

大银盾一座，将全场第一者之全队人员姓名镌刻其上，由上海精武体育会公赠与全场得第一者之一队。

（六）会议

有特别事故时，由精武体育会召集临时会议。地点北四川路横浜桥堍福德里精武体育会。每队派代表二人出席，会议时只有一表决权。

（七）报名

1. 期限：新历四月二十九日晚七时截止。

2. 地点：照会议地点（即精武体育会）。

（八）标准

1. 球场：七十尺长四十尺阔。

2. 球网：网中部顶上至地七尺六吋。

3. 球量：自十英两至十二英两重。

4. 局数：双方比赛至多以三局为标准。若一队连胜二局者，其第三局可不必再举行。若双方各胜一局者，则须再比赛一局，以决胜负。

（九）附则

本章取公开制度。如有未尽善处，得由加入之团体公同议决修改之。

是日章程通过后，各校代表佥愿早日起赛，请求积极进行。故依公意，定于四月二十九日晚七时再开联席会议，截止报名，定夺一切后，即可起赛。并即发函附寄联赛会章程与各校，请其加入。计是晚联席会议结果如下：

（1）抽签决定比赛法：

复旦与浦东比赛⟶求出－胜利者
南华与岭南比赛
精武与南华比赛 } 求出－胜利者
岭南与精武比赛

（2）决定起赛及完赛日期：定四月三十日后起赛，五月九日前完赛。比赛日期由双方商定，于早二日通知本会。

（3）决定比赛地点：任何操场，由双方同意择用，于比赛前二日通知本会，以便派员前往料理。最后决赛在精武球场。

（4）评判员之委任：评判员由本会觅请正式委任之。若各校有第三之人才，经双方同意者，亦得提出于本会，由本会委任之即认为正式者。惟提出本会委任之人才，须于二日前通知本会。

（5）队员名单之存案、各队之队员姓名单，于比赛日由队长交评判员。替补员亦同此手续。评判员接得后，即视为与赛者之正式凭证。及至比赛完结，便将分数及胜负结果单，连同名单交由本会以便发表。

联赛结果如下：

日期	比赛者	地点	裁判员	结果	胜利
五月三日	岭南与南华	公共体育场	李启宏君	南华弃赛认负	岭南胜
五月四日	岭南与精武	精武球场	李启宏君	比赛中大雨	未决
五月六日	岭南与精武	精武球场	霍共若君	二与一之比	精武胜
五月七日	复旦与浦东	清东中学	简贻孙君	大雨改期	未决
五月八日上午	复旦与浦东	精武球场	谭道景君	二与〇之比	复旦胜
五月八日下午	复旦与精武决赛	精武球场	陶少甫君	二与〇之比	复旦胜

统观此届排球联赛，事虽创举，而社会各界人士对于此种技术之提倡颇为热心。故历次比赛，虽阴雨连绵亦不少减兴致，围立而观者恒有千数百人，加以双方球员之勇猛精进，致令全场观者为之目夺神驰，眉飞色舞，一时掌声雷动，虽至大雨滂沱仍流连不去。而尤以最后决赛之日为最闹热。是日天气晴朗，男女来宾，人山人海，场无虚隙。复旦方面以联结得法，练技功深，遂执此届牛耳。联赛既终，精武为之备大银盾一座，以留纪念。乃于五月十一日晚八时连同本会第二十八次宣讲大会举行给奖典礼，请卢炜昌先生发给。是晚来宾有一千五百余人，中央大会堂座无空隙。先由委员简世铿报告经过情形后，当由复旦大学队长代表领奖并致谢词。末由复旦全队队员三呼“精武万岁”，以表谢忱。此举遂告结束。

精武 1924（41）

上海公共体育场九月份运动人数

男子部开放二十六天，运动人数计器械二三四〇人、球戏三一一〇人、田径二三三人、游戏二四八人、技击八四五人，以上共计六九七六人，每日平约二六九人。妇孺部开放二十六天，运动人数计器械一八四三人、游戏一七七四人、球戏一六二六人、田径一〇人、舞蹈二四人，以上共计五三七七人，每日平均二〇五人。男子部、妇孺部合计一二一五三人，每日总平均四六九人。

备注：该场鉴于妇孺部聘请精娴体育原理及各种运动技能之女指导员，较诸男指导员易收功效，故自十月一日起，聘请闽江女体专校□每日午后四时至六时选派高级学生到场指导妇孺运动，并将所授运动前状及人数，按日报告该场主任稽考云。

生命与健康 1925（2）

在上海(四)看足球比赛

是上海足球联队同驻沪海陆军联队作友谊比赛的那一天的下午，我也去到中华足球场。一到场门，吃了一惊：那么多的人在拥挤在标房门前买票，我疑心一定是有什么大会要举行了。看广告，广告上只说有足球比赛，要价是六角与二角。

我买了二角的标，流也似的流到场里去了。这场我是来过的，满满的观众，在远东运动会中华足球决赛的时候，我也看过的。但是这天也有这许多的观众，真叫我不能不惊奇！

那场子能容一万五千人，这是里面的办事的人告我的，那天的人，坐满了三面，只有一面是只有十分之六七的样子。照坐满了有一万五千人的统计来作标准，那天至少也在一万之上！一个稍为好些的足球的友谊比赛有一万人以上的观众，在中国不能不说是一种很好的现象！

因为是星期，所以闲人也多些，这是一个解释那天人多而劝我不必惊异的朋友说的。但是闲着的人们不去逛大世界、乐园，看电影，而来看足球，这总归是可喜的，况且以到中华足球场的车费和门标，可以去卡尔登看电影还有余。

去看的人，依我的观察：年龄是自十五至三十岁的为最多；女的不过百分之一二；学生比较要多些，工人、商人也不少；外国人约占百分之五六，其余的都是中国人。

我得高兴上海有这种情形，我很希望别的地方在最快的将来也有这种情形！

新评论 1927(2)

上海《体育世界》中《第八届远东运动会八项锦标之概评》

黄文建

一九二七年八月二十七日，第八届远东运动会又在我国上海举行。轰轰烈烈，极盛一时。与赛健儿五百余人，皆远东体育界之精英，三国民之优秀，气壮神健相竞技，借争胜逐角之方，而行国民亲善之道，其兴也勃焉。会期八日中天气晴和，游者空巷，我国人之往睹者，较之第五届在上海时尤众。盖皆借此良机以为观摩抵砺，其或特饶兴趣所以一饱眼福。如此佳况，固为世界潮流所驱使，而年来我国民对于运动热烈之欢迎于此可见，诚可喜也。虽然吾人非可一观而已，借镜切磋可以益坚锻炼之功，欢呼鼓励当思提倡者普及之方。鄙人不敏敢将观察所得，对于本届八项锦标之优劣略陈管见，而与读者一商榷之。

足球

足球为我国最特色而最有荣誉之运动。握远东运动会六次霸权，今届重获冠军。盖团体运动，本合作精神。历届我国选手皆为香港侨胞，今次最出色者，首推守门大将鲍家平，左右后卫黎郁达吴锦泉，左右翼两冲锋陈光耀、曹桂成等，余则新进，技艺欠精，或以资格虽老惟已退步，无年前英雄活泼之技术矣。所幸今次日本足球，进步迟缓，且战法呆笨，勇而少谋，不堪一击；菲列滨足球则退步不堪，盖其良好球队，因赴爪哇比赛，而受佣金事，后为菲体育会春代表资格，故无强队出席，以鄙人推测，我国有名之大学队均能胜日菲绰绰有余，非虚语也。我国此次代表战线人员，仍欠整齐。倘入载调麟经当中锋，李惠堂、陈镇和之左右中锋，则联络攻击工夫均趋上乘，右前卫则易以梁玉堂，如此四员猛将，入阵则战万国中之上海英国队，必操优胜之权。奈何彼四将远征澳洲，未及返国一演身手，以致受挫于英队，失去百战百胜之威名，岂不可惜！事后思之犹有遗憾也。

网球

我国网球人才寥若晨星，良以习之者鲜。虽有数人称霸一隅，然一与日、菲作战辄遭大败。在过去七届大会中，未会胜过日、菲之单双人比赛。今次林宾华君归自澳洲，邱飞体系君归自新嘉坡，皆球艺出众，名震海外，此届参与大会一演身手，祖国士女异常欢迎。林君球术攻守均佳，又无火气，开球及前手击法（Forehand-drive）最为擅长，反手击法（Backhand-drive）似欠猛烈，近网杀球甚见机巧，惟有时太不小心，每将球自杀耳。邱君相甚稳，意志镇静，前手及反手击法均与林君同，栏风亦甚精到，惟开球法似欠太弱，易予敌人以反攻机会耳。菲列滨虽倾全国健者，均无胜林、邱两君之希望。惟此次日本网球代表，均非最优良者。日本一九二七年春，网球协会发表其国单人次序共念人，相泽君乃第三名，佐藤君乃第九名耳；双人共十组，今次代表之松浦井上两君乃第四组耳。其他优良者，多以事故或往美国参与国际比赛，未能出席远东。林、邱之球术可算我国之皎皎者，但今次日本骄敌，未能出其最优者与赛，失去其夺标之希望，林、邱即迭败日、菲而获锦标，在远东运动会内开我国网球界一新纪元，然实力尚欠未足。鄙人以最敬意告林、邱两君毋自满，仍喜其战胜之余威，加工锻炼，参与第九届（一九三〇年）在日本举行时再战胜日本之最健者，而重握远东网球界之霸权，及进一步之希望，而战胜欧美之霸者，则国家之喜欢两君更万倍于今届也。愿两君其勉之哉！

排球

我国排球运动，各处尚欠普及。广东各校则以此项运动为最有名。历届出席远东代表，均为广州选手充任。在八届中四胜四北，与菲队势均力敌。日人排球亦有相当进步。中、菲以积极练习，故亦猛进。结果日队仍逊中、菲一筹，洽如我国田径赛游泳之成绩与日、菲相较一样。试观近两届上两项，我国之成绩多已超过第三、四届远东第一名之记录，惟在七、八届中，欲取第四名而不可得，盖我国进步，日、菲亦进步，故仍居其后，此为三国体育界有进步之好消息也。但世人不察，胜利心重，每以我国田径赛及游泳不得点数为责，不审其成绩若何。夫同是第一也，惟成绩优劣有别。优胜第一诚可喜也，劣方第一实失体育进步之真谛，故宁居优方第一之后，毋为劣等第一之前。语云：“宁为鸡口，毋为牛后”，正此谓也。吾以日本排球之败，其本身已有进步，且道德甚佳，彼等常处处留心模仿，为回国后之练习，一种仁侠好学之精神，实为各项运动选手所不及。总观技术方面，中队较菲为佳，尤以曹廷赞之二路中坚为全队第一，其压球重猛有力，知机善变，余则良材为辅合作得力，今次之夺标者宜也。菲队亦有一杰出人材，则第一路右侧亚别尔是也。亚君身长体伟，跃起攻击时首部与网平，故其压球甚猛，从心所欲，每有机会立功马前，其球艺之奥妙，难以笔述，与我国曹君堪相伯仲。惟菲队人才欠整，救护无我队之严密，故遭失败。然两队竞争之烈，已为观众所叹服矣。

篮球

此届我国篮球队，平心而论，球术甚见进步，但菲队实力仍然存在。试观以前七届夺标中，我国在一九二一年仅得过一次霸权耳。菲列滨得锦标之成绩，洽如我国足球队一样，可谓无独有偶矣。日本队较前有进步，然终非我敌。其缺点在投射与传球，优点只有气力充足。菲队队员体魄逊于我队，惟战时陈伍不乱，投射得法，传球敏捷，且精神贯串，各尽其能。我队人才虽佳，惟遇大敌则易陈乱。夫球类作战，犹兵家之临阵，苟军心乱，则阵势动摇，自相残踏，败在目前。中菲第一次作战，我军之败均为此故。第二次作战，虽作破釜沉舟之阵，誓师猛袭，守将孙权、黎实骏尤见奋勇，虎视敌人，惜攻将投射技术欠精，致遭败北，诚为憾事。中锋欧阳君投射之球，手指用力转球太大，致球已入篮转而复出，是有良好机会，不能制敌死命。计欧阳君投篮机会最多，然命中者少，倘注意投射时之手指不可太转，则球去必定入篮，机会必多其命中，殆无疑义也。今后苟能发奋锻炼，他日进步，而参与第九届之锦标比赛，胜利可操左券，国人固引领而望之矣！

棒球

棒球运动规则最繁，练习亦较各项运动为难。美国人民最喜习之，因此种运动不特可强壮体魄，且能启发聪明，学者必先熟练投球、捉球、打击等术，然后比赛展其智力，方能致胜。国人以其规则繁，不易学习而却之，则观战方法亦不易晓，故多数观者为外人，国人居少数耳。日本提倡棒球四十余矣，菲亦有相当年代，我国社会中，在民国三年来乃有习之者，故国内棒球选手成绩甚为幼稚，其稍佳者大都归自美洲、日本等处。檀香山华侨棒球队为世界有名的，历年参与美洲夺标比赛均有相当荣誉，美国各大学之棒球队皆非敌手，职业团之棒球队乃对手耳。日本每年均有大学队远征美洲，每与檀香山华侨作战，均大负负，必十余点对〇，由此可知棒球地位，并非我国无优良者，惟彼等以职业团关系，无权为祖国作代表耳。今次归来之球队，非最优良者，乃第二三中队之选手耳，然犹两次决战，胜菲列滨夺棒球第二名位置，开我国在远东运动会一新纪元。日本代表是东京应庆大学棒球队，其技术与第七届一样。菲队较前年为劣，因其在第六、七届夺标之球队远征美洲，未及赶回比赛。所以日本今次之夺得锦标，实为幸事。过去八届锦标中，菲夺得锦标五次，日本只三次耳。此次三国球员最出色者，首推日本队之投手宫武君，其投球方法最为机巧，且打击猛烈。倘日队无此人，我国夺标机会甚有希望也。我队守备虽坚实，然每多错误，乃失败之主因也。菲队平庸无论矣。

游泳

游泳之益人尽知之。日、菲均岛屿之国，沿海皆设游泳场。我国以风气未开，习之者鲜，海滨居民习之者大都为渔父之流。今远东运动会设此种竞技，欲以普及万民也。现在国内亦稍示提倡，成绩亦大进步。惟日、菲在猛进途中，我国尚在后紧随，此后国人倘能加以提倡，则将来成绩定可惊人也。本届七项游泳短距离以菲选手为佳，长距离以日本选手为佳，各有所长，堪称劲敌。我国短距离选手谢实宗、黄茂源两君，与日、菲竞争甚烈，在终点时几难分其等第，盖六人决赛成绩只差寸分之间耳。我国游泳队虽全军覆没，然有此猛烈之竞争，实为我国游泳界进步之表征。五十米自由式及二百米胸泳均破远东记录。沪报有书二百米胸泳打破世界游泳记录者，谬也。鄙人查得世界二百米胸泳成绩为二分五十秒十分八，为一九廿二年德国拉爹马其鲁氏所作。闻说一九廿六年美国有人造成二分四十八秒之成绩。今次意尔台方沙之成绩仅作二分五十二秒十分九耳，尚未达到世界新记录也。然彼在第七届中仅作二分五十八秒十分六之记录，今次减六秒钟，进步殊速，下届倘能本其进步程序，则破世界记录亦意中事也。因书此以勉意君，同时更正沪上各报之误传。今次菲得锦标，造成两种新记录，亦可证明游泳之进步不已也。跳跃表演，姿势绝佳，且态度自然。李泰君得第一。我国游泳运动失败中，得此亦足以稍慰也。

田径赛

本届田径赛成绩进步飞突，造成新记录者共十二项之多，可谓远东运动会有史以来之创举，足证三国选手平日练习之努力也。日本获得此项锦标，早已为吾人预料之中。盖其国内练习者多产生良好成绩之选手，实在意中。其长距离之霸权，中、菲莫能染指。跳远及三级跳两项，亦为该国织田干雄之专长，其成绩迫近世界记录，日人呼彼为远东跳跃界之王，非过誉也。至短距离成绩，亦几乎超驾于菲。二百米预赛，日人相泽岩夫造成廿二秒之记录。今届十二种新记录中，日本造成九种，菲列滨仅作三种耳，我国无与焉。菲列滨历届握田径赛霸权，称雄远东，往者之纪录多为菲选手所造。今届日人兼程倍进，一鸣惊人，霸主一席，竟然夺去，使中、菲人士惊佩莫名，自叹不如焉。我国田径赛成绩每届落后，此次协进会于全国运动预选后组织训练所，聘请指导员八人，朝夕教练以期进步，惟练习时间仅及一月，在此短时间内欲得惊人之进步，任何人不能，亦世人知其必不可也。然以此短时间中，每人之成绩已超过其所有者，且多数超过以前远东之纪录，亦足证明已有次序之进步。国人倘能作长年之锻炼，其成绩必随之而升，两三年后，其不与日菲选手作猛烈之竞争，吾不信也。日、菲两国作田径赛运动者千百万人，积数年之锻炼，乃能作一朝优异之成绩。我国欲于每年内习四五个星期而号称老资格者，不可同日语也。故练习日程不符，不能得有规则之进步。总之田径赛运动，必须悠久继续之时间及受合法之训练，方有成就。此次训练所之设，为我国田径赛开一新纪元。倘各地均设备之，以促国人之努力，则一九卅年在日本开第九届会时，方不至全军覆没。愿国人各尽义务提倡之、指导之，则将来所得之胜利，国际名誉自克日隆，国民体魄日益健康，与体育之宗旨相吻合，岂不盛哉！

全能运动

全能运动锦标，远东运动会头一次之事实。上届在菲开会，犹合并于田径赛分数中也。此项共分四种：（一）五项运动，（二）十项运动，（三）八百米接力赛跑，（四）千五百米接力赛跑是也。此项锦标中，以日、菲争逐最烈，我国均差甚远。从前杜荣棠、朱恩德、吴德懋等之五项、十项成绩均为日人打破。金岩、蔡意平皆后起之秀，开会时又以身体不适，结果落后。十项第一之日人织田干雄为跳跃界能手，度其体重不过百念磅，高度不出五尺六寸耳，惟其技术非特跳跃出众，余如推掷、竞走，均出类拔萃，实为东亚田径赛中空前之能人，试观其十项成绩便可知矣。

体育 1927，1(3)

远东运动会史略

名誉干事沈嗣良

当二十世纪前，中国海畔，大小十余国，人民百万万，各安生业，绝少交际，体育事业更无论矣。审自美、菲发生关系，美人之赴菲律滨宣传教育者日众，而体育亦居其重要之一部。经勃朗氏（Elwood S. Brown）惨淡经营，发达良速，菲律滨体育会之组织即基于斯。迨西历一九一二年，复鉴于国际体育之需要，遂由在菲之美体育家协同非体育协会，乘翌年二月菲岛庆祝节之机会，发起邀请中、日两国往马尼拉举行国际运动比赛，并推定克朗氏（Frank L. Crone）、勃朗氏及德苏莱氏（William Tutherly）三人组织委员会，主持一切。是盖第一届大会，亦即远东运动会之滥觞也。

是时也，中日早觉有同样之需要，故中国即毅然加入，而日本亦非正式之名义参加。然结果因各国运动种类各别，且乏详细之组织规例，未能得佳良之成绩。但合作精神及运动道德之表演，卒使远东运动会之发展与日俱进，而成今日世界运动会的惟一之组织，此则应为吾人所大可纪念者也。

第二届大会在中国上海举行。各国人才大增，至为无量，成绩精进，友谊亦日臻亲密。用见远东运动会在提倡体育及国际地位上之价值，日本因即声请自第三届起正式加入为会员。于是基础大定，举凡组织大纲、比赛细则，应有尽有，且一洗从前运动为游荡之谬见，至以提倡普及体育、增进国民健康、培养运动道德、联络国际情谊之宗旨闻矣。

然远东运动会之目的，在求远东各国之大联合，非仅有二三会员即可已者，故第一届大会后，勃朗氏为扩大事业起见，亲赴暹京彭谷克（Bangkok）及新嘉坡等处游说暹罗马来等邦，冀其于第二届大会中派遣代表参与，以谋联合。结果甚为圆满。不幸欧战发生，海港封闭，未能成为事实。至一九二〇年，勃朗氏以前功未竟，复有爪哇之行。东印度人民亦受其鼓励劝导，而对于大会发生兴趣者实繁有徒，方谓成功有望。而截至第七届大会在菲举行时，仍未见诸实践。本届大会前，印度曾来电请求加入，业由中华全国体育协进会商得日、菲同意，去电欢迎，但迄今犹未得复，是以来否尚在不可知之列。虽然，远东各国对于体育之观念已共达相当之程度，万邦来归，迟早间事耳。

大会日期为历届重要而最难解决者，缘各国气候不同，顾此失彼在所不免。而本届大会决定于八月下浣举行，庶三国各不受天时之影响，实为至善。又值世界运动会因远东成绩之猛进，来电邀请加入，遂经公决第九届大会延至一九三〇年举行，而此后则改为每四年举行一次，以符世界运动会期。盖亦远东运动史上一重大之变化也。

菲前总督福勃斯将军（Honoral General Forbes）及已故总督伍德将军（Honoral General Wood）先后对于远东运动会之组织及发展予以莫大之赞助。他如菲之克松（Quezon）、亚西斯（Osias）、恩晓吾（Earnshaw），美之克朗（Crone）、麦凯德（Marquardt）、德苏莱（Tutherly）、英格兰（England），日之加纳治五郎（Kano）、岸清（Kishi）、武田千化三郎（Takeda）等，或为政治家，或为大教育家，或为经济家，或为体育家，各有相当之供献。而中国之故外长伍廷芳博士热心从事，尤为今人所难及。前总统黎元洪、内阁总理熊希龄、外长唐绍仪及现任中华全国体育协进会名誉会长王正廷、董事长张伯苓等，于远东运动会亦有深切之关系，均为吾人所不容忘者。

历届远东锦标一览表

年份	田径赛	游泳	棒球	排球	足球	篮球	网球（单打）	网球（双打）
一九一三	菲	菲	日	菲	菲	菲	菲	菲
一九一五	菲	中	菲	中	中	菲	中	日
一九一七	菲	日	日	中	中	菲	日	日
一九一九	菲	菲	菲	菲	中	菲	日	菲
一九二一	菲	菲	菲	中	中	中	菲	菲

体育 1927，1（3）

总锦标决赛暨南独占鳌头

五月廿七日善笑生记

苍天既已生公瑾，
尘世何须出孔明，
复旦可以休矣！
李某忘本卖校，
冯启新学步老莱子，
笑煞暨南同学，
愁煞复旦同学。
先负后胜才是真英雄，
四一与三八暨南胜，
地点在上海中华健身房。

暨南篮球队在江大比赛中曾二度与复旦相见，吾人已详述其战线之如何，详登于校刊中，海内外同胞，相尚能忆及。此次慰劳运动会中，普通组冠军为复旦，公开组冠军为暨南，狭路相逢，格外眼明，海上之慕名来观者，颇形拥挤，篮球场中欢呼热烈，吾人今晚中，自觉荣幸逾分，能与陈线整齐，战胜东吴大学称雄海上之复旦大学，再以精兵厉卒相见，在千余观众眼前判别优劣，暨南不邀天幸，不恃地利，不赖人壮，斩关落销，夺旗踏营，裕如进退，呜呼！复旦固一世之雄也，如今安在哉？

先是李某，复旦之老学生，上学期曾一度负笈本校农科、旋又转回复旦同学愤慨之余，啧有烦言察其举止是君实有意玩视暨校，而又有作侦探之行为也是晚在场中，哗然扬言于众曰“复旦所以改名南强者，畏复旦也。”斯言用意难测，闻之颇足扫兴，苟非李某钦水不思其源，何至诋毁此，时间将及，复旦啦啦队长陈炳德，开始工作，惟是次除“结冰”外，烧饼概不奉送，不及前次慷慨多矣！

八时开始，复旦中锋“沙士”，长驱直入，张其英救球出险，王振芳得球飞步前赶，一发不中，兆霖，城元，再试亦不中，复旦后卫下凤年以全力死扑，维护内部治安，关锦麟埋伏篮下，暨南疎忽，首负二分，未几“沙士”，吴发祥又得六分，暨南仍以零闻，周察场光景，复旦人壮力强，宛如庙宇中之大金刚，暨南后卫形同小儿，前锋虽高，瘦脊不堪，长以此往，前途茫然，不知伊于胡底，继见暨南王振芳，亦出敏捷之手腕，始获二分黄兆霖于边角中同时射进二分，此四分之资本，足为振助元神之奋兴济，李城元君罚进一分，相差只一分，嗣后双方往来招架，兆霖屡投失效。活泼如小猴之王振芳，见大势将失，乃弃其固有位置，潜入前锋助战，远射近投，皆有意想不到之效力，前半局为十八与十六之比复旦胜

下半时，开始之际复旦郑皆得杜昆泉远射得四分啦啦队哗噪，交相庆幸，而不知暨南之王振芳、黄兆霖、李城元三员猛将，连络得法，王、李各进一球，兆霖独得三球，分数骤加十分。此后尘战多时渐成卅与廿八之比，相差仅二分，暨南同学从旁助威，得意不可名状，力大如某种动物之许荣水，全场飞奔，卖命抵御，杀得对方人仰马翻。乘机更试投篮，一而再，再而三，无孔不钻，分数牌上悬三八与三二之比而暨南占先，许君之功也。旁观之女同学多人，皆手舞足踏，载歌载笑。记者执笔，几不能着墨。嗣后浩浩荡荡，已入胜利之途，复旦虽加油进攻，士气颓丧，不可再振，而暨南之黄兆霖、李城元，在最后描准四分，一场胜负，清清楚楚成四一与三八之比，胜利终属暨南。篮球房夜战，非我素习宜无地利可言，上半场及下半场暨南屡濒危险，看看大势已去，中锋李城元君眼睛受郑皆得殴伤，其势甚重而复能施此敏捷之手腕拔步赶上，言幸运，更属渺茫且暨南始至终仅五人作战，复旦利用车轮法，轮战法、时有调换，怀材抱知之士，可谓多矣！吾人能撇开以上之三短，一鼓作气连络进攻，振作运动之真精神，大可自豪，庶务冯启新先生观至胜利时，笑声咯咯，出场欣舞，持志指导员王某，快乐逾分，篮球场上，忽然发现二老莱子之舞踏，无怪观者笑破肚皮。

暮色深沉，凉风袭人，歌笑之声，沿途自汽车倾出，观者指曰：“此暨南夺篮球锦标之凯旋歌声也。”

暨南				复旦			
姓名	职位	得分	犯规	姓名	职位	得分	犯规
黄兆霖	右锋	一六	1	吴发祥	右锋	一四	1
李城元	中锋	七分	0	杜昆泉	中锋	六	2
许荣水	左锋	四分	1	邹荣	中锋	四	2
王振芳	左卫	一三	1	郑皆得	左锋	四	
张其英	右卫	一分		关锦麟	左卫	六	1
				卞凤年	右卫	四	0
总计		四一分	三次		三八分		六次

暨南周刊 1928，3（3）

上海女子体育会不久产生

植　之

由崇德女学发起

告举行篮球竞赛

定四月一日开始

吾国提倡体育，都喜欢高谈阔论，不能切实进行。所以中国的体育愈弄愈糟，一点没有蓬勃的气象。谈教育的和负有地方之责者，他们亦非常的热心，口口声声的提倡体育。这种热忱很可以佩服。但是他们所做的工作是什么？提出很多的议案，由大会通过，应当怎样实施，怎样建设。通过以后，便是大功告成，以后如何，不闻不问了。远东运动大会历届的失败就可以证明。须知前车既倾，后轸直戒，以后当按部就班，切实的提倡，庶几中国的体育还有一线的曙光。现在不说男子体育，单以女子体育而论。中国的女子，以几千年来礼教的束缚，每有勤有功、嬉无益的误解，所以现在的女子总是斯斯文文，弱不禁风。所谓新时代的女子，冠以男女平等、自由恋爱的假面具，出入于跳舞场，滥用其爱情，对于修饰方面花样百出，徒然是时髦的奴隶，对于肉体的锻炼毫不注意，金玉其外，败絮其中，自己戕贼自己的身体罢了。所以提倡女子体育实为刻不容缓之事。举倡体育当求其普及，然后再入于选手的竞赛。现在初部的工作还没有达到，莫说选手运动。说也惭愧，中国女子体育向来没有组织，各学校亦少联络，难怪女子体育不能发达、不能普及呀！最近的上海，女校方面忽然有一种蓬勃的气象，就是女子体育会的组织，听说不久便可产生了，是崇德女学联络上海体育界所发起的，通函沪上各女校，要求加入，并拟定章程，不久便可成立。我想为中国女子谋幸福计定能踊跃参加，则点点滴滴，年年提倡，巾帼英雄，强种强国，功莫大焉。然饮水思源，当归功于崇德女学及上海体育界诸公也。际此春光明媚的时候，拟先举行篮球竞赛。预定四月一日开始。参加者须纳入会费洋十元（有退还的）、注册费二元（没有退还的）。比赛地点在劳神父路中华篮球房、将来篮球房中。群贤毕集，各显巾帼好手，定能轰动黄浦江畔人，望风趋之若惊也。最后我要劝告加入各队队员，你们的虚荣心不要太重，不以失败而灰心，须抱始终如一的精神，则虽败犹有荣焉。

体育画报 1929（8）

体育界又一污点

——为上海爱国运动殴打裁判员而写

本月四日上海之所谓筹款篮球比赛的第三日，竟发生了这样前无古人、后无来者的一幕喜剧，荒天下之大唐，造中国之纪录。事实是这样：当晚第二场的篮球比赛，江南对育青之战，两队因实力均衡，难分轩轾。比赛进行中，一部分的观众对裁判员丁仲甫不满，时有不合理的表示。迨至比赛终了，有形似学生之观众，竟闯入场中，围殴裁判员丁仲甫。一时拳足交下，秩序大乱。经周家麒排解，纠纷始平。但丁已受重伤，送医院诊治。而据说形似学生的观众，大半属于育青的。

我国各地殴打裁判员的事件，已屡见不鲜；上海一隅，更是司空见惯，不足为奇。不过，为爱国的运动，各方义务帮忙为义军筹款的篮球比赛中发生这样事件，还是第一次，我们认为它的性质更为严重。

在某项组织中的琥式比赛，像全国运动会，各省市运动会的各项比赛，假若发现了裁判员确实的不公或不称职，其正当解决的途径，是本队的主脑提出书面抗议书。在客观方面，所得的答复如敷衍了一，而不得要领，我们可以全队退出该项比赛。为队员个人的人格和全队的名誉着想，绝不容有感情用事的行为，更无须一部分的观众当仁不让的越俎代庖。

普通比赛纠纷的解决途径，大体如上述。队员个人及观众决不容插足其间的。试看这次的比赛性质，是因为东北沦陷，瞬已载余，实际为我民族长期抵抗的，惟有义勇军。本着“匹夫有责”之义，我们未能奋勇当先，已觉惭愧，后方的援助，正是须尽的义务，应当怎样沉痛的努力，才能无愧我心！乃上海一部分的观众，罔知此义，以应鲍蓄一致对外之精力，做其不当做，行其不当行，枪口向内，自攖其颊，稍有民族观念者，必不出此，稍有道德观念者，亦必不出此！所谓上海一部分的观众，又有何词！？

体育周报 1932(41)

上海各中学体育概况调查(一)

前者周报创办伊始，即油印各校体育调查表，函约本地各校填写，寄来发表。时逾年余，所得无多；故拟重印格式，再为征求，以便集益广智：供各中学互相借镜；亦供社会各界参考。惟在发行是种格式以前，特将上海中等学校协进会编辑之各校概况中关于“体育概况”一节另编志左。

一、上海中学体育概况

地址：上海南门外陆家滨(高中部)

上海小西门尚文路(初中部)

有健全之体魄，方能研究高深之学问本校，本此宗旨，对于学生，以普及体育为原则，务使人得健康幸福；有平均锻炼；养成忠勇活泼有为之青年。兹将普通体育，军事训练，童子军，实施概况，略述于后。

[1]普通体育

1. 早操与课外运动：晨间六时半，全校学生作二雨具发之分身体操。教材由体育处规定，按季行之。课外运动，系属强迫性质，共分国术，器械操，田径赛，球戏，游泳等，分门别类，听学生选习，每门聘体育指导若珍，从事指导。

2. 运动标准：为普及体育平均发达起见，依据身长体重分组法，分男生为甲乙丙丁四组。女生为甲乙两组，各按组别，施以适当之运动标准，每人习跑掷球戏各一种，每月考试一次，严厉执行，不稍通融。学期终了，再作运动成绩总检查一次。打破标准者，受奖励；不及格者，不得升级。标准逐次设法增高，促进运动成绩进步。（附运动标准表及体育成绩考查表）

男生运动标准表（廿一年六月）

运动项目		组别	成绩	分数	成绩	分数	成绩	分数	成绩	分数
跑	100 米	甲乙	16 秒	60	14 秒	70	13 秒	80	12 秒	100
		丙	16.8	60	15	70	14	80	13	100
		丁	17	60	16	70	15	80	14	100
	200 米	甲乙	31 秒	60	29 秒	70	27 秒	80	24.8 秒	100
		丙	33	60	31	70	29	80	26.8	100
		丁	36	60	34	70	32	80	30	100
	400 米	甲乙	74 秒	60	70 秒	70	65 秒	80	62 秒	100
		丙	79	60	75	70	70	80	67	100
		丁	84	60	80	70	75	80	72	100
	800 米	甲乙	2 分 66 秒	60	2 分 47 秒	70	2 分 37 秒	80	2 分 24 秒	100
		丙丁	3.24	60	3.15	70	3.50	80	2.52	100
	1500 米	甲乙	6 分	60	5 分 38 秒	70	5 分 20 秒	80	5 分 10 秒	100
		丙丁	6 分 40 秒	60	6 分 90 秒	70	5 分 48 秒	80	5 分 40 秒	100
	低栏	甲乙	35 秒 8	60	33 秒 1	70	31 秒	80	29 秒 6	100
		丙丁	37.8	60	35	70	33	80	31	100
跳	跳高	甲乙	1.17 米	60	1.30 米	70	1.40 米	80	1.60 米	100
		丙	1.7 米	60	1.22 米	70	1.35 米	80	1.52 米	100
		丁	.99	60	1.14	70	7.27	80	1.42	100

（续表）

运动项目		组别	成绩	分数	成绩	分数	成绩	分数	成绩	分数
跳	跳远	甲乙	3.25 米	60	4.57 米	70	5.18 米	80	5.48 米	100
		丙	3.50	60	4.26	70	4.73	80	5.19	100
		丁	3.35	60	3.95	70	4.26	80	4.88	100
	三级跳远	甲乙	7.82 米	60	8.99	70	10.03 米	80	10.51 米	100
		丙	6.69	60	7.77	70	8.81	80	9.30	100
		丁	5.89	60	6.58	70	7.40	80	8.38	100
	撑高跳	乙甲	1.98 米	60	2.29 米	70	2.59	80	2.90 米	100
		丙	1.83	60	2.09	70	2.39	80	2.59	100
掷	铁球	甲	5.49 米	60	7.62 米	70	8.53 米	80	10.36 米	100
		乙	5.18	60	7.32	70	8.23	80	9.75	100
		丙	5.49	60	7.62	70	8.53	80	10.36 米	100
		丁	4.88	60	6.71	70	7.32	80	9.14	100
	铁饼	甲	18.30 米	60	22.55 米	70	25 米	80	27 米	100
		乙	19.76	60	12.34	70	23.77	80	24.38	100
	标枪	甲	23.16	60	28.65	70	30.78	80	32.31	100
		乙	21.33	60	26.82	70	29.26	80	30.48	100
球戏	掷球入篮	每分钟十二个及格								
		每分钟十个及格								
		每分钟九个及格								

女生运动标准表（廿一年六月）

运动项目	组别	成绩	分数	成绩	分数	成绩	分数	成绩	分数
五十米	甲乙	13 秒	60	11.4	70	6.8	80	7.8	100
百米	甲乙	21 秒	60	18.8	70	17.8	80	16.8	100
跳远	甲乙	1.22 米	60	2.2	70	2.64	80	3.05	100

（续表）

运动项目	组别	成绩	分数	成绩	分数	成绩	分数	成绩	分数
六磅铁球	甲	2.13 米	60	3.35	70	7.35	80	8.	100
	甲	1.98 米	60	2.49	70	4.	80	5.	100
掷球入篮	甲组每分钟掷篮九次及格								
	乙组每分钟掷篮七次及格								
说明	（一）分组法以知长体重为标准； （二）身长 60 英寸、体重 100 磅以上者为甲组； （三）身长 60 英寸、体重 100 磅以下者为乙组								

江苏省立上海中学学生体育成绩表

No　　　　　　高中部　　科　年报　组　　性别　　姓名

学期			第一学年上学期	第一学年下学期	第二学年上学期	第二学年下学期	第三学年上学期	第三学年下学期
类别	项目		年 月 日 至 年 月 日	年 月 日 至 年 月 日	年 月 日 至 年 月 日	年 月 日 至 年 月 日	年 月 日 至 年 月 日	年 月 日 至 年 月 日
身体状况	肺量							
	身长							
	体重							
标准运动组别								
田径赛	跑	种类						
		成绩分数						
	掷	种类						
		成绩分数						
	跳	种类						
		成绩分数						

（续表）

学期		第一学年上学期	第一学年下学期	第二学年上学期	第二学年下学期	第三学年上学期	第三学年下学期
类别	项目	年 月 日 至 年 月 日	年 月 日 至 年 月 日	年 月 日 至 年 月 日	年 月 日 至 年 月 日	年 月 日 至 年 月 日	年 月 日 至 年 月 日
球戏	每分钟掷篮次数						
平均分数							
缺席扣分							
实得分数							
等　等							
备　注							
说　明		（一）跑、掷、跳、掷球入篮均以六十分为及格； （二）跑、掷、跳、掷球入篮依照本处规定之标准运动表给分； （三）铁球甲乙组用十二磅，丙乙组用八磅，女生用六磅； （四）标准运动男生分甲乙丙丁四组，女生分甲乙两组，均以身长体重为标准					

3. 室内教材：上海多阴雨，本校以场地经济关系，不能建筑健身房，故每逢阴雨之期，悉改在教室授科目，大致如下：

初中部：人体姿势概要 检查身体意义 健康之意义 个人卫生要点 饮食论 田径赛及球戏规则 体育问题

讨论

高中部：运动目的与道德两性上体育之异点　生物学与体育之关系　中国及欧美体育史概要　小学体育行政　田径赛及球载训练法各种体育问题讨论

4. 竞技运动：分校内外两种。属于校内者，每学期举行全校运动会，各科各级田径对抗运动，级际排篮网乒乓球比赛等。属于校外者，有冬季参加上海中华篮球房男女队年赛，春季上海中青蓝排球比赛，上海市中等学校联合运动会，夏季上海体育场网球赛及两市女子排球赛等。因有多量练习，成绩方面，差强人意，计个人方面曾于十八年春季全省运动会得个人总分第一，团体方面，男子篮球队荣获历届省运动会篮球冠军，排球及女子篮球队亦数获省运动会篮球冠军，排球及女子篮球队亦数获省运动会决赛权。男子篮球选手二人，径赛选手一人，曾被代表本省出席杭州全国运动会技术表演，为当时观众赞许不已。

5. 体格检查：每学期会同教医检查体格一次。目的在考查学生躯干与全体之比例，身体各部分有无缺点疾病，为教授体育之标准及实施运动标准之依据，有缺点疾病者，另施特除之医疗改正操。每周统计公布体育处。

6. 体育设备：分高初中两部。高中大操场内含有二百米跑道一，篮球场四，排球场二，网球场二，垒球场一。跳高跳远沙坑二。外有掷标枪区，铁饼区，铁球区，器械运动区及乒乓室，体育办公室，军事器械室，健康检查室等。初中操场，长约百米，宽五十米，有篮球场三，排球场二，网球场一，小足球场一，跳高跳远沙坑浪桥高贯方木秋千架各一，体育办公室一。种种设备，尚称完美。

7. 教职员体育：本校职教员对于体育颇饶兴趣，已组织者有篮排网乒乓球队。课余之暇，辄与学生作友谊比赛。每届春季，单独举行运动会一次，一方面可以自行锻炼身体，一方面促进学生运动兴趣，有助于普及体育者匪浅，特补志于此。

[2] 军事训练

本校军事训练，素甚注重，除女生外，一律定为必修科。自民国十八年训练总监部资派军事教官曹文麟到校后，更积极整顿，由校长教务训育事务体育各主任军事教官组织军事训练委员会，主持一切，并聘军事助教一人，帮同教练，为养成干部人材起见，更挑选成绩优良学生，编成干部训练班，于正课外，每周特别训练二小时，并将所有受训练之学生，合编学生军一营，兹将军事训练组织列后。

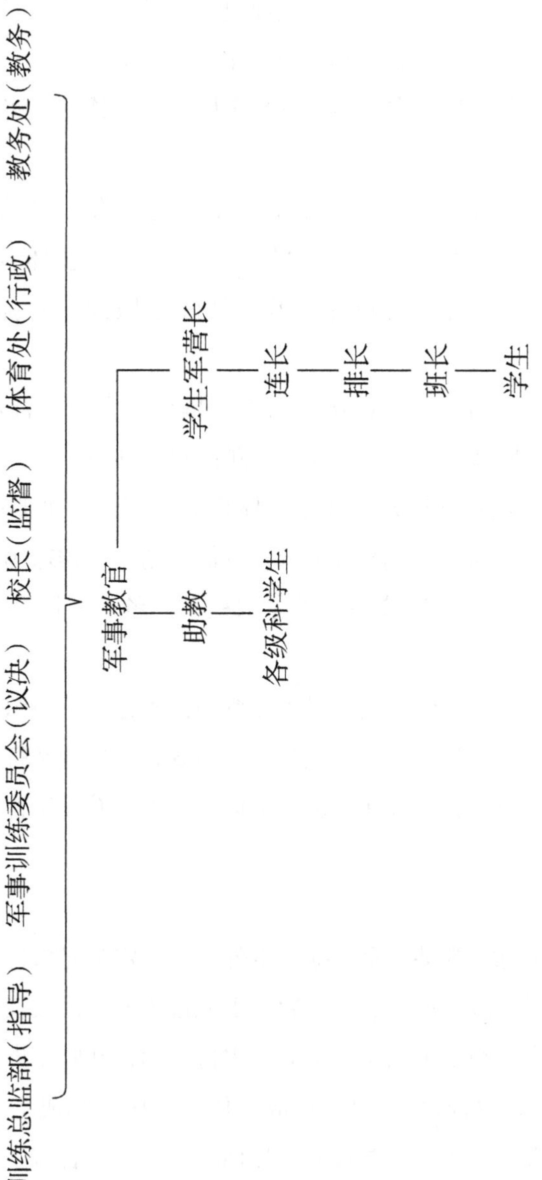
训练总监部（指导）
军事训练委员会（议决）
校长（监督）
体育处（行政）
教务处（教务）
军事教官
助教
各级科学生
学生军营长
连长
排长
班长
学生

自民国十八年以来，每学期除正课外，并野外实习五次，清洁检查二次，紧急集合二次，检阅一次，会操二次，学校当局，即热心整理，学生方面，亦颇严守军纪，服从命令，故三年来，本校军训练，颇著声誉。十九年春，训练总监部曾派员检阅全国中等以上各校军事训练，对于本校深加赞许，列入成练最优等，并分别记功。

[3]童子军

1. 组织

a. 每中队以上组为单位，每小队以九人为限。

b. 预备队员须经三月的训练，修习初级课程，考试合格，方得入队。

2. 开办队长训练班

a. 注意指导队员。

b. 养成领袖人才。

每学期开始一周后，由每组学生自行结合，组织小队，由小队选举正副队长及中队长团部，即依学级高低分别训练，每周定二小时讲授队长须知事宜，预备队员不在此例。

3. 每学期举行各种测验

a. 兴趣测验，b. 智力测验，c. 技能测验，d. 记忆测验，

以上测验在每学期举行一镒，再行分别训练。

4. 每周举行各种考查

a. 整洁考查；

b. 个性考查；

c. 卫生自省考查；

d. 健康考查。

5. 野外实习

a. 露宿；

b. 十二小时旅行；

c. 战战；

d. 采集；

e. 昏夜寻路；

f. 追踪；

以上种种是野外训练之一部分，依时令季节举行之。

其余课程组织等称均庶司令部规定办法施行之。

（本节完）

体育周报 1933，2(13)

上海各中学体育调查(二)

二、光华中学——上海大西路

本校对于体育方面之设施，虽限于财力，困于设备，不能尽如人意，然平素所施训练方针，尚能循序渐进，勿使畸形发达。以是历年以来，各项运动，均有劲强之代表队选出，与全沪中等学校争雄，间有少数特殊人才，其成绩不仅为中等学校所少有，抑且为当今大学所仅见，如王季淮之田径，张关林之跳栏，均曾代表出席远东第八届运动会；又如奚巧生之足球，徐克培之篮球，均曾充任国家代表，出席万国比赛。凡此数人，固有其特殊之天才，然全校运动空气之浓厚，实有以诱掖造成之。本校对于运动员之资格，限制綦严，凡操行不佳，或学科有不及格者，禁止参与对外比赛，以符三育平均发展之宗旨，而破除历来崇拜选手之习惯。对于普遍运动，则奖借惟恐不力。兹将体育方面之设施择要叙述如下。

(一)体育设备：本校体育与大学部合用，现计有四百米跑道一圈，大足球场一，小足球场一，篮球场五，排球场二，网球场四，沙坑三，其他运动设备亦然。以后对于足球场、篮球场、网球场，均拟设法增辟，勿使爱好运动者有向隅之憾，现最感不便者，为缺乏阴雨操场或体育馆。上学期曾令学生募捐，预愿建筑一八九千元之健身房，现已集资四千余元，下学期当计划开工。

(二)体育标准：本校初高中体育，均规定五项运动标准。在每学期终结时，举行测验，根据五项运动之成绩，再参考平素体育课之勤惰及运动精神，然后评定各学生体育成绩之优劣标准如下。

光华附中体育标准成绩表

高中五项运动

项目	六十米赛跑	跑跳远	八磅铁球	篮球掷准	引体向上
及格成绩	八抄又十分之八	三米八十	六米十七	每分钟十只	四次

初中五项运动

项目	六十米赛跑	跑跳远	垒球掷远	篮球掷准	仰卧起坐
及格成绩	九秒十分之五	三米三五	二十米	每分钟七只	二十次

女子三项运动

项目	高中成绩	初中成绩
五十米赛跑	九秒	九秒十分之八
原地跳远	二米	一米八〇
垒球掷远	十米	八米五〇

（三）组际比赛：体育部最繁重之工作，莫如组际比赛，以足球一端而论，本学期各组比赛，前后共十八次。其他如小足球、网球、篮球，均次数繁多，盖不如是，不足以达到普及运动之目的也。不独学生之运动兴趣浓厚，教职员有时亦见猎心喜，本学期曾与上海中学教职员比赛篮球一次，借以联络情谊，提高成年人之游戏精神。

（四）对外比赛：本学期对外比赛成绩尚不恶。上海中等学校协进会发起之越野赛跑，参加者共十四校，本校列团体第一。上海十中学越野赛跑，本校列团体第二，个人第一。上海篮球会乙组比赛，本校荣膺冠军。然此固不足为学校荣，不过借以增加学生练习之兴趣而已。

本校童子军事业，肇端于民国十六年之春季，先由大学部发起组织，得队员六十四人。翌年始规定为初中部一二年级之必修课程，十八年又规定为初中各年必修课程，十九年成立童子军委员会，并向中国童子军司令部登记，批定为中国童子军第三百八十三团，其设施状况略述如下：

（一）训练状况：童子军训练力主严格。每周授课三小时，其间一小时为队长队员之个别教练，由教练员任之，两小时为各小队之分队教练，由小队长担任，而由教练员监察指导之。各种童军技艺，则于课后实习，野外训练，则于假日行之。全部训练除注重技术外，尤注意队员品性之养成，以实现童子军教育之目的。

（二）建筑团部：本校童子军因缺乏适当办事处，由队员自动募集经费。建筑团部一所，于民国二十年落成。内部有礼堂及办公室，对于全校童军集会训练等事，便利多矣。

（三）建筑营地：本年队员又从事建筑营地，有茅亭、营火场、游艺场等设备。凡短时间之野外练习，均可在营地举行。本学期现有团员二百〇六人，每逢星三至星五，辄轮流在营地露宿，实习野外生活。

（四）现有设备：本校童子军设备，现有团部用具二十六件，旗帜类四十五件，木器类八十二件，营地用具类二十三件，乐器二十三件，炊具类二百三十一件，营具六十五件，共计六百九十件，价值四千余元。

（五）编辑教本：本学期光华童子军团曾编印童子军初级讲义一册，以应社会之需要，嗣后尚拟续编第二册。

体育周报 1933，2（14）

上海各中学体育调查（三）

三、澄衷中学——上海虹口塘山路

（一）目标

1. 平均发育身体各部，养成优美正确之姿势；

2. 增进全身健康，养成卫生生活之习惯；

3. 发展个性，养成生活上所需要之运动技能；

4. 注重团体运动、养成遵守纪律崇尚仁侠之德性。

（二）组织

本校设体育主任一人，普通体育老师及课外运动指导员各一人，分掌朝操训练课内教授及课外运动等事宜；又设体育委员会，由其他教职员参加组织，协议全校体育改进计划。学生方面之编制，则以一级为一队，设级队长一人，级队视人数多寡，分为四小队或二小队，每小队设小队长一人，各级第一小队长即兼级队长，合若干级队为一校队，校队设正副队长各一人，由小队长公举之。又课外运动各组均设组长一人，选手起每队设队长干事各一人，均协助体育教师及课外指导员处理体育事宜。

（三）课程

朝操每星期五次，每次十五分钟，教材为高级八段锦、徒手操、各种大队游戏及替换跑等。

普通体操每星期每级二小时，教材大纲如左。

1.基本动作教练：归队、散队、立正、少息、看齐、报数、原地各种转法等。

2. 步法：应用走步法、快走、较复杂走步法、各种穿花跑等。

3. 操法：矫正姿势体操、普通模仿柔软体操、技术模仿柔软体操。

4. 自试的活动：重器械、各种机巧运动。

5. 韵律的活动：健身舞、各式进行舞蹈等。

6. 自卫的技能：国术、角力。

7. 游戏活动：简单团体游戏、各种接力赛跑、田径赛基本方法、球类运动之基本练习方法。

（四）课外运动

课外运动，暂分星球、足球、排球、篮球、乒乓球、国术、田径赛、器械操八组。为提高学生兴趣起见，每种均组织级际比赛及各小队比赛，每学期规定日期，依次举行。课外运动由各组长负责点名，指导员随时查察。

选手运动，分球类各队及田径赛队，选拔运动成绩最优者组织之，备与他校比赛，期运动成绩之进步。

各种比赛优胜者，由校分别给予奖品，以资鼓励。

（五）运动标准

本校各项运动，除依照王怀琪体育测验法规定标准外，并定运动成绩最低限度标准，以期适合普及体育之原则。其最低限义如左：

上海私立澄衷中学校运动成绩最低限度标准

类别	年级/级别/项目	初中一				初中二				初中三				备注
		丁	丙	乙	甲	丁	丙	乙	甲	丁	丙	乙	甲	
田径赛	廿五米	5.2	5.1	5.0	4.4	5.2	5.1	5.0	4.4	5.1	5.0	4.4	4.3	篮球投篮如身长不满四尺八寸者得用足球代。不满十五项者则不给体育学分。左列最低限度有满五项不及格者，每项扣体育总分数二分。
	五十米	9.2	9.1	8.4	8.2	9.2	9.1	8.4	8.2	9.1	9.0	8.3	8.1	
	百米	16.4	16.2	15.4	15.2	16.3	16.1	15.3	15.1	16.3	16.0	15.2	15.0	
	六十米蕃芋跑	19.1	18.2	17.4	17.2	19.0	18.1	17.3	17.1	18.4	18.0	17.2	17.0	
	长跑	1000	1200	1400	1800	1400	1600	1800	2000	1800	2000	2200	2400	
	原地跳远	5.0	5.3	5.6	5.9	5.1	5.4	5.7	5.10	5.2	5.5	5.8	5.11	
	三连跳远	12.6	14.6	16.6	17.6	13.3	15.3	17.3	18.3	13.9	25.6	27.6	28.6	
	四跨跳远	22.3	24.3	21.3	27.3	23.0	25.0	27.0	28.0	23.6	25.6	27.6	28.6	
	三级跳远	16.9	18.9	20.9	21.9	17.6	19.6	21.6	22.6	18.0	20.0	22.0	23.0	
	急行跳远	9.4	10.4	11.4	12.4	9.7	10.7	11.7	12.7	9.9	10.9	11.9	12.9	
	急行跳高	2.10	3.0	3.3	3.5	2.11	3.2	3.4	3.6	3.0	3.2	3.5	3.7	
	推八磅铅球	17.0	19.0	20.0	23.0	17.9	19.9	21.9	23.9	18.3	20.3	22.3	24.3	

（续表）

类别	年级/级别/项目	初中一				初中二				初中三				备注
		丁	丙	乙	甲	丁	丙	乙	甲	丁	丙	乙	甲	
球类	星球	每学期正式练习至少有30次				每学期正式练习至少有30次				每学期正式练习至少有30次				篮球投篮如身长不满四尺八寸者得用足球代。不满十五项者则不给体育学分。左列最低限度有满五项不及格者，每项扣体育总分数二分。
	篮球	每学期正式练习至少有30次				每学期正式练习至少有30次				每学期正式练习至少有30次				
	足球	每学期正式练习至少有30次				每学期正式练习至少有30次				每学期正式练习至少有30次				
	篮球投篮	十中三	十中四	十中五	十中五	十中三	十中四	十中五	十中五	十中三	十中四	十中五	十中五	
	足球踢门	十中四	十中四	十中五	十中五	十中四	十中四	十中五	十中五	十中四	十中四	十中五	十中五	
	篮球双手掷远	26.6	30.6	25.6	36.9	27.6	31.6	36.6	40.6	23.6	32.6	37.5	41.6	
	篮球双手掷远	36.6	40.5	45.6	49.6	38.0	42.0	47.0	51.0	40.0	44.0	49.0	53.0	
	足球踢远	30.0	40.0	50.0	55.0	33.0	43.0	53.0	58.0	36.0	46.0	56.0	61.0	
	棒球掷远	29.6	43.0	60.0	70.0	30.6	45.0	64.0	74.0	34.6	48.0	68.0	78.0	
体操	引体向上	2.2	2.2	3.2	3.2	2.2	2.2	3.2	3.2	2.2	2.2	3.2	3.2	
	双杠上落	25.	30.	33	35	28.	33.	36.	38.	30.	35.	38.	40.	
	双飞腿	9.	10.	12.	14.	10.	12.	14.	16.	11.	13.	15.	17.	

（续表）

类别	年级/级别/项目	初中一				初中二				初中三				备注
		丁	丙	乙	甲	丁	丙	乙	甲	丁	丙	乙	甲	
体操	云梯	循级通过一次				循级通过一次				循级通过一次				篮球投篮如身长不满四尺八寸者得用足球代。满十五项者。则不给体育学分。左列最低限度有满五项不及格者。每项扣体育总分数二分。
	吊棒	攀登				攀登				攀登				
	吊索	攀登				攀登				攀登				
	软梯	攀登				攀登				攀登				
	肋木	廿四格来往横行一次				廿四格来往横行一次				廿四格来往横行一次				
	窗格	斜档上				斜档上				斜档上				
	垫上运动	五种				五种				五种				
	单杠	单挂腿上 反回下				单挂腿上 反回下				单挂腿上 反回下				
	双杠	分腿通过 侧俯劈出				分腿通过 侧俯劈出				分腿通过 侧俯劈出				
	跳箱	跪跳跨乘跳立穿出跳侧跳				跪跳跨乘跳立穿出跳侧跳				跪跳跨乘跳立穿出跳侧跳				
国术		娴熟二套				娴熟二套				娴熟二套				
体格	握力	15.	20.	25.	30.	15.	20.	25.	30.	17.	21.	26.	31.	
	肺力	1.0	1.2	1.5	2.5	1.2	1.4	1.6	2.6	1.4	1.6	1.7	2.7	
	胸围	5.	6.	8.	9.	5.	6.	8.	9.	6.	8.	9.	10.	

（六）成绩考查

本校体育成绩计算法，以体操分数（包括朝热扩散等勤惰分数）五项占百分之三十，田径赛运动五项占百分之三十，球类三项占百分之十，体格分数五项占百分之十五，运动品性分数占百分之十五，又器械运动之加分，最低限度不及格之扣分等，亦均有规定，考查极严。

（七）体格检查

每学期会同校医，举行体格检查一镒，借明学生身体发育之状况，为体育教学之标准，并以检查结果通知学生家属。其有缺点及疾病者，即设法治疗补救之。

（八）体育设备

一、健身房，内分五部：

1. 体育部办公室一间。

2. 运动用具储藏室一间。

3. 更衣室一间。

4. 浴室三间：1. 浴室管理处，2. 浴室更衣室，3. 沐浴室。

5. 房内：篮球场、双杠、单杠、跳箱、垫子、助跃台、双梯、倒立架、吊棒、吊环、吊索、绳梯、摆杠、直窗梯、云梯、助木、平均台、乒乓台等。

二、大操场：篮球场、足球场、星球场、九十米直径跑道、一百八十八米圆圈跑道、沙坑等。

三、校园内：平台、单杠、沙坑、排球场等。

四、怀德堂前：星球场、排球场。

五、三福记内：星球场、排球场。

六。天井内：星球场、排球场。

七、大讲堂前：滑板、轩轾板。

体育周报 1933，2（15）

上海各中学体育调查（四）

四、吴淞中学——吴淞镇

一、举行早操：每日晨间集合全体师生举行十五钟早操一次，虽严寒溽暑，亦不间断。

二、举行改正操及医疗操：检查体格后，如发现驼背、平胸、弯脊、凸肚、过胖、平足、高低肩等等之不良姿势者，则施以各种不同之改正操及医疗操。

三、注重童子军训练：每周除体育正课三小时外，并注重童子军之训练，期以健康之外，并得养成服务、耐劳、牺牲等精神。

四、厉行课外运动：课外运动规定在每日下午课后（四时至五时），不得迟到或早退，一与正课体育无稍异，项目暂分田径赛、篮球、小足球、排球、网球、乒乓球、器械操及医疗改正操等数种。除改正操及医疗操外，皆随学生自由认定，分组练习。

五、实行标准运动：标准运动暂以体高分组别，兹将各组运动项甚及格之标准，列表于后；

各项标准计算说明

1. 短程赛跑每减少标准数十分之一秒者增加一分计算。

2. 急行跳远每超出标准外十分之一米者增加三分计算。

3. 推铁球每超出标准外十分之二米者增加三分计算。

4. 篮球入篮超出标准外每一个者作五分计算。

5. 小足球入门不得随地滚入凡超出标准外，每一个者作十分计算。

6. 引体向上超出标准外每一次者作五分计算。

上海市立吴淞初级中学校暂行运动标准

性别		男生				女生	
体高与级别		$5\frac{1}{3}$尺以上	5尺以上	$4\frac{2}{3}$尺以上	$4\frac{2}{3}$尺以下	$4\frac{2}{3}$尺上下	$4\frac{2}{3}$尺以下
考试项目	数量与标准	甲	乙	丙	丁	甲	乙
短程赛跑	距离	100米	100米	100米	100米	50米	50米
	及格	16秒	16.6秒	17.3秒	18秒	10秒	10.4秒
急行跳远	试跳	3次	3次	3次	3次	3次	3次
	及格	3.70米	3.35米	2.80米	2.25米	2.80米	2.25米
推铁球	试推	3次	3次	3次	3次	3次	3次
	重量	12磅	8磅	8磅	6磅	6磅	6磅
	及格	4.90米	6.80米	5.10米	4米	5.10米	4米
篮球入篮	时间	1分钟	1分钟	1分钟	1分钟	1分钟	1分钟
	及格	6个	5个	3个	2个	3个	2个
小足球入门	共踢	5次	5次	5次	5次		
	距离	42尺	35尺	28尺	21尺		
	及格	1个	1个	1个	1个		
引体向上	及格	4次	4次	3次	2次		

六、举行各种比赛：田径赛锦标比赛，分甲、乙、丙、丁、女生五组。各种球类级际锦标比赛，分小足球、篮球、排球、网球及乒乓球五种。女生对抗锦标比赛（走读生与寄宿生）分篮球、排球、网球及乒乓球四种。比赛日期均由体育处排定。于每日课外运动时期内举行之。

五、麦伦中学——虹口兆丰路

该校对于学生体育，极为注意，设体育指导员，专司其事，一方面培养学生健全之身体，一方面注重学生运动道德运动精神这训练。

（甲）普通体育

普通体育可分为课内操练、课外运动两种。

（一）课内操练

规定初高中各级，每周三小时，有从手操、器械操、国术及各项游戏。此外每晨并举行健身操十五分钟，住校学生须全体参加。

（二）课外运动

该校于课内操练之外广设各项课外运动，鼓励全体学生踊跃参加，运动种类计有：

（子）球类：足球、篮球、网球、排球、垒球、星球、乒乓球。

（丑）田赛：跳高、跳远、跳栏、撑竿跳、铁球、铁饼、铁枪。

（寅）径赛：各项赛跑。

（三）体育测验标准

各级之体育测验标准分别列表。

学生成绩均按表厘定，不及格者，概不给予学分。

（乙）军事训练

自民国十九年起，高中各级，按照部令，施行军事训练，以养成学生捍卫国家之能力。每周二小时一小时为术科，一小时为学科，每学期由军事教练，拟订训练纲要，严格实施。

（丙）童子军训练

自民国十九年起，初中各级，实行童子军训练，以养成学生高尚之人格，丰富之技健能，全之体魄，发展学生作事能力，与服务之习惯。每周一小时，每学期定期举行检阅，并在校内各项集会中到场值役。

（丁）运动比赛

提倡各项运动比赛，以促进学生之运动兴趣。

（一）级际比赛

每季举行各项球赛。

（二）全校运动会

每年春季举行全校运动会一次。

（三）对外比赛

（子）与各中等学校作各项球类比赛。

（丑）参加各中等学校之各项比赛。

（寅）参加外界运动会。

（戊）体格检查

本校每学年举行体格检查一次，分生理检验、医学检验两种，生理检验由体育指导员办理之，医学检验由校医办理之。

六、华华中学校——愚园路

优胜劣败，弱肉强食，天公例，弗可移易。人类欲避免将来天演之淘汰，不得不振刷精神，锻炼体魄。力图奋发，本校本此目的，力求体育之普及，务使人人得有体格锻炼，健康培养均等之机会，兹将本校体育概况，分述于下。

（1）宗旨

本校为适应现代体育教育之趋势及今日中国对于体育之需要，兹定宗旨如左：

一、养成健全之国民。

二、学习各种应用之技能。

三、养成耐劳勇敢奋斗之精神。

（2）课程纲要

高初中每周授课一小时，教材视学生之兴趣及上下学期时季之不同，而分配之，兹将各级所授课目，列表于下。

年级 项目 学期	高中三	高中二	高中一	初中三	初中二	初中一
第一学期	走步 排球 篮球 足球 越野赛跑 跑步	走步 排球 篮球 足球 越野赛跑 跑步	走步 排球 篮球 足球 越野赛跑 跑步	走步 柔软操 小橡皮球 篮球 手球 跑步	走步 柔软操 小橡皮球 篮球 手球 跑步	走步 柔软操 小橡皮球 篮球 手球 跑步
第二学期	走步 器械操 篮球 小橡皮球 排球 田径赛	走步 器械操 篮球 小橡皮球 排球 田径赛	走步 柔软操 篮球 小橡皮球 排球 田径赛	走步 仿效操 篮球 小橡皮球 垒球 田径赛	走步 体操 手球 小橡皮球 游戏 田 径 赛	走步 柔软操 手球 乒乓球 团体游戏 田径赛

一、操场教材

二、室内教材

本校无健身房之建筑，每逢阴雨之期，悉改在教室内授课，其所授之课目，大致如左。

①高中部

A. 体育史

B. 运动卫生

C. 运动救急法

D. 人体解剖概要

E. 各种球类规则

F. 田径赛及各种球类练习法

②初中部

A. 体育原理

B. 运动卫生

C. 运动救急法

D. 各种球类规则

E. 体育问题之讨论

（3）军事训练

本校军事训练素极认真。凡高中部学生均须受二年以上之军事教育，另组军事训练委员会主持其事。现在每周上学科一小时，术科二小时。

（4）童子军

本校初中学生概须受童子军训练。

（5）早操

本校为养成学生早起之习惯，及收锻炼体魄最大之效果，凡住宿学生，于每晨七时，必须参加早操十五分钟，由体育指导率领操练之，倘有无故不到等情，则处以严厉之惩罚。

（6）检查体格

本该体格检查，于每学期始终时各举行一次，由体育指导会同校医共同办理之，其目的为明了学生身体各部有无缺点，内脏是否健全及肌肉发达、身体发育之比例。视检查之结果，施以补救之教材，而为教授体育之目标。

(7)课外运动

本校课外运动，因场地关系，恐不能使个个学生得有充分游戏之机会，故不得不分组分类，按表游戏，运动项目，暂分星球、篮球、排球、垒球、乒乓球及田径赛等类。为提倡学生兴趣起见。每一球类，均组织球队若干，并举行级际比赛及对外比赛等，级际比赛胜利之级，给与锦标，以资鼓励。

(8)设备

本校虽无较大之运动场，然各种球场，均够分配，兹将所有设备，分述于左：

运动场一　篮球场二　排球场一　小橡皮球场一　乒乓室一大间　手球场一

七、敬业中学——小东门

本校操场狭小，颇感不便，有时与小学部时间冲突，尤感困难。然对于体育之发展及普及，初不因此而稍停。兹将其梗概略述于后。

(一)设备方面

操场一，内含排球场、小足球场、网球场、垒球场等，沙坑一所，器械运动区一所，篮球房一所，乒乓室、体育办公室、体育器械室、军事器械室、童子军器械室等各一所。

(二)实施一斑

该校分高、初二部，高中部有普通科、师范科、工科等，各因其需要之不同，每周时数与教材亦因之而案件，兹分述如下。

(A)普通体育。(1)早操：晨间六时半全校寄宿生及附近走读生作十分钟之健身操，惟因大部分远道学生，不及到校，每日缺少一次锻炼机会，本校有鉴于此，或于最短期间改为课间操以辅救之。(2)课内：课内体育，不论任何一级，在每小时内有十分或十五分之徒手操或器械操，专作改正运动与个别姿势上之矫正，然后分团运动。在初级者，专作各项球类及田径赛运动之基本训练与方法，高级则由各队运动领袖领导各行其所欲之运动。师范科一方面除授身体上各种训练外，更授以将来职业上各项必需之常识。(3)课外：分必修与选修二种，必修项目有五，选修项目有十三，任其选择一种以上(至少一种至多五种）。各项各组订有最高最低标准。成绩每月考查一次，依其成绩评定分数，严厉执行，不稍通融。至每学期终了时作总检查，打破标准成绩者，予以相当之奖励；不及格者施以惩戒。每年依照各组织各项成绩统计之平均数，设法增高其最低标准，以促进运动成绩之进步。

（B）球职。属于团体的，每学期各项球类按季举行级际锦标比赛，高初二部各有锦标，接连保持三年者，锦标则永为该级保存。

（三）体格检查

每学期始举行一次，由体育部及校医评定其体格分数，报告其家长。

（四）奖励与惩罚

各项成绩都以十分为及格，百分为满。个人成绩优越者，予以相当之奖励；团体优越者，予以名誉奖或摄影留校，作为纪念，不及格者不得升级或毕业。

（五）军事训练及童子军

本校军事训练，素极注重，高中部定为必修科，每级每周二小时。初中本年秋季创办童子军，惟以旧生已有操衣，故先从初中一年级新生着手进行，现正积极训练，并已备文请上海市童子军理事会办理登记手续矣。

（六）教职员体育

该校教职员为提高学生运动兴趣及锻炼体魄起见，特组织各种球队，与学生作友谊比赛，以资提倡。

体育周报 1933，2（16）

上海各中学体育调查（五）

八、立达学园——江湾

一、目的

（一）锻炼健康的身体　身体不健康，精神不振作，为我国青年一般的现象，本学园注重体操、球戏，及体力工作，以求直接锻炼筋肉之强固。间接增进精神之健全。

（二）训练团体的精神　自私自利，不顾公益，实为我国民族之劣根性。革命以还，此劣根性万觉充分表现。故吾人欲借集团化的体育，暗示青年以成功须赖互助之意识，较之以抽象的格言或空洞的训话收效为多。

二、设备

（一）运动场　运动场占地十二亩，内有一会操场，二篮球场，一排球场，三网球场。在谋生产，但亦欲借此使学生实行劳动以增进其体力。

三、项目

（一）课间操　为普及运动计，每日上午九点三十五分至九点五十五分举行念分钟课间操，点名记分，其重要等于各科上课，八年以来，行之无间，颇着成效。

（二）排球　排球游戏所需球员较多，颇有团体训练的意义。本学园视为主要的课外运动。

（三）篮球　篮球运动激烈，对于身体各部均有相当锻炼，可收平均发育之效，本学园亦视为主要的课外运动。

（四）网球　网球游戏，颇不经济，且每组所需球员不多，对于团体训练的意义较少，本学园视为次要的课外运动。

（五）军事训练　高中各级每周有军事训练三小时，目的在养成学生强健的躯体及严肃的生活。

（六）体力工作　教育劳动化，为本学园之基本观念，在高中农村教育科已完全实现，大而至于生产消费，小而至于洒扫烹饪，原须学生亲自操作，绝不假手于人；在初中及高中普通科则为课程性质所限，学生虽尚未能全体定时劳作，而洒扫、种菜、栽花等工作皆乐为之。

九、沪江大学附属中学——杨树浦路

本校体育素极注重，且尤以普及为行施方针，固所以谋达到各个学生心身之锻炼，而非一般观体育为增校誉之利器，专从事养成少数运动员，借以博得一时一地之虚荣虐誉为满足已也。故每日除全体早操外，即将高初分为两部；初部：初级这生以年龄攸关，心身尚未发育完全，故于每周课余后，专施以童子军教育四小时，其他一切团体游戏球戏等运动，均以每小队为基本单位，于每周课后次第举行之，亦称为课外作业；高中正式体育班为每周两小时，其各种球类及技术竞赛运动，则分为校队级队两种，以代表全校对外参加一切正式友谊比赛，例如：上海中等体联、江浙私立中学体联、上海中等体育协进，暨上海西青等团体每年所提倡之各种球类田径赛锦标比赛，本校历届参加，为此以联络他校同事感情及以学校体育，为提倡社会体育之先声也。级队为代表本级与他级比赛全为对校内性质，其组织系将全级人数自由报名，根据各人个性相近，编为若干各种球队及田径赛队、国技队，由体育部聘请教职员中专长该项运动者充当指导，定每日午后四时课后练习之。每季由体育部订定二三项球类、田径赛级际比赛，盖此以引起极多数学生嗜好运动之习惯，同时以获得全体锻炼体格之目的也。此外，本校为挽救垂危振兴中华民族适应世界之潮流，国难之临头，特将高中全体学生于每周课余后另加授严格军事训练两小时，一面养成学生服从耐劳果敢沉毅良好风气，一面学习普通军事技能为军国民教育之良好基础。由此本校体育可分为高初两部，高中则有早操正式体育班课外运动及军事训练；初中则为早操童子军课余作业是也。至于体育行政，加一切应具应革事宜，则由本校体育系于每季开学时决定。

十、爱国女子中学——江湾尘园

（一）课程

甲、正课：本校体育正课，除体育科有特殊支配外，其他若高中部师范科初中部小课部，每周各两小时，所用教材，由各担任教师自行支配。

乙、早操：凡住校学生均须出席，教材以柔软操为主，每周更换一次。

丙、课间操：从仲冬起到仲春止，以天寒日短，将早时间改为课间操，不论住校及通学生均须出席，教材与早操同。

丁、课外运动：本校课外运动，依学校之环境，设球类运动、田径运动、国术等（细目略）三项，各生自由选定一项，分组练习，教师从旁指导。

（二）课外作业

甲、级际比赛：生学期举行球类级际比赛一次，如排球、篮球、网球等，比赛结果优胜队，由校给与奖品，一切比赛规程，由体育部核定施行。

乙、运动代表队：在各级球队中选拔优秀球员，另组学校代表队，准备出席校外比赛。田径赛队由全校运动员中拣选若干人组成一队，另定练习时间，得有相当成绩时，即加入校外各种团体比赛。

丙、体格检查：每学期举行两次，俾学生家长明了自己子弟身体发育状况。

丁、聘请演讲：凡有名之体育专家或对于体育上有经验者，即聘请莅校讲演，以增学生体育知识。

（三）成绩考查

体育成绩考查，由下列五项之百分比合成之：

甲	正课成绩	百分之三十
乙	早操成绩	百分之二十
丙	课外运动成绩	百分之二十
丁	健康成绩	百分之二十
戊	勤惰成绩	百分之一十

（四）童子军概况

1. 组织：本校童子军以教练班体育科初中部小学部联合组织成团部，按照中央颁布之团部组织法组织之。

2. 课程：本校童子军正课，除教练班有特殊支配外，其他若体育科每周三小时，初中部小学部每周两小时，所用教材，按中央规定之三级课程标准，由各教练按学生之程度而支配之。

3. 课外活动：

甲、实习：由各教练随时指定星期日或课后，在校内作实地练习。

乙、露宿：除参加全国省市大露营外，每学期必有一次以上之分队露营。

丙、分队比赛：各项课程教授完毕，由小队自行组织，分别比赛，结果优胜队，由团部颁给奖品。比赛规程从略。

十一、大夏中学——中山路

一、组织：本校体育部。设体育指导员二人，助理员二人；军事教官一人，助教一人；童子军指导一人，助教一人；体育部服务生二人；操场暨运动场管理员二人。

二、训导方针：本校体育之训导，着重于团体方面；除早操、军事操、童子军操演均系正式课程外，每星期每生至少参加课外运动三次，且三次种类须各不同，亦有严格之点名稽察；非因疾病或其他重要事故，经请假核准者，不得缺席。各项运动之个别技能，虽亦为同人所重视，决非体育训导之最自大的也。

三、体育设备：本校运动场占地二十余亩；计有早操场一，足球场一，网球场十二，篮球场五，排球场五，棒球场一。铁杠、平台、秋千、浪木、木马、滑梯等，另播一场，以供不善于球艺者之运动。并利用校西丽娃粟姐河为本校游泳池。现正筹建体育馆、健身房，当与大礼堂同时动工也。

四、本期进行情形：本校各种球类，与上海各学校、各团体球队，均有比赛；各种联合运动，亦多加入。近更加入上海中等学校体育联合会，借收他山之助，而成攻错之功。

体育周报 1933，2（18）

上海各中学体育调查（六）

（全篇完）

十二、清心中学——大南门外跨龙路

国家之强盛，赖乎健全之国民；国民之健全，恃乎体育之普及。是故体育之与国家有密切之关系焉。本校体育，虽因经济困难，场地狭小，设备简陋，种种问题，不能照理想上发展，但提倡之精神，并不因之而稍减。除竭力设法扩充外，兹将本校体育概况，分述如左：

本校对于体育目标，非仅养成一二运动员，或少数选手而已，兹为观察上便利计，分为三类述之。

甲、属于身体的

（一）使身体各部平均发达，（二）使姿势动作自然优美，（三）使身体之康健得保护增进，（四）使其四肢能耐久灵敏，（五）养成人生不可少之技能，（六）充分发展身体各部之功用。

乙、属于教育的

（一）养成健全之国民，（二）养成正义的自动性及被动性，（三）养成坚持耐劳的精神，（四）使有卫生的知识和习惯，（五）消灭一切不良的本性。

丙、属于社会的

(一)养成合群的精神,(二)养成侠义性扶助社会之发展,(三)养成领袖资格,(四)养成与团体合作之精神。

课程纲要：初中部采用健康运动、改正运动，及田径赛、球类、器械、游泳及童子军等。高中部除与初中部相同外，更增军事训练一科。

全体学生，于每晨举行十分钟早操，以养成早起之习惯，并收强健体魄之功效。操时由体育主任率领共同练习，教材固定一种，若遇气候过冷过热时，则临时酌量变更。

关于比赛事项，有本校级际比赛，本校与他校或其他团体友谊比赛，本校运动会，加入校外各种联合运动会。

本校对于体育设备有篮球场三，网球场二(与排球合同)，游泳池一，单杠一，双杠一，秋千沙坑二。

十三、务本女子中学——小西门外黄家阙路

本校体育，除注意于课内锻炼身体外，他如早操之设施课，外球艺之指导，田径赛之练习，凡有裨于身体健康者无，不促进之其，尤注意者：

甲、姿势之正确

吾人有良好之姿势，可使动作敏捷，精神焕发，骨骼肌肉及内部器官保持其最有效能之位置。

乙、身体之发育

在青年发育时期，需特别注意，务须各部分平均发育决，勿使有一部分，失其效能。

丙、道德之养成

学体育者，往往只注重体育技能，忽于道德，要知道德即行为，如拍球时本可养成道德，但有时亦作出不道德之事故，练习体育，常养成公正和平勇毅之行为

戊、健康教育

健康教育一科，本学期虽未增设，但师范科有家庭卫生学，目的均在养成学生卫生习惯以，增进其身心之健康，灌输卫生知识及，如何使其了解卫生之

重要，以期由个人的努力，而促成家庭、学校、社会等环境的健康。在实施上，分三点述之：

甲、行政组织方面：设有健康教育委员会。

乙、教职员方面：参加本市教育局与卫生局合办之健康教育讲演会。

丙、训练学生保健原则方面：饮食休息睡眠排泄均需定时，营养适宜，衣服清洁适体。每星期至少沐浴一次，呼吸新鲜空气，早晚二元体线餐饭后应刷牙一次。不用公共饮食器具及盥洗器具。每日应有一小时之运动。行走坐立姿势要端正。每月测量体重一次。吐痰入盂，按时行预防注射等。

十四、新民中学——江湾北栅外

本校办理体育，以注重大多数人之健康，锻炼健全之身体，培养军国民资格，及增进生活上，必需之运动技能，与高尚之体育道德为目的。兹得大概情形，分述如次。

（一）军事训练

本校军事训练，于民国十七年，开始实施。聘请教官，每日到校训练。学生精神振作，兴趣极佳。惟日久厌生，闲有怠忽。迨至九一八事变发生，全校学生，因鉴日人之无理压迫，恣意侵略，若不奋发图强，国将不国，乃组织学生义勇军。初中学生，亦多自动加入。除星期日外，每日操练一小时。二十年秋季训练总监部，派遣杨鹤寿，来任教官。操练工作，益加严紧，学生服装，一律齐备。是以精神焕发，进步神速。逾月操练处，处长王柏龄氏，莅校俭阅，颇多赞许。淞沪战役，本校学生之服务后方工作，及投入十九路军受训练者，亦有多名。本学期本校迁回江湾，对于军事训练，更为着重，学生之操练精神，亦异常奋发。

（二）球类运动

球类运动为自然之活动，影响身体之发育，感觉之增进，至为巨大。学生对比，兴趣弥浓。本校有专任教练，管理运动，校中球队众多，名目繁伙。虽无特出之人才，然其普遍程度，恐非他校所及。各级有级队，各地有同乡队，甚至纠合同室，组成室队。争逐竞赛，几无虚日。各教员为提倡体育亦尝组织球队，与学习练。校内比赛，以级际锦标比赛，最为，重视。其优胜队，由校给赠奖品，以留纪念。至于对外比赛，则拣选劲健，组织学校代表队。

（三）运动时间之规定

本校军事训练，往清晨举行，自六时半起，至七时半止。虽届隆冬，并不改易。良以晨气新鲜，精神振作。操练方面，易获进步，而身心诸部，亦多裨益。普通运动，在下午四时各课完毕后举行，由教员领导。运动时间，至五时为止。

（四）运动用具之保管

本校运动用具，除固定之器械及不遗失之跳高架，时常置于操场外，其余一切球数及球网等均安置于体育办事室，学生不得任意借用。该处有服务生，担任管理，除星期日及星期六下午外，平时每日下午四时起开始出借。借者须填写姓名，注明物件，以专责成，而免遗失。

十五、复旦实验中学——江湾

（一）课内体育

高中为军事训练，女生习急救与看护；初中则为童子军。室内听讲与操场演并重。以上均属必修科。

（二）课外体育

课外体育以普及为原则，除体育处督促指导外，并随时设法引起学生之体育兴趣。学校方面注重设备，而操场体育馆亦堪容纳，故学生颇感兴趣。此项课外体育，规定每生至少学习一种。该校现有之运动队如下：（一）田径队，（二）越野队，（三）足球队，（四）小球队，（五）排球队，（六）篮球队，（七）球队，（八）棒球队，（九）乒乓起。

（三）体育成绩

该校历年体育成绩，兹择要列下。

十六年

（一）得上海中等学校体育联合会篮球锦标。

十八年

（一）得上海中等学校体育联合会第二次篮球锦标（战胜得江浙两省立中校体联锦标之沪江附中）。

（二）得上海中等学校体育联合会第一次田径赛跑锦标。

（三）得上海中等学校体育联合会第一次越野赛跑锦标。

（四）加入江苏大学区中等学校体育联合运动会，本为团体第一，得锦标甚多，因该校不属大学区之内，故由该会特颁“成绩优异”之额外锦标。

十九年

（一）战胜中山大学北征篮球队。

（二）赴粤港南征，十战十胜。

（三）得上海中等学校体育联合会足球亚军

（四）得上海中等学校体育联合会排球亚军

（五）得上海中等学校体育联合会第二次田径赛锦标。

二十年

（一）得上然中等学校体育联合会篮球亚军。

（二）得上海中等学校体育联合会排球亚军。

二十一年

（一）排球队战胜之江大学，中央航空学校。

（二）得上海中等学校体育联合会网球锦标。

体育周报 1933，2（20）

上海东亚体育专科学校概况

陈梦渔

一、沿革

东亚体育专科学校创办于民国七年八月。树明体达用之旨，为学者准绳，培植专门人才，供社会需求。维时吾国体育事业，方在萌芽，开办之初，一切草创制度，规模殊少借镜。爰集合同人，悉心探讨，厘订章则，审定课程，严饬风纪，力谋改进。且因经费困难，发展煞费苦心，幸得教职员一心一德，共图进展，渐得社会之信仰。逮民国十年，规模粗具，乃向北京政府教育部立案，当荷批准。十一年江苏省教育厅传令嘉奖，许为全省十一所体育学校之冠。十三年应社会之需要，添设附属高中体育师范科，以养成初中及小学体育、音乐师资。至十九年八月，由上海市教育局批准，附师立案，并由教育部批准备案。同时中央提倡童子军，全国风起云涌，只以教练人才缺乏，乃罗致童子军专家，特设教练员训练班，呈准中国童子军司令部立案。二十年八月，本科亦经教育部派员调查视察后批准立案。溯自创立迄今十有五载，计先后毕业学生各科统计达一千五百有奇，服务于各省市中小学者为数最伙，而任职大学者亦不乏人。自今以后，当一本初衷，刻苦自励，训导后进，俾体育事业普及民间，为吾民族前途放一异彩。惟力短心长，尚有待于贤达之匡扶焉。

二、校址、校舍及设备

本校初赁民房为校舍。创办伊始，来学未众，勉可敷用。嗣后逐渐扩充学额，遂觉湫隘。日谋自建校舍，辄为财力所限。至民国十七年，始得购地于南市卢家湾鲁班路草塘街，鸠工建造，分期进行。计洋房一座，为教室办公室大礼堂会客室之用，学生宿舍三座，健身房一座，雨操场一座，辟球场，筑跑道。新校舍之规模由斯略具。二十年春，复添建宿舍游泳池图书室等，现已能容学生五百余人。对于各种设备，亦渐臻完善。物质建设之初步，可暂时告段落。至第二步拟另行购地建筑更完备之校舍，将原有卢家湾之校址作为女子部。惟是过去之巨额建筑费，全赖本校同人之力与夫节余之经费，从未向社会人士捐募，将来大厦之成，尚望各界热心教育者之匡襄。

三、行政组织

本校之组织，以校董会为最高机关，公推校长一人主持校务并负执行议决案之完全责任，所有教职员由校长分别聘任。全校行政组织如下表：

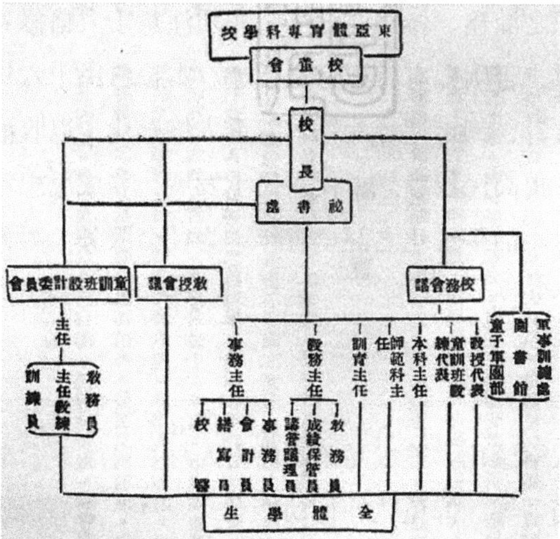

四、编制

本校分专科、师范科、童子军教练员训练班。专科二年毕业，师范科二年毕业，童军训练班一年毕业。各科均分春秋两季招考新生，故每年级各有春秋两季始业。全校共计十二班。各科设主任一人，商承校长，处理各科事务。

五、教务

本校教务因各科性质之不同，课程亦随之而异。本科及师范科俱照部颁标准，妥慎编配，分为必修、选修两种选课，为欲求根柢之补习，各就性之所近，以求深造是设。至童子军教练员训练班，则依南京童子军司令部所规定者办理。惟本校既以养成体育实用人才为主旨，学科修养固属要图，术科练习尤宜并重，务使各科平衡进展，以免畸重畸轻之弊。故对教学之设备，除教室外计有健身房、游泳池、图书馆、阅报室等，以为学生练习自修之用。余如关于体育上应有之器械、球类等，莫不力求完全，足供应用。又各科教材，事先皆经教务会议审定，各教员须预定教授进程。教务处为免除教材不足或不能授毕致妨碍预定进程起见，按月调查一次，如实施与预定相差时，即设法补救。此外如聘请体育名流作学术演讲，灌输新的智识，以辅各科之不足，资令学生笔记，以便随时检查其心得。至成绩考查，则注重平时成绩。除学期考试外，每周授课一小时之学程，每学期举行小考一次，二小时者二次，余类推。

六、训育

训育在学校中负有重大之使命，学生良否全视训育如何以为判。盖教育之目的的非仅在智识之灌输、体格之锻炼，尤须注意于人格修养与思想训导。此四者不容有所偏重，否则即有背教育之旨趣。本校自民十六年后，本此原则及依三民主义教育方针，编定训练大纲，着重人格感化，以收潜移默化之功，务使发扬民族精神，提高民权思想，促进民生发展，养成思想革命化、行动纪律化、情感理智化、生活平民化之健全青年，为社会服务，为人群表率。兹将原定大纲，摘要分述知左：

关于积极方面者

甲、德育

1. 致力人格感化，养成品德高尚之人材。

2. 用适当训导，俾免轨外行动。

3. 养成优良校风。

4. 养成学生自尊心。

5. 鼓励课外作业，以养成责任心与合作之精神。

6. 养成和平品性与勇敢精神。

7. 养成正直无私之人格。

乙、智育

1. 指导选习科目。

2. 请名人及学术专家演讲。

3. 指导参观学校，以资观摩。

4. 组织各种学术研究会。

5. 指导阅览各种图书。

丙、体育

1. 球类之课外研究与练习。

2. 田径寒之课外研究与练习。

3. 器械操之课外研究与练习。

4. 国术之课外研究与练习。

5. 游泳滑冰之课外研究与练习。

6. 柔软操之课外研究与练习。

以上六项，因本校为体育专科，故每学期举行运动会一次，凡属学生均须参加，与他校采用选手者截然不同。盖本校学生均应有上述各项之技能与临场之经验。

7. 童子军训练。

8. 严格之军事训练。

9. 测验身体之发育。

10. 督促个人卫生及宿舍之清洁。

11. 灌输卫生常识。

12. 急救及治伤之练习。

丁、群育

1. 指导组织合法之学生会。

2. 集会结社之指导。

3. 养成服务社会之精神。

4. 会场规则之练习。

5. 团体纪律之遵守。

6. 团体生活之训练。

7. 公民常识之灌输。

8. 交际及社交公开之练习。

9. 指导校外集团与旅行。

戊、美育

1. 美育哲理之研究。

2. 美术品之哲学。

3. 文艺字画之练习。

4. 组织中西音乐会。

5. 组织化装戏剧集团。

6. 舞蹈练习。

关于消极方面者

（一）劝告学生，使其明了所犯之过而知改悔。

（二）采用适当之惩罚，使犯者知戒、未犯者知勉。

1. 警告

2. 严重警告并通知其家长

3. 记过

（三）劝告无效，惩罚不悔，则令其退学并报告其家长。

（四）禁止规外举动。

（五）学生言行随时加以纠正。

七、学生生活

本校以培养体育师资为宗旨，一切设施均偏重体育方面既如前述，而学生生活自与其他学校亦不相同。盖来学于此者，咸抱献身体育之决心，则其最大之欲望当为体育知识之吸收与技能之练习，日常生活不期然而然偏重于体育方面。试按本校正课术科约占全课程三分之一，似已极多，但如柔软操、器械操、田径赛、球术、国术、游泳、骑射、舞蹈等所包含之内容，无一不欲详为教授。故正课中只能指导各种运动方法规则与编配等，而技术上之进步胥有赖乎课外之练习。故本校学生生活，几乎终日在浓厚之运动空气中，满足其欲望也。兹分述其生活概况于左。

（一）练习运动

1. 径赛为各项运动之基本。晨间空气鲜洁，且人之精神最量，最适宜于奔跑，故本校学生起身后莫不练习径赛。课后亦间有练习之者。按本校规定，六时起身，六时一刻训育员须检查寝室。如有贪卧不起或起而迟留室中者，即予严厉处罚。

2. 田赛练习大都在课后。校中规定每人每周至少须练习田赛两次，练习何种项目，听其自由，但在一学期中须将该学期该生应练项目及次数如数练毕，否则田赛成绩作不及格论。检查方法，学生每人每星期须填练习田径预定表，送交指导，以便随时考查。兹录表式于后：

东亚体专学生练习　　运动第　周预定表

科　　届　　学生＿＿＿＿＿＿		
曜日	课前练习项目	课后练习项目
一		
二		
三		
四		
五		
六		

此表凡田径赛、球类、器械、国术、游泳均适用之。学生每周就上列各种运动分别填就，送交各担任指导。各指导收到后，汇录于总表（总表从略）。

3. 球类练习随时而异。大抵九月至十一月以足球、手球为主，十二月至三月以篮球为主，四月至六月以网球、排球、棒球为主。一日之间，以日间课余及夜间为练习时间。

4. 国术练习以晨起及晚间为多。

5. 器械练习大都在课后。

6. 游泳练习每年自四月至十月之课余行之。

球术、国术、器械、游泳等督促学生练习之方法，与田径赛同。

（二）校内比赛

1. 田径赛

甲、每学期开全校运动会一次。凡在校学生除因病因事给假者外，其余如有不参加者，不得升级或毕业。

乙、团体级际比赛暂定项目为立定跳远、立定推铅球五十米。

丙、夺标比赛，由体育指导指定一种项目，学生自由报名夺取前十名。

以上三种均由学校主办。

丁、级际对抗。有两级或两级以上成绩不相上下者往往举行对抗运动，运动项目由双方商定。

戊、室际对抗。学生以寝室为单位举行对抗运动。

己、单项对抗。各个人或组成各小队而举行一项运动之比赛。

以上三种均由学生自动办理。

2. 球术

甲、级际锦标：凡篮球、足球、排球、棒球、网球、手球在一个年度中轮流举行级际锦标比赛一次。

乙、强制锦标赛：学校中设一锦标，由学生自由组队报名比赛。凡属本校学生均须加入比赛，如有不能组成球队者，由学校代为组织之。

以上两种由学校主办。

丙、自由比赛：学生自由组织各种球队，相约作友谊赛。

3. 游泳

比赛情形与田径赛略同，兹不赘述。

（三）对外比赛

本校学生对于各项运动之技术，力谋平均发展，尤注意运动方法之合理化。与其他一般学校之学生以运动为强身之工具，只欲专一二种运动者，绝然不同。故本校欲产生特殊成绩，殊非易事。惟为训练学生良好社会行为，增进比赛经验起见，常令学生作对外之比赛。

1. 用学校名义对外比赛，如参加中华体育协进会各种球类锦标赛及附师参加上海市中运动会田径锦标赛等等。一切参加手续均由学校办理。

2. 私人组织各种球队向外比赛，如捷克排球队参加中青排球赛，白光、衣队、郁林、蜀曦、方斜等等篮球队加入中华体协会篮球锦标等比赛。一切参加手续均由学生自行处理，教师从旁指导。

3. 以个人为单位参加比赛，如参加全国运动会、上海全市运动会、上海万国运动会等。

4. 与各学校球队或田径队作友谊赛。

（四）组织研究会

本校学生几尽在运动空气中过生活，前已言之矣。惟于学术之研究，亦至关重要。为谋集思广益起见，组织各种关于学术之研究会。一方面阐明学理，解决一切疑难问题。一方面与毕业生通讯研究，借明实施教育之困难情形，得以早作准备。另一方面对于毕业生有困难时加以扶助。此项研究会指导学生自动组织，教师随时指示，俾不致有错误。

（五）阅览书报

欲求学业之深造，必须多阅参考书及报纸。本校图书室中中西书籍所备尚多，而国内印行之体育书籍弥不广为收集，以供浏览。故学生对于阅览书报兴趣极为浓厚。

八、学术研究出版物

体育之在我国虽有三十余年之历史，但出版物寥若晨星，关于体育理论课程之教本适用者尤不多见。是以本校对于是项课程，悉请各教员自编讲义。现有经几度实验而印成书本者，有在印刷中者，有尚在实验中者。兹特分列于后：

科目	编著者	发行者
人体测量学	蒋湘青	勤奋书局
田径赛 ABC	蒋湘青	世界书局
体育哲理管理	庞醒跃	本校
英文体育会话	宗肖鹏	本校
三民主义读本	陈梦渔	本校

（续表）

科目	编著者	发行者
党义纲要	陈梦渔	本校
体育教学法	孙和宾	本校
柔软体操六十部	孙和宾	本校
柔软操基本运动图	孙和宾	本校
柔软操基本动作图解	孙和宾	本校
怎样办理体育场	孙和宾	南京书店
球类田径赛用表汇编	孙和宾	本校
女子篮球规则纲要	瞿 越	本校
军用制图学	赵慰祖	少年用品供应社
童子军气象专科	赵慰祖	同前
童子军星象专科	赵慰祖	同前
友谊交际专科	赵慰祖	同前
救护专科	赵慰祖	同前
引擎专科	赵慰祖	同前
汽专驾驶法	赵慰祖	同前
高级课程合订本	赵慰祖	同前
童子军营地工程	赵慰祖	同前
中西各种旗语	赵慰祖	同前
拟订“三级课程 / 五项专科”标准	赵慰祖	同前
游泳初步练习法	孙终新	同前
急救法图解	孙终新	同前
田径教学法	董承康	印 刷 中
体育行政	孙和宾	实 验 中
体育史讲义	瞿 越	实 验 中
英文体育读本讲义	乐患知	实 验 中
解剖学讲义	钱挹青	实 验 中

体育研究与通讯 1933，1（3）

上海体育竞技实力鸟瞰

周国柱

上海乃远东第一都市，因海陆空交通之便利，成为全国文化最高之区，工商荟萃之地。观诸教育之发达，学校之林立，工厂之众多，店肆之遍设，实不愧为我国经济文化之中心。即就体育界而论，在全国体育协进会领导之下，体育界诸君子之努力，与乎报界之宣扬，并有外侨之提携与刺激，故各项运动之普遍，与乎成绩之猛进，诚有一日千里之势。际全国会期在迩，将上海市体育竞技之力介绍于后，谅与读者君所乐闻。

一、男子田径全能

上海之田径运动向执全国牛耳。即以十九年杭州全运为例，上海谨得全能锦标，而田赛分数亦为全场冠，可见一斑。

上海田径界之最高竞技联合为万国运动会，参加者皆各国之精率。本届万国会于六月三四日举行，我中华队以九十七分列第一，唯个人竞技中，获冠军者仅中栏、跳高、跳远与撑竿跳四项，似为美中不足耳。上海之田径赛队以白虹与江南为最强，参加万国会之中华队员，由二队队员充任者有十之八九，其余若华光队者亦有相当实力。

上海短距离第一选手为程金冠，曾屡次到达百米十一秒二、二百米二十三秒，在全运会上颇有相当把握。其余诸人，实力俱属相仿。新进如黄飞龙（百米十一秒二、二百米二十三秒四）、董寅初（二百米二十三秒六）、刘嘉猷、陈嘉佑（百米十一秒四、二百米二十三秒六）等，成绩虽颇不弱，但因经验关系，全运恐难入选。至于老将中，郝春德于万国预选时腿伤，至今未有成绩，傅金成、林光兴、周恩德等颇少出场，顾再平似已起行，仅王季维凭其经验，施威一切，然王之成绩亦在十一秒四左右，推较可靠。

当万国会时，程金冠、王季维、黄飞龙、董寅初四人接力四百米，以四十六秒作成全国新纪录，全运会上或能更进一步，因董之百米不大高明也。

至于四百米，当以曾荣忠居第一，其正式成绩为五三秒四，除已宣言放弃此项之刘长春外，似已无敌矣。第二本属关长发，其去年曾有五三秒二之成绩，唯本季正式成绩仅五四秒。关君已赴汉皋，上海缺一虎将，然能达五四秒者，尚有董叔昭、何德宝、吴有刚、刘福康、朱瑞洪等多人。

东关董何四将于万国会上接力千六百米，按诸实力，当以三分三十五秒左右之成绩作成本国纪录，因是日天雨环境不佳，达三分四十一秒。今关君离沪，颇影响于千六百米接力之全国纪录。

八百米之第一选手董叔昭，本季曾两次达到二分九秒八，凭其多年之经验与近来之努力，不难恢复去年之二分五秒全运之有希望者也。此外石金生、侯德崇、刘福康等俱在二分十秒以外，全运难得分矣。

上然之千五百米希望似少，最佳之董（叔昭，家燮）亦在四分三十秒外，朱少华虽有跑不杀之概，然于九月中方能出狱，缺少练习，亦无能为力矣。

王正林之万米，实力在三十五分卅秒左右，全运希望颇大。其次金仲康亦能达到三十六分。至于徐彦博、陈虚舟等，则在三十六分半左右矣。此外有一黄胜白，曾有三十五分十二秒六之成绩，唯业余资格已丧失矣。高栏名将萧鼎华，前曾有十六秒之成绩，本季比赛二次，初捶于朱文极（准朱倒三栏取消资格），再折于陈陵，遂不出席万运会，未知埋头苦练欤，抑从此消极欤？萧外当推陈陵，陈亦有十六秒四成绩，均全运之有望者也。此外朱文极、郭智新、曹裕辈，全运难有位置。

陶英杰固全国中栏纪录之保持者，陈陵曾有五十九秒之成绩，二人将称雄于全运。此外低栏名将程金冠，亦曾有五九秒九之成绩，唯不常跑耳。吴锦祺之跳高，虽无特出成绩，然其身高腿长，一米七一常能跳过，无临阵退步之弊。此外顾或亦多次跳过一米七七五。

王季淮、吴锦祺之跳远，成绩冠于全国，练习时每过七米，全国纪录□为打破。此外孙惠培亦有六米五五之成绩，均全运之有希望者。

王永民之三级跳远（十三米三三），国内可推上选。何祖熙（十三米〇四）、潘逸安（十二米九八）则希望较少。

陈陵、曹裕二人俱有三米五十之撑竿成绩，惟近况殊不见佳，仅达三米三四十，然资格老到，临阵不乱，全运仍不称雄。此外褚应璜、李琳亦有三米三十左右之实力，然全运之希望颇少。

昔年沪上掷重，颇为不振，而今则否极泰来。冷培根、陈宝球、宫万三人，铅球俱掷十二米以外，铁育饼亦掷三十六五米不等，全运会上均有包办前三名之可能。唯闻冷君将转学首都金人，未知确否。

今年上海之标枪，适与掷重相反，王季维、刘家临既退至四十三四米，而新人之较往者如杨芳、吴赞文等亦仅至此，王刘若不恢复昔日雄威，全运将吃鸭蛋。

王季维、陈宝球之五项运动，成绩均在三千分左右，全运将居冠亚席。至于郝春德，则非但不能保持首席，连得分亦不易。

王季维如改五项为十项，则可达五千数百分。陈陵、吴锦祺亦不相上下，全运时将与刘仁秀、张龄佳、杨春泰等竞争。至于曹裕、萧鼎华，恐不能保持昔日之地位。

总上而观，上海在全运时于田赛、径赛及全能运动三锦标俱有相当希望，尤以田赛、全能之把握较大。

二、女子田径赛

上海女子体育尚不及男子发达较有成绩者，十九为体校学生。若辈一出校门，即将丧失业余资格，故难达标准成绩。然比赛机会亦较男子为少，每年仅全市及学校联合与万国等三数运动会得显身手。此亦不进步之原因也。

上海之女赛跑员以刘静芳最佳，其五十米（七秒）保持全国纪录，百米十三秒八、二百米二十八，在国内殊不多觏，然本季尚未见芳踪。其次庄铭箴（五十米七秒、百米十四秒二）亦因脚伤休息，秋季当东山再起。昔年叱咤风云之吴梅仙，本季就学复旦，然亦未见好成绩。蜀中既无大将，先行乃须廖化。庸中佼佼，当推钱行素，万国会五十米第三、百米第四，其成绩常在七秒四与十四秒左右。陈荣明之成绩虽为七秒二与十四秒四，然比赛每败于陈淑卿（七秒四与十四秒九），可知其不甚可靠也。

上海于女赛跑方面，除吴梅仙能否恢复旧观外，全运得分机会颇少，惟钱行素之二百米（三十秒六）较有希望。

至于四百米接力，本季尚未有正式成绩，以上列人材而论，约需时五十八秒左右，实力仅居中流，似较粤鲁青岛为弱。

女子跳栏，本季未有正式比赛，仅钱行素于本校（东亚）造十五秒正纪录，如稍进步，不难称雄全运。跳高方面，殊少人材，能过一米二十者，仅刘志琦、邹善德等数人，老将庄铭箴、马子骏，虽以前曾有一米三十之成绩，近来恐难达到。

跳远情形适与跳高相反，有包办全运之可能。若钱行素之四米五七，陈淑卿之四米四七，陈荣明之四米四三，陈白雪之四米四二，俱属不可多得，故先后保持全国纪录之吴梅仙（四米四）、庄铭箴（四米六五）俩如不振作，恐落选于全市会。

八磅铅球情形一如跳远，保持全国纪录（九米四六）之马子骏既尽人皆知，而盛璧（九米十四）能将马子骏击败。此二人者，于全运冠亚席殆可确定。其余若孟健丽（八米四六）、陈氏珍（八米三六），亦此中健者。

黄淑华（二十四）、陈荣明（二十三米六八）之标枪，在国内已不可多得者，惟力士盛璧、马子骏只达二十二米左右。

至于铁饼与掷棒球两项，本季未有比赛，杳无线可索寻，本知之为知之不知之意，谨略而不谈焉。

总上而观，上海之径赛、跳高较弱，然尚不致如上届全运之全军覆没，总有获分可能。而跳远与铅球、标枪则颇有包办之势。如各单位得分平均，则亦有锦标可能。

三、足球

上海华人之足球程度，以前不甚高明，难与外侨角逐。自十七年李惠堂来沪组织乐华队后，竟一鸣惊人，获全沪西联甲组锦标及高级杯，遂普遍发展，十九年杭州全运锦标亦为上海所得。

目下上海足球队伍不下数百，足球基础之小球队亦不少。在此数百足球队中，以东华、优游、暨南三队最陈，参加西联甲组比赛，东华十六胜一和得冠军，暨南优游亦各有虎将，三队精锐组成上海中华队。最近东华出征菲岛，以五胜一和之成绩凯旋。故上海在全运中，于足球锦标颇有把握。即以足球名之香港，当之亦将败北，因香港李天生、谭江柏等大将须为广州效劳也。

上海足球员中曾充沪港埠际及远东选手者，计有周贤言、李写、冯运佑、陈镇和、孙锦顺、陈家球、陈光耀、黄瑞华等八人。此外李义臣亦系埠际选手。

除上列有名球员以外，新进人材亦多，故黄瑞华、陈光耀等，虽有声港奥，来沪亦无地位，仅充预备而已。

兹将上海足球健将列后：

守门：周贤言、陆钟恩、徐亨

后卫：李宁、江善敬、关洵安、王树森

中卫：冯运佑、陈镇和、屠开元、梁树棠、吴幼良、庄世鸿、黄瑞华

前锋：李义臣、孙锦顺、陈家球、万象华、陈虞添、陈淇光、钟勇森、曹秋亭、顾尚勷、梅洪宝、陈光耀

四、男子篮球

男子篮球，沪上亦颇发达。因需人较少之故，队数自较足球为多，约略计之，当有千队。实方高强之甲组队伍颇多，实力大多相似。较著者为东华、青光、华东，及约翰、暨南、大夏、交通、复旦、持志等各大学队，其中以东华最强，该队系由沪江大学之冯念华、钱敬镛、吴国霖、孙宝庆与八九届中华远东代表陆钟恩组成，联络投掷均佳，不让于昔年南开，惜替补太弱，致西青与中华两会之甲组决赛为河贼所败，惟万国篮球决赛，由冯钱、吴陆及孔广益出场，李获胜利，今孔君已赴青岛，然替补有人，全运会上当与平津一决雌雄。万国篮球中华队员名单列后：

冯念华、钱敬镛、吴国霖、陆钟恩、孙实庆、孔广益、黄兆麟、钱鼎慎、诚景星、荣国权、任杰星、陈祥龙、夏泽人、王渭溪。

五、女子篮球

上海之女子篮球，发达似未及男子，综计队数，仅得十余。实力以两江与东南最强，沪上各联赛如西青、中华等，决赛锦标者俱为两队。两江之陈荣明，球艺不让男子，陈白雪、黄淑华等亦勇猛绝伦，合作亦较胜一筹，故上海中华女篮球队以两江为基本，而辅以东南健将。今春两江曾有远征欧美计划，因国难而未果，近征闽粤，转战皆捷，惟一败与厦门集美，两队实力似不相上下。两江之败乃骄敌之故，预料全运会中决赛者将为沪闽，两江其复仇乎？至于东南潘月英，已毕业服务母校，业余似有问题；王志新已适人，将与运动绝缘。惟新人之进步颇速，故上海之女篮球在全运中希望极浓。

兹将今春上海中华队名单列后：

陈乐明、陈聚才、杨森、黄淑华、陈白雪、潘梦、石瑞霞、潘月英、王志

新、刘逸轩

六、男子排球

上海排球比赛，计分每队六人与每队九人两种。六人比赛系照美国规则，举行于西青会，自十八年迄今，比赛凡四届，甲组冠军俱为中国青年会所得。该会本届赛员为陈宝球、徐亨、李飞云、谭天沛、陈月和、蔡天戈等，俱属一时之选。至于九人比赛，系照远东规则，以复旦大学最强，称霸江南已十有五载，前会远征日本凯旋。本届江大决赛，由程明觉、张群光、周洁明、谢宝常、黎耀华、梅凤起、关洵安、邹秉新、蔡天戈等为场，对手为大夏大学，出场者出卫鼎彝、陈宝球、魏佐翰、黄银飞、林培森、任杰星、关澢安、阮文章、周雄威、黄鸿谋等，大战五盘，卒以三比二获胜。而复旦新旧生组织之江湾队，除校队外，再加曹廷赞、丘广燮、陈宗祺、周志满、陈博才、张锦祥、过鼎新、赵不忝等，实力更强，近远征南洋，当能全胜而归。

上海排球队中，除江湾(复旦)大夏外，沪江、暨南等校，亦各有名将，如徐亨、卢康元等。将来集各队精锐，组成之上海市队，常能纵横全运也。

七、女子排球

上海之女排球队，向推民立校友队，曾出席远东表演，实力称雄全国。自十九年起，务本队崛起，遂成两雄对立之局，然全市会中胜利率归民立。迨至二十年，民立校友队集合远东代表汪春若、司徒薇等，改组为海星队，实力似较前强，乃全市会中竟为务本所败，以后续赛二次，仍为务本得胜。盖海星名将虽多，内中一二新进实力较弱，而平日散处各处，一旦集合，毛无联络可言，故为实力平均、合作佳妙之务本所败也。然集合两队精锐而予以合作训练，则全运锦标必归上海市矣。

兹将两队名单例后：

务本(亦名九星)：王凤英、张碧如、李玻、张黛云、钱书仪、薛志洁、陆美芸、章家遂、王凤、萧杰英。

海星：戴祖玲、汪春若、汪香瀛、黄杏芬、苏祖琦、关柳珠、关颜娇、殷林贞、应梦蝶、司徒薇、陶莼、郭筱萍、陈榴珍、刘庆东。

八、男子网球

上海之男子网球颇有发达，除名将邱飞海、林宝华、江道、章军，林之高足郑兆佳，亦青出于蓝，荣膺埠际代表。此外若硬地冠军余田光、麦家出身之王文正，等均属不可多得之材。至于王以下，球艺类似者有数十人之多。故本届全运，无论由邱林或江郑余王等代表，于锦标均具把握，唯须提防马来亚耳。

按邱氏近出版一书，述其经验与网球方法，故其业余资格已消失矣。

九、棒球

上海华人对于棒球殊不注意。数年前虽会有中华棒球队之组织，但皆属有名无实，以实力幼稚，不能兴本埠外侨相角逐，一味自已练习精神难于团结，故如昙花一现，即无形消减。今海上棒球队伍，仅复旦、交通、约翰三大学有之，复旦曾胜约翰，然江大比赛初败与交通，继成和局，所解决决锦标之第三赛因暑假故至今未曾举行。而上海市之全运预选定于暑假举行，预料代表人选将从三队选出，其实力并不高强，似远不如香港队也。

十、尾声

尚有男子游泳与女子网球、游泳三项，因本市近来未有比赛，毫无线索可寻，既无根据，只好从略好。在以上三项，全市会均提前于暑假内举行，本月内即可结束，有机会可以再谈。谨此结束。

体育周报 1933，2(26)

视察上海各体育学校报告

教育部体育督学郝更生

教部督学郝更生，于上年十二月视察上海私立体育学校五校，兹摘录其视察报告于下。

(一)私立东亚体专

分设男女两部，经费支出总数五九一三八元，全校动产与不动产共值一三四五二四元，每年息金二六〇〇元。该校经费公开办法尚称完密。校舍男女两部，共占面积十九亩五十四方。教员专任者十五人，兼任者二十三人。学生本科与师范科及童训班男女合计三七八人。该校自开办以来，毕业者计男女生八七二人，女生二八人。

视察意见：（一）男子部校舍不甚敷用，实习场所亦嫌狭小。该校当局有将女子部迁至男子部、男子部另建校舍之计划，应速筹划，务求实现。（二）据实际调查，该校专任教员颇多在外兼课，此后应尽量增聘专任教员，俾得各尽全力，谋校务之发展。（三）本学年全校经济支出，薪俸占百分之七十八，设备费仅占百分之八强，与部定设备标准（至少百分之十五）相差过远，应从速增募基金，扩充设备。（四）教学方面，技术学科甚多，理论学科较少，课程支配似属不甚适当。而学生上理论学科时，应令自备笔记本，将教科书及讲义以外之材料详细记录。又学生程度不齐，此后录取新生时，应严格考试，并应停招特别生。（五）男子部学生在校外分食，缺少共同生活之机会。改进办法，伙食应由学生在校内自理，食堂之添设似不可缓。又图书设备太简，应从速添购，并改良图书馆中一切设备，俾学生有自动研究之机会。（六）该校经费短绌，全赖收入之学费以资弥补，以后应增筹基金。

（二）私立爱国体育科

岁出经费七五三七四元，基金有动产一五〇八六元，不动产一〇二〇〇〇元，息金一〇〇〇元。校舍面积占十四亩，值价二八〇〇〇元。教员专任者二十一人，兼任者八人，学生全数二二八人，其中体育科学生二九人。该校规定今后三年之计划，于体育方面，第一年拟充实体育课程，并编订体育课程纲要，添建健身房及垒球场等；第二年扩充田径场，筹建游泳池；第三年提高体育程度，筹办专科。

视察意见：（一）该体育科附设于爱国女子学校，因该校全部组织尚属严密，故体育科之行政组织亦大致完整。（二）关于体育科之薪俸建筑费及设备费，均归入全校经费中计算，该科本身支出每年约一千元，如何支配，不易明了，为便于统计及为将来发展计，体育科宜有单独的预算及决算。（三）该校经一·二八之变，全部校舍被焚毁，该校当局能于短期内力谋恢复，且有复兴计划，精神可佩，惟合用的田径场不应久缺，应即从速建筑。（四）体育科各年级学生人数太少，以一年级为尤甚。技术学科，教授时每因人数太少，不易分组练习，困难殊多。今后应充实学额，以增进教学上之效能。（五）体育科办公室内所有图书，应另辟一室，作为体育科学生阅览之用；或将全校图书室扩充，另辟一体育图书阅览室，俾体育科学生自由阅览之机会。（六）该校训育之实施尚属适宜，学生纪律亦佳，体育科学生今后应多注意于训育实施及管理，俾将来任教时，于可能范围内可兼负训育之责任。

（三）私立东南女体师

岁出经费二四二〇五元，基金计动产一〇〇〇〇元。校舍全部均系新建。教员专任者十三人，兼任者十人。学生总共一〇一人。该校规定每个学生每日须参加一项课外体育活动，由学生自治会体育股负责组织，教师仅负指导及监督之责。该校将来计划，拟于廿三年春建游泳池一座。

视察意见：（一）该校行政组织虽似简单，然因负责人员均常川驻校，故能精神贯注，师生团结。（二）该校有健身房一座，户内授课似可敷用，惟户外场所尚嫌窄小，似有从速扩充之必要。（三）图书阅览处太小，宜加扩充。（四）该校课程编配尚称合宜，学生笔记成绩亦多可观。惟担任主要功课之教员，同时兼授中途离校之另一专任教员课程，一人精力有限，教学势难圆满，应即增聘专任教员一人或二人。（五）体操教材以嫌陈旧，应多采用丹麦及德国新教材。（六）该校不收通学生，宿舍人数支配亦颇合宜，管理颇见整饬，学生纪律亦佳。惟体育活动以外，应常举行辩论会、音乐会、学术讨论会、远足会等课外活动，以调剂学生在校之生活。

（四）私立两江女体师

岁出经费一七七六〇元，基金计动产四万元，不动产六万五千元。校舍学生宿舍租借外，其余均系自建。教员专任者十人，兼任者十五人。学生全数一五〇人。将来计划，该校拟于二年内建筑三层楼校舍一座，内设体育馆一个，游泳池一个及可容五百人之寄宿舍一所，建筑费及设备费约共十六万元。

视察意见：（一）该校主要职员兼课太多，今后应增聘专任教员，以减轻重要职员之任务，使全校教职员省尽职守。（二）健身房嫌狭小，应设法扩充。而学生宿舍拥护不堪，且在校外，上课时须穿过马路，管理殊多不便，该校当局有另建新校舍之计划，务须从速进行，以期于短期内实现。又田径场尚无建筑，应速添设。（三）教学方面，技术学科似嫌太重，而理论学科太少，似与所规定之课程支配不堪相符，应积极整理改善。（四）该校学生服装甚清洁，精神亦觉活泼愈快。每日举行早操一次，纪律颇佳。惟一年级平均年龄仅十七岁，似嫌过少，今后录取新生时应严格注意其入学资格。(五)该校因学生宿舍不数应用，将原有图书室改为临时宿舍，殊为失策。应速另辟图书室，以供学生自力研究之用。

(五)私立中国女体师

岁出经费计一五六三〇元。校舍全部均系租用。教员专任者八人，兼任者十七人。学生总共七十一人。

视察意见：(一)该校行政组织似觉散漫，职员亦嫌过多，校务推进因之愈形迟缓。应速增聘专任教员二人及职员若干人。(二)该校经济状况颇感窘迫，应即增筹基金，以固校基。(三)校舍全部依租赁民房，殊不合用，实习场所尤嫌狭小，亟应另觅校址，建筑合用之校舍。(四)该校设备多毁于二一八之役，应即从速购置，以利教学。(五)卫生一课尚能认真教授，舞蹈教材亦颇新颖可用。惟其他课程，分配未尽适合，而教员人数亦觉不数分配，薪俸标准似较他校为低。以上各点，应亟改善。(六)学生精神尚佳，宿舍亦能保持清洁。惟校舍概不合用，设备亦不完全，遂至学生少自动研究机会。在此状况之下，应先设置图书室以应急需。(七)该校没有小学，予高级生以实习之机会。办法固佳，惟学生试教时间似嫌过多。同时以高级生而兼任小学之课务，其影响于小学儿童当非浅鲜。今后该校附设小学，应由专任教师担任职务课务，同时高级生之试教钟点亦应详细规定。

(六)总论

郝督学号观察所及深感各校设备简陋，师资缺乏，几呈普遍之现象云。

勤奋体育月报 1934，1(7)

上海市大体育场与第六届全国运动会

邵汝干

在上海市中心区，所谓新上海的区域中，物质的建设努力的迈进，尤其是关于上海市民的健康建设——上海市体育场——自行奠基礼后，工程方面十分的紧张。体育馆、游泳池、田径场等建设上的主要基干，已耸峙于空间。伟大的建设，将于明年七月内竣工了！我们看到该场建筑的伟大，同时想到运用该场的伟大建设，它不仅增进上海市民的健康，还有其他特殊的需要！

民国廿四年第六次全国运动大会，于廿二年第五届全国运大会开幕时，已决定在上海举行。上海市大体育场虽为本市市民健康而建设，然其间有不少成分为六届全运会而促成。隆重的上海市大体育场开幕的时候，即在明年双十节，第六届全运会数千男女健儿龙骧虎跃角力竞赛的时候！伟大的物质建设，发生了伟大的精神的建设，加强民族复兴的国素，发扬中华武士的精神。其意义的重要可想而知了！

明年六届全运会竞赛成绩的优秀，即为选拔参与第十一届世界运动大会之准备与参考。其竞赛之重要，亦未可以想见了！惟现在距开会时期仅有十月，着手筹备，尚无动静，恐时间上已不容延缓了！欲大会之组织完备，收获圆满，非急起筹备赶紧计划不可。

1. 先要确定主要机关，第五届全运会由教育部主办，则第六届全运会主持机关，照往例应由教育部主办。因大会地点在上海举行，此种职权，似应由教育部函托中华全国体育协进会暨上海市政府办理，其重要职务仍由教育部主持之。

2. 全国运动会比赛项目，应以远东运动会及世界运动会所采项目为标准，第六届全国运动会各项竞赛项目似有增添之必要，愿未来的第六届全运会竞赛委员会注意及之。惟全国运动大会竞赛项目，应当在开会前一年规定公布，庶几参与各单位有所准备练习，否则不免匆匆预选参加，良才见遣，以及未能尽量发挥运动员优秀成绩，殆为不可讳的事实吧？

3. 大会经费应呈请国民政府拨给应用，至少以十二万元为度，撙节开支，或能措置有裕。

总之，大会会务的推动，原基于筹备委员会精密的计划，记者热潮奔腾着，深望第六届全国运动大会，早日筹备，来建设伟大的体育事业，以发展我华民族伟大的精神！

勤奋体育月报 1934，2(3)

上海万国足球赛

上海之有万国足球赛，已有二十七年之历史矣！吾国于一九二九——三〇年会获锦标一鑑，翌年仍得继续保持一鑑。当时因乐华正在鼎盛时代。其后因乐华停顿沪上著名球员星散，以致三年以来，未克染指斯项锦标矣。本年海上足球又复旧观，华人屡夺各项锦标，而于万国杯再度保持。兹记万国杯足球赛之略史，及本届比赛情形如下。

历届锦标得主

一九〇八——〇九年	苏格兰
一九〇九——一〇年	苏格兰
一九一〇——一一年	苏格兰
一九一一——一二年	爱尔兰
一九一二——一三年	英格兰
一九一三——一四年	英格兰
一九一四——一五年	英格兰
一九一五——一六年	英格兰
一九一六——一七年	英格兰
一九一七——一八年	英格兰
一九一八——一九年	英格兰
一九一九——二〇年	英格兰
一九二〇——二一年	英格兰
一九二一——二二年	英格兰
一九二二——二三年	英格兰
一九二三——二四年	苏格兰
一九二四——二五年	苏格兰

（续表）

一九二五——二六年	苏格兰
一九二六——二七年	苏格兰
一九二七——二八年	英格兰
一九二八——二九年	葡萄牙
一九二九——三〇年	中华队
一九三〇——三一年	中华队
一九三一——三二年	无比赛
一九三二——三三年	苏格兰
一九三三——三四年	英格兰
一九三四——三五年	中华队

本届比赛经过

苏格兰　俄罗斯　　葡萄牙　犹太

苏弃权　　　　　　六比一

中华队　俄罗斯　　葡萄牙　英格兰

十二比一　　　　　六比二

中华队　葡萄牙

中华队锦标

中葡决赛情形

中华与葡萄牙两国相遇于决赛。乃于三月二十四日，在本会足球场举行。结果吾国以三比二，击胜葡队，夺得业已放弃三年之万国杯。上半时中华阵线紊乱之状得未曾见。前锋与内卫慌张失措，更以球运不佳，一筹莫展，反被葡队攻入一球。下半时一刻钟内仍无起色，李义臣踢十二码球，竟亦不中。观众焦急之状，不可言喻。自葡萄牙守门自己失手，负一球后，中华形势乃稍有转机。接后李义臣、孙锦顺又各建一功。最后葡萄牙罚入十二码球，乃成三比二之结果。局势虽十分紧张，但表演极少精彩。葡萄牙实力强劲，攻守堪称平均，仅守门庸弱，左翼稍差耳。柯拉沙与谷司坦稳健老练，英勇如昔。中华队在上半时，各人表演，一无可取，孙锦顺虽甚卖力，但一事无成。下半时一刻钟后，方入适可状态，遂能获胜。申园四周看台挤得水泄不通，座前空地亦均轧满，后来者无立足之地，群冲入场内，围坐四边界外，总数在一万五千人以上，为本年足球季第一次盛况。见上半时中华健儿表演之失常，怨声不绝，如势锅底上蚂蚁，焦灼万状，及至最后得胜，西联会长葛林姆旭授万国杯与中华队长李宁以后，一种热烈如狂、欢天喜地之状，更不可以形容矣。两队出场阵线如下：

			徐亨		
		江善敬		李宁	
	梁树棠		冯运佑		顾尚勤
中华队	贾幼良	孙锦顺	戴麟经	李义臣	万象华
			苏柴		
		维克脱尔		马山尔	
	F. 拿脱		斯考塔		雷米狄
葡萄牙	F. 拿脱	法凡笑	柯拉沙	L. 冈赛夫	C. 冈赛夫

体育季刊 1935，1（2）

上海中华足球队南征记

上海中华足球队，自先后荣获上海万国及中葡两次锦标以来，名震遐迩。爪哇吧城群力体育会长钟文生于四月中旬，致函全国体育协进会，邀请中华队于暑期中赴该地比赛，往来及留居一切用费均由该会负担等情。协会接信后，有鉴于本届全运及来年世运两会之比赛，正拟谋足球人才之训练，逢兹佳机，甚合需要。即复函接受，乃于六月八日召集上海中华足球委员会，开会讨论。球队代表及经费等事，历二小时之久。议决案二条：(一)委请管理余卫乏酌量需要人数，于中华队中选择。(二)球队赴爪哇往来一切开支账目应由管理余衡之负责，于远沪时详细开具，交本委员会审查，定于六月二十九日起程南征预定球员名单如左：

徐亨、李宁、关洵安、江善敬、梁树棠、许竟成、陈镇祥、姜璐、孙锦顺、李义臣、陈家球、钟勇森、郑季良、陈洪光、张荣才、许文奎。

上列人选接洽就诸后，因各人职务关系，除许文奎、张荣才、陈洪光等三人次第婉谢退，不克应命外。如冯运佑、贾幼良、顾尚勷三人，因请假未得邀准，而致中止。三人之进退，虽不影响大体，然亦略费周章矣。

好在夏令足球时季已过，素惯驰聘疆场之士，抱髀骨生叹者，大有其人。如粤方各将曹桂成、何家强、麦苏、黎国钊等，适来自告奋勇，愿随车南征。此间正需才扎亟，罗致维艰，四将来归，于是大军决定。由容启兆博士领队，在六月二十七日下午三时，搭法邮船公司阿尔米斯号轮船出发。七月二日抵香港。接洽之下，黎青二人，则因故不克如愿从车，曹何应命效劳。但未能同舟皆往。五日途径西贡与星队切磋以五对二胜。九日晨达星加坡，卸征装于新亚旅店，十日曹桂成何家强赶到归队。另有星岛健将朱成桂(前卫)、梁永安(中监)加入。全军至此补充圆满，是日在华侨体育会球场，作一总练习，晚八时侨胞会君欢宴全体于其私邸。十二日乘荷兰船离星十四日上午八时，到巴达维亚。群力体育会会长钟文生及全城之欢迎人士，早竚候码头欢迎，极形热闹。由钟君领导绕城环游一周，沿途侨胞欢呼之声，高澈云霄，足证对于我队前往热望之殷且烈矣。全队共计十七人转战南洋群岛间及西贡香港凡历十余城埠。综核二十一战，得胜十一次，和局六次，失败四次。于九月七日搭渣华公司芝沙丹尼号轮船抵沪。兹将与各城埠球队作战成绩汇志如左：

中华南征成绩表

比赛日期	与赛队	比赛地名	结果	胜	和局	负	射球者
七月　六日	星队	四贯	五比一	中华	○	○	孙三李二
十四日	呵里菲	巴城	三比二	中华	○	○	郑二孙一

（续表）

比赛日期	与赛队	比赛地名	结果	胜	和局	负	射球者
十七日	汶目北联队	井里汶	二比一	中华	〇	〇	朱一曹一
二十日	万隆选手	万隆	三比一	中华	〇	〇	姜二钟一
廿一日	意尼	万隆	一比一	〇	平	〇	何一
廿四日	巫选	校罗	五比二	中华	〇	〇	孙二曹二钟一
廿七日	梭巫联队	校罗	六比一	〇	〇	中华	郑一
廿八日	日惹选手	日惹	一比一	〇	平	〇	梁树棠一
卅一日	马冷选手	马冷	四比四	〇	平	〇	孙二李一郑一
八月　三日	泗选手	泗水	一比〇	〇	〇	中华	
四日	泗中华队	又	三比一	中华	〇	〇	孙二
七日	埃筹队	又	一比〇	中华	〇	〇	梁树棠一
八日	泗盟主队	又	〇比〇	〇	〇	〇	
十日	阿拉伯	三宝垄	二比二	〇	平	〇	孙一郑一
十一日	垄选手	又	六比二	中华	〇	〇	孙二姜一郑一 李一陈二
十七日	巴盟主队	巴城	二比一	中华	〇	〇	孙一姜一
十八日	巴选手队	又	四经三	〇	〇	中华	郑一陈一钟一
廿一日	群力	又	三比二	中华	〇	〇	孙二钟一
廿四日	快快队	茂物	四比二	中华	〇	〇	孙三郑一
廿五日	内务部	巴城	二比一	〇	〇	中华	姜一
廿七日	万隆选手	万隆	一比一	〇	平	〇	李玉信一

射球成绩表

孙锦顺十九球，郑季良八球，姜璐五球，李义臣、钟勇森各四球，曹桂成三球，梁树棠、陈家球各二球，何家强、朱成桂、李玉信各一球。（计胜球五十，负球三十。）

体育季刊 1935，1（4）

上海青年会体育工作的回顾与将来

上海青年会体育部主任凌希陶

我们现在变到这一个问题，实在觉得狠是惭愧。世界各国对于体育，都到了登峰造极的地位，而且是普遍的。人人都经这种的训练，已成为生活上的一种必需。回顾到我国体育的历史，才不过三十年，一直到现在，还不能离去提倡与宣传的时代。这实在是一件可愧的事。我国体育不发达的病根，就是因为我们立国四千三百年以来，所重的都是礼乐文章，纵有些类似体育的事都归纳在游嬉之中，为通人所不屑为。至于技击不门，提倡者一个是释，一个是道，成为一种专门技能，既非普通人所能学，亦非普通人所愿为。所以大家都不来注意，以致我国仅有的体育，几成绝响。而人民体格的靡弱，也就日甚一日，东亚病夫的雅号，我国人实当之而无愧。

清季末叶，国政渐见维新。废八股，重科学，然而对于体育一项，仍然无人过问。那是上海青年会刚刚成立，认为体育一事，实为强国强种的基本工作，所以就将他列为重要事业之一。并辟了一处体育场，积极提倡。每年举行一次比赛，这就是今日大规模运动的最初基础。这个时期，大约总在光绪二十八九年之间。到了光绪三十一年五月，就举行了一个大规模的运动会。有十五次运动比赛。光绪三十五年，青年会的健身房和游泳池竣工，又举行了一次户内运动会。又成立篮球会，这时候我国的体育逐渐渐的引起全国人的注意。在这时期由青年会积极的鼓吹和补助，居然促成了全国运动大会。经过这一次之后，社会人士都不向从前的默视。所以不久就由社会的领袖发起远东运动会，而主持其事的，仍由青年会主持一切。从此以后，各项运动，都逐渐的发扬光大起来，一直到现在。上海青年曾对于这一项工作，不但是对于上海一隅的贡献，实在可以说是对于全国的莫大贡献。以一个体育极端落后的我国，经三十年的提倡，竟能够风靡全国。且能够与体育先进的国家一较身手，上海青年会在此情形之下，亦足以联自慰藉了。然而三十年的辛苦经营，实在也不是一件偶然的事。

我国的体育，现在是已经粗具成绩了。然而上海青年会绝不敢从此为满足，仍然积极进行，最近的两年，因为游泳一项，比较他国尚是落后。自从游泳池造成了之后，虽然逐年不断的提倡，但只能在夏天练习。一到冬寒水冷，就不得不停止工作，这是事所必然的事。但练习的人，半年练习半年闲，深抱一暴十寒之憾。所以青年会设法矫除此弊，发起温水游泳，使练习者不致间断。自从温水游泳成立之后，游泳的技能，遂有极大的进展。又鉴于女子健身的问题，也是今日一个要务，所以上海青年会从去年的夏季起，发起了一个女子健身班。加入的很多，这是最近两年的大贡献。

至于将来的计划呢？因为各项运动都已提倡，而且现在的政府，对于体育极其注意，积极从事，就是各社会团体，也在那里不遗余力的进行，而且办理得极有条理而完备，上海青年会的初步提倡已算是告厥成功了。现在国家创巨痛深，日在风雨飘摇之中，要紧的就是在如何充实全民族身心的健康，共图御侮救亡，这就是我国当时的急务。所以现在要提倡的，就是民族健康问题。目下已经拟定计划，不久即可实现。一是体力的健康，一是心理的健康。这是一个长时期的运动，内容极其周密，这件事关系全国民众和国家的兴亡，将来计划完成之后，还要就正于全国人士，希望共同努力，合力进行。

这一篇文字，是应勤奋体育月报的征求，因限于时间和篇幅，不过用记述来略书我国体育事业以往的情形和上海青年会体育工作最近和将来计划的大概。未能一一遍举，深为抱歉，尚望阅者谅之！

勤奋体育月报 1935，3(1)

上海中华足球联合会联赛经过及成绩

本　会

本会主办之二十四年至二十五年上海中华足球会联赛杯赛情形，业志上期本刊。杯赛之乙丙两组锦标早经解决，惟甲组杯因真茹优游决赛延搁，后优游自愿弃权，真茹遂不劳而获锦标。至于联赛一项。亦已于五月底结束，不意中字组复旦铁路决赛，未及中途而停。不克圆满以竟全功实深遗憾，除中字组经委员会议决不给锦标，及会字组亦由委员会议决由清溪健民二队并分锦标外，其余各组锦标得主及全部成绩，列表如后。

中字	赛	胜	和	得分
复旦	六	三	二	八分
铁路	六	四	○	八分
光华	六	二	一	五分
真如	六	一	一	三分

注：委员会议决不给锦标。

华字	赛	胜	和	得分
友声	八	七	一	十五
友华	八	五	一	十一
广东	八	四	一	九分
毅勇	八	二	一	五分
沪青	八	○	○	○分

华字	赛	胜	和	得分
足字	赛	胜	和	得分
愿中	八	六	二	十四
太平	八	四	二	十二
海关	八	三	一	七分
上纺	八	二	○	四分
外虹	八	一	一	三分

华字	赛	胜	和	得分
球字	赛	胜	和	得分
顺记	八	八	○	十六
华旗	八	四	一	九分

（续表）

华字	赛	胜	和	得分
华南	八	三	一	七分
双钱	八	二	一	五分
吴淞	八	一	一	三分

华字	赛	胜	和	得分
会字	赛	胜	和	得分
健民	四	三	○	六分
清溪	四	二	一	五分
浙光	四	○	一	一分

注：委员会议决健民、清溪并分锦标。

本届足球联赛，中字与会字两组之锦标纠纷，其原因复杂为历来所未见，委员会苦心孤诣，秉公处理经过，颇足资为借镜，爰将两次决议情形，附志于后。

中华足球委员会于五月廿八日晚六时半假座晋隆饭店开会，出席委员将湘青（主席），乐秀荣、何春辉、马德泰（乐代），记录施肇康、张蕙菁（代理足球会书记周家骐）。首由主席报告，谓上次本委员会开会议决，会字组锦标须由健民与清溪二队决赛定之，原极公允。但自此项决议及决赛秩序公布后，健民队忽提出抗议。当由书记处转来原函，并经再度议决，抗议书不接受，原判仍予维持在案。兹体协会沈总干向本委员会建议，谓在公联与浙光二队最后一次比赛未举行之前，清溪队之秩序早告结束，并以最高得点居冠军地位，亦即事实上清溪已得会字组之锦标。盖不论公联与浙光比赛之前，向本会请求先领奖品亦无不可，委员会决不能予以拒绝，故清溪之冠军，确系苦战一季，应得之精神上的酬报。讵知公联对浙光一赛，公联用未注册球员出场，致被取消会员资格，所有既往与公联在两循环中举行之各次比赛一律作废，不计分数，此举使清溪顿减四分，而健民则间接取得利益，所得分数，反较清溪多出一分，故健民之请求列为锦标，亦属合法。委员会□□□□方法益，想避免将来发生流弊起见，决定须由两队决赛一次，判定锦标之谁属一案，亦属极端公允，且为困情难形的唯一之解决办法。但现在已非足球时季，而同时两造之一方犹在争持不已，特向委员会建议，判两队平分锦标，俾早结束，是否可行，尚请公决云云。讨论结果，议决接受体协会沈总干事之建议，并请体协会添办同样之奖品一件，分给两队。理由：本委员会前经议决两队须决赛定锦标者，原已确认两赛之资格相等，兹判给并分锦标，则仍与原案之意旨相符也。

上海中华足球委员会于六月四日晚七时在邓脱摩饭店开会，讨论复旦与铁路二队中字组决赛纠纷问题，当经议决：（一）复旦与铁路二队，各有球员动武，本季比赛权均予停止，中字组不给锦标。（二）复旦刘祖修与铁路杨绳武首先动武，停止下届比赛权一季。又铁路李传薪与复旦陈士希为继续动武者，停止其比赛权至廿五年十二月卅一日止。（三）在不幸事件发生后，复旦队仍留场要求续赛，而铁路则不愿续赛，并即离场，又正值纠纷之际，铁路队方面之助威人员蜂涌入场，使裁判员无法行使其职权，实属非是，根据会章第八条甲乙两项予铁路队以书面警告，并罚款一元，以儆将来。以上决议经将乐马三委员同意，在全体委员五人中已占多数，议毕由主席请何委员复席，并报告结果，众无异议散会。

体育季刊 1936，2（2）

上海足球形势鸟瞰

韦　英

埠际赛仿佛把上海足球季分作两个段落，加着天公不作美迟延了第二段落的开始。现在把目前的各联赛杯赛、国际赛等的形势来作一笔总清账，怕还不晚吧！

万国杯已经挣扎过初赛的，现在尚有夺标希望的为中华、葡萄牙、英、犹太四国；将来抽签的结果如何，才能定那一个的希望较浓。中华和葡萄牙呼声较高，英国当然比犹太稍强。最重要的关键，中华能保持万国杯与否就视协进会主干对于将来中华队上场的陈线搭配如何，中华之败于高丽，我想应该促醒他们——不至再蹈覆辙了。

甲组联赛：葡萄牙和法商会两队都还没有败过一阵。但是东华和代替英尼斯的兰开夏却也虎现宝座，虽然已经输过一次。甲组联赛采用两循园制，现在还仅仅比完了半个循园，已经的结果决不能断定将来的局面。将兹已赛成绩列表如下：

	胜　和　负	得分
法商会	五　〇　〇	十
葡萄牙	四　〇　〇	八
兰开夏	四　〇　二	八
优游	四　〇　〇	八
东华	三　〇　一	六
腊克斯	三　〇　四	六
西商会	二　一　三	五
西捕队	二　〇　五	四
犹太队	〇　二　六	二
苏壳尔	〇　一　六	一

施高塔杯赛：上礼拜日，东华以六比二亘大比数大败西商会，就似乎使一般球迷相信去年的霸王还没有失去已往的颜色，而且大有必败葡萄牙的声势。施高塔杯已到决赛的时期，葡萄牙拥有考司坦、柯拉沙等埠际代表；而东华得陈家球、陆钟恩之回复资格增厚实力不少；况且施高塔杯为东华今年最有希望之银杯，决以全力赴之。

字林杯：兰开夏跟优游乙的决胜负是这杯的枢纽；优游在甲组中已处难有良好机会，所以对于乙队的实力异常倾注，大有囊刮乙组全部锦标的野心。东华乙和腊克斯乙，在这赛中都还具阻挠他队的地位和能力。

幼级杯：又是兰开夏跟优游乙的囊中物，目前的情势如左：

优游乙对圣芳济 ┐
　　　　　　　　├── 杯主
兰开夏对卫生队 ┘

乙组联赛：进行得很慢，还不曾输过的球队有优游乙二胜一和、圣芳济一胜两队。兰开夏四胜一负，青年三胜一负，都还存一争长短的雄心，不可轻视的。

声色周报 1936，1(1)

上海篮球会甲组实力检讨

花　荣

西侨青年会的篮球比的结束后，全国协进会跟着就举行上海公开篮球会。分甲甲、甲乙 A、甲乙 B、乙一、乙二、乙三、乙四、乙五、乙六、乙七十组。共有七十六队，以十二人一队计，已经有与赛队员九百十二人，虽然和前二年比较起来略略见少，也算是一桩盛举了。

甲甲组仅有海贼、麦令甲、东华、协兴、真茹、优游等六队。梵王渡临时退出，南星没有加入，青光退列甲乙 B 组。

海贼挟西青霸主的余威，人才济济——长人兰痕之中锋占尽不少便宜；施奎亚奔跑抢递的过人迅速实在是全队的柱石，史密斯之得分半赖于彼；卡逊后御的坚韧，有时还能到敌篮下掷球；皮色儿除守卫严密外又擅长掷。总之该队队员个别技术的优异和经验的丰富是常胜的原素。全队合作并未见强，进攻亦非十分敏捷。最近以四十二对四十一，一分之先胜真茹，似乎幸运之神尚予以帮助。公开锦探囊取去，亦是意料之中。

麦令恰与海贼相反，以全队合作见强。前锋皮理士算作一个危险人物之外，其余均是半斤八两不相上下。硕强的身段，百折不挠的作战精神，“硬”的打法，是该队的个性。过去三战中，二胜一负；尚余对海贼一役，是公开锦标关键之一，海贼稍占优势吧！

东华、沪江约翰校友混合队，新用后起小将陆钟愈，确实强增了全队的实力。陈祥龙的中锋，有时好有时坏，总算是水平线上的人物；右锋冯念华，无疑地是全上海第一把交椅的前锋，掷篮的准且快和偷营的巧妙真是有目共赏；左锋际钟恩，后卫孙实庆、陆钟愈都能联络得上，大败麦令一战就够显示该队的片量。缺少后备人才是惟一的缺点，然而欲与海贼一争短长，华人队中仅此而已矣。

真茹以防卫言胜东华多多，惟得分的可能太少。全队合作程度确臻上乘，但是每于作战的时候一过中线就感着没有方法到敌人的篮下，甚至于一到篮下还常常不能掷入，坐失良好机会。全队中没有一个娴熟的“篮下掷入”的本领是该队的致命伤。

协兴曾烜赫一时，其实是一队排球队。邱广燮、徐亨都是排球上将而非篮球人才。以邱徐的身段和弹力，打篮球都应占不少便宜，但是据我的观察，他俩连篮球的规则亦还勿十分明了，累次的侵入犯规被裁判发觉了自己始终不承认会犯过规。周达云可算有篮球技巧的一位。后卫亦软弱。

优游把以体育为体育的精神加入甲组，该队的实力毋须加以分析了。

过去的一礼拜中，结果如下：

二月一日	麦令	胜	优游	七二——三六
四日	麦令	胜	真茹	三七——三〇
六日	东华	胜	麦令	五五——四三
七日	海贼	胜	真茹	四二——四一
八日	麦令	胜	协兴	六八——二一

队名	胜	负	千分率
海 贼	一	〇	一〇〇〇
东 华	一	〇	一〇〇〇
麦令甲	三	一	七五〇
协 兴	〇	一	〇〇〇
优 游	〇	一	〇〇〇
真 茹	〇	二	〇〇〇

将来甲组锦标的出入，就视东华对真茹、麦令对海贼和东华对海贼三场比赛的结果了。倘若东华能胜真茹，海贼能胜麦令，则东华与海贼的一决雌雄就决定别赛皮银杯的谁属，且等着看吧！

声色周报 1936，1(1)

上海市体育场游泳池概要

市游泳池为本场三大建筑之一，专供市民水上运动及举行游泳竞赛之用。建筑富丽，设备完美，不但为全国之冠，即在东亚亦无出其在。兹约述概要如次。

(甲)位置

在市中心区国和路之西，南临虬江，北对体育馆，西隔网排球场与田径场鼎立遥对。

(乙)建筑及布置

池为露天式，作长方形，长五十公尺，宽二十公尺，容水量为六十万介仑。四周围以看台，可容座五千人。下设更衣室、沐浴室、休息室、饮食处、锅炉间、机器间、厕所等。看台北面为壮丽之正门，内设办公室、客厅、大厅、售票房。看台下东西南三面，建走廊通道。

池身用钢筋混凝土及防水材料构造。池底、池边铺白色马赛克，四壁磁砖。池底于长边方向作匙形，最浅处为一.二四公尺，最深处三.三公尺。池壁特设强光灯，入晚光线充足，于游泳比赛及救护上珠多便利。(池南另设小池，专供妇孺游泳之用。)

本场游泳池每年自六月一日起至九月底为开放时期。在七八月间天气炎热，到池游泳极形拥挤，本场为维持秩序及挹注消耗起见，在开放期间不得不酌售门票，以示限制，尚祈各界仕女曲谅维护为幸！

上海市体育场游泳池一览 1937

第十届上海篮球会联赛经过及成绩

本　会

本会主办之第十届上海篮球会，参加争雄者六十八队，其间美人三队，法军一队，菲律滨一队，余则均属国人。甲组分甲乙两部，乙组分一二三四五六部，连女子组，共设锦标凡九。于廿五年十二月十六日开始，转战至廿六年二月十九日止，计两月有四日。惟中途因故退出者有九队之多。兹将各组锦标得主及各组成绩汇录如左：

锦标名称	得标队名
甲组甲部	辛　队
甲组乙部	麦 令 斯
乙组一部	优 游 队
乙组二部	复旦中学
乙组三部	邮 务 队
乙组四部	新 光 队
乙组五部	幼 敌 队
乙组六部	新 亚 队
子 女 组	东亚体专

各部成绩表

队名	赛	胜	百分率
甲组甲部			
辛队	五	五	一〇〇〇
麦令斯	五	四	八〇〇

（续表）

队名	赛	胜	百分率
五龙	五	三	六〇〇
持志	五	二	四〇〇
全黑	五	一	二〇〇
信通	五	〇	〇〇〇
甲组乙部			
麦令斯	六	六	一〇〇〇
群毅	六	四	六六七
七队	六	三	五〇〇
青光	六	三	五〇〇
梁溪	六	二	三三三
南菁	六	一	三三三
鹰队	六	一	一六六
乙组一部			
优游	六	六	一〇〇〇
阜丰	六	五	八三三
衣队	六	三	五〇〇
光华	六	三	五〇〇
未名	六	三	五〇〇
侠光	六	一	一六六
南光	六	〇	〇〇〇
乙组二部			
天行	五	四	八〇〇
复中	五	四	八〇〇

（续表）

队名	赛	胜	百分率
小熊	五	四	八〇〇
精武	三	二	四〇〇
菲队	五	一	二〇〇
乐施	五	〇	〇〇〇
注：决赛小熊以二十一对十二胜天行，复中以九分对八分胜小熊，夺得锦标。			
乙组三部			
务务	六	六	一〇〇〇
海鲸	六	五	八三四
国华	六	三	五〇〇
启华	六	二	三三三
上中	六	二	三三三
健美	六	二	三三三
罗浮	六	〇	〇〇〇
乙组四部			
新光	六	六	一〇〇〇
民立	六	五	八三四
群毅	六	四	六六七
虹队	六	三	五〇〇
药光	六	二	三三三
工大	六	一	一六六
澄清	六	〇	〇〇〇
乙组五部			
幼敌	六	六	一〇〇〇

（续表）

队名	赛	胜	百分率
国光	六	五	八三四
中社	六	四	六六七
泉漳	六	三	三三三
建电	六	二	三三三
中行	六	二	三三三
华光	六	○	○○○
乙组六部			
新亚	六	六	八三四
火烽	六	五	八三四
现实	六	四	六六七
复旦	六	三	六六七
晨光	六	二	三三三
强青	六	一	一六六
协兴	六	○	○○○
注：决赛新亚以二五对一八胜火锋，夺得锦标。			
女子组			
东亚	五	五	一○○○
两两	五	四	八○○
江江	五	三	六○○
暨大	五	二	四○○
暨中	五	一	二○○
上中	五	○	○○○

体育季刊 1937，3（1）

第十二届上海国际篮球赛经过

本　会

本会主办之上海国际篮球锦标赛，本届已为第十二届矣，经上海篮球委员会议决定于三月六日开始比赛。男子部锦标分甲乙两组，女子部暂停。于二月廿八日截止报名，计参加甲组者仅中、美两国，参加乙组者为俄国与日本，因加入队数太少，故采用三赛两胜制，以增兴趣。

第一次于三月六日晚举行，甲组美队以四四对三四胜中华队，乙组俄国以三四对十八克日本，第二次于三月十日交锋，甲组中华凭诸健儿之努力；以四五对三二击败美军，演成各胜一次之均势，乙组俄国又以二八对十七胜日本，获膺乙组锦标，由本会制赠银杯一只，以资纪念。中华对美国之最后决赛，于三月十三日作战，两队对兹重要关头，咸聚精会神应付，致战情极端剧烈，在规定之四十分钟时，造成卅一对卅一之平手，延长时间中，美得五分中获二分，结果被美人以三六对三三之比胜利，蝉联锦标，保持棕榄杯凯旋，棕榄杯于去年（廿五年）由上海棕榄公司捐赠，作国际篮球甲组锦标奖品，订定每年之优胜刊名杯上保留一年之荣誉，如连胜三年或四年者，得永久保存之，第一年（二五）美国获胜，第二年（二六）仍为美国告捷，该杯已被美人保存两载矣。兹将中美两国三战成绩，及日俄两队名单志之如左。

俄国队：喀纳司格　司塔勃丁　福特开柯　洛勃壳夫　恩特立生　勃仑夫

日本队：森田　宫永　秋平　渡边　名越　宫越　白山

中华第一次比赛

		掷	罚	犯	分
美国队					
洛　克	锋	五	四	〇	十四
开　登	锋	〇	二	三	二
兰　菌	中	四	一	三	九

（续表）

		掷	罚	犯	分
阿泼克	卫	〇	二	四	二
福斯脱	卫	一	〇	一	二
卡　逊	卫	六	三	二	十五
共　计		十六	十二	十三	四四
中华队					
冯念华	锋	一	二	二	四
韩振元	锋	〇	一	〇	一
尹贵仁	锋	二	一	一	五
陈宗祺	锋	一	一	一	三
周达云	中	一	〇	二	二
邝耀雅	中	三	〇	一	六
王南珍	卫	一	一	一	三
翁仁安	卫	〇	〇	〇	〇
蔡演雄	卫	五	〇	四	十
共　计		十四	六	十二	三四

	上半时	下半时
美　国	二二	二二
中　华	十四	二〇

裁判：张国勋

检察：赫勃纳

中美第二次比赛

		掷	罚	犯	分
中国队					
冯念华	锋	五	二	四	十二
尹贵仁	锋	〇	〇	一	〇

（续表）

		掷	罚	犯	分
韩振元	锋	○	○	一	○
邝耀雅	中	二	○	一	四
周达云	中	九	二	二	二十
蔡演雄	卫	二	一	○	五
陈宗祺	卫	○	一	一	一
王南珍	卫	一	一	○	三
共　计		十九	七	十	四十五
美国队					
勃列齐尔	锋	二	一	三	五
洛　克	锋	五	○	一	十
兰　茵	中	三	一	一	七
福斯脱	卫	一	○	○	二
派洛斯	卫	二	○	○	四
卡　逊	卫	一	二	三	四
共　计		十四	四	八	三二

	上半时	下半时
美　国	十八	二七
中　华	十六	十六

裁判：郝勃纳

检察：章文元

中美第三次比赛

		掷	罚	犯	分
美国队					
洛　克	锋	四	七	○	十
兰　根	锋	○	○	三	○

（纽表）

		掷	罚	犯	分
勃列齐尔	锋	三	○	一	六
兰　菌	中	二	○	二	四
派洛司	卫	二	二	一	六
卡　逊	卫	二	二	四	五
福司脱	卫	○	○	○	○
共　计		十三	十	十一	三十六
中华队					
尹贵仁	锋	○	一	二	一
韩振元	锋	○	○	○	○
冯念华	锋	三	四	一	十
邝耀雅	中	○	○	一	○
周达云	中	二	○	一	四
王南珍	卫	三	二	二	八
蔡滨雄	卫	三	一	三	七
陈宗祺	卫	一	一	四	三
共　计		十四	九	十四	三十三

	上半时	下半时	延长时
美　国	十二	十九	五分
中　华	十六	十五	二分

裁判：张国勋

检察：赫勃纳

体育季刊 1937，3（1）

二十六年上海中华篮球队作战经过

本　会

参加本届上海国际篮球赛之中华队，虽未能克服美国，夺得锦标，以偿多年宿愿，但人才、技术、组织三者，均较往昔优良，故在国际比赛后，仍精神团结，会两度晋京，与军校业余作技术之探讨，结果四战三胜一负，成绩斐然。日本神户华侨团体，亦慕名来电邀请赴日比赛，嗣经委员会之允准，定于四月八日起程，一行十一人，搭乘长崎凡出发东渡。全队名单如左：

教练：黎宝骏。管理：沈昆南。队长：王南珍。队员：蔡演雄、尹贵仁、韩振元、陈祥兆、周达云、陈宗祺、邝耀雅、颜连进。

全队于四月十日安抵神户，约定比赛五场。结果四胜一负。于四月廿三日买掉返沪，后卫蔡演雄则留日就学医科。征装甫卸，于五月八日，又与京联队作对抗赛两场于申园，结束篮球季。兹将中华队全部成绩，汇志如左：

性质	对队	成绩	结果	地点
上海国际锦标赛	美国	三四比四四	负	上海
同上	美国	四五比三二	胜	上海
同上	美国	三二比三六	负	上海
友谊	军校	四八比五九	负	南京
友谊	军校	四七比三二	胜	南京
友谊	军校	五三比三七	胜	南京
友谊	业余	三六比二五	胜	南京
友谊	关西学院	三八比三一	胜	日本
友谊	关西大学	四三比二十	胜	日本
友谊	东京 OB 队	四六比二八	胜	日本
友谊	早稻田大学	三一比三五	负	日本

（续表）

性质	对队	成绩	结果	地点
友谊	神户华侨	九二比二九	胜	日本
友谊	京联	三一比三九	负	上海
友谊	京联	三七比三八	负	上海

体育季刊 1937，3（2）

上海市立体育专科学校参观纪实

阮蔚村

离开扰杂的市尘，在上海江湾的新市区，现在已经不像“一·二八”战后的那般冷静，是逐渐充满着蓬蓬勃勃的朝气了。

自上海市体育场、图书馆、博物馆……相继开放后，最近更使我们鼓舞的，就是我们在伟大的市体育场上，常常可以看到许多很严肃而有纪律的上海市立体育专科学校的青年学生生，在那里作极有规律的军事操和体育活动。这的确给上海市体育场和上海新市区，增添了不少的生气。

市体专从成立到现在，刚刚只有一学期，而一切的设施、教学、管理和训练，都能够给我们一个极美满的印象。记者因慕其名，它地找一个适当的时机，去参观一下。

记者很久不到新市区了，这次因为参观体校，很快乐地又踏进这过去光荣的全运会的大门。虽然现在这里没有从前那般热烈的确比从前焕然一新了！环境的布置和场地的设备，觉得都比开全运会时更加精致了，更加完备了！

由北站乘四路公共汽车，到市运动场的前门下来，就看到市立体专的校牌，迎面便是上海市体育场的正门。人们多闹不清楚，市立体专和市立体育场为什么设在一起！不用说在精神上他们乃是合作的，只是形式上和业务上市体专和市体育场是分开的。

市体育场是上海市政府斥资一百余万元为市民而建筑的大运动场。市长吴铁城先生，真是一位热心体育的人啊！听说他个人是很好体育的，每逢星期日的例假，常到效外去旅行。他的公子吴幼良先生，是一位极有名的足球健将，从前是上海东华足球队的代表，现在到美国留学去了。

上海市立体育专科学校，是吴市长为了利用大体育场和造就体育师资而创办的。因为体育场经六届全运会用过了以后，如果而不充分的利用，实在太可惜。所以市体专在吴市长领导之下，在去年的秋季诞生了。除了吴市长兼任校长，教务长是方万邦先生，总务长是宋大章先生，训育主任是赵柱中先生。

这次承方先生引导，看遍了校内的全部，处处都使人满意，并且值得歌颂和介绍的。

室内如教室、礼堂、生物实验室、图书室、医疗室、学生宿舍、教职员宿舍、浴室和办公室等，布置得很整齐，处处都是有条不紊的。教室、礼室和办公诸室，都设在体育场南部看台的下层。学生宿舍、教职员宿舍和浴室等，都设在南看台的二层。一切的布置，煞费苦心，因为利用这看台下的屋子，布置了这样整齐的教室、宿舍、礼堂、和办公室等，实在是一桩很不容易的的事呀！

记者先沿着南看台下的走廊，参观了各室的布置，由西向东走，各室的顺序是总务处、校长室、教务处、教员休息室，其次为礼堂、教室、生物实验室和图书室等。

楼上便是教职员宿舍和学生宿舍，并有男女更衣室和男女浴室各一。学生每十二人住一室，什物不准放在宿舍里，所以室内非常整齐清洁。每人只许在床下放存衣箱一具，其余的行李都须寄存到贮藏室里去。

学生们的生活，一律军事化。清晨五时三十分起身，六——七时军事训练，八——十二时上课，下午十二——一时午餐，一——三时上课，三——五时课外运动。五时沐浴六时晚餐，七——九时自修。自修的时间，一律在教室内。九时全体学生整队到宿舍里去就寝。学生的生活，可说是有纪律，有秩序。记者敢说国内任何大学的学生，都没有这样好的生活习惯。

体校因为开办只有一学期，现在只有师范科和专科的一年级学生。等到明年的暑假，专科各年级的学生，可以招齐，后年的暑假，师范科各年级的学生，可以招齐，后年的暑假，师范科各年级的学生，也都可以招齐。那时全校的学生，预计总数可有八百人到一千人。

体校现在计设专修科和师范科两部。专修科是二年制，入学资格只限高中毕业生。师范科是三年制，入学资格限初中毕业生。专修科是造就中学体育教员的，师范科是养成小学体育师资的。

师范科免收学费，专修科学生纳费也很轻。将来还预备添设童子军教练员训练班，目的在养成童子军教练员，修业期间是一年。

体校的教师，是网罗全国体育界的优秀者，都是很有资望而具有深高学术和教学经验的人。现在把体校的课程和任教的行生，略作简单的介绍。

方万邦：方先生是全国闻名的体育专家，学术渊博，著作宏富，除担任教务主任外，兼任体育理论教授。

崔峙如：崔君为美国春田大学毕业，技术学理兼优，本学期应聘来校，担任术科教授。

张春惠：北平师大体育系毕业，担任田径和球类教员。

阎华堂：北平师大体育系毕业，担任机巧运动教员。

傅蕴光：北平师大体育系毕业，担任器械体操教员。

罗慧琳：南京金陵女子文理学院体育系毕业，担任舞蹈教员。

张文广、傅淑云：担任国术教员。

基本的学科和副科，有国文、公民、生物、教育原理、经济、音乐等课程，教员是杨佩文、夏锦涛、郁康华、赵慰祖、陈能方、黄种强、章益诸先生。

体校除了尽量网罗优秀的教员，并特约政法专家章渊若先生担任政治问题讲师。本学期特设国防讲座，特约的讲师和讲题如下：

吴南轩（青年训练）张其昀（国防地理）俞飞鹏（国防交通）邵家麟（国防化学）秦汾（战时经济）吴蕴初（国防工业）邹秉文（国防农业）罗家伦（国防教育）周至柔（中国空军）黄镇球（防空问题）陈季良（中国海军）张治中（中国陆军）李骧骐（民国训练）

除了各种课程以外，并预备在今年的暑假里举行野外大露营。地点虽然还没有规定，大凡不出青岛、庐山和杭州。方法拟仿照意大利的巴里拉少年营的办法。目的在养成青年的野外集团生活习惯，以为将来抗敌御侮到前线上去的准传。

最后记者参观了该校的各种设备——田径场、体育馆、游泳池巡礼一周。体校除利用体育场上原有的各种设备外，并在场外西面的空地上，添设了不少的器械设备，和网球场、篮球场、排球场等。

最近计划体育馆西面的空地上，建筑一座可容一千人的大礼堂。礼堂内附设教室十四间、办公室四间。建筑经费预计需二十万元，图样现在已经绘妥，不久就可以兴工建筑了！除大礼堂为主要的建设外，还有高空跳台、溜冰场、射箭场和十二间钢琴练习室的建筑计划。

对于校景的布置，也很努力。环绕体育场的周围，现已遍植了数万株冬青树。市立第一公园离体校只有一水之隔，所以体校的环境，可称幽静雅致，正是读书和运动的好地方。将来体校和市立第一公园的中间，预备搭一座桥，使校园和公园打成一片。在桥的附近，辟作划船场，建筑停泊游艇的码头。

总之，体校的一切，无论课程和建筑，都是积极的向前迈进，特以体育界难得的人才方万邦先生，不但教导有方，且善于经营和计划，万为全体师生所崇敬。记者晨参观了体校以后，深觉此校的前途伟大，将来定能成为全国唯一的优秀体育学校。(完)

勤奋体育月报 1937，4(5)

上海华人各项足球比赛分志

本　会

甲、上海中华足球会联赛全部成绩

本会主办之中华足球联合会二五一二六年联赛，参加者计有二十七队，循例分中、华、足、球、会五组，各组均采双循环制夺标。于去年双十节开始比赛，照原定秩序本可于本年一月中即可结束，无奈因天气及人事种种关系，致展至五月方告完毕。中字组复旦进德两队同分，照章须决赛一次以定锦标，经委员会之商讨，以时令关系及特殊原因，不再举行决赛。即将复旦进德两队并列第一，均镌名该组锦标贻泽盾上，以作结束。其他各组锦标，均由本会制赠银盾一具，以资鼓励而作纪念。兹将五组锦标及各队成绩，列表如左：

五组锦标

中字组	复旦队
	进德甲
华字组	顺记队
足字组	进德乙
球字组	双钱队
会字组	华丰队

中字组

队名	赛	胜	和	得分
复旦	六	五	○	十分
进德	六	五	○	十分
光华	六	二	○	四分
友声	六	○	○	○分

注：复旦、进德同分并列第一。

华字组

队名	赛	胜	和	得分
顺记	十	十	○	二○分
浦星	十	七	○	一四分
中航	十	六	○	一二分
东亚	十	四	○	八分
广东	十	二	○	四分
太平	十	一	○	一分

足字组

队名	赛	胜	和	得分
进德	四	三	一	七分
造币	四	一	二	四分
上纺	四	〇	一	一分

球字组

队名	赛	胜	和	得分
双钱	六	六	〇	十二分
华南	六	三	〇	六分
太平	六	二	一	五分
兆丰	六	一	一	三分

会字组

队名	赛	胜	和	得分
华盐	八	七	一	十五分
江滨	八	六	一	十三分
华南	八	二	一	五分
进德	八	一	二	四分
上水	八	一	一	三分

乙、高级中级两杯赛结果

上海中华足球会主办之杯赛，上届原分甲、乙、丙三组，本届由委员会议决改称高级、中级、初级三种。除初级杯因报名队数过少，未曾举行外，先举行中级杯比赛，计有八队争雄，经几度淘汰，顺记华南两队得决赛权；结果，顺记以五对二占胜，获得锦标，由本会制赠银盾一座以资纪念。高级杯由驻美大使王正廷氏捐赠银杯一座，作锦标奖品，规定优胜队得保存一年，先胜两次或连胜三次者，得永久保存之。另由中华书局慨赠银球一座，作本届优胜队奖品，该级迟至联赛结束后始克举行。加入者计六队，于五月中旬开始，转战结果，东华队以三对一胜进德队于决赛周，荣膺正廷杯第一次锦标，兹将高中两级比赛成绩列左：

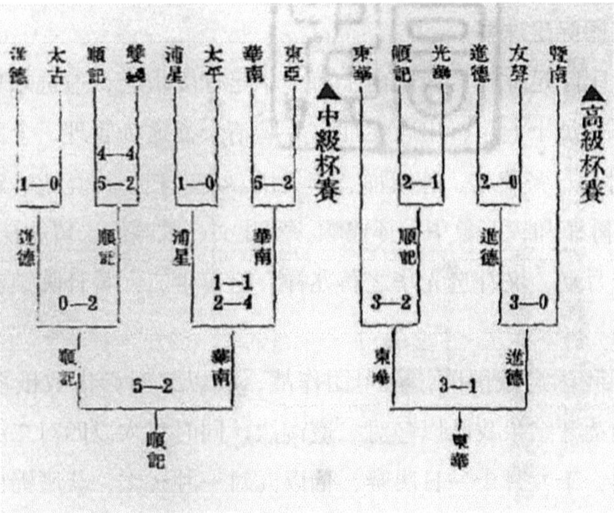

丙、港沪埠际赛

本会主办之港沪埠际足球锦标比赛，自去冬提议恢复，定于本年二月十四日为正式比赛日期，由上海队赴活靶子作战。经双方赞同后，上海中华足球委员会即着手组织沪埠代表队及准备南行事宜。二月九日乘亚洲皇后号轮船起程赴港。全队名单如左：

蒋湘青（本会代表）、余衡之（管理）、李宁（队长）、张荣才、冯运佑、顾尚勷、许竟成、刘始赞、蒋兆祥、王克厚、万象华、罗斗文、戴麟经、徐步云、薛文绣、庄友仁。

此次上海中华队赴港比赛，因选定球员如贾幼良、孙锦顺李义臣三人，均因故缺席，影响实力，致以一对五被挫于香港队，本届锦标遂为香港所得，第二场对港联，是时李宁许竟成因伤不能出场，各队员又精神欠佳，遵演成六对〇之惨败。惟于广州一役，为全军南下最努力之一幕，始得保持和局。兹将三战结果列左：

十四日	负于香港队	五对一
十七日	负于港联队	六对〇
廿一日	和于省联队	二对二

丁、上海国际足球赛

本届上海国际足球赛，我国由上海中华足球委员会，遴选东华、进德、暨南三队之优秀球员十七名，出席参加，并聘请余衡之为管理，全队名单如左：

李宁（队长）、张荣才、陈镇祥、李义臣、庄友仁、许竟成、顾尚勷、冯运佑、刘始赞、陈镇和、万象华、孙锦顺、罗斗文、戴麟经、贾幼良、徐步云。

至今年二月初，又补选光华之蒋兆祥、赵霭生二人替补陈镇和陈镇祥兄弟之缺。

初赛周，我国遇俄国队，在申团作战，我以二对〇击败俄军，进入复赛周，对手为葡萄牙结果我队以〇对二遭淘汰，同时犹太以四对二胜英国，葡犹两国得决赛权，于九月十一日决赛，葡以九对一胜犹太，获膺锦标。兹将本届全部成绩列表如左：

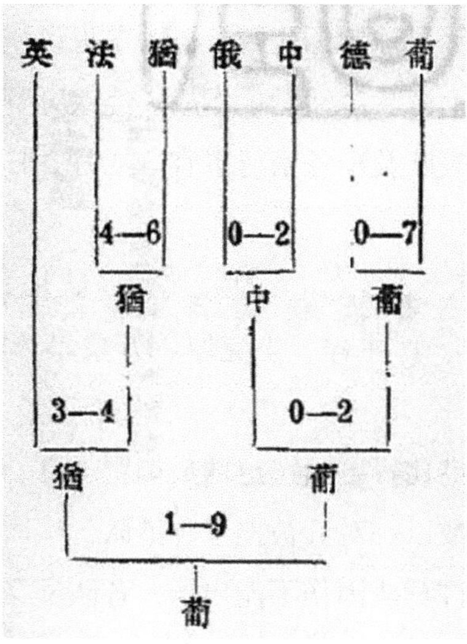

体育季刊 1937，3（2）

十二 广播

上海广播无线电事业之过去与现在

胡吉人

近世文明日进，科学之发达，几有一日千里之势，即以无线电一端而论，已足见矣。考无线电自发明迄今，不过百年，而行之于我国内者，则仅二三十年事耳。无线电除传达消息、用作交通之利器外，又得广播名人之宏论、天气之报告、市价之升降、世界之要闻，与夫悦耳之音乐等等，发音一室，播送千里，其便利为何如哉！是故欧美各国，中上之家几于家置一具。盖不特消息灵通，调剂精神而已，且大而言之，则国防之巩固也与夫教育之普及也等等，莫不需此。是则无线电之对于我人环境当有莫大之关系矣。上海为东亚第一通商口岸，工商繁盛，事业发达，故无线电之广播(Radio Broadcasting)亦已有数年之历史。其始有美商开洛公司，自建无线电广播电台一座，电力有五百瓦脱(Watt)，每日均有固定之节目，举凡演说、音乐、市价、气象、新闻等等，莫不俱备。大概中国境内，除延边诸省外，均得接收该台之播音，其有益于吾人者岂浅鲜哉！及至前岁，该公司以营业关系停止播送，乃由天和洋行、亚美无线电公司及新新公司等，为提倡高尚之娱乐并振兴无线电之事业起见，先后自建电台，播送一切音乐等等。迄至今日，除天和洋行已停止播送外，其余亚美、新新诸公司则仍照常播音。查亚美无线电公司现有电力一百瓦脱，新新公司现有电力七十五瓦脱，每日均有良好之节目。最近又有天声大中华公司，亦已开始播音。其他如个人之业余电台(Amateur Station)，目下亦有四五处之趋势。欧美各国渐近于短波播音(Short Wave Broadcatirg)，闻本埠电力公司及利达无线电公司等家均将于短时间内建筑短波无线电播音台，以应时势之需要云。

电友 1931，7(2)

上海广播无线电台的发展

——上海市通志馆播音演讲稿

胡道静

在民国二十三年的春天，上海市政府因为要宣传市政建设和讲演民众教育，因命市公用计划造一座市立广播无线电台。这计划经市公用局制好，并且由市政会议通过后，就由公用局招商投标承办。市广播电台的发射机是造在市中心区市政府大厦的后边，而播音室则设在市政府的里边：电波的长度由公用局跟交通部国际电讯局商定为九〇〇千周率(900 Kilocycles)，即三三三．三公尺。这一年的四月二十三日，在公用局开标，是由中国无线电业公司得了承装权。二十四年冬造竣。二十五年三月八日开始播音。市电台的呼号是 XGOI。现在就是从 XGO 台 I 电台放送上海广播无线电发展的历史。

各位，在一九一八年(民国七年)欧洲大战将要告终的时候，无线电的一种新的效用就在实际应用中了。德国脑恩广播电台(呼号 PON)在那时候就开始宣传德国军事消息。一面欧美各国也在鼓励提倡广播事业，美国的许多无线电公司都从事试验，到了一九二〇年(民国九年)的冬天，美国 KDKA 电台大告成功，而现代广播事业于焉敲世界之门，成为现在生活中的要素之一。

广播事业实验成功以后，不久就移植到上海来了，在一九二二年(民国十一年)的冬天，有一个美国的新闻记者，名字叫奥斯邦(Mr. E. G. Osborn)，一向留在日本，结识了一位很有资产的留日华侨张君，他就劝张君在中国筹办广播事业，得到张君的赞同，遂以华人的资本，假外人的名义，在上海大来洋行的屋顶上造了一个五十瓦特的广播无线电台，同时组织一个中国无线电公司(Radio Corpoation of China)发售收音机械。在一九二三年(民国十二年)一月二十四日下午八时开始播音。这是上海也是全中国境内的第一座广播无线电台，而这天是从上海藉电浪通过以太广泛投射声音的开始。当时还没有“广播无线电”的名称，人家都称它叫“空中播音”。

奥斯邦所办的广播事业，有几点特征：（一）他是依藉发售收音机械来维持广播事业的；（二）他们电台每天只广播一小时，从下午八时十五分至九时十五分；（三）他因为要谋事业的发展，因此竭力与上海大陆报馆联络，经大陆报代为宣传。广播的事业乃在中国闻名。我们知道，广播无线电的本身，原来也是一种效力强大的宣传工具，所以大陆报也利用他有无线电台，每晚广播新闻消息，所以这上海的一座广播电台，就同新闻事业发生关系的。

我国政府向来对于私人装用无线电是禁止的。但是广播无线电台或者因为是一种新的发明之故，奥斯邦所装电台，竟没有受到限制。可是收音用的耳机，却因为那时候海关章程列在军用品内，禁北输入，我们已经说过，奥斯邦的电台是靠出售收音机来维持的，现在既然没有东西可卖，那能支持？何况他本来也并非无线电专家，所以他的专业，不到两个月就失败了。那位张君就此平白地损耗了数万元。

奥斯邦失败以后，上海的广播举业并未因此中止。那时候南京路的新孚洋行（Electrical Equipment Company）继起经营，起初在该行楼上建设一只五十瓦特的发射机，从事广播，继又装配及发售收音机，营业很好。至于收音耳机，后来也因为美国的无线电用品公司向我国政府声述，这种机械内容简单，与军用品不同，请求解禁，遂获得自由输入。新孚洋行的电台于经营六个月之后停播，而开洛继起。

一九二四年（民国十三年）开洛公司（Kellogg Company）在上海设了一爿分行，发售电话及无线电用品，同时在福开森路建造一个一百瓦特的广播电台，电浪长三五六公尺，呼号为KRC。播音室设在江西路公司内，后来又在大陆报馆、申报馆、市政厅、派利饭店和美国社交会堂内分装播音室，都用市内专用电线使各个播音室和福开森路的发射机联络。上海自一九二三年（民国十二年）一月始有播音电台以来，至此时才有大规模的广播事业。开洛公司所备的收音机很多，所以发售时无虞缺乏，后来电台又兼营广告，所以营业最为发达，维待亦最久，直至广播电台已在上海与盛时，始于一九二九年（民国十八年）十月底停止播音。

一九二六年(民国十五年)一月，日文报纸上海每日新闻社添设无线电发送部，广播各项新闻，并放送音乐，呼号为KSMS。但不久就停止。

自一九二三年至二六年(民国十二年至十五年)上海所，有的广播电台，均出诸外人经营，除了奥斯邦电台的资本为国人者外。迨一九二七年(民国十六年)夏，新新公司因为经售大批收音机的关系，特在公司屋顶上建筑一座五十瓦特的广播电台，电浪长三七〇公尺，呼办为XGX(今改XHHC)，播送商业市况、新闻及中国音乐，为第一座国人自建的广播电台。

(在一九二七年，交通部天津无线电报局从该局的长波放送机开始播音，同年，北平电话局也建造了一个广播电台，这是我国政府主办广播事业的开始，但是民营制度已许其存在了。)

一九二九年(民国十八年)冬，亚美公司自造一座五十瓦特的播音机，以试验播音的方法，结果成绩很好。该台电浪长三三九公尺，呼号为AMA(今改XHHS)。不久，明远电料行也自建一座一百瓦特的电台，电浪长三一二.四公尺，呼号为XGMY(今改XHHF)。这是国人继新新电台而自建的两座电台。

一九三一年(民国二十年)春，上海美灵登广告公司和路透电讯社合设一座规模伟大的广播电台，发射机装在百老汇路瑞丰度上，电力四百瓦特，电浪二三四.三公尺，呼号为XCBL(后改XQHC)，名称是“Shanghai Calling”。这座电台于同年五月开幕，全日播音，并且节目众多，广告营业也很好，是当时上海的一座权威的电台。后来由交通部收买，即今日之交通部上海广播电台。

从一九三一年到一九三二年(民国二十年至二十一年)，上海民营的广播电台突呈可惊的兴旺的现象，两年之中，新建的电台几乎有了三十多座。这原因是：(一)装置收音机的人家已很多了；(二)上海事变中，广播事业会显其报导的伟大功能；(三)欲借广播电台经营广告事业者很多等。据一九三二年(民二十一年)底的统计，上海共有广播电台四十座，其中有六座是西人设立的。而新建的电台还是不断地在出现。至一九三四年(民国二十三年)底有五十四座。这现象实在太坏了，上海一个地方，拥挤了这么许多的电台，电浪弄得千扰不堪，况且有许多电台，所播的节目完全迎合低级的趣味。广播电台本来是一种良好的教育工具，而前几年在上海，几乎是要变做破坏教育的一件东西了。因此交通部在二十二年(一九三三年)开始的时候决意实施整顿。

先在一九二八年(民国十七年)，建设委员会无线电管理处就有管辖广播电台的计划。一九三一年(民国二十年)二月，交通部国际电讯局成立，广播电台管理职务由该局担任。一九三六年(民国二十五年)，国际电讯局撤消后，上海方面的广播电台，由上海电报负管理之责。

在一九三四年(民国二十三年)，国际电讯局整顿民营电台，从两方面入手：在技术方面，是校正各电台的周率，取缔简陋的设备，并且因为电周率不敷分配，遂停发民营电台许可证；在播音方面，联合本市社会、教育两局审查民营电台所播节目的底稿，标上粗俗的语言与歌曲之放送。在一九三五年(民国二十四年)中，尝取缔设备不完全的电台十三座，所以现在上海的民营广播电台已经少一点，而剩下来的都比较的精良了。

还有一件事，就是依照一九二七年(民国十六年)华盛顿国际无线电报会议的规定，中华民国治权所达的电台的呼号，应在下列字母范围以内，即XGA至XUZ。而上海方面的广播电台，因为向来未经指导查察，所以用的呼号太多不准确。譬如有用XC两个字母起首的，其实这要是墨西哥才能够用。又如西人所设的其美电台(St. Georges)，呼号为RUOK，其实此种游性质的电台是不能够用的。所以国际电讯局同时也将各电台的越轨呼号厘正。刚才我们提及的新新、亚美各电台，都说过它们前后不同的呼号，这后面的一个呼号就是经国际电讯局厘正的。

再说，交通部对于广播事业的政策，一面是进行整顿民营电台；一面也进行自备电台，广播有益社会教育的节目。一九三四年(民国二十三年)在上海收买了外国人的QXHC电台，于三月九日开始播音。这一件事情是非常有意义的，因为一方面上海多了一座公立的电台，而一方面也减少了一座外人设立的电台。外人在中国境内私设电台；本来是不合法的，所以交通部尚在继续交涉收回其他外人所设电台。

同时，市政府也感觉到推广民众教育和市政建设，有藉于广播电台，因有XGOI电台之设。现在上海已经有两座公立的电台，遂使上海广播事业改变其前十年纯粹商业化的状态，而能够确收辅助社会进步的功效了。

自《时事新报》转载

交通职工月报 1936，4（7—8）

上海市广播电台概况

在华北、华中、华南的广播网密布之下，现在可以说是十分兴旺。但是在卢沟事变以前，上海的电台共有七十余处之多。事变后，因为种种原故，现在只余二十八处，里面还有一座电台是官有的，就是“大上海电台”。

在私立电台之中，最受迎是“弹词”“讲故事”“歌唱”“话剧”“苏滩”“申曲”等。

大上海电台，呼号是XOJB，电力是二千瓦特，周率是九〇〇千周波。其他私立电台均不过在二百瓦特以下。凡有五灯收音机均能收听。现在将上海全市的官私立电台列表于下：

台名	呼号	周率	电力
中美广播电台	XMHE	720千周波	100瓦特
建华广播电台	XHHB	740千周波	50瓦特
友联广播电台	XHHV	780千周波	100瓦特
新新广播电台	XLHA	800千周波	50瓦特
雷通广播电台	XHHR	840千周波	100瓦特
东陆广播电台	XLHG	860千周波	100瓦特
大上海广播电台	XQJB	900千周波	2000瓦特
李树德广播电台	XHHE	940千周波	100瓦特
明达广播电台	XHHF	960千周波	100瓦特
新声广播电台	XQSS	980千周波	100瓦特
华泰广播电台	XLHB	1020千周波	100瓦特
中西广播电台	XHHH	1040千周波	100瓦特
亚开广播电台	XQHT	1060千周波	100瓦特

（续表）

台名	呼号	周率	电力
永生广播电台	XHHJ	1080千周波	100瓦特
新华广播电台	XHHA	1100千周波	100瓦特
大来广播电台	XMHJ	1120千周波	100瓦特
大美广播电台	XHHM	1140千周波	100瓦特
精美广播电台	XHTM	1160千周波	100瓦特
航业广播电台	XHHZ	1180千周波	100瓦特
国华广播电台	XHHN	1200千周波	100瓦特
利利广播电台	XHHY	1240千周波	100瓦特
华兴广播电台	XHHP	1260千周波	100瓦特
大亚广播电台	XHHC	1280千周波	100瓦特
天蟾广播电台	XQHG	1300千周波	200瓦特
金鹰广播电台	XQHK	1380千周波	100瓦特
民声广播电台	XMHO	1420千周波	100瓦特
华英广播电台	XHHD	1440千周波	100瓦特
两友广播电台	XQCT	1460千周波	200瓦特

立言画刊1940（86）

上海各广播电台管理状况

郁秉坚

一个电台应该分成三层来讲：（一）设证电台，这要按规定条例，呈请行政院核定，才能设立。（二）技术是否合格，由电讯局到电台检查。（三）节目，由中央广播事业管理处和广播事业执行委员会负责。

胜利后到现在电台设置情形和上海电信局的管理状况，报告如后：

抗战胜利后，中西民营及党团军政机构竞设电台，数量日增，广播波带拥挤，且机器大都临时凑配，异常简陋，以致波带过宽，互相干扰，发音粗劣，不堪收听。至卅五年三月，本局始奉颁广播电台设置规则，首先办理公私电台登记，作为初步整理。查各台遵令登记者计一〇六家，即由本局会同警备司令部警察局，派员分别实地查验各台之发射机及其播音设备等实况。但机器设备良窳不一，及由三方面会同勘定等级，列表呈报交通部，经奉核暂准播音者，计中华自由、亚洲、合作、金都、民声、九九等六台；经饬收善机械后暂准播音者，计中国文化、建成、大中国、大同、新声、新沪、合众等七台；又在抗战期间不甘向敌为登记自动停业之电台，特准优先播音者，计亚美麟记、大陆大中华、东方华美、元昌鹤鸣、福音等五台；嗣又奉准播音者，计有新运大美两台。以上二十台均系每两台合用一个周波，轮流播音，以减周波拥塞干扰之弊。只有新都一台奉准仅供市参议会开会时播送会议节目之用。会议闭幕即行停止播音。又前中央广播事业管理处所设之上海广播电台，将改为民营，隶属中国广播公司，现正在依法组织申请中。此为光复后整理各台获致空中秩序之大概情形。

至卅六年四月间，私自播音者又有增加，爰于四月底邀请淞沪警备司令部及警察局会商继续取缔办法，计自五月至八月份止执行查封者有中韩文化等十二家及自动停播之凌云等五家。此外自八、九两月份起，新运大美丽台先后奉准参加轮流播音。其间有已经封闭之电台数家，又更名出播且偶有冒名出售劣货情事，乃于十月间再度召开局部三方联席会议，即于十月底及十一月初会同军警取缔不法电台七家。兹因本市电台情形复能，虽迭经取缔，迄未纳入正轨，致奉准播音之电台颇受影响，因之啧有烦言。故于十二月间召集广播业公会理事诸君，来局座谈，说明本局整理电台之经过情形，并叩询该公会会员疾苦，以免隔膜。卅六年底，本局曾取缔建军、军民、陆总、军声、混光、青声、民本、民粹等八家。至于不法之徒，私设电台，专以滥招商业广告，冒销劣货牟利为目的者，现仅绝对少数，不久可望肃清。广播专业为宣导法令，发扬文化，启迪民智之工具，当非徒以招揽商业广告，企图营利为主要业务。而环顾今日各台节目内容，大都倒果为因，非特民营电台颇多侧重商业节目，即公营电台私播商业节目者亦属不少，前略举数点，深望各台自动改进者如下：

（一）节目方面，应侧重教育文化。关于教育传授，以及歌曲唱词，音乐剧词等节目，务取崇高主义，虽通俗而不伤大雅，摒除一切有碍风化之秽亵制词曲，尤望教育当局，出而协助整饬，以正风纪。对于商业节目，应力求减低份量。目前商业节目，播送一户广告甚至有占时达十分钟以上者，三四户广告同时播送，则占时尤多，且播读广告词句喋喋反复，竟如僧尼诵经，徒使听众厌倦，而改听他台，于是广告之效力全失，而商家已受骗，枉费损失矣。昔交通部电台接收各种宣传广告节目，每户仅限播两分钟，每半小时播送一次，每次同时限播三四户，仅占时六至八分钟，今后各台似宜仿此，接收重质不重量之精简广告，虽占时短而收效大。如一意滥接冗长之广告，不受听众注意，乃属自欺欺人之举，愿各台有以改进之。

（二）查各台机器大都尚未尽精良，结果不能消除副波之发生，波幅之宽扩，交流声之宣嚣，非特发音不能悦耳，而互相干扰亦为常有之事。如技术方面长此因循不图改进，任听上海广播电波混杂无序，有碍国际观听，而贻邦家之羞。凡我无线电技术界，亦自问惭恧，尤愿各台负责者痛加警惕，注意改进焉。

影音 1948，7(2)

十二 电影业

上海之电影事业

西　神

上海社会近流行一种新事业，公司组织已有五六十家。投资之勇、进步之速，几与前此交易所盛行时相仿佛。而潜势力之抗进，尚不知其达何限度。潮流之下，产此骄儿，殆亦上海人好奇惊新之习惯有以养成之欤？顾草创之始，设备诸多缺漏，最困感难者如演剧人才。因人才之缺乏，而所制之新片遂不免有敷衍将就之病，与欧美各国来华之片相较真觉瞠乎其后。以布景言，若《月宫宝盒》《红绿眼镜》之离奇神秘，无有也；以武艺言，若《侠盗鲁宾汉》《三剑客》之呼风叱雨，无有也；以情节言，若舶来品之《侦探长部》，变幻无穷，缒幽凿险，忽而玉笑花香，忽而风盲雨怪，怵目刿心，哀乐无主，乍观数幕，若鲠在喉，必观完全部知其结果以为快，此种左右人类感情之名剧，亦无有也。年来各公司所出之片，大都取材不出于短篇小说，描写家庭细致、社会黑幕，虽不落花园赠珠、才子佳人、由离而合之窠臼，而剧中亦终必设一女角为之主要人物。其能稍示象征，以讽世警俗为揭橥，孝义节烈，仍不出于旧伦理之范围，则已能博得社会之欢迎声，万口一词，指为良片。而其剧中人物，举动容止宛如置身新剧舞台之上，若此者已为影片明星，舆论一致称美，演者亦深喜自负，意谓此事固非乃公莫属也。颇闻某某公司创办之初，四处张罗，仅得七八千金，勉强成立，亦已负债累累，未几一片告成，其价值不外乎前述诸端，而以中国自制之片，稀如星凤。社会上骤得饱其新奇之眼欲，一人曰佳，百人和之，下里巴人，唱遍全国。于是该公司之片风行一时。继此而出之片，情节犹是也，人物犹是也，严格绳之，不翅粟陈碗脱，而其片竟不胫而走，南洋各埠争先定购，其势力骎骎乎由国内而及于国外，公司营业因以大振。今且巨厦连云，演员如鲫，玻璃之屋，耀晶莹玉，表里通明，裒然为中国影片公司之巨擘矣。该公司既尝试成功，接踵而起者乃如雨后箨龙，春雷启蛰，亭亭玉篠，转瞬凌霄，美哉观乎！可叹止矣！虽然，此种现象仅系一时冲动之结果，国人热度夙以五分钟著称，今虽降格以求，冀慰饥渴，故如某书馆之片，某公司之片，绳愆纠谬，颇多不满之论调，而其获利乃如操右券以合左券。惟苟长此因循，无显著之进步，则或且终归失败。但观爱普庐、上海大戏院、卡尔登·夏令配克等剧场，每演一外国来之新片，举埠若狂，座无隙地；而吾国自制之影片乃必迟迟又久而出一片焉，又久之而后出一片焉，此一片者其或佳或否，批评且不能一致，此消彼长，中国新片之不能与外国新片为长足之竞走，事固明甚。实则外国新片有一天然之缺点：中外风俗习惯不同，彼之所好未必即吾之所喜。又如滑稽之片，在西方之人，以谓方朔再世，齐赘复生，笑口大开，冠缨索绝者，至东方之人对之，竟有不知其命意所在者矣，遑论欣然浮一大白乎！故以吾东方之人，演东方之事，自制新片，自编剧本，及此潮流汹涌之际努力为之实为一良好之机会。惟组织之始，苟完苟备，势不能尽取西方之新片而代之，故对于舶来佳片，殊有研究摹仿之必要。鄙意影片人才属于专门之一种，亦犹吾国之演旧剧者，嚼征含宫，运腔炼气，一板眼之微，一字音之细，皆有精严之律令在内，必日锻月炼以蕲至合乎度，乃至一举手一投足之劳亦有精严之律令在内，不能稍易分寸。西方之人从事于此历百年，所故其表情之深刻、奏技之矫健、设备之完备、布景之生动，皆非吾东方之人所能一蹴而几，更非一二新剧之人才所能毕乃能事。当此发轫之始，一方宜精研吾国之国粹，一方宜尽力介绍两方之艺术。若《月宫宝盒》等片中之布景，限于财力，一时或未必即能萧规曹随，至若情节稍简，而又与吾国社会习惯相同者，则务当悉心体会以备参考。余近见一片，原文名 *Charge it*，意即记账之意。片中描写一妇人记账之害，可谓神妙直到秋毫颠。吾国社会亦有此种习惯，内地或不尽如此，若上海妇女则多为虚荣心所蛊惑，往往日高春而起，对镜匀妆，日加酉而出，汽车钻饰，休于饰绣之肆，珠宝之铺，任意取携，一度所费足抵中人之产十家，濒行惟报以一声记账，肆中人足恭逢迎，若在上安琪儿之乘彩云而下降也。当此妇挥霍快意之时，正其夫绞脑剜心、遑急到死之际，而此妇不顾也。收账期届，惟向藁砧索钱价账，以示其豪华气慨，至其夫之能否担负，亦不顾也。于是遂有多少之可怜虫，甘为玉镜台前之奴隶，留仙裙下之臣仆，行险徼幸以博得其家人之欢笑，而名誉破产者有之，人格破产者有之。举社会上无量数之罪恶，或皆由于媚内一念而起。试一番报章所记载，此种材料几于触目皆是，随手拾来，不烦苛索，甚有己之资格不足以取信于人，使“记账”二字出于其樱桃素口之中，则必转辗请托，或张冠而李戴焉，或暂假其取货之账折，驱车而往，捆载而归，入门笑语，满面春风，似有此豪举，亦足以骄其邻人仆御者。此种记账，尤极可怜而又可笑。*Charge it* 一片，于因记账而发生之恶环境，处处示以深刻之印象。尤奇者，此片若专为吾东方人说法，世有顽石，亦当点头。主演者为扬会宾女士（Clara ctimball Yonng），其所演之片来中国者，此为第一种。国人或尚未知其名。实则此无名之女英雄，正不让宝莲、梅丽、帔客馥等之专美于前也。兹将其剧中大意介绍于下：

露兰丝夫人，小家碧玉，风貌若似，而尤善治家。露兰丝供职于一公司中，月入差足自给。露兰丝夫人辄以日用之余，积贮于一小扑满中。洒扫烹饪而外，种草栽花，园庭中红柴芳芬，恍若众香国里。绿阴深处，植木为架，置空中悬椅于其间。每当星初月午，伉俪并坐花前，娓娓情谈，神仙眷属不啻也。一日，露兰丝躬执刈草机芟夷庭中之草。露兰丝夫人手扑满示之曰：“吾爱，此中满矣。罄其所有，足购一红泉白石、水木清华之小园，何若此劳劳为？”露兰丝感谢其妻之美意，同至一苹香俱乐部中晚餐。因此一往，孽根种矣。盖不见可欲，共心不乱，露兰丝长日伏处于田园生活之中，尘世纷华，都未梦见，一旦身入软红，目击此繁华靡丽之境，不禁心荡魂摇。此苹香俱乐部者，又为著名之销金窟，笙歌长夜，不醉无归。绕露兰丝夫人之前后左右，皆为跳舞之情偶。鸳鸯卅六，蝴蝶一双，鬓影衣香，薰人欲醉。露兰丝夫人至此，惟有脉脉含羞，低首不语。露兰丝之老友贝君，以掮客起家，睹状知旨，因劝露兰丝购波兰煤油公司之股票，谓“此公司甫在经营，获利无待蓍蔡，果君为此中股东者，转瞬即为富家翁，亦可来此俱乐部一占风光矣。”露兰丝以无资辞。露兰丝夫人则心乃大动，力黝其夫，说“有扑满之金在，盍不尽以入股？”兰丝乃签字畀贝而别。俱乐部之理事曰汤姆，年少而诈，巨猾也。长日鲜衣华服，为采花之蝶，尤喜猎他人之艳妻，为其暂时之配偶。不居家主之名，负担一切生活之费；而有家主之实，极尽玉软香温之乐。汤姆于此，每深自得意，谓世间女子何皆冥顽不灵，堕吾彀中而不觉也？自见露兰丝夫人，汤姆复百出其技以相尝试。露兰丝夫人为汤所惑，视苹香俱乐部若天堂乐国，神魂萦绕，无刻不思。当露兰丝入股后，不数日，汤姆至露兰丝夫人家中相访。晤谈正惬，贝君忽疾驰而至，报告公司中骤获巨利，贤梁孟之幸运至矣。露兰丝夫人大喜，即与汤姆日至苹香俱乐部跳舞为乐。夫人之女友曰杜娜，起居服饰俨如皇后。睹露兰丝夫人骤致巨富，备极亲昵，某衣以何种为佳，某饰以何式为合，指示周详，且偕露兰丝夫人日至店中选购。购定则主占中人曰："此露兰丝夫人也，新以煤油起家。"店中人殷殷招待，惟恐失夫人之欢心。夫人复聒诸其夫，使与各店订立记账之办法。于是露兰丝夫人日必招摇过市，一衣之费需若千镑，一帽需数十镑，一鞋之费亦如之。月终各店至其家收账，为数乃大出露兰丝之意外。露兰丝者，起自寒微，一文不肯浪费，至此忍痛为之偿付。夜间候露兰丝夫人回，将致规劝，而夫人在苹香俱乐部中与汤姆浓欢密爱，不忍遽别。露重衣单，风寒袭体，始缓缓歌归去来。抵家，露兰丝即郑重致语，谓煤油公司未必可靠，以后幸勿再事挥霍，浑忘牛衣对泣时情景。伉俪间因此起有微波。经此一度之决裂，其后乃时时勃溪。杜娜有女婢玫瑰者，心醉豪华，尝窃杜娜之衣饰，被逐而出。乃至露兰丝夫人家，日以奢侈之事，惑其主之观听。露兰丝夫人视为知己。玫瑰之父执役于汤姆家，笃信宗教，力反其女之所为，时加训教，玫瑰终不肯从。露兰丝夫人与其夫之感情愈趋愈远，终乃不得不实行分离，于月夜奔至汤姆许。不意汤姆正与杜娜为临时夫妇。杜娜睹露兰丝夫人至，妒心大发，面斥露兰丝夫人昏夜淫奔之无耻。而汤姆亦不复如前此之亲昵，顿食前言，请露兰丝夫人重圆破镜。夫人至此方知受愚。进退两难，独居旅馆中。见报载旧金山一富室招请看获妇，乃前往应征。不两日即被逐出。泊凤飘鸾，穷愁潦倒。复至一晦新俱乐部，竟当揩洗杯盘之贱役。酒阑灯灺，追想前尘，悔恨欲死。而其夫露兰丝一念之愤，遽赋离鸾，独掌家政，饼焦于炉，粥溢于釜，亦时有微时故剑之思。一日，露兰丝夫人在晦新俱乐部中，见一雇用之舞女中疾而晕。夫人扶至卧室，为任看护之劳。视其人，即前婢玫瑰也。玫瑰告以醉心豪奢，一再堕落，更以不听其老父之言，痛入骨髓。露兰丝夫人乃为电致其父。父接电后，立至旧金山相迓，并以露兰丝夫人之近况告露兰丝。露兰丝颇以夫人之不贞为虑。会玫瑰之父藏有杜娜留于汤姆处之饰物，力白露兰丝夫人之未尝失身于汤姆。露兰丝乃尽释前嫌，往迎露兰丝夫人归家，重圆其鸳牒焉。

片中情节大略如此，而处处用陪衬之峰，渲染映射，贝见匠心。余谓此片正如读美国欧文小说，虽无奇峰峻岭，出人意外，而冲夷淡荡，一往情深，正复深入人意想之中，所谓平远山如蕴藉人者，庶几相似。片中格言甚多，如云“世间男子生利之速，往往不敌其夫人挥霍之快”“鲜衣华服，可以妆点美人，亦可以毁坏男子”“不记账之时，虽购一廉价之物，亦为细细盘算，踌躇复踌躇；独至记账以后，则并其价目之标记亦不一观，辇负而归，宁置而不用，不可见而不购”“尔以煤油公司为稳可赚钱之事业，不知天下事多误于此稳之一字”“露兰丝者，无美不备，所少者独金银耳”。以上各语，皆可发人深省。吾中国人中此虚荣之毒者正复不少，逆料此片问世以后，必可博得不少之同情心。各影片公司苟能注意于类似此种之片，截长去短，加以上海社会无奇不有，其足为影片中之好材料者俯拾即是。诚能以西方惊人之艺术，宣传吾国颠扑不破之学理，则银幕界上必可放一异彩，补教育之缺点，洗社会之污浊。国人视此，必有如布帛菽粟不可须臾离者，岂仅引为无上之娱乐品而已哉？不佞亦癖于影戏之一分子，愿吾国影片之日新月盛也。故敢以此说进，不审读者以为何如？

新上海 1925（1）

十四 图书馆、博物馆

东方图书馆开幕

纯

商务印书馆故有之涵芬楼，二十余年来搜罗书籍，竟达十数万册。原备编辑参考之用，因主其事者鉴于沪上为通商巨埠，黉舍林立，人口已达二百余万，认为有公开图书馆之必要，乃于宝山路商务印书总馆对面另建规模宏大之东方图书馆一所。落成于十三年春，筹备两载，于本年五月三日始行开幕。所有涵芬楼积年藏书，完全移置于此，供社会公众阅览。该馆建筑共分五层，占地面积二百方丈。全体用钢骨水泥筑成，用费约八万余元。末层为商务印书馆出品陈列室、寄存物品室、签名处售券处。二层为阅览室、阅报室、办公室等，阅览室内设有自由取阅架，计普通参考书数千册，任人自由取阅。三层为商务印书馆出版图书保藏室、涵芬楼珍藏善本书陈列室，该馆精华尽在于此，室内列玻橱九座，内藏均希世之珍：第一二橱宋本经史子集，如《周易》《通鉴纪事本末》《说苑》《陶渊明集》等；第三四橱元本经史子集，如《陈氏易传》《后汉书志》《农桑辑要》《王右丞集》等；第五橱明版书十五种；第六橱陈列清藏书家黄尧圃之校本十八种，均有题跋；第七橱为名家批校本，如王念孙所批《楚辞》、王引之所批《杜诗会粹》、毛斧季所校《鲍氏集》、翁覃溪所校《庚子消夏录》、卢抱经所校《能改齐漫录》、孙渊如顾千里合校《说文解字》等书；第八橱为清考据家何义门顾千里之校本十四种，均有题跋；第九橱陈列明《永乐大典》、清《四库全书》各数本。室外亦设有玻橱四架，其一陈列各家精抄，如汲古阁毛氏、绣谷亭吴氏、文瑞楼金氏、知不足斋鲍氏诸家抄本；其一陈列古今奇书，如明天启间所刻《西儒耳目资》《万氏直音聪纲》等书；其一陈列各名人手稿，有毛子晋、吴梅村、孙渊如、陆赤先、吴兔床诸家手写稿本及其朱笔标点批注涂改等书；又其一陈列古本蝴蝶装宋元明本书各一。四层为中西文书库，可容书四十万册。计藏庋中文书十六万册（均改订洋装并成四万余册），东文书一万五千册，西文书二万四千册（内英文书约二万册，法文书二千册，德文书约二千册）。中置书架十九列，每列十架，每架九层，两面置书，中西文书均直放架上，书脊向外，脊上标注书名号码，以便检查。归置次序，则以该馆王云五君所订中外图书统一分类法为准，兹特举其要点如下：（一）无论中外新旧书籍，凡能括入杜威分类法而比例相当者，以照杜威法为原则。（二）凡中国独有或特多之书籍，杜威原法或无相当类号可以容纳，或仅纳于不重要之类号中者，特增若干新类号分别销纳之。此项新增类号，概冠以[+]号，使与杜威原号有别，且不致变更原号。（三）凡新类号分别位于杜威原类号性质相类者之前。（四）经史子集一律打破，按其性质归入相当类号。至其片目检字法，除分类一种系按类号顺序检查外，其以书名著者为主之各种卡片则须按字检查，其排列法亦王云五君所发明名为四角号码检查法（其法见东方杂志二十三卷三期）。办事人置身书林之中，能于最短时间检得所需书本，便利可知。五层则归置杂志报章与图照片等件，中西各种杂志共八百种，约装订一万册，中西报章三十余种，约装订一千五百册，地图二千幅，各种照片约一万张。上下均以升降电梯，其建筑之宏壮，藏书之丰富，已可想见矣。开幕之日参观者约千余人，闻以学界新闻界为最多，政界为最少云。

图书馆学季刊 1926，1（2）

国内学术界消息之 2. 上海合众图书馆筹备近况

江南藏书，古今称富。历兹浩劫，摧毁殆尽。沪滨一隅，仅获保其万一，可胜痛惜。张菊生（元济）、陈陶遗、叶揆初（景葵）三先生，有感于是，乃即在沪有图书馆之组织。搜孑遗于乱离，征文献于来日，冀集众力，以成斯业，因命名曰合众图书馆，亦众擎易举之意也。叶先生首将藏书悉数捐赠，其最精者为稿本，若顾祖禹之《读史方舆纪要》，张惠言、成孙父子之《谐声谱》，严可均之《全上古三代秦汉三国六朝文》，皆可订正通行之本(《谐声谱》叶先生已为印行)，诚人间至宝也。又蒋抑户先生(鸿林)亦愿尽出所藏，以示赞助，数量甚富，四部兼备，又多清代精椠，昔钱塘汪柳门先生(鸣銮)藏书大半归之，弥足珍异。现已设立筹备处，以利进行。拟一面编纂目录，分卡片书本两种，以资在馆内外检阅之便。一面校印前贤未刊之稿，嘉惠后学，并广其传。所谓风雨如晦，鸡鸣不已也。

燕京学报 1939(26)

上海合众图书馆之创设

军兴以来，江南藏书，大遭浩劫。沪滨仅获保其万一，良可痛惜。张菊生先生等有感于斯，乃邀聚士林同好，作合众图书馆之组织。征集文献，广收典籍。现已着手筹备，计划编藏，颇得各方之赞助。入藏中有清代名人秘稿甚多，如顾祖禹、张惠言、严可均等著述稿本，皆可订正通行本者。其他精椠之本亦不少，嘉惠学者匪浅，该馆尚拟校刊前贤未刊之稿，以广流传。馆址在上海辣斐德路六百十四号云。

图书季刊 1940，新 2(2)

图书馆在上海

宇文丰

上海在中国的文化上，是一直处在领导地位的。就是现在，也还是这样。创立公共图书馆是文化都市必备的条件。感谢前人们辛苦的耕耘，让这块本来异常贫瘠的土地上也开长了不少美丽的小花；也感谢上帝，这些美丽的小花没全受到风雨的摧残，而还存在了一部分，让成千成万的需要知识的人，虽在严重的精神食粮恐慌下，还有聊以解渴的所在，这也许还算是幸运的。

公共图书馆事业在上海，正和其他公共事业一样，历史还不算悠久，在今天，让我们再回忆一下那些已成为历史上的名字：

一页简单的历史

不想提远的，让我们只打十年前说起。

十年前，该是图书馆事业非常发达的时期，在现在，再来略微地提起一下那时候的一些图书馆们，我想，该不是没有意义的工作吧。

一、申报—量才—丁香—新亚

首先，我想提到申报图书馆的名字。申报图书馆创办在二十二年春天，开始时候，规模并不大。可是不到一年，成绩惊人，本埠读者已在七八千人以上，每天借出图书在千册以上。并且在《申报》上每日登载“读书问答”，切实地回答一班知识青年的读书上的一切问题，在二十三年五月出版了《读书问答集》第一集，很受读者的欢迎。

可是，在这时期，遭到一件很大的变故，就是《申报》总经理史量才先生的被刺，这跟申报图书馆本没有什么大的直接关系，但其后，《申报》方面为了专心致力报纸方面，不得已在二十四年七月卅一日宣告将流通图书馆及业余补习学校，妇女补习学校宣告解散。

申报图书馆解散后，自然在公共图书馆中失去一支铁军，这是整个文化界的损失，为了补救这损失，并且也为纪念史量才先生，由当时文化界名流王云五、潘序伦、李书绅、刘湛恩、徐新六、陶行知、李公朴等人组织临时董事会，承申报图书馆之后，改名量才图书馆（其他两个补习学校也改名量才）。地址还是在大陆商场三楼，读者增加到一万五千，书籍有四万余册，读者增加到一万五千，书籍有四万余册，读书指导部也照旧工作，并且另行开辟了阅报室，在阅报室里还有一张壁报，阅者可以随意发表自己的意见，这在当时，确然可以说是创举。

量才图书馆是学生和职业青年群的宝库。在缘起上，就这么说：

> 在上海，虽然学校林立，然而为了环境的限制，没有机会求学的成人和青年，为数亦当至巨，即就全上海的工商界的店员、工友学徒，加以统计，其数之巨，应亦可惊，这一班失学者，他们是迫切需要着知识的食粮。无论是就他们将来的生活而言，或是工商界业务而言，更远点即就整个社会的福利而打算，利用他们的闲暇，使他们能得到一点读书的机会，

灌输他们以种种的常识，以增进其生活技能和对社会服务的效率这便是量才流通图书馆创办的动机。

在这个动机下，确是与无数失学的青年们以莫大的帮助。

量才的藏书，最多的是社会科学，例如社会进化史、社会问题、社会运动等，其次是哲学、文学之类。

民国廿五年秋，量才图书馆馆长李公朴被捕。被捕的原因，据当时社会局长潘公展的话是“未能教导学生安心读书，反专门训练青年游行示威，殊非教育之道”。但量才图书馆不得不因此改组，增加董事，由杨虎任董事长，当然一切情形和以前两样了一点。

接着八一三战事发生，量才因此停止，美星烟草公司再向申报馆接办，改为丁香图书馆。接着不久又让给新亚药厂，成为新亚图书馆，由潘仰尧任馆长。

新亚在开始二三年间，举办的事业真不算少，除了读书指导部照旧设立外，还先后创设了知识讲座、送书部、农事研究会、学术演讲、旧书服务部。

一直到现在，新亚在图书馆中还有它不能动摇的地位。

二、涵芬楼—东方

东方图书馆在有一部分也许陌生，可是，东方是中国历史最早的图书馆。在四十年前，光绪三十年的时候，开始创设，附属在商务印书馆的编译所，那时候还叫涵芬楼，收藏也只注重于国学书籍和稿本、孤本。到民国十三年，王云五继任张菊生之后为商务总经理，正式成立为东方图书馆，因为有商务印书馆充足地供给经费，几年之间，规模大备。到民国二十一年一·二八战争以前，已成为中国唯一最大的图书馆，藏书五十余万册，外国文的就有五分之一。

一·二八的炮火，东方图书馆全部书籍毁于一旦，也许老上海还能记得，当时闸北大火的时候，租界里还有纸灰飘下，这些都是东方里的书籍。这次损失简直不能以金钱计算，也是世界文化史上莫大的浩劫。商务方面，感觉到东方被毁后，关系社会、文化、学术很大，于是组织了东方图书馆复兴委员会，进行复兴工作，由胡适之、蔡元培、陈光甫、张菊生、王云五等负责。

复兴委员会成立后，很引起国际文化界的重视，于是先后有德国文化救济会、德国东方学院、柏林中国学院、法国公益慈善会等先后捐赠四千余种，渐渐地恢复了旧貌。

三、市立图书馆和文庙图书馆

到过市中心区的人，都还该记得那些富丽堂皇的伟大建筑和那些建筑中之一的府前右路上的大图书馆。这市立图书馆在民国二十三年九月开始建筑，同年十二月一日举行奠基典礼，市长吴铁城亲自奠置基石，占地面积一千六百平方公尺，采取现代建筑和中国建筑的混合式样，并且利用防火防湿的材料，采取通风透明的装置，全部建筑在二十四年十月完工。经过布置和设备，在二十五年五月一日宣告成立，同年九月一日全部开放。这是市立的第一所大图书馆，它对于上海的教育和文化建设将负起极大的推用职能。第一任馆长是洪奎先生。

市立图书馆为了专门学者们研究的便利，特辟了研究室，专门供给学者们借用，研究者凭研究室座位证，可以有一张书桌，附钥匙一把，可以继续来两星期。

有一些微小的缺憾，就是为了在闸北市中心区，路途遥远，租界的人来去不大便利，所以，每天阅览的人数并不比租界里的一些图书馆来的拥挤。

八一三战事发生后，市立图书馆迁移到后方，重要图书由馆长洪奎分装四十二木箱，借储在震旦大学。

除了闸北的市立图书馆以外，还有一个市立的，在南市文庙，就是文庙图书馆，并且因为地点的适中，交通的便利，每天到文庙图书馆去的人，总是络绎不绝，座位常是客满，楼上的杂志室和阅报室，更是拥挤，到文庙图书馆去的人，大概有三种，一是附近大中学的学生，二是找寻参考书籍的中小学教员，三是失业知识分子。在当时南区没有公共图书馆的时候，文庙图书馆确是尽了它的教育民众的责任。

四、人文—鸿英

在民国十三年七月，黄炎培、马隽卿、史量才等组织了人文社，一部分工作专事选辑史料，名“人文类辑”，到十八年由钱新之等捐助经费，创立人文图书馆，二十一年计划建筑馆址，预算费用共需四十万元，并且规定了如有私人独力捐助的时候，可以用人名作图书馆名。叶鸿英先生捐了五十万元，于是改名叫鸿英。

鸿英图书馆本来打算在法租界西段或虹桥路一带建筑馆屋，馆址决定后，在附近地方，设立民众图书馆，专供给平民阅览，受了战事的影响，这些年来，几乎处在停顿状态，到现在为止，在霞飞路上的还只是鸿英图书馆的筹备处，正式的鸿英还没成立呢！

五、其他

除了上面几个较大的图书馆外，在战前和战后的一二年间，还有不少不少的规模较小的公共图书馆，这里不打算再详细地介绍，只想略微地提一下它们的名字：

（一）市商会图书馆（市商会创办）；（二）蚂蚁图书馆（由蚁社创办，成立在廿四年夏，比较大众化的）；（三）上海义务流通图书馆（由一些热心于社会服务的青年创办，成立在廿四年六月，完全义务性质）；（四）法宝图书馆（由叶恭绰氏创办，成立在廿六年四月，为中国首创之佛教图书馆）；（五）友淑图书馆（由前新华艺专校长徐朗西先生亲友为纪念徐夫人王友淑女士而创办，于廿四年十月间成立）；（六）航空图书室（由航空建设会上海分会创办，成立在廿六年一月，提倡研究航空学术）；（七）沪东民众图书馆（由沪东公社创办，成立于廿六年夏，是专供沪东民众阅览的）；（八）相伯图书馆（成立于廿五年）；（九）上海图书学校（由李石曾、吴稚晖等创办，成立在廿三年）。

以上的这些大大小小的图书馆，是过去的光荣的记录，看到当年的盛况，我们多想再恢复旧貌啊！

现在的几家图书馆

经过了八一三的战火，又经过了十二·八的炮声，上海的公共图书馆已远非昔比。据申报社会服务栏在民国卅一年关查，已经只剩了新亚、青年会、中华业余、海关、博物馆、进修、鸿英、明复、震旦、工商局几家，这不能不说所示知识分子的一个严重打击。现在把这几个图书馆再稍为介绍一下，好在许多读者一定早已熟悉，用不着详细介绍的。

（一）新亚图书馆

新亚自从申报和量才以来，一直没改变过地址，始终在慈淑大楼三楼。藏书最为多方面，几乎各种书都有。每次只可借一本，一星期归还，需要延长者可以申请展期。为了借书的人多，常有许多书不易借到，每次同时要开一大批书名。流行的书如巴金的小说，以及邮政考试期间的邮政书，都是极不易借到的，往往开了许多，而仍然借不到一本。书价的高涨，使新亚很少添购新书，这可说是件憾事。并且，据我个人经验，新亚的书籍最不整洁，书上往往有乱涂、批评、谩骂和其他无谓的字句，读者似乎不大注意到读书的道德。其实这也有它的原因，因为新亚的读者大多数是学生和商人。

（二）鸿英图书馆

谁都知道，要找史地方面的资料，鸿英所示唯一的好去处。地方志仅仅次于海关，报章杂志的收集是鸿英最大的特点。鸿英自民国十五六年开始收集十五六年以来各地各种的杂志，不论出版的地方，不论杂志的大小，只要不是闲谈趣味而有文献可征的，全部收罗。民国十五六年以前的杂志也设法收集了不少，著名的各地的大小报，以创刊号一直到最近都有，有许多一度流行的书籍，有的书店停闭，有的绝版，成为孤本，鸿英都有，只是都不能借出馆外。鸿英到现在还是在试行开放期间，所以门口没有招牌，到那里去的人要认清霞飞路白赛仲路口一四一三号，看见黑漆大门也不要怕，这不是什么大公馆，只要敲门，会有人来开门招待你进去的。

（三）市立图书馆

原名工部局图书馆，本来由公共租界工部局管理，所以设备完全，常常增加购书经费。地址几度迁移，才固定在四马路五六七号小菜场四楼。交通比较便利。藏书中国文书比较少，最近才大批购进商务的国学丛书，所以对国学入门最是适宜。译文小说非常丰富。万有文库、四库珍本，工部局也有，每次可以借两本。科学工程方面的书籍那边最新，西文杂志合订本能出借者也只有此地。借书用借书卡制度，用机器盖印号码，在管理上得到相当的便利。阅览室的宽敞、整洁，分类的缜密，可说都是特色。

（四）中华业余图书馆

中华业余本来一直在爱多亚路浦东大楼七楼，最近迁移到华龙路中华补习学校楼上。藏书以中文为主，大多是比较新的书籍。文艺创作、剧本，以及一般社会科学比较别的图书馆来得多，读者也是以学生和职业青年占最大多数。定价低廉也是一个特点，并且还优待清寒青年，可以免费借阅。在这些地方，中华业余对帮助年青人学习上是有着不小的功劳的。

（五）震旦图书馆

震旦大学附设的图书馆。有很适宜于阅书的环境，四周辽阔，空气新鲜。阅览室非常宽阔，光线也极明朗。每天读者相当多，但借出书须要缴临时保证金，价格跟着书价的高低而不同，这办法对于读者多少不大便利。文献的收集和通志资料的网罗是震旦一贯的方针，一切法文书籍，搜集最多。杂志震旦很少，仅有著名的几种。丁氏文库和李氏丛书加入以后，震旦已成为丛书的洄薮。自宋朝的百川学海以至明清的许多著名的丛书，应有尽有，此外还有一部万有文库、四库珍本、四部丛刊备要及其他各科书籍。比较多的是医药方面的，也是研究国药和医药最好的地方。

（六）海关图书馆

海关图书馆在寂静的新闻路上。藏书以经济、商业、统计等资料为大宗。其次是地方志，在上海各图书馆中算最丰富。此外关于掌故的也很多。丛书以清代的刻本为多，如《安徽丛书》《汪氏丛书》《冒氏丛书》等。中西文的人名录也是他处不常见到的。杂志偏重于清末民初出版的，如《新民报》《甲寅杂志》《新青年》等都有。但一般地说来，还是以西文书籍占多数，为了这，所以读者也并不十分多。

（七）明复图书馆

明复在亚尔培路五三三号，附设于中国科学社。所藏的图文书，有些极普通的书常会没有，有些极不易见的却可以见到。有些学术团体赠来的小册，外间往往缺乏，在明复却可以见到，大抵以数理、工程、化学、机械、纺织几方面的比较好，西文书也不少，不但数理工程很丰富，就是传记、小说等类也很可观。西文的期刊也很多，如理化工程的学报之类，对经营实业者很有用处，并且有全部的《科学》和《科学画报》。

（八）近代科学图书馆

在四川路福州路南，虹口青年馆还有分馆。书的来源，一部是从东京运来，在日本方面向一个日本出版株式会社采购，由日本图书馆协会转发，一部分在本埠采购。近代创立在民国二十五年，书籍以日文占大部分，大约有一万五千本，中文的有五千本。据馆方的统计读者借阅的书籍中，最多的小说，这是学习日本语的捷径，其次是辞典，第三是日本语研究，而且也因为在中国最近所发生的国语统一问题，所以对言语的兴味比较浓厚。

（九）青年会图书馆

青年会图书馆设在青年会二楼上。书并不怎么多，但却都很实用。这中间以文学、史地和社科会学比较多。阅览者只限于青年会会员。星期日照常开放是该馆的特色。为了藏书极适合一般学生的兴趣，所以读者大多是高中的学生。开放时间很长，在这里面往往可以看见从早一直到晚都埋头在书本的年青人，常常可以听见不停地笔尖在纸上丝丝的微声，严肃的空气里，在这儿才可以瞧见真正的祖国的儿女们。

（十）博物馆图书馆

在博物院的三楼。面积虽不大，但是环境极幽美，确是一个自修的好去处。藏书全部是西书，所以能够阅读西书的人很可以去利用一下，因为书籍非常的丰富，并且是多方面的。书籍总数有十万余册。

（十一）儿童图书馆

儿童图书馆是近年才创设的。本在大华商场，最近迁移到威海卫路林村内。书籍全部是各级的儿童读物，读者当然也全是儿童。只是带儿童去图书馆的究竟没有带儿童去戏院的多，所以除了星期日以外，读者并不怎样拥挤。

（十二）徐家汇天主堂图书馆

在八一三战前，除了东方图书馆以外，就该推徐家汇天主堂的图书馆的规模最大，收藏最多。创始在一八四七年，到现在已经有九十八年，该是中国最早的图书馆。中西书籍一共约有三十多万册，其中以各省地方志搜集尤其多。藏书分类完全照四库全书的分类，共分经、史、子、集及丛书五大类。平日虽不大公开开放，但对于学术家及学术团体的请求却从不拒绝，如戈公振先生在写《中国报业史》的时候，就常到那里去借抄旧报的。重要的报纸和杂志如《申报》《新闻报》《大晚报》《东方杂志》《小说月报》《国闻周报》等，都有全部。各省有名的碑帖，也保留很多。

上面这十二家图书馆是现在上海还继续存在的，除了徐家汇天主堂以外，其他十一处都是公开借阅的，读者可根据自己的需要、兴趣，到自己所喜欢的图书馆里去找寻自己所需要的食粮。

第一个……的图书馆

最后，我想找一点关于上海图书馆的趣味的史料，来作本文的结束。

上海第一个图书馆是徐家汇天主堂藏书楼，创始于一八四七年，同时，它也是上海第一个宗教的图书馆。

上海第一个普通的图书馆是上海图书馆，创始于一八四九年，到一九一三，让给公共租界工商局，改名为工部局图书馆，今改市立图书馆。

上海第一个专门的图书馆是亚洲文会北中国支会图书馆，成立于一八七一年，以藏东方学图书著名。

上海第一个学校图书馆是圣约翰大学图书馆，成立于一八九四年。

上海第一个通信图书馆是上海通信图书馆，成立于一九二一年，而且也是全中国第一个通信图书馆。

一九四五・六・十七

锻炼 1945(7)

明复图书馆，搜集科学史料

中国科学社明复图书馆为国内唯一之公开科学图书馆，最近陆续收到美国学术界捐赠该社科学论文书报三十包，综计一千四百本。其中有农业技术研究论文六百九十余篇，生物学论文二百五十篇，以及化学、地质学、医术、卫生、社会科学、食物营养等论著数百篇。此外由该社自购之杂志书籍百余种，亦经寄到。以上图书均在编目中，欢迎读者阅览。又该馆现正搜集中国科学史料，以期将来作为研究中国科学史之用，此在国内尚属创举。

图书展望 1947 复刊(4)

记上海通信图书馆

适　夷

上海通信图书馆，是青年人自动组织起来的一个小小的读书团体，自被上海警察局（那时叫公安局）封闭，市党部没收，至今也快近二十年了。然而全国各地和这图书馆发生过关系的人，一提起它来的时候，都还怀着一种像回忆青春美梦似的感情。首先就是我自己，从小被投入市侩的环境，一天到晚让算盘和银元的声音腐蚀青春的岁月，假如没有这个图书馆，也许我还不会变成现在的样子。虽然现在这样子并无出息，但我还是衷心感激着它。

这个图书馆创办于一九二三年的五月一日，初名为“共进图书馆”，是几个在钱庄、银行、公司里服务的职业青年，为满足自己迫切的求知欲，决定把各人自己所有的书全部捐助出来，集中在一个地方，以便互相流通阅览，同时每人每月从收入中分出一部分买书的钱，给图书馆作添购新书之用。这样地，一个小规模的图书馆就慢慢的成立了。当时的主要创办人是沈白梅、应修人、许元启、谢旦如、杨井眉、戚涣埙、卞绍曾等十余个人。沈是一位钱庄经理的儿子，就在那钱庄里借得一间小小的房间，作为图书馆的馆址。

成立以后，闻名加入的职业青年一天一天的多起来，书也慢慢的多了，起初只有加入的人可以有借书的权利，后来决定对外开放，任何人都可以来借，不收报酬，也不要保证金可以自由借书出外。原来的馆址不够用了，便在隔壁的纸号楼上（天津路四十四号），借了一个楼面。主持者和借书者都是职业青年，白天都有职务，图书馆只能在晚上办公。没有职员，事务都由主持者在业余来做。书一天天多起来，借书人也一天天多起来，为了支持这日益扩展的图书馆，就成立了一个组织，同时将借书的范围扩大到外埠，本埠道远和外埠的读者，可以不必到馆，以通信的方式来借，因此名字也就改成“上海通信图书馆”，而将内部的组织定名为“上海通信图书馆共进会”，凡是加入共进会的，每月有纳费的义务，费额自一元至十元，自动认纳，并不因纳费多少二分等次。这会费全部作为图书馆的用途，会员并无任何特殊权利，他在图书馆所享受的，完全和一个普通免费的借书人一样。

共进会每年举行全体年会一次，产生一个干事会，执行一切会务和馆务。干事会底下分总务、文书、会计、买书、编目、出借、保管各科，同时每周轮流值日，处理日常馆务。当我参加干事会的时候，正是图书馆规模粗具，基础稳固的初期，我们就行了一次扩大征求和捐募基金的运动。很快的吸收到二三百会员，募到了四千元基金。我担任的是买书科，我就偷盗了职业的时间，每天跑四马路，那时候正是五四以后新文化运动欣欣向荣的时期，亚东图书馆、群益图书社有很多北京新潮社新青年社的出版物，民智书局出版广东国民党方面的新书刊，后来泰东书局、光华书局都有大量的新文艺书印出来，北新书局也从北京到上海来开分店了，开明书店开起来了，这些新书店大半对我们很同情，给我们特别的折扣，有的还赠送，后来连商务中华也承认了我们的资格，给我们一个图书馆折扣。我每天很吃力的把大包新书送到图书馆去，图书馆充实起来，自己也就海绵吸水一样，贪婪的吸收着新的精神食粮。

但是最繁剧的还是对付日常的借书工作。开放的时间，只有晚上两个钟头，小小的楼面上拥满了借书人，除了期刊不出借，只能在馆中阅览，其余的都要借出去，出借的手续是叫借书人填具一张借书单，把要借的书交给他，登录借书卡，就完了。可是更多的是通信借书，每天我们常常接到几十封到一二百封的借书信，得检出，登记，打邮包，送寄，干事人手少，会员和借书人自动来帮忙，每每工工作深夜，各人挟了一大叠邮包回家去，以便送入途中的邮筒，或明天上邮局去寄。

因为主要是通信借书，故馆中的设备不用图书卡而用图书目录，不到馆的借书人首先只要寄邮票来索取目录，以后就可以按目录借书。新书陆续的增添，目录一次次增订重印，在新旧交替之间，就随时印发单页的目录，后来我们索性出版了一本“上海通信图书馆月报”，除了每月书目和会务报告，也刊载了书报介绍、文化时评、读书商讨之类的文章。

为了编目，我们也化了许多功夫。起先书籍少，只分类编号也可应付了，后来非分目不可，想采取王云五的的分类法，研究了一番觉得太不合理，这分类法是以杜威分类法为根据的，以美国为主体，而中国要另加加号，便决定自己来考案一种，便制定了“S.T.T. 分类法”，这大半是应修人和许元启二人的功绩。这分类法仍用十进制，完全按照新的学术观点来分的，例如把哲学项目列在社会科学部门，而心理学则归入自然科学。人名不照笔画次序而用罗马字拼音排列等等。用了新分类法之后，的确得到了许多便利，书目一本比一本厚起来，月报上还增辟了与借书人之间的通讯问答。

借书人在第一次借书之后就给他编定一个号码，制一张借书人卡，从这卡上，我们就可以看出这借书人的读书的倾向，倾向好的，我们便和他通信联络起来，慢慢的他们就变了会员，变了积极的工作者。也有许多借书人，从办事精神上对我们发生了信任，便有提问题，提意见，委托事务的。甚至有外埠来沪，首先就来找我们，要我们给他指引路径，介绍学校等等，我们就尽力替他服务。而我们对于借书人的绝对信任，也由长期的经验而坚定了。吴稚晖“朏盦客谈”中说法国某些图书馆，借书人可以自由借书出外，不取任何保证，如果这办法运用到中国来，保你不到一个月图书馆就会搬空了。吴先生说这话时显然对中国一批纯正的青年不曾认识，照我们整整五年工作的经验，前后近数万次的出借的书，损失的数字不过千分之七八，而且大都还是邮途上损失的，当我们没有按期收到还书，经过催查，证明损失之后，如果责任不在借书人，我们决不要求赔偿，而借书人总自动赔偿，或是另买新书，或是用现钱，或是用价值相等的别的书。在这种为大众服务的过程中，我们愈加觉得大众的可爱，而提高了服务的热忱。

但我们的图书馆发展到这样与大众打成一片的程度，是经过了一次内部的重大分化的。现在想起来也许觉得幼稚，但这分化实在是图书馆跃进所必经的阶段。我们图书馆的创办人中，有几个很早就参加过什么康白靖的“中国党”，是热烈的国家主义者。但国民党改组而后，国内国民革命的运动日渐高涨，大部分人倾向到孙中山先生的国民党，对国家主义不满了，只有少数的人仍保守国家主义。而他们之所以保守，恐怕不是什么真正的政治信仰，而是害怕“赤色”会妨碍到他本身。但我们大多数人，则对当时国家主义的丑态已经相当认识，于是曾琦办的以反孙中山先生的民国党反“赤”为能事的《醒狮周报》，我们也深恶痛绝，不准放在图书馆的陈列架上。这引起了少数人的不满，发生了剧烈的争执，结果是拥护孙中山先生的我们胜利了。少数人，其中首脑就是那位钱庄经理的少爷，登报宣告脱离，图书馆也就从铜臭的钱庄街搬到了清静的北四川路横滨桥天寿里。

天寿里时期可说是上通图的黄金时期，那时不但馆务蒸蒸日上，我们内部团结一致，而且许多人开始走上实际运动的道路，好多人加入了孙中山先生的国民党，馆内成立了一个支部，杨贤江先生、沈雁冰先生等经常出席来指导我们。我们有自己的时事讨论会，读书会，经常研究时事，讨论问题，并动员行动。共进会的干事会，开起会来完全依照“民权初步”所指示的方式，会务的决定和进行，完全是民主方式，没有过去的家长作风。

这时候经常的借书人已经有了二三千，普及全国各地和海外华侨之间，开放时间更拥满了阅览人，地方已不够用，便和上海世界语学会合租了闸北宝山路三德里的一所小洋房。但是五卅运动以后蓬勃起来的实际斗争，把我们许多重要干部吸引去了，我们的兴趣已要求为更大多数的人民，而不仅仅为几千借书人服务了，图书馆也到了低潮时期。这低潮一直经过一九二七的大革命，此年四月十六日的清党风潮，就在这图书馆的面前，展开了新军阀屠杀武装工人的血的斗争。我那时在外埠，接到一位馆友的信说：“三德里弄口，血流成河！”

这年的下半年我又回到上海，但旧友星散，有的在武装队伍里，有的遭了牺牲，有的像打折了羽毛的雀儿一般，弄一个小窝儿把自己躲藏起来了，但图书馆却在血迹面前重兴了起来，另外来了一批新干部，这些人本来不过是借书人和个别会员，现在他们变成了主持者，以前的人，似乎只有一个研究工程，在一家洋行里当工程师的许元启还同一班新人共同工作着，我自己偶然去去，已退居为普通借书人，被人家喊做“元老派”了。

这些新人们没有在大革命中参加过实际行动，他们跟过去的我们一样狂热的工作着，把冷了的图书馆重新搞得热火朝天。显然的，对于清党以后的整个郁勃的形势，在他们的心头是没有阴影的。

一九二八年五月一日，是图书馆成立的五周纪念，馆中正在举行纪念仪式，忽然来了闸北公安局局长，参加了仪式，参观了图书，主持人向他介绍了这图书馆的历史、内容和性质，他点点头走了。五月四日的上午，突然来了大批警察和上海国民党市党部人员，把正在办公的干事楼 ××、杨 ××、胡 ×× 三人逮捕而去，图书馆也就封闭了。

三个人在公安局关了二十九天，案子判决了，图书馆全部没收充公。罪名是什么呢，不要人家的钱，借书给人家回家去看，这不是实行共产么？于是“共产者”被人共，充公的二万多卷自五四以来几乎全部的新文化出版物，辛苦积累五年的完整的期刊，和一部分人家捐赠的善本书，还有个别会员寄存的私人图书，一位研究音乐的朋友寄存的大批的西洋音乐唱片，都归市党部接收去了。

过去的接收大员也许比今天的还高明些，不久在南市城隍庙内成立了一个官立的民众图书馆，陈列的就是那些被充公的书。不过，不知道什么原因，这些书，后来一本本的在旧书摊上出现，我们这些老会员，便如获至宝一般，见了就收。那民众图书馆呢，似乎不久也就空了，垮了！同样的青年人的组织，在抗战前，有一个蚁社的蚂蚁图书馆，其内容性质似乎是完全承继上通图的，这蚁社也发展得很大，后来随国军西移，到了武汉，正当武汉大会战前，又不知用什么罪名被武汉卫戍司令部封闭了！

读书与出版 1947 复 2(3)

鸿英图书馆与现代史料

吕绍虞

提起了鸿英，多少人一定会联想到现代史料，因为鸿英专事搜藏现代史料，参考现代史料，参考现代史料的人，无论来自近地或远方，也当是到或被介绍到鸿英去，而且到过鸿英的人，十之八九可能获得所需关于现代史的资料。鸿英就是一个历史图书馆——一个现代史的图书馆。

鸿英成立于民国二十二年六月，而它的前身实为民国十三年七月议创的甲子社人文类辑部，翌年三月发表通启开始工作。后于二十年三月扩充而为人文图书馆筹备处。为了纪念巨商故叶鸿英先生慨捐巨额基金，就改换了现在的名称，三十一年暑假后正式开放。

人文类辑部于民国十四年三月开始工作的时候，定下了一个工作的范围与方针，“选取关于人群文化之记述，分类庋藏，使修学、著书、施政、行事得所依据，着手之初，偏重于搜集过去及现时重要报纸，选择剪贴而排比之，同时搜集杂志图书，以供采考”。

鸿英就是本此方针，一直继续的工作。所搜集的日报资料，这种最新的史料，时期从辛亥年到民国三十五年底为止，已达一百八十一万三千一百六十六件，剪贴之、排比之、审订之、已经装成三千五百二十六册。史料来源就是国内各地的著名日报，东西南北都有。最多时同时选辑日报二十余种，现在减至六种，将来仍拟恢复旧貌。保存日报计有一百三十六种，时报、申报、新闻报、时事新报等自创刊号起，大致完整无缺。

此项史料，除供给鸿英有关人士及其郑重介绍者外，目前尚未公诸社会，闻不久将以照书机映印供应各界人士之欲参考现代史料者。

该馆于编藏史料之余，也曾部分加以整理，刊印人文业书，其已出版者有：二十年江恒源编中国关税史料，二十五年白蕉编袁世凯与中华民国二种。

其次说到杂志部分，到三十五年底为止，统计杂志三千六百另四种，计十万七千二百二十七册。自十九年起编制论文索引，按期刊登人文月刊，已积成索引卡二十余万片，现拟统一编排，汇印总索引。此外并制有《东方杂志》《银行周报》《银行月报》《钱业月报》《经济半月刊》《中外经济周刊》《地学杂志》等索引卡数万片，颇有助于一般参考研究工作者。人文月刊自二十六年第八卷停刊以迄今日，恰为十年，现已决定本年四月间复刊，第一号不久可与读者相见了。

至于图书数量，计五万余册，内容也是偏于现代史，二十六年由笔者编辑中国近代史书目初编油印本一种，曾就此目广为搜购。

图书馆事业在教育、文化及社会上的价值，我们在此无庸多赘。不过我们很怀疑有若干人能够了解这种事业的真谛，并且能有若干人已经深切了解加以提倡和维护。现在公立图书馆，多半已有难乎为继的情势，何况是一个私立的呢？鸿英就在万分艰苦中挣扎着。鸿英有它独特的性质，有它特殊的工作，对于教育、文化及社会各方面也有它特殊的贡献。不论就上海一部或全国而论，我们希望它维持于不坠，而且希望它能够顺利的发展。民国三十六年四月十七日于南京。

读书通讯 1948（148）

上海市博物馆巡礼

本刊特写

上海市中心伟大建设之一，轰传已久的市博物馆，已于一月十日起试行开放。笔者开放之日，就前往参观，为了那天适逢星期，参观的人非常拥挤。这里姑把浏览所及写在下面，以供本刊读者的参考。

一、筹备经过

在没有述及该馆情形之前，笔者先要把该馆创立的经过，为读者介绍一下，博物馆是保存人类历史，普及教育，提高民族意识，增进研究精神的现代文化机构，在文化上的功能，正和图书馆相同。所以东西各文明国，在大都市中，莫不有博物馆的设立。上海为东方大都市之一，号称亚洲的巴黎，博物馆却尚付阙如，市政当局有坚于此，所以在建设大上海计划中，特于市中心划一区地，当作建筑博物馆之用，以供市民于学艺上得有研究与观摩之处。二十二年八月，组织上海市图书馆、博物馆、体育场筹备委员，由市政府聘请叶恭绰、王云五等二十三人为委员。同年十月吴市长召集各筹备委员在市府开筹备委员会成立会，一切筹备工作，当即分组进行，而推定叶恭绰先生为博物股设计组主任，率同委员二十一人积极筹备。二十三年七月市府本市建设公债三百五十万元，当时就指定其中三十万元为博物馆建筑经费，开始建筑馆舍，自九月开始，经过一年之久，于二十四年九月，全部工程完全落成。二十四年三月，由筹备会议决定，组织临时董事会，进行一切工作，当即向各方征集物品，同时更着手训练服务生。二十五年三月，临时董事会又决定推举筹备处副主任为馆长，更由市府委定各部主任。待所有陈列物品布置就绪而后，于本月十日，试行开放，同时，仍在征集陈列品，待所有设备，大体就绪而后，再行正式开幕。

二、馆址一瞥

市博物馆的馆址在市中心府前左路，恰与市图书馆相对而立，和市政府鼎足相望。住在租界，南市或闸北的人，如果要到博物馆去参观，只需消到闸北宝山路口，搭华商五路公共汽车，可以直达馆门。如果搭四路，那么到了市政府，下车后走不多路，也可到达馆门。为限制观客起见，参观的人到博物馆去，须购门券一角，但和华商公共汽车订有优待办法，四、五两路公共汽车，车上都有联票出售，如果专诚去参观博物馆，那么在车上购买联票一张，包括自宝山路口到市博物馆的来回车资，博物馆门票，取价只三角四分。到达博物馆而后，在门口的草地上面，你立刻可以看见有石人石马两对，党国旗各一，分挂在博物馆的左右，在旗杆上面随风飘展。博物馆的建筑，成一工字形，由石阶上进去，到大门有一个站岗的门警站立在那边，左右有卖票处各一，更设售品处，发售博物馆所编的各种丛书。打一扇旋转式的十字玻璃门内进去，过了休息处，就是陈列室全部的房屋，总共有四层高，完全用水门汀钢骨砌成，上面的屋顶是宫殿式样，广漆地板，人造大理石的阶梯，里面房屋的高敞，光线和墙壁饰漆的温调，这伟大的建筑，到处可显示出带有一种艺术的色彩。除了七个陈列室、五个陈列廊外，库房技术室、馆长室、会客室、演讲厅、阅览室等都在底层的左右前后两翼。规模的宏大，建筑的富丽，委为远东的冠盖呢！

三、陈列物品

关于陈列的物品，真是琳琅满目，你走到里面，好像刘姥姥初进大观园，有许多东西毕生没有见过，要是不看说明，便会莫名其妙。如果要把全部的陈列品，简单的分一下类，那么可分成历史和艺术两部；关于历史之部，所有的陈列品，以上海的历史为中心，用以表现地方的发展痕迹。如第二陈列室内的盐场模型，表示上海的盐业；纺织过程，表示上海的纺织业；渔船轮船，表示上海的渔业，此外有上海各种棉布、手巾。上海市最重要的水产的标本，交通模型，银行统计，龙华塔模型，历朝衡量用具，沙船模型和印刷的演进。第三陈列室内的清代及民国结婚礼服、历代发髻，清代民间用衣服，鞋帽形式的变迁。第四陈列室内史前的石器、古砖。第五陈列室内的化石、甲骨。第一陈列廊内的上海文献，包括石洲模型、联防模型、小刀会、日月钱、碑帆、志书；第二陈列廊内的历史、军器、佛教法器、朝鲜国的表、清代绘古巴的国书、康熙朝的诰命、金榜殿试册、会试朱卷、贡卷、乡试卷，以及旧式蒙学读物；第三陈列廊的各种首饰、勋章、徽章；第四陈列廊的铜元、邮票、钞票、银币和古代圣贤遗像。第五陈列室的古代壁画和圆明园旧图等，都含有历史的意义。

关于艺术之部，是以表现我国固有的艺术为主体。如第一陈列室内的石刻、上海露香圆顾绣、明代金漆佛像、石刻造像；第三陈列室内的奉化厨、宁波衣厨；第四陈列室内的玉器、陶器；第五陈列室的傀儡戏台、景泰蓝佛龛、喇嘛木塔、乾隆御用袈裟及道袍；第六陈列室内的瓷器、漆器、竹木器、银器、铁器、细工绣画、火画、绛丝画、纸通画、铁画、明清诸大家的书画等，都是中国固有的美术工艺和珍贵的艺术作品。第七陈列室在屋顶，那边所陈列的全是市中心区的建筑模型。

四、参观须知

除了星期二休息外，每天都是开放。参观的票价，个人一角——身长九十公分以下的免费——团体半价，二十人以上为限，但小学校学生，由教师率领者免费。参观的人，先在售票处购票后，才得凭票入馆。团体参观的人数，在五十人以上者，须于三日前购票。小学校学生要去参观，须于一星期前用书面申请，得到馆方允可证后，才可依照指定日期，凭证入馆。进去参观，对于陈列品有疑难的问题，可向问讯处询明究竟。画家或摄影家如果要把某种陈列品写生或摄影，须先得馆方问讯处的允许。

礼拜六 1937(675)

十五 教育

上海商科大学缘起

进 之

今日之世界，一商战之世界也。盖自欧美各国盛行机械工业以来，莫不多量制造，以致出产日多，销路停滞，于是各国始知不可偏重工业，莫不研究商略以推广市面为每一要义，商业遂为世人所注意。近时各国商战之胜利，莫非由于注重商业。商业知识技术之进步，莫非由于提倡商业教育。从前商业教育，在西洋亦素为人所轻视。近年则以商业人材之需要与夫商业教育之程度，日高一日，社会心理遂为之一变。大学课程已将商业学与哲学、文学同视。德、法两国于一九〇〇年及一九〇二年先后都颁法令，许商科举业生与文科毕业生享同等大学权利。英美两国注重商业且有过之无不及。一八九九年，英国伯明罕大学成立，已设商业专科。美国重商更甚，故商业教育之发达亦更早，本薛丸尼大学于一八八一年即专设商科，是为世界商科大学之鼻祖。日本维新政策，工商业重，一九〇〇年已有商业大学两所，欧战以前已有六所。此可见商科大学之重要矣。

我国商业教育，素未注重，商业人材亦鲜。近来国人已知注意实业，工商诸事渐形发达。或设各种工厂，或组有限股份公司，或经营进出口贸易，或立银行，或办交易所或信托事业，在在需要高等人材，而人材缺乏异常，实业界领袖孤掌难鸣，常有才难之叹。今欲养成是项人材，则非设立商科大学不可。

不特是也，我国商界人材固不敷应用，而领袖人材则更稀少，此我国商战失败之一大原因也。今日各商业学校，其所造人材，不过至文书、会计之类而止，尚不能养成实业界之指挥者也。我国人民资质并不庸下，奇特之禀亦往往有之，徒以未受充分之教育，致所禀不能尽量发展，而成就遂寡。如是者岂不可惜？岂不可悲？商科大学则将授世人以世界最高完全最适用之知识，使奇才异能得此锐利之工具，更可发展其才能。

商科大学为商界而设，然亦不仅为商界而设，何则？今日世界经济现象可谓复而杂矣。经济潮流，日新月异，其变动可谓奇而速矣。种种问题，层出不穷，恐虽尽我心智亦不能解决矣。然而种种问题，莫不与吾人生活有密切之关系而不可一日忘者。研究之，论断之，传播之，其责在国民，不尽在商界也。但有商科大学，则可集中天下人材为有统系之研究，以备各方面之顾问。由是观之，商科大学之有功于国于社会，岂浅鲜哉！

更有进者，今日南洋与中国，其关系日趋密切。华侨爱国，世所共闻。其老者长者，争相携资返国，为宗邦谋兴工商诸业；其幼者壮者，亦都负笈来游习国语、求国学，研究商情并及世界高等学问。华侨子弟近来相率来海上者不绝于途。是亦最近新潮流之一也。华侨既抱向学之忱而来，吾侪当谋所以应之。南京暨南学校专为侨生而设，实足应社会之需求。但宁垣僻处内地，无商业可言，实不利于侨生之学商者。且世界学术日新月异，学校所授学科，所定程度，再不宜因陋就简。故今暨南学校商科以添设商科大学部于沪为当务之急。同时东南大学亦既议决于沪筹设商科大学。两校目的既同，遂定合办，冀收众擎易举之效。以尚贤堂房屋为校址。公举聂云台、张公权、黄弈住、简照南、钱新三、穆藕初、陈光甫、史量才、黄任之、赵厚生、郭秉文、柯箴心、朱进之、张子高、高践四十五人以董理其事。今已布置就绪，择日招生开校矣。是校之得商学界之赞助如此，而能应社会需求又如彼，前途之发展，岂有涯涘？莘莘学子，盍兴乎来？

钱业月报 1921，1(8)

交通大学上海学校史略

沪校小学教授张景良

第一章　绪　言

瀛海大通，神洲多故，忧深蓄艾，思切树人。清季末叶，不得不取法列强，讲求新学，时势所迫。动机渐萌，而斯校兴焉。夫大木参天，孽于一子；长河蟠地，肇自细流。如旋螺钉，如攀鸟道，苟自强之不息，必日异而月新。斯校二十余年迄今，虽其间名称屡易，而造就日宏。万间广厦，济济储全国后髦；千本良材，郁郁尽为时桢干。仰先河于庠序，推巨擘于东南，人皆称之，言非溢美。虽尚方兴而未艾，要必因委而溯源。兹将自开创以来、未改今名以前，过去之事实分为三时期：（一）南洋公学时期；（二）高等实业学堂时期；（三）上海工业专门学校时期。草此略史，俾资考证，匆促之间，未尽什一，当假暇晷，另著详编。

第二章　南洋公学时期

第一节　创　设

前清光绪二十二年，京卿盛宣怀仿照各国学制，奏请在上海开办学堂，造就新学人才。奉旨允准，派盛宣怀为督办。光绪二十二年，假上海徐家汇民房开办南洋公学。二十四年夏，购地一百二十余亩（即今校址）建筑校舍。二十五年夏落成，乃迁入焉。

第二节　经　费

时盛宣怀为招商电报两局督办，乃于招商局岁拨银六万两、电报局岁拨银四万两，以为经费。所有学生皆不纳学膳费，且月有奖金以资鼓励。至光绪二十九年，该两局改归北洋管理，经费骤绌，乃酌收新生学膳费。

第三节　组　织

（一）师范院：光绪二十三年春，先设师范学堂，考选高才生三十人给予试业据。于三月初七日开学。延请华洋教习，课以中西各学，并仿日本师范学校有附属小学之例，于是年冬设立外院，选聪颖幼童百二十名，令师范生分教之。是时吾国尚未有教科书，师范生乃仿东西各国之法次第译编，以为教授。刊印出书，风行全国，颇极一时之盛。二十九年师范生均离校就事，该院遂裁撤。

（二）中院：光绪二十四年春，递设中院，分头二三四四班。除外院高级生升入外，复招考充补之。阅二年，外院生递次升入中院，外院遂裁撤。

（三）上院：光绪二十六年春，以中院毕业生升入上院。上院亦分四班，定额百二十名。二十七年添设政治专班。维时中院学生毕业者尚少，除派出洋外，所留无几，政治班因即废止。二十九年添设高等商务专班。

（四）附属小学：光绪二十五年，又设蒙学堂，附属于师范院。该学堂分高等、补习两级。因感中院招合格生之难，故为预备之，备将来升入也。二十七年改名为附属高等小学。是时尚未另建舍，即设于上院之余舍。学额七十二人，分三级教授之。

（五）特班：二十七年又设特班，专治中西政治、文学、法律、道德诸科，以储应选经济特科之才。于是年四月招考，取学生三十名，即借用上院余房。二十八年冬，因事散学乃辍。

（六）东文学堂：二十七年分设译书院于上海中虹口，延请通东西文之名宿，翻译东西有用各书。又该东文学堂于该院，聘日本人细田谦藏及稻村新六为东文教习，招生四十名，专习东文。开学未及半年，因事解散。

第四节　学生数

合师范院、外院、中院、上院，在该时期，七年之内，统计学生五百五十余人。内毕业于师范者三十人，毕业于中院者三十二人，毕业于小学者四十二人。

第五节　职教员

光绪二十三年，聘何嗣焜为总理，张焕纶为总教习，美国福开森博士为监院。二十四年聘李维格为提调兼师范英文教习。二十五年聘伍光建为提调兼师范院英文教习。二十七年张元济、劳乃宣、沈曾植相继为总理，以师范生陈懋治为附属小学主任，又聘蔡元培为特班主任教员，王丹瑶、赵从蕃同为特班教员。二十八年汪凤藻、刘树屏、张鹤龄相继为总理，张美翊为提调。三十年张美翊兼任总理，林祖溍为附属小学主任。

第六节　派遣游学

光绪二十四年，派章宗祥、雷奋、杨廷栋、富士英、杨荫杭、胡礽泰赴日本留学。二十六年派章宗元、胡礽泰赴美国留学。二十七年派曾宗鉴、李福基、胡振平、赵兴昌赴英国留学。二十年派侯士绾、张景尧、王寿祺、周峙、王泽利、张保熙、杨德森、金颂庚、王明照、李昌祚赴比国留学。三十年派胡壮猷、徐维震、陈同寿、屠慰曾、吴乃琛、邵长光赴美国留学。

第三章　高等实业学堂时期

第一节　改名原因

光绪三十年招商、电报两局改隶于商部，本校以经费之所自出，故亦随隶商部。三十一易校名为商部高等实业学堂。三十二年招商、电报两局又改隶邮传部，本校复易名为邮传部上海高等实业学堂。

第二节　经　费

自光绪二十九年招商电报两局归北洋管理后，所有学堂常年经费日渐短少。虽加收学生之学膳，亦常虞不给。在宣统初年，于招商局款项尚可催取，而电报局则已停拨。后经邮传部准由沪宁、广九两铁路局按月拨给。至宣统三年九月后，时经革命，经费全然无着，乃提用旧时基本存款以资敷衍，不致颠覆，亦幸事也。

第三节　学制修正

本校毕业期限，原定上院三年、中院四年、小学三年。光绪三十四年，遵学部定章，改中院为中学，五年毕业；小学四年毕业；上院改为专科，三年毕业。

第四节　学科增设

光绪三十一年设铁路专科。三十四年设电机专科。宣统元年添设航海科。

第五节　建设工厂

宣统元年冬添购校后民地，设金工厂。二年春设电机厂，秋设木工厂。

第六节　学生数

在该时期八年之内，统计学生一千一百十六人，毕业于专科者四十一人，毕业于中学者三百十七人，毕业于小学者一百九十三人。

第七节　职教员

杨士琦、王清穆、杨文骏相继为监督，而废总理之名。光绪三十三年秋，唐文治接任监督。光绪三十一年裁提调缺，设教务、庶务、斋务三长，先后延聘伍光建、冯琦、梁业、胡栋朝、辜鸿铭为教务长，唐浩镇、夏曰琖、周铨、陆起为庶务长，王植善、储丙鹑、陆瑞清为斋务长。李联圭为国文科长，美国教员谢而屯为电机科长。沈庆鸿为小学主任。张天爵、尤桐、许志毅、储南强等二十余人为中文教员，陈伯涵、关应麟、胡诒谷、陈廷甲等二十余人为西文教员，洋教员勒芬尔、薛来西、乐提摩等共计十人。职员胡翔青、单闻、张应谷、章宗宪、江绍墀等计共二十余人。

第八节　派遣游学

光绪三十一年，派夏孙鹏、沈宏豫、徐恩元、任家璧、秦铭博、周善同、周承裕、林汝耀、孙家声、张铸赴英国留学。三十二年，派范况、程承迈、张承樾赴日本留学。三十三年，派杨锦森、赵景简、徐经孚、胡鸿猷、林则蒸、杨荫樾美国留学。宣统元年，派吴思远、高恒儒、潘善闻、胡士熙赴英国留学。二年，派俞亮、郭鹏赴美国留学，派王绳善、林庄、颜诒燕、盛守鑫、余建复赴英国留学。三年，派李保龄、康时清、陆世勋、周熙、梁树钊赴英国留学，派孙世缵、孙宝鉴、邓福培、华荫薇、钟锷、郎国桢、朱福颐、孙世芬赴美国电厂实习。

第九节　附吴淞商船学堂成立之沿革及其变更

宣统元年七月，选路、电两专科初年级生，并招考外生，增设航海专科。先生购入本校附近之丝厂旧屋开办商船学堂，并酌派数生于本学堂课程外至军舰实习。旋因校址地点不合船科之用，爰承张殿撰謇将其所筹办之吴淞水产商船学堂地址及募就经费让归邮传部，由本校继续办理，乃即填筑基地，筑建校舍。三年秋落成，乃迁入之。民国三年该学堂改隶海军部。

第四章　上海工业专门学校时期

第一节　成立之沿革

中华民国元年，归交通部直辖，改名曰交通部上海工业专业学校。改监督为校长，仍唐文治继之。其余编制名称一如其旧。惟经费窘，乃议加征学费，专科之有学费自此始。二年改订章程，送交通、教育两部核准备案实行。

第二节　经　费

历来常年经费，竭力撙节，必须十五万余元。查民国六年度全年计算共支银十七万三千二百七十五元，七年度共支银十九万五千七百六十八元，八年度共支银十八万九千五百八十三元，九年度共支银十九万二千一百另一元。本十年度改名为交通大学上海学校，添筑工厂及修理一切，增费必多。当兹发轫之始，尚未得实在支数也。

第三节　学　制

专科三年毕业。中学四年毕业。附属小学三年毕业。中学以上，别设专门预科一级，为升入专科之预备。全校学生除严寒酷暑外，平时一律穿着制服。

第四节　学　科

改铁路科为土木科，电机科为电气机械科。又设专门预科、中学普通科（即附属高等小学）。民国七年一月，添设铁路管理专科，而专门预科则裁撤之。嗣后各专科毕业期限均定为四年。

第五节　学生数

自民国元年至六年止，统计学生人数一千四百二十六名，内专科毕业者一百四十七人，中学毕业者四百二十八人，小学毕业者一百六十九人。民国七年土木科学生计八十四人，电机科计九十一人，铁路管理科六十二人，附属中学及小学共计五百七十七人。八年度土木科学生计八十九人，电机科计一百零七人，铁路管理科计七十人，附属中学及小学共计五百六十七人。九年度土木科计一百十五人，电机科计一百零二人，铁路管理科计八十七人。十年土木科计八十三人，电机科计一百二十人，铁路管理科计六十人，附属中学及小学计共五百一十八人。兹将毕业人数列表于次：

上海工业专门学校时期之毕业生统计表

时期	土木科	电机科	铁路管理	附属中学	附属小学
元年至六年		一四七		四二八	一六九
七年七月	一二	一二		五八	四一
八年七月	一四	一一		七二	四一
九年七月	一八	一七			五四
九年十二月			三十		
统计	四四	一七八	三十	六三七	三〇五

第六节　职教员

自改易校名以后，职教员之位数未有增减，而解职、添聘时靡有定。至九年则添请西教员鲍德、汤孙、傅拉、狄克逊四人。图书馆落成，则添职员数人。九年十月唐校长请假，凌鸿勋奉部令代理校务。今十年改校名为交通大学上海学校，昔之校长改为主任，派本校前毕业生张铸充之，与北京唐山同隶于一校长之下。规模益加扩大，需才自必益殷，理当然也。

第七节　派遣游学

民国二年，派电机科毕业生朱彭寿、胡端行、黄锡蕃、钮因祥、杨毅、尤乙照。三年，派陈昌骥、郑维蕃、张行恒、徐佩琨、杨培奉。四年，派汪夔龙、陆法曾、凌鸿勋、陈体诚。六年，派陆铭盛、夏全绶、张绍镐、杨耀德、周琦、朱端，赴美国工厂实习。七年，派土木科孙宝墀、吴钟伟、陈中正、徐昌、汪禧成，电机科陈长源、叶家垣。八年，派土木科顾懋勋、康时振、金汤盘、珠衡，电机科余谦六、郑葆成、倪俊、周念典。九年，派土木科刘天成、王元龄、王裕光，电机科胡寿颐、金奎，赴美工厂实习，又派电机科庄智焕、赵以廛、于润生、聂传儒赴法留学。

第八节　建　筑

民国五年，在金工、木工、电机三厂之旁，添建材料试验厂。六年春为本校开办廿周纪念之期，筹建图书馆以为纪念。由唐校长呈请前大总统暨交通部，奉令允拨款三万元以资兴办，并蒙前大总统捐洋一千元，前总理捐洋五百元。交通部自总长以次皆各捐资，竭力提倡，分头劝募。本校教职员及学生除量力输捐外，学生又各负劝募之责，共筹集银六万元。于七年二月二十日开工，翌年落成，至九年三月十三日开幕。藏书数目，计中文三万一千三百余册，内历史最多；西文三千六百余册，内工程最多；中西杂志七十余种；中西日报二十余种云。八年又议建西教室一所，锅炉间一所，无线电试验室一所，水力学试验塔一座，均于九年先后落成。

第九节　二十周纪念

本校自开办至民国六年春为二十周年。于是年四月二十六至二十八日开纪念会三日，陈列各学科成绩，任人观览。来宾数千人。蒙前大总统副总统国务总理交通部教育部派代表莅会宣读祝词。开会秩序，第一日演兵式体操、科学游戏、幻灯电光，第二日开运动、音乐、幻术等会及映本校之活动影戏，第三日演技击及童子军操，并开同学聚餐，夜则放烟火，各级学生又自制灯彩。最为特色者为所又设槼亭之制，以竹篱绕之，仿八阵图样，回环曲折，游者非得有学生引导出入，不能得其门径。学生又设贩卖团，以所得赢余悉捐作图书馆经费，可谓盛矣。十年又为附属小学开办二十周年，于五月五六七三日开纪念会。达官佳宾庆祝演及本校毕业与在校各生备极点缀，争奇门胜，自不待言。所绝无而仅有者，则为毕业生刘道夷驾驶飞机绕于母校之五十里内，抛掷庆祝母校万岁之彩纸，飞揣天空，片片作蝴蝶舞，万首仰望，掌动于远近者，诚千古未有之奇也。

第十节　各展览会之荣誉

民国四年巴拿马太平洋万国赛会，本校以所有出品成绩送京运赴美国与会比赛，得大奖章。五年教育部开全国专门以上学校成绩展览会。其时本校成绩品成巴拿马赛会者尚未运回，临时征集三百余件送京陈列，本校成绩列于甲等第六。

第十一节　各种集会

（一）南洋集会　南洋学会以联络同学感情、交换智识为宗旨。于民国四年一月成立。计分三部，曰言语，曰编辑，曰游艺。刊行杂志，借扬校誉。六年夏举行全体辩论会，冬复组织演说研究团。

（二）体育会　民国四年本校实行强迫运动，延美人莫礼逊为体育主任教员。五年体育日益发达，各种练习计分八类，曰足球，曰网球，曰篮球，曰棍球，曰游泳，曰田径赛，曰技击，曰童子军操。六年莫礼逊回国，美人古德继之。

（三）级会　民国三年本校学生发起级会，讨论学术，练习英文演说。每级以将来毕业年之干支为其名称，如丁巳级会、戊午级会等类是也。

第十二节　足球之成绩

本校与约翰、东吴、金陵、之江、沪江，为东方六大学校，每年则有联合运动比赛。本校以足球连年战胜，执东方六学之牛耳。民国四年，赴汉口与西人著名足球除及各学校比赛，连次获胜，所得奖品如银杯银瓶等类甚多。

附田径赛成绩：民国四年上海开远东大运动会，本校学生李大星居全中国第一。六年春，本校学生张信孚赴日本参与远东大运动会，亦占胜焉。

交通大学月刊 1922，1

上海著名大学调查录

(甲)国立大学

(一)交通部南洋大学

校址：徐家汇海格路

电话：西：一四二五三〇六

校长：凌鸿勋

主要职员：教务长兼机械科长周仁　电机科长谢而屯　铁路管理科长俞希稷　中学部主任徐佩璜　小学部主任沈庆鸿

各科教授、凌鸿勋、周仁、谢而屯、俞希稷、汤姆生、陈石英、吴玉麟、周铭、王绳善、范永增、黄叔培、徐佩琨、梁树钊、李熙谋、裘维裕、张峻、唐庆诒、杜光祖、胡明复、武书常、王镛、周增奎、孙邦藻、谢仁、杨培臻、王崇植、李联珪、张贻志、邓宗尧、丁人鲲

编制：大学部分铁管理科、电机工程科(又分电力门、电信门)、机械工程科(又分工业机械门、铁路机械门)。以上均已开办，尚有道路工程科汽车工程门奉部批准，尚未设立。各科均四年毕业。

各科学生人数：大学部四百三十四人

招考时期及投考资格：每学年之始。收录各科一年级新生一次。投考新生须年龄在十七岁以上、二十五岁以下，体质健全，素无嗜好，具有本大学、附属中学毕业生程度。

学生应缴之费：每学期学生应纳各费如下：学费二十元、宿费十元、膳费二十七元五角、实习试验费十元、体育费二元、学生会费五角、存储费五元、杂费一元。共计七六元。

附属学校：附属中学四年毕业，程度相当于新制后。四年高中课程，注重数理化，并于第四年级分设大学工程科与管理科之预备特科，以为升入大学部

之预备。现有学生三百人。附属小学三年毕业，附设补习科一年。程度较旧制高小为高。现有学生一百四十八人。

（二）国立东南大学分设上海商科大学

地址：上海霞飞路三一八号

电话：西：二七七七、二七七八

校长：蒋维乔

主要职员：程其保、赵叔通、汪慎夫、邝光林

全体教授：严谔声、林天兰、林振彬、沈仲俊、萨伯爱梯、李权时、冯定璋、邝光林、戴麟书、唐谋伯、彭三美、凌其峻、叶元龙、胡明复、程其保、陆梅僧、潘学安、潘序伦、任嗣达、金韶章、夏天长、徐广德、蔡正雅

编制：商科（本科、预科），分普通商业系、银行理财系、会计系、国际贸易系、工商管理系、保险系、交通运输系

各科学生人数：现实到数共计二五四名（尚有因事而未注册者约二十名）

招考时期及投考资格：每年约在一二月间及七八月间（其正确日期届时登申新两报招生广告）凡男女学生具有旧制中等学校毕业资格者，经考试及得，得入预科。其有相当大学预科毕业或新制高级中学毕业或专门学校肄业一年以上者，经考试及格，得入本科一年级。

学生应缴之费：正式生：每学期学费四十元、阅书费二元、讲义费四元、运动费一元、自备书籍及杂费约五十元、膳宿费约五十元。特别生：每学期学费，甲种特别生每小时二元，乙种特别生每小时三元。余与正式生同。

（三）国立政治大学

校址：江苏吴淞镇

电话：华界电话

校长：张嘉森、君励

主要职员：教务长金井羊、注册兼图书课主任余良猷、总务长张仲友、导育课主任张仲友、体育课主任黄莫、钊庶务课平劼刚、会计课陈明翘

全体教授：沈彭年、张雨田、陈伯庄、孙益垭、张君励、金井羊、吴德生、刘英士、杨津生、叶元龙、陆叙白、欧元怀、吴倚沧、玉璧如、孙孝宽、岑有常、黄英钊、王授卿、翁钢夫人（Mrs Ungern Sternherg）、张东荪

编制：政治、社会、生计、外交、四科

各科学生人数：未填

招考时期及投考资格：秋季开学前招考新生。旧制中学毕业新制高中一年级修业期满者，得投考大学预科一年级第一学期。

学生应缴之费：学费二十五元、体育费二元、膳食二十八元、讲义费三元、医药费一元、寄宿费二十元、图书费二元、制服费约六元。

（乙）私立大学

（一）大夏大学

校址：胶州路三〇一号

电话：西：三三五七号

校长：马君武

主要职员：注册处主任欧元怀　总务处主任傅式说　会计处主任王毓祥

各科教授：孙介石、殷元怀、王毓祥、凌其峻、艾伟、鲁继曾、傅式说、石醉六、陈柱尊、田汉、曾琦、李石岑、吴致觉、林天兰、Miss Wate、Miss Frammel、陈慈爰、郑琴德、郁康荣、李乃垚、陈雅宜、何炳松、徐璋、程瀛章、胡刚复、倪则埙、蓝春池、何鲁、夏元瑮、何衍濬、曾昭桓、程湘帆、朱经农、马振尧、姜琦、刘湛恩、俞庆棠、邓胥功、孙瑞、李权时、潘序伦、章逊瑗、程其保、胡朴安、邱正伦、吴倚沧、陆士寅、陈振骅、黄克练、史及勋、潘承梁。

编制：本科分文理、教育、商科，预科不分科、本科又分国文系、英文系、第二外国语系、政治法律系、哲学系、心理系、历史学系、化学系、数学系、教育系、商业经济系、银行理财系、会计系、商务行政系、铁路管理系。预科三年毕业，本科四年毕业。

各科学生人数：文科六十六人，理科四十二人，教育科四十九人，商科七十三人。预科甲部一百五十八人，预科乙部一百〇三人。

招考日期及投考资格：七月十六十七日（星期五星期六）入学试验。新制初中毕业者得考预科一年级，旧制中学毕业得考预科二年级，新制高中毕业得考本科一年级。

学生应缴之费：学费本科全年八十元，预科全年七十元。分二期缴纳。膳宿费每学期四十八元，住致和里及小沙渡路宿舍者每学期四十三元。注册、诊察、体育、讲义及茶水每学期七元。图书二元。基金一元。新生加入学费十元。校服费临时酌定。赔赏准备金四元（学期告终时缴还）。

▲附属学校概要：附设高等师范专修科，主任艾伟博士。十四年九月第一期开班，学生一百卅五人。十五年春季第二期新生一百〇二人。又附属中学，主任鲁继曾硕士。十四年至十五年度一学期，共八十九人。

（二）上海大学

校址：上海闸北青云路临时校舍（现正自建校舍于江湾）

校长：于右任

各主要职员：中国文学系主任兼学务主任陈望道、英文学系主任周越然、社会学系主任施存统、总务主任韩觉民

各科教授（英文学系）：周越然、周由廑、胡哲谋、唐鸣时、江显之、刘志新、殷志恒、沈亦珍、高觉敷、林康元、朱恢伯。社会学系：施存统、李季、郑兆林、陶希圣、陈望道、杨暨江、尹实甫、韩觉民、蒋侠僧、沈观澜、哥木可夫司基。中国文学系：陈望道、刘大白、李石岑、胡朴安、丰子恺、郑振铎、徐蔚南、蔡乐生、方光涛、高觉敷、顾均正、章乃羹、任讷、谢六逸、施存统、金祖惠、王世颖、韩觉民、姚伯谦、田汉

编制：文艺院，分中国文学系、英文学系、社会科学院，社会系。

招考时期及投考资格：每年暑假招收新生及插班生，寒假招收插班生。投考大学各系一年级者，须有高级中学毕业或旧学制大学预科毕业程度。

学生应缴之费：学费，每学期四十元；图书费，每学期一元；膳费，每学期三十元；杂费，每学期二元；宿费，每学期十五元；讲义费，每学期各系各级不同；学生会费，每学期五角。

附属学校概要：附属中学分高级中学、初级中学，共六班。附属中学正主任侯绍裘，教务主任韩觉民，副主任兼事务主任沈观澜。

（三）上海法政大学

校址：上海法租界金神父路，自建校舍

电话：西：四九〇一

校长：徐谦

主要职员：教务主任郭卫、事务主任沈仪彬、法律系主任郭卫兼、政治系主任黄镇磐、经济系主任雷沛鸿、豫科主任徐璋、出版部主任夏庆台

各科教授：郭卫、黄镇磐、雷沛鸿、徐璋、王效文、丁元普、夏庆台、邹安众、李健、朱巽元、杨嘉宾、钱崇固、章世炎、郑斌、张介石、曾劭动、蔡鼎成、曾琦、张子柱、楼桐孙、倪则埙、蔡光赤

编制：本科，专门部。预科，法律、政治、经济三系。各系均有一二年级。

各科学生人数：学生总数七百二十四人

招考时期及投考资格：十五年七月招考新生。本科须大学预科或高中毕业，预科须旧制中学毕业或高中修业一年，专门部须高中修业二年或大学预科修业一年。

学生应缴之费：学费本科及专门部每学期四十元，预科每学期三十元。宿膳费每学期五十元。

（四）上海艺术大学

校址：江湾路底体育会东路

校长：吴稚晖

主要职员：周勤豪、江野、朱斐然、朱湘雨、载筱堂、王天白、蔡廷弈

各科教授：洪野、谭华枚、关良、华林、田汉、傅彦长、仲子通、张若谷、蛯子正纯、卢宪辇、郭伯宽、朱天梵、朱海粟、朱湘雨、黎锦辉、夏伯民、迂元广、渡边互川、吴锡椒、王由庚、裘梦痕

▲编制：大学分绘画科、音乐科、图案科、文学科、雕刻科、师范部分图书音乐科、图画手工科。又分西洋画系、中国画系、西洋音乐系、工艺图案系、建筑图案系、中国文学系、木雕系、塑造系、大学部分四年级。专门部师范部分三年级

▲各科学生人数：未填

▲招考时期及投考资格：中学毕业及有相当程度者。秋季招生八月至九月十日。

▲学生应缴之费：学费三十二元、膳宿杂费四十五元、讲义书报费二元、校友会费一元，共约八十元（一学期）。

（五）中华艺术大学

校址：上海闸北青云路西首

电话

校长不设校长：行政委员陈望道、陈抱一、丁衍镛、张联辉、黄鸣祥、王陶倩

主要职员：教务主任兼艺术教育科主任丁衍镛、绘画科兼西洋画系主任陈抱一、文学科中国文学系主任陈望道、画图音乐系主任钟慕贞、画图手工系主任张联辉、中国画系主任洪野

各科教授：陈抱一、丁衍镛、陈望道、钟慕贞、张联辉、洪野、刘大白、谢六逸、姥子正纯、曹聚仁、徐蔚南、熊季晃、王世颖、金祖惠、徐希一、季璞臣

编制：分绘画科、艺术教育科、文学科、音乐科。又分西洋画系、中国画系、图书音乐系、图书手工系、中国文学系、西洋音乐系。

各科学生人数：未填

招考时期及投考资格：每年三月九月招考，中学毕业或有中学毕业同等学力者均可投考。

学生应缴之费：学费三十二元、宿费十五元、膳费二十元、杂费五元。

（六）上海文治大学

校址：上海英租界跑马厅西威海卫路

校长：胡仁源、倪羲抱

主要职员：王德林、沈乃溥、俞干三、唐缉文、龚昂云、宋海云、施钟颖

各科教授、陈去病、李石岑、胡朴安、顾惕生、严谔声、殷志恒、许承随、江季子、王厦材、陈景新、董若虚、沈稚卿、孟长咏、汪叔良、俞干三、杨贤江、金书百、嵇景修、凌凉尘、严无澄、钱梦渭、姚鸿达、徐明德、马轶郡、程肩吾、应业雅、徐弘士、高儒生

编制：参照教育部大学令及欧美大学各种规程，现设预科及文、法、商三科，文科分国学、史地学、哲学三系，法科分法律学、政治学、经济学三系，商科分银行学、运输学、保险学三系。各该科系分设四级，预科设一级。

各科学生人数：未填

招考时期及投考资格：每年暑假招考新生编级生，寒假考编级生，招考日

期登报公布。凡男女生在大学预科或高级中学毕业得有证书者得考本科，在旧制中学毕业得有证书者得考预科，在大学预科或高中毕业及有同等学力者　得考专修科。

学生应缴之费：每学期学费本科专修科各四十元，预科三十五元。膳食各科二十八元。宿费各科十九元。图书费各科两元。体育费各科一元。讲义费各科四元。医药费二元。

附属学校概要：本大学附设(一)专科科,(二)中学。专修科现设国学、英文、法政三科，各科设两级。附属中学设高中、初中两部，高中设一、二、三年三级，初中设一、二、三年三级。

(七)光华大学

校址：大学部暂住在霞飞路八百三十四号，中学部暂在新西区。十五年秋季一律移入大西路自建校舍内。

电话：西：三九八八

校长：张寿镛、咏霓

主要职员：教务主任朱经农、中学主任陆士寅、文科主任严恩椿、商科主任何德奎、工科主任杨才清

各科教授：朱经农、陆士寅、严恩椿、容启兆、程瀛章、郭任远、胡刚复、童伯章、李权时、吴经熊、刘湛恩、段育华、裘维裕、何炳松、宋梧生、何德奎、唐庆诒、杨才清、汪英宾、陈其鹿、欧元怀、殷芝龄、胡经甫、郑章成、傅若愚、孙祖瑞、陈德恒、邝光林、吴康、应成一、陆鼎揆、李石岑、胡其炳、叶元龙、刘秉麟、朱广儒、柏兰莱、林东海、麦龙、何仲英、蔡观明、赵玉森、吴邦伟、薛迪靖、邹尚熊、秦大钧、陈训恕、史乃康、余衡之、张东民

编制：(一)文科：(甲)国学系,(乙)教育系,(丙)政治学系,(丁)历史系,(戊)社会学系,(巳)哲学心理学系,(庚)英文系,(辛)法文系,(壬)德文系,(癸)体育系。(二)理科：(甲)科理系,(乙)化学系,(丙)生物学系,(丁)数学系。(三)商科：(甲)经济系,(乙)会计系,(丙)银行系,(丁)工商管理系。(四)工科：(甲)应用数学系,(乙)测量系,(丙)绘图系,(丁)建筑工程系。

各科学生人数：大学部四百六十三人

招考时期及投考资格：十五年七月五六日第一次，九月六七日第二次。高

级中学毕业。

学生应缴之费：学费五十元，膳宿四十元，杂费十元，图书费二元，体育费二元，共一百〇五元（每学期）。中学每学期九十五元。

附属学校概要：附中分高、初两级。初中共六班。高中分四科（文、理、商、教育）。学生五百零二人。

附注：本校为去岁五卅惨案后约翰离校学生之家长等捐资创办。

（八）亚东医科大学

校址：上海南市沪军营

电话：南市：一三二号

校长：杨绅

主要职员：教务长张绍衢

各科教授：周君常、尤彭熙、金问淇、刘绪梓、李中庸、李墀身、周文达、刘之纲、缪澂中、陈旭升、张绍衢、陈宪濂、杨绅、乌训卿、顾宗文、戴远如、郁秉权、仲子明、康尚黄、陶明滋

编制：本科一二三四年级各一班，附设产妇班一级

各科学生人数：未填

招考时期及投考资格：每年八月招考，旧制中学毕业或修完高中二年级者皆可投考。

学生应缴之费：每学期学费四十元，宿费十五元。

附属学校概要：附设产妇班，专收女生。

（九）东华大学

校址：上海英租界康脑脱路十八号

电话：西：二五五七

校长：朱文鑫

主要职员：土木工程系主任顾亦恺、商学系主任徐广德

各科教授：康时振、孙祖瑞、陈亚渔、陆锡丞、吴达模、邱正伦、周宗武、朱令彝女士、于基泰、朱巽元、应功九、叶楚伧、徐广德、李松涛、刘介眉、朱文鑫、顾亦恺、李傅书、朱冀良、陈定祥、汤国昌、余家溥

编制：分土木工程系、商学系两系

各科学生人数

招考时期及投考资格：秋冬两次。高级中学毕业生得应考大学一年。

学生应缴之费：大学每学期学费五十二元，中学三十四元。膳宿费每期三学十八元。

附属学校概要：附属高级中学分商科、工科。

附注：本学系南洋路矿学校改组，创办于民国元年九月。

（十）南洋医科大学

校址：法租界萨坡赛路念三号

电话：西：二一四六

校长：顿宫宽

主要职员：教务长邱公介、事务长顾南逵

各科教授：中野督一、加藤一雄、高山章三、周文达、顾衢九、汤寿先、孙孝宽、陈大枢、董廷寿、诸文绮、李墀身、谢筠寿、李祖武、刘之纲、宋师涛、张德周、张德辉、缪澂中、邱公介

编制：分内科、外科、妇科、产科、小儿科、眼科、耳鼻咽喉科、花柳病科、皮肤病科等，共分四级

各科学生人数：二百念六名

招考时期及投考资格：入学者以行端体健，年在十八岁以上二十六岁以下，曾在旧制中学校毕业或新制高级中学二年级及其同等程度者为合格。

学生应缴之费：学费四十元，杂费一元，准备费五元，讲义费五元，实习费五元。膳宿归学生自理。

附注：有附属医院设在校内。

（十一）复旦大学

校址：江湾翔殷路。中学部徐家汇。

电话：大学部无电话。中学部西：三四五号

校长：（正）李登辉、（副）郭任远

主要职员：余楠秋、金通尹、李权时、蔡翘、何葆仁、刘大白、汤武杰、季英伯、章鼎峙、凌其翰

各科教授：叶楚伧、于云峰、陈望道、邱正伦、陈振华、陈仲达、周德

熙、洪深、吴子敬、王振汉、黄兆鸿、黄梁就明、谢寿昌、童逊瑗、孔宪武、陈萱、应成一、康时振、王人麟、金国宝、曾昭桓、叶渊、戴麟书、李惠堂、谢六逸等

编制：大学分文科、理科、商科、心理科、社会科、中国文学科

各科学生人数

投考时期及投考资格：暑假招考：七月十号左右、八月廿号左右。寒假招考插班：一月廿号左右、二月廿号左右。投考资格与国立大学相同。

学生应缴之费：膳费、学费、宿费、灯费，以及年刊、书报、体育等费。

附属学校：复旦附中及心理学院实验中学，均分高、初两级，

（十二）远东大学

校址：上海卢家湾斜徐路

电话：华界电话

校长：殷志恒

主要职员：事务主任陈景新，训育主任将达文，注册主任张颂武，文科主任周仲千，商科主任陈德恒，法科主任陆鼎揆，校医周君常、陆露沙

各科教授：邹登泰、王效文、郎醒石、何世枚、马崇淦、周仲千、吴耳似、朱勤补、孙铁仙、许明斋、陈德恒、郭傅庆、陈文柏、端木恺、应业雅、陆鼎揆、杨雨生、陈景新、陆鼎传、应成一、蒋云鹤、孟长泳、朱通九、魏有光、郭启明、潘序伦、郑觉民、虞鸿勋、李炳郁、章元凤、孙圣章、张颂武、蒋达文

编制：文科、商科、法科。文科分国学系、教育系、英文系。商科分银行系公司管理系、会计系。法科分法律系、政治系、经济系。大学本科四年毕业。

各科学生人数：文科学生八十名，商科学生九十名，法科学生一百三十名。

招考时期及投考资格：招考时期七月一日起至九月一日止（届时见《申》《新》两报）。投考资格凡在大学预科或高级中学毕业者得投考大学部（旧制中学毕业曾经补习二年以上者亦得投考）。

学生应缴之费：大学部学费四十元

附属学校：附属高级中学及初级中学。学费高中三十元，初中二十五元。

附注：大学部附设国学、英文、商业专修科，各二年毕业；法律、政治、

经济专修科，各三年毕业。学费与大学部同。本学期并拟添设高等师范科。

（十三）群治大学

校址：现在暂在劳勃生路，将来迁至真茹自建校舍。

电话：西：二三九四

校长：张相文、罗杰

主要职员：总务主任邓云鹏、教务主任余楠秋、代理总务主任罗侠

各科教授：余楠秋、王立猷、陈登恪、徐少年、陈霆锐、江一平、篁耀先、曹孟其、胡朴安、张恩海、罗杰、何仲英、冯建维、李石岑、石醉六、马震百、周德熙、李迪华、邹安众、邓子冰

编制：大学分文、法、商三科。专门部分法律、政治、经济三门。大学分法律政治系、中国文学系、西洋文学系。

各科学生人数：全校人数五百五十人

招考时期及投考资格：投考大学预科者须初中毕业，本科者须高等专门预科毕业或高中毕业。每年秋季招新生，春季招插班生。

学生应缴之费：学费全年八十元，宿费全年三十元，膳费全年暂定六十元，杂费图书运动费全年十元。

附属学校：设有初中、高中

（十四）震旦大学院

校址：法租界吕班路一百四十三号

电话：西：九三八号

校长：帅理蔼

各主要职员：教务长桑、庶务长安

全体教授：华教员十三人，法教员三十五人

编制：分本科、预科，又分文学法政科、理学工程科、博物医学科。预科三级，本科三级，博士及工程师二级。

各科学生人数：预科二百三十余人，本科一百五十余人。

招考时期及投考资格：春秋二季开学前三四日。投考资格预科中文清通，本科必已读法文并考有该科程度。

学生应缴之费：学费每季五十元，宿费约二十元，膳费在外自己包每月

约八元。

寰球中国学生会特刊 1926

关于上海改革大学计划

王西征

上海特别市党部所组织的上海市教育研究会委员朱经农先生，对于改革上海大学教育拟有计划，尚未正式发表。日前因记者的询问，曾有陈述，引起暨南学校校长姜琦先生的讨论，朱先生遂于覆姜书中提出困难之点五，征求意见。兹就所述五点，简缀个人意见于后：

第一，公私立大学究竟有无联合之可能？私立大学是否愿取消其私立性质？今后国家是否应在上海继续维持五个独立的国立在学？在理论上，公私立大学当然有联合之可能，只问联合之意义若何。倘意义纯粹在教育效率的增进，即事实上有不可能，政府亦当强迫执行。不过私立十学中，如有具特别功能或性质者，则对于联合的执行亦须审慎。如某人或机关对于学术上有独到之见，设校试验，无论其为理论或实施，只要它对于政府的教育政策无损害而政府又是无力或不愿取而代之者，则为尊重研究学术之自由，此等私大倘不愿取消其固有性质，政府非特不当压迫，且当从而鼓励。大学在学制系统上，虽占高位，但尽量普及，仍为合理的希望。政府在无力办多数大学时，则少数大学设在大都会大商埠，自较切当；一旦政府有力再事扩充，便要顾到普及一点。所以，在全国各城市还未设有相当经例数大学之前，上海是不应有五所国立大学的存在的。

第二，如何分工，如何合作，可免去一部分学科的重复——特别是基本的自然科学？此问题理论和实际方面并有困难，较为复杂。就理论说：各地若能完成两级中学——无论三三或四二制——教育之所需，大学不复有预科，普通自然科学在大学内无须教授，其所教授者，皆为各科系所需要者，性质和范围都有差异，自可减少重复之弊，即使各校分设一科，也非太不经济。因其所谓不经济者，只是教师的关系。若能将时间支配得当，教师是可以分头就教的。所困难者，就是各科系中所应用的自然科学，其性质和范围，不易有断然的差异，而小量的重复，仍所不免；教师分头就教也只可行于各科距离不出同一城市的情形下——如上海各公私大学联合为一，而各科皆在上海，自属可行；若像姜先生所提的将南京大学的文理农等科设在南京，而将医法工等科设在上海，这便不易行了。再者，即令各科同在一城市之内，教师将一部分时间消耗在路途上，当然也是不经济。就实际说：各地中学还没有等齐的完成两级中学教育之所需，有时大学仍不得不设预科，预科的课程，几于各科相同，倘若分设，就太不经济了(如北京大学)。不然，则在学生入校后，仍须斟酌予以预科的补习课程，那就更加困难(如清华学校大学部)。此等情形，上海在所不免，应付之间，自应加意。不过，比较之下，觉得上海方面倘欲解决分工合作的困难，尽可采取前述办法。慎重入学试验，大学不设预科，教师可以分头就教。此虽难免少量之不经济，但也正是最低限度的不经济；虽然未顾到中学的实际情形，但也正可促进两级中学教育的完成。所最值得注意的，就是姜先生所提的意见：倘以沪宁为一大学区，在南京设文理农等科，在上海设医法工等科，则教师设备的不经济，势必增大。教师虽仍可奔走，耗时太多；各科均在一城市内，图书用具均可迁就流通，设备方面，较少困难(设备方面之大困难在基本科学的实验，既无预科，此项但愿理科即可)，分设两城，较难兼顾。可是，以沪宁为一大学区，就目前的社会和经济情况说，实较合理，所未为适应合理的需要，最低限度不经济的标准，似应降格的(就事实说：如沪宁分设二大学。岂非更不经济)。此层关系甚大，希望沪宁的教育者协同商议。

第三，校舍不当因陋就简，很为重要。用这个条件，可以限制许多以荣利为目的的私立大学。各校联合妥协后，各校原有设备应依其科别与他校交换，也属必要；上边曾提到，分科成立后，可以公用的图书设备，尚须迁就流通呢。各校联合之后，其固有名义最好设法保存，以留纪念。这层未见的当：因为固有名义的保留，内则足以防碍学校精神的统一；外则足以使社会的观念不清楚。

第四，各校联合之后，设一“大学财政总委员会”，对于学校经费有一彻底之计划，以谋维持永久，极为切要。因如此可使主持校务者，不致四处为经费奔走而荒废其对于教育本身之贡献；且可杜绝假公济私的机缘与活动，对于良善校风的建树，至有关系。二五附加税，是应该由政府拨一部为大学费的。并且这笔经费应径归“大学财政总委员会”保管，不能移作别用。屠牙两税，似应归省库，必要时，可请省政府指定为中小学经费。

第五，公共必修科目，究有几何？各科之免费学额，应设几何？一般学生对于减少学费之要求，应如何答复？大学教授之资格及薪俸等级，应在何规定？大学若不设预科，则公共必修科目有限，问题不见复杂。免费学额之多寡视学校经费情形（包括捐金学额）而定，在经费未决定，预算未达编制时期前，可以不谈。对于学生要求减少学费之答复，亦至单纯：在国家还无力扩充大学教育为义务教育时期前，大学生当然要缴学费，且学费的数目应各处一致。缴费多寡自然也视学校经费情形而定。近来清华学校的学费风潮问题，还未解决，学生要求免费的理由可概括为：（一）学校经费充裕，浪费之处甚多；（二）人是生而有受教育权利的。这显见是错误：学校经费充裕，应充分利用，不应浪费，自属正理，学生只能因浪费而建言使其不浪费，不应赌气不缴学费；人要享受教育的权利，也要尽受教育的义务。使国家有力扩充大学教育为义务的，即学校不浪费亦须免费，换言之，那时学生是不须对于受大学教育尽缴费义务的。以此为例，对于答复学生要求免费一层，似可迎刃而解了。实际说，像清华学校和从前北京大学的学费风潮，在政策清明和划一的国情下，都是不会发生的。（此处附带进言于清华当局，应力图改革经费的浪费而杜学生要求免费的口实；同时在政策不划一的学校行政下，不妨以经费之特别情形而多予贫苦学生以便利。）其次是大学教授之资格及薪俸等级问题，这又是较为复杂难解决的。分析起来，薪俸问题较简单（视学校经费情形而定），次为资格问题，而最困难的是等级问题。凡对于学术有专门研究或贡献，经学校审查为可以胜任校中某种学科的教授而无困难者，无论其为留英、留法、留德、留美、留日，或未曾出国门一步，无论其为博士、硕士、学士，或未曾得任何学位，都是可以当教授的。所以，学校执政倘无援引党与的私心，资格问题，较易解决。等级问题，便不如此：留学何国或曾否留学，固然不能用以断定某两个不同科别学者的优劣，有时且不能用以断定某两个同科学者的优劣；何种学位或是否获得学位，也有同样的困难。于是等级——以及资格——就不能不订有客观的标准。大学里科目至繁，逐科订定教授、副教授、助教、助理和讲师等学力的标准，是一件极浩大而需要多数学业有成就的“权威者”的工作，这是须得慎重将事的。

以上统是就朱先生所提出的困难之点，略抒自见，但，也是很粗率的。希望朱先生的计划正式发表之后，能与作者以满意的参考。凡此困难问题之解决；非独可以应用于上海一隅，也可以应用于全国，有时它的普遍性也许会更大点。最后，仍有须向朱先生说明者：依朱先生意，各校联合后，仍有“校”之存在，这是与个人的意见有些相左的：鄙意一大学区内目前只能以一大学为标准，其各地分设者只能为“科”，不能为“校”。因既经联合之后，则当为“大学分科”不当为“分科大学”也。

新教育评论 1927，3(22)

中国教育之新趋势

——在上海大夏大学讲演

凌济东

中文化目下正在剧变状态中，社会事业、工商事业亦大有进步，教育更然。以予之观察，中国教育之趋势如下：

(一)“中国化”

中国学校肇与后，其学制学科均袭拾外人。民国前六七年，教育上之设施与书籍等件，悉抄袭日人，可谓日本化时期。民元后，国人知日人教育采自西洋，乃派生留学欧美，于是中国教育渐呈西洋化，甚至饮食、用具、衣服亦必仿效西人，学校每以聘西教授为荣，老师之不长英文者，每遭学生之排斥。及至挽近，此风渐转，如北京各大学，广东、岭南、中山各大学，均极力提倡国语，学校中日常以讲英语为羞辱。国民政府通令各校注重国语，其委员会开会时，发言必须国语。此种思想之变迁，足征中国文化已有独立之倾向。惟文化独立，须学术独立，中国中学以上，即不能不用西书，乃学术幼稚之故，将来学术提高，则除互相交换外，中国文化必将保存其固有之特色也。

（二）“平民化”

目下教育仅少数资产阶级有享受之机会，此后则受教育之机会必将均等。美教育家言，人类智愚不等，自难平等，然达到法律上之权利均等、教育之机会均等即平等耳。中国目下乡村教育、城市教育均未发达。广州百五十万人口，依普通教育上之统计，有二十五万学龄儿童，拨其现状，则公立学校凡一万五千人，私立学校等之，总数仅三万人，教育经费为政府总收入九千万之百分之一。厦门富商甚多，人口为十五万，而入学儿童仅五千人，陈家庚君创办之集美校，学生仅三百人，而年费一百三十万。福建全省之教育经费，则仅六十万。天津人口百万，全年教育经费仅十二万，因此失学儿童甚多，每校学生拥挤异常，学生入学须先向校长说情，而学校不贴招生广告，已有人满之患。广州、厦门、天津乃中国通都大邑，教育现状如此，遑论其他乡村僻壤。曩在丹麦得一强烈刺激，该国将来华参与关税会议之代表，告中国驻丹领事，予此行必将力助贵国。以人口仅三百万之丛尔小国之代表，敢为是言，则该国教育发达，虽小亦强故耳。此问题目下已为国人所瞩目，吾信此后教育必能渐趋于平民化也。

（三）“社会化”

社会化的教育，即能适应社会适化之教育也。目下教育，学校所教授学科，毫不与社会相关。予在福建、北京，均曾见小学生诵念毫不适合其需要之教科书。又见南方某大学之工科教授学生，当罢工事起，该校吸水机，尽该校师生之力，五日未能装置，均肩桶挑水，传为笑谈，而同时厦门工人，即于五小时内自行装竣。一大学之工科，尚不及工人，学校教育之功效如何乎？某教育家言，年来学潮澎湃原因，学生学成无以致用，实属重大原因，细味之实深有理焉。此问题亦已为国人所注意，此种之倾向予知必将趋于社会化矣。

狂风 1927（3）

上海特别市十八年度上学期市立中小学校统计表

一、市立小学校

区名	校数	学生数	教职员数	教室数	教职员平均教授学生数
沪南	29	12422	446	251	27.9
闸北	13	2376	99	59	24.9
洋泾	7	1444	46	26	31.4
杨思	11	944	22	15	42.9
高行	11	996	26	17	38.3
塘桥	5	642	15	10	42.8
陆行	12	1012	37	24	27.4
漕泾	6	676	21	13	32.2
蒲淞	22	1656	51	35	31.8
引翔	9	1300	36	24	36.1
法华	5	520	15	11	34.7
高桥	10	1066	27	20	39.5
真如	9	858	24	18	35.8
彭浦	3	363	13	9	27.9
吴淞	9	1261	39	25	32.3
江湾	11	1318	49	32	26.9
殷行	7	560	17	13	32.9
统计	179	29406	984	602	29.9

二、市立中学校

	学生数	教职员数	教室数	教职员平均教授学生数
务本中女	483	46	11	16.1
敬业中学	245	29	8	8.4
吴淞中学	145	20	4	7.3
乡村师范	46	9	1	5.1
总数	919	104	24	10.4

注：小学校十七年第一学期增一千三百七十七人，教职员增七十五人，教室增三十五；较第二学期学生减一千九百八十五人，教职员增十六人，教室增十五。中学校学生较十七年第一学期增二百八十一人，教职员增二十一人；较第二学期学生增三〇六人，教员增一七人。

统计月报 1929，1(10)

上海地方教育视察报告

教育厅据上海中学实验小学呈送视导上海县地方教育报告书表，深堪嘉慰。特指令(第五三三一号)该校知照！并训令(第一一三二号)上海县教育局知照！兹分录原文如下。

(一)指令上中实小原文

呈暨附件均悉。查该所送各件，具见该指导员胡超伦指导有方，深堪嘉慰。惟对于各校如有个别指导，亦应分别详细具报，以凭审核。又此项报告书，本厅仅需一份备案，嗣后应以墨缮，俾垂久远。至考绩表所列优良各教员应准令仰该县教育局传知嘉奖，并仰知照！附件存，此令。

(二)训令上海县教育局原文

案据省立上海中学实验小学校长盛朗西呈送指导员胡超伦视导该县地方教育报告书表，并附优良教员考绩表一份到厅；除指令外，查表列各员，既属教法优良，应予传知嘉奖，以昭激劝，合行抄发考绩表一份，合仰该局遵照办理！此令。

附考绩表如下：

江苏省上海县优良小学教员考绩表

校名	塘湾小学	闵行中心小学	三林小学	塘湾小学	陈行幼儿园
姓名	李品珍	戴祖耀	胡道南	顾鸿达	高仲英
籍贯	南汇	上海	上海	奉贤	浙江杭州
优点评语	常识教学——用故事引起强烈的动机，儿童富有学习兴趣	算数教学——能自编适合程度的教材	算数教学——在课外演算习题，在课内共同订正误点，及指名发问算法儿童观念正确新方法的教学，先使儿童明白方法的功用用归纳法进行	低年级体育，表演故事中的动作并联系仿效操兴味温	幼稚园故事教学——取材陈鹤琴编《我变鹅》的图书故事，讲来有声有色，儿童兴味浓厚注意集中

江苏省政府公报 1931（764）

省立上海中学视察报告

教育厅据该厅第一科科长向绍轩，秘书侯鸿鉴报告视察省立上海中学校教学状况前来。特于一月二十日，训令（第一二二号）该校遵照！原文如下：

案据本厅第一科科长向绍轩，秘书侯鸿鉴视察该校教学状况报告称："绍轩，鸿鉴于上年十二月十日，乘车赴沪，十一日上午，视察上海中学初中部，下午视察上海中学高中部。"兹将视察概况，缕陈于左。

一、初中部教学概况

是日上午所见各级教课，计分国文、算学、生物、唱歌等科。生物教员黄仲良讲解同化作用，解释试验方法，颇觉有条不紊。唱歌教员仲子通教学生练习歌谱，音调合拍，颇有精神。算学教员张慕聃教三年级乙组几何，图解详明，口齿清晰。二年级乙组国文教员洪范五选择托尔斯泰文，讲授托尔斯泰历史，专指贫富阶级不平等处言之，而于托尔斯泰环境历史，绝无解释，且为时甚久，并言托尔斯泰著作甚多，他日再印给诸生，至此则截然而止，一若托尔斯泰有神秘之著作，非一时可尽者然，此种教法，对于青年血气未定之学生？已不合法。三年级春组国文教员章沦清讲授尚可，上一年级春组国文课在理化教室中，学生喧嚷不堪，章教员蹀躞几间，但见学生起立不定，言语嘈杂，喧声杂读，询之学生，据云因要考试故温课，现象殊不佳，即使温课，亦不应如此，况在上国文正式课时间，而有如此形同私塾之状况，殊为不合。其余各教员上课均尚可。

二、初中部训育概况

初中部学生四百七十三人，内有女生三十八人，男生寄宿三百二十人，女生寄宿二十人，宿舍方面，女生寝室，较为清洁，男生宿舍，太不清洁，衣被不叠者有之；书物杂置者有之；燃余洋烛头，置于硬纸板上者有之；自由将床铺乱搬者有之；任训育者完全不问，似觉太不负责矣。

三、初中部设备之概略

初中部仪器、标本、图书等均有相当之设备，旧书中有前清剿匪方略正续附三编钞本一百六十本，颇为希罕，新书有六千余册，旧书尚未整理，阅书者每日平均约百人，阅书最多之种类为文学书，文学书中以阅小说者为多，小说书中，以阅侦探小说及社会小说者居多。

四、学生课外活动概况

学生课外，常由教员指定某某图书数种，及应阅读之文。使学生阅读后，作课外笔记，此自动之最好方法。学生对于音乐方面，颇喜研究，故有音乐室为学生课外娱乐之用。是日上午，见有十数学生，散处于宿舍及自修室，在自修室吹箫笛，拉胡琴，询以此时上课时间，何以不上课。据训育主任田定庵云，兼课教员，无暇来上课，故某级时间空起，某级学生只各能自修，然则彼玩乐器，胡不入音乐室，而在自修室，如在自修室可弄音乐，则音乐室可以取消矣。

五、高中部之教学概况

是日所见商科三年级国文课，教员李士闳节录汉书艺文志，师一年级国文课，教员陈文波出题作文，板示作法条例，示以内容，选科教员汪时宪教授法文，均尚平适。体育兵式操，学习卧射，颇有精神。惟科甚多，下午教科钟点空缺者不鲜。据教务主任言，上海教员兼课之人，各校担任钟点颇多，不克依照学校钟点排定，此在沪上各校之通病，至于该校学则课程编制等均尚适当。

六、高中部训育概况

高中学生三百二十七人，内有女生三十余人，宿舍方面，女生寝室尚整洁，男生寝室，虽不及女生之整洁，然较诸初中部整洁多矣。学生自治方面，高初两部，均设有村市两府之组织，其意在纳不规则之活动，于有规则之中，立法甚善；但此事须由训育者随时随地，负责指导，方能收效。

七、高中部实习概况

关于商科方面，有银行及合作社，为学生练习商业实习之用，规模适当，惟未到实习时间，未得见其实习为憾；关于理化方面，亦均有实习室，是日见二年三年合课有机化学，学生试验实习，教员吴瑞年说明实习方法甚详。

八、高中部设备方面

物理化学仪器，博物标本，均属敷用。图书方面，旧籍五千余册，新籍一万二千余册，编目向用杜威十种法，今改王云五中法图书统一法。每年预算，仪器标本三千元，图书三千元，倘此数果能逐年购置甚佳。

绍轩、鸿鉴在匆促时，视察该校，仅得概略，如上所述。惟此次因各校结束时间，不克详观内容，亦颇为憾，倘将来再得暇往观，当更可详知一切也。等情，据此：查该校各科教学，尚合法。惟初中部国文教员洪范五、章沦清教法亟应研究改进，以臻妥善。该校兼课教员太多，致支配教授时间，不能适当，影响于学生学业甚巨，应即逐渐改聘专任教员，以专责成而重学业——该校宿舍方面，初中不及高中之整洁，而在训育者，又不负责。殊非所宜。亟应切实整顿！俾易旧观。兹据前情：合行令仰该校长遵照！此令。

江苏省政府公报 1931（656）

淞沪抗日战争与上海的教育

潘公展

说起一·二八淞沪抗日战争来，它的影响实在是遍及于全民族的一切的。说得更切实些，一方面固然是敌人对于我们的残酷的破坏，使一切事业都因以动摇着；而他一方面，却又燃烧起了我们自己的光明的火炬，使一切事业都因以获得了新的启示——从这里，我们遭受了创巨痛深的荼毒；也从这里，我们得到了努力奋斗的教训。这一笔账，是必需来清算一下子的。

在教育言教育，在上海言上海：

首先，我们必须来清算一下在日帝国主义者淫威之下的上海教育事业所蒙受的损失。

因为闸北、江湾、吴淞一带，正是上海教育文化事业最繁荣的地方，所以损失的数目，也就非常可惊——自然，屋舍设备、图书仪器等等的直接的损失，还可以统计出一个准确的数目来；但许多人因失学失业而所受的间接的损失，却还是无法可以估计的。

一

关于学校方面的损失，根据上海市教育局征集各学校的报告计如下：

	被灾学校数	资产损失数
初等学校	八一	二八〇八六七元
中等学校	三一	一八九三五八六元
高等学校	一七	八七一六五〇八
共计	一二九	一〇八九〇九六一元

其中各校所受的损失分别调查，其结果如下：

高等学校

国立同济大学	七八八〇〇〇元
国立劳动大学	七五七八五〇元
国立交通大学	三三一五一元
国立暨南大学	八二四三〇〇元
国立中央大学商学院	一〇四七〇〇〇元
国立中央大学医学院	五五六九〇〇元
交通部吴淞商船学校	九六五六〇〇元
私立大夏大学暨附中	一二五〇元
私立上海持志大学	六〇〇八〇〇元
私立上海法学院	三〇五〇八九元
私立复旦大学	二三四二七八元
私立中国公学	二一二五六二〇元
私立东吴大学法律学院	八四二〇元
私立上海艺术专科学校	七七八六五元
私立德国家禽专科学校	三三七五八元
私立东南医学院	二八三〇三〇元
私立文化学院上海第二院	七三五九七元
以上高等学校十七校供给损失银	八七一六五〇八元

中等学校

省立水产学校	九一五二〇元
市立吴淞初级中学校	四三九〇〇元
私立新民中学	四五八二〇元
私立东南女子体育师范学校	三三九五五元
私立东吴大学附属第二中学	三一五五三元

（续表）

私立市北中学	二二一六四八元
私立建国中学	三六九〇〇〇元
私立南洋商科高级中学	一三四五〇〇元
私立北初级中学	二〇五二四元
私立爱国女子中学	五三二〇〇元
私立育青中学	七七四六元
私立立达学校	二七七五九七元
私立上海安徽中学	三一一一二元
私立中国女子体育师范学校	二七七〇元
私立上海持志学院附属中学	九八二〇〇元
私立上海青年会中学	二〇五五〇元
私立惠生助产学校第二院	一七六七三元
私立复旦实验中学	一八三〇〇元
私立两江女子体育师范学校	一六五六二元
私立广肇暨附小	一九六〇〇元
私立志成中小学校	八五〇元
私立道中女子中小学校	一六八一五元
私立广东中小学校	一九六九〇〇元
私立东方中小学校	四八二二元
私立三育中小学校	九二七一元
私立崇德女子中小学校	四七四〇元
私立民生中小学校	二五八五〇元
私立白鹅绘画补习学校	一〇三六一元
私立审美女于初级中学	三八六四元
私立旦华中小学校	二二七〇元
私立立达学院高中农村教育科	四七七〇四元
以上中等学校三十一校供给损失银	一八九三五八六元

初等学校

市立西江小学	一六〇七五元
市立培德小学	四六元
市立中山小学	一三七九〇元
市立新龙小学	一七一元
市立建成小学	二三四六〇元
市立朝阳小学	二〇〇〇〇元
市立泗桥小学	五一元
市立巽与小学	二一六〇元
市立崇正小学	二五七四元
市立惠风小学	四六五〇元
市立海山小学	七三一四元
市立其美小学	六三二五元
市立芦滨小学	六八三〇元
市立吴淞小学	九八五五元
市立飞虹小学	八八〇元
市立彭浦小学	一六五九元
市立梅村小学	九〇元
市立江镇小学	一〇五六元
市立沈行小学	二七五元
市立农村小学	二三八元
市立虹溪小学	六〇〇元
市立引溪小学	八五三元
市立严衙小学	三三元
市立燕湾小学	二〇八六元
市立管衙小学	一二三五元

（续表）

市立肇东小学	一三三九元
市立芥园小学	一七元
市立知行小学	五二元
市立彭南小学	一二五〇元
市立培本小学	三九九六元
市立虹江小学	七三八八元
市立东江小学	四五九八元
市立朱库小学	三〇元
市立陆阁小学	一一〇元
私立麦青小学	五八〇元
私立正华小学	一一一一一元
私立醒民小学第一校	二七七〇元
私立青白小学校	一五六〇元
私立沪北小学	一七〇二四元
私立醒民小学第二校	六二五〇元
私立修德小学（连幼儿园）	四六二〇元
私立牖民小学	二〇七一元
私立宁波同乡会第七小学	一九三五元
私立宁波同乡会第五小学	一四二〇元
私立宁波同乡会第九小学	一一三五元
私立承志小学	四一九〇元
私立引北小学	一九八元
私立维兴小学	四三五〇元
私立广东纯德小学	五六〇二元
市立陈巷小学	四四二元

（续表）

市立殷行小学	二〇一四元
市立福田小学	九元
市立引南小学	六五一元
市立虹北小学	三五六元
市立漧漕小学	五元
市立厂头小学	一六〇元
市立濬浦局工人子女小学校	四八〇一元
私立同益小学	三九九元
私立德成小学	三三〇元
私立同乐小学	五八三元
私立宁波同乡会第八小学	一〇七四元
私立圣保罗小学	三六六七元
私立教养小学	四二八〇元
私立知行小学	二八四〇元
私立南离小学	三〇七〇元
私立协兴小学	七九八〇元
私立复成小学	一〇九七元
私立时中小学	六〇九元
私立培瑛小学	四五五元
私立养慈小学	四〇〇元
私立博文小学	八九〇元
私立三育小学	三三五〇元
私立大光小学	五二三〇元
私立求智小学	二八六元
私立同济小学	三八六〇元

（续表）

私立培成小学	三〇六八元
私立工淮小学	一九三六元
以上初等学校八十一校共计损失数	二八〇八六七元

再从文化体方面来调查，则商务印书馆总厂与其附属的东方图书馆的被毁，实在是这一次战事中最巨大的损失——无论在物质方面或精神方面。根据商务印书馆股份有限公司呈报上海市教育局的损失清册所载，计如下表：

被灾部分	资产损失表
总厂（房屋及其工具图版存货组张未了品生财装修等）	一三二七九〇九三元
编译所（房屋、图书、稿件、生财、装修等）	七二八〇九二元
东方图书馆（房屋书籍等）	二二七六二一〇元
总计	一六二八三三九五〇

就上面的数字来看，表面上已经显出了许多惨痛的现象，在日帝国主义的军队的铁蹄之下，我们的教育文化事所遭受的摧残实在是创巨而痛深的。但是这样的创痛，我们决不能以为它是战争中无可避免的损失，而必需知道在事实之内层，这实在是在日帝国主义者军事侵略之下的更深刻的更毒害的对于我国教育文化事业的大破坏的阴谋。

在日本帝国主义的铁蹄之下，使上海市的——其实还应该说是全中国的——教育文化事业，受到了空前的毒害，其文化的精神上的损失，几乎是无可弥补，姑无论了；就是物质上的损失，也断非一时间所能恢复起来的！我们只要想一想战时的枪炮声和飞机声，就彷佛能看见在猖狂的帝国主义者黩武主义下的一种极度残酷的威胁！——这威胁在工商业上，是驱使若干万人失了业，失了生计；在教育文化事业上，是驱使若干万人失了学，失了求知的凭借。是多么的苦痛呢！

但我们所能聊以自慰的，总也觉得在这一次严重的事变中，上海教育界所表示出的一些勇敢的精神却是值得珍重的。

第一，许多学校在没有直接受到日帝国主者的炮火所摧残的区域以内的，都照常开学上课；尤其在沪南区的小学校，虽然在经济支绌的状态下，风声鹤唳的惊惶中，始终弦诵未辍。

第二，因这一次的切身所受到的压迫，使教育界益发集中其教育的力量，而在三民主义的教育宗旨之下，积极的贯输民族主义的教育。——我们只要从上海市教育局所举办的国难测验的结果来看，就可以得到明确的有力的证据。

二

这威胁、压迫、毒害、摧残，原是帝国主义者的暴力之下的必然的表现；但对于我们自已来说呢，我们是必须大无畏地反抗着。不过所谓反抗，我以为尤其应该看重在精神上的建设。自然，在极度的威胁与压迫之下，受到毒害了，受到摧残了；但这毒害与推残，虽然能够破坏了一种物质上的已成的建设，而就精神上说，极度的破坏，却愈足以激起极度的建设。所以在消极方面，我们尽可以把触目惊心的事实来做卧薪尝胆的工具；而积极方面，我们却不能不在反抗的精神之下，不顾一切毒害与摧残，而努力地重新建设起来!

因为教育文化事业，已是民族精神的最重要的支点，所以在这一方面，受了毒害与摧残之后，不能不更有积极的加速的复兴之企图。

这一点，教育当局在一·二八事变以后，早就决定了完备的计划了。

这个复兴战区教育计划，是由上海市教育局临时组织的复兴战区教育设计委员会拟定的，预备按照规定的年限，逐渐实行。现在录载于后，以供参考。

上海市复兴战区教育计划

一、战区教育复兴之重要

自暴日侵沪，闸北等地区舍为墟，教育事业，破坏无余。兹停战协定，业已签订，国土业已收回，居民之逃难在外者，业已渐次遄返故里，虽抚摸创痕，不能不痛定思痛，而上海为世界市场，中外观瞻所系，倘能于短时期内，积极复兴各项事业，可使世界友邦人士，咸了然于我中华民族之复兴能力与精神。且生聚教训之教育事业，更不可以或缓。然则复兴战区教育之重要，毋庸赘言。

二、复兴战区教育之范围

复兴战区教育，暂以闸北、江湾、吴淞为范围。

三、复兴完成之期限

复兴完成之期，实为一重要问题。太久则急不可缓，太促则经济力有所不逮。研究至再，拟分三期进行，每期以一年至一年半为限。

四、教育之类别

复兴战区教育分二大部：一为学校教育，一为社会教育。兹分述如左：

甲、学校教育复兴计划

分（一）设校数目；（二）设校地址；（三）校舍及设备。兹分述如左：

（一）设校数目

闸北区。闸北战区，可分二部分：一是因战事焚毁之区，一是受战事影响之区。焚毁区，即京沪铁路以北，虬江路、永兴路、香山路、中兴路、中华新路等一带，现已成一片焦土。此区域内，曾有市立建成、惠风、培本、芦滨、育德、闸北幼儿园、德新等共七校，计三十一教师，收容学生三千余人。另有私立小学数十所，学生约万人。此市私立各校校舍，多受损坏，因该区房屋多焚毁，居民全部迁回，尚需相当时日。拟于第一期内，先在该区内交通便利市面恢复较易之地点，设立中学一所，专办商科；并十二教室以上附有幼儿园之双轨完全小学二所，六级以上附有幼儿园之完至小学四所，以为救急之需。第一期，约可收容小生三四千人，以恢复战前市立小学收容学生之数目。但第一年之后，地方房屋建筑，日渐增加，居民逐渐迁回，则学生人数，必又增多；且各私立小学，有不一恢复者，尚须计划陆续迁回之学童及私学生失学之补救。拟于第二期内，在该区增设六教室以上之小学四所。第三期增设市立中学一所，十二级小学一所，六级小学二所，以冀普及。至于受战事影响区内，即闸北战区除焚毁区外各地方，此区域内，曾设市立新民、咏兴、彭南、潭镇、其美、海山等六小学。此项校舍，尚无大损坏，拟于临时整理计划内，先将五小学开学；惟新民小学，另候择地开设。其他私立中小学，当亦逐渐恢复矣。

江湾区。该区内之镇上及各乡，均有损害。上海市教育局，曾设市立虬江等十二小学，校舍多受损坏。该十二校，共三十七教室，收容学生二千余人。此次临时恢复计划，先将半毁之西江、虬江，未毁之中山、见科、钱荡、陆阁、燕湾六小学毁坏部分修理，即行开学。一面再将西江、虬江、燕湾校舍焚毁之部分，待本复兴计划修建。尚有麦村、陶湾、高境、东江四小学，校舍焚毁，俞泾小学校舍损坏，现时不能开学，拟于第一期内，开设六级以上附又幼儿园之小学二所；再于第三期内扩充第二期设立之六教室小学为十二教室，并增设六教室以上附有幼儿园之小学一所，四教室初小二所，以资扩充。

吴淞区。该区内镇上及各乡，均有损害。本局前设吴淞小学等八校；并吴淞初中一校。小学共计□十教室，收容小学生约二千人；中学四教室，收容中学生百余名。各校均受损坏。此次临时计划，先将半毁之吴淞、泰兴、谭村三小学，修理校舍开学。一面将吴淞小学等校舍已毁部分，待恢复计划修建。尚有培基、湾北、淞北、陈巷、郝桥五小学校舍，或全毁，或半毁。均已不能开学。拟于第一期内，将吴淞初中扩充为完全中学，专办工科；并设十二教室附有幼儿园之小学一所，四教室初小四所。并拟于第二期内，设六教室以上附有幼儿园之小学一所，四教室初小二所；再于第三期内，创设专科学校一所，增设十二教室附有幼儿园之小学一所，四教室初小二所，以资普及(各区整理及新设学校表略)。

(二)设校地址

字先就二十一年度新设各校校址，略为拟定。闸北区内焚毁之区，拟开设之六小学，另行详拟；而江湾、吴淞两区，二十一年度所拟开设之学校，多系适应各乡需要，恢复旧有之校，故校址在原处，无大变更。

(三)校具设备

兹先将念一年度新设各校，及临时计划已开之校，其校舍被毁部分，尚待建筑者，略述于左：

闸北区：闸北焚毁之区，新设六所，均应新建校舍。除芦滨、新德已有校地两处外，其余均当购地建筑。而六小学校具，均当从新设备。又未焚毁之区，咏兴附近，可购地重建。

江湾区：新恢复小学五所。除俞泾校舍略毁，稍加修理者外，其余东江、麦村、陶湾、高境校舍全毁，应待建筑。其地基，除东江已有地基外，余当购地建筑。校具等，均应从新设备。虬江、西江、燕湾虽已开学，而校舍被毁部分，有待建筑。吴淞中学等校具，均应从新设备。

乙、社会教育复兴计划

分（一）机关种类；（二）建设地点；（三）建筑及设备。兹分述如左。

（一）机关种类

闸北区：第一期拟建设公共体育场一所；并于第二期建设民众教育馆一所。

江湾区：第一期拟设公共体育场农民教育馆各一所；第二期扩充第一期之公共体育场，并设博物馆一所；第三期设图书馆一所。

吴淞区：第一期建设公共体育场一所；第二期建设民众图书馆一所。

（二）建设地址

各馆场所设立地址，以地点适中，基地适用，并交通便利，能适应各环境需要者为原则。

（三）建筑及设备

（甲）公共体育场三所，均须购地建筑。场办公室、浴室、跑道、球场、游泳池、健身房及运动器械等之各项设备，均应分别建设或购置。

（乙）图书馆一所，地基应购置，馆舍须建筑，其图书除一部分可设法捐募外，余均须自行选购。

（丙）教育观三所（民众教育观二所，民众图书馆包含在内，农民教育馆一所）。基地馆舍均须分别购置建筑，其内容布置，民众教育馆拟仿江苏省立民众教育馆之办法。农民教育馆除拟设一部分农场外，并陈列各种新式农具，各国农产品，及改良种子等。

（丁）博物馆馆址，拟在江湾市中心区域，购地建筑，内分动、植、矿物三部，陈列各种模型标本及有关动植矿物之参考图书表解。

自然，这还仅仅是一种企图。在这个时候，我们固然不敢说，这是一定会得整个的完成的；但可以相信的，则在上海市教育局最近的工作上，大概可以看得出市政当局对于复兴战区教育的决心。的确，这是应该十分努力的一种专业，这就是说，在停战以后，战区内各学校，已逐渐恢复原状，一一开学；虽然学生数已较战前相当的减少，但就各区战前战后的人口数来比较，却反而有了一些增加。

现在市教育局已经决定在战区内积极建设社会教育，——尤其是对于民众体育的注意，——而学校教育方面呢，现在对于计划中的第一步骤，也已经有了更妥善更详尽的实施的准备。我敢相信，如其在经济方面，可以获得各方的帮助而没有困难的话，这复兴计划的早日完成，乃是不成问题的事。

至于就精神上说，则我们只要检查一下现在的各学校所采用的教学材料以及布置的教学环境，就可以明了精神上的建设，是的确有了一些可喜的表现的。

以上，还是仅就市立学校的方面来说；至于私立学校方面呢，就现在观察，虽然数目已有减少(或已迁入特区，停办者甚少，)但从各方面大体的说，迅速的恢复，也是停战后的极好的事实。至于未来的发展，教育当局当然应该用其全力来诩赞着的，这可以不用说了。

三

在这里，我还要来谈一些上海教育界在战后的态度。

可以说，在沪战时民气是非常激昂的。自然，知识分子更能从具体的认识上发生了强健的作用。在这里，我可以特殊指出上海市教育界救国联合会是一个比较最有贡献的组织；在战后，它们发过一个勗勉国人宣言，颇有明确的指示。兹录之如后：

日本军阀，夙具侵略中国野心。世界舆论，人类公理，早已一切不顾。即对于彼国宪政基础，政党政治，亦复蓄意根本推翻。年来日本军人，有所谓锦旗同盟之组织，拥现任陆相荒木为领袖，暗中活跃，积极进行。对内则翼起而掌握全国政权，完成军阀政治；对外则征服中国，称霸东亚，以美俄两国为敌对目标。甚且倡言据东三省，以北抗强俄，占长江以北各省作根据，以与美战。谬妄狓猖，乃至于此。在彼国平民阶级与智识社会，固夙所反对，引为痛心；而全世界人心，为之杌捏不安，则已非一日。沈阳事变发生，日本军阀侵略野心，完全暴露。津门肆扰未已，独焰复及沪淞。政府当局，不恤忍辱含垢，甘心曲服，及满意之复文既达，无情之炮火旋加。是虽肉袒牵羊，仍难免于宰割。盖日本军阀已不复以人类视我矣！我十九路军，忍无可忍，奋起抗敌，一月以来，连合各军，喋血苦战，迭次告捷；我人民复剑及履及，充分接济。全国人心感奋，友邦为之动容。暴日一再增援，计不得逞，乃发挥其残忍兽性，炸我市场，杀我平民。沪淞一带，文化机关，悉成灰烬，租界以内，逃难妇孺，且遭惨戮轮奸。乡间父女复割其乳头，而断其手足；玩杀二龄儿童，以刀刺其腹而挑舞空际。凡此种种，均为中外人士所共见共闻。我中华民族既已到此山穷水尽地步，惟有人人存必死之心，以与此人类共弃之恶魔相抗，他复何说！欧美各友邦，痛恨暴日军阀，惨无人道，破坏和平，一再予以警告。我国人既感激其深厚之同情，益当鼓舞其奋图之勇气。公理尚在，人间努力，自有代价。惟日本无聊之政治当局，不惜自昧理性，依附军阀，以讨生活，对于国际谎语狡辩，竟谓中国内乱频仍，不合于近代国家之组织。最近犬养若槻诸氏致书泰晤士报，以告应该要人，对于我国侮辱，尤为备至。一则谓中国实无中央政府，只有各省军人，互相争斗；再则谓中国无希望，不必再予以怜悯。我全体国民，聆此言论，稍有血气，应如何警惕，如何慨愤。须知政失其纲，原系暂时现象；而国有其本，乃灾万众一心。沪职既咎，举国一致奋起抗日，各方精诚团结，无间军民。虽在无知乡氓，咸愿牺牲救国。人心未死，国脉犹存。多难兴邦，古训益着。现在战端既开，结束不知何日，我国人惟有准备长期奋斗，以博最后胜利。所有侥幸，希冀，依赖，畏葸，虚矫等一切不健全心象，允宜根本铲除。倘能执干戈赴疆场，随同武装同志，奋勇杀贼，固属大佳；若不能，则应各就国民本分，以次列四端，各自遵行，且交相诏勉。一曰“勤劳”。农工各业，直接生产，固应加紧工作，俾产量增加，衣食所兹，源源不绝，即其他间接生产诸职业，亦宜奋发精神，黾勉服务。已失业者，宜各向内地寻觅机缘，若农若工，仅有发展余地；而公私团体，更宜多方设法，以助其成。古语有云：“民生在勤，勤则不匮。”近人亦言“劳而后食。”在此长期奋斗之中，欲图巩固后方，补助战事，此事所关，极为重要矣。此其一。二曰“节俭”。年来奢侈成风，万方一概。无新生产之智能，而用新耗之方法。社会堕落，言之痛心。今当痛定思痛，有所觉悟矣。况国帑告竭，军用浩繁，更当节衣缩食，以其余资捐助军饷，匪仅表示救国之精神，亦用以锻炼奋斗之意志。此其二。三曰“忍耐”。幸福代价，必有相当牺牲；民族生存，端在自身努力。卫国勇士，既已舍身疆场，吾等国民，稍有苦痛，自应容忍承受。试问物质损失，比之捐弃生命，孰小孰大？精神抑郁，比之奴隶终身，孰重孰轻？权衡既定，应即咬定牙关，极端忍耐。此其三。四曰“协助”。大事非一人所能成，美举以协力而后济。前方御敌，固军士所司；后方接济，则吾民之职。盖必彼此合作，乃可以壮士气而固军心。推而至于救济难民，帮助失业，提倡国货，抵制仇货，凡可致力，皆应发挥互助精神，表现同胞亲爱。此其四。以上四项，虽属老生常谈，但果能实力奉行，则效力绝不在小。本会同人，职司教育，誓当躬瘁生徒，兢兢自守；更求全国同胞，一致赞同，共赴斯的。谨此宣言，敬希鉴察！

上海市教育界救国联合会

在这一篇宣言里，把勤劳、节俭、忍耐、协助四点来立论，虽然还不是最精辟的见解；但对症发药，却也比较了那些无裨实际的放言高论，来得真切多了。

在这次事变后，当然教育界同人应该有一种新的觉悟。这就是说教育界同人，在受到这一次切身的痛苦以后，对于今后的教育设施上应该确定一共同的目标，作一致的努力。

四

至于学生方面呢，也得略说一说：

从革命的历史上观察，每一次爱国运动，总是把学生作为中心势力的。一·二八事变前，学生们对于爱国的热忱的宣泄，也的确是值得注意的事。

抗日救国的团体，在各校间是纷纷的组织起来了；义勇军也在刻苦的训练之下编成了；学联会的工作，也紧张起来了；激昂的文电，热烈的请愿，沉痛的呼号，也颇足以使社会间的民众的情绪，受到了极度的感应。

当战事开始以后，我们就得见许多有为的学生们跑到前线去做实际的奋斗的工作，也有的在后方做救济难民或运输之类的刻苦的工作。这是教育界中一种最光荣的表现！

在新闻报纸上可以读到的如：

（一）各大学学生义勇军的实际参战（但据他们自己的报告，人数仅一排）；

（二）约翰大学学生许家信君亲往前线代开军用汽车；

（三）大学女生左钧等十一人入同德医院看护伤兵；

（四）冯大义勇军由平来沪参加作战；

（五）交通大学学生王平洋等十八人，借大工厂赶工制造军用物品；

（六）沪江大学学生刘良模等数十人，赶制简易军用防御毒气面具；

（七）本市各童子军团之救济难民，及军事递信等工作；

（八）其他。

自然，这种种东鳞西爪的表现，都显示出青年学生，对于这一次抗日战争的伟大的贡献，可惜同时也有不少痛心的事实留下了些遗憾。自然，这也是不能讳，不容讳，而且是不当讳的。

在沪战前，各大学义勇军为数很不少，军事训练也似乎郑重其事，但沪战爆发后——据上海各大学义勇军报告参战经过，谓于一月二十四日，编队成立，但人数仅及一排，不便演习战术，乃向其他各校征求队员，奈各校同学大都返里度岁，应征者，寥若晨星。于此，可见大部分学生之仅有一时的血气的冲动，而没有真实的奋斗的决心。——自然，当一·二八以前，我们有一夜听得开战谣言，突然发生，江湾一带各大学学生，就急遽念地纷纷逃难的消息，多少总有一些异样的感觉。

今后的青年学生，自从经过了这一次严重的刺激以后，应该有一些觉悟了吧！我以为青年学生，是救国的中心势力，这一句话也有着相当的可信。只是青年学生，应该如何来救国呢？从过去的错误中，可以提出下列几点应有的觉悟来：

（一）应力避浮嚣的冲动，而养成坚毅的决心；

（二）应力避空虚的宣传的工作，而努力于实际的技术的训练；

（三）应明了我国民族的弱点，而积极从事于体育的锻练与科学的研究；

（四）应养成勤劳节俭、协助团结的美德；

（五）应了解民族的出路，而切实地先尽力于自己的本分以内可以做、值得做、应该做的事，勿激于一时意气，好高骛远。

总而言之，这一次淞沪抗日战争，一方面显示了一部分有为的学生们的伟大而光荣的贡献；但又一方面，却又暴露了大多数的学生们的浮嚣而不真切的，空虚而不实际的种种弱点。在这里，我竭诚的希望今后的教育界，对于教育方面应该有一种相对的针砭，以求这种普遍的错误得以克服。

五

这次淞沪抗日战争，我们既受到莫大的损失，使我们不能不归咎于（一）现时中国物质的不足，但更不能不归咎于（二）从前教育的失败。

惟其是物质上的不足，所以敌人用坦克车和军舰，我们只是刀枪抵抗；敌人用飞机和铁甲车，我们只是肉搏冲锋。以十九路军和第五军的忠勇，如果有了物质上的帮助，也就是如有了精锐的兵器，那当然可以得到更美满的结果。这是中外一致的论断。不过这种物质上的不足，还不是根本的；而教育上的失败，才是我们应该归罪的焦点。普鲁士胜法，归功于小学教师，固然有它的理由；而我们受日本的侮辱，归罪于从前教育，也有确实不移的道理。因为从前的教育似乎都是咬文嚼字的教育，所谓洋八股的教育，结果就发生下面的现象：

（一）学生大多数入文法两科，很少对于自然科学有深切的研究。不要看全国大学生的统计，即以今年上海市私立专科以上学校甄别试验而论，投考文法两科的，占十分之七强，而投考自然科学的，只有十分之二强。而考投文法两科的学生，程度都较差。现在如此，我敢武断的推论从前也是如此；上海一部分大学生如此，我敢武断的推论全国也未尝不是如此。所以中国办教育已几十年，除掉造就少数政客和女蚕以外，国家物质上的建设，有什么成绩可见？军事上的武器有什么改造可说？无怪乎这次淞沪战争要受日本帝国主义者的坚甲利兵之威胁了！

（二）因为从前教育一向是咬文嚼字的，所以学生在学校毕业以后，除了做官当教员以外，几无一技之长，不能独立谋生，大多数成了高等游民，增加社会上的负担。不进学校，还可以浑浑噩噩做一个良善的公民；受了教育以后，反养成骄惰的习惯，除消耗以外，对于社会，毫不能有生产的供献。所以国家的物质上的不足，格外厉害。即如中国农村经济一天衰落一天，教育上又何尝有一点帮助的设施？所以这种教育，是使得国家格外走向“贫”“穷”的路上去。我国办教育几十年，一直到现在，国家愈形积弱与紊乱，这种教育上失败，也未尝不是其中一种原因。所以日本帝国主义者，在九一八以后，更敢肆无忌惮的蹂躏淞沪了。

（三）从前的教育，既是咬文嚼字，所以学生体格的普通训练，毫不注意。既无健全体格当然不能做事，这是很粗浅的道理。国家物质上的供献，又岂是这一般人所能做到的呢？有人说，中国办教育几十年，只是多造就几个近视眼。的确，现在近视眼戴眼镜的要比几十年前多好几倍。其实又岂独近视眼，现在学生中患神经衰弱的，也占极大多数。学校都造成这种体格的国民，国家焉得不弱？又焉得不引起外人之轻侮？日帝国主义者看透中国情形，才敢动手的淞沪之战不过只是一个引端而已，以后国难或不止此哩！

（四）因为从前教育，无形中只知教人咬文嚼字，而于实际生活上身体力行的功夫，换言之，对于如何切实做人的道理，并未指导学生，并未感化青年。所以造就出来的学生，大都流于虚浮标榜，而于饮食起居待人接物诸端，如何修养自己的人格，丝毫未加注意，组织纪律，更是遭受轻视。学生于潜移默化之中，学会了嫉妒、捣乱、挑拨、离间的种种把戏，只知道互相夺取，而不愿有所服务，亲爱精诚自然更梦想不到。在如此分崩离析的社会现象下所造就出来的青年，人格上自然都有其重大的缺陷。国民的人格上大都有了重大的缺陷，国家又焉得而不受异族的凌辱？日帝国主义者侵略我国，口口声声说中国无组织，就是针对我们从前教育失败而言的，真是我们的当头棒喝！

所以我们受了这次的刺激，看了从前教育上种种的失败，我们今后的教育，应该提倡：

（一）科学教育。立国于大地，说一句老实话，非有充实的自卫武力不可。我们受了淞沪战争的教训，更觉得这是一种金科玉律。所谓和平，所谓公理，不过是一种骗人的幌子，在这时候的世界，那里找得到这种东西？而武力的充实，第一部是靠化学室或物理室，第二部靠兵工厂，第三部才靠战场上的勇士。换一句话说，将来武力的有无，或战争的胜败，都靠着自然科学的研究。中国从前教育失败之一，就是对于这点，没有十分注意到。我们现在想从小学起，就多加科学的训练。一方灌输科学知识，一方多做科学试验。使他们从小起对于自然界就发生浓厚兴趣，而不是专读死书。中学以上更应极力提倡科学。宁可缺少几门文法功课，而仪器标本总当尽力添置。对于大学的文法两科及文法独立学院，在若干时期以内，不妨限制招生，另行筹划经费添办独立自然科学学院，或自然科学之研究院。国家并订出奖励科学条例，以事提倡。这样的办下去，将来国家的实力，一定不致像现在这样的薄弱。一方，一般国民科学知识因此提高，对于科学原理有研究的兴趣，对于科学应用有支配的能力；一方，造就专门的科学上技术人才，只要有一个富兰克林或爱迪生，那物质方面就即时占了优胜，国家就随时可以富厚了。那末，我们虽然受了这次日帝主义者的蹂躏，蒙了不可计算的损失，未尝不是我们振兴的原动力。

在上述科学教育以外，我们同时还要提倡：

（二）生产教育。所谓生产教育，是要学生在物质方面或精神方面，能够直接或间接增加生产力的。各科教学方面，都要注意养成儿童劳动的精神，培养儿童生产的兴趣及尊敬劳作的态度，以达到生产的目的。现在大家通称的职业教育，大概的说来，是培养学生获得生活上之技能，俾将来有适当之职业，成为社会上的健全份子。也就是使人各有职业，无业不专，为社会增加生产的力量。所以与生产教育的意义，实在没有什么很大歧异。因为我们上面已说过，现在所以累受帝国主义者之压迫，即如这次淞沪的被蹂躏，大半因为教育设施上没有得法，几十年来只养成多数的游民，社会上生产力日见衰颓，以致于没落到这步地位。而社会上的经济力一天一天的薄弱下去，特别是农村的经济现在已臻破产之境，这是无可讳言的现象。要从教育上来挽救这种种的病态，那只有提倡生产教育。先在中学小学方面，增设职业科目及实习场所，并筹划经费，设立各种职业学校。对于已设立职业之学校或职业科，要补充校内外设备储至适宜程度。另外为年长失学者，求得职业技能起见，再设立各种简易职业补习学校。对于学生，务必养成生产的兴趣和职业上的技能。从前一般学校里的标本式试验，趣味式的实习，我们都要改正过来。我们走到农扬或工厂，要比老农或工人知识好，能力高，格外能耐苦，格外能劳作，这才是手脑并用的长才，也才是挽救国难的健全份子。此外，不妨按照现在定县所实施的已经着效的各种生计教育方法，推行各处，使农民直接增加富源，生计日见宽裕，而农村经济也可由此免于破产，国家的根基，也可就此稳定了。日本帝国主义者的侵略，我们当然可以有把握的抵抗了。此外我们还要注意：

（三）健康教育。与其说要注重体育，不如说要注重健康教育。就像上面所说的几种教育挽救贫穷的一样，这种健康教育，是挽救衰弱的一种根本企图，也是对中国几十年来造就畸形的病态的国民的一种诊疗。不独对于儿童的身体，并且要对于儿童的心灵，也有同样的注意。譬如儿童到了一定的时期，就应该有一定的体重和一定的身长，身心的发展也有一定的表征，我们都应该有严密的考查。而且所谓健康教育，不是专指消极方面的免除疾病，更应有活泼的精神，敏锐的感觉，坚强的意志，和吃苦耐劳的体魄。罗素在他最近所著的 *Scientific Outlook* 一书上，说到他理想社会里的对于儿童体格的训练。他说要能在雪地里打滚，极热的夏天跑多里路，并能有时候在二十四小时内不吃东西，而身体仍能照样的支持。这当然不是在开运动会时候的临时运动所能奏效的，而在永久的普遍的全体训练。最后，我们要请大家十分看重：

（四）人格教育。我们要救起中华民族目前散漫、贪污、偷惰、颓废……的沉疴，除却确定我们的中心信仰，恢复我们民族的自信力，发挥我们固有的优美道德不可；换言之，我们非从教育上使国民个个人都培养成就完备的人格不可。中山先生曾剀切说明："要做革命事业，要从自己方寸之地做起，要把自己以前不好的思想、习惯和性质，像兽性、罪恶性和一切不仁不义的性质，都一概革除。"我们就该大家下决心，要拿严密的组织来医治散漫的痼疾；要拿铁样的纪律来肃清贪污的遗毒；要拿勤劳刻苦，见义勇为的精神来挽回懒惰与颓废的风气。我们要用教育的方法，要用"以言教不如以身教"的方法，使学生们青年们都能坚定他们的中心信仰，都能从言语举止学问事功上做到真实修身的工夫，都能服从组织、遵守纪律、贡献能力、完成他们各个的人格。说句旧话，我们要用"人格教育"的种种方法，把业已失坠的"礼义廉耻"的"国之四维"，重新张大起来，完成中华民国的"国格"，以领导世界趋于和平大同之治。

总之，我们受了这次淞沪战争的教训，深感物质的不足，而更不得不归咎于从前教育之失败。一般青年，是国家总动员中的总预备队，也就是中华民族最后的战士。我们惩前毖后，觉得今后教育的途径是应该提倡：

（一）健康教育；（二）科学教育；（三）生产教育；（四）人格教育。这也就是：

（一）锻炼强健体格，为抵御外侮，挽救国难，长期斗争之切实的准备；

（二）培养健全的专业的人才，增加社会生产力，救济农村经济，增加农民生计，为国家添富源，以作长期抵抗，打到帝国主义者的基本的准备；

（三）学习完全的科学的技能，为抵御外侮，打倒强权的实力的准备；

（四）养成一般国民健全的人格，为复兴中华民族巩固世界和平的最后的准备。

新中华 1933，1（2）

我国与世界各国教育经费百分数比较

十一月十一日《上海民报》

教部最近统计我国与世界各国教育经费百分数，比较如下：

国别	教育经费在全部预算中所占之百分数				全部教育经费来源之百分比			全国政府对于各项教育所用经费百分比				
	全国	联邦	中央	地方	联邦	中央	地方	初等	中等	职业	高等	其他
中华民国	四.九二	——	二.〇九	一一.四八	——	二九.四九	七〇.五一	五五.一	二二.一	三.一	一四.三	五.四
荷兰	二一.三	——	二一.五	二一.一	——	五四.一三三	四六.二六七	六八.八	八.四	八.四	六.八	七.〇
美国	一九	〇.一	二七.三	二三.四	一.六	一五.二	八三.二	五七.一	三二三		八.二	二.四
日本	一七	——	八.八	二〇	——	二六.五	七三.五	六五.二	一〇.九	一三.	〇.九	一〇
瑞典	一六	——	一七.六	一五	——	五八	四二	六二.九五四	一三.三	六.	三.五	一四.三
瑞士	一五.九	二	一五.九	二九.四	四.六	四八.九	四六.五	五九.	一八.六	一三.三	五.七	三.四
德国	一五	〇.一	三六	二〇	一.四	五一.四	四七.二	五四.七	（二二.二）			二三
捷克	一五	——	一一.五	二.三	——	四六.二六七	五四	四〇	一六	一一	一〇	二三
波兰	一四.六	——	一五.四	一四	——	七八.〇〇七	二二	六一.三	七.二	六.六	六.一	一八.八

（续表）

国别	教育经费在全部预算中所占之百分数				全部教育经费来源之百分比			全国政府对于各项教育所用经费百分比					
	全国	联邦	中央	地方	联邦	中央	地方	初等	中等	职业	高等	其他
挪威	一四．二〇四	——	一三．一	一五．六	——	五一	四九	六五	一二	九	五	九
爱尔兰	一三	——	一五．五	一．三	——	九八	二	七六．七	八．五	六．四	四．二	四．二
纽西兰	一三	——	一六．	〇	——	一〇〇	〇	六五	一五	一〇	五	五
加拿大	一一	〇．六	一一．三	一八	一．八	一六．八	八一．四	五七．八	一四．五	五．三	四．六	一七．八
丹麦	一一	——	一三．	九．三	——	五一	四九	七五	一〇．八	四．二	五	五
俄国	一〇．九	四．六	一〇．五	二七	二四	二〇	五六	四五	六二	一五．九	一〇．七	二二．二
英国	九．八	——	六．六	二四	——	五六	四四	七一．二	一三．四	八．八	二．二	四．四
澳地利	九．五	——	三．九	二四．二	——	三〇	七〇	——	——	——	——	——
比利时	九．五	——	八．七	二一	——	七五	二五	五二	四	一〇．八	二．六	二九．八
法国	七．七	——	六．五	二二	——	七七	二三	六七．四	八．八	五．三	四．二	一四
印度	六．五	〇	一三．七	一一．	〇	七七	二三	三八	二三．七七米	三	五．二	三〇
意大利	六．二	——	六．九	五	——	七〇	三〇	——	——	——	七．二	——
澳大利亚	六	〇	一〇	〇	〇	一〇〇	〇	七七	一．〇	六．一	二．三	四．〇
西班牙	三．七	——	三．四	五	——	八一	一九	七八．八	三．八	一．九	五．三	一〇．二

肇和 1934（8）

视察上海市教育报告

顾树森

一、上海市各级学校数量之统计

上海为我国最大都市，文化事业发达较早，学校教育已具相当基础。顾近年以来，市立学校数量，虽年有增加，教育经费亦几倍于昔日。但依市区地域增广人口增多之比例观之，其校数与教费加之成数，欲求有合于事实上之需要，尚觉相差甚远。又查上海市自民国十六年，国民政府划分旧治上海及南汇、宝山、青浦、松江之一部，归并于上海市，而市区之范围，扩大至数倍。据上海市教育局最近统计报告，上海全市面积，有四九四六九方公里，户口有三三四二四五户，人口有三二六四二二九。益以近年以来，各地受水旱兵匪之影响，农村破产之结果，殷实之家，旅居沪地者益众，学龄儿童骤然增加，自在意中，而毗连各县中等学生之就学者，亦相率面集中于上海，致市立之中小学校，无法容纳此多量之学生，于是私立学校，遂不得不应时而起。其结果上海市私立小学学生数量多于公立者五倍，私立之中等学校学生多于公立者九倍。此依私立学校过分发达情形观之，则上海市教育经费之数量及行政上之管理，均成为目前切要之问题，而为吾人须研究共谋解决者也。兹将最近上海市各级学校及学生数量之调查，分别立表以资比较。

（甲）幼稚园

（1）省立者	一所	儿童数	三八人
（2）市立者	一五所	儿童数	六三九人
（3）私立已立案者	五所	儿童数	三三六人
（4）私立未立案者	二〇所	儿童数	八四三人

（乙）小学校

（1）国立者	一所	儿童数	四四人
（2）部立者	二所	儿童数	三七七人
（3）省立者	一所	儿童数	五九七人
（4）市立者	一八六所	儿童数	二二七六〇人
（5）工部局立者	八所	儿童数	二八三二人
（6）公董局立者	一所	儿童数	五〇〇人
（7）其他公立者	三所	儿童数	七二五人
（8）私立已立案者	一四六所	儿童数	三七六八九人
（9）私立未立案者	二七六所	儿童数	三六〇〇一人
共计	六二四所	儿童数	一〇一五二五人

（丙）中学校

（1）国立者	三所	学生数	五三九人
（2）省立者	一所	学生数	九二八人
（3）市立者	四所	学生数	一一五三人
（4）工部局立者	五所	学生数	八五九人
（5）公董局立者	一所	学生数	五〇八人
（6）私立已立案者	四九所（内初级中学十一）	学生数	一四一二七人
（7）私立未立案者	四九所（内初级中学十一）	学生数	五六四二人
共计	二二所	学生数	二三七五六人

（丁）师范学校

（1）市立者	一所	学生数	一一七人
（2）私立已立案者	四所	学生数	九四三人
（3）私立未立案者	四所	学生数	三二六人
共计	九所	学生数	一三八六人

（戊）职业学校

（1）国立者	一所	学生数	一〇二人
（2）部立者	一所	学生数	八六人
（3）省立者	一所	学生数	一一六人
（4）私立已立案者	五所	学生数	一三八八人
（5）私立未立案者	三所	学生数	九七人
共计	一一所	学生数	一八〇七人

（己）专科学校

（1）国立者	一所	学生数	一二七人
（2）部立者	二所	学生数	二三〇人
（3）私立已立案者	三所	学生数	一〇三七人
（4）私立未立案者	一所	学生数	一四九人
共计	七所	学生数	一五四三人

（庚）独立学院

（1）国立者	三所	学生数	二七一人
（2）私立已立案者	四所	学生数	二五三八人
（3）私立未立案者	七所	学生数	一六二三人
共计	一四所	学生数	四四三二人

（辛）大学校

（1）国立者	四所	学生数	一七五二人
（2）私立已立案者	六所	学生数	五七一七人
（3）私立未立案者	三所	学生数	六四二人
共计	一三所	学生数	八一一一人

以上共计

幼稚园	四九所	儿童数	一八五六人
小学校	六二四所	学生数	一〇一五二五人
中等学校	一三二所	学生数	二六九四九人
专科以上学校	三四所	学生数	一四〇八六人

由上各项统计观之，全市小学校总数为六百二十四所，其中市立小学数仅一八六所，而私立小学竟达四百二十二所。全市小学学生总数为十万一千五百二十五人，其中市立小学学生仅二万二千七百六十人，而私立小学生竟达七万三千六百九十人。可知市立小学之缺乏，为数甚巨，若将来全市推行义务教育时，其小学应行增加之数更为可观。若就全市中等学校言之，全市中学校总数为一百十二所，其中市立者仅四所，而私立者竟达九十八所。全市中学学生总数为二万三千七百五十六人，其中市立中学学生仅一千一百五十三人，而私立中学之学生竟达一万九千七百六十九人。全市师范学校总数为九所。市立者仅一所，全市职业学校总数为十一所，而市立者竟无一校，可知上海市中等学校之缺少，较小学更为显著。

二、上海全市小学学区之划分

上海市区既占有旧制上海南汇、宝山、青浦、松江各县之一部，其区域之广，南至漕泾区，东至浦东之杨思桥镇、高桥镇，西至法华区蒲松镇，北达吴淞及宝山，面积既广，设置小学，自不能不有相当之学区，以便管理。兹就现有行政各区及其小学数，分列如下：

沪南区	三十九校
闸北区	十一校
引翔区	九校
殷行区	八校
吴淞区	九校
江湾区	十校

（续表）

彭浦区	三校
真如区	九校
蒲淞区	二十三校
法华区	八校
漕泾区	七校
塘桥区	八校
洋泾区	七校
陆行区	十二校
高行区	十一校
高桥区	十二校

查上项分区，仍就全市原有之行政地域划分，虽其大部分之区，多在乡镇方面，而在该市人口较多之区域，如沪南区与闸北区，其面积较广，人口较多，似应再从此行政区，划分为若干小区。即如全市学龄儿童总数，迄今尚未调查清楚，即因此分区过大之故。如能以过大之区，再划分为数区，调查学龄儿童时，可各就一小区域内，分别担任调查本区内之学龄儿童，较为易易。各区学龄儿童总数，既已明了，然后将来设置小学，增添班级，即可依照各小区域内失学儿童之多寡，定分年推广义务教育之计划。至租界特区内学龄儿童之调查，似应与市内各区分别办理，由市教育局会同英工部局及法工董局划定区域，分别调查，另行订定特区内推行义务教育之方案。

三、上海市教育经费及其分配

上海市教育经费，在民国十七年间，每年约一百万元，月支约八万余元，其时市府收入总数，年约六百万元至七百万元，以比例言，教费占市府总收入百分之十五至十六。十九年度后，市府因自然发展，市库收入，逐年递增，至民国二十二年度，收入增至一千一百余万元。而教育经费，在一·二八前，约一百二十万元，一·二八战事发生后，中间曾实行紧缩，教费每月仅领七万余元，至二十一年下学期，始恢复至一百二十万元，每月约支十万元(此数由市库直接发出者约八万五千元，由各校学费解交市库转账月约一万六千元)。故此时教费，以比例计算，仅占市府总收入约百分之十二而已。二十二年度全市教费，仍照上年度预算支付，而在事实上中小学校及幼儿园增级者已不少，计中等学校增九级，小学校增七十一级，幼儿园增三级，现因增级而增加经费，共计每月须一万元弱，年计约十一万余元。其他如年功加俸，每月须增三千五百元，若以新增之社教经费及行政研究编辑等费，合并计之，共需月支十一万五千元。以现在每月实领十万元有奇，则每月相差一万三千余元，此缺少之数，即以局中代为保管之建筑费等款项，暂为流用，此为上海市教育经费支绌之大概情形也。至临时费本年度因经常费尚不能领足，其他费用，更不待言，而学校方面之临时修理及添级之设备费等，为事实所必需，亦无法支付。查上学期中业已支用之临时费，积欠有五万八千余元，而本学期仅领到一万元，且有校长已经更换，而欠款尚未领得者。由以上各项情形观之，上海市教育经费，可谓支绌已达极点，苟不设法谋一根本解决办法，则上海市教育，永无发展之希望，兹建议各项办法如下。

（一）全市教育经费应设法使其独立

查上海市全年教育经费，为一百二十万余元，约占全市行政经费百分之十二，以目前经常费支出情形观之，每月实短少一万三千余元，此短少之数，市府已无法支付，而临时经费，尚不在内。若再以市内私立学校过多，市立中小学校应行增加，则今后逐年扩充之经费，更属可观。故为解决此项困难计，自应请市府仿照南京市教育经费保障办法，指定可靠之税收，如全市房损等，作为教育经费之用，一面并组织保管委员会，订定保管办法，嗣后各项税收，逐年整顿，收入增加，即可作为逐年扩充之用，庶市府担负不致加多，而教费即可借此而确定。

（二）中等学校经费应酌量增加依照部令重行支配

查上海市市立中等学校过少，私立中等学校过多，为救济此项缺陷计，市立中等学校之经费，应酌量增加，固不待言。即以现有中等学校经费之支配，中学经费约占十分之八强，师范学校经费约占十分之一强，而职业学校经费尚不足十分之一。故今后不论其中等学校经费能否增加，而其支配标准，应依照部令标准，由二十三年度起，设立高初级职业学校，并逐年扩充之，至二十六年度，达到部定之标准。并将市立敬业中学之测绘科，划出归并于职业学校，再按照当地实际需要之情形，决定设置相当之职业科。

（三）应筹募公债百万元设法解决全市中小学校舍及设备问题

查上海全市中小学校设备简陋，不足供教学上之应用，无可讳言，而各小学校之校舍，除原有校舍及新建之数校尚堪应用外，其余大部分，或为旧有公共场所，或为租用民房，其光线与布置，全不适合于学校之用。虽各小学校每学期向各生征收二元至一元不等之建筑费，以供建筑全市小学校舍之用。但校多费少，殊不足以解决此项困难。为今之计，惟有仿照汉口市政府办法，发行百万之库券，由上海市府指定可靠之收入，作为库券担保，或即以全市每年征收学生之建筑费七万元作为分年偿还库券本息之用。如此则市府既不必特增大宗临时经费，而市教育局方面，可利用此整个之款项，对于应行建筑校舍之学校，谋一劳永逸之办法。一面另行组织一校舍建筑设计委员会，专司其事。再以一部分经费，充实中小学理科劳作科设备之用。而对于全市小学应行设备而不能普遍设置者，则可采用中心教室办法，分区设置中央理科教室（兼可设备多量之仪器分别借给各校应用）、中心木工教室、金工教室、中心家事教室（洗濯时烹饪室），以供各学校轮流实习。

四、上海市对于设施职业教育应有之计划

上海为通商大邑，商业繁盛，工厂林立，工商界中每年需用之人才，无虑千万，而职业教育亟有待于推广，无待赘言。查上海全市中等学校一百三十余所中，公家独立之职业学校，竟无一所，私立职业学校八所中，仅有一校之设备，较为完备，以全市中等学校学生二万六千余人中，仅有一千八百余人，入职业学校。故上海市中等教育之首先改革者，在增设职业学校。对于职业教育之推广，应有整个之计画，一方应由中央设法筹款补助以促其成，一方应奖励劝导私人或团体，创办职业学校，以补公家之不足，尤其是职业补习教育，更为切要而易于推行。兹建议各项办法如下。

（一）筹设大规模之职业学校

查上海市私立职业学校之年代较久、设备较全、成绩较优者，为私立上海中华职业学校。该校设有工科、土木科、商科三科，学生有一千零九十六人。据该校报告，上学期各科将届毕业之学生，全部均有相当之位置，可知此校毕业学生出路之易。市立敬业中学中，仅附设测绘科三级，设备简单，恐不足应社会之需要。故上海市应在中等教育经费项下，划出一部分，专办一高初级合设之职业学校，设科应约集上海工商界领袖，商议应行设置之科目，于二十三年度始，即行开办。然仅此一校，万不足以应全市中等学校二万余学生之需要。故中央应设法另筹款项，创办一较大规模之职业学校，或由中英庚款利息项下拨用，或由全国经济委员会提出若干款项，专办此项学校，以树全国模范。其重要之职业科目，如机械科、电机科、印染科、纺织科、应用化学科等，设备较费，为他校所不易举办者，必须举办。然后再以国立同济大学附设之高级职业学校，力图扩充，尽量利用其机械科之设备，多招收学生。一而再奖励上海市各大实业家各大工厂，联合设立私立职业学校，达到全市中至少须有五个以上之职业学校，至少能收容五千以上之学生，庶乎有济。

（二）奖励私人或公共团体筹设职业学校

上海市教育经费之困难，既如上述，推广职业教育，充其量至多不过筹设相当之职业学校一所而已。加以国立同济大学附设之高级职业学校，或再利用其他款项，添设一高级职业学校，全市公立之职业学校，共计不过三校，实不足以供全市中等学生入学之需要。故应奖励私人或公共团体设立与职业团体有关之职业学校。上海为通商大都，商业繁盛，甲于全国，如能联络上海总商会设一较大之商科职业学校，如银行、簿记、会计、速计、兑汇、转运、保险、打字等科，确为上海各银行各公司所必需者。又如上海书店林立，印刷业发达，需才必多，则应联合书业商会，设立关于印刷业之职业学校，其他如纱厂业、机器业等团体，均可依此办法，设立特殊之职业学校，以供各业之用。

（三）筹设大规模之职业补习学校

职业教育之设施，不仅限于设立正式之职业学校，招收不能升学之学生，与以职业上之训练。尤应就工商界已有相当职业者，再利用工作余暇，施以与职业有关之知识技能。此项职业补习教育，在欧美各国，均甚重视，即为设施职业教育之中心，上海全市工厂商店中雇用之学徒，以及低级职员，无虑数万，此等学徒，若能利用夜间及星期日上午，开设各种职业补习学校，授以相当之教育，不特可使青年得到应用之知识技能，并可使其对于服务机关之事业，更得多大之效能，其价值不下于正式之职业学校。现上海市除公立学校中有少数附设之补习学校外，其他私人团体设立者，为数不少，如申报馆附设之补习学校，中华职业教育社及中华职业学校附设之补习学校，其学生少者数百，多者在千人以上。但教育行政机关，尚无相当之管理，对于课程均自行拟订。为集中统一计，市教育局似应先组织一全市职业补习教育设计委员会，聘请上海各业团体领袖及对于职业教育热心而有研究者，加入为委员，拟订上海市整个推行职业补习教育之计划。就全市工厂附近及商业中心之区域，择定大规模之学校，利用夜间，使工商界各业徒弟或低级职员，咸来就学。一面规定其应习之科目与学程，并从速物色职业界中有经验之师资，分别介绍于各校。其经费则可由大公司大商店大工厂，设法筹集，或再由公家补助。如此轻而易举，其收效必大。

（四）中小学校励行职业指导

职业指导为现代教育行政中最重要之工作。欧美各国最近教育行政机关，莫不设有此项专员或特别组织，以专司其事。诚以此项事业，关系于社会国家至为重大。查上海市公私立小学学生，为数达十万以上，中等学校学生有二万六千余人，苟其毕业之时，无相当之指导，往往升学与就业未必与其体格学力性情相应。此其影响，不特及于个人将来职业上之问题，抑且及于社会国家经济。故上海市教育局中，应设置职业指导委员会，商议指导工作进行计划，或特设一部，或指定专员，专担任此项工作。一面使各校校长、教职员共同合作，在平时注意学生体格学力品性之调查，并施以有关职业选择之各项讲演。一面由局调查全市各职业界之内容状况，编成小册，以供学生之参考。同时与职业界联络，兼办介绍事业，使毕业学生有相当之出路。

五、上海市小学校教育概况及今后改进之点

（一）一般统计概况

上海全市学龄儿童，因尚未举行正式调查，故确数无从明悉。即以全市人口三百三十万计算，则学龄儿童，至少须有三十三万以上。但因租界与非租界混合在内，毗连租界之沪南与闸北两区，无从划出，故各区失学儿童，究有若干，更不易明了。若以大概言之，则全市三十三万之学龄儿童，只有十万余儿童入学，仅及三分之一。若以市立小学所容儿童计之，为数仅有二万二千七百余人，不足全市学龄儿童十分之一，其失学儿童之数量，更可惊骇。又全市入学儿童中，男生占三分之二强，女生占三分之一弱，可见女子教育，较诸昔日已为发达。再就小学儿童年龄概况观之，初级小学生，最大者十九岁，最小者四岁，完全小学学生，最大者二十岁，最小者八岁，足见此项年龄过大之学生，均系年长失学者。教师总数，二十一年度第一学期统计，共四七八七人，大约平均每一教师教学生二十四人，依此种比例，可见小学校各级教室尚未能充分利用，则对于充实学额一点，当特别注意。至各小学的学级编制，大概市区内各小学，在百分之八十以上为单式编制，间有少数学级，采用复式编制，乡区小学百分之八十以上为单级编制，间有少数学级，采用复式编制。至单式编制之学级则甚少。至小学毕业生状况，据二十年度统计，全市市立小学毕业生，共一二三二人，其中升学者，占百分之六二.七一，就业者占百分之二三.〇八，赋闲者占百分之八.六一，其他占百分之五.六。

（二）设备方面

上海市立小学之校舍，除沪南区之万竹、敬业、西成、尚文、梅溪、养正、时化、隆德、旦华、农坛、比德、巽与各小学及闸北区之和安，飞虹二校，有相当之校舍外，其余各小学校之校舍，或系旧式房屋，或系租借民房，均不甚合用。至所用桌椅，间有少数学校，或少数班级，采用合式之课桌椅。但大多数学校，仍用旧时式样，其高低均不合度，殊与卫生有碍。至其他设备，完全者更少。惟万竹小学，设备较为完备，有自然科教室一，教师自制标本甚多，可供教授时参考之用，且在教室中栽培种子，饲养金鱼等，足以引起儿童研究生物之兴趣；有木工教室一，工作器具，尚足应用，男生习木工、金工、藤竹、石膏、黏土等工，女生习烹饪、缝纫；有图书室一，商店一，儿童自治室一，卫生室一，该校可为市立小学中设备较完全之一校，惟是校学生多至一千六百六十余人，一切校舍，实不敷应用。时化小学，有工艺室一，供劳作科实习之用；有图画室一，自制设计图表甚多；有儿童博物馆一，陈列各种标本模型及商品，可使儿童得到许多应用知识，并可供教授时参考之用；有合作社一，使儿童在课外练习；有卫生室一，备有健康检查表格，检查儿童平时健康。全校清洁异常，为各校冠。飞虹小学，设有儿童博物馆，陈列各种商品并有自制卫生模型及地图模型甚多，足供儿童自习及教授时参考之应用；有小图书室一，备有书籍二千余册；有学生银行一，供学生课外实习。

（三）训导方面

上海市立各小学，对于公民训练似颇注意，视察所及之各小学，除尚文小学外，其余如万竹、西成、和安、飞虹、巽与、时化等小学，均对于公民训练异常重视。如时化小学组织有公民训练委员会，主持全校公民训练事宜，对于健康、纪律、礼貌尤特别注重。各教室及墙壁，均悬有挂图，时时调换，平时有各种考查表，揭示学生。西成小学公民训练，每日有十五分钟之训练。巽与小学设有健康室，自制各种图表甚多，尤其对于航空教材特别注重。如在中年级则授以航空知识之补充教材，在高年级则授以防空之补充教材。其他各教室中，均有相当之图表，足以增进学生知识不少。至各校学生自治，亦均有相当之组织，然大多数为市政府机关，惟在学生在课外活动时，是否对于此项组织，能充分明了其意义，在活动作业时，是否能有相当效果，使其发生兴趣，尚属疑问。

至教学方法，大部分高年级，采用自学辅导，低年级采用设计教学，于班级教学之中，仍顾及个性差异。

（四）对于上海市小学教育之意见

统观上海市小学教育成绩，大体均在水平线以上。且有多数学校，其设备在无可如何之中，能粗具规模，教授亦颇合法。惟尚有应行注意改进之点，或属于行政方面，或属于学校方面，兹别述之如次：

（1）各区学龄儿童确数应从速调查

查上海市学龄儿童，除租界外，以沪南、闸北二学区为最多，但此二区内学龄儿童，究有若干，失学儿量，究有若干，因未举行正式调查，无从明悉。故对于全市增设学校，增添学级，均不能定逐年推行之计划。在事实上，因此沪南与闸北二区，毗速租界，而租界内居民过多，学校过少，失学儿童，往往相率入此二区内之学校，致此二区内之入学儿童，益形拥挤。如各区学龄儿童及失学儿童之数，调查清楚，则租界内失学儿童过多时可与租界当局，另定妥善办法，以期收容，而本市各区内之推行义务教育，自易解决矣。

（2）应尽量充实各级学额以期充分收容失学儿童

依全市教员数与所授儿童数之统计，平均每一教员教授儿童二十六人，殊觉不甚经济。但视察各小学在中低年级，每级儿童人数多在五六十人以上，大约在高年级及乡村小学中。或不能收容多量学生，以充实学额。在教育行政方面，似应调查高级小学部分之学生，如人数过少者，或与邻近之学校相并，以增设其他班次，或视学校环境而采用二部教授。依视察和安小学试行二部制之办法，似觉尚可推行。因该校附近，中下级之劳动界居多，故高年级采用二部制，学生可半日读书，半日在外工作。较中低年级采用二部制者为相宜。总之如能行政方面与以相当之支配，尽量设法充实其学额，当可增收学生不少也。

（3）设备方面

上海市小学设备之缺乏，在事实上无可讳言。而其最大原因，完全在经济方面。试观各学校之规模较大者，大都多能利用校舍之一部，或设图书室，或设儿童博物馆，在教师方面，已充分利用。而学校方面之最大缺点：（一）为校舍及桌椅方面，（二）在理科设备方面，（三）在劳作科及家事科设备方面。欲解决此三项困难，莫如实行发行库券一百万元，以一大部分建筑相当校舍及添换课桌椅。而以一部分充实理科设备，再一部分在沪南、闸北二区中，各设中央理科实验教室及中央劳作教室及中央家事教室一所或二所，由各校分别排定，轮流实习。而对于各校之自制标本或模型者，应特别奖励。

（4）训练方面

查各校自治团体之组织，固属课外活动之重要组织。惟各校均系采用市政府组织，上设市府，下设各局，形式上俨然一市府。但各校学生是否能依此组织而活动，实际上恐大多数成为一种形式，而无实际精神，不如改为切于实际应用之团体组织，真能使学生依其能力为有效力之活动作业，较为有益。

又公民训练及卫生训练，各校均能注重而有相当基础，如能更进一步，各校相互联络，作有系统有组织之研究，将来进步必更有可观。

六、上海市中等学校概况及今后改进之要点

（一）上海市中等学校概况

上海全市中等学校，公私立合计共有一百三十二所，其数量之多，可谓全国各市冠。而此一百三十二所之中等学校中，中学竟占一百十二所，师范学校仅九所，职业学校仅十一所，可知全市中学太多，师范学校与职业学校数量太少。又查中学一百十二所中，市立之中学仅四所，工部局设立者五所，公董局设立者一所，国立省立者四所，而私人设立者竟多至九十八所，可知全市公立中学太少，私立中学太多。又全市私立各中学，其情形至为复杂，除市立各中学外，有三十年以上之历史而其程度较高于一般中学者，有为附设于各大学中，其教学训导颇有研究。而其设备亦尚完备者，有对于训练管理有特殊之精神，足资取法者，有为试行生产教育或能力编制，而为实验性质之学校者，亦有其设备虽未必完全，而其办理认真，确有特殊精神者。然此类之私立中学，其数量不及二十，其余大部分，均为仅具学校之形式，除备具校舍桌椅黑板外，无所谓设备，教师除临时到校上课外，无所谓训练，校中经费，全恃学生学费之收入以为挹注，此等学校，大约占半数以上。故欲明了上海市私立中学情形，实颇不易。教育行政方面，对于此类中等学校之管理，实有重大注意之必要。否则此等学校，既无充足之经济，以资维持，又无相当之设备与严密之管理，以教导学生，每年收容一万数千之学生，一旦毕业以后，不论其将来是否升入大学，或入职业界任事，必无良好之结果，其影响及于社会国家，何等重大，为未雨绸缪计，似不能不有相当之处理也。兹将各类中学，分别述其概况如下。

一为市立各中学概况。上海市立各中学中规模较大，设备较为完善，成绩较优者，一为务本女子中学。该校有初中六级，高中三级，师范科三级，附设小学十级，校舍及其他设备，尚足敷用。有化学实验室一，分四人一组，共同试验，物理设备，电学仪器太少，生物自制标本甚多，且颇精细。校内设有女子银行及合作社各一，供学生课外实习。有图书室一，藏书不甚多，应设法增购。该校设有家事实习各室，如客室、寝室、病室、医药室、厨房、裁缝室及庭园等。惟各室中之设备，因经费困难，殊感不足，最好应设法充实其内容，为女子学习家事之模范。

一为敬业中学，有高中三级，初中六级，工科三级，小学十二级。设备方面，有图书室，藏书一万三千余册，惟其中陈旧之汇报与零星无用之残书几占半数。有化学实验室一，设备简陋，仪器多未整理，积尘甚多。该校工科，偏重测量，仅有新购经纬仪、水平仪、平板仪、袖珍水平仪各二种，其他工科设备尚未布置，学生无法实习。故该校工科应分出归并于独立设置之职业学校，较为切实而应用。又该校中小学校，合设于一处，原有校舍不敷应用，而操场狭小，中小学学生将近千人，实不能容纳。应将中学部分另觅相当校址，以原有校舍专办小学，较为相宜。

二为设立年代较久而程度较高成绩较优之私立中学。一为私立南洋中学。该校有三十余年悠久之历史，历届毕业生在社会上服务者颇多。校长王培荪先生，专心办学，历三十年如一日，其热心办学，殊可钦佩。学生有高中三级，初中九级，商科一级，共八百十五人。学校设备有独立之图书馆一所，藏书丰富，其中以古书为最多，科学书籍较少。有科学馆一所，建筑宏大，中有化学实验室一，设备完全，足供学生分组实习。惜以经费关系，物理实验室及生物实验室尚未布置完成。所聘教师，多系富有经验而有研究者，故学生均能专心求学。校中职员甚少，除书记、会计、庶务、图书馆员各一人外，无其他职员，可谓经济异常，一切事务均由校长主持处理，足资取法。

一为私立上海民立中学，亦为私立中学之年代较久者，历届毕业生，除升学者外，每年服务于海关邮务者颇多。校舍、设备，均甚相称。学生有高中十级，初中十七级，共计一千四百二十九人，半数系通学生。设备方面，有图书馆一，藏书有中文书籍九千三百余册，外国文一千六百余册；有化学实验室一，足供学生分组实习；物理及生物实验室，尚付阙如，现正募集款项另建科学馆。该校学生较多，半系通学，故管理较为困难，嗣后应特别注意于训练方面。功课尚认真切实，故毕业生尚能有相当出路。

一为私立南洋模范中学。该校原为前南洋大学附属初中及高小二部，民国十六年夏，交通部接收南洋大学，停办初中、高小二部，社会人士及学生家长不忍以历史悠久而有成绩之学校停办，故另组织校董会，改为私立。十九年度起添设高中，现为完全中学。历届毕业生在社会上服务者颇多。学生有高中三级，初中三级，共三百十四人。校舍尚能敷用，图书室及理化生物设备尚不完备。惟其课程较高，高中课本多采用英文本，学生程度甚齐整。该校似专注重升学预备方面，管理亦颇严密。惜收费太贵，故贫寒子弟无法收容。

三为私立各大学之附属中学。一为大同大学附属中学，有初中三级，高中三级，商科三级，学生四百七十人，通学者八十余人。该校对于理科设备特别完备，各实验室不与大学相混而另行设备者，实为难能可贵。物理实验室，共分十二组，每组四人，各种仪器多系自制，为他校所不及。化学、生物亦各有实验室。物理、化学之实验，均有自编教本，供学生应用。学生对于各学科均有笔记，功课切实，管理亦颇严密。高中宿舍与大学合在一处，而初中部分则分开。

一为光华大学附属中学，亦为私立各中学校成绩较优而带有试验性质之一校。校长廖茂如君为中等教育专家，故一切设施，无一不含有研究意义。该校有高中九级，初中七级，各级中均有春秋二季始业者，高中各级更分文组、理组及商科三部，由学生自行认定后，再由学校参酌成绩决定之。学生共六百四十人。设备方面，有图书馆一，藏书一万余册；有化学实验室、物理实验室、生物实验室各一,一切仪器标本足供学生实习应用，惜与大学合用，未能单独设置；有小工场一，令学生课外自行制造简单理科仪器，证明科学原理，足以增进学生科学知识不少。教师多系专任，对于兼任教员薪金，则予以限制。专任教员及学生均穿制服。各组均存导师，指导学生，均为义务职。各科教学均注重熟练，故除每学期小考二次、大考一次外，每星期复举行临时试验。每晨早操，主任及训育人员均到场监视。星期三下午不上课，专为举行课外作业之用。学生各种团体组织甚多，使学生练习团体生活，训练学生方面，颇能切实而合于教育原理。

一为大夏大学附属中学，亦为设备较为完备而有研究态度之一校。该校有高中普通科六级，师范科五级，商科六级，土木工程科五级，初中三级，学生六百二十九人。各科设教导主任一人，教师均为导师，指导学生学业训育及课外活动事宜。星期三下午无课，举行各级谈话会。科学实验即利用大学之设备，物理、化学、生物各有实验室，仪器标本均足应用，实习时大学与中学各占三天，故时间尚不冲突。惜中学部与大学生混合在一处，管理上殊感困难，现在正设法另建校舍，谋与大学部相隔离。

一为沪江大学附属中学。该校有初中六级，高中六级，学生共四百五十八人。该校设备亦利用大学原有之设备，有物理、化学实验室各一，分四人为一组，有生物实验室一。学生听讲时，各科均有笔记，各就听讲时之材料，记载甚为详明，每星期须交与教师详阅后发还，故对于各科知识，经一次整理记录后，较为正确明了，足资取法。教师多专任，仅有一人兼任图画手工。惟课程中尚有宗教选科一课，似应取缔。

一为复旦大学附属中学。该校有高中普通科五级，商科三级，初中五级，学生共七百十一人。设备亦尚敷用，有图书室一，藏书有一万三千余册；有化学实验室一，分三组实习，但其面积太小，仅能容十二人；有物理实验室、生物实验室各一；有合作银行一，供学生实习。各科教学均甚认真，惟校舍系利用原有李公祠旧屋，殊觉散漫，于管理方面殊觉不便。

四为对于训导严密及军训成绩较优之学校。一为江苏省立上海中学。该校分高初中二部。高中有普通科五级，商科六级，师范科一级，初中十一级。设备完善，为沪上公立中学中不可多得之一校。有图书馆一，藏书有一万五千余册。有物理实验室一，化学实验室一，分十二组，每四人为一组，所备仪器足供学生实习。有博物实验室一，自制标本甚多。有银行及消费合作社，供学生课外练习。有打字室，备有英文打字机二十四架，中文打字机十一架。有商品陈列室，陈列各种商品甚多，大部分均搜集而得，有一部分系购买者。该校励行训教合一，设教导正副主任各一人，每级设级任导师一人，再由全体导师中推三人为常务导师。学生有自治会组织，一切秩序，均由学生维持。初中全体为童子军训练，高中全体为军事训练，一切规律，均军队化，纪律严密，精神焕发，秩序井然，为沪上各校冠。可见高中施行军事管理，如能教导得宜，全体师生合作，实为训练中学学生之最好办法。

一为私立中华职业学校，该校设有机械科七级，土木科三级，商科十二级，学生一千〇九十六人。学生实习工场颇为完备，有机械工场、锻工场、钳工场、铸型工场、木工场，内容设备充实，足供学生实习。有理化实验室，有土木工程规型标本室，有打字室，有银行商店各一，学生半日上课，半日工作，成绩甚优。故学生每届毕业时均早已有相当位置，可谓全国各职业学校中之较有成绩者。该校军事训练亦特别注重，对于临时集合训练，颇多练习。常视察该校时，曾召集临时训话，在二分钟内使全校一千余学生能由各工场各教室闻警钟后整队排列于操场中，各依指定之位置而归队，丝毫不乱，可见平时训练有素，决非仓卒间所能成就也。

五为试验生产教育及能力编制之学校。一为立达学园，为沪上唯一试验生产教育之学校。该校有中学及农村教育科二部。中学部有高初中各年级，校址设在江湾；农村教育部校址，设在南翔某乡村。中学部设备虽不十分充足，但各部分应有尽有。有图书室，书籍尚能敷用；有自然科教室、理化教室，有史地教室，仪器、标本、教具尚有相当置备，并附设有农场一所，供学生课外实习：有制蜜工场，自制蜜甚多，年可出一百担；有自制养蜂器具；有养鸡场，在学校附近，饲养各种鸡甚多。农村教育科学生，每日分为生产工作四小时，公共生活半小时，学术工作七小时，睡眠八小时，饮食休息四小时，教师并不上课，仅指导学生在图书馆内自行研究，宿舍只有一大寝室，学生毕业者已有二班，均有相当服务。

一为私立青年会中学，有高中四级，初中六级，校舍及一切设备均甚完全，有生物实验室一，化学实验室一，物理实验室一，仪器标本均足供学生相当试验。有图书室一，健身房一，游泳池一，亦可谓沪上各中学设备完善之一校。该校初中部课程，大体照部章，惟班级之中仍采用能力分组。高中除注重国文、英文、算学、科学四种基本学科外，有关于工商业之选修科目，此项科目，共分应用化学、应用电学、应用文书、应用商学、应用会计五种，由学生自由选习一种，使学生毕业后，能升学者得升学，不能升学者得入职业界任事。此种中学，升学与就业之双方兼顾，固亦可为教育上之一种试验。惟应用化学与应用电学，学习时之设备，是否充足，每周五小时，是否相称，恐亦成为问题。学生平时训练，颇注意集团生活训练，分各种组织活动，由学生任择一种而加入之。

六为私立中学中经费并不充足、设备并不十分完善而办理确有精神者。一为私立允中女子中学。该校有初中三级，高中二级。功课认真切实，教师教授有方，故学生程度甚为齐整。训练亦颇严密，宿舍清洁异常。初中理化设备勉强敷用。该校曾受有工部局补助费二次，在二十一年度补助三千两，二十二年度补助二千五百两，均指定专供设备之用。故在设备方面，较其他私立学校略为完备，而其校舍之租借，经费之困难，情形与他校相仿。但其课程与管理，以及学生之程度，均较其他私立学校为优。可见办理私立学校之成绩，不全在经济方面，而在主持者，能否专心任事，认真办理。苟上海各私立学校，悉能如此校之切实，其成绩必大有可观。

一为私立上海幼稚师范附设之小学及幼稚园、婴儿园，该校对幼稚园儿童及婴儿保育方面，均甚注意。尤其为小学方面，对于小学生宿舍，全部清洁异常，每一宿舍特聘有保姆管理，故学生家属均甚欢迎。此点为一般普通小学办理寄宿舍者所不及。

七为私立各中学之应行改进者。一为私立澄衷中学。该校亦有悠久之历史，其校含建筑，亦具相当规模，设备亦有相当基础，惜校长不能专任驻校，全体教职不能同室办公。对于训导方面似太忽略，当视察该校时，适在星期六下午三时，该校竟无一教职员在校，有一部分学生在操场游息，万一学校有事情发生，不知由何人负责，应严令督促改善。私立中西女学，亦为社会著名之一私立女子中学，其校舍规模宏大，校址地位幽静，但全校竟无一合式之教室，即以宿舍之一部分为教室。全部课程，与部定标准相差太远，课程排列不甚合理。高中地理科分列于一三年级，不相衔接；星期六仅有二三节功课者。应令其改正，以符教学原理。私立南洋女子中学，应增加设备以供教学应用。私立智仁勇女学，校舍狭隘，学生异常拥挤，致秩序甚形紊乱，学生服装奢华，似应令知该校，加以取缔。私立教会学校，如私立震旦大学附属中学、私立徐汇中学，其校舍及设备虽尚可观，教学与管理亦尚严密，但学生课外活动多欠活泼精神。应令其对于训导方面，聘请深明教育原理之人员充任。一方固当注意于学生遵守纪律之养成，一方又须引导其课外作业，养成其活动而有自治之精神，勿仅注意于消极方面之取缔也。其次为沪上私立体育师范学校有四所之多，而其中设备较为完全、功课较为认真者实不多觏。以东南女子体育师范学校及东亚体育专科学校附设之师范科较为完备。东亚体专，全校动产与不动产，达十三万五千余元，基金每年息金有三千六百元，东南女体师校长捐资在十万元以上，殊觉难能可贵。两江女体师形式尚好，而教员十余人中，专任者七人，兼任者十余人，似应注意矫正。中国女体师，设备简单，教师兼课者多，颇少精神。此等私立体育师范学校，专为培养小学体育师资，其课程是否合宜，教学是否合法，训练是否严密，一旦毕业之后即为小学教师，其关系何等重大，似应严定课程标准及教学方法，庶于小学体育前途，方可得到和当之利益也。

（二）对于上海市私立中等学校改进之意见

（1）改善督学视学制度严密视察私立中等学校督促其改善。查上海市私立中等学校过多，而以私立普通中学为尤甚。全市私立中学九十八所中，立案与未立案者，各占半数。已立案各校中之成绩优良设备完善者，至多不及二十校，其余或因办理不善成绩欠佳者有之；或因经费困难设备简陋者有之。至未立案之各校中，大多数除租借之校舍及自备之桌椅而外，无所谓设备；教师到时上课，退则挟皮包而去，无所谓教学方法，无所谓训练与管理也。此等学校，教育行政机关，自应有严密视察，督促其改进，或取缔其设立之必要。如能将中等学校视察制度，加以改善，延聘富有教学经验之督学，对于已立案与未立案之各中学中，其成绩较差者，每学期分别视察一二次，将其校中设备及教授训练管理，作严密之批评与指导，限期改进。否则已立案者，应撤销其立案，未立案者，应严加取缔，停止其招生。务使此类私立中学中一万数千之学生，不致虚糜学费与光阴，使大学教育，不致直接受其影响。至成绩较良之各私立中学，有因其经费困难，致设备尚未完成者，应于市教育经费补助项下，指定若干款项，专补助其某项设备，俾成为完善之私立中学，以补公立学校之不足。

（2）对于私立各中学应严令遵守教育法令。查上海私立各中学，对于部颁现行各种规程，多未能切实奉行；其中最关重要者，为课程标准。有多数学校，其所授科目，与部定标准，相差甚远：有普通学科之外，加习选科者；有普通中学之中，仍加商科，并未有分年结束办法者；有多数学校，仍采用外国文课本者。至教职员教授时间之多少，兼任教员之限制，征收学杂费之标准，更与部定规程不合。应由市教育局派员视察各校后，将其重要各点，分别指示，令其更正。其有一二校因其具有教育上之试验价值，必须变更其一部分，而其设备与教学方法，足以为试验学校者，应特别呈部，准其变更办理。其有因推行时在事实上确有困难情形，须暂缓施行者，亦应分别款项，呈部候核。至其他无相当理由，而与部章出入甚巨，应从速取缔，否则上海为特殊区域，一切重要法令，无法推行矣。

（3）矫正私立各中学采用英文课本。现今中国中学教育，在教学上成为最大之问题，即成绩较优之中学，教授科学，采用外国文课本是也。前年国联教育专家考察团，曾有严重之批评，其言曰："另有一种更重要之关系，即关于中等学校讲授科学——尤其在讲授之初——所用之语言是。如欲使新观念能深刻融化于儿童之脑中，历久而不灭，卒之正确有效，成为儿童所自有者，则此种观念，必须以儿童自己之语言灌输之，其所用之文字，必须为儿童以前一切知识所恃以构成之文字。故当施中等教授时，外国语言之课本，实有完全禁止之必要。盖在中等学校之阶段中，儿童之语言尚未完全成熟，一切应用外国语言教授之科学，在儿童心目中，必多隔膜。为谋科学头脑与科学方法之深入起见——此种深入，在中国殊属必要——则一切皆须从中国语言之课本得来，乃为一种急切不可少之方法。且每项功课所特有之生字，亦应预为决定。”查沪上各中等学校，教授科学，或因升学关系，或因历史上相沿习惯，或炫耀已校课程之高深，非采用英文本不可。但在学生方面，除认识科学上多少名词外，究竟对于科学知识，有多少利益，殊属疑问。此次视察时，曾为此问题，征集对于科学教育有经验而有研究之教师，询问其意见；佥认为用外国课本教授科学，于学生殊少得益。因中等学校学生，英文程度甚低，对于普通文字，尚未尽能了解，如用英文教授科学，必致大部分时间，耗费于记忆生字及文字之解释方面，而于科学上之原理、法则、定律，反不能得深切了解，故远不如用中文本之为善。至谓用英文本可增高英文程度，在事实之结果，并不如此。不过现在各大学中，间有招收新生时，采用英文试题者，于是各中学为学生升学计，不得不采用此办法。故为解决此问题计，一面应由本部通令各大学，禁止招收新生时采用英文试题；一方速令国立编译馆，从速订科学上名词及编译最完善之中学科学教本，以供应用；一面再劝令各中等学校，勿用外国课本以教授科学。

（4）应补助成绩较优之私立学校充实其科学设备。查中等学校科学教学方法之缺点，在讲授时间太多，观察及实验之机会太少。此种批评，不特为国联教育考察团为然，即国内一般教育家亦公认不讳也。查上海市私立各中等学校，除年代较久之各中学及各大学附属各中学，以及少数之私校外，大多数之私立中学，科学设备，可谓绝无仅有，教授科学时，全凭书本材料，以为讲解之资。对于科学上之试验与观察，全不能利用，以引起学生自动研究之兴趣。为补救此项缺点计，凡市内私立各中学之成绩较优者，应特别予以奖励或保障。如有市款补助时可仿照工部局补助私立学校经费办法，指定补助其某种科学上之设备，俾其所缺少之仪器，可以补足。一面筹设中心理科实验室，购备多量应用之仪器，轮流借给各校应用。

（5）改进科学教学方法奖励各校师生自制仪器标本。国联教育考察团批评吾国中学科学教育之缺点，不全在设备之有无，而在教学方法之优劣；科学设备，固甚重要，然有时设备不完全，亦可得同样之效果。彼等曾建议中学所需要之多种设备，可在教师指导之下，由学生自行制造，且以自行制造为宜。因在制造时，学生即可认识。科学亦与他种学问相同，最根本之问题，不在贵重之仪器，而在应用精细或简单仪器者所具之头脑。中等教育上海之缺点，不在所得之结果，而在其所养成之习惯。教师之任务，不在造就科学家，而在能教人充分了解科学之程序，以期认识科学之可能性及对于人生之意义。此等批评指导，可谓中等学校教授科学者之至理名言。查上海市各中学中，颇有能自制仪器标本者，如大同大学之附中，光华大学之附中，均附设有小工场，以自行制造简单仪器；若省立上海中学之自制博物标本，市立务本女中之自制生理标本，均甚适用，于科学教学上有重大之价值。市教育局应广为鼓励，奖劝各校仿效，由师生共同制造简单仪器标本，将来收效之宏，自不待言矣。

（6）督促私立学校立案。查督促私立学校完成立案手续，本部迭经通令各省遵照。上海市私立中学，近一二年来，陆续经市教育局核准立案送部备案者为数甚多，但尚有半数，未经正式立案。上海市教育局为整顿各私立中学计，似应先将已立案之中学，除成绩优良者外，应令其充实设备内容，改善教学方法，否则应撤销其立案。其未立案者，应详细视察，其有合于部定标准，而足资改进者，限期督促其完成立案手续。其余设备毫无，教学管理，均无改进之希望者，应即令其结束，停止其招生，免致贻误青年学业前途。

（7）应严厉限制设立普通中学。奖励设立私立职业学校，限制设立普通中学，亦经本部通令各省市遵照办理。上海市私立普通中学过多，为全国各市冠，设立者往往借租界以为维护，市教育局一时无法取缔。嗣后应由市教育局会同英工部局华人教育处订定合作办法，如何设法取缔不良之私立学校，及未经核准开办而擅自设立之普通中学。一面对于登载招生广告时，亦应由局订定一统制办法，或由局方布告全市成绩优良各学校校名，俾投考者明了各校之优劣，使内地学生，不致误入歧途也。

教育部视察员视察上海市教育报告 1934

参观上海市教育的鳞爪

第七届学员辛且勤

去年，个人为着羡慕上海方面的小学教育的发达，约同厂校同事，利用一个机会，赴上海及太仓各县去参观一次。费时二星期，走马看花地参观了九个小学及兆丰公园上海市市立民教馆等十余处，兹将参观各小学所得，录付本刊，以供小教同志们参考。

勹、大场山海工学团

这所工学团，地址在大场，故称大场山海工学团。与此同性质的，共有十一团——孟家木桥、沈家楼、萧场、大桥头、红庙、赵泾巷、北孙宅、盛家角、大场、葛家桥等是。还有一团，我忘掉了，均系陶行知先生主办。大场工学团，为各工学团之大本营，十一团之联合办事处，即设于此。此处为一个纯粹的农村，（据该校统计表上载着）文盲占人口百分之六十三．三人。校舍是数间低矮的平屋，外面的围墙，是用竹片编成的篱笆。进篱门，便是运动场，场之面积，不及半亩，场内只有一架矮矮的滑梯及一张轩轾板，其他设备毫无。由外面看来，不像是一所我国模范乡村学校。过运动场，进大门，左右各有一间小小的房子，右边一间是应接室，左面一间是书报阅览室。应接室内，放一张半新的圆桌，几把藤椅子，一张沙发。这张沙发，锈的地方，已经是斑驳了的。这些东西，虽然像旧货摊里买来的样子，但是非常干净。再看到该校一览表，与别的城市化的乡村学校有些不同了，里面载着：每月经费收入共三百元，支配在十一个工学团，经费支出项下，只有联合办事处活动费九十六元，各团活动费五十八元，培养费五十六元，工资二十八元，房租三十二元二角五分，预备费二十九元七角五分，职教员薪金一项，绝对没有，当时我们很奇怪，后来询诸那位领导的先生，据他答说："是完全义务的。"这种办教育的人，不知道政府对他，作如何奖励？再看到他的主张项载着：（1）办大众教育，不办小众教育；（2）办主人教育，自动教育，不办奴隶教育，被动教育；（3）生活即教育，以生活改造教育；（4）办前进的教育，创造的教育，不办保守教育，退后教育；(5)社会即学校，社会即一个偌大无比的学校；(6)教学做合一，教与学以做为中心；(7)在劳力上劳心，手脑并用；(8)行知合一，实践与理论打成一片；(9)会的教人，不会的跟人学；(10)打破知识私有，即知即传人。再看看他的工作项：(1)调查实况以创造自己的乡村；(2)培养体力，以创造健康的乡村；(3)开发交通，以创造四通八达的乡村；(4)增进生产，以创造自养养人的乡村；(5)开发知识，以创造自教教人的乡村；(6)改良风俗嗜好，以创造进步的乡村；(7)提倡艺术，以创造优美的乡村；(8)共济急难，以创造互助的乡村；(9)报告时事，以创造认识时代的乡村。看了主张及工作二项后，觉得这种教育，在经济破产、人民知识程度低浅，以及受帝国主义侵略人民毫不知觉的中国乡村里，是十分需要。右边这间阅览室，我们没有仔细看，但报章和杂志很多。与民众究有什么关系，可惜我们没有问及。

招生问题

该团招生方法，据领导者告诉我们说有二种：(1)家庭不用儿童在家帮忙的，劝其来校受教；(2)若因家庭经济关系，无暇来校者，上门去施教。

教训问题

教训方面，我们因为时间短促，未作长时间参观，不能得其真相。曾看到的，是中年级的晨会(各年级各自举行)及中年级算术。晨会时，小朋友自己为主席，导师不过从旁指导。这位做主席的小先生，年级不过十二三岁，站在台上报告得头头是道。自己报告完毕，请人家报告或演讲，礼貌亦颇周到。报告的事情均为时事，尤其是对于东北义勇军的情形，最为详细。讨论问题的时候，虽然不能说怎样周到，但步骤还算不错，且秩序井然。由此也可见他们训育上的一斑。至于教学，全以小先生负责。教学方法固很普通，不过在许多参观人集合参观的时候，这十岁左右的小先生也能态度自然，声音清楚，举止活泼，真是难能可贵。

成绩考查

该学团的成绩考查，分为在校的和在家的两种。在校的，和我们普通学校大致相同。无暇来校读书的学生，由指导员每周于会朋友时，带同表格去考查。

卫生方面

该工学团对于卫生方面也值得介绍的。该团设一卫生局，办理全团卫生事宜，药品及治疗上应用的器具，普通的均有。壁上悬挂的为几种传染病的模型及许多毒菌的挂图，很能引起民众们的注意而知所预防。内设导员一人，由导师负责，还有许多服务员，都是该团的小先生；均经训练过的。据领导在对我们说："这所卫生局的任务，除治疗本团儿童外，凡民众有病来医者，均代为医治，并不收费。假使自己不能医治的病，替他们介绍到各处医院，较之民众们自己到医院去医，费用便宜很多。"

引诱民众识字

据领导者告诉我们"现在我们每周开映电影一次给民众看，钱分文不取，不过有一种限制——一定要认识入场券上几个字，否则不能进去，较之强迫民众识字的办法，实在要好得多。

攵、上海市市立万竹小学

这所小学规模很大，兹将参观所得，另杂的报告几点于后。

说话用标准语

该校对于国音，非常注意，我所看到的几节国语，教的导师和答的儿童，所讲的话，均用国音，从有少数儿童说的准确，但已能近于标准语。

监护儿童

该校监护方面，分为低、中、高三监护区，除由训育部之监护股指导儿童组织监护团，自己负责监护外，并聘请监护导师，依日轮流负责，因此儿童在课外活动时，各监护区虽集有数百儿童，然不守秩序或发生危险情事的绝少。

放报纸器具

普通学校放报纸的器具，或做成木架，固定在一个地方，或用两条木条夹好，挂在阅报室里，这些方法，我们觉得取看报纸，总有些不便，他们放报纸的器具，不是像上面那样子的，是用木板做成一个适合视线角度，及儿童高度（因为给儿童看）像风琴一个样子的可以移动的木架，以放置报纸，放报纸这片木板，大小适与儿童日报的报纸相合（因为是放儿童日报用的），木板中央开一条沟，上装数根活动的木条，作压牢报纸之用，儿童可以立在旁边看。这样，我们看报纸的性质如何，可以移到某一个地方，使儿童看报便当不少。

放茶杯器具

学校对于儿童饮茶的茶杯，许多人曾主张各备一只，比较卫生，因此，放茶杯的地方，就成问题了，该校儿童的茶杯，也各人自备，放杯的器具，是用木板制成一支扁的长方形箱子，内分格数，固定地放在各教室的壁上，箱的前面，制一玻璃门，可以启闭，而且可上璜，这样，取放茶杯，没有什么不便，而遗失美观诸问题，亦均可解决了。

一、上海市市立西城小学

这校设备，也有几点特点，介绍如下。

装日课表地位

普通小学装日课表的东西，总是用一个玻璃架，把日课表放在架里，悬于教室门首，这法子，固然可以用，但因悬绳中断，悬钉脱落，或小孩子行路时身体碰撞……致敲破玻璃架者常常有之。他们的日课表，固定装在教室的门上，横钉成一个小照架的样子（横架左端的木条，可以移动的），用时，将横架左端的木条取出，把表装入，然后将取出之木条，压转进去，就恢复原状。这个方法，较之普通用绳悬的好得多了。

教室内不放痰盂

这小学的教室内不放盂痰的，他的痰盂只放几个在走廊及公共地方。由我们理想上说起来，教室内，一定有许许多多的痰涕。可是事实上，室内的地上，一些痰涕也看不到。这当然是受了良好训练的成绩。

报告牌

这块牌的内容，是载着各级原有人数、不到人数、迟到人数、时事摘要、特别记载、气候、温度、风向及本日监护员姓名等。悬挂在校门内壁上，看看颇便利。

匚、上中实小（即江苏省立上海中学的实验小学）

这个小学颇有精神。当日领导我们的人是该校教导部主任朱先生，我们询他调于该校教学训育方面的约略情形，他都详细告诉我们。他说："我们的教学法，高级采用个别教学，中级采用问题教学，低级采用整个教学。高级的个别教学是把每级儿童依学力程度的高低分A、B、C三团，各团儿童各依自己的能力去学习。学习的材料和分量，均照作业概要。普通的所谓作业概要：第一是工约，包括每科一学年的工作；第二是作业纲要，包含一学月的工作；第三是周课，包含每科一学周的工作；第四是绩点，包括每科一学日的工作。本校所编用的作业概要，与上述有些不同，是把上述的‘第二’和‘第三’两种混合编订而成，为便于学生携带参考起见，把每科全学年的作业概要都印成专册，给学生用。还有指导方面，导尔顿制的进行，每周有一二节规定的讲授功课，其他时间教者便在分科作业室里，顺应儿童的需要，予以个别指导。我们为增加教学的效率起见，每周开始时，先令儿童用《分别自学记载卡》登记该周的学习材料和作业分量两项，引起他们的注意，这两项的内容，因儿童分团（A、B、C）而有不同，所以那时必须举行特定的"始业指导"，将本周该科学习的步骤和考绩的要点，予以扼要的指导，如如同对教材感有共同的困难问题，便继续那讲授的功课。否则，即进行个别作业。关于成绩考核问题，也将普通个别教学成绩考核的工具。

"'学生用表''教师用表'和'级表'三种，改为'个别自学记载卡'，当做一种'学生用表'。在教室里所揭示的'各科成绩记载表'，当做'级表'。至于'教师用表'，其作用可以包括在"级表'里，故略而不用。升留级问题：高年级升留级问题，定有最低标准，都根据这标准行之。"

还有中低年级之教学，我们因他事情过忙没有问及。

至于训育，他说："学校训育真成一个大问题，在条目方面说，有童子军愿词，新生活运动的条目，还有小学公民训练标准，统计起来，总在四五百条以上，儿童脑力薄弱，实在不容易记住。本校集合以上各方意见，把他归纳成三个大目标——'尚公''尚武''尚实'。根据这三个大目标，演绎成十个小目标——爱国、强健、清洁、服从、义勇、助人、求知、劳动、创造。全校儿童，都依照这些目标训练的。"他还讲了一句很有趣的话，大意是："我们觉得，我们中国现在需要的，是要个个人都会抵抗外为侮。所以我们对于儿童，受同学强暴侮辱，总以勇敢反抗为能事，譬如人家若无故打我一拳，我就要还敬他两拳。什么未打先哭，什么告诉老师，那要算最可耻的事。"我们心里诧异，就加以询问说："这样，学校里面不是要打成一塌糊涂吗？"他说："不，我们还以礼节来限制他，无理取闹，也要惩处的。"我们又询及零食问题，他说："本校对于儿童的零食，是不准卖的。至于充饥的东西，像面包、饼干等，因为许多儿童来校过早，未进早餐，所以准他买些吃吃，其余不准。"

以上这些，是我们所询及的，至于看到的也有几点：

1. 这个学校儿童的自治能力非常之强。我们在该校参观时，有一级（大概是五年级）是体育，因为体育导师请了假。这时，若是儿童自治能力薄弱的学校，儿童在运动场里，一定东奔西跑，喧扰不已，可是该校儿童不是这样的，他们由级领袖指导来练习体育，练习时很能服从，一举一动，均能听领袖的指挥，并且没有一些喧哗扰攘的事情，而且个个都非常有精神，实在比较未得儿童信仰之体育导师上课时的秩序，要好得多呢！

2. 乡土室：乡土室之设置，也是该校特有的，他把本乡的各种大宗出产物，出产数量，以及本乡交通的概况、名胜古迹……或绘成统计表，或用标本，或以照片……均陈列于室内，以引起儿童爱护乡土及改革乡土之观念。

3. 社会教室：该校社会教室的布置，除前方黑板上方固定地贴以训育小目标十条（目标详上）与其他教室相同外，其余的根据研究问题来变更（这是领导者告诉我们的）。我们参观这一天，据说是开始研究世界各国人民风俗习惯的问题，所以该教室的周围壁上，均布满关于关于各国风俗习惯的画片，这种画片，大都剪自报纸上或杂志上者，特别买来的却很少。

4. 运动场的设备：该校运动场的设备，有立竹、肋木、平台等。据领导者告诉我们，该校对于这种设备，不特鼓励儿童去玩，并且每种都有最低标准，不达到这标准，即不能通过。可见该校对于儿童体育的训练，非常注意的。

万、工部局设立北区小学

1. 教室内放教师办公桌

北区小学之各级教室内，均放有教师办事桌一张于室隅，概供级任导师批改簿籍之用。这种办法，一则科任导师上课，级任导师可以照顾学生的秩序，使科任导师教学便利。二则，学生在教室自动作业时，级任导师可以维持秩序，免得少数不守秩序的儿童，妨碍大多数儿童之作业。

2. 时事指示针

这种办法，是北区小学独有的。他用较大的世界地图及中国地图各一张，钉于公共场所。再用马粪纸（比马粪较硬的更好）剪成几枚指针，指针头部箭头形，尾部剪成约一寸直径的圆形，全体涂上颜色，可引起儿童注意，将此指针钉于地图上，又将报纸上特异的新闻剪下，黏于指针尾部，看这新闻发生于何处？即将指针移指该处，使儿童对于该新闻的认识，得到不少的帮助。

进修半月刊 1937，6（10）

上海教育界的转形期

野　风

记得鲁迅先生在一篇文章里形容死前的那种“无欲望状态”，大抵是：虽然活着，然而日夜躺着，什么也不想做，只是不得不活下去似的。这情景，我觉得和现在上海的教育界颇有几分相似。你看，学校在收学费、发薪水、发薪水、收学费，教师在讲书、改卷、改卷、讲书，学生在听讲、考核、考试、听讲。一学期，两学期……永远照老样子：无声无色，不死不活，和那种“无欲望状态”有什么两样？若说装点装点，叫洋人看看我们中国也有所谓学校教育，当然这样也就很好；若说这是在培养抗战建国的人才，则不免使人有滑稽之感了。

然而这不过是表面。若揭开内幕看看主持者是否真的“无欲望”呢？恐怕所看到的也许正是有着某一种欲望的吧！——这是闲话，按下不表。

却说人死虽然可悲，却必有子孙继续其生命之存在；岂但存在，而且还在进化。人是如此，教育何独不然？重庆的学生营和延安的陕北公学等等不就是刚刚诞生的下一代的新生命么？

但我并不认“拔苗助长”，使垂死的人一律立刻生出一批子女。然而注以维他命，滋生新细胞，使他强壮些，多活几年，为下一代筑一个桥，铺一段路，也非不可能的事。

去年秋天，上海市社会局公布过战时教育改进办法，然而他仍旧躺着。今年四月，国民党临时全代会决议了抗战建国纲领，中有教育项下的四条；十一月，教育部公布了《战时各级教育实施方案纲要》，然而他仍旧躺着。十一月廿三日《中美日报》载某要员发表“本市教育同人今后努力之唯一指针”的谈话十项，又陈部长发表了“抗战后之教育”。还有一年以来，本市各报纸杂志，刊载了许多关于教育改进的论文，然而他仍然还是躺着。

我们就这样让他躺下去一直到现在？在没有看见海关和邮局的屋顶么？没有看见“电影政策”么？我们不能再等待了。现在举出几种主要的药品，望大家即刻准备注射。

1.《抗战建国纲领》

（廿九）改订教育制度及教材，推行战时课程，注重国民道德之修养，提高科学的研究与扩充其设备。

2.《战时各级教育实施方案纲要》

（一）对现行学制，大体应仍维现状唯……应酌量变通……务使因事制宜，因材施教，而收得实际效果。

（四）对于各级学校各科教材应彻底加以整理，使之成为一贯之体系，而应抗战与建国之需要。……

（五）对于中小学教学科目，应加以整理，毋使过于繁重，至损及学生身心之健康。……

3. 某要员谈“本市教育同人今后努方之唯一指针”

（一）坚定抗战信念

（二）建立统一战线

（三）严守正常纪律

（四）师生联成一气

（五）实行导师制度

（六）实行新运准则

（七）实施战时教育

（八）努力救国工作

（九）推行社会教育

（十）改善学校设备

4. 重庆学生营教学实施原则

（三）一面授予基本课程，以为继续求知的准备，一面指导实际服务，以求“知行”“学用”的合一。

（四）师生合作，以发扬集团生活之德性与能力！营务自理，以发挥青年的自发性，积极性及创造性。

（五）启发重于教训，诱导重于管束，师表重于书本，以养成青年的自信心，自尊心及自主心。

听说上海各教育团体最近已经根据这些材料在拟定一种改进教育方案，好了，维他命快要准备好了——在这里，再引鲁迅在《死》这一篇文章里的几句话："从去年起，每当病后休养，躺在藤躺椅上，每不免想到体力恢复后应该动手的事情，做什么文章，翻译或印行什么书籍。想定之后，就结束道：就是这样吧！——但要赶快做。"

是的，我们也要"赶快做"。

华美 1938，1(35)

八一三后的上海教育界

思　敏

一

上海非但是全国经济的中心，而且也是一个文化的中心。我们把出版界、新闻界等文化部门丢开不算，只拿学校教育来说，在战前它也拥有大中小学六百余所，容纳学生数十万人。学校之多，超出于全国任何都市之上。在质量上，也大体如此。要是没有暴敌野蛮的破坏，它的发展前途一定是大有可观的。

敌人狂妄的侵略战争由华北扩展到了上海之后，几个成绩卓著，设备完善的大学在敌人毁灭中国文化的毒计之下完全给飞机和大炮摧毁了。在租界以外的中小学也一样的在野蛮的铁蹄之下，遭到了同一命运。生气勃勃、前程万里的上海教育，遇到了空前的劫运。

可是无论敌人如何凶残，他除了能够破坏我们学校的物质设备之外，再也不能有所作为了：我们的精神非但未来被屈服，且因愤怒而更形坚强。在国军西撤以后，我们也随着转移了教育的阵地，在租界中产建了新的教育堡垒。虽然已经成了敌人四面包围之下的一枝孤军，敌人一再地威胁压迫，但是我们并没有缴械，并没有投降，还是遵守着教育最高当局的命令，继续在作战。这是我们教育界的光荣，我们将永远保持这一光荣。

现在乘神圣怪的“八一三”抗战二周纪念之便，让我们来回忆一下二年来上海教育界的经历，并检讨一下它的得失吧！

二

在“八一三”上海开始成为全面战争中主要的一面，而进行着剧烈战争的时候，普通的学校教育虽然完全走入了停止的状态，但是教育者的神经反是紧张的、兴奋的。就在这兴奋和紧张之下，把教育的面貌一下子改变了过来——由平时教育改成了战时教育，各式各样的训练班到处都开起来了，训练了整千整万的军、政、医药、电讯、交通等干部人员，整批整批的送到前线。

普通教育方面代小学而起的义务学校、半日学校、经济班等，雨后春笋般地产生，难民教育、街童教育更是轰轰烈烈，盛极一时。教育者充满了生气和活力，正像前线的士兵一样英勇。

乃至十一月中旬国军西撤，环境突然地改变，教育界开始了暂时的沉默，沉着地进行适应环境的新的部署。

廿七年春，残留在租界上的学校又重新开起来了，可是因为战区一天天的扩大，难民整批的向上海涌来，所有现成学校都无法容纳，于是补习学校突然兴盛起来。中学也络续由内地迁入，新的中小学校也应运产生，造成了目前的繁荣状态。

三

上海的教育经过了炮火的洗练和两年来艰苦奋斗的结果，不但在数量上有了相当的增加，在质量上也有了很大的进步。而质量提高的原因则在于学校数增加以后，引起了剧烈的竞争，竞争之自然而有效的手段为良好的成绩，因此各校都一致的在学生成绩上用功夫了。(二)因为上海成为战区人民避难窟以后，人口激增，招生就容易了许多，所以各校都把程度严格地提高了。(三)在这大群的避难者之中，有许多人是原来从事于教育工作的，因此良好的教师也就比较容易罗致了。(四)更因为教员和学生经过了炮火的洗礼，民族意识已增高了不少，所以大家都自觉地加倍努力。在这几种原因推动之下，上海的教育有了极大的进步，确是一个可喜的现象。

此外值得一提的是：各校训导方面也有了很大的进步。自去年第一学期起，就有一部分学校采行了导师制，至目前，采行的学校更多了。推行导师制的结果，学生对学校的关系，由昔日之“上写字间”式或商店与顾客式的关系，变而为亲密一体了。师生之间也由疏远变成亲切，隔阂全消。学生的生活由浪漫、松懈逐渐走向壮重团结，有益于个人，有利于国家的途径了。

假使我们仅仅注意到优点而忽略了缺点，以及不进一步的去克服缺点那是错误而危险的。孤岛上的教育虽然有它的成就，但也无庸讳言的有着很大的缺点：(一)许多学校一般地缺少运动场，致学生终日伏案，得不到体格上的锻炼，影响健康。(二)许多学校一般地缺少实验室，致学生对各种自然科学，应用科学仅仅得到一些空泛的书本上的知识，而无由获得实践上的经验，甚至连书本上的知识也因为缺少实物的佐证而不能有深刻的了解。(三)一般的缺少图书馆，学生没有进修的机会。(四)一般学校对于学生爱国运动，有的抱不闻不问态度，既不干涉，也不肯积极领导。比较顽固的学校抱着学生参与爱国运动，会影响学校寿命的错误观念，因此取严厉的高压政策。竟把教育视为仅与个人的荷包有关而与国家绝缘的事业，这一种荒谬的顺民态度，非但可耻，并且非常危险。

四

我们为了国家，为了学生，也为了我们的良心，对于所有的缺点，都有立刻加以改正的必要。其间虽有一部分不是某个学校单独的力量所解决的，但是几个学校合力去解决，却非常容易。如：

(一)各校联合租借体育场，若干处将各校学生分区，分类(运动项目的分类)编队，轮流使用。(二)合资举办图书馆，普设分馆于各校，将全部图书轮流陈列于各分馆。或与各大图书馆订立团体借书办法，整批借阅。(三)合资创办科学实验馆，以为学生实验之用。并与各厂商订立参观实习办法，以为补充。

这几项，只要各校能精神合作。是不难办到的。当然，教育主管机关以及热心教育人士能够加以协助，一定更为顺利。但是主要的，还靠各校自己的精神。

还有几个极易做到而且应该做到的改革为：(一)减少不必要的课程，改革教材内容，增设战时科目课余之后开放教室，听任学生尽量利用。(二)实行导师制，积极指导学生的爱国运动，养成政治生活的习惯。鼓励学术研究，使学生依各自之天才和兴趣，尽情发展，而有所专长。籍团体生活的习惯以养成合群互助的道德。(三)给予学生顾问校务的权利，加强师生团结。(四)改良教员待遇，使无衣食之忧而能专心致志于教育。(五)兼办民众教育。因为教育不仅以教导人民知书识字为已足，还负有以教育之内容灌输不识字者以战时必备的常识，以激发共同仇敌忾心的任务，所以兼办民众教育，等于兼做了组织民众的工作，增加着抗战的力量。所以我们教育界应即利用设备上的方便，大规模地推行社教，站在自己的岗位上，为国家作至大至善之贡献。

除此之外，我们教育同人应该即起努力的是：必须把本身的组织扩大起来，健全起来。因为只有这样才能抵御敌伪汉奸外来的袭击和内部的腐蚀。

现有的教育团体应该在国家至上民族至上的信条之下，合并为一个整个的组织。由一个坚强有力的指导机构，统一教育界的行动。使成为整齐严肃的队伍，坚不可拔的阵营，发挥其无上之威力。

新时代 1939，2(3)

抗战中之上海学校教育

转载上海《申报》 崇淦

上海为中国第一大都会，面积四九四六九方公里。据战前统计，拥有三二六四二二九人口，不仅为全国工商业及经济之中心，教育文化事业之发达，亦几为全国冠。抗战开始后，因地处冲要，首陷战区，教育文化机关之遭受炮火摧残者，损失虽尚无统计，堪称空前浩劫，所幸教育行政当局暨各级教育人员，咸能公忠体国，艰苦支撑，其陷于战区之学校，于可能范围内已有一部分迁入租界开学，其原在租界者，则弦歌未辍，以迄于今，复以沪市战征人口之激增，就学青年之众多，应社会之需要而所设之学校亦属不少。其他如由于战区之扩大，邻境各省学校之迁户复校者亦有多所，凡此种种，皆足以勉维教育命脉于不替。兹就高等教育、中等教育、初等教育及义务教育等各方面略述其抗战中之概况，以告关心抗战时期之上海教育者。

一、高等教育

上海全市专科以上学校，在战前共有三十一所，兹表列于左：

上海市战前专科以上学校一览表

国立	交通大学、同济大学、暨南大学、上海商学院、上海医学院、中法工学院音乐专科学校、交通部商船学校、财政部税务专门学校上海第一分校及第二分校、中法大学音乐学专科
私立	大同大学、大夏大学、震旦大学、沪江大学、复旦大学、光华大学、中国公学、上海女子医学院、上海法学院、正风文学院、东吴法科学院、上海法政学院、同德医学院、持志学院，东南医学院、东亚体育专科学校、新华艺术专科学校、上海美术专科学校、圣约翰大学
市立	上海市立体育专科学校

上列三十一校中，其战前分布状况，计沪南区四，闸北区三，第一特区四，第二特区七，引翔区一，吴淞区二，江湾区四，市中心区二，真茹区二，法华区二。以此核计，则全市三十一校中，除第一特区，第二特区之十二校外，其余二十校已悉陷战区，而特区各校中，亦有原址环境特殊，另迁其他安全地点上课者，损失之巨，可以概见。辛赖各校当局，实心苦干，先后迁入租界相继复课者，截至目前，除商船学校、税务专门学校二分校、中国公学及市立体育专科学校等五校停办，同济大学迁设内地外，余均继续维持，物资损失虽巨，精神奋发益甚，兹再就各校现状列表于左，以示梗概。

上海市战后专科以上学校现状表

校名	编制	教职员数	学生数
交通大学	理学院、工学院、管理学院	一二九	六七四
暨南大学	文学院、理学院、商学院	一〇五	三四〇
上海医学院	医科、药学院专修科	一一三	二三二
上海商学院	会计系、银行系、工商管理系、国际贸易系	三六	一六〇
中法工学院	土木工程系、机械电机系	四四	六一

（续表）

校名	编制	教职员数	学生数
音乐专科学校	本科、师范科、专修科、研究班	三三	一七
上海法学院	法科系、政治系、经济系、商专科	三〇	一九三
上海法政学院	法律系、政治系、经济系	四三	一五七
大夏大学	文学院、理学院、商学院、教育学院、师范专修科	一〇五	六三九
沪江大学	文学院、理学院、商学院	四九	六二九
光华大学	文学院、理学院、商学院	九五	六四九
复旦大学	文学院、理学院、商学院、法学院	九五	六八四
上海美术专科学校	中国画组、西洋画组、音乐组、图案组、艺术专修科	五六	一五〇
持志学院	文科、法科	五四	二四五
东南医学院	医科	三〇	一四五
东亚体育专科学校	体育专科	二三	七三
大同大学	文学院、理学院、工学院、商学院、英文专修科、数理专修科	四七	八七八
震旦大学	法学院、理工学院、医学院、女子文理学院、牙医专修科	一二一	三七七
中法大学药学专修科	药学专修科	二八	七二
上海女子医学院	医科	三二	二六
东吴大学	文学院、理学院、法学院	九九	八一二
正风文学院	中国文学系、国学专修课	一〇	一九
同德医学院	医科	四二	二二五
圣约翰大学	文理学院、工学院、医学院、神道院	七一	八一七

此外尚有外埠迁人者，除东吴大学因与原在上海之东吴法学院合并以列上表外，尚有之江文理学院，设文学院及理学院，教职员五六人，学生四七五人，南通学院设农科纺织科及医科，教职员四二人，学生一五三人。合计全市

现有公私立专科以上学校二十七所，教职员一七〇一人，学生九〇〇八人，院系编制，亦可称完备。而战后新设未经立案者尚未入列，如震旦大学女子文理学院、上海女子大学、健行大学致用大学、三吴大学、新中国大学、旦华学院、新中国学院、中医学院、中国医学院、新中国医学院、太炎文学院、中国建筑工程学院、建华工业专科学校及强化工业专科学校等十五校，故于量上言，上海战后之高等教育，实较战前为发达，教导设施亦均力求切实，惟物质设备，则值兵灭之余，或尚未能尽如人意耳。

二、中等教育

本市中等学校，战前共有一三五所，计市立者六，私立者一二一，省立者二（江苏），工部局立者五，国立者一（同济附设高级职业学校）。其分布状况如左表：

区别	学校数	备注
沪南区	二九	内市立三校余均私立
闸北区	一四	内市立一校余均私立
第一特区	四五	内工部局立五校余均私立
第二特区	一三	均系私立
引翔区	一	私立
江湾区	一三	内国立一校余均私立
漕泾区	二	内省立一校余均私立
塘桥区	一	私立
吴淞区	二	内市立一校省立一校
洋泾区	一	市立
陆行区	一	市立
法华区	一三	均系私立

关于上表所列，则知全市中等学校一三五所中除特区五六所外，其余七七所均已沦陷战区，而私立未立案及原址虽在特区仍因环境特殊被迫迁让者优未计入，宁非浩劫！至战后状况，除极少数学校因损失过巨暂行停办外，十九均

经迁入租界，苦心经营，继续开学，复以战后人口渐增，反呈蓬勃气象，新设及外埠迁入者亦有多校，兹就学校性质制表统计于左：

上海市战后中等学校统计表

性质	学校数
本市公立及私立已立案中学，原址虽在特区，但因环境特殊，被迫迁址复课者	一五
本市公立及私立已立案中学，原址沦陷战区而迁入特区开学复课者	一一五
外埠迁入之公私立中等学校	四八
战前原来立案及战后新设之中等学校	五四

观此统计，乃知上海战后之中等学校除原有者停办五所外，反增九十七所，合计全市现有中等学校二三二所，学生数亦激增至六万三千九百四十一人，文化中心之荣衔，诚可当之无愧。惟是校址狭窄，设备简陋，则尚待于未来之改进也。

三、初等教育

上海公立及私立已立案之小学，在战前共有五三七所，计市立者二〇二〇校，私立者三五八校，租界当局设立者七，故其他各种公立者六校，而私立未立案之小学，多至不可胜计，兹就公立及私立已立案之小学统计，其分布状况如左：

上海市战前公立及私立已立案小学分布状况表

区别	学校数	备注
沪南区	一一七	内私立八七，市立二八，江苏省立一，交通部立一
闸北区	四八	内私立三六，市立一一，铁道部立一
第一特区	一五八	内私立一四五，市立七，工部局立五，交通部立一
第二特区	六五	内私立六一，市立二，公董局立二
引翔区	一四	内私立六，市立八
殷行区	九	内私立一，市立八

（续表）

区别	学校数	备注
吴淞区	一〇	内私立一，市立七，浚浦局立一，铁道部立一
真如区	一〇	市立
彭浦区	三	市立
法华区	二〇	内私立十二，市立八
蒲淞区	二五	内私立一，市立二四
市中心区	五	市立
漕泾区	九	市立
塘桥区	七	市立
高行区	一一	市立
洋泾区	九	内私立二，市立七
陆行区	一二	市立
高桥区	一七	内私立四，市立一三
杨思区	一一	市立
江湾区	一三	内私立二，市立一一

观上表所列，则知战后沦陷战区者共有三五〇校之多，私立未立案及原址虽在特区仍以迫于于环境陷于停顿者亦尚未入列，而小学校经济力量，又远不若大学中学，故能迁至租界安全地带复校者殊属少数，据最近调查统计，全市小学现有四〇三校，学生十一万三千三百六十五人，较之战前约减一七〇校，如以过去地域面积与现有实况作比例，在量上言，不可谓少，然在质上言，则一部分学校，殊有急速改善之必要也。

四、义务教育

上海义务教育，系遵照中央法令规定，自二十四年度开始实施，虽至抗战开始时止，仅有两年历史。然而事业进行，已能粗具规模。兹就二十五年度之各种设施，分列于后，以示一斑。

一、短期小学校：第一学期设二十四校，设三班者十七校，二班者七校，第二学期设二十六校，设三班者十九校，二班者七校。

二、短期小学班：第一学期设一百班，第二学期设一百十班。

三、增设初级小学：第一学期较二十四年度增四校，计两学级者二校，第二学期可较第一学期增三校，计两学级者二校，单级者一校。

四、扩充原校学级：第一学期较二十四年度增二十八级，第二学期又较第一学期增十八级。

五、推广二部制学级：第一学期较二十四年度增四级，第二学期又较第一学期增四级。

六、实施巡回教育：特设真蒲巡回教育实验区，招收相当于短期小学三班之学生。

以上均为上海抗战开始前二十五年度结束时之义务教育设施，因此项事业，全由政府办理绝无私人出资与办者战从因教育行政机关结束，经费来源断绝维持诸感困难，且原有事业，十九散处四郊，欲图恢复，更非易事。故目前除少数原址短期小学教员苦心经营就安全地带设法开学约有四十学级外，其余事业，悉告停顿。复以经济困难，复无自备校舍，而向各普通学校商请借用，其经常开支，亦不能不向学生酌收费用，以资挹注。较之战前不收任何费用，供给课业用品者，殊有不同。所辛一切教育设施，悉遵中央规定，为可慰耳。

五、结论

综观上海抗战中之学校教育，高等教育、中等教育及初等教育三方面，在数量上可谓有增无减，惟义务教育，则未能据复旧观。但就质上言，尚待教育人员之努力者甚多，仅就管见所及，略述于后。

一、今后各级学校之设立，应注重实科教育，并适应本市环境之实际需要，以国防建设为最高原则。

二、校舍场地，必须于可能范围内力求扩充，务期于学生身心两方，无碍其正常健康之发展。

三、师资设备，必须提高充实，务使每一教师，无论在学识上、经验上、道德上，确能为学生之表率。设备则需审量经济情形，多多购置，必要时并可各校合作办理。

四、学生纳费额，不能过于提高，值此兵灾之余，民生凋疲，学生负担增高，将有望门与叹之虞，为教育而教育，应力挽商业化之积弊。

五、青年训练，应力主严格，一反过去泄沓成风之弊，务使每一学生凛于抗战时期所负使命之重大而知所努力。

六、未立案各学校，应于可能范围内尽速完成立案手续，免致贻误学生，阻止其发展前途。(完)

学与生 1939，1(1)

一年来上海之女子教育

吴志骞

一、导言

为世界第六大都市的上海，八一三事变后，不久便成了一个孤岛，光阴迅速，忽忽一年。但以有租界之故，为民族精神所繁之文化工作，勉可从事；为民族新生所在教育事业，优得举办，女子教育亦未因时局之故而停顿而堕毁。吾熟心教育人士之不畏困难，牺牲小我一己之利，而从事于与废继绝之工作，以谋大众幸福，有足多者。使本市教育而完全陷于停顿，则界内治安，时无问题。故作者以为此一年来之上海实有可得而述者。本文所述为一年来上海女子教育。为前后印证起见，先略述战前之情况，末则略述其见，以为结束。再教育包括人生的全部活动，绝非有限期间的学校为限，故本文当兼述社会教育，此须声明者一。学校教育或社会教育之设施，每有男女同学者，但本文一单纯女子教育为限，次序先事声明者又一。

二、战前之上海女子教育

战前的上海女子教育，在小学方面，无足叙述。中学方面者则有上海女子中学、民立女中、上海幼稚师范、城东女中、裨文女中、审美女中、群益女职、进德女中、智仁勇女中、启秀女中、坤范女子、中国女中、明德女中、治中女中、培成女中、工部局女中、圣玛利亚女中、惠中女中等凡数十校。大学方面，则唯上海女子医学院一所。此就实际而言，思想方面，原皆以教育法令中，所指陈者为规范，此该年来政府统制之结果，亦教育界人士晓然于教育与政治不能分离之明证。以言女生总数，则依市教育局在二十五年度的教育年鉴上统计，包括大中小学及补习学校为数在八千以上。

三、战时一年来之上海女子教育

（一）实际方面

上海的女子教育，正当发荣滋长之际，不意虹桥事变，愈演愈趋严重，战事终不可免，炮火连天，烽烟遍地，上海人心，不可终日。于是百业暂告停滞，教育事业亦不例外，尤以战区之内，十室九空，疮痍皆是。各校秋季开学，均不能如期举行，即租界方面，亦呈惨淡景象，少数私立学校，虽竭力维持，学生数亦寥寥无几，均成门可罗雀之象。沦为战区的各校，十九摧毁殆尽，荡然无遗。学校遭受轰击者，先由吴淞而江湾，更迤逦沪西而南市而浦东，损失皆在数万以上，即教会设立之上海女子医学院，亦不得不迁地为良。溯自八一三事变起，至上海沦陷国军西退时为止，其间历时三月，此为教育界整个陷于混乱时期。逮十一月伊始，租界因国际之特殊关系，相安无事，于是教育界人士，设法恢复原状，但不敢公然鼓吹，籍免意外。当时租界上原有各校，相率开学，女子教育亦得以延续蝉联。然在这风雨飘摇的局势之下，各学校既无政府的指示和赞助，又感办事的处处棘手，迷离恍惚，提心吊胆，社教亦受同样的困难，如此又有三月之久，故此时期名之日动荡时期。自今春二月以还，租界更形安谧，所有大中小学，都积极设法恢复，且有异军突起者，如上海女子大学、怀久女中等，洵如雨后春笋，倒是战时的新气象。教育部亦颁了非常时期的教育法令，此可称为重振时期，最初二期，无甚足述，至于重振时期之一般情形，可述如下：

甲、各校恢复情形：本市各学校当蠢动复原之际，教育部适颁布非常时期处理校务办法，为各校实施时之规范，兹以原文开列如右：一、各级学校，所在区域如受军事影响，不甚严重，仍须力持镇静，维持课务。二、各校对于因战事关系，由他地迁来之同等学校之学生，向本校请求转学或临时借读者应设法尽量收容。三、借读生除原校指定往借之学校外，得由学生随地自由请求借读，惟须呈缴原校之借读证明书，或最后一学期之成绩报告单。又令：一、对于未受教育者，施以战时民众教育；二、对于已受教育者施以战时补充教育；三、对于正受教育者，按照战时情势，变通其内容与方式施以适应战时的教育；四、女子须加以切实的救护训练。自部颁法令以后，租界上原有各校于本年春季遵令如期开学，所有南市闸北及其他各区之公私立教育机关，亦迁至特区内开学，如上海女子医学院、爱国女中、怀久女中、上海女子小学等，亦有自外埠迁沪者，如南京金陵女子文理学院等。总计全市女生，包括大中小学三部不下二万余人，竟超过战前五分之一。

乙、新设学校概述：本市除原有各校十九恢复外，尚有新学校之设立，如新生女子职业中学等。女子大学之创立宣言中，曾揭示目标，一曰将以陶铸新女性从根本上复兴民族，二曰将以创造新文化从基础上革新社会，足为国难期间教育设施生色。

（二）思想方面

成为孤岛的上海的一年来女子教育，实际情形，既如上述，在思想方面，可得而举者有二：一，为民族主义之保持；一，为新女性主义的复兴。兹分述之。

甲、民族主义的保持：中国所以成为次殖民地，就是民众因缺乏民族的意识，而极端的表达以家庭为背景的利己主义，对于社会国家，漠然不顾，至让成目前的巨变，扪心自省一下，何尝不是咎由自取！今既知缺陷的所在，亡羊补牢，未为过晚，所以孤岛上的学校，大都仍在朝夕与夕照之中，举行升降旗礼，口中与其是说她们在唱歌，还不如说在弥漫的毒气中怒吼，响称为东亚睡狮的中国，谁还相信她未醒呢？除此之外，尚有每周举行精神训练，此于民族主义的实践上当大有裨益的。

乙、新女性主义的复兴：自五四运动以后，欧风疾来，在这新旧思想交替的时代，经过数千年来重重压迫下的女性，一旦重见天日，当然引为馨香祝祷，但是因过去太受束缚之故，一朝解放，反而手足无措，放任者漫谈自由，妄论女权伸张，不知利用良机而从根本上着手，有的鄙视圣哲格言，或有废弃固有道德，欧美的浮华陋习，均趋之若鹜，如高跟革屐，烫发点唇，相率慕效，对于本身应负的使命，抛在五里之外，因此年来真得解放的女子，而与男子分庭抗礼的能有几人？自国难日甚一日，环境也愈趋恶劣，存在皆足以影响女子的发展与图存，于是有觉的人，乃追悔已往的非是，竭力回狂澜于既倒，祛除虚荣心，戒勉奢侈浮华。首事大声疾呼的为上海女中，呈局取缔烫发施脂的建议，经由局方采取通令各校实行在案，且于德性方面，提倡贤妻良母；身心方面，积极从事于健全的人格陶冶；学识方面，充实其现时代谋生存的方法，该将培成家庭贤淑成品社会生产分子，国家善良公民三位一体的健全人格者，此项主张可称允当，所以经这大动乱时代烘炉的冶铸，新女性主义确是复兴了。

四、战后之上海女子教育

战时一年来的上海女子教育，初在风雨飘摇之中，渐渐转变到新的途径上来，吾人于此转形期中谨提数点以为参考。

（一）注重质的提高。上海女子教育有其有点，但亦有其弱点，此系无庸否认的事实，如过去多数的办学者，竟以学生数多相尚，此以上海寸金之地，房租及各方面开支巨大，不得希求学生数增加，以便支配，但上海各校学生在此重振期中，均呈激增现象，学生数量大都超过校舍容量，今后大家集中精力于质的提高当无困难。

（二）注意训育设施。注意训育设施，亦有视质的提高的一方面，该质可以包括品格与学业二方面而言，由于上述同样的原因，致使上海的办学者，对于训育不免松懈，华者以为我们也正可在目前的现象，竭力注意训育的设施，尤其是在此严重困难期中，施以严格训练，务使克荷大时代之使命，当亦无困难者也。

（三）推行联合工作。我们观察上海各校，一方面感觉到设备的不周，然而另一方面，我们确也感觉到有好多设备是没有得到充分的利用。如甲校场地宽广，空开的时间不少，然而理化仪器设备未周，教学困难。反观乙校理化仪器设备齐全，一星期应用次数不多，然而体育课时苦无场地。所以笔者以为今后的上海教育应划分地域，在同地域内尽量交互利用各校空闲的设备，务使各校共同感觉的问题，用集体的方法来谋解决，私立上海中学的科学实验馆，实是可供我们参考的。

上述三点为个人观感所及，以贡献于上海教育界人士之前，未识有当否？

末了，本文开始曾言，本文当包括学校教育、社会教育二方面而言，然而社会教育大都男女并施，专为女子而设施者百不得一，然而亦在进步之中，亦是事实，街童教育班之举办，难民教育之设施皆是，惟以本文体制关系，未克详述。但有一点值得指出的是，假定我们现在的设施，战后仍旧继续的话，上海的教育已在向大众化的路上走。

编译月刊 1939，1(4)

两年来的上海教育

纪　晓

中国为着民族解放的伟大抗战，已经二周年了，中华民国的正规军撤离上海也将满二十个月了。而全上海的教育依然严格实施中华民国的教育，遵守国民政府颁布的一切法令，没有接受任何伪政府的奴化教育的“命令”。这点不能不算是上海孤岛的一件最光荣的事迹，不但今日算是光荣，即使将来抗战胜利以后，这段史迹也是不会淹没的。

说到教育，我们决不应该只限于挂招牌办学校者算是教育，孤岛上各级学校虽然很多，但是无学校形式的教育更其重要。各种各样的座谈会，各种各样的研究会，各种各样的同业小组，这二年来在上海是像雨后春笋，多得不可胜数，这种会与小组的力量，实在是振奋整个上海市民不愿做奴隶的人们的原动力，这是抗战教育最好的办法，也是最有成效的办法。参加小组者人人是教师，也就人人是学生，参加小组以后的人每个人都去影响别人，所以十几个人的小组座谈会，受影响的人往往在千人左右。倘若全上海有五千个座谈会，受影响者至少有五十万人以上。实际上全上海的各种各样的座谈会决不止五千个，这个抗战教育力量多么巨大呀！

其次是各种各样的刊物，尤其是日报与期刊，每种刊物都满幅登载抗战文字与铲除叛徒等消息，这许多刊物，尽是抗战好教材。识字的人，看了以后固然直接受到抗战教育，不识字的人，也常常爱打听抗战除奸消息，也就在无形中受到抗战教育。试调查全上海日报与刊物的销数，比战前高出若干倍，就可以推测到全上海抗战教材的供求关系。同时再调查几种叛逆刊物，有的出一期就停刊，有的白送人也不看，更可以推知全上海市民对于选择教材确有眼光，决不是叛逆所能蒙蔽。

戏剧电影在教育上占着极重要的地位，二年来孤岛上的戏院确有一时期尽是演放神怪与腐烂的材料，但是戏剧院老板在营养数目上看出有意义的剧本，比神怪与腐烂剧本的生意相差天壤，这给戏院老板一个很大的刺激。这里我们应该感佩上海整个戏剧界，他们在极恶劣的环境中不断奋斗，用各种各样方式，演出多种有意义的剧本，这个教育力量也是很巨大的。

读者看到教育二字，必会联想到"学校"，现在来说孤岛上二年来的学校吧。二年来孤岛上最有意义的学校要算在最初几个月举办的各种各样的战时工作人员训练班，受训人员之踊跃，举市若狂，课程与教师也相当精彩。可惜自从国军西撤后，再不允许办训练班，其次要算在第一个年头，有计划的办工人补习学校，那时候，全市办有工人补习学校五十余校，分布东西南北中五区，施行有计划的工人教育，可惜因为经费困难，逐渐减少，但是受过三个月训练的工人，不但认识了几个字，更能识得世界大势与抗战的意义，他们不但自己武装了头脑，更能用"传递先生"的办法去教育同厂工人。这两种教育的潜在的效果，将来必定会放出极伟大的力量来的。其次是商店职员的补习学校，在上海战前的补习学校收到一千学生已经算得第一等了，但是二年来上海补习学校不但校数增加到二百数十校，每校学生数竟有多至五千名的。虽然有很多补习学校是以营利为唯一目的，以迎合商店老板训练学徒做顺民为"靠山，"但是在群众监视之下，在有声誉的补习学校领导之下，一般"补习学校商店"也渐渐能够改善这也是事实，决不应该抹煞的。

孤岛上的难民教育，不能不说是二年来最有成绩的教育之一，据笔者所知，全上海凡是进过收容所的难民，没有一个不受过难民教育的。虽然各收容所所办的教育不一致，虽然二年来难民教育的方针不无变更（最重要的如废止教极容易认的国语新文字），但是教育难民们认识中国抗战的真意义，激发难民们的民族意识，使难民们不但不怨恨抗战，并且愿意回家乡打游击，赴前线效力，这些都是难民教育最大的收获，笔者补说一句吧，一般破坏难民教育，以及靠难民而升官发财者看到孤岛上艰苦的难民教师，应该有所感触——惭愧与忏悔。

孤岛上的儿童教育，比抗战以前发达到十倍。八一三以前的私立小学，很难维持，现在呢，没有一个小学不是挂上"额满"的布告，所以有的小学校长，一个学期除出一切开销，竟可盈余万元移作家用。这是骇人听闻的事实。但是一般小学教师的待遇依然只有每月十元，膳宿自理。我曾记得去年有一位小学教师揭露他的校长的鬼话，其中有："在马路上找一条狗来看门很难，找几十百个人，来做小学教师顶容易。"在这种反常情形之下，上海的儿童教育多么危险呀！但是读者莫太着急。据笔者所知道，孤岛上有骨气的小学教师着实不少，他们每天教孩子们是用正确的教材的，教得个个小学生不愿做小亡国奴；他们更能互相勉励绝对不为利诱，威胁多动摇。更能抽出课余，办街童教育、报童教育、乞童教育等，都是令人起敬的事情。所以二年来上海伪组织所办的小学，只能招引从前酒肉征逐的败类去充教，有骨气的小学教师一个也没有跑去，不但今日不去，恐怕永远不会去。至于只知道办"学校商店"肥私囊的校长，终究会现出他的原形，这却又当别论了。

中学大学的群集，写字间、亭子间、阁楼办中学大学的怪现象，是二年来孤岛的特征之一。流亡的中学教师、大学毕业生、留学生、大学教授，既不肯去后方办教育，只好拉几个朋友，凑几个钱做开办费，于是租写字间阁楼，挂上以前用过的招牌，办起所谓中学大学。既有从前的招牌可挂，便有从前的主顾可拉拢，所以满街的中学大学，到也有满堂的青年学生。各校所教的是什么？我们决不可一概抹杀，确有很多中学教师，也正在教学生认识抗战的真义，培养青年的民族意识。但是有更多的中等以上的教师，只是教学生读古文与公式科学，更以考试文凭相"吓诈"，以"读书救国"相欺骗，除出所谓正课外，不准学生讨论时事与切身问题，下课以后驱逐学生出校门，否则便招巡捕来拘捕。我们常常在日报上看到中等以上学生的呼声，我们不禁为孤岛中等以上的教育与一浩叹。无怪乎对于中等学校以上的"教育者"附逆做叛徒的谣言，比任何级的教师来得多。既往不追，我们但愿今后孤岛上中等学校以上的教师们应该自问得国家的恩惠特厚，知识也较高，更应该撑起骨头，教育青年学生，为民族争取独立自由平等，努力参加抗战。

教育行政是教育实际工作之一。上海教育行政，本来由上海市社会局主持，那时候的功过今天无暇清算，也不应该清算。自从前年十一月以后，两租界主持教育行政者，可说煞费苦心，也做得相当贤明，如不准"伪市府"干涉界内华人教育，常常召集各级校长指示办校方针等，都是两租界教育行政当局的贤明处置。我们更看到两租界工部局直接主办的学校，都能遵守国民政府的法令，至今不改，更为钦佩。虽然在去年法租界曾经有一度不准新办中等学校，但是此中底因，毕竟不是出于法租界教育行政当局，而是出于其他部分的影响。至于中国政府派来办上海教育行政的人员，因为惧怕叛逆，所以不免有些胶柱鼓瑟，更不能督促租界内华人学校办抗战教育，确是一大缺憾。

总观上海二年来的教育，以办战时工作人员训练班而工人补习教育，而演变为畸形的教育拥挤，此中最可爱者为全市的大众，最使人有遗憾者为具有学校形式的只知“读书救国”的书呆子学校。今后孤岛的环境是一天恶劣一天了，无论是直接办教育者或间接直接教育工作者，都应该重新振作一番，检讨过去的得失，为民族培养些许元气，为国家增加些抗战力量。

末了，提出几条极平淡浅易的工作，贡献给全上海负有教育责任者做自省的参考：

一、提倡读书人的骨气，宁做断头的中国鬼不做苟活的亡国奴。

二、舍弃个人的利益，为民族国家造些许幸福。

三、捐弃党派的成见，为抗战集合些许力量。

四、绝对遵守国民政府教育法令不受任何伪组织的伪令。

五、加紧办大众教育，如工人教育、难民教育、儿童战务教育及成人战务教育等等。

六、发动大众力量督促书呆子学校改办抗战学校。

七、严厉监视叛逆或准叛逆办叛逆教育，并揭发散布叛逆毒素的教师。

译报周刊 1939，2（10—11）

一年来上海教育界

洪　涛

上海教育界动态，这是多么庞大的一个题目，现在要用二三千字把它写出来，这实是一件困难的工作，所以现在我只能描划一个大概轮廓，至于它的着色与充实，却要留待更多教育界人士的指引。现在我把整个教育界分作几个阶段来叙述。

七七事变前的教育界

教育界是文化工作中重要的一种，但是它对救亡工作的表现却是最薄弱，这原因：

一、教育界是一向为政府所重视，所以对他们——从事教育工作者的监视也严；这点，只要统计各大、中、小学对党部密切的联系，就可以知道。而当时政府还没有确定抗战的国策，对于教员参加救亡活动是禁止的。

就是后来七七事变发生，虽然最高领袖蒋委员长一再的声明，中国已到最后关头，只有发动抗战才能求得中国的永生。可是由于一部分党政人士还不了解这话的深意，对抗战缺乏信心，以至继续对教育界的统制。

二、教育界本身矛盾的错综：这里有工部局、公董局的，党部系统的，市立的、私立的，立案的、未立案的，大的、小的，以至学校与学校间、校长与教员间都存在着矛盾。这一矛盾的意义，是在于上海教育商业性的浓厚。

三、由于教育界矛盾的错综，使教育工作展开困难。所以一般救亡青年，都离开自己本位，参加其他社团。

虽然有一部分教师的工作是努力的，但是也仅仅于指导学生的活动，对于教师本身工作还是被放弃，形成了自己在校里个人冲锋者地位。结果，是这一工作不但得不到同常的同情，却相反的常引起他们的害怕，觉得自己是一落伍者。

四、教育团体力量的薄弱：当时虽有几个为了救亡努力的教育团体，可是他们不能公开，发展极慢。他们的工作，仅仅止于普及教育活动。

还有几个颇大的团体，是学校代表者的组织；为了获得各学校在租界上应有的权益的保障而产生，它当然不能适合普遍教育者的要求。要他们团结整个教育界，推进救亡工作，也同样的是不可能。

在这一阶段中，教育界只有各种不同目标的集团，他们对社会的供献，要是突击式的做些普教工作，对学生贯输救亡知识，自下而上的响应当时热烈的救亡运动。

“八一三”前后

卢沟桥的炮声，惊醒了整个中华民族，上海的民众也不能例外的用着兴奋的步调走向街头。接着“八一三”战事发生，上海到了混乱局面，教育也因之停顿。但这时，教员倒有空闲时间跟着整个上海救亡运动的开展，教育界的救亡团体也相继的成立起来。

战事延长着，继续到三月之久，上海由混乱渐渐走向安定，学校都相继开学。但是租界增加了大批失学儿童，他们毁了家，从附近逃来，没有钱进学校读书。还有难民收容所里大批难童，他们同样迫切须要人去教育。

普及教育工作被提到每个教育工作者前面，使每个教育者不得不注意这一问题的解决，于是一部分教育者跑进收容所工作；义务学校，补习班，经济等名称都应时而产生，而被各方推行。

我记得“八一三”后，教育界对宣传工作也尽了相当责任。那时，每条路上，每一交叉路口墙上都贴满学生的壁报，时事简报；每条街上，每一弄内都可以看到学生，大的，小的，一队队的在进行募捐，还有伤兵医院里也时时有他们的足迹。

但是这时教育界有一个很大的缺点，因为每个人都以兴奋的热烈的目光向着外面，而忽略了教育团体本身的扩大与团结整个教育界这一重任，使救亡工作只在少数人的努力下推进而减少意义。

上海失陷及教育界工作的转变

上海已成了孤岛，这时教育界有二种不同的反应：

恐怖空气到处流传：“哦！ ×× 学校被搜查，×× 地方被拉去两个人……”这使一部分为了保全个人财产的校长们，快快把校里国党旗、总理遗像拿下来，把学生的作文本烧了，提倡读经，准备在侵略者的铁蹄下做个顺民。

还有一部分是对孤岛的上海认识不够，他们的救亡工作，似像未沦陷时上海一样的兴奋热烈，在工作方式上丝毫没有改变。

但是当时客观所给于我们的：

第一，由于上海的沦陷，国家政权内移，孤岛上每一学校，不管你是那一党，那一派，随时都有被搜查可能，所以在这孤岛上，没有那一党，那一派；立案，未立案；大的，小的；或我是正统，你是派生等分别。只有秉承正义气节，起来共同制裁教育界败类。

第二，每个不愿做亡国奴的教育者，或教育团体不能再固执着成见，或是挂个空名，应该切实的负起教育的工作，发扬互助合作，共谋孤岛教育的改善。

第三，“×× 救亡协会解散，×× 协会被搜查，×× 团体被封闭……，这指孤岛上已没有救国的自由，对于热烈的表面化的工作，更是环境所不允许。”

这一客观的事实，教育了每个教育工作者，使每人认识，建立教育界统一战线是推进上海工作的首决条件。而这统一战线的建立，改善教育该是它最基本的内容。

节约救难是上海民众应尽的一点责任，也是目前教育界共同工作之一，但是由于领导的薄弱，方法的不良，使工作不能普遍推行，在学校里仅仅限于学生，而很多出于强迫，忽略对他们精神上的动员，就是这样，也不是整个教育界在进行。

对于改善教育工作，更是做得不够，现在只是在部分教材与教学的改进及教员本身进修上尽了一些力，但是对于目前最最迫切的改善教员生活中上，简直是有意忽视。

继承前期的工作，对于教员难民与报童工作，确是有计划的在进行，但是整个的普及教育工作还是做得不够，这主要的是这一工作没有和学校教育配合。换句话说，学校负责者应该是推进普教的主动者，开办义务学校，收容失学儿童成人，这不仅有许多便利，而且是必需的。

今后教育界工作动向

今后每个教育者的最重要的任务：是扩大统一战线，巩固统一战线，只有把上海整个教育界团结在一个总目标下，改善教育，节约救济等工作才能有力地普遍地开展。

统一战线的建立，它必须有一个教育界共同的设施纲领，它的内容应该报教育部战时教育大纲，确定改善上海孤岛教育的几个基本原则。不过在上海改善教育，应特别注意对教员生活的改善。

为了监督这一行动纲领的实施，教育界必须有一统一的领导机构，而这一机构的建立，应是愈民主，对工作的推进则愈深入愈广泛。

最后，对于每个教育工作者或教育团体，不要再有门户之见和扩大自己的团体。同时更应该帮助其他团体的巩固与扩大充实它的内容。只有这样，教育界统一战线才能广泛的开展。

译报周刊 1939，2（12—13）

现在上海教育界的展望

唐蔓月

胜利来临以后，上海的一切都由腐化转向新生、反常步入正轨。以教育界而论，也有显然的变动。过去，上海的许多学校，不管大学、中学、小学，都给伪组织统治管理之下，沾染一种近乎毒化的色彩。虽然也有一部分深明大义的服务教育事业者，在万般艰苦的环境之下仍爱护着国家、爱护着许许多多的国家的新血轮，就是学生方面，也有具着百折不回的精神，同环境始终坚持搏门的，然而恶势力的压迫，促使上海的教育，成为二种现象：一是商业化的买卖，一是专制式的毒化，现在我们的抗战已经胜利，沦陷了八年的上海，重再投入祖国的怀抱，自然，上海的教育界必须改换一个新的面目，扫除过去的陈腐的态势，创造新的生命！

关于今后上海教育界新的生命的开始，此刻正在播散着种子，以后我们是等候他的开花，结果！

这里是记者向本市教育界所刺探的一部分消息，可以写给“胜利”的关心教育事业的许多亲爱的读者。

和平消息全面展开后，上海的一部分沾染色彩的学校的校长都十分地着急，有的潜居沪上秘密角落，有的则逃往奉贤、松江等地去暂避，也有一部分能干英俊的校长，摇身一变，改一个姓名，居然正义地活动了。

中央派遣的整顿上海教育的大员，曾向各学校发表公告，劝令暂时维持原状，一方面则开始办理过去在市立学校服务而战后并未参加伪方组织的人员的登记，以便经过统计，再行分别派遣工作。

有几个大学的大学生，份子相当复杂，在“八一一”那天有越规的行动，所以像圣约翰就提早结束，下学期再以新面目展开。

因为币制的关系，所以许多学校都准备展缓开学。同时普遍的现象，在上学期放学时，原有各校老教员一律停聘，而迄今尚未发出下学期的聘书。

本来各学校对于这一学期的学费与教员的待遇，都以米价作为标准，但是胜利消息传来后，米价一跌再跌，显然米价已不能作为正确的标准了。

然而耽误青年学子的学业，也不是一个办法，所以当局已经发出通令，规定各校收费暂定标准，并定期开学。

所谓暂定标准，是着令各校先收三分之一的学费，小学先收十万，中学先收二十万，一学期分三次缴付，开学日期，经过各学联席会议予以决定，小学定九月一日，中学是九月六日，大学因特殊关系，暂缓开学。

本市的市立学校已在着手改组中。

上海的教育界已有新的气象，我们期待真正为教育而教育的先进们，切实地负起推进的责任。青年是国家的新血轮，新中国的建设，正有待这些新血轮的活跃！

胜利 1945（2）

上海教育的新动向

张厚墉

战前上海的教育，素称发达，大中小各级学校及各种社教机关，较国内任何一地为多，可说是我国教育文化的重心。八一三沪战爆发，近郊的学校，因逼近火线，大多没有开学，一部分迁入租界上课，情形颇不景气。及国军西撤，只有少数专科以上学校随军内移，两租界在英美的庇护下，成为东南一带的世外桃源，富有者相率迁来，人口逐有增加，学校情形，渐见起色。到了下年，战事距离上海渐远，一时又无解决希望，京沪、沪杭两线各埠学校，相率移沪复课，一时大楼住宅悬遍了校牌，各校学生都挤得满廊满阁，情形非常发达。教部为管辖各校计，特设驻沪办事处，并为便利青年升学内地计，举办内地国立大学联合招生，成绩非常良好。及“太平洋战事”爆发，日军进占租界，驻沪办事处无形解散。接着敌伪的势力渐渐伸展入租界的教育界，国立大学（除暨南暗中内移外）相继附逆，敌伪所办的学校相继出现。而一般历史悠久的抗日色彩浓厚的学校，便改头换面起来：有的改变校名；有的改组校董会；有的原校长暂退，在教职员中另推一人继任，或组织校务委员余维持下去。除少数学校不肖的负责人甘心附逆外，其余都抱着认真办学，对于敌伪的命令，略加敷衍而已。所以日本投诚的消息正式披露以后，上海的教育界，便呈现出一番活跃的新气象。兹分“教育行政机关方面”“学校方面”和“教育界的社团组织方面”三点，分述如后：

（甲）教育行政机关方面

日本投诚的消息传来，潜伏上海及附近游击区的临时教育行政机关，相继择定地址，公开办事。先有“教育部京沪联合办事处”的公告，切望各级学校，暂维原状，静候命令。及“教育部苏浙战区巡回教育团”的布告，命令苏浙战区文化机关，由原负责主管人负责保管。克日造具清册，候令点收。接着吴副市长抵沪，“政治特派员公署”成立，即于八月二十二日召集中小学代表谈话，决定六要点如下：（一）开学日期，小学至迟不得逾八月三十一日，中学不得逾九月六日。（二）上课日期，暂定小学九月十日，中学九月十五日，但届时如国军未到，秩序未复，当再另行决定。（三）课本问题，由公署接洽各书局赶印二十六年前教育部审定之课本，供应各校采用，伪定教科书绝对不得再用。（四）收费问题，暂定先收一部分学杂费，小学第一次最多不得超过伪币十万元，初中十五万元，高中二十万元，但亦得酌量全部一次收取。（五）教薪问题，各校对教职员薪金至少应预发两个月。（六）庆祝慰劳欢迎等问题，静候各界庆祝胜利大会筹备委员会规定日期及办法后参加，不可自动举行。是项办法披露，各校都本此原则，照常开办。

不久，“教育部苏浙皖督导专员”刘韶仲氏抵沪，发表关于各校登记等四点：（一）无论公私立中等以上学校一律举行登记。沪市各级学校向本处登记，其他各省市区向各该省市主任督导员等登记。（二）凡伪方所设之各级学校，在未接收前，所有校产、校具、图书、文卷及其他公物，不得私擅移动，倘有损失变卖等情，一经查出，对于原负责人定依法严处。（三）凡新旧书店，旧货铺以及私人，不得收买日伪各级学校及文化团体所有物件；一经查出，非但将所买各物完全充公，并从严处分。(四)最后希望各级学校及教育机关负责人，遵照教部最近颁布收复区教育复员工作办法十四条办理。

因机关一多，在接收上不免有重复的情形，八月二十八日政治特派员公署决定附逆学校处理办法如下：(一)本市各私立中小学负责人如有附逆行为者，应准各该校教职员至本署举发，静候处理，共他机关不得任意接收或发封。(二)如已由其他各机关接收或发封之私立中小学请于八月二十九日、三十两日内由各该机关将接收或发封经过情形而告本署，以后分别处理，俾便日后汇案分交主管机关办理。至各该被接收或发封之学校负责人应限于二日内来本署报告，以资参证。

九月一日各报登载朱教育部长致公署蒋代表电文云："沪文教机关及各科学校接收事宜，已由本部依照中央规定，拟具整个计划，并即派员飞沪主持办理，请即制止妄事接收"。预料不久的上海，直属教育行政机关，即将成立，久失依据的上海教育，便可有所遵循，向造就建设新中国人才的大道上迈进。

(乙)学校方面

(一)被接收的学校

已有一部分敌伪的及附逆的学校，为上列各机关接收。据闻接收的方式，尽管校产、科学仪器、图书等件，而选派各校原有教职员组校务委员会继续推进校务。因局势稍定，国府还都，地方政府组织完竣，即须交与直属行政机关处置。这些被接收的学校，大多照常开办，教职员复业问题及学生求学问题均不受影响。这样的处理真是高明而得当。

(二)复校运动

所谓"复校"，大多是上述的一般历史悠久抗日色彩浓厚的学校，于太平洋战争发生后，为应付环境计，曾经一番改头换面的工作，时至今日，光明到来，自然要现出它的卢山真面目，俾谋有以发展。兹列举如下。

(1)专科以上的学校

光华大学(前改称诚正及格致两学院)

沪江大学(前改称沪江书院)

东吴大学法学院(前改称中国比较法学院)

之江大学（东吴文理学院及之江大学合并改东吴大学，称华东大学）

上海法政学院（改称上海法商学院俟屯溪总校迁回后即恢复原名）

无锡国学专修学校（前改称国学专修馆）

立信会计专科学校（前改称明信会计专科学校）

沪江英文专修学校

（2）中等学校

教部特准立案肇光中学

教部特准立案新建中学（前改称大成中学）

教部特准立案晓光中学

申培中学（前改称正毅中学）

禅文女子中学（前改称福莘女塾）

光华大学附中（前改称壬午补习学校）

市立务本女子中学

私立上海中学

光实中学

审美女子中学

君毅中学

民智中学

中华职业学校

（3）补习学校及小学

申培小学（前改称正毅小学）

禅文小学（前改称福莘女塾）

民智小学

审美小学暨幼雅园

上海小学

立信会计补习学校（前改称明信会计补习学校）

弘德职业补习学校

（三）新办的学校

战后的上海，预料依旧是中国第一大商埠。学校文化事业，想来仍然是一个全国的重心。所以上海对于教育文化事业的推进，应负起很大的责任，及居于领导的地位。原有学校的恢复，内迁学校的移回，实属可喜，而对于造就一批建设新中国的新人才，如电讯、新闻工作人员、土木、机械技术人员等，也是急不容缓的。原有的学校，恐不能解决这种急需，因此训练技术人员的速成学校，实有多多开办的必要。胜利传来后，已有中国新闻专科学校的筹设。这是吴绍澍、冯有真、陈高佣、詹文浒、储玉坤等所发起，料想一定会引起社会人士的注意，进行得非常顺利的。

（丙）教育界的社团组织方面

笔者相信教育界守正不阿的同人，听到这个胜利的消息，谁不欢欣鼓舞，想找几个同志来茶叙畅谈一番，一以庆祝胜利，一以联络感情，合作做些有意义的工作。组织具体活动公开的有"中小学校职员联合会"及"市立小学校长联谊会"，前者是私校教职员所发动，大概以联络感情，齐一步调，适应新时代教育的转变为宗旨。后者是操守严正的市立小学校长所组织，在市党部吴主任委员指示下，进行复校的工作。还有好些专科以上学校校友会的公开筹组，如上海法学院校友会征求会员，新的师范校友，办理登记，联合校友，协助母校进行复校的工作，预料最近的将来，好些教育界冬眠已久的团体，都会活跃起来，负起推动发展新教育的责任。

笔者见闻有限，略述日本投诚后上海教育的新动向如上，疏忽遗漏，在所难免。但于此已见生气的蓬勃，前途的光明。报载顾教局长已兼程东来，不久当可履新。顾氏久负中枢教育重任，为国内有数的学者，政声卓著。这一次顾氏出长上海教局，足见中央对于上海教育的重视，预料顾氏到任后，必有一番新的建树。

新时代 1945，1(1)

十六 公用事业

记上海自来水公司

上海公共租界之自来水，皆取给于上海自来水公司。该公司于一八八〇年在伦敦注册，成立以来，迄今已四十年矣。水之开始运用，在一八八三年六月二十九日，总督李鸿章参与开幕典礼。前此上海居民所用之水，须用明矾滤清，而借水车运载，至不便也。现在该公司中一切措置，须禀命于工部局。一九〇五年七月，该公司认工部局有九百七十五干股之权利，自是工部局所执该公司之股分陆续增加，而公家亦因公司事业之发达而享莫大之利益焉。

该公司之管理权操于上海之董事会，其在伦敦方面之利益，则另有一委员会监察之。开办之初，公司股本只十万磅，今则增至一百万磅，其中实缴者已五十万磅。此外有债券约一百万两。惟此犹不足以代表资本之全数。盖董事会之政策，犹将以其所获利益之大部，仍行投资于本公司，务使其转辗生利也。

自来水公司工厂之位置在租界东段。其水源则取给于黄浦江，贮之滤之，澄清泥沙，然后抽送于各水管中。上海为冲积地之平原，高于水平线者仅数英尺耳，又无山陵，欲使水流自高而下，再自高槽下降以发生压力也。

黄浦之水，泥沙甚多，须经各种手续，始克应用。始以机器抽入沉淀池内，于是泥资沉留池底。池克容水四二〇〇〇〇〇〇加伦。抽水至池之抽水机有四具，二具用蒸气力，二具用电力，用电力者每具动力为三百匹马力。现方试用凝冰之机器，将来之水皆用凝结法或为可能之事也。

水自沉淀池中，经过浮管，徐徐倾出。然后用煤气或蒸汽力之抽水机，抽入高置之蓄水池中。于是水因重力之故而自蓄水池流入滤水池中。

滤水池中平铺细沙。现有滤水沙床三十六，面积总计五七〇〇〇〇方英尺。滤水程途，平均一方英尺之水面每小时下降一加伦半。滤水沙床，常用手工刮平之，沙则倾入箱中，用手掏洗之，间亦有用洗沙机器者，但用机器滤水之问题，今犹在考虑中也。水自滤水池因重力之结果而经过两清洁之蓄水池，然后流入各大抽水机中。大抽水机都凡六具，皆以蒸汽运转，其中除一具式样不同者外，余皆横排而又轮转者也。大抽水机所用之蒸汽则取给于兰开先式(Lancashire)之锅炉，其压力每英寸八十磅及一百二十磅。抽水机器设置极为稳固，另星修理，则该公司自有铁匠间为之。

租界西段现在用水极多，故在该处添建蓄水池多所。每届夜分则将池水装满，而用电力抽水机将水抽出。其全部构造均用坚固之三和土为之。

公司中任一化学师，专司生物学上及化学上之种种分析及查察业务。其人竭其能力用各种试验，以谋自来水之清洁云。

分配法

水既经过沉淀池蓄水池滤水池大抽水机诸部分，乃再经主要抽水管四具，分注各处。此项主要抽水管，其一对径三十英寸，一具对径二十五英寸，二具对径二十英寸，皆为铁制。但该公司顷欲制备对径四十英寸、三十六英寸及三十三英寸之铜制水管，已向司狄伏劳亦特公司(Messer's Stewart & Lloyeds)订购矣。主要水管共计长一百另八英里，皆装有水门及起水管。起水管则有二英寸半之救火门两具及四英寸之吸水器一具，可与工部局救火会机器相连接云。主要水管亦有架桥渡河者，如江西路自来水桥之水管是也。

自来水塔有二，其一高一百英尺，容量一〇〇〇〇〇加伦，在公共租界之中段，一华美之建筑物也。其一高一百二十五英尺，在公共租界西段。每日应用约六小时。

自来水之供给居民家用者，其率为租金总数之百分之五乃至百分之二。其供给工业用者，则以量水表计算之。

自来水公司本拟每日出水三〇〇〇〇〇〇〇加伦，但现在情形，每日消耗之水约达二三〇〇〇〇〇〇〇加伦，平均每小时需要一二五〇〇〇〇加伦。公司中特设一部，雇用职员，用种种方法严防滥用。

公司又备有容水小汽船数艘。其中四艘为钢制之蒸汽船，容水量自一百五十吨至七十五吨。又有一种轻之钢船，用汽船拖曳而行。此种容水船均装有蒸汽抽水机，与欧洲所用者无以异也。自来水始为居民应用时，公司备有种种水之器具，故有器具部之组织逐渐发达，以臻完备。现在更能致力于卫生方面，如救火设备、热水龙头及热蒸汽等，无一或缺。该部有欧人十三、华人二百。上海全埠无论大小房屋，其自来水之装置，皆本部人员为之者也。

该公司存货充足。栈房所贮小自龙头肥皂碟，大至每分钟五百功伦之救火抽水管及热力极大之锅炉等，无不备也。公司全部职员有西人四十四人（大都英人），华人八百余人。故其进行非常顺利。总工程司兼秘书胡特君 Mr. A. P. Wood 为任职已三十四年矣。

实业杂志 1920（34）

闸北水电公司之近况

上海商办闸北水电公司以承省厂之旧，接办闸北水电事业，年余以来，内困于旧厂之窳败，外感于时会之纷纭，积极进行，心力交瘁。外间不察，仍多责言。近将该公司水电两项改良建设情形，分别缕陈官厅如下：

（一）关于水务方面

（甲）旧厂概况

旧厂建设于前清末年。取源苏州河，实为水务根本病源。至于今日，交通愈繁，河身淤塞愈甚，开浚工程以该管机关限于经费，水源之不能畅达，既无可设法。而两岸工厂林立，所泄污水，均注河中，垃圾倾倒，亦难免舍远图近，水源之不能清洁，亦无从取缔。旧厂昼夜取汲于是，而欲得良好之清水，此事实上所不能者。故敝公司于规模狭小之旧厂，虽用种种方法，如改建沉淀池、翻清沙滤池、增加滤水机，以及疏通旧水管，另埋二十尺新水管一万三千余尺等工程，均已次第举办，亦竟收效甚微。盖水源既浊，旧厂又无扩充余地，其余补救均非根本之图。此敝公司整理年余之所得，舍改建新厂实无其他良策。

（乙）目前补救

新厂建设，预计非一二年不能全部工竣。依照闸北现状，每昼夜用水约五百余万加伦。故于新厂未曾建成以前，凡可以接通租界水之处，均接用租界水。虽敝公司损失甚巨，亦所不顾。其不能供给租界水者，则拟仿租界水公司办法，在厂内另凿深四百五十尺至六百尺以上之自流井两座，用电力抽水，每昼夜可出水一百四十余万加伦。考验结果，水甚清洁。惟工程颇大，迥非寻常自流井可比。刻正计划兴工，夏间必可告成。此目前补救之方与建造新水厂同时并进者。

（丙）建造新厂

新水厂之建造不可或缓。惟工程既巨，不能不循序而进。计一年以来，计划剪淞桥基地、制作厂房图样、订购水厂机件水管等，均已就绪。现二十六寸总水管三万五千余尺，已到十成之九。堆放剪淞桥及江湾一带、帮浦马达等各种重要机件，亦于五个月后可到。预计建造厂屋安放机器埋设水管等工程，如无意外阻碍，一年内可以全部工竣。水源取自黄浦，昼夜出水量自一千万加伦至二千万加伦，加以新式设备，自可清洁合用，充分供给。至日后地面发展，亦以预留出水至五千万加伦地步，似可无虑。惟工程中以埋水管一项最为繁重。现水管已到，而路线迄未全部勘定，以致各种零件如湾头凡而等无从计算订购。万一因此迟误，而令敝公司独受责难，实非敝公司之咎。此应请长官主持者也。

二、关于电务方面

（甲）继续馈电原因

闸北电汽馈自租界，责难者均为借口，实则非敝公司之过。敝公司于十三年九月一日接办，而租界馈电合同于是年七月一日即已期满，若不继续，闸北全部即有沦入黑暗之危险，故当时办理省厂之委员会，呈奉省署核准与租界磋商急需馈电。惟因交替在即，一切款目留待敝公司同意耳。故急需馈电为省厂经办，且限于时间，为无可避免之事，似不能归咎于敝公司也。

（乙）新厂之计划

经营完备之电气厂，非二年有余不能告成。盖国内既鲜合用之机器与材料，而工程尤有必经之程序，非可一蹴而及。犹忆五卅风潮，租界限止供电，敝公司曾邀集著名工程师计画自行发电，拟有三种办法，多方进行，均属实事上不能办到。月余经营，终归无效。现距租界馈电合同尚有三年有余，敝公司建造新电气厂计划业已着手，馈电合同届满以前，必能自建电厂，无须仰给外人，此可负责声明者。以上水电两项情形，略陈大要，必公司职责所在，不容稍懈。如荷派员查勘，俾明真相，并恳赞助进行，以利工程，地方蒙福，不仅敝公司之幸也云云。

河海周报 1926，14(7)

上海法租界法商水电公司

民国二十三年二月二十七日

绪言

上海法租界法商水电公司，位于上海法租吕班路附近之卢家湾。全厂发电设备均为提士尔引擎。首由该厂副经理 Mr. FAVARY 介绍，该厂工程师 Mr. Bedon 领导参观。

电厂设备

全厂共计 5200 伏脱、320 安培、250 转、50 周期、3000KVA 三相三线发电机二座，及 5200 伏、538 安培、125 转、50 周期、4850KVA 三相三线发电机六座；厉电机均为 110 伏、420 安培、42KVA(125 转六座及 250 转二座)。发动机乃瑞士苏而瑞厂出品，立式、四汽缸、两冲式，每分钟 125 转六座；及立式、四汽缸、两冲式，每分钟 250 转二座。均用冷气开车。自底脚至机顶约 20 余尺，可分三层管理。设备简单易懂，车油亦用得极少，除陪林及气缸之润滑部外，各种冷却部分均用 Cooling Water 代之。发动机上各种表类皆全。其余如出水、进水、回油、进油，重要机段均以凡耳或夸克管理之；燃烧柴油用高压力邦浦打入。燃料全部为 MASOT 柴油(法国货)，与我国现近用美孚油行之 Utility Fuel Oil 相近，其价每吨 250 佛朗，约合现今我国国币五十元左右。其气缸内外均用 Cooling Water 冷却之。机旁有大马达一只，用以打清气缸内陈气(因两冲式引擎，其陈气未完全被驱出气缸外)。发电机前有四只大旋转变流机，用以使交流变为直流而供给电车及蓄电池。变流机容量为 550 伏、633 安培、1000 转，每只约 350H.P.。机间外部有直立三根大铁管，用以使气缸内受热面回出之凉水，经过空气散热后，再用邦浦打入车中。因该厂用水甚巨，而且水路不便，难以维持，故用水不得不经济也。尚有打水邦浦间一，在机间左旁。机间外亦设备一水塔，容量约1000吨，平日不用，至必要时作短时间之备货也。其余如砂滤缸、柴油池、吊车、修理间等，设备均全。

配电板

石版间即在机间右楼上。电排甚多，均为分室，馈线复繁，一时难详。油开关共有十几只，排列整齐清洁。石版上每部发电机装有交直流电压、电流、电力、电度表及电力因数表、周期表、同期表等，各种表类均保藏在柜中，仅余一表面露出。并车法均由二部将并之车自动跳上。尚有电车上用电表，亦附属在旁一石板上，每路馈线均用电流、电压、电力、电度表，尚有熔丝及继电器等保护之。余指示式各种仪器外，各机各路总线及厂内自用，均有纪录曲线之装置。石版间背后为蓄电池室，室中充满硫酸气，容量为600安培小时。其余如自动跳动器、避雷器、变压器等，种类繁多，兹不赘述。

输电配电电压

输电电压为三相5200伏，低压550伏。直流电接电车，220伏供给电动机，110伏供给用户点灯。

发电容量

全厂发电容量为35000KVA，日间负荷约6000KW。开二部（一号四号）发电机，全厂最高负荷亦在10000KW以下。因法界工厂不多，大部为电厂水厂自用及电车用，近日全日发电约140000度。惟电力因数甚差，仅百分之七十（CosΦ0.70）。

管理制度

厂内管理工人全为法人。划分机械、电气二部，各有领班管理之。机械部分管车、修理及小工等，电气部分管石版、修理路线、管方棚及装表等。

该厂设备无甚特殊，惟高压中线不通地。现在机间后面建筑第九批大机间底脚，预备添二座8000KW提士引擎，也为瑞士苏而瑞厂出品。现已兴工，厂房底角将快完成，约今年秋季可以正式发电矣。

营业状况

该厂售电价目甚贵，电灯每度二角二分，电力每度自八分至六分，其折扣法不详。是故营业状况普佳，计 1933 年总共收入电费达 6247177 两（单位：银两），而其盈利为 3609710 两；电气用户为 30294 家，较之前年已增至 2129 家；去年全年耗电总量共 30645924 度。

该厂现已与上海电力公司及上海南市电气公司路线接通，在必要时借用上海电力公司之电达 6000KW，同时可以供给南市达 2000KW。

该厂现因银价日贬，去年收入折合法郎数反较前年为少，拟发公债 50000000 法郎以资补助。

水厂

水厂设在董家渡，未及参观。据调查所得，去年法租界用水之户为 7826 家，产水总量为 1688726 立方尺。

该厂办事处设在吕班路 281 号，离发电所尚近。著者与留法邱先生同往参观，荣该厂工程师殷勤招待，一一指导，惟时间短促，仅半小时，特将该厂情形略述如上。

新电界 1934，3（23）

上海闸北水电公司参观记

民国二十三年二月二十八日，沈在升

查闸北水电公司未成立新厂以前，向上海电灯公司购电转售，故营业状况普佳。自陆伯鸿、施肇曾二先生接办后，鉴于向人购电，终难永久维持，且沪上一旦有变化时，上海电力公司停止发电影响至巨是故于 1930 年 10 月，正式新厂告成。该厂位于引翔港菁贡路，紧畔黄浦江滨，规模伟大，组织精密。发电所装置斯哥达工厂制造 10000KW 两极，3000 转，50 周期，三相三线汽转发电机三座，及 500KW 两极，3000 转，50 周期，三相三线汽轮发电机一座，（为厂内自用）。锅炉间装有 800 平方尺热面积水管式锅炉二座，蒸气压力每平方 500 磅（500lbs/in），温度为摄氏 400 度，加煤法全部自动；用链式锅炉。其余如凝汽器，锅炉上一切设备清洁，电排各路分室。轮电压为 33000 伏，发电电压为 6600 伏及 3300 伏等，各路电排均用高压绝缘瓶子保护之，尤其特殊者，每间电排旁壁上均装置一开关，预备查看此路电排是否可以拉下（假使开关上的灯亮，可以拉下）。每路馈线，均设油开关一只管理之。石版上各种电表均全（参看法界水电公司）。惟布置法成一环形，中设一写字台。路线及各路馈线，配电站上一切电气情形在台上均用符号表明之。纪录曲线表更多，继电器设备甚周，有过度电压电流跳动器，有不足电压跳动器，过载跳动器等。继电器大部为感应式，也有反力，启路继电器等。厂内设备无甚特殊，在锅炉间有 CO_2meter。指出煤和空气在燃烧之成分，如该表指示在20%时，燃料程度最佳。又如进水表、汽轮中每分钟进水汀计、压力表等。设备中比较特殊者，为同期马达（Synchronous Motor）。使电力因数常保住一（KW=KVA），减少损失。

该厂日间负荷约8000KW，开第二号发电机，厂内自用不在内，另有500KW汽轮发电机供给之，夜间最高负荷约14000KW，平均每日发电约200000度，燃料全部为中兴煤，每日平均用140吨左右，每度电平均耗煤1.568磅，每吨价沪币14元，折合每度电发电成本仅0.094元，可谓经济极矣。

去年全年耗电量约70000000度，营业状况普佳，惟现在仍向上海电力公司购电达4000KW，售进每度三分，售出每度电灯一角八分，电力六分至四分，其折扣办法另定之；用户电压：电动机为350伏，电灯用200伏。

该厂输电路线，自发电所至箭松桥变压室，长六公里，有地下及架空二种，均为33000伏，惟地下电缆设备费较贵。

查该厂自二十一年春一二八沪战后，损失甚巨，闸北方面，杆线，变压器，总线及电表损失约500000元，江湾方面，杆线、变压器等及修复后人工不下120000元，又如阿瑞里房屋损失，营业上一切用具不下60000元，而营业方面损失约1000000，是故一时尚难恢复，负债甚大，但望今后营业发达，以恢复过去之损失，来发展我国民营电气事业之前途。（完）

新电界1934，3（23）

闸北水电公司概况

(一)简史

商办闸北水电股份有限公司创始于前清宣统二年，翌年正式成立。初为官商合办，民国三年四月收归省办，改称省立上海闸北水电厂。十二年秋，复由江苏省议会决议，改归商办。十一年八月四日正式创立，组织商办闸北水电公司，资本额初定国币四百万元。廿三年第一次增资至六百万元，廿四年第二次增资至七百万元，廿五年第三次增资至九百万元，至廿六年四月完全收足。

该公司经营给水发电，自归商办后，业务日佳。十四年最高负荷仅四千二百余基罗瓦特，十五年即增至六千三百余基罗瓦特。但其时售给用户之电，均购自前公共租界工部局电气处。民国十六年上海市公用局成立，认为此项购电办法有损利权，乃由该局督促该公司自行建厂发电。筹划经年，始于殷行区剪淞桥浦滨购地兴工，至十九年五月全部工程告竣，举行试验，同年十二月廿四日起正式发电。其主要设备有八百廿方公尺热水积水管式锅炉一座、一万基罗瓦特汽轮发电机一台、五百基罗瓦特厂用汽轮发电机一台及凝汽器唧水机等各种附属设备。其蒸汽之压力为四十大气压，温度为摄氏四百度，此项高压力高温度蒸汽之设备，在中国为首屈一指。廿年一·二八沪战时，该公司适处战区，所有厂屋及沿路杆线被毁甚多，损失惨重；至于给水方面，因水管埋在地下，影响尚微。战事平后，该公司以无力恢复，乃举行公司债二次，第一次计四百五十万元，第二次计一百五十万元。复业以后，业务日趋发达，年能获利。廿四年度全年水费收入一〇五六四六五元、水杂项收入五〇五四九元，电费收入四〇〇〇九〇二元、电杂项收入五六八三元，非营业收入一一六八四六元，共计收入五二三〇四四五元、纯益一三五六七八一元。廿五年度水费收入一〇三三一〇四.六七元、水杂项收入三二一六七.三〇元，电费收入四三一五〇七三元、电杂项收入五九五二一三元，共计收入五五一一三一二.七三元，纯益一三六四五七七.六〇元。

（二）战时情形

廿六年八一三沪战发生，该公司因又在战区，复遭第二度之浩劫。当战事未爆发以前，该公司即将北四川路阿瑞里总办事处撤退至旧特一区。水电两厂员工则于战事发生之翌日，绕道浦东安然退出。对于战区水电，分别商得美商上海电力公司及英商自来水公司之同意，设法接通，努力维持，以供前线国军需要。迨战事西移、本市沦陷后，敌方即侵占各同业资产，合并组织华中水电公司，就该公司总办事处原址设立总店及北部支店。而该公司在抗战八年之中，仅在古拔路五十五号设临时办事处作为通讯机构，职工完全遣散。数年来董事中先后逝世者达七人之多，原任总经理陆伯鸿及副经理刘瀚如亦相继凋谢，嗣经董事会聘请营业科长金翰斋君兼代副经理，主持战时一切事宜。

（三）接收复业经过

去年抗战胜利以后，该公司常董王子崧、施丙之、朱孔嘉等，会同甫由重庆返沪之董事陆子冬等，组织临时管理委员会，商讨接收复业计划。嗣于九月十七日开始会同当局接收敌方华中水电公司，至十月底完成。今年二月五日及四月廿九日先后举行敌伪产业处理局审议通知，将该公司电气与自来水两部分正式发还原主，自行经营。在该公司接收工作进行之际，常董王志崧等鉴于修复工程之重要，爰向四联总处借款二亿元，从事电厂之修理工作。再因前董事长病故，另推钱新之继任董事长。十一月廿四日复经董事会决议，取消临时管理委员会，改推陆子冬为总经理。至此行政机能乃恢复旧观。

该公司沦陷八年，资产损失綦重，一时尚难统计。因发电厂尚未修理告竣，故未能自行发电，复业以来，系向上海电力公司购电转售。依据其廿六年度一月一日至三十四年度营业报告，廿六年度实际营业仅七个多月，三十四年度自复业后至年底止亦仅三月有奇，合并计算，利益之部计水费收入三五一五六一三二．四四元，水杂项营业收入九二四〇四九．五四元，电费收入二四八九七三二四四．五一元，电杂项营业收入一三二九二四四．六〇元，非营业收入一三八五二九三．〇三元，停业期间各项收入一二二三四二二三．八四元；损失之部水务费用三七二〇二九一三．五一元，电务费用二二三一四六〇〇六．二九元，营业费用八八七七二八五．四二元，管理费用二〇五一五〇三四．六三元，停业期间各项费用三六五六八八六．一〇元，停业期间伪币换率损失六八〇四七六四．二一元，收支相抵，结亏二〇〇七〇二．二〇元。至于该公司所发两次公司债，业务停顿，无力偿还，未能按期还本付息，嗣于三十一年二月暨三十二年八月，商得经理发行银行同意，两次偿还本金百分之廿五，共一百〇二万元。复业以后，复商准经理发行银行，再按每票面额千元归还本金及衍期利息一千七百元，计共还本三百〇六万元，付息三百八十七万六千元，经于三十四年十二月三十一日如数送交四行沪会代为清偿，宣告结束。

（四）改选董监

该公司曾于六月九日下午三时，假座湖社举行第十四届股东常会，报告接收复业经过情形，并改选董监。结果选出钱新之、陆予冬、李馥荪、王子崧、施丙之、朱孔嘉、孙煜峰、浦心雅、刘聘三、李叔明、金翰斋、王兼士、顾丽江、竹森生、缪天行等十五人为董事，唐伯文、施博群、李济生、童仲周、潘仲麟等五人为监察人。临时动议又决定将来如有增资必要时，授权董事会相机办理。嗣由改选后首次董事会决议，互推钱新之为董事长，陆子冬、李馥荪、王子崧、荪煜峰为常务董事，并聘请陆子冬兼任总经理，王兼士为经理，陆鸿勋、金翰斋为副经理。公司内部组织分二室（机要室、秘书室）、四科（会计、庶务、电务、业务），业务科主任韩家熙，水厂厂长夏泰芬，电厂厂长汪业镕。七月七日下午一时，又在宁波同乡会举行股东临时会，讨论修改章程。

（五）资产负债情况

截至三十四年底止，资产之部，固定资产计二〇四八四九四七．七一元，内制水资产一八九五一九七．一三元，输水资产三二一〇一三八．一一元，用水资产四一九八六七．九九元，发电资产六八九一四六七．四八元，输电配电资产五五二二四一七．三四七，用电资产五四二三七一．五三元，业务资产二〇〇三四八八．一三元；流动资产计一九九一五二八三九．四六元，内现金一四二二四一一．〇三元，行庄存款三二二七三三二．一二元，应收票据三〇二八〇八二．五三元，应据账款一八五〇七四二七二．八五元，应收利息一〇五六．六四元，有价证券五五八二三．七八元，结存燃料九二一三一．三五元，其他存料六二五一七二九．一六元，杂项资产计三三七五三六一五．一八元，亏损二〇〇七〇二．二〇元，合计二五三五九二一〇四．五五元。负债之部，资本及公积计九四七四二〇〇．二二元，内实收资本九〇〇〇〇〇〇元，法定公积四三四四二八．四四元，保险酬恤公积三九七七一．七八元，长期负债（长期借款）一七五〇〇〇元，短期负债计二三五七八七八八二．六八元，内短期借款二〇〇〇〇〇〇元，行庄透支二八七八五〇九九．九六元，应付物料款八一五四六〇．一二元，其他应付借款一三八一〇九二〇一．二九元，存入保证金六五五四四二六六元，存款三二二八六六．八三元，应付利息一七一四二〇．四五元，应付股息三九五六一．〇三元，杂项负债计八一五五〇二一．六五元，内折旧准备三八六二四五三．二一元，呆账准备一七一六二五．八七元，证券跌价准备一一〇八〇元，汇兑损失准备五〇〇〇〇元，暂收款项四〇二九八六二．五七元，存出保证金代用品三〇〇〇〇元，合计二五三五九二一〇四．五五元。

征信所报 1946（120）

上海之电信事业

——四月廿七日在大中华广播电台演讲稿

郁秉坚

诸位，今天本人承申报之邀，得和诸位在空气中作数十分钟之谈话，确是非常荣幸的事。本人服务电信界，虽有廿年的历史，可是没有多大的成绩，深觉汗颜。今天要向诸位报告和检讨的，就是上海的电信事业。本人所讲的以交通部所经营为对象，为讲述的方便起见，可以分做四个时期来说，就是萌芽、发展、抗战和复兴时期。

一、萌芽时期

约距今七十六年前，在前清同治十年，丹麦商大北电报公司的海底电报线，从香港、厦门，通到上海，开局营业，起初只收洋文电报，后来就创编四字号码华文电报，这是上海有电信事业的笔始。同时英商大东水线公司，海底电缆，也从香港通到上海。

光绪六年（1880年）北洋通商大臣直隶总督李鸿章奏准开办天津向上海的电报，成立电报局，于是上海有国营的电报事业。

光绪七年（1881年）英商瑞记洋行，在前英租界内创设一个市内电话的公司，到1901向租界当局正式订立专营合约，这就是当时的华洋德律风公司，现在上海电话公司的前身。到光绪三十二年（1906）年，上海电报局奉命兼办上海南市何闸北的市内电话，设立上海电话局，这是市内电话国营的开端。

光绪廿九年美商太平洋公司把海底电缆从菲列滨群岛的马尼拉，经宝山通到上海，设局收发电报。光绪三十年德国也由耶普岛（Yap Island），敷设水线到上海，民国二年日本也加设上海长崎间水线，从此上海的国际通讯都掌握在外人的手中。

光绪三十四年上海崇明间，开始无线电报报的通报；宣统元年上海海岸又开创和船舶间的电报；民国三年又有吴淞无线电报局之设立，开辟上海无线电讯的先河。到了民国十一年，上海就有第一座无线电广播电台。

二、发展时期

在国民政府刚奠都南京的时候，在民国十六年，交通部在上海设立电政总局，十七年后归并到电政司里，将上海电报局列入特等局，并且开办沪宁间的长途电话。从此在有线电讯方面，力求改进。增辟报路，改用半自动及自动的电报机件；扩充话局，采用司端乔制步进式自动电话；开办长途电话，沪宁沪杭间设置水准较高的线路，采用增音制度及载波机件等。

在抗战的前夕，话报业务，极为发达。计每月来报120000次，去报165000次，转报72000次。市内电话各局机键容量5750门，内南市、闸北市中心龙华局自动机容量共4950门，在浦东有共电人接座600门，吴淞真茹闵行等地磁石式人接座共200门。当时每日通话次数64000余次，半数左右系与租界内上海电话公司之话务。长途电话与江苏省各地通话约50余处，浙江以及其他各省县70余处。话务极为繁忙，每年长途通话次数，去话约113000次，来话160000次。

在国民革命军节节推进的期间，因为短波无线电之装设灵便，传讯达远，在民国十七年时，首由国民政府建设委员会在上海设立无线电机制造厂，相继设立无线电台和国内各大商埠通报，并开办国际无线电报。同时交通部也于十八年在上海设立无线电管理处，以上海作为中心，对国内成立各处短波线路，以辅助有线电报。嗣建设委员会将所经营的无线电事业，转移于交通部，并于民国十五年对国际成立国际无线电信局，和英美法德等国陆续通报。在民国廿三年，有无线电业务始行合并，更收互相扶掖之效。

因为国际无线电讯之开办，而国际通讯得以自主，不必仰仗外人开办的水线，于是水线的营业权也得以顺利收回。我国派员驻在各该公司主持收发，并向我政府缴纳营业的报酬金。在民国廿四廿又开办上海和国外及汉口、广州的无线电话。

三、抗战时期

自民国廿六年抗战军兴，上海电信的重要机构，也从事撤退。事先各该局台曾将重要机件，移迁旧法租界内，将电报局电话局国际电台和大东方北太平洋水线电报收发处，合并为上海报话局台保管处。本人奉交通部之命，在上海主持，率领少数员工，开始秘密通信工作，并按日报告敌情。

在民国廿七年间，曾秘密联络美商，创设美商通讯社，以与后方各城市传运电报。又开办环球无线电报公司和新闻无线电报公司，和欧美各国间联络电讯。使敌伪暴行，得呈现于后方与国外人士之前，而每月收入，裨益国库，尤其余事。

即至民国三十年冬，太平洋战事爆发，敌人侵入旧租界，上项事业，又被侵夺。但少数电信人员，仍继续在上海冒险从事地下工作，行止无定，食宿无常。本人曾两度被捕，工作人员被捕的也十余人，通讯电台虽屡被破坏，但随毁随设，通讯从未间断。

四、复兴时期

三十四年七月，本人奉命将保管处改组为江苏省江南区电信规复处，借为响应盟军在我国登陆时规复电信的准备。正联络间，敌人乞降，于八月奉命改组成立京沪区电信接收委员会，接收上海日伪的电信机构，并在胜利还没有完全明朗以前，沟通上海和后方及盟邦间的电信。先后接收日伪合办伪华中电气通信公司及其所属各局台等，予以整理，一面维持原有的通信工作，一面逐步加以加强和改善。在三十四年十一月上海电信局才正式成立，三十五年二月和国际电台分立，初步整理的工作，才告一段落。

胜利到现在快一年半了，在这初步建设的时期内，因机件的简陋，材料的缺乏，运输的困难，人才的不足，在在感觉困难。在这艰难的环境中，经我电信同人之努力，目前从上海到各重要城市间的有线无线报话，多已先后开放，国际无线电话，也在试通之中，现在的电信速度，确较刚接收时进步多多，是可所向诸位告慰的。在这一年半来，上海电信局工作的重心，多在电信的通畅速三点上用功夫，未通的求其通，既通的求其畅，既畅的求其速。现在将这一年半来的发展，分做五项简略地分述一下。

(1)电报业务方面的。当初接收的时候，有无线电报只有不足20处可以通达，收发次数每日不过1100次，经陆续增添路线，修整机件以后，现在来去电报每月平均448934次，较战前显有增加。

在电报方面已经实行的有：(1)京沪间特快电报的开放，从三十五年八月一日起实行，规定自发报人交入报局时起，到送达收报人止，不得超越三小时，否则发报人得要求退还特快专送费。自实行以来，统计所需时间，最快的不过2分钟，最慢的也没有超越一小时。(2)采用机动自行车投送电报。(3)增设分营业处。(4)代译来报。(5)电话收发电报。正在筹划而即将实行的有：(1)开辟北平、沈阳、西安等地的无线电报。(2)在京沪间改用最新式打字电报。(3)陆续开放杭州、宁波、苏州、镇江、无锡、天津等地的特快电报。(4)在京沪特快车中派员接收京沪两地电报等。

(2)电话业务方面的—在刚接收的时候，市内电话有虹口、闸北、市中心、南市四局，原有用户，多系日侨。在日侨集中遣散拆除电话时，各局用户锐减。后以虹口、南市渐趋复兴，机关纷纷成立，电话需要日增，装设不得不加以限制。目前除移装一部分机件至南京外，并将闸北虹口两局合并，计有自动机虹口局(首字6)2600门，南市(7)2000门，市中心(5)600门，共电式接线台龙华(75)120门，浦东(74)180门；磁石式真茹(64)50门，吴淞(65)50门，闵行30门。

长途电话，在初接收时，只有南京苏州等19处通话，每月通话次数约三万余次。经整顿扩充以后，现在有线电话计通78处，无线电话6处，每月来去次数平均147860次。

在这一方面改进的，有市内公用电话之普遍增设，如飞机场、轮埠、车站、公园等，以及京沪长途电话话务之疏通与线路之增加等，以后并拟在京沪特快车中收发京沪两地的电话。

（3）报话机件方面的。在有无线电报房里，接收来的机件陈旧不堪，键盘钻孔机、打字机等多系日文，不能适用。经陆续配置并修改旧机后，现有完整的自动快机 17 部，有线电人工机 5 部。在有线电调整室里，有 12 路载波报机一部，因接收时业已损坏，现用 6 部，最近又加装 4 路载波报机一部，专对南京通报。

无线电主要发讯台设在南翔，计有 1000 瓦发射机八具，500 瓦 4 具，定向天线 17 付，非定向天线 15 付。主要收讯台现已改设于闸北之育婴堂路，装有超外差式收讯机 12 部，定向与非定向天线 16 付。其供自动快机用的分集式收讯机，暂设在刘行的国际电台内。其他在建国西路及虹口士庆路有发讯支台，各备发射机 5 座。

长途电话在接收时，有单路载波机 1 座（对无锡），三路载波机 5 座（对南京 3、对杭州 2），六路载波机 1 座（对南京），现已增设单路载波机 1 座（对镇江），三路载波机 2 座（南京及无锡），长途交换台也由 10 席增至 12 席。又因京沪间长途电话特别繁忙，目前虽已有载波 18 路，仍旧不敷应用。去年又接收美军的超短波无锡电载波线路，在京沪各有四路载波机一座，其电能的传递，全靠超短波替续站的接替，现有昆山、无锡、吕城及镇江四个替续站。此项设备，在我国尚属创举，音量既宏，不受气候影响，经济可靠，是目前最完美的长途电话设备。

（4）训练人才方面的。电信事业的管理与运用，必须有技术的人才，而这种专门技术人才，又非须特殊的训练不为功。在战前曾有电报学堂，电报传习所，电信学校之设立，到民国廿二年秋停办时止，造就电信人员不下三千余人。到三十四年底，就伪电信学院原址，才又开办电信人员训练所，分话务员，报务员及技术员三班，为期一年，分发各局台从事实地工作。

并由善后救济总署聘请来华协助我国电信发展之自动电话工程师三人，主持自动电话技术员训练班，专授大学毕业生以自动电话之技术。又由善后救总署派来之电缆专家一人，主持线佐训练班，训练电缆之焊接及施放技术。

（5）电政管理方面的。关于上海方面电信行政的管理，遵照交通部的命令，核发无线电讯器材的进口证和转口证，接收专用的台，取缔私设电台，并整理上海的无线电广播电台。关于广播电台的整理，本人愿意特别提出来报告的。

我国民营广播电台，创始于民国十九年，当时美商开络公司的电台停止播音后，民间对于广播的兴趣，很为浓厚，广播电台也纷纷设立。在抗战时期有几家停止播音，其他虽继续播音，而免起鹘落，变化无常，背景异常复杂。在抗战胜利以后，旧台既谋复业，而新设电台又如雨后春笋，在三十五年三月间，计共登记108家之多。以上海一隅之地，怎能容纳这么许多电台，而况其中一部分设备简陋，干扰极大，因而空中秩序，显得异常的混乱。

经交通部公布民营广播设置规则及整理上海民营电台初步办法以后，上海电信局就会同淞沪警备司令部及上海市警察局会同执行。这次整理的目的在：（1）管理空中秩序，以免扰乱无线电通信；（2）调节物力使不致集中一地，而可分布到内地去；（3）淘汰设备陋劣的电台，以免影响其他电台；（4）收回广播事业之主权使不受外人侵越。

自登记以后，就派员调查各台设备，依照设备的优劣，分为ABB-CD五级。其列入AB及B-各级电台十八家，核准参加联合播音，每二台或三台合用一个频率，轮流播音，其没有核准的电台勒令停播。初步整理以后，空中秩序大为改善，但仍有少数电台还在擅自继续播音。今后除对于已核准的电台，注意其机件波幅之调整外，对于未核准而擅自播音的电台，将执行进一步的取缔。希望今后上海的广播事业能纳入正轨，尽其宣扬文化，报导时事，寓教育于娱乐的神圣的使命。

还有两点也要附带报告的，一点是电话使用的节约。电话机线有固定的容量，在此机线还没有充足的时候，对于市内的长途电话之使用，实应力求节约。希望用户方面，（1）不要因价廉而滥用，（2）不要辗转传呼以致耽延时间，（3）尽量避免冗长的谈话，（4）不要多用特快或加急电话以免拥挤而反失效用。

一点是关于传真电报的，传真电报的优点在于：（1）随传随到非常迅速，（2）字迹逼真无假冒之弊，（3）对于交际应用可收情文并茂之效，（4）在规定的发报纸上，可以随便写多少字非常经济。在京沪传真电报开放以后，使用的无不称便，以后希望市民们能尽量利用这种新的传讯方法。

末了，我们要和诸位谈的，就是电信事业以服务民众为目标，和社会的发展有重大的关系。现在我国电信事业，正向着复兴建设大道迈进，可是距离我们的理想还远得很。第一希望政府对于电信事业，务求标准兼施，除尽大推进业务外，对于机件线路，尽量扩充，对于职工待遇，公平提高。第二希望社会贤达，交通先进，时常督导我们。更希望电信的用户们，也可说每个民众，随时贡献意见，指示我们应当改进的地方，用群众的力量来推动这电信事业，使其发扬而光大。

电世界 1947，1（11）

币制改革后的上海公用事业

席德鏕

公用事业是市民日常生活所必需，且关系都市之繁荣甚大，办得好对市民造福，办不好对市民造祸。总理孙先生曾说："民生主义的终极目的，就是节制私人资本，发达国家资本。"又说："凡有独占性的企业，应归国家经营。"公用事业就是有独占性的企业，依总理的理论，应归国家办理，使其不致有不顾民生、专饱私囊之弊，而能真正替市民造福。大之如铁路、邮电等，都属公用事业范围，早由国家所经营，小之如电灯、电话等，在内地有好多电灯厂，都曾由资源委员会会同地方政府合办的，市区电话，亦都由交通部经营的。此种事业由国家经营以后，既可使市民不致受私人之剥削、增重负担，又可防止官商勾结、殃及无辜！

在上海所谓六大公用事业者（连渡轮、小火车共为八大公用事业），如电灯、电话、电车、公共汽车、自来水、煤气等，概括言之，无一不与市民日常生活有密切关系。严格些说，其关系密度，仅稍有参差而已。譬如大户人家，有的是自备车辆，可以代步，对电车、公共汽车发生的关系比较疏远，而对电话、煤气之类则又比较密切；反之小户人家，因无自备车辆，出入非赖电车或公共汽车不可，而对装有煤气、电话等设备之高等住宅，他们亦就无力享受，因之对煤气、电话之关系亦就比较疏远了！这是在贫富方面对公用事业应用的分界。此外如自来水、电灯等，那就无分贫富，一例都不能或缺，因之此两项公用事业，就较其他事业更为重要。譬如说，自来水除供给市民饮水外，尚有消防的功效；电灯除供给市民取亮外，尚有防盗的作用，换言之，如果没有了自来水，一遇火警，势将任其燎原而无法灌救，其后果即有不堪设想者；没有了电灯，盗匪即可潜入滋扰，治安必又受其威胁。像南市一带，以往时有断电影响治安之先例，再如平民区没有自来水的一带，市民饮水，只有仰赖水井，因井水终无自来水洁净，就致成为传染疫疠的媒介，此对市民之卫生安危则又发生莫大之关系；没有电灯的棚户所在，虽然不会吸引盗匪的觊觎滋扰，但不用电灯改用油灯之后，又往往增加了火警的纪录。

诸如此类的推断，公用事业对市民们关系该是多么的密切，所以孙总理主张应归国家来经营，免得被私人所垄断。若果需私人办理时，则必须有远大眼光、雄厚资力、有替社会服务的崇高道德的企业家来办，并严格规定其最高利润，这样方可为市民造福，而不致以豪夺为目的了！然而在上海，所谓六大公用事业者，除由地方政府及华商举办一部分外，其余部都由外商经营。过去在租界时代，此等公用事业公司托庇于外人统治势力范围，而以强取豪夺为目的的，显与为社会谋福利的旨趣相背。综观此等公司中所雇洋员，除所支待遇与华工相差霄壤之外，其他尚有回国旅费、汽车公寓等供应，都由公司开支。最近报载，尚有一部分洋员月薪以美金计算，折合法币月支百余亿元者，诚足骇人听闻，试问不是豪夺是什么呢？今天已与租界时代不同了！而市政当局竟仍承认其成例，罔顾小民生计，核定较高之价格，无怪引起全民之反感！

吴市长虽力言，当局核定公用事业之价格，是基于顾及公司开支与市民负担作出发点。这话从表面看似乎很有理，其实还是颇堪玩味的。何以故？因为公司到了能够满足其无尽量的开支之时，市民即有无法负担之苦，反之，如市民觉得尚能负担较低之费用时，则公司方面必又扬言无法维持了！两者既不能并行不悖，所以在核定价格里之时，又似乎颇费思索，因之主管当局想了一个聪明方法，就是以分级计算作为标准，即多用多付、少用少付为原则。其实这原则亦仅似掩耳盗铃，实际上并不见得合理的。举例言之，像电灯，大凡大户人家，恒多一宅居住一户，所以用电当较一宅居住数户者为少。事实上，一宅居住一户者，即使多负担一些电费，还是不在乎的；而一宅居住十数户的，不但全是小民，无力负担累进的电费，反增加不少莫须有的争吵。所以有人主张，应该按灯头核定等级，不能笼统盲目的概括计费，这的确极合事实的方法。其次像电话，八月份的新价，当局原核定最高级者每次达三十二万元之巨，试问此种新价是否根据其实际成本所核定？如果其成本每次确需三十二万元之多者，则少于此数之话费，岂非等于奉送？如果新价之核定，基于电话公司每月总次数平均核算而核定者，似乎又应该以次数愈多，收费愈少为合理，借以减轻大户用户之负担，因为享有电话设备者，上文已说过，大都是富户，小民向来是无力享受的。既是富户，要他多化一些话费，是不生问题的，而真正大户用户，如工厂、商店、公司等，每天需用量极多，但多系为本身营业而应用，新价核定过高之后，直接影响了他们的开支，间接就刺激了物价的上涨。这样核定的新价，岂与事实能接近！

总之，公用事业的价格，在核定时必需以事实为核心，切忌像书生论政似的，只讲理论而抹煞事实。既不是专顾公司开支，又不是专顾市民负担，而是在于一面将公司开支先作一详窍的审核，何者系不急之需，何者系属浮滥支出，这样先使公司方面的开支先行抑低，而对直接成本，如材料燃油等，在原则上尽量协助其减轻，使实际成本核定至最低限度；一面在市民方面，必需先调查其家庭环境，何者是富户，何者是贫户，何者是中产阶级，何者是薪工阶级，这样分等纳费，自较分级纳费为合理，而能切合社会化、大众化！

公用事业既不能一天中断，则其最低之成本亦必须设法维持。目前在中央，既不能实行贴补政策，则公用事业的价格，亦就不能有较长时间之考虑，以免耽误时效。笔者认为不妨先生在救济特捐项下，暂时垫给一部分，将来从各级机关欠资项下收回，如此则公司方面，可不致将欠资损失转嫁于无辜，又可不因调查审核费时，而影响其周转。这样两者都可兼顾，然后可望一劳永逸，使公用事业价格能获一新的计算公式。

自从参议会代表民意提出反对新价之后，经市政当局竭力劝导，并协助获得贷款为交换条件，已为公司方面所接受，答允核减，大约照新价打八折至五折。惟这次核减是暂时的，不能视作先例，故从九月份起又将遭逢新困难。正于此时，改革币制宣告实行，任何劳务及物品价格均限以八月十九日之价格为准折合金圆计算(每圆合法币叁百万元)，不得借故高抬，使民众有苏息之机。此举实不能不说是政府与民更始的莫大德政，惟依整理财政及加强管制经济办法第十五条之规定："各种公用交通事业，除国营者按第三条之规定调整外，民营者应参照第三条之规定及实际成本，经主管官署核定后，改收金圆，以后非有特殊原因，不得准其加价。"按第三条之规定："国营公用及交通事业之收费，低于战前标准者，准参照战前标准调整之，以期自给，其由国库贴补者，应以受军事破坏之地区为限。"综观以上两条，关于公用事业之价格，如经以八月十九日之价格，以法定比率折合金圆后，其金圆价格低于战前标准者自可准其调整至战前标准。故最近传闻，如邮政、电报等，无关计议整中。如邮政而论，现行平信，每重二十公分收费一万五千元，若依法定比率折合金圆后则为五厘，故有调整至战前标准，每二十公分收费五分之议，再此五分又系战前之银洋，现依官定价每银圆一元合金圆两元折算，则战前之五分应调整为现在之一角，如此则将增加至十倍或二十倍之谱。再如以电灯而论，现行以扯价，每度约十七万七千六百元计算，依官定比率折合金圆则每度仅合五分九厘左右，似尚未达到战前之标准。电话亦然，现行以扯价每次约十七万五千七百元计算，依官定比率折合金圆则每次仅合五分八厘左右。其他自来水、电车等，都是类似的情形。如果依整理财政及加强管制经济办法第三条及第十五条之规定，准其调整至战前标准时，则市民是否负担得了，确是一大严重问题！因为市民的薪工收入，受同法第十八、十九、廿一、廿二各条之规定，不但不及战前之标准，甚至较战前标准为低。今者若以不及战前标准之收入，负荷战前标准之开支，在公用事业必需顾及市民负担的前提下，实在应该审慎考虑的。若主管当局仍以一贯的作风，以削足适履的办法，擅自核定一比照战前标准之新价时，那真辜负了此番参议会要求核减新价的一番盛意了！

钱业月报 1948，19(9)

服务环境

上海拟设商务局及华洋官报禀批

南洋大臣刘批上海道禀拟设商务局及华洋官报请示一案：自今中国商务，敝疲已极，商情散漫，各不相顾，欲求振兴，非由官体察、劝导、董戒、调护不可。是以前次宁苏沪各设商务局，派委该系道等分投经理，则此意也。事当极疲难返之际，尤须切实整顿。今沪上商务，该道事繁，势难兼顾，自应派委专员，设局会督，考察讨论，以求实效。既经设局，委员经费自不能省。沪上华人所设报馆虽多，均系汉文。洋人所阅，皆系洋报，是以沪上西报遇事，得以独逞其私，无不抑中扬外，既为观听所系，即淆乱黑白。今该道拟另设西文日报，兼附华日报，招商承办，官给津贴，以助其成。论说务主公平，俾中外均得购阅，既可辩证是非，兼使内地绅民，亦可通知时事。察核所陈两事，皆为要图，应委商务之员，必须情性相符，办事机诚，即由该道遴举，听候檄委，承办官报。或令唐李两员与设，或另招殷实之商，亦即由该道就近访察，总以办事稳练为要。所请酌给两事津贴公费及行销报纸各节，候咨商总理衙门核办，见复再行饬遵。仰即遵照，妥为商办，仍候抚部院批示缴。

蜀学报 1898，9

上海火灾报警章程

上海公共租界与法租界西商救火会新订火灾报警章程，照录如下：

如遇火警，由钟楼先鸣警钟三十秒后，每十秒鸣钟一次，并于日间悬旗，晚间挂灯。

第一段，美租界，由外大桥沿西华德路闵行路吴淞路之东，鸣钟一下。

第二段，美租界，即在第一段之西，鸣钟二下。凡在以上第一、第二段境地，日悬美旗，晚挂红灯。

第三段，英租界，在苏州河南京路之中间境地，鸣钟三下。

第四段，英租界，在南京路洋泾浜之中间境地，鸣钟四下。凡以上第三、第四段境地，日悬英旗，晚挂红绿灯各一盏。

第五段，法租界，在新街以东境地，鸣钟五下。

第六段，法租界，在新街以西境地，鸣钟六下。凡在以上第五、第六段境地，日悬法旗，晚挂绿灯。

第七段，公共租界，在泥城桥浜以西，鸣钟七下，日悬英旗，并加红旒，晚挂白灯两盏。

第八段，浦东境地及黄浦中船只，鸣钟八下，日悬中国旗，晚挂红灯两盏。浦东海关望台，如遇以上各段火警，亦照此章程悬旗挂灯，惟于旗上加红旒一条，以示与寻常在沪旗号不同。而在第八段火警，则于靠近火灾处之横杆上，日间再挂中国旗一面，晚间以红灯代之。

以上章程已于西历正月一号即华历十一月十四日施行。

北洋官报 1903(195)

上海市政厅征收广告税章程

第一条　广告税为地方税之一，本公所于城区域内有征收此项广告税之权。

第二条　凡越出自己地位，使人注目而感觉者，无论为纸为板为标记，或活动或不活动，向所称招纸及告白布告等类，均作为广告(其商家之招牌陈列，或张布于自己地位者，不以广告论)。

第三条　凡欲张贴广告于城区域内者，须赴本公所购领税票。

第四条　凡广告纸长营造尺二尺以内，宽营造尺一尺以内者，每百张纳税银五角，其长至二尺外三尺内，宽至一尺外一尺五寸内者，每百张纳税银一元(按，营造尺一尺合英尺一尺四分弱)。

第五条　凡特别之广告，如用木板铅皮等类，长宽尺寸不逾第四条之限者，每月每张每方尺纳税银一角，其尺寸逾第四条之限者，每月每张每方尺纳税银二角，仍以五十方尺为限。

第六条　凡欲张贴广告者，须先将广告样张呈验，得本公所之允可。

第七条　凡广告税票须黏附于广告上。

第八条　凡张贴广告，本公所只问广告税其张贴处屋主允许与否，应自行交涉，如屋主钉有不许招贴字样者，即为不允之证据。

第九条　凡不遵以上各条所规定，擅行张贴广告者，当视该广告应纳之税额加倍科罚。

凡学堂、善堂以及事关以益各项张贴广告于城区域内者免纳税银。

第十条　凡广告之有碍治安或风化者均禁止其张贴。

第十一条　凡未尽事宜由本公所随时增订。

附条　广告场纳税法另有专章。

警务丛报 1912，1(25)

上海商标登录分处之任务

沧　水

农商部前设商标登录筹备处，兹并拟设上海分处。现已派员向税务司接洽，定期接收案卷档册。俟接收完竣，海关挂号即行截止，以后所有中外各商之商标挂号事宜概由上海分处管理。其简章七条如左：

第一条　上海商标登录筹备分处隶属于农商部分，任筹备商标登录事宜。

第二条　上海分处设处长一人，承长官之命处理分处一切事务。

第三条　上海分处职务分为二股，办理分掌核转、整理、保管、译述、图绘、调查、交涉并其他事项。

第四条　上海分处设股长二人，股员若干人。

第五条　上海分处处长股长由农商总长遴选部员派充，股员由分处长遴选呈请派充。

第六条　上海分处雇员拟照商标登录筹备处雇员规则办理。

第七条　本简章自公布日施行。

查商标注册事项，前清农工商部因光绪二十八年修订之通商条约关系，由津、沪两关附设挂号分局。当时农工商部所以定由海关管理者，实因英约第七款订有南北洋设立注册局归海关管理等语之故，因此关于商标注册事务均由津、沪两关暂行兼管。当民国二年一月二十五日，工商部以商字三十三号公函致财政部，拟将商标挂号分局仍由沪关暂行兼管。函中曾述及暂由财政部特别委任，令其暂行兼管，俟工商部专局开办后再行接收云云。其时农林与工商两部尚未合并，已即有筹设商标注册专处之拟议。何期事隔十年，今方旧事重提！吾人回溯往昔，希望此次成为事实，莫再游移也。

今天者上海设立分处固为必要，但商标法及注册规则尤应亟为编订。回忆民国二年二月二十四日工商部致外交部函（商字七十号）内云查商标注册一事，须将章程详细拟订，经由外交部核转，与各国驻使磋商订后方能开办。前清农工商部因条约关系，曾定沪、津两关为挂号分局，所有从前由海关报部存案者均系挂号，并非注册云云。观此则此次所谓商标登录，是否系为注册乎？又或仍系挂号乎？按登录之名词，系仿照日本。但今日吾国所谓登录之性质，其于注册与挂号之辨别界限，正有研究之余地也。

今上海分处简章业已公布。其所定进行程序，观其办法，可言为三：（一）如在沪设立机关；（二）如向税司接收案卷档册；（三）如俟前两项办理妥洽，以后所有商标挂号事宜，即径由分处直接管理，同时海关挂号即行停止。观于进行程序，果能确实办理，则本届所拟举办之商标登录事项或者可以期望其早观厥成乎？又查简章第三条，分处职务有设立两股，分掌核转、整理、保管、译述、图绘、调查、交涉并其他事项。吾人希望上海分处能将业已呈报挂号之商标，编具图式与文字，以作成样本或说明书，订印成册，以备商家之查览。目今上海所最引为憾事者，则各商家当制定商标之际，其所拟样式，往往易与他处不谋而同。此实无从考查之缺陷，且易引起种种无谓之争执。值此上海分处设立伊始，亟应注意及之也。

商标之作用，所以表示自己所出之商品，以区别于他人之商品，而以图画或文字，俾为表示之用也。前者尚有提议设立国际商标法会议，以制定国际商标法，俾为各国之准据。盖非但同在一国之内，甲所注册之商标，他人不得有假冒模仿与影射之等项情事，即各国相互之间，在此国所注册之商标，彼国亦有共同保护之责任。因此外国人在本国所注册之商标，其效力固及于本国，即本国人在外国所注册之商标，其效力亦适用于本国。所惜吾国对于商标注册一事，诸多昧于事理。官厅既未绳之以法律，商家亦多视之为具文。因此假冒商标以及冒牌影射等事，时有所闻。既妨碍商业之发达，复影响国际之信用。此所希望于农商当局，应注意其事，莫以此种事项视为闲散机关也。

考吾国与列邦订立商约以来，如中英通商航海条约第七条、中美通商航海条约第九第十两条、中日通商航海条约第五条，以上各项条约，均皆规定商标保护之明文。前清商部爰于光绪三十年公布商标注册试办章程及施行细则，因编订诸多未当，不免窒碍难行，叠由各国提出抗议，因此故未实行。至于侨华外人因预防商标权之侵害，而以各自保护国民之利益为目的，乃订立商标相互保护条约。如美日两国系于一千九百零四年四月双方签字，其内容分为两种协约，关于吾国者计有八条。吾人所引为叹息者，则外国之商标，吾国不能保护之，至劳外国自订互相保护之条约，已属遗憾。甚至吾国商人之商标，吾国政府不能保护之，反向外国请求注册商标，俾资保护。此实影响于工商事业之进步者也。

吾人对于上海商标登录分处，有两种希望。第一，应力求便利。当仿照德国旧商标条例第十条及丹麦商标条例第三条之所规定，凡注册挂号等事，得由邮局呈报一切文件，力避承转收发之官样文章。庶几手续简捷，较便于商民及附近上海之各埠商家。第二，俟办有成效之后，进一步再加入国际商标同盟条约。因前清商标注册试办章程，其于本国之工商事业及制品，以言保护条文，固未可厚非，但欲使吾国人在外国之商标受其他各国同等之保护，则自非加入联盟不可。首先应对于旅华各国人在吾国所使用之商标加以切实之保护，方足以引起友邦之好感，俾为加入国际商标同盟条约之余地也。

银行周报 1922，6(37)

上海特别市商业注册暂行规则

第一章 通 则

第一条 上海特别市之商业注册，以本市政府农工商局为注册所，由农工商局长主管之。

第二条 注册所自当事人呈请之日起，应于七日内将注册事务办理完竣，发给执照，并行公告。但有特别情事时得延长之。前项所定之公告，应于农工商局前张贴示论之处揭示三日以上，并登载于市政府公报。

第三条 当事人之呈请，查有违反法令，注册所应令更正始行注册。注册所处理注册事务违反法令时，得由事请人或利害关系人详具理由证据，呈请市长核办。

第四条 当事人于注册后觉察其注册事项有错误或遗漏呈请更正时，注册所应即更正之。

第五条 注册所对于应注册事项之注册及其变更或消灭之注册，非有当事人呈请或官厅知照，不得为之。

第六条 有呈请注册事项，并无变更或别无其他事项，注册所对于该呈请事件，应核给印文证明之。

第七条 凡呈请注册者，应具呈请书载明左列各款，由呈请人或其代理人签印：

(一)呈请人姓名住址；(二)由代理人呈请者其姓名住址；(三)注册之目的及其事项；(四)注册费及公费银数；(五)注册所；(六)年月日。

凡由代理人呈请者，应加具代理之委托书。

第八条 注册所应备置左列各种注册簿：

一、商号注册簿；二、经理人注册簿；三、未满二十岁者营业注册簿；四、法定代理人营业注册簿。

各种注册簿依后列第一号至第四号格式编订之，并应依第五号格式各附一简目簿。

第九条　注册簿及注册文件，得由当事人或利害关系人叙明事由，声请查阅或抄录。但每次工商号之注册事项与有关系者为限。

第十条　注册簿除因紧急事变外，不得携出注册所。但注册之呈请及附属文件有官厅调取者不在此限。

第十一条　因商号本店之设立呈请注册者，每一商号应缴注册费银三元。因其他事项呈请注册者，每件应缴注册费银一元。商号本店设立之注册，除照缴注册费外，每一商号同时应缴公费银二元。其他事项之注册，每件同时应缴公费银一元。

第十二条　查阅注册簿及注册文件，每次应缴查阅费银五角。如需抄录者，每千字应缴抄录费银三角。

第十三条　同号本店或支店呈请注册时，须具已经注册商店或殷实商店二家以上之保证。

第二章　注册时呈请办法

第十四条　以商号本店或支店之设立为目的呈请注册者，呈请书中应载明之注册事项如左：

一、商号；

二、营业；

三、本店及支店所在地；

四、行用商号者之姓名住址；

五、设立年月日。

以其他事项为目的，呈请注册时，以该事项所应详确叙明者为注册事项。

第十五条　凡承顶已注册商号呈请注册者，应加具证明其资格之文件或转让之契约。

第十六条　商号变更或废止时，当事人应即呈请注册。前项呈请由其继承人或法定代理人为之者，应加具证明其资格之文件。

第十七条　依《商人通例》第二十五条第一项规定，呈请注销商号者，应详确明其利害关系之事由。注册所向原注册人催告时所定期限，得就三日以上一个月以下酌定之。其无从通知者，应依注册公告之方法为之公告。

第十八条　依《商人通例施行细则》第九条第一项之规定，以与他人所已注册相同之商号呈请注册者，应加具证明该商号于商人通例施行前已用之文件。

第十九条　未满二十岁者自营商业呈请注册时，应加具已得法定代理人允许之证明书，或与其法定代理人联名呈请之。法定代理人撤销或限制其允许时，应即呈请注册。营商业之未满二十岁者，因死亡而其注册事项消灭时，应即由法定人代理人加具证明注册事项消灭之文件呈请注册。

第二十条　法定代理人为无能力进营商业，呈请注册时，应加具证明其资格已得亲族会同意之证明书。无能力者营商业之法定代理人，因死亡而其注册事项消灭时，应由该法定代理人之监督，加具证明注册事项消灭之文件呈请注册。

第二十一条　经理人选任之注册，由商业主人呈请之。公司为前项注册之呈请人时，由代表公司之股东或股分有限公司之董事呈请之。

第二十二条　呈请为经理人选任之注册者，应于呈请书中加载左列各款：

（一）经理人姓名、住址；

（二）以数商号经营者，其所代理之商业及所营之商号；

（三）经理人设置之地点，公司为呈请人时，应加具其选任之证明书。

第二十三条　经理人代理权消灭或解任之呈请注册，准用第二十一条之规定。公司解任经理人呈请注册时，应加具其解任之证明书。

第三章　呈请后注册办法

第二十四条　注册官吏自受注册之呈请后，对于呈请之一切事项应审查之。

第二十五条　同一当事人以数商号呈请注册时，应就各商号各别注册。同一当事人以数经理人呈请注册时，应就各经理人各别注册。

第二十六条　凡注册人之营业所迁移于本管区域以外时，应于消灭格内注填之，其原注之册即行结销。前项规定于本管区域内尚别有营业所者不适用之。

第二十七条　变更之注册或注册更正，应将已变更或更正之原册所注用朱笔勾抹之。凡因错误或遗漏为更正之注册，应于变更格内填注。

第二十八条　凡禁止营业之裁判确定，由官厅知照应为注册时，其应注册事项应于备考格内填注之。关于破产之一切事项，由受理之官厅知照应为注册时，其应注册事项须于备考格内填注之，但无须公告。

第二十九条　凡注册应于注册簿相当各格内分别填载注册事项。若注册完竣中有某格并无事项可填者，应于其空白格内抹以斜交朱线。但留备日后有事应填注册之各格不在此限。注册簿中其格填载注册事项毕，同格内仍余有空白者应于其空白处抹以斜交朱线。于变更格内注册时如有左余空白，应别以纵断墨线。

第三十条　凡原注之册结销时，应于简目簿备考格内附记其事由，用朱勾抹之。商号变更或经理人等姓名变更之注册，应于简目簿中一并移改。另于原有简目之备考格内注明，并用朱勾抹之。

第三十一条　凡注册簿与请书及附属文件所载银钱、物品、年月日及编号等之数目字，均应用一二三八九十等字体。

第三十二条　关于注册所有一切文件收发之摘由编登及各项重要文件之粘附存卷，并于衔接处盖骑缝印等，均由注册官吏依照官厅成例办理。

第三十三条　注册时加具之重要文件另备副本存案者，应据当事人之声请发还之。前项之发还，应于其副本上附志原件发还验明无异字样，由注册官吏加钤名章。

第四章　附　则

第三十四条　本规则施行前，曾依旧例呈请官厅立案给示者，或已依照旧商业注册规则注册者，应于本规则施行后照前列各章相当之规定一律注册。但得免第缴十一条第一项之注册费。

第三十五条　外国商人设立之商号或本国商人与外国商人合伙设立之商号，除别有条约或法令明白规定者外，本规则之规定均适用之。

第三十六条　本规则自市政会议通过后公布之日施行。

银行周报 1927，11(36)

上海特别市市政府农工商局章程

第一条　农工商局依《上海特别市暂行条例》第十一条及第二十七条之规定组织之，隶属于上海特别市市政府，掌理全市农工商事宜。

第二条　本局设立五科分掌各项事务。

第三条　第一科掌理左列事务：

一、关于撰拟文牍编纂统计及收发管卷事项。

二、关于典守印信及职员任免纪录并考勤事项。

三、关于会计及庶务事项。

四、关于其他不属于各科事项。

第四条　第二科掌理左列事务：

一、关于公司商号及商业团体等之注册事项。

二、关于商业之保护监督奖励及改良事项。

三、关于国内外贸易及商业状况之调查统计事项。

四、关于市内大宗商品市价之调查统计事项。

五、关于国际商业政策及关税政策之研究及编译事项。

六、关于市内商品陈列所展览会等之提倡及办理事项。

七、关于合作社之提倡保护及监督事项。

八、关于违反现行法令一切商行为之取缔事项。

九、关于其他一切商业事项。

第五条　第三科掌理左列事务：

一、关于劳工团体之注册及保护监督事项。

二、关于劳工状况之调查统计及筹划改良事项。

三、关于市民生计职业之调查统计事项。

四、关于工厂设备及工人待遇之调查事项。

五、关于工商纠纷及劳资两方之调解事项。

六、关于国内外劳工法规及劳资仲裁事例之调查及编译事项。

七、其他关于劳工事项。

第六条　第四科掌理左列事务：

一、关于工业之调查统计保护监督奖励及改良事项。

二、关于工业制造品机械及其他商品之审查化验及奖励取缔事项。

三、关于检查及证明进出口工业材料及货品事项。

四、关于度量衡之制造及推行事项。

五、关于特种工业之提倡事项。

六、关于其他工业事项。

第七条　第五科掌理左列事务：

一、关于农业之保护监督奖励及改良事项。

二、关于农业团及农民团体之注册及保护、监督事项。

三、关于农业之调查、统计及咨询事项。

四、关于农民一切生活状况之调查统计及筹划改良事项。

五、关于农村耕地之划分整理事项。

六、关于农民生产消费信用等合作社之提倡、保护及监督事项。

七、关于农产品之检验及奖励事项。

八、关于辅助农业机关如测候所、试验场等之创办及管理事项。

九、关于田主佃户争议调解事项。

十、关于其他农业事项。

第八条　本局设左列各职员：

局长一人；

秘书一人；

科长五人；

科员若干人；

技正技士若干人。

以上职员除局长应由市长呈请中央政府任命外，概由局长呈请市长委任之。

第九条　局长承市长之命，综理全局事务及指挥监督所属职员。秘书秉承局长，掌理机要事务。科长及科员等均各秉承长官，办理及佐理各该科事务。技正技士承长官之命办理技术事务。

第十条　本局各科视事务之繁简，得酌用视察员办事员及雇员，并得分股办事。

第十一条　本局为讨论事务之进行或改良时，局长得召集局务会议，由局长秘书科长技正组织之，其会议细则另定之。

第十二条　本章程如有未尽事宜，得由局务会议随时修正，经局长呈请市长审核提出市政会议议决之。

第十三条　本章程自市长公布之日施行。

上海特别市市政府农工商局刊物 1927(1)

上海特别市农工商局公布注册须知

农工商办理商业公司注册，拟具暂行规则，呈奉市政府核准先行办理。日来积极筹备，所有呈请注册用之各种表单，一律规划务求形式整齐。商人便利，均拟由局印就。商人缴费领用，并公布注册须知十条：

(一)注册时间，自上午十时至十二时，下午二时至四时止。

(二)注册所用之呈文表单，均由本局印就，呈请人缴费领用，以归一律，而资便利。注册所用之文件，除由本局所已代备者应照上项办理外，余概准其自备，但纸张大小仍须与本局所备用纸一律。

(三)凡公司商号附设有工场者，于呈请注册时，并须填具工厂调查表，一并送呈鉴核。

(四)来局询问注册手续时间，至多不得逾十分钟。

(五)来呈及各种附件，须备具正副两分，以备分呈备案。

(六)每分须于右角上端订封，能加盖火漆印章者尤妥，并注明全分之页数。

(七)自呈请之日起满七日(假期除外)后，呈请人得持缴费收据至本局领取执照。但认为呈请程序不合以及有特别情事时不在此限。

(八)缴费执照，须由本局主管科长及收款人签名盖章。

（九）缴费收据遗失，须立即向本局陈明挂失，并登报三日后，邀同殷实商铺保证。经本局调查确实，方得发给执照。

（十）凡本局注册人员办理不周时，呈请人得陈明主管科长转呈局长核办。

银行周报 1927，11（36）

上海特别市农工商局举办商业调查通告

本局为求实施保护商业，促其发展起见，深欲明悉上海商业之真相，俾得兴利除弊，确定方案，逐步施行，期收实效。除饬知各商业团体具报及派员实地调查外，凡能据陈本业情形以及对于商业上之改革，具有实际见解，条举以闻者，本局均乐于采纳，择其优尤，酌予奖励。又能熟悉重要商品之产销情形，按日造报，足为统计资料者，先行函陈大概，俟审查后约期面试，认为合格，即予录用，并月给津贴，惟以当业人员为限。总期上海商业，有详密之调查统计，而后可以言兴革，施保护，发展国内外贸易，以裕民生。至以业务上秘密泄漏为虑者，则官厅对于公务上之秘密，本不许宣露，即将来本局所发表，亦为整个的调查统计，仅可无庸顾虑，致失真相，特此通告。

（来件书明南市毛家弄农工商局第二科收。）

商业调查办法

一、各业各商店须按照后列各项目，分别造报，不得遗漏隐匿。

二、务须于极短期间内报告，毋视为具文，意存延宕。

三、所有用纸，由各业、商店自备。惟大小须求一律，字迹则行草均可。

四、下列各项目视为本业所尽有者，应逐项照记。若为该业所独有情形而为项目中所未列者，亦应加入。

五、本局接到该项报告后，认为有疑问应需复查者，派员调查。有所询问，务须据实回答。

六、检送货样备本局陈列以供参观者尤善。

七、本局期于六个月内，将上海各业调查完毕，此后即着手整理办法。

八、此项调查报告，务以事实为依据，不尚空谈。关于第四项尤须以实在货品为对象，最好能附以数字之证明。

九、各业、商店须认定此事为商人谋福利起见，开诚相与，无以宣泄业务上之秘密为虑。

商业调查项目

一、关于商品之调查

（1）商品名称及商标（有无西文名或别名）

（2）产地或制造所

（3）质地及其等级

（4）用途

（5）原件包装情形及其重量

（6）成匹者其长宽尺数

（7）买卖单位

（8）进货手续

（9）趸售手续

（10）进出所用之度量衡

（11）销令及销地

（12）全年零趸售之银数

（13）税捐

（14）备考

二、关于商业习惯之调查

（1）本业行规

（2）东伙契约及伙友之待遇情形

（3）放账结账之办法

（4）同行往来之办法

（5）所用之账簿名目及组织

（6）处置纠纷之成例

（7）关于交易上所用之单据（附样）

三、关于不良商行为及商人痛苦之调查

（1）把持垄断

（2）阴谋破坏

（3）非法竞争

（4）仿制滥造

（5）土豪压迫

（6）税捐繁重

（7）其他隐事

四、关于贸易盛衰之调查

（1）逐年货品生产之概况

（2）逐年货品销售之概况

（3）国内外市场之盛衰及其原因所在

（4）根据业务上以往之经验述本业之循环情形（Business Cycle）

五、关于改良商业促进国内外贸易意见书之征求（空发议论及攻讦私人者不受）

上海特别市市政府农工商局刊物 1927（5）

上海特别市市政府农工商局商号调查项目表

（一）商号

（二）地址

（三）营业

（四）每年商品销数（量）（价）

（五）商品来源

（六）使用商标

（七）销数以何种何地为最多

（八）生意以何季为最旺

（九）商品所用原料

（十）商品制造情形

（十一）工厂及其地址

（十二）资本（查阅簿册）

（十三）分红的办法

（十四）每年所纳捐税的细数

（十五）店员人数（上级）（中级）（下级）

（十六）店员薪水数目（上级）（中级）（下级）

（十七）有无供给店员膳宿

（十八）何级薪水的人为最多

（十九）店员除薪水花红外有无他项收入

（二十）店员的工作如何

（二十一）店员以何处人员为多

（二十二）每年例假日期有多少

（二十三）例假以外的假期要否扣薪

（二十四）同业公会或公所（地址）

（二十五）加入同业工会公所否

（二十六）同业有多少家数

（二十七）每年开支约数

（二十八）每年盈亏约数

（二十九）本店的历史大要

（三十）年来营业概况并其盛衰之原因

这表即是本局凡逢公司商业注册案件派员调查用的，是大概的调查。详细的，本局归入商业调查办理。希望工商界对于这项调查务必尽量供给调查员以便利。

上海特别市市政府农工商局刊物 1927（5）

上海特别市公司注册暂行规则

第一章　通　则

第一条　上海特别市之公司注册，以市政府农工商为注册所，由农工商局局长主管之。

第二条　注册所自当事人呈请之日起，应于七日内将注册事务办理完竣，发给执照，并行公告。但有特别情事时，得延长之。

前项所定之公告，应于农工商局前张贴示谕之处揭示三日以上，并登载于市政府公报。

第三条　当事人之呈请查有违反法令者，注册所应令更正，始行注册。注册所处理注册事务违反法令时，得由当事人或利害关系人详具理由，胪列证据，呈请市长核办。

第四条　当事人于注册后，觉察其注册事项有错误或遗漏，呈请更正时，注册所应即更正之。

第五条　注册所对于应注册事项之注册，及其变更或消灭之注册，非有当事人呈请或官厅知照，不得为之。

第六条　有呈请注册事项并无变更或别无其他事项者，注册所对于该呈请事件应核给印文证明之。

第七条　凡公司呈请注册者，应具呈请书载明左列各款，由当事人或其代理人签印。

一、公司之商号及本店支店所在地；

二、由代理人呈请者、其姓名住址；

三、注册之目的及其事项；

四、注册费及公费银数；

五、注册所；

六、年月日。

凡由代理人呈请者，应加具代理之委托书。

第八条　注册所应备左列各种注册簿：

一、无限公司注册簿；

二、两合公司注册簿；

三、股份有限公司注册簿；

四、股份两合公司注册簿。

各种注册簿，依后列第一号至第四号格式编订之，并应依第五号格式各附一简目簿。

第九条　注册簿及注册文件得由当事人或利害关系人叙明事由，由声请查阅或抄录。但每次以一公司之注册事项，与有关系者为限。

第十条　注册簿除因紧急事变外，不得携出注册所。但注册之呈请书及附属文件有官厅调取者，不在此限。

第二章　规　费

第十一条　公司本店呈请为设立之注册者，应依公司种类并资本总额分别照缴注册费如左：

甲、无限公司及两合公司

五千元以下	十元
一万元以下	二十元
三万元以下	三十元
五万元以下	四十元
十万元以下	五十元
三十万元以下	六十元
五十万元以下	八十元
八十万元以下	一百元
百万元以下	一百二十元
一百五十万元以下	一百五十元
二百万元以下	二百元
三百万元以下	二百五十元

四百万元以上，每多一百万元，加收五十元。其不满一百万元者亦按一百万元计算。

乙、股份有限公司及股份两合公司

五千元以下	二十元
一万元以下	四十元
三万元以下	六十元
五万元以下	八十元
十万元以下	一百元
三十万元以下	一百二十元
五十万元以下	一百五十元
八十万元以下	二百元
百万元以下	二百五十元
一百五十万元以下	三百元
二百万元以下	四百元
三百万元以下	五百元
四百万元以下	六百元

四百万元以上，每多一百万元，加收一百元。其不满一百万元，亦按一百万元计算。

因增加资本呈请注册者，其注册费应以增加后之资本总额照前项之规定计算，但设立时原缴银数得扣除之。

第十二条　公司于前条规定以外之一切事项呈请注册者，每件应缴注册费银三元。但关于解散及清算之注册，每件只须缴注册费银一元。

第十三条　公司本店呈请为设立之注册者，除缴纳注册费外，同时应缴公费银十元。其他一切事项之注册，每件同时应纳公费银一元。

第十四条　查阅注册簿及注册文件，每次应缴查阅费银五角。如需抄录者，每千字应缴抄录费银三角。

第三章　注册时呈请办法

第十五条　无限公司设立之注册，由全体股东呈请之。

前项呈请应加具公司章程营业概算。若股东中有未满二十岁者，并应加具其为股东已得有同意权者同意之证明书。

第十六条　前条规定以外之各项注册，由代表公司之股东呈请之。但解散及因合并而变更或设立之注册，应由全体股东呈请之。

前项注册事项如有应得全体股东或某股东同意者，应加具已得其同意之证明书。

第十七条　因有公司条例第五十八条第二项所定，被判示除名之股东呈请变更注册者，应加具其判示之副本。

第十八条　呈请为解散之注册者，应叙明解散之事由。若由其继承人呈请者，应加具足以证明其资格之文件。

公司之设立，经官厅批驳或注销作为解散者，准用前条之规定。

公司因官厅命令解散者，注册所应俟该官厅之知照始为注册。

第十九条　因合并而解散呈请注册者，应加具公司条例第五十三条第二项所定通知或公告，或已照公司条例第五十四条所定偿还或给担保之证明书。

因合并而变更或设立呈请注册者，准用前项及第十五条第二项之规定。

第二十条　因各股东呈请而解散者，其注册由各该股东呈请之。

前项呈请应加具其判示之副本。

第二十一条　第十五条至第十九条之规定，于两合公司准备用之。但在无限公司，应由全体股东呈请之注册，于两合公司，得由无限责任之全体股东呈请之。

第二十二条　股份有限公司设立之注册，由全体董事监察人呈请之。

前项呈请应依公司性质，分别加具左列各种文件：

甲、股份由发起人认足者

一、公司章程；

二、股东名簿；

三、证明各发起人认股之文件；

四、照公司条例第一百三条所定检查员之报告，经官厅裁减者其判示之副本；

五、证明选任董事监察人之文件；

六、公司章程定为开业前得分派利息者，其呈奉核准之印文或副本；

七、公司营业须先经立案者，其呈奉核准之印文或副本；

八、营业概算书。

乙、发起人不自认足股份而另行招募足额者

一、公司章程；

二、股东名簿；

三、证明各发起人认股之文件及另行招募各股东之认股书；

四、董事监察人或检查人照公司条例第一百十四条所定之调查报告书及其附属文件；

五、公司章程定为开业前得分派利息者，其呈奉核准之印文或副本；

六、公司营业须先经立案者，其呈奉核准之印文或副本；

七、创立会决议录；

八、营业概算书。

第二十三条　前条规定以外之各项注册，由董事呈请之。但增加或减少资本募集公司债解散及因合并而变更或设立之注册，应由全体董事监察人呈请之。

前项注册事项，如有应经股东会决议者，应加具其决议录。

第二十四条　呈请为增加资本之注册，应加具左列各种文件：

一、新股东名簿；

二、新股东认股书；

三、监察人或检查人照公司条例第二百五条所定之调查报告书，及其附属文件；

四、关于增资之股东会决议录。

第二十五条　呈请为减少资本之注册，应加具左列各种文件：

一、减资后之股东名簿；

二、第十九条第一项规定之文件；

三、关于减资之股东会决议录。

第二十六条　呈请为募集公司债之注册者，应加具左列各种文件：

一、最近之贷借对照表；

二、募债业经合法公告之证明书；

三、各债款均已缴足之证明书；

四、公司债存根簿；

五、关于募债之股东会决议录。

第二十七条　呈请为清偿或分还公司债之注册者，应加具其所还银数之证明书。

第二十八条　第二项第三项之规定，于股份有限公司准用之。

第二十九条　因合并而解散呈请注册者，应加具第十九条第一项规定之主文件。

因合并而设立呈请注册者，应加具第十九条第一项及第二十二条第二项乙种各种文件。

第三十条　股份两合公司设立之注册，由全体无限责任股东及监察人呈请之。

前项呈请准用第十五条第二项及第二十二条第一项之规定。

第三十一条　前条规定以外之各项注册，准用第十六条及第二十三条第二项之规定。但增加减少资本与解散及因合并而变更或设立之注册，应准用第三十条第一项之规定。

第三十二条　第二十四条至第二十九条各规定，于股份两合公司准用之。

第三十三条　股份两合公司变更为股份有限公司设立之注册，由设立之股份有限公司全体董事监察人呈请之。

前项呈请应叙明事由，并加具公司章程另募股东之认股书及关于变更公司组织之股东会决议录。

第三十四条　各种公司清算人选任或解任或变更之注册，均由现任之清算人呈请之。

前项呈请应加具其选任解任或变更之证明书。

第三十五条　清算人呈请清算了结之注册，应加具清算各账已得承认之证明书。

第四章　呈请后注册办法

第三十六条　注册官吏自受注册之呈请后，对于呈请之一切事项应审查之。

第三十七条　凡照公司条例第十二条第一项第十三条第一项第五十六条及第九十六条之规定，为该条例第十一条之注册者，应于备考格内附记其事由。

第三十八条　公司本店或支店迁移于本管区域以外时为迁移之注册后，其原注之册即行结销。前项规定于本管区域内尚别有本店或其他支店者不适用之。

第三十九条　公司债及增加资本注册后，于各该事项复须注册时，应于变更格内填注之。

第四十条　变更之注册或注册更正，应将已变更或更正之原册所注用朱勾抹之。凡因错误或遗漏为更正之注册，应于变更格内填注之。

第四十一条　凡禁止营业之裁判确定，由官厅知照应为注册时，其应注册事项应于备考格内填注之。关于破产之一切事项，由受理之官厅知照为注册时，其应注册事项应于备考格内填注，但无须公告

第四十二条　公司之注册，应自清算了结之注册后，即行结销。

第四十三条　凡注册应于注册簿相当各格内分别填载注册事项，若注册完竣中有某格并无事项可填者，应于其空格内抹以斜交朱线。但留备日后有事应填之各格，不在此限。注册簿中某格填载事项毕，同格内仍余有空白者，应于其空白处抹以斜交朱线。于变更格内注册时，如有左余空白，应别以纵断墨线。

第四十四条　凡原注之册结销时，应于简目簿备考格内附记其事由，用朱勾抹之。

第四十五条　凡注册簿与呈请书及附属文件，所载银钱物品年月日及编号

等数目字，均应用壹贰叁捌玖拾等字体。有添注涂改者，应另记其字数，并钤名章。

第四十六条　关于注册所有一切文件收发之摘由编登及各项重要文件之粘附存卷，并于衔接处盖骑缝印等，均由注册所官吏依照官厅成例办理。

第四十七条　注册时加具之重要文件另备副本存案者，应据当事人之声请发还之。

前项之发还，应于其副本上附注原件发还验明无异字样，由注册官吏加钤名章。

第五章　附　则

第四十八条　本规则施行前成立之公司尚未注册者，应于本规则施行之日起六个月内依照前列各章之规定一律注册。

第四十九条　本规则施行前成立之公司，已依照旧公司注册规则注册者，仍应依照前条之规定一律注册，但得免缴第十一条第十二条之注册费。

第五十条　外国商人设立之公司或本国商人与外国商人合资设立之公司，除别有条约或法令明白规定者外，本规则之规定均适用之。

第五十一条　本规则自公布之日施行。

上海特别市市政府农工商局刊物 1927(3)

上海特别市公安局编订旅店营业取缔规则

第一章　通　则

第一条　本规则凡在淞沪特别市区域内以房屋供旅客之住宿而以营业为目的者皆适用之。

第二条　旅店营业限于左列三种：

一、旅馆；

二、客栈；

三、宿店。

第三条　凡以旅店营业者，须先具营业呈请书及房屋图样殷实铺保于该管警察区所，转呈公安局核准，给予营业执照方准开设，其呈请书内应开明左列各项：

一、旅店主人姓名、年龄、籍贯；

二、旅店所在地；

三、旅店字号及其种类；

四、资本若干；

五、旅店房间及等次；

六、营业所用房屋是否己产，如租自他人者应记明其租价及房主姓名；

七、店伙姓名、年龄及籍贯；

八、殷实铺户保结。

第四条　该管警察区所受前之呈请书后，须派员切实调查。如其人有不正当行为及无确实铺保者，不得转呈请给营业执照。其有左列各项之一者，得令其变迁及相当之设置：

一、供营业用之房屋有倾圮之虞，或有害卫生者；

二、烟突等处有易于着火之虞者；

三、为预防灾变等事无太平门可通出入者。

第五条　旅店房屋如系特别建筑或改造者，须将房屋画样并开具左列各项，呈请核准给予建筑证，方准兴筑：

一、基地宽广若干尺；

二、临街门户共若干；

三、共造房屋若干间几层楼系中国式或洋房；

四、房间编列号数，每号房间之宽广及门窗户若干，并具大小尺寸。

第六条　旅店营业者领到执照后一个月无故不开张者，应由该管警察官将营业执照吊销。

如因特别事故不得如期开业者，须先事具呈声明理由，然至多不得过三个月。

第七条　旅店如有迁移扩充或改字号及更换店主，仍须查照第三条办理。

第八条　旅店闭歇，须于五日前将其事故及日期呈报该管警察区所转呈备查。

第九条　旅店如有故意容留匪类与紊乱风俗行为之实据者，除吊销营业执照外，视案情之大小依法究办。

第十条　旅店应负之责任如左：

一、雇用工人须有妥实保人。

二、门首须悬挂字号招牌夜间则以灯代之。

三、大门内及账房须悬长方大漆牌各一块，书明第几号房间现住何客，系何处人，有何职业，于何日由何来。

四、房间门首须编号数，并挂客人姓名牌。

五、房屋器具务须随时洒扫，洁净被褥饮食务须清洁。

六、便所须设于相当之地点，不得与厨房毗连。

第十一条　旅客有左列各项应禁止之：

一、旅客招致娼妓到店饮酒或住宿者；

二、旅客在店挟妓、吃鸦片、聚赌者；

三、旅客于夜间十二时后高声唱歌、无故喧哗有碍他客安眠者；

四、旅客任意糟蹋有碍公共卫生及惹起火灾之虞者。

第十二条　旅店如遇有左列各项之一者，得即报告该管警察官：

一、旅客增减更换雇工人等；

二、旅客不服第十一条各项之禁止者；

三、旅客私带军械或危险炸裂品及一切违禁物者；

四、旅客携带有妇女或幼童稚女形似拐诱者；

五、旅客形迹可疑及与其往来之人不安分者；

六、旅客入店时行李无多，随后见增加，及任意挥霍者。但店主素相识其人，无他可虞情形，能负完全责任，得不呈报；

七、孤身妇女之迹近逃亡者；

八、外国人到店住宿者；

九、旅客患有重病及传染病者。

有前项之情事非报明该管警察官查验明确命令迁徙者，不得逼令病客他迁。

十、旅客在店死亡，非报明该管警察查验后，不得殓埋。其衣箱物件并须妥为封存，不得移动；

十一、旅客未携带行李货物，无故出店在五日以上，不知去向者；

十二、旅客去后有遗忘物件者；

十三、旅客亏欠房饭各金持物备抵或留置旅客之物品者；

十四、旅店簿据有遗失者。

第十三条　非来客之眷属，男女不得同住一处。非同伴之客，未得两客彼此应允者，不得强令同居一房。但宿店不在此限。

第十四条　旅客货物行李及珍重紧要物件银钱等，须由旅客亲自点交账房，登记簿上收存后，由账房给以收藏证据，如有损失毁坏店主负其责任。

第十五条　凡往来各客须照颁发制定之旅客登记簿按日登记，送交该管警察官署查验，其使用方法应照旅客登记簿使用规则办理。

第十六条　每日每房每人之房饭金若干，或按日或几日一付，应揭示于账台上及各房内，除定数概不得听茶房工役人等索取分文。

第十七条　该管警察区所稽查旅客时，店主不得抗拒。

第二章　旅馆专则

第十八条　旅馆营业用之房屋须多设太平门，并须有客房二十间以上，极宽大之房间床铺以两张为限，其客房之构造务使光线合度空气流通且为适当之装置。

第十九条　旅馆有楼房者，每十间须设宽阔四尺以上扶梯两架以上。

第二十条　旅馆准其派人在外招待旅客所持招牌纸，须加盖招待人姓名，收到旅客行李货物，应注明件数，将纸交于本客人店后逐一照数点明白。

第二十一条　晚间掩门时刻不得过一点钟。

第二十二条　旅店开始营业时，除按照第三条请领执照外，应按月向财政局缴纳营业税，应缴数目由财政局核定征收之，欠缴两月以上者，得通知公安局吊销营业执照。

第三章　客栈专则

第二十三条　客栈营业用之房屋须设太平门两处，并须有客房五间以上之宽大客房设床铺以五张为限，务须空气流通扫除洁净。

第二十四条　客栈有楼房者每五间须设坚固扶梯两架以上。

第二十五条　客栈营业者非经呈该管警察区所核准，不得派人在外招待旅客。

第二十六条　晚间客栈关门时刻不得逾十二点钟。

第二十七条　客栈营业者其营业税照第二十二条办理。

第四章　宿店专则

第二十八条　宿店营业用之房屋须有前后门，并有客房两间以上，宽大之房间设床铺每房间以十张为限，务须空气流通布置清洁。

第二十九条　宿店有楼房者须设备最坚固扶梯一架以上。

第三十条　宿店营业不得派人在外招待接客。

第三十一条　宿店夜间关门至迟不得过十一点钟。

第三十二条　违犯本规则之一者当视案情之轻重依法罚办之。

第三十三条　本规则自呈请市长核准公布之日施行。

附旅客登记簿使用规则

一、每旅店发给旅客循环登记簿二本，挨日轮流填写。

二、每簿计订五十页，不得撕去，每日挨次填写，不得空行。倘填写错误，仅可涂改或将本行涂去另写一行，惟需于涂改处加盖本店图章，警察官吏稽查登记簿时，亦加盖图章以资证实。

三、旅客每逢旅客到来即时按表所列请其逐项填写，不能填写者由账房代书不得漏去。

四、旅客自到店日起至出店日时止，其在店之日数须日日填写。

五、旅客去日即于来日之表内往何处去及起行月日格内注明。

六、每日下午九时后，应将本日旅客之多少总结一次，挨次写明。

七、每日下午十时，由旅店人将簿送至该管警察区所，将两簿互相调换。

八、每日警察官吏检核后，倘有错误，应令该店更正，并于人数总结处加盖图章。

九、本簿用完应送呈该管警察官署保存，另换新簿填写，惟前来未去之客仍须按照前表尽行登记于簿中。

十、此项规则应刊印于旅客登记簿首页。

旅客登记簿式

房间	旅客				来自何处	去往何处	起行月日	附记
号数	姓名	年龄	籍贯	职业				

内政公报 1928，1(2)

上海特别市市政府财政、工务、公安、卫生局会订小菜场及指定菜市摊户取缔规则

十六年九月六日核准施行

第一条　本规则凡在特别市所辖境内小菜场及指定菜市之摆设摊担营业者均一律适用之。

第二条　凡摊户在菜场及指定菜市营业者，须先具声请书呈报局核准发给营业执照后方准营业，其书内应声明之事项如左：

一、营业者之姓名、年岁、籍贯、住址；

二、售卖物品之种类；

三、认缴月捐(由财局另定)。

第三条　未领营业执照者不准在固定场所及指定地点营业。

第四条　凡已领营业执照者须先缴一个月捐数金额作押，余则按月照收。

第五条　凡摊户之营业执照每月一日起至月底止，过期无效。

第六条　凡捐营业执照均限于每月七日以前一律赴局捐齐，倘若过期未

捐，准由别人补捐，原人不得羁占。

第七条　凡已领营业执照中途歇业者及已领营业执照于一礼拜内不开始营业者，须将执照呈缴局注销，不准移转于他人，所缴押金概不发还。

第八条　每日须将捐照带入场内营业，以备随时查验，倘有违犯，立将执照吊销。

第九条　有左列各项之一者不准入市场内营业：

一、身患皮肤病及急性传染病者；

二、患疯癫及醉汉；

三、冒携他人之营业执照者；

四、无捐照者。

第十条　菜场摊担限于左列各项物品方许入市场营业：

一、新鲜之生熟水产鸟兽肉类；

二、新鲜菜蔬类；

三、鲜果类；

四、点心类；

第十一条　市场内所设之摊担小贩不准售卖含有毒质物品，如瘟死鸟兽肉类及河豚等物。

第十二条　隔宿败馁之鱼肉食物及霉烂污垢之蔬菜、鲜果、谷物不准混售。

第十三条　凡摊户所售卖之肉类及菜蔬鲜果点心等物易着苍蝇者，均须用纱罩罩起，或用布盖好。

第十四条　鱼肉鲜果菜蔬等摊担之零屑废物不准随处乱抛。

第十五条　场内各摊用水务宜清洁用后须倾入沟渠，不得任意乱泼。

第十六条　凡在市场内营业者对于场内各项清洁办法应负遵守责任，不得堆积有糟蹋。

第十八条　凡在市场内营业者不准有争殴喧吵及强硬卖买等情。

第十九条　小菜场及菜市摆设摊头位置由公安局会同工务卫生二局核定，立标编号，各营业人须依照标定号数摆设，不得互相争占，其每摊地位照裁尺量定，横四尺纵五尺为度。

第二十条　凡未设菜场或因原有菜场地面褊狭者，由公安局会同工务卫生二局指定地点，各小贩须就所定地点售卖，不准任意在街衢肩挑手提，招呼买卖。

第二十一条　场内之通路不准停置车马及其他笨重物件，以免阻碍交通。

第二十二条　市场内卖买时间上午六时起至十二时止，准摆设鱼肉菜蔬等类，下午一时起六时止，只准摆设食物鲜果等物。

第二十三条　场内每日由卫生局派卫生警察到场检验，派清道夫于上午十二时下午七时到场扫除清洁外，并由公安局派警察到场弹压。

第二十四条　如有违反前项各节者，依照违警罚则，分别轻重惩处之。

第二十五条　本规则如有未尽事宜，得由财政、公安、工务、卫生四局随时会订增刊颁布之。

卫生月刊 1928，1(3)

上海特别市市政府卫生局晓谕各饮食店白话告布

饮食店是很正当的营业，本局很看重你们的。为什么呢？因为一方面你们是将本求利，正当谋生，一方面又可以便利居民及旅客。因为这个缘故，本局责任所有，对于你们就发生了两种希望。那两种希望呢？第一种是希望你们用好方法，出好物品，使得生意发达。第二种是希望顾客不致于受着饮食物品的害处，你们的营业影响到。因为要达到这两种希望的目的，本局不能不把政府同人民所付托的责任，随时随地担任起来。究竟是什么责任呢？就是“整理公共卫生”这六个字。公共卫生怎样整理呢？本局用指导同取缔两个方法去做。凡是你们饮食店当中，如有不合卫生的事情，本局肯尽心竭力的指导他。他如其遵照，赶紧改良，本局是很赞成他能顾全公益，择善而从的那番好意。但是如其有蛮不懂理，不顾公益，甘心妨害卫生的那般劣商，怎么办呢？本局因为要保护居民旅客的健康及保护改良饮食店的营业起见，对于这般妨害卫生的劣商，就不得不斟酌他所犯情节的轻重，用处罚，勒令停业，请求法庭治罪等法子来对付他。现在要使大家有个标准，以便依据，故所以制订管理饮食店规则。已奉上海特别市市政府核准。因为要给各饮食店自动改良卫生的机会，再等一个月正式公布，切实实行。规则当中所订的办法，都是很容易做的。管理饮食店的办法，公共租界及法界他们也有章程，想必大家是知道的。这件事情，不是要使饮食店为难，亦不是要学什么外国样，完全是注重公共卫生、保护市民健康罢了。现在预先每店发给规则一份。眼里看，心里想，自己店里那件事体是不合规则的，那样东西是不合卫生的，赶快在一个月之内把他改良。把规则留好，随时看看，全店的人，大家都一齐留心照做。照这样永久做下去，不但是本局可以不必干涉，而且你们的生意也会一天一天的发达起来。何以见得呢？只要想一想，一个人化了钱，那个肯到不干净的店里，买不干净的东西，来吃来喝呢？如其地方干净，东西干净，顾客既多，生意自然发达。所以遵守此项规则，不光是饮食店应该尽的义务，也就是饮食店自己发展生意的要诀，不可不特别注意吓。再有一层，也要向你们开导一下。本局或公安局派来查察卫生事项的人员或警士都穿制服，或是带有盖印的符号，表明他们是因公而来，并且训练过他们，只许照章办公，不许有违法行为。公安收一钱，必定发一钱的收据。没有收据就是被人冒名讹索，尽可据实报告，本局定必秉公查办，决不姑息养奸。但是饮食店方面，亦不准因沿恶习，或私送陋规，或行使贿赂，或妨害公务，或挟嫌诬告，否则查出之后，亦要一样请求法庭治罪的。规则当中，都已明白规定的了。你们都能提高商业道德，注重公共卫生，那就是。市政府率同本局注重公共饮食物品，制定管理饮食店规则的一番厚望，务必大家自爱，不要违犯规则才好。

卫生月刊 1928，1(1)

上海特别市卫生局取缔垃圾清洁规则

十六年十月二十八日施行

一、凡居户商店每日早晨十时以前必须将屋垃圾倒入垃圾箱内，如倾出箱外者每次罚洋二角。

二、凡居户商店内垃圾不拘何时抛弃门外沿路者，初次罚洋三角，下次再犯者加倍，三次者罚洋三元。

三、凡生菜及水果店随意抛弃菜叶、叶皮等类于门前公路者，每次罚洋一元。

四、凡小贩杂摊以垃圾抛弃公路者，每次罚洋一元。

五、凡将有猪马牛羊鸡鸭等粪溺抛弃公路者，每次罚洋一元。

六、凡有拣取垃圾箱内之破碎物件而将垃圾抛弃箱外者，每次罚洋二角。

七、凡不在指定地点随处便溺者，每次罚洋五角。

八、凡将垃圾箱毁破者或窃取者，每次罚洋五元。

九、凡将竹木砖石铁件等物散放在公路上阻碍清除者，初次罚洋五角，二次一元，三次二元。

十、本处规则如有未尽妥善之处得随时修改之。

十一、本规则自公布施行。

卫生月刊 1928，1（3）

上海特别市卫生局牛奶棚管理规则

第一条　凡在本特别市区内开设之牛奶棚，均应向本局呈请登记，未经登记者不得在本市区内营业。

第二条　牛奶棚主或经理人呈请登记时应详左列各项：

（一）棚主或经理人姓名、年龄、籍贯、住址及电话号码；

（二）设棚年月日；

（三）棚址；

（四）母牛只数、公牛只数、小牛只数、水牛只数，每日产奶量数及牛角上号码。

第三条　凡牛奶棚须合左列各款之规定，始得缴费登记，领照营业：

（一）奶棚内外均应洁净；

（二）储奶处应与其他房屋隔离；

（三）养牛处应高燥坚固，光线充足，空气流通；

（四）储奶处之地及四围墙壁应用水门汀建筑，以便冲洗；

（五）奶棚内各处均应粉刷洁白，并设纱窗纱门。

第四条　牛奶棚每年应登记一次，纳执照费二元，各棚送奶并应请领送递证，每年更换一次，每证纳银一元，印花税照贴。

第五条　凡牛奶棚不得设于人烟稠密之区，其已设者须限期迁移至空旷之地，其地点应报请本局核准，其限期如左：

（甲）租地造屋者期满后迁移；

（乙）租地租屋者期满后迁移；

（丙）自有地屋者限期另行觅屋迁移。

第六条　养牛处及储奶处不得有人在内食宿。

第七条　凡在牛奶棚工作人员应以曾经登记医师证明无皮肤及各种传染病者充任，并应每年种痘，每夏打防疫针各一次。

第八条　挤奶者应穿洁白衣服，挤奶之前并应将两手洗濯洁净。

第九条　所用一切器具与牛乳接触者用过后应以开水冲洗妥为藏贮。

第十条　自流井或自来水须经本局化验合格，牛奶棚方准引供冲洗之用。

第十一条　棚内各处逐日均应随时整理保持整洁状态。

第十二条　买卖牛只应于三日前呈报卫生局派兽医检验。

第十三条　每年由本局于三月及九月，会同公共租界或法租界卫生处，选派合格兽医将各棚牛只检验二次，验明合用之牛，即由兽医签给证明书为凭。

第十四条　病牛之奶不准出售，有疾工人不准挤奶装乳。

第十五条　各牛奶棚应将本局发给之营业执照张挂便于众览之处，并将送递证交由送牛奶人备带，以便巡警随时查问。

第十六条　各牛奶棚所领执照及送递证应于每年一月中呈请换给新照，新证逾期作废。

第十七条　执照或送递证遗失时，得呈请本局补给，惟应照十一条之规定分别缴费，并即登报声明。

第十八条　本章程如有未尽事宜，得随时呈请市政府修改之。

第十九条　本章程自市政府核准施行。

卫生月刊 1928，1(6)

上海特别市卫生局取缔野狗章程

民国十六年十月十八日核准

(一)养狗之家须至本局注册领照，每年每头不论大小性别，应缴捐照费银一元，号牌费银二角。

(二)注册之狗如有疾病，得随时送请本局兽医检验。

(三)注册之狗，主人不得虐待，如因病致死当即掩埋，不得将死狗任意投弃。

(四)狗主应将本局发给号牌悬挂狗颈，不得转借，出外时另须加系嘴罩，违者各罚银一元。

(五)本市区内遇有无牌野狗，随时捕局饲养，三日以内如无犬主认领，由局处分之。

(六)无主野狗由局分别为健全与非健全二种，依左列方法处分之：

(甲)健全者由局定价标卖之；

(乙)非健全者由局用电气扑杀之。

(七)私制号牌希图朦混者，除将该项号牌没收并令照章注册领照外，并处以五元以下之罚金。

(八)执照号牌如有遗失时，须速报局补领照章纳费。

(九)注册之狗如已死亡，犬主须将所领执照号牌一并呈局注销，不得转户，由局发还牌费银二角。

(十)注册之狗如有狂犬病，经本局认为有危害时随时处理之。

(十一)本章程如有未尽事宜，得随时修改之。

(十二)本章程呈奉市政府核准后公布施行。

上海特别市卫生局布告第　号

为布告事，查本市区内每见无主野狗在街奔逐，翻爬垃圾，殊于交通卫生均有妨碍，且易发生疯犬噬人之害。本局为保护市民之安全起见，业经拟订取缔章程，呈奉市政府核准施行，除派人查捕，并函请上海特别市公安局分行各区岗警协办取缔外，合将呈准取缔野狗章程十二条公布周知。凡有养狗之家，务即遵章来局报领牌照，毋自违误。此布。

计抄粘

中华民国十六年十月日

局长胡鸿基

卫生月刊 1928，1（2）

上海特别市卫生局农工商局管理饼干、面包、糖果罐头食品工厂暂行规则

一、凡在本市开设饼干、面包、糖果罐头食品工厂除遵照本规则外，并须参照本市管理饮食店规则内所订关于卫生上应守各原则办理，以重卫生。

二、凡制造饼干、面包、糖果罐头食品之工厂须缴费一元，向卫生局领取卫生局及农工商局会印执照每年须换领一次。

三、此项执照不得转让他人。

四、执照号数牌应钉于厂门外显明之处，且将执照悬挂厂内显明之处。

五、工厂房屋建筑装配及修理，均须事先报告，依照两局所指者进行，并应随时遵照两局指示，将房屋修改或增添以期适用。

六、厂内应装置整洁之厕所设置纱窗。于必要时，并须另设洗浴室，以便雇员之用。

七、厂之四周须清洁无污，合于卫生。

八、厂内制造或存储食品处，不得住宿或聚食。

九、厂内各处禁止吐痰，且须防备苍蝇沾污。亦不准用口将任何流质喷于

食物。

十、工人及所穿衣服并所用器具均须洁净。

十一、每年应于阳历四月十日，将全部厂屋大加扫除刷新。

十二、无论何人患传染病及皮肤病者，不得雇用工作及居留厂内。

十三、厂内遇有疾病及死亡等情，须即报告卫生局。

十四、工人须概令种痘，且须遵照卫生局意旨，防备各项传染。

十五、凡工厂送递，或令人沿街贩卖面包等物，均须用腊纸或他项洁净物品包裹遮盖，免被灰尘、苍蝇等沾污。

十六、凡饼干、面包、糖果等物，门市发售或沿街贩卖，须置于玻璃厨或纱罩之内，勿任苍蝇及灰尘侵入。

十七、面包包纸以及饼干、糖果食品听罐，须经两局核准印有领照人之姓名、地址及食品之确实重量。

十八、凡送递面包食物者，须携带两局发给之会印本年送递券。该项送递券如有遗失等情，即当报告两局缴费一元，另领新券。

十九、凡食物厂内及送递食物所用之蓝袋或车，不准置藏衣服被褥以及他项不洁之物，以免污秽。

二十、凡送递面包或他项食物所用之车蓝均须收拾清洁，并遮盖紧密，免被灰尘、苍蝇等秽物侵污。该项蓝器具上，并须写明领照工厂之名称及地址。

二十一、各厂对于卫生局及农工商局所派佩有徽章之视察员，须任其入内查察，惟不得行使贿赂或赠送礼物。

二十二、卫生局认为必要时，得将厂内样品携归试验，但须随给收据。若验有劣品及不洁，或与他物羼和，或不宜食之情事在，即予罚办。

二十三、违犯本规则者，酌量情节处以一元以上五元以下之罚金。屡犯者处以五元以上二十五元以下之罚金，并得取销其执照。

二十四、本规则自市长核准后公布施行。

卫生月刊 1928，1(7)

上海特别市市政府卫生局管理发售鲜肉规则

第一条　凡在本特别市区内发售鲜肉，均应向本局呈请登记，经核准给照后方准营业。其已开设者，应遵照本规则补行登记领照。

第二条　鲜肉商或经理人呈请登记时，应详报左列各项：

一、鲜肉商或经理人姓名、年岁、籍贯、详细住址；

二、店摊地址；

三、设店或摊之年月日；

四、每年出售宰猪几头，已开设者照上年计算。

第三条　鲜肉店摊应遵守左列各款之规定：

一、病猪或死猪之肉不得买卖；

二、未经卫生局或租界卫生处验检盖印认为无碍卫生之猪肉不得买卖；

三、病死后煮熟之猪肉不得买卖；

四、遵守卫生局颁行之卫生规则。

第四条　鲜肉店违犯第一、二、三各条之规定者，由公安局按宰猪检验规则第七条处罚。

第五条　鲜肉店摊每年应登记一次，纳执照费银一元，印花税照贴。

第六条　鲜肉店在一月中犯规至三次者，得将执照撤销，并停止其营业。

第七条　鲜肉店摊内外均应清洁，垃圾堆、死水池塘或公共厕所等附近不得设立。

第八条　凡在鲜肉店摊工作之人，应以曾经登记医师证明无皮肤病及各种传染病者充任，并应每年种痘每夏打防疫针各一次。

第九条　各鲜肉店摊应将本局发给之营业执照张挂便于众览之处。

第十条　执照遗失时，得呈请本局补给，惟应照第五条之规定缴费，并先期登报声明。

第十一条　本章程如有未尽事宜，得随时呈请市政府修改之。

第十二条　本章程自呈奉市政府核准之日施行。

卫生月刊 1928，1（8）

上海特别市农工商局工商业调查委员服务章程

十六年十一月二十三日市政府第三四二号指令核准

第一条　本局为谋明了工商业之实际情况，以期便于实施保护改良起见，设置工商业调查委员若干人。

第二条　工商业调查委员，由局长就各业中备具左列各条件者委任一人或二人；

一、品行端正，具有普通学识者；

二、熟习本业情形者。

第三条　工商业调查委员应行调查报告之事务如左：

一、关于业务上利弊兴革事项；

二、关于劳资纠纷事项；

三、关于本业之交易手续惯例及其递嬗变更事项；

四、关于本业货品销路原料出处买卖价格数量等事项；

五、关于本业需求政府之协助及保护事项；

六、关于本业之其他事项。

第四条　工商业调查委员为名誉职，但得视事务情形，酌给津贴。

第五条　工商业调查委员凡受本局委任调查或咨询事项，务须核实报告，不得延委。

第六条　局长认为必要时，得召集会议，其日期临时定之。

第七条　工商业调查委员对于公务上应守秘密事项，不得泄漏，并不得借名招摇。

第八条　工商业调查委员具有劳绩者，由局长呈请市长酌予奖励。

第九条　本章程如有未尽事宜，由本局随时修正之。

第十条　本章程自呈奉市长核准之日施行。

上海特别市市政府农工商局刊物 1928(9)

上海特别市豆腐店营业规则

十七年六月二十五日奉市政府第一七五一号指令核准公布

第一条　凡在本特别区内开设豆腐店者，应一律遵守本规则。

第二条　凡设豆腐摊者，应遵照上海特别市市政府财政工务公安卫生局会订小菜场及指定菜市摊户取缔规则办理，惟该指定菜市中已有豆腐店者其贴近处不得设摊。

第三条　凡开设豆腐店者应向农工商局提出呈请书，载明左列各项：

一、呈请人姓名、年岁、籍贯、住址；

二、设店地点；

三、店屋间数及其面积；

四、新旧店距离（附图说明）；

五、资本及店号。

第四条　农工商局批准设立之豆腐店，即由呈请人觅具保证书送局后领开业执照，前项保证书以本市内已核准注册之该业团体为限，惟保证者不得向被保证人征收费用。

第五条　呈请人凭开业执照径向工务局财政局分别请领建筑执照营业执照后，得砌造炉灶开始营业。

第六条　营业执照时效以一年为限，每年七月应换领一次，执照费银二元，新店执照至换照时未满一年者亦以一年论。

第七条　开业执照及营执照均应悬挂该店显明易见之处。

第八条　凡豆腐店须有左列各项设备：

一、地面及四周墙壁自地面起六尺以内均须砌以水泥；

二、灶面须砌上等磨光青砖；

三、烟突离屋顶至少须四尺六寸，四围包以铅皮；

四、制就各品应用纱罩或洁净布匹遮盖；

五、豆渣臭露须严密储藏，不使秽气四溢；

六、阴沟务使流通，不得停积污水。

第九条　店内地面墙壁灶面及一切制造器具均应保持洁净。

第十条　包扎制品之布匹应以沸水煮过洗净后方得再用。

第十一条　豆腐店制品价格由该业共同议定呈报农工商局备案，各店不得私自增减或任意变更质量。

第十二条　违背本规则第二条之规定而设摊者由公安局勒令停业。

第十三条　违背本规则第三至第五各条之规定而擅自开业者，经公安局查明，得令停业，一面仍饬向农工商局补行呈请开业手续。但经农工商局调查确无设立之必要者，仍得饬令歇业。

第十四条　违背本规则第七条之规定者，处五角以上一元以下之罚金。

第十五条　违背本规则第八条各款之规定经指导后仍抗不遵办者，处一元以上五元以下之罚金。

第十六条　违背本规则第九、第十各条之规定者，处五角以上二元以下之罚金。

第十七条　违背本规则第十一条之规定者，处一元以上五元以下之罚金。

第十八条　本规则第十四条第十七条所规定之罚则，由公安局执行，第十五条第十六条之罚则，由卫生局执行，所有罚金，应由被罚人缴纳至局，发给正式收据，如不遵照缴纳，责令保证之团体负责。

第十九条　在本规则公布前设立之豆腐店应于本规则公布后两个月内遵章办理。

第二十条　凡豆腐店出盘召顶，应呈报农工商局备案，其呈报歇业者应缴销执照。

第二十一条　本规则如有未尽事宜得随时修改之。

第二十二条　本规则自公布之日施行。

上海特别市市政府农工商局刊物 1928(12)

上海特别市熟水店营业规则

十七年六月二十五日奉市政府第一七五〇号指令核准公布

第一章　总　则

第一条　凡在本特别市区内开设熟水店（俗名老虎灶）以出售热水暨沸水为主业，或兼以卖茶及附设浴室为副业者，应一律遵守本规则。

第二章　开业手续

第二条　凡开设熟水店者，应向农工商局提出呈请书，载明左列各项：

一、呈请人姓名、年岁、籍贯、住址；

二、店屋间数及其面积；

三、设立地点及其附近居户状况；

四、新旧店距离（附图说明）；

五、资本及店号。

第三条　农工商局批准设立之熟水店，即由呈请人觅取保证书送局后领开业执照。

前项保证书以本市内已核准注册之该业团体为限，不得向被保证人征收费用。

第四条　呈请人凭开业执照，径向工务局财政局分别请领建筑执照营业执照后，得砌造炉灶开始营业。

第五条　营业执照时效以一年为度，每年七月间须换领一次，执照费银二元。新店领照至换照时未满一年者，亦以一年论。

第六条　开业执照及营业执照均须悬挂该店显明易见之处。

第三章　卫生设备

第七条　凡熟水店应一律用自来水，其炉灶之四周应保持清洁，不得使灰沙等不洁之物搀入炉内，地下泄水沟务使流畅，不得停积污水。

在自来水管尚未装置之区域内，得用自流井水或江湖水，但须经清滤手续。

第八条　凡熟水店至少须备水炉二个以上，其售充饮料之沸水热度，须达华氏寒暑表二百十二度以上。

第九条　熟水店如以卖茶为副业者，其茶壶茶杯桌椅等均应整洁，并不得以未沸之水泡茶。

第十条　熟水店附设浴室者，其浴盆应与水缸及茶座有相当之距离，并不得使污水流积地面。

第十一条　茶座应备痰盂，不许任意吐涕，痰盂内并应贮臭药水或石灰水以避秽气。

第四章　水筹及水勺

第十二条　熟水店为便利交易起见，得以竹制水筹代替制钱，其水筹上须烙各该熟水店牌号之硬印，但须先行呈送农工商局核准备案，方准售卖。

第十三条　水价得由该业公同议定，但应呈请农工商局核准备案。

第十四条　水勺容量暂以漕平二十五两为标准。

第十五条　水勺由农工商局监制，得由该业团体缴价领发，各熟水店不得私用自制或他制之水勺及任意增减售出之水量。

第五章　罚　则

第十六条　违背本规则第二至第四各条之规定而擅自开业者，经公安局查明，进得令停业，一面仍饬向农工商局补行呈请核准手续，但经农工商局调查确无设立之必要者，仍得饬令停业。

第十七条　违背本规则第六条之规定者处五角以上一元以下之罚金。

第十八条　违背本规则第七条之规定经指导后仍抗不遵办者处一元以上五元以下之罚金。

第十九条　违背本规则第八条之规定者处五角以上五元以下之罚金。

第二十条　违背本规则第九条至第十一条之规定者处五角以上二元以下之

罚金。

第二十一条　违背本规则第十五条之规定者除没收其水勺外处一元以上五元以下之罚金。

第二十二条　本规则第十七条之罚则由公安局执行，十八十九二十各条之罚则由卫生局执行，二十一条之罚则由公用局执行。所有罚金应由被罚人缴纳至局，发给正式收据。如不遵照缴纳，责令保证之团体负责。

第六章　附　则

第二十三条　本规则公布前设立之熟水店，应于本规则公布后两个月内遵章办理。

第二十四条　凡熟水店领到开业执照一月后并不开业或私将执照转让于人者，概作无效。

第二十五条　凡熟水店出盘召顶，应呈报农工商局备案，其呈报歇业者应缴销执照。

第二十六条　公安局警士如查得本管区域内熟水店有不遵章情事，应即报告主管长官，分别转知主管各局办理。

第二十七条　本规则如有未尽事宜得随时修改之。

第二十八条　本规则自公布之日施行。

上海特别市市政府农工商局刊物 1928（12）

上海特别市管理旅馆招待员规则

十七年六月二十日奉市政府第一七三一号指令核准公布

第一条　凡在本特别市区内之旅馆或栈房如雇用招待员，在轮船火车码头招揽旅客，均应遵守本规则。

第二条　雇用招待员之旅馆或栈房，应先备具正副呈请书各一份，连同下列文件各二份呈请农工商局核准之。

一、旅馆或栈房之牌号地址及开设年、月、日；

二、招待员之姓名、年岁、籍贯及住址；

三、招待员之最近二寸半身照片三纸；

四、招待员之本市内殷实商店保证书；

五、招待员如系工会会员并应附具该工会之证明书。

第三条　呈请人奉到农工商局核准之批示后，得令该招待员携带批示向公安局领取执照及证章，并附缴保证金国币五十元，证照费二元。

第四条　招待员歇业或告退时，得凭收据领回保证金，惟同时须将执照及证章缴销，但证照费概不发还。

第五条　招待员服务时，须随身携带招待员执照，并悬挂证章于左襟，随时受警察之检查。

第六条　招待员执照或证章遗失，除照章呈报公安局补领外，并须登本市新闻纸两家之广告各三天，声明遗失作废。

第七条　如发现招待员与照片像貌不符，或有冒名顶替等情事，除得注销其执照外，并处该旅馆或栈房以十元之罚金。

第八条　招待员歇业或告退而须补用时，应由原呈请人遵照第二条之规定呈报农工商局核准备案，并呈报公安局，将执照缴换，如有隐匿不报希图朦混移用情事，一经查出，得处该旅馆或栈房以二十元之罚金。

第九条　旅馆或栈房未经呈准而径行雇用招待员者，处以五十元之罚金。

第十条　本规则公布前已经雇用招待员之旅馆或栈房应于一个月内依本规则第二三两条之规定办理否则照第九条处罚。

第十一条　本规则所规定之罚则由公安局执行，并得以保证金抵充未纳之罚金。

第十二条　本规则如有未尽事宜，得由农工商局会同公安局呈请修改之。

第十三条　本规则自公布之日施行。

上海特别市市政府农工商局刊物 1928（12）

上海特别市政府社会局的职掌

甲、关于农工商事业的

（一）关于农工商业及同业团体之登记注册及保护监督事项；

（二）关于农工商业之奖励取缔及筹划改良事项；

（三）关于农工商业之一切调查统计及咨询事项；

（四）关于市内国货陈列馆、展览会、试验场、测候所、苗圃等之创办及管理事项；

（五）关于市内度量之制造及推行事项；

（六）关于检验及证明市内进出口之重要农产品及工商物品事项；

（七）关于本市实业政策之研究及编译事项；

（八）关于农村耕地之划分及整理事项；

（九）关于其他一切农工商业事项。

乙、关于农民工人的

（一）关于农工团体之登记注册及保护监督事项；

（二）关于农工生活状况之调查统计及筹划改良事项；

（四）关于劳资争议田主佃户争议及劳工相互间争议之调解事项；

（五）关于农工问题之研究及编译事项；

（六）关于其他一切劳动行政事项。

丙、关于公益慈善事业的

（一）关于市内公益慈善事业之调查统计及创办改良事项；

（二）关于市内一切公益慈善团体及会馆公所寺院等之注册、监督、取缔事项；

（三）关于市民公共生活及社团组织之训练事项；

（四）关于市民生计之改善及调查统计事项；

（五）关于市民贫困及灾变之救济赈恤事项；

（六）关于合作社之提倡保护及监督事项；

（七）关于内市民食之调剂事项；

（八）关于其他一切公益慈善事项。

农工商周刊 1928（27）

上海市政府取缔摊贩及征捐规则

上海市政府前因包商制不良，迭经民众控告，故仍收回自办并会同财政、公安、工务、卫生四局，会订上海取缔摊贩及征收规则。已由市政府正式公布。兹特录如次。

第一条　凡本会市区内摆设各项货摊及荤素菜摊为营业者均应一律遵守本规则。

第二条　摊位之种类列左：

（一）指定市场之百货摊（如豫园货摊之类）；

（二）公建菜场之荤素菜摊；

（三）私建菜场之荤素菜摊；

（四）浮摊（除市场菜场外指定地点摆设之各项货摊及菜摊）。

第三条　前条一二四项，按摊征捐其第三项，仅征菜场捐不另征摊户捐。

第四条　摊户营业应按左列事项填具声请书，呈准财政局核发营业执照后方准摆设：

（一）营业者姓名、年岁、籍贯、住址；

（二）物品种类；

（三）摊位面积。

第五条　第二条一二四项设置摊位，由财政工务公安卫生各局会同核定，立标编号。各摊户即照编定号数摆设。地位宽广，以公尺为准。计分四等如左：

百货摊：（甲）长二公尺，宽一公尺五十公分；（乙）长一公尺六十公分，宽一公尺五十公分。

菜摊：（丙）长二公尺，宽一公尺三十公分；（丁）长一公尺三十公分，宽六十五公分。

第六条　摊捐捐率由财政局税地位之大小偏繁、货物之贵贱，酌分等级。规定呈报市政府备案。捐率等差列左：

（一）百货摊：甲等月捐三元，乙等月捐二元，丙等一元二角，丁等六角。

（二）荤素摊：甲等二元四角，乙等两元，丙一元五角，丁等一元，戊等六角，已等三角。

（三）素菜摊：甲等一元二角，乙等八角，丙等五角，丁等三角，戊等一角五分。

第七条　私建菜场捐率，以其所收摊租总额征收百分之五。至私建菜场之摊租额，由财政局另行规定，呈报市政府核准备案。

第八条　每月捐款，须上旬缴清掣取捐照。逾期加征滞纳费十分之二，摊捐一元者征一元二角，其余类推。

第九条　未领营业摊户执照者，不准指定市场公建菜场及其他指定地点摆设摊位。

第十条　营业执照之时效自每月一日起至月底止，过期无效。

第十一条　营业执照以本人为限，不得转顶让与。

第十二条　已领执照而中途歇业，或领照后两星期内不能开始营业者，应将执照缴销。

第十三条　营业执照应黏贴木板铅皮上，每日营业时携带入场，以备随时查验。

第十四条　有左列情事者，不准营业，或勒令歇业：

（一）未携带营业执照；

（二）身患皮肤病或急性传染病；

（三）患神经病或酗酒丧失本性；

（四）经卫生局检查认为有碍卫生者。

第十五条　摊类认定未届月度终了中途不得变更。

第十六条　菜摊不准售卖含有毒质及不合卫生物品，并应遵照卫生局所订取缔食物规则。

第十七条　摊位清洁扫除，除由公安局卫生局令卫生警察清道夫等随时办理外，各摊户俱应负责。其荤素菜摊收市以后并应一律冲洗洁净，以重卫生。

第十八条　设摊时间，除百货摊外，一律不得摆设过上午十二时。

第十九条　摊位已经指定不得超出规定凡度其有特别情形。须占两个摊位者，照两摊位纳捐。

第二十条　如有违反本规则者，由主管局会同公安局分别照章罚办。

第二十一条　本规则实施后，从前之四局会订《菜场及临时菜市管理规则》即行废止。

第二十二条　如有未尽事宜，得随时呈请修改之。

第二十三条　本规则自市政府核准之日施行。

银行月刊 1928，8(11)

上海农商团体注册暂行规则

农工商局修正公布

农工商局前会举办是农商团体注册，现以该规则尚须修正之处，是以将条文再行增减，已奉市长提交第六十五次市政议会议决公布，廿六日由该局布告施行。该修正规则与旧章大有出入，事关保护农商团体，为觅录于下。

上海特别市农商团体注册暂行规则

第一条　本市区内依法组织或组织严密宗旨纯正以谋共同利益发展事业之农商团体，均须遵照本规则呈请市政府农工商局核准注册后方予保护。

第二条　呈请注册时，除备具正副呈请书外，须附具列文件：一、章程；二、会员名册；三、职员名册；四、有业务规条者之规条；五、其他有关系之文件。会员名册除记载会员之姓名、年岁、籍贯、住址外，农人团体应将会员之为佃农、自耕农、半自耕农、地主及手工业分别记明，商人团体应将会员执业之商号及其地址记明。

第三条　农商团体之注册，由各该团体职员连署呈请之。

第四条　农工商局核准注册后发给执照并公告之。

第五条　农商团体改选职员修正章程改订业务规条以及会员增减至原有注册会员名额四分之一时，仍须呈请农工商局注册，为前项注册只须随呈附具应注册之文件。

第六条　农商团体之改组或解散，应叙明理由呈请农工商局注册。已解散之团体并缴销执照。

第七条　工商团体于每年度末，应将全年度之财产状况及事业成绩造具表册呈请农工商局备案。

第八条　农商团体有违及法令情事，得由农工商局撤销其注册，并令缴销执照。

第九条　注册及撤销注册事项之公告，除于农工商局前揭示外，并登市政公报。

第十条　未经核准注册之农商团体向市政府请求事项，得不予受理。

第十一条　凡在本特别市沪南区、闸北区特别区或其他联络便利之各区以内，如同业有一个以上之商业团体者，农工商局得酌量情形，令其合并改组再行注册。

第十二条　凡未经加入商业团体之商店，同受该团体业务规条契约及其议案之拘束。

第十三条　凡核准注册之农商团体，受本市政府各局之委托调查或处理其本业有关各事项，不得无故推诿。

第十四条　农工商局依前第四条至第六条及第八条规定所办理之事项，均呈报市长备案并通知各局备查。

第十五条　本规则施行前成立之农商团体，应自本规则核准施行之后由农工商局拟定期限，呈请市长核准，责令如限遵章注册。

第十六条　本规则经市政会议通过自市长公布之日施行。如有未尽事宜，由农工商局呈请市长审核提出市政会议修正之。

银行周报 1928，12(17)

上海特别市卜筮星相登记章程

第一条　凡在本特别市区内以卜筮星相为业者，无论自行设馆或悬牌旅馆及游行售艺，均须一律向公安局所属区所请求登记。

第二条　请求登记时先领取登记表，依式填记三份，并附缴人半身照片四张，不能自填表格者得用口头陈报。

第三条　登记后三日内由公安局发给执照及号牌，概免纳费。

第四条　号牌悬挂于衣襟之左，执照须随身携带，遇有岗警查询时应立即呈阅。

第五条　登记自公布日起以三个月为限，逾期不登记者勒令歇业。

第六条　登记后营业限期自发给执照之日起算。

第七条　登记以前收容之学徒适用本章程第二条一并登记。

第八条　登记后不得再收学徒。

第九条　已登记之卜筮星相，须于一年内改营他业。

第十条　已登记之卜筮星相如系盲瞽不能改业，由特别市政府设法分别救济之，但有子女已届成年足以维持其生活者不得援照办理。

第十一条　已登记之卜筮星相于歇业时年龄已届五十岁不能改营他业，准用前条之规定。

第十二条　本章程施行以前所收容之学徒自经登记后半年以内一律改习他业，如系瞽目，得呈请特别市政府量予救济。

第十三条　违反本章程第四条第七条第九条之规定，由公安局分别处罚。

第十四条　本章程自特别市政府公布之日施行。

公安旬刊 1929，1（5）

上海特别市电影检查委员会检查电影片规则

第一条　凡本特别市区内之电影片，无论本国制外国制，非依本规则呈请上海特别市电影检查委员会（以下简称本会）检查，经核准后，不得映演。

第二条　本会检查电影片，依左列标准检查之：

（一）不违反党义及国体者；

（二）不妨害风化及公安者；

（三）不提倡迷信邪说及封建思想者。

第三条　凡本国自制电影片，须于设计制作时，先由制作人将本片内容缮具简略说明者，呈请本会核准。前项经核准制作之电影片，于制成发行映演时，须另具声请书及详细说明书各四份，连同本片声请检查。

第四条　凡外国制之电影片，须由贩运人或持有人于影片入境时备具声请书及详细说明书各四份，连同本片声请本会检查。

第五条　声请书应记载左列各事项：

（一）影片之题名（如系外国制者，应将原名及译名一并记载）；

（二）卷数及尺数；

（三）影片之类别（应载明其为戏剧或新闻或画片）；

（四）影片之价值；

（五）制作之年月及地点；

（六）制作人之姓名、住址；

（七）声请人之姓名、住址（如系未能人，应载明其名称及事务所所在地，并其代表者之姓名、住址）。

第六条　凡电影片呈请本会检查时，须缴检查费，检查费规定每卷大洋伍角。

第七条　凡经本会检查之电影片内容，认为合于第二条之规定者，除由本会先给临时映演执照，并于本片加盖查讫戳记外，呈请市政府咨请内政教育二部颁发映演执照。

第八条　凡电影片经检查核准给照者，以三年为有效期间。期满后应别行声请检查。

第九条　凡经本会检查核准映演之电影片，于映演时如发现与原审有出入处，除即予禁止映演外，并呈报市政府咨请内政、教育二部撤销其映演执照。

第十条　凡曾经核准给照映演之电影片，如变更其题名应呈经本会转呈市政府咨请内政、教育二部核准，如变更其内容，应依本规则所定程序重行呈请检查。

第十一条　本会委员得随时携带检查证，至映演电影之场所检察，并得随时要求映演人呈验影片底本及映演执照。

第十二条　凡曾经检查核准映演之电影片如其查讫戳记毁损或映演执照遗失时，应分别声叙缘由呈由本会补盖戳记，或转呈市政府咨请内政、教育二部，补发执照。

第十三条　违反本规则之规定，或于声请书内发现有虚伪之记载者，得处制作人或映演人以五十元以下之罚锾。

第十四条　本规则自呈奉特别市政府核准后公布施行。

公安旬刊 1929，1（13）

上海特别市慈善团体登记规则

第一条　本规则依据《监督慈善团体法施行规则》第三条之规定订定之。

第二条　凡本市区内慈善团体组织时，应由发起人备具呈请书，列举所办事业，并造经费收支预算书，呈请社会局许可。

第三条　慈善团体经许可后，试办三个月，确有成绩者，再由全体董事连署，呈送章程，或捐助章程办事规则，及会员名册职员履历表、团体调查表，暨印鉴单各二份，向社会局请求登记左列各款：

（一）目的；

（二）名称；

（三）主事务所及分事务所；

（四）董事之姓名及住所；

（五）财产之总额；

（六）设主许可之年月日；

（七）定有出资方法者其方法；

（八）限制董事代表权者其限制；

（九）定有在立时期者其时期。

呈请登记自经设立许可之日起算，至迟应于六个月内行之。

第四条　慈善团体之管理方法，属于社团性质者，其章程内应载明左列各事项：

（一）目的；

（二）名称；

（三）董事之任免；

（四）总会召集之条件程序及其决议证明之方法；

（五）社员之出资；

（六）社员之资格取得与丧失；

（七）所办事业。

第五条　慈善团体之管理方法，属于财团性质者，其捐助章程内应载明左列各事项：

（一）目的；

（二）名称；

（三）组织；

（四）所捐财产；

（五）管理方法。

第六条　社会局核准登记后，除发给登记执照并公告外，应呈由特别市政府转报内政部备案。

第七条　已经登记后之慈善团体，关于左列事项应呈请社会局核准备案，方生效力：

（一）修改章程；

（二）任免董事及重要职员；

（三）职员成绩之考核；

（四）社员加入或告退；

（五）变更财产及收支情况；

（六）办理之经过情形；

（七）举行募捐；

（八）团体之改组或解散。

第八条　慈善团体于登记后如有违抗法令及破坏善良风俗等情事，经社会局调查属实，应吊销其执照，并勒令停办。

第九条　监督慈善团体法施行以前市内已设立之慈善团体，未经遵照本市前定之公益慈善团体注册暂行规则呈请注册者，应于社会局公告限期内，遵照本规则第三条办理。

第十条　监督慈善团体法施行以前，市内各慈善团体已遵照本市前定之公益慈善团体注册暂行规则呈请注册者，认为有效。候应行补报各项限期呈报后，由社会局另给登记执照。

第十一条　本规则自特别市政府公布之日施行。

公安旬刊 1929，1（16）

上海特别市市立流通图书馆暂行规则

第一条　本馆隶属上海特别市教育局，定名曰“上海特别市市立流通图书馆”。

第二条　本馆设董事若干人，组织董事会筹划本馆一切进行事宜。董事由市教育局长聘任之。

第三条　本馆设主任一人，掌理全馆事务，由市教育局长委任之；办事员若干人，掌理各股事务，由主任遴选呈请市教育局长派充之。

第四条　本馆为办事便利起见，暂分总务、典藏、流通三股。

甲、总务股之职掌如左：

一、关于文书之撰拟、缮写、校对、收发、整理及管理事项；

二、关于预决算之编制、各种统计之调制及纪录报告事项；

三、关于设备及用品之配置保管事项；

四、关于各种调查及招待等事项。

乙、典藏股之职掌如左：

一、关于图书报纸杂志及其他刊物之选购、征求介绍登录分类编号事项；

二、关于图书之保管、整理、修补、装订、曝晒及防蠹事项；

三、关于报纸之剪裁汇集等事项。

丙、流通股之职掌如左：

一、关于图书借阅邮寄及收还事项；

二、关于图书杂志报章陈列及整理事项；

三、关于对外宣传及互助其他图书馆事项。

第五条　本馆图书分购置捐助二种应由主管股分别编成书目，并注明重量。

第六条　本馆董事会暂行规则，主任任免待遇规程借书规约别定之。

第七条　本规则如有未尽事宜，得由市教育局随时修正，呈请市政府核准施行。

第八条　本规则自特别市政府公布之日施行。

公安旬刊 1929，1(18)

上海特别市社会局十七年度罢工统计

十七年度上海特别市罢工案件总计一百二十起，劳方参与人数达二十一万三千九百六十六人，受影响之工厂商号数有五千四百三十八家，全年中因罢工损失的工数总计三百零一万零九百二十六工，损失的工资数亦有一百五十九万二千五百九十三元之多。在全年一百二十个案件中，以纺织类发生者为最多，凡三十六起，占案件总数之百分之三十。其次为食物类，凡二十二起，占总数百分之一八．三三。又次为日用品类，凡二十一起，占总数百分之一七．五。就资方之国籍论，则有中、英、日、美、德、法、俄等七国之别，然仍以中国工厂商号所发生之罢工案件为多，计九十六件，占总数百分之八十。罢工案件之影响及于一厂一号者，计六十八件，占总数百分之五七．一四。而影响及于数家、数十家或数百家者亦有之。又从劳方参与罢工人数的分配言，不及十人之案件计三起，十人至一百人者三十一起，一百零一人至一千人者六十三起，一千零一人至一万人者二十一起，一万人以上者则有两起。在已经解决的一百十七个案件中，罢工两天者有二十九起，两天至十天者五十八起，十天至五十天者二十九起，一百天以上的不过一起。兹再将全年罢工案件之原因和结果列表于下：

上海特别市十七年度罢工原因、结果之分析

原因			结果				
项目			件数	完全接受者	一部分接受者	未经承认者	无形停顿或结果不明
与团体要求有关者	关于团体协约者	要求承认条件	10	3	5	1	
		要求履行前订条件	7	6			1
	关于雇佣状况者	工资	27	9	10	4	4
		工作时间	8	2	4	1	1
		雇佣或解雇	24	10	7		5
		待遇	13	6	4	1	2
		厂规	3		1	1	1
		工作制度	6	2	1	3	
		其他	3		3		

（续表）

原因		结果				
项目		件数	完全接受者	一部分接受者	未经承认者	无形停顿或结果不明
与团体要求无关者	同情罢工	7	5		1	1
	政治原因	6		2		4
	其他	6	2	2		2
总计		120	43	39	12	21

统计月报 1929，1(8)

上海特别市政府社会局监督公益慈善团体暂行规则

第一条　本特别市政府社会局依据组织细则第四条丁项第二款之规定，监督市内一切公益慈善团体。

第二条　凡市内公益慈善团体及其附属机关，应呈经社会局核准注册给照后方得设立。旧有之各公益慈善团体及其附属机关呈经社会局查明确有成绩者，方准依照规则注册给照。新创之公益慈善团体及其附属机关，应装将发起人姓名、所在地址及所办事业经费来源、收支预算、办事规则详细呈报社会局核明后，准予试办三个月，经社会局查明确有成绩者，方准依照规则注册给照。如未经过上项规定之手续者，所设公益慈善团体及其附属机关经社会局查出，得勒令停办。

第三条　市内公益慈善团体及其附属机关其性质与事业有与内政部各地方救济院规则第二条所规定之各所相当者，应由社会局令改名称隶属，于本特别市救济院就其地址与基金继续办理。

第四条　市内公立慈善团体及其附属机关无从改隶于救济院者，仍准其维持现状，但应受社会局指导，集中组织或改善事业，以收分工合作之效。

第五条　市内公益慈善事业如由私人或私人团体集资办理，并不向外募捐者一律维持现状，但应遵照本规则受社会局之监督。

第六条　各公益慈善团体及其附属机关应设委员会，其办事主任人员由委员会公举后呈请社会局核定委任之，其他各职员由主任负责选任之，并呈报社会局备案。

第七条　主任人员才不胜任，经社会局调查属实，得令停职改选，如有营私舞弊情事，应依法惩办。

第八条　各公益慈善团体或其附属机关所用职员，经社会局查有溺职或舞弊情事，得令主任分别撤惩之，主任失察或匿不检举，应予以处分之。

第九条　各慈善团体或其附属机关职员任事三年以上，确系着有成绩者，由主任呈准社会局转呈市政府奖励之。

第十条　各慈善团体及其附属机关收支帐目，每届月终，除呈报社会局外，应于各该团体或其附属机关门首明白榜示，年终汇印征信录，昭示大众。

关于收支账目如有错误遗漏重复等情事，经社会局复核发觉后，得随时纠正之。

第十一条　各公益慈善团体及其附属机关，如因经费不足，举行募捐时应先呈经社会局核准。其已办有成案者，亦应于本规则公布之日起一个月内，将一切手续及办法备文补呈候核。

第十二条　各公益慈善团体及其附属机关于社会局核准之捐款，应将捐册收据等编号送局盖印。

第十三条　因特别事故组织临时救济机关如募捐赈灾之类，应先呈经社会局核准其捐款用途及办理情形，亦应于事竣后造具计算书及事实清册，呈报社会局审核。

第十四条　各公益慈善团或其附属机关所办事业如有未尽完善之处，由社会局随时指导督饬改良，如延不遵循，得勒令停办其事业之全部或一部。

第十五条　各公益慈善团体或其所属机关如有假借名义招摇敛财情事，经社会局查实后除将主动人依法惩办，并吊销其执照勒令停办。

第十六条　本规则如有未尽事宜随时呈请修正之。

第十七条　本规则自特别市政府核准之日施行。

农工商周刊 1929(47)

上海特别市公安局发给旅行护照统计表

中华民国十七年度

项别 \ 人数 \ 月别		七月	八月	九月	十月	十一月	十二月	一月	二月	三月	四月	五月	六月	统计
		50	16	19	75	6	2	8	7	7	12	7	4	213
性别	男	50	15	14	74	6	2	7	6	6	12	7	4	203
	女		1	5	1			1	1	1				10
籍贯	江苏			1								4		5
	浙江					1		2						3
	四川			2		1								3
	江西		11	13	4	2	2	3	1	1	3	1	3	44
	安徽							1						1
	广东								1	1				2
	山东										1			1
	河北										1			1
	湖北										3			3
	福建										1	1		2
	湖南											1		1
	不详	50	5	3	71	2		2	5	5	3		1	147

（续表）

项别	月别/人数	七月	八月	九月	十月	十一月	十二月	一月	二月	三月	四月	五月	六月	统计
		50	16	19	75	6	2	8	7	7	12	7	4	213
职业	政			3	1	1		1	3	3	2	1		15
	学				70	1								71
	工			15										15
	商	50	4								4	1	3	62
	医			1										1
	警						2	3	3	3	6	4	1	22
	军											1		1
旅行地点	不详		12		4	4		4	1	1				26
	江苏	50		3	1			2				1	1	58
	浙江				70	2		2			2	1		77
	江西		15	14	4	3	2	3	1	1	3	1	3	50
	湖北			2							2	1		5
旅行地点	河北		1								2	1		4
	四川					1								1
	安徽							1						1
	福建								1	1	1	1		4
	山东										1			1
	湖南											1		1
	不详										1			1

（续表）

月别 人数 项别		七月	八月	九月	十月	十一月	十二月	一月	二月	三月	四月	五月	六月	统计
		50	16	19	75	6	2	8	7	7	12	7	4	213
旅行目的	公务			2		1		1	1	1	2	1	1	10
	学术	50			70				1	1	1	1		124
	返籍		11	16	4	5	2	5	1	1	8	5	3	61
	其他		1	1	1									3
	不详		4					2	4	4	1			15
护照张数		1	4	8	5	6	3	8	4	4	12	7	4	66

上海特别市公安局第二科制

公安旬刊 1929，1（16）

上海特别市卫生局管理肠厂登记章程

第一条　凡肠厂经卫生局审查认为适于卫生并符合左列各项规定者，准其缴费登记颁照营业：

（一）四周清洁并无污水池塘厕所；

（二）明沟暗沟均能排泄灵便；

（三）设有纱窗纱门空气流通光线充足；

（四）天花板水门泥地须光滑平整清洁；

（五）墙壁当用石灰水粉刷洁白，自地面起计六尺高处须涂以水门泥；

（六）在肠厂工作人员须由登记医师证明并无皮肤及其传染病等；

（七）设有二丈高之气囱由屋顶发散厂中臭气；

（八）设备完全。

第二条　登记及执照费一次缴足大洋拾元，印花税税票照章贴用。

第三条　肠厂未经登记者不得在本特别市区内营业，违者应令停止营业。

第四条　厂主或经理呈请登记时应详报左列各项：

（一）厂主或经理姓名、年龄、籍贯、住址、电话号数；

（二）设厂年月日；

（三）厂址；

（四）牲肠拟销地点。

第五条　各厂应将卫生局所取得之登记执照张挂以便众览。

第六条　各厂所领营业执照应于每年一月缴验一次，验明后将执照加印发还。

第七条　各厂如将执照遗失，得呈请补领，惟应照第二条之规定缴纳登记及执照费，并补贴印花税票同时登报声明。

第八条　本章程如有未尽事宜，得随时呈请市政府修改之。

第九条　本章程由市政府核准公布施行。

卫生月刊 1929，2（2）

上海特别市卫生局管理发售鲜肉规则

第一条　凡在本特别市区内发售鲜肉，均应向本局呈请登记，经核准给照后方准营业。其已开设者应遵照本规则补行登记领照。

第二条　鲜肉商或其经理人呈请发记时应详报左列各项：

一、鲜肉肉或经理人姓名、年岁、籍贯、详细住址；

二、店摊地址；

三、设店或摊之年月日；

四、每年出售宰猪几头，已开设者照上年计算。

第三条　鲜肉店摊应遵守左列各款之规定：

一、病猪或死猪之肉不得买卖；

二、未经卫生局或租界卫生处验检盖印认为无碍卫生之猪肉不得买卖；

三、病死后煮熟之猪肉不得买卖；

四、遵守卫生局颁行之卫生规则。

第四条　鲜肉店违犯第一、二、三各款之规定者由公安局按宰猪检验规则第七条处罚。

第五条　鲜肉店摊每年应登记一次纳执照费银一元印花税照贴。

第六条　鲜肉店在一月中犯规至三次者得将执照撤销并停止其营业。

第七条　鲜肉店摊内外均应清洁。垃圾堆、死水池塘或公共厕所等附近不得设立。

第八条　凡在鲜肉店摊工作之人应以曾经登记医师证明无皮肤病及各种传染病充任。并应每年种痘每夏打防疫针各一次。

第九条　各鲜肉店摊应将本局发给之营业执照张挂便于众览之处。

第十条　执照遗失时得呈请本局补给惟应照第五条之规定缴费并先期登报声明。

第十一条　本章程如有未尽事宜得随时呈请市政府修改之。

第十二条　本章程自呈奉市政府核准之日施行。

卫生月刊 1929，2(2)

上海特别市卫生局宰牲检验规则

(一)本局为增进卫生起见，所有本市区内宰牲均由本局派兽医技士检之。

(二)兽医技士之资格须兽医专科毕业领有文凭、经本局考取认为合格者。

(三)检验时间每日以八小时为度，凡节期前一二日及阴历十二月十五日以后至除夕止，准延长一小时。

(四)凡经本局兽医检验无病之牲畜，身上均应盖本局圆印文曰(上海特别市卫生局验讫)。有病者或其有病部分，局部或全体本局得没收之。

(五)凡伪造印证者送公安局依法究办。

(六)租界所宰之牲畜(即牛、羊、猪等)未经工部局兽医检验盖有印戳者，不准运入华界，违者由公安局照第七条之规定处罚。

（七）凡未经本局或租界工部局验讫盖印之肉品，或未经本局验讫发给验单之活畜擅自在市内出售，一经查出，由本局兽医技士检验。若系无病者，初次牛每只罚金十元，再犯时每只罚金五元至二十元，羊初次每只罚金二元，再犯时第只罚金五元至二十元。若系有病或已死而宰者，牛初次每只罚金五十元，再犯时每只罚金一百五十元至三百元，猪初次每只罚金五元，再犯时每只罚金十五元至三十元，羊初次每只罚金五元，再犯时每只罚金十五元至三十元。有病牛羊猪肉或死牛羊猪肉及内脏等，送本市呆猪熬油厂熬油。

（八）宰牲检验费暂定牛每头大洋一元，猪羊每头大洋一角，由财政局直接征收。

（九）牲畜不得任意虐待，违者牛每次罚金一元，猪羊每次罚金二角至一元。

（十）宰作于每次屠宰后即须用水冲洗收拾清洁。

（十一）本章程如有未尽事宜，得随时呈请修改之。

（十二）本章程自市政府核准之日施行之。

卫生月刊 1929，2（2）

上海特别市管理宰作规则

第一条　凡在本特别市区内设立宰作，不论屠宰何种牲畜，均应呈请卫生局登记。如不遵照本规则之规定呈请登记者不准营业。

第二条　宰作呈请登记时应详报左列各款：

一、宰作名称及其详细地址；

二、设立年月日；

三、宰作组织之性质；

四、作址房屋及地基，自有抑系租用，如系租用并应声明起租及满租之年月日；

五、每月所宰牲畜平均约数。

第三条　宰作应遵守左列各款之规定：

一、不着于作内附设内店；

二、不得私宰有病及已病之牲畜；

三、不得违反本特别市各种卫生规则。

第四条　宰作应于每年一月呈请登记一次，随纳执照费银五元。

第五条　宰作中如查得屠户有私宰有病及已死之牲畜情事，应即据实呈报。如屠户一月中犯规至三次者，除送公安局罚办外并永远停止其营业。倘宰作取隐庇效，一经查实，除照第一条之规定外应同受惩罚。

第六条　宰作内外均应清洁，凡毗近垃圾堆、死水池塘或公共厕所等处不得设立。

第七条　宰作应将卫生局发给之营业执照张挂便众览之处。

第八条　执照遗失时得请卫生局补给，惟须重行照章缴纳执照费，并先期登报声明。

第九条　凡在同一地段设有二处或二处以上之宰作时，卫生局得酌量情形令其迁移合并或撤销之。

第十条　本规则如有未尽事宜得随时修改之。

第十一条　本规则自特别市政府公布之日施行。

卫生月刊 1929，2(2)

市政府拓宽道路之暂行规则

第一条　本特别市为谋旧市区之改造，特制定道路系统，就应加拓宽各路规定路线，以资遵守。

第二条　凡有碍路线之建筑物，于翻造时，均应遵照路线一次收进。

第三条　业主遵照路线收进时，市政府主管局即照章付予补偿金之全部。

第四条　凡在两端通行之路线，苟有业主翻造房屋，而其两邻或该段道路尚有半数以上之建筑物未照路线收进时，市政府主管局得酌量情形，准许原业主承租此项被收用之部分，以为搭盖临时建筑物之用。此项临时建筑物，概以平房围墙为限。

第五条　凡在丙端不通行之路线，苟有业主翻造房屋，而市政府对于该段道路尚无立即拆通之准备时，市政府主管局得酌量情形，准许原业主承租此项被收用之部分，以为起造临时建筑物之用。此项临时建筑物，概以二层楼房为限。

第六条　凡在预备取消之道路，苟有业主翻造房屋，而市政府对于该段道路尚无立即取消之准备时，市政府主管局得准其暂在原址起造房屋。遇有特殊情形，市政府主管局得斟酌办理之。

第七条　凡第四条、第五条经市政府主管局核准承租之地亩，其年租为该地地价百分之二。遇市政府使用该地时，经通知承租人，应立即交出，并负拆除该地面上一切建筑物之责。

第八条　凡第四条及第五条经市政府主管局核准起造之临时建筑物，其主要部分，如屋顶、梁柱、楼顶等，不得采用铜骨水泥构造或其他难于拆卸之材料。

第九条　本规则如有未尽事宜，得随时修正之。

第十条　本规则自特别市政府公布之日施行。

道路月刊 1929，27(1)

上海特别市教育局章程

第一条　教育局依照《上海特别市暂行条例》第十一条及第二十四条之规定组织之，隶属于上海特别市政府，管理全市教育事宜。

第二条　教育局设立三科，分掌各项事务。

第三条　第一科掌理左列事务：

一、关于撰拟文牍、编纂、统计及收录管卷事项；

二、关于典守印信及职员任免、记录并考勤事项；

三、关于会计及庶务事项；

四、关于其他不属于各科事项。

第四条　第二科掌理左列事务：

一、关于筹办及管理市立学校及划分市内学区事项；

二、关于市内私立学校之注册事项；

三、关于指导、奖惩及取缔全市私立学校事项；

四、关于筹办义务教育事项；

五、关于关于筹办及提倡职工业余补习学校事项；

六、关于其他市内学校教育厅应办事项。

第五条　第三科掌理左列事务：

一、关于提倡及奖励市民体育、筹设或整理公共体育场事项；

二、关于指导及取缔戏院、影戏院及其他公共娱乐场事项；

三、关于审查剧本、影片、画片、小说、书籍及各种定期出版物等事项；

四、关于筹设公共图书馆、美术馆、博物院及动植物园等事项；

五、关于提倡奖励及监督私立图书馆、美术馆、博物院、动植物园等事项；

六、关于推广平民教育巡回图书馆及各种讲演会等事项；

七、关于其他市内社会教育应办事项。

第六条　本局设左列各职员：

局长一人；

秘书一人；

科长三人；

科员若干人；

督学四人。

以上职员，除局长应由市长呈请中央政府任命外，概由局长呈请市长委任之。

第七条　局长承市长之命，综理全局事务及指导监督所属职员。秘书秉承局长，掌理机要事务。科长及科员等均各秉承长官办理及佐理各该科等事务。督学秉承局长，调查及指导各区学务，并佐理局务。

第八条　本局各科视事务之繁简得酌用办事员及雇员，并得分股办事。

第九条　本局为讨论事务之进行或改良时，局长得召集局务会议，由局长、秘书长、督学相织之，其会议细则另定之。

第十条　本章程如有未尽事宜，得由局务会议随时修正，经局长呈请市长审核提出市政会议决议之。

第十条　本章程自市长公布之日施行。

上海特别市小学校第一次联合运动会纪念刊 1929

上海特别市卫生局管理理发店规则

第一条　本市理发店遵照工商业登记规则，具备声请书呈请社会局登记，俟其转达卫生局审查合格后方得给照营业。

第二条　理发店应受卫生局之指导，随时遵照改良。

第三条　理发应用之器具，如刀剪梳篦用须随时擦拭干净并应以酒精消毒。

第四条　围布颈巾务求洁白，至少每日须洗换一次。

第五条　手巾须常以沸水泡洗，面盆每用一次即用碱皂或沸水洗净之。

第六条　店内墙壁地板常时拭扫清洁，并须多备痰盂，不得随时涕吐。

第七条　理发匠操作时须穿戴白色衣帽。

第八条　理发匠不得替人放血挑痧，并禁止打眼刮鼻。

第九条　理发店务须光线充足，空气流通，夏季并宜装设纱窗。

第十条　违犯本规则者应处以一元至五元之罚金，屡犯不听指挥者，得吊销执照停止其营业。

第十一条　本规则自呈奉特别市政府核准之日施行。

卫生公报 1930，2(2)

上海特别市财政局征收露天经秤菜蔬捐货地规则

十九年一月奉市府指令核准

第一条　凡在本市区域内以经秤菜蔬地货为营业者，均应遵照本市规则按月缴捐领照。

第二条　经秤人应先行开具姓名及秤菜地址，呈明本局，俟勘明距离旧摊满六十丈者，经批准填给捐照后方准营业，其抽佣以菜价值百抽五为标准，不得任意增减。

第三条　此项执照捐额以营业百分之一（即抽佣十分之二）为标准分列等级如左：

甲等月捐洋三十元；

乙等月捐洋二十元；

丙等月捐洋十元；

丁等月捐洋五元。

第四条　经秤时间在春冬两季规定每晨五点钟起至七点半钟止，在夏秋两季每晨四点钟起六点钟止。

第五条　秤货同一地址以一人一秤为限，领照之先须缴验本人二寸半身像片三张备查，不得私自租卖或顶替，违者即吊销其执照。

第六条　经秤人每月须于十日以前缴捐领照，逾期加倍处罚，如逾期一月者，即予吊销执照，另招他人缴捐领照。

第七条　未经缴捐领照而经秤人者，一经察觉以私设经秤论，照月捐加三倍处罚，并勒令停止营业。

第八条　本规则自特别市政府核准之日施行。

公安旬刊 1930，1(25)

上海特别市社会局十八年工作报告

社会事业，至繁且颐，而又在在与民生有关。故市社会局所凭鹄以求者，即（甲）如何改善社会民生，又（乙）如何补救社会缺陷，及（丙）如何革除社会陋习是也。

（甲）所谓改善社会民生，为道多端，而大要不外乎：（一）一般的生计改善；（二）保护工商业以谋社会经济力量之充裕；（三）改善劳工生活，解除压迫，并裁制过分行动，以谋劳工真正之福利；（四）奖励农作，驱除虫害，以裕农民生计，间接以谋民食问题之解决。兹各约举其事业于下。

（一）一般的生计改善，原为社会问题之重心。而市社会局所取之方针，即从提倡各项消费合作社入手。故首在订立规则，示以规范。又举办合作人员养成所，以宏造就。复举行合作运动宣传周，以期引起大众之注意。并免除核准注册合作主社营业牌照诸税，以资奖励。取缔其不注册者，禁用合作社名义，以别泾渭。

但生计问题之最重者，又莫如民食之调节。故本市于本年三月成立粮食委员会，集政府委员会粮食专家及粮食业领袖，共图献替。复举办全市粮食到销统计，为调节之准绳。未及一年，粗有端倪。并主张粮食应流通不应遏阻，粮税应减免不应重叠，粮食政策应由中央通盘筹量而由各省市一致奉行。差幸刍荛得采，渐见实现。又以本市为米粮消费最巨之区，并无积储，一旦发生恐慌，应付殊难，故建议划分积谷款产，以图整理，而为义仓设置之张本。公开屯积，订有专则，防止商人阴谋垄断，而谋粮食潴泄之得其正道。又订立定奖励米谷增收规则，以促进本市粮食生产之增加。

此外与民食问题同其重要者为住宅问题。本市租房之陋习以及房租之高昂，为市民所同感痛苦。但一念恶果之所由成仍为人口密集住宅缺乏所致，在政府无力供给市民以住宅之前，应于取缔之中寓奖掖之意。小租挖费固应革除，房东利益亦应顾全。曾拟具房租审定委员会章程，于息争解纷外兼谋双方利益。嗣经市政府修正为审议房租纠纷委员会，一俟中央核准，即可见诸实行。并以鸽笼式住宅及草棚之不合卫生，易酿火灾，又成为治安之隐患，曾与公安局议有限制分租办法。又建议建筑平民住所，亦由市政府设立委员会专司规划，其已完成者，则有全家庵路第一平民住所。此外关于房租纠纷案件之调解，总以双方各无偏颇为旨。而住宅问题之真正解决，仍有待于市民之通力合作也。

本市贫民所受高利贷之压迫异常严重，押店利息高至按月六分。经市社会局两年之努力，力得渐期革除。但印子钱之恶势力猖披如故。设立贫民借本处，以图补救。俾小民借本营生，不再受高利之压迫。沪南闸北首先举办，各乡区亦将次第设立。至特区方向贫民迭来呼吁，当以警权尚不我属，不得不待诸租界收回之后矣。

（二）本市工商业，自连年发生战事，运输阻滞，失所周转，至本年并受金贵银贱之影响，衰象日著，尤以丝织业、棉织业为最困难。市社会局于可能范围内无不为之力谋维持。又鉴于出口茶业之衰颓，则为请于中央，速谋救济。为国货工厂无锭定材料之所，则设立工业物品试验所。恐工厂设备不善，发生意外，为编制《工厂安全设备须知》，仍随时派员视察，指示改善。为国货运动之不容或间，不第赓续举行，且又开办国货展览会以广宣扬。以新工业品亟应褒奖而资激劝。故又订立奖励新兴工业品规则，受奖者已有三种。此外则以货币制度不良，为工商业发展之障碍，故建议废两为元，整理辅币。又按月编制国内外汇兑及金银货币指数，以察盈虚消息，而为经营工商业之一助。复以各业组织，每与时代不合，非澈底明了其内容，不足以言兴革。故举办各种工商业调查。其已办竣者则有金业、钱业等一十余业。商业习惯调查已编成者有三十五种。商品调查已有报告者三十六种。全市商号调查方在进行，已得二万余户。至为商人组织严密有力，共谋同业利益起见，故举办工商业团体注册。已核准者一五一起。公司商号注册得二百数十余起。典押登记百余起。此后仍当继续进行，改良工商业而图社会经济力量之充实也。

（三）改善劳工生活，首在使劳方有良善之组织，乃能为其主张正当之利益，解除外来之压迫。市社会局举办工会注册，所以寓维护于监督之中。核准注册之工会已有一百五十七起，改组或解散者十五起。劳资纠纷之依法调解决定者，本年凡二百七十一件，其中以解雇及待遇条件等纠纷占大部分。且以工商业衰颓之结果，歇业停止缩小营业范围之案件日益增多。计自市农工商局改组社会局之日（十七年八月一日）起至十七年年终仅有四件，乃就十八年同时期一为计算（即十八年八月一日至十二月三十一日）竟达十七件，两相比较，增加四倍有余。失业问题既日益严重，乃一方劝勉工人不作过分之要求，一方敦促资方勉力维持，并力筹失业善后之策，以期保持劳工生计。此外市社会局认为欲谋劳工问题之适当解决，深有赖于统计，乃致力于统计工作：（一）工厂工人平均月入工资指数；（二）工资率；（三）生活费指数；（四）零售物价指数；（五）罢工统计；（六）劳资纠纷统计等，均已陆续编制。其待举办者，则有（一）工人住屋调查；（二）工业灾害统计；（三）失业统计。均欲以为改善劳工生活、处理劳资纠纷之根据。而最使市社会局劳动行政感觉掣手者——亦不仅劳动行政——则为租界之存留，几随时随地可以感觉阻碍。尤以劳资纠纷之调解为甚。次则为包办工运之徒煽动工潮，以思从中渔利，结果则劳资皆蒙其害。至于工人知识浅薄，有时违犯法规而不自知，依法处分则觉情殊可悯，设或过于宽纵则似法又难恕。此则不得不深显党部诸同志注意于训练工人之工作，俾得稍资补救也。

（四）关于农作事项，首在驱除螟害，改良稻作，俾于本市民食稍资挹注。故组织各区除螟委员会，筹设合作除螟区五所。又以本市民产，棉为大宗，乃设立合作试验区六所。尚思于陆行、法华两区筹设农事试验场，并推广合作区，以便积极改良农事而裕农民生计。仍以乡农经济艰难，亟待改善，故先为农家经济调查，复拟具佃农缴租规则。更拟于乡区贫民借本处附办农事借本，为农民资金融通之所。此外如扩充市立园林场，设计浦西苗木移植区，以期造成园林都市，供市民之欣赏。

（乙）所谓补救社会缺陷者，即于积极改造社会环境之外，另事求恤贫困，为消极之救济。市社会局困于经费，拘牵环境，一年以来，深觉事与愿违。惟受第五次全市代表大会之督责，实行严格监督。故办理慈善团体注册以明瞭本市慈善救济事业之内容俾可筹尽整理。截至本年止，已注册者其五十四团体(关于公益等性质者七十团体)。并为缜密监督计，先后发布各种法令，如(一)处分财产须经核准；(二)改进董事应经圈定；(三)收支款项应有报告并颁布会计组织通则，饬令遵办。仍拟逐步整理，冀臻于完善统一之域，以副市代表大会之期望。而对于各慈善团事业方面，亦随时视察指导，饬令整顿。如各育婴堂应改良管理，务求婴孩死亡率之减少；各留养迷拐女孺团体应革除陋规，不得向留养者关系人索取分文，并改善待遇，以全人道；撤销清节堂，令筹改为妇女教养所并饬令速建新屋，以广收容，修改不合时宜之规章，以资解放。以仅举其荦荦大端，其他有待整理之处，尚属不少。又以所办事业是否适应，应有客观标准以资依据，故会制就各种表格，责令填报，按月送核。复以慈善团体财产漫无稽考，不但易启私人把持之渐，即于事业方面，亦以财产管理不善，无从发展，爰拟组织整理慈善团体财产委员会，一俟市政府核准章程，即可进行。预计整理之结果，收益定有相当增加。除拟办理各种原有事业外，并可划出相当成数，为收容残废游民之用。至由市社会局直接施行救济者，如遣送客籍难民出境，或由慈善团给予口粮川资，此一年中共计一千九百九十余人。其因年迈力衰，身撄残疾，或流落沪上，欲归不得，而责成各慈善机关救济者，计共三百六十四人。余如迷拐妇孺，一经收容，即由社会局制版送登各报招领，又集印招领单送交各该原籍政府张贴。终以本市慈善救济事业，尚处于旧势力支配之下，与新的结合相距尚远。市社会局拟为之融贯新旧，俾得适应社会情形，仍冀大会有以指导而督促之也。

(丙)改革社会陋习，自属革命工作之一。上海社会复杂异常，一方民智开通，固得风气之先，而不免流于奢靡浮薄，一方保守旧习、荒诞迷信之事，犹固植不移。更以四方贫民，纷来谋食，而工商凋敝，产业衰微，上海实已成为外强中干之势。于是人口愈多，生活愈难。因物资方面之压迫，参合以精神上之堕落，相激相荡，乃致作奸犯科逾闲荡检之事层出不穷。欲救其弊，谈何容易！市社会局亦惟有徐图整饬，树之风声，以期潜移默化而已。一年来，如拟订祷寿礼节及婚丧喜宴馈赠等办法，呈经市政府公布施行，由市内各机关公务人员身先提倡，以资表率，所以崇尚俭德养成淳朴之风。他如会同公安禁止迎神赛会、药笺仙方，及取缔封建仪仗之游行，亟观堪与之营业。所以开通民智，为发达民权之基础。惟于卜筮星相，经调查研究之后，以身体缺陷，生计艰难，似不能立时无条件的加以取缔，乃呈经市政府核准，先办登记，限期改业，以免生计陷于绝境。并为年满六十，瞽目无后，确无能力改业者，为谋生活上之救济，以免流离失所。为推行国历计，为开通民智计，均当彻底扫除，以正观览，乃于本年五月间呈经市政府转呈中央，请自十九年起，禁止所有历书、日历、日记簿、月份牌等，概不得附印阴历，违者予以没收。嗣奉中央通令，实行国历，严禁废历书本，当十一月间呈经市政府令准，编印十九年新历书。因时间匆促，搜集材料，斟酌体例，诸未完善。但出版以后，初版二万册，未及两周皆已售罄。各方来亟需要者，远及边省，纷至沓来，几无以应。故又再版一万册，亦已散尽。于此亦足征市民之乐于革新，所愿负指导之责者，能利用此心理，随时加以启迪耳。至于离婚、自杀、盗劫、绑票之案，上海尤属司空见惯。此则有关社会之根本组织。现象如斯，不胜隐忧。市社会局对于此类社会病态，随时研究。据统计之结果，一年以来，自杀事件一千九百八十九起，其间因家庭问题而自杀者占一千一百零一件；离婚事件共六百四十五起，中因意见不合而离婚者占五百零一件；暗杀事件一百十八起；绑票案件六十五起，发生于租界者占五十二起；盗劫次数为九百六十一次。此虽非完全可靠，而有此数字，或可供全市代表大会之注意，而有以医治此病态的上海社会也。

银行周报 1930，14(7)

上海特别市社会局处理劳资争议事件规章

第一条　本规程为规定本局处理劳资争议事件普通之程序而设。其有特别事故、经局长特许者，不在此限。

第二条　本局于接受争议当事人之调解声请书或呈文后，由局长或主管科科长指定承办人员先行审查。其声请事由而为左列各款之分配：

甲、其声请事由显不合法，或因对方有显不合法之行为请求纠正，或其他事显涉司法范围者，于调查明晰后，即签呈科长转呈局长核准，交文书股拟稿以拟批行之。

乙、其争议不能适用劳资争议处理法组织调解委员会者，签呈科长处理之。

丙、其争议可适用劳资争议处理法者，签呈科长转呈局长召集调解委员会调解之，并指定主度委员。

第三条　承办人员对于调解声请书声请之事由有疑问时，得召集当事人来局询问。

第四条　当事人因争议而为调解之声请书，以调解声请书为合法之书状。本局接受处理劳资争议事件，亦以调解声请书为惟一之根据。前项调解声请书，应备正副本两份，由本局依据劳资处理法第二十条之规定制定格式，由当事人依式填具。如不遵填者，以不合程式论，得不受理。但当事人之呈文已备具调解声请书所应记之各事项时，本局得代填调解声请书，而以原呈黏附之。

第五条　依本规程第二条乙未之处理结束时，承办人应将办理结果连同关系文件签呈或报告局长。

第六条　依本规程第二条丙款之调解，调解委员会主席委员应将调解之经过连同本案一切文件呈报备案。

第七条　前条所载调解其为成立者，除由调解委员会将调解笔录底稿送呈局长核阅后，缮印正本、直接送达当事人外，应由本局再训令双方遵照履行。其不成立者，即由本局训令知照，认为必要时，并得限制当事人之行为。

第八条　凡发交处理或调解之案件，承办人员于办竣时，将本案一切文件依照序集订成帙。

第九条　调解委员会第三者，如因事故，欲请本局行文时，一律须以书面呈请，以便稽收。

第十条　本局调查员及书记，经办调解事宜时，对于承办各事项有所陈报，应视调解委员会主席为其直属之长官。

第十一条　本规程自呈奉特别市政府核准备案之日施行。

公安旬刊 1930，1(31)

上海市卫生局管理公共浴室规则

第一条　凡在本市开设公共浴室，应先向社会局声请登记，俟转送卫生局审查合格后，方准给照营业。

第二条　公共浴室应受卫生局之指导，随时遵照改良。

第三条　浴盆周围地板于每日开始营业以前冲洗一次。浴室全部须保持清洁。

第四条　浴盆面盆用过一次后即须用沸水、碱皂洗刷洁净。

第五条　面巾、丝爪络每次用后应沸煮五分钟，方可再用。

第六条　浴巾、浴衣每次用过后即须洗净，方准再用。

第七条　公共浴室不得雇用有皮肤病、花柳病及其他传染病者充任伙友。

第八条　浴客如有皮肤病、花柳病嫌疑者，应拒绝入浴。

第九条　公共浴室设有大汤者，应将池水每日更换一次。

第十条　浴水应用自来水。其无自来水之处，应将水滤清，或用明矾打清，然后再用。

第十一条　公用茶杯经一次用过后，应用开水冲洗，并应用沸水泡茶。

第十二条　违犯本规则者，处以十元以下之罚金。累犯者得吊销执照，停止营业。

医学杂志 1931(59)

上海进港船舶检疫规则

第一条　凡属关于下列各项之一者，应即施以本规则之海港检疫方法：

(a)凡由国外海港驶入本国第一境港之船只；

(b)凡载有传染病之人畜及死人之船只；

(c)凡由国内疫港驶入本港之船只。

第二条　需要检疫之船只，应于进港时悬挂请求检疫之旗帜，在未经检疫医官签给准予通行证以前，不得解悬。

第三条　船只驶入本港，应视当时情形之异同而定，其施行检疫之地址，或在吴淞口，或在内港。

（a）在吴淞口检疫者：

1. 凡自疫港或经正式公布之有疫口岸，航驶来之船只；

2. 凡载重三千吨下之载货船只；

3. 停泊黄浦下游以上（浮筒第某号）或 section A 以上之船只；

4. 凡载有棺柩及尸体，而未得本处签发之通告证者。

（b）在上海内港检疫：

1. 凡属驶行海洋船舶载客十二人以上者；

2. 凡属驶行海洋船舶载货三千吨以上者。

（c）免予检疫者：

1. 凡属行驶中国沿海，或航行内河之船只；

2. 自大连、高丽、香港驶来之船只，已经国内海港检疫医官检疫者。

第四条　船只进口，应由检疫医官最先登船。迨检疫事毕，签发交通允可证后，方可由海关官员、公安局验照员及其他官民人等循序上船，即该船公司之代表等亦应一律遵从。

第五条　船主或驻船医生应将船务卫生及旅客健康状况，遵章详实报告于本处。

第六条　船只于必要时，急需交通许可证者，必先由船主船医，庄敬面述申明书于上海执行检疫之医官。

第七条　检疫医官，须审核船长述呈之申请书，俾定检疫之方针，必要时，并可知照船长，召集船员及旅客，以便检查，并可随时将调阅船务卫生报告、船员旅客名单、熏船证书及提货单等，及研询关于船上之一切卫生问题。

第八条　海港检疫手续：

（a）检疫医官上船检疫之目的，在使传染病不致侵入，俾达船员及旅客之健康。

（b）凡属经过无疫各港之船只，而有驻船医生者，仅审查船务旅行录及健康报告书。倘船由有疫港驶来，而船上并无疫之征象者，则该船装载之货物，颇为危险，此项船只下碇后，必须严为检疫，有时可令行薰船，方准卸货，并于卸货时监视之。

检疫医官须注明检疫情形于申明书，以便熏船医官参考。

（c）检疫医官须参酌申明书所填之卫生状况，而定检疫之步骤，倘船由有疫港驶来，即或申明书内所填为无恙，亦须加以全部之检疫。

（d）全部检疫时，须按照下列次序行之：

1 各病人须施以身体检验；

2 船员之检阅；

3 旅客之检阅。

船上旅客及船员数目须逐一点明，是否与申明书内所填相符。即或船员之一部尚在工作，亦须换班，施以检疫。

检疫医官对于船上人员，均应逐一详细检阅，否则以疏忽公务论，

检疫医官检疫时，对于各人现在及过去之病征，须严密考查，不得仅以点名了事。

若检疫医官对于人员之身体健康上有可疑者，可在船医室或船上空房内施行检验，以便诊断，检疫医官于检疫后宣布此船泊岸无疑，或须先消毒而后卸货。

第九条　检疫后之手续，发船交通许可证，或扣留。

（a）若检疫后认为满意，须俟该船泊岸或停留港中无危险时，方可给予交通许可证。

（b）如船只已得本处所辖港之交通许可证，而当无传染病发现者，得予免验。

（c）倘遇诊断上病人有可疑时，检疫医官可将其暂时扣留，与其他检疫医官或当地医界，相商诊理。

若须验血、验粪、验胃液以凭诊断时，亦可将该船扣留之。

(d)如遇有扣留之病须证，照章合法处理之。

(e)如船上遇有普通传染病时，宜设法将病人移送海港医院，或其他医院。

第十条　在检疫而遇有扣留之病证，应即将发见地点，立即用电话或电报禀明处长，静候命令处理之。

第十一条　检疫扣留病证发现后之处理法。

A. 凡各口岸之无检疫设备者：

1. 须与当地医院接洽，以便收纳船上人；

2. 有疫船之登岸旅客，应照下列方法处理之。

霍乱：各旅客须施打霍乱预防针，并看守六日，或于最初接触该项传染时起看守五日。

鼠疫：各旅客须打鼠疫预防针，并于最初接触该项起看守六日。

斑疹伤寒：各旅客须先上岸隔离，施行减虱，然后从减虱时看守十二日。

附注：所有最初起病日期，旅客如能确实填写，方为有效，同时更须在指定地址、时间施以检验，至看守时期，至少须超过该病之潜伏期。

3. 对于有疫之船只。

凡有疫之船只，须照章清理而消毒之。

B. 凡各口岸之有检疫设备者，依照下列各方法施行之。

1. 凡属前几天人，或疑似之病人，须送入海港检疫医院住院诊治。

2. 凡旅客之愿居于船上者。

霍乱：旅客须扣留于海港检疫所，自发病时起凡五日，或经过受打预防针六日。

鼠疫：旅客自发病时起，须看守六日。

斑疹伤寒：旅客须上船施行减虱，至少扣留十二日。

3. 此项船只遇有霍乱鼠疫及斑疹伤寒时，须依照海港检疫章程第三十二条第三十七条及第四十六条处理之。

鼠疫：如遇有鼠疫发现之船只，即命令不准其靠岸，若急须卸货于他船，亦必须待熏船后检查该船无鼠类，而酌情通融之，即已空舱，当须复熏一次，而受货之驳船卸货后，亦当蒸薰一次。

医事汇刊 1932（11）

上海市搬运旅客行李码头脚夫登记规则

第一条　凡在本市内码头上搬运旅客行李为业务之脚夫，均须向公安局声请登记在沪南轮船码头区域以内者，除应遵照本规则外，并应遵照公用局管理码头章则之规定。

第二条　声请登记之脚夫应先向公安局领填登记声请书五份（一份存社会局，二份存公安局，二份存公用局），一寸半身相片六张，呈请核转公用社会两局审查。

第三条　经审查合格奉到核准通知之搬运旅客行李码头脚夫，应于七日内亲自随带登记费银一元、印花费一角，到公安局领取登记及号衣式样。

第四条　脚夫营业时应穿着号衣随带登记证，以便随时受公安公用社会三局职员长警检查，在接运旅客行李以前并应先将登记证交旅客查看。

第五条　如旅客不愿雇用时，脚夫不得强夺搬运或借端勒索。

第六条　脚夫搬运旅客行李价目如左，均以大洋计算：

小件五分；中件一角；大件一角五分。

第七条　脚夫停业时，须将登记证呈缴公安局核销，否则责成保证人追缴。

第八条　脚夫遗失登记证，除照章呈报公安局请求补领外，并应登报声明作废。

第九条　登记证不得有转借顶替情事，违者吊销其登记证，并处以十元以下之罚金。

第十条　脚夫登记证应于每年七月呈请公安局换领一次。

第十一条　违背第一第五第六第十条之规定者，处以十五日以下之拘役或十五元以下之罚金，其情节较重者吊销其登记证。

第十二条　本规则如有未尽事宜，得随时呈请修正之。

第十三条　本规则自呈奉市政府核准之日施行。

登记原则三项

（一）以原在码头上搬运行李之脚夫优先登记。

（二）规定各登记脚夫营业地点原在某码头营业者，仍须在该码头营业以免紊乱。

（三）限定登记人数，以免供过求发生争夺营业情事。

警察月刊 1933，1（4）

上海市房屋租赁规则

二十二年七月公布

第一条　凡属本市区以内所有房屋租赁事项，除法律别有规定外，均适用本规则之规定。

第二条　房主均房客赁屋时除订立租约外，应将房客之姓名、籍贯、职业、人口、租金、保证人等项于十五日内报由本市公安局该管警区发给制定之房租薄。（本条所称保证人之责任，仅为保证租金情事，应由保证人负责代付，但以两个月租金为限。）

第三条　凡以所赁余屋分租与他房客者，在本规则称为分租人，凡向分租人赁屋者在本规则称为转赁人，分租人于转赁人赁屋时，应将转赁人之姓名、职业、籍贯、人口、租期、租金等项于十五日内报由本市公安局该管警区发给制定之分租薄。

第四条　房屋无法觅取保证人者，除预缴第一个月租金外，并须再缴等于一个月租金之保证金，如欠付租金三个月，除照第十三条规定办理，并将保证金扣抵，久不敷仍得追征。

第五条　第二第四各条所规定之保证人或保证金房主自愿免除者听之。

第六条　在本规则施行前已将房屋租出之房主或分租人，应一律于施行之日起两个月内依照第二第三条之规定向本市公安局该处警区补行报告，领用房租薄或分租薄。

第七条　所有小租挖费等一律禁止。

第八条　房屋与房客或分租人与转赁人如有变更租金数额时，应即报告本市公安局该管警区更正租薄内租金数目。

第九条　房客或转赁人如欲出屋退租，除双方另有约定外，房客应先一个月通知房主，转赁人应于十日前通知分租人。

第十条　房主如因拆造房屋，应呈请工务局核准先期三个月通知房客迁让，并应免除最后二个月租金，但有特约者于本条所定者不在此限。

第十一条　分租人得到房主依照第十条规定之通知，应立即通知转赁人依照第十条免除租金。

第十二条　除第十条规定外，房主或分租人不得借端强令照付房金之房客或转赁人迁让出屋，如因房主收回自用或变更产权而令房客出屋者，应由房主或分租人退还三个月租金，但房客或转赁人若有不规则行为，如妨害公安卫生等项，经房主或分租人察觉时，虽照付租金亦得报告本市公安局转饬该管警区声明分别取缔或勒迁。

第十三条　房客或转赁人如欠付租金逾三个月，不论有无特约期限房主或分租人，得声明解约并携同房租薄或分租薄报告该管警区依据本规则办理。

第十四条　凡遇发生房租纠纷事项请求本市主管机关核办时，房主或分租人须提出房租薄或分租薄连同房捐收据呈验，房客与转赁人须提出房租收据与其他证据呈验，否则不予受理。

第十五条　房主或分租人违反规则第二第三第六各条规定者，处以二元至二十元之罚金，房主或分租人及其经租人违反本规则第七条规定者，处以二十至一百元之罚金。

第十六条　本规则如有未尽事宜得随时呈请修正之。

第十七条　本规则自呈准公布之日施行。

警察月刊 1933，1(8)

上海市西药商医疗器械商制造及贩卖注射器注射针规则

二十四年四月三日核准公布

一、凡本市区内西药商医疗器械商欲制造输入或贩卖注射器注射针者，除遵照行政院修正管理注射器注射针暂行规则之规定外，并须遵守本规则办理。

二、西药商及医疗器械商欲制造输入或贩卖注射器注射针者，均应先遵照内政部管理药商及行政院修正管理注射器注射针暂行规则及本市药商及医疗器械商注册规则之规定，向本市卫生局声请注册经核准注册给照后始得营业，其兼营制造注射器注射针者，并应先呈请本市卫生局备案经核准后始得开始制造。

三、兼营制造注射器注射针之西药商或医疗器械商，每次出口均分别列表呈报本市卫生局核准后始得发售。

四、兼营注射器注射针之西药商或医疗器械商，发售前项制品时应遵照下列各项手续办理：（一）正式医师或医院或医疗机关购买时，须凭签字盖章之证明书；（二）正式西药商或医疗器械商订购时除出给正式签名盖章之购买证明书外，并须凭本市卫生局订定之订购医疗器械声请书始得售给；（三）前项购买证明书应由出售者按期集报本市卫生局审核。

五、正式西药商医疗器械商以输入贩卖为目的欲向他处订购注射器注射针者，均须先向本市卫生局领取声请书，依式填写，送局核定，经审查核准订购数量后，再将核定之声请书发还原声请人，始得向制造厂订购。

六、凡向国外订购之注射器注射针等到达海关时，应将提单及发票连同前核定订购医疗器械声请书一并呈局查验，经验明与原核定数量相符，即将声请书注销，另给准提医疗器械证明书，即可持赴海关提取货物。

七、正式西药商医疗器械商贩卖注射器注射针之手续，除应遵照本规则第四第五两条之规定办理外，其寄售与外埠之注射器注射针，并应先期将购买人所填正式证明书呈局审查，经核准发给准寄医疗器械证明书后，始得照寄。

八、本规则如有未尽事宜，得随时呈准修正之。

九、本规则自核准公布之日施行。

医事汇刊 1935，7(3)

上海市卫生局修正医院注册规则

第一条　本市公私医院，除市立医院外，均应照本规则呈请本市卫生局注册，非经核准注册领照者，不准设立。

第二条　医院呈请注册，除遵照部颁管理规则各条之规定外，并面遵照下列各项办理：(一)非本市卫生局注册领照之正式医师，不得充任医院院长；(二)非对于某科有特别设备，经本市卫生局认为合格者，不得称为某专科医院；(三)每一医院必须设置病床十张以上，每床所占面积，最低限度须有六平方公尺；(四)医院必须有重病房及太平间之设备。

第三条　医院呈请注册时，须填具规定之声请书，连同房屋建筑图样及执照费四元、印花税费一元，一并呈送本市卫生局，经审察合格后，始准给照。

第四条　医院注册执照，每年换领一次中，并照前条之规定，缴纳执照费及印花税费。其在期间因迁移换领，应缴纳换照费一元，并照章贴用印花税。

第五条　各医院应将执照悬于挂号处，以便众览。

第六条　执照如有遗失，得呈请补发，但应照缴各费，并登报声明作废。

第七条　违背本规则者，依照部颁管理医院规则处罚。

第八条　本规则如有未尽事宜，得随时修正之。

第九条　本规则自公布之日施行。

医药评论 1935(132)

上海市管理中西医药新闻广告暂行规则

二十五年十月九日公布

一、本市中西医药之广告及类似广告性质之文字登载新闻纸类，依本规则管理之。

二、凡未经本市卫生局核准注册之医师牙医师医院药商等，一概不得登载医药广告或类似医药广告之文字图画。

三、业经核准注册之医师牙医师等刊登广告内容，以下列数项为限：（甲）姓名；（乙）学位；（丙）科目；（丁）地址；（戊）电话；（己）时间。

四、业经核准注册之医院刊登广告，不得以其疗法经历及设备价目等为虚伪夸张之宣传，其从事治疗之医师除学位名称、专门科名外，亦不得有其他之广告。

五、业经核准注册之药商刊登药物广告不得有下列情事。

（一）涉及猥亵或壮阳种子之文图画。

（二）暗示避孕或堕胎等之语句。

（三）虚伪夸张及以他名义保证效能使人易生误解之记载。

（四）其他医药器物之经卫生局指明禁止者。

六、各报登载医药副刊以浅显文字宣传卫生常识或医药学理为限，不得假托病家口吻故意揄扬医师技术及药品功能以及含有其他广告性质之语句。

七、凡不合本规则第二条至第六条之医药广告文字，各报馆应拒绝接受刊登，其业已刊登者，经本市卫生局通知后各报馆并应立即停止登载。

八、医师牙医师医院药商等违背本规则第二条至第六条之规定者，除按照各该医药规定者办理外，得由本市卫生局酌量情节轻重，处以二十元以下之罚锾。其屡戒不悛者并得吊销其注册开业执照。

九、本规则如有未尽事宜得随时修正之。

十、本规则自市政府公布之日施行。

卫生月刊 1937，7（3）

上海特别市卫生局检查殡仪馆及丙舍寄柩办法

三十一年八月一日核准

第一条　本局督促殡仪馆及丙舍或寄柩等，切实遵守本市管理殡仪馆及取缔丙舍规则，并督催尸主营葬，以免有碍公共卫生起见，特订本办法检查之。

第二条　殡仪馆暂停待葬之柩，至多不得逾十五具，并依殡仪馆管理规则第十一条之规定，暂寄期限不得逾二星期，否则按照呈准办法依左列定额每具按月征收检查费。

一、逾期不满一年者每具每月收费一元。

二、在一年以上者每具每月收费二元。

三、在二年以上者，按年期计算，每具每月递加一倍，但至多不得逾五年。

上项检验费责成各该殡仪馆负责人经收，按月集缴本局，并得由本局限制收存新柩及采用强制埋葬办法。

第三条　丙舍暂停待葬之柩，应依左列定额每具按月征收检查费。

（一）在一年以内者每具每月收费五角。

（二）在一年以上者每具每月收费一元。

（三）在二年以上者每具每月递加一倍，依此按年递加，如满五年而仍不埋葬者，应由丙舍负责人呈报本局核准后代为埋葬。

应收检查费亦责成各该丙舍或寄柩所负责人经收按月集缴本局。

第四条　本局每月派员前往各殡仪馆丙舍或寄柩所，检查各项设备有无妨碍公共卫生事项或违背管理办法，并查核棺柩出入薄册稽核存柩数目有无逾越定额柩算检查费数额，殡仪馆或丙舍负责人于二日内来局缴费并掣给收据。

第五条　凡经本局验讫之柩，按月粘贴查验证以资识别。

第六条　经营者得凭本局所发检查费收据，向柩主收还检查费。

第七条　殡仪馆及丙舍或寄柩所将寄存棺柩以多报少，逾越定额或有优占代收检查费情事，一经查实，除分别按照管理殡仪馆规则第十五条或取缔丙舍规则第十二条处置外，并酌量情形将负责人送请法院依法办理。

第八条　经营者不得向尸主浮收，违则依照前条办理。

第九条　检查费延期不缴逾十日者，加收百分之五之滞纳金，逾一月加收百分之十，均由经收人负担，逾二月以上不缴者，得将执照吊销勒令停业。

第十条　本办法如有未尽事宜得随时修正之。

第十一条 本办法自呈奉市政府核准之日施行。

卫生月刊 1942 复 1(1)

上海市经济局之组织及其施政概况

关于各地方经济局之组织及其施政情形，未获详细之报告。兹以我国经济中心之上海市的经济局之组织及其施政概况分述如后，借以窥见我国战时经济施策推行之一般。

上海特别市经济局之现行组织，分为四室(秘书室、技术室、视察室、会计室)，五科(第一科掌理文书、人事、出纳、庶务等事项，第二科掌理工商业之管理、登记、监督及奖励、取缔等事项，第三科掌理工商团体之指导组织及登记监督给储藏、移动及合作事业之指导组织等事项，第五科掌理物价管理、查缉及经济警察指挥管理与度量衡之推行取缔等事项)及一个物价评议委员会和一个度量衡检定所，还有各区的驻在员和本市市区内之各小菜场。

自民国三十二年三月一日成立以迄年底为止，上海市经济局之施政情形，可概括为下述几项。

一、调整沪市各业同业公会

同业公会是工商业的经济机构，其组织是否健全，关系工商业的发展很大。加以上海是我国工商业的中心地，而实施物资统制的商统会又以同业公会为基底，所以健全上海同业公会的组织，比其他地方尤属重要。上海市经济局是上海市各业同业公会的主管机关，协助商统会健全其下层基底，以推进物资统制的强化，便成为市经济局特别重要的工作。四月初，经济局奉实业部的命令，依照三月二十五日国防会议所通过“工商同业公会暂行条例”之规定，对沪市各同业公会一律进行调整改组，当即于四月十四日订立“工商同业公会申请组织手续须知”，并制定各种申请书和表册式样，依次指定各同业公会的召集人和发起人限期改组成立。最先着手的，是遵照实业部所颁布主要商品同业联合会及同业公会分类表，先行组织棉花等十同业公会，一面令饬原有的各该同业公会停止活动。其后又陆续组织于厂业、玻璃号业等各业同业公会，都以一业一会为原则，至一部分具有历史性而组织本已健全的同业公会，则经调查明确后，即予以登记。进行调整和改组各业同业公会之际，由于各业相互间及其内部组织分子利害关系的复杂和若干营业范围的冲突等，困难相当多，经济局会费了不少心力，到十一月中为止，上海市业已调整、组织成立的公会，计有一百十七家，即新药业同业公会、工业油脂业同业公会、棉花业同业公会、布号业同业公会、纱号业同业公会、烟叶业同业公会、卷烟火柴皂烛业同业会公、煤号业同业公会、棉织厂业同业公会、药厂业同业公会、火柴厂业同业公会、铁钢厂业同业公会、酒精厂业同业公会、电器厂业同业公会、绸缎号业同业公会、丝织厂业同业公会、橡胶原料业同业公会、百货公司业同业公会、橡胶制造业同业公会、烟厂业同业公会、电器材料号业同业公会、原皮业同业公会、皮革号业同业公会、皮革制品号业同业公会、五金号业同业公会、飞花业同业公会、丝号业同业公会、冶铁厂业同业公会、打铁业同业公会、非铁金属业同业公会、玻璃号业同业公会、织线号业同业公会、机械厂业同业公会、原毛业同业公会、弹花业同业公会、呢绒号业同业公会、医疗器械号业同业公会、医疗器械厂业同业公会、玻璃厂业同业公会、毛纺织厂业同业公会、布厂业同业公会、化学工业品号业同业公会、锡箔制造业同业公会、橡胶品号业同业公会、西颜料号业同业公会、华洋百货号业同业公会、丝厂业同业公会、制革业同业公会、化学工业原料厂业同业公会、化学工业原料厂业同业公会、皂烛厂业同业公会、粗细颜料杂货业同业公会、旧货业同业公会、绣业同业公会、华南进出品贸易同业公会、银楼业同业公会、竹籐柳草业同业公会、钮扣业同业公会、金属线丝业同业公会、银器作业同业公会、拍卖业同业公会、车胎号业同业公会、搪瓷业同业公会、寿衣寿器号业同业公会、汽灯业同业公会、古玩业同业公会、汽车运货业同业公会、潮汕神纸业同业公会、参燕业同业公会、漆业同业公会、珠钻业同业公会、煤渣业同业公会、自行车业同业公会、西服业同业公会、牙刷业同业公会、照相馆业同业公会、国药号业同业公会、转运报关业同业公会、软木业同业公会、眼镜业同业公会、照相制版业同业公会、原麻业同业公会、济渡业同业公会、房地产业同业公会、热水瓶厂业同业公会、橡皮轮榻车业同业公会、鞋底钉楦业同业公会、蔴类制品业同业公会、印铁制罐业同业公会、土烟丝业同业公会、平版印刷业同业公会、殡仪寄柩业同业公会、废铁维业同业公会、废纸料业同业公会、旗篷业同业公会、广告业同业公会、军装业同业公会、肥田粉业同业公会、仓库业同业公会、柴炭业同业公会、人造丝号业同业公会、铁桶业同业公会、包车制造业同业公会、冷藏制冰业同业公会、汽车零件拆配业同业公会、丝棉业同业公会、铁锅陶器业同业公会、礼品号业同业公会、度量衡器业同业公会、药材业同业公会、机器造绳业同业公会、制线业同业公会、手制纲袋业同业公会、制伞业同业公会、营造厂业同业公会、砖灰砂石业同业公会、旅馆业同业公会。在筹备组织中的同业公会，则有铁带业同业公会、苦卤业同业公会、木业同业公会、锡箔灰业同业公会、唱机唱片业同业公会、旅行社业同业公会、赛会地毯号业同业公会等。不过，根据工商同业公会暂行条例第三条修正条文的规定，已组织完成的新药业、药厂业、医疗器械业、国药号业、药材业及未核准登记的鲜药业之六同业公会，已移归市卫生局主管；至于上海市粮食方面的同业公会，则另有主管机关——市粮食局经管。

二、办理工商业登记

工商业登记分工厂、公司、商业三种。工厂登记依照工厂法施行法及沪市管理工厂暂行办法，由市经济局办理。凡以营利为目的、集合股份而组织的团体，称公司，依照公司法、公司法施行法、公司登记规则，其设立、解散、增资、减资及设立支店的登记，须由市经济局转呈实业部核办；其他事项的登记，则直接由市经济局核办，每月呈报实业部。凡独资或合伙组织的商店，依照沪市商业登记规则，须由市经济局核给登记证。现上海市内工厂之已登记者约占十分之八，公司自补行登记及重行登记暂行办法公布后，有的已直接向实业部呈请，有的由市经济局核转，已登记者约占十分之九。关于商业登记，前因租界关系，政讼没有统一，凡经营工商业者，往往底须经租界当局许可，即可开业，所以全沪各工厂商号未经市经济局登记者，约占十分之八。全沪大只三万户，未申请登记垢，竟达十二万户。截至三十二年底止，沪市各工商同业公会，业经次第调整组织成立。依照工商同业公会暂行条例的规定，凡工商业未经市经济局核准登记的，不得加入同业公会为会员，并不得继续营业，所以沪市工商业登记如果不能于最短期间办完，其影响于工商业本身利益固然很大，而于战时经济体制的确立，及战时经济政策的推行，也必多生障碍；因此，市经济局已经决积极从事举办工商业补行登记，并已拟就“举办工商业补行登记计划”，呈请市政府核准后即可施行，预计在三十三年三月内把它办完，将由市经济局派员调查，其未登记的工商业，限日呈请登记。不过，沪市未登记的工商业太多，以十二万户计，以现有的人力，在此短期间内实难办完，故市经济局预备雇用临时人员加紧赶办。同时因为市经济局地处偏辟，中心区工商业远道呈请不便很多，或将影响登记；所以预备在中心区设置一个工商登记临时办事处，专事办理收受申请书及登记费暨发给执照等情，以便利商民。

三、办理主要商品登记

上海市经济局所办理之主要商品总登记，关于棉花、火柴、肥皂、蜡烛等，已自三十二年四月五日开始，五月一日截止，初步登记完竣。五月十一日实业部颁发《主要商品登记规则》，其所列主要商品中，尚有毛织维及毛制品、茧、丝及丝制品、工业油脂、烟叶、玻璃（包括原料及制品）、电器（包括原料及制品）、皮革（包括原料及制品）等八项主要商品不曾登记、为使登记工作有所依遵起见，市经济局并根据上述实业部所颁《主要商品登记规则》，订立《上海特别市主要商品登记及移动报告手续须知》及《上海特别市经济局办理主要商品登记申请须知》，规定应登记的主要商品计为：①棉花、②棉纱、③棉制品（包括布匹针织品）、④化学工业品（包括原料、西药、颜料、染料、及酒精）、⑤毛织维及制品、⑥茧、⑦丝及丝制品、⑧工业油脂、⑨蜡烛、⑩肥皂、⑪ 火柴、⑫ 块煤及煤球、⑬ 卷烟及烟叶、⑭ 橡胶（包括原料及制品）、⑮ 五金（包括铁钢白铁及金属原料及制品）、⑯ 玻璃（包括原料及制品）、⑰ 电气器具（包括原料及制品）、⑱ 皮革（包括原料及制品）、⑲ 原麻及制品，共十九种。

租界收回以前，因环境特殊，大部分商号意存观望，登记未见踊跃。租界收回后，登记者始渐见增多，不过所登记的商品，也只以五金、化学工业品、工业油脂、机械、橡胶及皮革等项数量较多，丝茧麻及麻制品等项，可谓绝无仅有。所以市经济局现有之主要商品登记纪录数字，与沪市实存物资数量，恐相差很巨。市经济局现正积极整理各项申请登记书，编制总报告表，并加紧登记工作，务使未登记的都去登记，登记不足的重行登记，以符实数。因为商品存量的明了，关系物资统制及调整物价者极大。

四、办理物资移动报告及关于物资调查收买配给情形

依据前述市经济局所颁“主要商品登记及移动办法”，主要商品凡经市经济局登记后，如有移动，须向经济局呈报登记。沪市物资之移动，是由商统会核发许可证书，商民于物资移动后，即向市经济局作物资移动报告。不过，事实上于物资移动后不向市经济局作报告的也不少，因此，市经济局物资移动纪录数字，与上海市物资料际移动情形，恐亦未必相符。市经济局现正与商统会加紧取得联络，以减免物资移动的漏报。

关于沪市物价调查工作，现由物资调查委员会负责办理。市经济局已制定一种厂商营业实况调查表，预备发给各厂商照式填报，以作实行物资配给时的根据。至沪市物资的配给，除粮食方面之米、麦、油、糖四种已有相当时期外，并已在筹备开始配给肥皂及火柴、洋蜡、食盐等日用品。至于其他日用品的配给，须俟市内所存物资数量调查确实后，方可逐步计划推进。不过，各区的配给物品数量，间或不能一律，现时市政既告统一，市经济局不能不要求有关当局，求全沪各区配给待遇的平等化，并力谋沪市经济行政的一元化。

五、办理物价评议情形

上海市经济局为谋市区物价的安定，于三十二年六月九日组织“上海特别市物价评议委员会”，由经济局主管科长任主任委员，并聘粮食局、社会福利局、警察局、沪西警察局等有关机关主管长官为委员。其核定价格的程序，是由商民呈局调查审核后，交该委员会评定，然后再签请该局公布实施。不过在租界未收回以前，因环境特殊，呈请评定者甚少，所以物价评议委员会实际上没有怎样发挥其使命；租界收回以后，行政既已划一，过去机关重叠，各自为政的状态，自须加以改善，市经济局因此重申前令，饬令各业公会迅将商品售价详细列表附表附同证明单据申叙理由，呈局核定售价，其印发的行市单，亦须先生呈局验印，始准分发，迄今呈请者已有不少。市经济局现正积极从事于物价调查工作，取缔私抬物价的情事，一面决定扩大物价评议委员会的组织，呈准市政府改由市经济局长任主任委员会，市府代表，粮食局，商统会米粮统制会，一区经济处长，八区经济室主任，一、二警察局，商品检验局，棉业统制会等有关机关长官充任员会，以期成为一个强有力的评价机构。在积极筹备之下，已在十二月二日正式改组成立，并已召集第一、二两次会议，讨论推进工作方策。

平静了许久的物价问题，于三十二年十二月中又突然严重起来。且其形势较前尤为险恶，倘不能立即抑平，则国计民生以及金融前途，都不免要受巨大影响。因此物价评议委员会于十二月二十三日召集临时紧急会议，通过统一评价机关，评定最高限价，取缔非法抬价及疏通物资来源，以期根本抑平物价之具体办法等重要议案。其中对于各业商号之私抬价格，尤定有极严厉的措置。另外，市经济局为消灭黑市，彻底抑平物价，又呈准市府组织经济警察，不久便可正式成立。又实业部为强化上海物价的管理，已于十月十八日起将物价管理总局迁至上海，担任管理物价行政上的指导、调查、设计等事宜。市经济局关于物价问题的处理，今后自将多受实业部物价管理总局的指导。

（编者按：本篇系参照上海市经济局于三十二年尾所作之报告“一年来上海经济行政概况”，中央社之通讯，及本年监编辑室向全国经济委员会之调查而编成。至关于财政金融及实业等，则请另阅专文。）

申报年鉴 1944

市政府取缔摊贩

吴市长曾于八月十九日为外汇调整防止物价高涨事，召集本市工商界举行谈话会，当时宣称：“四大公司及百货业过去受摊贩之影响，政府决心于九月一日前完全禁绝摊贩。”嗣后全市摊贩闻讯，惶惶不可终日，曾举行游行请愿，惟派代表要求市长体谅生计予以变通施行。惟政府态度坚决，已于九月一日如期执行。惟此后走私货是否可以绝迹？百货业是否因此而营业鼎盛？尚有待事实之证明耳。至数万摊贩之生计问题，已由警局劝导其从速改业矣。

卫

经济周报 1946，3(10)

从取缔摊贩说起

以保护大公司利益及维护交通为“理由”，上海市政当局竟不愿十余万市民的饿饭，决定取缔摊贩。

什么“我们必须勤劳努力，为民众服务，来解除人民的痛苦，增进人民的福利”等等漂亮活，也曾说过不少，但是在实际上，脑子里从来就没有“人民”的影子，否则又哪会置十余万市民的生活于不顾呢？

说的是为人民解除痛苦，增进福利；做的是为人民增加痛苦，剥夺生计。还怎能不给人以“好话说尽，坏事作尽”之感？

战争与灾荒，已使人民死得够多了，衮衮诸公却又在加工赶造饿殍！

在政府错误的经济政策措施之下，上海的工厂商店倒闭的已不少了，失业的已够多了，却还要夺去这十余万市民的饭碗，增长失业的行列！

在谈及人力车夫和摊贩取缔以及房捐房租加价的时候，一个店员幽默的说：“我们希望当局诸公多睡觉，多跳舞，多打牌，这样就可以少做些扰民的事情了！”这与其说是对政府的刻毒讽刺，倒不如说是老百姓被扰得无可奈何的真实反映。

当局应该为摊贩设想，采取合情合理的办法以求解决，一味取缔决不是办法。

纶

群众 1946，12（6）

取缔摊贩，酿成流血不幸事件

十月卅日，本市发生摊贩请愿流血事件，集众与警察相持竞日，在刺刀水龙出动，枪声石子乱飞下，空气极为紧张。及至次日，范围更形扩大，主要市区交通多处断绝，商店几乎全部停业，流血捣毁事件发生多起，整个繁华上海，顿现恐怖骚乱凄凉悲惨之象，此不仅为胜利以来空前仅有之惨事，亦为五册惨案以后少不多见之大事，确系动乱时代大悲剧中之一悲惨幕插曲。

事缘警局为“整顿市容”，连日出动大批警察，拘禁摊贩千余人，据云狱中饮食不足果腹，加以日来天气严寒，被拘摊贩均衣着单薄，冻饿不堪，摊贩家属欲送棉衣食物则手续艰烦，后更盛传被禁摊贩已有多人因饥寒而倒毙，乃众情愤慨，大举请愿，要求释放被拘摊贩，终于酿成不可收拾之惨剧。

上海摊贩之众多实因战祸弥漫，农村破产，大批农民来沪谋生，而上海亦因美货之泛滥，生产停滞，工商皆不景气，造成大批失业，为生活之挣扎乃出现大量摊贩。原因既不简单，取缔当非合理救治办法，“格杀不贷”更不能解决问题。

在内战愈打愈烈，难民与逃役者流离益众，美货滚滚而来，通货刻刻膨胀，工商个个倒闭，商店日日萧索之今日，全国已达民不聊生地步。由此次摊贩骚动，即可见上海经济黑影，甚至全国政治经济之暗影。一叶知秋，隆冬不远，倘内战再不停止，财政经济再无办法，为政者再不注意民生，则来日大难，不堪想像！

经济周报 1946，3（23）

上海市社会局工商业登记暂行规则

卅四年十一月三十日公布

第一条　为实施本市各种工商业之登记，订定本暂行规则。

第二条　本市各种工商业之登记，除法令另有规定外，适用本规则之规定。

第三条　本市各种工商业于本规则施行前业经合法登记者，由本局另行公告限期呈报换登记证。其逾期不呈报者，应重行申请登记，声请换发登记证应附缴旧登记证或其他证明文件。

第四条　工商业声请登记，应用本局规定之声请书及登记表详实照填，由声请人签名盖章并应加具必要之证件。

第五条　工商业登记之声请书分左列四种：

一、工商业登记声请书；

二、限制行为能力人登记声请书；

三、法定代理人登记声请书；

四、经理人或代办商登记声请书。

前项第一款所称之工商业登记之声请书，分工业、商业及手工业三种。工业登记申请书并加登记附表三种。

第六条　凡兼营两业或两业以上之工商业，应于声请登记时将兼营之业务，详细填明于声请书内。

第七条　凡在本市内设有分店或支店者，均应各别登记。

第八条　商号名称相同之各工商业，均得于规定期限内为登记之声请。但是其主张使用在前者，应具创设在前之证明文件始可排斥创设在后者。对于同名称商号之使用依前项规定。对于同一名称之工商业声请登记时本局得令创设在后者更改其名称其业已登记者亦同。

第九条　各种工商业登记之日期，由本局另行公别公告之。

第十条　各工商业应于本局公告所定之期限内声请登记期遂届满后，新设立之工商业应于开始营业后十五日内声请为创设登记。但本局公告之期限尚未届满时，仍依法公告所定之日期。

第十一条　工商业声请登记，不得有隐匿虚伪情事。一经发现立即撤销其登记。依前项规定撤销登记者，视同未登记。

第十二条　工商业登记后，如有变更、转让、废止或继承、赠与情事时，均应依法声请登记。

第十三条　工商业声请登记，经本局核准后，除依法公告外，其创设之登记，由本局发给登记证，其为变更登记者，由本局换发登记证。

前项登记证所载事项，遇有错误或遗漏时，得呈请本局更改之。

第十四条　各工商业应将登记悬挂于明显处所。

第十五条　声请登记应依下列之规定缴纳登记费：

一、资本未满五万元之创设登记，每件五百元。

二、资本五万元以上拾万元以下之创设登记，每件一千元。

三、资本十万元以上之创设登记，每一万元加纳五十元零数不计。

四、添设支店呈请登记者，每一支店纳费一千元。

五、声请为变更或转让登记者，每件纳费五百元。

六、其他各项登记每件五百元。

第十六条　工商业登记发给登记证，每件酌收印刷纸张费。呈请换发或补发时亦同。声请发给登记证时，应附缴法定之印花税。

第十七条　工商业登记之声请书及登记附表，每件酌收印刷纸张费。

第十八条　凡因必需向本局请示查阅登记簿者，应用书面呈请，每次应缴纳查阅费法币一百元。如需抄录者，每千字应缴抄录费法币五十元。

第十九条　工商业不于规定期限内依法呈请登记者，本局得勒令停业，或科一万元以下之罚锾。

第二十条　已登记之工商业有左列各款情事之一者，本局得对该工商业之负责人科五千以下之罚锾：

一、违反本规则第十四条之规定者；

二、工商业经勒令停业而仍继续营业者；

三、对于应登记之事项故意为隐匿或不实之陈报者。

第二十一条　违反商业登记法规定应依同法第二十六条第二十七条所定之罚锾。自本规则施行日起，暂依一百倍论科。

第二十二条　本规则如有修改之必要时，本局得随时修改之，并呈报市政府备案。

第二十三条　本规则自公布之日施行。

银行周报 1946，30（1—2）

上海市布告揭贴规则

三十四年十月二十九日公布

第一条　上海市政府为整肃市容划一布告揭贴起见，订定本规则。

前项所称布告，系专指军政公教机关社会团体等因公务所发之布告公告通告等而言，报馆学校图书馆、民教馆等得于街头设置阅报栏，但须先函该管警察机关同意，并须保持整洁。

第二条　划一布告揭贴之规划管理事宜由本市警察局负责办理。

第三条　警察局应就各公局辖境分别觅定便于市民观看之地区，利用宽广墙壁开作公告栏，每分局至少须开五处，必要时并得设置木制公告栏。公告栏宽至少一丈，高至少五尺。公告栏规定白纸蓝框，框宽二市寸，并于上端框内正中横制五市寸见方、蓝色正楷“公告栏”三字。

第四条　布告公告通知应粘贴于公告栏蓝框内，并须排列整齐。

第五条　各警察分局应责成外勤员警随时注意，遇有不遵规定揭帖擅行污损扯毁公告者严予究办。

第六条　本规则自公布之日施行。

上海市重要法令汇刊初编 1947

上海市房屋租赁管理规则

三十四年十二月五日公布

第一条　上海市政府为管理本市房屋租赁及解决房屋租赁纠纷，依据《战时房屋租赁条例》第二十三条制定本规则。

本规则之执行机关为上海市房屋租赁管理委员会（以下简称“委员会”）。

第二条　本市房屋之租赁契约于本规则施行以前订立者，应由出租人于施行后三个月内向委员会申请登记，于本规则施行后订立者，应由出租人于订立之日起十日内向委员会登记，租赁契约用纸由委员会印制。

出租人不于前项规定期内申请登记者，承租人得为前项之登记，未向委员会登记之契约双方当事人无享受本规则所规定之权利。

第三条　依前条规定申请登记之租赁契约，经委员会审查认为有违反法令及本规则之规定者，得令其改正。

第四条　出租人除租金外，不得向承租人收取顶费及小租，违反者承租人得向法院诉请返还之。

第五条　出租人不得向承租人收取超过两个月租金总额之保证金，其超过部分承租人得在租金中扣除之。

第六条　房屋租金概以法币计算。

第七条　本市房屋租金标准另定之。

第八条　在本市房地产价尚未依法估定前，租赁当事人得缴纳鉴定费，声请委员会鉴定房地产价，其鉴定费率另定之。

第九条　租金之订定与第七条另定之标准相差过巨者，双方当事人得磋商调整，磋商不协时得声请委员会裁断之。

第十条　出租人不得预收一个月以上之租金。

第十一条　出租人非因左列情事之一者不得终止租赁：

一、承租人利用房屋为不法行为者；

二、承租人积欠租金总额除以保证金扣抵外达两个月有以上者；

三、承租人损害租赁物不为相当之赔偿者；

四、承租人移转租赁权或将全部房屋转租与他人而未得出租人承诺者；

五、承租人未为改良装置而分租房屋其所取租金超过原租金之比例百分之三十者；

六、收回自用经委员会证明者；

七、有翻造房屋之必要并领有建筑许可证者。

依前项六、七两款之规定终止租赁时，应于三个月前通知承租人。

第十二条　收回自用之房屋不得扃闭不用，并不得于一年内将全部或一部改租他人。

第十三条　定期租赁期满时，或出租人因翻造房屋终止租赁时，原承租人有优先继续租赁权。

第十四条　契约当事人间发生租赁纠纷时，应申请委员会予以调解。

第十五条　租赁当事人有违反本规则之规定时，委员会得移送法院，依照下列之规定处以罚锾：

一、违反第四条之规定者，处以十万元以下之罚锾。

二、违反第五条、第七条、第十条之规定者，照超过额处以十倍以下之罚锾。

第十六条　因国家公共事业之需要依法征用房地时，其租赁契约应视为终止。

第十七条　本规则由上海市政府公布施行，并呈请行政院备案。

上海市重要法令汇刊初编 1947

上海市房屋租金标准

三十四年十二月五日公布

一、房屋租金额在民国二十六年八月十三日前有约定者，营业用屋应以六十倍，居住用屋应以四十倍计算标准。

二、租赁当事人不能提出民国二十六年八月十三日以前之契约，或所订契约在二十六年八月十三日以后者，其租金额应依前款同样建筑相似地段估定价值比例计算。

上海市重要法令汇刊初编 1947

上海市房地产价鉴定费征收标准

三十四年十二月五日公布

一、房地产价在一百万元以内者，鉴定费率为千分之五。

二、房地产价在一百万元以上五百万元以下者，超过一百万元部分之鉴定费率为千分之四。

三、房地产价在五百万元以上一千万元以下者，超过五百万元部分之鉴定费率为千分之三。

四、房地产价在一千万元以上五千万元以下者，超过一千万元部分之鉴定费率为千分之二。

五、房地产价在五千万元以上一万万元以下者，超过五千万元部分之鉴定费率为千分之一。

六、房地产价在一万万元以上者，超过一万万元部分之鉴定费率为万分之五。

上海市重要法令汇刊初编 1947

上海市房屋租赁纠纷处理办法

三十四年十二月五日公布

第一条　本市房屋租赁纠纷之处理，除法令别有规定外依本办法之规定。

第二条　契约当事人间发生租赁纠纷，应依本办法第三条之规定向上海市房屋租赁管理委员会（以下简称“委员会”）申请调解。

第三条　申请书应记载左列各款事项：

一、申请人姓名、年龄、住址、职业，申请人为法人或其他团体者，其名称及事务所或营业所暨法定代理人姓名、年龄职业及住所或居所；

二、对造人之姓名、职业住所其为团体者与前款同；

三、租赁状况；

四、争执要点；

五、请求标的；

六、租赁契约或其他有关证件。

前项申请书按对造人数制备副本由申请人签名或盖章申请人，如为团体者应加盖团章戳记。

第四条　委员会于收受申请书后三日内，将副本送达对造，并为必要之调查前项调查期间，除在特殊情形外不得逾七日。

第五条　委员会于必要时得通知该纠纷事件之关系人或证人到会询问，或令其书面陈述。

第六条　委员会于调查完竣后，应通知各该当事人到会陈述予以调解。

第七条　委员会应将调解结果作成笔录，由当事人及调解人签名或盖章，作成正本分别送达各该当事人。

第八条　调解成立后当事人之一造不履行时，他造当事人得状请上海地方法院予以强制执行。

第九条　调解期内当事人有下列行为之一者委员会得随时制止之，其不服制止者得由委员会移送上海地方法院依法处罚。

一、出租人实行封闭房屋断绝水电或使用其他方法妨碍承租人居住及安全者；

二、承租人毁损房屋或其他装置设备者。

第十条　当事人违反第六条之规定无正当理由避不到场陈述时，委员会得处以五万元以下之罚锾。

第十一条　本办法由上海市政府公布施行并呈请行政院备案。

上海市重要法令汇刊初编 1947

上海市房捐暂行征收细则

三十四年十二月二十四日公布施行

第一条　本市房捐征收暂依本细则之规定办理。

第二条　凡本市商业繁盛各区镇，其居民在一百户以上，确有纳捐能力之地区，未依土地法征收土地改良物税以前，其房屋均应征收户捐。

第三条　房捐由房主住房各半担任，由住户负责缴纳全数捐款，住户代房主缴纳之半数捐款应抵付房租。

前项所称之房主，系指房屋所有权典权人抵押权人地上权人或出租人而言。

第四条　系空房屋之房捐，统由房主负担缴纳。

第五条　房捐捐率为按全年房租占价征收百分之十四。

第六条　房捐每年分春夏秋冬四季，每三个月为一季征收之。

第七条　房捐开征时，由征收机关布告周知，一面将纳捐通知书送达缴捐之住户，该住户应于限期内持同该通知书，径向指定之税捐稽征处投缴，经市公库收款后给以市公库收据为凭。

第八条　房屋全年房租占价由财政局估定，遇有修理改造毁损等情事时，应由房主于工事完成后三日内以书面报告财政局，以便重订房租估价，前项估价如纳捐人认为有异议时，得交由房产评价委员会评议，但房捐之征收不因交评议而停止，惟经评议决定后应依其决定。

第九条　新造房屋倘全部或一部分落成，有人居住时，应由房主立即报告财政局，以凭估价征捐。

第十条　左列房屋免征房捐：

一、政府机关及公私学校所有之自用房屋；

二、居民自住之房屋每户不超一间者；

三、毁损不堪居信之房屋。

第十一条　每年各季房捐，以征收机关开征各该季房捐，送达缴款通知书于缴捐住户之次日起十四日内为清缴期限，住户如逾期不缴者依左列规定处罚：

一、逾限期一月以上者，照应缴捐额加收滞纳罚钱十分之一；

二、逾限期二月以上者，照应缴捐额加收滞纳罚钱十分之三；

三、逾限期三月以上者，照应缴捐额加收滞纳罚锾十分之五。

第十二条　房主隐匿房产不报或以不正当方法希图短漏扣额者，除责令补缴应纳捐额外，并照短缴捐额处以三倍以下之罚锾。

第十三条　依本细则第十一条所科之罚锾，应由纳捐人缴纳房捐时一并清缴，经公库收款后填给公库收据。

第十四条　细则自公布之日起施行并咨请财政部备案。

上海市重要法令汇刊初编 1947

上海市整理契约实施细则

三十四年十一月十七日公布

第一条　本办法依据行政院公布《收复区域各省县市整理契税办法》之规定订定之。

第二条　本市整理契税除法律另有规定外，悉依本细则办理之。

第三条　本市整理契税期间为六个月，其开始日期上海市政府公布之。

第四条　本市自开始整理契税之日起，除沦陷以前已经税印并未加盖敌伪印信者外，无论远年与新成立之契纸，须一律持向上海市地政局（以下简称"本局"）投验换领官印契纸并依左列规定缴纳契税。

一、卖契税：为其契价百分之十五，由承买人完纳；

二、典契税：为其契价百分之十，由承典人完纳；

三、交换契税：为其契价百分之六，由交换人各就承受部分完纳；

四、赠与契税：为其契价百分之十五，由受赠人完纳；

五、分割契税：为其契价百分之六，由分割人分别完纳；

六、占有契税：为其契价百分之十五，由占有人完纳。

前项不动产之交换赠与分割占有，应依本局估定价格立契完税。

第五条　凡在本市沦陷期内成立之不动产移转契据，如系以为币计算价值者，其应纳契税依照本局估定价格征收之。

第六条　原有契据遗失毁损者，应于本市整理契税期内提出有关证件，并取具产权四邻及区乡镇公所之证明（在区乡镇公所未成立前应取具殷实铺保），向本局声请补领官契，除照纳契税外依契价抽收百分之二之补契费。

第七条　凡未税白契或加盖伪印之契据，如在本市整理契税期内向本局投验换契纳税者，免予处罚，逾期未投验，经查觉或被人举发，除勒令完纳契税换领官契外，并科以应纳契税额百分之十罚锾，其后每再逾期两个月递加百分之十，至达应纳税额之同数为止。

第八条　未税白契或加盖伪印之契据，在本市公布土地登记区域内者，应先声请登记，再请补税，在规定期内办竣者免予处罚。

第九条　凡投验换契或补契，应同时向本局声请土地推收或权利登记。

第十条　投验换契或补契之契价，应照立契时实际价格填报，如有隐匿短报情事，除令另换契纸据实改正补缴短纳税额或照本局估定价格补税外，并照契税条例第十四条之规定科以下列之罚锾：

一、匿报契价未满百分之二十者，罚其短纳税额之半数；

二、匿报契价未满百分之二十以上未满百分之五十者，罚其短纳税额之同数；

三、匿报契价未满百分之五十以上者，罚其短纳税额之二倍。

第十一条　人民如用诈欺方法或伪造证据投验换契或补契，并声请土地推收或权利登记者，除没收已缴税额及撤销推收或权利登记外，并依法处理之。

第十二条　不依规定换领官印契纸者，责令缴价补领并科以罚锾。

第十三条　遇有产权纠纷事件，本局得移送司法机关处理之。

第十四条　本细则自上海市政府公布之日施行并报请财政部备案。

上海市重要法令汇刊初编 1947

上海市给水规则

三十四年十二月二十五日修正公布

第一章　总　则

第一条　凡本市所给水事宜，统由公用局掌理及监督之，但其水质应并受卫生局之检验。

第二条　凡计划经营或建设以机力唧力唧引打软滤制消毒压送及转压清水以俱各种用途者，均应遵照本规则办理，其工程设施并应依照上海市给水设备工程须知办理。

第三条　凡给水设备在本规则统称上水道，取水之地统称水源，进水间、唧水间、矾池、混凝池、沉淀池、滤水池、浑水池、清水池、储水池、高水缸、锅炉室、原动机室及出水间之组织统称水厂，以机力转唧已经滤制之清水输送于其他地点之组织统称分水厂，用以输水的白铁管铜铁钢筋混凝管及木管等统称水管。

第四条　公用局对于市内给水工程及其他有关给水事项有随时检查之权，如认为有修理或改良之必要时，得责令当事人按规定计划办理，如延不照办，即由公用局代为执行，其费用仍由当事人担负，并科以国币五百元之罚锾。

第五条　市民对给水事宜如认为水质不洁或其他不满时，得随时请求公用局或卫生局检验，但两局必要时得依检验之结果向负责方面酌收手续费，其费额另定之。

第二章　上水道

第六条　凡本市内之水源为本市政府所管有，用以供给市民之饮料及使用。

第七条　如欲引用本市内水源供给市外地方者，须得本市政府之特许，其办法由双方另订之。

第八条　地面水源及十五公里以内不得泄入未经制清之秽水、下水道水（阴沟水）或倾入垃圾等废物。

第九条　在本市内惟本市政府有设立水厂之权，但在特别情形时得在本政府指定区域内招商承办，其办法在本规则第三章规定之。

第一〇条　私人得呈准公用局敷设上水道专供本人住宅或工厂之用，但除本规则第一〇三条规定外，不得出售或转输，或以任何方法供给他人，否则除罚锾国币一千元外，并将有关系给水设备发封。

第一一条　凡本市核准之经营给水事业人在本市政府指定之区域内敷设上水道时，得使用公路公地，但给水于本市以外之地方者不在此例。

第一二条　公路公地下埋设或修理水管，应遵照下列各项之规定：

（一）埋设或修理水管，如遇公路公地须先按照本市掘路规则，报请公用局核准请工务局凭发掘路执照，如不报经公用局核转者，每次罚锾国币五百元。

（二）私人埋放水管，非经本市政府特许订立合同者，不得经过公地或公路。

（三）公路下干管口径之大小，以能供给该管所给水区域之适当用量为原则，但不得小于一〇〇公厘，其在繁盛区域内并不得小于一五〇公厘。

（四）私人在公路下已埋设之水管，除有特殊情形经呈准公用工务及地政局备案者外，其余一概不得修理，否则每次罚锾五百元外，并将该项水管全部拆除之。

（五）私人不得将自来水与其他水源之水共用同一水管，否则将该项水管全部拆除外，并将有关系之给水设备予以永久发封。

第一三条　凡在水管尚未达到之区域，得由私人声请经营给水事业人提前敷设接通干管，但应酌贴费用，其数目在市政府核定经营给水事业人之营业章程中规定之，至干管之主权仍为经营给水事业人所有。

第一四条　凡在市民不能设置专用龙头之处，得设零售龙头或平民用水公共龙头，其办法另定之。

第一五条　本市公共消防龙头之水，除有特别情形经呈准本市政府备案者，一概不准私自使用，否则以窃水论，照章处罚，其因消防或市政所用之水除订有合同或其他特别规定者外概不收费。

第一六条　凡在公共消防设备未及之处或者私人建筑物内，如认为有装置消防龙头之必要时，应由私有自行设置消防龙头，共设置费及水费由本人担负之。

第一七条　本市内饮水水质不得违背本市政府核定公布之饮水清洁标准。

第一八条　给水量以一立方尺为一度。

第一九条　本市内给水之压力应适合消防之需要，其压力之计算以自地面起之高射公尺数为标准，规定如下：

（一）有六层以上楼房之区域，至少有三五公尺；

（二）有三层以上楼房之区域，至少有二五公尺；

（三）以一八公尺为最低限度。

第二〇条　凡在本市内经营给水事业人，均应遵照本规则各条之规定办理，其民营者并应遵守国民政府公布之民营公用事业监督条例。

第二一条　经营给水事业人除公营者外，应与本市政府订立合约取得专营权，方可营业，其售水营业章程，无论公营、民营均应报经市政府核准后始得施行。

第二二条　经营给水事业人之营业区域并经本市政府核准，不得擅自变更亦不得越界营业。

第二三条　经营给水事业人至少应有下列各技术人员：

一、自来水工程师；

二、机械工程师；

三、水质化验工程师。

以上各员一律应聘曾经实业部或经济部登记之本国技师，并不得兼任，其任职及退职并应随时报请公用局核准备案。

第二四条　自来水总厅及分厅内无论日夜，应至少有负责工程师一人轮值，否则每次查出罚锾国币一百元。

第二五条　经营给水事业人之职员工匠，不得用任何缘由举行罢工或有团体旷废职务之行为，致给水工作受其障碍，否则以扰乱治安论依法严办，但遇有不得已事必须置议时，得事先呈明事由，请求公用局设法救济。

第二六条　经营给水事业人应按期陈送下列各项报告表于公用局：

（一）各项水质化验日报表；

（二）工务日报表；

（三）工程及营业月报表；

（四）掘路报告单。

除第四项应随时送局外，其第一及第二两项应于七日内缴到，逾期均每日罚锾国币一百元，又报告内容与事实不符者每次罚锾国币五百元。

第二七条　经营给水事业人如遇举办新工程或购置机器水管水表以及其他材料等，应请公用局：

（一）审核图说及草合同；

（二）监视开票；

（三）随时派员勘验。

以上各点如公用局认为不合时，得令更正之，否则停止工作进行。

第二八条　经营给水事业人应负继续给水之全责，不得间断，但如因水厂内更改或修理设备必须暂时停水者，应于七日前开具更改或修理事项停水区域，及时同呈请公用局核准后登报，并用相当方法通告有关系之各用户及消防机关，未经公用局核准即行动工者罚锾国币二千元，并撤换负责人员，其逾规定期限呈请审核者，每逾期一日罚锾国币五百元，未经通告有关系之用户及消防机关即行停水者，罚锾国币二千元。

第二九条　经营给水事业人如遇临时发生故障，以致全部或局部停水，除应即用电话或派员报请公用局派员会同前往故障地点察勘状况原因外，应于三日内将详细情形正式报请审核，如不立即报告，罚锾国币一千元，其正式报告超过规定期限者，罚锾国币五百元，报告失实者除令改正外得撤换其负责人员。

第三〇条　经营给水事业人之给水设备发生故障，其原因如经公用局查明并无不可避免不可抵抗之情形，而责任确在经营给水事业人方面时，除责令迅即修复外，并罚锾国币一千元，如用户因此故障而有任何损失，公用局查实之时，经营给水事业人并应负赔偿之责。

第三一条　如于水中发现毒质或病菌时，经营给水事业人应即停止输水，并遍告用户停止饮用，一方面设法补救给水，一面呈报公用局，审核违者由公用局临时接收管理，并将负责人员解送法院依法处分。

第三二条　经营给水事业人停水一部分或一部分水量不足，除确因有不可避免或不可抵抗之情形外，如酿成巨大灾害者，照第三十一条规定处分之。

第三三条　经营给水事业人对于设备之检查或维护有忽略情事而致重要机件损坏，所输水量不及日常三分之一，酿成重大水荒者，照第三十一条规定处分之。

第三四条　经营给水事业人停水遍及全营业区域连续至二小时时，除人力不可抵抗或防免之故障外，不论如何原因，公用局得令撤换负责人员，倘延不遵办，即由公用局先行接收代为管理。

第三五条　经营给水事业人对于清道清防及路政工程等用水免费供给，对于本市政府及所属各机关用水应照特定价格收费，如订有合同或其他特别规定者除外。

第三六条　经营给水事业人经公用局通知后，不得给水于不遵守本规则条文之机关团体工厂商店或个人，违者除罚锾国币二千元外，并仍勒令停止给水。

第三七条　公用局于必要时得通知经营给水事业人扩充管线或扩充设备，以应付需要，经营给水事业人不得借故迟延。

第四章　凿井商

第三八条　凡以人工机械或其他方法开凿自流井者，在本规则统称凿井商。

第三九条　凡凿井商除遵守国民政府内政部饮水井管理规则外，应遵照本规则各条之规定。

第四〇条　凡凿井商欲在本市区内营业者，应向公用局请求登记，并将登记书及技术人员名薄分别填具下列各项送局审核：

（甲）商店之名称、地点及电话号数；

（乙）组织之性质业务种类及凿井经验；

（丙）店主及经理姓名、住址，并附最近四寸半身免冠正面相片三张；

（丁）资本额；

（戊）章程及价格表；

（己）凿井机械及抽水械等设备（并附图样及说明）；

（庚）所用技术人员之职务及履历；

（辛）所雇工匠夫役之名额。

以上各项于登记后如有变更，应于五日内呈请公用局更正，否则每次罚锾国币二百五十元。

第四一条　凿井商接到核准登记通知单，应于七日内缴纳保证金存入市政府指定之银行，其额依资本额百分之三计算，但至多不过国币三万元，至少应缴国币六千元，然后登记费国币五百元，领取执照，准在本市全区内营业，逾期缴纳保证金者每日罚锾国币二百五十元。

第四二条　凿井商执照应于每年一月一日至十五日缴向公用局验照随纳，验照费国币一百元，如逾期不缴验者，每过一日罚锾国币五十元，至二月一日仍未缴验者，得吊销其执照。

第四三条　凿井商执照应悬挂于商店中显明之处，否则罚锾国币二百五十元，如有遗失损坏或变更照内所填项目，应报请补给或换给，随纳新照费国币一百元，否则除罚锾国币二百五十元外，仍勒令补换执照，其遗失者并须登报声明。

第四四条　凿井商停止营业后所领执照应即缴销，其原缴保证金可于缴销执照日起满六个月后呈准公用局发还，惟如已有登记之凿井商三家书面负责担保得于七日后即行发还。

第四五条　已登记之凿井商不得代替未登记之凿井商出面营业，亦不得将工程转包给未登记之凿井商或凿井工人，违者吊销执照并暂扣全部保证金。

第四六条　凡未领公用局执照之凿井商，不得在本市区内悬牌执业或兜揽工程，如有违犯罚锾国币一千元，并将工具扣留至补行登记后再行发还。

第四七条　凿井商每次承揽工程，应先填具请求书，并呈验公用局规定与业主所订之合同，经公用局核准后领取凿井工程执照，始可开工，其执照费下列之规定缴纳之：

一、工料全包者按工程费百分之一计算；

二、包工不包料者按工程费百分之三计算；

三、修理工程照工程费百分之一计算，但至少缴纳国币一百元；

四、赔修工程无工价可计者概纳费国币一百元。

但如违犯本规则第十条之规定者，公用局得不予发照。

第四八条　凿井商承揽工程其凿井地址，必须已有本市门牌并应将给水设备图样（必须已经呈准公用局登记开业为卫生工程科技师或技副签字者）先行呈候公用局审核（如有自来水设备并应随带绘注），否则不发执照。

第四九条　凡凿井商承办凿井工程未领凿井工程执照即行工作者，除停止其工作外，并罚锾国币一千元，再犯者吊销其凿井商执照，如凿井者为非登记之凿井商，应照本规定第四十六条处分，或将其所装给水设备发封工作器具扣留。

第五〇条　凿井工程执照满期或先期完工，均应将该照缴回公用局注销，否则每迟一日罚锾国币二百五十元。

第五一条　凿井工程应遵守上海市给水设备工程须知第三章之规定办理。

第五二条　凿井计划如有不妥，应照公用局指示各点改正后，方得开工，违者每交罚锾国币二百五十元。

第五三条　凿井商承揽工程，其井身材料如为业主所自备者，应先将样管等呈经公用局审验合格后方得使用。

第五四条　凿井商在凿井工程期间应将井内每三公尺地层土样分别标明种类及深度，装于规定木盒内呈送公用局存核。

第五五条　凿井工程于下管时必须先期报请公用局派员当时监视，否则该井不能认为完工，再犯者取消凿井商登记。

第五六条　凿井商承揽工程竣事，应即报请公用局查勘工程，并于完工后用自备之抽水样将井内之淤水抽尽，七日内呈请卫生局提验水样（不得因业主其他工程托故延不化验），非经认为合格，不得将工程停止，其化验费由凿井商担负之，如勘验不合格，应加改良，报请覆验，每次覆验应缴覆验费国币二百五十元，自第四次起除仍照缴覆验费外，并每次罚锾国币一千元，如在初次化验一个月后水质仍不能合格，除暂时不得再领新照外，并将前项工程发封，由凿井商为业主免费为开新井以为赔偿。

第五七条　承揽工程如尚未至勘验时期，不得报请勘验，违者每次误报罚锾国币二百五十元。

第五八条　凡凿井工程在凿井商担保期内，公用局认为有修改之必要时，应由该商依照公用局限期负责修改，逾期第一次罚锾国币五百元，第二次国币一千元，第三次除罚锾国币一千元外，并由公用局代为执行，其全部费用仍由该商负担之。

第五九条　第一凿井商同一时期有三处工程未完工者，不能再领新井工程执照。

第六〇条　凿井商工匠在外工作，应携备本商店发给非号之工匠凭证，凡未带凭证者每人罚锾国币一百元，由凿井商担负之。

第六一号　凡凿井商如违背本规则各条之规定或其他有关系之本市政府法令者，除有专条规定处分外其案情重大者得吊销其执照。

第六二号　凿井商保证金如提交罚金达三分之一时，由公用局限令补缴足额，尚延不补缴即行吊销执照，至补缴足额日止另行领照营业。

第六三号　凡凿井商因工程失败而避匿者，除吊销执照外并扣留全部保证金。

第六四条　凡装修制水设备、井水设备、冷水设备、消防设备、卫生设备、热水设备、冷热气设备以及其他给水设备等等之商店，在本规则统称水管商，应向公用局登记。

第六五条　水管商请求登记，应将登记书及水管工名薄分别开具下列各项呈送公用局审核：

（甲）商店之名称、地址及电话号数、开张日期；

（乙）商店主人或代表人之姓名、住址，并附最近四寸半身免冠正面相片三张；

（丙）组织之性质业务之种类及以往经验（附证明文件）；

（丁）资本额；

（戊）经售给水设备之种类及牌号；

（己）水管工之姓名及住址。

以上各项于登记后如有变更应于五日内呈请公用局更正否则每次罚锾国币二百五十元

第六六条　水管商接到核准登记通知单，应于七日内缴纳保证金存入市政府指定之银行，其额依资本额百分之三计算，但至多不过国币三万元，至少应缴国币六千元，然后缴登记费国币二百五十元，领取执照准，在本市区内营业逾期缴纳保证金者，每日罚锾国币二百五十元。

第六七条　水管商执照应于每年七月一日至十五日内缴向公用局验照，随纳验照费国币一百元，如逾期不缴验者每过一日罚锾国币五十元，至八月一日仍未缴验者得吊销其执照。

第六八条　水管商执照应悬挂于商店中显明之处，否则罚锾国币二百五十元，如有遗失损坏或变更照内所填项目，应报请补给或换给，随纳新照费国币一百元，否则除罚锾国币二百五十元外，仍勒令补换执照，其遗失者并须登报声明。

第六九条　水管商停止营业后所领执照应即缴销，其原缴保证金可于缴销水管商及全体水管工执照日起满三个月后呈准公用局发还，惟如已有登记之水管商三家书面负责担保，得于七日后即行发还。

第七〇条　已登记之水管商不得代替未登记之水管商出面营业，亦不得将工程转包给未登记之水管商，违者吊销执照，并暂扣全部保证金。

第七一条　凡未领公用局执照之水管商，不得在本市区内悬牌营业或兜揽工程，如有违犯，罚锾国币一千元，并勒令补行登记或即将其工作器具暂扣，所装一切给水设备拆除。

第七二条　水管商销售之给水设备材料应听公用局随时检验，如有认为不合格者应即停止销售，否则吊销执照。

第七三条　水管商受托装修屋内给水设备及卫生设备，除仅装冷水龙头者外，皆应先具备规定尺寸之图样，并填明规定式样之报告单，呈请公用局审查，此图单必须由公用局登记开业之卫生工程科技师或技副负责设计签字，方得核准领取工作执照，其执照费依下列之规定缴纳之，但总数至多不得超过国币五千元：

（一）冷热水箱每具国币三十元；

（二）卫生器具如面盆、脚盆、浴缸、例桶等每件国币五十元；

（三）暖汽汽炉、热水锅炉等每具国币五十元。

如已领照而欲修改者不另取费。

第七四条　关于给水设备，无论应用自来水或河水均应由水管商照第七三条规定办理。

第七五条　水管商未领得有工作执照而先行动工者，除暂行停止其工作，并罚锾国币一千元外，仍勒令补领执照，其执照费按七三条加倍计算。

第七六条　水管商领有工作执照而不按图样中位置件数及尺寸实行者，罚锾国币二百五十元，并勒令更正，如有添装情事，应按照第七五条之规定办理之。

第七七条　水管商装置各种给水设备，其工程皆应按照上海市给水设备工程须知各条之规定办理之。

第七八条　凡在各项管件装置完竣尚未盖覆以前，应由水管商呈报公用局公用局得派员查验，如勘验结果认为尚有未妥之处，应再修改报请覆验，须经认为合格后方得使用。

第七九条　公用局查验给水设备工程均依上海市给水设备工程须知办理之。

第八〇条　凡水管商如违背本规则各条之规定或其他有关系之本市政府法令者，除有专条规定处分外，得罚锾国币一千元，如案情重大者，得吊销其执照，其罚锾限期缴纳逾期，每次加罚锾国币二百五十元，至第三次仍不遵缴，统在其保证金内提取之。

第八一条　水管商保证金如提支罚金达三分之一时，由公用局限令补缴足额，倘延不补缴即行吊销执照，至补缴足额日止另行领照营业。

第六章　水管工

第八二条　凡装修给水设备之工匠或工徒在本规则统称水管工，应向公用局登记领照。

第八三条　水管工请求登记应由水管局代为办理，其手续如下：

（一）缴纳登记费，工匠每份国币一百元，工徒国币五十元（无论登记合格与否概不发还）领取登记书。

（二）于三日内将登记书开具下列各项呈送公用局审核，并附二寸免冠正面照片二张，逾期应另缴费国币五十元，放弃登记者登记费概不发还：

（甲）水管工匠年龄、住址；

（乙）工资或津贴数；

（丙）以往经验；

（丁）雇主之保证书。

如变雇主，应由新雇主报请公用局改正执照记录。如迁移本人住址，则由本人自行报请更正。否则每次罚锾国币五十元。

又水管工如能证明其为私人常期雇用者，雇主并应照登记之水管商领取工匠执照手续办理，其保证金额为国币五千元，于解雇六个月后发还，但此项水管工只准在执照上载明之雇主产业内工作，否则以无照论，每次罚锾国币一千元，由雇主负责缴纳。

第八四条　水管工接到公用局登记口试通知单，应随带本人图章遵限限至局应试，俟领得执照方可正式工作，不能签本人姓名者概不得领照。

第八五条　凡登记之水管工应于每年一月份内亲自向公用局呈验执照，随纳验照费，工匠每份国币五十元，工徒国币三十元，其新领执照未满一年亦应按期呈验，逾期不呈验照下表处罚，由水管商负责缴纳。

别名	应缴费（圆）＼期限	二月十五日以前		三月一日以前		三月十五日以前		四月一日以前	
		有旧照	无旧照	有旧照	无旧照	有旧照	无旧照	有旧照	无旧照
工匠	罚款	二五〇.〇〇	二五〇.〇〇	五〇〇.〇〇	五〇〇.〇〇	七五〇.〇〇	七五〇.〇〇	一〇〇〇.〇〇	一〇〇〇.〇〇
	补照		五〇.〇〇		五〇.〇〇		五〇.〇〇		五〇.〇〇
	验照	五〇.〇〇	五〇.〇〇	五〇.〇〇	五〇.〇〇	五〇.〇〇	五〇.〇〇	五〇.〇〇	五〇.〇〇
	总计	三〇〇.〇〇	三五〇.〇〇	五五〇.〇〇	六〇〇.〇〇	八〇〇.〇〇	八五〇.〇〇	一〇五〇.〇〇	一一〇〇.〇〇
工徒	罚款	二五〇.〇〇	二五〇.〇〇	五〇〇.〇〇	五〇〇.〇〇	七五〇.〇〇	七五〇.〇〇	一〇〇〇.〇〇	一〇〇〇.〇〇
	补照		三〇.〇〇		三〇.〇〇		三〇.〇〇		三〇.〇〇
	验照	三〇.〇〇	三〇.〇〇	三〇.〇〇	三〇.〇〇	三〇.〇〇	三〇.〇〇	三〇.〇〇	三〇.〇〇
	总计	二八〇.〇〇	三一〇.〇〇	五三〇.〇〇	五六〇.〇〇	七八〇.〇〇	八一〇.〇〇	一〇三〇.〇〇	一〇六〇.〇〇
附注								即在水管商保证金内扣提，不另通知	

第八六条　水管工工作时须将执照随身携带，如经公用局职员查验时不能将执照出示者，则以无照论照第九十条处罚。

第八七条　水管工执照如有遗失损坏，应即由水管商填具请求补发，水管工执照声明书请公用局补给，随纳补照费，工匠每份国币五十元，工徒国币三十元，遗失者并须登报声明，否则以无照论照第九十条处罚。

第八八条　水管工欲停工执业，无论所领执照已否期满，应由雇主于工人停止雇用，二日内负责收回缴存公用局，领回保证书，否则每份罚锾国币二百五十元，并勒令雇主负责缴存公用局。

第八九条　水管工执照不得涂改及交他人顶替使用，否则吊销其执照。

第九〇条　凡未经登记领照之水管工，不得在本市区内工作，如有违犯，罚锾国币二百五十元或拘留五日，仍勒令补缴登记费，其雇主则照违章工人数，每名处罚锾国币二百五十元，其雇主为未登记之水管商者，该雇主并应照七一条处罚。

第九一条　水管工人为他人装置或修理水管水具等，不得故意留难或需索额外费用，否则一经公用局查出，每次罚锾国币二百五十元。

第九二条　水管工徒除执照上有特别注明者外，须有工匠领带在外工作，否则罚锾国币一百元。

第九三条　水管工徒于学习期满后可报请公用局考领工匠执照，并缴纳补照费国币五十元。

第九四条　水管工在某一工作未完时不得随意停止工作或有罢工情事，否则援照第二五条办理。

第九五条　凡水管工如违背本规则各条之规定，除有专条规定处分者外，罚锾国币二百五十元，如案情重大者得吊销执照。

第七章　业　主

第九六条　凡置有房产者在本规则统称业主业主，在其私人住宅或工厂内自置给水设备，无论开凿自流井或机械水管等自向其他水源取水，应于事先呈请公用局核准计划，并于工程事竣后七日内公用局请求登记，如逾期请求登记，应另缴逾期费国币二百五十元，逾期一个月以上每月罚锾国币一千元，仍勒令登记，否则将所有给水设备发封，其登记手续如下：

（一）缴纳登记费国币五百元领取登记书。

（二）于三日内将登记书开具下列各项呈送公用局审核，逾期应另缴费国币二百五十元：

（甲）业主之姓名、住址；

（乙）供给范围内之房屋位置平面图及水管路线图；

（丙）水之用途；

（丁）每日消耗水量；

（戊）给水工程之计划承办合同及卫生局水质化验单。

第九七条　业主接到核准通知单应于三日内照章领取执照，然后方得正式引水使用。

第九八条　业主自置给水设备登记后应遵守下列各项：

（一）业主自置给水设备登记如有变更，应先报经公用局核准变更后，再行报请勘验换领执照，随纳换照费国币五百元，否则每次罚锾国币五百元，如勘验不合格应照指示方法改正报请覆验，如仍不合格责任在业主方面者，自此次覆验起每次缴纳覆验费国币二百五十元，至第四次起除仍照缴覆验费外，并每次处以国币一千元之罚锾，至第七次时即行发封勒令停用。

（二）业主自置给水设备执照，应悬挂于抽水设备地点显明之处，否则处罚锾国币二百五十元，如有遗失损坏报请补给或换给，随纳新照费国币一百元，否则除罚锾国币二百五十元外仍勒令补换执照。

（三）业主自置给水设备执照，不得交他人顶替使用，违者即将给水设备发封。

（四）业主自置给水设备给水不得超过本人住宅或私人工场以外，否则除罚锾国币一千元外，并将给水设备发封。

第九九条　自置给水设备执照应于第年十二月一日至三十一日内缴向公用局验照，随纳验照费国币五十元，如逾期不缴验者，每过一日罚锾国币十元。

第一〇〇条　业主自置给水设备停止使用时，无论所领执照已否期满应即缴销，否则罚锾国币二百五十元。

第一〇一条　业主自置给水设备工程，除应照上海市给水设备工程须知办理外，应遵守下列各项：

（一）业主自置给水设备，应委托本市已登记之凿井商或水管商代办，否则所有凿井商或水管商因未登记而致业主蒙受之各项损失，应由业主自负之。

（二）业主自置给水设备工程竣事，应请公用局及卫生局分别检验其工程及水质，非经认为合格及登记领照不准使用，不则罚锾国币一千元，并将设备暂时发封，至修改合格登记完竣不得使用。

（三）业主自置给水设备如只供工业或洗涤之用，必须另备自来水以供饮用，否则该项自置给水设备水质须合本市饮水清洁标准方得使用。

第一〇二条　业主自置给水设备如托由凿井商代办者。

（一）该项给水设备水质未经卫生局化验合格以前，业主不得将凿井商承办费用清付，否则如水质不合公用局不准使用时，所有损失应由业主自行负担。

（二）业主与凿井商应照公用局规定凿井合同格式签订合同，所有按期应给凿井商款项不得拖延或早付。

第一〇三条　业主对于租户之给水除自来水所有自置给水设备，非经呈准公用局特许领用执照，不得随意供给，否则将给水设备发封。

第一〇四条　业主不得因要求加租或租户要求减租而停止给水。

第一〇五条　如租户不遵守本规则条文，公用局得令业主停止给水。

第一〇六条　业主自置给水设备，如经公用局或卫生局认为水质不洁水量或水力不足时，得限令改善或改接自来水，否则强制执行，其费用用以代收租户租金抵充之。

第一〇七条　业主新造房屋应将水管等装置完善方可出租，否则得由警察局将该屋发封，暂不准出租。

第一〇八条　业主自置给水设备水量不足时，得请经营给水事业人按其售水营业章程之规定补助供给自来水。

第八章　用　户

第一〇九条　凡在本市内接用自来水者在本规则统称用户，应遵守本规则各条及本市政府核准之经营给水事业人售水营业章程。

第一一〇条　用户非经公用局特许，不得由所在区域以外经营给水事业人供给水，否则公用局得随时将给水停止。

第一一一条　用户请求接水停水应依照下列规定之手续：

（一）接水者应向经营给水事业人报装，不得私接，违者以窃水论除，停止给水外并照经营给水事业人之定章赔偿损失。

（二）如继续前户用水，应于事前会同前户赴经营给水事业人办理过户手续，如私自继续使用，除勒令过户外，前户倘有积欠水费应由继续者担负。

（三）停止用水时应于事前报告经营给水事业人办理。

第一一二条　用户对于给水设备及水费应遵守下列各项。

（一）委托装置给水设备之水管商及水管工以曾经向公用局登记领照者为限，否则所有因水管商及水管工违章而致用户蒙受之各项损失，应由用户自负之。

（二）水表应由经营给水事业人装设，不得私自装设，亦不得私自更换。

（三）凡在本规则公布施行后之新装水表，其水表前后经营给水事业人与用户各装开关一只，经营给水事业人之开关在后用户之开关在前，并在用户之开关与水表间另装一龙头，以使随时检验水表。

（四）水表与经营给水事业人总管之间不得另装支管取水，否则以窃水论，赔偿水费。

（五）水表经公用局或经营给水事业人检验加盖铅印应妥善保存，如有移动或损坏以窃水论，应赔偿水费及损失。

（六）屋内给水设备应自为保管，若有损坏及泄漏以致水费递增水质不洁水管淤塞或水量不足等情，经营给水事业人概不负责。

（七）每届冬令应及早将水管用棉絮或稻草包裹，以防水裂，如遇冰裂应即修换，其费用由用户担负之。

（八）水费应按期交付欠缴满一个月者，经营给水事业人得停止给水。

第一一三条　用户对于水表发现下列情事时，应即报由经营给水事业人修换：

（一）度数较前陡减或陡增者；

（二）指针停止不动者；

（三）漏水者。

第一一四条　用户如疑水表转动过速，得请公用局监督经营给水事业人校验，校验之结果其转动快慢如在百分之五以内者，应认为准确，由用户担负校验费国币二百五十元，在百分之五以外者，免缴校验费，经营给水事业人并得最近一个月水费加以相当之修改。

第一一五条　用户对于给水发现下列各点应即报由公用局转饬经营给水事业人改正：

（一）水质忽有异味变色或有沉淀不洁者；

（二）水质水量发现不足者；

（三）公路下水管有爆裂漏水者。

第一一六条　用户对于消防龙头应遵守下列各项：

（一）公共消防龙头除供消防卫生及市政设施之用外，非经营给水事业人特许并呈准公用局备案者不得开用。

（二）私人装设消防龙头，由经营给水事业人铅印封闭，非因消防不得动用，否则以窃水论。

第一一七条　用户遇公用局职员携带凭证前往执行公务或检查者，不得拒绝，否则公用局得强制执行。

第一一八条　用户对于经营给水事业人给水如有不满意或登生争执或经营给水事业人职员工人有营私舞弊强迫需索等事，得随时报请公用局核办。

第一一九条　如用户不遵守本规则条文，公用局得令由经营给水事业人停止其给水。

第一二〇条　凡用户以制贩热水、汽水、人造冰、豆腐等为业务者，应遵守下列各项。

（一）须向主管局登记领得开业执照后方得报请经营给水事业人接水。

（二）其制贩之物应适合卫生局制定之清洁标准。

如有违反上项之一者，公用局得令由经营给水事业人停止其给水，并照章惩罚。

第九章　附　则

第一二一条　本规则如有未尽事宜得随时修正之。

第一二二条　本规则自市政府公布之日施行。

上海市重要法令汇刊初编 1947

上海市人民团体组织程序

一、人民团体之组织分左列三类：

1. 工商业同业公会；

2. 产业或职业工会；

3. 特种社团（包括渔会、教育会、学生会、妇女会、文化团体、宗教团体、自由职业团体以及中央特准设立之团体）。

二、工商同业公会之组织须具备左列之规定：

1. 在同一区域内经营各种正当之工业或商业者；

2. 须同业公司行号七家以上之发起。

三、产业或职业工会之组织须具备左列之规定：

1. 在同一区域年满二十岁者；

2. 同一产业工人人数在五十人以上或同一职业工人人数在三十人以

上者；

3. 发起人连署代表三人至五人。

四、特种社团之组织须具备左列之规定：

1. 发起人数二十人以上；

2. 组织分子须合于各该社团之身份者；

3. 其有特种法令规定者并依照各该法令之规定。

五、申请组织须填具申请书及发起人略历表，一式四份［表格向本局（社会局）领取］。

六、申请组织须依左列之审查：

1. 申请理由是否确当；

2. 参加份子是否忠实以前有无附逆行为；

3. 申请组织份子是否合格；

4. 申请组织之团体过去有无相同之组织；

5. 申请组织之团体有无成立之必要。

七、已经许可组织之团体，应推举筹备员五人至九人，由筹备员公推主任一人。

组织筹备会着手进行组织事宜，并填具筹备员略历表（表向本局领取）呈报备案。

八、筹备员应本局核定之名称刊刻图记（式样尺寸另行规定），并将启用日期连同印模呈报备案。

九、筹备时期自备案之日起以一个月为限，如有特殊情形，得呈报本局酌量延长之。

一〇、筹备会之主要任务如左：

1. 征求会员编造会员名册；

2. 拟订会章草案（同业公会及工会须照本局颁布之章程准则拟订）；

3. 编制其他应用表册。

一一、筹备会应将筹备经过连同拟定之会章草案及会员名册各二份，呈送本局审核经批准后，应即召开成立大会选举理监事，并呈请本局派员出席指导。

一二、筹备会之任务俟召集会员大会选出理监事办事交接清楚，经呈准本局备案后解除之。

一三、各团体之钤记或团记，由本局颁发，须将启用日期及印模二分呈报本局备案。

一四、团体成立后应即填具理监事略历表及经济概况表（向本局领取）呈报本局备案。

一五、团体成立后经本局审核认为组织健全时发给立案证书。

上海市重要法令汇刊初编 1947

上海市各业同业公会整理暂行通则

一、本市各业同业公会（以下简称“同业公会”）之整理事项悉依本通则之规定。

二、同业公会整理委员会受社会局之指挥监督办理左列事项：

（一）关于接收各该业同业公会所有公款财产契据帐册有价证券暨公文档案之整理保管及一切从属权利义务之继承行使事项；

（二）关于会员登记简则及应用表册之拟定事项；

（三）关于会员之登记事项；

（四）关于主管官署委托调查及咨询事项；

（五）关于奉行法令及主管官署或市商会之指示事项；

（六）关于改进本业之设计及建议事项；

（七）关于同业间纠纷之调解事项。

第（一）、第（二）、第（三）三项应呈报主管官署核准备案。

三、同业公会整理期间暂定为四十日，如有特殊情形，得呈准主管官署酌量延长，但最迟以三十五年一月底为限。

四、同业公会整理委员视事务之繁简，得延聘本业优秀份子若干人为助理员。

五、同业公会整理委员会及所聘之助理员均为义务职，于必要时得酌给车马费。

六、同业公会在整理时期之必需经费依左列方法筹集之：

（一）由各同业公会整理委员会设法筹垫；

（二）由各该业会员自愿捐助或筹垫；

（三）登记会员得酌收登记费，但至多不得超过法币两百元。

七、同业公会整理委员会应依据现行同业公会法拟定会章，经会员大会讨论通过，呈报主管官署备案。

八、同业公会整理委员会应将接收整理保管之一切公款财产契据有价证券以及整理期内收支帐目编造清册，向同业公告之。

九、公会整理委员会之任务，至召集会员大会选出理监事交接手续清楚呈准主管官署备案之日解除之。

十、本通则自公布之日施行并呈报市政府备案。

上海市重要法令汇刊初编 1947

上海市总工会整理委员会整理暂行通则

一、本市总工会整理委员会（以下简称“本会”）整理事项悉依本通则之规定。

二、本会受社会局之指挥监督掌理左列事项：

（一）关于工人团体调整登记之协助事项；

（二）关于工人团体之整理组织训练协助事项；

（三）关于工人团体干部人员之选拔事项；

（四）关于工人福利事业之策划及建议事项；

（五）关于奉行法令及推进生产事业之协助事项；

（六）关于主管官署之委托咨询事项；

（七）关于劳动效率增进事项；

（八）关于劳资争议之调解协助事项；

（九）关于劳工相互间纠纷之调解事项；

（一〇）关于劳工技术专才之职业介绍及职业指导事项；

（一一）关于工人团体之整理程序办法及章则之拟订事项。

三、本会设常务委员会五人至九人，由整理委员互选之，视事务之繁简得设科办事，于必要时得雇用办事员若干人。

四、本会经费得依工会法之规定，向各工人团体酌量募集之。

五、本会整理工作限三十五年一月底完成，整理完竣时即终止其职权。

六、本通则自公布之日施行并呈报市政府备案。

上海市重要法令汇刊初编 1947

上海市产、职业工会整理委员人选甄审标准

（一）本市产、职业工会整理委员人选，先就二十六年八一三事变之前所属合法成立之各产、职业工会执监委员中遴选为原则。

（二）凡本市产、职业工会会员中之优秀份子，并在抗战期间忠贞不阿，且对抗建工作上有所建树，确能列举事实，经党政机关书面证明者，得特许遴选为各该产、职业工会之整理委员。

（三）凡在抗战前全法成立之各产、职业工会委员，因被迫担任伪主工会名义而无叛逆行为，经查明属实，并向各该工会会员所信仰者，得遴选为整理委员。

（四）凡有左列情形之一者不得为整理委员：

1. 参加敌伪工作，确是附逆者；

2. 曾受刑事处分宣告，褫夺公权者；

3. 并不从事该项产业或职业者。

（五）各产职、业工会整理委员定额以五人至十五人为限，由社会局委派之。

（六）各产职、业工会之整理委员人选，必要时得由社会局派员会同整理之。

（七）本标准由社会局核准后公布施行，修改时亦同。

上海市重要法令汇刊初编 1947

上海市商品集团采购办法

三十四年十一月二十三日令准备案

一、原则

集团采购以便利物资采运、减低成本及抑平物价为原则。

二、方针

甲、集团采购之范围以下列各种物品为限：

1. 农产物；

2. 工商原料品；

3. 生活日用必需品。

乙、凡在本市经营前条所列各款之商业行号工厂，应由各该业同业公会领导采购机构，组织集团采购机构。

三、办法

甲、集团采购机构组织成立时，应呈由各该同业公会转呈本局备案。

乙、集团采购机构应由参加之行号公推负责人员经理其事受同业公会之指导监督。

丙、集团采购机构应以该业素负信誉之行号工厂联合办理之。

丁、资金之筹集应由各厂行自行决定或视资本额大小比例投资。

戊、主管机关得斟酌实际情况商同有关机关予以下列各种便利：

1. 融通资金；

2. 便利运输；

3. 协助采购；

4. 保障安全。

己、集团采购机构应将采购物品依照成本计算（包括旅行各费）分配各行号商，将采购物品数量及成本呈报本局查核。

庚、下列各款主管机关有指导监督之权：

1. 采购物品之选择；

2. 售出价格之评定；

3. 合法利润之分配；

4. 成本计算之审核。

上海市重要法令汇刊初编 1947

上海市社会局公益及慈善团体整理办法

三十四年十月二十八日

一、凡在本市内设有事务所办理公益或北园事业之团体，概须依照本办法之规定办理。

二、凡过去曾向政府主管官署申请立案之公益或慈善团体，均限自十一月一日起半个月内向本局申请重新登记立案。

三、申请登记立案，应由团体全部理事董事署名填具正副呈请书（书式由局印发），并附呈左列文件各一式二份：

1. 章程及捐助章程；

2. 登记清册；

3. 财产目录；

4. 印鉴单；

5. 全体会员名册或创立捐助人名册；

6. 职员履历表；

7. 登记表；

8. 经费收支预算；

9. 各项足资证明立案之文件。

四、前项章程及登记清册所有记载事项，应分别依照民法总则第四十七条、第四十八条、第六十条、第六十一条各规定办理。

五、第三条所规定之三至八项表册书式可向本局第五处索取。

六、申请重新登记经本局核准立案之各公益或慈善团体，由本局重行颁给立案证书及图记。

七、凡过去未向政府主管官署申请立案之公益或慈善团体，统限自十一月一日起向本局申请许可组织。

八、申请许可须由发起人连名，填具正副申请许可书（书式由局印发），并附呈左列之文件各一式二份：

1. 发起组织理由书；

2. 发起人略历表（表式由局印发）；

3. 事业计划书；

4. 经费收支预算书（公益团体得免填）。

九、经核准许可后须在三个月内筹备完成申请立案，逾期不申请立案者撤销其许可。

一〇、凡已向市党部申请核准许可者，得于筹备完成后检具证明文件径向本局申请立案。

一一、申请立案应由全体理事董事连名填具申请立案书（书式由局印发），并附呈左列文件各一式二份。

1. 章程及捐助章程；

2. 登记清册；

3. 财产目录；

4. 全体会员名册（或创立捐助人名册）；

5. 职员履历表；

6. 各项足资证明立案之文件。

一二、前条所定附呈之各项文件，得依本办法第四条第五条之规定办理。

一三、凡在战后将事务所迁离本市之公益或慈善团体，现须重回本市者，或在战后停止业务或被迫解散现欲恢复者，准依本法第二条之规定办理。

一四、原未在本市设立事务所，现欲迁入本市之公益或慈善团体，准视其原来产生立案时情形得依第二条规定办理。

一五、申请许可立案或重新登记立案之各公益或慈善团体，其负责发起人或理事董事有左列各条之一者，应由各公益或慈善团体自行剔除，并于申请时专案呈明备案：

1. 附逆有据者；

2. 有反革命之行动者；

3. 因财产上犯罪受刑之宣告或犯贼有案者；

4. 受破产之宣告者；

5. 褫夺公权尚未复权者；

6. 吸食鸦片毒品者。

一六、本办法未规定之事项，得依人民团体整理办法之规定办理。

一七、本办法由上海市社会局订定施行并呈报上海市政府备案。

上海市重要法令汇刊初编 1947

上海市社会局工商业登记暂行规则

三十四年十一月三十日公布

第一条　为实施本市各种工商业之登记订定本暂行规则。

第二条　本市各种工商业之登记，除法令另有规定外，适用本规则之规定。

第三条　本市各种工商业于本规则施行前业经合法登记者，由本局另行公告限期呈报换发登记，其逾期不呈报者应重行申请登记，声请换发登记证应附缴旧登记证或其他证明文件。

第四条　工商业申请登记应用本局规定之声请书及登记表详实照填，由声请人签名盖章并应加具必要之证件。

第五条　工商业登记声请书分左列四种：

（一）工商业登记申请书；

（二）限制行为能力人登记声请书；

（三）法定代理人登记声请书；

（四）经理人或代办商登记声请书。

前项第一款所称之商业登记声请书，分工业、商业及手工业三种，工业登记声请书并加登记附表三种。

第六条　凡兼营两业或两业以上之工商业，应于声请登记时将兼营之业务详细填明于声请书内。

第七条　凡在本市内设有分店或支店者均应各别登记。

第八条　商号名称相同之各工商业，均得于规定期限内为登记之声请，但其主张使用在前者应具创设在前之证明文件，始可排斥创设在后者对于同名称商号之使用，依前项规定对于同一名称之工商业声请登记时，本局得令创设在后者更改其名称其，业已登记者亦同。

第九条　各种工商业登记之日期由本局另行分别公告之。

第一〇条　各工商业应于本局公告所定之期限内声请登记，期限届满后新设立之工商业应于开始营业后十五日内声请为创设登记，但本局公告之期限尚未届满时仍依公告所定之日期。

第一一条　工商业声请登记不得有隐匿虚伪等情事，否则一经发现立即撤销其登记，依前项规定撤销登记者视同未登记。

第一二条　工商业登记后如有变更转让或继承赠与等情事时，均应依法声请登记。

第一三条　工商业声请登记经本局核准后除依法公告外，其创设之登记由本局发给登记证，其为变更登记者由本局换发登记证，前项登记证所载事项遇有错误或遗漏进得呈准本局更改之。

第一四条　各工商业应将登记证悬挂于明显处所。

第一五条　声请登记应依下列之规定缴纳登记费：

（一）资本未满五万元之创设登记每件五百元；

（二）资本五万元以上十万元以下之创设登记每件一千元；

（三）资本十万元以上之创设登记每一万元加纳五十元，另数不计；

（四）添设支店呈准登记者每一支店纳费一千元；

（五）声请为变更或转让登记者每件纳费五百元；

（六）其他各项登记每件五百元。

第一六条　工商业登记发给登记证，每件酌收印刷纸费，声请换发或补发时亦同，声请发给登记证时应附缴法定之印花税。

第一七条　工商业登记之申请书及登记附表，每件酌收印刷纸张费。

第一八条　凡因必须向本局请求查阅登记薄者，应用书面声请，每次应缴纳查阅费法币一百元，如需抄录者，每千字应缴抄录费法币五十元。

第一九条　工商业不于规定期限内依法声请登记者，本局得勒令停业或科一万元以下之罚锾。

第二〇条　已登记之工商业有左列各款情事之一者，本局得对该工商业之负责人科五千元以下之罚锾：

（一）违反本规则第十四条之规定者；

（二）工商业经勒令停业而仍继续营业者；

（三）对于应登记之事项故意隐匿或不实之呈报者。

第二一条　违反商业登记法规定，应依同法第二十六条第二十七条所定之罚锾，自本规则施行日起暂依一百倍论科。

第二二条　本暂行规则如有修改之必要时，本局得随时修改之并呈报市政府备案。

第二三条　本规则自公布之日施行。

上海市重要法令汇刊初编 1947

上海市警察局取缔摊贩规则

三十四年十一月　日

第一条　本局为整饬市容交通取缔摊贩起见，特订定本规则。

第二条　凡欲设摊营业者，应先向该管分局领填申请书，取具殷实铺保一家，连同工本费国币一百元及申请人相片二张，呈由该管分局查明，转报本局核发许可证，并照章向财政局纳捐后始得营业。

第三条　经许可之摊贩应由各分局于辖境内指定无碍市容与交通秩序之地点集中摆设，摊基面积以长阔各三尺为限。

第四条　摊贩营业时间除菜摊得由上午五时起至十时止外，余则以上午六时至下午六时为限，但于必要时得以命令延长或缩短之。

第五条　许可证应置于设摊处所，以便查验，并不得转借供用。

第六条　摊贩不得有左列各款情事：

一、在指定地点以外设摊；

二、在摊基上设置席棚遮阳及固定性之建筑物；

三、高声叫喊兜售；

四、毁损道路等公共建筑；

五、售卖伪造劣质货物或有碍风化或其他违禁物品；

六、故抬市价。

第七条　摊贩应保持摊基及其附近清洁。

第八条　违反本规则摊贩依法罚办。

第九条　本规则自公布之日起施行，如有未尽事宜得随时修正之。

上海市重要法令汇刊初编 1947

上海市警察局发给运柩护照暨灵柩移动护照暂行规则

三十四年十二月二十五日公布施行

第一条　凡在本局管辖区域内起运或移动棺柩，不论运往市内市外，必须先向本局请领运柩护照或灵柩移动护照。

第二条　运柩护照以将棺柩运往国内各省市县者为限。

第三条　灵柩移动执照以将棺柩在本局管辖区域内移动或暂厝者为限。

第四条　请领运柩护照或灵柩移动护照须按照左列之手续办理：

（甲）须向本局行政处卫生科领取申请书、保证书；

（乙）运柩护照申请书应于起运前一星期，灵柩移动护照申请书应于前一日填就后，检同卫生局所发之死亡证明书或寄柩所之柩票，一并呈送本局审核，俟核准给照后方得依限起运或移动。

第五条　运柩护照每具收取照费六十元，灵柩移动护照每具收取照费三十元。

第六条　运柩护照或灵柩移动护照应用完毕后，应于期满日起三星期内缴同本局行政处卫生科注销逾期追保查究。

第七条　领用运柩护照或灵柩移动护照，倘被查获柩内有私藏军火或其他违警物品或死出非命未经报告警察机关者，领照人及保证人等应负连带责任。

第八条　凡未经领有运柩护照或灵柩移动护照，私行运柩或使用过期护照者依法处罚。

第九条　本规则自呈奉市府核准公布日起施行。

上海市重要法令汇刊初编 1947

上海市经常保持清洁办法

（一）为使本市经常保持清洁起见，除在警察局总局设立卫生警察与卫生局密切合作外，在各分局就现有行政警察加重其卫生警察之任务。

（二）行政警察巡察时对于卫生事宜应注意左列各项：

1. 不准随地吐痰便溺；
2. 不准任意排泄污水；
3. 不准随地抛弃纸屑、果壳；
4. 不准任意弃置牲畜尸体；
5. 不准燃放有恶臭烟火或其他有特殊气息物品；
6. 不准制造或售卖腐烂物品；
7. 不准跨街晒晾衣服；
8. 不准无故停尸不殓或停尸不葬；
9. 不准摊贩停搁道旁；
10. 不准在市中心区任意停泊粪船；
11. 不准在道旁或公共场所任意设立粪缸、粪坑或畜舍；
12. 垃圾秽物应责令倒入垃圾箱内；
13. 装载粪土秽物经过街道应加覆盖并不得任意逗留。

如有违反上列规定应即拘局法办。

（三）除上列各项应严格纠察取缔外，关于打扫事宜，里巷户宅责令保甲长督导人民自行负责，街道及公共场所指挥卫生局清道夫随时打扫。

（四）各分局应经常举行清洁竞赛，以每保每甲为单位，成绩优良与办事不力之保甲长应分别报请奖惩。

（五）如有清道夫打扫不力或人员不敷分配，各分局应随时呈请本局转函卫生局改善。

（六）以清洁卫生列为各分局考绩之一。

（七）除由行政警察经常纠察取缔外，并分期举行大扫除（大扫除办法另订之）。

（八）本局卫生科应与卫生局取得切实连系。

上海市重要法令汇刊初编 1947

上海市工务局现有私建棚屋暂行取缔办法

三十四年十一月十六日市工（34）字第 879 号公布

一、上海市工务局为取缔本市私建棚屋起见特订定本办法。

二、凡在三十四年十一月一日以前私建之棚屋概照本办法取缔之。

三、凡未占用公路公弄或河道及不沿五公尺以上公路之私建棚屋，并无碍于消防卫生市容者，得暂缓取缔，但本局认为必要时仍须随时通知限期拆除。

四、凡占用公共公弄或河道或沿五公尺以上之公路，或有碍于消防卫生市容之私建棚屋，一律于接到通知之日起十日内自行拆除，逾期由本局派工代拆，所有费用由业主负担，但经请求准予具结延期者得暂缓取缔，到期仍须拆除，不得再延。

五、凡暂缓取缔之私建棚屋统限于三十五年十二月三十一日以前一律拆除。

六、暂缓取缔之私建棚屋概不得私自添建或修改，否则一经查实立即勒令拆除。

七、凡占用下水道之私建棚屋，一律不得援用本办法第四条但书之规定。

八、本办法自呈准公布之日起施行。

上海市重要法令汇刊初编 1947

上海市工务局临时棚屋建筑暂行办法

三十四年十一月十六日公布

一、上海市工务局为调剂市民住屋，减轻市民负担，在市区搭建临时棚屋起见，特订定本办法。

二、凡需要搭建临时棚屋者，得依照本办法绘具图样，向本局申请临时执照，在禁建区域外搭建临时棚屋。

三、旧公共租界及旧法租界内暨沿柏油路（或重要公路）之在十公尺以内者，及其他有碍消防卫生市容等地区，非经呈准概不得搭建临时棚屋。

四、凡建造竹笆土墙平房，其四周必须留二．五公尺以上之空地，其建筑面积不得超过七十平方公尺，屋檐不得高出地面二．五公尺，屋架须用坚固木料或竹料构造，屋面须用瓦片或其他避火材料盖造，凡建筑席棚其四周须留五公尺以上之空地，其建筑面积不得超过四十五平方公尺，屋檐不得高出地面二．五公尺，屋架须用坚固毛竹构造。

五、凡私自建造临时棚屋，未经遵照本办法之规定者，一经查获，除勒令拆除外，并依法严惩。

六、凡经申请核准搭建之棚屋，必须由业主亲自居住，不得私相授受顶卖或作为商店营业之用，否则一经查实，立即勒令拆除。

七、临时棚屋居住期限为一年，期满须全部拆除，但因建筑良好较为安全者得，于期满前呈请延期一年，惟以一次为限。

八、本办法自呈准公布之日施行。

上海市重要法令汇刊初编 1947

上海市工务局营造厂商营业登记补充办法

三十四十二月二十一日第十三次市政会议通过

一、凡在前非沦陷区各省市已领有营造厂商登记执照之营造厂，拟迁至本市营业者，于呈验原有登记执照后得准其先行营业，同时补办登记手续，经审查合格后换发登记执照。

二、凡在前上海市工务局领有营造厂商登记执照之营造厂，拟在本市呈报复业者，于呈验原登记执照后，得准其先行复业，同时补办登记手续，经审查合格后换发登记执照。

三、凡未经登记之营造厂商而确有营造经验并具有证明文件者，于呈验工程资历证件经查明属实后得准其先行营业，于规定期限内补办登记手续，经审查合格后发给登记执照。

四、凡伪政府登记之营造厂商执照一概无效。

五、凡曾在伪政府登记之营造厂商，如其工作优良并无不法行为，经证明属实者，可准其重行申请登记。

六、凡经本市核准及领有登记执照之营造厂，如于登记营业后经发觉其确曾有资敌行为或与敌伪勾结工作者，除吊销营业执照外并须严加处罚。

七、凡营造厂商于营建房屋时得兼办卫生设备，无庸另行登记。

上海市重要法令汇刊初编 1947

上海市公用局设置船舶登记所组织通则

三十四年十月二十日公布

第一条　上海市公用局为办理本市船舶登记事宜，得于市区必要地点分别设置船舶登记所（前项船舶登记所之设置须呈奉上海市政府之核准）。

第二条　各所隶属公用局受第三处航务科之监督指挥办理本市船舶登记事项。

第三条　各所职掌如左：

一、关于船舶之登记检验丈量事项；

二、关于往来船舶牌照之检查事项；

三、关于竹木排特许通告证之核发及检查事项。

第四条　各所设立主任一人，由公用局派充之。

第五条　各所设技士技佐办事员各一人，由主任呈请公用局委任之。

第六条　各所得酌量雇员办理缮写收发等事务，其名额视事务之繁简，由主任酌定，呈报公用局核准雇用之。

第七条　各所办事细则另订之。

上海市重要法令汇刊初编 1947

上海市公用局船舶登记办法

三十四年十月二十五日公布

一、本市船舶登记事项由公用局设吴淞、沪南、沪北船舶登记所办理。

二、凡在本市辖区内营业或行驶之船舶，均应向就近船舶登记所声请登记，请求检验，领取牌照后始准航行，惟航行达于本市区以外之长航船舶，已向交通部上海航政局登记核准者不在此限。

三、船舶声请登记须先向公用局船舶登记所填写申请书，经船舶登记所派员丈量检验合格后即发给船舶检验证及号牌执照。

四、船舶牌照如有遗失，须立即填具补领牌照申请书，声请补领，经船舶登记所调查属实后补发之。

五、船舶过户时须填具船舶过户声请书，向船舶登记所声请过户登记。

六、船舶牌照以六个月为一期，每年分上下二期(即一月至六月为上期七月至十二月为下期)，期终均须重行申请登记检验换领凭照。

七、船舶未经登记检验领取牌照或所领牌照业经过期失效而仍在行驶者，一经查出，视其情形之轻重，予以没收或罚金之处分。

八、关于船舶纳捐办法另订之。

上海市重要法令汇刊初编 1947

修正上海市公用局发给船舶牌照规则

三十四年十一月修正公布

第一条　凡船舶在本市区域内航行或停泊者，应向本局登记经检验合格后分类发给号牌及执照。

第二条　凡领取船舶牌照应照章缴纳牌照费并向财政局缴纳船捐。

第三条　船舶牌照之有效期限依照船舶登记办法之规定，以六个月为一期分上下二期。

第四条　船舶牌照不得冒名顶替，如遇过户应先由船主呈经本局核准办理过户手续。

第五条　凡领用船舶牌照不论其船舶航行与否，一经领用即须缴足牌照及船捐，缴还牌照时不论其期限届满与否，牌照费及船捐概不发还。

第六条　船舶在牌照有效期限内如须离境不再来本市区内航行或停泊时，应由船主将该牌照缴还本局注销之。

第七条　船舶牌照有效限届满时，船主应向本局换领新牌照方得继续航行或停泊，如不再继续航行或停泊，应将原牌照于五日内缴还本局，否则以无牌照论处。

第八条　本局在职权范围内对船主船夫有所查询时，该船主船夫均不得违抗，否则本局得处分之。

第九条　船舶在本市区内航行或停泊，除应遵照本规则领取牌照外，并应遵守本市一切水上交通管理规则。

第十条　本规则自公布之日施行。

上海市重要法令汇刊初编 1947

上海市公用局广告商登记规则

三十四年十一月五日公布

第一条　凡在本市区代客设计装置含有招徕营业性质之广告及同业宣传品之广告社暨其他代办所等之广告商，概须遵照本规则之规定办理。

第二条　广告商应向公用局呈请登记，经审查合格后发给登记执照，方得营业。

第三条　广告商登记时，除应依照表格各项详填外，并须附呈资本及组织证件。

第四条　凡经审查合格之广告商，于接到公用局通知后，须在一星期内缴纳保证金，按其资本额百分之五(但至少须缴国币二千元)，执照费国币二百元及登记费国币四百元，方得领取执照。

第五条　执照有效期限为一年，期满时广告商应备执照费国币二百元，连同旧执照呈缴公用局换领新执照，但在中途或期满时无意继续营业者，应即将所领执照呈缴公用局注销之，除已缴之登记费及执照费概不发还外，其缴存之保证金自注销之日起二星期后凭原收据发还。

第六条　已登记之广告商代客揭布各种广告手续，须遵照本市广告管理规则例办理，如有违犯达三次者，公用局得吊销其执照，并没收其保证金。

第七条　已登记之广告商代客办理揭布各种广告手续，得依照规定税率以八折计算纳税。

第八条　已登记之广告商，如迁移地址，应先呈验公用局备查。

第九条　已登记之广告商，如中途改组，应将执照缴销重新登记。

第一〇条　凡执照遗失时，应登报声明，并报请公用局补发，随缴补照费国币二百元。

第一一条　已登记之广告商代客揭布各种广告时，应在其广告物左下端注明该广告商之名称以便查验。

第一二条　本规则自上海市政府核准日施行。

上海市重要法令汇刊初编 1947

上海市公用局机动车辆发给牌照暂行办法

三十四年十一月十七日公布

一、本局为确定机动车辆发给牌照标准起见特订本办法。

二、凡截止三十四年八月十日，在本局车辆登记记录为日、德、奥国籍私人名义登记之车辆，系属敌性国资产，应予扣留，对于申请人不发牌照，依照前条规定，本届申请人除敌性国籍外，如系私人名义，与前市政府公用局二十六年八月十三日，或前公共租界工部局及前法公董局三十年十二月八日前所登记之车主厂牌照年份引擎号码确属相符者，可发牌照。

三、凡在三十四年八月十日在本局车辆登记，记录为日军以军管理名义及日、德、奥机关或各该国籍之商号名义登记为车辆，亦为敌产之一部，应予扣留，不发牌照。

依照前条规定，本届申请人如系机关或商号前被敌日解散，或受敌日军管理者，所登记之车主厂牌年份引擎号码确属相符者，自可发给牌照。

四、凡三十四年八月十日以伪机关名义登记之车辆，为伪产之一部，应予扣留，不发牌照。

依照上列第三条之规定，本届申请人系属机关，所登记之车主厂牌年份引擎号码确属相符者，自可发给牌照。

五、凡三十四年八月十日以前用汉奸名义登记之车辆，不发牌照。

六、本届申请人除上列第一二三四各条规定者外，用个人机关或商号名义登记，查与前公用局二十六年八月十三日前，或公共租界工部局及前法公董局三十年十二月八日前所登记之车主厂牌年份引擎号码相符者，可发牌照。

七、本届申请人除上列第一、二、三、四条规定者外，查与二十六年八月十三日前或三十年十二月八日前原车主姓名有变更时，应饬提供前车主转让证明文件，再行核办。

八、本届申请登记之车辆系属初次登记，除上列第一、二、三、四条规定者外，合于下列规定之一者，可发牌照，但如车辆引擎号码发见涂改者不在此列：

甲、有正式买卖契约或进口提单；

乙、外埠行车执照足以证明引擎号码相符者。

九、凡车主已领得牌照后，遇有第三人提出确切证据，证明其所有权时，本局即将所登牌照吊销，如有任何纠纷，应由双主自向法院请求确认所有权。

十、本办法自呈奉市政府核准之日起施行。

上海市重要法令汇刊初编 1947

上海市公用局检验营业三轮客车暂行规则

三十四年十二月十三日公布

第一条　本市营业三轮脚踏车每隔六个月由本局检验一次。

第二条　每次检验均由本局于事前指定日期地点，登报公布，并通知公会转饬车商遵照办理，挨次检验。

第三条　检验不合格者得由车商请求改期复验，但经二次复验仍未合格者吊销牌照。

第四条　应受验之车辆如有逾期不到，已领牌照即予吊销，如有特殊情形，于事前向本局申请延期，经查明属实者，准予补验，但需缴补验费法币五百元。

第五条　车辆之钢印号码与号牌或执照号数不相符合者，依照取缔暂行罚则处罚之。

第六条　车辆如有下列情形之一者概为不合格：

（一）车辆颜色未照规定者（三十五年起适用规定颜色）；

（二）车身涂漆各种文字或记号不合规定者；

（三）叶子板残缺破碎或托钉不固时时动摇靠到轮胎者；

（四）篷布经油渍漏水及污秽破碎者；

（五）前篷布有前项情形或狭小不能蔽雨者；
（六）车垫高低不平匀及无清洁布套者；
（七）煞车不灵活者；
（八）车练无长短调整设备而易于脱落者；
（九）车身破裂或歪斜者；
（十）弹簧钢板两面高低或厚薄宽窄不一或弹力不够者。

上海市重要法令汇刊初编 1947

上海市民众学校设置办法

民国三十四年十月三十日上海市教育局第六次局务会议通过

一、上海市教育局（以下称“本局”）为推进本市扫除文盲普及民众教育工作，先在全市人口密集地区设立民众学校，以后逐渐推及全市各区。

二、民众学校由本局直接办理，或由社会教育机关中小学同业公会工厂保甲设立或兼办，除本局直接办理者外，一律须呈报本局备案。

三、民众学校之名称，市立民众学校以数字顺序列之，中小学兼办民众学校在原校各下加“附设民众学校”字样，公会工厂保甲设立民众学校冠以各该公会工厂保甲之名称。

四、市立社会教育机关市立中小学举办或兼称民众学校应列入规定工作。

五、本局直接办理及市立社教机关办理之民众学校，经费由社教经费内匀支外，本局得视实际情形酌予补助，各公会工厂及保甲办理民众学校经费概行自筹，私立社教机关及私立学校办理之民众学校亦自行筹措，但本局得酌予补助。

六、凡十六岁至四十五岁未受国民教育之民众，均应入民众学校，除自动入学者外，并根据调查结果由本局会同警察局分期劝导入学。

七、民众学校学生程度分初级及高级，各以四个月为修业期，每校以办两班为原则，高级班必须与初级班同时设立，每班学额以五十人为度。

八、市立民众学校教员之人数视学生班数而定，每班以一人为原则，每校至少设专任教员一人。

九、市立民众学校之校长及专任教员由本局委任及指派之，兼任教员由校长聘请之，兼办民众学校之校长由原主管人自兼或指定人员担任，附设之民众学校校长由设立者聘任，教员均由校长聘请之。

十、民众学校学生之授课时数每期不得少于二百小时（每日均二小时），受课时间应迁就多数学生之空闲，在业学生利用晚间或清晨，妇女利用下午。

十一、民众学校之学科照部定为国语（百分之五〇）、常识（百分之二五）、算术（百分之二〇）、音乐（百分之五）。

十二、民众学校为本市推行民众教育之中心机关，除设班教学外应举办左列各种民众教育工作：

1. 编写壁报；
2. 通俗演讲；
3. 图书阅览；
4. 流动教学；
5. 家庭访问；
6. 卫生教育。

十三、民众学校不收学费，书籍文具由学生自备，经费充裕时对于家境清寒成绩优秀之学生之书籍文具得酌量补助之。

十四、民众学校于每期开学后及结束时，应将经费预算决算学生名册毕业学生名册及成绩单呈报本局查核备案。

十五、民众学校毕业学生一律由本局颁发毕业证书。

十六、民众学校除受本局督导外，并应接受本市市立实验民众学校之辅导。

十七、私立民众学校办理具有成绩者，由本局呈请市政府奖励之。

十八、为加紧本市扫除文盲工作，除推动以上各种民众学校外，并本教育局发动全国智识分子办理民众教育之旨，得征求本市中学以上学校之学生担任民众学校义务教员。

十九、本规程由上海市教育局局务会议通过后施行。

上海市重要法令汇刊初编 1947

上海市立中小学兼办民众学校暂行办法

民国三十四年十月三十日上海市教育局第六次局务会议通过

一、上海市立（以下简称“市立”）中小学应遵照本办法之规定办理民众学校。

二、中小学办理民众学校分高初二级，初级班不得单独设立，高级班须与初级班同时设立。

三、中小学所设民众学校之校名应冠以设立学校之校名。

四、中小学办理民众学校应师生合作，以便实际指导学生，服务小学应以教员为施教主体。

五、各中小学所设民众学校应招收十五岁至四十五岁之失学民众，授以初级或高级民众补习教育，每班学额以五十人为度。

六、各中小学所设民众学校之校长，应由校长自兼或指定教员担任之，教员由原校教职员兼任，中学并得由学生担任之。

七、中小学所设民众学校，其教学时间每期以四个月，每日教学二小时为原则，全期不得少于二百小时。

八、中小学所设民众学校之学科分国语、常识、算术、音乐等，其分配如下：

科别 / 每周教学时间百分比 / 级别	国语	常识	算术	音乐	总计
初级	百分之五十	百分之二十五	百分之二十	百分之五	百分之一〇〇
高级	百分之五十	百分之二十五	百分之二十	百分之五	百分之一〇〇

九、中小学所设民众学校教科书，应采用教育部编辑或审定者，为适应需要起见，并得用教育局颁发之补充教材。

十、中小学办理民众学校之经费，应在原有经费内设法匀支，不足时得呈请教育局酌予补助。

十一、中小学所设民众学校不收学费，书籍文具由学生自备，对贫寒学生之书籍文具得鼓励本校教职员学生捐助之。

十二、中小学办理民众学校，应于每班开始教学一个月造具教职员表、学生名册、教学时间表、教学用书，呈报市教育局，修业终了一个月内将学生姓名及学业成绩造册呈报教育局备案。

十三、中小学兼办民众学校之班级以下列标准为原则：

甲、中学三班以上者每学期办理民众学校一班，六班以上者办两班，九班以上者办三班，余依此类推。

乙、小学四班以上者每学期办理民众学校一班，八班以上者办两班，十二班以上者办三班。

十四、本办法由教育局公布施行。

上海市重要法令汇刊初编 1947

上海市立科学实验所规则

三十四年十二月十二日市教育局第十二次局务会议通过

第一条　上海市教育局为推进科学教育起见，特设市立科学实验所。

第二条　本所工作计分（甲）供给本市中等学校学生作科学实验之机会；（乙）研究并实验科学教育之教材与教学方法，辅导各校理科之教学；（丙）提倡通俗科学教育。

第三条　本所视地段及学生之需要，得附设中心站若干处，供本市高、初中学作物理、化学、生物实验之用。

第四条　本所得附设工场修理仪器，并设计自行制造仪器。

第五条　本所所址与中心站站址以利用地点适中之公共建筑物或市立中学为原则。

第六条　本所设所长一人，干事及助理干事若干人。所长除主持本所工作外，并负责管理附设各中心站之责。

第七条　每中心站设主任一人，物理、化学、生物实验指导员各一二人，主任主持站内一切事务。

第八条　本市公私立中学学生得转由学校向本所申请参加附近中心站实验，由本所编排实验日程。

第九条　学生来中心站实验，由本所指导员与原校教师共同负责指导。

第一〇条　实验教材由本所遵照部颁之标准订定之。

第一一条　学生实验时所用仪器由本所供用化学药品消耗及实验报告纸酌收费用。

第一二条　本所得应事实之需要召开演讲会或座谈会。

第一三条　本规则由上海市教育局局务会议通过后施行。

上海市重要法令汇刊初编 1947

上海市教育局整理私立职业学校暨职业补习学校暂行办法

三十四年十二月十八日第十三次局务会议通过

一、本市私立职业学校暨职业补习学校登记及视察办法与中等学校同。

二、本市私立职业暨职业实习学校除本办法别有规定外，一律适用本局整理私立中等学校暂行办法办理。

三、私立职业学校未经立案已先开办者，应依法补行立案，惟合于规定标准之学校补行立案时为节省手续起见，得将校董会立案呈请核准开办及呈请立案三部分手续并为一次办理。

四、未经立案已先开办之私立中学，如欲改办职业学校时，并得适用前条之规定。

五、私立职业补习学校未经备案已先开办者，应依法补行备案。

六、私立职业学校立案时，如因限于环境经济设备不合标准者，本局得先准其立案，同时酌定期限，令其分期充实设备。

七、本局得特约公营之实业机关，准许私立之职业学校及职业补习学校派遣员生实习。

八、私立职业学校筹备实习工厂如有技术上或行政上之困难时，得呈请本局予以协助。

九、私立职业学校或职业补习学校办理成绩优良而经费困难者得请求补助。

十、私立职业学校或职业补习学校学生毕业时，得呈请本局转函各公私立实业机关量予录用。

十一、本办法经上海市教育局局务会议通过施行。

上海市重要法令汇刊初编 1947

上海市工务局公园管理通则

三十四年十二月一日令准备案

一、上海市工务局为统一管理全市公园起见，特订定本通则。

二、全市公园每日开放时间，除因特殊情形由本局另行规定外，普通规定如下：

六月一日至九月三十日，上午六时至下午十时；

十月一日至十一月三十日，四月一日至五月三十一日，上午六时至下午八时；

十二月一日至三月三十一日，上午七时至下午六时。

三、全市公园除特定免费游览外，均须凭门票，但身长在一公尺二十五公分以下之儿童，如由成人携带得免费入园。

四、门票分为二种票价及请购办法规定如下：

1. 个人常年票全年通用，每张五百元，向财政局填表请购；

2. 普通个人门票全年通用，每张五元，向各公园售票处购买之。

五、凡军警机关学校团体人数在二十人以上者，得向本局申请填发免费入园证，凭证于指定日期入园游览。

六、园内儿童游戏场仅供十六岁以下之儿童游玩之用，成人不得入内。

七、各种车辆（孩车及残疾人乘坐车除外）以及牲畜均不得入园。

八、凡在左列各种情形者不准入园游览。

1. 酒醉者；

2. 传染病患者；

3. 神经病患者。

九、凡有左列各种情形者得令其出园：

1. 向游人乞讨者；

2. 向游人兜售货物者；

3. 赤身裸体者。

十、游人在园内不得有左列各种行为：

1. 未经管理人员之许可，在园内开唱无线电收音机或留声机暨奏弄其他乐器；

2. 未经管理人员之许可及主管机关之核准，在园内演说或集会；

3. 故意戏弄激怒园内所有禽兽；

4. 攀折花木、污损公物；

5. 随地吐痰；

6. 随地便溺；

7. 任意抛置果皮纸屑；

8. 高声吵闹；

9. 其他不道德及有伤风化之行为。

十一、本通则于三十五年一月一日起施行。

上海市重要法令汇刊初编 1947

上海市卫生局公私立医院领照办法

第一条　本市境内公私立医院，除遵照卫生署所颁《医院诊所管理规则》各条之规定外，其注册领照均依照本办法办理。

第二条　凡在本市设立之医院应于开业前向本局声请登记注册请领开业执照方得开业，未经核准注册领照者不准设立，其已开业者应于本办法施行后一个月内声请注册领照。

第三条　声请注册时应先向本局领了申请书，依式填妥并呈缴左列各件及费款：

一、开具院内已领有开业执照之全体医师、药剂师、药剂生、助产士、护士等医药人员履历表三份；

二、声请人之正面二寸半身照片三张；

三、院内各项简章各一份；

四、执照费五百元，印花税十元。

第四条　医院注册申请书内所列各款如有变更时，须随时呈报本局查核，其人员有变更时亦同。

第五条　医院开业执照须张挂易于众览之处，不得涂改或转让。

第六条　开业执照倘有损坏补领时，应将原照缴销，其因遗失补领者应先自行登报声明作废，并按照第三条之规定呈缴各件及费款请求补发。

第七条　凡医院设立分院其领照办法与医院同。

第八条　医院更名时，须将原照缴回注销，仍照第三条之规定呈缴各件及费款换发新照。

第九条　医院歇业时须于十日内呈报本局，并将原照缴销迁移时原照呈送本局更改地址。

第一〇条　本局每年审查注册医院开业执照一次，并加盖审查图戳。

第一一条　本办法自公布日施行。

上海市重要法令汇刊初编 1947

上海市卫生局管理药商规则

第一条　凡在本市境内药品营业者，除法令另有规定外，依本规则之规定管理之。

第二条　本规则所称之药商包括中西各药之批发门售及制药或调剂者而言，但沿途或设摊零售者不在此限，沿途或设摊零售商之管理规则另定之。

第三条　药商应于开始营业前向本局填具申请书声请注册，给予营业执照后始准营业，在本规则公布前已营业者，应自本规则公布日起一个月内注册领照。

第四条　声请注册领照之药商，应向本局领取声请书，按式填就，并呈缴左列各件及费款：

一、雇用人员名册二份；

二、申请人最近二寸正面半身相片三张；

三、执照费五百元；

四、印花税费十元。

第五条　中药商不得兼售西药，但其药虽产在外国向供中医之用者，不在此限。

第六条　药商所用店伙须熟谙药性，其营西药业者并须以药剂师管理药品，但不制药水以及不零售麻醉及其他毒剧药者，得以药剂生代之，未成年及禁治产者不得用以管理药品。

第七条　药商购存麻醉及毒剧各药须将品目数量详载簿册，以备本局检查。

麻醉及毒剧各药应与他种药品分别贮藏标明麻醉药或毒剧药字样外，加锁钥以防不测。

第八条　麻醉及毒剧各药非有医师署名盖章之处方笺，不得售出，其经手售出之药剂师须依本局管理开业药剂师规则第十三条之规定办理。

持有医师处方笺而其人年龄幼稚或形迹可疑时，仍不得售予，其为同业及医师或学术机关试验场所制药之公署等购为业务或试验之用时，须将购者姓名职业住址及药品数量详录簿册连其亲笔署名盖章之单据保存五年，以备查考。

第九条　各公署因其职务关系须购买麻醉及毒剧各药以为医疗之用时，除依前条第三项后半段之规定外，并具该公署负责医务人员署名盖章之单据。

第一〇条　制造药品之药商所制之毒剧药品，须按月将所出数量呈报本局备查，麻醉药品并应遵照麻醉药品管理条例之规定，不得制造。

第一一条　各种药品均须按法贮藏，倘性味已失或变质者不得售卖。

第一二条　药商接受药方调剂时，于药名、分量、用法、年月日、病人、姓名、年龄、性别及医师或中医师之姓名、铃章均须注意，如有可疑之点，应询明处方之医师或中医师得其证明方得调剂。

处方中药品遇缺少时，应即告知购用人，不得任意省云或易以他药。

第一三条　配发药剂时中药商须于包纸上容器上将药品、药性逐一记载，西药商须将内用、外用、用法、用量、年月日、服用者之姓名各项分别于容器包纸上注明。

药商除专营批发或制造者外，无论何时不得无故拒绝处方之调剂。

第一四条　中华民国药典所记载之药品，其性状品质制法非适合于药典之所定，药商不得制造买卖或贮藏。其为中华民国药典所不载者，以各药品所依据之外国药典为标准。

第一五条　中外药典所未载之新发明药品，非经卫生署查验核准后，不得制造贩卖或输入。

第一六条　药品名称用量药性依据外国药典者，须以中文注明于容器包纸上，但得以各国文字并记。

第一七条　药商于本局派员检查药品或簿册时不得拒绝。

第一八条　药品经为妨害卫生或有伤风俗或作伪者，本局得禁止其制造贩卖或贮藏，并得将该项药品销毁。

第一九条　药商之广告及散单不得违反管理成药规则第九条之规定。

第二〇条　药剂师自营药商业或医师中医师兼营药商业者，仍应请领药商营业执照，遵守本规则这规定。

第二一条　药商违反本规则之规定时，得依法处以罚锾或撤销其营业执照或定期停业。

第二二条　本规则自公布日施行。

上海市重要法令汇刊初编 1947

上海市卫生局管理开业药剂师规则

第一条　凡在本市境内开业之中外籍药剂师，除中央法令别有规定外，均依本规则之规定管理之。

第二条　药剂师在开业前，应先加入本市药剂师公会，再向本局声请登录请领开业执照，方得执行业务，在本规则公布前已执行业务者，应自本规则公布日起一个月内登录领照。

第三条　声请登录领照之药剂师应向本局领取申请书按式填就，并缴左列各件及费款。

一、中央所发之药剂师证书；

二、本市药剂师公会会员证书；

三、最近二寸正面半身相片三张；

四、执照费二百五十元；

五、印花税费十元。

第四条　药剂师开业名称限用其本人姓名。

第五条　执照须张挂易于众览之处，不得涂改或转让，因损坏声请补领时，应将原照随案缴销，因遗失声请补领时，应先自行登报声明作废，并按照第三条之规定呈缴各件及费款呈请补发。

第六条　药剂师歇业时须于十日内呈报本局查核备案，并应将执照缴销，迁移时应将执照送呈本局更改地址，死亡时应由其最近亲属呈报本局，并缴回执照注销之。

第七条　药剂师得调剂制造贩卖或管理药品。

第八条　药剂师对于本局指定之义务事项，非有正当理由不得推诿。

第九条　药剂师无论何时不得无故拒绝药方之调剂。

第一〇条　药剂师一人不得兼在两处所执行业务。

第一一条　药剂师接受药方时，应注意方上年月日、病人、姓名、年龄、药名、药量、用法、医师署名或盖章等项，如有可疑之点，应询明原开方医师方得调剂。

第一二条　药剂师调剂应按照药方不得错误，如药品未备或缺乏时，应通知原方医师请其更换，不得任意省略或代以他药。

第一三条　药剂师对于医师所开含有毒剧药品这药方，非经原开方医师特别通知只许配卖一次，其药方应由药剂师签名或盖章，添记调剂年月日，保存五年。

第一四条　药剂师应备调剂簿记载左列各项：

一、药方所载事项；

二、调剂年月日；

三、调剂者姓名；

四、依第十一条第十二条规定，询问或请医师更换之颠末，前项调剂簿应　保存十年。

第一五条　药剂师于调剂之容器或纸包上应签名盖章，并记明左列各事项：

一、药方上记载之病人姓名及药之用法；

二、药房之地点名称及调剂者姓名；

三、调剂年月日。

第一六条　药剂师受公署询问或委托鉴定时，不得为虚伪之陈述或报告。

第一七条　药剂师对于因业务知悉之他人秘密，不得无故泄漏。

第一八条　药剂师应将开业执照按年送局查验一次。

第一九条　药剂师违反本规则之规定时，得依法处以罚锾，或勒令停业或定期停业。

第二〇条　本规则自公布日施行。

上海市重要法令汇刊初编 1947

上海市卫生局管理开业护士规则

第一条　凡在本市境内开业之中外籍护士，除中央法令别有规定外，均依本规则之规定管理之。

第二条　护士在开业前应先加入本市护士公会，向本局声请登录请领开业执照后，方得执行业务，在本规则公布前已开业者，应自本规则公布日起一个月内登录领照。

第三条　声请登录领照之护士应向本局领取声请书按式填就，并呈缴左列各件及费款：

一、中央所发护士证书；

二、本市护士公会会员证书；

三、最近二寸正面半身相片二张；

四、执照费一百五十元；

五、印花税费十元。

第四条　护士开业名称限用其本人姓名。

第五条　执照须张挂易于阅览之处，不得涂改或转让，因损坏声请补领时应将原照随案缴销，其因遗失补领者应先自行登报声明作废，并按照第三条之规定呈缴各件及费款呈请补领。

第六条　护士歇业时应于十日内呈报本局查核备案，并应将执照缴销，迁移时应将执照送呈本局更改地址，死亡时应由其最近亲属呈报本局并缴回执照注销之。

第七条　在公私立医院诊所内及其他医疗机构执行业务之护士均应按照本规则之规定请领开业执照，并应遵定本规则之规定。

第八条　护士应将开业执照按年送局查验一次。

第九条　护士违反本规则之规定时得依照处以罚锾或勒令停业或定期停业。

第一〇条　本规则自公布日施行。

上海市重要法令汇刊初编 1947

上海市土地权利清理办法施行细则

三十四年十一月三日公布

第一条　本细则依据行政院颁发之收复地区土地权利清理办法第十条制定之。

第二条　本市公有及私有地权之清理除法令别有规定外，应依本细则之规定办理之。

第三条　公地应依战前原有公地簿册切实查明管理，其在战时被非法侵占或变卖者应予收回。

第四条　公地未记载于战前公地簿册由合法机关保管者，应制成调查表二份送各该保管机关填复后办理公地拨用手续。

第五条　经敌伪组织给价征收之土地，除有重大公共需要者仍应由政府暂为保管并补正征用手续外，原有权人得提出确切证件缴价领回。

第六条　经敌伪组织无偿没收之土地，原所有权人得提出确切证件请求发还，但政府认为有重大公共需要者，应由现需使用之机关商同地政局依法征收之。

第七条　经敌伪组织放领之公有土地一律无效，其承领人应于本细则公布之日起十日内向本市地政局申报听候收管，在未收管前应负保管全责，其不依限申报者，经查出后以侵占公物论，但承领人为自耕宵而继续耕作者，得于三个月内办理承领手续。

第八条　原有战前日德册道契地，除证明其在战前已为国人合法所有者外，一律由地政局查明接管。

第九条　逆伪所有土地及其定着物，依法应予没收者，由地政局予以接管。

第一〇条　经敌伪组织变更之产权经界并无国籍等可资凭借考正恢复立界者，由地政局予以重划，以增进土地利用之效率。

第一一条　在敌伪组织势力范围内被非法强占之私有土地及其定着物，应归还于原所有权人。

第一二条　地政局执行前条任务，得设置地权纠纷调解委员会调解之，前项委员会之组织另定之。

第一三条　地权纠纷调解委员会所为之调解结果应制成笔录，送达于当事人，当事人于二十日内不为异议之声，或向司法机关起诉者，即认为调解成立，地政局得将调解笔录送请司法机关予以假扣押。

第一四条　在敌伪组织势力范围内显失公平之方法或被胁迫而为土地及其定着物之移转者，受害人得于日本投降后一年内声请撤销，其因而发生纠纷者，其纠纷之处理，得适用本细则第十一条至第十三条之规定。

第一五条　本布沦陷期间已领有土地所有权状土地权利经合法之移转者，应于六个月内向地政局补请移转登记。

第一六条　本市开办土地登记区域，所有未领土地所有权状之土地，应一律声请为第一次土地所有权之登记。

第一七条　土地所有权人声请为土地权利之登记，应以左列证件为产权凭证：

一、战前所发土地执业证；

二、方单道契；

三、粮串；

四、有关地权之判决者；

五、其他合法之证件。

第一八条　人民缴存伪地政局之原有合法地权证件，应凭收件凭证呈请地政局查核办理。

第一九条　土地权利人所执存之伪地政局产权证明文件一律无效，其缴呈地政局者即予注销。

第二〇条　土地权利人之旧有证件已盖敌伪组织印信者，应于呈缴地政局审查时在该印信上加盖“敌伪组织印信依法无效”戳记再予发还。

第二一条　旧有地权证件遗失者应提出确切证明，于第一次土地所有权登记时依法补救，但遗失为土地所有权状者应依土地法之规定办理。

第二二条　地权经敌伪组织变更后，其他上定着物依左列规定处理之：

一、原有定着物之损毁者，由所有权人详叙经过事实，连同证据一并呈报善后救济方署及调查抗战损失机关核办；

二、新建定着物非原地主所有者，由地政局估定价值通知地主缴价承领。

第二三条　本细则由上海市政府公布施行并送请中央地政机关备案。

上海市重要法令汇刊初编 1947

上海市土地登记施行细则

三十四年十一月十日公布

第一章 总 则

第一条 本细则依照各省市地政施行程序大纲第十九条之规定制定之。

第二条 本市经地籍测量完成之区域，不论公私有土地及其定着物之登记，除依土地法及土地法施行法暨其他有关法令规定办理外，均依本细则之规定办理。

第三条 在战前已经地籍测量完成并依据地籍测量发给之土地执业证无纠纷之土地，视为已依法登记，得向上海市地政局（以下简称地政局）声请换发土地所有权状。

第四条 凡经第一次登记之土地，其一切权利之取得设定转移变更消灭，非经登记不生效力。

第五条 土地登记应由权利人义务人员同声请之，但为第一次土地所有权登记或因判决或继承取得之权利而为登记时，得仅有权利人为之。

第六条 声请登记人应依法填具申请书，连同契证送请地政局审查，如契证不齐或不明者，应依法取保填具保证书，其委托他人代理声请者应附具授权委托书。

第七条 权利人不止一人时，得由其中一人代表申请登记，但应填具“共有人姓名表”，记明共有人之姓名住址及每人应有部分或相互间之关系及其权利书状保持人之姓名，并须共有人全体署名盖章。

第八条 土地权利在登记进行中所发生之争议，在土地裁判所未成立前，应由地政局组织土地纠纷调处委员会予以调处，不服调处者应令于一定时间内向司法机关诉请处理，俟地权确定后再行申请登记，在未经司法机关判决确定之前，应停止其与导议有关部分权利之新登记，但争议人接到调处笔录后，不于规定时间内向司法机关起诉者，地政局得本调处结果予以登记。

第九条　登记应用簿册应依照中央规定式样，并参酌实际需要制备应用。

第一〇条　土地权利确定登记完毕后，分别发给土地所有权状或他项权利证明书，前项书状发给后，以前政府所发一切土地权利证件应注销作废。

第一一条　声请登记人如用欺诈方法或伪造证据蒙请登记者，一经查觉，除没收登记费、书状费及撤销登记外，并依法处理。

第一二条　本市各级地方自治人员对于本市土地登记应负责协助办理，并按其工作成绩予以奖惩。

第二章　土地所有权登记

第一三条　第一次土地所有权登记区图及开始登记日期，由地政局先行布告或登报通告之。

第一四条　土地所有权人应于规定声请登记期限内声请登记，如因特别事故不能依限申请登记时，应于申请期限未届满前声明理由，呈请展期，但至多不得逾一个月。

第一五条　逾声请登记期限无人声请登记之土地，或经声请登记而未经补正证件者，由地政局公告二个月，在此公告期间内补行申请登记时，应比照应缴登记费标准加征百分之二十，公告期满仍无人申请合计之土地由地政局依法代管。

第一六条　声请为第一次土地所有权登记时，声请登记人应先查阅地籍公布图，如认为无误即行声请登记，如遇界址或面积有错误时，应先申请复丈结果，申请登记复丈规则另订之。

第一七条　声请登记土地面积超过原契面积时，依城市公有土地清理规则办理。

第一八条　国人所执外商户名永租契或道契，附有权柄单之土地，应一律声请为所有权登记，惟日德两国户名之土地应照上海市土地权利清理办法施行细则规定办理。

第一九条　第一次土地所有权登记声请文件，经审查后除有疑义者通知补正外，其无疑义者应即揭示公告。前项公告期间定二个月除揭示土地所有地外，并刊登本市市政府指定之公报或日报。

第二〇条　公告期满无异议之土地应即依法登记，其发生异议经调处成立者亦同。

第三章　土地他项权利登记

第二一条　第一次土地所有权登记前已取得所有权以外之权利者，应于办理第一次土地所有权登记公告期间内声请为他项权利之登记。他项权利登记，系指地上权、永佃权、典权、抵押权、地役权之登记，如声请登记之权利其名称不与上述各项权利相同，而其性质与其中之一种相近或相类者，经地政局认定为某种权利后，即为该权利之登记，并注明原有名称。

第二二条　第一次土地所有权登记公告后，所有他项权利之取得应于一个月内声请登记。

第二三条　未经第一次土地所有权登记之土地，不得声请为他项权利之登记。

第二四条　土地他项权利登记，依本细则第五条前段规定，由权利人会同议务人声请之，但权利人事实上无法会同义务人声请时，如所有权已经登记并经将他项权利事项注记清楚者，得由他项权利人呈明事实连同证明文件经审查相符后予以登记。

第二五条　土地他项权利登记声请文件，经审查无疑义或发生疑义经解决者，即准予登记。

第二六条　他项权利登记后除将他项权利注记于所有权状发还原业户外，另给权利证明书于权利人。

第二七条　他项权利销灭后应申请为涂销登记，并将权利证明书缴销。

第二八条　在本细则施行前外国人（日德二国除外）依条约租用之土地持有永租契或道契者，应由租用人会同所有权人依内地外国教会租用土地房屋暂行章程及土地法施行法第三十一条之规定，声请为租赁登记。

第二九条　他项权利不遵限申请登记者，得比照登记费额标准，加征其登记费百分之二十。

第四章　土地权利移转变更及涂销登记

第三〇条　凡已办第一次土地所有权及他项权利登记，并颁发权利书状之公私有土地及其定着物，如有权利移转变更或销灭时，均应于移转变更后一个月内声请登记。未经公布办理第一次土地所有权登记之区段土地权利取得设定移转变更销灭者，由地政局依据版图与册办理推收，除照本细则第三十三条第二项之规定收取推收费外，并照契税条例缴纳契税。

第三一条　声请为每起地一部分之移转或变更时，应先申请勘丈再依勘丈结果声请登记，并将原有权利书状缴销另给新状。

第三二条　土地权利移转变更后不遵限声请登记者，除勒令登记外，并比照原登记费标准加征百分之二十。

第三三条　申请各项土地权利登记应缴土地登记费如下：

（一）声请为第一次土地所有权登记，按申报地价缴纳登记费千分之四；

（二）声请为土地权利取得设定移转变更或销灭之登记，依权利价值缴纳登记费千分之二。

第三四条　土地所有权状及土地他项权利证明书每张应缴费额依左列之规定：

（一）土地或权利价值不满一万元者一百元；

（二）土地或权利价值在一万元以上者三百元；

（三）土地或权利价值在五万元以上者五百元；

（四）土地或权利价值在十万元以上者一千元；

（五）土地或权利价值在五十万元以上者二千元；

（六）土地或权利价值在一百万元以上者四千元；

（七）土地或权利价值在五百万元以上者七千元；

（八）土地或权利价值在一千万元以上者一万元。

第三五条　本细则由上海市政府公布施行并送请中央地政机关备案。

上海市重要法令汇刊初编 1947

上海市土地请丈简则

三十四年十一月　日

第一条　凡业主遇有土地经界不清或须将户地分割合并时，得声请上海市地政局（以下简称“本局”）予以测丈。

第二条　业主请丈时应填具声请书，详列请丈原因地亩面积及坐落四至连同产权契证，送请本局审查，并照章缴纳丈费，前项产权契证如有遗失或残缺不全者，应先登报声明，并依法取具保证书呈局核办。

第三条　丈费暂照申报地价征收百分之二计算。前项丈费百分之一作为地籍员之领丈费。

第四条　业主缴费后由本局核给请丈凭单，填明测丈日期及时间，届时由业主来局或在约定地点会同测丈员前往，并由局先期通知地籍员到场。

第五条　测丈时由业主亲自指界，经四邻眼见及地籍员证明，业主与地籍员并须于测量簿上签名盖章。

第六条　失单地之请丈业主，除遵照本简则第二条第二项之规定外，应先行妥立界石，如测丈时查明未立界石，仅先丈量地形，其确定界址应俟立界后再行测丈，并须重缴丈费。

第七条　订定丈期后，如遇天雨不能施丈者，由业主携带请丈凭单来局重订丈期，如测丈员到达丈地而业主未到场指界时，应重缴丈费再行订丈。

第八条　声请测丈后，业主通讯处如有变更应即呈报本局。

第九条　凡请丈地经本局审核单粮或单地相符测丈后通知业主来局领阅图稿，如单粮或单地不符或经界发生争执，应俟分别更正确定后方始绘制图稿饬签。

第一〇条　图稿经业主签认送局后，于二个月内发给户地图，并就原有产权契证上注明地亩面积加盖局印发还原业主，但愿在本局公布办理第一次土地所有权登记时，仍应依照上海市土地登记施行细则之规定完成登记程序，发给土地所有权状，请丈地实测面积超过原契面积或发现有公浜公路基等须升科者，前项发图手续应俟升科缴价后再行办理。

第一一条　请丈地如在业已清丈区域，业主得于声请时在图上指认地位，如户名与清丈时相符，经本局审查认为可毋须到地重测者，其应缴丈费照第三条之规定减半。

第一二条　凡在原有户地图或签认图稿上声请为图面分并或重划者，应附送草图注明分并划改情形及各户之经界尺寸或面积分配，经本局审查如无实地测丈之必要时其应缴丈费得予减半。

第一三条　凡业主在战前领有土地执业证或依法领得土地所有权状后另请按图立界者，须缴立界费，其纳费数额准照第三条规定办理。

第一四条　业主如订图稿有误，得另缴丈费声请覆丈，覆丈结果如确系原测丈后地形有变动者，其所缴丈费不予发还。

第一五条　业主请丈如因查有不实以致驳斥，或虽经审查确实而临丈并不到场者，不予测丈，所缴丈费概不发还。

第一六条　测丈员及地籍员办理请丈覆丈，或立界事件对予业主或关系人如有任何需索，即予撤职处分并依法惩戒。

第一七条　本简则自公布之日施行。

上海市重要法令汇刊初编 1947

上海市地政局处理永租契或道契土地登记暂行办法

三十四年十一月十日公布

第一条　上海市地政局（以下简称地政局）处理永租契或道契土地登记，暂依本办法之规定办理。

第二条　外国人（日、德两国除外）依条约向中国业主租用土地，执有永租契或道契者，应于本市办理土地登记期间依土地法施行法第三十一条之规定，租用人申请为租赁之登记改凭他项权利证明书行使其权利。

第三条　外国人租用土地经依法申请为租赁登记者，其权利之移转变更或销灭，仍应依法申请登记。

第四条　外国人租用土地，在公布办理第一次土地所有权登记后未经依法申请为租赁登记者，不得移转或为其他权利之设定。

第五条　日、德两国人执有永租契或道契之土地，依处理敌产办法办理。

第六条　市民执有外国人户名永租契或道契，并附有权柄单之土地，应于本市办理土地登记期间申请为所有权登记，改凭所有权状管业，惟执有日、德两国户名永租契或道契之土地依本市土地权利清理办法施行细则办理。

第七条　依照各省市地政施行程序大纲第二十二条之规定，在办理土地登记期间未税白契准予缓期报税并免予处罚。

第八条　本办法呈奉上海市政府核准公布施行并呈报行政院备案。

上海市重要法令汇刊初编 1947

上海市地政局换发土地所有权状办法

三十四年十一月　日

一、本办法依据上海市土地登记施行细则第三条之规定证定之。

二、凡于战前已向本市地政机关领得土地执业证之土地，在各该区公布第一次土地所有权登记期内得向本局声请换发土地所有权状。

三、声请换发土地所有权状，应向本局填具换状声请书缴纳书状费连同原有土地执业证及其他有关证件呈送本局审查。

四、本局接得声请书件，经审查与法令相符且无纠纷者，即予填发土地所有权状，并将原有土地执业证注销作废。

五、声请人所执之土地执业证，如系向他人买受，未经声请移转登记者，应先按照规定补行声请移转登记。

六、声请人所执之土地执业证如有他项权利之设定未经声请登记者，应补具他项权利清折，并会同权利人声请为他项权利登记，如已经他项权利之登记而其存续期间已居满者，应声请为涂销登记。

七、土地权利已经变更或消灭者，应先声请为变更或消灭之登记，声请为涂销登记之土地执业证即予注销作废。

八、业户已经声请换证而尚未领得土地执业证者，得凭领证收据呈请本局查明原件再行依法声请为土地所有权，登记收据遗失者应登报声明并取具保证书声请之。

九、凡遗失土地执业证者，除提出遗失原因之证明及其他关于土地权利之证据外，并应取具四邻或店铺保证书，保证其为原权利人，经审查确定后，再予换发土地所有权状。

十、本办法自公布之日施行并呈报上海市政府备案。

上海市重要法令汇刊初编 1947

上海市卫生局医药宣传品管理规则

第八十六次市政会议修正通过，民国三十六年七月四日公布

第一条　凡本市医院医师、牙医师、助产士、镶牙师、中西药商以及其他医药从业人员登载或广播及散发宣传品，除别有法令规定外，应遵守本规则之规定。

第二条　登载或广播及散发有关医药之宣传品，应先将原稿样品及处方两份呈送本局审核，加盖审查讫图戳。

第三条　经本局审查审准之宣传品于刊载或广播时，应将卫生局核准字号与该项宣传品同时登载或报告以备查考。

第四条　凡呈送本局审核之医药宣传品以送审查者，曾领有本局开业执照者为限，其未领有开业执照者不得作任何有关之医药宣传。

第五条　医药宣传品不得有虚伪、夸张、猥亵或违背善良风俗之辞句。

第六条　医药宣传品经本局审核后，其文字内容不得擅自增加及更改，并不得借署证局照或卫生试验所化验结果为其治效之保证。

第七条　违背本规则之规定时，第一次予以警告，第二次处以四十万元以下之罚锾，屡犯者得撤销其执照，予以停业处分。

第八条　本规则自呈奉市政府公布后施行。

上海卫生 1947，1（2—3）

上海市饮食店管理规则

卅十六年八月一日修正公布

第一条　凡在本市境内开设饮食店，除法令别有规定外，悉依本规则之规定管理之。

第二条　本规则所称饮食店，包括饭店、西餐馆、茶室、茶馆、店内饮用之中国酒店、店外饮用之中国酒店、店内饮用麦酒、店外饮用麦酒、店外喝饮洋酒、临时酒吧间、西式酒店、咖啡室、面馆、点心店及公共娱乐场所旅馆之兼售饮食物者。

第三条　凡开设饮食店者，均应于开业前向财政局填具执照申请书，转由卫生局审查合格后覆回财政局颁发营业执照。

第四条　营业执照应配置镜框，揭示于明显易见之处，并不得转让他人。

第五条　卫生局指定应行置办之一切设备装修等，领照人应依限遵办。

第六条　凡已领营业执照逾一月尚未开业后，予以缴销，但有正当理由呈准卫生局备案者，不在此限。

第七条　经许可营业之饮食店，各有停业歇业情形，应将停业原因及复业日期，于五日内报请卫生局备查，呈报歇业时，应将营业执照缴销。

第八条　饮食店应有之卫生设备及注意事项如左：

（一）应设稳妥有盖之垃圾容器及适当之排水沟。

（二）窗户门扇应装铁纱，以防苍蝇。

（三）室内须光线充足，空气流通。

（四）室内地板墙壁，应以不透水便于洗涤能防鼠之材料制成。

（五）大小便所不得与食物制造贮藏饮水用处所接近，并应有严密之防蝇 设备。

（六）炉灶不得装置在店面。

（七）应有食具及面巾等之消毒设备。

（八）应备妥善有盖之痰盂，并须加入消毒用剂。

（九）应多备洁白套衣，以供工人在工作时穿着，并应不得洗换。

（十）房屋每年至少刷新一次。

（十一）每月应选适当时间，至少举行全部清洁大扫除一次。

（十二）在饮食物制造贮藏饮用处所，不得留养牲畜，但家猫不在此限。

（十三）饮食食物制造贮藏饮用处所，不得住宿及与住宿处所贯通。

（十四）应注意防鼠。

第九条　饮食物原料必需新鲜清洁，凡卫生局规定必须检验而未经检验合格之任何物品不得使用或出售。

第十条　任何饮食物品得由卫生局随时派员采取样品送卫生试验所化验凡经化验不合标准之饮食物品，悉依照下列办法办理：

（一）经化验不合标准者，除令将该项物品停止出售或径予没收外，由卫生避用书面通知各该饮食店限令于指定日期内切实改善。

（二）如逾期仍不遵办，即予书面警告。

（三）各饮食店接到本局书面警告后，仍不能如限遵办者处以一万元以上十万元以下之罚锾，并作最后之警告，限其改良。

（四）接到最后警告，十日内仍不遵办者，即勒令停止营业，并吊销营业执照。

第十一条　饮用水须合乎卫生条件。

第十二条　贮藏饮食物处所应守左列各款之规定：

（一）食物原料应贮藏于清洁通气之处所，并须严防苍蝇及其他污物进入。

（二）凡送递之食物，应以适当之用具装盛，以免为灰尘、苍蝇等物所沾污。

（三）凡门市发售或沿路贩卖之食物，须置于玻璃橱或纱罩内。

第十三条　杯盘碗筷等之食具，已经使用之后，应洗涤清洁，置于适当之处所；临用时，应用沸水冲洗，但在已用沸水冲洗之后，不得再以未经消毒之抹布或纸类揩拭。

第十四条　店员伙友于启用时，应施健康检查，以定去留。雇用后，应每年检查一次。

第十五条　患肺痨、花柳皮肤病及其他传染病者，不得雇用。

第十六条　店员伙友应遵照卫生主管机关之指示，施行各项传染病之预防注射及其他预防方法。

第十七条　店员伙友应保守左列各项卫生习惯：

（一）工作前及大小便后，均应洗手。

（二）工作前应穿清洁之套衣。

（三）不得随地吐痰。

（四）不得用口将任何流质喷于食物上。

第十八条　饮食店如发生传染病时，应即报告卫生主管机关，以便处理。

第十九条　饮食店发现有左列各项情形之一者，应立即报告就近岗警或该管分局。

（一）有形迹可疑或其他犯罪情事者；

（二）口角斗殴或酗酒滋事者；

（三）食客离店后，如有遗留物者；

（四）顾客征妓侑觞或高声放歌，不听劝告者。

第二〇条　饮食店应将所售各种食物，依照规定价目，制表悬显明处所，或订制点菜簿，供顾客点阅。

第二一条　饮食店对检查人员依法执行职务或有查询时，须据实陈述，从其指导纠正，不得籍故拒绝。

第二二条　凡违反本规则第十条以外之各条规定者，得以违警罚法处罚之，其涉及刑事者，移送法院办理。

第二三条　本规则自公布之日施行。

上海卫生 1947，1（2—3）

上海市卫生局管理开业牙医师规则

第一条　凡在本市境内开业之中外籍牙医师，除中央法令别有规定外，均依本规则之规定管理之。

第二条　牙医师在开业前，应先向本局申请登录请领开业执照，方得执行业务，其在本规则公布前已执行业务者，应自本规则公布日起一个月内，登录领照。

第三条　申请登录领照之牙医师，应由本局领取申请书，按式填就并呈缴左列各件及费款：一、中央所发之牙医师证书。二、本市牙医师公会会员证书。三、最近二寸半身相片三张。四、执照费金圆券五圆。五、印花税费金圆券五角。

第四条　牙医师诊所名称限用其本人姓名，二人以上合作之诊所，得另定名称，但须经本局核准方得使用。

第五条　执照须张挂于明显处所，不得涂改或转让，因损坏申请补领时，应将原照随同缴销，因遗失申请补领时，先应自行登报声明作废，并按照第三条之规定呈缴各件及费款呈请补发。

第六条　牙医师歇业时，须于十日内呈报本局查核备案，并应将执照缴销，迁移时应将执照送呈本局更改地址，记亡时应由其最近亲属呈报本局，并缴回执照注销。

第七条　牙医师须将其主治项目，应诊时间及收费，明白规定张挂于明显处所。

第八条　牙医师应备治疗簿，记载病人姓名、年龄、性别、职业、住址、病名、病历及疗法备查。

第九条　牙医师对于本局指定之义务事项，非有正当理由不得推诿。

第十条　牙医师不得无故拒绝应诊。

第十一条　牙医师除治疗上之必要外，不得滥用麻醉药品。

第十二条　牙医师不得登载或散发迹近夸大虚伪猥亵之广告及传单，其必需登载广告或散发传单者，应先经本局审查核准。

第十三条　牙医师如设立分诊所，应按照第三条之规定，请领分诊所执照，以一所为限。

第十四条　牙医师于本局派员检查开业执照及其业务时，不得拒绝。

第十五条　在公、私立医院及其他医疗机构执行业务之牙医师，均应按照本规则之规定，请领开业执照，并应遵守本规则之规定。

第十六条　牙医师应将开业执照按年呈送本局查验一次。

第十七条　牙医师违反本规则之规定时，得依法处以金圆券二十圆以下之罚锾，或勒令停业。

第十八条　本规则自呈奉市政府核准公布之日施行。

上海卫生 1949，1(6)

后　记

二〇一八年的春天，上海市委、市政府决议全力打响“上海服务”“上海制造”“上海购物”“上海文化”四大品牌，这是上海更好落实和服务国家战略、加快建设现代化经济体系的重要载体，是推动高质量发展、创造高品质生活的重要举措，也是上海当好新时代全国改革开放排头兵、创新发展先行者的重要行动。

自开埠以来，上海这颗东方明珠已经在东海之滨闪耀了一百多年。二十一世纪的今天，“四大品牌”战略的实施，无疑是为申城的进一步发展指明了方向，开辟了坦途，规划了更为光明的未来。

面临这一振奋人心的局面，上海图书馆（上海科学技术情报研究所）全体同仁于欢欣鼓舞之余，皆感到实在应当再做些什么，以为响应。不久，历史文献中心黄显功主任即拟定项目方案：搜集整理上海图书馆藏近代文献，编辑出版一部有关“四大品牌”的专题史料汇编。

从近代史上的远东第一大都会，到今天的国际大都市、国家经济中心，上海的城市发展自有一条明晰的历史脉络贯穿其间，未曾中辍。“四大品牌”战略的基础，是对城市发展现状的精准理解，是对城市未来高瞻远瞩的预判和规划，同时也是对近代上海百多年城市发展史的尊重和传承。中国人讲究以史为鉴，从历史着手，回顾、整理近代上海城市发展轨迹，对今天学习、理解“四大品牌”战略无疑是有相当助益的。

想要研究近代上海城市发展史，自然需要大量的史料，而搜罗文献，裒辑汇录，让故纸更好、更方便地为今人所用，正是我们文献工作者的当行本色。编一部这样的史料汇编，就是我们对上海市“四大品牌”战略的认真回应。

所以，我们自认为此举是很有意义的。

黄显功主任不以我鄙陋，委以主编职责，嘱我邀集同仁，共蒇其事。我虽承乏，遽然接手如此重大课题，心中并无十足把握。好在项目启动之初，即受到各方的关心和支持，为本书的编纂夯下了坚实基础。馆所领导十分重视本书，亲自过问编纂工作，陈超馆长慨然赠序，更为本书增色良多。中心领导对编纂工作提出许多宝贵中肯的意见和建议，并慷慨出示私人所藏的参考资料，给我们提供了极大帮助。

与我共同担任本书编纂任务的是王曼隽、解舒匀和严洁琼三位同仁。按计划，本书分四部分，四人各自承包其一。甫一着手，我们即不约而同地感到，此番任务有着相当的难度。原因在于，第一，要编纂四大品牌建设的历史资料，不得不先搞清楚，所谓的“四大品牌”，究竟何指？“四大品牌”是目前上海城市发展的重要战略，包涵内容极其宏富，牵涉领域极其广泛，要充分读懂读透每一个品牌背后的涵义，并非易事。第二，“四大品牌”涉及的诸多内容，大多是我们平日所不常接触，甚至是完全陌生的，面对一个全新的领域，以及此领域内大量的文献史料，从初见到熟稔，需要一个过程，而留给我们的时间并不太多。第三，近代上海史料绝对数量上的丰富和领域分布上的不平衡，也给编纂工作带来不小的难度，需要我们做充分的全盘考量。

面对困难，能做的唯有迎难而上。同仁们于是精诚合作，分头并进，研读市政府文件和报告，查阅大量相关领域的著作文献，在用丰富的理论知识武装头脑后，一头扎进了史料的茫茫大海，夜以继日，孜孜矻矻地爬梳资料。在此过程中难免遇到问题和困难，但同仁们协力齐心，无间合作，最终一一解决克服。我既任主编，便须多做些统筹协调的事情，而本书编纂工作的顺利完成，实在是同仁们集体的功劳。

感谢上海科学技术文献出版社。这部大型专题资料集最终得与读者见面，离不开他们的尽心尽责。尤其是苏密娅女史、张雪儿女史，为本书的校对和出版倾注了大量心血。

二〇一八年十二月，当本书的编纂工作正式启动时，恐怕谁也没逆料到在之后数年，会有种种客观原因，尤其是让工作生活都一度停摆的新冠肺炎疫情，让本书的面世几经波折，一再延宕。所幸历时四年，这套最终规模逾五百万字的大部头，终于能和读者见面了。大概这就是好事多磨吧。

“四大品牌”的内容宏大而复杂，我们旨在从历史角度来理解这一命题，寻绎命题本身的历史源流，做一番史料上的努力。是否达到了这一目的，我们不敢断言，但如能为利用本书的读者提供助益，无论多少，对我们来讲已是足够的安慰了。

是为记。

王继雄

二〇二二年七月